I0828341

Oración del pobre

Majzor kabbalístico para Yom Kipur

es.kabbalah.com

The Kabbalah Centre
155 E. 48th St., New York, NY 10017
1062 S. Robertson Blvd., Los Angeles, CA 90035
es.kabbalah.com

Primera impresión en inglés, mayo 2012
Primera impresión en español, julio 2013

Impreso en Estados Unidos

ISBN13: 978-1-57189-898-2

Tabla de Contenido

A LA GRANDEZA DEL VALOR DE LA FUENTE ASHURIT

Y entonces debes abrir tu boca con sabiduría y decir *Kriat Shmá* con intención. Esto quiere decir que debes entender las palabras que estás diciendo y que, cuando recites las palabras de *Kriat Shmá* (del libro de rezos), debes visualizar la forma de cada palabra y sus letras. Por ejemplo, cuando dices la palabra "*Shmá*", debes visualizar las letras *Shin*, *Mem* y *Ayin* frente a tus ojos en la forma que están escritas en la fuente *Ashurit*. Luego debes visualizar cada palabra de la misma manera hasta el final. Debes visualizar las vocales y las entonaciones que están sobre cada letra en la misma forma que están en este libro de rezos y, al hacerlo, merecerás que cada palabra se eleve en su forma a los Mundos Celestiales y cada letra irá a su lugar y a su raíz, para activar acciones milagrosas y *tikunim* (correcciones) relacionadas contigo. Y hacer esto (escanear la fuente *Ashurit*) de manera diaria, te permitirá (y esto ha sido demostrado) eliminar todos los pensamientos negativos y tonterías que interfieren con la pureza de tu pensamiento e intención durante las oraciones. Cuanto más escaneo de la fuente *Ashurit* haga una persona con el *Kriat Shmá* y cualquier otra parte de la oración, más pureza será añadida a sus pensamientos durante la oración. Esta meditación es una acción sencilla y se te garantizará un aprendizaje exitoso con tu oración y todo será deseado por Dios al igual que el buen aroma. Amén, que así sea.

(*Séder HaYom* por Rav Yosef Jayim, el Ben Ish-Jai).

"Cuando vas a dormir, debes visualizar el Nombre del Tetragramatón (יְהוָה), bendito sea Él, como si estuviera escrito en letra *Ashurit* mayúscula. Los ojos siempre deben volverse a Dios y Dios lo protegerá de caer en alguna trampa".

(*Tsiporen Shamir*, par. 68 v. 121 por Rav Jayim Yosef David Azulai – El Jidá 1724-1806)

GUÍA GENERAL

De acuerdo con Rav Yitsjak Luria (el Arí) y Rav Shalom Sharabi (el Rashash), todas las palabras de intención, nombres sagrados y nombres de ángeles que están escritos en este libro, aunque formen parte del texto, no deben ser pronunciados. Cuando llegues a una palabra de este tipo, debes escanearla y no pronunciarla.

EN MATERIA DE YOM KIPUR

(DE LOS ESCRITOS DEL ARÍ: *EL PORTAL DE LAS MEDITACIONES* Y *EL FRUTO DEL ÁRBOL DE LA VIDA*)

EL ORDEN DE LAS ORACIONES Y LA ELEVACIÓN DE LOS MUNDOS EN YOM KIPUR

Durante la víspera de *Yom Kipur*, ahora que *Maljut* está completamente aserrada, Ella comienza Su elevación hacia *Ima* a fin de ser ornamentada y decorada allí, lo cual es el secreto de que Ella haya tomado las Cinco *Guevurot* (מנצפך) y las cinco restricciones.

COL NIDREI

En la víspera de *Yom Kipur*, mientras decimos "*Col Nidrei*", sacamos los rollos de la Torá (todos ellos) del Arca. Debemos meditar en que todas las promesas ("*nidrei*" en arameo) están en *Ima* Celestial, la cual influye en *Zeir Anpín*, Quien está junto a las Siete *Sefirot* Inferiores de *Ima* (de donde proviene *Hével*) y entonces *Zeir Anpín* influye a *Ima* Inferior. Cuando alguien hace una promesa y no la cumple, él o ella dañan el *Hével* (aliento) que proviene de la boca de *Zeir Anpín* (mientras Él está junto a las Siete *Sefirot* Inferiores) hacia *Nukvá*. Como sabemos, para poder establecer el *Zivug* o Unificación, un beso, un abrazo y un aliento deben ocurrir primero. Por lo tanto, para corregir esto debemos:

1. Abrazar el rollo de la Torá y meditar en que *Zeir Anpín* está abrazando a la *Nukvá* con sus dos brazos (*Jésed* y *Guevurá*), para que *Aba* e *Ima* den nuevamente Su abundancia a las Siete *Sefirot* Inferiores;
2. Después tomar aliento de tu boca al besar el rollo de la Torá y meditar en transferir el *Hével* de la boca de *Zeir Anpín* para iluminar a la boca de *Nukvá*.
3. También meditar en que el mérito del rollo de la Torá corrija lo que fue dañado por las gotas de *kerí* y que eleve las gotas desde la *klipá* hacia la Santidad.
4. Asimismo, al abrazar el rollo de la Torá podemos corregir las promesas y juramentos incumplidos, puesto que una promesa es el secreto de la Madre Celestial (*Ima Ilaa*, la primera letra *Hei* del Tetragrámaton) y un juramento es el secreto de la Madre Inferior (*Ima Tetaa*, la segunda letra *Hei* del Tetragrámaton) y el rollo de la Torá es *Zeir Anpín* (la letra *Vav* del Tetragrámaton) que influye en Ellas y las conecta.

Luego di el verso "*Or zarúa latsadik...*" אור זרוע לצדיק, donde las últimas letras de cada una de estas tres palabras forman la palabra *kra* קרע (arrancar), y medita en arrancar a la *klipá* y elevar todas las chispas de Luz de las gotas Sagradas que provinieron de *Yesod*, y en remediar el *Yesod* para que sea llamado *Tov* ("bueno"; el resto del verso es: "*...Ulyishréi lev simjá*" ולישרי לב שמחה, donde las últimas letras de estas tres palabras nos dan el mismo valor numérico de la palabra *tov* = 17).

USAR EL TALIT EN LA NOCHE

El *Talit* representa a *Biná* que circunda a *Zeir Anpín*. El pequeño *Talit* (*Tsitsit*) es *Biná* que circunda a *Zeir Anpín* cuando Él está en el secreto del *Ibur* (como un embrión dentro de *Ima-Biná*), lo cual corresponde al Mundo de *Asiyá*. Y el *Talit* grande es *Biná* que circunda a *Zeir Anpín* cuando Él está en el secreto del *Yeniká* (infante/lactante). Y debido a que la noche es el momento del dominio de *Rajel* (la Madre Inferior), no se requiere *Talit* o *Tsitsit*. Pero en la noche de *Yom Kipur*, cuando *Rajel-Maljut* asciende a *Biná-Ima* (a la Cabeza de *Tevuná*), entonces *Biná* circunda a *Maljut* y necesitamos usar un *Talit*.

DECIR "BARUJ SHEM QUEVOD" EN VOZ ALTA

Uno de los nombres en código de la *Nukvá* es "*Shem*" (Nombre). Durante el año, recitamos el verso "*Baruj Shem Quevod*" en silencio para proteger a la *Nukvá* de las *klipot*. En *Yom Kipur*, decimos el verso en voz alta dado que *Nukvá*, que es *Shem*, es elevada para estar con *Biná*, que es llamada la voz interior, y Ella recibe abundancia de *Biná* a través de las oraciones, las cuales son el aspecto de la voz. Mientras ella está Arriba en *Biná*, no tenemos que tener temor de recitar el verso en voz alta porque las *klipot* no se pueden acercar.

En *Arvit* de *Yom Kipur*, medita en que *Rajel-Nukvá* se eleva a *Maljut* de *Biná* (cuatro *Sefirot* inferiores de *Ima*).

En *Shajarit* de *Yom Kipur*, durante la *Amidá* silenciosa, medita en que *Rajel-Nukvá* se eleva a *Jésed*, *Guevurá* y *Tiféret* de *Ima*.

Y en la Repetición, medita en que *Rajel-Nukvá* se eleva a *Daát* de *Ima*.

En *Musaf* de *Yom Kipur*, medita en que *Rajel-Nukvá* se eleva a *Jojmá* y *Biná* de *Ima*.

Y en la Repetición, medita en que *Rajel-Nukvá* es elevada a *Kéter* de *Ima*.

En *Minjá* de *Yom Kipur*, medita en que *Zeir Anpín* (que hasta ahora estaba unificado con *Leá*) y *Leá* descienden a la Cabeza de *Tevuná*.

Y en la Repetición, medita en que *Zeir Anpín* y *Leá* se elevan al Pecho de *Biná*.

En la *Neilá* de *Yom Kipur*, medita en que *Zeir Anpín* y *Leá* se elevan a la Cabeza de *Biná*.

Y en la Repetición, medita en que *Zeir Anpín*, *Leá*, *Rajel* y *Biná-Ima* se elevan a *Dikná* de *Arij Anpín*.

EL SELLO חותם

Durante el tiempo entre *Rosh Hashaná* y *Yom Kipur*, agregamos unas cuantas frases a las oraciones y pedimos ser inscritos para la vida. Pero en la oración de *Neilá* lo cambiamos y pedimos ser sellados para la vida porque, en el tiempo de *Neilá*, *Maljut-Nukvá* recibe las Cinco *Guevurot* de *Ima* [aunque Ella ya recibió Cinco *Guevurot* de *Zeir Anpín* en el proceso de Aserrado (*Nesirá*) dado que *Neilá* es la quinta oración de *Yom Kipur*], y Su *Yesod* es establecido y reúne todas las Iluminaciones de los Cinco Bordes (de Su *Jésed* a Su *Hod*) y Ella tiene una Vasija, la cual es el Sello חותם. Ahora, con Su Vasija, Ella puede elevar *Mayin Nukvín* (Despertar desde Abajo) y puede recibir *Mayin Dujrín* (Despertar desde Arriba) y todo eso se hace mediante tres Nombres (אלף הה יוד הה—אלף הא יוד הא—אלף הי יוד הי, los cuales tienen el valor numérico de la palabra חותם = 454+1), los cuales están en *Nétsaj*, *Hod* y *Yesod* de *Ima*. Y todo este proceso termina en la *Neilá* de *Yom Kipur* y es llamado el Primer Sello. El Segundo Sello, que es la *Maljut* de *Nukvá*, se completa en *Hoshaná Rabá*.

EL SEÑOR ES DIOS — יהוה הוא האלהים

Después de la *Neilá*, recitamos el verso "El Señor es Dios" dos veces por siete veces. La primera vez es para elevar a *Zeir Anpín* (יהוה) a *Nukvá* (אלהים) porque, durante *Yom Kipur*, *Zeir Anpín* está subordinado a *Nukvá*. La segunda vez es para conectar a *Zeir Anpín* (אלהים) con *Atiká* (יהוה) [en el *Zóhar* se dice que *Zeir Anpín* es llamado Dios (אלהים) cuando se compara con *Atiká-Arij Anpín*].

EL SECRETO DE LAS CINCO RESTRICCIONES

Como explicamos, durante los diez días desde *Rosh Hashaná* hasta *Yom Kipur* todo el Juicio es cortado y entregado a la *Nukvá*, y entonces es suavizado por *Zeir Anpín*. Pero no es lo suficientemente suave para Ella para poder estar en forma de Cara a Cara y unificarse con Él; por lo tanto, Ella también necesita ser suavizada desde *Biná-Ima*. De acuerdo con las leyes de la Torá, el hombre es responsable de proveer a su esposa tres compromisos, según el versículo: "su alimento (שְׁאֵרָהּ), su vestimenta (כְּסוּתָהּ) y sus derechos conyugales (עֹנָתָהּ) él no descuidará". Como es Arriba es Abajo; esta ley está basada en la relación entre el Masculino Celestial y el Femenino Celestial.

De esa manera, durante el año, es con *Zeir Anpín* y *Nukvá* (la cual representa al Femenino Celestial durante el año) y Ellos están recibiendo Su energía (alimento y bebida, relaciones sexuales, lavado, zapatos de cuero y bálsamos; cinco acciones que son todas códigos de energías espirituales que se manifiestan en el mundo físico) de *Biná* (desde el aspecto Externo de *Jésed*, *Guevurá*, *Tiféret*, *Nétsaj* y *Hod* de *Biná*, que durante el año representa al Masculino Celestial). Y dado que ahora, en el décimo día (*Yom Kipur*), la *Nukvá* necesita ser suavizada por *Biná*, Ella es elevada a *Biná* (el aspecto Interno) así que no puede recibir más de *Biná* sino que necesita recibir del lugar de donde recibe *Biná*, y todas las cinco acciones son canceladas porque la Luz de las cinco acciones nuevas (también llamadas: alimento y bebida, relaciones sexuales, lavado, zapatos de cuero y bálsamos) proviene de Arriba.

Y estas cinco acciones nuevas son intangibles para nosotros dado que están en el secreto del *Hével* (Aliento) y es por ello que tenemos cinco oraciones en *Yom Kipur*, porque mediante cada una de las oraciones recibimos la energía de estas cinco acciones, y también es la razón por la cual nos restringimos de estas cinco acciones en *Yom Kipur*. [Restricción: עִנּוּי, ayuno: צוֹם, y voz: קוֹל tienen el mismo valor numérico (136), el cual muestra la conexión]. Como sabemos, ninguna abundancia proviene desde Arriba a menos que venga con Misericordia, y debido a que la Luz de Misericordia no es disminuida mientras asciende, su Luz es tan grande Abajo como lo es Arriba. Por lo tanto, cuando hay alguna clase de abundancia que está destinada a venir desde Arriba, debe estar revestida por la Luz de Misericordia. Por ende, en *Yom Kipur*, cuando la abundancia proviene desde Arriba a través de *Aba* e *Ima* a *Maljut-Nukvá*, será revelada con los Nombres יוד הי ויו הי (=72, *Jésed* de *Aba-Jojmá*) y אלף הי יוד הי (=161, *Kéter* de *Ima-Biná*). Y el Nombre יוד הי ויו הי (Misericordia) está revistiendo el Nombre אלף הי יוד הי y juntos tienen siete veces la letra *Yud* י.

ALIMENTO Y BEBIDA

Las siete *Yud* י son los siete puntos en el Nombre אלהים que son agregados al Tetragrámaton de *Biná*. El Nombre אלהים lleno con las *Yud* tiene el mismo valor numérico de la letra *Shin* שׁ (=300) de la palabra שְׁאֵרָהּ (el alimento de ella). El Nombre mismo es la letra *Álef* א. Una configuración diferente del Nombre אלהים (א אל אלה אלהי אלהים) tiene el mismo valor numérico de la letra *Resh* ר (=200). Y las cinco letras del Nombre אלהים es la letra *Hei*. Y al usar las siete *Yud* y el Nombre אלהים, se muestra cómo el alimento (שְׁאֵרָהּ) del Femenino Celestial es provisto por el Masculino Celestial. Explicaré los aspectos del alimento de *Aba* e *Ima*. El primer aspecto del alimento de *Aba* e *Ima* se origina en *Atik Yomín* (donde Él está en *Gulgaltá* o Cráneo de *Arij Anpín*) y de ahí desciende a la Boca de *Arij Anpín*, y de allí sale a la *Dikná* o Barba de *Arij Anpín* hasta que llega a la Boca de *Aba* e *Ima*. Allí rodea la Boca de Ellos (en el secreto de *Hével*) y Ellos atraen y son nutridos de allí. Y éste es el alimento para las Tres *Sefirot* Superiores de *Aba* e *Ima*. El segundo aspecto del alimento de *Aba* e *Ima* se origina desde el *Móaj* o Cerebro de *Arij Anpín* hasta Su Boca y

Su Garganta (aspecto Interno, el cual es *Kéter* de *Aba* e *Ima*), y desde allí hacia la Boca de *Aba* e *Ima* y hacia Su Garganta y Sus Seis Bordes (el secreto de las Voces Internas), y de ahí *Nukvá-Maljut* come en *Yom Kipur*.

La bebida se origina en *Arij Anpín* y desciende al *Móaj* o Cerebro de *Ima-Biná*, y de ahí va a Su Boca. Desde allí es entregada a *Zeir Anpín* y *Nukvá* de dos maneras: la primera, mediante la Garganta de Ella y nutre a las Tres *Sefirot* Superiores de *Zeir Anpín* y *Nukvá*. La segunda, sale de Su Boca a los Seis Bordes de *Zeir Anpín* y *Nukvá*. Aunque nos abstenemos físicamente tanto del alimento como de la bebida, esto no se considera como dos actos de restricción sino como una restricción, porque ellos (el alimento y la bebida) se originan en el mismo lugar (la Cabeza de *Arij Anpín*; de todos Sus aspectos).

LAS OTRAS RESTRICCIONES

El secreto de la Unificación (relaciones sexuales) es **ענ̈תה**. La gota de la Unificación (esa que viene de Arriba) no es como el alimento que emana de los Nombres **יוד הי ויו הי, אלף הי יוד הי** (como se explicó antes), sino que emana del Nombre **יוד הי ויו הי** (*Jésed* de *Jojmá*) y los cuatro Nombres de **אהיה** (**אלף הי יוד הי, אלף הי יוד הי, אלף הא יוד הא, אלף הה יוד הה**) de la siguiente manera: Las siete *Yud* de los Nombres **יוד הי ויו הי, אלף הי יוד הי** tienen el mismo valor numérico de la letra *Ayin* **ע̈** (=70). Y los tres Nombres restantes (**אלף הי יוד הי, אלף הא יוד הא, אלף הה יוד הה**) suman el mismo valor numérico de las letras **נ̈תה** (=455), así que todos los cinco Nombres suman la palabra **ענ̈תה**. Y así como hay Unificación en *Biná* (con *Aba*) también hay Unificación en *Maljut* (con *Zeir Anpín*). Pero sólo cuando hay Unificación en ambos nos es permitido tener relaciones sexuales, pero si no hay Unificación entre *Zeir Anpín* y *Maljut* (tal como en *Yom Kipur*) nos es prohibido tener relaciones sexuales.

Usar zapatos de cuero: Durante los días de la semana, las *klipot* son como los zapatos de la *Shejiná-Maljut*. En *Shabat* y en las festividades, la *Shejiná* tiene otros zapatos, lo cual es el secreto de los ángeles **מטטרו"ן** y **סנדלפו"ן** (no pronunciar estos Nombres). Pero en *Yom Kipur*, a medida que *Maljut* asciende hacia *Ima* (donde ni las *klipot* ni ninguna otra fuerza externa tienen control), Ella está descalza (ya que es sabido que el valor numérico del Satán **השטן** es 364, significando que el Satán tiene control sobre 364 días pero no sobre *Yom Kipur*). La razón por las que sólo se nos prohíbe usar zapatos de cuero y no otro tipo de zapatos está conectada al pecado de Adán. Tras el pecado, Adán y Eva perdieron su protección de la Luz y, en lugar de ello, dice: "el Creador les hizo vestiduras de piel", las cuales son de las *klipot*. Por lo tanto, en *Yom Kipur*, sólo están prohibidos los zapatos que están conectados con las *klipot*, pero no los zapatos que están conectados con la Santidad (el secreto de los ángeles mencionados anteriormente).

Lavado (**רוֹיצ̈ה**) tiene el mismo valor numérico que las letras de los Nombres: **אלף הי יוד הי, אלף הה יוד הה** (=312+1=313). El Nombre **אלף הה יוד הה** (=151) es la *Mikve* Celestial (=151) y el Nombre **אלף הי יוד הי** es el agua dentro de esta *Mikve* (porque el agua es misericordia y siempre se deriva de las *Yud* dentro del Nombre).

Bálsamo (**סיכה**) está incluida con las restricciones de alimentación y bebida, porque al comer y beber estamos alimentando al cuerpo desde el interior, y ungir con bálsamos es alimentar al cuerpo desde el exterior.

EL ORDEN DE LAS KAPAROT

Al primer rayo de Luz de la mañana del día que precede a *Yom Kipur*, los kabbalistas realizan lo que es conocido como *Kaparot*, el sacrificio de una gallina o un gallo a fin de expiar los Juicios. Rav Berg explica que al entender el secreto de las *Kaparot*, podemos entender el secreto de *Yom Kipur*.

Con el transcurso de los años, la gente parece haber olvidado la razón principal de las *Kaparot* y ha dejado totalmente de realizarlo o lo hace cuando le conviene. Pero Rav Jayim Vital dijo muy claro acerca de su maestro, Rav Yitsjak Luria (el Arí), que "él era muy cuidadoso en realizar este ritual en su debido momento" porque, a medida que nos acercamos a *Yom Kipur*, lo necesitamos. Si entramos en el campo de energía de *Yom Kipur* sin endulzar los Juicios, podríamos estar sin la vasija apropiada para *Yom Kipur*. No es que el Creador estará molesto y no nos perdonará; es que, si no hay vasija, no hay Luz.

El Arí dice que, durante el año, necesitamos pasar por *Zeir Anpín* para conectar con *Biná* (la cual es un mecanismo de protección) para evitar que las *klipot* lleguen a *Biná*. No obstante, este proceso indirecto no ocurre en *Yom Kipur* porque la Luz que se revela en este día es tan grande que las *klipot* no pueden acercarse a *Biná*. Sí, necesitamos hacer el ayuno y seguir el resto de las restricciones; aunque no porque sea el mandato de Dios, sino porque es una metodología para conectar con esta Luz de *Biná*, la cual ha estado presente desde la Creación para ayudarnos a expiar y limpiar nuestra negatividad.

Es importante entender que es la Luz de *Biná* —no Dios— la que limpia nuestra negatividad. Desde el punto de vista de Dios, ya todos estamos limpios; no necesitamos pedirle a Él que nos limpie. Todo lo que nos falta es la vasija para recibir la limpieza de la Luz de *Biná*. En el *Zóhar*, porción *Beshalaj*, Rav Shimón bar Yojái explica que donde la Biblia dice: "¿Por qué clamas a Mí? Di a los hijos de Israel que continúen el viaje" (Éxodo 14:15), el Creador en realidad está diciendo a los israelitas: "No me llamen a Mí. Han tenido todas las herramientas desde la Creación. Actúen". Lo mismo ocurre con las acciones que realizamos con nuestras oraciones y restricciones en *Yom Kipur* y con las *Kaparot*. Orar, ayunar o cualquier otra acción que ejercemos en *Yom Kipur* es sólo para preparar nuestra vasija para nuestra conexión con la Luz de *Biná*.

De acuerdo con el Arí, el precepto de *Kaparot* debe realizarse antes del amanecer del noveno día de *Tishrei*, dado que esta acción endulza los Juicios del aspecto de *Yesod*. Rav Berg pregunta: "Si la razón de *Kaparot* es endulzar los Juicios, ¿por qué es únicamente del aspecto de *Yesod*? ¿Qué hay de *Hod* y el resto de las *Sefirot*?". El Arí explica que desde el momento de la Creación ha habido un poder de *Yesod* en el cosmos. Sin embargo, sólo antes del alba del noveno día de *Tishrei* este poder convence y endulza los Juicios, y nuestra acción del sacrificio del ave de corral (gallina o gallo) es lo que lo activa. Realizar *Kaparot* en cualquier otro día del año no proporcionaría ninguna limpieza o expiación.

Para cumplir con el precepto de *Kaparot*, tomamos el ave, la sostenemos encima de nuestra cabeza y la giramos en dirección de las manecillas del reloj mientras recitamos la bendición indicada. Esta acción y bendición transfieren a la gallina o gallo (*guéver*) la energía de Juicio (*Guevurá*) de todas las acciones negativas que realizamos durante el año anterior. Para esta ave, esto es considerado como una acción "sagrada" que eleva la chispa de Luz en el ave a su siguiente nivel. Después de que se termina el ritual, el ave es sacrificada y puede consumirse o darse en caridad como alimento para los pobres.

Rav Jayim Vital dice: Mi maestro (el Arí) solía sacrificar un gallo blanco en la noche de *Yom Kipur*, después de decir la oración de *Slijot* y antes del amanecer (cada miembro del hogar debe hacer *Kaparot*: un gallo por cada hombre y una gallina por cada mujer. Una mujer embarazada debe tener tres aves; una gallina por ella, y un gallo y una gallina por el embrión).

Y la razón para ello es el secreto del control de las *Guevurot*, dado que un gallo es llamado *guéver* en hebreo y éste es el secreto de las *Guevurot* de *Yesod* que son aserradas hoy (el noveno día de *Tishrei*) y entregadas a la *Nukvá*. Y, por lo tanto, sacrificamos el ave para endulzar las *Guevurot* de *Yesod* que están en la *Nukvá* y doblegarlas. En *Yom Kipur* tenemos el chivo expiatorio, el cual es el secreto de las *Guevurot* de *Maljut*, Juicio Severo, y para poder suavizar su Juicio tenemos el poder de *Biná* que es revelado en este día. Por lo tanto, el papel del ave de las *Kaparot* que sacrificamos en el noveno día es similar al del chivo expiatorio. El chivo expiatorio es endulzado por la energía de *Yom Kipur* (*Biná-Ima*), pero el ave es sacrificada antes del amanecer a fin de conectar con la energía de Misericordia que es revelada al alba y puede endulzarla.

Antes de las *Kaparot*, recitamos esto:

לְשֵׁם leShem יִחוּד yijud קוּדְשָׁא Kudshá בְּרִיךְ Berij הוּא Hu

וּשְׁכִינְתֵּיהּ uShjintei (יאהדונהי), בִּדְחִילוּ bidjilu וּרְחִימוּ urjimu (יאההויהה),

וּרְחִימוּ urjimu וּדְחִילוּ udjilu (איההויהה), לְיַחֲדָא leyajdá

שֵׁם Shem יוּ"ד yud קֵ"י kei בְּוָא"ו bevav קֵ"י kei בְּיִחוּדָא beyijudá

שְׁלִים shlim (יהוה) בְּשֵׁם beshem כָּל col ילי יִשְׂרָאֵל Yisrael,

הִנֵּה hiné אָנֹכִי anojí בָּא ba לַעֲשׂוֹת laasot כַּפָּרָה kapará זוֹ zo

לְתַקֵּן letakén אֶת et שׁוֹרְשָׁהּ shorshá בִּמְקוֹם bemakom עֶלְיוֹן elyón.

וִיהִי vihí רָצוֹן ratsón מהש ע"ה, ע"ב בריבוע קס"א ע"ה, אל שדי ע"ה

מִלְּפָנֶיךָ milfaneja ס"ג מ"ה ב"ן יְהֹוָהאדניאהדונהי Adonai אֱלֹהֵינוּ Eloheinu ילה

וֵאלֹהֵי veElohei לכב ; מילוי דע"ב, דמ"ב ; ילה אֲבוֹתֵינוּ avoteinu

שֶׁתְּהֵא shetehé שָׁעָה shaá זוֹ zo אֲשֶׁר asher חוּט jut

וַחֲסָדֶיךָ jasadeja גּוֹבֵר gover בָּעוֹלָם baolam עֵת et י"פ יהוה י"פ אהיה

רָצוֹן ratsón מהש ע"ה, ע"ב בריבוע קס"א ע"ה, אל שדי ע"ה וְרַחֲמִים verajamim.

EL ORDEN DE LAS KAPAROT

En aras de la unificación entre el Santísimo, Bendito sea Él, y Su Shejiná, con temor y amor y con amor y temor, para unificar el Nombre Yud-Kei y Vav-Kei en perfecta unidad, y en nombre de todo Israel, estoy aquí presente para realizar esta Kapará y corregir su raíz en el Lugar Celestial.

Que sea agradable ante Ti, Señor, nuestro Dios y Dios de nuestros antepasados, que este momento, en el cual el rayo de Tu gracia divina prevalece en el mundo, sea un tiempo de aceptación y misericordia.

ובכח uvejóaj סגלת sgulat שחיטת shjitat גבר guéver זו zo

ימתקו yumtekú וחמשה jamishá גבורות gvurot יסוד Yesod ההע

גב"ר guéver בעלמ"א bealmá נוקבא Nukvá קדישא Kadishá דזעיר diZeir

אנפין Anpín בחינתנו bejinatenu אשר asher בו bo דרך dérej ב"פ יב"ק

מעבר maavar נשמתנו nishmatenu. ואתה veatá תקום takum כ"א פעמים יהוה

תרחם terajem ג"פ רי"ו ; ח"פ אל, רי"ו ול"ב נתיבות החכמה, רמ"ח (אברים), עסמ"ב וט"ז אותיות פשוטות

ציון Tsiyón יוסף, ו' הויות, קנאה כי qui עת et י"פ יהוה י"פ אהיה לחננה lejenená כי qui

בא va מועד moed. ותבנה vetivné בית beit ב"פ ראה המקדש hamikdash

במהרה bimherá בימינו beyameinu ושם vesham נעשה naasé

לפניך lefaneja ס"ג מ"ה ב"ן משפט mishpat ע"ה ה"פ אלהים שעיר sair

המשתלח hamistaléaj להמתיק lehamtik תקפה tokfá וגבורתה ugvuratá

של shel המלכה hamalcá. יראו yirú עינינו eineinu ריבוע מ"ה

וישמח veyishmaj משיח לבנו libenu. מ"ב אותיות בפסוק יהיו yihyú אל (יא"י דס"ג)

לרצון leratsón מהש ע"ה, ע"ב בריבוע וקס"א ע"ה, אל שדי ע"ה אמרי imrei פינו finu

ר"ת אלף = אלף למד שין דלת יוד ע"ה והגיון vehegyón לבנו libenu לפניך lefaneja

ס"ג מ"ה ב"ן יהוהאדניאהדונהי Adonai צורנו tsurenu וגאלנו vegoalenu:

Y que el poder y la capacidad de esta acción del sacrificio de esta gallina (o gallo: guéver) endulce las cinco Guevurot de Yesod-Guéver, que están dentro de la Santa Nukvá-Almá de Zeir Anpín, el cual es nuestro aspecto, el pasadizo de nuestra alma. Y que "Tú nos redimirás. Tú te elevarás y serás misericordioso con Sión, porque el tiempo de favor ha llegado y es el momento apropiado" (Salmos 102:14). *Y que reconstruyas el Templo pronto, rápidamente en nuestros días, para que presentemos allí, ante Ti, el chivo que está desinado a enviarse [a Azazel] para endulzar la fuerza del Juicio de la Reina. "Que la gracia de Dios, nuestro Dios, esté sobre nosotros y que Él establezca la obra de nuestras manos y que la obra de nuestras manos lo establezca a Él"* (Salmos 90:17).

Un hombre que gira el gallo sobre su cabeza recita el siguiente párrafo tres veces. Mientras recitas las palabras "*ze jalifatí*", gira el gallo sobre tu cabeza una vez; mientras recitas las palaras "*ze temuratí*", gíralo sobre tu cabeza por segunda vez; y mientras dices "*ze kaparatí*", gíralo sobre tu cabeza por tercera vez.

זֶה ze חֲלִיפָתִי jalifatí. זֶה ze תְּמוּרָתִי temuratí. זֶה ze כַּפָּרָתִי kaparatí ר״ת וזתך.
זֶה ze הַתַּרְנְגוֹל hatarnegol לַשְּׁחִיטָה lashjitá יֵלֵךְ yelej, וְאִכָּנֵס veicanés
אֲנִי aní אני לְחַיִּים lejayim אהיה אהיה יהוה, בינה ע״ה טוֹבִים tovim וּלְשָׁלוֹם uleshalom:

Una mujer que gira la gallina sobre su cabeza recita el siguiente párrafo tres veces. Mientras recitas las palabras "*zot jalifatí*", gira la gallina sobre tu cabeza una vez; mientras recitas las palaras "*zot temuratí*", gírala sobre tu cabeza por segunda vez; y mientras dices "*zot kaparatí*", gírala sobre tu cabeza por tercera vez.

זֹאת zot חֲלִיפָתִי jalifatí. זֹאת zot תְּמוּרָתִי temuratí.
זֹאת zot כַּפָּרָתִי kaparatí ר״ת וזתך. זֹאת zot הַתַּרְנְגֹלֶת hatarnegolet
לַשְּׁחִיטָה lashjitá תֵּלֵךְ telej, וְאִכָּנֵס veicanés אֲנִי aní אני
לְחַיִּים lejayim אהיה אהיה יהוה, בינה ע״ה טוֹבִים tovim וּלְשָׁלוֹם uleshalom:

Si giras el gallo sobre la cabeza de otra persona (hombre), recita el siguiente párrafo tres veces. Mientras recitas las palabras "*ze jalifataj*", gira el gallo sobre su cabeza una vez; mientras recitas las palaras "*ze temurataj*", gíralo sobre su cabeza por segunda vez; y mientras dices "*ze kaparataj*", gíralo sobre su cabeza por tercera vez..

זֶה ze חֲלִיפָתְךָ jalifataj. זֶה ze תְּמוּרָתְךָ temurataj.
זֶה ze כַּפָּרָתְךָ kaparataj ר״ת וזתך. זֶה ze הַתַּרְנְגוֹל hatarnegol
לַשְּׁחִיטָה lashjitá יֵלֵךְ yelej, וְתִכָּנֵס veticanés אַתָּה atá
לְחַיִּים lejayim אהיה אהיה יהוה, בינה ע״ה טוֹבִים tovim וּלְשָׁלוֹם uleshalom:

Un hombre que gira el gallo sobre su cabeza recita el siguiente párrafo tres veces.

Este es mi intercambio, este es mi sustituto, este es mi expiación.
Este gallo irá a la muerte mientras que yo entraré y procederé a una vida buena y larga y a la paz.

Una mujer que gira la gallina sobre su cabeza recita el siguiente párrafo tres veces.

Esta es mi intercambio, esta es mi sustituto, esta es mi expiación.
Esta gallina irá a la muerte mientras que yo entraré y procederé a una vida buena y larga y a la paz.

Si giras el gallo sobre la cabeza de otra persona (hombre), recita el siguiente párrafo tres veces.

Este es tu intercambio, este es tu sustituto, este es tu expiación.
Este gallo irá a la muerte mientras que tú entrarás y procederás a una vida buena y larga y a la paz.

Si giras la gallina sobre la cabeza de otra persona (mujer), recita el siguiente párrafo tres veces. Mientras recitas las palabras *"zot jalifatej"*, gira la gallina sobre su cabeza una vez; mientras recitas las palaras *"zot temuratej"*, gírala sobre su cabeza por segunda vez; y mientras dices *"zot kaparatej"*, gírala sobre su cabeza por tercera vez.

זֹאת zot חֲלִיפָתֵךְ jalifatej• זֹאת zot תְּמוּרָתֵךְ temuratej•

זֹאת zot כַּפָּרָתֵךְ kaparatej ר״ת וזחך• זֹאת zot הַתַּרְנְגוֹלֶת hatarnegolet

לַשְּׁחִיטָה lashjitá תֵּלֵךְ telej, וְתִכָּנְסִי veticansí אַתְּ at

לְחַיִּים lejayim אהיה אהיה יהוה, בינה ע״ה טוֹבִים tovim וּלְשָׁלוֹם uleshalom:

Si giras la gallina sobre la cabeza de varias personas juntas, recita el siguiente párrafo tres veces. Mientras recitas las palabras *"elú jalifatjem"*, gira la gallina sobre sus cabezas una vez; mientras recitas las palaras *"elú temuratjem"*, gírala sobre sus cabezas por segunda vez; y mientras dices *"elú kaparatjem"*, gírala sobre sus cabezas por tercera vez.

אֵלּוּ elu חֲלִיפַתְכֶם jalifatjem• אֵלּוּ elu תְּמוּרַתְכֶם temuratjem• אֵלּוּ elu

כַּפָּרַתְכֶם kaparatjem ר״ת וזחך• אֵלּוּ elu הַתַּרְנְגוֹלִים hatarnegolim

לַשְּׁחִיטָה lashjitá יֵלְכוּ yeljú, וְתִכָּנְסוּ veticansú אַתֶּם atem

לְחַיִּים lejayim אהיה אהיה יהוה, בינה ע״ה טוֹבִים tovim וּלְשָׁלוֹם uleshalom:

Justo después del sacrificio de la gallina, debemos decir la siguiente bendición y cubrir la sangre con un poco de polvo/tierra.

בָּרוּךְ Baruj אַתָּה Atá יְהֹוָה אדני יאהדונהי Adonai אֱלֹהֵינוּ Eloheinu ילה

מֶלֶךְ mélej הָעוֹלָם haolam אֲשֶׁר asher קִדְּשָׁנוּ kidshanu

בְּמִצְוֹתָיו bemitsvotav וְצִוָּנוּ vetsivanu עַל al כִּסּוּי quisui

הַדָּם hadam בֶּעָפָר beafar:

Si giras la gallina sobre la cabeza de otra persona (mujer), recita el siguiente párrafo tres veces.

Esta es tu intercambio, esta es tu sustituto, esta es tu expiación.
Esta gallina irá a la muerte mientras que tú entrarás y procederás a una vida buena y larga y a la paz.

Si giras la gallina o gallo sobre la cabeza de unas cuantas personas juntas, recita el siguiente párrafo tres veces.

Esta (este) es su intercambio, esta (este) es su sustituto, esta (este) es su expiación.
Estas aves irán a la muerte mientras que ustedes entrarán y procederán a una vida buena y larga y a la paz.

Bendito seas Tú, Señor, nuestro Dios, Rey del mundo,
Quien nos ha santificado con Sus mandamientos y nos ha obligado con respecto a cubrir la sangre con tierra.

Si no podemos hacer las *Kaparot* con una gallina o gallo, debemos hacerlo con dinero. El dinero debe ser dado como caridad. Si giras el dinero sobre tu cabeza, recita el siguiente párrafo tres veces.

אֵלּוּ elu הַמָּעוֹת hamaot וַחֲלִיפָתִי jalifatí. תְּמוּרָתִי temuratí.
כַּפָּרָתִי kaparatí ר"ת וזתך. אֵלּוּ elu הַמָּעוֹת hamaot יִנָּתְנוּ yinatnú
לִצְדָקָה litsdaká ריבוע אלהים. וְאִכָּנֵס veicanés אֲנִי aní אני
לְחַיִּים lejayim אהיה אהיה יהוה, בינה ע"ה טוֹבִים tovim וּלְשָׁלוֹם uleshalom:

Si giras el dinero sobre la cabeza de otra persona (hombre), recita el siguiente párrafo tres veces.

אֵלּוּ elu הַמָּעוֹת hamaot וַחֲלִיפָתְךָ jalifataj. תְּמוּרָתְךָ temurataj.
כַּפָּרָתְךָ kaparataj ר"ת וזתך. אֵלּוּ elu הַמָּעוֹת hamaot יִנָּתְנוּ yinatnú
לִצְדָקָה litsdaká ריבוע אלהים. וְתִכָּנֵס veticanés אַתָּה atá
לְחַיִּים lejayim אהיה אהיה יהוה, בינה ע"ה טוֹבִים tovim וּלְשָׁלוֹם uleshalom:

Si giras el dinero sobre la cabeza de otra persona (mujer), recita el siguiente párrafo tres veces.

אֵלּוּ elu הַמָּעוֹת hamaot וַחֲלִיפָתֵךְ jalifatej. תְּמוּרָתֵךְ temuratej.
כַּפָּרָתֵךְ kaparatej ר"ת וזתך. אֵלּוּ elu הַמָּעוֹת hamaot יִנָּתְנוּ yinatnú
לִצְדָקָה litsdaká ריבוע אלהים. וְתִכָּנְסִי veticansí אַתְּ at
לְחַיִּים lejayim אהיה אהיה יהוה, בינה ע"ה טוֹבִים tovim וּלְשָׁלוֹם uleshalom:

Si giras el dinero sobre la cabeza de unas cuantas personas juntas, recita el siguiente párrafo tres veces.

אֵלּוּ elu הַמָּעוֹת hamaot וַחֲלִיפַתְכֶם jalifatjem. תְּמוּרַתְכֶם temuratjem.
כַּפָּרַתְכֶם kaparatjem ר"ת וזתך. אֵלּוּ elu הַמָּעוֹת hamaot יִנָּתְנוּ yinatnú
לִצְדָקָה litsdaká ריבוע אלהים. וְתִכָּנְסוּ veticansú אַתֶּם atem
לְחַיִּים lejayim אהיה אהיה יהוה, בינה ע"ה טוֹבִים tovim וּלְשָׁלוֹם uleshalom:

Si giras el dinero sobre tu cabeza, recita el siguiente párrafo tres veces.

Este dinero es mi intercambio, mi sustituto, mi expiación.
Este dinero irá a caridad mientras que yo entraré y procederé a una vida buena y larga y a la paz.

Si giras el dinero sobre la cabeza de otra persona (hombre), recita el siguiente párrafo tres veces.

Este dinero es tu intercambio, tu sustituto, tu expiación.
Este dinero irá a caridad mientras que tú entrarás y procederás a una vida buena y larga y a la paz.

Si giras el dinero sobre la cabeza de otra persona (mujer), recita el siguiente párrafo tres veces.

Este dinero es tu intercambio, tu sustituto, tu expiación.
Este dinero irá a caridad mientras que tú entrarás y procederás a una vida buena y larga y a la paz.

Si giras el dinero sobre la cabeza de unas cuantas personas juntas, recita el siguiente párrafo tres veces.

Este dinero es su intercambio, su sustituto, su expiación.
Este dinero irá a caridad mientras que ustedes entrarán y procederán a una vida buena y larga y a la paz.

ENCENDIDO DE LAS VELAS

Encendemos las velas para atraer Luz espiritual en nuestra vida personal. Cada acción física en nuestro mundo inicia una reacción correspondiente en los Mundos Superiores. Al encender las velas físicas de *Yom Kipur* con la conciencia y la intención de conectarse con la energía de *Yom Kipur* en los Mundos Superiores, despertamos y traemos Luz espiritual hacia nuestro mundo físico.

Cuando una mujer enciende las velas, también está ayudando a corregir el pecado de Javá, que fue el Deseo de Recibir para Sí Mismo. La acción de encender las velas se convierte en un acto de compartir. Debido a que el esposo y los hijos son los más cercanos a la mujer, ellos reciben los beneficios de esta acción.

LESHEM YIJUD

לשם leShem יחוד yijud קודשא Kudshá בריך Berij הוא Hu

ושכינתיה uShjintei (יאהדונהי) בדחילו bidjilu ורחימו urjimu

(יאההויהה), ורחימו urjimu ודחילו udjilu (איההויהה),

ליחדא leyajdá שם Shem יו"ד Yud קי Kei בוא"ו beVav קי Kei

ביחודא beyijudá שלים shlim (יהוה) בשם beshem כל col ילי

ישראל, Yisrael, הריני hareini באה vaá לקים lekayem

מצות mitsvat עשה asé של shel הצדקה hatsedaká ע"ה ריבוע אלהים

והריני vahareini נותנת noténet שתי shtei פרוטות prutot

לצדקה litsedaká ע"ה ריבוע אלהים ועוד veod הריני hareini נותנת noténet

פרוטה prutá אחת ajat לצדקה litsedaká ע"ה ריבוע אלהים לתקן letakén

את et שרש shóresh מצוה mitsvá זו zo וכל vejol ילי תרי"ג taryag

מצוות mitsvot הכלולות haclulot בה ba במקום bemakom עליון. elyón.

Es bueno que una mujer dé tres monedas en caridad antes del encendido de las velas y prosiga a decir:

והריני vahareini באה vaá לקים lekayem מצות mitsvat עשה asé

דרבנן derabanán להדליק lehadlik נרות nerot לכבוד lijvod

ENCENDIDO DE LAS VELAS - LESHEM YIJUD

Para la unificación del Santísimo, Bendito sea Él, y Su Shejiná,

con temor y amor y con amor y temor, para unificar El Nombre Yud-Kei y Vav-Kei en perfecta unidad, y en el nombre de Israel, yo estoy lista y dispuesta a cumplir el precepto obligatorio de Tsedaká, y por lo tanto estoy dando dos monedas como Tsedaká y una más en Tsedaká para corregir la raíz del precepto de Tsedaká con todos los otros 613 preceptos que están incluidos en él, en el Lugar Celestial,

(Es bueno que una mujer dé tres monedas en caridad antes del encendido de las velas y prosiga a decir).

Yo estoy preparada para cumplir el precepto obligatorio de los sabios del encendido de las velas en honor del

יוֹם Yom ע״ה נגד, מזבח, זן, אל יהוה הַכִּפּוּרִים HaKipurim•
לְתַקֵּן letakén שֹׁרֶשׁ shóresh מִצְוָה mitsvá זוֹ zo בְּמָקוֹם bemakom
עֶלְיוֹן elyón• וִיהִי vihí נֹעַם nóam אֲדֹנָי Adonai ללה אֱלֹהֵינוּ Eloheinu ילה
עָלֵינוּ aleinu וּמַעֲשֵׂה umaasé יָדֵינוּ yadeinu כּוֹנְנָה conená
עָלֵינוּ aleinu וּמַעֲשֵׂה umaasé יָדֵינוּ yadeinu כּוֹנְנֵהוּ conenehu:

Entonces la mujer enciende las velas, cubre sus ojos con las manos y recita la siguiente bendición:

בָּרוּךְ Baruj אַתָּה Atá יְהֹוָהאדניאהדונהי Adonai אֱלֹהֵינוּ Eloheinu ילה
מֶלֶךְ Mélej הָעוֹלָם haolam אֲשֶׁר asher קִדְּשָׁנוּ kidshanu
בְּמִצְוֹתָיו bemitsvotav וְצִוָּנוּ vetsivanu לְהַדְלִיק lehadlik
נֵר ner יהוה אהיה יהוה אלהים יהוה אדני שֶׁל shel (en *Shabat* agregar: שַׁבָּת Shabat וְשֶׁל (veshel
יוֹם Yom ע״ה נגד, מזבח, זן, אל יהוה טוֹב Tov והו:
בָּרוּךְ Baruj אַתָּה Atá יְהֹוָהאדניאהדונהי Adonai אֱלֹהֵינוּ Eloheinu ילה
מֶלֶךְ Mélej הָעוֹלָם haolam שֶׁהֶחֱיָנוּ shehejeyanu
וְקִיְּמָנוּ vekiyemanu וְהִגִּיעָנוּ vehiguianu לִזְמַן lazmán הַזֶּה hazé והו:

YEHÍ RATSÓN

A través de esta bendición se nos da el poder de tener hijos justos y de tener un esposo justo. La mayor oportunidad que tiene una mujer de compartir es con su familia, que es lo que está más cerca de ella en su vida diaria. La definición de compartir con nuestro hijo o cónyuge toma todo un nuevo significado cuando se entiende desde el punto de vista kabbalístico. Para ayudarnos a entender lo que de verdad significa compartir, debemos primero comprender lo que *no* es compartir. El Kabbalista Rav Berg explica que cuando los padres crían a sus hijos, la mayoría de los actos de compartir están considerados como parte de nuestro deber como padres amorosos. En otras palabras, cuando compartimos con nuestros seres queridos, no se generan "puntos meritorios" en los Mundos Superiores. El verdadero compartir sólo ocurre cuando nos es difícil dar, cuando nos salimos de nosotros mismos y nos salimos de nuestras zonas de confort. Comúnmente jugamos con nuestros hijos o les damos a nuestros hijos cuando esto nos satisface. Obtenemos tanto placer como ellos mismos. Sin embargo, si podemos aprender a compartir y a darles nuestro tiempo y atención cuando nos es difícil, obtendremos mayores beneficios. El encender las velas de *Shabat* se considera un verdadero acto de compartir con nuestra familia.

Día de Expiación para corregir la raíz del precepto en el Lugar Celestial.

"Y sea la gracia del Señor, nuestro Dios, sobre nosotros y pueda Él establecer en nosotros la obra de nuestras manos y que la obra de nuestras manos pueda establecerlo a Él" (Salmos 90:17). *Bendito eres Tú, Señor, nuestro Dios, Rey del universo, que nos has santificado con Tus mandamientos y nos has ordenado encender las velas de* (**en Shabat agregar:** *del Santo Shabat y del) Día de Expiación. Bendito eres Tú, Señor, nuestro Dios, Rey del universo, que nos has otorgado la vida y subsistencia y nos ha permitido llegar hasta el momento presente.*

יְהִי yehí רָצוֹן ratsón מהש ע"ה, ע"ב בריבוע קס"א ע"ה, אל שדי ע"ה
מִלְּפָנֶיךָ milfaneja ס"ג מ"ה ב"ן יְהֹוָהאדניאהדונהי Adonai אֱלֹהַי Elohai
מילוי דע"ב, דמב ; ילה וֵאלֹהֵי veElohei לכב ; מילוי דע"ב, דמ"ב ; ילה אֲבוֹתַי avotai
שֶׁתָּחוּס shetajús וּתְרַחֵם uterajem ג"פ רי"ו ; ח"פ אל, רי"ו ול"ב נתיבות החכמה,
רמ"ח (אברים), עסמ"ב וט"ז אותיות פשוטות עָלַי alai, וְתַגְדִּיל vetagdil חַסְדְּךָ jasdejá
עִמָּדִי imadí לָתֵת latet לִי li זֶרַע zera אֲנָשִׁים anashim עוֹשֵׂי osei
רְצוֹנֶךָ retsoneja• וְעוֹסְקִים veoskim בְּתוֹרָתְךָ betoratjá לִשְׁמָהּ lishmá•
וְיִהְיוּ veyihyú אל ("יא" מילוי דס"ג) מְאִירִים meirim בַּתּוֹרָה baTorá
בִּזְכוּת bizjut נֵרוֹת nerot יוֹם Yom ע"ה נגד, מזבח, זן, אל יהוה טוֹב Tov והו:
הַלָּלוּ halalu, כְּמוֹ cmó שֶׁנֶּאֱמַר sheneemar: כִּי qui נֵר ner מִצְוָה mitsvá
וְתוֹרָה veTorá אוֹר or רז, א"ס וְגַם vegam תָּחוּס tajós וּתְרַחֵם uterajem
ג"פ רי"ו ; ח"פ אל, רי"ו ול"ב נתיבות החכמה, רמ"ח (אברים), עסמ"ב וט"ז אותיות פשוטות

עַל al בַּעְלִי baalí

(La mujer debe mencionar aquí el nombre de su esposo y el nombre del padre de él)

וְתִתֵּן vetitén ב"פ כהת לוֹ lo אֹרֶךְ órej יָמִים yamim נלך
וּשְׁנוֹת ushnot וְחַיִּים jayim אהיה אהיה יהוה, בינה ע"ה
עִם im בְּרָכָה brajá וְהַצְלָחָה vehatslajá, וּתְסַיְּעֵהוּ utesayehu
לַעֲשׂוֹת laasot רְצוֹנְךָ retsonjá בִּשְׁלֵמוּת bishlemut• כֵּן quen יְהִי yehí
רָצוֹן ratsón מהש ע"ה, ע"ב בריבוע קס"א ע"ה, אל שדי ע"ה אָמֵן Amén יאהדונהי•

(מ"ב אותיות בפסוק)

יִהְיוּ yihyú אל ("יא" מילוי דס"ג) לְרָצוֹן leratsón מהש ע"ה, ע"ב בריבוע וקס"א ע"ה, אל שדי ע"ה
אִמְרֵי imrei פִי fi ר"ת אֶלֶף = אלף למד שין דלת יוד ע"ה וְהֶגְיוֹן vehegyón לִבִּי libí
לְפָנֶיךָ lefaneja ס"ג מ"ה ב"ן יְהֹוָהאדניאהדונהי Adonai צוּרִי tsurí וְגֹאֲלִי vegoalí:

YEHÍ RATSÓN

Sea agradable ante Ti, Señor, mi Dios, y Dios de mis ancestros, que tengas piedad y seas misericordioso conmigo, y puedas Tú aumentar Tu compasión hacia mí al concederme, como prole, aquellos que cumplan Tus órdenes y que se ocupen de Tu Torá por Su propio bien. Puedan ellos ser resplandecientes en la Torá gracias a estas velas, como fue dicho: "Porque el mandamiento es una vela y la Torá es Luz" (Proverbios 6:23). *Tengas también piedad y seas misericordioso hacia mi esposo* (la mujer debe mencionar aquí el nombre de su esposo y el nombre del padre de él) *y le otorgues Tú largos días y años de vida, llenos de bendiciones y éxitos, y puedas Tú ayudarlo a cumplir Tus órdenes, de manera perfecta. Sea ese Tu deseo, Amén. "Sean agradables los dichos de mi boca y los pensamientos de mi corazón ante Ti, Dios, mi fortaleza y mi redentor"* (Salmos 19:15).

MINJÁ DE ÉREV YOM KIPUR

El propósito de la oración de *Minjá* no es sólo hacer una conexión con la Luz del Creador, sino también aquietar la energía de juicio en el mundo. El mejor momento para hacer esto es cuando la energía de juicio aparece en su mayor magnitud e intensidad. El Kabbalista Rav Yitsjak Luria (el Arí) sólo recitaba la *Minjá* cuando el Sol se estaba poniendo. Él tenía conocimiento de que el valor numérico de la palabra *Minjá* (103) también es el número de los submundos (dentro de los cinco mundos principales), controlados por la energía de juicio de la Columna Izquierda.

El pecado del becerro de oro ocurrió durante la hora de *Minjá*, convirtiéndose entonces en la semilla que ayudaría a infundir el mundo con juicio al final de la tarde. Yitsjak el Patriarca es nuestro canal para superar el juicio. Yitsjak vino a este mundo para crear un camino que nos llevaría a suavizar el juicio en nuestra vida. Podemos escoger entre seguir creando caminos difíciles para nosotros o podemos seguir el camino de endulzar el juicio que pavimentó Yitsjak.

LESHEM YIJUD

לְשֵׁם leShem יִחוּד yijud קוּדְשָׁא Kudshá בְּרִיךְ Berij הוּא Hu
וּשְׁכִינְתֵּיהּ uShjintei (יאהדונהי), בִּדְחִילוּ bidjilu וּרְחִימוּ urjimu
(יאההויהה), וּרְחִימוּ urjimu וּדְחִילוּ udjilu (איההויהה), לְיַחֲדָא leyajdá
שֵׁם Shem יו"ד Yud קֵ"י Kei בְּוָא"ו beVav קֵ"י Kei בְּיִחוּדָא beyijudá
שְׁלִים shlim (יהוה) בְּשֵׁם beshem כָּל col ילי יִשְׂרָאֵל Yisrael,
הִנֵּה hiné אֲנַחְנוּ anajnu בָּאִים baim לְהִתְפַּלֵּל lehitpalel תְּפִלַּת tfilat
מִנְחָה minjá ע"ה ב"פ ב"ן שֶׁתִּקֵּן shetikén יִצְחָק Yitsjak ד"פ ב"ן אָבִינוּ avinu
עָלָיו alav הַשָּׁלוֹם hashalom עִם im כָּל col ילי הַמִּצְוֹות hamitsvot
הַכְּלוּלוֹת haclulot בָּהּ ba, לְתַקֵּן letakén אֶת et שָׁרְשָׁהּ shorshá
בְּמָקוֹם bemakom עֶלְיוֹן elyón לַעֲשׂוֹת laasot נַחַת־ nájat רוּחַ rúaj
לְיוֹצְרֵנוּ leyotsrenu, וְלַעֲשׂוֹת velaasot רְצוֹן retsón מהש ע"ה, ע"ב
בריבוע וקס"א ע"ה, אל שדי ע"ה בּוֹרְאֵנוּ borenu. וִיהִי vihí נֹעַם nóam אֲדֹנָי Adonai ללה
אֱלֹהֵינוּ Eloheinu ילה עָלֵינוּ aleinu וּמַעֲשֵׂה umaasé יָדֵינוּ yadeinu
כּוֹנְנָה conená עָלֵינוּ aleinu וּמַעֲשֵׂה umaasé יָדֵינוּ yadeinu כּוֹנְנֵהוּ conenehu:

MINJÁ DE ÉREV YOM KIPUR
LESHEM YIJUD

Para la unificación del Santísimo, bendito sea Él, y Su Shejiná, con temor y amor y con amor y temor, para unificar El Nombre Yud-Kei y Vav-Kei en perfecta unidad, y en el nombre de Israel, hemos venido por este medio a recitar la oración de Minjá establecida por Yitsjak, nuestro ancestro, sea la paz con él con todos sus preceptos, para corregir su raíz en el Lugar Celestial, para llevar satisfacción a nuestro Hacedor, y para satisfacer el deseo de nuestro Creador. "Y sea la gracia del Señor, nuestro Dios, sobre nosotros y pueda Él establecer en nosotros la obra de nuestras manos y que la obra de nuestras manos pueda establecerlo a Él" (Salmos 90:17).

LOS SACRIFICIOS – KORBANOT - EL TAMID – OFRENDA (DIARIA)

וַיְדַבֵּר vaydaber ראה יְהֹוָה יאהדונהי Adonai אֶל־ el מֹשֶׁה Moshé

לֵּאמֹר׃ lemor מהש, ע״ב בריבוע וקס״א, אל שדי צַו tsav פוי, אל אדני אֶת־ et בְּנֵי bnei

יִשְׂרָאֵל Yisrael וְאָמַרְתָּ veamarta אֲלֵהֶם alehem אֶת־ et קָרְבָּנִי korbaní

לַחְמִי lajmí לְאִשַּׁי leishai רֵיחַ réaj נִיחֹחִי nijojí תִּשְׁמְרוּ tishmerú

לְהַקְרִיב lehakriv לִי li בְּמוֹעֲדוֹ׃ bemoadó וְאָמַרְתָּ veamarta לָהֶם lahem

זֶה ze הָאִשֶּׁה haishé אֲשֶׁר asher תַּקְרִיבוּ takrivu לַיהֹוָה יאהדונהי laAdonai

כְּבָשִׂים cvasim בְּנֵי־ bnei שָׁנָה shaná תְמִימִם temimim שְׁנַיִם shnáyim

לַיּוֹם layom ע״ה נגד, מזבח, זן, אל יהוה עֹלָה olá ר״ת עשל תָּמִיד tamid ע״ה קס״א קנ״א קמ״ג׃

אֶת־ et הַכֶּבֶשׂ haqueves אֶחָד ejad אהבה, דאגה תַּעֲשֶׂה taasé בַבֹּקֶר vabóker

וְאֵת veet הַכֶּבֶשׂ haqueves הַשֵּׁנִי hashení תַּעֲשֶׂה taasé בֵּין bein

הָעַרְבָּיִם׃ haarbáyim וַעֲשִׂירִית vaasirit הָאֵיפָה haefá סֹלֶת sólet

לְמִנְחָה leminjá ע״ה ב״פ כ״ן בְּלוּלָה blulá בְּשֶׁמֶן beshemen

כָּתִית catit רְבִיעִת reviit הַהִין׃ hahín עֹלַת olat ושר, אבגיתץ

(Aquí meditar en doblegar la *klipá* llamada *Tolá* usando el Nombre: אבגיתץ)

תָּמִיד tamid ע״ה קס״א קנ״א קמ״ג הָעֲשֻׂיָה haasuyá

בְּהַר beHar סִינַי Sinai נמם, ה׳ הויות (ה׳ גבורות) לְרֵיחַ leréaj נִיחֹחַ nijóaj

אִשֶּׁה ishé לַיהֹוָה יאהדונהי laAdonai׃ וְנִסְכּוֹ veniscó רְבִיעִת reviit

הַהִין hahín לַכֶּבֶשׂ laqueves הָאֶחָד haejad אהבה, דאגה בַּקֹּדֶשׁ bakódesh

הַסֵּךְ hasej נֶסֶךְ nésej שֵׁכָר shejar י״פ כ״ן לַיהֹוָה יאהדונהי laAdonai׃

LOS SACRIFICIOS – KORBANOT - EL TAMID – OFRENDA (DIARIA)

"Y habló Dios a Moshé y dijo: Ordena a los Hijos de Israel y diles: Mi ofrenda, el pan para ofrenda por fuego, Mi agradable fragancia, guardarán para entregar en sacrificio a Mí en el momento especificado. Y les dirás: Esta es la ofrenda por fuego que ofrecerán a Dios: cordero de un año sin defecto, dos diarios, como una ofrenda diaria regular; un cordero ofrecerán en la mañana y el segundo cordero ofrecerán al final de la tarde. Y una décima de efá de harina fina, para la ofrenda de harina, mezclada con un cuarto de hin de aceite. Una ofrenda quemada permanente hecha en el Monte Sinaí para fragancia adorable y una ofrenda por fuego ante Dios. Su libación es un cuarto de hin para el cordero en el Santuario, vierte una libación de vino superior ante Dios.

bein בֵּין taasé תַּעֲשֶׂה hashení הַשֵּׁנִי haqueves הַכֶּבֶשׂ veet וְאֵת

ujniscó וּכְנִסְכּוֹ habóker הַבֹּקֶר queminjat כְּמִנְחַת haarbáyim הָעַרְבַּיִם

(elevación a *Briá*) réaj רֵיחַ (elevación a *Yetsirá*) ishé אִשֵּׁה taasé תַּעֲשֶׂה

:(elevación al Mundo Infinito) laAdonai לַיהֹוָה יאהדונהי (elevación a *Atsilut*) nijóaj נִיחֹחַ

EL INCIENSO

Estos versículos de la Torá y del *Talmud* hablan sobre las 11 hierbas y especias que fueron usadas en el Templo. Estas hierbas y especias fueron usadas con un solo propósito: Para ayudarnos a eliminar la fuerza de la muerte de cada área de nuestra vida. Esta es una de las pocas oraciones cuyo único propósito es la erradicación de la muerte. El *Zóhar* nos enseña que todo aquel que tenga juicio persiguiéndole, necesita conectarse con este incienso. Estas 11 hierbas y especias se conectan con las 11 Luces que sostienen a las *klipot* (cáscaras de negatividad). Cuando arrancamos las 11 Luces que sostienen a las *klipot* a través del poder del incienso, las *klipot* pierden su fuerza vital y mueren. Además de llevar las 11 especias al Templo, la gente llevaba resina, vino y otros elementos con propiedades metafísicas para ayudar a combatir al Ángel de la Muerte.

Está escrito en el *Zóhar*: "Ven y ve: Quien es perseguido por el juicio necesita incienso y debe arrepentirse ante su Señor, ya que el incienso ayuda a desaparecer el juicio de él". Las 11 hierbas y especias corresponden a las 11 Iluminaciones Santas que reviven a la *klipá*. Al elevarlas, la *klipá* muere. Mediante estas 11 hierbas, las *klipot* son alejadas y se elimina la fuerza energética que les daba vida. Y debido a que el Lado Puro y su sustento desaparecen, las *klipot* quedan sin vida. Por lo tanto, el secreto del incienso es que éste limpia la fuerza de la plaga y la cancela. El incienso destruye al Ángel de la Muerte y le quita su poder de asesinar.

ילה Eloheinu אֱלֹהֵינוּ Adonai יְהֹוָה יאהדונהי Hu הוּא Atá אַתָּה

ב"ן מ"ה ס"ג lefaneja לְפָנֶיךָ avoteinu אֲבוֹתֵינוּ shehiktiru שֶׁהִקְטִירוּ

; (הסממנים י"א ע"י מהקליפות הנבררים) אדני פעמים י"א któret קְטֹרֶת et אֶת

אלהים אדני ,קנ"א ע"ה hasamim הַסַּמִּים (מצוות) תרי"ג = ד' באתב"ש הק' - קטרת

kayam קַיָּם hamikdash הַמִּקְדָּשׁ ראה ב"פ shebeit שֶׁבֵּית bizmán בִּזְמַן

מהש, Moshé מֹשֶׁה yad יַד al עַל־ otam אוֹתָם tsivita צִוִּיתָ caasher כַּאֲשֶׁר

:beTorataj בְּתוֹרָתָךְ cacatuv כַּכָּתוּב neviaj נְבִיאָךְ ע"ב בריבוע וקס"א, אל שדי

Ofrecerás el segundo cordero en la tarde como la ofrenda de la mañana; su libación ofrecerás como ofrenda por fuego de una fragancia agradable a Dios" (*Números 28:1-8*).

EL INCIENSO

Eres Tú, Señor, nuestro Dios, ante quien nuestros antepasados quemaron las especias del incienso. Durante el tiempo en el que existía el Sagrado Templo, como habías ordenado a través de Moshé, Tu Profeta, y como está escrito en Tu Torá:

LA PORCIÓN DEL INCIENSO

Para elevar las *Sefirot* de todas las *Noga* de *Atsilut, Briá, Yetsirá* y *Asiyá.*

וַיֹּאמֶר vayómer יְהֹוָה(אדני)אהדונהי Adonai אֶל־ el מֹשֶׁה Moshé

מהש, ע"ב בריבוע וקס"א, אל שדי קַח־ kaj לְךָ lejá סַמִּים samim (***Tiféret, Nétsaj***)

ע"ה קנ"א, אדני אלהים נָטָף nataf | (***Hod***) וּשְׁחֵלֶת ushjélet (***Yesod***) וְחֶלְבְּנָה vejelbená

(***Maljut***) ע"ה פוי, אל אדני סַמִּים samim (***Kéter, Jojmá, Biná, Jésed, Guevurá***)

ע"ה קנ"א, אדני אלהים וּלְבֹנָה ulevoná זַכָּה zacá (**Luz Circundante**) בַּד bad בְּבַד bevad

יִהְיֶה yihyé ייי: וְעָשִׂיתָ veasita אֹתָהּ otá קְטֹרֶת któret י"א פעמים אדני (הנבררים

מהקליפות ע"י י"א הסממנים); קטרת - הק' באתב"ש ד' = תרי"ג (מצוות) רֹקַח rókaj מַעֲשֵׂה maasé

רוֹקֵחַ rokéaj שדי מְמֻלָּח memulaj טָהוֹר tahor י"פ אכא קֹדֶשׁ kódesh

ס"ת רחש בכחו לגרש החיצונים ויועיל לזכירה: וְשָׁחַקְתָּ veshajakta מִמֶּנָּה mimena

הָדֵק hadek וְנָתַתָּה venatata מִמֶּנָּה mimena לִפְנֵי lifnei הָעֵדֻת haedut

בְּאֹהֶל beóhel מוֹעֵד moed אֲשֶׁר asher אִוָּעֵד ivaed לְךָ lejá שָׁמָּה shama

קֹדֶשׁ kódesh קָדָשִׁים kadashim תִּהְיֶה tihyé לָכֶם lajem. וְנֶאֱמַר veneemar:

וְהִקְטִיר vehiktir עָלָיו alav אַהֲרֹן Aharón קְטֹרֶת któret י"א פעמים אדני

(הנבררים מהקליפות ע"י י"א הסממנים); קטרת - הק' באתב"ש ד' = תרי"ג (מצוות) סַמִּים samim

ע"ה קנ"א, אדני אלהים בַּבֹּקֶר babóker בַּבֹּקֶר babóker בְּהֵיטִיבוֹ beheitivo

אֶת־ et הַנֵּרֹת hanerot יַקְטִירֶנָּה yaktirena: וּבְהַעֲלֹת uvehaalot

אַהֲרֹן Aharón אֶת־ et הַנֵּרֹת hanerot בֵּין bein הָעַרְבַּיִם haarbáyim

ר"ת אהבה, דאגה, אחד יַקְטִירֶנָּה yaktirena קְטֹרֶת któret י"א פעמים אדני

(הנבררים מהקליפות ע"י י"א הסממנים) ; קטרת - הק' בא"ת ב"ש ד' = תרי"ג (מצוות) תָּמִיד tamid

ע"ה קס"א קנ"א קמ"ג לִפְנֵי lifnei יְהֹוָה(אדני)אהדונהי Adonai לְדֹרֹתֵיכֶם ledoroteijem:

LA PORCIÓN DEL INCIENSO

"Y Dios dijo a Moshé: Toma especias de bálsamo, uña aromática, gálbano y olíbano puro, de todo en igual peso. Y deberás preparar una mezcla de incienso: la obra de un perfumador, bien combinada, pura y santa. Molerás de ella pulverizándola y la colocarás delante del Testimonio en el Tabernáculo de Reunión, en donde Yo me encontraré contigo. Será el Santo Sanctórum para ti" (Éxodo 30:34-36). *Y Dios también dijo: "Aharón quemará sobre el Altar especies de incienso cada mañana cuando prepare las velas. Y cuando Aharón encienda las velas a la caída del sol, él deberá quemar especias de incienso como una ofrenda de incienso permanente ante Dios, por todas sus generaciones"* (Éxodo 30:7-8).

LAS FUNCIONES DEL INCIENSO

El relleno del incienso tiene dos propósitos: primero, remover las *klipot* para evitar que éstas acompañen la elevación de los Mundos y, segundo, atraer Luz hacia *Asiyá*. Por lo tanto, medita en elevar las chispas de Luz de todas las *Noga* de *Atsilut*, *Briá*, *Yetsirá* y *Asiyá*.

Cuenta el incienso uno por uno usando tu mano derecha y no te saltes ni uno, porque está escrito: "Si uno omite uno de los ingredientes, es probable que reciba la pena de muerte". Y, por lo tanto, debes tener cuidado de no saltarte ninguno, porque recitar este párrafo es un sustituto de la verdadera quema del incienso.

תָּנוּ tanú רַבָּנָן rabanán פִּטּוּם pitum הַקְּטֹרֶת haktóret י״א פעמים אדני
(הנבררים מהקליפות ע״י י״א הסממנים) ; קטרת - הק׳ באתב״ש ד׳ = תרי״ג (מצוות);
פטום הקטרת = יְהֹוָה יֱהֹוִה מצפצ יה אדני אל אלהים מצפצ (ו׳ מרגלאין דשבת)׃
כֵּיצַד queitsad• שְׁלֹשׁ shlosh מֵאוֹת meot המספר = ש׳ אלהים דיודין
וְשִׁשִּׁים veshishim המספר = מילוי הש׳ (ין) וּשְׁמוֹנָה ushmoná מָנִים manim הָיוּ hayú
בָהּ va• שְׁלֹשׁ shlosh מֵאוֹת meot המספר = ש׳ אלהים דיודין וְשִׁשִּׁים veshishim
המספר = מילוי הש׳ (ין) וַחֲמִשָּׁה vajamishá כְּמִנְיַן queminyán יְמוֹת yemot
הַחַמָּה hajamá מָנֶה mané ע״ה פוי, אל אדני בְּכָל־ bejol ב״ן, לכב
יוֹם yom ע״ה נגד, מזבח, זן, אל יהוה• מַחֲצִיתוֹ majatsitó בַּבֹּקֶר babóker
וּמַחֲצִיתוֹ umajatsitó בָּעֶרֶב baérev• וּשְׁלֹשָׁה ushloshá מָנִים manim
יְתֵרִים yeterim קס״א, קנ״א וקמ״ג שֶׁמֵּהֶם shemehem מַכְנִיס majnís כֹּהֵן Cohén מלה
גָּדוֹל gadol להח ; עם ד׳ אותיות = מבה, יזל, אום וְנוֹטֵל venotel מֵהֶם mehem
מְלֹא meló חָפְנָיו jafnav בְּיוֹם beyom ע״ה נגד, מזבח, זן, אל יהוה הַכִּפּוּרִים haKipurim•
מַחֲזִירָן majazirán לַמַּכְתֶּשֶׁת lamajtéshet בְּעֶרֶב beérev
יוֹם Yom ע״ה נגד, מזבח, זן, אל יהוה הַכִּפּוּרִים haKipurim כְּדֵי quedei לְקַיֵּם lekayem
מִצְוַת mitsvat דַּקָּה daká מִן min הַדַּקָּה hadaká• וְאַחַד veajad אהבה, דאגה
עָשָׂר asar סַמָּנִים samanim הָיוּ hayú בָהּ va• וְאֵלּוּ veelu הֵן hen׃

LAS FUNCIONES DEL INCIENSO

Nuestros Sabios han enseñado: ¿Cómo se hacía la composición del incienso? Trescientas sesenta y ocho porciones estaban contenidas allí. Trescientas sesenta y cinco correspondían al número de días en el año solar, una porción para cada día: La mitad de ella en la mañana y la otra mitad a la caída del Sol. Y las tres porciones restantes, El Sumo Sacerdote (Cohén Hagadol), en Yom Kipur, se llenaba ambas manos con ellas. En la Víspera de Yom Kipur, él las llevaría de regreso al mortero para cumplir el requerimiento de que debían estar muy finamente molidas. Cada porción contenía once especias:

(1 הַצֳּרִי haTsorí (*Kéter*) מצפצ, אלהים דיודין, י"פ ייי. (2 וְהַצִּפֹּרֶן vehaTsiporén (*Yesod*)
יהוה אדני אהיה שדי. (3 וְהַחֶלְבְּנָה vehaJelbená (*Maljut*) ע"ה פוי, אל אדני.
(4 וְהַלְּבוֹנָה vehaLevoná (Luz Circundante - שהוא אור לבן והוא יוזדי הנקרא אדון יוזיד)
מִשְׁקַל mishkal שִׁבְעִים shivim שִׁבְעִים shivim מָנֶה mané ע"ה פוי, אל אדני.
(5 מוֹר Mor (*Jésed*). (6 וּקְצִיעָה uKetsía רהע (*Guevurá* - "כי מצפון תפתח הרעה",
והגבורה סוד רוח צפון). (7 וְשִׁבֹּלֶת veShibólet נֵרְדְּ nerd (*Tiféret*).
(8 וְכַרְכֹּם veJarcom (*Nétsaj*) בוזוך, סנדלפון, ערי. מִשְׁקַל mishkal שִׁשָּׁה shishá
עָשָׂר asar שִׁשָּׁה shishá עָשָׂר asar מָנֶה mané ע"ה פוי, אל אדני. (9 קֹשְׁטְ Kosht
(*Jojmá*) שְׁנֵים shnéim עָשָׂר asar. (10 קִלּוּפָה Kilufá (*Biná*) שְׁלֹשָׁה shloshá.
(11 קִנָּמוֹן Kinamón (*Hod*) ר"ת ג"פ ק' (בסוד קדוש קדוש קדוש) תִּשְׁעָה tishá.
בּוֹרִית borit כַּרְשִׁינָא carshiná תִּשְׁעָה tishá קַבִּין kabín. יֵין yein מ"כ, י"פ האא
קַפְרִיסִין kafrisín סְאִין seín תְּלַת tlat וְקַבִּין vekabín תְּלָתָא tlatá אהיה קבין
וְאִם veim יוהך, מ"א אותיות דפשוט, דמילוי ודמילוי דמילוי דאהיה ע"ה לֹא lo מָצָא matsá
יֵין yein מ"כ, י"פ האא קַפְרִיסִין kafrisín מֵבִיא meví חֲמַר jamar חִוַּר jivar
עַתִּיק atik. מֶלַח mélaj סְדוֹמִית sdomit רוֹבַע rova. מַעֲלֶה maalé
עָשָׁן ashán כָּל col ילי שֶׁהוּא shehú. רִבִּי Ribí נָתָן Natán הַבַּבְלִי haBavlí
אוֹמֵר omer אַף af מִכִּפַּת miquipat הַיַּרְדֵּן haYardén י' הויות וד' אותיות כָּל col ילי
שֶׁהִיא shehí. אִם im יוהך, מ"א אותיות דפשוט, דמילוי ודמילוי דמילוי דאהיה ע"ה נָתַן natán
בָּהּ ba דְּבַשׁ dvash שו' (דשופר) וי"ד (האוזן) = ש"ך דינין הגדולות פְּסָלָהּ psalá.
וְאִם veim יוהך, מ"א אותיות דפשוט, דמילוי ודמילוי דמילוי דאהיה ע"ה חִסַּר jiser
אַחַת ajat מִכָּל־ micol ילי סַמָּמָנֶיהָ samemaneha חַיָּב jayav מִיתָה mitá:

---

1) Bálsamo 2) Uña aromática 3) Gálbano 4) Olíbano; el peso de setenta porciones cada una. 5) Mirra 6) Acacia 7) Nardo 8) Y Azafrán; el peso de dieciséis porciones cada una. 9) Doce porciones de Costo 10) Tres de Corteza aromática 11) Nueve de Canela. Asimismo, nueve kabín de Lejía de Carsina. Y tres kabín y tres seín de Vino de Chipre. Y si uno no encontrase vino de Chipre, él deberá traer vino blanco añejo. Y un cuarto de la sal de Sodoma. Y una pequeña medida de una hierba generadora de humo. Rabí Natán, el Babilonio, también aconsejaba una pequeña cantidad de ámbar de Jordania. Si se le añadía miel, se hacía defectuoso. Si omite aunque sea una de todas las hierbas, era merecedor de la muerte.

רבן Rabán שמעון Shimón בן ben גמליאל Gamliel אומר omer:
הצרי haTsorí מצפצ, אלהים דיודין, י״פ ייי איננו einó אלא ela שרף seraf
הנוטף hanotef מעצי meatsei הקטף haktaf. בורית borit
כרשינא carshiná למה lemá היא hi באה vaá כדי quedei
לשפות leshapot בה ba את et הצפורן haTsiporén יהוה אדני אהיה שדי
כדי quedei שתהא shetehé נאה naá. יין yein ע׳ (כנגד ע׳ אומות העולם התלויים בסמאל)
מ״כ, י״פ האא קפריסין Kafrisín למה lemá הוא hu בא va כדי quedei
לשרות lishrot בו bo את et הצפורן haTsiporén יהוה אדני אהיה שדי
כדי quedei שתהא shetehé עזה azá. והלא vahaló מי mei ילי רגלים ragláyim
יפין yafín לה la אלא ela שאין sheein מכניסין majnisín מי mei ילי
רגלים ragláyim במקדש bamikdash מפני mipnei הכבוד hacavod לאו:
תניא tanyá רבי Ribí נתן Natán אומר omer כשהוא queshehú
שוחק shojek אומר omer הדק hadek היטב heitev. היטב heitev
הדק hadek. מפני mipnei שהקול shehakol יפה yafé לבשמים labesamim.
פטמה pitmá לחצאין lajatsaín כשרה queshera. לשליש leshalish
ולרביע uleravía לא lo שמענו shamanu. אמר amar רבי Ribí
יהודה Yehudá זה ze הכלל haclal אם im יוהך, מ״א אותיות דפשוט, דמילוי
ודמילוי דמילוי דאהיה ע״ה כמדתה quemidatá כשרה queshera לחצאין lajatsaín.
ואם veim יוהך, מ״א אותיות דפשוט, דמילוי ודמילוי דמילוי דאהיה ע״ה וחסר jiser
אחת ajat מכל־ micol ילי סממניה samemaneha חייב jayav מיתה mitá:

Rabán Shimón ben Gamliel dice: El bálsamo era sólo una savia que rezumaba de los árboles de bálsamo. ¿Para qué se añadía la lejía de Carsina? Para frotar la uña aromática con ella y hacerlo agradable a la vista. ¿Cuál era el propósito de añadir vino de Chipre? Para remojarlo con la uña aromática. Orina es lo más apropiado para esto, pero no se lleva orina al Templo Sagrado por respeto. Se enseñaba que Rabí Natán decía: Cuando él molía, él decía: "Muélela finamente, muélela finamente". Esto es porque la voz es beneficiosa para las especias. Si combina la mitad de la cantidad es todavía válido, pero con relación a un tercio o un cuarto no poseemos información. Rabí Yehuda decía: Esta es la regla general: Si está en las proporciones correctas, la mitad es válida. Pero si él omite una de las especias, es merecedor de la muerte.

תָּנֵי tanei בַּר Var קַפָּרָא Kapará אַחַת ajat לְשִׁשִּׁים leshishim אוֹ o
לְשִׁבְעִים leshivim שָׁנָה shaná הָיְתָה haytá בָּאָה vaá שֶׁל shel
שִׁירַיִם shiráyim לַחֲצָאִין lajatsaín. וְעוֹד veod תָּנֵי tanei בַּר Var
קַפָּרָא Kapará אִלּוּ ilú הָיָה hayá יהה נוֹתֵן notén אבגיתץ, ושר בָּהּ ba
קָרְטוֹב kartov שֶׁל shel דְּבַשׁ dvash שו׳ (דשופר) ו״ד (האווזז) = ש״ך דינין דגדלות
אֵין ein אָדָם adam מ״ה יָכוֹל yajol לַעֲמוֹד laamod מִפְּנֵי mipnei
רֵיחָהּ reijá. וְלָמָּה velama אֵין ein מְעָרְבִין mearvín בָּהּ ba דְּבַשׁ dvash
שו׳ (דשופר) ו״ד (האווזז) = ש״ך דינין דגדלות מִפְּנֵי mipnei שֶׁהַתּוֹרָה shehaTorá
אָמְרָה amrá: כִּי qui כָל־ jol ילי שְׂאֹר seor ג׳ מוחין דאלהים דקטנות
(ש׳ = אלהים דיודין ; א׳ כללות שם אלהים ; ר׳ = ריבוע אלהים) וְכָל־ vejol ילי דְּבַשׁ dvash
שו׳ (דשופר) ו״ד (האווזז) = ש״ך דינין דגדלות לֹא־ lo תַקְטִירוּ taktiru מִמֶּנּוּ mimenu
שכן הם בחינת דינין דקטנות ודגדלות לכן נאסרה הקרבתן אִשֶּׁה ishé לַיהֹוָהאדניאהדונהי laAdonai:

Derecha

יְהֹוָהאדניאהדונהי Adonai צְבָאוֹת Tsvaot פני שכינה עִמָּנוּ imanu
ריבוע דס״ג, קס״א ע״ה וד׳ אותיות מִשְׂגָּב־ misgav משה, מהש, ע״ב בריבוע קס״א, אל שדי,
ד״פ אלהים ע״ה לָנוּ lanu אלהים, אהיה אדני אֱלֹהֵי Elohei מילוי ע״ב, דמב ; ילה
יַעֲקֹב Yaakov ו׳ הויות, יאהדונהי אידהנויה סֶלָה sela:

Izquierda

יְהֹוָהאדניאהדונהי Adonai צְבָאוֹת Tsvaot פני שכינה אַשְׁרֵי ashrei
אָדָם adam מ״ה ; יהוה צבאות אשרי אדם = תפארת בֹּטֵחַ botéaj
בָּךְ baj אדם בוטח בך = אמן (יאהדונהי) ע״ה ; בוטח בך = מילוי ע״ב ע״ה:

Bar Kapara enseñaba que una vez cada sesenta o setenta años, las sobras se acumularían hasta llegar a la mitad de la medida. Bar Kapara también enseñaba que si se le añadía un kortov de miel, ningún hombre soportaría su olor. ¿Por qué no se mezcla miel con ella? Porque la Torá ha estipulado: Porque cualquier levadura o miel, no debes quemar en una ofrenda por fuego a Dios (Kritut 6; Yerushalmi, Yomá: cap. 4). (Derecha) *"El Señor de los Ejércitos está con nosotros, nuestra fuerza es el Dios de Yaakov, Sela"* (Salmos 46:12). (Izquierda) *"El Señor de los Ejércitos, dichoso es aquel que confía en Ti"* (Salmos 84:13).

Central

יְהֹוָה יאהדונהי Adonai הוֹשִׁיעָה hoshía יהוה וש״ע נהורין הַמֶּלֶךְ haMélej ר״ת יהה

יַעֲנֵנוּ yaanenu בְיוֹם veyom ע״ה, נגד, מזבח, זן, אל יהוה

קָרְאֵנוּ korenu ר״ת יב״ק, אלהים יהוה, אהיה אדני יהוה ; ס״ת = ב״ן ועם כף דהמלך = ע״ב:

וְעָרְבָה vearvá לַיהֹוָה יאהדונהי laAdonai

מִנְחַת minjat יְהוּדָה Yehudá וִירוּשָׁלָםִ virushaláim

כִּימֵי quimei עוֹלָם olam וּכְשָׁנִים ujeshanim קַדְמֹנִיּוֹת kadmoniyot:

ANÁ BEJÓAJ (para saber más sobre el *Aná Bejóaj*, ir a las pág. 270-272)

El *Aná Bejóaj* probablemente es la oración más poderosa en todo el universo. El kabbalista del siglo II Rav Najunyá ben HaKaná fue el primer sabio en revelar esta combinación de 42 letras, la cual contiene el poder de la Creación.

Jésed, domingo (*Álef Bet Guímel Yud Tav Tsadi*) אבג יתץ

אָנָּא aná בְּכֹחַ bejóaj• גְּדוּלַּת guedulat יְמִינְךָ yemineja•

תַּתִּיר tatir צְרוּרָה tserurá:

Guevurá, lunes (*Kof Resh Ayin Sin Tet Nun*) קרע שטן

קַבֵּל kabel רִנַּת rinat• עַמְּךָ ameja שַׂגְּבֵנוּ sagvenu•

טַהֲרֵנוּ taharenu נוֹרָא norá:

(Central) *"Señor, sálvanos. El Rey nos responderá el día que lo invoquemos"* (*Salmos 20:10*). *"Que el Señor encuentre la ofrenda de Yehuda y Jerusalén agradable como siempre y como en los tiempos antiguos"* (*Malaquías 3:4*).

ANÁ BEJÓAJ

Jésed, domingo אבג יתץ

Te suplicamos, con el gran poder de Tu diestra, pon en libertad a los cautivos.

Guevurá, lunes קרע שטן

Acepta el canto de Tu Nación. Fortifícanos y purifícanos, Oh Reverenciado.

Tiféret, martes (*Nun Guímel Dálet Yud Caf Shin*) נג״ד יכ״ש

אָנָּא na גְּבוֹר •guibor דּוֹרְשֵׁי dorshei יִחוּדְךָ •yijudeja

כְּבָבַת quevavat שָׁמְרֵם :shamrem

Nétsaj, miércoles (*Bet Tet Resh Tsadi Tav Guímel*) בט״ר צת״ג

בָּרְכֵם barjem טַהֲרֵם •taharem רַחֲמֵי rajamei צִדְקָתְךָ •tsidkateja

תָּמִיד tamid גָּמְלֵם :gomlem

Hod, jueves (*Jet Kof Bet Tet Nun Ayin*) חק״ב טנ״ע

חֲסִין jasín קָדוֹשׁ •kadosh בְּרוֹב berov טוּבְךָ •tuvjá

נַהֵל nahel עֲדָתֶךָ :adateja

Yesod, viernes (*Yud Guímel Lámed Pei Zayin Kof*) יג״ל פז״ק

יָחִיד yajid גֵּאֶה •gueé לְעַמְּךָ leamjá פְּנֵה •pené

זוֹכְרֵי zojrei קְדוּשָּׁתֶךָ :kedushateja

Maljut, sábado (*Shin Kof Vav Tsadi Yud Tav*) שק״ו צי״ת

שַׁוְעָתֵנוּ shavatenu קַבֵּל •kabel וּשְׁמַע ushmá צַעֲקָתֵנוּ •tsaakatenu

יוֹדֵעַ yodea תַּעֲלוּמוֹת :taalumot

BARUJ SHEM QUEVOD

Susurrar este verso final atrae toda la Luz de los Mundos Superiores hacia nuestra existencia física.

(Susurra): יוזו אותיות בָּרוּךְ Baruj שֵׁם Shem כְּבוֹד quevod מַלְכוּתוֹ maljutó

לְעוֹלָם leolam ריבוע ס״ג וי׳ אותיות דס״ג וָעֶד :vaed

Tiféret, martes נג״ד יכ״ש

Por favor, Todopoderoso, a los que buscan Tu unidad, cuídalos como a la pupila de los ojos.

Nétsaj, miércoles בט״ר צת״ג

Bendícelos. Purifícalos. Otórgales siempre tu fidelidad compasiva.

Hod, jueves חק״ב טנ״ע

Invencible y Todopoderoso, con la abundancia de Tu bondad, guía a Tu congregación.

Yesod, viernes יג״ל פז״ק

Oh exaltado y orgulloso, vuélvete a Tu pueblo, aquellos que recuerdan Tu santidad.

Maljut, sábado שק״ו צי״ת

Acepta nuestra plegaria y escucha nuestro clamor, Tú que conoces todo lo oculto.

BARUJ SHEM QUEVOD

"Bendito es el Nombre de la Gloria. Su Reino es para siempre y para la eternidad" (*Pesajim 56a*).

EL ASHREI

De las veintidós letras del alfabeto arameo, veintiuna de ellas están codificadas en el *Ashrei* en el orden correcto, de la *Álef* a la *Tav*. El Rey David, el autor, dejó a la letra aramea *Nun* fuera de esta oración, ya que la *Nun* es la primera letra de la palabra aramea *Nefilá*, que significa "caída". Caída se refiere a un descenso espiritual, caer en la *klipá*. Los sentimientos de duda, depresión, preocupación e incertidumbre son consecuencias de la caída espiritual. Debido a que las letras arameas son los verdaderos instrumentos de la Creación, esta oración ayuda a inyectar el orden y la fuerza de la Creación en nuestra vida, sin la energía de la caída.

En este Salmo está escrito diez veces el Nombre: יהוה por las Diez *Sefirot*. Este Salmo está escrito según el orden del *Álef Bet*, pero la letra *Nun* es omitida para evitar la caída.

אַשְׁרֵי ashrei (סוד הכתר) יוֹשְׁבֵי yoshvei בֵיתֶךָ veiteja ב"פ ראה

עוֹד od יְהַלְלוּךָ yehaleluja סֶּלָה sela: אַשְׁרֵי ashrei הָעָם haam

שֶׁכָּכָה shecaja מהש, משה, ע"ב בריבוע קס"א, אל שדי, ד"פ אלהים ע"ה לוֹ lo

אַשְׁרֵי ashrei הָעָם haam ר"ת לאה שֶׁיְהֹוָה יאהדונהי sheAdonai **(*Kéter*)**

אֱלֹהָיו Elohav ילה: תְּהִלָּה tehilá ע"ה אמת, אהיה פעמים אהיה, ז"פ ס"ג לְדָוִד leDavid

אֲרוֹמִמְךָ aromimjá אֱלוֹהַי Elohai הַמֶּלֶךְ haMélej וַאֲבָרְכָה vaavarjá

שִׁמְךָ Shimjá לְעוֹלָם leolam ריבוע דס"ג וי' אותיות דס"ג וָעֶד vaed:

בְּכָל־ bejol ב"ן, לכב יוֹם yom ע"ה נגד, מזבח, זן, אל יהוה

אֲבָרְכֶךָּ avarjecá וַאֲהַלְלָה vaahalelá מ"ה יהוה שִׁמְךָ Shimjá

לְעוֹלָם leolam ריבוע דס"ג וי' אותיות דס"ג וָעֶד vaed:

גָּדוֹל gadol להח ; עם ד' אותיות = מבה, יזל, אום

יְהֹוָה יאהדונהי Adonai **(*Jojmá*)** וּמְהֻלָּל umehulal אדני, ללה

מְאֹד meod וְלִגְדֻלָּתוֹ veligdulató והו אֵין ein חֵקֶר jéker:

EL ASHREI

"Dichosos aquellos que moran en Tu casa, ellos Te alabarán, Sela" (Salmos 84:5). *"Dichosa es la nación que así es para ella y dichosa la nación de la que El Señor es su Dios"* (Salmos 145:15). *"Una alabanza de David:*

א *Yo te exaltaré a Ti, mi Dios, el Rey, y yo bendeciré Tu Nombre por siempre y por la eternidad.*

ב *Te bendeciré cada día y alabaré Tu Nombre por siempre y por la eternidad.*

ג *El Señor es grande y extremadamente alabado. Su grandeza es inescrutable.*

דּוֹר dor לְדוֹר ledor יְשַׁבַּח yeshabaj מַעֲשֶׂיךָ maaseja ר"ת דלים

וּגְבוּרֹתֶיךָ ugvuroteja יַגִּידוּ yaguidu ייז, כ"ב אותיות פשוטות (=אכא) וה' אותיות סופיות מנצפך:

הֲדַר hadar כְּבוֹד quevod הוֹדֶךָ hodeja וְדִבְרֵי vedivrei

נִפְלְאוֹתֶיךָ nifleoteja ר"ת אלהים, אהיה אדני

אָשִׂיחָה asija ר"ת הפסוק = פ"ז (בסוד כתם טהור פז):

וֶעֱזוּז veezuz נוֹרְאוֹתֶיךָ noroteja יֹאמֵרוּ yomeru וּגְדוּלָּתְךָ ugdulatjá

(כתיב: וגדלותיך) ר"ת = ע"ב, ריבוע יהוה אֲסַפְּרֶנָּה asaprena ס"ת = ייא"י (מילוי דס"ג):

זֵכֶר zéjer רַב־ rav טוּבְךָ tuvjá לאו יַבִּיעוּ yabíu

וְצִדְקָתְךָ vetsidkatjá יְרַנֵּנוּ yeranenú ס"ת = ב"ן, יבמ, לכב ; ר"ת הפסוק = רי"ו יהוה:

חַנּוּן janún וְרַחוּם verajum יְהֹוָהאדנייאהדונהי Adonai **(*Biná*)**

חנון ורחום יהוה = עש"ל אֶרֶךְ érej ס"ת = ס"ג ב"ן אַפַּיִם apáyim ר"ת = יהוה

וּגְדָל־ ugdal (כתיב: וגדול) חָסֶד jásed ע"ב, ריבוע יהוה:

טוֹב־ tov והו יְהֹוָהאדנייאהדונהי Adonai **(*Jésed*)** לַכֹּל lacol

יה אדני ; ס"ת ל"ו (מילוי דס"ג) וְרַחֲמָיו verajamav עַל־ al

כָּל col ילי ; עמם ; ר"ת ריבוע ב"ן ע"ה מַעֲשָׂיו maasav ס"ת ע"ב, ריבוע יהוה:

ד *Una generación y la próxima alabarán Tus obras y narrarán Tus proezas.*
ה *Yo hablaré de la luminosidad de Tu espléndida gloria y de la maravilla de Tus actos.*
ו *Ellos proclamarán el asombroso poder de tus actos y yo hablaré de Tu grandeza.*
ז *Ellos expresarán el recuerdo de Tu abundante bondad y proclamarán dichosos Tu justicia.*
ח *El Señor es misericordioso y compasivo, lento para la ira y grande en misericordia.*
ט *El Señor es bueno para con todos, Su compasión se extiende sobre todos Sus actos.*

יוֹדוּךָ yoduja יְהֹוָה יאהדונהי Adonai (*Guevurá*) כָּל־ col ילי מַעֲשֶׂיךָ maaseja

וַחֲסִידֶיךָ vajasideja ר״ת אלהים, אהיה אדני יְבָרְכוּכָה yevarjuja ס״ת = מ״ה:

כְּבוֹד quevod מַלְכוּתְךָ maljutjá יֹאמֵרוּ yomeru וּגְבוּרָתְךָ ugvuratjá

יְדַבֵּרוּ yedaberu ר״ת הפסוק = אלהים, אהיה אדני ; ס״ת = ב״ן, יבמ, לכב:

לְהוֹדִיעַ lehodía לִבְנֵי livnei הָאָדָם haadam ר״ת ללה, אדני

גְּבוּרֹתָיו gvurotav וּכְבוֹד ujvod הֲדַר hadar

מַלְכוּתוֹ maljutó ר״ת מ״ה וס״ת = רי״ו ; ר״ת הפסוק ע״ה = ק״כ צירופי אלהים:

מַלְכוּתְךָ maljutjá מַלְכוּת maljut כָּל־ col ילי עֹלָמִים olamim

וּמֶמְשַׁלְתְּךָ umemshaltejá בְּכָל־ bejol ב״ן, לכב דּוֹר dor וָדֹר vador רי״ו:

סוֹמֵךְ somej ריבוע אדני יְהֹוָה יאהדונהי Adonai (*Tiféret*)

לְכָל־ lejol יה אדני ; סומך אדני לכל ר״ת סאל, אמן (יאהדונהי) הַנֹּפְלִים hanoflim

וְזוֹקֵף vezokef לְכָל־ lejol יה אדני הַכְּפוּפִים hacfufim נמם:

עֵינֵי־ einei ריבוע דמ״ה כֹל jol ילי אֵלֶיךָ eleja יְשַׂבֵּרוּ yesaberu וְאַתָּה veAtá

נוֹתֵן־ notén אבגית״ץ, ושר לָהֶם lahem אֶת־ et אָכְלָם ajlam בְּעִתּוֹ beitó:

י *Todas tus obras Te agradecerán, Señor, y Tus fieles devotos Te bendicen.*

כ *Ellos dirán de la gloria de Tu Reino y hablarán de Tus poderosos actos.*

ל *Él hace que el hombre conozca Sus proezas y la gloria de Su espléndido Reino.*

מ *Tuyo es el Reino de todos los mundos y Tu dominio se extiende a toda y cada generación.*

ס *El Señor sostiene a todos aquellos que caen y endereza a los doblegados.*

ע *Los ojos de todos ven con esperanza hacia Ti, y Tú les das su alimento al momento apropiado.*

Potéaj et Yadeja

Conectamos con las letras *Pei*, *Álef* y *Yud* al abrir nuestras manos con las palmas hacia arriba. Nuestra conciencia está enfocada en recibir el sustento y la prosperidad financiera de parte de la Luz a través de nuestras acciones del diezmo y compartir; nuestro *Deseo de Recibir para Dar y Compartir*. Al hacer esto, también reconocemos que el sustento que recibimos proviene de una fuente superior y no de nuestras acciones. Según los sabios, si no meditamos en esta idea en este punto, debemos repetir la oración.

פתוז (שע"ז נהורין למ"ה ולס"ה)

יוד הי ויו הי יוד הי ויו הי (וז' וזיוורתי)
אלף למד אלף למד (ש"ע)
יוד הא ואו הא (לז"א)
אדני (ולנוקבא)

פותוז את ידך ר"ת פאי
גימ' יאהדונהי זו"ן
וזכמה דז"א ו"ק
יסוד דנוק'

פותוז potéaj את et ידך yadeja ר"ת פאי וס"ת וזתך עם ג' אותיות = דיקרנוסא

ובאתב"ש הוא סאל, פאי, אמן, יאהדונהי ; ועוד יכוין שם וזתך בשילוב יהוה – יוזהתוכה

אלף למד הי יוד מם אלף למד הי יוד מם מווזין דפנים דאוזור **אלהים אלהים**
להמשיך פ"ו אורות לכל מילוי דכל

אוזור דפרצופי נה"י וזג"ת
דפרצוף וזג"ת דיצירה דז"א
לף מד י וד ם
אלף למד הי יוד מם

וזתך
סאל יאהדונהי

ואוזור דפרצופי נה"י וזג"ת
דיצירה דרוזל הנקראת לאה
לף מד י וד ם
אלף למד הי יוד מם

ומשביע umasbía וזתך עם ג' אותיות = דיקרנוסא

ובא"ת ב"ש הוא סאל, אמן, יאהדונהי ; ועוד יכוין שם וזתך בשילוב יהוה – יוזהתוכה

אלף למד הי יוד מם אלף למד הי יוד מם מווזין דפנים דאוזור **אלהים אלהים**
להמשיך פ"ו אורות לכל מילוי דכל

אוזור דפרצופי נה"י וזג"ת
דפרצוף נה"י דיצירה דז"א
לף מד י וד ם
אלף למד הי יוד מם

וזתך

ואוזור דפרצופי נה"י וזג"ת
דיצירה דרוזל הנקראת לאה
לף מד י וד ם
אלף למד הי יוד מם

לכל lejol יה אדני (להמשיך מווזין ד-יה אל הנוקבא שהיא אדני)

וזי jai כל וזי = אהיה אהיה יהוה, בינה ע"ה, וזיים

רצון ratsón מהש ע"ה, ע"ב בריבוע וקס"א ע"ה, אל שדי ע"ה ; ר"ת רוזל שהיא המלכות הצריכה לשפע

יוד יוד הי יוד הי ויו יוד הי ויו הי יסוד דאבא
אלף הי יוד הי יסוד דאימא
להמתיק **רוזל** וב' דמעין **שך פר**

También debemos meditar en atraer abundancia, sustento y bendiciones a todos los mundos desde el *ratsón* mencionado anteriormente. Debemos meditar y enfocarnos en este versículo porque es la esencia de la prosperidad, y meditar en que Dios esté interviniendo, sustentando y apoyando a toda la Creación.

Potéaj et Yadeja

פ *Abre Tus Manos y satisface el deseo de todo ser viviente.*

צַדִּיק tsadik יהוה יאהדונהי Adonai (*Yesod*) בְּכָל bejol ב"ן, לכב
דְּרָכָיו derajav וְחָסִיד vejasid בְּכָל bejol ב"ן, לכב מַעֲשָׂיו maasav יבמ, ב"ן:

קָרוֹב karov יְהֹוָה יאהדונהי Adonai (*Maljut*) לְכָל־ lejol יה אדני
קֹרְאָיו korav לְכֹל lejol יה אדני אֲשֶׁר asher
יִקְרָאֻהוּ yikraúhu בֶאֱמֶת veemet אהיה פעמים אהיה, ז"פ ס"ג:

רְצוֹן retsón מהש ע"ה, ע"ב בריבוע וקס"א ע"ה, אל שדי ע"ה יְרֵאָיו yereav יַעֲשֶׂה yaasé
ר"ת רי"י וְאֶת־ veet שַׁוְעָתָם shavatam יִשְׁמַע yishmá וְיוֹשִׁיעֵם veyoshiem:

שׁוֹמֵר shomer כ"א הויות שבתפילין יְהֹוָה יאהדונהי Adonai (*Nétsaj*)
אֶת־ et כָּל־ col ילי אֹהֲבָיו ohavav ר"ת אכא
וְאֵת veet כָּל־ col ילי הָרְשָׁעִים hareshaim יַשְׁמִיד yashmid:

תְּהִלַּת tehilat יְהֹוָה יאהדונהי Adonai (*Hod*) יְדַבֶּר yedaber ראה פִּי pi
וִיבָרֵךְ vivarej ע"סמ"ב, הברכה (למתק את ז' המלכים שמתו) כָּל col ילי
בָּשָׂר basar שֵׁם Shem קָדְשׁוֹ kodshó לְעוֹלָם leolam ריבוע ס"ג וי' אותיות דס"ג
וָעֶד vaed: וַאֲנַחְנוּ vaanajnu נְבָרֵךְ nevarej יָהּ Yah מֵעַתָּה meatá
וְעַד־ vead עוֹלָם olam הַלְלוּיָהּ haleluyá אלהים, אהיה אדני ; ללה:

צ *El Señor es justo en todos Sus caminos y virtuoso en todas Sus obras.*
ק *El Señor está cerca de todos los que Lo llaman, de todos aquellos que Lo llaman sinceramente.*
ר *Él cumplirá la voluntad de aquellos que Le temen; Él escucha sus clamores y los salva.*
ש *El Señor protege a todos los que Lo aman y destruye a los impíos.*
ת *"Mis labios proclamarán la alabanza al Señor y toda criatura bendecirá Su Santo Nombre, por siempre y por la eternidad"* (Salmos 145:21). *"Y bendeciremos a Dios por siempre y por la eternidad. ¡Aleluya!"* (Salmos 115:18).

ר״ת הפסוק = נפש רוח נשמה חיה יחידה ע״ה

תִּכּוֹן ticón תְּפִלָּתִי tfilatí קְטֹרֶת któret י״א פעמים אדני לְפָנֶיךָ lefaneja ס״ג מ״ה ב״ן
מַשְׂאַת masat כַּפַּי capai מִנְחַת־ minjat עָרֶב: árev הַקְשִׁיבָה hakshiva
לְקוֹל lekol שַׁוְעִי shaví מַלְכִּי malquí וֵאלֹהָי veElohai לכב ; מילוי ע״ב, דמ״ב ; ילה
כִּי־ qui אֵלֶיךָ eleja אֶתְפַּלָּל: etpalal

MEDIO KADISH

יִתְגַּדַּל yitgadal וְיִתְקַדַּשׁ veyitkadash שדי ומילוי שדי ; י״א אותיות כמנין ו״ה
שְׁמֵיהּ Shmei (שם י״ה דע״ב) רַבָּא rabá קנ״א ב״ן, יהוה אלהים יהוה אדני,
מילוי קס״א וס״ג, מ״ה ברבוע וע״ב ע״ה ; ר״ת = ו״פ אלהים ; ס״ת = ג״פ יב״ק: אָמֵן Amén אידהנויה.
בְּעָלְמָא bealmá דִּי di בְרָא verá כִרְעוּתֵיהּ quirutei.
וְיַמְלִיךְ veyamlij מַלְכוּתֵיהּ maljutei. וְיַצְמַח veyatsmaj
פֻּרְקָנֵיהּ purkanei. וִיקָרֵב vikarev מְשִׁיחֵיהּ Meshijei: אָמֵן Amén אידהנויה.
בְּחַיֵּיכוֹן bejayeijón וּבְיוֹמֵיכוֹן uveyomeijón וּבְחַיֵּי uvejayei
דְכָל dejol ילי בֵּית beit ב״פ ראה יִשְׂרָאֵל Yisrael בַּעֲגָלָא baagalá
וּבִזְמַן uvizmán קָרִיב kariv וְאִמְרוּ veimrú אָמֵן: Amén אָמֵן Amén אידהנויה.

La congregación y el *jazán* dicen lo siguiente:

28 palabras (hasta *bealmá*) medita en: מילוי דמילוי דע״ב (יוד ויו דלת הי יוד ויו יוד ויו הי יוד)
28 letras (hasta *almayá*) medita en: מילוי דמילוי דע״ב (יוד ויו דלת הי יוד ויו יוד ויו הי יוד)

יְהֵא yehé שְׁמֵיהּ Shmei (שם י״ה דס״ג) רַבָּא rabá קנ״א ב״ן,
יהוה אלהים יהוה אדני, מילוי קס״א וס״ג, מ״ה ברבוע וע״ב ע״ה מְבָרַךְ mevaraj,
לְעָלַם lealam לְעָלְמֵי lealmei עָלְמַיָּא almayá. יִתְבָּרַךְ yitbaraj.

"Que mi oración se pose ante Ti como la ofrenda de incienso,
la elevación de mi mano como la ofrenda de harina de la tarde" (Salmos 141:2).
"Escucha el sonido de mi clamor, mi Rey, mi Dios, porque es a Ti a quien yo oro" (Salmos 5:3).

MEDIO KADISH

¡Glorificado y santificado sea su Gran Nombre! (Amén).
En el mundo que Él creó de acuerdo a Su voluntad y pueda Su Reino reinar. Y pueda Él hacer que su Redención florezca y pueda Él acercar el Mesías (Amén). *En tus vidas y en tus días y en la vida de la Casa de Israel, prontamente y en el futuro cercano, y dígase: Amén* (Amén). *Que Su gran Nombre sea bendito por siempre y para toda la eternidad, y bendito*

Siete palabras con seis letras cada una (שם בן מ"ב) medita en:

יהוה ← יוד הי ויו הי ← מילוי דמילוי דע"ב (יוד ויו דלת הי יוד ויו יוד ויו הי יוד)

También, siete veces la letra Vav (שם בן מ"ב) medita en:

יהוה ← יוד הי ויו הי ← מילוי דמילוי דע"ב (יוד ויו דלת הי יוד ויו יוד ויו הי יוד).

וְיִשְׁתַּבַּח veyishtabaj י"פ ע"ב יהוה אל אבג יתץ.

וְיִתְפָּאַר veyitpaar הי נו יה קרע שטן. וְיִתְרוֹמַם veyitromam וה כוזו נגד יכש.

וְיִתְנַשֵּׂא veyitnasé במוכסז בטר צתג. וְיִתְהַדָּר veyithadar כוזו יה וזקב טנע.

וְיִתְעַלֶּה veyitalé וה יוד ה יגל פזק. וְיִתְהַלָּל veyithalal א ואו הא שקו צית.

שְׁמֵיהּ Shmei (שם י"ה דמ"ה) דְּקוּדְשָׁא deKudshá בְּרִיךְ Verij הוּא Hu:

אָמֵן Amén אידהנויה.

לְעֵלָּא leelá מִן min כָּל col ילי בִּרְכָתָא birjatá. שִׁירָתָא shiratá.

תֻּשְׁבְּחָתָא tishbejatá וְנֶחָמָתָא venejamatá. דַּאֲמִירָן daamirán

בְּעָלְמָא bealmá וְאִמְרוּ veimrú אָמֵן Amén: אָמֵן Amén אידהנויה.

La Amidá

Cuando comenzamos la conexión, damos tres pasos hacia atrás que significan que estamos dejando este mundo físico. Después damos tres pasos hacia delante para comenzar la *Amidá*. Los tres pasos son:

1. Entrar a la tierra de Israel; para entrar en el primer círculo espiritual.
2. Entrar en la ciudad de Jerusalén; para entrar en el segundo círculo espiritual.
3. Entrar en el Santo Sanctórum; para entrar en el círculo más interno.

Antes de recitar el primer verso de la *Amidá*, pedimos: "*Dios, abre mis labios y permite que mi boca hable*", estamos pidiendo a la Luz que hable por nosotros para que podamos recibir lo que necesitamos y no sólo lo que queremos. Con mucha frecuencia, lo que queremos de la vida no es necesariamente el deseo del alma, que es lo que verdaderamente necesitamos para estar satisfechos. Al pedirle a la Luz que hable a través de nosotros, nos aseguramos de que nuestra conexión nos traiga realización genuina y oportunidades para el crecimiento espiritual y el cambio.

---

alabado, y glorificado y exaltado, y ensalzado y honrado,
y adorado y loado, sea el Nombre del Santísimo, bendito sea Él (Amén). Más allá de todas las bendiciones, himnos, alabanzas y palabras de consolación que deben decirse en el mundo, y dígase: Amén (Amén).

Cuando la noche de *Yom Kipur* cae un viernes:
Debes meditar en elevar *Néfesh* de *Asiyá* por el Nombre: יוד הה וו הה (ב"ן), y después al *Rúaj* del mundo de *Yetsirá* por el Nombre: יוד הא ואו הא (מ"ה), y después al *Neshamá* de *Briá* por el Nombre: יוד הי ואו הי (ס"ג), y después elevar todo lo mencionado anteriormente a *Néfesh* de *Atsilut*: יוד הי ויו הי (ע"ב).

אֲדֹנָי Adonai לכה (pausa aquí) שְׂפָתַי sfatai תִּפְתָּח tiftaj וּפִי ufí יַגִּיד yaguid

יוד (כ"ב אותיות פשוטות [=אכא] וה' אותיות סופיות מנצפך) תְּהִלָּתֶךָ tehilateja ס"ת = בוכו:

LA PRIMERA BENDICIÓN – INVOCA AL ESCUDO DE AVRAHAM

Avraham es el canal de la energía de la Columna Derecha de positividad, compartir y misericordia. Las acciones dadoras pueden protegernos de todas las formas de negatividad.

Jésed que se convierte en *Jojmá*

En esta sección hay 42 palabras, el secreto del Nombre de Dios de 42 letras y, por lo tanto, comienza con la letra *Bet* (2) y termina con la letra *Mem* (40).

Flexiona tus rodillas en "*Baruj*", inclínate en "*Atá*" y enderézate en "*Adonai*".

א ב
בָּרוּךְ Baruj אַתָּה Atá א-ת (אותיות הא"ב המסמלות את השפע המג'יע) לה' המלכות

Cuando la noche de *Yom Kipur* cae un viernes:
Mientras te inclinas, debes meditar en el Nombre: אלף הי יוד הי para bajar la *Neshamá* del mundo de *Atsilut* para que sea *Mayin Nukvín* para elevar a la *Shejiná*. Y **mientras te enderezas**, debes meditar en el Nombre: יוד הי ויו הי para elevar la *Shejiná* y preparar el Mundo de *Atsilut* para que pueda recibir el mundo de *Briá*.

ג י
יְהֹוָהאדניאהדונהי Adonai (יא) אֱלֹהֵינוּ Eloheinu ילה

ת צ
וֵאלֹהֵי veElohei לכב ; מילוי ע"ב, דמב ;ילה אֲבוֹתֵינוּ avoteinu•

ק ר
אֱלֹהֵי Elohei מילוי ע"ב, דמב ; ילה אַבְרָהָם Avraham (*Jojmá*)

וו"פ אל, רי"ו ול"ב נתיבות החכמה, רמ"ח (אברים), עסמ"ב וט"ז אותיות פשוטות.

LA AMIDÁ

"Mi Señor, abre mis labios y mi boca declarará Tu alabanza" (*Salmos 51:17*).

LA PRIMERA BENDICIÓN

Bendito eres, Señor, nuestro Dios y Dios de nuestros ancestros: el Dios de Avraham,

ע ש

אֱלֹהֵי Elohei במילוי ע"ב, דמב ; ילה יִצְחָק Yitsjak (*Biná*) ד"פ ב"ן

ט נ

וֵאלֹהֵי veElohei לכב ;מילוי ע"ב, דמב ; ילה יַעֲקֹב Yaakov (*Dáat*) ו' הויות, יאהדונהי אידהנויה.

נ נ

הָאֵל haEl לאה ; ייא" (מילוי דס"ג) הַגָּדוֹל hagadol האל הגדול = סיט ;גדול = להח

ד י

עם ד' אותיות = מבה, יזל, אום הַגִּבּוֹר haguibor ר"ת ההה וְהַנּוֹרָא vehanorá.

כ ש

אֵל El ייא" (מילוי דס"ג) ; ר"ת = ע"ב, ריבוע יהוה עֶלְיוֹן elyón.

ב ט ר צ ת

גּוֹמֵל gomel חֲסָדִים jasadim טוֹבִים tovim. קוֹנֵה koné הַכֹּל hacol

ג וו ק ב

וְזוֹכֵר vezojer חַסְדֵי jasdei אָבוֹת avot. וּמֵבִיא umeví

ט נ ע י

גּוֹאֵל goel לִבְנֵי livnei בְנֵיהֶם vneihem לְמַעַן lemaan

נ ל

שְׁמוֹ Shemó מהש ע"ה, ע"ב בריבוע וקס"א ע"ה, אל שדי ע"ה בְּאַהֲבָה beahavá אחד, דאגה:

Cuando digas la palabra "*beahavá*" debes meditar en dedicar tu alma a santificar el Santo Nombre y aceptar sobre tí mismo las cuatro formas de muerte.

---

el Dios de Yitsjak
y el Dios de Yaakov.
El Dios grande, poderoso y reverenciado.
El Dios Celestial, El que otorga benevolencia y crea todas las cosas. El que recuerda las buenas acciones de nuestros ancestros y El que trae un Redentor a los hijos de sus hijos por el bien de Su Nombre, con amor.

ZOJRENU

Cuarenta y ocho letras como el valor numérico de אהיה יהוה ע"ה.
Recitamos la oración de "*zojrenu*" por el secreto de la *Nesirá* (aserrado)
y es por ello que mencionamos que seamos recordados para la Vida y no para la muerte.

Aquí tenemos 11 palabras que corresponden a las Diez *Sefirot* que están siendo aserradas y una superior. También corresponde a las 11 especias que, al igual que el *Któret*, dan vida a todo. Esta sección ayuda a dar vida (heb. *Jayim* = אהיה אהיה יהוה, los *Mojín*) y construir los *Tefilín* en el *Kéter* de *Zeir Anpín*. Los *Mojín* son atraídos hacia la Cabeza de *Zeir Anpín* desde la unificación de *Aba* (72=ע"ב) e *Ima* (161=קס"א) (72+161=זכרנו) a través de las 50 Puertas de *Biná*. Debemos meditar en que los *Tefilín* son el entorno en el secreto del *Hével* (Aliento) del Nombre ס"ג.

זָכְרֵנוּ zojrenu לְחַיִּים lejayim אהיה אהיה יהוה, בינה ע"ה ; ר"ת מילוי דס"ג וס"ת מילוי דע"ב.

מֶלֶךְ Mélej חָפֵץ jafets בַּחַיִּים bajayim אהיה אהיה יהוה, בינה ע"ה.

כָּתְבֵנוּ cotvenu בְּסֵפֶר beséfer חַיִּים jayim (חג"ת דז"א) אהיה אהיה יהוה, בינה ע"ה.

לְמַעַנְךָ lemaanaj אֱלֹהִים Elohim אהיה אדני ; ילה חַיִּים jayim

אהיה אהיה יהוה, בינה ע"ה. (***Nukvá* está en la espalda de *Zeir Anpín***)

Si olvidas decir "*zojrenu*" y te das cuenta de esto antes de terminar la bendición "*Baruj Atá Adonai*", debes regresar y decir "*zojrenu*" y continuar normalmente. Pero si te das cuenta de esto después del final de la bendición, debes continuar.

פ מֶלֶךְ Mélej ז עוֹזֵר ozer ק וּמוֹשִׁיעַ umoshía ש וּמָגֵן umaguén

ג"פ אל (יא"י מילוי דס"ג) ; ר"ת מיכאל גבריאל נוריאל:

Flexiona tus rodillas en "*Baruj*", inclínate en "*Atá*" y enderézate en "*Adonai*".

ק בָּרוּךְ Baruj ו אַתָּה Atá

Cuando la noche de *Yom Kipur* cae un viernes:
Mientras flexionas las rodillas, debes meditar en: אלף הי יוד הי, a fin de bajar la *Neshamá* de *Briá*, para que sea como *Mayin Nukvín* y así elevar a la *Shejiná*. Y **mientras te enderezas**, debes meditar en: יוד הי ואו הי, para elevar a la *Shejiná* y preparar el Mundo de *Briá* para que sea elevado a *Atsilut* y pueda recibir a *Yetsirá*.

צ יְהֹוָ֣אדֹנָ֔הי(יְהֹוָאדֹנָי)יאהדונהי Adonai (הד)

י מָגֵן maguén ג"פ אל (יא"י מילוי דס"ג) ; ר"ת מיכאל גבריאל נוריאל ת אַבְרָהָם Avraham

ח"פ אל, רי"ו ול"ב נתיבות החכמה, רמ"ח (אברים), עסמ"ב וט"ז אותיות פשוטות:

ZOJRENU

Recuérdanos en vida, Rey, Quien desea la vida, e inscríbenos en el Libro de la Vida, por Ti, Dios Vivo. Rey, Asistente, Salvador y Escudo. Bendito seas Tú, Señor, Escudo de Avraham.

LA SEGUNDA BENDICIÓN

LA ENERGÍA DE YITSJAK ENCIENDE EL PODER DE LA RESURRECCIÓN DE LOS MUERTOS

Mientras que Avraham representa el poder de compartir, Yitsjak representa a la Columna Izquierda, energía de juicio. El juicio acorta el proceso de *tikún* y prepara la vía para nuestra resurrección final.

Guevurá* que se convierte en *Biná

En esta sección hay 49 palabras que corresponden a las 49 Puertas del Sistema Puro en *Biná*.

אַתָּה Atá גִּבּוֹר guibor לְעוֹלָם leolam ריבוע ס"ג וי' אותיות דס"ג אֲדֹנָי Adonai ללה

(ר"ת אַגְלָא והוא שם גדול ואמיץ, ובו היה יהודה מתגבר על אויביו. ע"ה אלד, בוכו).

מְחַיֵּה mejayé ס"ג מֵתִים metim אַתָּה Atá. רַב rav לְהוֹשִׁיעַ lehoshía.

מוֹרִיד morid הַטָּל hatal יוד הא וא, כוזו, מספר אותיות דמילואי עסמ"ב ; ר"ת מ"ה:

Si por error dices "*Mashiv harúaj*" y te das cuenta de ello antes del final de la bendición "*Baruj Atá Adonai*", debes regresar al comienzo de la bendición "*Atá guibor*" y continuar normalmente. Pero si sólo te das cuenta de ello después del final de la bendición, debes iniciar la *Amidá* desde el principio.

מְכַלְכֵּל mejalquel חַיִּים jayim אהיה אהיה יהוה, בינה ע"ה בְּחֶסֶד bejésed

ע"ב, ריבוע יהוה. מְחַיֵּה mejayé ס"ג מֵתִים metim בְּרַחֲמִים berajamim

(במוכסז) מצפצ, אלהים דההין, י"פ ייי רַבִּים rabim (טלא דעתיק). סוֹמֵךְ somej

(אכדטם) כוק, ריבוע אדני נוֹפְלִים noflim (זו"ן). וְרוֹפֵא verofé חוֹלִים jolim

חולה = מ"ה וד' אותיות. וּמַתִּיר umatir אֲסוּרִים asurim. וּמְקַיֵּם umekayem

אֱמוּנָתוֹ emunató לִישֵׁנֵי lishenei עָפָר afar. מִי mi ילי כָּמוֹךָ jamoja

(debes pronunciar la letra *Ayin* en la palabra *Báal*) בַּעַל báal גְּבוּרוֹת gvurot

וּמִי umí ילי דּוֹמֶה domé לָךְ laj. מֶלֶךְ Mélej מֵמִית memit

וּמְחַיֶּה umejayé ס"ג (יוד הי ואו הי) וּמַצְמִיחַ umatsmíaj יְשׁוּעָה yeshuá:

LA SEGUNDA BENDICIÓN

Tú, Señor, eres poderoso por siempre. Tú revives a los muertos y eres muy capaz de redimir.

El que hace caer el rocío. Tú sostienes a los vivientes con bondad y revives a los muertos con gran compasión. Tú sostienes a los caídos, curas a los enfermos, pones en libertad a los cautivos y cumples Tu promesa con los que duermen en el polvo. ¿Quién es como Tú, Señor de fortaleza, y quién puede compararse contigo, Rey, que causas la muerte, das vida y haces crecer la salvación?

MI CAMOJA

Ocho palabras que corresponden a las ocho prendas del Sumo Sacerdote.

Aquí debemos meditar en conectar con el proceso de reencarnación, pues *Yom Kipur* es el momento en el que las almas son juzgadas y encarnadas. Y como esta bendición es llamada *Guevurot* (Juicios) debemos meditar en endulzarlos con las palabras "*Av HaRajamán*" (el Padre Misericordioso), cuya suma es el mismo valor numérico de las letras *Shin* y *Vav* (=306, de la palabra *Shofar*).

מִי mi ילי כָּמוֹךָ jamoja אָב av הָרַחֲמָן harajmán (***Zeir Anpín***)

זוֹכֵר zojer יְצוּרָיו yetsurav בְּרַחֲמִים berajamim מצפצ, אלהים דיודין, י"פ ייי

לְחַיִּים lejayim אהיה אהיה יהוה, בינה ע"ה ; ר"ת זיב"ל = מ"ט שערי בינה ; ר"ת יב"ל = מ"ב ;

ר"ת ל"ב נתיבות החכמה.

Si olvidas decir "*mi camoja*" y te das cuenta de esto antes del final de la bendición "*Baruj Atá Adonai*", debes regresar y decir "*mi camoja*" y continuar normalmente. Pero si sólo te das cuenta de esto al final de la bendición, debes continuar normalmente.

וְנֶאֱמָן veneemán אַתָּה Atá לְהַחֲיוֹת lehajayot מֵתִים metim:

בָּרוּךְ Baruj אַתָּה Atá יְהֹוָהאדניאהדונהי (יְהֹוָהאדני) יאהדונהי Adonai

מְחַיֵּה mejayé ס"ג (יוד הי ואו הי) הַמֵּתִים hametim ר"ת מ"ה וס"ת מ"ה:

NAKDISHAJ – LA KEDUSHÁ

La congregación recita esta oración juntos

Levantar un cofre pesado lleno de vastos tesoros es imposible si usas un simple hilo. El hilo se rompe porque es muy débil. Sin embargo, si nos unimos y combinamos numerosos hilos, finalmente construiremos una cuerda. Una cuerda puede fácilmente levantar el cofre con los tesoros. Al combinar y unir las oraciones de la congregación, nos transformamos en una fuerza unida, capaz de halar los tesoros espirituales más valiosos. Más aún, esta unidad ayuda a las personas que no están bien versadas o no conocen bien las conexiones. Al unirnos y meditar como una sola alma, todos recibimos los beneficios debido al poder de la unidad, sin importar nuestro conocimiento y entendimiento. Esta oración tiene lugar entre la segunda y la tercera bendición. Representa a la Columna Central que une las Columnas Izquierda y Derecha.

En esta oración, los ángeles hablan entre ellos, diciendo: "*Kadosh, Kadosh, Kadosh*" ("Santo, Santo, Santo"). Cuando recitamos estas tres palabras, nuestros pies están juntos como si fuesen uno solo. Cada vez que pronunciamos *Kadosh*, saltamos un poco más alto en el aire. Saltar es un acto de restricción y de desafío a la fuerza de la gravedad. Espiritualmente hablando, la gravedad contiene la energía del Deseo de Recibir para Sí Mismo. Es la fuerza reactiva de nuestro planeta, siempre atrae todo para sí.

MI CAMOJA

¿Quién es como Tú, Padre Misericordioso,
Quién recuerda a Sus criaturas con misericordia para la vida?
Y eres fiel para resucitar a los muertos. Bendito eres Tú, Señor, que resucitas a los muertos.

Mientras decimos la *Kedushá* (Santidad) meditamos en traer la Santidad del Creador entre nosotros. Como está escrito: "*Venikdashti betoj Bnei Yisrael*" (Dios es santificado entre los hijos de Israel). Debes meditar en las letras *Álef* **א** y *Bet* **ב** del Nombre: **אבגיתץ** (las iniciales del primer verso del *Aná Bejóaj*), las cuales ayudan fortalecer la memoria espiritual

נַקְדִּישָׁךְ nakdishaj וְנַעֲרִיצָךְ venaaritsaj.

כְּנוֹעַם quenóam שִׂיחַ síaj סוֹד sod מי״כ, י״פ האא שַׂרְפֵי sarfei

קֹדֶשׁ kódesh הַמְשַׁלְּשִׁים hameshalshim לְךָ lejá קְדֻשָּׁה kedushá.

וְכֵן vején כָּתוּב catuv עַל al יַד yad נְבִיאָךְ neviaj. וְקָרָא vekará

זֶה ze אֶל־ el זֶה ze י״ב פרקין דיעקב מאירים ל״ב פרקין דרז״ל וְאָמַר veamar:

קָדוֹשׁ Kadosh | קָדוֹשׁ Kadosh קָדוֹשׁ Kadosh (סוד ג׳ רישין דעתיקא קדישא)

יְהֹוָה(אדני)אהדונהי Adonai צְבָאוֹת Tsvaot פני שכינה מְלֹא meló כָל־ jol ילי

הָאָרֶץ haárets אלהים דההין ע״ה כְּבוֹדוֹ quevodó:

לְעֻמָּתָם leumatam מְשַׁבְּחִים meshabjim וְאוֹמְרִים veomrim:

(אר״א) בָּרוּךְ Baruj כְּבוֹד־ Quevod יְהֹוָה(אדני)אהדונהי Adonai ; כבוד ה׳ = יוד הי ואו הה

מִמְּקוֹמוֹ mimkomó עסמ״ב, הברכה (למתק את ז׳ המלכים שמתו); ר״ת ע״ב, ריבוע יהוה ; ר״ת מיכ:

וּבְדִבְרֵי uvedivrei קָדְשְׁךָ kodshaj כָּתוּב catuv לֵאמֹר lemor:

(זו״ן) יִמְלֹךְ yimloj קדוש ברוך ימלך ר״ת יב״ק, אלהים יהוה, אהיה אדני יהוה

יְהֹוָה(אדני)אהדונהי Adonai לְעוֹלָם leolam ריבוע ס״ג ו׳ אותיות דס״ג אֱלֹהַיִךְ Eloháyij ילה

צִיּוֹן Tsiyón יוסף, ו׳ הויות, קנאה לְדֹר ledor וָדֹר vador רי״ו ר״ת אצלו (מלכות אצל ז״א – ו)

הַלְלוּיָהּ haleluyá אלהים, אהיה אדני ; ללה:

NAKDISHAJ – LA KEDUSHÁ

Te santificamos y Te honramos,

según las palabras agradables de los Ángeles Santos, que recitan 'Santo' ante Ti tres veces, como está escrito por Tu Profeta: "Y cada uno llamó al otro y dijo: Santo, Santo, Santo es el Señor de los Ejércitos, todo el mundo está lleno de Su gloria" (Isaías 6:3). Frente a ellos alaban y dicen: "Bendita sea la gloria del Señor desde Su Lugar" (Ezequiel 3:12). Y en Tus santas Palabras, está escrito como sigue: "El Señor, tu Dios, reinará por siempre, para toda y cada generación. ¡Sión, alaben al Señor!" (Salmos 146:10).

LA TERCERA BENDICIÓN

Esta bendición nos conecta con Yaakov, la Columna Central, el poder de la restricción. Yaakov es nuestro canal para conectar la Misericordia con el Juicio. Al restringir nuestro comportamiento reactivo, estamos deteniendo nuestro Deseo de Recibir para Nosotros Mismos. Yaakov también nos da el poder para equilibrar nuestros actos de Misericordia y Juicio hacia otras personas en nuestra vida.

Tiféret que se convierte en *Dáat* (14 palabras).

אַתָּה Atá קָדוֹשׁ Kadosh וְשִׁמְךָ veShimjá קָדוֹשׁ Kadosh ר״ת = אור, רז, אין סוף.

וּקְדוֹשִׁים ukdoshim בְּכָל־ bejol ב״ן, לכב יוֹם yom ע״ה נגד, מזבח, זן, אל יהוה

יְהַלְלוּךָ yehaleluja סֶּלָה sela: בָּרוּךְ Baruj אַתָּה Atá

יְהֹוָהאדניאהדונהי (יְהֹוָהאדני) יאהדונהי Adonai הַמֶּלֶךְ haMélej הַקָּדוֹשׁ haKadosh

ר״ת איהה (בסוד לאה שהיא כנגד מקום המוחין דקדושה)

Aqui medita en el Nombre: יאהדונהי, ya que puede ayudar a eliminar la ira.

LAS TRECE BENDICIONES DEL MEDIO

Hay trece bendiciones en el medio de la *Amidá* que nos conectan a los Trece Atributos.

LA PRIMERA (CUARTA) BENDICIÓN

Esta bendición nos ayuda a transformar la información en conocimiento al ayudarnos a internalizar todo lo que aprendemos.

Jojmá

En esta bendición hay 17 palabras, el mismo valor numérico de la palabra *Tov* (bueno) en el secreto de *Ets HaDáat Tov vaRá*, (Árbol de Conocimiento del Bien y el Mal), donde conectamos solamente con el *Tov*.

אַתָּה Atá חוֹנֵן jonén לְאָדָם leadam מ״ה דַּעַת dáat.

וּמְלַמֵּד umelamed לֶאֱנוֹשׁ leenosh בִּינָה biná ע״ה אהיה אהיה יהוה, חיים.

וְחָנֵּנוּ vejonenu מֵאִתְּךָ meitjá חָכְמָה Jojmá במילוי = תרי״ג (מצוות)

בִּינָה Biná ע״ה אהיה אהיה יהוה, חיים וָדַעַת vaDáat ר״ת חבו:

בָּרוּךְ Baruj אַתָּה Atá יְהֹוָהאדניאהדונהי Adonai חוֹנֵן jonén הַדָּעַת haDáat:

LA TERCERA BENDICIÓN

Tú eres Santo y Santo es Tu Nombre, y los Seres Santos Te alaban día a día, porque Tú eres Dios, el Rey Santo, Sela. Bendito eres Tú, Señor, el Santo Dios.

LAS TRECE BENDICIONES DEL MEDIO - LA PRIMERA (CUARTA) BENDICIÓN

Tú graciosamente le otorgas conocimiento al hombre y entendimiento a la humanidad. Concédenos con gracia, de Ti, sabiduría, comprensión y conocimiento. ¡Bendito eres Tú, Señor, que con gracia concedes conocimiento!

LA SEGUNDA (QUINTA) BENDICIÓN

Esta bendición nos mantiene en la Luz. Todos nosotros, en algún momento u otro, sucumbimos a las dudas y a la incertidumbre que el Satán constantemente nos implanta. Si cometemos el desafortunado error de retroceder y alejarnos de la Luz, no queremos que el Creador imite nuestras acciones y se aleje de nosotros. En lugar de eso, queremos que Él nos atrape. En el recuadro inferior hay algunas líneas que podemos recitar y sobre las que podemos meditar para el beneficio de otros que pudiesen estar alejándose. La guerra contra el Satán es la guerra más antigua que conoce el hombre. Y la única manera de vencer al Satán es uniéndonos, compartiendo, ayudando y meditando unos por otros.

Biná

En esta bendición hay 15 palabras, al igual que la poderosa acción de la *teshuvá* (arrepentimiento) que eleva 15 niveles en el camino hacia el *Quisé HaCavod* (el Trono de Honor). Éste pasa por siete *Rekiim* (Firmamentos), siete *Avirim* (Aires), y otro Firmamento en la parte superior de los Animales Santos (juntos suman 15). Además, hay 15 palabras en los dos versículos principales del Profeta Yeshayahu y del Rey David que hablan sobre la *teshuvá* (*Isaías 55:7; Salmos 32:5*). El número 15 también es el secreto del Nombre: יה.

הֲשִׁיבֵנוּ hashivenu אָבִינוּ avinu לְתוֹרָתֶךָ letorateja (וסוד שבה – יְהֹוָאֲדֹנָי יאהדונהי)•

וְקָרְבֵנוּ vekarvenu מַלְכֵּנוּ malquenu לַעֲבוֹדָתֶךָ laavodateja•

וְהַחֲזִירֵנוּ vehajazirenu בִּתְשׁוּבָה bitshuvá שְׁלֵמָה shlemá

לְפָנֶיךָ lefaneja ס״ג מ״ה ב״ן:

Si quieres meditar por otra persona y ayudarla en su proceso espiritual, recita:

יְהִי yehí רָצוֹן ratsón מהש ע״ה, ע״ב בריבוע וקס״א ע״ה, אל שדי ע״ה
מִלְּפָנֶיךָ milfaneja ס״ג מ״ה ב״ן יְהֹוָאֲדֹנָיאהדונהי Adonai אֱלֹהַי Elohai מילוי ע״ב, דמב ; ילה
וֵאלֹהֵי veElohei לכב ; מילוי ע״ב, דמב ; ילה אֲבוֹתַי avotai שֶׁתַּחְתּוֹר shetajtor
וַחֲתִירָה jatirá מִתַּחַת mitájat כִּסֵּא quisé כְּבוֹדֶךָ quevodeja וּתְקַבֵּל utekabel
בִּתְשׁוּבָה bitshuvá אֶת et (*el nombre de la persona y el nombre de su padre*) כִּי qui יְמִינְךָ yeminjá
יְהֹוָאֲדֹנָיאהדונהי Adonai פְּשׁוּטָה pshutá לְקַבֵּל lekabel שָׁבִים shavim•

בָּרוּךְ Baruj אַתָּה Atá יְהֹוָאֲדֹנָיאהדונהי Adonai

הָרוֹצֶה harotsé בִּתְשׁוּבָה bitshuvá:

LA SEGUNDA (QUINTA) BENDICIÓN

Regrésanos, Padre nuestro, a Tu Torá

y acércanos, Rey nuestro, a Tu servicio, y haznos retornar ante Ti en perfecto arrepentimiento.

Que sea agradable ante Ti, Señor, mi Dios y Dios de mis ancestros, que Tú seas generoso en el Trono de Tu Gloria y aceptes como arrepentido a (el nombre de la persona y el nombre su padre) *porque Tu Mano Derecha, Señor, se extiende hacia fuera para recibir a aquellos que se arrepienten.*

¡Bendito eres Tú, Señor, que desea arrepentimiento!

La tercera (sexta) bendición

Esta bendición nos ayuda a alcanzar el perdón verdadero. Tenemos el poder de limpiarnos de nuestro comportamiento negativo y acciones hirientes hacia los demás a través del perdón. Esta bendición no significa que al rogar por el perdón ya nuestra pizarra quedará limpia. El perdón se refiere a la metodología para eliminar los residuos que provienen de nuestras injusticias. Hay dos formas de eliminar los residuos: física y espiritual. Acumulamos residuo físico cuando no aceptamos nuestras faltas y las leyes de causa y efecto. Nos limpiamos a nosotros mismos cuando experimentamos cualquier tipo de dolor, bien sea financiero, emocional o físico. Si decidimos limpiarnos espiritualmente, prescindimos de la limpieza física. Hacemos esto generando en nosotros el dolor que les causamos a los demás. Sentimos a la otra persona y, con un corazón sincero, recitamos esta oración mientras experimentamos la herida y el dolor que infligimos a los demás. Esta forma de limpieza espiritual evita que tengamos que pasar por una limpieza física.

Jésed

En esta bendición hay 21 palabras, el cual es el valor numérico del Santo Nombre: אהיה.

סְלַח slaj יהוה ע״ב לָנוּ lanu אלהים, אהיה אדני אָבִינוּ avinu ר״ת סאל, אמן, (יאהדונהי)

כִּי qui וְחָטָאנוּ jatanu. מְחוֹל mejol לָנוּ lanu אלהים, אהיה אדני ; מוחול לנו ע״ה =

קס״א וי׳ אותיות מַלְכֵּנוּ malquenu כִּי qui פָּשָׁעְנוּ fashanu. כִּי qui אֵל El ייאי (מילוי דס״ג)

טוֹב tov והו וְסַלָּח vesalaj יהוה ע״ב אָתָּה Atá: בָּרוּךְ Baruj אַתָּה Atá

יְהֹוָֽאדהֹנָי Adonai אהדונהי וְחַנּוּן janún הַמַּרְבֶּה hamarbé לִסְלוֹחַ lislóaj:

La cuarta (séptima) bendición

Esta bendición nos ayuda a alcanzar la redención después que somos limpiados espiritualmente.

Guevurá

רְאֵה reé ראה נָא na בְעָנְיֵנוּ veanyenu ר״ת רנ״ב (אברים באשה, כנגד הגבורה)

וְרִיבָה verivá רִיבֵנוּ rivenu. וּמַהֵר umaher לְגָאֳלֵנוּ legaolenu

גְּאֻלָּה gueulá מ״ה שְׁלֵמָה shlemá לְמַעַן lemaan שְׁמֶךָ Shmeja

כִּי qui אֵל El ייאי (מילוי דס״ג) גּוֹאֵל goel וְחָזָק jazak פהל אָתָּה Atá:

בָּרוּךְ Baruj אַתָּה Atá יְהֹוָֽאדהֹנָי Adonai אהדונהי גּוֹאֵל goel יִשְׂרָאֵל Yisrael:

La quinta (octava) bendición

Esta bendición nos da el poder de sanar cada parte de nuestro cuerpo. Toda sanación se origina en la Luz del Creador. El aceptar y entender esta verdad nos da la abertura para recibir esta Luz. También debemos pensar en compartir esta energía de sanación con otros.

La tercera (sexta) bendición

Perdónanos, Padre nuestro,
porque hemos transgredido. Perdónanos, Rey nuestro, porque hemos pecado, porque Tú eres un Dios bueno y que perdona. ¡Bendito eres Tú, Señor, que eres bondadoso y perdonas de manera magnánima!

La cuarta (séptima) bendición

Mira nuestra aflicción y defiende nuestra causa; por Tu Nombre redímenos prontamente, pues Tú eres un Dios poderoso y redentor. ¡Bendito eres Tú, Señor, que redimes a Israel!

Tiféret

רְפָאֵנוּ refaenu יְהֹוָאדהנויאהדונהי Adonai וְנֵרָפֵא venerafé ר"ת רי"ו.

הוֹשִׁיעֵנוּ hoshienu וְנִוָּשֵׁעָה venivashea כִּי qui תְהִלָּתֵנוּ tehilatenu

אַתָּה Atá ר"ת = ב"פ רי"ו. וְהַעֲלֵה vehaalé אֲרוּכָה arujá וּמַרְפֵּא umarpé

לְכָל־ lejol יה אדני תַּחֲלוּאֵינוּ tajalueinu. וּלְכָל־ ulejol יה אדני

מַכְאוֹבֵינוּ majoveinu וּלְכָל־ ulejol יה אדני מַכּוֹתֵינוּ macoteinu.

> Para meditar por sanación para ti mismo u otras personas, agrega lo siguiente; y en los paréntesis a continuación, incluye los nombres:
>
> יְהִי yehí רָצוֹן ratsón מהש ע"ה, ע"ב בריבוע וקס"א ע"ה, אל שדי ע"ה
>
> מִלְּפָנֶיךָ milfaneja ס"ג מ"ה ב"ן יְהֹוָאדהנויאהדונהי Adonai אֱלֹהַי Elohai מילוי ע"ב, דמב ; ילה
>
> וֵאלֹהֵי veElohei לכב ; מילוי ע"ב, דמב ; ילה אֲבוֹתַי avotai שֶׁתִּרְפָּאֵנִי shetirpaeni
>
> (וְתִרְפָּא vetirpá (incluye el nombre de la persona) בֶּן ben (Mujeres: בַּת bat) (incluye el nombre de su madre))
>
> רְפוּאָה refuá שְׁלֵמָה shlemá רְפוּאַת refuat הַנֶּפֶשׁ hanéfesh
>
> וּרְפוּאַת urefuat הַגּוּף haguf, כְּדֵי quedei שֶׁאֶהְיֶה sheehyé חָזָק jazak פהל
>
> (Mujeres: חֲזָקָה jazaká פהל) בִּבְרִיאוּת bivriut, וְאַמִּיץ veamits
>
> (Mujeres: וְאַמִּיצַת veamitsat) כֹּחַ cóaj, בְּמָאתַיִם bematáyim וְאַרְבָּעִים vearbaim
>
> וּשְׁמוֹנָה ushmoná רמ"ח (אברים), אברהם, וח"פ אל, רי"ו ול"ב נתיבות החכמה, עסמ"ב וט"ז אותיות
>
> פשוטות (Mujeres: בְּמָאתַיִם bematáyim וַחֲמִשִּׁים vejamishim וּשְׁנַיִם ushnáyim)
>
> אֵבָרִים evarim וּשְׁלֹשׁ ushlosh מֵאוֹת meot המספר = ש = אלהים דיודין
>
> וְשִׁשִּׁים veshishim המספר = מילוי הש' (ין) וַחֲמִשָּׁה vajamishá גִּידִים guidim שֶׁל shel
>
> נִשְׁמָתִי nishmatí וְגוּפִי vegufí, לְקִיּוּם lekiyum תּוֹרָתְךָ toratjá הַקְּדוֹשָׁה hakdoshá.

כִּי qui אֵל El ייא"י (מילוי דס"ג) רוֹפֵא rofé רַחֲמָן rajamán וְנֶאֱמָן veneemán

אָתָּה Atá: בָּרוּךְ Baruj אַתָּה Atá יְהֹוָאדהנויאהדונהי Adonai רוֹפֵא rofé

חוֹלֵי jolei חולה = מ"ה (יוד הא ואו הא) וד' אותיות עַמּוֹ amó יִשְׂרָאֵל Yisrael

ר"ת רפ"ח (להעלות הניצוצות שנפלו לקליפה דמשם באים התחלואים):

LA QUINTA (OCTAVA) BENDICIÓN

Cúranos, Señor, y seremos curados. Sálvanos y seremos salvados. Porque Tú eres nuestro orgullo. Trae curación y sanación a todas nuestras dolencias, a todos nuestros dolores, a todas nuestras heridas.

> *Sea agradable ante Ti, Señor, mi Dios y Dios de mis ancestros, que Tú me sanes completamente* (y el nombre de la persona y el nombre de su madre) *con la sanación del espíritu y la sanación del cuerpo, para que sea fuerte en salud y vigoroso en mi fortaleza en todos mis 248* (la mujer dice*: 252) órganos y los 365 tendones de mi alma y mi cuerpo, para que yo sea capaz de guardar Tu Santa Torá.*

Porque Tú eres un Dios sanador, compasivo y leal.
¡Bendito eres Tú, Señor, que sanas a los enfermos de Tu Pueblo, Israel!

LA SEXTA (NOVENA) BENDICIÓN

Esta bendición trae sustento y prosperidad para todo el planeta y nos provee sustento personal. Quisiéramos que todos nuestros años estuviesen llenos de rocío y lluvia, que son la corriente vital que sostiene nuestro mundo.

Nétsaj

Si por error dices "*Barej alenu*" en lugar de "*Barjenu*" y te das cuenta de ello antes del final de la *Amidá* ("*yihyú leratzón*", el segundo), entonces debes regresar y decir "*Barjenu*" y continuar normalmente. Si te das cuenta de ello después, debes comenzar la *Amidá* desde el principio.

בָּרְכֵנוּ barjenu יְהֹוָהאדניאהדונהי Adonai אֱלֹהֵינוּ Eloheinu ילה בְּכָל־ bejol
ב״ן, לכב מַעֲשֵׂי maasei יָדֵינוּ yadeinu• וּבָרֵךְ uvarej שְׁנָתֵנוּ shenatenu
בְּטַלְלֵי betalelei רָצוֹן ratsón מהש ע״ה, ע״ב בריבוע וקס״א ע״ה, אל שדי ע״ה
בְּרָכָה brajá וּנְדָבָה unedavá בינה (וע״ה אהיה אהיה יהוה, חיים)• וּתְהִי utehí
אַחֲרִיתָהּ ajaritá חַיִּים jayim אהיה אהיה יהוה, בינה ע״ה וְשָׂבָע vesavá
וְשָׁלוֹם veshalom כַּשָּׁנִים cashanim הַטּוֹבוֹת hatovot לִבְרָכָה livrajá•

Para meditar por sustento para ti mismo u otras personas, agrega lo siguiente; y en los paréntesis a continuación, incluye los nombres:

יְהִי yehí רָצוֹן ratsón מהש ע״ה, ע״ב בריבוע וקס״א ע״ה, אל שדי ע״ה מִלְּפָנֶיךָ milfaneja
ס״ג מ״ה ב״ן יְהֹוָהאדניאהדונהי Adonai אֱלֹהֵינוּ Eloheinu ילה וֵאלֹהֵי veElohei
לכב ; מילוי ע״ב, דמב ; ילה אֲבוֹתֵינוּ avoteinu שֶׁתִּתֵּן shetitén ב״פ כהת לִי li
(וְכֵן vején לְ le (incluye el nombre de la persona) בֶּן ben (Mujeres: בַּת bat) (incluye el nombre de su padre))
וּלְכָל ulejol יה אדני הַסְּמוּכִים hasmujim עַל al שׁוּלְחָנִי shuljaní, הַיּוֹם hayom
ע״ה נגד, מזבח, זן, אל יהוה וּבְכָל uvejol ב״ן, לכב יוֹם yom ע״ה נגד, מזבח, זן, אל יהוה
מְזוֹנוֹתַי mezonotai וּמְזוֹנוֹתֵיהֶם umezonoteihem בְּכָבוֹד bejavod בוכו וְלֹא veló
בְּבִזּוּי bevizui בְּהֶיתֵּר beheiter וְלֹא veló בְּאִיסוּר beisur בִּזְכוּת bizjut
שִׁמְךָ Shimjá הַגָּדוֹל hagadol להח ; עם ד׳ אותיות = מבה, יזל, אום
(**No pronunciar este nombre:** דִּיקַרְנוֹסָא וחתך עם ג׳ אותיות – ובאתב״ש סאל, אמן, יאהדונהי)

LA SEXTA (NOVENA) BENDICIÓN

Durante el verano:

Bendícenos, Señor, nuestro Dios, en todos nuestros esfuerzos, y bendice nuestros años con el rocío de la buena voluntad, bendiciones y benevolencia. Que su conclusión sea vida, satisfacción y paz, así como otros años de bendiciones,

Sea agradable ante Ti, Señor, mi Dios y Dios de mis ancestros, que Tú me proveas a mí y a mi hogar, hoy y todos los días, mi alimento y el de ellos, con dignidad y no con vergüenza, de forma permisible y no prohibida, en virtud de Tu gran Nombre

הַיּוֹצֵא hayotsé מִפָּסוּק :mipasuk וַהֲרִיקֹתִי vaharikoti לָכֶם lajem
בְּרָכָה brajá עַד־ ad בְּלִי־ bli דָי dai וּמִפָּסוּק :umipasuk נְסָה nesá
עָלֵינוּ aleinu אוֹר or רז, אין סוף פָּנֶיךָ paneja ס"ג מ"ה ב"ן יְהֹוָאדניאהדונהי Adonai
וְאַל veal תַּצְרִיכֵנוּ tatsrijenu לִידֵי lidei מַתְּנוֹת matnot בָּשָׂר basar
וָדָם ,vadam כִּי qui אִם im יוהך, מ"א אותיות אהיה בפשוטו מילואו ומילוי דמילואו ע"ה
מִיָּדְךָ miyadjá הַמְּלֵאָה hamleá וּמֵאוֹצָר umeotsar מַתְּנַת matnat וְחִנָּם jinam
תְּכַלְכְּלֵנִי tejalquelni וְתַשְׁפִּיעֵנִי ,vetashpieni אָמֵן Amén יאהדונהי סֶלָה .sela

כִּי qui אֵל El ייא"י (מילוי דס"ג) טוֹב tov והו וּמֵטִיב umetiv
אַתָּה Atá וּמְבָרֵךְ umevarej הַשָּׁנִים :hashanim בָּרוּךְ Baruj
אַתָּה Atá יְהֹוָאדניאהדונהי Adonai מְבָרֵךְ mevarej הַשָּׁנִים :hashanim

LA SÉPTIMA (DÉCIMA) BENDICIÓN

Esta bendición nos da el poder de influir de manera positiva sobre toda la humanidad. La Kabbalah enseña que cada individuo afecta la totalidad. Nosotros tenemos un efecto sobre el mundo y el resto del mundo tiene un efecto sobre nosotros, aunque no podamos percibir esta relación con nuestros cinco sentidos. Llamamos a esta relación conciencia cuántica.

Hod

תְּקַע teká ב"פ בןזךך וי' אותיות בְּשׁוֹפָר beshofar גָּדוֹל gadol להוו ; עם ד' אותיות =
מבה, יזל, אום לְחֵרוּתֵנוּ .lejerutenu וְשָׂא vesá נֵס nes מ"ה אדני לְקַבֵּץ lekabets
גָּלֻיּוֹתֵינוּ .galuyoteinu וְקַבְּצֵנוּ vekabtsenu יַחַד yájad מֵאַרְבַּע mearbá
כַּנְפוֹת canfot וזבו (בסגולתו להוציא ניצוצות מן הקליפות) ויכוין וַזָּבוּ עם נקודותיו = ע"ב, ריבוע יהוה
הָאָרֶץ haárets אלהים דההין ע"ה ; ר"ת = אדני לְאַרְצֵנוּ :leartsenu

---

que proviene del versículo: "derramar bendiciones sobre ti hasta que no haya espacio suficiente para éstas" (Malaquías 3:10) y del versículo: "Eleva sobre nosotros la Luz de Tu rostro, Señor" (Salmos 4:7), y no necesitaremos los regalos de carne y sangre, sino sólo de tu mano, la cual está llena, y del tesoro del regalo gratuito Tú me sostendrás y me alimentarás. Amén. Sela.

porque Tú eres un Dios bueno y benefactor y Tú bendices los años.
¡Bendito eres Tú, Oh Dios, que bendices los años!

LA SÉPTIMA (DÉCIMA) BENDICIÓN

Suena un gran Shofar para nuestra libertad y levanta un estandarte para reunir a nuestros exiliados, y reúnenos prontaente de los cuatro confines de la Tierra en nuestra tierra.

Lo siguiente es recitado a lo largo de todo el año:

La siguiente meditación nos ayuda a liberar y redimir todas las chispas restantes de Luz que hemos perdido mediante nuestras acciones irresponsables (especialmente el comportamiento sexual irresponsable):

יְהִי yehí רָצוֹן ratsón מהש ע״ה, ע״ב בריבוע וקס״א ע״ה, אל שדי ע״ה מִלְּפָנֶיךָ milfaneja
ס״ג מ״ה ב״ן יְהֹוָאדֹנָיאהדונהי Adonai אֱלֹהַי Elohai מילוי ע״ב, דמב ; ילה
וֵאלֹהֵי veElohei לכב ; מילוי ע״ב, דמב ; ילה אֲבוֹתַי avotai שֶׁכָּל shecol ילי טִיפָּה tipá
וְטִיפָּה vetipá שֶׁל shel קֶרִי kerí שֶׁיָּצָא sheyatsá מִמֶּנִּי mimeni לְבַטָּלָה levatalá
וּמִכָּל umicol ילי יִשְׂרָאֵל Yisrael בִּכְלָל bijlal וּבִפְרַט ubifrat שֶׁלֹּא sheló
בִּמְקוֹם bimkom מִצְוָה mitsvá בֵּין bein בְּאוֹנֶס beónes בֵּין bein בְּרָצוֹן beratsón
מהש ע״ה, ע״ב בריבוע וקס״א ע״ה, אל שדי ע״ה בֵּין bein בְּשׁוֹגֵג beshogueg בֵּין bein
בְּמֵזִיד bemezid, בֵּין bein בְּהִרְהוּר behirhur וּבֵין uvein בְּמַעֲשֶׂה bemaasé,
בֵּין bein בְּגִלְגּוּל beguilgul זֶה ze בֵּין bein בְּגִלְגּוּל beguilgul אַחֵר ajer
וְנִבְלַע venivlá בַּקְּלִיפּוֹת baklipot, שֶׁתָּקִיא shetakí הַקְּלִיפּוֹת haklipot
הַנִּיצוֹצוֹת hanitsotsot קֶרִי kerí שֶׁנִּבְלְעוּ shenivleú בָּהּ ba, בִּזְכוּת bizjut
שִׁמְךָ Shimjá הַגָּדוֹל hagadol להח ; עם ד׳ אותיות = מבה, יזל, אום הַיּוֹצֵא hayotsé
מִפָּסוּק mipasuk: חַיִל jáyil ומב בָּלַע balá וַיְקִאֶנּוּ vaykienu ר״ת חבו ו־ילי
מִבִּטְנוֹ mibitnó יֹרִשֶׁנּוּ yorishenu אֵל El ייא״י (מילוי דס״ג) ; ס״ת ויל וּבִזְכוּת uvizjut
שִׁמְךָ Shimjá הַגָּדוֹל hagadol להח ; עם ד׳ אותיות = מבה, יזל, אום יְוַהֲבֻוִהָ
שֶׁתַּחֲזִירֵם shetajazirem לִמְקוֹם limkom קְדוּשָּׁה kedushá
וְהַטּוֹב vehatov והו בְּעֵינֶיךָ beeineja קסא עה ; רהע מה עֲשֵׂה asé.

Debes meditar en corregir el pensamiento que provocó la pérdida de las chispas de Luz. También medita en los Nombres que controlan nuestros pensamientos para cada uno de los seis días de la semana como está a continuación:

Domingo	יְהֶוֶהֶ	עַל צְבָא כף ואו זין ואו טפטפיה א מן אהיה דמרגלא ושם:	Briá.
Lunes	יֱהֹוִה	עַל מגן כף ואו זין ואו טפטפיה ה מן אהיה דמרגלא ושם:	Yetsirá.
Martes	מצפץ	צוה פוזד כף ואו זין ואו טפטפיה י מן אהיה דמרגלא ושם:	Asiyá.
Miércoles	אל	צוה פוזד כף ואו זין ואו טפטפיה י מן יהו דמרגלא ושם:	Asiyá.
Jueves	אלהים	עַל מגן כף ואו זין ואו טפטפיה ה מן יהו דמרגלא ושם:	Yetsirá.
Viernes	מצפץ	עַל צְבָא כף ואו זין ואו טפטפיה ו מן יהו דמרגלא ושם:	Briá.

Cada uno de estos Nombres (עַל צְבָא, כף ואו זין ואו, טפטפיה) tienen una suma total de 193, que es el mismo valor numérico de la palabra *zokef* (elevar). Estos Nombres elevan la Chispa Sagrada de los *Jitsoniyim*. Asimismo, cuando digas las palabras "*mekabets nidjei*" (en la continuación de la bendición), que tiene una suma total de 304, el mismo valor numérico de *Shin*, *Dálet* (demonio), medita en reunir todas las chispas perdidas y anular el poder de las fuerzas negativas.

Sea agradable ante Ti, Señor, mi Dios y Dios de mis ancestros, que cada una de las gotas de kerí que salieron de mí en vano, y de todo Israel en general, y especialmente no a causa de un precepto, si fue obligado o voluntariamente, con o sin intención, debido a pensamiento o acción, en esta vida o en vidas anteriores, y si fue devorado por la klipá, que ésta vomite todas las chispas de kerí en virtud de Tu gran Nombre que proviene del versículo: "Él devoró riqueza y la vomitó, y desde su estómago Dios la extrajo" (Job 20:15), y en virtud de Tu gran Nombre las regresarás al Lugar Santo, y harás lo que es bueno ante Tus ojos.

בָּרוּךְ Baruj אַתָּה Atá יְהֹוָהאדניאהדונהי Adonai ; יכוין וזבו בשילוב יהוה כוזו: יְוְהְהֵוּהָ

מְקַבֵּץ mekabets ע״ב ס״ג מ״ה ב״ן, הברכה (למתק את ז׳ המלכים שמתו)

נִדְחֵי nidjei ע״ב, ריבוע יהוה עַמּוֹ amó וזבו יִשְׂרָאֵל Yisrael:

LA OCTAVA (UNDÉCIMA) BENDICIÓN

Esta bendición nos ayuda a equilibrar el juicio con misericordia. Debido a que la misericordia es tiempo, podemos emplearlo en cambiarnos a nosotros mismos antes que el juicio ocurra.

Yesod

הָשִׁיבָה hashiva שׁוֹפְטֵינוּ shoftenu כְּבָרִאשׁוֹנָה quevarishoná.

וְיוֹעֲצֵינוּ veyoatsenu כְּבַתְּחִלָּה quevatjilá ר״ת שכ״ה (דינים זכרים שביסוד) ויהוה (הממתקם).

וְהָסֵר vehaser מִמֶּנּוּ mimenu יָגוֹן yagón (סמאל) וַאֲנָחָה vaanajá (לילית).

וּמְלוֹךְ umloj עָלֵינוּ aleinu מְהֵרָה meherá אַתָּה Atá

יְהֹוָהאדניאהדונהי Adonai לְבַדְּךָ levadjá. בְּחֶסֶד bejésed ע״ב, ריבוע יהוה

וּבְרַחֲמִים uverajamim מצפצ, אלהים דיודין, י״פ ייי ; להמתיק ברחמים דיני צדק ומשפט

בְּצֶדֶק betsédek וּבְמִשְׁפָּט uvemishpat ע״ה ה״פ אלהים: בָּרוּךְ Baruj אַתָּה Atá

יְהֹוָהאדניאהדונהי Adonai הַמֶּלֶךְ haMélej הַמִּשְׁפָּט hamishpat ע״ה ה״פ אלהים:

Si por error dices *"mélej ohev tsedaká umishpat"* puedes continuar con la *Amidá* ya que mencionaste *"mélej"* y *"mishpat."*

LA NOVENA (DUODÉCIMA) BENDICIÓN

Esta bendición nos ayuda eliminar todas las formas de negatividad, ya sea que provengan de personas, situaciones o, inclusive, de la energía negativa del Ángel de la Muerte [(**no pronunciar estos nombres**) *Sa-ma-el* (aspecto masculino) y *Li-lit* (aspecto femenino), los cuales están codificados aquí], al usar el Santo Nombre: *Shadai* שדי, el cual está codificado matemáticamente en las últimas cuatro palabras de esta bendición y también se encuentra dentro de la *Mezuzá* con el mismo propósito.

¡Bendito eres Tú, Señor, que reúnes a los dispersos de Su Nación, Israel!

LA OCTAVA (UNDÉCIMA) BENDICIÓN

Restaura nuestros jueces, como al principio, y a nuestros consejeros, como al principio. Aparta de nosotros el pesar y los lamentos. Reina sobre nosotros pronto, Tú solo, Señor, con bondad y compasión, con rectitud y justicia. ¡Bendito eres Tú, Dios, el Rey de la justicia!

Kéter

לַמִּינִים laminim וְלַמַּלְשִׁינִים velamalshinim אַל al תְּהִי tehí תִקְוָה tikvá

וְכָל vejol ילי הַזֵּדִים hazedim כְּרֶגַע querega ג"פ אלהים עם ט"ו אותיות פשוטות

יֹאבֵדוּ yovedu. וְכָל־ vejol ילי אוֹיְבֶיךָ oyveja (סמאל)

וְכָל־ vejol ילי שׂוֹנְאֶיךָ soneja (לילית) מְהֵרָה meherá יִכָּרֵתוּ yicaretu.

וּמַלְכוּת umaljut הָרִשְׁעָה harishá מְהֵרָה meherá תְעַקֵּר teaker

וּתְשַׁבֵּר uteshaber וּתְכַלֵּם utejalem וְתַכְנִיעֵם vetajniem בִּמְהֵרָה bimherá

בְיָמֵינוּ veyamenu: בָּרוּךְ Baruj אַתָּה Atá יְהֹוָהאדני(יהואדהני) Adonai

שׁוֹבֵר shover אוֹיְבִים oyvim וּמַכְנִיעַ umajnía זֵדִים zedim ר"ת = שד"י:

La décima (decimotercera) bendición

Esta bendición nos rodea con absoluta positividad para ayudarnos a estar siempre en el lugar correcto en el momento correcto. También nos ayuda a atraer sólo personas positivas a nuestra vida.

Yesod

עַל al הַצַּדִּיקִים hatsadikim צדיק יסוד עולם וְעַל veal הַחֲסִידִים hajasidim

וְעַל veal שְׁאֵרִית sheerit עַמְּךָ amjá בֵּית beit ב"פ ראה יִשְׂרָאֵל Yisrael.

וְעַל veal פְּלֵיטַת pleitat בֵּית beit ב"פ ראה סוֹפְרֵיהֶם sofreihem.

וְעַל veal גֵּרֵי guerei הַצֶּדֶק hatsédek וְעָלֵינוּ vealeinu. יֶהֱמוּ yehemú

נָא na רַחֲמֶיךָ rajameja יְהֹוָהאדניאהדונהי Adonai אֱלֹהֵינוּ Eloheinu ילה

וְתֵן vetén שָׂכָר sajar י"פ ב"ן טוֹב tov והו לְכָל־ lejol יה אדני

הַבּוֹטְחִים habotjim בְּשִׁמְךָ beShimjá בֶּאֱמֶת beemet אהיה פעמים אהיה, ז"פ ס"ג.

La novena (duodécima) bendición

Para los herejes y los difamadores, que no haya esperanza. Que los impíos perezcan en un instante. Y que todos Tus enemigos y los que Te odian sean pronto arrasados. Y en el caso del gobierno dañino, puedas Tú rápidamente desarraigarlo y aplastarlo, y puedas Tú destruirlo y humillarlo, con rapidez en nuestros días. ¡Bendito eres Tú, Señor, que aplastas a los enemigos y humillas a los malvados!

La décima (decimotercera) bendición

Sobre los justos, sobre los piadosos, sobre los demás de la Casa de Israel, sobre los remanentes de las academias de sus escritores, sobre los conversos sinceros y sobre nosotros, que se encienda Tu compasión, Señor, nuestro Dios. Otorga buena recompensa a todos los que verdaderamente confían en Tu Nombre.

וְשִׂים vesim וְחֶלְקֵנוּ jelkenu עִמָּהֶם imahem וּלְעוֹלָם uleolam ריבוע ס"ג וי' אותיות דס"ג

לֹא lo נֵבוֹשׁ nevosh כִּי qui בְךָ vejá בָטָחְנוּ batajnu

וְעַל veal חַסְדְּךָ jasdejá הַגָּדוֹל hagadol להחו ; עם ד' אותיות = מבה, יזל, אום

בֶּאֱמֶת beemet אהיה פעמים אהיה, ז"פ ס"ג נִשְׁעָנְנוּ nishanenu:

בָּרוּךְ Baruj אַתָּה Atá יְהֹוָהאדהנויאהדונהי Adonai מִשְׁעָן mishán

וּמִבְטָח umivtaj לַצַּדִּיקִים latsadikim ר"ת ימול (כל מי שנימול נקרא צדיק):

LA UNDÉCIMA (DECIMOCUARTA) BENDICIÓN

Esta bendición nos conecta con la energía de Jerusalén, con la construcción del Templo y con la preparación para el *Mashíaj*.

Hod

תִּשְׁכּוֹן tishcón בְּתוֹךְ betoj יְרוּשָׁלַיִם Yerushaláyim עִירְךָ irjá

כַּאֲשֶׁר caasher דִּבַּרְתָּ dibarta ראה וְכִסֵּא vejisé דָּוִד David

עַבְדְּךָ avdejá פוי, אל אדני מְהֵרָה meherá בְּתוֹכָהּ vetojá תָּכִין tajín

Meditar aquí en que el *Mashíaj Ben Yosef* no sea asesinado por el malvado *Armilos* **(no pronunciar)**.

וּבְנֵה uvné אוֹתָהּ otá בִּנְיַן binyán עוֹלָם olam בִּמְהֵרָה bimherá

בְּיָמֵינוּ veyamenu: בָּרוּךְ Baruj אַתָּה Atá יְהֹוָהאדהנויאהדונהי Adonai

בּוֹנֵה boné ס"ג יְרוּשָׁלָיִם Yerushaláyim:

LA DUODÉCIMA (DECIMOQUINTA) BENDICIÓN

Esta bendición nos ayuda a lograr un estado personal de *Mashíaj* al transformar nuestra naturaleza reactiva en proactiva. Así como hay un *Mashíaj* global, cada uno de nosotros tiene dentro un *Mashíaj* personal. Cuando suficientes personas alcancen su transformación, se preparará el camino para la aparición del *Mashíaj* global.

---

y coloca nuestra suerte junto a la de ellos. Que nunca nos avergoncemos, porque es en Ti en quien colocamos nuestra confianza; es en Tu gran compasión en la que nos apoyamos.
¡Bendito eres Tú, Señor, que eres sostén y refugio de los justos!

LA UNDÉCIMA (DECIMOCUARTA) BENDICIÓN

Puedas Tú morar en Jerusalén, Tu Ciudad, como lo has prometido. Y puedas Tú establecer el trono de David, Tu servidor, rápidamente dentro de ella y construirlo como una estructura eterna, pronto en nuestros días.
¡Bendito eres Tú, Señor, que construye Jerusalén!

Nétsaj

Esta bendición contiene 20 palabras, que es el mismo número de palabras en el versículo "*Qui nijam Adonai Tsiyón nijam col jorvotea...*" (*Isaías 51:3*), un versículo que habla sobre la Redención Final.

אֶת et צֶמַח tsémaj יהוה אהיה יהוה אדני דָּוִד David

עַבְדְּךָ avdejá פוי, אל אדני מְהֵרָה meherá תַצְמִיחַ tatsmíaj וְקַרְנוֹ vekarnó

תָּרוּם tarum בִּישׁוּעָתֶךָ bishuateja. כִּי qui לִישׁוּעָתְךָ lishuatjá

קִוִּינוּ kivinu כָּל־ col ילי הַיּוֹם hayom ע״ה נגד, מזבח, זן, אל יהוה

Aquí debes meditar y pedir por que la Redención Final ocurra ahora mismo.

בָּרוּךְ Baruj אַתָּה Atá יְהֹוָהאדניאהדונהי Adonai

מַצְמִיחַ matsmíaj קֶרֶן keren יְשׁוּעָה yeshuá:

La decimotercera (decimosexta) bendición

Esta bendición es la más importante de todas las bendiciones, porque aquí reconocemos todos nuestros comportamientos reactivos. Hacemos referencia a comportamientos errados en general, y también especificamos algún incidente en particular. La sección dentro del recuadro nos ofrece una oportunidad para pedirle a la Luz sustento personal. El Arí afirma que a través de esta oración, inclusive en los días de ayuno, tenemos un ángel personal acompañándonos. Si meditamos en este ángel, todas nuestras oraciones deberán ser respondidas. La decimotercera bendición es uno por encima de los doce signos del Zodíaco y nos eleva más allá de la influencia de las estrellas y los planetas.

Tiféret

שְׁמַע shmá קוֹלֵנוּ kolenu יְהֹוָהאדניאהדונהי Adonai (יוד הה וו הה)

אֱלֹהֵינוּ Eloheinu ילה (אבג יתץ). אָב av הָרַחֲמָן harajamán רַחֵם rajem

אברהם, ח״פ אל, רי״ו ול״ב נתיבות החכמה, רמ״ח (אברים), עסמ״ב וט״ז אותיות פשוטות עָלֵינוּ aleinu

(קרע שטן). וְקַבֵּל vekabel בְּרַחֲמִים berajamim מצפצ, אלהים דיודין, י״פ ייי

וּבְרָצוֹן uveratsón מהש ע״ה, ע״ב בריבוע וקס״א ע״ה, אל שדי ע״ה אֶת et

תְּפִלָּתֵנוּ tfilatenu (נגד יכש). כִּי qui אֵל El ייא״י (מילוי דס״ג)

שׁוֹמֵעַ shomea תְּפִלּוֹת tfilot וְתַחֲנוּנִים vetajanunim אָתָּה Atá (בטר צתג).

La duodécima (decimoquinta) bendición

La progenie de David, Tu servidor, puedas Tú rápidamente hacer florecer. Y puedas Tú exaltar su gloria con Tu salvación, porque es por Tu salvación que esperamos todo el día. ¡Bendito eres Tú, Señor, que haces florecer la salvación!

La decimotercera (decimosexta) bendición

Escucha nuestra voz, Señor, nuestro Dios, Padre misericordioso, ten piedad de nosotros. Acepta nuestra oración con compasión y favor, porque Tú eres Dios, que escuchas oraciones y súplicas.

Es bueno que estés al tanto, reconozcas y confieses tus acciones negativas del pasado y que pidas por tu sustento aquí

רִבּוֹנוֹ Ribonó שֶׁל shel עוֹלָם olam, וְחָטָאתִי jatati עָוִיתִי aviti

וּפָשַׁעְתִּי ufashati לְפָנֶיךָ lefaneja ס"ג מ"ה ב"ן יְהִי yehí רָצוֹן ratsón מהש ע"ה,

ע"ב בריבוע וקס"א ע"ה, אל שדי ע"ה מִלְּפָנֶיךָ milfaneja ס"ג מ"ה ב"ן שֶׁתִּמְחוֹל shetimjol

וְתִסְלַח vetislaj יהוה ע"ב וּתְכַפֵּר utejaper לִי li עַל al כָּל col ילי ; עמם

מַה ma מ"ה שֶׁחָטָאתִי shejatati וְשֶׁעָוִיתִי vesheaviti וְשֶׁפָּשַׁעְתִּי veshepashati

לְפָנֶיךָ lefaneja ס"ג מ"ה ב"ן מִיּוֹם miyom ע"ה נגד, מזבח, זן, אל יהוה

שֶׁנִּבְרֵאתִי shenivreti עַד ad הַיּוֹם hayom ע"ה נגד, מזבח, זן, אל יהוה הַזֶּה hazé והו.

וּבִפְרַט uvifrat (menciona aquí alguna acción negativa o comportamiento por el cual te gustaría pedir perdón)

וִיהִי vihí רָצוֹן ratsón מהש ע"ה, ע"ב בריבוע וקס"א ע"ה, אל שדי ע"ה

מִלְּפָנֶיךָ milfaneja ס"ג מ"ה ב"ן יְהֹוָאדהֹנָהי Adonai אֱלֹהֵינוּ Eloheinu ילה

וֵאלֹהֵי veElohei לכב ; מילוי ע"ב, דמב ; ילה אֲבוֹתֵינוּ avoteinu שֶׁתַּזְמִין shetazmín

פַּרְנָסָתֵנוּ parnasatenu וּמְזוֹנוֹתֵינוּ umezonoteinu לִי li וּלְכָל ulejol יה אדני

אַנְשֵׁי anshei בֵיתִי veití ב"פ ראה הַיּוֹם hayom ע"ה נגד, מזבח, זן, אל יהוה

וּבְכָל uvejol ב"ן, לכב יוֹם yom ע"ה נגד, מזבח, זן, אל יהוה

וָיוֹם vayom ע"ה נגד, מזבח, זן, אל יהוה בְּרֵיוַח bereivaj וְלֹא veló

בְּצִמְצוּם, vetsimtsum, בְּכָבוֹד bejavod בוכו וְלֹא veló בְּבִזּוּי, bevizui,

בְּנַחַת benájat וְלֹא veló בְּצַעַר, vetsaar, וְלֹא veló אֶצְטָרֵךְ etstarej

לְמַתְּנוֹת lematnot בָּשָׂר basar וָדָם vadam וְלֹא veló לְהַלְוָאָתָם, lehalvaatam,

אֶלָּא ela מִיָּדְךָ miyadjá הָרְוָחָה harjavá וְהַפְּתוּחָה vehaptujá

וְהַמְּלֵאָה vehamleá וּבִזְכוּת uvizjut שִׁמְךָ Shimjá הַגָּדוֹל hagadol

להו; עם ד' אותיות = מבה, יזל, אום (No pronunciar este Nombre: דִּיקַרְנוֹסָא ותך עם ג' אותיות –

ובאתב"ש = סאל, אמן, יאהדונהי) הַמְּמוּנֶּה hamemuné עַל al הַפַּרְנָסָה haparnasá:

¡Señor del mundo!

He transgredido. He cometido iniquidades y he pecado frente a Ti. Sea Tu voluntad que me perdones y olvides y expíes por todo aquello que he transgredido, y por todas las iniquidades que he cometido y por todo lo que he pecado ante Ti, desde el día en que he sido creado y hasta este día (y en especial: menciona aquí alguna acción negativa específica o comportamiento por el cual te gustaría pedir perdón). *Sea agradable ante Ti, Señor, nuestro Dios y el Dios de mis ancestros, que Tú me proveas de vitalidad y sustento a mí y a toda mi familia, hoy y todos y cada día, con abundancia y no con escasez; con dignidad y no con vergüenza; con comodidad y no con sufrimiento; y que yo no requiera los regalos de la carne y la sangre, ni sus préstamos, sino sólo de Tu Mano que es generosa, abierta y llena y por virtud de Tu gran Nombre, que es responsable del sustento.*

וּמִלְּפָנֶיךָ umilfaneja ס״ג מ״ה ב״ן מַלְכֵּנוּ malquenu
רֵיקָם reikam אַל־ al תְּשִׁיבֵנוּ teshivenu (וזקב טנע)
וְחָנֵּנוּ janenu וַעֲנֵנוּ vaanenu וּשְׁמַע ushmá תְּפִלָּתֵנוּ tfilatenu:

כִּי qui אַתָּה Atá שׁוֹמֵעַ shomea תְּפִלַּת tfilat כָּל־ col ילי פֶּה pe
(פה דו״א) מילה ; וע״ה אלהים, אהיה ארני (יג״ל פזק)

בָּרוּךְ Baruj אַתָּה Atá יְהֹוָהאדניה(יהוהאדניה) יאהדונהי Adonai

En este punto debes meditar en el Santo Nombre: אראריה״א
Rav Jayim Vital dice: “He encontrado en los libros de los kabbalistas que la oración de un individuo que medite en este Nombre, en la bendición *shomea tefilá*, siempre será respondida”.

שׁוֹמֵעַ shomea תְּפִלָּה tefilá (שׁקו צית) אתב״ש אִוכְצַ, ב״ן אדני וניקודה ע״ה = יוד הי וו הה:

LAS TRES BENDICIONES FINALES

A través del mérito de Moshé, Aharón y Yosef, quienes son nuestros canales para las últimas tres bendiciones, somos capaces de hacer descender toda la energía espiritual que despertamos con nuestras oraciones y bendiciones.

LA DECIMOSÉPTIMA BENDICIÓN

Durante esta bendición, que se refiere a Moshé, siempre debemos meditar en tratar de saber exactamente qué quiere Dios de nosotros en nuestra vida, como lo indica la frase: "Que sea la voluntad de Dios". Estamos pidiéndole a Dios que nos guíe hacia el trabajo que vinimos a hacer en esta Tierra. El Creador no puede aceptar sólo el trabajo que queremos hacer, debemos llevar a cabo el trabajo que estamos destinados a hacer.

Nétsaj

Has hecho peticiones (de necesidades diarias) a Dios. Ahora, después de pedir que tus necesidades sean cubiertas, debes alabar al Creador en las últimas tres bendiciones. Esto es como una persona que ha recibido lo que necesita de su Señor y se aparta de Él. Debes decir “*retsé*” y meditar en el Deseo Celestial (*Kéter*) que es llamado *Métsaj Haratsón* (la Frente del Deseo).

Y de Tu presencia, nuestro Rey,
no nos devuelvas con manos vacías, sino sé amable, responde y escucha nuestra oración.
Porque Tú escuchas la oración de cada boca. Bendito eres Tú, Señor, que escuchas las oraciones.

רְצֵה retsé אלף למד הה יוד מם

Aquí meditar en transformar el infortunio y la tragedia (צרה) en deseo y aceptación (רצה).

יְהֹוָאדהֹנָהִי Adonai אֱלֹהֵינוּ Eloheinu ילה בְּעַמְּךָ beamjá יִשְׂרָאֵל Yisrael
וְלִתְפִלָּתָם velitfilatam שְׁעֵה sheé. וְהָשֵׁב vehashev הָעֲבוֹדָה haavodá
לִדְבִיר lidvir רי״ו בֵּיתֶךָ beiteja ב״פ ראה. וְאִשֵּׁי veishei יִשְׂרָאֵל Yisrael
וּתְפִלָּתָם utfilatam מְהֵרָה meherá בְּאַהֲבָה beahavá אחד, דאגה
תְקַבֵּל tekabel בְּרָצוֹן beratsón מהש ע״ה, ע״ב בריבוע וקס״א ע״ה, אל שדי ע״ה.
וּתְהִי utehí לְרָצוֹן leratsón מהש ע״ה, ע״ב בריבוע וקס״א ע״ה, אל שדי ע״ה
תָּמִיד tamid ע״ה קס״א קנ״א קמ״ג עֲבוֹדַת avodat יִשְׂרָאֵל Yisrael עַמֶּךָ ameja:

וְאַתָּה veAtá בְּרַחֲמֶיךָ verajameja הָרַבִּים harabim. תַּחְפֹּץ tajpots
בָּנוּ banu וְתִרְצֵנוּ vetirtsenu וְתֶחֱזֶינָה vetejezena עֵינֵינוּ eineinu ריבוע מ״ה
בְּשׁוּבְךָ beshuvjá לְצִיּוֹן leTsiyón יוסף, ו׳ הויות, קנאה בְּרַחֲמִים berajamim
מצפצ, אלהים דיודין, י״פ ייי: בָּרוּךְ Baruj אַתָּה Atá יְהֹוָאדהֹנָהִי Adonai
הַמַּחֲזִיר hamajazir שְׁכִינָתוֹ Shjinató לְצִיּוֹן leTsiyón יוסף, ו׳ הויות, קנאה:

LA DECIMOCTAVA BENDICIÓN

Esta bendición es nuestro agradecimiento. Kabbalísticamente, el mayor agradecimiento que le podemos dar a nuestro Creador es hacer exactamente lo que estamos destinados a hacer en términos de nuestro trabajo espiritual.

LAS TRES BENDICIONES FINALES

LA DECIMOSÉPTIMA BENDICIÓN

Encuentra gracia, Señor, nuestro Dios, en tu Pueblo, Israel y oye su oración. Restaura el culto en el santuario interno de Tu Templo. Acepta las ofrendas de Israel y sus oraciones con complacencia, prontamente y con amor. Que siempre sea agradable a Ti, el servicio de Israel, Tu Nación. Y Tú en Tu gran compasión, te deleites en nosotros y estés complacido con nosotros. Puedan nuestros ojos contemplar Tu retorno a Sión con compasión. ¡Bendito eres Tú, Señor, que devuelve su Shejiná a Sión!

Hod

Inclina todo tu cuerpo en "*modim*" y enderézate en "*Adonai*".

מוֹדִים modim מאה ברכות שתיקן דוד לאמרם כל יום

Cuando la noche de *Yom Kipur* cae un viernes:
Mientras te inclinas, debes meditar en: אלף הא יוד הא, a fin de bajar el *Rúaj* de *Yetsirá*, para que sea como *Mayin Nukvín* y así elevar a la *Shejiná*. Y **mientras te enderezas**, debes meditar en: יוד הא ואו הא, para elevar a la *Shejiná* y para preparar el Mundo de *Yetsirá* para que sea elevado a *Briá* y pueda recibir a *Asiyá*.

אֲנַחְנוּ anajnu לָךְ laj שָׁאַתָּה sheAtá הוּא Hu יְהֹוָהאדניאהדונהי Adonai (ונ)
אֱלֹהֵינוּ Eloheinu ילה וֵאלֹהֵי veElohei לכב ; מילוי ע"ב, דמב ; ילה אֲבוֹתֵינוּ avoteinu
לְעוֹלָם leolam ריבוע ס"ג וי' אותיות דס"ג וָעֶד vaed. צוּרֵנוּ tsurenu
צוּר tsur אלהים דההין ע"ה וְחַיֵּינוּ jayeinu וּמָגֵן umaguén ג"פ אל (ייא" מילוי דס"ג) ;
ר"ת מיכאל גבריאל נוריאל יִשְׁעֵנוּ yishenu אַתָּה Atá הוּא Hu.
לְדֹר ledor וָדֹר vador ר"ו נוֹדֶה nodé לְךָ lejá וּנְסַפֵּר unesaper
תְּהִלָּתֶךָ tehilateja. עַל al חַיֵּינוּ jayeinu הַמְּסוּרִים hamesurim
בְּיָדֶךָ beyadeja. וְעַל veal נִשְׁמוֹתֵינוּ nishmoteinu הַפְּקוּדוֹת hapkudot
לָךְ laj. וְעַל veal נִסֶּיךָ niseja שֶׁבְּכָל shebejol ב"ן, לכב
יוֹם yom ע"ה נגד, מזבח, זן, אל יהוה עִמָּנוּ imanu ריבוע ס"ג, קס"א ע"ה וד' אותיות וְעַל veal
נִפְלְאוֹתֶיךָ nifleoteja וְטוֹבוֹתֶיךָ vetovoteja שֶׁבְּכָל shebejol ב"ן, לכב
עֵת et. עֶרֶב érev וָבֹקֶר vavóker וְצָהֳרָיִם vetsohoráyim. הַטּוֹב hatov והו
כִּי qui לֹא lo כָלוּ jalu רַחֲמֶיךָ rajameja. הַמְרַחֵם hamerajem
אברהם, וו"פ אל, רי"ו ול"ב נתיבות החכמה, רמ"ח (אברים), עסמ"ב וט"ז אותיות פשוטות כִּי qui לֹא lo
תַמּוּ tamú חֲסָדֶיךָ jasadeja כִּי qui מֵעוֹלָם meolam קִוִּינוּ kivinu לָךְ laj:

LA DECIMOCTAVA BENDICIÓN

Nosotros te damos gracias a Ti, porque eres Tú, Señor, quien es nuestro Dios y el Dios de nuestros padres, por siempre y por toda la eternidad. Tú eres nuestra Fortaleza, la Fortaleza de nuestras vidas y el Escudo de nuestra salvación. De una generación a otra, te daremos gracias a Ti y cantaremos Tu alabanza. Por nuestras vidas que están en Tus Manos, por nuestras almas que están a Tu cuidado, por Tus milagros que están con nosotros todos los días y por Tus maravillas y Tus favores que están con nosotros en todo momento: de noche, de mañana y de tarde. Tú eres bueno, porque Tu compasión nuestras esperanzas nunca se ha acabado. Tú eres el misericordioso, porque Tu bondad nunca ha cesado, porque siempre hemos puesto en Ti.

MODIM DERABANÁN

Esta oración es recitada por la congregación en la repetición cuando el *jazán* dice "*modim*".

En esta sección hay 44 palabras, que es el mismo valor numérico del Nombre: ריבוע אהיה (א אה אהי אהיה).

מוֹדִים modim מאה ברכות שתיקן דוד לאומרם כל יום אֲנַחְנוּ anajnu לָךְ laj

שָׁאַתָּה sheAtá הוּא hu יְהֹוָאדהנויאהדונהי Adonai אֱלֹהֵינוּ Eloheinu ילה

וֵאלֹהֵי veElohei לכב ; מילוי ע״ב, דמב ; ילה אֲבוֹתֵינוּ avoteinu

אֱלֹהֵי Elohei מילוי ע״ב, דמב ; ילה כָל jol ילי בָּשָׂר basar• יוֹצְרֵנוּ yotsrenu

יוֹצֵר yotser בְּרֵאשִׁית bereshit• בְּרָכוֹת brajot וְהוֹדָאוֹת vehodaot

לְשִׁמְךָ leShimjá הַגָּדוֹל hagadol להח ; עם ד׳ אותיות = מבה, יזל, אום

וְהַקָּדוֹשׁ vehakadosh עַל al שֶׁהֶחֱיִיתָנוּ shehejeyitanu וְקִיַּמְתָּנוּ vekiyamtanu•

כֵּן quen תְּחַיֵּינוּ tejayeinu וּתְחָנֵּנוּ utejonenu• וְתֶאֱסוֹף veteesof

גָּלֻיּוֹתֵינוּ galuyoteinu לְחַצְרוֹת lejatsrot קָדְשֶׁךָ kodsheja• לִשְׁמוֹר lishmor

חֻקֶּיךָ jukeja וְלַעֲשׂוֹת velaasot רְצוֹנֶךָ retsoneja• וּלְעָבְדְךָ uleavdejá

פוי, אל אדני בְּלֵבָב belevav בוכו שָׁלֵם shalem• עַל al שֶׁאֲנַחְנוּ sheanajnu

מוֹדִים modim לָךְ laj• בָּרוּךְ Baruj אֵל El ייא״י (מילוי דס״ג) הַהוֹדָאוֹת hahodaot:

וְעַל veal כֻּלָּם culam יִתְבָּרַךְ yitbaraj וְיִתְרוֹמַם veyitromam

וְיִתְנַשֵּׂא veyitnasé תָּמִיד tamid ע״ה קס״א קנ״א קמ״ג שִׁמְךָ Shimjá

מַלְכֵּנוּ malquenu לְעוֹלָם leolam ריבוע ס״ג וי׳ אותיות דס״ג וָעֶד vaed•

וְכָל־ vejol ילי הַחַיִּים hajayim אהיה אהיה יהוה, בינה ע״ה יוֹדוּךָ yoduja סֶלָה sela:

MODIM DERABANÁN

Nosotros te damos gracias a Ti, porque eres Tú, Señor, quien es nuestro Dios y el Dios de nuestros ancestros, el Dios de toda la humanidad, nuestro Hacedor y el Creador de toda la Creación. Bendiciones y gracias a Tu gran y Santo Nombre por darnos vida y por preservarnos. Que puedas Tú continuar dándonos vida, sé amable con nosotros y reúne nuestros exiliados en las Cortes de Tu Santuario, para que podamos cumplir Tus leyes, hacer Tu voluntad y servir a Ti con todo el corazón. Por esto Te agradecemos. ¡Bendito sea el Dios de los agradecimientos!

Y por todas estas cosas, que Tu Nombre sea siempre bendecido, exaltado y ensalzado, por siempre, nuestro Rey, por siempre y para siempre, y todos los vivientes Te agradecen, Sela.

Ujtov

וּכְתוֹב ujtov לְחַיִּים lejayim אהיה אהיה יהוה, בינה ע"ה טוֹבִים tovim

Nétsaj y *Hod* de *Zeir Anpín* se convierten en *Mojín* para *Nukvá* y es por ello que son buenos (*tovim*) ya que ellos están en el lugar de la revelación de los *Jasadim* como se conoce.

כָּל־ col ילי בְּנֵי bnei בְרִיתֶךָ vriteja:

Si olvidas decir "*ujtov*" y te das cuenta de esto antes del final de la bendición "*Baruj Atá Adonai*", debes regresar y decir "*ujtov*" y continuar normalmente. Pero si te das cuenta de esto sólo después del final de la bendición, debes continuar.

וִיהַלְלוּ vihalelú וִיבָרְכוּ vivarjú יהוה ריבוע יהוה ריבוע מ"ה אֶת־ et

שִׁמְךָ Shimjá הַגָּדוֹל hagadol להח ; עם ד' אותיות = מבה, יזל, אום בֶּאֱמֶת beemet אהיה

פעמים אהיה, ז"פ ס"ג לְעוֹלָם leolam ריבוע ס"ג ו' אותיות דס"ג כִּי qui טוֹב tov והו ;

כי טוב = יהוה אהיה, אום, מבה, יזל. הָאֵל haEl לאה ; ייא"י (מילוי דס"ג) יְשׁוּעָתֵנוּ yeshuatenu

וְעֶזְרָתֵנוּ veezratenu סֶלָה sela. הָאֵל haEl לאה ; ייא"י (מילוי דס"ג) הַטּוֹב hatov והו:

Flexiona tus rodillas en "*Baruj*", inclínate en "*Atá*" y enderézate en "*Adonai*".

בָּרוּךְ Baruj אַתָּה Atá

Cuando la noche de *Yom Kipur* cae un viernes:
Mientras te inclinas, debes meditar en el Nombre: אלף הה יוד הה para bajar el *Néfesh* de *Asiyá* para que sea *Mayin Nukvín* para elevar a la *Shejiná*. Y **mientras te enderezas**, debes meditar en el Nombre: יוד הה וו הה para elevar la *Shejiná* y preparar el Mundo de *Asiyá* para que pueda recibir el mundo de *Yetsirá*.

יְהֹוָהאֲדֹנָיאהדונהי Adonai (הי) הַטּוֹב hatov והו שִׁמְךָ Shimjá

וּלְךָ uLejá נָאֶה naé לְהוֹדוֹת lehodot ס"ת כהת, משיח בן דוד ע"ה:

Ujtov

E inscribe a todos los miembros de Tu alianza para una vida feliz.

Y ellos te alabarán y bendecirán Tu gran Nombre, sinceramente y para siempre, porque es bueno, el Dios de nuestra salvación y nuestra ayuda, Sela, el buen Dios. Bendito eres Tú, Señor, cuyo Nombre es bueno. Y a Ti es propio dar gracias.

LA BENDICIÓN FINAL

Estamos emanando la energía de paz para el mundo entero. También nos proponemos utilizar nuestras bocas sólo para el bien. Kabbalísticamente, el poder de las palabras y del habla es inimaginable. Esperamos usar este poder sabiamente, lo que tal vez es una de las tareas más difíciles de llevar a cabo.

Yesod

שִׂים sim שָׁלוֹם shalom טוֹבָה tová אכא וּבְרָכָה uvrajá

חַיִּים jayim אהיה אהיה יהוה, בינה ע״ה חֵן jen מילוי דמ״ה בריבוע, מוחי

וָחֶסֶד vajésed ע״ב, ריבוע יהוה צְדָקָה tsedaká ע״ה ריבוע אלהים

וְרַחֲמִים verajamim עָלֵינוּ aleinu וְעַל־ veal כָּל־ col ילי ; עמם

יִשְׂרָאֵל Yisrael עַמֶּךָ ameja וּבָרְכֵנוּ uvarjenu אָבִינוּ avinu כֻּלָּנוּ culanu

כְּאֶחָד queejad אהבה, דאגה בְּאוֹר beor רז, א״ס פָּנֶיךָ paneja ס״ג מ״ה ב״ן

כִּי qui בְאוֹר veor רז, א״ס פָּנֶיךָ paneja ס״ג מ״ה ב״ן נָתַתָּ natata

לָּנוּ lanu אלהים, אהיה אדני יְהֹוָהאדניאהדונהי Adonai אֱלֹהֵינוּ Eloheinu ילה

תּוֹרָה Torá וְחַיִּים vejayim אהיה אהיה יהוה, בינה ע״ה.

אַהֲבָה ahavá אחד, דאגה וָחֶסֶד vajésed ע״ב, ריבוע יהוה.

צְדָקָה tsdaká ע״ה ריבוע אלהים וְרַחֲמִים verajamim. בְּרָכָה brajá

וְשָׁלוֹם veshalom. וְטוֹב vetov והו בְּעֵינֶיךָ־ beeineja ע״ה קס״א ; ריבוע מ״ה

לְבָרְכֵנוּ levarjenu וּלְבָרֵךְ ulevarej אֶת et כָּל־ col ילי עַמְּךָ amjá

יִשְׂרָאֵל Yisrael בְּרוֹב־ berov י״פ אהיה עֹז oz וְשָׁלוֹם veshalom:

LA BENDICIÓN FINAL

Otorga paz, bondad, bendiciones, vida, gracia, amabilidad, justicia y misericordia a nosotros y a todo Israel, Tu Pueblo. Bendícenos a todos como uno solo, Padre nuestro, con la Luz de Tu Rostro, porque es con la Luz de Tu Rostro que Tú, Señor, nuestro Dios, nos has dado la Torá y vida, amor y amabilidad, justicia y misericordia, bendición y paz. Que sea grato a Tus Ojos bendecirnos y bendecir a Tu Nación, Israel, con abundante poder y con paz.

וּבְסֵפֶר uveséfer חַיִּים jayim אהיה אהיה יהוה, בינה ע"ה
בְּרָכָה brajá וְשָׁלוֹם veshalom וּפַרְנָסָה ufarnasá טוֹבָה tová אכא
וִישׁוּעָה vishuá וְנֶחָמָה venejamá וּגְזֵרוֹת ugzerot טוֹבוֹת tovot.
נִזָּכֵר nizajer וְנִכָּתֵב venicatev לְפָנֶיךָ lefaneja ס"ג מ"ה ב"ן
אֲנַחְנוּ anajnu וְכָל vejol ילי עַמְּךָ amjá יִשְׂרָאֵל Yisrael
לְחַיִּים lejayim אהיה אהיה יהוה, בינה ע"ה טוֹבִים tovim וּלְשָׁלוֹם uleshalom:

Si olvidaste decir "*uveséfer jayim*" y te das cuenta de esto antes del final de la bendición "*Baruj Atá Adonai*", debes regresar y decir "*uveséfer jayim*" y continuar normalmente. Pero si te das cuenta de esto sólo al final de la bendición, debes continuar.

בָּרוּךְ Baruj אַתָּה Atá יְהֹוָהאדנייאהדונהי Adonai
הַמְּבָרֵךְ hamevarej אֶת et עַמּוֹ amó יִשְׂרָאֵל Yisrael
ר"ת = אלהים = (אילההויהם = יב"ק) בַּשָּׁלוֹם bashalom. אָמֵן Amén יאהדונהי.

> **Cuando la noche de *Yom Kipur* cae un viernes:**
> Medita aquí en elevar el Nombre: יהוה, como sigue:
> La letra ה y el Nombre ב"ן a la letra ו y al Nombre מ"ה.
> La letra ו y el Nombre מ"ה a la letra ה y al Nombre ס"ג.
> La letra ה y el Nombre ס"ג a la letra י y al Nombre ע"ב.

YIHYÚ LERATSÓN

Hay 42 letras en el versículo en el secreto del *Aná Bejóaj*.

יִהְיוּ yihyú אל (ייא"י מילוי דס"ג) לְרָצוֹן leratsón מהש ע"ה, ע"ב בריבוע וקס"א ע"ה, אל שדי ע"ה
אִמְרֵי־ imrei פִי fi ר"ת אֱלֶף = אלף למד שין דלת יוד ע"ה וְהֶגְיוֹן vehegyón לִבִּי libí
לְפָנֶיךָ lefaneja ס"ג מ"ה ב"ן יְהֹוָהאדנייאהדונהי Adonai צוּרִי tsurí וְגֹאֲלִי vegoalí:

El *jazán* terminará aquí la repetición y continuará con "*Avinu malquenu*" en la pág. 72

Y que en el Libro de la Vida, todos seamos recordados e inscritos ante Ti; para bendición, paz, buen sustento, salvación, consuelo y buenos decretos. Nosotros y toda Tu Nación, Israel, para una buena vida y para paz.

¡Bendito eres Tú, Señor, que bendice a Su Pueblo, Israel, con paz, Amén!

YIHYÚ LERATSÓN

"Sean gratos ante Ti, Señor, mi Fortaleza y mi Redentor,
los dichos de mi boca y los pensamientos de mi corazón" (*Salmos 19:15*).

Ashamnu (Vidui)

Si llegamos a *Yom Kipur* con sentimientos de superioridad moral, es probable que nos vayamos con las manos vacías. Es crucial reconocer nuestras faltas e iniquidades. Este autoreconocimiento, especialmente durante el *Ashamnu*, es lo que nos acerca a la Luz. La negación, ya sea intencional o no, crea muchas capas de separación entre nosotros y el Creador. Los kabbalistas nos ofrecen un ejercicio poderoso garantizado para eliminar cualquier cantidad de ego que pueda estar bloqueándonos para alcanzar la realización máxima en *Yom Kipur*. Cada uno de nosotros debe dedicar unos pocos minutos en acercarnos a amigos y "enemigos" y confesar cualquier sensación de envidia, agravio, aversión o sentimiento negativo que podamos estar albergando hacia ellos. Debemos también pedirles su perdón por todas las ofensas que hemos cometido, consciente o inconscientemente. Mientras más difícil es hacerlo, mayor es la Luz que revelaremos. En este punto –el *Ashamnu*– nuestro ego hacxe su mayor esfuerzo para tratar de evitar que llevemos a cabo este ejercicio con humildad verdadera y un corazón genuino. Nos toca a nosotros vencer estos sentimientos y confesar nuestro ego a alguien con quien podamos haber tenido alguna dificultad. Cuando huimos de nuestra zona de confort y pedimos a esta persona que nos perdone, no es porque esto sea una conducta moralmente correcta, sino que más bien, mientras más difícil nos sea, mayor realización alcanzaremos en el año siguiente.

El *Ashamnu* ha sido diseñado por los sabios según el orden del alfabeto arameo. Recitamos o miramos cada una de las palabras y golpeamos ligeramente nuestro pecho con nuestra mano derecha para encender la Luz del Creador dentro de nosotros, así como para eliminar los residuos y limpiar la negatividad creada por nuestras acciones pasadas egoístas e intolerantes. Cada vez que hacemos una elección equivocada o hacemos algo negativo, ponemos a la Luz dentro de nosotros en estado latente. Nuestra conciencia y deseo de cambiar es lo que despierta a la Luz. Es importante hacer un intento de sentir y experimentar con nuestra mente y corazón el dolor que hemos causado a otros, y no por medio del dolor físico que podríamos sentir si golpeáramos demasiado fuerte nuestro pecho.

Mientras recitas el *Vidui*, debes golpear tu pecho con la mano derecha para agitar los *Jasadim* (Misericordias) y las *Guevurot* (Juicios) para que puedan crecer por el bien del *Zivug* (Unificación). Incluso si sabes que no has cometido una de las acciones negativas mencionadas a continuación, debes decir el *Vidui* de todos modos, porque todos actuamos como garantes uno del otro. El *Vidui* es dicho en forma plural porque el *Vidui* es acerca de otras vidas y otras personas que están conectadas a la raíz de nuestra alma.

Las 22 letras son el valor numérico del Santo Nombre **אכא**.

אָנָּא aná ב״ן **יְהֹוָה**אדניאהדונהי Adonai **אֱלֹהֵינוּ** Eloheinu ילה

וֵאלֹהֵי veElohei לכב ; מילוי ע״ב, דמב ; ילה **אֲבוֹתֵינוּ** avoteinu. **תָּבֹא** tavó

לְפָנֶיךָ lefaneja ס״ג מ״ה ב״ן **תְּפִלָּתֵנוּ** tfilatenu **וְאַל** veal **תִּתְעַלַּם** titalam

מַלְכֵּנוּ malquenu **מִתְּחִנָּתֵנוּ** mitjinatenu. **שֶׁאֵין** sheéin **אֲנַחְנוּ** anajnu

עַזֵּי azei אלהים ע״ה, אהיה אדני ע״ה **פָנִים** panim **וּקְשֵׁי** ukshei **עֹרֶף** óref

לוֹמַר lomar **לְפָנֶיךָ** lefaneja ס״ג מ״ה ב״ן **יְהֹוָה**אדניאהדונהי Adonai

---

Ashamnu (Vidui)

Te imploramos, Señor, nuestro Dios y Dios de nuestros padres. Que nuestra oración llegue ante Ti y que nuestro Rey no ignore nuestra petición. Porque no somos arrogantes ni soberbios para decir ante Ti, Señor,

אֱלֹהֵינוּ Eloheinu ילה veElohei וֵאלֹהֵי לכב ; מילוי ע״ב, דמב ; ילה avoteinu אֲבוֹתֵינוּ

צַדִּיקִים tsadikim אֲנַחְנוּ anajnu וְלֹא veló וְחָטָאנוּ jatanu•

אֲבָל aval חָטָאנוּ jatanu• עָוִינוּ avinu• פָּשַׁעְנוּ pashanu•

אֲנַחְנוּ anajnu וַאֲבוֹתֵינוּ vaavoteinu וְאַנְשֵׁי veanshei בֵיתֵנוּ veitenu ב״פ ראה:

אָשַׁמְנוּ ashamnu• בָּגַדְנוּ bagadnu• גָּזַלְנוּ gazalnu• דִּבַּרְנוּ dibarnu

דֹּפִי dofi וְלָשׁוֹן velashón הָרָע hará• הֶעֱוִינוּ heevinu• וְהִרְשַׁעְנוּ vehirshanu•

זַדְנוּ zadnu• חָמַסְנוּ jamasnu• טָפַלְנוּ tafalnu שֶׁקֶר shéker וּמִרְמָה umirmá•

יָעַצְנוּ yaatsnu עֵצוֹת etsot רָעוֹת raot• כִּזַּבְנוּ quizavnu• כָּעַסְנוּ caasnu•

לַצְנוּ latsnu• מָרַדְנוּ maradnu• מָרִינוּ marinu דְּבָרֶיךָ devareja• נִאַצְנוּ niatsnu•

נִאַפְנוּ niafnu• סָרַרְנוּ sararnu• עָוִינוּ avinu• פָּשַׁעְנוּ pashanu•

פָּגַמְנוּ pagamnu• צָרַרְנוּ tsararnu• צִעַרְנוּ tsiarnu אָב av וָאֵם vaem•

קִשִּׁינוּ kishinu עֹרֶף óref• רָשַׁעְנוּ rashanu• שִׁחַתְנוּ shijatnu• תִּעַבְנוּ tiavnu•

תָּעִינוּ taínu• וְתִעְתָּעְנוּ vetiatanu וְסַרְנוּ vesarnu מִמִּצְוֹתֶיךָ mimitsvoteja

וּמִמִּשְׁפָּטֶיךָ umimishpateja הַטּוֹבִים hatovim וְלֹא veló שָׁוָה shavá

לָנוּ lanu אלהים, אהיה אדני• וְאַתָּה veAtá צַדִּיק tsadik

עַל al כָּל col ילי ; עמם הַבָּא habá עָלֵינוּ aleinu כִּי qui

אֱמֶת emet אהיה פעמים אהיה, ד״פ ס״ג עָשִׂיתָ asita וַאֲנַחְנוּ vaanajnu הִרְשָׁעְנוּ hirshanu:

Medita para garantizar que tus acciones negativas sean parte del pasado y ya no sean parte de tu presente

---

nuestro Dios y el Dios de nuestros padres, que somos justos y que no pecamos. Porque hemos pecado, hemos cometido iniquidad, hemos transgredido, nosotros y nuestros padres y la gente de nuestra casa. א *Somos culpables,* ב *traicionamos,* ג *robamos,* ד *hablamos murmuraciones y mala lengua,* ה *causamos iniquidad,* ו *delinquimos,* ז *fuimos desconsiderados,* ח *hurtamos,* ט *acusamos falsamente y engañosamente,* י *dimos mal consejo,* כ *mentimos,* ך *tenemos ira,* ל *nos burlamos,* מ *nos sublevamos,* ם *nos rebelamos a Tus mandamientos,* נ *fuimos desdeñosos,* ן *cometimos adulterio,* ס *hemos sido pervertidos,* ע *causamos malevolencia,* פ *transgredimos,* ף *dañamos,* צ *hemos oprimido,* ץ *dimos pesares a nuestra madre y nuestro padre,* ק *fuimos testarudos,* ר *hemos sido inicuos,* ש *hemos corrompido,* ת *cometimos abominaciones, nos hemos desviado de Tus mandamientos y buenas leyes, y esto no nos ha beneficiado. Porque Tú eres justo, indiferentemente de lo que nos haya ocurrido, Tú actuaste sinceramente y nosotros causamos maldad.*

Ma Nomar

Estos versos declaran que Dios conoce todo y que nada está oculto de Él; por lo tanto, debemos admitir nuestro comportamiento errado. Este entendimiento superficial sugiere que el propósito de la oración es confesar nuestros pecados al Creador. Por el contrario: no estamos aquí para "orar" a Dios. La Kabbalah penetra en la profunda verdad espiritual: cada uno de nosotros debe escudriñar profundamente dentro de sí y admitir para nosotros mismos nuestros rasgos negativos. Debemos rasgar los velos de la autonegación. Cada uno conoce la verdad dentro de su alma. Debemos vencer a nuestro propio ego y comenzar a admitir para nosotros mismos todas nuestras malas acciones y nuestros defectos. Usualmente, esta es la confesión más dolorosa y difícil de todas.

El secreto del Nombre: יוד הא ואו הא (מ"ה=45)
que revive a los Siete Reyes Quebrantados. La capacidad de revertir todo y corregir toda clase de corrupción depende de este Nombre, y también la *Teshuvá* (arrepentimiento) depende y se nutre de Éste.

מַה ma מ"ה נֹאמַר nomar לְפָנֶיךָ lefaneja ס"ג מ"ה ב"ן (*Ima*)
יוֹשֵׁב yoshev מָרוֹם marom (*Atik Yomín*)• וּמַה umá מ"ה נְסַפֵּר nesaper
(**Nukvá—el libro de Yesod**) לְפָנֶיךָ lefaneja ס"ג מ"ה ב"ן שׁוֹכֵן shojén
שְׁחָקִים shjakim (***Ima*—que se extiende en *Yesod* mediante *Nétsaj* y *Hod***)
הֲלֹא haló (*Ima*) כָּל jol ילי (**50 Puertas de *Biná***) הַנִּסְתָּרוֹת hanistarot (י"ה)
וְהַנִּגְלוֹת vehaniglot (ו"ה) אַתָּה Atá (מנצפך) יוֹדֵעַ yodea (*Mazal Venaké*)•
אַתָּה Atá (*Mazal Venaké*) יוֹדֵעַ yodea רָזֵי razei עוֹלָם olam (*Aba* e *Ima*)•
וְתַעֲלוּמוֹת vetaalumot (**desde el aspecto de *Aba* e *Ima***)
סִתְרֵי sitrei ב"פ מצר (**desde el aspecto de *Mazal***) כָּל־ col ילי
חָי jai כל חי = אהיה אהיה יהוה, בינה ע"ה, חיים (***Yesod* de *Zeir Anpín***)•
אַתָּה Atá חוֹפֵשׂ jofés כָּל col ילי חַדְרֵי־ jadrei בָטֶן vaten (***Shóresh Yisrael***)•
רֹאֶה roé ראה כְּלָיוֹת jelayot וָלֵב valev• אֵין ein
דָּבָר davar ראה נֶעְלָם neelam מִמָּךְ mimaj (**en *Nukvá***)
וְאֵין veéin נִסְתָּר nistar ב"פ מצר (**en *Briá*, *Yetsirá* y *Asiyá***)
מִנֶּגֶד minégued מזבח, זן, אל יהוה עֵינֶיךָ eineja ע"ה קס"א ; ריבוע מ"ה
(***Nukvá*—de Su providencia sobre *Briá*, *Yetsirá* y *Asiyá***):

Ma Nomar

¿Qué diremos ante Ti, que moras en lo alto? ¿Y qué recontaremos ante Ti, cuya estancia es en las alturas excelsas? Como si no supieras todos los asuntos ocultos y revelados. Tú conoces los misterios del mundo y los secretos internos de todo ser vivo. Tú escudriñas las partes más profundas del hombre y ves las intenciones y el corazón. Nada está oculto de Ti y nada está oculto de Tus ojos.

YEHÍ RATSÓN

Se nos dice que si complacemos a Dios, Él nos perdonará y limpiará todos nuestros pecados. La interpretación kabbalística ofrece algunas perspicacias espirituales únicas en esta declaración. El valor numérico de la palabra aramea para perdonar, *slaj* סלח, es igual a 98. El valor numérico de la palabra hebrea para limpieza es *tsaj* צח, que también es 98; lo cual indica un vínculo espiritual entre estas dos palabras. En realidad estamos capturando la energía de limpieza en lugar de pedirle a Dios su energía de perdón. Es esta fuerza de limpieza la que elimina cualquier negatividad pendiendo sobre nosotros.

יְהִי yehí **רָצוֹן** ratsón מהש ע״ה, ע״ב בריבוע וקס״א ע״ה, אל שדי ע״ה **מִלְּפָנֶיךָ** milfaneja
ס״ג מ״ה ב״ן **יְהֹוָה**אדניאהדונהי Adonai **אֱלֹהֵינוּ** Eloheinu ילה **וֵאלֹהֵי** veElohei לכב ; מילוי
ע״ב, דמב ; ילה **אֲבוֹתֵינוּ** avoteinu
שֶׁתִּמְחוֹל shetimjol **(con el poder del Nombre: אלף הא יוד הא)** **לָנוּ** lanu
אלהים, אהיה אדני **אֶת־** et **כָּל־** col ילי
וַחֲטֹּאתֵינוּ jatoteinu **(las manchas del *Néfesh*)**
וּתְכַפֵּר utejaper **(con el poder del Nombre: אלף הה יוד הה)**
לָנוּ lanu אלהים, אהיה אדני **אֶת** et **כָּל** col ילי
עֲוֹנוֹתֵינוּ avonoteinu **(las manchas del *Rúaj*)** **וְתִמְחוֹל** vetimjol
וְתִסְלַח vetislaj יהוה ע״ב **(con el poder del Nombre: אלף הי יוד הי)**
לְכָל־ lejol יה אדני **פְּשָׁעֵינוּ** peshaeinu **(las manchas de la *Neshamá*):**

AL JET—OR YASHAR

Ahora vocalizamos las palabras que describen todas las diferentes acciones negativas que cometimos durante el año. Para ayudarnos a eliminar el caos creado por todas estas acciones negativas, esta oración está estructurada según el orden del alfabeto arameo.

Ahora estamos recibiendo lo que la Kabbalah llama Luz Directa, *Or Yashar*. Incluso si tenemos la seguridad de que no cometimos todas las acciones mencionadas, debemos mencionar las palabras, puesto que hayamos podido cometer estas acciones erradas en una vida pasada. Más aún, toda la humanidad está conectada. Todos somos descendientes de Adam y todos fuimos un alma unificada antes de la creación de nuestro universo físico.

Por lo tanto, nuestras acciones individuales también afectan al todo. Podemos ayudar a corregir al resto de la humanidad si asumimos la responsabilidad de estas acciones mediante la recitación de estas palabras.

Que sea Tu voluntad, Señor, nuestro Dios y el Dios de nuestros padres,
que seas misericordioso con nosotros, que nos perdones por todos nuestros pecados, que nos otorgues expiación por todas nuestras iniquidades y que perdones y absuelvas todas nuestras transgresiones.

Según el orden del alfabeto hebreo en el secreto de *Or Yashar* (Luz Directa) el cual, al recitarlo en este orden, ayuda a corregir (en el secreto de la *Teshuvá*) todos los daños en los órganos.

עַל al חֵטְא jet שֶׁחָטָאנוּ shejatanu לְפָנֶיךָ lefaneja ס״ג מ״ה ב״ן

בְּאוֹנֶס beónes:

עַל al חֵטְא jet שֶׁחָטָאנוּ shejatanu לְפָנֶיךָ lefaneja ס״ג מ״ה ב״ן

בִּבְלִי bivlí דָעַת dáat:

עַל al חֵטְא jet שֶׁחָטָאנוּ shejatanu לְפָנֶיךָ lefaneja ס״ג מ״ה ב״ן

בְּגִלּוּי beguilui עֲרָיוֹת arayot:

עַל al חֵטְא jet שֶׁחָטָאנוּ shejatanu לְפָנֶיךָ lefaneja ס״ג מ״ה ב״ן

בְּדַעַת bedáat וּבְמִרְמָה uvemirmá:

עַל al חֵטְא jet שֶׁחָטָאנוּ shejatanu לְפָנֶיךָ lefaneja ס״ג מ״ה ב״ן

בְּהִרְהוּר behirhur הַלֵּב halev:

עַל al חֵטְא jet שֶׁחָטָאנוּ shejatanu לְפָנֶיךָ lefaneja ס״ג מ״ה ב״ן

בְּוִדּוּי bevidui פֶּה pe ע״ה מום:

עַל al חֵטְא jet שֶׁחָטָאנוּ shejatanu לְפָנֶיךָ lefaneja ס״ג מ״ה ב״ן

בְּזָדוֹן bezadón:

עַל al חֵטְא jet שֶׁחָטָאנוּ shejatanu לְפָנֶיךָ lefaneja ס״ג מ״ה ב״ן

בְּחוֹזֶק bejózek פהל יָד yad:

AL JET—OR YASHAR

Por los pecados que hemos cometido ante Ti por obligación.
Por los pecados que hemos cometido ante Ti inconscientemente.
Por los pecados que hemos cometido ante Ti a sabiendas y engañosamente.
Por los pecados que hemos cometido ante Ti mediante una conciencia pecaminosa en el corazón.
Por los pecados que hemos cometido ante Ti por confesión de nuestra boca.
Por los pecados que hemos cometido ante Ti insolentemente.
Por los pecados que hemos cometido ante Ti a la fuerza.

עַל al חֵטְא jet שֶׁחָטָאנוּ shejatanu לְפָנֶיךָ lefaneja ס"ג מ"ה ב"ן

בְּטוּמְאַת betumat שְׂפָתָיִם sfatáyim:

עַל al חֵטְא jet שֶׁחָטָאנוּ shejatanu לְפָנֶיךָ lefaneja ס"ג מ"ה ב"ן

בְּיֵצֶר beyétser הָרָע hará:

עַל al חֵטְא jet שֶׁחָטָאנוּ shejatanu לְפָנֶיךָ lefaneja ס"ג מ"ה ב"ן

בְּיוֹדְעִים beyodim וּבְלֹא uveló יוֹדְעִים yodim:

עַל al חֵטְא jet שֶׁחָטָאנוּ shejatanu לְפָנֶיךָ lefaneja ס"ג מ"ה ב"ן

בְּכַחַשׁ bejajash וּבְכָזָב uvejazav:

עַל al חֵטְא jet שֶׁחָטָאנוּ shejatanu לְפָנֶיךָ lefaneja ס"ג מ"ה ב"ן

בְּלָשׁוֹן belashón הָרָע hará:

עַל al חֵטְא jet שֶׁחָטָאנוּ shejatanu לְפָנֶיךָ lefaneja ס"ג מ"ה ב"ן

בְּמַרְאִית bemarit הָעַיִן haayin ריבוע מ"ה:

עַל al חֵטְא jet שֶׁחָטָאנוּ shejatanu לְפָנֶיךָ lefaneja ס"ג מ"ה ב"ן

בְּנֶשֶׁךְ benéshej וּבְמַרְבִּית uvemarbit:

עַל al חֵטְא jet שֶׁחָטָאנוּ shejatanu לְפָנֶיךָ lefaneja ס"ג מ"ה ב"ן

בְּשִׂיחַ besíaj שִׂפְתוֹתֵינוּ siftoteinu:

עַל al חֵטְא jet שֶׁחָטָאנוּ shejatanu לְפָנֶיךָ lefaneja ס"ג מ"ה ב"ן

בַּסֵּתֶר baséter ב"פ מצ"ר:

Por los pecados que hemos cometido ante Ti mediante labios impuros.
Por los pecados que hemos cometido ante Ti mediante la inclinación negativa.
Por los pecados que hemos cometido ante Ti a sabiendas y sin saber.
Por los pecados que hemos cometido ante Ti mediante la negación y el engaño.
Por los pecados que hemos cometido ante Ti mediante la difamación.
Por los pecados que hemos cometido ante Ti por apariencia.
Por los pecados que hemos cometido ante Ti por usura e interés.
Por los pecados que hemos cometido ante Ti por el habla de nuestros labios.
Por los pecados que hemos cometido ante Ti en secreto.

עַל al חֵטְא jet שֶׁחָטָאנוּ shejatanu לְפָנֶיךָ lefaneja ס״ג מ״ה ב״ן

בְּעֵינַיִם beeináyim ריבוע מ״ה רָמוֹת ramot:

עַל al חֵטְא jet שֶׁחָטָאנוּ shejatanu לְפָנֶיךָ lefaneja ס״ג מ״ה ב״ן

בְּפִתְחוֹן befitjón פֶּה pe ע״ה מום:

עַל al חֵטְא jet שֶׁחָטָאנוּ shejatanu לְפָנֶיךָ lefaneja ס״ג מ״ה ב״ן

בְּצַעֲדֵי betsaadei רַגְלַיִם ragláyim לְהָרַע lehará:

עַל al חֵטְא jet שֶׁחָטָאנוּ shejatanu לְפָנֶיךָ lefaneja ס״ג מ״ה ב״ן

בִּקְפִיצַת bikfitsat יָד yad:

עַל al חֵטְא jet שֶׁחָטָאנוּ shejatanu לְפָנֶיךָ lefaneja ס״ג מ״ה ב״ן

בְּרָצוֹן beratsón מהש:

עַל al חֵטְא jet שֶׁחָטָאנוּ shejatanu לְפָנֶיךָ lefaneja ס״ג מ״ה ב״ן

בִּשְׁגָגָה bishgagá:

עַל al חֵטְא jet שֶׁחָטָאנוּ shejatanu לְפָנֶיךָ lefaneja ס״ג מ״ה ב״ן

בִּתְשׂוּמֶת bitsúmet יָד yad:

AL JET—OR JOZER

Ahora enumeramos todas nuestras acciones negativas según el orden inverso del alfabeto arameo. Esto genera Luz Retornante, *Or Jozer*. De acuerdo con la Kabbalah, el mundo fue creado mediante el poder de las letras arameas en su orden correcto. Cuando Adam pecó originalmente, trajo caos al mundo y eliminó todo orden. Al usar el alfabeto arameo en su orden inverso, estamos regresando en el tiempo al pecado original, la semilla de todo el caos en nuestro mundo hoy en día. Inyectamos orden en la semilla, lo cual, a su vez, ayuda a remover la agitación, el conflicto y el sufrimiento que nos afligen individual y globalmente.

Por los pecados que hemos cometido ante Ti con mirada altiva.
Por los pecados que hemos cometido ante Ti al abrir nuestra boca.
Por los pecados que hemos cometido ante Ti con pasos inicuos.
Por los pecados que hemos cometido ante Ti con puño cerrado.
Por los pecados que hemos cometido ante Ti voluntariamente.
Por los pecados que hemos cometido ante Ti sin intención alguna.
Por los pecados que hemos cometido ante Ti con compromiso.

עַל al חֵטְא jet שֶׁחָטָאנוּ shejatanu לְפָנֶיךָ lefaneja ס"ג מ"ה ב"ן

בְּתִמְהוֹן betimhón לֵבָב levav בוכו:

עַל al חֵטְא jet שֶׁחָטָאנוּ shejatanu לְפָנֶיךָ lefaneja ס"ג מ"ה ב"ן

בְּשִׂנְאַת besinat חִנָּם jinam:

עַל al חֵטְא jet שֶׁחָטָאנוּ shejatanu לְפָנֶיךָ lefaneja ס"ג מ"ה ב"ן

בְּרַגְלַיִם beragláyim מְמַהֲרוֹת memaharot לָרוּץ laruts לְרָעָה leraá רהע:

עַל al חֵטְא jet שֶׁחָטָאנוּ shejatanu לְפָנֶיךָ lefaneja ס"ג מ"ה ב"ן

בִּרְכִילוּת birejilut:

עַל al חֵטְא jet שֶׁחָטָאנוּ shejatanu לְפָנֶיךָ lefaneja ס"ג מ"ה ב"ן

בְּקִשּׁוּי bekishui עוֹרֶף óref:

עַל al חֵטְא jet שֶׁחָטָאנוּ shejatanu לְפָנֶיךָ lefaneja ס"ג מ"ה ב"ן

בְּצַוָּאר betsavar עָתָק atak:

עַל al חֵטְא jet שֶׁחָטָאנוּ shejatanu לְפָנֶיךָ lefaneja ס"ג מ"ה ב"ן

בִּפְרִיקַת bifrikat עוֹל ol:

עַל al חֵטְא jet שֶׁחָטָאנוּ shejatanu לְפָנֶיךָ lefaneja ס"ג מ"ה ב"ן

בְּעַזּוּת beazut מֵצַח métsaj:

עַל al חֵטְא jet שֶׁחָטָאנוּ shejatanu לְפָנֶיךָ lefaneja ס"ג מ"ה ב"ן

בְּסִיקּוּר besikur עַיִן ayin ריבוע מ"ה:

AL JET—OR JOZER

Por los pecados que hemos cometido ante Ti con el asombro de nuestro corazón.
Por los pecados que hemos cometido ante Ti por el odio gratuito.
Por los pecados que hemos cometido ante Ti al correr a hacer el mal.
Por los pecados que hemos cometido ante Ti con murmuraciones.
Por los pecados que hemos cometido ante Ti al ser testarudos.
Por los pecados que hemos cometido ante Ti al deshacernos del yugo.
Por los pecados que hemos cometido ante Ti al ser descarados.
Por los pecados que hemos cometido ante Ti con miradas lascivas.

עַל al חֵטְא jet שֶׁחָטָאנוּ shejatanu לְפָנֶיךָ lefaneja ס״ג מ״ה ב״ן

בִּנְטִיַּת binetiyat גָּרוֹן garón:

עַל al חֵטְא jet שֶׁחָטָאנוּ shejatanu לְפָנֶיךָ lefaneja ס״ג מ״ה ב״ן

בְּמַשָּׂא bemasá וּמַתָּן umatán:

עַל al חֵטְא jet שֶׁחָטָאנוּ shejatanu לְפָנֶיךָ lefaneja ס״ג מ״ה ב״ן

בִּלְשׁוֹן bilshón תַּרְמִית tarmit:

עַל al חֵטְא jet שֶׁחָטָאנוּ shejatanu לְפָנֶיךָ lefaneja ס״ג מ״ה ב״ן

בִּכְנֵסִיָּה bijnesiyá שֶׁלֹּא sheló לְשֵׁם leShem שָׁמַיִם shamáyim י״פ טל, י״פ כוזו:

עַל al חֵטְא jet שֶׁחָטָאנוּ shejatanu לְפָנֶיךָ lefaneja ס״ג מ״ה ב״ן

בְּיוּהֲרָא beyuhará:

עַל al חֵטְא jet שֶׁחָטָאנוּ shejatanu לְפָנֶיךָ lefaneja ס״ג מ״ה ב״ן

בְּטֻמְאַת betumat רַעְיוֹן rayón:

עַל al חֵטְא jet שֶׁחָטָאנוּ shejatanu לְפָנֶיךָ lefaneja ס״ג מ״ה ב״ן

בְּחִלּוּל bejilul הַשֵּׁם haShem:

עַל al חֵטְא jet שֶׁחָטָאנוּ shejatanu לְפָנֶיךָ lefaneja ס״ג מ״ה ב״ן

בְּזִלְזוּל bezilzul הוֹרִים horim וּמוֹרִים umorim:

עַל al חֵטְא jet שֶׁחָטָאנוּ shejatanu לְפָנֶיךָ lefaneja ס״ג מ״ה ב״ן

בִּוְעוּד beviud עֲבֵירָה aveirá:

עַל al חֵטְא jet שֶׁחָטָאנוּ shejatanu לְפָנֶיךָ lefaneja ס״ג מ״ה ב״ן

בְּהוֹצָאַת behotsaat דִּבָּה dibá:

Por los pecados que hemos cometido ante Ti al alzar nuestra frente con orgullo.
Por los pecados que hemos cometido ante Ti en asuntos de negocios.
Por los pecados que hemos cometido ante Ti mediante lenguaje engañoso.
Por los pecados que hemos cometido ante Ti al no cumplir la orden divina.
Por los pecados que hemos cometido ante Ti al ser arrogantes.
Por los pecados que hemos cometido ante Ti con pensamientos impuros.
Por los pecados que hemos cometido ante Ti al irrespetar el nombre de Dios.
Por los pecados que hemos cometido ante Ti al ofender a padres y maestros.
Por los pecados que hemos cometido ante Ti al participar en una reunión para cometer un pecado.
Por los pecados que hemos cometido ante Ti por difamación.

עַל al חֵטְא jet שֶׁחָטָאנוּ shejatanu לְפָנֶיךָ lefaneja ס"ג מ"ה ב"ן

בִּדְבָרִים bidvarim בְּטֵלִים betelim:

עַל al חֵטְא jet שֶׁחָטָאנוּ shejatanu לְפָנֶיךָ lefaneja ס"ג מ"ה ב"ן

בְּגַאֲוָה begaavá וָבוּז vavuz:

עַל al חֵטְא jet שֶׁחָטָאנוּ shejatanu לְפָנֶיךָ lefaneja ס"ג מ"ה ב"ן

בְּגִלְגּוּל beguilgul זֶה ze וּבְגִלְגּוּלִים uveguilgulim אֲחֵרִים ajerim:

עַל al חֵטְא jet שֶׁחָטָאנוּ shejatanu לְפָנֶיךָ lefaneja ס"ג מ"ה ב"ן

בְּבִטּוּי bevitui שְׂפָתַיִם sfatáyim:

עַל al חֵטְא jet שֶׁחָטָאנוּ shejatanu לְפָנֶיךָ lefaneja ס"ג מ"ה ב"ן

בַּאֲכִילַת beajilat אִסּוּר isur:

Cuando cometemos una acción negativa con nuestras manos, la oscuridad espiritual envuelve las manos. Cuando hablamos mal de nuestros amigos, esta negrura espiritual cubre la boca. Cuando somos despiadados con las demás personas, esta fuerza oscura asfixia nuestro corazón. Esta conexión ayuda a limpiar estas nubes de oscuridad antes de que tengan la oportunidad de manifestarse en dolencias o enfermedades.

עַל al חֵטְא jet שֶׁחָטָאנוּ shejatanu לְפָנֶיךָ lefaneja ס"ג מ"ה ב"ן

בְּמָאתַיִם bematáyim וְאַרְבָּעִים vearbaím וּשְׁמוֹנָה ushmoná אֵבָרִים evarim.

וּשְׁלֹשׁ ushlosh מֵאוֹת meot המספר = ש = אלהים דיודין

וְשִׁשִּׁים veshishim המספר = מילוי הש' (ין) וַחֲמִשָּׁה vajamishá גִּידִים guidim.

שֶׁל shel גּוּפֵנוּ gufenu וְנַפְשֵׁנוּ venafshenu וְרוּחֵנוּ verujenu

וְנִשְׁמָתֵנוּ venishmatenu וּנְשָׁמָה uneshamá לְנִשְׁמָתֵנוּ lenishmatenu.

Por los pecados que hemos cometido ante Ti con habladurías irrelevantes.
Por los pecados que hemos cometido ante Ti con orgullo y desprecio.
Por los pecados que hemos cometido ante Ti en esta encarnación y en las anteriores.
Por los pecados que hemos cometido ante Ti con las palabras de nuestros labios.
Por los pecados que hemos cometido ante Ti al comer alimentos prohibidos.

Por los pecados que hemos cometido ante Ti mediante los doscientos cuarenta y ocho órganos y los trescientos sesenta y cinco tendones de nuestro cuerpo, alma y espíritu. Al causar daño a los doscientos cuarenta y ocho órganos y a los trescientos sesenta y cinco tendones de nuestro cuerpo, alma y espíritu.

וְעַל veal וְחֵטְא jet שֶׁחָטָאנוּ shejatanu לְפָנֶיךָ lefaneja ס"ג מ"ה ב"ן

שֶׁגָּרַמְנוּ shegaramnu פְּגַם pgam וּמוּם umum בְּמָאתַיִם bematáyim

וְאַרְבָּעִים vearbaím וּשְׁמוֹנָה ushmoná אֵבָרִים evarim• וּשְׁלֹשׁ ushlosh

מֵאוֹת meot הַמִּסְפָּר = ש' = אלהים דיודין וְשִׁשִּׁים veshishim הַמִּסְפָּר = מילוי הש' (יו"ן)

וַחֲמִשָּׁה vajamishá גִּידִים guidim שֶׁל shel אֲחֵרִים ajerim•

וּבְגוּפָם uvegufam וְנַפְשָׁם venafsham וְרוּחָם verujam

וְנִשְׁמָתָם venishmatam וּנְשָׁמָה uneshamá לְנִשְׁמָתָם lenishmatam:

עַל al וַחֲטָאִים jataím שֶׁאָנַחְנוּ sheanajnu וַחֲיָבִים jayavim

עֲלֵיהֶם aleihem עַל al בִּטּוּל bitul מִצְוֹת mitsvot עֲשֵׂה asé:

עַל al וַחֲטָאִים jataím שֶׁאָנַחְנוּ sheanajnu וַחֲיָבִים jayavim

עֲלֵיהֶם aleihem עַל al לָאו lav הַנִּתָּק hanitak לַעֲשֵׂה laasé:

עַל al וַחֲטָאִים jataím שֶׁאָנַחְנוּ sheanajnu וַחֲיָבִים jayavim

עֲלֵיהֶם aleihem עַל al לָאו lav שֶׁאֵין sheéin בּוֹ bo מַעֲשֶׂה maasé:

עַל al וַחֲטָאִים jataím שֶׁאָנַחְנוּ sheanajnu וַחֲיָבִים jayavim

עֲלֵיהֶם aleihem עוֹלָה olá:

עַל al וַחֲטָאִים jataím שֶׁאָנַחְנוּ sheanajnu וַחֲיָבִים jayavim

עֲלֵיהֶם aleihem וַחֲטָּאת jatat:

עַל al וַחֲטָאִים jataím שֶׁאָנַחְנוּ sheanajnu וַחֲיָבִים jayavim

עֲלֵיהֶם aleihem קָרְבָּן korbán עוֹלֶה olé וְיוֹרֵד veyored:

Por los pecados que hemos cometido ante Ti y han causado defecto en doscientos cuarenta y ocho órganos y a los trescientos sesenta y cinco tendones de otras personas: sus cuerpos, sus almas y sus espíritus; el espíritu y alma, y el alma de sus almas.

Por los pecados por los cuales deberíamos ser juzgados debido a ignorar los preceptos positivos.

Por los pecados por los cuales deberíamos ser juzgados debido a ignorar los preceptos negativos convertidos en positivos.

Por los pecados por los cuales deberíamos ser juzgados debido a ignorar los preceptos positivos que no requieren acción.

Por los pecados por los cuales deberíamos ofrecer un sacrificio.

Por los pecados por los cuales deberíamos ofrecer una ofrenda por pecado.

Por los pecados por los cuales deberíamos ofrecer una ofrenda diferente según nuestros medios.

עַל al חֲטָאִים jataím שֶׁאָנוּ sheanajnu חַיָּבִים jayavim

עֲלֵיהֶם aleihem אָשָׁם asham תָּלוּי talui וְאָשָׁם veasham וַדַּאי vadai:

עַל al חֲטָאִים jataím שֶׁאָנוּ sheanajnu חַיָּבִים jayavim

עֲלֵיהֶם aleihem מַכַּת macat מַרְדּוּת mardut:

עַל al חֲטָאִים jataím שֶׁאָנוּ sheanajnu חַיָּבִים jayavim

עֲלֵיהֶם aleihem מַלְקוֹת malkot אַרְבָּעִים arbaím:

עַל al חֲטָאִים jataím שֶׁאָנוּ sheanajnu חַיָּבִים jayavim

עֲלֵיהֶם aleihem מִיתָה mitá בִּידֵי bidei שָׁמַיִם shamáyim י״פ טל, י״פ כוזו:

עַל al חֲטָאִים jataím שֶׁאָנוּ sheanajnu חַיָּבִים jayavim

עֲלֵיהֶם aleihem מִיתוֹת mitot מְשֻׁנּוֹת meshunot:

עַל al חֲטָאִים jataím שֶׁאָנוּ sheanajnu חַיָּבִים jayavim

עֲלֵיהֶם aleihem כָּרֵת caret וַעֲרִירִי vaarirí:

עַל al חֲטָאִים jataím שֶׁאָנוּ sheanajnu חַיָּבִים jayavim

עֲלֵיהֶם aleihem גִּלְגּוּל guilgul בְּדוֹמֵם bedomem. וְצוֹמֵחַ vetsoméaj. וְחַי vejai

בִּלְתִּי biltí מְדַבֵּר medaber ראה. וְחַי vejai מְדַבֵּר medaber ראה:

עַל al חֲטָאִים jataím שֶׁאָנוּ sheanajnu חַיָּבִים jayavim

עֲלֵיהֶם aleihem כָּל col ילי מִינֵי minei יִסּוּרִים yisurim:

עַל al חֲטָאִים jataím שֶׁאָנוּ sheanajnu חַיָּבִים jayavim

עֲלֵיהֶם aleihem כָּל col ילי מִינֵי minei עוֹנָשִׁים onashim:

Por los pecados por los cuales deberíamos ofrecer una ofrenda de pecado, ya sea por una acción negativa definida o ambigua.

Por los pecados por los cuales deberíamos recibir azotes por desobediencia.

Por los pecados por los cuales deberíamos recibir cuarenta azotes.

Por los pecados por los cuales deberíamos recibir la pena de muerte de la mano de los Cielos.

Por los pecados por los cuales deberíamos recibir una muerte inusual.

Por los pecados por los cuales deberíamos recibir la penalidad de la ablación (y quedar sin hijos).

Por los pecados por los cuales deberíamos reencarnar en objetos inanimados, vegetación, animal o seres humanos.

Por los pecados por los cuales deberíamos recibir sufrimiento.

Por los pecados por los cuales deberíamos recibir diferentes castigos.

עַל al וַחֲטָאִים jataím שֶׁאֲנַחְנוּ sheanajnu חַיָּבִים jayavim עֲלֵיהֶם aleihem
אַרְבַּע arbá מִיתוֹת mitot בֵּית beit ב"פ ראה דִּין din. סְקִילָה skilá.
שְׂרֵיפָה sreifá. הֶרֶג héreg. וְחֶנֶק vejének. עַל al מִצְוֹת mitsvot עֲשֵׂה asé.
וְעַל veal מִצְוֹת mitsvot לֹא lo תַעֲשֶׂה taasé. בֵּין bein שֶׁיֵּשׁ sheyesh
בָּם bam מ"ב קוּם kum עֲשֵׂה asé. וּבֵין uvein שֶׁאֵין sheéin בָּם bam מ"ב
קוּם kum עֲשֵׂה asé. בֵּין bein שֶׁגְּלוּיִם shegluyim לָנוּ lanu אלהים, אהיה אדנ"י.
וּבֵין uvein שֶׁאֵינָן sheeinán גְּלוּיִם gluyim לָנוּ lanu אלהים, אהיה אדנ"י. אֶת et
שֶׁגְּלוּיִם shegluyim לָנוּ lanu אלהים, אהיה אדנ"י כְּבָר cvar אֲמַרְנוּם amarnum
לְפָנֶיךָ lefaneja ס"ג מ"ה ב"ן יְהֹוָה(אדני)(אהדונהי) Adonai אֱלֹהֵינוּ Eloheinu ילה
וֵאלֹהֵי veElohei לכב ; מילוי ע"ב, דמב ; ילה אֲבוֹתֵינוּ avoteinu וְהוֹדִינוּ vehodinu
לְךָ lejá עֲלֵיהֶם aleihem. וְאֶת veet שֶׁאֵינָן sheeinán גְּלוּיִם gluyim
לָנוּ lanu אלהים, אהיה אדנ"י הֵם hem גְּלוּיִם gluyim וִידוּעִים viyeduím
לְפָנֶיךָ lefaneja ס"ג מ"ה ב"ן. כִּי qui הַכֹּל hacol גָּלוּי galui וְצָפוּי vetsafui
לְפָנֶיךָ lefaneja ס"ג מ"ה ב"ן יְהֹוָה(אדני)(אהדונהי) Adonai אֱלֹהֵינוּ Eloheinu ילה. כְּמוֹ cmó
שֶׁנֶּאֱמַר sheneemar: הַנִּסְתָּרֹת hanistarot לַיהֹוָה(אדני)(אהדונהי) laAdonai
אֱלֹהֵינוּ Eloheinu ילה וְהַנִּגְלֹת vehaniglot (Los once puntos)
לָנוּ lanu אלהים, אהיה אדנ"י וּלְבָנֵינוּ ulevaneinu עַד ad עוֹלָם olam לַעֲשׂוֹת laasot
אֶת et כָּל col ילי דִּבְרֵי divrei ראה הַתּוֹרָה haTorá הַזֹּאת hazot:
כִּי qui אַתָּה Atá סָלְחָן solján לְיִשְׂרָאֵל leYisrael וּמָחֳלָן umojalán
לְשִׁבְטֵי leshivtei יְשֻׁרוּן Yeshurún. וּמִבַּלְעָדֶיךָ umibaladeja אֵין ein
לָנוּ lanu אלהים, אהיה אדנ"י מֶלֶךְ mélej מוֹחֵל mojel וְסוֹלֵחַ vesoléaj:

Por los pecados por los cuales deberíamos haber recibido las cuatro penas de muerte infligidas por la corte: lapidación, incineración, decapitación o estrangulación; por la violación de los preceptos positivos o negativos, ya sea que puedan ser remediados por la ejecución de un precepto positivo en un futuro o no; ya sea que nos sean conocidos o no. Aquellos pecados que nos son conocidos, ya los hemos declarado ante Ti, Señor, nuestro Dios, y el Dios de nuestros padres, y ya los hemos confesado; y aquellos que no nos son conocidos, ellos son revelados y conocidos por Ti, porque todo es revelado y manifestado ante Ti, el Señor, nuestro Dios, como está dicho: "Las cosas secretas pertenecen al Señor, nuestro Dios, pero las reveladas son para nosotros y para nuestros hijos para siempre, a fin de que cumplamos todas las palabras de esta Torá" (Deuteronomio 29:29). Porque Tú eres el perdonador de Israel y el perdonador de las tribus de Yeshurún y, además de Ti, no tenemos rey que perdona y absuelve.

ELOHAI

Ahora tenemos una oportunidad de garantizar nuestra limpieza a través del crecimiento espiritual y corrección autoimpuestos en lugar del sufrimiento físico que está más allá de nuestro control. El Kabbalista Rav Yehuda Áshlag revela que hay dos caminos disponibles para nosotros: el camino del tormento o el camino del crecimiento espiritual.

De acuerdo con Rav Áshlag, el camino más efectivo para el crecimiento espiritual es mediante el alma de la Torá: la Kabbalah. Al escanear el *Zóhar*, participar en *Rosh Hashaná*, *Yom Kipur* y otras conexiones a lo largo del año, al menos nos estamos dando la oportunidad de deshacernos de nuestra naturaleza negativa, la cual, según todos los kabbalistas de la historia, es la raíz de todo dolor, penuria y sufrimiento que nos aflige a todos en un momento dado. Nuestro problema más grande es no tener la capacidad de reconocer y aceptar esta verdad espiritual. En el momento en que nos encontramos de regreso en el "mundo real", regresamos a nuestras actitudes intolerantes, insensibles y egoístas.

אֱלֹהַי Elohai מילוי ע"ב, דמב ; ילה עַד ad שֶׁלֹּא sheló נוֹצַרְתִּי notsarti

אֵינִי einí כְדַאי jedai• וְעַכְשָׁיו veajshav שֶׁנּוֹצַרְתִּי shenotsarti

כְּאִלּוּ queílu לֹא lo נוֹצַרְתִּי notsarti• עָפָר afar אֲנִי aní אני בְּחַיַּי bejayai

קַל kal נמם, ה' גבורות וָחוֹמֶר vajómer בְּמִיתָתִי bemitatí• הֲרֵי harei

אֲנִי aní אני לְפָנֶיךָ lefaneja ס"ג מ"ה ב"ן יְהֹוָאֲדֹנָי אהדונהי Adonai

אֱלֹהַי Elohai מילוי ע"ב, דמב ; ילה וֵאלֹהֵי veElohei לכב ; מילוי ע"ב, דמב ; ילה

אֲבוֹתַי avotai כִּכְלִי quijlí מָלֵא malé בוּשָׁה vushá וּכְלִמָּה ujlimá:

יְהִי yehí רָצוֹן ratsón מהש ע"ה, ע"ב בריבוע וקס"א ע"ה, אל שדי ע"ה

מִלְּפָנֶיךָ milfaneja ס"ג מ"ה ב"ן יְהֹוָאֲדֹנָי אהדונהי Adonai אֱלֹהַי Elohai מילוי ע"ב, דמב ; ילה

וֵאלֹהֵי veElohei לכב ; מילוי ע"ב, דמב ; ילה אֲבוֹתַי avotai שֶׁלֹּא sheló אֶחֱטָא ejetá

עוֹד od• וּמַה umá מ"ה שֶׁחָטָאתִי shejatati לְפָנֶיךָ lefaneja ס"ג מ"ה ב"ן

מְחוֹק mejok בְּרַחֲמֶיךָ berajameja הָרַבִּים harabim• אֲבָל aval

לֹא lo עַל al יְדֵי yedei יִסּוּרִין yisurín וָחֳלָאִים vejolaím רָעִים raím:

ELOHAI

Mi Dios, antes de ser formado no era nada; y ahora que he sido formado, es como si no me hubiesen formado. Soy como polvo en mi tiempo de vida, cuánto más en mi muerte. He aquí que estoy ante Ti, Señor, mi Dios y Dios de mis padres, como una vasija llena de vergüenza y deshonra. Que sea Tu voluntad, Señor, mi Dios y el Dios de mis padres, que yo ya no peque más; y que los pecados que he cometido antes Tú los limpies en Tu gran misericordia, pero no por medio de castigos ni terribles enfermedades.

ELOHAI NETSOR

אֱלֹהַי Elohai מילוי ע"ב, דמב ; ילה נְצוֹר netsor לְשׁוֹנִי leshoní מֵרָע •merá
וּשְׂפָתוֹתַי vesiftotai מִדַּבֵּר midaber ראה מִרְמָה •mirmá וְלִמְקַלְלַי velimkalelai
נַפְשִׁי nafshí תִדֹּם •tidom וְנַפְשִׁי venafshí כֶּעָפָר queafar
לַכֹּל lacol יה אדני תִּהְיֶה •tihyé פְּתַח ptaj לִבִּי libí בְּתוֹרָתֶךָ •betorateja
וְאַחֲרֵי veajarei מִצְוֹתֶיךָ mitsvoteja תִּרְדּוֹף tirdof נַפְשִׁי •nafshí
וְכָל־ vejol ילי הַקָּמִים hakamim עָלַי alai לְרָעָה leraá רהע• מְהֵרָה meherá
הָפֵר hafer עֲצָתָם atsatam וְקַלְקֵל vekalkel מַחְשְׁבוֹתָם •majshevotam
עֲשֵׂה asé לְמַעַן lemaan שְׁמָךְ •Shmaj עֲשֵׂה asé לְמַעַן lemaan
יְמִינָךְ •yeminaj עֲשֵׂה asé לְמַעַן lemaan תּוֹרָתָךְ •torataj עֲשֵׂה asé
לְמַעַן lemaan קְדֻשָּׁתָךְ •kedushataj ר"ת הפסוק = מ"ה יהוה לְמַעַן lemaan
יֵחָלְצוּן yejaltsún יְדִידֶיךָ yedideja ר"ת ילי הוֹשִׁיעָה hoshía יהוה ושע נהורין
יְמִינְךָ yeminjá וַעֲנֵנִי vaaneni (כתיב: ועננו) ר"ת אל (ייא" מילוי דס"ג):

Antes de que recitemos el próximo verso ("*Yihyú leratsón*") tenemos una oportunidad de fortalecer la conexión con nuestra alma usando nuestro nombre. Cada persona tiene un versículo en la Torá que lo conecta con su nombre. O bien su nombre está en el versículo o la primera letra y última letra del nombre corresponden a la primera y última letra del versículo. Por ejemplo, el nombre Yehuda comienza con una *Yud* y termina con una *Hei*. Antes de terminar la *Amidá*, declaramos que nuestro nombre sea siempre recordado cuando nuestra alma abandone este mundo.

YIHYÚ LERATSÓN (EL SEGUNDO)

Hay 42 letras en el versículo en el secreto del *Aná Bejóaj*.

יִהְיוּ yihyú אל (ייא" מילוי דס"ג) לְרָצוֹן leratsón מהש ע"ה, ע"ב בריבוע וקס"א ע"ה, אל שדי ע"ה
אִמְרֵי־ imrei פִי fi ר"ת אֱלֹהַּ = אלף למד שין דלת יוד ע"ה וְהֶגְיוֹן vehegyón לִבִּי libí
לְפָנֶיךָ lefaneja ס"ג מ"ה ב"ן יְהֹוָאדהנויהי Adonai צוּרִי tsurí וְגֹאֲלִי vegoalí:

ELOHAI NETSOR

Mi Dios, cuida mi lengua del mal y mis labios de decir falsedad. Que mi alma permanezca en silencio ante aquellos que me maldicen y permite que mi espíritu sea humilde ante todos, como el polvo. Abre mi corazón a Tu Torá y permite que mi corazón siga Tus mandamientos. Prontamente frustra los planes y daña los pensamientos de todos aquellos que se levantan contra mí para hacerme daño. Hazlo por la gloria de Tu Nombre. Haz esto por el bien de Tu Diestra. Haz esto por el mérito de Tu Torá. Haz esto por Tu santidad, "Que Tus amados sean rescatados. Sálvalos con Tu Diestra y contéstame" (Salmos 60:7).

YIHYÚ LERATSÓN (EL SEGUNDO)

"Sean gratos ante Ti, Señor, mi Fortaleza y mi Redentor,
los dichos de mi boca y los pensamientos de mi corazón" (Salmos 19:15).

Osé Shalom

Ahora damos tres pasos hacia atrás para atraer la Luz de los Mundos Superiores a nuestra vida. Nos inclinamos a la derecha, a la izquierda y al centro, y debemos meditar en que, al dar estos tres pasos hacia atrás, se construya nuevamente el Templo Sagrado que fue destruido.

Da tres pasos hacia atrás;

Izquierda
Te vuelves a la izquierda y dices:

עֹושֶׂה osé הַשָּׁלוֹם hashalom ספריאל המלאך החותם לחיים
בִּמְרוֹמָיו bimromav ר"ת ע"ב, ריבוע יהוה

Derecha
Te vuelves a la derecha y dices:

הוּא Hu בְּרַחֲמָיו verajamav יַעֲשֶׂה yaasé
שָׁלוֹם shalom עָלֵינוּ aleinu ר"ת ש"ע נהורין

Centro
Te alineas al centro y dices:

וְעַל veal כָּל־ col ילי ; עמם עַמּוֹ amó יִשְׂרָאֵל Yisrael
וְאִמְרוּ veimrú אָמֵן Amén יאהדונהי:

יְהִי yehí רָצוֹן ratsón מהש ע"ה, ע"ב בריבוע וקס"א ע"ה, אל שדי ע"ה
מִלְּפָנֶיךָ milfaneja ס"ג מ"ה ב"ן יְהֹוָאדנָיאהדונהי Adonai אֱלֹהֵינוּ Eloheinu ילה
וֵאלֹהֵי veElohei לכב ; מילוי ע"ב, דמב ; ילה אֲבוֹתֵינוּ avoteinu, שֶׁתִּבְנֶה shetivné
בֵּית beit ב"פ ראה הַמִּקְדָּשׁ hamikdash בִּמְהֵרָה bimherá בְּיָמֵינוּ veyameinu
וְתֵן vetén חֶלְקֵנוּ jelkenu בְּתוֹרָתֶךָ vetorataj לַעֲשׂוֹת laasot חֻקֵּי jukei
רְצוֹנֶךָ retsonaj וּלְעָבְדֶךָ uleavdaj פוי, אל אדני בְּלֵבָב belevav בוכו שָׁלֵם shalem.

Da tres pasos hacia delante.

Osé Shalom

Él, que establece la Paz en Sus altos lugares,
Él, en Su compasión, hará que la paz esté entre nosotros y sobre Su pueblo entero, Israel, y dirán: Amén.

Sea agradable ante Ti, Señor, nuestro Dios y Dios de nuestros antepasados, que puedas reconstruir rápidamente el santo Templo, en nuestros días, y otórganos participación en Tu Torá, para que podamos cumplir las leyes de Tu deseo y servirte con todo el corazón.

AVINU MALQUENU

Pedimos cosas específicas de parte del Creador porque si no pedimos, no podemos recibir incluso aquello que merecemos.

אָבִינוּ Avinu (יהוה) מַלְכֵּנוּ Malquenu (יהוה)

חָטָאנוּ jatanu לְפָנֶיךָ lefaneja ס"ג מ"ה ב"ן רַחֵם rajem

אברהם, וז"פ אל, רי"ו ול"ב נתיבות החכמה, רמ"ח (אברים), עסמ"ב וט"ז אותיות פשוטות עָלֵינוּ alenu:

אָבִינוּ Avinu (יהוה) מַלְכֵּנוּ Malquenu (יהוה)

אֵין ein לָנוּ lanu אלהים, אהיה אדני מֶלֶךְ mélej אֶלָּא ela אָתָּה Atá:

אָבִינוּ Avinu (יהוה) מַלְכֵּנוּ Malquenu (יהוה) עֲשֵׂה ase

עִמָּנוּ imanu ריבוע ס"ג, קס"א ע"ה וד' אותיות לְמַעַן lemaan שְׁמֶךָ shemeja:

אָבִינוּ Avinu (יהוה) מַלְכֵּנוּ Malquenu (יהוה)

חַדֵּשׁ jadesh י"ב הויות, קס"א קנ"א עָלֵינוּ aleinu שָׁנָה shaná טוֹבָה tová אכא:

אָבִינוּ Avinu (יהוה) מַלְכֵּנוּ Malquenu (יהוה) בַּטֵּל batel

מֵעָלֵינוּ mealeinu כָּל־ col יל"י גְּזֵרוֹת gzerot קָשׁוֹת kashot וְרָעוֹת veraot:

אָבִינוּ Avinu (יהוה) מַלְכֵּנוּ Malquenu (יהוה)

בַּטֵּל batel מַחְשְׁבוֹת majshevot שׂוֹנְאֵינוּ soneinu:

אָבִינוּ Avinu (יהוה) מַלְכֵּנוּ Malquenu (יהוה)

הָפֵר hafer עֲצַת atsat אוֹיְבֵינוּ oyveinu:

אָבִינוּ Avinu (יהוה) מַלְכֵּנוּ Malquenu (יהוה)

כַּלֵּה calé כָּל־ col יל"י צַר tsar וּמַשְׂטִין umastín מֵעָלֵינוּ mealeinu:

AVINU MALQUENU

Nuestro Padre, nuestro Rey, hemos pecado ante Ti, ten merced de nosotros.
Nuestro Padre, nuestro Rey, no tenemos otro Rey sino Tú.
Nuestro Padre, nuestro Rey, ocúpate de nosotros por el bien de Tu Nombre.
Nuestro Padre, nuestro Rey, renueva un buen año para nosotros.
Nuestro Padre, nuestro Rey, anula de nosotros todos los decretos severos y malvados. Nuestro Padre, nuestro Rey, anula los pensamientos de los que nos odian. Nuestro Padre, nuestro Rey, frustra los planes de nuestros enemigos. Nuestro Padre, nuestro Rey, aniquila cualquier opresor o acusador de sobre nosotros.

אָבִינוּ Avinu (יהוה) מַלְכֵּנוּ Malquenu (יהוה)

כַּלֵּה calé דֶּבֶר déver וְחֶרֶב vejérev רי"ו וְרָעָה veraá רהע וְרָעָב veraav
וּשְׁבִי ushevi וּבִזָּה uvizá וּמַשְׁחִית umashjit וּמַגֵּפָה umaguefá (נגף) וְיֵצֶר veyétser
הָרָע hará וְחוֹלָאִים vejolaím רָעִים raím מִבְּנֵי mibnei בְרִיתֶךָ: vriteja

אָבִינוּ Avinu (יהוה) מַלְכֵּנוּ Malquenu (יהוה)

שְׁלַח shlaj רְפוּאָה refuá שְׁלֵמָה shlemá לְכָל־ lejol יה אדני
חוֹלֵי jolei חולה = מ"ה וד' אותיות השם עַמֶּךָ: ameja

אָבִינוּ Avinu (יהוה) מַלְכֵּנוּ Malquenu (יהוה)

מְנַע mená מַגֵּפָה maguefá (נגף) מִנַּחֲלָתֶךָ: minajalateja

אָבִינוּ Avinu (יהוה) מַלְכֵּנוּ Malquenu (יהוה)

זָכוּר zajur ע"ב קס"א, יהי אור ע"ה כִּי qui עָפָר afar אֲנָחְנוּ: anajnu

אָבִינוּ Avinu (יהוה) מַלְכֵּנוּ Malquenu (יהוה)

מְחוֹל mejol וּסְלַח uslaj יהוה ע"ב לְכָל־ lejol יה אדני עֲוֹנוֹתֵינוּ: avonotenu

אָבִינוּ Avinu (יהוה) מַלְכֵּנוּ Malquenu (יהוה)

קְרַע kra יכוין בשם קרע שטן רוֹעַ roa גְּזַר gzar דִּינֵנוּ: dinenu

אָבִינוּ Avinu (יהוה) מַלְכֵּנוּ Malquenu (יהוה)

מְחוֹק mejok בְּרַחֲמֶיךָ berajameja הָרַבִּים harabim
כָּל־ col ילי שִׁטְרֵי shitrei חוֹבוֹתֵינוּ: jovoteinu

אָבִינוּ Avinu (יהוה) מַלְכֵּנוּ Malquenu (יהוה)

מְחֵה mejé וְהַעֲבֵר vehaaver פְּשָׁעֵינוּ peshaeinu
מִנֶּגֶד minégued זן, מזבח, אל יהוה עֵינֶיךָ eineja ע"ה קס"א ; ריבוע מ"ה:

Nuestro Padre, nuestro Rey, aniquila pestilencia, espada, mal, hambre, cautiverio, saqueo, ruina, plaga, inclinación al mal y enfermedades terribles de los miembros de Tu Alianza. Nuestro Padre, nuestro Rey, envía sanación completa a todos los enfermos de Tu Nación. Nuestro Padre, nuestro Rey, previene epidemias de Tu Heredad. Nuestro Padre, nuestro Rey, recuerda que somos polvo.

Nuestro Padre, nuestro Rey, perdona y absuelve todos nuestros pecados.
Nuestro Padre, nuestro Rey, rompe todos los edictos malvados de nuestras sentencias.
Nuestro Padre, nuestro Rey, borra, con Tus muchas compasiones, nuestras notas de deuda.
Nuestro Padre, nuestro Rey, elimina y borra nuestros pecados de ante Tus ojos.

אָבִינוּ Avinu (יֶהֶוֶה) מַלְכֵּנוּ Malquenu (יְהוָה)

כָּתְבֵנוּ cotvenu בְּסֵפֶר beséfer חַיִּים jayim אהיה אהיה יהוה, בינה ע"ה טוֹבִים tovim:

אָבִינוּ Avinu (יֶהֶוֶה) מַלְכֵּנוּ Malquenu (יְהוָה)

כָּתְבֵנוּ cotvenu בְּסֵפֶר beséfer צַדִּיקִים tsadikim וַחֲסִידִים vajasidim:

אָבִינוּ Avinu (יֶהֶוֶה) מַלְכֵּנוּ Malquenu (יְהוָה)

כָּתְבֵנוּ cotvenu בְּסֵפֶר beséfer יְשָׁרִים yesharim וּתְמִימִים utemimim:

אָבִינוּ Avinu (יֶהֶוֶה) מַלְכֵּנוּ Malquenu (יְהוָה) כָּתְבֵנוּ cotvenu

בְּסֵפֶר beséfer פַּרְנָסָה parnasá וְכַלְכָּלָה vejalcalá טוֹבָה tová אכא:

יהי yehí רצון ratsón מהש ע"ה, ע"ב בריבוע וקס"א ע"ה, אל שדי ע"ה
מלפניך milfaneja ס"ג מ"ה ב"ן יהוואדניאהדונהי Adonai אלהינו Eloheinu ילה
ואלהי veElohei לכב ; מילוי ע"ב, דמב ; ילה אבותינו avoteinu שתתן shetitén ב"פ כהת
לנו lanu אלהים, אהיה אדני ולכל ulejol יה אדני בני bnei ביתנו beitenu
ולכל ulejol יה אדני הסמוכים hasmujim על al שולחננו shuljanenu
היום hayom ע"ה נגד, זן, מזבח, אל יהוה ובכל uvejol ב"ן, לכב
יום yom ע"ה נגד, זן, מזבח, אל יהוה ויום veyom ע"ה נגד, זן, מזבח, אל יהוה
מזונותינו mezonoteinu בכבוד bejavod בוכו בזכות bizjut שמך shimjá הגדול hagadol
להוז ; עם ד' אותיות = מבה, יזל, אום (No pronunciar) דיקרנוסא
וחך עם ג' אותיות ובאתב"ש סאל, אמן, יאהדונהי) הממונה hamemuné על al הפרנסה haparnasá:

אָבִינוּ Avinu (יֶהֶוֶה) מַלְכֵּנוּ Malquenu (יְהוָה)

כָּתְבֵנוּ cotvenu בְּסֵפֶר beséfer גְּאוּלָּה gueulá וִישׁוּעָה vishuá:

אָבִינוּ Avinu (יֶהֶוֶה) מַלְכֵּנוּ Malquenu (יְהוָה) זָכְרֵנוּ zojrenu

בְּזִכְרוֹן bezijrón ע"ב קס"א ונש"ב טוֹב tov והו מִלְּפָנֶיךָ milfaneja ס"ג מ"ה ב"ן:

Nuestro Padre, nuestro Rey, inscríbenos en el Libro de la buena Vida.
Nuestro Padre, nuestro Rey, inscríbenos en el libro de los justos y los piadosos.
Nuestro Padre, nuestro Rey, inscríbenos en el libro de los rectos y los perfectos.
Nuestro Padre, nuestro Rey, inscríbenos en el libro del sustento y las buenas ganancias.
Que sea agradable ante Ti, Señor, nuestro Dios y Dios de nuestros padres, que Tú nos des, a los miembros de nuestra casa y a todos aquellos que dependen de nuestra mesa, hoy y todos y cada día, nuestra nutrición, con gracia y por virtud de Tu gran Nombre, que es el responsable del sustento.
Nuestro Padre, nuestro Rey, inscríbenos en el libro de redención y salvación.
Nuestro Padre, recuérdanos favorablemente ante Ti.

אָבִינוּ Avinu (יַהֲוַהַ) מַלְכֵּנוּ Malquenu (יְהָוָה)

הַצְמַח hatsmaj לָנוּ lanu אלהים, אהיה אדני יְשׁוּעָה yeshuá בְּקָרוֹב bekarov:

אָבִינוּ Avinu (יַהֲוַהַ) מַלְכֵּנוּ Malquenu (יְהָוָה)

הָרֵם harem קֶרֶן keren יִשְׂרָאֵל Yisrael עַמֶּךָ ameja:

אָבִינוּ Avinu (יַהֲוַהַ) מַלְכֵּנוּ Malquenu (יְהָוָה)

וְהָרֵם veharem קֶרֶן keren מְשִׁיחֶךָ meshijeja:

אָבִינוּ Avinu (יַהֲוַהַ) מַלְכֵּנוּ Malquenu (יְהָוָה) חָנֵּנוּ jonenu וַעֲנֵנוּ vaanenu:

אָבִינוּ Avinu (יַהֲוַהַ) מַלְכֵּנוּ Malquenu (יְהָוָה) הַחֲזִירֵנוּ hajazirenu

בִּתְשׁוּבָה biteshuvá שְׁלֵמָה shlemá לְפָנֶיךָ lefaneja ס"ג מ"ה ב"ן:

אָבִינוּ Avinu (יַהֲוַהַ) מַלְכֵּנוּ Malquenu (יְהָוָה)

שְׁמַע shmá קוֹלֵנוּ kolenu חוּס jus וְרַחֵם verajem אברהם, ח"פ אל,

ר"ו ול"ב נתיבות החכמה, רמ"ח (אברים), עסמ"ב וט"ז אותיות פשוטות עָלֵינוּ aleinu:

אָבִינוּ Avinu (יַהֲוַהַ) מַלְכֵּנוּ Malquenu (יְהָוָה)

עֲשֵׂה asé לְמַעֲנָךְ lemaanaj אִם־ im יוהך,

מ"א אותיות אהיה בפשוטו, במילואו ובמילוי דמילואו ע"ה לֹא lo לְמַעֲנֵנוּ lemaanenu:

אָבִינוּ Avinu (יַהֲוַהַ) מַלְכֵּנוּ Malquenu (יְהָוָה)

קַבֵּל kabel בְּרַחֲמִים berajamim מצפצ, אלהים דיודין, י"פ ייי וּבְרָצוֹן uveratsón

מהש ע"ה, ע"ב בריבוע וקס"א ע"ה, אל שדי ע"ה אֶת et תְּפִלָּתֵנוּ tfilatenu:

אָבִינוּ Avinu (יַהֲוַהַ) מַלְכֵּנוּ Malquenu (יְהָוָה)

אַל־ al תְּשִׁיבֵנוּ teshivenu רֵיקָם reikam מִלְּפָנֶיךָ milfaneja ס"ג מ"ה ב"ן:

Nuestro Padre, nuestro Rey, haz brotar pronto para nosotros la salvación.
Nuestro Padre, nuestro Rey, eleva la valía de Israel, Tu Nación.
Nuestro Padre, nuestro Rey, eleva la valía de Tu Mesías.
Nuestro Padre, nuestro Rey, sé amable con nosotros y sálvanos.
Nuestro Padre, nuestro Rey, haz que regresemos con total redención ante Ti.
Nuestro Padre, nuestro Rey, escucha nuestra voz. Ten piedad y sé compasivo con nosotros.
Nuestro Padre, nuestro Rey, hazlo por Ti, si no es por nosotros.
Nuestro Padre, nuestro Rey, compasivamente y deseosamente acepta nuestra oración.
Nuestro Padre, nuestro Rey, no nos alejes de Ti con las manos vacías.

YEHÍ SHEM

יְהִי yehí שֵׁם Shem יְהֹוָה יאהדונהי Adonai מְבֹרָךְ mevoraj ר"ת ריבוע ע"ב וריבוע ס"ג

יהוה מברך = רפ"ח (להעלות רפ"ח ניצוצות שנפלו לקליפה דמשם באים התולאים) מֵעַתָּה meatá

וְעַד־ vead עוֹלָם olam ילי: מִמִּזְרַח־ mimizraj שֶׁמֶשׁ shémesh עַד־ ad

ר"ת קדוש מְבוֹאוֹ mevoó מְהֻלָּל mehulal שֵׁם shem יְהֹוָה יאהדונהי Adonai: רָם ram

עַל־ al כָּל־ col ילי ; עמם גּוֹיִם goyim יְהֹוָה יאהדונהי Adonai עַל al

הַשָּׁמַיִם hashamáyim י"פ טל, י"פ כוזו ; ר"ת וזשמל כְּבוֹדוֹ quevodó:

יְהֹוָה יאהדונהי Adonai אֲדֹנֵינוּ adoneinu מָה־ ma מ"ה אַדִּיר adir הרי

שִׁמְךָ Shimjá בְּכָל־ bejol ב"ן, לכב ; ומב הָאָרֶץ haárets אלהים דההין ע"ה:

KADISH TITKABAL

יִתְגַּדַּל yitgadal וְיִתְקַדַּשׁ veyitkadash שדי ומילוי שדי ; י"א אותיות כמנין ו"ה

שְׁמֵיהּ Shmei (שם י"ה דע"ב) רַבָּא rabá קנ"א ב"ן, יהוה אלהים יהוה אדני,

מילוי קס"א וס"ג, מ"ה ברבוע וע"ב ע"ה ; ר"ת = ו"פ אלהים ; ס"ת = ג"פ יב"ק: אָמֵן Amén אידהנויה.

בְּעָלְמָא bealmá דִּי di בְרָא verá כִּרְעוּתֵיהּ quirutei.

וְיַמְלִיךְ veyamlij מַלְכוּתֵיהּ maljutei. וְיַצְמַח veyatsmaj

פּוּרְקָנֵיהּ purkanei. וִיקָרֵב vikarev מְשִׁיחֵיהּ Meshijei: אָמֵן Amén אידהנויה.

בְּחַיֵּיכוֹן bejayeijón וּבְיוֹמֵיכוֹן uveyomeijón וּבְחַיֵּי uvejayei

דְכָל dejol ילי בֵּית beit ב"פ ראה יִשְׂרָאֵל Yisrael בַּעֲגָלָא baagalá

וּבִזְמַן uvizmán קָרִיב kariv וְאִמְרוּ veimrú אָמֵן Amén: אָמֵן Amén אידהנויה.

YEHÍ SHEM

"Que el Nombre del Señor sea bendecido desde ahora hasta toda la eternidad. Desde la salida del Sol hasta su caída, que el Nombre del Señor sea alabado y elevado. Sobre todas las naciones está el Señor. Su gloria está sobre los Cielos" (Salmos 113:2-4).

"Dios, nuestro Señor, cuán tremendo es Tu Nombre en toda la Tierra" (Salmos 8:10).

KADISH TITKABAL

Glorificado y santificado sea Su gran Nombre (Amén).

En el mundo que Él creó de acuerdo a Su voluntad, y pueda Su Reino reinar. Y pueda Él hacer que Su redención florezca y pueda Él acercar al Mesías (Amén). En tus vidas y en tus días y en la vida de toda la Casa de Israel, prontamente y en el futuro cercano, y dígase: Amén (Amén).

La congregación y el *jazán* dicen lo siguiente:

28 palabras (hasta *bealmá*) – meditar en:
מילוי דמילוי דע״ב (יוד ויו דלת הי יוד ויו יוד ויו הי יוד)
28 letras (hasta *almayá*) - meditar en:
מילוי דמילוי דע״ב (יוד ויו דלת הי יוד ויו יוד ויו הי יוד)

יְהֵא yehé **שְׁמֵיהּ** Shmei (שם י״ה דס״ג) **רַבָּא** rabá קנ״א ב״ן,
יהוה אלהים יהוה אדני, מילוי קס״א וס״ג, מ״ה ברבוע וע״ב ע״ה **מְבָרַךְ** mevaraj,
לְעָלַם lealam **לְעָלְמֵי** lealmei **עָלְמַיָּא** almayá. **יִתְבָּרַךְ** yitbaraj.

Siete palabras con seis letras cada una (שם בן מ״ב) – meditar en:
יהוה ÷ יוד הי ויו הי ÷ מילוי דמילוי דע״ב (יוד ויו דלת הי יוד ויו יוד ויו הי יוד)
También, siete veces la letra Vav (שם בן מ״ב) – meditar en:
יהוה ÷ יוד הי ויו הי ÷ מילוי דמילוי דע״ב (יוד ויו דלת הי יוד ויו יוד ויו הי יוד).

וְיִשְׁתַּבַּח veyishtabaj י״פ ע״ב יהוה אל אבג יתץ.

וְיִתְפָּאַר veyitpaar הי נו יה קרע שטן. **וְיִתְרוֹמַם** veyitromam וה כוזו נגד יכש.

וְיִתְנַשֵּׂא veyitnasé במוכסז בטר צתג. **וְיִתְהַדָּר** veyithadar כוזו יה וזקב טנע.

וְיִתְעַלֶּה veyitalé וה יוד ה יגל פזק. **וְיִתְהַלָּל** veyithalal א ואו הא שקו צית.

שְׁמֵיהּ Shmei (שם י״ה דמ״ה) **דְּקוּדְשָׁא** deKudshá **בְּרִיךְ** Verij **הוּא** Hu:

אָמֵן Amén אידהנויה.

לְעֵלָּא leelá **מִן** min **כָּל** col ילי **בִּרְכָתָא** birjatá. **שִׁירָתָא** shiratá.
תֻּשְׁבְּחָתָא tishbejatá **וְנֶחָמָתָא** venejamatá. **דַּאֲמִירָן** daamirán
בְּעָלְמָא bealmá **וְאִמְרוּ** veimrú **אָמֵן** Amén: **אָמֵן** Amén אידהנויה.

תִּתְקַבַּל titkabal **צְלוֹתָנָא** tslotaná **וּבָעוּתָנָא** uvautaná
עִם im **צְלוֹתְהוֹן** tslothón **וּבָעוּתְהוֹן** uvauthón **דְּכָל** dejol ילי
בֵּית beit ב״פ ראה **יִשְׂרָאֵל** Yisrael **קֳדָם** kadam **אֲבוּנָא** avuná
דְּבִשְׁמַיָּא devishmayá **וְאִמְרוּ** veimrú **אָמֵן** Amén: **אָמֵן** Amén אידהנויה.

Que Su gran Nombre sea bendito por siempre y por toda la eternidad. Bendito y alabado, y glorificado y exaltado, y ensalzado y honrado, y adorado y loado, sea el Nombre del Santo Bendito sea (Amén). *Más allá de todas las bendiciones, himnos, alabanzas y palabras de consolación que jamás se dijeran en el mundo, y dígase: Amén* (Amén). *Sean aceptadas nuestras oraciones y súplicas, junto con las oraciones y las súplicas de toda la Casa de Israel, ante nuestro Padre en los Cielos, y dígase: Amén* (Amén).

יְהֵא yehé שְׁלָמָא shlamá רַבָּא rabá קנ"א ב"ן, יהוה אלהים יהוה אדני, מילוי קס"א וס"ג,

מ"ה ברבוע וע"ב ע"ה מִן min שְׁמַיָּא shmayá. וְחַיִּים jayim אהיה אהיה יהוה, בינה ע"ה

וְשָׂבָע vesavá וִישׁוּעָה vishuá וְנֶחָמָה venejamá וְשֵׁיזָבָא vesheizavá

וּרְפוּאָה urefuá וּגְאֻלָּה ugueulá וּסְלִיחָה uslijá וְכַפָּרָה vejapará

וְרֵיוַח vereivaj וְהַצָּלָה vehatsalá. לָנוּ lanu אלהים, אהיה אדני וּלְכָל ulejol יה אדני

עַמּוֹ amó יִשְׂרָאֵל Yisrael וְאִמְרוּ veimrú אָמֵן Amén: אָמֵן Amén אידהנויה.

Da tres pasos para atrás y di:

עוֹשֶׂה osé הַשָּׁלוֹם hashalom ספריאל המלאך החותם לחיים

בִּמְרוֹמָיו bimromav ע"ב, ריבוע יהוה. הוּא Hu בְּרַחֲמָיו berajamav

יַעֲשֶׂה yaasé שָׁלוֹם shalom עָלֵינוּ aleinu ר"ת ש"ע נהורין.

וְעַל veal כָּל col ילי ; עמם עַמּוֹ amó יִשְׂרָאֵל Yisrael וְאִמְרוּ veimrú אָמֵן Amén:

אָמֵן Amén אידהנויה.

LAMENATSÉAJ

Al meditar en el *Maguén David* (Escudo de David), aprovechamos el poder, fortaleza y valentía del Rey David para que podamos vencer a nuestros enemigos personales. Nuestros verdaderos enemigos no se encuentran en el mundo exterior, a pesar de lo que nos diga nuestro ego. Nuestro verdadero enemigo es nuestro *Deseo de Recibir para Sí Mismo*. Cuando vencemos al enemigo interno, los enemigos externos de pronto desaparecen de nuestra vida.

Dios reveló este Salmo al Rey David a través de la Inspiración Divina. Fue escrito en una placa de oro en forma de una *Menorá* (ilustrado en la pág.80). Dios también se la mostró a Moshé. El Rey David llevaba este Salmo escrito y grabado en la placa de oro en su escudo, el Escudo de David. Cuando el Rey David iba a la guerra, él meditaba en los secretos de la *Menorá* y en las siete oraciones de este Salmo grabadas en ésta, y sus enemigos, literalmente, caían vencidos ante él. Al meditar en él (leyendo las letras sin cambiar la posición de la página), aprovechamos ese poder. (*Midbar Kdemot*, por el Jidá, y también en *Menorat Zahav*, por Rav Zusha).

Que haya paz abundante del Cielo; Vida, satisfacción, salvación, consuelo, entrega, sanación, redención, perdón, expiación, comodidad y alivio para nosotros y para toda Su nación, Israel y dígase: Amén (Amén). Él, que establece la paz en Sus Alturas, Él, en Su compasión, hará la paz sobre nosotros y sobre toda Su nación, Israel. Y dígase: Amén (Amén).

לַמְנַצֵּחַ lamenatséaj בִּנְגִינֹת binguinot מִזְמוֹר mizmor שִׁיר shir:

אֱלֹהִים Elohim אהיה אדני ; ילה יְחָנֵּנוּ yejanenu וִיבָרְכֵנוּ vivarjenu

יָאֵר yaer כף ויו זין ויו פָּנָיו panav אִתָּנוּ itanu ר"ת פאי, אמן (יאהדונהי) סֶלָה sela:

לָדַעַת ladáat ר"ת סאל, אמן (יאהדונהי) בָּאָרֶץ baárets דַּרְכֶּךָ darquejá

בְּכָל bejol ב"ן, לכב גּוֹיִם goyim יְשׁוּעָתֶךָ yeshuateja:

יוֹדוּךָ yoduja עַמִּים amim אֱלֹהִים Elohim אהיה אדני ; ילה יוֹדוּךָ yoduja

עַמִּים amim כֻּלָּם culam: יִשְׂמְחוּ yismejú וִירַנְּנוּ viranenú

לְאֻמִּים leumim ר"ת ע"ה = איההיוהה כִּי־ qui תִשְׁפֹּט tishpot עַמִּים amim

מִישֹׁר mishor וּלְאֻמִּים uleumim בָּאָרֶץ baárets תַּנְחֵם tanjem סֶלָה sela:

יוֹדוּךָ yoduja עַמִּים amim אֱלֹהִים Elohim אהיה אדני ; ילה יוֹדוּךָ yoduja

עַמִּים amim כֻּלָּם culam: ר"ת יודוך ישמחו יודוך ארץ = "יאי" (מילוי דס"ג)

ועם ר"ת אלהים לדעת יברכנו = ע"ב, ריבוע יהוה אֶרֶץ érets נָתְנָה natná נתה, קס"א קנ"א קמ"ג

יְבוּלָהּ yevulá ר"ת אני יְבָרְכֵנוּ yevarjenu אֱלֹהִים Elohim אהיה אדני ; ילה

אֱלֹהֵינוּ Eloheinu ילה: יְבָרְכֵנוּ yevarjenu אֱלֹהִים Elohim אהיה אדני ; ילה

וְיִירְאוּ veyirú אוֹתוֹ otó כָּל col ילי אַפְסֵי־ afsei אָרֶץ árets:

LAMENATSÉAJ

"Al Director del Coro, con música melodiosa, un Salmo. Tenga Dios gracia con nosotros y nos bendiga, y haga resplandecer Su rostro sobre nosotros, Sela. Para que sea Tu camino conocido en la Tierra y Tu salvación entre todas las naciones. Las naciones te darán gracias, Dios. Todas las naciones te darán gracias. La gente se alegrará y cantará porque Tú juzgas a los pueblos con equidad y Tú guías a las naciones en la Tierra, Sela. Los pueblos te darán gracias, Dios. Todos los pueblos te darán gracias. La Tierra ha dado su fruto. Nos bendiga Dios, nuestro Dios. Nos bendiga Dios y le teman desde todos los confines de la Tierra" (Salmos 67).

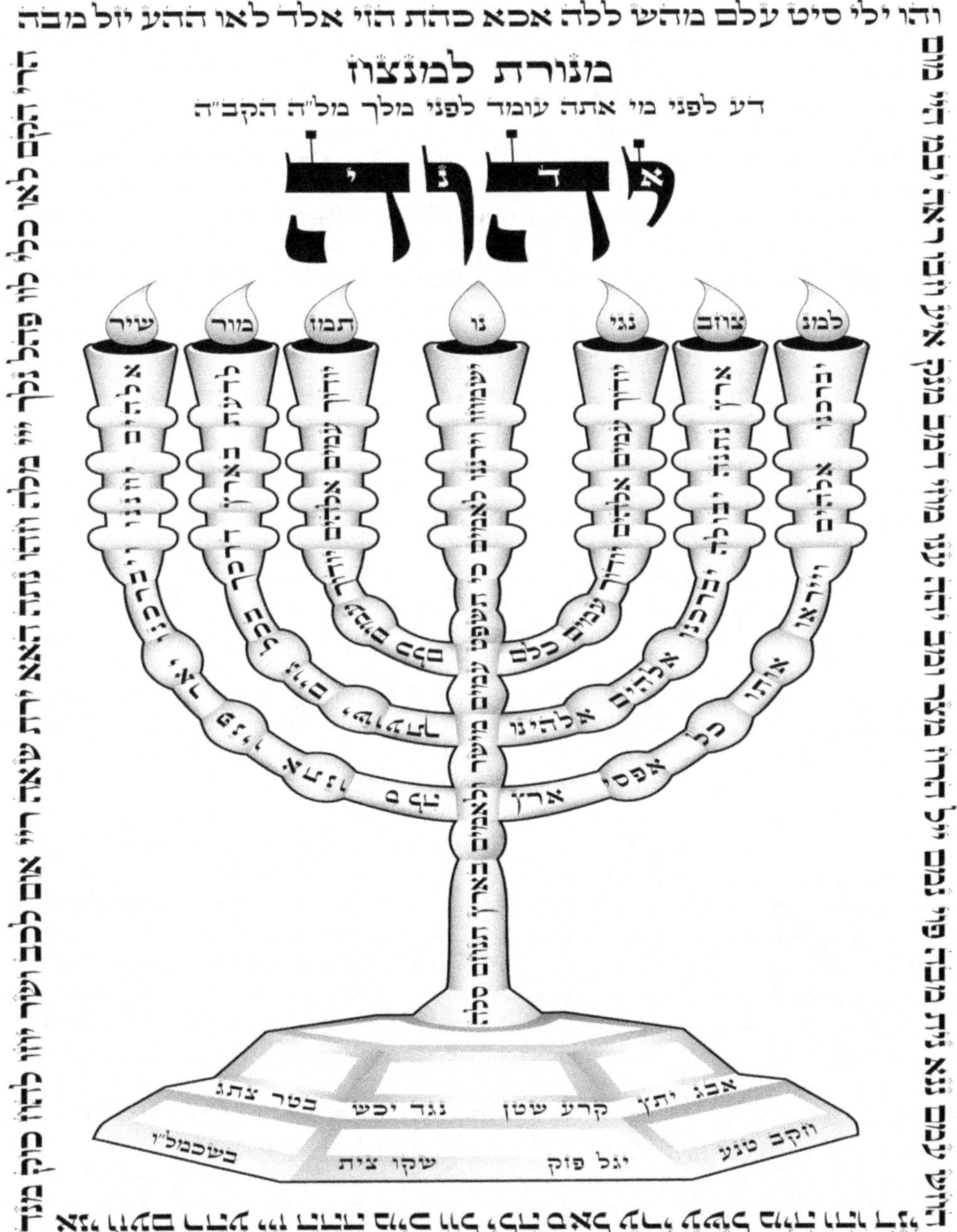
והו ילי סיט עלם מהש ללה אכא כהת הזי אלד לאו ההע יזל מבה
מנורת למנצח
דע לפני מי אתה עומד לפני מלך מל"ה הקב"ה
אבג יתץ
קרע שטן
נגד יכש
בטר צתג
חקב טנע
יגל פזק
שקו צית
בשכמל"ו

Cuando la noche de *Yom Kipur* cae un viernes, se recita lo siguiente en lugar de "*Lamenatséaj binguinot*":

יְהֹוָהאדניאהדונהי Adonai מָלָךְ malaj גֵּאוּת gueut לָבֵשׁ lavesh לָבֵשׁ lavesh

יְהֹוָהאדניאהדונהי Adonai עֹז oz הִתְאַזָּר hitazar אַף־ af ר"ת = אלהים, אהיה אדני

תִּכּוֹן ticón תֵּבֵל tevel ב"פ רי"ו בַּל־ bal תִּמּוֹט timot: נָכוֹן najón כִּסְאֲךָ quisajá

מֵאָז meaz ומב מֵעוֹלָם meolam אָתָּה Atá ר"ת הפסוק = קנ"א, אדני אלהים : נָשְׂאוּ nasú

נְהָרוֹת neharot יְהֹוָהאדניאהדונהי Adonai נָשְׂאוּ nasú ר"ת = קין נְהָרוֹת neharot

קוֹלָם kolam יִשְׂאוּ yisú נְהָרוֹת neharot דָּכְיָם dajyam ר"ת דני:

מִקֹּלוֹת mikolot מַיִם máyim רַבִּים rabim אַדִּירִים adirim הרי

מִשְׁבְּרֵי־ mishberei יָם yam ילי ; ר"ת אמי אַדִּיר adir הרי

בַּמָּרוֹם bamarom יְהֹוָהאדניאהדונהי Adonai ; ר"ת אבי: עֵדֹתֶיךָ edoteja

נֶאֶמְנוּ neemnú מְאֹד meod ר"ת = קין לְבֵיתְךָ leveitjá ב"פ ראה

נַאֲוָה־ naavá קֹדֶשׁ kódesh יְהֹוָהאדניאהדונהי Adonai לְאֹרֶךְ leórej:

יָמִים yamim נלך ; ר"ת ילי ; ס"ת = אדני ; יהוה לאורך ימים = ש"ע נהורין עם י"ג אותיות:

KADISH YEHÉ SHLAMÁ

יִתְגַּדַּל yitgadal וְיִתְקַדַּשׁ veyitkadash שדי ומילוי שדי; י"א אותיות כמנין ו"ה

שְׁמֵיהּ Shmei (שם י"ה דע"ב) רַבָּא rabá קנ"א ב"ן, יהוה אלהים יהוה אדני,

מילוי קס"א וס"ג, מ"ה ברבוע וע"ב ע"ה ; ר"ת = ו"פ אלהים ; ס"ת = ג"פ יב"ק: אָמֵן Amén אידהנויה.

בְּעָלְמָא bealmá דִּי di בְּרָא verá כִּרְעוּתֵיהּ quirutei.

וְיַמְלִיךְ veyamlij מַלְכוּתֵיהּ maljutei. וְיַצְמַח veyatsmaj

פּוּרְקָנֵיהּ purkanei. וִיקָרֵב vikarev מְשִׁיחֵיהּ Meshijei: אָמֵן Amén אידהנויה.

"El Señor ha reinado. Se ha vestido a Sí mismo con orgullo. El Señor se vistió a Sí mismo y se adornó con poder. También estableció el mundo firmemente, para que no colapsara. Tu Trono ha sido establecido. Desde entonces, Tú has sido para siempre. Los ríos han elevado, Señor, los ríos han elevado sus voces. Los ríos elevarán sus poderosas olas. Más que el estruendo de muchas aguas y que las poderosas olas del mar, Tú eres inmenso en las Alturas, Señor. Tus testimonios son extremadamente firmes. Tu Casa es el Santuario Santo. El Señor estará por los siglos y para siempre" (Salmos 93)

KADISH YEHÉ SHLAMÁ

Glorificado y santificado sea Su gran Nombre (Amén). En el mundo que Él creó de acuerdo a Su voluntad, y pueda Su Reino reinar. Y pueda Él hacer que Su redención florezca y acercar al Mesías (Amén).

בְּחַיֵּיכוֹן bejayeijón וּבְיוֹמֵיכוֹן uveyomeijón וּבְחַיֵּי uvejayei
דְכָל dejol ילי בֵּית beit ב"פ ראה יִשְׂרָאֵל Yisrael בַּעֲגָלָא baagalá
וּבִזְמַן uvizmán קָרִיב kariv וְאִמְרוּ veimrú אָמֵן Amén: אָמֵן Amén אידהנויה.

La congregación y el *jazán* dicen lo siguiente:

28 palabras (hasta *bealmá*) – meditar en:
מילוי דמילוי דס"ג (יוד ויו דלת הי יוד ואו אלף ואו הי יוד)
28 letras (hasta *almayá*)- meditar en:
מילוי דמילוי דמ"ה (יוד ואו דלת הא אלף ואו אלף ואו הא אלף).

יְהֵא yehé שְׁמֵיהּ Shmei (שם י"ה דס"ג) רַבָּא rabá קנ"א ב"ן,
יהוה אלהים יהוה אדני, מילוי קס"א וס"ג, מ"ה ברבוע וע"ב ע"ה מְבָרַךְ mevaraj,
לְעָלַם lealam לְעָלְמֵי lealmei עָלְמַיָּא almayá. יִתְבָּרַךְ yitbaraj.

Siete palabras con seis letras cada una (שם בן מ"ב) – meditar en:
יהוה - יוד הי ואו הי - מילוי דמילוי דס"ג (יוד ויו דלת הי יוד ואו אלף ואו הי יוד) ;
También, siete veces la letra Vav (שם בן מ"ב) – meditar en:
יהוה - יוד הא ואו הא - מילוי דמילוי דמ"ה (יוד ואו דלת הא אלף ואו אלף ואו הא אלף).

וְיִשְׁתַּבַּח veyishtabaj י"פ ע"ב יהוה אל אבג יתץ.

וְיִתְפָּאַר veyitpaar הי נו יה קרע שטן. וְיִתְרוֹמַם veyitromam וה כוזו נגד יכש.
וְיִתְנַשֵּׂא veyitnasé במוכסז בטר צתג. וְיִתְהַדָּר veyihadar כוזו יה חקב טנע.
וְיִתְעַלֶּה veyitalé וה יוד ה יגל פזק. וְיִתְהַלָּל veyithalal א ואו הא שקו צית.
שְׁמֵיהּ Shmei (שם י"ה דמ"ה) דְּקוּדְשָׁא deKudshá בְּרִיךְ Verij הוּא Hu:

אָמֵן Amén אידהנויה.

לְעֵלָּא leelá מִן min כָּל col ילי בִּרְכָתָא birjatá. שִׁירָתָא shiratá.
תֻּשְׁבְּחָתָא tishbejatá וְנֶחָמָתָא venejamatá. דַּאֲמִירָן daamirán
בְּעָלְמָא bealmá וְאִמְרוּ veimrú אָמֵן Amén: אָמֵן Amén אידהנויה.

En tus vidas y en tus días y en la vida de toda la Casa de Israel, prontamente y en el futuro cercano, y dígase: Amén (Amén). *Que Su gran Nombre sea bendito por siempre y por toda la eternidad. Bendito y alabado, y glorificado y exaltado, y ensalzado y honrado, y adorado y loado, sea el Nombre del Santísimo, Bendito sea Él* (Amén). *Más allá de todas las bendiciones, himnos, alabanzas y palabras de consolación que jamás se dijeran en el mundo, y dígase: Amén* (Amén).

יְהֵא yehé שְׁלָמָא shlemá רַבָּא rabá קנ"א ב"ן, יהוה אלהים יהוה אדני, מילוי קס"א וס"ג,
מ"ה ברבוע וע"ב ע"ה מִן min שְׁמַיָּא shmayá. וְחַיִּים jayim אהיה אהיה יהוה, בינה ע"ה
וְשָׂבָע vesavá וִישׁוּעָה vishuá וְנֶחָמָה venejamá וְשֵׁיזָבָא vesheizavá
וּרְפוּאָה urfuá וּגְאֻלָּה ugueulá וּסְלִיחָה uslijá וְכַפָּרָה vejapará
וְרֶוַח vereivaj וְהַצָּלָה vehatsalá. לָנוּ lanu אלהים, אהיה אדני וּלְכָל ulejol יה אדני
עַמּוֹ amó יִשְׂרָאֵל Yisrael וְאִמְרוּ veimrú אָמֵן Amén: אָמֵן Amén אידהנויה.

Da tres pasos para atrás y di:

עֹשֶׂה osé שָׁלוֹם shalom בִּמְרוֹמָיו bimromav ע"ב, ריבוע יהוה. הוּא Hu
בְּרַחֲמָיו berajamav יַעֲשֶׂה yaasé שָׁלוֹם shalom עָלֵינוּ aleinu ר"ת ש"ע נהורין.
וְעַל veal כָּל col ילי; עמם עַמּוֹ amó יִשְׂרָאֵל Yisrael וְאִמְרוּ veimrú אָמֵן Amén:
אָמֵן Amén אידהנויה.

ALEINU

Aleinu es un agente sellador cósmico. Cementa y asegura todas nuestras oraciones, protegiéndolas de cualquier fuerza negativa tales como las *klipot*. Todas las oraciones anteriores a *Aleinu* atrajeron lo que los kabbalistas llaman Luz Interna. Sin embargo, *Aleinu* atrae Luz Circundante, la cual envuelve nuestras oraciones con un campo de fuerza protectora para bloquear a las *klipot*.

Atraer Luz Circundante para ser protegido de las *klipot* (la inclinación negativa).

עָלֵינוּ aleinu ריבוע דס"ג לְשַׁבֵּחַ leshabéaj עלינו לשבח = אבג יתץ, ושר
לַאֲדוֹן laAdón אני ; ס"ת ס"ג ע"ה הַכֹּל hacol ר"ת ללה, אדני
לָתֵת latet גְּדֻלָּה guedulá לְיוֹצֵר leyotser בְּרֵאשִׁית bereshit ר"ת גל"ב (כאך ב"י יג"ל)
שֶׁלֹּא sheló עָשָׂנוּ asanu כְּגוֹיֵי quegoyei הָאֲרָצוֹת haaratsot
וְלֹא veló שָׂמָנוּ samanu כְּמִשְׁפְּחוֹת quemishpejot הָאֲדָמָה haadamá

Que haya paz abundante del Cielo. Vida, satisfacción, salvación, consuelo, entrega, sanación, redención, perdón, expiación, comodidad y alivio para nosotros y para toda Su nación, Israel, y dirán: Amén (Amén). Él, que establece la paz en Sus Alturas, Él, en Su compasión, hará la paz sobre nosotros y sobre toda Su nación, Israel. Y dirán: Amén (Amén).

ALEINU

Es nuestro deber alabar al Soberano de todo y atribuir grandeza al Moldeador de la Creación, que no nos ha hecho como los pueblos del mundo. Él no nos colocó como las familias de la Tierra.

שֶׁלֹּא sheló שָׂם sam חֶלְקֵנוּ jelkenu כָּהֶם cahem וְגוֹרָלֵנוּ vegoralenu

כְּכָל quejol הֲמוֹנָם hamonam. שֶׁהֵם shehem מִשְׁתַּחֲוִים mishtajavim

לְהֶבֶל lahével וָרִיק varik וּמִתְפַּלְּלִים umitpalelim אֶל el אֵל el

לֹא lo יוֹשִׁיעַ yoshía. (haz una pausa aquí, y cuando digas "*vaanajnu mishtajavim*" inclina todo tu cuerpo)

וַאֲנַחְנוּ vaanajnu מִשְׁתַּחֲוִים mishtajavim לִפְנֵי lifnei מֶלֶךְ Mélej

מַלְכֵי maljei הַמְּלָכִים hamlajim הַקָּדוֹשׁ haKadosh בָּרוּךְ Baruj

הוּא Hu. שֶׁהוּא sheHú נוֹטֶה noté שָׁמַיִם shamáyim י"פ טל, י"פ כוזו ; ר"ת = י"פ אדני

שבי ספירות של נוקבא דז"א וְיוֹסֵד veyosed אָרֶץ árets. וּמוֹשַׁב umoshav

יְקָרוֹ yekaró בַּשָּׁמַיִם bashamáyim י"פ טל, י"פ כוזו מִמַּעַל mimáal עלם.

וּשְׁכִינַת ushjinat עֻזּוֹ uzó בְּגָבְהֵי begavhei מְרוֹמִים meromim.

הוּא Hu אֱלֹהֵינוּ Eloheinu ילה וְאֵין veein עוֹד od אַחֵר ajer.

אֱמֶת emet אהיה פעמים אהיה, ו"פ ס"ג מַלְכֵּנוּ malquenu וְאֶפֶס veéfes

זוּלָתוֹ zulató. כַּכָּתוּב cacatuv בַּתּוֹרָה baTorá (דברים ד', ל"ט): וְיָדַעְתָּ veyadata

הַיּוֹם hayom ע"ה נגד, מזבח, זן, אל יהוה וַהֲשֵׁבֹתָ vahashevota אֶל־ el

לְבָבֶךָ levaveja ר"ת לאו כִּי qui יְהֹוָה(אדני)אהדונהי Adonai הוּא Hu

הָאֱלֹהִים haElohim אהיה אדני ; ילה ; ר"ת יהה וכן עולה למנין ענו עג"כ

בַּשָּׁמַיִם bashamáyim י"פ טל, י"פ כוזו מִמַּעַל mimáal עלם ;

רמז לאור פנימי המתוזיל מלמעלה וְעַל־ veal הָאָרֶץ haárets אלהים דההין ע"ה

מִתָּחַת mitájat רמז לאור מקיף המתוזיל מלמטה אֵין ein עוֹד od:

Él no hizo nuestra suerte como la de ellos ni nuestro destino como el de sus multitudes, ya que ellos se inclinan ante la futilidad y el vacío, y rezan a una deidad que no ayuda. Nosotros nos inclinamos ante el Supremo Rey de Reyes, el Santísimo, Bendito sea Él. Él es quien extiende los Cielos y funda la Tierra. La Sede de Su gloria está arriba en el Cielo y la Presencia Divina de Su poder está en las alturas excelsas. Él es nuestro Dios y no hay ningún otro. Nuestro Rey es verdadero y no hay nadie excepto Él. Como está escrito en la Torá: "Aprende hoy y grábalo en tu corazón que el Señor es Dios arriba en los Cielos y abajo sobre la Tierra, y no hay otro" (Deuteronomio 4:39).

עַל al כֵּן quen נְקַוֶּה nekavé לְּךָ laj יְהֹוָה יאהדונהי Adonai אֱלֹהֵינוּ Eloheinu
ילה לִרְאוֹת lirot מְהֵרָה meherá בְּתִפְאֶרֶת betiféret עֻזָּךְ: uzaj ס"ת כהת, משיח
בן דוד ע"ה לְהַעֲבִיר lehaavir גִּלּוּלִים guilulim מִן min הָאָרֶץ haárets אלהים דההין ע"ה
ע"ה וְהָאֱלִילִים vehaelilim כָּרוֹת carot יִכָּרֵתוּן. yicaretún לְתַקֵּן letakén
עוֹלָם olam בְּמַלְכוּת bemaljut שַׁדַּי. Shadai וְכָל vejol ילי בְּנֵי bnei
בָשָׂר vasar יִקְרְאוּ yikreú בִשְׁמֶךָ vishmeja לְהַפְנוֹת lehafnot אֵלֶיךָ eleja
כָּל col ילי רִשְׁעֵי rishei אָרֶץ. árets יַכִּירוּ yaquiru וְיֵדְעוּ veyedú כָּל col ילי
יוֹשְׁבֵי yoshvei תֵבֵל tevel ב"פ רי"ו. כִּי qui לְךָ lejá תִּכְרַע tijrá כָּל־ col ילי
בֶּרֶךְ bérej תִּשָּׁבַע tishavá כָּל col ילי לָשׁוֹן. lashón לְפָנֶיךָ lefaneja ס"ג מ"ה ב"ן
יְהֹוָה יאהדונהי Adonai אֱלֹהֵינוּ Eloheinu ילה יִכְרְעוּ yijreú וְיִפֹּלוּ veyipolu
וְלִכְבוֹד velijvod שִׁמְךָ shimjá יְקָר yekar יִתֵּנוּ. yitenu וִיקַבְּלוּ vikablú
כֻלָּם julam אֶת et עוֹל־ ol מַלְכוּתֶךָ. maljuteja וְתִמְלוֹךְ vetimloj
עֲלֵיהֶם aleihem מְהֵרָה meherá לְעוֹלָם leolam ריבוע ס"ג וי' אותיות דס"ג וָעֶד vaed.
כִּי qui הַמַּלְכוּת hamaljut שֶׁלְּךָ sheljá הִיא hi. וּלְעוֹלְמֵי uleolmei
עַד ad תִּמְלוֹךְ timloj בְּכָבוֹד bejavod בוכו. כַּכָּתוּב cacatuv:
בְּתוֹרָתָךְ beTorataj יְהֹוָה יאהדונהי Adonai | יִמְלֹךְ yimloj לְעֹלָם leolam
ריבוע ס"ג וי' אותיות דס"ג ; ר"ת ייל וָעֶד vaed: וְנֶאֱמַר veneemar: וְהָיָה vehayá יהוה ; יהה
יְהֹוָה יאהדונהי Adonai לְמֶלֶךְ leMélej עַל־ al כָּל־ col ילי ; עמם
הָאָרֶץ haárets אלהים דההין ע"ה בַּיּוֹם bayom ע"ה נגד, מזבח, זן, אל יהוה
הַהוּא hahú יִהְיֶה yihyé ייי יְהֹוָה יאהדונהי Adonai אֶחָד Ejad אהבה, דאגה
וּשְׁמוֹ uShmó מהש ע"ה, ע"ב בריבוע וקס"א ע"ה, אל שדי ע"ה אֶחָד Ejad אהבה, דאגה:

Por eso, Señor, nuestro Dios, esperamos contemplar pronto la gloria majestuosa de Tu poder, cuando elimines los ídolos de la Tierra y los falsos dioses hayan sido completamente destruidos, para perfeccionar al mundo con el Reino del Todopoderoso. Y la humanidad entera invocará Tu Nombre y todos los malvados de la Tierra se dirigirán a Ti. Entonces todos los habitantes del mundo reconocerán y sabrán que, por Ti, toda rodilla se dobla y toda lengua se colma. Que ante Ti, Señor, nuestro Dios, se arrodillen y se prosternen y honren Tu glorioso Nombre. Y todos aceptarán el yugo de Tu Reino y Tú reinarás sobre ellos para siempre jamás. Pues el Reino es Tuyo. Y para siempre y por la eternidad, Tú reinarás en gloria. Como está escrito en la Torá: "El Señor reinará por los siglos de los siglos" (Éxodo 15:18) y también está dicho: "El Señor será Rey sobre toda la Tierra y, en aquél día, el Señor será Uno y Uno su Nombre" (Zacarías 14:9).

COL NIDREI

Antes de la conmovedora canción de Col Nidrei, todos los rollos de la Torá son sacados del Arca y cargados entre la congregación, para que todas las personas tengan una oportunidad de hacer una conexión ellos. El *jazán* recita el versículo "*Or zarúa latsadik...*" y nosotros respondemos.

Mediante las poderosas palabras del *Col Nidrei*, estamos anulando el aspecto espiritual de todas las promesas incumplidas que penden sobre nosotros como resultado del principio de Causa y Efecto de nuestro universo. Cada vez que hacemos una promesa, grande o pequeña, ésta crea una vasija, un espacio para ser llenado por la Luz. Si no completamos nuestras palabras con las acciones correspondientes, la Luz nunca podrá llenar esta vasija vacía. Entonces el Satán, la fuerza negativa, es libre de entrar en la vasija. Eso es todo lo que el Satán necesita para invadir nuestra vida. Esta fuerza llamada Satán literalmente espera a que nosotros hagamos promesas y digamos palabras de compromiso, deseando que no las llevemos a cabo.

Antes de *Rosh Hashaná*, tenemos una oportunidad de anular las promesas que hicimos y dijimos durante el año anterior. Sin embargo, antes de que viniésemos a este mundo, nosotros hicimos promesas en un nivel del alma, como: "Voy a ser una persona justa", lo cual no hemos cumplido necesariamente todavía. Todas estas promesas incumplidas cuelgan sobre nuestra cabeza. En *Yom Kipur*, por medio del *Col Nidrei*, recibimos la posibilidad de cancelar estas promesas incumplidas.

Necesitamos anular estas promesas ante un mínimo de tres jueces, quienes son personificados mediante al menos tres de los rollos de la Torá que se sacaron del Arca. La energía para eliminar las promesas se transmite a través de estos rollos de la Torá. Para aumentar el poder de esta conexión, los kabbalistas compusieron *Col Nidrei* en arameo en lugar de hebreo. Aunque el arameo utiliza el alfabeto hebreo, es un idioma diferente al hebreo; así como el francés y el español comparten el mismo alfabeto, pero son dos idiomas distintos. Según la Kabbalah, los ángeles (fuerzas individuales de energía espiritual) no pueden entender o comprender las letras hebreas cuando están reconfiguradas en el arameo. Por lo tanto, usamos el arameo cuando estamos haciendo una conexión directa con los Mundos Superiores para evitar que cualquier ángel negativo interfiera en nuestras oraciones.

Antes de que iniciemos la conexión de *Col Nidrei*, sacamos del Arca todos los rollos de la Torá y los cargamos entre la congregación. Entonces la gente debe abrazar y besar el rollo de la Torá y pedir perdón por haber creado una mancha al Honor de la Torá.

Mientras los rollos de la Torá son cargados entre la congregación, debemos meditar en dos veces el tiempo del *Milui* del Nombre יוד הא ואו הא, el cual equivale a 38 (וד א או א   וד א או א) dado que es el valor numérico de las iniciales del versículo אור זרוע לצדיק, uno es dado a *Leá* y otro es dado a *Rajel*. También medita en las últimas letras del versículo mencionado anteriormente que equivale a 370, en el secreto de las 370 Iluminaciones de *Arij Anpín*, y también es igual al Nombre קר"ע, que significa literalmente "arrancar", para que Éste arranque las *klipot* y libere las Chispas. Meditar por la palabra אור (igual a אלף למד אהיה); la palabra זרוע (igual a אל אלף למד אדני); y la palabra לצדיק (igual a ע"ב קס"א). También meditar en las iniciales del versículo ולישרי לב שמוזה (=336), que equivalen a tres veces el Nombre יב"ק en el secreto del Nombre יאהלוההי"ם, los cuales son los tres Juicios (אלהים) que son endulzados por tres Misericordias (יהוה). Las últimas letras de este versículo equivalen a 17, como el Nombre אהוה, que es el secreto de las Misericordias que se expanden en *Zeir Anpín*, el cual es el Nombre יוד הא ואו הא. Estos dos Nombres (=62) son igual al Nombre יוד הי וו הי y también a dos veces el Nombre אל. Las palabras ולישרי לב tienen el mismo valor numérico que el Nombre אלף למד, el cual es atraído de los tres Nombres אל de *Dikná*. Las palabras לב שמוזה tienen el mismo valor numérico que los Nombres אלהים y אלף למד הי יוד מם (Juicio) y son endulzados por todos los Nombres de Misericordia mencionados anteriormente.

El Nombre que gobierna esta Unificación es: בִּיְסַצּ (la palabra *simjá*, que significa "felicidad", en *atbash* junto con las vocales de las iniciales del versículo אור זרוע לצדיק ולישרי).

OR ZARÚA

אוֹר or ר"ז, א"ס זָרֻעַ zarúa לַצַּדִּיק latsadik ס"ת קרע

וּלְיִשְׁרֵי uleyishrei לֵב lev שִׂמְחָה simjá חבו ; ס"ת = והו:

Decimos los siguientes dos párrafos (desde "*al Dáat*" hasta "*la shevuot*") tres veces. El *jazán* dice en voz alta:

עַל al דַּעַת dáat הַמָּקוֹם hamakom וְעַל veal דַּעַת dáat הַקָּהָל hakahal

בִּישִׁיבָה bishivá שֶׁל shel מַעְלָה mala וּבִישִׁיבָה uvishivá שֶׁל shel מַטָּה mata

אָנוּ anu מַתִּירִין matirín לְהִתְפַּלֵּל lehitpalel עִם im הָעֲבַרְיָנִים haavaryanim♦

El *jazán* y la congregación recitan:

כָּל col ילי נִדְרֵי nidrei וֶאֱסָרֵי veesarei♦ וּשְׁבוּעֵי ushvuéi וַחֲרָמֵי vajaramei♦

וְקוֹנָמֵי vekonamei וְקִנּוּסֵי vekinusei וְכִנּוּיֵי vejinuyei♦ דְּאִנְדַּרְנָא deindarna

וּדְאִשְׁתַּבַּעְנָא udeishtabana וּדְאַחֲרִימְנָא udeajarimna וּדְאָסַרְנָא udeasarna

עַל al נַפְשָׁתָנָא nafshatana: מִיּוֹם miyom ע"ה נגד, מזבח, זן, אל יהוה

כִּפּוּרִים Kipurim זֶה ze♦ עַד ad יוֹם yom ע"ה נגד, מזבח, זן, אל יהוה כִּפּוּרִים Kipurim

הַבָּא habá עָלֵינוּ aleinu לְטוֹבָה letová אכא♦ בְּכֻלְּהוֹן bejulhón

אִיחֲרַטְנָא ijaratna בְּהוֹן vehón♦ כֻּלְּהוֹן culhón יְהוֹן yehón שָׁרָן sharán♦

שְׁבִיקִין shvikín♦ שְׁבִיתִין shvitín♦ בְּטֵלִין betelín וּמְבֻטָּלִין umevutalín♦

לָא la שְׁרִירִין shririn וְלָא velá קַיָּמִין kayamín:

נִדְרָנָא nidrana לָא la נִדְרֵי nidrei♦ וֶאֱסָרָנָא veesarana

לָא la אֱסָרֵי esarei♦ וּשְׁבוּעָתָנָא ushvuatana לָא la שְׁבוּעוֹת shvuot:

OR ZARÚA

"Luz está sembrada para el justo y alegría para los rectos de corazón" (Salmos 97:11).

COL NIDREI

El *jazán* dice en voz alta: *Con (la autorización de) la Asamblea Arriba, y con (la autorización de) la Asamblea Abajo; con la aprobación del omnipresente y la aprobación de la Congregación; damos permiso de orar juntos con aquellos que han transgredido.* El *jazán* y la congregación recitan: *Todas las promesas, restricciones, juramentos, excomuniones, renuncias, Konaméi, Kinuséi y cualquier sinónimo, por los cuales hayamos prometido, hayamos jurado, o por los cuales hayamos excomulgado o nos hayamos restringido; desde el presente Yom Kipurim hasta el siguiente Yom Kipurim, que sea para nuestro beneficio, (en cuanto a todos ellos,) los repudiamos. Todos ellos son deshechos, abandonados, cancelados, anulados e invalidados, sin vigencia y sin vigor. Nuestras promesas ya no son promesas, y nuestras prohibiciones ya no son prohibiciones, y nuestros juramentos ya no son juramentos.*

Venislaj

Este versículo trata sobre el concepto del perdón de Dios. El significado interno puede hallarse mediante el valor numérico de ciertas palabras. El valor numérico de la palabra "perdonar" en arameo, *slaj* סלח, equivale a 98. El valor numérico de la palabra aramea para "purificación", *tsaj* צח, también equivale a 98; lo cual indica una conexión espiritual entre estas dos palabras. En realidad estamos capturando la energía de purificación en lugar de rogarle perdón a Dios. Es esta fuerza purificadora la que elimina cualquier negatividad pendiendo sobre nosotros. Hay una ley de Causa y Efecto en pleno funcionamiento en el universo. Por cada acción hay una reacción equivalente. En esta clase de universo no hay cabida para el concepto del perdón. En pocas palabras, si alguien consciente o inconscientemente salta de un edificio, el resultado y efecto serán negativos. Por ende, ninguna persona sensata le pediría a la fuerza de gravedad que la perdone a fin de evitar el daño. Todas nuestras acciones negativas del pasado están pendiendo sobre nosotros actualmente. Antes de que "caigamos del edificio", tenemos una oportunidad de eliminar cualquier repercusión posible al limpiarnos a nosotros mismos.

Esta purificación ocurre solamente cuando nos damos cuenta de que no existe tal cosa como el perdón. Debemos admitir y reconocer la realidad de la ley de Causa y Efecto y asumir la responsabilidad por todo el caos que nos aborda. Cuando aceptamos este concepto, entonces atraemos la energía de purificación y hacemos borrón y cuenta nueva. Además, la idea del perdón sugiere que podemos salir airosos de cometer acciones dañinas siempre y cuando pidamos absolución. No podemos. Y no lo hacemos. Sin embargo, sí podemos evitar las consecuencias de nuestras acciones ofensivas al ganarnos el poder de purificación de la Luz a través de la transformación interior del carácter y al ayudar a restaurar la energía que hemos robado del cosmos.

וְנִסְלַח venislaj יהוה ע״ב לְכָל lejol יה אדני עֲדַת adat בְּנֵי bnei
יִשְׂרָאֵל Yisrael• וְלַגֵּר velaguer הַגָּר hagar בְּתוֹכָם betojam• כִּי qui
לְכָל lejol יה אדני הָעָם haam בִּשְׁגָגָה bishgagá: סְלַח slaj יהוה ע״ב נָא na
לַעֲוֹן laavón הָעָם haam הַזֶּה hazé והו כְּגֹדֶל quegódel חַסְדֶּךָ jasdeja
וְכַאֲשֶׁר vejaasher נָשָׂאתָה nasata לָעָם laam עלם הַזֶּה hazé והו
מִמִּצְרַיִם miMitsráyim מצר וְעַד vead הֵנָּה hena• וְשָׁם vesham נֶאֱמַר neemar:

La congregación dice lo siguiente tres veces y luego el *jazán*:

וַיֹּאמֶר vayómer יְהֹוָה יאהדונהי Adonai סָלַחְתִּי salajti כִּדְבָרֶךָ quidvareja:

Venislaj

"Y será perdonado a toda la congregación de los hijos de Israel, y al extranjero que vive entre ellos, por cuanto es una falta involuntaria de todo el pueblo" (Números 15:26).

El *jazán* dice:

(Te suplicamos:) "Perdona el pecado de este pueblo según la grandeza de Tu misericordia, como has perdonado a este pueblo desde Egipto hasta el día de hoy" (Números 14:19).

Como está dicho:

La congregación recita tres veces y después el *jazán*:

"Y el Señor dijo: Yo lo he perdonado, conforme a tu petición" (Números 14:20).

BENDICIÓN DE SHEHEJEYANU

El propósito espiritual de esta conexión es adquirir la capacidad de apreciar realmente todo lo que la Luz nos ha dado en la vida hasta este momento presente. Cuando no tenemos apreciación, corremos el riesgo de perder todo aquello que estimamos en la vida. La fuerza de la apreciación nos ayuda a proteger y asegurar todo aquello que es bueno en nuestra vida. El Satán jugará con nuestra mente en un intento de generar falta de apreciación en nosotros. Él dirigirá constantemente nuestra atención a todo lo problemático en nuestra vida, de modo que desviemos nuestra atención de aquello que es bueno y terminemos apartando nuestro enfoque de las cosas importantes en la vida donde tenemos plenitud genuina. Esta falta de apreciación hace que perdamos lo que es bueno, creando así más problemas y caos. Se convierte en un ciclo mortal. Cuando enfrentamos un desafío, debemos reconocer que el problema como tal es la oportunidad y, al mismo tiempo, debemos despertar felicidad en la apreciación por todo lo positivo en nuestra vida.

Jazán: בִּרְשׁוּת birshut מוֹרַי morai וְרַבּוֹתַי verabotai

Congregación: שָׁמַיִם shamáyim

בָּרוּךְ Baruj אַתָּה Atá יְהֹוָאדִּהֲנָיאהדונהי Adonai אֱלֹהֵינוּ Eloheinu ילה

מֶלֶךְ Mélej הָעוֹלָם haolam שֶׁהֶחֱיָנוּ shehejeyanu וְקִיְּמָנוּ vekiyemanu

וְהִגִּיעָנוּ vehiguianu לַזְּמַן lazmán הַזֶּה hazé והו:

Luego el *jazán* recita la bendición para aquellos que cargaron los rollos de la Torá.

מִי mi שֶׁבֵּרַךְ sheberaj אֲבוֹתֵינוּ avoteinu אַבְרָהָם Avraham יִצְחָק Yitsjak

וְיַעֲקֹב veYaakov מֹשֶׁה Moshé וְאַהֲרֹן veAharón דָּוִד David וּשְׁלֹמֹה uShlomó,

הוּא Hu יְבָרֵךְ yevarej וְיִשְׁמוֹר veyishmor וְיִנְצוֹר veyintsor וְיַעֲזוֹר veyaazor

אֶת et הַשֵּׁם hashem הַטּוֹב hatov (incluir el nombre de la persona y el nombre de su padre)

שֶׁהוּא shehú נוֹשֵׂא nosé סֵפֶר séfer כָּל col נִדְרֵי nidrei. מֶלֶךְ mélej

מַלְכֵי maljei הַמְּלָכִים hemlajim בְּרַחֲמָיו berajamav יִשְׁמְרֵהוּ yishmerehu

וִיחַיֵּהוּ vijayehu. וּמִכָּל umicol צָרָה tsará וְנֶזֶק vanézek יַצִּילֵהוּ yatsilehu.

וְיִכְתְּבֵהוּ veyijtevehu הָאֵל haEl בְּסֵפֶר beséfer חַיִּים jayim טוֹבִים tovim.

וְכֵן vején יְהִי yehí רָצוֹן ratsón וְנֹאמַר venomar אָמֵן Amén.

BENDICIÓN DE SHEHEJEYANU

Jazán: Con el permiso de mis maestros y mis señores.

Congregación: *Cielo.*

Bendito seas Tú, nuestro Dios,

Rey del universo, que nos has otorgado la vida y subsistencia y nos ha permitido llegar hasta el momento presente.

Cuando *Yom Kipur* cae en *Shabat* comenzamos aquí, de lo contrario comenzamos en la página 107.

KABALAT SHABAT

Debes salir al campo y, de no ser posible, es bueno que salgas a un jardín o un lugar que esté solo y despejado. Y debes ubicarte en un lugar elevado y volverte hacia el Oeste. En el momento de la puesta de Sol, cierra tus ojos y pon las manos sobre tu pecho, la mano derecha sobre la izquierda, y párate con sobrecogimiento y temor como si estuvieras parado ante el Rey para recibir la Santidad del *Shabat*.

Debes meditar en que *Jakal* חק״ל (campo), el cual tiene el valor numérico de 138, es igual a: הויה אהיה הויה אדני (יאההויהה + יאהדונהי). También tiene el valor numérico del *Milui* de los cuatro Nombres (וד י יו י + וד י או י + וד א או א + וד ה ו ה) con las diez letras. Y también ס״ג (יוד הי ואו הי) con sus diez letras y el Nombre אדני tienen el valor numérico de 138.

Ahora en el campo (*Sadé* שׂדה) medita en que sea considerado como la parte externa de los Cuatro Mundos, y nuestra meta durante *Kabalat Shabat* en el campo es elevar esta parte externa (la elevación es el secreto de la Luz Interna de lo externo).

Debes visualizar los Cuatro Mundos en el orden siguiente, y meditar en elevarlos mientras *Jojmá*, *Biná*, *Dáat* del Mundo Inferior pasa a *Nétsaj*, *Hod*, *Yesod* del Mundo Superior. Y posteriormente, mientras digas la palabra "*havú*" en el Salmo 29, medita en la elevación de los tres Niveles Superiores de *Asiyá* hacia *Nétsaj*, *Hod*, *Yesod* de *Yetsirá*.

Atsilut יוד הי ויו הי
Briá יוד הי ואו הי
Yetsirá יוד הא ואו הא
Asiyá יוד הה וו הה

Recita lo siguiente con toda tu energía, todas tus fuerzas, y con felicidad:

leShem לְשֵׁם yijud יִחוּד Kudshá קוּדְשָׁא Berij בְּרִיךְ Hu הוּא
uShjintei וּשְׁכִינְתֵּיהּ (יאהדונהי) bidjilu בִּדְחִילוּ urjimu וּרְחִימוּ
(יאההויהה), urjimu וּרְחִימוּ udjilu וּדְחִילוּ (איההויהה), leyajdá לְיַחֲדָא
Shem שֵׁם Yud יוּ״ד Kei קֵ״י beVav בְּוָא״ו Kei קֵ״י beyijudá בְּיִחוּדָא
shlim שְׁלִים (יהוה) beshem בְּשֵׁם col כָּל ילי Yisrael יִשְׂרָאֵל,
bou בּוֹאוּ venetsé וְנֵצֵא likrat לִקְרַאת Shabat שַׁבָּת malquetá מַלְכְּתָא,
lajakal לַחֲקַל tapujín תַּפּוּחִין kadishín קַדִּישִׁין.

KABALAT SHABAT
LESHEM YIJUD

Para la unificación del Santo, Bendito sea y Su Shejiná, con temor y amor y con amor y temor, para unificar El Nombre Yud-Kei y Vav-Kei en perfecta unidad, y en el nombre de Israel, salgamos a recibir a la Reina Shabat al campo de las Manzanas Sagradas.

MIZMOR LEDAVID

En este salmo, la palabra *Kol* קוֹל, que significa "voz", aparece siete veces.

La voz es la del Creador, *Kol Adonai*. Estas sietes voces representan siete dimensiones de la Luz. Estas siete dimensiones se expresan a sí mismas a través de los siete versos del *Aná Bejóaj*, el Nombre de Dios de 42 Letras. Cada vez que hacemos una conexión con el Nombre de Dios de 42 Letras, estamos accediendo a la fuerza primordial de la Creación. Este tipo de energía proporciona vida nueva, rejuvenecimiento y positividad absoluta a nuestra vida. Esto ayuda a despertarnos para recibir la Luz de *Shabat*.

En este salmo también encontramos el Nombre: יהוה dieciocho veces. Dieciocho es el mismo valor numérico de la palabra aramea *Jai* חי que quiere decir "vida". En consecuencia, tenemos 72 letras (4x18). Esto equivale al valor numérico de la palabra aramea *Jésed* חסד. *Jésed* representa la energía de misericordia. La razón detrás de la estructura de esta oración es darnos la capacidad de envolvernos con la energía de misericordia que ahora está fluyendo hacia nuestro mundo durante *Shabat*. Usualmente, en este momento del día (atardecer), el universo está lleno de energía de juicio. No obstante, en *Shabat* estamos sólo conectando con misericordia, ya que *Shabat* es una realidad sin juicio. Pero hay un prerrequisito: Tenemos que tener cuidado de no juzgar a los demás durante el período justo antes de *Shabat*. En este momento, el Satán intenta instigar a hostilidades y discusiones entre cónyuges, familiares y amigos. Si el Satán gana y actuamos con juicio, no podemos conectar con la Luz de misericordia. Debemos ubicarnos en un marco de felicidad total.

En este Salmo aparecen 18 veces יהוה que tienen 72 letras, que es el valor numérico de *Jésed*, por la misericordia que desciende del Mundo Superior. Hay 11 versículos, los cuales tienen el mismo valor numérico que ו"ה y 91 palabras, que es el valor numérico de *Amén* אמן. Meditar en que las tres partes inferiores de la letra ל de *Tsélem* de *Aba* e *Ima* están entrando a *Zeir Anpín*.

מִזְמוֹר mizmor לְדָוִד leDavid

הָבוּ havú אוחד, אהבה, דאגה

Debes meditar en atraer tres veces ב"ן de los Trece *Tikunéi Dikná* de *Asiyá*
hacia *Dáat* de *Asiyá* para poder elevarla a *Yesod* de *Yetsirá*.

לַיהוָ֘ה֒אדני֘יאהדונהי laAdonai בְּנֵי bnei ר"ת הבל

Debes meditar que tu alma sea elevada con el alma de *Hével* durante la noche.

אֵלִים elim הבו יהוה בני אלים = יעקב

הָבוּ havú אוחד, אהבה, דאגה

Debes meditar en atraer tres veces מ"ה de los Trece *Tikunéi Dikná* de *Yetsirá*
hacia *Biná* de *Asiyá* para poder elevarla a *Hod* de *Yetsirá*.

לַיהוָ֘ה֒אדני֘יאהדונהי laAdonai כָּבוֹד cavod ר"ת כלה (ב"ן ג' ספירות) וָעֹז vaoz:

MIZMOR LEDAVID

"Un Salmo de David:
¡Aclamen al Señor, hijos de los poderosos, aclamen la gloria y el poder del Señor!

הָבוּ havú אוזר, אהבה, דאגה

Debes meditar en atraer tres veces ס"ג de los Trece *Tikunei Dikná* de *Briá* hacia *Jojmá* de *Asiyá* para poder elevarla hacia *Nétsaj* de *Yetsirá*. También, tres veces הבו equivale a יוד הא ואו הא (39), donde el último הא (*Nukvá*) recibió de él.

לַיהֹוָה יאהדונהי laAdonai כָּבוֹד quevod ר"ת כלה (ב"ן וג' ספירות) שְׁמוֹ Shmó

ע"ב בריבוע וקס"א ע"ה, אל שדי ע"ה, מהש ע"ה ; הבו יהוה כבוד שמו = אדם דוד משיח

הִשְׁתַּחֲווּ hishtajavú

Debes meditar en atraer tres veces ע"ב de los Trece *Tikunei Dikná* de *Atsilut* hacia *Jojmá* de *Asiyá* para que ס"ג vaya hacia *Biná* y מ"ה y ב"ן vayan hacia *Dáat*, ya que este es Su lugar en el secreto de *Jasadim* y *Guevurot* como se conoce.

לַיהֹוָה יאהדונהי laAdonai בְּהַדְרַת־ behadrat ר"ת הבל

Debes meditar que tu alma sea elevada con el alma de *Hével* durante la noche.

קֹדֶשׁ kódesh ר"ת למפרע קבלה (שביום שבת צריך ללמוד קבלה):

Siete voces – ז' קולות

קוֹל kol (*Jésed*) יְהֹוָה יאהדונהי Adonai (אֶבֶגִיתֶצֶ – ו)

עַל־ al הַמָּיִם hamáyim ר"ת = אלף למד (חסד – ואל שני רמוז במילה בהמשך).

אֵל־ El "יא" (מילוי ס"ג) הַכָּבוֹד hacavod לאו הִרְעִים hirim

ה"פ אדני (להמתיק שכ"ה דינים) יְהֹוָה יאהדונהי Adonai עַל־ al מַיִם máyim

רַבִּים rabim ר"ת הרעים (שכ"ה דינים – ושני השכ"ה דינים נמתקים ע"י שני שמות א"ל הרמוזים לעיל):

קוֹל־ kol (*Guevurá*) יְהֹוָה יאהדונהי Adonai (קְרַעְשָׂטָן – ד)

בַּכֹּחַ bacóaj ר"ת יב"ק, אלהים, יהוה, אהיה אדני יהוה

קוֹל kol (*Tiféret*) יְהֹוָה יאהדונהי Adonai (נֶגֶדְיכֶשׁ – א)

בֶּהָדָר behadar ר"ת יב"ק, אלהים, יהוה, אהיה אדני יהוה:

¡Aclamen la gloria del Nombre del Señor, adórenlo al manifestarse Su santidad! ¡La voz del Señor sobre las aguas! El Dios de la gloria hace oír su trueno: el Señor está sobre las aguas torrenciales. ¡La voz del Señor es potente, la voz del Señor es majestuosa!

קוֹל kol (*Nétsaj*) יְהֹוָהאדנייאהדונהי Adonai (בטרצתג – א) שֹׁבֵר shover

אֲרָזִים arazim וַיְשַׁבֵּר vayshaber יְהֹוָהאדנייאהדונהי Adonai אֶת־ et אַרְזֵי arzei

הַלְּבָנוֹן haLevanón ר״ת האא: וַיַּרְקִידֵם vayarkidem כְּמוֹ־ quemó עֵגֶל éguel

לְבָנוֹן Levanón וְשִׂרְיוֹן veSiryón כְּמוֹ quemó בֶן־ ven רְאֵמִים reemim:

קוֹל־ kol (*Hod*) יְהֹוָהאדנייאהדונהי Adonai (וזקבטנע – ו) חֹצֵב jotsev

ס״ת הב״ל (כי עתה עולים בקדושה כל ניצוצות קין והבל שירדו בקליפות) לַהֲבוֹת lahavot אֵשׁ esh:

קוֹל kol (*Yesod*) יוהוווהאדנייאהדונהי Adonai (יוגולופוזוקו – א)

יָחִיל yajil ס״ת ללה, אדני מִדְבָּר midbar יָחִיל yajil יְהֹוָהאדנייאהדונהי Adonai

מִדְבַּר midbar קָדֵשׁ kadesh ר״ת קין: קוֹל kol (*Maljut*) יְהֹוָהאדנייאהדונהי Adonai

(שקוצית ויכוין לכלול בו כל שישה השמות האחרים – ודאאוא)

יְחוֹלֵל yejolel אַיָּלוֹת ayalot וַיֶּחֱשֹׂף vayejesof יְעָרוֹת yearot

וּבְהֵיכָלוֹ uveheijaló כֻּלּוֹ culó אֹמֵר omer כָּבוֹד cavod:

יְהֹוָהאדנייאהדונהי Adonai לַמַּבּוּל lamabul יָשָׁב yashav ר״ת ילי וס״ת הבל

וַיֵּשֶׁב vayeshev יְהֹוָהאדנייאהדונהי Adonai מֶלֶךְ mélej לְעוֹלָם leolam

ריבוע ס״ג י׳ אותיות דס״ג: יְהֹוָהאדנייאהדונהי Adonai עֹז oz לְעַמּוֹ leamó יִתֵּן yitén

יְהֹוָהאדנייאהדונהי Adonai יְבָרֵךְ yevarej עסמ״ב, הברכה (למתק את ז׳ המלכים שמתו) אֶת־ et

עַמּוֹ amó בַשָּׁלוֹם vashalom ר״ת ע״ב, ריבוע יהוה:

Meditar en elevar a *Jésed*, *Guevurá*, *Tiféret* al lugar de *Jojmá*, *Biná*, *Dáat* y luego en elevar a *Nétsaj*, *Hod*, *Yesod* al lugar de *Jésed*, *Guevurá*, *Tiféret* y después en elevar *Maljut* al lugar de *Nétsaj*, *Hod*, *Yesod* por las siete voces (*kol*) y los siete יהוה.

La voz del Señor parte los cedros, el Señor parte los cedros del Líbano; hace saltar al Líbano como a un novillo y al Sirión como a un toro salvaje. La voz del Señor talla llamas de fuego; la voz del Señor hace temblar el desierto, el Señor hace temblar el desierto de Cadés. La voz del Señor retuerce las encinas, el Señor arrasa las selvas. En Su Templo, todos dicen: '¡Gloria!'. El Señor tiene Su Trono sobre las aguas celestiales, el Señor se sienta en Su Trono de Rey Eterno. El Señor fortalece a Su pueblo, Él bendice a Su pueblo con la paz" (Salmos 29).

ANÁ BEJÓAJ (ver explicación y traducción en las págs. 280-282)

Jésed, domingo (*Álef Bet Guímel Yud Tav Tsadi*) אבג יתץ

aná אָנָּא bejóaj בְּכֹחַ◆ guedulat גְּדוּלַּת yemineja יְמִינְךָ◆

tatir תַּתִּיר tserurá צְרוּרָה⁝

Guevurá, lunes (*Kof Resh Ayin Sin Tet Nun*) קרע שטן

kabel קַבֵּל rinat רִנַּת◆ ameja עַמְּךָ sagvenu שַׂגְּבֵנוּ◆

taharenu טַהֲרֵנוּ norá נוֹרָא⁝

Tiféret, martes (*Nun Guímel Dálet Yud Caf Shin*) נגד יכש

na נָא guibor גִּבּוֹר◆ dorshei דּוֹרְשֵׁי yijudeja יִחוּדְךָ◆

quevavat כְּבָבַת shamrem שָׁמְרֵם⁝

Nétsaj, miércoles (*Bet Tet Resh Tsadi Tav Guímel*) בטר צתג

barjem בָּרְכֵם taharem טַהֲרֵם◆ rajamei רַחֲמֵי tsidkateja צִדְקָתְךָ◆

tamid תָּמִיד gomlem גָּמְלֵם⁝

Hod, jueves (*Jet Kof Bet Tet Nun Ayin*) חקב טנע

jasín חֲסִין kadosh קָדוֹשׁ◆ berov בְּרוֹב tuvjá טוּבְךָ◆

nahel נַהֵל adateja עֲדָתֶךָ⁝

Yesod, viernes (*Yud Guímel Lámed Pei Zayin Kof*) יגל פזק

yajid יָחִיד gueé גֵּאֶה◆ leamjá לְעַמְּךָ pené פְּנֵה◆

zojrei זוֹכְרֵי kedushateja קְדֻשָּׁתֶךָ⁝

Maljut, sábado (*Shin Kof Vav Tsadi Yud Tav*) שקו צית

shavatenu שַׁוְעָתֵנוּ kabel קַבֵּל◆ ushmá וּשְׁמַע tsaakatenu צַעֲקָתֵנוּ◆

yodea יוֹדֵעַ taalumot תַּעֲלוּמוֹת⁝

BARUJ SHEM QUEVOD

יו"ד אותיות Baruj בָּרוּךְ Shem שֵׁם quevod כְּבוֹד maljutó מַלְכוּתוֹ

leolam לְעוֹלָם ריבוע ס"ג וי' אותיות דס"ג vaed וָעֶד⁝

LEJÁ DODÍ

Esta oración fue escrita por el Kabbalista Rav Shlomó Elkabets, y contiene diez versos que nos conectan con todas las Diez *Sefirot*, los transmisores por los cuales la Luz de Dios da vida a nuestro universo, incluyendo a nuestra alma. Durante la semana, nos encontramos con muchos desafíos y oportunidades que pueden perturbar y desalinear estas diez fuerzas de energía tanto a nivel personal y universal. El nivel de perturbación está basado en nuestras acciones individuales y colectivas. Como consecuencia, los niveles de energía en el mundo y en nuestras almas podrían estar desordenados y confusos. A nivel personal, esto puede manifestarse en reacciones exageradas y enojo ante situaciones en las cuales normalmente responderíamos con restricción y paciencia. Cada uno de los diez versos en el *Lejá Dodí* ajusta cada nivel de las Diez *Sefirot*, reacomodándolas en su correcta posición en el universo. Además realinea cada *Sefirá* dentro de nuestro cuerpo, poniéndonos en un apropiado equilibrio emocional, físico y espiritual.

La intención del *Lejá Dodí* es elevar las Diez *Sefirot* de *Yetsirá* al Mundo Superior (*Briá*).

Kéter

לְכָה lejá דּוֹדִי dodí לִקְרַאת likrat כַּלָּה calá•

פְּנֵי pnei וחכמה בינה שַׁבָּת Shabat נְקַבְּלָה nekablá:

Jojmá

שָׁמוֹר shamor וְזָכוֹר vezajor ע"ב קס"א, יהי אור ע"ה

(סוד המשכת השפע מן ד' שמות ליסוד הנקרא זכור) בְּדִבּוּר bedibur אֶחָד ejad אהבה, דאגה•

הִשְׁמִיעָנוּ hishmianu אֵל El ייא"י (מילוי דס"ג) הַמְיֻחָד hameyujad•

יְהֹוָה יאהדונהי Adonai אֶחָד ejad אהבה, דאגה וּשְׁמוֹ uShmó ע"ב בריבוע קס"א ע"ה,

אל שדי ע"ה, מהש ע"ה אֶחָד ejad אהבה, דאגה• לְשֵׁם leshem

וּלְתִפְאֶרֶת uleTiféret וְלִתְהִלָּה velitehilá ע"ה אמת, אהיה פעמים אהיה, ז"פ ס"ג: *Lejá*

Biná

לִקְרַאת likrat שַׁבָּת Shabat לְכוּ leju וְנֵלְכָה venelja•

כִּי qui הִיא hi מְקוֹר mekor הַבְּרָכָה habrajá•

מֵרֹאשׁ merosh ריבוע אלהים אלהים דיודין ע"ה מִקֶּדֶם mikédem נְסוּכָה nesuja•

סוֹף sof מַעֲשֶׂה maasé בְּמַחֲשָׁבָה bemajashavá תְּחִלָּה tjilá: *Lejá*

LEJÁ DODÍ

Kéter *¡Ven amado mío al encuentro de la novia; a recibir la presencia del Shabat!*

Jojmá *Guarden y recuerden al unísono en una sola frase el Dios único nos hizo escuchar el Eterno es Uno y Su nombre es Uno, para honra, gloria y alabanza.*

Biná *Vengan, vamos al encuentro de Shabat, que es fuente de bendiciones. Desde el principio, desde la antigüedad, fue consagrado. El final del acto fue el primero en el pensamiento.*

Jésed

מִקְדַּשׁ mikdash מֶלֶךְ mélej עִיר ir בוזהך, סנדלפון, ערי מְלוּכָה ♦melujá

קוּמִי kumi צְאִי tséi מִתּוֹךְ mitoj הַהֲפֵכָה ♦hahafejá

רַב rav לָךְ laj שֶׁבֶת shévet בְּעֵמֶק beémek הַבָּכָא ♦habajá

וְהוּא vehú יַחֲמוֹל yajmol עָלַיִךְ aláyij חֶמְלָה ׃jemlá *Lejá*

Guevurá

הִתְנַעֲרִי hitnaarí מֵעָפָר meafar קוּמִי ♦kumi לִבְשִׁי livshí בִּגְדֵי bigdei

תִּפְאַרְתֵּךְ tifartej עַמִּי ♦amí עַל al יַד yad בֶּן ben יִשַׁי Yishai בֵּית beit

ב״פ ראה הַלַּחְמִי ♦halajmí קָרְבָה korvá אֶל el נַפְשִׁי nafshí גְּאָלָהּ ׃gueala *Lejá*

Tiféret

הִתְעוֹרְרִי hitoreri♦ הִתְעוֹרְרִי hitoreri♦ כִּי qui בָא va אוֹרֵךְ órej קוּמִי kumi

אוֹרִי ♦ori עוּרִי uri עוּרִי uri שִׁיר shir דַּבֵּרִי daberi ראה♦ כְּבוֹד quevod

יְהֹוָה יאהדונהי Adonai ; כבוד יהוה = יוד הי ואו הה עָלַיִךְ aláyij נִגְלָה ׃niglá *Lejá*

Nétsaj

לֹא lo תֵבוֹשִׁי tevoshi וְלֹא veló תִכָּלְמִי ♦ticalmi

מַה ma מ״ה תִּשְׁתּוֹחֲחִי tishtojaji וּמַה umá מ״ה תֶּהֱמִי ♦tehemi

בָּךְ baj יֶחֱסוּ yejesu עֲנִיֵּי aniyei ריבוע מ״ה עַמִּי ♦amí

וְנִבְנְתָה venivnetá עִיר ir בוזהך, סנדלפון, ערי עַל al תִּלָּהּ ׃tilá *Lejá*

Jésed *Santuario del Rey, ciudad real, ¡levántate!, ¡sal de en medio de las ruinas!; demasiado has morado en el valle de las lágrimas y Él de ti se apiadará.*

Guevurá *¡Sacúdete del polvo! ¡Levántate! Vístete hermosas galas, pueblo mío, que por medio del hijo de Yishai de Bet Léjem se acerca tu redención.*

Tiféret *¡Despiértate! ¡Despiértate!, que ha llegado tu luz, ¡Levántate! ¡Resplandece! ¡Despierta! ¡Despierta! Entona una canción, que la Gloria del Eterno te será revelada.*

Nétsaj *No te avergüences ni te humilles, ¿por qué tiemblas, por qué te conmueves? En ti buscarán refugio los pobres de mi pueblo y la ciudad se construirá sobre sus ruinas.*

Hod

וְהָיוּ vehayú לִמְשִׁסָּה limshisá שֹׁאסָיִךְ shosáyij• וְרָחֲקוּ verajakú כָּל col ילי

מְבַלְּעָיִךְ mevaláyij• יָשִׂישׂ yasís עָלַיִךְ aláyij אֱלֹהָיִךְ Eloháyij ילה•

כִּמְשׂוֹשׂ quimsós חָתָן jatán עַל al כַּלָּה calá: *Lejá*

Yesod

יָמִין yamín וּשְׂמֹאל usmol תִּפְרוֹצִי tifrotsi• וְאֶת veet

יְהֹוָה Adonai תַּעֲרִיצִי taaritsi• עַל al יַד yad

אִישׁ ish בֶּן ben פַּרְצִי Partsi• וְנִשְׂמְחָה venismejá וְנָגִילָה venaguilá: *Lejá*

Maljut

בּוֹאִי boi בְשָׁלוֹם veshalom עֲטֶרֶת atéret בַּעְלָהּ baalá•

גַּם gam בְּשִׂמְחָה besimjá בְּרִנָּה beriná וּבְצָהֳלָה uvetsahalá•

תּוֹךְ toj אֱמוּנֵי emunei עַם am סְגֻלָּה segulá:

BOI CALÁ

Cuando pronunciamos las palabras *Boi Calá*, que quieren decir "acércate, Novia", recibimos un alma adicional que viene a nosotros cada *Shabat* para ayudarnos a capturar la energía adicional que es revelada. Por ejemplo, un vaso de ocho onzas no puede contener diez onzas de agua. El vaso necesitaría ser agrandado. Cuando recibimos el alma adicional, esto agranda nuestra alma y, de este modo, incrementa su capacidad total de recibir la Luz adicional de *Shabat*. Esta es una oportunidad única para unir nuestra alma, mediante la Luz de *Shabat*, con la Luz del Creador.

De este verso aprendemos que, para maximizar nuestra conexión, debemos tratar a la energía de *Shabat* como a una novia. Después de que un hombre ha estado casado por veinte años, usualmente no tiene el mismo sentimiento, pasión, anhelo y anticipación que tuvo inicialmente cuando su esposa aún era su novia, justo unos momentos antes de la ceremonia de matrimonio.

Hod *Y serán para despojo los que te despojaron y todos tus destructores de ti se alejarán. Contigo se alegrará tu Dios, como se alegra el novio con su amada.*

Yesod *A diestra y siniestra te extenderás y a Dios reverenciarás, de la mano de un hombre descendiente de Pérets y nos alegraremos y nos regocijaremos.*

Maljut *Ven en paz, corona de su esposo, con alegría, con canto y alborozo, entre los fieles del pueblo escogido.*

Debes meditar en elevar el Mundo de *Yetsirá* (lo que significa: *Maljut* es elevada a *Nétsaj*, *Hod*, *Yesod*, después *Nétsaj*, *Hod*, *Yesod* son elevadas a *Jésed*, *Guevurá*, *Tiféret*, luego *Jésed*, *Guevurá*, *Tiféret* son elevadas a *Jojmá*, *Biná*, *Dáat*, y después *Jojmá*, *Biná*, *Dáat* son elevadas a *Nétsaj*, *Hod*, *Yesod* de *Briá*). De hecho, las siete *Sefirot* inferiores de *Yetsirá* son elevadas por los siete *Marguelaín* y los Santos Nombres: **אהי"ה יה"ו**, que equivalen a 42:

א יְהֹוָה, ה אל, י יֱהֹוִה, י יה אדני, ה אלהים, ה מצפצ, ו מצפצ

Y las Tres *Sefirot* Superiores son elevadas por las tres repeticiones de la palabra *Boi*, que equivale a 13, como las palabras de amor, unidad y ocupación (**אחד, אהבה, דאגה**), y también equivale a **יאאא** (13).

Inclínate a la derecha

Jojmá – Habla

בּוֹאִי boi ג"פ באי = יוד הא ואו **כַּלָּה** calá

בואי כלה = אכדטם (כי על ידי זה נמתקו הדינים)

Inclínate a la izquierda

Biná – Acción

בּוֹאִי boi ג"פ באי = יוד הא ואו **כַּלָּה** calá

בואי כלה = אכדטם (כי על ידי זה נמתקו הדינים)

תּוֹךְ toj **אֱמוּנֵי** emunei **עַם** am **סְגֻלָּה** segulá:

Meditar en recibir el alma adicional llamada: *Néfesh*

del aspecto de la noche de *Shabat*

El tercer "*boi calá*" debe decirse silenciosamente, ya que corresponde a *Dáat* (y *Dáat* no es parte de las Diez *Sefirot*).

Inclínate al centro

Dáat – Pensamiento

בּוֹאִי boi ג"פ באי = יוד הא ואו **כַּלָּה** calá

ג"פ באי כלה = צדיק ; בואי כלה = אכדטם (כי על ידי זה נמתקו הדינים)

שַׁבָּת Shabat **מַלְכְּתָא** malquetá:

לְכָה lejá **דוֹדִי** dodí **לִקְרַאת** likrat **כַּלָּה** calá.

פְּנֵי pnei חכמה בינה **שַׁבָּת** Shabat **נְקַבְּלָה** nekablá:

MIZMOR SHIR LEYOM HASHABAT

Las iniciales de *Mizmor Shir LeYom HaShabat* forman la palabra *LeMoshé* (para Moshé), las cuales nos conectan a la conciencia cuántica.

Después de que cantamos *Lejá Dodí*, recitamos dos párrafos que fueron recitados por Adam durante el primer *Shabat* en el Jardín de Edén. Adam representa a todas las almas de la humanidad. En el momento de la Creación, todas estas almas que existieron y existirán estaban unidas como una sola entidad a la que llamamos Adam. El Jardín de Edén es un sitio de pura Luz e inmortalidad. Las letras arameas que conforman este párrafo representan fuerzas específicas de energía que nutren y satisfacen a esta alma unificada llamada Adam. Las letras son una fórmula que actúa como una antena que trae estas fuerzas hacia nuestra vida, dándonos por lo tanto una prueba del Jardín de Edén.

(nos inclinamos hacia la izquierda) *¡Ven, Novia!* (nos inclinamos hacia la derecha) *¡Ven, Novia!*
(nos inclinamos hacia el centro) *Entre los fieles del pueblo escogido, ¡Ven, novia! ¡La Reina Shabat!*
¡Ven amado mío al encuentro de la novia; a recibir la presencia del Shabat!

haShabat הַשַּׁבָּת ע״ה נגד, מזבח, זן, אל יהוה leyom לְיוֹם shir שִׁיר mizmor מִזְמוֹר

Las iniciales de *LeMoshé* (למשה): *Moshé* es un código para el mundo de *Atsilut*, el cual es donde ahora estamos elevando a *Briá*, que se ilumina de *Nétsaj*, *Hod*, *Yesod* de *Atsilut*. También es llamado *Moshé* porque ahora *Moshé* recibe 1.000 Iluminaciones (aquellas que él había perdido a causa del becerro de oro) y entonces nos regresa las que perdimos. También, *Moshé* junto a decenas de miles de almas justas están descendiendo para poder elevar todas las Chispas Sagradas y las almas que están en las profundidades de la *klipá* y todas las almas de los vivos y muertos que no se pueden elevar por sí mismas.

(ג״פ באי וג״פ הבו דלעיל) ר״ת ט״ל lehodot לְהֹדוֹת והו tov טוֹב

(טל = יוד הא ואו, שהם ג״ר (וזב״ד) דבריאה שיעלו כעת לאצילות)

Meditar en elevar las Tres *Sefirot* Superiores de *Briá* a *Atsilut*.

laAdonai לַיהֹוָהאדניאהדונהי

Meditar en el Santo Nombre: יוד הי ויו הי que es *Maljut* de *Atsilut*.
También meditar en el Nombre de 42 Letras de *Mem Hei* de *Atsilut*:
יהוה, יוד הא ואו הא, יוד ואו דלת הא אלף ואו אלף ואו הא אלף
con este Nombre, las Siete *Sefirot* Inferiores de *Briá* van a ser elevadas a *Atsilut*.
También meditar en el Santo Nombre: יוד הי ואו הי, el cual es el secreto del mundo de *Briá* (que ahora es elevado a *Atsilut* por el Nombre de 42 Letras mencionado anteriormente).

babóker בַבֹּקֶר lehaguid לְהַגִּיד :elyón עֶלְיוֹן leShimjá לְשִׁמְךָ ulezamer וּלְזַמֵּר

asor עָשׂוֹר alei עֲלֵי־ :baleilot בַּלֵּילוֹת veemunatjá וֶאֱמוּנָתְךָ jasdejá חַסְדֶּךָ

qui כִּי :bejinor בְּכִנּוֹר higayón הִגָּיוֹן alei עֲלֵי navel נָבֶל vaalei וַעֲלֵי־

befaoleja בְּפָעֳלֶךָ Adonai יְהֹוָהאדניאהדונהי simajtani שִׂמַּחְתַּנִי

gadlú גָּדְלוּ מ״ה ma מַה־ :aranén אֲרַנֵּן yadeja יָדֶיךָ bemaasei בְּמַעֲשֵׂי

amkú עָמְקוּ meod מְאֹד Adonai יְהֹוָהאדניאהדונהי maaseja מַעֲשֶׂיךָ

lo לֹא baar בַּעַר ish אִישׁ :יוהו **(*Kéter* Celestial)** majshevoteja מַחְשְׁבֹ(ו)תֶיךָ

:zot זֹאת et אֶת־ yavín יָבִין lo לֹא־ ujsil וּכְסִיל yedá יֵדָע

(ע״ב שמות) כוונות הקדושה ésev עֵשֶׂב cmó כְּמוֹ reshaím רְשָׁעִים bifróaj בִּפְרֹחַ

Las almas de los malvados son juzgadas ahora para ver si merecen ser elevadas de *Guehinom*.

MIZMOR SHIR LEYOM HASHABAT

"Salmo, ¡cántico para el día de Shabat! Es bueno darte las gracias a Ti, Señor, y cantar Tu Nombre, ¡Oh Enaltecido! y relatar Tu bondad en la mañana y Tu fidelidad en las noches, con un instrumento y un arpa, con música de la lira. Porque Tú me alegras, Señor, con Tu obra, con las obras de Tus manos, yo cantaré alegremente. Cuán grandes son Tus obras, Señor, y cuán profundos son Tus pensamientos. El necio no sabe, y el insensato no puede entender esto: Cuando brotan los impíos como la hierba

וַיָּצִיצוּ vayatsitsu כָּל־ col ילי פֹּעֲלֵי poalei אָוֶן aven

(la *klipá* que quiere ser elevada con la Santidad) לְהִשָּׁמְדָם lehishamdam

עֲדֵי־ adei עַד ad (pero no le es permitido subir): וְאַתָּה veAtá מָרוֹם marom

לְעֹלָם leolam ריבוע דס"ג י' אותיות דס"ג יְהֹוָהאדניאהדונהי Adonai: כִּי qui הִנֵּה hiné

אֹיְבֶיךָ oyveja יְהֹוָהאדניאהדונהי Adonai כִּי־ qui הִנֵּה hiné אֹיְבֶיךָ oyveja

יֹאבֵדוּ yovedú יִתְפָּרְדוּ yitpardú כָּל־ col ילי פֹּעֲלֵי poalei אָוֶן aven (la *klipá*):

וַתָּרֶם vatarem (la Santidad) כִּרְאֵים quiréim קַרְנִי karní בַּלֹּתִי balotí

בְּשֶׁמֶן beshemen רַעֲנָן raanán: וַתַּבֵּט vatabet עֵינִי einí ריבוע דמ"ה

בְּשׁוּרָי beshurai בַּקָּמִים bakamim עָלַי alai מְרֵעִים mereim

תִּשְׁמַעְנָה tishmaná אָזְנָי oznai יוד הי ואו הה: (Las almas de los justos que son elevadas ahora)

צַדִּיק tsadik ג"פ באי כלה דלעיל כַּתָּמָר catamar יִפְרָח yifraj ס"ת קרח

(meditar en elevar el alma de *Kóraj*) כְּאֶרֶז queérez בַּלְּבָנוֹן baLevanón יִשְׂגֶּה yisgué:

שְׁתוּלִים shtulim בְּבֵית beveit ב"פ ראה יְהֹוָהאדניאהדונהי Adonai

בְּחַצְרוֹת bejatsrot אֱלֹהֵינוּ Eloheinu ילה יַפְרִיחוּ yafriju: עוֹד od

יְנוּבוּן yenuvún בְּשֵׂיבָה beseivá דְּשֵׁנִים deshenim וְרַעֲנַנִּים veraananim

יִהְיוּ yihyú אל (ייא" מילוי דס"ג): לְהַגִּיד lehaguid כִּי־ qui יָשָׁר yashar

יְהֹוָהאדניאהדונהי Adonai צוּרִי tsurí וְלֹא־ veló עֹלָתָה avlatá (כתיב: עלתה) בּוֹ bo:

ADONAI MALAJ

En este salmo tenemos 45 palabras que corresponden al Santo Nombre: מ"ה (יוד הא ואו הא)

יְהֹוָהאדניאהדונהי Adonai (***Zeir Anpín***) מָלָךְ malaj גֵּאוּת gueut

(410 cordones de *Arij Anpín* – donde *Zeir Anpín* es elevado en *Shabat* y Él los viste).

לָבֵשׁ lavesh לָבֵשׁ lavesh יְהֹוָהאדניאהדונהי Adonai עֹז oz הִתְאַזָּר hitazar

---

y todos los que cometen injusticias florecen, es para ser destruidos para siempre. Y Tú serás enaltecido para siempre, Señor. ¡Porque he aquí Tus enemigos, Señor! Porque he aquí que Tus enemigos perecerán y todos los que cometen iniquidad serán dispersados. Y Tú elevarás mi mérito como un buey y yo seré ungido con aceite fresco. Y mis ojos mirarán sobre mis enemigos y mis oídos oirán a aquellos que se levanten para perjudicarme. El justo como la palma florecerá: Como el cedro en el Líbano crecerá. Plantados en la casa del Señor, en los atrios de nuestro Dios florecerán. Aún fructificarán en la vejez; vigorosos y reverdecidos serán. Declararán que el Señor es justo, que es mi Fortaleza, y que no hay injusticias en Él" (Salmos 92).

ADONAI MALAJ

"El Señor reinó, de magnificencia se vistió, se vistió el Señor, con fortaleza se ciñó;

אַף־ af ר"ת = אלהים, אהיה אדני תִּכּוֹן ticón תֵּבֵל tevel ב"פ רי"ו

בַּל־ bal תִּמּוֹט timot: נָכוֹן najón כִּסְאֲךָ quisajá מֵאָז meaz ומב

מֵעוֹלָם meolam אָתָּה Atá ר"ת = קנ"א, אדני אלהים: נָשְׂאוּ nasú נְהָרוֹת neharot

(410 cordones de *Arij Anpín* –
los cuales atraen Luz desde el mar de *Jojmá* —מוזא סתימא דא"א— en *Shabat* hasta *Zeir Anpín*).

יְהֹוָה אדני אהדונהי Adonai

נָשְׂאוּ nasú ר"ת = קין נְהָרוֹת neharot קוֹלָם kolam יִשְׂאוּ yisú

(Las iniciales forman el nombre *Kayín*, porque cuando *Briá* es elevado, sus chispas son corregidas).

נְהָרוֹת neharot דָּכְיָם dojyam ר"ת דני:

Meditar en que estamos ahora en el Mundo de *Atsilut*, y con el Nombre de 42 Letras (las siete voces) que proviene de *Aba* e *Ima*, estamos elevándonos al Mundo de *Briá*.

מִקֹּלוֹת mikolot (410 cuerdas) מַיִם máyim רַבִּים rabim ר"ת = מוזרך, סנדלפון, ערי

(*Ima* - לעשות בה מ"ן שהם ה"ג) אַדִּירִים adirim הרי מִשְׁבְּרֵי־ mishberei יָם yam ילי

Arij Anpín [tiene 221 *Ribo* (decenas de miles) Iluminaciones],
Él está dando 150 *Ribo* (decenas de miles) iluminaciones a *Zeir Anpín*.
Las iniciales de **אמי** (mi madre) porque *Zeir Anpín* primero sube y toma *Mojín* de *Ima* (madre).

אַדִּיר adir הרי בַּמָּרוֹם bamarom יְהֹוָה אדני אהדונהי Adonai

Las iniciales de **אבי** (mi padre) porque *Zeir Anpín* después sube y toma *Mojín* de *Aba* (padre).

עֵדֹתֶיךָ edoteja נֶאֶמְנוּ neemnú מְאֹד meod ר"ת = קין לְבֵיתְךָ leveitjá

ב"פ ראה נַאֲוָה naavá קֹדֶשׁ kódesh יְהֹוָה אדני אהדונהי Adonai לְאֹרֶךְ: leórej

יָמִים yamim נלך ; ר"ת ילי ; ס"ת אדני ; ה' לאורך ימים = שע' נהורים עם האותיות:

Meditar en el Nombre **ילי** para elevar el Nombre: **אדני** y las chispas de las almas de *Briá* que son capturadas por la *klipá* y no pueden ser elevadas por el Nombre de 42 Letras mencionado anteriormente. Después meditar en el Nombre: יוד הי ויו הי, el cual es el *Atsilut* (donde todo está siendo elevado).

Él afirma el mundo, para que no se desplome. Establecido está Tu Trono desde entonces: Siempre estarás Tú. Alzaron los ríos; Señor, alzaron los ríos su voz. Los ríos elevarán sus poderosas olas. Más que el estruendo de muchas aguas, que las recias olas del mar. Eres magnífico en Tus alturas, Señor. Tus decretos son muy seguros. Tu casa es el Santo Santuario, el Señor será por los siglos y para siempre" (Salmos 93).

BAR YOJÁI

A lo largo de la historia, los kabbalistas han afirmado que el ser humano no puede superar la fuerza de la negatividad por sí solo, sin las enseñanzas y sabiduría del *Zóhar* y la tecnología de la Kabbalah. ¿Por qué, cuando sabemos que algo es dañino para nosotros, persistimos en ello? ¿Por qué, cuando sabemos que algo es bueno para nosotros, nos abstenemos o lo postergamos? ¿Por qué nueve veces de cada diez renunciamos a actividades positivas a favor de actividades negativas? La razón, según la Kabbalah, es que constantemente luchamos contra un oponente en el Juego de la Vida. Este oponente es llamado Satán. Él activa todos nuestros pensamientos y acciones reactivas negativas. Durante 5.000 años nos ha ganado en este juego que se desenvuelve en el angosto margen entre la vida y la muerte, dolor y sufrimiento, el bien y el mal. La perspectiva kabbalística sobre por qué el oponente ha tenido tanto éxito es porque el Satán convence a la humanidad de que él ni siquiera existe. A través de la Luz del *Zóhar*, el Satán queda expuesto y, una vez que sabemos quién es el oponente realmente, tenemos una oportunidad de derrotarlo. El *Zóhar* no sólo expone e identifica al verdadero enemigo, sino que también nos da el poder de superarlo y derrotarlo.

Nos es conveniente conectar con la semilla y el origen del *Zóhar* mismo; su autor, Rav Shimón bar Yojái. Por lo tanto, en cada *Shabat*, cantamos la canción *Bar Yojái* para hacer esta conexión tan vital.

בַּר Bar יוֹחָאי Yojái נִמְשַׁחְתָּ nimshajta אַשְׁרֶיךָ ashreja
שֶׁמֶן shemen שָׂשׂוֹן sasón מֵחֲבֵרֶיךָ mejavereja:

Maljut

בַּר bar יוֹחָאי Yojái שֶׁמֶן shemen מִשְׁחַת mishjat קֹדֶשׁ kódesh,
נִמְשַׁחְתָּ nimshajta מִמִּדַּת mimidat הַקֹּדֶשׁ hakódesh
נָשָׂאתָ nasatá צִיץ tsits מנק נֵזֶר nézer הַקֹּדֶשׁ hakódesh,
וְחָבוּשׁ javush עַל al רֹאשְׁךָ roshjá פְּאֵרֶךָ peereja: *Bar Yojái*

Yesod

בַּר bar יוֹחָאי Yojái מוֹשַׁב moshav טוֹב tov והו יָשַׁבְתָּ yashavta,
יוֹם yom ע״ה, נגד, מזבח, זן, אל יהוה נַסְתָּ nasta
יוֹם yom ע״ה, נגד, מזבח, זן, אל יהוה אֲשֶׁר asher בָּרַחְתָּ barajta,
בִּמְעָרַת bimearat צוּרִים tsurim שֶׁעָמַדְתָּ sheamadta,
קָנִיתָ kanita הוֹדְךָ hodeja וַהֲדָרֶךָ vahadareja: *Bar Yojái*

BAR YOJÁI

¡Bar Yojái, estás ungido para tu felicidad con el aceite del júbilo de tus amigos!

Maljut *Bar Yojái, aceite Sagrado te es ungido desde el tributo Sagrado. Tú llevas la Tiara de la Corona Sagrada, en tu cabeza para tu belleza.*

Yesod *Bar Yojái, te asentaste en un buen lugar el día que corriste y escapaste. En la cueva de la roca te detuviste, para obtener tu majestuosidad y gloria.*

Nétsaj Hod

בַּר bar יוֹחָאי Yojái עֲצֵי atsei שִׁטִּים shitim עוֹמְדִים omdim,

לִמּוּדֵי limudei יְהֹוָאדֹנָי יאהדונהי Adonai הֵם hem לוֹמְדִים lomdim. אוֹר or רז, א"ס

מֻפְלָא muflá אוֹר or רז, א"ס הַיְקוֹד haykod הֵם hem יוֹקְדִים yokdim,

הֲלֹא haló הֵמָּה hema יוֹרוּךְ yoruja מוֹרֶךְ moreja: *Bar Yojái*

Tiféret

בַּר bar יוֹחָאי Yojái וְלִשְׂדֵה velisdé תַּפּוּחִים tapujim,

עָלִיתָ alita לִלְקוֹט lilkot בּוֹ vo מֶרְקָחִים merkajim.

סוֹד sod מיכ, י"פ האא תּוֹרָה Torá כְּצִיצִים quetsitsim וּפְרָחִים ufrajim,

נַעֲשֶׂה naasé אָדָם adam נֶאֱמַר neemar בַּעֲבוּרֶךְ baavureja: *Bar Yojái*

Guevurá

בַּר bar יוֹחָאי Yojái נֶאֱזַרְתָּ neezarta בִּגְבוּרָה bigvurá רי"ו

וּבְמִלְחֶמֶת uvemiljémet אֵשׁ esh דָּת dat הַשַּׁעְרָה hashara.

וָחֶרֶב vejérev רי"ו הוֹצֵאתָ hotseta מִתַּעְרָהּ mitara,

שָׁלַפְתָּ shalafta נֶגֶד négued מזבח, זן, אל יהוה צוֹרְרֶיךְ tsorereja: *Bar Yojái*

Jésed

בַּר bar יוֹחָאי Yojái לִמְקוֹם limkom אַבְנֵי avnei שַׁיִשׁ sháyish,

הִגַּעְתָּ higata לִפְנֵי lifnei וחכמה בינה אַרְיֵה aryé לַיִשׁ láyish.

גַּם gam גֻּלַּת gulat כּוֹתֶרֶת cotéret עַל al עַיִשׁ áyish,

תָּשׁוּרִי tashuri וּמִי umí ילי יְשׁוּרֶךְ yeshureja: *Bar Yojái*

Nétsaj Hod *Bar Yojái, la madera de acacia se para por ti para estudiar las enseñanzas de Dios. Una maravillosa, Luz brillante es un resplandor, como tus maestros te enseñaron.*

Tiféret *Bar Yojái, viniste a un campo de manzanas para cosechar brebajes. El secreto de la Torá es como los brotes y las flores, "Vamos a crear al hombre" fue dicho contigo en la mente.*

Guevurá *Bar Yojái, tomas valor con vigor, y luchas con fuego. Sacaste una espada de su funda contra tu oponente.*

Jésed *Bar Yojái, al lugar de las piedras de mármol, llegaste con la cara de un león. Veremos también las cabezas de los leones, pero ¿quién te verá a ti?*

Biná

בַּר bar יוֹחָאי Yojái בְּקֹדֶשׁ bekódesh הַקֳּדָשִׁים hakodashim,
קַו kav יָרוֹק yarok מְחַדֵּשׁ mejadesh י"ב הויות, קס"א קנ"א חֳדָשִׁים jodashim.
שֶׁבַע sheva שַׁבָּתוֹת Shabatot סוֹד sod מ"כ, י"פ האא חֲמִשִּׁים jamishim,
קָשַׁרְתָּ kasharta קִשְׁרֵי kishrei שִׁי"ן shin קְשָׁרֶיךָ kshareja: *Bar Yojái*

Jojmá

בַּר bar יוֹחָאי Yojái יו"ד Yud חָכְמָה Jojmá במילוי = תרי"ג (מצוות)
קְדוּמָה kedumá, הִשְׁקַפְתָּ hishkafta לִכְבוֹדוֹ lijvodó פְּנִימָה penima.
ל"ב lev נְתִיבוֹת netivot רֵאשִׁית reshit תְּרוּמָה teruma,
אַתְּ at כְּרוּב queruv מִמְשַׁח mimshaj זִיו ziv אוֹרֶךָ oreja: *Bar Yojái*

Kéter

בַּר bar יוֹחָאי Yojái אוֹר or רז, א"ס מֻפְלָא muflá רוּם rom מַעְלָה mala,
יָרֵאתָ yareta מִלְּהַבִּיט milhabit כִּי qui רַב rav לָהּ la,
תַּעֲלוּמָה taalumá וְאַיִן veáyin קוֹרֵא koré לָהּ la,
נַמְתָּ namta עַיִן ayin ריבוע דמ"ה לֹא lo תְשׁוּרֶךָ teshureja: *Bar Yojái*
בַּר bar יוֹחָאי Yojái אַשְׁרֵי ashrei יוֹלַדְתֶּךָ yoladeteja,
אַשְׁרֵי ashrei הָעָם haam הֵם hem לוֹמְדֶךָ lomdeja.
וְאַשְׁרֵי veashrei הָעוֹמְדִים haomdim עַל al סוֹדֶךָ sodeja מ"כ, י"פ האא
לְבוּשֵׁי levushei חֹשֶׁן joshen תֻּמֶּיךָ tumeja וְאוּרֶךָ veureja: *Bar Yojái*

בַּר bar יוֹחָאי Yojái נִמְשַׁחְתָּ nimshajta אַשְׁרֶיךָ ashreja,
שֶׁמֶן shemen שָׂשׂוֹן sasón מֵחֲבֵרֶיךָ mejavereja:

Biná *Bar Yojái, en el Santo Sanctórum, una línea verde renovará los meses. Siete Shabatot son el secreto de cincuenta, la letra Shin es para tu propia conexión.*

Jojmá *Bar Yojái, la antigua Yud de Jojmá, tú observaste su honor interior. 32 caminos son el comienzo de la ofrenda, tú eres el Querubín del cual una Luz brillante se unta.*

Kéter *Bar Yojái, una Luz maravillosa de elevada magnitud, temes al ver su grandeza. Un misterio que nadie puede leer, duermes y ningún ojo puede verte.*

Bar Yojái, ¡alabados quienes te dieron la vida!, alabada es la gente que estudia tus escrituras. Y alabada es la gente que puede entender tu secreto, vestido con armadura de tu peto y con tu Urim VeTumim.
¡Bar Yojái, estás ungido para tu felicidad con el aceite del júbilo de tus amigos!

QUEGAVNÁ

Quegavná es un pasaje del *Zóhar* que los sabios nos recomiendan leer después de la canción de *Bar Yojái*, porque ésta revela un secreto de *Shabat*. *Quegavná* ayuda a sacarnos de este mundo físico, actuando como un cohete que nos ayuda a escapar de la "fuerza de gravedad" de nuestro planeta.

כְּגַוְנָא quegavná דְּאִנּוּן deinún מִתְיַחֲדִין mityajadín לְעֵילָּא leeilá
בְּאֶחָד beejad אהבה, דאגה אוּף of הָכִי hají אִיהִי ihí, אִתְיַחֲדַת ityajadat
לְתַתָּא letatá בְּרָזָא berazá רז, א"ס דְּאֶחָד deejad אהבה, דאגה לְמֶהֱוֵי lemehevei
עִמְּהוֹן imhón לְעֵילָּא leeilá וְחַד jad לָקֳבֵל lakovel וְחַד jad,
קוּדְשָׁא Kudshá בְּרִיךְ Berij הוּא Hu אֶחָד ejad אהבה, דאגה
לְעֵילָּא leeilá לָא la יָתִיב yativ עַל al כּוּרְסַיָּא cursayá דִּיקָרֵיהּ dikarei,
עַד ad דְּאִיהִי deihí אִתְעֲבִידַת itavidat בְּרָזָא berazá רז, א"ס
דְּאֶחָד deejad אהבה, דאגה כְּגַוְנָא quegavná דִּילֵיהּ dilei, לְמֶהֱוֵי lemehevei
אֶחָד ejad אהבה, דאגה בְּאֶחָד beejad אהבה, דאגה וְהָא vehá אוּקִימְנָא ukimná
רָזָא razá רז, א"ס דַּיהֹוָהאדהנויה daAdonai אֶחָד ejad אהבה, דאגה
וּשְׁמוֹ uShmó מהש ע"ה, ע"ב בריבוע וקס"א ע"ה, אל שדי ע"ה אֶחָד ejad אהבה, דאגה:
רָזָא razá רז, א"ס דְּשַׁבָּת deShabat, אִיהִי ihí שַׁבָּת Shabat,
דְּאִתְאַחֲדָא deitajadá בְּרָזָא berazá רז, א"ס דְּאֶחָד deejad אהבה, דאגה
לְמִשְׁרֵי lemishrei עֲלָהּ alá רָזָא razá רז, א"ס דְּאֶחָד deejad אהבה, דאגה
צְלוֹתָא tslotá דְּמַעֲלֵי demaalei שַׁבְּתָא shabtá, דְּהָא dehá
אִתְאַחֲדַת itajadat כּוּרְסַיָּא cursayá יַקִּירָא yakirá קַדִּישָׁא kadishá,
בְּרָזָא verazá רז, א"ס דְּאֶחָד deejad אהבה, דאגה וְאִתְתַּקְנַת veitetakanat
לְמִשְׁרֵי lemishrei עֲלָהּ alá מַלְכָּא malcá קַדִּישָׁא kadishá עִלָּאָה ilaá.

QUEGAVNÁ

Ella se reunirá con ellos arriba en unidad. El Santo, Bendito sea Él, es Uno, arriba Él no se sienta en Su precioso Trono de Gloria hasta que Ella también sea como el secreto del uno como Él, para que Ella sea uno dentro de Uno. Y esté establecido el secreto de: El Señor es Uno y Su Nombre es Uno. El secreto del Shabat: Ella es llamada Shabat cuando Ella está unida en el Secreto del Uno, de manera que Él, siendo el Secreto del Uno, descansa sobre Ella. Esta es la oración de la víspera del Shabat, porque entonces, el Santo Trono de Gloria es unificado en el Secreto del Uno y es preparado para que el Santo Rey Supremo descanse en él.

כַּד cad עַיִּל áyil שַׁבְּתָא shabtá, אִיהִי ihí אִתְיַחֲדַת ityajadat
וְאִתְפַּרְשַׁת veitparshat מִסִּטְרָא misitrá אָחֳרָא ajorá,
וְכָל vejol יכ״י דִּינִין dinín מִתְעַבְּרִין mitabrín מִנָּהּ miná,
וְאִיהִי veihí אִשְׁתְּאָרַת ishtearat בְּיִחוּדָא beyijudá דִּנְהִירוּ dinhirú
קַדִּישָׁא kadishá, וְאִתְעַטְּרַת veitatrat בְּכַמָּה bejamá עִטְּרִין itrín
לְגַבֵּי legabei מַלְכָּא malcá קַדִּישָׁא kadishá, וְכָל vejol יכ״י שׁוּלְטָנֵי shultanei
רוּגְזִין rugzín וּמָארֵי umarei דְּדִינָא dediná כֻּלְּהוּ culhú עַרְקִין arkín,
וְלֵית veleit שׁוּלְטָנָא shultaná אָחֳרָא ajorá בְּכֻלְּהוּ bejulhú עָלְמִין almín.
וְאַנְפָּהָא veanpahá נְהִירִין nehirín בִּנְהִירוּ binhiru עִלָּאָה ilaá,
וְאִתְעַטְּרַת veitatrat לְתַתָּא letatá בְּעַמָּא beamá קַדִּישָׁא kadishá,
וְכֻלְּהוּ vejulhú מִתְעַטְּרִין mitatrín בְּנִשְׁמָתִין benishmatín וְחַדְתִּין jadetín.
כְּדֵין quedéin שֵׁירוּתָא sheirutá דִּצְלוֹתָא ditslotá, לְבָרְכָא levarjá
לָהּ la בְּחֶדְוָה bejedvá, בִּנְהִירוּ binhiru דְּאַנְפִּין deanpín.

CONEXIÓN CON LAS VELAS DE SHABAT

Observa las velas y medita:

Aba* e *Ima

Por la primera vela:
Los tres *Yijudim* de *Aba* e *Ima* que suman 250, que es el valor numérico de *Ner* (vela).

יאהדויהה
יאהלוההים
יאהדונהי

Zeir* y *Nukvá

Por la segunda vela:
Los tres *Yijudim* de *Zeir* y *Nukvá* que suman 250, que es el valor numérico de *Ner* (vela).

יאהדויהה
יאהלוההים
יאהדונהי

Cuando se unen arriba al Uno, así Ella está unida abajo en el Secreto del Uno, de manera que al llegar el Shabat, Ella se unifica y se despoja del otro lado y todo el juicio es eliminado de Ella, y Ella permanece en la unidad de la Luz Santa, Ella se corona a Sí misma con muchas coronas para el Rey Sagrado. Y todos los dominios iracundos y los portadores de agravios huyen juntos. Y no hay otro poder más que Ella en todos los mundos. Y Su rostro brilla con Luz Celestial y Ella se corona a Sí misma con su Nación Santa abajo mientras que todos ellos se coronan con nuevas almas. Luego ellos empiezan bendiciéndola con alegría y con semblantes radiantes.

ARVIT DE YOM KIPUR

En la conexión vespertina de *Arvit*, conectamos con Yaakov el Patriarca, quien es el canal para la energía de la Columna Central. Él nos ayuda a conectar la energía de Juicio y de Misericordia de forma equilibrada. Se dice que todo el mundo fue creado sólo para Yaakov, quien es la personificación de la verdad: "Dale verdad a Yaakov" (Miqueas 7:20). Para activar el poder de nuestra oración, y específicamente el poder de la oración de *Arvit*, debemos ser sinceros con los demás y, sobre todo, con nosotros mismos.

LESHEM YIJUD

לְשֵׁם leShem יִחוּד yijud קוּדְשָׁא Kudshá בְּרִיךְ Berij הוּא Hu

וּשְׁכִינְתֵּיהּ uShjintei (יאהדונהי), בִּדְחִילוּ bidjilu וּרְחִימוּ urjimu

(יאההויהה), וּרְחִימוּ urjimu וּדְחִילוּ udjilu (איההיוהה), לְיַחֲדָא leyajdá

שֵׁם Shem יו"ד Yud קֵי Kei בְּוָא"ו beVav קֵי Kei בְּיִחוּדָא beyijudá

שְׁלִים shlim (יהוה) בְּשֵׁם beshem כָּל col ילי יִשְׂרָאֵל Yisrael,

הִנֵּה hiné אֲנַחְנוּ anajnu בָּאִים baim לְהִתְפַּלֵּל lehitpalel תְּפִלַּת tfilat

עַרְבִית arvit שֶׁל shel (en *Shabat* agregar: שַׁבָּת Shabat קוֹדֶשׁ kódesh וְ ve)

יוֹם Yom ע"ה נגד, מזבח, זן, אל יהוה הַכִּפּוּרִים haKipurim שֶׁתִּקֵּן shetiken

יַעֲקֹב Yaakov ז' הויות, יאהדונהי אידהנויה אָבִינוּ avinu עָלָיו alav הַשָּׁלוֹם hashalom

עִם im כָּל col ילי הַמִּצְוֹת hamitsvot הַכְּלוּלוֹת haclulot בָּהּ ba,

לְתַקֵּן letakén אֶת et שׁוֹרְשָׁהּ shorshá בְּמָקוֹם bemakom עֶלְיוֹן elyón

לַעֲשׂוֹת laasot נַחַת־ nájat רוּחַ rúaj לְיוֹצְרֵנוּ leyotsrenu, וְלַעֲשׂוֹת velaasot

רְצוֹן retsón מהש ע"ה, ע"ב בריבוע וקס"א ע"ה, אל שדי ע"ה בּוֹרְאֵנוּ borenu.

וִיהִי vihí נֹעַם nóam אֲדֹנָי Adonai ללה אֱלֹהֵינוּ Eloheinu ילה

עָלֵינוּ aleinu וּמַעֲשֵׂה umaasé יָדֵינוּ yadeinu כּוֹנְנָה conená

עָלֵינוּ aleinu וּמַעֲשֵׂה umaasé יָדֵינוּ yadeinu כּוֹנְנֵהוּ conenehu:

ARVIT DE YOM KIPUR- LESHEM YIJUD

Para la unificación del Santísimo, Bendito sea Él, y Su Shejiná,

con temor y amor y con amor y temor, para unificar el Nombre Yud-Kei y Vav-Kei en perfecta unidad, y en el nombre de Israel, hemos venido aquí a recitar la oración del Arvit de Yom haKipurim, establecido por Yaakov nuestro ancestro, sea la paz sobre él, con todos sus mandamientos, para corregir sus raíces en el Lugar Celestial, para llevar satisfacción a nuestro Hacedor, y para satisfacer el deseo de nuestro Creador. "Y sea la Gracia del Señor, nuestro Dios, sobre nosotros y Él establezca el trabajo de nuestras manos sobre nosotros y pueda el trabajo de nuestras manos establecerlo a Él" (Salmos 90:17).

MEDIO KADISH

יִתְגַּדַּל yitgadal וְיִתְקַדַּשׁ veyitkadash שדי ומילוי שדי ; י"א אותיות כמנין ו"ה

שְׁמֵיהּ Shmei (שם י"ה דע"ב) רַבָּא rabá קנ"א ב"ן, יהוה אלהים יהוה אדני,

מילוי קס"א וס"ג, מ"ה ברבוע וע"ב ע"ה ; ר"ת = ו"פ אלהים ; ס"ת = ג"פ יב"ק: אָמֵן Amén אידהנויה •

בְּעָלְמָא bealmá דִּי di בְרָא verá כִרְעוּתֵיהּ quirutei•

וְיַמְלִיךְ veyamlij מַלְכוּתֵיהּ maljutei• וְיַצְמַח veyatsmaj

פֻּרְקָנֵיהּ purkanei• וִיקָרֵב vikarev מְשִׁיחֵיהּ Meshijei: אָמֵן Amén אידהנויה•

בְּחַיֵּיכוֹן bejayeijón וּבְיוֹמֵיכוֹן uveyomeijón וּבְחַיֵּי uvejayei

דְכָל dejol יל"י בֵּית beit ב"פ ראה יִשְׂרָאֵל Yisrael בַּעֲגָלָא baagalá

וּבִזְמַן uvizmán קָרִיב kariv וְאִמְרוּ veimrú אָמֵן Amén: אָמֵן Amén אידהנויה•

La congregación y el *jazán* dicen lo siguiente:

28 palabras (hasta *bealmá*) y
28 letras (hasta *almayá*)

יְהֵא yehé שְׁמֵיהּ Shmei (שם י"ה דס"ג) רַבָּא rabá קנ"א ב"ן,

יהוה אלהים יהוה אדני, מילוי קס"א וס"ג, מ"ה ברבוע וע"ב ע"ה מְבָרַךְ mevaraj,

לְעָלַם lealam לְעָלְמֵי lealmei עָלְמַיָּא almayá• יִתְבָּרַךְ yitbaraj•

Siete palabras con seis letras cada una (שם בן מ"ב) y
también siete veces la letra Vav (שם בן מ"ב)

MEDIO KADISH

¡Glorificado y santificado sea su Gran Nombre! (Amén).

En el mundo que Él creó de acuerdo a Su voluntad y pueda Su Reino reinar. Y pueda Él hacer que su redención florezca y pueda Él acercar al Mesías (Amén). En tus vidas y en tus días y en la vida de la Casa de Israel, prontamente y en el futuro cercano, y dígase: Amén (Amén). Que Su gran Nombre sea bendito por siempre y para toda la eternidad, y bendito y alabado,

וְיִשְׁתַּבַּח veyishtabaj י״פ ע״ב יהוה אל אבג יתץ.

וְיִתְפָּאַר veyitpaar הי נו יה קרע שטן. וְיִתְרוֹמַם veyitromam וה כוזו נגד יכש.

וְיִתְנַשֵּׂא veyitnasé במוכסז בטר צתג. וְיִתְהַדָּר veyithadar כוזו יה וקכב טנע.

וְיִתְעַלֶּה veyitalé וה יוד ה יגל פזק. וְיִתְהַלָּל veyithalal א ואו הא שקו צית.

שְׁמֵיהּ Shmei (שם י״ה דמ״ה) דְּקוּדְשָׁא deKudshá בְּרִיךְ Verij הוּא Hu:

אָמֵן Amén אידהנויה.

לְעֵלָּא leelá מִן min כָּל col ילי בִּרְכָתָא birjatá. שִׁירָתָא shiratá.

תֻּשְׁבְּחָתָא tishbejatá וְנֶחָמָתָא venejamatá. דַּאֲמִירָן daamirán

בְּעָלְמָא bealmá וְאִמְרוּ veimrú אָמֵן Amén: אָמֵן Amén אידהנויה.

BARJÚ

El *jazán* dice:

בָּרְכוּ barjú יהוה ריבוע יהוה ריבוע מ״ה אֶת et יְהֹוָהאדניאהדונהי Adonai

הַמְבֹרָךְ hamevoraj ס״ת כהת, משיח בן דוד ע״ה:

Si *Yom Kipur* cae en *Shabat*:
Medita en recibir el alma adicional llamada: *Rúaj*
desde el aspecto de la noche de *Shabat*

Primero la congregación responde con lo siguiente y después el *jazán* repite lo siguiente:

Néfesh — *Rúaj* — *Neshamá*

בָּרוּךְ Baruj יְהֹוָהאדניאהדונהי Adonai הַמְבֹרָךְ hamevoraj

Jayá — *Yejidá*

לְעוֹלָם leolam ריבוע ס״ג וי׳ אותיות דס״ג וָעֶד vaed:

---

y glorificado y exaltado, y ensalzado y honrado, y adorado y loado, sea el Nombre del Santísimo, Bendito sea Él (Amén). Más allá de todas las bendiciones, himnos, alabanzas y palabras de consolación que deben decirse en el mundo, y dígase: Amén (Amén).

BARJÚ

¡Bendigan a Dios, el Bendito!
Bendito es el Señor, el Bendito, por siempre y para siempre.

HAMAARIV ARAVIM – LA PRIMERA CÁMARA – LIVNAT HASAPIR

Al momento del *Arvit*, tenemos una oportunidad de conectar con cuatro "Cámaras" diferentes en la Casa del Rey: La Cámara de Zafiro (*Livnat Hasapir*), la Cámara del Amor (*Ahavá*), la Cámara del Deseo (*Ratsón*) y la Cámara del Santo Sanctórum (*Kódesh HaKadoshim*). Cada Cámara nos conecta con otro nivel en el plano espiritual. La bendición que nos conecta con la Primera Cámara, *Livnat Hasapir*, contiene 53 palabras, que también es el valor numérico de la palabra *gan* גַּן, que quiere decir "jardín"; por lo tanto, nos conecta con el Jardín de Edén de nuestro mundo.

Heijal Livnat Hasapir (la Cámara de Zafiro) de *Nukvá* en *Briá*.

בָּרוּךְ Baruj אַתָּה Atá יְהֹוָהאדניאהדונהי Adonai אֱלֹהֵינוּ Eloheinu ילה

מֶלֶךְ Mélej הָעוֹלָם haolam אֲשֶׁר asher בִּדְבָרוֹ bidvaró מַעֲרִיב maariv

עֲרָבִים aravim בְּחָכְמָה bejojmá (*Atsilut*) במילוי = תרי"ג (מצוות)•

פּוֹתֵחַ potéaj שְׁעָרִים shearim כתר בִּתְבוּנָה bitvuná •(*Briá*)

מְשַׁנֶּה meshané עִתִּים itim (*Yetsirá*) וּמַחֲלִיף umajalif אֶת et

הַזְּמַנִּים hazmanim (*Asiyá*) וּמְסַדֵּר umesader אֶת et הַכּוֹכָבִים hacojavim

(**Los siete planetas**)• בְּמִשְׁמְרוֹתֵיהֶם bemishmeroteihem בָּרָקִיעַ barakía

כִּרְצוֹנוֹ quirtsonó• בּוֹרֵא boré יוֹמָם yomam וָלָיְלָה valayla מלה • גּוֹלֵל golel

אוֹר or רז, אין סוף מִפְּנֵי mipnei חֹשֶׁךְ jóshej שך נצוצות של וז' המלכים

וְחֹשֶׁךְ vejóshej שך נצוצות של וז' המלכים מִפְּנֵי mipnei אוֹר or רז, אין סוף•

הַמַּעֲבִיר hamaavir יוֹם yom ע"ה נגד, מזבח, זן, אל יהוה וּמֵבִיא umeví לָיְלָה layla

מלה • וּמַבְדִּיל umavdil בֵּין bein יוֹם yom ע"ה נגד, מזבח, זן, אל יהוה וּבֵין uvein

לָיְלָה layla מלה • יְהֹוָהאדניאהדונהי Adonai צְבָאוֹת Tsvaot פני שכינה שְׁמוֹ Shmó

מהש ע"ה, ע"ב בריבוע וקס"א ע"ה, אל שדי ע"ה יְהֹוָהאדניאהדונהי Adonai• בָּרוּךְ Baruj

אַתָּה Atá יְהֹוָהאדניאהדונהי Adonai הַמַּעֲרִיב hamaariv עֲרָבִים aravim:

HAMAAVIR ARAVIM – PRIMERA CÁMARA – LIVNAT HASAPIR

Bendito eres Tú, Señor, nuestro Dios, Rey del universo, que con Sus palabras trae con sabiduría las noches. Él abre las puertas con discernimiento. Él cambia las estaciones y varía los tiempos y organiza las estrellas en sus constelaciones en el cielo, de acuerdo a Su voluntad. Él crea el día y la noche y aparta la Luz de la oscuridad, y la oscuridad de la Luz. Él es Quien causa que el día suceda y trae la noche, y separa el día de la noche. Señor de los Ejércitos, Su nombre es el Señor. Bendito eres Tú, Señor, Quien trae las noches.

AHAVAT OLAM – LA SEGUNDA CÁMARA – AMOR

Esta bendición nos conecta con la Segunda Cámara, *Ahavá* (Amor), y su propósito es inspirarnos con un amor renovado por los demás y por el mundo.

Heijal Ahavá (la Cámara del Amor) de *Nukvá* en *Briá*.
El siguiente párrafo tiene 50 palabras que corresponden a las 50 Puertas de *Biná*.

אַהֲבַת ahavat עוֹלָם olam בֵּית beit ב"פ ראה יִשְׂרָאֵל Yisrael עַמְּךָ amjá

אָהָבְתָּ ahavta. תּוֹרָה Torá (*Atsilut*) וּמִצְוֹת umitsvot (*Briá*) וְחֻקִּים jukim

(*Yetsirá*) וּמִשְׁפָּטִים umishpatim (*Asiyá*) אוֹתָנוּ otanu לִמַּדְתָּ limadta.

עַל al כֵּן quen יְהֹוָהאדניאהדונהי Adonai אֱלֹהֵינוּ Eloheinu ילה

בְּשָׁכְבֵנוּ beshajvenu וּבְקוּמֵנוּ uvekumenu נָשִׂיחַ nasíaj בְּחֻקֶּיךָ bejukeja

וְנִשְׂמַח venismaj וְנַעֲלוֹז venaaloz בְּדִבְרֵי bedivrei תַלְמוּד talmud

תּוֹרָתֶךָ torateja וּמִצְוֹתֶיךָ umitsvoteja וְחֻקּוֹתֶיךָ vejukoteja

לְעוֹלָם leolam ריבוע ד"סג ו' אותיות ד"סג וָעֶד vaed. כִּי qui הֵם hem

וְחַיֵּינוּ jayeinu וְאֹרֶךְ veórej יָמֵינוּ yameinu וּבָהֶם uvahem נֶהְגֶּה nehgué

יוֹמָם yomam וָלַיְלָה valayla מלה . וְאַהֲבָתְךָ veahavatjá לֹא lo תָסוּר tasur

מִמֶּנּוּ mimenu לְעוֹלָמִים leolamim. בָּרוּךְ Baruj אַתָּה Atá

יְהֹוָהאדניאהדונהי Adonai אוֹהֵב ohev אֶת et עַמּוֹ amó יִשְׂרָאֵל Yisrael:

EL SHMÁ (para saber más sobre el *Shmá*, ve a la pág. 374-375)

El *Shmá* es una de las herramientas más poderosas para atraer energía sanadora a nuestra vida. El verdadero poder del *Shmá* es liberado cuando recitamos esta oración mientras meditamos en otras personas que necesiten energía de sanación.

1) Para poder recibir la Luz del *Shmá*, debes aceptar el precepto de: "Ama a tu prójimo como a ti mismo", y verte a ti mismo unido con todas las almas que componen el Adam Original.

2) Necesitas meditar en conectarte al precepto de Recitar el *Shmá* dos veces al día.

3) Antes de recitar el *Shmá*, debes cubrir tus ojos con la mano derecha y luego decir las palabras "*Shmá Yisrael … leolam vaed*". Y debes recitar el *Shmá* con una meditación profunda, cantándolo con las entonaciones. Es necesario ser cuidadoso con la pronunciación de todas las letras.

(Según el *Ramjal*, la elevación del *Mojín* es como en el *Shmá* de *Shajarit* en la pág. 375).

AHAVAT OLAM – SEGUNDA CÁMARA – AMOR

Con eterno amor Tú has amado a Tu Nación, la Casa de Israel. Tú nos has enseñado Torá, mandamientos, estatutos y leyes. Por lo tanto, Señor, nuestro Dios, cuando nos acostemos y cuando nos levantemos, discutiremos Tus estatutos y nos regocijaremos y exultaremos en las palabras de las enseñanzas de Tu Torá, Tus mandamientos y Tus estatutos, por siempre y para siempre. Ellos son nuestras vidas y la longitud de nuestros días; con ellos nos dirigiremos día y noche. Y Tu amor nunca apartarás de nosotros. Bendito eres Tú, Señor, que amas a Tu Nación, Israel.

Primero, medita en general, en el primer *Yijud* de los cuatro *Yijudim* del Nombre: יהוה y, en particular, para despertar a la letra ה, y luego para conectarla con la letra ו. Entonces conecta a la letra י y a la letra ה juntas en el orden siguiente: *Hei* (ה), *Hei-Vav* (ה"ו), luego *Yud-Hei* (י"ה), lo que suma 31, el secreto de י"א"י (=31) del Nombre ס"ג. Es bueno meditar en este *Yijud* antes de recitar cualquier *Shmá* porque actúa como un reemplazo por las veces que quizás no hayas recitado el *Shmá*. Este *Yijud* tiene la capacidad de crear una conexión Celestial igual que la lectura del *Shmá*: elevar a *Zeir* y a *Nukvá* juntos para el *Zivug* de *Aba* e *Ima*.

Shmá – שְׁמַע

Meditación general: שם ע – para atraer la energía desde las siete *Sefirot* inferiores de *Ima* hacia la *Nukvá*, la cual permite a la *Nukvá* elevar las *Mayin Nukvín* (despertar desde Abajo). **Meditación particular**: שם = יהוה + שדי y cinco veces las letras י y ד de ב"ן = ע [La letra *Hei* (ה) es formada por las letras *Dálet* (ד) y *Yud* (י), por lo tanto en ב"ן tenemos cuatro veces la letra ה más otra vez las letras י y ד de י de ב"ן]. También las tres letras ו (18) que quedan de ב"ן, más ב"ן mismo (52) equivale a ע (70).

Yisrael – יִשְׂרָאֵל

Meditación general: שי"ר אל – para atraer energía desde *Jésed* y *Guevurá* de *Aba* hacia *Zeir Anpín*, para hacer su acción en el secreto de *Mayin Dujrín* (despertar desde Arriba).

Meditación particular: (las letras reordenadas de la palabra *Yisrael*): שר אלי

אלהים דיודין (אלף למד הי יוד מם) = ש',

רבוע אלהים (א אל אלה אלהי אלהים) = ר',

מ"א אותיות רבוע אלהים במילואו (אלף אלף למד אלף למד הי אלף למד הי יוד אלף למד הי יוד מם) = אל"י.

También meditar en atraer el *Mojín* Interno de *Aba* de *Katnut* hacia *Zeir Anpín*.

Adonai Eloheinu Adonai – יהוה אלהינו יהוה

Meditación general: para atraer energía hacia *Aba*, *Ima* y *Dáat* desde *Arij Anpín*.

Meditación particular: ע"ב (יוד הי ויו הי) קס"א (אלף הי יוד הי) ע"ב (יוד הי וי הי)

Ejad – אֶחָד

(El secreto de la completa *Yijud-Unificación*)

Las letras *Álef* א y *Jet* ח de *Ejad* אחד son *Zeir Anpín* y la letra *Dálet* ד es *Nukvá*. **Debes meditar** en dedicar tu alma a la santificación del Nombre Sagrado, elevando de este modo a tu *Néfesh*, *Rúaj*, *Neshamá* y *Neshamá* de *Neshamá* con *Zeir Anpín* y *Nukvá* (usando los Nombres: ע"ב y ס"ג) hacia *Aba* e *Ima* como en el secreto de *Mayin Nukvín*, y por esa energía, *Aba* e *Ima* serán unificados en el secreto del Nombre: יאהדויה"ה. **También meditar** en atraer los Seis Bordes Internos de *Gadlut* de *Ima* hacia *Zeir Anpín*. La Gota, que es ע"ב, es sacada desde lo externo de *Arij Anpín*, y desciende hacia *Yesod* de *Ima*, donde se convierte en: ע"ב ס"ג מ"ה ב"ן, y las cuatro אהיה deletreadas (אלף הי יוד הי, אלף הי יוד הי, אלף הא יוד הא, אלף הה יוד הה) se convierten en Su vestimenta. Como resultado, *Zeir Anpín* tiene cuatro יה"ו deletreadas (יוד הי ויו, יוד הי ואו, יוד הא ואו, יוד הה וו), cuatro אה"י deletreadas (אלף הי יוד, אלף הי יוד, אלף הא יוד, אלף הה יוד) y los Seis Bordes Internos de *Gadlut* de *Ima*. **También meditar** en el Nombre: אל"ף ה"י וי"ו ה"י, que es el *Mojín* entero en el secreto de *Dáat*. **Y también meditar** (según el Ramjal) en las cuatro *Álef* deletreadas (אלף = 111) del Nombre: אהי"ה que es igual a la palabra *Midat* (444), haciendo el *Kéter* para *Leá*.

Baruj Shem – בָּרוּךְ שֵׁם כְּבוֹד מַלְכוּתוֹ לְעוֹלָם וָעֶד

Baruj Shem Quevod – *Jojmá*, *Biná*, *Dáat* de *Leá*;

Maljutó – Su *Kéter*; **Leolam** – el resto de Su *Partsuf*;

Vaed – los cuatro היה (4 veces 20 es igual a *Vaed* = 80) harán el *Kéter* para *Rajel*.

Y las cuatro היה deletreadas (הי יוד הי, הי יוד הי, הא יוד הא, הה יוד הה) harán el resto de Su cuerpo.

שְׁמַע Shmá ע׳ רבתי יִשְׂרָאֵל Yisrael יְהֹוָה אהדונהי Adonai

אֱלֹהֵינוּ Eloheinu ילה יְהֹוָה אהדונהי Adonai | אֶחָד ejad ד׳ רבתי ; אהבה, דאגה׃

יוז אותיות בָּרוּךְ Baruj שֵׁם Shem כְּבוֹד quevod מַלְכוּתוֹ maljutó,

לְעוֹלָם leolam ריבוע ס״ג וי׳ אותיות דס״ג וָעֶד vaed׃

Yud, *Jojmá*, cabeza – 42 palabras que corresponden al Santo Nombre de Dios de 42 Letras.

(א) וְאָהַבְתָּ veahavtá ב״פ אור, ב״פ רז, ב״פ אין סוף ; (יכוין לקיים מ״ע של אהבת ה׳) (ב) אֵת et

(ג) יְהֹוָה אהדונהי Adonai (י) אֱלֹהֶיךָ Eloheja ילה ; ס״ת כהת, משיח בן דוד ע״ה

(ת) בְּכָל־ bejol ב״ן, לכב (צ) לְבָבְךָ levavjá (ק) וּבְכָל־ uvejol ב״ן, לכב (ר) נַפְשְׁךָ nafshejá

(ע) וּבְכָל־ uvejol ב״ן, לכב (ש) מְאֹדֶךָ׃ meodeja (ט) וְהָיוּ vehayú (נ) הַדְּבָרִים hadvarim

(נ) הָאֵלֶּה haéle (ג) אֲשֶׁר asher (ד) אָנֹכִי anojí (י) מְצַוְּךָ metsavjá (כ) הַיּוֹם hayom

ע״ה נגד, מזבח, זן, אל יהוה (pausa aquí) (ש) עַל al (ב) לְבָבֶךָ׃ levaveja (ט) וְשִׁנַּנְתָּם veshinantam

(ר) לְבָנֶיךָ levaneja (צ) וְדִבַּרְתָּ vedibarta (ת) בָּם bam מ״ב (ג) בְּשִׁבְתְּךָ beshivtejá

(חו) בְּבֵיתֶךָ beveiteja ב״פ ראה (ק) וּבְלֶכְתְּךָ uvelejtejá (ב) בַדֶּרֶךְ vaderej

ב״פ יב״ק, ס״ג קס״א (ט) וּבְשָׁכְבְּךָ uveshojbejá (ג) וּבְקוּמֶךָ׃ uvekumeja

(ע) וּקְשַׁרְתָּם ukshartam (י) לְאוֹת leot (ג) עַל־ al (ל) יָדֶךָ yadeja

---

El Shmá

"Escucha, Israel, el Señor nuestro Dios. El Señor es Uno" (Deuteronomio 6:4).

"Bendito es el glorioso Nombre, Su Reino es por siempre y para la eternidad" (Pesajim 56a).

"Y amarás al Señor, tu Dios, con todo tu corazón y con toda tu alma y con todo lo que posees. Deja que estas palabras que te ordeno hoy descansen sobre tu corazón. Y las enseñarás a tus hijos y hablarás de ellas mientras estés sentado en tu hogar y mientras camines por el sendero y cuando te acuestes y cuando te levantes. Las atarás como una señal sobre tu mano

פ ז ק ש

וְהָיוּ vehayú לְטֹטָפֹת letotafot בֵּין bein עֵינֶיךָ eineja

ע״ה קס״א ; ריבוע מ״ה:

ק ו

וּכְתַבְתָּם ujtavtam עַל־ al

צ י ת

מְזֻזוֹת mezuzot נ״ת (זו מות) בֵּיתֶךָ beiteja ב״פ ראה וּבִשְׁעָרֶיךָ: uvisheareja:

VEHAYÁ IM SHAMOA

***Hei*, *Biná*, brazos y cuerpo** – 72 palabras que corresponden a los 72 Nombres de Dios.

והו ילי

וְהָיָה vehayá יהוה ; יהה אִם־ im יוה״ך, מ״א אותיות דפשוט, דמילוי ודמילוי דמילוי דאהיה ע״ה

סיט עלם מהש ללה אכא

שָׁמֹעַ shamoa תִּשְׁמְעוּ tishmeú אֶל־ el מִצְוֹתַי mitsvotai אֲשֶׁר asher

כהת הזי אלד לאו

אָנֹכִי anojí מְצַוֶּה metsavé אֶתְכֶם etjem הַיּוֹם hayom ע״ה נגד, מזבח, זן, אל יהוה

ההע יזל מבה

(haz una pausa aquí) לְאַהֲבָה leahavá אחד, דאגה אֶת־ et יְהֹוָאדניאהדונהי Adonai

הרי הקם

אֱלֹהֵיכֶם Eloheijem ילה (pronuncia la letra *Ayin* en la palabra "*uleavdó*") וּלְעָבְדוֹ uleavdó

לאו כלי לוו

בְּכָל־ bejol ב״ן, לכב לְבַבְכֶם levavjem וּבְכָל־ uvejol ב״ן, לכב

פהל נלך ייי מלה

נַפְשְׁכֶם: nafshejem: וְנָתַתִּי venatati מְטַר־ metar אַרְצְכֶם artsejem

וזהו נתה האא ירת שאה

בְּעִתּוֹ beitó יוֹרֶה yoré וּמַלְקוֹשׁ umalkosh וְאָסַפְתָּ veasafta דְגָנֶךָ deganeja

רי״י אום לכב ושר

וְתִירֹשְׁךָ vetiroshjá וְיִצְהָרֶךָ: veyitsareja: וְנָתַתִּי venatati עֵשֶׂב ésev ע״ב שמות

---

y serán como filacterias entre tus ojos. Y las escribirás en los umbrales de tu casa y en tus puertas"
(Deuteronomio 6:5-9).

VEHAYÁ IM SHAMOA

"Y sucederá que si escuchan Mis mandamientos que les estoy ordenando hoy de amar al Señor, su Dios, y servirle con todo su corazón y con toda su alma, entonces enviaré lluvias sobre su tierra en el momento apropiado, tanto lluvias tempranas como lluvias tardías. Y recogerás tus granos y tu vino y tu aceite. Y te daré hierba

יוזו להחו כוק מנד

בְּשָׂדְךָ besadjá לִבְהֶמְתֶּךָ livhemteja וְאָכַלְתָּ veajalta וְשָׂבָעְתָּ vesavata:

אני וזעם רהע ייי ההה

הִשָּׁמְרוּ hishamrú לָכֶם lajem פֶּן־ pen יִפְתֶּה yifté לְבַבְכֶם levavjem

מיכ וול ילה סאל

וְסַרְתֶּם vesartem וַעֲבַדְתֶּם vaavadtem אֱלֹהִים elohim אֲחֵרִים ajerim

ערי עשל

(העומד נגד הקליפות) מושה וְהִשְׁתַּחֲוִיתֶם vehishtajavitem לָהֶם lahem:

מיה והו דני הוזש

וְחָרָה vejará (haz una pausa aquí) אַף־ af יְהֹוָהאדניאהדונהי Adonai בָּכֶם bajem

עמם ננא נית מבה

וְעָצַר veatsar אֶת־ et הַשָּׁמַיִם hashamáyim י״פ טל, י״פ כוזו וְלֹא־ veló

פוי נמם ייל הרוז מצר

יִהְיֶה yihyé ייי מָטָר matar וְהָאֲדָמָה vehaadamá לֹא lo תִתֵּן titén ב״פ כהת

ומב יהה ענו מוזי דמב

אֶת־ et יְבוּלָהּ yevulá וַאֲבַדְתֶּם vaavadtem מְהֵרָה meherá מֵעַל meal עלם

מנק איע וזבו

הָאָרֶץ haárets אלהים דההין ע״ה הַטֹּבָה hatová אֲשֶׁר asher

ראה יבמ היי

יְהֹוָהאדניאהדונהי Adonai נֹתֵן notén אבג יתץ, ושר לָכֶם lajem : ***Vav, Zeir Anpín***

מום

וְשַׂמְתֶּם vesamtem **estómago** – 50 palabras que corresponden a las 50 Puertas of *Biná*

א ה י ה א

אֶת־ et דְּבָרַי dvarai ראה אֵלֶּה ele עַל־ al לְבַבְכֶם levavjem

ה י ה א

וְעַל־ veal נַפְשְׁכֶם nafshejem וּקְשַׁרְתֶּם ukshartem אֹתָם otam

---

en tu campo para tu ganado. Y comerás y quedarás saciado. Pero cuiden que su corazón no sea seducido y se alejen para servir a deidades foráneas y se postren ante ellas. Y la ira del Señor caerá sobre ustedes y Él detendrá los Cielos y no habrá más lluvia y la tierra no brindará su cosecha. Y rápidamente perecerán de la buena tierra que el Señor les ha dado. Y pondrán estas palabras Mías sobre su corazón y sobre su alma y las atarán

ה י ה א

לְאוֹת leot ר״ת לאו עַל־ al יֶדְכֶם yedjem וְהָיוּ vehayú

ה י ה

לְטוֹטָפֹת letotafot בֵּין bein עֵינֵיכֶם eineijem ריבוע מ״ה:

א ה י ה

וְלִמַּדְתֶּם velimadtem אֹתָם otam אֶת־ et בְּנֵיכֶם bneijem

א ה י

לְדַבֵּר ledaber ראה בָּם bam שם בן מ״ב בְּשִׁבְתְּךָ beshivteja

ה א ה

בְּבֵיתֶךָ beveiteja ב״פ ראה וּבְלֶכְתְּךָ uvelejtejá בַדֶּרֶךְ vadérej ב״פ יב״ק, ס״ג קס״א

י ה א ה

וּבְשָׁכְבְּךָ uveshojbejá וּבְקוּמֶךָ uvekumeja: וּכְתַבְתָּם ujtavtam עַל־ al

י ה א ה

מְזֻזוֹת mezuzot בֵּיתֶךָ beiteja ב״פ ראה וּבִשְׁעָרֶיךָ uvisheareja: לְמַעַן lemaan

י ה א ה

יִרְבּוּ yirbú יְמֵיכֶם yemeijem ר״ת י״ל וִימֵי vimei בְנֵיכֶם vneijem

י ה אהיה

עַל al הָאֲדָמָה haadamá אֲשֶׁר asher (pronuncia la letra *Ayin* en la palabra "*nishbá*")

אהיה אהיה

נִשְׁבַּע nishbá יכוין לשבועת המבול יְהֹוָהאדניאהדונהי Adonai

אהיה אהיה אהיה אהיה

לַאֲבֹתֵיכֶם laavoteijem לָתֵת latet לָהֶם lahem כִּימֵי quimei

אהיה אהיה אהיה

הַשָּׁמַיִם hashamáyim י״פ טל, י״פ כוזו עַל־ al הָאָרֶץ haárets אלהים דההין ע״ה:

---

como una señal sobre sus manos y serán como filacterias entre sus ojos. Y las enseñarán a sus hijos hablando de ellas mientras estés sentado en tu hogar y mientras camines por el sendero y cuando te acuestes y cuando te levantes. Y las escribirás en los umbrales de tu casa y sobre tus puertas. Esto es para que sus días sean numerosos y también los días de sus hijos sobre la Tierra que el Señor ha prometido a sus padres darles como los días de los Cielos sobre la Tierra" (Deuteronomio 11:13-21).

VAYÓMER

Hei, *Maljut*, piernas y órganos reproductores,

72 palabras que corresponden a los 72 Nombres de Dios en orden directo (según el Ramjal).

ווו ייי סבט עאם

וַיֹּאמֶר vayómer יְהֹוָהאדניאהדונהי Adonai אֶל־ el מֹשֶׁה Moshé

מבש ליה אנא

מהש, ע״ב בריבוע וקס״א, אל שדי, ד״פ אלהים ע״ה לֵּאמֹר lemor: דַּבֵּר daber ראה אֶל־ el

כמות הוזי אנד להו המע

בְּנֵי bnei יִשְׂרָאֵל Yisrael וְאָמַרְתָּ veamarta אֲלֵהֶם alehem וְעָשׂוּ veasú

יצל מרה היי המם לוו

לָהֶם lahem צִיצִת tsitsit עַל־ al כַּנְפֵי canfei בִגְדֵיהֶם vigdeihem

כבי ליו פנל נמך

לְדֹרֹתָם ledorotam וְנָתְנוּ venatnú עַל־ al צִיצִת tsitsit

יוזי מנה וזהו

הַכָּנָף hacanaf ע״ה קנ״א, אדני אלהים פְּתִיל ptil י״פ ב״ן תְּכֵלֶת tejélet:

ניה השא ירת שאה רלי

וְהָיָה vehayá יהוה ; יהה לָכֶם lajem לְצִיצִת letsitsit וּרְאִיתֶם ureitem אֹתוֹ otó

אום ליב והר ייי להוז

וּזְכַרְתֶּם uzjartem אֶת־ et כָּל־ col ילי מִצְוֹת mitsvot יְהֹוָהאדניאהדונהי Adonai

כעק מנד אני וזום רהע

וַעֲשִׂיתֶם vaasitem אֹתָם otam וְלֹא־ veló תָתוּרוּ taturu אַחֲרֵי ajarei

יוזז השה מככ

לְבַבְכֶם levavjem וְאַחֲרֵי veajarei עֵינֵיכֶם eineijem ריבוע מ״ה

Debes meditar en el precepto: "No seguirás los pensamientos sexuales negativos del corazón ni las miradas de los ojos que buscan prostitución".

VAYÓMER

"Y el Señor le habló a Moshé y dijo: Habla a los Hijos de Israel y diles que deben hacer para sí mismos Tsitsit, en las esquinas de sus vestimentas, a lo largo de todas sus generaciones. Y deben colocar sobre el Tsitsit de cada esquina un filamento azul. Y esto será para ustedes como un Tsitsit; lo verán y recordarán los mandamientos del Señor y los cumplirán. Y no se dejen llevar en pos de su propio corazón y de sus ojos

אֲשֶׁר asher אַתֶּם atem זֹנִים zonim אַחֲרֵיהֶם: ajareihem לְמַעַן lemaan

תִּזְכְּרוּ tizkerú וַעֲשִׂיתֶם vaasitem אֶת־ et כָּל־ col מִצְוֹתָי mitsvotai

וִהְיִיתֶם vihyitem קְדֹשִׁים kedoshim לֵאלֹהֵיכֶם leEloheijem:

אֲנִי Aní יְהוָה Adonai אֱלֹהֵיכֶם Eloheijem אֲשֶׁר asher

הוֹצֵאתִי hotseti אֶתְכֶם etjem מֵאֶרֶץ meérets מִצְרַיִם Mitzráyim

Debes meditar en recordar el Éxodo de *Mitsráyim* (Egipto).

לִהְיוֹת lihyot לָכֶם lajem לֵאלֹהִים leElohim ;

אֲנִי Aní יְהוָה Adonai אֱלֹהֵיכֶם Eloheijem:

Está atento de completar este párrafo junto con el *jazán* y la congregación, y de decir la palabra "*emet*" en voz alta. El *jazán* debe decir la palabra "*emet*" susurrando.

אֱמֶת emet

La congregación debe estar en silencio, escuchar y oír las palabras "*Adonai Eloheijem emet*" dichas por el *jazán*. Si no completaste el párrafo junto al *jazán*, debes repetir las últimas tres palabras por cuenta propia. Con estas tres palabras el *Shmá* es concluido.

יְהוָה Adonai אֱלֹהֵיכֶם Eloheijem:

אֱמֶת emet

---

porque de acuerdo con ellos irán por mal camino. Para que se acuerden y haga todos Mis mandamientos y de este modo serán santos ante su Dios. Yo soy el Señor, su Dios, quien los sacó de la tierra de Egipto para ser su Dios. Yo, el Señor, su Dios, es verdad" (Números 15:37-41). El Señor, su Dios, ¡es verdad!

VEEMUNÁ – LA TERCERA CÁMARA – RATSÓN

Veemuná nos conecta con la Tercera Cámara en la Casa del Rey: *Ratsón*, o deseo. Antes de que podamos conectar con cualquier forma de energía espiritual, tenemos que sentir un anhelo o deseo. El deseo es la vasija que atrae a la Luz espiritual. Un deseo pequeño atrae poca cantidad de Luz. Un gran deseo atrae una gran cantidad.

Heijal Ratsón (la Cámara del Deseo) de *Nukvá* en *Briá*.

וֶאֱמוּנָה veemuná (בוזינת לילה) כָּל col ילי זֹאת zot וְקַיָּם vekayam עָלֵינוּ aleinu,

כִּי qui הוּא Hu יְהֹוָהאדניאהדונהי Adonai אֱלֹהֵינוּ Eloheinu ילה וְאֵין veein

זוּלָתוֹ zulató. וַאֲנַחְנוּ vaanajnu יִשְׂרָאֵל Yisrael עַמּוֹ amó.

הַפּוֹדֵנוּ hapodenu מִיַּד miyad מְלָכִים melajim. הַגּוֹאֲלֵנוּ hagoalenu

מַלְכֵּנוּ Malquenu מִכַּף micaf כָּל col ילי עָרִיצִים aritsim.

הָאֵל haEl לאה ; ייא"י (מילוי דס"ג) הַנִּפְרָע hanifrá לָנוּ lanu אלהים, אהיה אדני

מִצָּרֵינוּ mitsareinu. הַמְשַׁלֵּם hameshalem גְּמוּל gmul לְכָל lejol יה אדני

אוֹיְבֵי oyvei נַפְשֵׁנוּ nafshenu: הַשָּׂם hasam נַפְשֵׁנוּ nafshenu

בַּחַיִּים bajayim אהיה אהיה יהוה, בינה ע"ה וְלֹא־ veló נָתַן natán לַמּוֹט lamot

רַגְלֵנוּ raglenu. הַמַּדְרִיכֵנוּ hamadrijenu עַל al בָּמוֹת bamot

אוֹיְבֵינוּ oyveinu. וַיָּרֶם vayarem קַרְנֵנוּ karnenu עַל al כָּל col ילי ; עמם

שׂוֹנְאֵינוּ soneinu. הָאֵל haEl לאה ; ייא"י (מילוי דס"ג) הָעוֹשֶׂה haosé

לָנוּ lanu אלהים, אהיה אדני נִסִּים nisim וּנְקָמָה unekamá בְּפַרְעֹה beFaró.

בְּאוֹתוֹת beotot וּבְמוֹפְתִים uvemoftim בְּאַדְמַת beadmat בְּנֵי bnei

חָם jam. הַמַּכֶּה hamaqué בְעֶבְרָתוֹ veevrató כָּל col ילי

בְּכוֹרֵי bejorei מִצְרַיִם Mitsráyim מצר. וַיּוֹצֵא vayotsí אֶת et

עַמּוֹ amó יִשְׂרָאֵל Yisrael מִתּוֹכָם mitojam לְחֵרוּת lejerut עוֹלָם olam.

VEEMUNÁ –TERCERA CÁMARA – RATSÓN

Y fidedigno. Todo esto y Él está sobre nosotros porque Él es el Señor, nuestro Dios, y no hay ningún otro. Y nosotros somos Israel, Su Nación. Él nos redime de las manos de reyes. Él es nuestro Rey, que nos libera del alcance de los tiranos; el Dios, que nos venga contra nuestros enemigos. Él paga a nuestros enemigos mortales su deuda. Él, que nos mantiene vivos y no permite que nuestros pies resbalen. Él, que nos ha guiado sobre las llanuras de nuestros enemigos y Él, que eleva nuestro poder sobre todos los que nos odian. Él es Dios, que hizo por nosotros milagros y acciones contra Faraón, con señales y maravillas, en la tierra de los hijos de Jam. Él que con Su ira cayó sobre los primogénitos de Egipto y sacó a Su Nación, Israel, de entre ellos a una libertad eterna.

הַמַּעֲבִיר hamaavir בָּנָיו banav

בֵּין bein גִּזְרֵי guizrei יַם Yam ילי סוּף Suf. וְאֶת veet רוֹדְפֵיהֶם rodfeihem
וְאֶת veet שׂוֹנְאֵיהֶם soneihem בִּתְהוֹמוֹת bitehomot טִבַּע tibá. רָאוּ raú
בָנִים vanim אֶת et גְּבוּרָתוֹ gvurató שִׁבְּחוּ shibjú וְהוֹדוּ vehodú אהיה
לִשְׁמוֹ liShmó מהש ע"ה, ע"ב בריבוע וקס"א ע"ה, אל שדי ע"ה. וּמַלְכוּתוֹ umaljutó
בְּרָצוֹן beratsón מהש ע"ה, ע"ב בריבוע וקס"א ע"ה, אל שדי ע"ה קִבְּלוּ kiblú
עֲלֵיהֶם aleihem. מֹשֶׁה Moshé מהש, ע"ב בריבוע קס"א, אל שדי, ד"פ אלהים ע"ה
וּבְנֵי uvnei יִשְׂרָאֵל Yisrael ר"ת ע"ה נגד, מזבח, זן, אל יהוה לְךָ lejá עָנוּ anú
שִׁירָה shirá בְּשִׂמְחָה besimjá רַבָּה rabá וְאָמְרוּ veamrú כֻלָּם julam:
מִי mi ילי כָמֹכָה jamoja בָּאֵלִם baelim יְהֹוָה יאהדונהי Adonai
ר"ת ע"ב, ריבוע יהוה ; ס"ת מ"ה מִי mi ילי כָּמֹכָה camoja נֶאְדָּר needar
בַּקֹּדֶשׁ bakódesh ר"ת יב"ק, אלהים יהוה, אהיה אדני יהוה נוֹרָא norá תְהִלֹּת tehilot
עֹשֵׂה osé פֶלֶא fele: מַלְכוּתְךָ maljutjá יְהֹוָה יאהדונהי Adonai
אֱלֹהֵינוּ Eloheinu ילה רָאוּ raú בָנֶיךָ vaneja עַל al הַיָּם hayam ילי
יַחַד yájad כֻּלָּם culam הוֹדוּ hodú אהיה וְהִמְלִיכוּ vehimliju
וְאָמְרוּ veamrú: יְהֹוָה יאהדונהי Adonai | יִמְלֹךְ yimloj לְעֹלָם leolam
ריבוע ס"ג וי' אותיות דס"ג ; ר"ת ייל וָעֶד vaed: וְנֶאֱמַר veneemar: כִּי qui פָדָה fadá
יְהֹוָה יאהדונהי Adonai אֶת et יַעֲקֹב Yaakov ו' הויות, יאהדונהי אידהנויה
וּגְאָלוֹ ugueló מִיַּד miyad חָזָק jazak פהל מִמֶּנּוּ mimenu: בָּרוּךְ Baruj
אַתָּה Atá יְהֹוָה יאהדונהי Adonai גָּאַל gaal באתב"ש כתר יִשְׂרָאֵל Yisrael:

Él, que hizo pasar a Sus Hijos entre las secciones del Mar Rojo mientras ahogó en las profundidades a sus perseguidores y sus enemigos. Los Hijos contemplaron Su poder y lo alabaron y dieron gracias a Su Nombre; aceptaron Su soberanía sobre ellos con deseo. Moshé y los Hijos de Israel elevaron sus voces en canto a Él, con gran alegría y dijeron todos: "¿Quién es como Tú entre los dioses, Señor? ¿Quién es como Tú, poderoso en santidad, impresionante en alabanza y que hace maravillas?" (Éxodo 15:11). Nuestros Hijos vieron Tu Reino, Señor, nuestro Dios, sobre el mar y todos al unísono te dan las gracias y aceptan Tu soberanía y dicen: "El Señor reinará por siempre y para siempre" (Éxodo 15:18). Y está dicho: "Porque el Señor ha liberado a Yaakov y lo ha rescatado de la mano de uno más fuerte que él" (Jeremías 31:10). ¡Bendito eres Tú, Señor, Quien redimió a Israel!

HASHKIVENU – LA CUARTA CÁMARA – EL SANTO SANCTÓRUM

La Cuarta Cámara es *Kódesh HaKadoshim*, el Santo Sanctórum, el cual es nuestro vínculo al siguiente nivel que alcanzamos mediante la *Amidá*.

Heijal Kódesh HaKadoshim (la Cámara del Santo Sanctórum) de *Nukvá* en *Briá*

הַשְׁכִּיבֵנוּ hashquivenu אָבִינוּ avinu לְשָׁלוֹם leshalom ר"ת לאה

וְהַעֲמִידֵנוּ vehaamidenu מַלְכֵּנוּ Malquenu לְחַיִּים lejayim אהיה אהיה יהוה, בינה ע"ה

טוֹבִים tovim וּלְשָׁלוֹם uleshalom וּפְרוֹשׂ ufrós עָלֵינוּ aleinu

סֻכַּת sucat סוכה = סאל = אמן (יאהדונהי) שְׁלוֹמֶךָ shlomeja וְתַקְּנֵנוּ vetaknenu

מַלְכֵּנוּ Malquenu בְּעֵצָה beetsá טוֹבָה tová אכא מִלְּפָנֶיךָ milfaneja ס"ג מ"ה ב"ן

וְהוֹשִׁיעֵנוּ vehoshienu מְהֵרָה meherá לְמַעַן lemaan שְׁמֶךָ Shemeja

(No pedimos protección, ya que no es necesario protección de la *klipá* en *Shabat* – וְהָגֵן בַּעֲדֵנוּ)

Medita en incluir *Heijal Kódesh HaKodashim* de *Briá* en *Atsilut* para que sea como *Atsilut* mismo.

> **Si *Yom Kipur* cae en *Shabat*:**
> Medita en recibir el alma adicional llamada: *Neshamá*
> desde el aspecto de la noche de *Shabat*

וּפְרוֹשׂ ufrós particiones de *Yesod* en *Ima* עָלֵינוּ aleinu sobre *Yaakov* y *Rajel* וְעַל veal

יְרוּשָׁלַיִם Yerushaláyim עִירָךְ iraj סֻכַּת sucat סוכה = סאל = אמן (יאהדונהי)

שָׁלוֹם shalom• בָּרוּךְ Baruj אַתָּה Atá יְהֹוָאדָהֵנָי יאהדונהי Adonai

הַפּוֹרֵשׂ haporés סֻכַּת sucat סוכה = סאל = אמן (יאהדונהי) ; ר"ת = אדני שָׁלוֹם shalom

Y las particiones deben ser como el techo de la *Sucá* a fin de hacer espacio (dentro de *Zeir Anpín*) para que las *Guevurot* se expandan sin salir hacia *Yaakov* y *Rajel*. Ahora Ellas reciben Luz de los *Jasadim* que fueron demorados de Su ascenso.

עָלֵינוּ aleinu ר"ת ש"ע נהורין וְעַל veal כָּל col ילי ; עמם עַמּוֹ amó יִשְׂרָאֵל Yisrael

וְעַל veal יְרוּשָׁלַיִם Yerushaláyim: אָמֵן יאהדונהי Amén

HASHKIVENU – LA CUARTA CÁMARA – EL SANTO SANCTÓRUM

Otórganos, Padre, que descansemos en paz y que nuevamente, Rey nuestro, nos levantemos a la buena vida y a la paz. Extiende sobre nosotros Tu protección de paz. Guíanos, Rey nuestro, con Tu buen consejo y sálvanos rápidamente por el bien de Tu Nombre. Y extiende sobre nosotros y sobre Jerusalén, Tu ciudad, un refugio de misericordia y paz. ¡Bendito eres Tú, Señor, que extiendes el refugio de paz sobre nosotros y sobre toda Su Nación, Israel, y sobre Jerusalén, Amén!

Cuando *Yom Kipur* cae en *Shabat*, agregamos:

VESHAMRÚ

Tenemos la capacidad de unir el Cielo y la Tierra mediante el poder del *Álef-Hei-Vav-Hei* אהוה.

וְשָׁמְרוּ veshamrú בְנֵי־ vnei יִשְׂרָאֵל Yisrael אֶת־ et הַשַּׁבָּת haShabat
ר"ת ביאה לַעֲשׂוֹת laasot אֶת־ et הַשַּׁבָּת haShabat לְדֹרֹתָם ledorotam
ר"ת אהל (זו אשתו, למשוך נשמה קדושה ולא מסט"א) בְּרִית brit עוֹלָם olam: בֵּינִי beiní
וּבֵין uvein בְּנֵי bnei יִשְׂרָאֵל Yisrael אוֹת ot הִוא hi ר"ת ביאה לְעֹלָם leolam
ריבוע דס"ג י' אותיות דס"ג כִּי־ qui שֵׁשֶׁת shéshet יָמִים yamim נלך עָשָׂה asá
יְהֹוָהאדניאהדונהי Adonai אֶת־ et הַשָּׁמַיִם hashamáyim י"פ טל, י"פ כוזו וְאֶת־ veet
הָאָרֶץ haárets אלהים דההין ע"ה וּבַיּוֹם uvayom ע"ה נגד, מזבח, זן, אל יהוה
הַשְּׁבִיעִי hashvií שָׁבַת shavat וַיִּנָּפַשׁ vayinafash:

QUI BAYOM

כִּי qui בַיּוֹם vayom ע"ה נגד, מזבח, זן, אל יהוה הַזֶּה hazé והו יְכַפֵּר yejaper
עֲלֵיכֶם aleijem לְטַהֵר letaher אֶתְכֶם etjem מִכֹּל micol ילי
וְחַטֹּאתֵיכֶם jatoteijem לִפְנֵי lifnei יְהֹוָהאדניאהדונהי Adonai תִּטְהָרוּ titharú:

MEDIO KADISH

יִתְגַּדַּל yitgadal וְיִתְקַדַּשׁ veyitkadash שדי ומילוי שדי ; י"א אותיות כמנין ו"ה
שְׁמֵיהּ Shmei (שם י"ה דע"ב) רַבָּא rabá קנ"א ב"ן, יהוה אלהים יהוה אדני,
מילוי קס"א וס"ג, מ"ה ברבוע וע"ב ע"ה ; ר"ת = ר"פ אלהים ; ס"ת = ג"פ יב"ק: אָמֵן Amén אידהנויה.

VESHAMRÚ

"Observarán los Hijos de Israel el Shabat, para hacer el Shabat un convenio eterno para todas las generaciones. Será entre los Hijos de Israel y Yo una señal eterna de que en seis días el Señor creó los Cielos y la Tierra y, en el séptimo día, Él descansó" (Éxodo 31:16).

QUI BAYOM

"Porque en este día se hará expiación por ustedes, y serán limpios de todos sus pecados delante del Señor" (Levítico 16:30).

MEDIO KADISH

¡Glorificado y santificado sea su Gran Nombre! (Amén).

בְּעָלְמָא bealmá דִּי di בְרָא verá כִּרְעוּתֵיהּ quirutei.

וְיַמְלִיךְ veyamlij מַלְכוּתֵיהּ maljutei. וְיַצְמַח veyatsmaj

פּוּרְקָנֵיהּ purkanei. וִיקָרֵב vikarev מְשִׁיחֵיהּ Meshijei: אָמֵן Amén אידהנויה.

בְּחַיֵּיכוֹן bejayeijón וּבְיוֹמֵיכוֹן uveyomeijón וּבְחַיֵּי uvejayei

דְכָל dejol ילי בֵּית beit ב"פ ראה יִשְׂרָאֵל Yisrael בַּעֲגָלָא baagalá

וּבִזְמַן uvizmán קָרִיב kariv וְאִמְרוּ veimrú אָמֵן Amén: אָמֵן Amén אידהנויה.

La congregación y el *jazán* dicen lo siguiente:

28 palabras (hasta *bealmá*) – y 28 letras (hasta *almayá*)

יְהֵא yehé שְׁמֵיהּ Shmei (שם י"ה דס"ג) רַבָּא rabá קנ"א ב"ן,

יהוה אלהים יהוה אדני, מילוי קס"א וס"ג, מ"ה ברבוע וע"ב ע"ה מְבָרַךְ mevaraj,

לְעָלַם lealam לְעָלְמֵי lealmei עָלְמַיָּא almayá. יִתְבָּרַךְ yitbaraj.

Siete palabras con seis letras cada una (שם בן מ"ב). También, 7 veces la letra Vav (שם בן מ"ב).

וְיִשְׁתַּבַּח veyishtabaj י"פ ע"ב יהוה אל אבג יתץ.

וְיִתְפָּאַר veyitpaar הי גו יה קרע שטן. וְיִתְרוֹמַם veyitromam וה כוזו נגד יכש.

וְיִתְנַשֵּׂא veyitnasé במוכסז בטר צתג. וְיִתְהַדָּר veyithadar כוזו יה חקב טנע.

וְיִתְעַלֶּה veyitalé וה יוד ה יגל פזק. וְיִתְהַלָּל veyithalal א ואו הא שקו צית.

שְׁמֵיהּ Shmei (שם י"ה דמ"ה) דְּקוּדְשָׁא deKudshá בְּרִיךְ Verij הוּא Hu:

אָמֵן Amén אידהנויה.

לְעֵלָּא leelá מִן min כָּל col ילי בִּרְכָתָא birjatá. שִׁירָתָא shiratá.

תֻּשְׁבְּחָתָא tishbejatá וְנֶחָמָתָא venejamatá. דַּאֲמִירָן daamirán

בְּעָלְמָא bealmá וְאִמְרוּ veimrú אָמֵן Amén: אָמֵן Amén אידהנויה.

En el mundo que Él creó de acuerdo a Su voluntad y pueda Su Reino reinar. Y pueda Él hacer que su Redención florezca y pueda Él acercar al Mesías (Amén). En tus vidas y en tus días y en la vida de la Casa de Israel, prontamente y en el futuro cercano, y dígase: Amén (Amén). Que Su gran Nombre sea bendito por siempre y para toda la eternidad, y bendito y alabado, y glorificado y exaltado, y ensalzado y honrado, y adorado y loado, sea el Nombre del Santísimo, Bendito sea Él (Amén). Más allá de todas las bendiciones, himnos, alabanzas y palabras de consolación que deben decirse en el mundo, y dígase: Amén (Amén).

LA AMIDÁ – GENERAL

Cuando comenzamos la conexión, damos tres pasos hacia atrás que significan que estamos dejando este mundo físico. Después damos tres pasos hacia delante para comenzar la *Amidá*. Los tres pasos son:

1. Entrar a la tierra de Israel; para entrar en el primer círculo espiritual.
2. Entrar en la ciudad de Jerusalén; para entrar en el segundo círculo espiritual.
3. Entrar en el Santo Sanctórum; para entrar en el círculo más interno.

Antes de recitar el primer verso de la *Amidá*, pedimos: "*Dios, abre mis labios y permite que mi boca hable*", de este modo estamos pidiendo a la Luz que hable por nosotros para que podamos recibir lo que necesitamos y no sólo lo que queremos. Con mucha frecuencia, lo que queremos de la vida no es necesariamente el deseo del alma, que es lo que verdaderamente necesitamos para estar satisfechos. Al pedirle a la Luz que hable a través de nosotros, garantizamos que nuestra conexión nos traiga realización genuina y oportunidades para el crecimiento espiritual y el cambio.

Cuando *Yom Kipur* cae en *Shabat*

El Formato de la Ascensión en el *Arvit de Shabat*

Cuando digas "*Baruj*", medita en atraer *Nétsaj, Hod, Yesod* y *Jésed, Guevurá, Tiféret* de *Kéter, Jojmá, Biná, Dáat* de *Nétsaj, Hod, Yesod* de *Jésed, Guevurá, Tiféret* de lo Interno de *Tevuná* (que fueron atraídos durante la recitación del "*Shmá*" hacia *Kéter, Jojmá, Biná, Dáat*. Y *Jésed, Guevurá, Tiféret*) **hacia** *Jésed, Guevurá, Tiféret* y *Nétsaj, Hod, Yesod* de *Kéter, Jojmá, Biná, Dáat* de *Nétsaj, Hod, Yesod* y *Jésed, Guevurá, Tiféret* de *Biná* de lo Interno de *Zeir Anpín*.

Cuando digas "*Atá*", medita en atraer *Kéter, Jojmá, Biná* de *Kéter, Jojmá, Biná* de *Tevuná* **hacia** *Kéter, Jojmá, Biná* de *Zeir Anpín* e impulsar hacia abajo los Seis Bordes (de *Tevuná*) hacia los Seis Bordes de *Zeir Anpín*.

Cuando digas "*Adonai*" medita en atraer *Nétsaj, Hod, Yesod* y *Jésed, Guevurá, Tiféret* de *Kéter, Jojmá, Biná, Dáat* de *Nétsaj, Hod, Yesod* de *Jésed, Guevurá, Tiféret* de lo Interno de *Yisrael Saba* **hacia** *Jésed, Guevurá, Tiféret* y *Nétsaj, Hod, Yesod* de *Zeir Anpín* **y después atraer** *Kéter, Jojmá, Biná* de *Yisrael Saba* **hacia** *Kéter, Jojmá, Biná* de *Zeir Anpín* e impulsar hacia abajo los Seis Bordes (de *Yisrael Saba*) hacia los Seis Bordes de *Zeir Anpín*.

En *Arvit Nukvá* es elevada a la Cabeza de *Tevuná*

אֲדֹנָי Adonai ללה (pausa aquí) שְׂפָתַי sfatai תִּפְתָּח tiftaj וּפִי ufí יַגִּיד yaguid

ייז (כ״ב אותיות פשוטות [=אכא] וה׳ אותיות סופיות מנצפ״ך) תְּהִלָּתֶךָ tehilateja ס״ת = בוכו:

LA PRIMERA BENDICIÓN – INVOCA AL ESCUDO DE AVRAHAM

Avraham es el canal de la energía de la Columna Derecha de positividad, compartir y misericordia. Las acciones dadoras pueden protegernos de todas las formas de negatividad.

Jésed que se convierte en *Jojmá*

En esta sección hay 42 palabras, el secreto del Nombre de Dios de 42 letras y, por lo tanto, comienza con la letra *Bet* (2) y termina con la letra *Mem* (40).

Flexiona tus rodillas en “*Baruj*”, inclínate en “*Atá*” y enderézate en “*Adonai*”.

בָּרוּךְ Baruj אַתָּה Atá א-ת (אותיות הא״ב המסמלות את השפע המגיע) לה׳ המלכות

יְהֹוָהאדניאהדונהי Adonai (יא) אֱלֹהֵינוּ Eloheinu ילה

וֵאלֹהֵי veElohei לכב ; מילוי ע״ב, דמב ;ילה אֲבוֹתֵינוּ avoteinu.

אֱלֹהֵי Elohei מילוי ע״ב, דמב ; ילה אַבְרָהָם Avraham (*Jojmá*)

וז״פ אל, רי״ו ול״ב נתיבות החכמה, רמ״ח (אברים), עסמ״ב וט״ז אותיות פשוטות.

אֱלֹהֵי Elohei מילוי ע״ב, דמב ; ילה יִצְחָק Yitsjak (*Biná*) ד״פ ב״ן

וֵאלֹהֵי veElohei לכב ;מילוי ע״ב, דמב ; ילה יַעֲקֹב Yaakov (*Dáat*) ו׳ הויות, יאהדונהי אידהנויה

הָאֵל haEl לאה ; ייא״י (מילוי דס״ג) הַגָּדוֹל hagadol האל הגדול = סיט ; גדול = להח

עם ד׳ אותיות = מבה, יזל, אום הַגִּבּוֹר haguibor ר״ת ההה וְהַנּוֹרָא vehanorá.

LA AMIDÁ

“Mi Señor, abre mis labios y mi boca declarará Tu alabanza” (Salmos 51:17).

LA PRIMERA BENDICIÓN

Bendito eres, Señor, nuestro Dios y Dios de nuestros ancestros: el Dios de Avraham, el Dios de Yitsjak y el Dios de Yaakov. El Dios grande, poderoso y reverenciado.

כ ע

אֵ֫ל El ״יא״ (מילוי ד״סג) ; ר״ת ע״ב, ריבוע יהוה עֶלְיוֹן elyón•

ב ט ר צ ת

גּוֹמֵל gomel וַחֲסָדִים jasadim טוֹבִים tovim• קוֹנֵה koné הַכֹּל hacol ילי

ג ח ק ב

וְזוֹכֵר vezojer חַסְדֵי jasdei אָבוֹת avot• וּמֵבִיא umeví

ט נ ע י

גּוֹאֵל goel לִבְנֵי livnei בְנֵיהֶם vneihem לְמַעַן lemaan

ג ל

שְׁמוֹ Shemó מהש ע״ה, ע״ב בריבוע וקס״א ע״ה, אל שדי ע״ה בְּאַהֲבָה beahavá אחד, דאגה:

Cuyo digas la palabra "*beahavá*" debes meditar en dedicar tu alma a santificar el Santo Nombre y aceptar sobre ti mismo las cuatro formas de muerte.

ZOJRENU

Cuarenta y ocho letras como el valor numérico de אהיה יהוה ע״ה.
Recitamos la oración de "*zojrenu*" por el secreto de la *Nesirá* (aserrado)
y es por ello que mencionamos que seamos recordados para la Vida y no para la muerte.
Aquí tenemos 11 palabras que corresponden a las Diez *Sefirot* que están siendo aserradas y una superior. También corresponde a las 11 especias que, al igual que el *Któret*, dan vida a todo. Esta sección ayuda a dar vida (heb. *Jayim* = אהיה אהיה יהוה, los *Mojín*) y construir los *Tefilín* en el *Kéter* de *Zeir Anpín*. Los *Mojín* son atraídos hacia la Cabeza de *Zeir Anpín* desde la unificación de *Aba* (72=ע״ב) e *Ima* (161=קס״א) (72+161=זכרנו) a través de las 50 Puertas de *Biná*. Debemos meditar en que los *Tefilín* son el entorno en el secreto del *Hével* (Aliento) del Nombre ס״ג.

זָכְרֵנוּ zojrenu לְחַיִּים lejayim אהיה אהיה יהוה, בינה ע״ה ; ר״ת מילוי ד״סג וס״ת מילוי דע״ב.

(*Kéter* de *Zeir Anpín*)

מֶלֶךְ Mélej חָפֵץ jafets בַּחַיִּים bajayim אהיה אהיה יהוה, בינה ע״ה.

(*Jojmá, Biná* y *Dáat* de *Zeir Anpín*)

כָּתְבֵנוּ cotvenu בְּסֵפֶר beséfer חַיִּים jayim אהיה אהיה יהוה, בינה ע״ה.

(*Jésed, Guevurá* y *Tiféret* de *Zeir Anpín*)

לְמַעַנְךָ lemaanaj אֱלֹהִים Elohim אהיה אדני ; ילה חַיִּים jayim אהיה אהיה יהוה, בינה ע״ה

(*Nétsaj, Hod* y *Yesod* de *Zeir Anpín* y *Nukvá* están a la espalda de *Zeir Anpín*).

Si olvidas decir "*zojrenu*" y te das cuenta de esto antes de terminar la bendición "*Baruj Atá Adonai*", debes regresar y decir "*zojrenu*" y continuar normalmente. Pero si te das cuenta de esto después del final de la bendición, debes continuar.

El Dios grande, poderoso y reverenciado. El Dios Celestial. El que otorga benevolencia y crea todas las cosas. El que recuerda las buenas acciones de nuestros ancestros y El que trae un redentor a los hijos de sus hijos por el bien de Su Nombre, con amor.

ZOJRENU

Recuérdanos en vida, Rey, Quien desea la vida, e inscríbenos en el Libro de la Vida, por Ti, Dios Vivo.

פ ז ק ש

מֶלֶךְ Mélej עוֹזֵר ozer וּמוֹשִׁיעַ umoshía וּמָגֵן umaguén

ג"פ אל (ייא"י מילוי דס"ג) ; ר"ת מיכאל גבריאל נוריאל :

Flexiona tus rodillas en "*Baruj*", inclínate en "*Atá*" y enderézate en "*Adonai*".

ק ו צ

בָּרוּךְ Baruj אַתָּה Atá יְהֹוָהאַדנָי(יְהֹוָהאֱדֹנָי)יאהדונהי Adonai

י ת

מָגֵן maguén ג"פ אל (ייא"י מילוי דס"ג) ; ר"ת מיכאל גבריאל נוריאל אַבְרָהָם Avraham

ו"פ אל, רי"ו ול"ב נתיבות החכמה, רמ"ח (אברים), עסמ"ב וט"ז אותיות פשוטות:

LA SEGUNDA BENDICIÓN

LA ENERGÍA DE YITSJAK ENCIENDE EL PODER DE LA RESURRECCIÓN DE LOS MUERTOS

Mientras que Avraham representa el poder de compartir, Yitsjak representa a la Columna Izquierda, energía de Juicio. El Juicio acorta el proceso de *tikún* y prepara la vía para nuestra resurrección final.

Guevurá* que se convierte en *Biná

En esta sección hay 49 palabras que corresponden a las 49 Puertas del Sistema Puro en *Biná*.

אַתָּה Atá גִּבּוֹר guibor לְעוֹלָם leolam ריבוע ס"ג וי' אותיות דס"ג אֲדֹנָי Adonai ללה

(ר"ת אַגְלָא והוא שם גדול ואמיץ, ובו היה יהודה מתגבר על אויביו. ע"ה אלד, בוכו).

מְחַיֶּה mejayé ס"ג מֵתִים metim אַתָּה Atá. רַב rav לְהוֹשִׁיעַ lehoshía.

מוֹרִיד morid הַטָּל hatal יוד הא ואו, כוזו, מספר אותיות דמילואי עסמ"ב ; ר"ת מ"ה:

Si por error dices "*Mashiv harúaj*" y te das cuenta de ello antes del final de la bendición "*Baruj Atá Adonai*", debes regresar al comienzo de la bendición "*Atá guibor*" y continuar normalmente. Pero si sólo te das cuenta de ello después del final de la bendición, debes iniciar la *Amidá* desde el principio.

מְכַלְכֵּל mejalquel חַיִּים jayim אהיה אהיה יהוה, בינה ע"ה

בְּחֶסֶד bejésed ע"ב, ריבוע יהוה. מְחַיֵּה mejayé ס"ג מֵתִים metim

בְּרַחֲמִים berajamim (במוכסז) מצפצ, אלהים דההין, י"פ ייי

רַבִּים rabim (טלא דעתיק). סוֹמֵךְ somej (אכדטם) כוק, ריבוע אדני

נוֹפְלִים noflim (זו"ן). וְרוֹפֵא verofé חוֹלִים jolim חולה = מ"ה וד' אותיות.

Rey, Asistente, Salvador y Escudo. Bendito seas Tú, Señor, Escudo de Avraham.

LA SEGUNDA BENDICIÓN

Tú, Señor, eres poderoso por siempre. Tú revives a los muertos y eres muy capaz de redimir. El que hace caer el rocío. Tú sostienes a los vivientes con bondad y revives a los muertos con gran compasión. Tú sostienes a los caídos, curas a los enfermos,

וּמַתִּיר umatir אֲסוּרִים asurim• וּמְקַיֵּם umekayem אֱמוּנָתוֹ emunató

לִישֵׁנֵי lishenei עָפָר afar• מִי mi יכ״י כָמוֹךְ jamoja

גְּבוּרוֹת gvurot בַּעַל báal (debes pronunciar la letra *Ayin* en la palabra "*Báal*")

וּמִי umí יכ״י דּוֹמֶה domé לָּךְ laj• מֶלֶךְ Mélej מֵמִית memit

וּמְחַיֶּה umejayé ס״ג (יוד הי ואו הי) וּמַצְמִיחַ umatsmíaj יְשׁוּעָה yeshuá:•

MI CAMOJA

Ocho palabras que corresponden a las ocho prendas del Sumo Sacerdote.
Aquí debemos meditar en conectar con el proceso de reencarnación, pues *Yom Kipur* es el momento en el que las almas son juzgadas y encarnadas. Y como esta bendición es llamada *Guevurot* (Juicios) debemos meditar en endulzarlos con las palabras "*Av HaRajamán*" (el Padre Misericordioso), cuya suma es el mismo valor numérico de las letras *Shin* y *Vav* (=306, de la palabra *Shofar*).

מִי mi יכ״י כָמוֹךְ jamoja אָב av הָרַחֲמָן harajmán (***Zeir Anpín***)

זוֹכֵר zojer יְצוּרָיו yetsurav בְּרַחֲמִים berajamim מצפצ, אלהים דיודין, י״פ ייי

לְחַיִּים lejayim אהיה אהיה יהוה, בינה ע״ה ; ר״ת זיב״ל = מ״ט שערי בינה ; ר״ת יב״ל = מ״ב ;

ר״ת ל״ב נתיבות החכמה.

Si olvidas decir "*mi camoja*" y te das cuenta de esto antes del final de la bendición "*Baruj Atá Adonai*", debes regresar y decir "*mi camoja*" y continuar normalmente. Pero si sólo te das cuenta de esto al final de la bendición, debes continuar normalmente.

וְנֶאֱמָן veneemán אַתָּה Atá לְהַחֲיוֹת lehajayot מֵתִים metim:•

בָּרוּךְ Baruj אַתָּה Atá יְהֹוָהאדניאהדונהי Adonai

מְחַיֵּה mejayé ס״ג (יוד הי ואו הי) הַמֵּתִים hametim ר״ת מ״ה וס״ת מ״ה:•

LA TERCERA BENDICIÓN

Esta bendición nos conecta con Yaakov, la Columna Central y el poder de la restricción. Yaakov es nuestro canal para conectar la Misericordia con el Juicio. Al restringir nuestro comportamiento reactivo, estamos deteniendo nuestro Deseo de Recibir para Nosotros Mismos. Yaakov también nos da el poder para equilibrar nuestros actos de Misericordia y Juicio hacia otras personas en nuestra vida.

---

pones en libertad a los cautivos y cumples Tu promesa con los que duermen en el polvo.¿Quién es como Tú, Señor de fortaleza, y quién puede compararse contigo, Rey, que causas la muerte, das vida y haces crecer la salvación?

MI CAMOJA

¿Quién es como Tú, Padre Misericordioso, Quién llama a Sus criaturas con misericordia para la vida? Y eres fiel para resucitar a los muertos. Bendito eres Tú, Señor, que resucitas a los muertos.

Tiféret que se convierte en *Dáat*

אַתָּה Atá קָדוֹשׁ kadosh וְשִׁמְךָ veshimjá קָדוֹשׁ kadosh ר"ת = אור, רז, אין סוף.

וּקְדוֹשִׁים ukdoshim בְּכָל bejol ב"ן, לכב יוֹם yom ע"ה נגד, מזבח, זן, אל יהוה

יְהַלְלוּךָ yehaleluja סֶּלָה sela:

Nueve palabras que corresponden a dos letras *Dálet* (una por *Rajel* y una por *Leá*) más una.

לְדֹר ledor וָדֹר vador רי"י הַמְלִיכוּ hamliju לָאֵל laEl ""א"" (מילוי דס"ג)

כִּי qui הוּא hu לְבַדּוֹ levadó מ"ב מָרוֹם marom וְקָדוֹשׁ vekadosh:

CUATRO UVJÉN

El valor numérico de la palabra *Uvjén* וּבְכֵן es igual a 72. Esto indica un enlace importante con los 72 Nombres de Dios y el poder de superar las leyes de la naturaleza y las leyes de la naturaleza humana.

El Kabbalista Rav Yitsjak Luria (el Arí) nos enseña que estos cuatros patrones de letras provienen de tres versículos en Éxodo. Cada uno de estos tres versículos contiene 72 letras.

Las primeras tres configuraciones de letras representan las partes o los aspectos diferentes de energía, mientras que la configuración final de los 72 Nombres representa el todo, culminando en el poder absoluto de la Luz.

Las cuatro tablas que se presentan a continuación también corresponden a Avraham (*Jésed*), Yitsjak (*Guevurá*), Yaakov (*Tiféret*) y David (*Maljut*) quienes representan las fuerzas energéticas básicas que apoyan y sustentan nuestro mundo espiritual y físico.

Toda la Torá es un código, afirma el *Zóhar*. No puede ser entendida en un nivel literal. Cada palabra, cada letra contiene muchas capas de significados que describen las distintas fuerzas espirituales que dan vida a la Madre Naturaleza y a la naturaleza humana. Por ejemplo, los sabios ancestrales revelaron que tres fuerzas de energía claves constituyen el tejido del universo: Columna Derecha (positiva – protón), Columna Izquierda (negativa – electrón) y Columna Central (neutral – neutrón). En la Torá, los nombres de Avraham, Yitsjak y Yaakov son las palabras clave utilizadas para describir estas tres fuerzas. Avraham se refiere a la energía positiva de compartir, Yitsjak a la energía negativa de recibir y Yaakov a la energía neutral del equilibrio. El *Zóhar* dice que el Rey David representa la totalidad de estas tres fuerzas: nuestro mundo físico de *Maljut*.

LA TERCERA BENDICIÓN

Tú eres Santo y Santo es Tu Nombre, y los Seres Santos Te alaban día a día, Sela.
De generación en generación, ellos proclaman a Dios como Rey, porque solo Él es y es Santo.

¿Por qué esto es importante? Podemos cambiar al mundo sólo cuando podemos acceder y manipular las verdaderas fuerzas de la Creación. El beneficio de esta oración es que nos conecta con esas fuerzas primordiales. Acceder a ellas nos da el poder emocional y la fortaleza espiritual para superar nuestra naturaleza reactiva durante el año entrante.

AVRAHAM (JÉSED) אברהם (חסד)

Ocho palabras que corresponden a dos letras *Dálet* (una por *Rajel* y una por *Leá*).

וּבְכֵן uvjén

ע״ב (יוד הי ויו הי, ריבוע יהוה), מזלא (להוריד ג׳ הויות דיקנא שבמזלא עילאה)
וכנגד ע״ב אותיות שבפסוק ״ויסע״ וכנגד אברהם שקידש שמו יתברך בעולם.

מ	מ	ע	א	ש	ל	א	ו	↓
ד	פ	ע	ח	ר	פ	ל	י	
מ	נ	מ	ר	א	נ	ה	ס	
א	י	ו	י	ל	י	י	ע	
ח	ה	ד	ה	ו	מ	ם	מ	
ר	ם	ה	ם	י	ח	ה	ל	
י	ו	ע	ו	ל	נ	ה	א	
ה	י	נ	י	ך	ה	ל	ך	
ם	ע	ן	ס	מ	י	ך	ה	

יִתְקַדַּשׁ yitkadash שדי - ין לת וד (מילוי שדי) שִׁמְךָ Shimjá

יְהֹוָהאדניאהדונהי Adonai ר״ת = ש״ך דינים וס״ת שכ״ה (ה״פ אדני - למתק הש״ך דינים בה׳ אלפין)

אֱלֹהֵינוּ Eloheinu ילה עַל al יִשְׂרָאֵל Yisrael עַמֶּךָ ameja ר״ת = קנ״א וס״ת = אלהים:

LOS CUATRO UVJÉN
AVRAHAM (JÉSED)

Por lo tanto, sea Tu Nombre santificado, Oh Señor, nuestro Dios, sobre Israel, Tu nación.

YITSJAK (GUEVURÁ) (גְּבוּרָה) יִצְחָק

וּבְכֵן uvjén

ע״ב (יוד הי ויו הי, ריבוע יהוה), כנגד ע״ב אותיות שבפסוק "ויבא"
וכנגד פחד יצחק שהוא עתיק יומין.

ה	כ	ל	ה	ל	י	ל	ה
ק	ר	ב	ז	ה	א	ל	ז
ה	ל	י	ל	ה	ו	ל	א
ש	ך	ו	י	א	ר	א	ת
י	ה	ע	נ	ז	ו	ה	ח
י	ש	ר	א	ל	ו	י	ה
ו	ב	י	ז	מ	ח	נ	ה
ח	נ	ה	מ	צ	ר	י	ם
ו	י	ב	א	ב	י	ז	מ

→

א ב

תֵּן ten פַּחְדְּךָ pajdeja תן פחדך עב״כ = ב״פ סנחדך הממותקים ע״י יב״ק (בגי׳ פחדך וכן למנין

ג י ת

ב״פ נ״ו – ב׳ כוונות הדין שב-סנחדך) יְהֹוָה Adonai אֱלֹהֵינוּ Eloheinu ילה עַל al

צ ק ר ע ש

כָּל col ילי ; עמם מַעֲשֶׂיךָ maaseja• וְאֵימָתְךָ veeimatjá עַל al כָּל col ילי ; עמם

ט נ נ ג

מַה ma מ״ה שֶׁבָּרָאתָ shebarata• וְיִירָאוּךָ veyiraúja כָּל col ילי

ד י כ

הַמַּעֲשִׂים hamaasim• וְיִשְׁתַּחֲווּ veyishtajavú לְפָנֶיךָ lefaneja ס״ג מ״ה ב״ן

ש ב ט ר צ

כָּל col ילי הַבְּרוּאִים habruím• וְיֵעָשׂוּ veyeasú כֻלָּם julam אֲגֻדָּה agudá

ת ג ח ק ב

אֲחָת ejat• לַעֲשׂוֹת laasot רְצוֹנְךָ retsonjá בְּלֵבָב belevav בוכו שָׁלֵם shalem•

בסוד בירור העולם להמשיכו אל היחוד בסוד "כי אז אהפוך אל עמים שפה ברורה"

YITSJAK (GUEVURÁ)

Por lo tanto, impón reverente temor a Ti, Oh Señor, nuestro Dios, en todas Tus obras y el temor de Dios en todo lo que has creado. Y permite que todas las obras Te reverencien y todas las criaturas se postren ante Ti. Y que todas ellas se unan en una sola hermandad para hacer Tu voluntad con todo el corazón.

ט נ ע

שֶׁיָּדַעְנוּ sheyadanu יְהֹוָֽהאדניאהדונהי Adonai אֱלֹהֵינוּ Eloheinu ילה

י ג ל

שֶׁהַשִּׁלְטוֹן shehashiltón (שֶׁהַשָּׁלְטָן) לְפָנֶיךָ lefaneja ס״ג מ״ה ב״ן. עֹז oz

פ ז ק ש

בְּיָדְךָ beyadjá. וּגְבוּרָה ugvurá רי״ו בִּימִינֶךָ bimineja. וְשִׁמְךָ veShimjá

ק ו צ י ת

נוֹרָא norá עַל al כָּל col ילי עסמב מַה ma מ״ה שֶׁבָּרָאתָ shebarata:

YAAKOV (TIFÉRET) (תפארת) יַעֲקֹב

Veintiocho palabras que corresponden al *Milui* de *Milui* del Nombre: יהוה

וּבְכֵן uvjén

ע״ב (יוד הי ויו הי, ריבוע יהוה), כנגד ע״ב אותיות שבפסוק ״ויט״ וכנגד יעקב שאמר בשכמל״ו (מ״ה יהוה ע״ה).

י	ה	י	י	ה	ו	ד	ו	↓
ב	י	ל	ם	י	ל	ו	י	
ק	ם	ה	ע	ם	ך	ע	ט	
ע	ל	ו	ז	ב	י	ל	מ	
ו	וז	י	ה	ר	ה	ה	ש	
ה	ר	ש	כ	ו	ו	י	ה	
מ	ב	ם	ל	וז	ה	ם	א	
י	ה	א	ה	ק	א	ו	ת	
ם	ו	ת	ל	ד	ת	י	י	

תֵּן ten כָּבוֹד cavod

(En el secreto de la corrección de *Yisrael* para atraer sobre ésta *Cavod* (Honor) desde *Ima*).

לְעַמֶּךָ leameja תְּהִלָּה tehilá ע״ה אמת, אהיה פעמים אהיה, ז״פ ס״ג לִירֵאֶיךָ lireeja.

וְתִקְוָה vetikvá

La palabra *tikvá* (esperanza) puede ser dividida en dos palabras: *tik* (bolsa) y *va* (las letras *Vav* y *Hei*), porque *Yetsirá* y *Asiyá* de Santidad son la cobertura (*tik*) de las letras *Vav* (ו) y *Hei* (ה). Aquí debemos meditar en pedir "*tikvá tová*" (buena esperanza y futuro) de parte de la Santidad.

טוֹבָה tová אכא לְדוֹרְשֶׁיךָ ledorsheja.

Porque sabemos, Señor, nuestro Dios, que el dominio es Tuyo, el poder está en Tu Mano y la Fuerza está en Tu Diestra y Tu nombre inspira reverencia y temor sobre todo lo que Tú has creado.

YAAKOV (TIFÉRET)

Por lo tanto, Oh Señor, otorga honor a Tu pueblo, gloria a aquellos que Te temen y reverencian, buena esperanza a los que Te buscan

ופתחון ufitjón פה pe מילה וע״ה אלהים, אהיה אדני למיחלים lameyajalim לך laj.

שמחה simjá לארצך leartsaj. ששון sasón לעירך leiraj.

וצמיחת utsmijat קרן keren לדוד leDavid עבדך avdaj פוי, אל אדני

(*Rajel* que crece desde Abajo hacia Arriba y tiene dentro de Sí los Nombres: יהוה אלהים יהוה אדני)

ועריכת vaarijat נר ner יהוה אהיה יהוה אלהים יהוה אדני

(*Leá* donde Ella está en la espalda de *Dáat* y Ella tiene dentro de Sí los Nombres: יהוה אהיה)

לבן levén ישי Yishai (לאה שממנה משיח בן דוד)

משיחך meshijeja במהרה bimherá בימינו beyameinu:

DAVID (MALJUT) (מלכות) דוד

22 palabras que corresponden a las 22 letras y al Nombre אכא, y su secreto es para corregir a los planetas.

ובכן uvjén

ע״ב (יוד הי ויו הי, ריבוע יהוה), כנגד ע״ב שמות היוצאים מג׳ פסוקים הנ״ל וכנגד דוד המלך ע״ה.

←

כהת	אכא	ללה	מהש	עלם	סיט	ילי	והו
הקם	הרי	מבה	יזל	ההע	לאו	אלד	הזי
וזהו	מלה	ייי	נלך	פהל	לוו	כלי	לאו
ושר	לכב	אום	ריי	שאה	ירת	האא	נתה
ייז	רהע	וזעם	אני	מנד	כוק	להוז	יוזו
מיה	עשל	ערי	סאל	ילה	ויל	מיכ	ההה
פוי	מבה	נית	ננא	עמם	הוזש	דני	והו
מוזי	ענו	יהה	ומב	מצר	הרוז	ייל	נמם
מום	היי	יבמ	ראה	וזבו	איע	מנק	דמב

צדיקים tsadikim (*Tsédek-Maljut* y *Tsadik-Yesod*) יראו yirú וישמחו veyismajú

וישרים visharim (Ellos estarán felices por la eliminación del otro lado del mundo)

יעלוזו yaalozu. וחסידים vajasidim ברנה beriná יגילו yaguilu.

ועולתה veolatá תקפוץ tikpots פיה piha ר״ת = ליל״ת (*Nukvá de Klipá*).

---

y elocuencia a los que confían en Ti, júbilo a Tu tierra y alegría a Tu ciudad y fuerza floreciente a tu siervo David, Tu servidor, y resplandezca la antorcha del hijo de Yishái, Tu ungido, prontamente en nuestros días.

DAVID (MALJUT)

Por lo tanto, los justos contemplarán y se regocijarán,
los rectos se alegrarán y los devotos se conmoverán con alegre canción. La iniquidad callará.

וְהָרִשְׁעָה veharishá כֻּלָּה julá בְּעָשָׁן beashán (סמא"ל) תִּכְלֶה tijlé

(La fortaleza del otro lado es el secreto de *Amalek* [Amalequitas = duda], y cuando sea removido del cosmos, entonces todos los poderes del otro lado se evaporarán como humo).

כִּי qui תַעֲבִיר taavir מֶמְשֶׁלֶת memshélet זָדוֹן zadón

מִן min הָאָרֶץ haárets אלהים דההין ע"ה:

Veintisiete palabras que corresponden al *Milui* de *Milui* del Nombre: אהיה
(El secreto de la revelación de la Iluminación de *Ima*)

וְתִמְלוֹךְ vetimloj אַתָּה Atá הוּא Hu יְהֹוָהאדניאהדונהי Adonai

אֱלֹהֵינוּ Eloheinu ילה מְהֵרָה meherá עַל al כָּל col ילי ; עמם מַעֲשֶׂיךָ maaseja.

בְּהַר behar צִיּוֹן Tsiyón יוסף, ו' הויות, קנאה מִשְׁכַּן mishcán

כְּבוֹדֶךָ quevodeja ב"ן, לכב. וּבִירוּשָׁלַיִם uvirushaláyim עִיר ir מטטרון, סנדלפון, ערי

מִקְדָּשֶׁךָ mikdasheja. כַּכָּתוּב cacatuv בְּדִבְרֵי bedivrei קָדְשֶׁךָ kodshejá:

יִמְלֹךְ yimloj יְהֹוָהאדניאהדונהי Adonai לְעוֹלָם leolam ריבוע ס"ג וי' אותיות דס"ג

אֱלֹהַיִךְ Eloháyij ילה צִיּוֹן Tsiyón יוסף, ו' הויות, קנאה לְדֹר ledor

וָדֹר vador רי"ו ; ר"ת אצלו (מלכות אצל ז"א – ו) הַלְלוּיָהּ haleluyá אלהים, אהיה אדני ; ללה:

Veintiún palabras que corresponden al Nombre: אהיה

קָדוֹשׁ kadosh אַתָּה Atá וְנוֹרָא venorá שְׁמֶךָ Shmeja. וְאֵין veéin

אֱלוֹהַּ Elohá מִבַּלְעָדֶיךָ mibaladeja. כַּכָּתוּב cacatuv: וַיִּגְבַּה vayigbá

יְהֹוָהאדניאהדונהי Adonai צְבָאוֹת Tsvaot פני שכינה בַּמִּשְׁפָּט bamishpat ע"ה ה"פ אלהים

(נה"י דאימא הנגבהים למעלה בלאה) וְהָאֵל vehaEl לאה ; יא"י הַקָּדוֹשׁ hakadosh

נִקְדַּשׁ nikdash בִּצְדָקָה bitsdaká ע"ה ריבוע אלהים: בָּרוּךְ baruj

אַתָּה Atá יְהֹוָהאדניה(יְהֹוָהאדניה) Adonai הַמֶּלֶךְ haMélej הַקָּדוֹשׁ hakadosh

(*Leá* – ya que Ella está junto a los Santos *Mojín*) ר"ת איהה

Aqui medita en el Nombre: יאהדונהי, ya que puede ayudar a eliminar la ira.

Si por error dijiste "*haEl haKadosh*" y te das cuenta de esto en tres segundos, debes decir inmediatamente "*haMélej haKadosh*" y continuar normalmente. Pero si ya has comenzado la bendición siguiente, debes hacer la *Amidá* desde el principio.

---

y todo el mal se evaporará como humo. Porque Tú eliminarás el reino malvado de la Tierra, y entonces Tú, que eres el Señor, nuestro Dios, reinarás rápidamente, sobre todas Tus obras en el Monte Sión, el lugar de descanso para Tu Gloria, y en Jerusalén, Tu ciudad Santa. Como está escrito en Tus Sagradas Escrituras: "¡El Señor reinará por siempre, tu Dios, Oh Sión, de generación en generación. ¡Aleluya!"(Salmos 146:10). Tú eres Santo y Tu Nombre inspira temor y no hay ningún otro Dios aparte de Ti, como está escrito: "El Señor de los Ejércitos, será exaltado en justicia y el Santo Dios será santificado en equidad" (Isaías 5:16). Bendito eres Tú, Señor, el Rey Santo.

Los cuatro *Uvjén* son dados, dos para *Leá* y dos para *Rajel*.

LA BENDICIÓN DEL MEDIO

La cuarta bendición nos conecta con el verdadero poder de *Yom Kipur*, la semilla de todo el año. Así como la semilla de una manzana engendra un manzano, una semilla negativa engendra un año negativo. De la misma manera, una semilla positiva genera un año positivo. *Yom Kipur* es nuestra oportunidad de escoger la semilla que deseamos sembrar para nuestro próximo año. El poder de las letras en esta bendición radica en su capacidad de ayudarnos a escoger automáticamente la semilla correcta que necesitamos y no necesariamente la semilla que queremos.

אַתָּה Atá בְּחַרְתָּנוּ vejartanu מִכָּל micol ילי הָעַמִּים •haamim

אָהַבְתָּ ahavta אוֹתָנוּ otanu וְרָצִיתָ veratsita בָּנוּ •banu

וְרוֹמַמְתָּנוּ veromamtanu מִכָּל micol ילי הַלְּשׁוֹנוֹת •haleshonot

וְקִדַּשְׁתָּנוּ vekidashtanu בְּמִצְוֹתֶיךָ •bemitsvoteja וְקֵרַבְתָּנוּ vekeravtanu

מַלְכֵּנוּ malquenu לַעֲבוֹדָתֶךָ •laavodateja וְשִׁמְךָ veShimjá הַגָּדוֹל hagadol

להח ; ועם ד' אותיות = מבה, יזל, הום וְהַקָּדוֹשׁ vehakadosh עָלֵינוּ aleinu קָרָאתָ :karata

וַתִּתֶּן vatitén ב"פ כהת לָנוּ lanu אלהים, אהיה אדני יְהֹוָהאדניאהדונהי Adonai

אֱלֹהֵינוּ Eloheinu ילה בְּאַהֲבָה beahavá אחד, דאגה אֶת et

יוֹם yom ע"ה נגד, מזבח, זן, אל יהוה (En *Shabat* agregar: הַשַּׁבָּת haShabat הַזֶּה hazé •והו

וְאֶת veet יוֹם yom ע"ה נגד, מזבח, זן, אל יהוה) הַכִּפּוּרִים HaKipurim הַזֶּה hazé •והו

אֶת et יוֹם yom ע"ה נגד, מזבח, זן, אל יהוה סְלִיחַת slijat הֶעָוֹן heavón

הַזֶּה hazé •והו אֶת et יוֹם yom ע"ה נגד, מזבח, זן, אל יהוה מִקְרָא mikrá

קֹדֶשׁ kódesh הַזֶּה hazé •והו לִמְחִילָה limjilá וְלִסְלִיחָה velislijá

וּלְכַפָּרָה •ulejapará וְלִמְחוֹל velimjol בּוֹ bo אֶת et כָּל col ילי

עֲוֹנוֹתֵינוּ •avonoteinu בְּאַהֲבָה beahavá אחד, דאגה מִקְרָא mikrá

קֹדֶשׁ •kódesh זֵכֶר zéjer לִיצִיאַת litsiat מִצְרָיִם Mitsráyim •מצר

LA BENDICIÓN DEL MEDIO

Tú nos has elegido entre todas las naciones. Tú nos has amado y has encontrado favor entre nosotros. Tú nos has exaltado sobre todas las lenguas y Tú nos has santificado con tus preceptos. Tú nos acercaste, Rey nuestro, a Tu servicio y proclamaste sobre nosotros Tu gran y Santo Nombre. Y puedas darnos Tú, Señor, nuestro Dios con amor este día (**en *Shabat* añade:** *de Shabat y este Día*) *de Expiación, este día de absolución de iniquidad, este día de Santa Convocatoria, de perdón, absolución y de expiación, y así perdonar todas nuestras iniquidades, con amor, una convocatoria Santa, un recuerdo de la salida del Egipto.*

אֱלֹהֵינוּ Eloheinu ילה וֵאלֹהֵי veElohei לכב ; מילוי ע"ב, דמב ; ילה אֲבוֹתֵינוּ avoteinu.

מְחוֹל mejol לַעֲוֹנוֹתֵינוּ laavonoteinu בְּיוֹם beyom ע"ה נגד, מזבח, זן, אל יהוה

(En *Shabat* agrega: הַשַּׁבָּת haShabat הַזֶּה hazé והו. וּבְיוֹם veveyom ע"ה נגד, מזבח, זן, אל יהוה)

הַכִּפּוּרִים HaKipurim הַזֶּה hazé והו. וּבְיוֹם veveyom ע"ה נגד, מזבח, זן, אל יהוה

סְלִיחַת slijat הֶעָוֹן heavón הַזֶּה hazé והו. בְּיוֹם beyom ע"ה נגד, מזבח, זן, אל יהוה

מִקְרָא mikrá קֹדֶשׁ kódesh הַזֶּה hazé והו. מְחֵה mejé וְהַעֲבֵר vehaaver

פְּשָׁעֵינוּ peshaeinu מִנֶּגֶד minégued מזבח, זן, אל יהוה עֵינֶיךָ eineja ע"ה קס"א ; ריבוע מ"ה.

כָּאָמוּר caamur: אָנֹכִי Anojí אָנֹכִי Anojí הוּא Hu מוֹחֶה mojé

פְשָׁעֶיךָ feshaeja לְמַעֲנִי lemaaní וְחַטֹּאתֶיךָ vejatoteja לֹא lo

אֶזְכֹּר ezcor: וְנֶאֱמַר veneemar: מָחִיתִי majití כָעָב jaav

פְּשָׁעֶיךָ peshaeja וְכֶעָנָן vejeanán חַטֹּאותֶיךָ jatoteja שׁוּבָה shuva הויש אֵלַי Elai

כִּי qui גְאַלְתִּיךָ guealtija: וְנֶאֱמַר veneemar: כִּי qui

בַּיּוֹם vayom ע"ה נגד, מזבח, זן, אל יהוה הַזֶּה hazé והו יְכַפֵּר yejaper

עֲלֵיכֶם aleijem לְטַהֵר letaher אֶתְכֶם etjem מִכֹּל micol ילי

חַטֹּאתֵיכֶם jatoteijem לִפְנֵי lifnei יְהֹוָהאדניאהדונהי Adonai תִּטְהָרוּ titharú

אֱלֹהֵינוּ Eloheinu ילה וֵאלֹהֵי veElohei לכב ; מילוי ע"ב, דמב ; ילה אֲבוֹתֵינוּ avoteinu

יַעֲלֶה yaalé וְיָבֹא veyavó וְיַגִּיעַ veyaguía וְיֵרָאֶה veyeraé ר"ו וְיֵרָצֶה veyeratsé

וְיִשָּׁמַע veyishamá וְיִפָּקֵד veyipaked וְיִזָּכֵר veyizajer ר"ת = מ"ב

זִכְרוֹנֵנוּ zijronenu וְזִכְרוֹן vezijrón ע"ב קס"א ונש"ב אֲבוֹתֵינוּ avoteinu.

Nuestro Dios y el Dios de nuestros padres,

perdona nuestras iniquidades (en **Shabat** agregar: *en este día de reposo y) en este Día de Expiación, este día de absolución de iniquidades, este día de Santa Convocatoria. Excluye y elimina nuestras transgresiones de Tu vista, como está dicho: "Yo, Yo soy quien borro tus rebeliones por amor de Mí mismo, y no me acordaré de tus pecados"* (Isaías 43:25). *Y está dicho: "Yo deshice como a una nube tus transgresiones y como a una niebla tus pecados; regresa a Mí, porque Yo te redimí"* (Isaías 44:22). *Y está dicho: "Porque en este día se hará expiación por ustedes, y serán limpios de todos sus pecados delante del Señor"* (Levítico 16:30).

Nuestro Dios y el Dios de nuestros padres, pueda elevarse e ir, y llegar y aparecer, y encontrar gracia y ser oída, considerada y recordada nuestra remembranza y la remembranza de nuestros padres,

זִכְרוֹן zijrón ע״ב קס״א ונש״ב יְרוּשָׁלַיִם Yerushaláyim עִירָךְ iraj•
וְזִכְרוֹן vezijrón ע״ב קס״א ונש״ב מָשִׁיחַ Mashíaj בֶּן ben דָּוִד David ע״ה כהת ;
בן דוד = אדני ע״ה עַבְדָּךְ avdaj פוי, אל אדני • וְזִכְרוֹן vezijrón ע״ב קס״א ונש״ב כָּל col
ילי עַמְּךָ amjá בֵּית beit ב״פ ראה יִשְׂרָאֵל Yisrael לְפָנֶיךָ lefaneja ס״ג מ״ה ב״ן
לִפְלֵיטָה lifletá לְטוֹבָה letová אכא • לְחֵן lején מילוי דמ״ה בריבוע ; מוזי
לְחֶסֶד lejésed ע״ב, ריבוע יהוה וּלְרַחֲמִים ulerajamim•
לְחַיִּים lejayim אהיה אהיה יהוה, בינה ע״ה • טוֹבִים tovim וּלְשָׁלוֹם uleshalom•
בְּיוֹם beyom ע״ה נגד, מזבח, זן, אל יהוה (En Shabat agrega: הַשַּׁבָּת haShabat הַזֶּה hazé והו•
וּבְיוֹם uveyom ע״ה נגד, מזבח, זן, אל יהוה) הַכִּפּוּרִים HaKipurim הַזֶּה hazé והו•
וְבְיוֹם veveyom ע״ה נגד, מזבח, זן, אל יהוה סְלִיחַת slijat הֶעָוֹן heavón הַזֶּה hazé והו•
בְּיוֹם beyom ע״ה נגד, מזבח, זן, אל יהוה טוֹב tov והו מִקְרָא mikrá קֹדֶשׁ kódesh
הַזֶּה hazé והו• לְרַחֵם lerajem אברהם, וז״פ אל, רי״ו ול״ב נתיבות החכמה, רמ״ח (אברים),
עסמ״ב וט״ז אותיות פשוטות בּוֹ bo עָלֵינוּ aleinu וּלְהוֹשִׁיעֵנוּ ulehoshienu•
זָכְרֵנוּ zojrenu (desde *Zeir Anpín*) יְהֹוָהאדניאהדונהי Adonai אֱלֹהֵינוּ Eloheinu ילה
בּוֹ bo לְטוֹבָה letová אכא• וּפָקְדֵנוּ ufakdenu (desde *Nukvá*) בוֹ vo
לִבְרָכָה livrajá• וְהוֹשִׁיעֵנוּ vehoshienu (desde *Dáat*) בוֹ vo לְחַיִּים lejayim
אהיה אהיה יהוה, בינה ע״ה טוֹבִים tovim• בִּדְבַר bidvar ראה יְשׁוּעָה yeshuá
וְרַחֲמִים verajamim• חוּס jus וְחָנֵּנוּ vejanenu וַחֲמוֹל vajamol
וְרַחֵם verajem אברהם, וז״פ אל, רי״ו ול״ב נתיבות החכמה, רמ״ח (אברים), עסמ״ב וט״ז אותיות פשוטות
עָלֵינוּ aleinu• וְהוֹשִׁיעֵנוּ vehoshienu כִּי qui אֵלֶיךָ eleja עֵינֵינוּ eineinu ריבוע מ״ה•
כִּי qui אֵל El ייא״י מֶלֶךְ Mélej חַנּוּן janún וְרַחוּם verajum אָתָּה Atá:

---

*las remembranza de Jerusalén, Tu ciudad, y la remembranza del Mesías Ben David, Tu sirviente, y la remembranza de toda Tu Nación, la Casa de Israel, ante Ti, para aceptación, para bien, para gracia, amabilidad y compasión, para una buena vida y para paz en este Día de (***en Shabat di:*** Shabat y en este Día de) Expiación; este día del perdón de los pecados, en este buen Día de Santa Convocatoria, para tener misericordia de nosotros y para salvarnos. Recuérdanos, Señor, nuestro Dios, para bien y considéranos en ello para la bendición y entréganosla para una buena vida con las palabras de entrega y misericordia. Ten piedad y sé amable con nosotros y ten misericordia y sé compasivo con nosotros y sálvanos, porque nuestros ojos van hacia Ti, porque Tú eres Dios, Rey que es amable y compasivo.*

אֱלֹהֵינוּ Eloheinu ילה וֵאלֹהֵי veElohei לכב ; מילוי ע"ב, דמב ; ילה אֲבוֹתֵינוּ avoteinu•

מְלוֹךְ meloj (El secreto de la revelación del Honor del Santo rey de los Mundos)

עַל al כָּל col ילי עמם הָעוֹלָם haolam כֻּלּוֹ culó בִּכְבוֹדֶךָ bijvodaj ב"ן, לכב•

וְהִנָּשֵׂא vehinasé עַל al כָּל col ילי עמם הָאָרֶץ haárets אלהים דההין ע"ה

בִּיקָרֶךָ bikaraj

(La elevación de la dominación desde *Vav-Hei* hacia *Yud* y *Hei*, que es el secreto de *Yekar*-Gloria)

וְהוֹפַע vehofá בַּהֲדַר bahadar גְּאוֹן gueón עֻזֶּךָ uzaj

(La relevación de *Arij Anpín* —desde Su aspecto del Cabello, el cual está debajo de la Garganta, que es llamada *Hadar Gueón*— sobre los Mundos Inferiores)

עַל al כָּל col ילי עמם יוֹשְׁבֵי yoshvei תֵבֵל tevel ב"פ ריו אַרְצֶךָ artsaj•

וְיֵדַע veyedá כָּל col ילי פָּעוּל paúl (*Asiyá*) כִּי qui אַתָּה Atá פְּעַלְתּוֹ pealtó•

וְיָבִין veyavín כָּל col ילי יָצוּר yetsur (*Yetsirá*) כִּי qui אַתָּה Atá יְצַרְתּוֹ yetsartó•

וְיֹאמַר veyomar כָּל col ילי אֲשֶׁר asher נְשָׁמָה neshama (*Briá*) בְּאַפּוֹ veapó•

(Todos reconoceremos el hecho de que la Luz está en control, incluso cuando parezca que la *klipá* lo esté)

יְהֹוָה Adonai אֱלֹהֵי Elohei מילוי ע"ב, דמב ; ילה יִשְׂרָאֵל Yisrael תרי"ג (מצוות)

מָלָךְ malaj (מֶלֶךְ)• וּמַלְכוּתוֹ umaljutó בַּכֹּל vacol לכב, ב"ן מָשָׁלָה mashalá

:(El secreto de la Santa *Maljut* que entra y se viste de la *klipá* para poder doblegarla)

MEKADESH YISRAEL VE YOM HAKIPURIM

(**En *Shabat* agregar:** אֱלֹהֵינוּ Eloheinu ילה וֵאלֹהֵי veElohei לכב ; מילוי ע"ב, דמב ; ילה

אֲבוֹתֵינוּ avoteinu רְצֵה retsé נָא na בִמְנוּחָתֵינוּ vimnujateinu)

Nuestro Dios y Dios de nuestros antepasados, reina sobre todo el mundo con gloria y sé exaltado sobre toda la Tierra en Tu esplendor y revélate a Ti mismo en la grandeza majestuosa de Tu fortaleza sobre todos los moradores del mundo habitado, que es Tu tierra. Entonces todo lo que se ha hecho sabrá que Tú lo creaste y todo lo que se ha formado entenderá que Tú lo has formado y todo lo que tiene alma en su nariz proclamará que el Señor, el Dios de Israel, ha reinado y Su Reino rige sobre todo.

MEKADESH YISRAEL VE YOM HAKIPURIM

(**En *Shabat*:** *Dios nuestro y Dios de nuestros antepasados, que Te plazca nuestro descanso).*

קַדְּשֵׁנוּ kadshenu • בְּמִצְוֹתֶיךָ vemitsvoteja• תֵּן ten וְחַלְקֵנוּ jelkenu

בְּתוֹרָתָךְ vetorataj• שַׂבְּעֵנוּ sabenu מִטּוּבָךְ mituvaj לאו• שַׂמֵּחַ saméaj

נַפְשֵׁנוּ nafshenu בִּישׁוּעָתָךְ bishuataj• וְטַהֵר vetaher לִבֵּנוּ libenu

לְעָבְדְּךָ leovdejá פוי, אל יהוה בֶּאֱמֶת veemet אהיה פעמים אהיה, ז"פ ס"ג•

כִּי qui אַתָּה Atá יְהֹוָהאדניאהדונהי Adonai אֱלֹהִים Elohim ילה

אֱמֶת emet אהיה פעמים אהיה, ז"פ ס"ג• וּדְבָרְךָ udvarjá ראה מַלְכֵּנוּ malquenu

אֱמֶת emet אהיה פעמים אהיה, ז"פ ס"ג וְקַיָּם vekayam לָעַד laad ב"פ ב"ן• בָּרוּךְ Baruj

אַתָּה Atá יְהֹוָהאדניאהדונהי Adonai מֶלֶךְ Mélej מוֹחֵל mojel וְסוֹלֵחַ vesoléaj

לַעֲוֹנוֹתֵינוּ laavonoteinu וְלַעֲוֹנוֹת velaavonot עַמּוֹ amó יִשְׂרָאֵל Yisrael•

וּמַעֲבִיר umaavir אַשְׁמוֹתֵינוּ ashmoteinu בְּכָל bejol לכב, ב"ן שָׁנָה shaná

וְשָׁנָה veshaná• מֶלֶךְ Mélej עַל al כָּל col ילי ; עמם הָאָרֶץ haárets אלהים דההין ע"ה

מְקַדֵּשׁ mekadesh (**En *Shabat* agregar:** הַשַּׁבָּת haShabat וְ ve) יִשְׂרָאֵל Yisrael

וְיוֹם veYom ע"ה נגד, מזבח, זן, אל יהוה הַכִּפּוּרִים HaKipurim•:

LAS TRES BENDICIONES FINALES

A través del mérito de Moshé, Aharón y Yosef, quienes son nuestros canales para las últimas tres bendiciones, somos capaces de hacer descender toda la energía espiritual que despertamos con nuestras oraciones y bendiciones.

LA QUINTA BENDICIÓN

Durante esta bendición, que se refiere a Moshé, siempre debemos meditar en tratar de saber exactamente qué quiere Dios de nosotros en nuestra vida, como lo indica la frase: "Que sea la voluntad de Dios". Estamos pidiéndole a Dios que nos guíe hacia el trabajo que vinimos a hacer en la Tierra. El Creador no puede aceptar sólo el trabajo que queremos hacer, debemos llevar a cabo el trabajo que estamos destinados a hacer .

Santifícanos con Tus preceptos y otórganos participación en Tu Torá y sácianos de Tu bondad y alegra nuestros espíritus con Tu salvación y purifica nuestro corazón para que te sirvamos con verdad. Porque Tú, Señor, eres el verdadero Dios y Tu palabra es verdadera y perenne por siempre. Bendito eres Tú, Señor, Rey que perdona y absuelve nuestras iniquidades y las iniquidades de Su pueblo, Israel, y deja pasar nuestras ofensas cada año, Rey sobre toda la Tierra, que santifica (**en *Shabat* agregar:** *el Shabat e*) *Israel y el Día de Expiación.*

Nétsaj

Meditar por el Deseo Celestial (*Kéter*), que es llamado *Métsaj HaRatsón* (la Frente del Deseo).

רְצֵה retsé אלף למד הה יוד מם

Aquí meditar en transformar el infortunio y la tragedia (צרה) en deseo y aceptación (רצה).

יְהֹוָהאדניאהדונהי Adonai אֱלֹהֵינוּ Eloheinu ילה בְּעַמְּךָ beamjá יִשְׂרָאֵל Yisrael

וְלִתְפִלָּתָם velitfilatam שְׁעֵה sheé. וְהָשֵׁב vehashev הָעֲבוֹדָה haavodá

לִדְבִיר lidvir רי"ו בֵּיתֶךָ beiteja ב"פ ראה. וְאִשֵּׁי veishei יִשְׂרָאֵל Yisrael

וּתְפִלָּתָם utfilatam מְהֵרָה meherá בְּאַהֲבָה beahavá אחד, דאגה

תְּקַבֵּל tekabel בְּרָצוֹן beratsón מהש ע"ה, ע"ב בריבוע וקס"א ע"ה, אל שדי ע"ה.

וּתְהִי utehí לְרָצוֹן leratsón מהש ע"ה, ע"ב בריבוע וקס"א ע"ה, אל שדי ע"ה

תָּמִיד tamid ע"ה קס"א קנ"א קמ"ג עֲבוֹדַת avodat יִשְׂרָאֵל Yisrael עַמֶּךָ ameja:

וְאַתָּה veAtá בְּרַחֲמֶיךָ verajameja הָרַבִּים harabim. תַּחְפֹּץ tajpots

בָּנוּ banu וְתִרְצֵנוּ vetirtsenu וְתֶחֱזֶינָה vetejezena עֵינֵינוּ eineinu ריבוע מ"ה

בְּשׁוּבְךָ beshuvjá לְצִיּוֹן leTsiyón יוסף, ו' הויות, קנאה

בְּרַחֲמִים berajamim מצפצ, אלהים דיודין, י"פ ייי:

בָּרוּךְ Baruj אַתָּה Atá יְהֹוָהאדניאהדונהי Adonai

הַמַּחֲזִיר hamajazir שְׁכִינָתוֹ Shjinató לְצִיּוֹן leTsiyón יוסף, ו' הויות, קנאה:

LAS TRES BENDICIONES FINALES
LA QUINTA BENDICIÓN

Encuentra gracia, Señor, nuestro Dios, en tu Pueblo, Israel y oye su oración. Restaura el culto en el santuario interno de Tu Templo. Acepta las ofrendas de Israel y sus oraciones con complacencia, prontamente y con amor. Que siempre sea agradable a Ti, el servicio de Israel, Tu Nación. Y Tú en Tu gran compasión, te deleites en nosotros y estés complacido con nosotros. Puedan nuestros ojos contemplar Tu retorno a Sión con compasión. ¡Bendito eres Tú, Señor, que devuelve Su Shejiná a Sión!

LA SEXTA BENDICIÓN

Esta bendición es nuestro agradecimiento. Kabbalísticamente, el mayor "agradecimiento" que le podemos dar a nuestro Creador es hacer exactamente lo que estamos destinados a hacer en términos de nuestro trabajo espiritual.

Hod

Inclina todo tu cuerpo en "*modim*" y enderézate en "*Adonai*".

מוֹדִים modim מאה ברכות שתיקן דוד לאמרם כל יום אֲנַחְנוּ anajnu לָךְ laj

שָׁאַתָּה sheAtá הוּא Hu יְהֹוָהאדניאהדונהי Adonai (ונ) אֱלֹהֵינוּ Eloheinu ילה

וֵאלֹהֵי veElohei לכב ; מילוי ע"ב, דמב ; ילה אֲבוֹתֵינוּ avoteinu לְעוֹלָם leolam

ריבוע ס"ג וי' אותיות דס"ג וָעֶד vaed. צוּרֵנוּ tsurenu צוּר tsur אלהים דההין ע"ה

חַיֵּינוּ jayeinu וּמָגֵן umaguén ג"פ אל (ייא" מילוי דס"ג) ; ר"ת מיכאל גבריאל נוריאל

יִשְׁעֵנוּ yishenu אַתָּה Atá הוּא Hu. לְדוֹר ledor וָדוֹר vador ר"ו נוֹדֶה nodé

לְךָ lejá וּנְסַפֵּר unesaper תְּהִלָּתֶךָ tehilateja. עַל־ al חַיֵּינוּ jayeinu

הַמְּסוּרִים hamesurim בְּיָדֶךָ beyadeja. וְעַל veal נִשְׁמוֹתֵינוּ nishmoteinu

הַפְּקוּדוֹת hapkudot לָךְ laj. וְעַל־ veal נִסֶּיךָ niseja שֶׁבְּכָל shebejol

ב"ן, לכב יוֹם yom ע"ה נגד, מזבח, זן, אל יהוה עִמָּנוּ imanu ריבוע ס"ג, קס"א ע"ה וד' אותיות

וְעַל veal נִפְלְאוֹתֶיךָ nifleoteja וְטוֹבוֹתֶיךָ vetovoteja שֶׁבְּכָל shebejol

ב"ן, לכב עֵת et. עֶרֶב érev וָבֹקֶר vavóker וְצָהֳרָיִם vetsohoráyim. הַטּוֹב hatov

והו כִּי־ qui לֹא־ lo כָלוּ jalú רַחֲמֶיךָ rajameja. הַמְּרַחֵם hamerajem

אברהם, וז"פ אל, רי"ו ול"ב נתיבות החכמה, רמ"ח (אברים), עסמ"ב וט"ז אותיות פשוטות כִּי־ qui לֹא lo

תַמּוּ tamu חֲסָדֶיךָ jasadeja כִּי qui מֵעוֹלָם meolam קִוִּינוּ kivinu לָךְ laj:

LA SEXTA BENDICIÓN

Nosotros te damos gracias a Ti, porque eres Tú, Señor, quien es nuestro Dios y el Dios de nuestros padres, por siempre y por toda la eternidad. Tú eres nuestra Fortaleza, la Fortaleza de nuestras vidas y el Escudo de nuestra salvación. De una generación a otra, te daremos gracias a Ti y cantaremos Tu alabanza. Por nuestras vidas que están en Tus Manos, por nuestras almas que están a Tu cuidado, por Tus milagros que están con nosotros todos los días y por Tus maravillas y Tus favores que están con nosotros en todo momento: de noche, de mañana y de tarde. Tú eres bueno, porque Tu compasión nunca se ha acabado. Tú eres el Misericordioso, porque Tu bondad nunca ha cesado, porque siempre hemos puesto nuestras esperanzas en Ti.

וְעַל veal כֻּלָּם culam יִתְבָּרַךְ yitbaraj וְיִתְרוֹמָם veyitromam
וְיִתְנַשֵּׂא veyitnasé תָּמִיד tamid ע"ה קס"א קנ"א קמ"ג שִׁמְךָ Shimjá
מַלְכֵּנוּ malquenu לְעוֹלָם leolam ריבוע ס"ג וי' אותיות דס"ג וָעֶד vaed.
וְכָל־ vejol ילי הַחַיִּים hajayim אהיה אהיה יהוה, בינה ע"ה יוֹדוּךָ yoduja סֶּלָה sela:

UJTOV

וּכְתוֹב ujtov לְחַיִּים lejayim אהיה אהיה יהוה, בינה ע"ה טוֹבִים tovim

Nétsaj y *Hod* de *Zeir Anpín* se convierten en *Mojín* para *Nukvá* y es por ello que son buenos (*tovim*) ya que ellos están en el lugar de la revelación de los *Jasadim* como se conoce.

כָּל־ col ילי בְּנֵי bnei בְרִיתֶךָ vriteja:

Si olvidas decir "*ujtov*" y te das cuenta de esto antes del final de la bendición "*Baruj Atá Adonai*", debes regresar y decir "*ujtov*" y continuar normalmente. Pero si te das cuenta de esto sólo después del final de la bendición, debes continuar.

וִיהַלְלוּ vihalelú וִיבָרְכוּ vivarjú יהוה ריבוע יהוה ריבוע מ"ה אֶת־ et
שִׁמְךָ Shimjá הַגָּדוֹל hagadol להח ; עם ד' אותיות = מבה, יזל, אום בֶּאֱמֶת beemet אהיה
פעמים אהיה, ז"פ ס"ג לְעוֹלָם leolam ריבוע ס"ג וי' אותיות דס"ג כִּי qui טוֹב tov והו ;
כי טוב = יהוה אהיה, אום, מבה, יזל. הָאֵל haEl לאה ; ייא"י (מילוי דס"ג) יְשׁוּעָתֵנוּ yeshuatenu
וְעֶזְרָתֵנוּ veezratenu סֶלָה sela. הָאֵל haEl לאה ; ייא"י (מילוי דס"ג) הַטּוֹב hatov והו:

Flexiona tus rodillas en "*Baruj*", inclínate en "*Atá*" y enderézate en "*Adonai*".

בָּרוּךְ Baruj אַתָּה Atá יְהֹוָהאדניאהדונהי Adonai (ה') הַטּוֹב hatov והו
שִׁמְךָ Shimjá וּלְךָ uLejá נָאֶה naé לְהוֹדוֹת lehodot ס"ת כהת, משיח בן דוד ע"ה:

Y por todas estas cosas, que sea siempre bendecido, exaltado y ensalzado, Tu Nombre, por siempre, nuestro Rey, por siempre y para siempre, y todos los vivientes Te agradecen, Sela.

UJTOV

E inscribe a todos los miembros de Tu alianza para una vida feliz.

Y ellos te alabarán y bendecirán Tu gran Nombre, sinceramente y para siempre, porque es bueno, el Dios de nuestra salvación y nuestra ayuda, Sela, el buen Dios. Bendito eres Tú, Señor, cuyo Nombre es bueno. Y a Ti es propio dar gracias.

LA BENDICIÓN FINAL

Estamos emanando la energía de paz para el mundo entero. También nos proponemos utilizar nuestra boca sólo para el bien. Kabbalísticamente, el poder de las palabras y del habla es inimaginable. Esperamos usar este poder sabiamente, lo que tal vez es una de las tareas más difíciles de llevar a cabo.

Yesod

שִׂים sim שָׁלוֹם shalom

טוֹבָה tová אכא וּבְרָכָה uvrajá חַיִּים jayim אהיה אהיה יהוה, בינה ע"ה

חֵן jen מילוי דמ"ה בריבוע, מוזי וָחֶסֶד vajésed ע"ב, ריבוע יהוה

צְדָקָה tsedaká ע"ה ריבוע אלהים וְרַחֲמִים verajamim עָלֵינוּ aleinu

וְעַל־ veal כָּל־ col ילי ; עמם יִשְׂרָאֵל Yisrael עַמֶּךָ ameja

וּבָרְכֵנוּ uvarjenu אָבִינוּ avinu כֻּלָּנוּ culanu כְּאֶחָד queejad אהבה, דאגה

בְּאוֹר beor רז, א"ס פָּנֶיךָ paneja ס"ג מ"ה ב"ן כִּי qui בְאוֹר veor רז, א"ס

פָּנֶיךָ paneja ס"ג מ"ה ב"ן נָתַתָּ natata לָנוּ lanu אלהים, אהיה אדני

יְהֹוָהאדניאהדונהי Adonai אֱלֹהֵינוּ Eloheinu ילה תּוֹרָה Torá

וְחַיִּים vejayim אהיה אהיה יהוה, בינה ע"ה. אַהֲבָה ahavá אחד, דאגה

וָחֶסֶד vajésed ע"ב, ריבוע יהוה. צְדָקָה tsdaká ע"ה ריבוע אלהים

וְרַחֲמִים verajamim. בְּרָכָה brajá וְשָׁלוֹם veshalom.

וְטוֹב vetov והו בְּעֵינֶיךָ־ beeineja ע"ה קס"א ; ריבוע מ"ה לְבָרְכֵנוּ levarjenu

וּלְבָרֵךְ ulevarej אֶת et כָּל־ col ילי עַמְּךָ amjá יִשְׂרָאֵל Yisrael

בְּרוֹב־ berov י"פ אהיה עֹז oz וְשָׁלוֹם veshalom:

LA BENDICIÓN FINAL

Otorga paz, bondad, bendiciones,

vida, gracia, amabilidad, justicia y misericordia a nosotros y a todo Israel, Tu Pueblo. Bendícenos a todos como uno solo, Padre nuestro, con la Luz de Tu Rostro, porque es con la Luz de Tu rostro que Tú, Señor, nuestro Dios, nos has dado la Torá y vida, amor y amabilidad, justicia y misericordia, bendición y paz. Que sea grato a Tus Ojos bendecirnos y bendecir a tu Nación, Israel, con abundante poder y con paz.

וּבְסֵפֶר uveséfer וְחַיִּים jayim אהיה אהיה יהוה, בינה ע"ה

בְּרָכָה brajá וְשָׁלוֹם veshalom וּפַרְנָסָה ufarnasá טוֹבָה tová אכא

וִישׁוּעָה vishuá וְנֶחָמָה venejamá וּגְזֵרוֹת ugzerot טוֹבוֹת tovot.

נִזָּכֵר nizajer וְנִכָּתֵב venicatev לְפָנֶיךָ lefaneja ס"ג מ"ה ב"ן

אֲנַחְנוּ anajnu וְכָל vejol ילי עַמְּךָ amjá יִשְׂרָאֵל Yisrael

לְחַיִּים lejayim אהיה אהיה יהוה, בינה ע"ה טוֹבִים tovim וּלְשָׁלוֹם uleshalom:

Si olvidaste decir "*uveséfer jayim*" y te das cuenta de esto antes del final de la bendición "*Baruj Atá Adonai*", debes regresar y decir "*uveséfer jayim*" y continuar normalmente. Pero si te das cuenta de esto sólo al final de la bendición, debes continuar.

בָּרוּךְ Baruj אַתָּה Atá יְהֹוָהאדניאהדונהי Adonai

הַמְבָרֵךְ hamevarej אֶת et עַמּוֹ amó יִשְׂרָאֵל Yisrael

בַּשָּׁלוֹם bashalom. אָמֵן Amén יאהדונהי.

ר"ת = אלהים (אילהויהם = יב"ק)

YIHYÚ LERATSÓN

Hay 42 letras en el versículo en el secreto del *Aná Bejóaj*.

יִהְיוּ yihyú אל (יי"א מילוי דס"ג) לְרָצוֹן leratsón מהש ע"ה, ע"ב בריבוע וקס"א ע"ה, אל שדי ע"ה

אִמְרֵי imrei פִי fi ר"ת אֶלֶף = אלף למד שין דלת יוד ע"ה וְהֶגְיוֹן vehegyón לִבִּי libí

לְפָנֶיךָ lefaneja ס"ג מ"ה ב"ן יְהֹוָהאדניאהדונהי Adonai צוּרִי tsurí וְגֹאֲלִי vegoalí:

Y que en el Libro de la Vida,
todos seamos recordados e inscritos ante Ti; para bendición, paz, buen sustento, salvación, consuelo, y buenos decretos. Nosotros y toda Tu Nación, Israel, para una buena vida y para paz.
¡Bendito eres Tú, Señor, que bendice a Su Pueblo, Israel, con paz, Amén!

YIHYÚ LERATSÓN

"Sean gratos ante Ti, Señor,
mi Fortaleza y mi Redentor, los dichos de mi boca y los pensamientos de mi corazón" (Salmos 19:15).

ASHAMNU (VIDUI) (encontrarás la explicación y traducción del *Vidui* en las páginas 56-69)

Mientras recitas el *Vidui*, debes golpear tu pecho con la mano derecha para agitar los *Jasadim* (Misericordias) y las *Guevurot* (Juicios) para que puedan crecer por el bien del *Zivug* (Unificación). Incluso si sabes que no has cometido una de las acciones negativas mencionadas a continuación, debes decir el *Vidui* de todos modos, porque todos actuamos como garantes uno del otro. El *Vidui* es dicho en forma plural porque el *Vidui* es acerca de otras vidas y otras personas que están conectadas a la raíz de nuestra alma.

Las 22 letras son el valor numérico del Nombre Sagrado: אכא

אָנָּא aná ב״ן יְהֹוָאדנהי יאהדונהי Adonai אֱלֹהֵינוּ Eloheinu ילה

וֵאלֹהֵי veElohei לכב ; מילוי ע״ב, דמב ; ילה אֲבוֹתֵינוּ avoteinu. תָּבֹא tavó

לְפָנֶיךָ lefaneja ס״ג מ״ה ב״ן תְּפִלָּתֵנוּ tfilatenu וְאַל veal תִּתְעַלַּם titalam

מַלְכֵּנוּ malquenu מִתְּחִנָּתֵנוּ mitjinatenu. שֶׁאֵין sheéin אֲנַחְנוּ anajnu

עַזֵּי azei אלהים ע״ה, אהיה אדני ע״ה פָנִים panim וּקְשֵׁי ukshei עֹרֶף óref

לוֹמַר lomar לְפָנֶיךָ lefaneja ס״ג מ״ה ב״ן יְהֹוָאדנהי יאהדונהי Adonai

אֱלֹהֵינוּ Eloheinu ילה וֵאלֹהֵי veElohei לכב ; מילוי ע״ב, דמב ; ילה

אֲבוֹתֵינוּ avoteinu צַדִּיקִים tsadikim אֲנַחְנוּ anajnu וְלֹא־ veló

וְחָטָאנוּ jatanu. אֲבָל aval וְחָטָאנוּ jatanu. עָוִינוּ avinu. פָּשַׁעְנוּ pashanu.

אֲנַחְנוּ anajnu וַאֲבוֹתֵינוּ vaavoteinu וְאַנְשֵׁי veanshei בֵיתֵנוּ veitenu ב״פ ראה:

אָשַׁמְנוּ ashamnu. בָּגַדְנוּ bagadnu. גָּזַלְנוּ gazalnu. דִּבַּרְנוּ dibarnu דּוֹפִי dofi

וְלָשׁוֹן velashón הָרָע hará. הֶעֱוִינוּ heevinu. וְהִרְשַׁעְנוּ vehirshanu. זַדְנוּ zadnu.

וְחָמַסְנוּ jamasnu. טָפַלְנוּ tafalnu שֶׁקֶר shéker וּמִרְמָה umirmá. יָעַצְנוּ yaatsnu

עֵצוֹת etsot רָעוֹת raot. כִּזַּבְנוּ quizavnu. כָּעַסְנוּ caasnu. לַצְנוּ latsnu.

מָרַדְנוּ maradnu. מָרִינוּ marinu דְּבָרֶיךָ devareja. נִאַצְנוּ niatsnu.

נִאַפְנוּ niafnu. סָרַרְנוּ sararnu. עָוִינוּ avinu. פָּשַׁעְנוּ pashanu.

פָּגַמְנוּ pagamnu. צָרַרְנוּ tsararnu. צִעַרְנוּ tsiarnu אָב av וָאֵם vaem.

קִשִּׁינוּ kishinu עֹרֶף óref. רָשַׁעְנוּ rashanu. שִׁחַתְנוּ shijatnu. תִּעַבְנוּ tiavnu.

תָּעִינוּ taínu. וְתִעְתָּעְנוּ vetiatanu וְסַרְנוּ vesarnu מִמִּצְוֹתֶיךָ mimitsvoteja

וּמִמִּשְׁפָּטֶיךָ umimishpateja הַטּוֹבִים hatovim וְלֹא veló שָׁוָה shavá

לָנוּ lanu אלהים, אהיה אדני. וְאַתָּה veAtá צַדִּיק tsadik

עַל al כָּל col ילי ; עמם הַבָּא habá עָלֵינוּ aleinu כִּי־ qui

אֱמֶת emet אהיה פעמים אהיה, ז״פ ס״ג עָשִׂיתָ asita וַאֲנַחְנוּ vaanajnu הִרְשָׁעְנוּ hirshanu:

Medita para garantizar que tus acciones negativas sean parte del pasado y ya no sean parte de tu presente.

MA NOMAR

El secreto del Nombre: יוד הא ואו הא (מ"ה=45) que revive a los Siete Reyes Quebrantados. La capacidad de revertir todo y corregir toda clase de corrupción depende de este Nombre, y también la *Teshuvá* (arrepentimiento) depende y se nutre de Éste.

מַה ma מ"ה נֹאמַר nomar לְפָנֶיךָ lefaneja ס"ג מ"ה ב"ן (*Ima*)
יוֹשֵׁב yoshev מָרוֹם marom (*Atik Yomín*). וּמַה umá מ"ה נְּסַפֵּר nesaper
(**Nukvá—el libro de Yesod**) לְפָנֶיךָ lefaneja ס"ג מ"ה ב"ן שׁוֹכֵן shojén
שְׁחָקִים shjakim (**Ima—que se extiende en Yesod mediante Nétsaj y Hod**)
הֲלֹא haló (*Ima*) כָּל jol ילי (**50 Puertas de *Biná***) הַנִּסְתָּרוֹת hanistarot (י"ה)
וְהַנִּגְלוֹת vehaniglot (ו"ה) אַתָּה Atá (סןזףך) יוֹדֵעַ yodea (*Mazal Venaké*).
אַתָּה Atá (*Mazal Venaké*) יוֹדֵעַ yodea רָזֵי razei עוֹלָם olam (*Aba e Ima*).
וְתַעֲלוּמוֹת vetaalumot (**desde el aspecto de *Aba e Ima***)
סִתְרֵי sitrei ב"פ מצר (**desde el aspecto de *Mazal***) כָּל־ col ילי
חָי jai כל חי = אהיה אהיה יהוה, בינה ע"ה, חיים (*Yesod* **de** *Zeir Anpín*).
אַתָּה Atá חוֹפֵשׂ jofés כָּל col ילי חַדְרֵי־ jadrei בָטֶן vaten (*Shóresh Yisrael*).
רֹאֶה roé ראה כְּלָיוֹת jelayot וָלֵב valev. אֵין ein
דָּבָר davar ראה נֶעְלָם neelam מִמָּךְ mimaj (**en *Nukvá***)
וְאֵין veéin נִסְתָּר nistar ב"פ מצר (**en *Briá, Yetsirá* y *Asiyá***)
מִנֶּגֶד minégued מזבח, זן, אל יהוה עֵינֶיךָ eineja ע"ה קס"א ; ריבוע מ"ה
(**Nukvá—de Su providencia sobre *Briá, Yetsirá* y *Asiyá***):

YEHÍ RATSÓN

יְהִי yehí רָצוֹן ratsón מהש ע"ה, ע"ב בריבוע וקס"א ע"ה, אל שדי ע"ה
מִלְּפָנֶיךָ milfaneja ס"ג מ"ה ב"ן יְהֹוָהאדניאהדונהי Adonai אֱלֹהֵינוּ Eloheinu ילה
וֵאלֹהֵי veElohei לכב ; מילוי ע"ב, דמב ; ילה אֲבוֹתֵינוּ avoteinu
שֶׁתִּמְחוֹל shetimjol (**con el poder del Nombre: אלף הא יוד הא**)
לָנוּ lanu אלהים, אהיה אדני אֶת־ et כָּל־ col ילי
חַטֹּאתֵינוּ jatoteinu (**las manchas del *Néfesh***)
וּתְכַפֵּר utejaper (**con el poder del Nombre: אלף הה יוד הה**)
לָנוּ lanu אלהים, אהיה אדני אֶת et כָּל col ילי
עֲוֹנוֹתֵינוּ avonoteinu (**las manchas del *Rúaj***) וְתִמְחוֹל vetimjol וְתִסְלַח vetislaj
יהוה ע"ב (**con el poder del Nombre: אלף הי יוד הי**)
לְכָל־ lejol יה אדני פְּשָׁעֵינוּ peshaeinu (**las manchas de la *Neshamá***):

AL JET—OR YASHAR

Según el orden del alfabeto hebreo en el secreto de *Or Yashar* (Luz Directa) el cual, al recitarlo en este orden, ayuda a corregir (en el secreto de la *Teshuvá*) todos los daños en los órganos.

עַל al חֵטְא jet שֶׁחָטָאנוּ shejatanu לְפָנֶיךָ lefaneja ס״ג מ״ה ב״ן

בְּאוֹנֶס beónes:

עַל al חֵטְא jet שֶׁחָטָאנוּ shejatanu לְפָנֶיךָ lefaneja ס״ג מ״ה ב״ן

בִּבְלִי bivlí דַעַת dáat:

עַל al חֵטְא jet שֶׁחָטָאנוּ shejatanu לְפָנֶיךָ lefaneja ס״ג מ״ה ב״ן

בְּגִלּוּי beguilui עֲרָיוֹת arayot:

עַל al חֵטְא jet שֶׁחָטָאנוּ shejatanu לְפָנֶיךָ lefaneja ס״ג מ״ה ב״ן

בְּדַעַת bedáat וּבְמִרְמָה uvemirmá:

עַל al חֵטְא jet שֶׁחָטָאנוּ shejatanu לְפָנֶיךָ lefaneja ס״ג מ״ה ב״ן

בְּהִרְהוּר behirhur הַלֵּב halev:

עַל al חֵטְא jet שֶׁחָטָאנוּ shejatanu לְפָנֶיךָ lefaneja ס״ג מ״ה ב״ן

בְּוִדּוּי bevidui פֶּה pe ע״ה מום:

עַל al חֵטְא jet שֶׁחָטָאנוּ shejatanu לְפָנֶיךָ lefaneja ס״ג מ״ה ב״ן

בְּזָדוֹן bezadón:

עַל al חֵטְא jet שֶׁחָטָאנוּ shejatanu לְפָנֶיךָ lefaneja ס״ג מ״ה ב״ן

בְּחֹזֶק bejózek פהל יָד yad:

עַל al חֵטְא jet שֶׁחָטָאנוּ shejatanu לְפָנֶיךָ lefaneja ס״ג מ״ה ב״ן

בְּטֻמְאַת betumat שְׂפָתָיִם sfatáyim:

עַל al חֵטְא jet שֶׁחָטָאנוּ shejatanu לְפָנֶיךָ lefaneja ס״ג מ״ה ב״ן

בְּיֵצֶר beyétser הָרָע hará:

עַל al חֵטְא jet שֶׁחָטָאנוּ shejatanu לְפָנֶיךָ lefaneja ס״ג מ״ה ב״ן

בְּיוֹדְעִים beyodim וּבְלֹא uveló יוֹדְעִים yodim:

עַל al חֵטְא jet שֶׁחָטָאנוּ shejatanu לְפָנֶיךָ lefaneja ס״ג מ״ה ב״ן

בְּכַחַשׁ bejajash וּבְכָזָב uvejazav:

עַל al חֵטְא jet שֶׁחָטָאנוּ shejatanu לְפָנֶיךָ lefaneja ס״ג מ״ה ב״ן

בְּלָשׁוֹן belashón הָרָע hará:

עַל al חֵטְא jet שֶׁחָטָאנוּ shejatanu לְפָנֶיךָ lefaneja ס״ג מ״ה ב״ן

בְּמַרְאִית bemarit הָעַיִן haayin ריבוע מ״ה:

עַל al חֵטְא jet שֶׁחָטָאנוּ shejatanu לְפָנֶיךָ lefaneja ס״ג מ״ה ב״ן

בְּנֶשֶׁךְ benéshej וּבְמַרְבִּית uvemarbit:

עַל al חֵטְא jet שֶׁחָטָאנוּ shejatanu לְפָנֶיךָ lefaneja ס״ג מ״ה ב״ן

בְּשִׂיחַ besíaj שִׂפְתוֹתֵינוּ siftoteinu:

עַל al חֵטְא jet שֶׁחָטָאנוּ shejatanu לְפָנֶיךָ lefaneja ס״ג מ״ה ב״ן

בַּסֵּתֶר baséter ב״פ מצר:

עַל al חֵטְא jet שֶׁחָטָאנוּ shejatanu לְפָנֶיךָ lefaneja ס״ג מ״ה ב״ן

בְּעֵינַיִם beeináyim ריבוע מ״ה רָמוֹת ramot:

עַל al חֵטְא jet שֶׁחָטָאנוּ shejatanu לְפָנֶיךָ lefaneja ס״ג מ״ה ב״ן

בְּפִתְחוֹן befitjón פֶּה pe ע״ה מום:

עַל al חֵטְא jet שֶׁחָטָאנוּ shejatanu לְפָנֶיךָ lefaneja ס״ג מ״ה ב״ן

בִּצְעֲדֵי betsaadei רַגְלַיִם ragláyim לְהָרַע leharà:

עַל al חֵטְא jet שֶׁחָטָאנוּ shejatanu לְפָנֶיךָ lefaneja ס״ג מ״ה ב״ן

בִּקְפִיצַת bikfitsat יָד yad:

עַל al חֵטְא jet שֶׁחָטָאנוּ shejatanu לְפָנֶיךָ lefaneja ס״ג מ״ה ב״ן

בְּרָצוֹן beratsón מהש:

עַל al חֵטְא jet שֶׁחָטָאנוּ shejatanu לְפָנֶיךָ lefaneja ס״ג מ״ה ב״ן

בִּשְׁגָגָה bishgagá:

עַל al חֵטְא jet שֶׁחָטָאנוּ shejatanu לְפָנֶיךָ lefaneja ס״ג מ״ה ב״ן

בִּתְשׂוּמֶת bitsúmet יָד yad:

AL JET—OR JOZER

עַל al חֵטְא jet שֶׁחָטָאנוּ shejatanu לְפָנֶיךָ lefaneja ס״ג מ״ה ב״ן

בְּתִמְהוֹן betimhón לֵבָב levav בוכו:

עַל al חֵטְא jet שֶׁחָטָאנוּ shejatanu לְפָנֶיךָ lefaneja ס״ג מ״ה ב״ן

בְּשִׂנְאַת besinat וְחִנָּם jinam:

עַל al חֵטְא jet שֶׁחָטָאנוּ shejatanu לְפָנֶיךָ lefaneja ס״ג מ״ה ב״ן

בְּרַגְלַיִם beragláyim מְמַהֲרוֹת memaharot לָרוּץ laruts לְרָעָה leraá רהע:

עַל al חֵטְא jet שֶׁחָטָאנוּ shejatanu לְפָנֶיךָ lefaneja ס״ג מ״ה ב״ן

בִּרְכִילוּת birejilut:

עַל al חֵטְא jet שֶׁחָטָאנוּ shejatanu לְפָנֶיךָ lefaneja ס״ג מ״ה ב״ן

בְּקִשּׁוּי bekishui עֹרֶף óref:

עַל al חֵטְא jet שֶׁחָטָאנוּ shejatanu לְפָנֶיךָ lefaneja ס"ג מ"ה ב"ן

בְּצַוָּאר betsavar עָתָק atak:

עַל al חֵטְא jet שֶׁחָטָאנוּ shejatanu לְפָנֶיךָ lefaneja ס"ג מ"ה ב"ן

בִּפְרִיקַת bifrikat עֹל ol:

עַל al חֵטְא jet שֶׁחָטָאנוּ shejatanu לְפָנֶיךָ lefaneja ס"ג מ"ה ב"ן

בְּעַזּוּת beazut מֶצַח métsaj:

עַל al חֵטְא jet שֶׁחָטָאנוּ shejatanu לְפָנֶיךָ lefaneja ס"ג מ"ה ב"ן

בְּסִיקּוּר besikur עָיִן ayin ריבוע מ"ה:

עַל al חֵטְא jet שֶׁחָטָאנוּ shejatanu לְפָנֶיךָ lefaneja ס"ג מ"ה ב"ן

בִּנְטִיַּת binetiyat גָּרוֹן garón:

עַל al חֵטְא jet שֶׁחָטָאנוּ shejatanu לְפָנֶיךָ lefaneja ס"ג מ"ה ב"ן

בְּמַשָּׂא bemasá וּמַתָּן umatán:

עַל al חֵטְא jet שֶׁחָטָאנוּ shejatanu לְפָנֶיךָ lefaneja ס"ג מ"ה ב"ן

בִּלְשׁוֹן bilshón תַּרְמִית tarmit:

עַל al חֵטְא jet שֶׁחָטָאנוּ shejatanu לְפָנֶיךָ lefaneja ס"ג מ"ה ב"ן

בִּכְנֵסִיָּה bijnesiyá שֶׁלֹּא sheló לְשֵׁם leShem שָׁמַיִם shamáyim י"פ טל, י"פ כוזו:

עַל al חֵטְא jet שֶׁחָטָאנוּ shejatanu לְפָנֶיךָ lefaneja ס"ג מ"ה ב"ן

בְּיוּהֲרָא beyuhará:

עַל al חֵטְא jet שֶׁחָטָאנוּ shejatanu לְפָנֶיךָ lefaneja ס"ג מ"ה ב"ן

בְּטֻמְאַת betumat רַעְיוֹן rayón:

עַל al חֵטְא jet שֶׁחָטָאנוּ shejatanu לְפָנֶיךָ lefaneja ס"ג מ"ה ב"ן

בְּחִלּוּל bejilul הַשֵּׁם haShem:

עַל al חֵטְא jet שֶׁחָטָאנוּ shejatanu לְפָנֶיךָ lefaneja ס"ג מ"ה ב"ן

בְּזִלְזוּל bezilzul הוֹרִים horim וּמוֹרִים umorim:

עַל al חֵטְא jet שֶׁחָטָאנוּ shejatanu לְפָנֶיךָ lefaneja ס"ג מ"ה ב"ן

בְּוִעוּד beviud עֲבֵירָה aveirá:

עַל al חֵטְא jet שֶׁחָטָאנוּ shejatanu לְפָנֶיךָ lefaneja ס"ג מ"ה ב"ן

בְּהוֹצָאַת behotsaat דִּבָּה dibá:

עַל al חֵטְא jet שֶׁחָטָאנוּ shejatanu לְפָנֶיךָ lefaneja ס"ג מ"ה ב"ן

בִּדְבָרִים bidvarim בְּטֵלִים betelim:

עַל al חֵטְא jet שֶׁחָטָאנוּ shejatanu לְפָנֶיךָ lefaneja ס"ג מ"ה ב"ן

בְּגַאֲוָה begaavá וָבוּז vavuz:

עַל al חֵטְא jet שֶׁחָטָאנוּ shejatanu לְפָנֶיךָ lefaneja ס"ג מ"ה ב"ן

בְּגִלְגּוּל beguilgul זֶה ze וּבְגִלְגּוּלִים uveguilgulim אֲחֵרִים ajerim:

עַל al חֵטְא jet שֶׁחָטָאנוּ shejatanu לְפָנֶיךָ lefaneja ס"ג מ"ה ב"ן

בְּבִטּוּי bevitui שְׂפָתַיִם sfatáyim:

עַל al חֵטְא jet שֶׁחָטָאנוּ shejatanu לְפָנֶיךָ lefaneja ס"ג מ"ה ב"ן

בַּאֲכִילַת beajilat אִסּוּר isur:

עַל al חֵטְא jet שֶׁחָטָאנוּ shejatanu לְפָנֶיךָ lefaneja ס"ג מ"ה ב"ן
בְּמָאתַיִם bematáyim וְאַרְבָּעִים vearbaím וּשְׁמוֹנָה ushmoná אֵבָרִים evarim.
וּשְׁלֹשׁ ushlosh מֵאוֹת meot המספר = ש' = אלהים דיודין
וְשִׁשִּׁים veshishim המספר = מילוי הש' (יו) וַחֲמִשָּׁה vajamishá
גִּידִים guidim. שֶׁל shel גּוּפֵנוּ gufenu וְנַפְשֵׁנוּ venafshenu
וְרוּחֵנוּ verujenu וְנִשְׁמָתֵנוּ venishmatenu וּנְשָׁמָה uneshamá לִנְשְׁמָתֵנוּ lenishmatenu.
וְעַל veal חֵטְא jet שֶׁחָטָאנוּ shejatanu לְפָנֶיךָ lefaneja ס"ג מ"ה ב"ן
שֶׁגָּרַמְנוּ shegaramnu פְּגַם pgam וּמוּם umum בְּמָאתַיִם bematáyim
וְאַרְבָּעִים vearbaím וּשְׁמוֹנָה ushmoná אֵבָרִים evarim. וּשְׁלֹשׁ ushlosh
מֵאוֹת meot המספר = ש' = אלהים דיודין וְשִׁשִּׁים veshishim המספר = מילוי הש' (יו)
וַחֲמִשָּׁה vajamishá גִּידִים guidim שֶׁל shel אֲחֵרִים ajerim.
וּבְגוּפָם uvegufam וְנַפְשָׁם venafsham וְרוּחָם verujam
וְנִשְׁמָתָם venishmatam וּנְשָׁמָה uneshamá לִנְשְׁמָתָם lenishmatam:

עַל al חֲטָאִים jataím שֶׁאֲנַחְנוּ sheanajnu חַיָּבִים jayavim

עֲלֵיהֶם aleihem עַל al בִּטּוּל bitul מִצְוֹת mitsvot עֲשֵׂה asé:

עַל al חֲטָאִים jataím שֶׁאֲנַחְנוּ sheanajnu חַיָּבִים jayavim

עֲלֵיהֶם aleihem עַל al לָאו lav הַנִּתָּק hanitak לַעֲשֵׂה laasé:

עַל al חֲטָאִים jataím שֶׁאֲנַחְנוּ sheanajnu חַיָּבִים jayavim

עֲלֵיהֶם aleihem עַל al לָאו lav שֶׁאֵין sheéin בּוֹ bo מַעֲשֶׂה maasé:

עַל al חֲטָאִים jataím שֶׁאֲנַחְנוּ sheanajnu חַיָּבִים jayavim

עֲלֵיהֶם aleihem עוֹלָה olá:

עַל al חֲטָאִים jataím שֶׁאֲנַחְנוּ sheanajnu חַיָּבִים jayavim
עֲלֵיהֶם aleihem חַטָּאת jatat:

עַל al חֲטָאִים jataím שֶׁאֲנַחְנוּ sheanajnu חַיָּבִים jayavim
עֲלֵיהֶם aleihem קָרְבָּן korbán עוֹלֶה olé וְיוֹרֵד veyored:

עַל al חֲטָאִים jataím שֶׁאֲנַחְנוּ sheanajnu חַיָּבִים jayavim
עֲלֵיהֶם aleihem אָשָׁם asham תָּלוּי talui וְאָשָׁם veasham וַדַּאי vadai:

עַל al חֲטָאִים jataím שֶׁאֲנַחְנוּ sheanajnu חַיָּבִים jayavim
עֲלֵיהֶם aleihem מַכַּת macat מַרְדּוּת mardut:

עַל al חֲטָאִים jataím שֶׁאֲנַחְנוּ sheanajnu חַיָּבִים jayavim
עֲלֵיהֶם aleihem מַלְקוּת malkot אַרְבָּעִים arbaím:

עַל al חֲטָאִים jataím שֶׁאֲנַחְנוּ sheanajnu חַיָּבִים jayavim
עֲלֵיהֶם aleihem מִיתָה mitá בִּידֵי bidei שָׁמַיִם shamáyim י״פ טל, י״פ כוזו:

עַל al חֲטָאִים jataím שֶׁאֲנַחְנוּ sheanajnu חַיָּבִים jayavim
עֲלֵיהֶם aleihem מִיתוֹת mitot מְשֻׁנּוֹת meshunot:

עַל al חֲטָאִים jataím שֶׁאֲנַחְנוּ sheanajnu חַיָּבִים jayavim
עֲלֵיהֶם aleihem כָּרֵת caret וַעֲרִירִי vaarirí:

עַל al חֲטָאִים jataím שֶׁאֲנַחְנוּ sheanajnu חַיָּבִים jayavim
עֲלֵיהֶם aleihem גִּלְגּוּל guilgul בְּדוֹמֵם bedomem. וְצוֹמֵחַ vetsoméaj. וְחַי vejai
בִּלְתִּי biltí מְדַבֵּר medaber ראה. וְחַי vejai מְדַבֵּר medaber ראה:

עַל al חֲטָאִים jataím שֶׁאֲנַחְנוּ sheanajnu חַיָּבִים jayavim
עֲלֵיהֶם aleihem כָּל col ילי מִינֵי minei יִסּוּרִים yisurim:

עַל al חֲטָאִים jataím שֶׁאֲנַחְנוּ sheanajnu חַיָּבִים jayavim
עֲלֵיהֶם aleihem כָּל col ילי מִינֵי minei עוֹנָשִׁים onashim:

עַל al חֲטָאִים jataím שֶׁאֲנַחְנוּ sheanajnu חַיָּבִים jayavim עֲלֵיהֶם aleihem
אַרְבַּע arbá מִיתוֹת mitot בֵּית beit ב״פ ראה דִּין din. סְקִילָה skilá. שְׂרֵיפָה sreifá.
הֶרֶג héreg. וְחֶנֶק vejének. עַל al מִצְוֹת mitsvot עֲשֵׂה asé. וְעַל veal
מִצְוֹת mitsvot לֹא lo תַעֲשֶׂה taasé. בֵּין bein שֶׁיֵּשׁ sheyesh בָּם bam מ״ב קוּם kum
עֲשֵׂה asé. וּבֵין uvein שֶׁאֵין sheéin בָּם bam מ״ב קוּם kum עֲשֵׂה asé.
בֵּין bein שֶׁגְּלוּיִם shegluyim לָנוּ lanu אלהים, אהיה אדני.
וּבֵין uvein שֶׁאֵינָן sheeinán גְּלוּיִם gluyim לָנוּ lanu אלהים, אהיה אדני.

אֶת et שֶׁגְּלוּיִם shegluyim לָנוּ lanu אלהים, אהיה אדני כְּבָר cvar אֲמַרְנוּם amarnum
לְפָנֶיךָ lefaneja ס״ג מ״ה ב״ן יְהֹוָהאדניאהדונהי Adonai אֱלֹהֵינוּ Eloheinu ילה
וֵאלֹהֵי veElohei לכב ; מילוי ע״ב, דמב ; ילה אֲבוֹתֵינוּ avoteinu וְהוֹדִינוּ vehodinu
לְךָ lejá עֲלֵיהֶם aleihem. וְאֶת veet שֶׁאֵינָן sheeinán גְּלוּיִם gluyim
לָנוּ lanu אלהים, אהיה אדני הֵם hem גְּלוּיִם gluyim וִידוּעִים viyeduím
לְפָנֶיךָ lefaneja ס״ג מ״ה ב״ן. כִּי qui הַכֹּל hacol גָּלוּי galui וְצָפוּי vetsafui
לְפָנֶיךָ lefaneja ס״ג מ״ה ב״ן יְהֹוָהאדניאהדונהי Adonai אֱלֹהֵינוּ Eloheinu ילה.
כְּמוֹ cmó שֶׁנֶּאֱמַר sheneemar: הַנִּסְתָּרֹת hanistarot לַיהֹוָהאדניאהדונהי laAdonai
אֱלֹהֵינוּ Eloheinu ילה וְהַנִּגְלֹת vehaniglot **(Los once puntos)**
לָנוּ lanu אלהים, אהיה אדני וּלְבָנֵינוּ ulevaneinu עַד ad עוֹלָם olam לַעֲשׂוֹת laasot
אֶת et כָּל col ילי דִּבְרֵי divrei ראה הַתּוֹרָה haTorá הַזֹּאת hazot:
כִּי qui אַתָּה Atá סוֹלְחָן soljan לְיִשְׂרָאֵל leYisrael וּמָחֳלָן umojalán
לְשִׁבְטֵי leshivtei יְשֻׁרוּן Yeshurún. וּמִבַּלְעָדֶיךָ umibaladeja אֵין ein
לָנוּ lanu אלהים, אהיה אדני מֶלֶךְ mélej מוֹחֵל mojel וְסוֹלֵחַ vesoléaj:

ELOHAI

אֱלֹהַי Elohai מילוי ע״ב, דמב ; ילה עַד ad שֶׁלֹּא sheló נוֹצַרְתִּי notsarti
אֵינִי einí כְדַאי jedai. וְעַכְשָׁיו veajshav שֶׁנּוֹצַרְתִּי shenotsarti
כְּאִלּוּ queílu לֹא lo נוֹצַרְתִּי notsarti. עָפָר afar אֲנִי aní אני בְּחַיַּי bejayai
קַל kal נמם, ה׳ גבורות וָחוֹמֶר vajómer בְּמִיתָתִי bemitatí. הֲרֵי harei
אֲנִי aní אני לְפָנֶיךָ lefaneja ס״ג מ״ה ב״ן יְהֹוָהאדניאהדונהי Adonai
אֱלֹהַי Elohai מילוי ע״ב, דמב ; ילה וֵאלֹהֵי veElohei לכב ; מילוי ע״ב, דמב ; ילה
אֲבוֹתַי avotai כִּכְלִי quijlí מָלֵא malé בוּשָׁה vushá וּכְלִמָּה ujlimá:
יְהִי yehí רָצוֹן ratsón מהש ע״ה, ע״ב בריבוע וקס״א ע״ה, אל שדי ע״ה
מִלְּפָנֶיךָ milfaneja ס״ג מ״ה ב״ן יְהֹוָהאדניאהדונהי Adonai אֱלֹהַי Elohai מילוי ע״ב, דמב ; ילה
וֵאלֹהֵי veElohei לכב ; מילוי ע״ב, דמב ; ילה אֲבוֹתַי avotai שֶׁלֹּא sheló אֶחֱטָא ejetá
עוֹד od. וּמַה umá מ״ה שֶׁחָטָאתִי shejatati לְפָנֶיךָ lefaneja ס״ג מ״ה ב״ן
מְחוֹק mejok בְּרַחֲמֶיךָ berajameja הָרַבִּים harabim. אֲבָל aval
לֹא lo עַל al יְדֵי yedei יִסּוּרִין yisurín וָחֳלָאִים vejolaím רָעִים raím:

ELOHAI NETSOR

אֱלֹהַי Elohai במילוי ע״ב, דמב ; ילה נְצוֹר netsor לְשׁוֹנִי leshoní מֵרָע merá•
וְשִׂפְתוֹתַי vesiftotai מִדַּבֵּר midaber ראה מִרְמָה mirmá• וְלִמְקַלְלַי velimkalelai
נַפְשִׁי nafshí תִדּוֹם tidom• וְנַפְשִׁי venafshí כֶּעָפָר queafar
לַכֹּל lacol יה אדני תִּהְיֶה tihyé• פְּתַח ptaj לִבִּי libí בְּתוֹרָתֶךָ betorateja•
וְאַחֲרֵי veajarei מִצְוֹתֶיךָ mitsvoteja תִּרְדּוֹף tirdof נַפְשִׁי nafshí•
וְכָל־ vejol ילי הַקָּמִים hakamim עָלַי alai לְרָעָה leraá רהע• מְהֵרָה meherá
הָפֵר hafer עֲצָתָם atsatam וְקַלְקֵל vekalkel מַחְשְׁבוֹתָם majshevotam•
עֲשֵׂה asé לְמַעַן lemaan שְׁמָךְ Shmaj• עֲשֵׂה asé לְמַעַן lemaan
יְמִינָךְ yeminaj• עֲשֵׂה asé לְמַעַן lemaan תּוֹרָתָךְ torataj• עֲשֵׂה asé
לְמַעַן lemaan קְדֻשָּׁתָךְ kedushataj• ר״ת הפסוק = מ״ה יהוה לְמַעַן lemaan
יֵחָלְצוּן yejaltsún יְדִידֶיךָ yedideja ר״ת ילי הוֹשִׁיעָה hoshía יהוה וש״ע נהורין
יְמִינְךָ yeminjá וַעֲנֵנִי vaaneni (כתיב: ועננו) ר״ת אל (״יא״ מילוי דס״ג):

Antes de que recitemos el próximo verso ("*Yihyú leratsón*") tenemos una oportunidad de fortalecer la conexión con nuestra alma usando nuestro nombre. Cada persona tiene un versículo en la Torá que lo conecta con su nombre. O bien su nombre está en el versículo o la primera letra y última letra del nombre corresponden a la primera y última letra del versículo. Por ejemplo, el nombre Yehuda comienza con una *Yud* y termina con una *Hei*. Antes de terminar la *Amidá*, declaramos que nuestro nombre sea siempre recordado cuando nuestra alma abandone este mundo.

YIHYÚ LERATSÓN (EL SEGUNDO)

Hay 42 letras en el versículo en el secreto del *Aná Bejóaj*.

יִהְיוּ yihyú אל (״יא״ מילוי דס״ג) לְרָצוֹן leratsón מהש ע״ה, ע״ב בריבוע וקס״א ע״ה, אל שדי ע״ה
אִמְרֵי־ imrei פִי fi ר״ת אֶלֶף = אלף למד שין דלת יוד ע״ה וְהֶגְיוֹן vehegyón לִבִּי libí
לְפָנֶיךָ lefaneja ס״ג מ״ה ב״ן יְהֹוָהאדניאהדונהי Adonai צוּרִי tsurí וְגֹאֲלִי vegoalí:

ELOHAI NETSOR

Mi Dios, cuida mi lengua del mal y mis labios de decir falsedad. Que mi alma permanezca en silencio ante aquellos que me maldicen y permite que mi espíritu sea humilde ante todos, como el polvo. Abre mi corazón a Tu Torá y permite que mi corazón siga Tus mandamientos. Prontamente frustra los planes y daña los pensamientos de todos aquellos que se levantan contra mí para hacerme daño. Hazlo por la gloria de Tu Nombre. Haz esto por el bien de Tu Diestra. Haz esto por el mérito de Tu Torá. Haz esto por Tu santidad, "Que Tus amados sean rescatados. Sálvalos con Tu Diestra y contéstame" (Salmos 60:7).

YIHYÚ LERATSÓN (EL SEGUNDO)

"Sean gratos ante Ti, Señor, mi Fortaleza y mi Redentor,
los dichos de mi boca y los pensamientos de mi corazón" (Salmos 19:15).

OSÉ SHALOM

Da tres pasos hacia atrás;

עֹשֶׂה osé הַשָּׁלוֹם hashalom ספריאל המלאך הזותם לוזיים

Izquierda
Te vuelves a la izquierda y dices:

בִּמְרוֹמָיו bimromav ר"ת ע"ב, ריבוע יהוה

הוּא Hu בְּרַחֲמָיו verajamav יַעֲשֶׂה yaasé

Derecha
Te vuelves a la derecha y dices:

שָׁלוֹם shalom עָלֵינוּ aleinu ר"ת ש"ע נהורין

Centro
Te alineas al centro y dices:

וְעַל veal כָּל־ col ילי ; עמם עַמּוֹ amó יִשְׂרָאֵל Yisrael

וְאִמְרוּ veimrú אָמֵן Amén יאהדונהי:

יְהִי yehí רָצוֹן ratsón מהש ע"ה, ע"ב בריבוע וקס"א ע"ה, אל שדי ע"ה מִלְּפָנֶיךָ milfaneja ס"ג מ"ה ב"ן יְהֹוָהאדנייאהדונהי Adonai אֱלֹהֵינוּ Eloheinu ילה וֵאלֹהֵי veElohei לכב ; מילוי ע"ב, דמב ; ילה אֲבוֹתֵינוּ avoteinu, שֶׁתִּבְנֶה shetivné בֵּית beit ב"פ ראה הַמִּקְדָּשׁ hamikdash בִּמְהֵרָה bimherá בְּיָמֵינוּ veyameinu וְתֵן vetén חֶלְקֵנוּ jelkenu בְּתוֹרָתָךְ vetorataj לַעֲשׂוֹת laasot חֻקֵּי jukei רְצוֹנָךְ retsonaj וּלְעָבְדָךְ uleavdaj פוי, אל אדני בְּלֵבָב belevav בוכו שָׁלֵם shalem.

Da tres pasos hacia delante.

Cuando *Yom Kipur* cae en *Shabat* decimos "*Bircat Meén Sheva*" aquí (págs. 155-158).

De otro modo continuamos con Medio *Kadish* (pág. 158) y *Slijot* (pág. 160).

OSÉ SHALOM

Él, que establece Paz en Sus altos lugares,
Él, en Su compasión, hará que la paz esté entre nosotros y sobre Su pueblo entero, Israel, y dirán: Amén.
Sea agradable ante Ti, Señor, nuestro Dios y Dios
de nuestros ancestros, que puedas reconstruir rápidamente el santo Templo en nuestros días, y otórganos participación en Tu Torá, para que podamos cumplir las leyes de Tu deseo y servirte con todo el corazón.

Cuando *Yom Kipur* cae en *Shabat*, decimos aquí *Bircat Meén Sheva*:

Después de la *Amidá*, la congregación debe permanecer de pie y decir "*Vayjulu*" en voz alta. E incluso cuando estés recitando las oraciones a solas, es obligatorio decirlo. Debido a que hay un profundo secreto acerca de recitarlo tres veces los viernes por la noche (en la *Amidá*, aquí y después en el *Kidush* sobre el vino), no debes omitir ninguno de los tres.

No hables mientras la congregación dice "*Vayjulu*" y tampoco mientras el *jazán* dice "*Bircat Meén Sheva*".

VAYJULU

Estos versículos de la Torá nos conectan con el primer *Shabat* que tuvo lugar en el Jardín de Edén. Este *Shabat* fue la semilla de la creación de nuestro universo. Al conectarnos con la semilla original, capturamos la fuerza de Creación, trayendo rejuvenecimiento y renovación a nuestra vida.

Medita en la letra ק, del Nombre: שקוצית

También, medita en que las tres partes superiores de los *Mojín* Circundantes de la letra *Lámed* (ל) del *Tsélem* (צל"ם) de *Ima* están entrando en *Zeir Anpín* (a medida que la Cabeza de *Zeir Anpín* se expande). Los *Mojín* de *Aba* entrarán en *Zeir Anpín* después en el *Kidush*.

וַיְכֻלּוּ vayjulu ע"ב = ריבוע יהוה (י יה יהו יהוה) הַשָּׁמַיִם hashamáyim י"פ טל, י"פ כוזו

וְהָאָרֶץ vehaárets אלהים דההין ע"ה ; ר"ת והו וְכָל־ vejol צְבָאָם tsvaam ס"ת צלם:

וַיְכַל vayjal אֱלֹהִים Elohim אהיה אדני ; ילה בַּיּוֹם bayom ע"ה נגד, מזבח, זן, אל יהוה

הַשְּׁבִיעִי hashvií מְלַאכְתּוֹ melajtó אֲשֶׁר asher עָשָׂה asá

וַיִּשְׁבֹּת vayishbot בַּיּוֹם bayom ע"ה נגד, מזבח, זן, אל יהוה

הַשְּׁבִיעִי hashvií מִכָּל־ micol ילי מְלַאכְתּוֹ melajtó אֲשֶׁר asher

עָשָׂה asá: וַיְבָרֶךְ vayvarej עסמ"ב, הברכה (למתק את ז' המלכים שמתו)

אֱלֹהִים Elohim אהיה אדני ; ילה אֶת־ et יוֹם yom ע"ה נגד, מזבח, זן, אל יהוה

הַשְּׁבִיעִי hashvií וַיְקַדֵּשׁ vaykadesh אֹתוֹ otó כִּי qui בוֹ vo

שָׁבַת shavat מִכָּל־ micol ילי מְלַאכְתּוֹ melajtó אֲשֶׁר־ asher

בָּרָא bará קנ"א ב"ן, יהוה אלהים יהוה אדני, מילוי קס"א וס"ג, מ"ה ברבוע וע"ב ע"ה

אֱלֹהִים Elohim אהיה אדני ; ילה לַעֲשׂוֹת laasot:

VAYJULU

"Y se concluyeron los Cielos y la Tierra y todas sus huestes. Y completó Dios, en el séptimo día, la obra que Él había hecho. Y Él cesó, en el séptimo día, de toda Su obra que Él había hecho. Y bendijo Dios el séptimo día y Él lo santificó, porque en él descanso de toda Su obra creadora que Dios había hecho"

(Génesis 2:1-3).

BIRCAT MEÉN SHEVA

Estamos conectándonos con los Patriarcas fundadores: Avraham, Yitsjak y Yaakov. Esta conexión funciona como una mini oración de *Amidá* que sucede en *Shabat*. Usualmente no se repite la *Amidá* durante *Arvit* (la conexión vespertina), porque es de noche, un tiempo de oscuridad, lo que simboliza una carencia de Luz espiritual disponible. Pero en *Shabat*, la Luz inunda nuestro plano de existencia. La siguiente conexión es nuestra herramienta para capturar esta Luz adicional.

Según la Kabbalah, "*Bircat Meén Sheva*" tiene gran importancia, pues es el secreto de los Patriarcas —que significan *Jésed*, *Guevurá* y *Tiféret*— que iluminan desde Sus lugares a la *Nukvá* sin Ella tener que subir hacia Ellos. Es por ello que es llamada "*Meén Sheva*" (una bendición hecha a partir de siete) y no una repetición completa (de todas las siete bendiciones). Y por lo tanto la recitamos incluso cuando estemos rezando en un lugar sin un pergamino de *Torá* (como en la casa de un novio o la casa de un doliente).

בָּרוּךְ Baruj אַתָּה Atá א-ת

(אותיות הא"ב המסמלות את השפע המגיע) לה' המלכות

יְהֹוָאדהֹנָהי Adonai אֱלֹהֵינוּ Eloheinu ילה

וֵאלֹהֵי veElohei לכב ; מילוי ע"ב, דמב ; ילה אֲבוֹתֵינוּ avoteinu.

אֱלֹהֵי Elohei מילוי ע"ב = דמב ; ילה אַבְרָהָם Avraham וז"פ אל, רי"ו ול"ב נתיבות החכמה, רמ"ח, עסמ"ב וט"ז אותיות פשוטות.

אֱלֹהֵי Elohei מילוי ע"ב, דמב ; ילה יִצְחָק Yitsjak ד"פ ב"ן

וֵאלֹהֵי veElohei לכב ; מילוי ע"ב, דמב ; ילה יַעֲקֹב Yaakov ז' הויות, אידהנויה

הָאֵל haEl לאה ; ייא"י (מילוי דס"ג) הַגָּדוֹל hagadol האל הגדול = סיט ;

להח ; עם ד' אותיות = מבה, יזל, אום הַגִּבּוֹר haguibor ר"ת ההה וְהַנּוֹרָא vehanorá.

אֵל El ייא"י (מילוי דס"ג) ; ר"ת ע"ב, ריבוע יהוה עֶלְיוֹן elyón.

קוֹנֵה koné בְּרַחֲמָיו verajamav שָׁמַיִם shamáyim י"פ טל, י"פ כוזו וָאָרֶץ vaárets:

Si por error el *jazán* continúa la repetición como en los días de semana, debe detenerse y regresar a la bendición de *Shabat*.

BIRCAT MEÉN SHEVA

Bendito eres Tú, Señor, nuestro Dios y Dios de nuestros ancestros: el Dios de Avraham, el Dios de Yitsjak y el Dios de Yaakov. El Dios grande, poderoso y reverenciado, el Dios supremo, que creó con Su compasión los Cielos y la Tierra.

La congregación dice junto al *jazán*:

מָגֵן maguén ג"פ אל (ייא" מילוי דס"ג) ; ר"ת מיכאל גבריאל נוריאל

אָבוֹת avot בִּדְבָרוֹ bidvaró•

אהיה יהו יְהֹוָה

מְחַיֵּה mejayé ס"ג מֵתִים metim בְּמַאֲמָרוֹ bemaamaró•

אהיה יהו יֱהֹוִה

Si por error el *jazán* dice "*haEl haKadosh*" y se da cuenta de esto en tres segundos, debe decir "*haMélej haKadosh*" y continuar normalmente. Pero si ya ha terminado la bendición ("*Mekadesh haShabat*") él debe comenzar desde el principio.

הַמֶּלֶךְ haMélej הַקָּדוֹשׁ hakadosh שֶׁאֵין sheéin כָּמוֹהוּ camohu•

אהיה יהו מצפצ

הַמֵּנִיחַ hameníaj לְעַמּוֹ leamó בְּיוֹם beyom ע"ה נגד, מזבח, זן, אל יהוה

שַׁבַּת Shabat קָדְשׁוֹ kodshó•

אהיה יהו יה אדני

כִּי qui בָם vam מ"ב רָצָה ratsá לְהָנִיחַ lehaníaj לָהֶם lahem•

אהיה יהו אל

לְפָנָיו lefanav נַעֲבוֹד naavod בְּיִרְאָה beyirá ר"ו וָפַחַד vafájad•

וְנוֹדֶה venodé לִשְׁמוֹ liShmó מהש ע"ה, ע"ב בריבוע וקס"א ע"ה, אל שדי ע"ה

בְּכָל bejol ב"ן, לכב יוֹם yom ע"ה נגד, מזבח, זן, אל יהוה תָּמִיד tamid ע"ה קס"א קנ"א קמ"ג

מֵעֵין meéin הַבְּרָכוֹת habrajot וְהַהוֹדָאוֹת vehahodaot•

אהיה יהו אלהים

לַאֲדוֹן laAdón אני הַשָּׁלוֹם hashalom•

אהיה יהו מצפצ

מְקַדֵּשׁ mekadesh הַשַּׁבָּת haShabat וּמְבָרֵךְ umevarej הַשְּׁבִיעִי hashvií•

וּמֵנִיחַ umeníaj בִּקְדֻשָּׁה bikdushá לְעַם leam עלם

מְדֻשְּׁנֵי medushnei עֹנֶג óneg ר"ת עדן נהר גן זֵכֶר zéjer

לְמַעֲשֵׂה lemaasé בְרֵאשִׁית vereshit ר"ת מ"ב:

Con Su palabra Él fue escudo de nuestros ancestros, y Su mandato resucitará a los muertos, el Rey, el Dios Santo que no tiene igual, que le concede descanso a Su pueblo en Su Santo Shabat, porque Le place otorgarle descanso. Ante Él, serviremos con devoción y reverencia y daremos gracias a Su Nombre cada día, constantemente, con las bendiciones y alabanzas apropiadas. Al Señor de la paz, que santifica el Shabat, bendice el séptimo día y da descanso con santidad a un pueblo colmado de alegría, en memoria de la obra de la Creación.

El *jazán* continúa solo:

אֱלֹהֵינוּ Eloheinu ילה וֵאלֹהֵי veElohei לכב; מילוי דע"ב, דמב ילה אֲבוֹתֵינוּ avoteinu

רְצֵה retsé נָא na בִמְנוּחָתֵנוּ vimnujatenu• קַדְּשֵׁנוּ kadshenu

בְּמִצְוֹתֶיךָ bemitsvoteja שִׂים sim חֶלְקֵנוּ jelkenu בְּתוֹרָתָךְ betorataj•

שַׂבְּעֵנוּ sabenu מִטּוּבָךְ mituvaj לאו• שַׂמֵּחַ saméaj נַפְשֵׁנוּ nafshenu

בִּישׁוּעָתָךְ bishuataj• וְטַהֵר vetaher לִבֵּנוּ libenu לְעָבְדְּךָ leavdejá

פוי, אל אדני בֶּאֱמֶת beemet אהיה פעמים אהיה, ו"פ ס"ג• וְהַנְחִילֵנוּ vehanjilenu

יְהֹוָהאדניאהדונהי Adonai אֱלֹהֵינוּ Eloheinu ילה בְּאַהֲבָה beahavá אחד, דאגה

וּבְרָצוֹן uveratsón מהש ע"ה, ע"ב בריבוע וקס"א ע"ה, אל שדי ע"ה

שַׁבַּת Shabat קָדְשֶׁךָ kodshejá• וְיָנוּחוּ veyanuju בָהּ va כָּל col ילי

יִשְׂרָאֵל Yisrael מְקַדְּשֵׁי mekadshei שְׁמֶךָ Shmeja• בָּרוּךְ Baruj

אַתָּה Atá יְהֹוָהאדניאהדונהי Adonai מְקַדֵּשׁ mekadesh הַשַּׁבָּת haShabat:

MEDIO KADISH

יִתְגַּדַּל yitgadal וְיִתְקַדַּשׁ veyitkadash שדי ומילוי שדי ; י"א אותיות כמנין ו"ה

שְׁמֵיהּ Shmei (שם י"ה דע"ב) רַבָּא rabá קנ"א ב"ן, יהוה אלהים יהוה אדני,

מילוי קס"א וס"ג, מ"ה ברבוע וע"ב ע"ה ; ר"ת = ו"פ אלהים ; ס"ת = ג"פ יב"ק: אָמֵן Amén אידהנויה•

בְּעָלְמָא bealmá דִּי di בְרָא verá כִרְעוּתֵיהּ quirutei•

וְיַמְלִיךְ veyamlij מַלְכוּתֵיהּ maljutei• וְיַצְמַח veyatsmaj

פּוּרְקָנֵיהּ purkanei• וִיקָרֵב vikárev מְשִׁיחֵיהּ Meshijei: אָמֵן Amén אידהנויה•

Dios nuestro y Dios de nuestros ancestros, que nuestro descanso sea de Tu agrado, santifícanos con Tus mandamientos y concédenos participación en Tu Torá, sácianos con Tu bondad, alegra nuestras almas con Tu salvación y purifica nuestro corazón para servirte sinceramente. Y concédenos, Señor, nuestro Dios, con amor y favor, Tu Santo Shabat como una herencia. Y que todo Israel, santificando Tu Nombre, descanse en él. Bendito eres Tú, Señor, que santificas el Shabat.

MEDIO KADISH

Glorificado y santificado sea Su gran Nombre (Amén).
En el mundo que Él creó de acuerdo a Su voluntad, y pueda Su Reino reinar. Y pueda Él hacer que Su redención florezca y pueda Él acercar al Mesías (Amén).

בְּחַיֵּיכוֹן bejayeijón וּבְיוֹמֵיכוֹן uveyomeijón וּבְחַיֵּי uvejayei

דְכָל dejol ילי בֵּית beit ב״פ ראה יִשְׂרָאֵל Yisrael בַּעֲגָלָא baagalá

וּבִזְמַן uvizmán קָרִיב kariv וְאִמְרוּ veimrú אָמֵן Amén: אָמֵן Amén אידהנויה.

La congregación y el *jazán* dicen lo siguiente:

28 palabras (hasta *bealmá*) – y 28 letras (hasta *almayá*)

יְהֵא yehé שְׁמֵיהּ Shmei (שׁם י״ה דס״ג) רַבָּא rabá קנ״א ב״ן,

יהוה אלהים יהוה אדני, מילוי קס״א וס״ג, מ״ה ברבוע וע״ב ע״ה מְבָרַךְ mevaraj,

לְעָלַם lealam לְעָלְמֵי lealmei עָלְמַיָּא almayá. יִתְבָּרַךְ yitbaraj.

Siete palabras con seis letras cada una (שׁם בן מ״ב). También, 7 veces la letra Vav (שׁם בן מ״ב)

וְיִשְׁתַּבַּח veyishtabaj י״פ ע״ב יהוה אל אבג יתץ.

וְיִתְפָּאַר veyitpaar הי נו יה קרע שטן. וְיִתְרוֹמַם veyitromam וה כוזו נגד יכש.

וְיִתְנַשֵּׂא veyitnasé במוכסז בטר צתג. וְיִתְהַדָּר veyithadar כוזו יה וזקב טנע.

וְיִתְעַלֶּה veyitalé וה יוד ה יגל פזק. וְיִתְהַלָּל veyithalal א ואו הא שקו צית.

שְׁמֵיהּ Shmei (שׁם י״ה דמ״ה) דְּקוּדְשָׁא deKudshá בְּרִיךְ Verij הוּא Hu:

אָמֵן Amén אידהנויה.

לְעֵלָּא leelá מִן min כָּל col ילי בִּרְכָתָא birjatá. שִׁירָתָא shiratá.

תִּשְׁבְּחָתָא tishbejatá וְנֶחָמָתָא venejamatá. דַּאֲמִירָן daamirán

בְּעָלְמָא bealmá וְאִמְרוּ veimrú אָמֵן Amén: אָמֵן Amén אידהנויה.

En tus vidas y en tus días y en la vida de toda la Casa de Israel, prontamente y en el futuro cercano, y dígase: Amén (Amén). Que Su gran Nombre sea bendito por siempre y por toda la eternidad. Bendito y alabado, y glorificado y exaltado, y ensalzado y honrado, y adorado y loado, sea el Nombre del Santísimo, Bendito sea Él (Amén). Más allá de todas las bendiciones, himnos, alabanzas y palabras de consolación que jamás se dijeran en el mundo, y dígase: Amén (Amén).

SLIJOT PARA ARVIT DE YOM KIPUR

Después de *Arvit*, tenemos una conexión especial llamada *Slijot*. El propósito de esta oración es ayudar en el proceso de purificación de nuestra alma. El objetivo es limpiar todas las energías y residuos negativos que hemos acumulado durante el año.

YAALÉ

Esta oración está estructurada según el orden inverso del alfabeto arameo, lo cual indica el poder de la Luz Retornante. Esto nos da el poder de elevar nuestra conciencia para que tengamos la fortaleza emocional y la previsión para comenzar a resistir nuestros impulsos reactivos.

Abrimos el Arca.

יַעֲלֶה yaalé		תַּחֲנוּנֵנוּ tajanunenu		מֵעֶרֶב meérev◆
וְיָבוֹא veyavó		שַׁוְעָתֵנוּ shavatenu		מִבֹּקֶר mibóker◆
וְיֵרָאֶה veyeraé	רי"ו	רִנּוּנֵנוּ rinunenu◆	עַד ad	עָרֶב árev:
יַעֲלֶה yaalé		קוֹלֵנוּ kolenu		מֵעֶרֶב meérev◆
וְיָבוֹא veyavó		צִדְקָתֵנוּ tsidkatenu		מִבֹּקֶר mibóker◆
וְיֵרָאֶה veyeraé	רי"ו	פִּדְיוֹנֵנוּ fidyonenu◆	עַד ad	עָרֶב árev:
יַעֲלֶה yaalé		עִנּוּיֵנוּ inuyenu		מֵעֶרֶב meérev◆
וְיָבוֹא veyavó		סְלִיחָתֵנוּ slijatenu		מִבֹּקֶר mibóker◆
וְיֵרָאֶה veyeraé	רי"ו	נַאֲקָתֵנוּ naakatenu◆	עַד ad	עָרֶב árev:
יַעֲלֶה yaalé		מְנוּסֵנוּ menusenu		מֵעֶרֶב meérev◆
וְיָבוֹא veyavó		לְמַעֲנוֹ lemaanó		מִבֹּקֶר mibóker◆
וְיֵרָאֶה veyeraé	רי"ו	כִּפּוּרֵנוּ jipurenu◆	עַד ad	עָרֶב árev:

SLIJOT PARA ARVIT DE YOM KIPUR

YAALÉ

Que nuestra petición ascienda por la noche. Que nuestro clamor llegue por la mañana. Que nuestra alabanza sea vista por la noche. Que nuestra voz ascienda por la noche. Que nuestra rectitud llegue por la mañana. Que nuestra redención sea vista por la noche. Que nuestro ayuno ascienda por la noche. Que nuestro perdón llegue por la mañana. Que nuestro lamento sea visto por la noche. Que nuestro refugio ascienda por la noche. Que llegue por Su nombre por la mañana. Que nuestra expiación sea vista por la noche.

יַעֲלֶה yaalé יִשְׁעֵנוּ yishenu מֵעֶרֶב meérev•
וְיָבוֹא veyavó טָהֳרֵנוּ tahorenu מִבֹּקֶר mibóker•
וְיֵרָאֶה veyeraé ר״ו •וְחִנּוּנֵנוּ jinunenu עַד ad עָרֶב árev:
יַעֲלֶה yaalé זִכְרוֹנֵנוּ zijronenu מֵעֶרֶב meérev•
וְיָבוֹא veyavó וִיעוּדֵנוּ viudenu מִבֹּקֶר mibóker•
וְיֵרָאֶה veyeraé ר״ו •הַדְרָתֵנוּ hadratenu עַד ad עָרֶב árev:
יַעֲלֶה yaalé דָּפְקֵנוּ dofkenu מֵעֶרֶב meérev•
וְיָבוֹא veyavó גִּילֵנוּ guilenu מִבֹּקֶר mibóker•
וְיֵרָאֶה veyeraé ר״ו •בַּקָּשָׁתֵנוּ bakashatenu עַד ad עָרֶב árev:
יַעֲלֶה yaalé אֶנְקָתֵנוּ enkatenu מֵעֶרֶב meérev•
וְיָבוֹא veyavó אֵלֶיךָ eleja מִבֹּקֶר mibóker•
וְיֵרָאֶה veyeraé ר״ו •אֵלֵינוּ eleinu עַד ad עָרֶב árev:

Cerramos el Arca:

תְּפִלָּה tfilá א״ת ב״ש אִוְכֵּצַ, ב״ן אדני וניקודה ע״ה, יוד הי וו הה לְדָוִד leDavid ר״ת = ה״פ אלהים
שִׁמְעָה shimá יְהֹוָהאדניאהדונהי Adonai צֶדֶק tsédek הַקְשִׁיבָה hakshiva
רִנָּתִי rinatí הַאֲזִינָה haazina תְּפִלָּתִי tfilatí בְּלֹא beló שִׂפְתֵי siftei
מִרְמָה mirmá: תְּפִלָּה tfilá א״ת ב״ש אִוְכֵּצַ, ב״ן אדני וניקודה ע״ה, יוד הי וו הה
לְדָוִד leDavid ר״ת = ה״פ אלהים הַטֵּה haté יְהֹוָהאדניאהדונהי Adonai
אָזְנְךָ ozneja יוד הי ואו הה עֲנֵנִי aneni ר״ת = אלהים, אהיה אדני
כִּי qui עָנִי aní ריבוע מ״ה וְאֶבְיוֹן veevyón אָנִי aní אני:

Que nuestra salvación llegue por la noche. Que nuestra pureza llegue por la mañana. Que nuestra súplica sea vista por la noche. Que nuestra remembranza ascienda por la noche. Que nuestra congregación llegue por la mañana. Que nuestra alabanza majestuosa sea vista por la noche. Que nuestros llamados asciendan por la noche. Que nuestra dicha llegue por la mañana. Que nuestra solicitud sea vista por la noche. Que nuestra queja ascienda por la noche. Que llegue a Ti por la mañana. Que sea vista por nosotros por la noche.

"Oración de David:

Oye, Señor, una causa justa; atiende a mi clamor. Escucha mi oración hecha de labios sin engaño" (Salmos 17:1). *"Oración de David: Inclina, Señor, Tu oído, y escúchame, porque estoy afligido y menesteroso"* (Salmos 86:1).

תְּפִלָּה tfilá א"ת ב"ש אֻכְּצַ, ב"ן אדני וניקודה ע"ה, יוד הי ו הה

לְמֹשֶׁה leMoshé מהש, ע"ב בריבוע ו קס"א, אל שדי, ד"פ אלהים ; ע"ה ר"ת = ה"פ אלהים אִישׁ ish

הָאֱלֹהִים haElohim אהיה אדני ; ילה אֲדֹנָי Adonai ללה מָעוֹן maón אַתָּה atá

הָיִיתָ hayita לָּנוּ lanu אלהים, אהיה אדני בְּדֹר bedor וָדֹר vador רי"ו ׃ תְּפִלָּה tfilá

א"ת ב"ש אֻכְּצַ, ב"ן אדני וניקודה ע"ה, יוד הי ו הה לְעָנִי leaní ריבוע מ"ה ; ר"ת = ה"פ אלהים

כִּי ji יַעֲטֹף yaatof וְלִפְנֵי velifnei יְהֹוָהאדניאהדונהי Adonai יִשְׁפֹּךְ yishpoj

שִׂיחוֹ sijó׃ תְּפִלָּה tfilá א"ת ב"ש אֻכְּצַ, ב"ן אדני וניקודה ע"ה, יוד הי ו הה

לַחֲבַקּוּק laJavakuk ר"ת = ה"פ אלהים הַנָּבִיא Hanaví עַל al שִׁגְיֹנוֹת shigyonot׃

אֲדֹנָי Adonai ללה שְׁמָעָה shmaá אֲדֹנָי Adonai ללה סְלָחָה slajá

אֲדֹנָי Adonai ללה הַקֲשִׁיבָה hakashiva וַעֲשֵׂה vaasé אַל al תְּאַחַר teajar

לְמַעַנְךָ lemaanjá אֱלֹהַי Elohai מילוי דע"ב, דמב ; ילה כִּי qui שִׁמְךָ Shimjá

נִקְרָא nikrá עַל al עִירְךָ irjá בוזוכו, ערי, סנדלפון וְעַל veal עַמֶּךָ ameja׃

אֲבָרֵךְ avarej אֶת et יְהֹוָהאדניאהדונהי Adonai אֲשֶׁר asher יְעָצָנִי yeatsani אַף af

לֵילוֹת leilot יִסְּרוּנִי yisruni כִלְיוֹתָי jilyotai׃ בָּחַנְתָּ bajanta

לִבִּי libí פָּקַדְתָּ pakadta לַּיְלָה layla מלה צְרַפְתַּנִי tseraftani

בַל val תִּמְצָא timtsá זַמֹּתִי zamoti בַּל bal יַעֲבָר yaavar

פִּי pi׃ יוֹמָם yomam יְצַוֶּה yetsavé יְהֹוָהאדניאהדונהי Adonai

חַסְדּוֹ jasdó ג' הויות, מולא וּבַלַּיְלָה uvalayla מלה שִׁירֹה shiró עִמִּי imí

תְּפִלָּה tfilá א"ת ב"ש אֻכְּצַ, ב"ן אדני וניקודה ע"ה, יוד הי ו הה לְאֵל leEl ייא"י חַיָּי jayai׃

"Oración de Moshé, hombre de Dios: Señor, Tú nos has sido refugio de generación en generación" (Salmos 90:1). *"Oración de un afligido, cuando está angustiado y delante del Señor derrama su lamento"* (Salmos 102:1). *"Oración de Habakuk, el profeta, sobre Shigionot"* (Habakuk 3:1). *"¡Oye, Señor! ¡Señor, perdona! ¡Presta oído, Señor, y hazlo! No tardes, por amor a Ti mismo, Dios mío, porque Tu nombre es invocado sobre Tu ciudad y sobre Tu pueblo"* (Daniel 9:19). *"Bendeciré al Señor que me aconseja; aun en las noches me enseña mi conciencia"* (Salmos 16:7). *"Tú has probado mi corazón, me has visitado de noche; me has puesto a prueba y nada malo hallaste. He resuelto que mi boca no cometa delito"* (Salmos 17:3). *"De día mandará el Señor Su misericordia y de noche Su cántico estará conmigo, una canción al Dios de mi vida"* (Salmos 42:8).

לְהַגִּיד lehaguid בַּבֹּקֶר babóker חַסְדֶּךָ jasdejá וֶאֱמוּנָתְךָ veemunatjá

בַּלֵּילוֹת :baleilot מִלְּפָנֶיךָ milfaneja ס"ג מ"ה ב"ן מִשְׁפָּטִי mishpatí יֵצֵא yetsé

עֵינֶיךָ eineja ע"ה קס"א ; ריבוע מ"ה תֶּחֱזֶינָה tejezena מֵישָׁרִים :meisharim

וַאֲנִי vaaní אני תְפִלָּתִי tfilatí לְךָ lejá יְהֹוָה יאהדונהי Adonai

עֵת et י' הויות, י' אהיה רָצוֹן ratsón מהש ע"ה, ע"ב בריבוע וקס"א ע"ה, אל שדי ע"ה

אֱלֹהִים Elohim אהיה אדני ; ילה בְּרָב berov חַסְדֶּךָ jasdejá

עֲנֵנִי aneni בֶּאֱמֶת beemet אהיה פעמים אהיה, ז"פ ס"ג יִשְׁעֶךָ :yisheja

הֲשִׁיבֵנוּ hashivenu יְהֹוָה יאהדונהי Adonai אֵלֶיךָ eleja וְנָשׁוּבָה venashuva

(כתיב: ונשוב) חַדֵּשׁ jadesh י"ב הויות, קס"א קנ"א יָמֵינוּ yameinu כְּקֶדֶם :quekédem

LOS TRECE ATRIBUTOS

Los Trece Atributos son 13 virtudes o propiedades que reflejan 13 aspectos de nuestra relación con el Creador. Estos Trece Atributos son la forma en la que interactuamos con Dios en nuestra vida diaria, bien sea que lo sepamos o no. Funcionan como un espejo. Cuando nos vemos en un espejo y sonreímos, la imagen sonríe de vuelta. Cuando nos vemos en un espejo y maldecimos, la imagen maldice de vuelta. Si realizamos una acción negativa en nuestro mundo, el espejo nos refleja energía negativa. A medida que intentamos transformar nuestra naturaleza reactiva en una proactiva, esta retroalimentación directa nos guía y corrige. El número 13 también representa uno por encima de los 12 signos del Zodíaco. Estos 12 signos controlan nuestra naturaleza instintiva y reactiva. El número 13 nos da el control sobre los 12 signos, lo que a su vez nos da el control sobre nuestro comportamiento.

אֵל El יא"י (מילוי דס"ג) מֶלֶךְ mélej יוֹשֵׁב yoshev עַל al

כִּסֵּא quisé רַחֲמִים rajamim וּמִתְנַהֵג umitnaheg בַּחֲסִידוּת •bajasidut

מוֹחֵל mojel עֲוֹנוֹת avonot עַמּוֹ amó מַעֲבִיר maavir

רִאשׁוֹן rishón רִאשׁוֹן •rishón מַרְבֶּה marbé מְחִילָה mejilá

לְחַטָּאִים •lajataím וּסְלִיחָה uslijá לַפּוֹשְׁעִים •laposhim

---

"Anunciar por la mañana Tu misericordia y Tu fidelidad cada noche" (Salmos 92:2). "De Tu presencia proceda mi defensa; vean Tus ojos la rectitud" (Salmos 17:2). "En cuanto a mí, que mi oración llegue ante Ti, Señor, en un tiempo favorable; Dios, en Tu abundante misericordia, respóndeme con la verdad de Tu salvación" (Salmos 69:13). "Haznos volver a Ti, Señor, y nos volveremos; renueva nuestros días como al principio" (Lamentaciones 5:21).

LOS TRECE ATRIBUTOS

Rey Todopoderoso,

que se sienta el trono de misericordia, comportándose con gentileza, perdona las iniquidades de Su pueblo; Él elimina (sus pecados) uno a uno, extiende perdón a los pecadores y absolución a los transgresores.

עוֹשֶׂה osé צְדָקוֹת tsedakot עִם im כָּל col יל׳ בָּשָׂר basar וְרוּחַ verúaj.

לֹא lo כְרָעָתָם jeraatam לָהֶם lahem גּוֹמֵל gomel. אֵל El יא״י (מילוי דס״ג)

הוֹרֵתָנוּ horetanu לוֹמַר lomar מִדּוֹת midot שְׁלשׁ shlosh עֶשְׂרֵה esré.

זְכוֹר zejor ע״ב קס״א, יהי אור ע״ה (סוד המשכת השפע מן ד׳ שמות ליסוד הנקרא זכור)

לָנוּ lanu אלהים, אהיה אדני הַיּוֹם hayom ע״ה נגד, מזבח, זן, אל יהוה בְּרִית brit

שְׁלשׁ shlosh עֶשְׂרֵה esré. כְּמוֹ cmó שֶׁהוֹדַעְתָּ shehodata

לֶעָנָו leanav (*Moshé*) מִקֶּדֶם mikédem. וְכֵן vején כָּתוּב catuv

בְּתוֹרָתָךְ betorataj: וַיֵּרֶד vayered ר״י יְהֹוָה Adonai בֶּעָנָן beanán

וַיִּתְיַצֵּב vayityatsev עִמּוֹ imó שָׁם sham וַיִּקְרָא vayikrá עם האותיות = ב״פ קס״א

בְשֵׁם veshem יְהֹוָה Adonai וְשָׁם vesham נֶאֱמַר neemar:

וַיַּעֲבֹר vayaavor רפ״ח להעלות רפ״ח ניצוצות שנפלו לקליפה דמשם באים התחלואים

יְהֹוָה Adonai עַל al ר״ת = אלהים, אהיה אדני פָּנָיו panav

וַיִּקְרָא vayikrá עם האותיות = ב״פ קס״א ; ר״ת = אלהים, אהיה אדני

יְהֹוָה Adonai | יְהֹוָה Adonai

1) אֵל El יא״י מילוי דס״ג (*Kéter*) 2) רַחוּם rajum (*Jojmá*) 3) וְחַנּוּן vejanún

4) אֶרֶךְ éréj 5) אַפַּיִם apáyim 6) וְרַב verav חֶסֶד jésed ע״ב, ריבוע יהוה

7) וֶאֱמֶת veemet אהיה פעמים אהיה, ז״פ ס״ג: 8) נֹצֵר notser חֶסֶד jésed ע״ב, ריבוע יהוה

9) לָאֲלָפִים laalafim ר״ת שם נוזל 10) נֹשֵׂא nosé עָוֹן avón

11) וָפֶשַׁע vafesha 12) וְחַטָּאָה vejataa 13) וְנַקֵּה venaké קס״א (אלף הי יוד הי)

וע״י שם זה יכוין לברר ולנקות את נצוצי הקדושה שנפלו עם הקיטרוגים, להעלותם לשורשם:

Actúa caritativamente con todos los mortales, sin retaliación por su iniquidad. Dios, Quien nos enseñó a recitar los Trece (Atributos), recuerda por nosotros este día la alianza de los Trece (Atributos). Como Tú los revelaste al humilde (quien es Moshé) de largura de días. Como está escrito en tu Torá: "Descendió el Señor en la nube y permaneció allí junto a él; y él proclamó el nombre del Señor" (Éxodo 34:5). *Como está dicho allí: "Y el Señor pasó por delante de él y exclamó: "Señor, Señor, 1) Dios (Kéter) 2) Compasivo (Jojmá) 3) Amable 4) Grande 5) Paciente 6) Abundante con benevolencia 7) y verdad 8) Él conserva la benevolencia 9) para los miles 10) Él dispensa las iniquidades 11) y el pecado 12) y la trasgresión 13) y purifica"* (Éxodo 34:6-7).

וְסָלַחְתָּ vesalajta לַעֲוֹנֵנוּ laavonenu וּלְחַטָּאתֵנוּ ulejatatenu

וּנְחַלְתָּנוּ :unjaltanu כִּי qui בַיּוֹם vayom ע"ה נגד, מזבח, זן, אל יהוה הַזֶּה hazé והו

יְכַפֵּר yejaper עֲלֵיכֶם aleijem לְטַהֵר letaher אֶתְכֶם etjem מִכֹּל micol ילי

חַטֹּאתֵיכֶם jatoteijem לִפְנֵי lifnei יְהֹוָהאדניאהדונהי Adonai תִּטְהָרוּ :titharú

ANSHEI EMUNÁ

Las letras del alfabeto arameo están codificadas en esta oración, según su secuencia y orden. Cada una de las 22 letras, y las 22 fuerzas de energía que ellas representan, crearon todo nuestro universo. Utilizamos este poder similar al ADN para ayudar a corregir el pecado original de Adam, el cual todavía afecta a toda la creación. Para activar este poder, debemos hacer un esfuerzo en darnos cuenta de que todos los pecados de Adam también se manifiestan en nuestra propia vida. Somos un microcosmos de Adam. A través del poder de estos versos, obtenemos la fortaleza espiritual para no repetir los pecados que cometimos el año pasado.

אַנְשֵׁי anshei אֱמוּנָה emuná אָבָדוּ •avadu בָּאִים baím בְּכֹחַ bejóaj

מַעֲשֵׂיהֶם :maaseihem גִּבּוֹרִים guiborim לַעֲמוֹד laamod בַּפֶּרֶץ •bapérets

דּוֹחִים dojim אֶת et הַגְּזֵרוֹת :hagzerot הָיוּ hayú לָנוּ lanu אלהים, אהיה אדני

לְחוֹמָה •lejomá וּלְמַחְסֶה ulemajsé בְּיוֹם beyom ע"ה נגד, מזבח, זן, אל יהוה

זַעַם :zaam זוֹעֲכִים zoajim אַף af בְּלַחֲשָׁם •belajasham וְחֵמָה jemá

עָצְרוּ atsrú בְּשַׁוְעָם :beshavam טֶרֶם térem קְרָאוּךָ queraúja

עֲנִיתָם •anitam יוֹדְעִים yodim לַעְתֹּר laator וּלְרַצּוֹת :uleratsot כְּאָב queav

רִחַמְתָּ rijamta לְמַעֲנָם •lemaanam לֹא lo הֱשִׁיבוֹתָ heshivota

פְּנֵיהֶם pneihem רֵיקָם :reikam מֵרֹב merov עֲוֹנֵינוּ avoneinu

אֲבַדְנוּם •avadnum נֶאֶסְפוּ neesfú מֶנּוּ menu בַּחֲטָאֵינוּ :bajataeinu

---

"Y perdona nuestra maldad y nuestro pecado, y acéptanos como Tu heredad" (Éxodo 34:9). *"Porque en este día se hará expiación por ustedes, y serán limpios de todos sus pecados delante del Señor"* (Levítico 16:30).

ANSHEI EMUNÁ

La gente de fe se ha marchado, aquellos que eran fuertes en sus acciones. Fuertes para estar en la brecha; ellos evitaban los decretos malignos. Ellos eran una muralla para nosotros; una protección en el día de furia. Ellos calmaban la rabia con sus oraciones susurradas; ellos subyugaban la ira con sus súplicas. Antes ellos Te llamaban, Tú les contestabas; ellos sabían cómo rogar y conciliar. Como un padre, Tú tuviste misericordia de ellos; no los dejaste ir de manos vacías. Debido a nuestras iniquidades los hemos perdido; ellos nos han sido arrebatados a causa de nuestros pecados.

סָעוּ saú הֵמָּה hema לִמְנוּחוֹת limnujot. עָזְבוּ azvú אוֹתָנוּ otanu
לַאֲנָחוֹת laanajot: פַּסּוּ pasú גּוֹדְרֵי godrei גָּדֵר gader. צֻמְּתוּ tsumtú
מְשִׁיבֵי meshivei חֵמָה jemá: קָמִים kamim בַּפֶּרֶץ bapérets אַיִן ayin.
רְאוּיִים reuyim לִרְצוֹתְךָ leratsotjá אָפְסוּ afesu: שׁוֹטַטְנוּ shotatnu
בְּאַרְבַּע bearbá פִּנּוֹת pinot. תְּרוּפָה trufá לֹא lo מָצָאנוּ matsanu:
שַׁבְנוּ shavnu אֵלֶיךָ eleja בְּבֹשֶׁת bevóshet פָּנֵינוּ paneinu.
לְשַׁחֲרָךְ leshajaraj אֵל El ״יא״ (מילוי דס״ג) בְּעֵת beet סְלִיחוֹתֵינוּ slijatenu:

LOS TRECE ATRIBUTOS

אֵל El ״יא״ (מילוי דס״ג) מֶלֶךְ mélej יוֹשֵׁב yoshev עַל al
כִּסֵּא quisé רַחֲמִים rajamim וּמִתְנַהֵג umitnaheg בַּחֲסִידוּת bajasidut.
מוֹחֵל mojel עֲוֹנוֹת avonot עַמּוֹ amó מַעֲבִיר maavir רִאשׁוֹן rishón
רִאשׁוֹן rishón. מַרְבֶּה marbé מְחִילָה mejilá לְחַטָּאִים lajataím.
וּסְלִיחָה uslijá לַפּוֹשְׁעִים laposhim. עוֹשֶׂה osé צְדָקוֹת tsedakot
עִם im כָּל col ״יל״ בָּשָׂר basar וְרוּחַ verúaj. לֹא lo
כְּרָעָתָם jeraatam לָהֶם lahem גּוֹמֵל gomel. אֵל El ״יא״ (מילוי דס״ג)
הוֹרֵתָנוּ horetanu לוֹמַר lomar מִדּוֹת midot שְׁלֹשׁ shlosh עֶשְׂרֵה esré.
זְכוֹר zejor ע״ב קס״א, יהי אור ע״ה (סוד המשכת השפע מן ד׳ שמות ליסוד הנקרא זכור)
לָנוּ lanu אלהים, אהיה אדני ע״ה הַיּוֹם hayom ע״ה נגד, מזבח, זן, אל יהוה
בְּרִית brit שְׁלֹשׁ shlosh עֶשְׂרֵה esré.

Ellos se han ido a su descanso, nos han dejado suspirando. Aquellos que construyeron muros han fallecido, aquellos que frenaban la furia han muerto. Aquellos que estaban en la brecha ya no lo están más, aquellos con el mérito de conciliar han desaparecido. Hemos deambulado por los cuatro confines (de la Tierra) y no hemos hallado consuelo. Regresamos a Ti con rostros llenos de vergüenza, para buscarte a Ti, Dios, en el tiempo destinado para nuestras oraciones penitenciarias.

LOS TRECE ATRIBUTOS

Rey Todopoderoso, que se sienta el trono de misericordia, comportándose con gentileza, perdona las iniquidades de Su pueblo; Él elimina (sus pecados) uno a uno, extiende perdón a los pecadores y absolución a los transgresores. Actúa caritativamente con todos los mortales, sin retaliación por su iniquidad. Dios, Quien nos enseñó a recitar los Trece (Atributos), recuerda por nosotros este día la alianza de los Trece (Atributos).

כְּמוֹ cmó שֶׁהוֹדַעְתָּ shehodata לֶעָנָו leanav (*Moshé*) מִקֶּדֶם mikédem.

וְכֵן vején כָּתוּב catuv בְּתוֹרָתָךְ betorataj: וַיֵּרֶד vayered ריי"

יְהֹוָהאדנייאהדונהי Adonai בֶּעָנָן beanán וַיִּתְיַצֵּב vayityatsev עִמּוֹ imó שָׁם sham

וַיִּקְרָא vayikrá עם האותיות = ב"פ קס"א בְשֵׁם veshem יְהֹוָהאדנייאהדונהי Adonai

וְשָׁם vesham נֶאֱמַר neemar: וַיַּעֲבֹר vayaavor רפ"ח להעלות רפ"ח ניצוצות שנפלו לקליפה

דמשם באים התולואים יְהֹוָהאדנייאהדונהי Adonai עַל al ר"ת = אלהים, אהיה אדני

פָּנָיו panav וַיִּקְרָא vayikrá עם האותיות = ב"פ קס"א ; ר"ת = אלהים, אהיה אדני

יְהֹוָהאדנייאהדונהי Adonai | יְהֹוָהאדנייאהדונהי Adonai

(1 אֵל El יא"י מילוי דס"ג (*Kéter*) (2 רַחוּם rajum (*Jojmá*) (3 וְחַנּוּן vejanún

(4 אֶרֶךְ érej (5 אַפַּיִם apáyim (6 וְרַב־ verav חֶסֶד jésed ע"ב, ריבוע יהוה

(7 וֶאֱמֶת veemet אהיה פעמים אהיה, ז"פ ס"ג: (8 נֹצֵר notser חֶסֶד jésed ע"ב, ריבוע יהוה

(9 לָאֲלָפִים laalafim ר"ת שם נוזל (10 נֹשֵׂא nosé עָוֹן avón

(11 וָפֶשַׁע vafesha (12 וְחַטָּאָה vejataa (13 וְנַקֵּה venaké קס"א (אלף הי יוד הי)

וע"י שם זה יכוין לברר ולנקות את נצוצי הקדושה שנפלו עם הקיטרוגים, להעלותם לשורשם:

וְסָלַחְתָּ vesalajta לַעֲוֹנֵנוּ laavonenu וּלְחַטָּאתֵנוּ ulejatatenu

וּנְחַלְתָּנוּ unjaltanu: כִּי qui בַיּוֹם vayom ע"ה נגד, מזבח, זן, אל יהוה הַזֶּה hazé והו

יְכַפֵּר yejaper עֲלֵיכֶם aleijem לְטַהֵר letaher אֶתְכֶם etjem מִכֹּל micol ילי

חַטֹּאתֵיכֶם jatoteijem לִפְנֵי lifnei יְהֹוָהאדנייאהדונהי Adonai תִּטְהָרוּ titharú:

Como Tú los revelaste al humilde (quien es Moshé) de largura de días. Como está escrito en tu Torá: "Descendió el Señor en la nube y permaneció allí junto a él; y él proclamó el nombre del Señor" (Éxodo 34:5). *Como está dicho allí: "Y el Señor pasó por delante de él y exclamó: '¡Señor! ¡Señor! (1) Dios (Kéter) (2) misericordioso (Jojmá) (3) y piadoso; (4) grande (5) en paciencia (6) y grande en misericordia (7) y verdad, (8) que guarda misericordia (9) a millares, (10) que perdona la iniquidad, (11) el pecado (12) y la transgresión, (13) y purifica'"* (Éxodo: 34:6-7) *"Y perdona nuestra maldad y nuestro pecado, y acéptanos como Tu heredad"* (Éxodo 34:9). *"Porque en este día se hará expiación por ustedes, y serán limpios de todos sus pecados delante del Señor"* (Levítico 16:30).

TAMAHNU

Esta conexión es similar a la anterior, salvo que las letras arameas ahora están codificadas en los versos de forma inversa, lo cual representa el orden de la creación del mundo y el poder de la corrección y la *teshuvá*.

תָּמַהְנוּ tamahnu מֵרָעוֹת meraot. תָּשַׁשׁ tashash כֹּחֵנוּ cojenu

מִצָּרוֹת mitsarot: שַׁחְנוּ shajnu עַד ad לִמְאֹד limeod. שָׁפַלְנוּ shafalnu

עַד ad עָפָר afar: רַחוּם rajum כָּךְ caj הִיא hi מִדָּתֵנוּ midatenu.

קְשֵׁה keshé עֹרֶף óref וּמַמְרִים umamrim אֲנַחְנוּ anajnu: צָעַקְנוּ tsaaknu

בְּפִינוּ befinu חָטָאנוּ jatanu. פְּתַלְתֹּל petaltol וְעִקֵּשׁ veikesh לִבֵּנוּ libenu:

עֶלְיוֹן elyón רַחֲמֶיךָ rajameja מֵעוֹלָם meolam. סְלִיחָה slijá

עִמְּךָ imeja הִיא hi: נִחָם nijam עַל al הָרָעָה haraá רהע. מַטֵּה maté

כְּלַפֵּי jlapei חֶסֶד jésed ע"ב, ריבוע יהוה: לֹא lo תִּתְעַלָּם titalam

בְּעִתּוֹת beitot כָּאֵל cael יא"י (מילוי דס"ג). כִּי qui בְּצָרָה vetsará אלהים דההין

גְּדוֹלָה gdolá אֲנַחְנוּ anajnu: יִוָּדַע yivadá לְעֵינֵי leeinei ריבוע מ"ה הַכֹּל hacol.

טוּבְךָ tuvjá לאו וַחֲסָדֶיךָ vejasdejá עִמָּנוּ imanu ריבוע ס"ג, קס"א ע"ה וד' אותיות:

חֲתֹם jatom פֶּה pe מילה, וע"ה אלהים, אהיה אדני שָׂטָן satán וְאַל veal יַשְׂטִין yastín

עָלֵינוּ aleinu. זְעֹם zeom בּוֹ bo וְיִדֹּם veyidom: וְיַעֲמֹד veyaamod

מַלְאָךְ malaj מֵלִיץ melits טוֹב tov והו לְצַדְּקֵנוּ letsadkenu. הוּא hu

יַגִּיד yaguid ייז, כ"ב אותיות פשוטות (= אכא) וה' אותיות סופיות מנצפך יְשָׁרֵנוּ yoshrenu:

TAMAHNU

Estamos perplejos por los sufrimientos, nuestra fortaleza es debilitada por los problemas. Hemos sido arrojados al fondo, excesivamente abajo; hemos sido bajados al polvo. Oh, Misericordioso, así es nuestra naturaleza: somos testarudos y rebeldes. Clamamos que hemos pecado, pero nuestro corazón es desviado y perverso. Oh, Altísimo, Tu compasión es para siempre. El perdón está contigo. El arrepentimiento de los inicuos, inclínate hacia la misericordia. No Te ocultes en tiempos como estos, porque estamos muy afligidos. Que todos lo sepan, que Tu benevolencia y misericordia están con nosotros. Sella la boca de nuestro adversario para que no pueda acusarnos; repréndelo para que esté en silencio. Y permite que haya un defensor para que abogue por nuestra rectitud y declare nuestra integridad.

דְּרָכֶיךָ derajeja רַחוּם rajum וְחַנּוּן vejanún גִּלִּיתָ guilita

לְנֶאֱמַן leneemán בַּיִת báyit ב"פ ראה: בְּבַקְשׁוֹ bevakshó אָז az

מִלְּפָנֶיךָ milfaneja ס"ג מ"ה ב"ן. אֱמוּנָתְךָ emunatjá הוֹדַעְתָּ hodata לוֹ: lo

LOS TRECE ATRIBUTOS

אֵל El יא"י (מילוי דס"ג) מֶלֶךְ mélej יוֹשֵׁב yoshev עַל al

כִּסֵּא quisé רַחֲמִים rajamim וּמִתְנַהֵג umitnaheg בַּחֲסִידוּת bajasidut.

מוֹחֵל mojel עֲוֹנוֹת avonot עַמּוֹ amó מַעֲבִיר maavir רִאשׁוֹן rishón

רִאשׁוֹן rishón. מַרְבֶּה marbé מְחִילָה mejilá לַחַטָּאִים lajataím.

וּסְלִיחָה uslijá לַפּוֹשְׁעִים laposhim. עוֹשֶׂה osé צְדָקוֹת tsedakot

עִם im כָּל col ילי בָּשָׂר basar וְרוּחַ verúaj. לֹא lo כְּרָעָתָם jeraatam

לָהֶם lahem גּוֹמֵל gomel. אֵל El יא"י (מילוי דס"ג) הוֹרֵתָנוּ horetanu

לוֹמַר lomar מִדּוֹת midot שְׁלֹשׁ shlosh עֶשְׂרֵה esré.

זְכוֹר zejor ע"ב קס"א, יהי אור ע"ה (סוד המשכת השפע מן ד' שמות ליסוד הנקרא זכור)

לָנוּ lanu אלהים, אהיה אדני הַיּוֹם hayom ע"ה נגד, מזבח, זן, אל יהוה

בְּרִית brit שְׁלֹשׁ shlosh עֶשְׂרֵה esré. כְּמוֹ cmó שֶׁהוֹדַעְתָּ shehodata

לֶעָנָו leanav (*Moshé*) מִקֶּדֶם mikédem. וְכֵן vején כָּתוּב catuv

בְּתוֹרָתָךְ: betorataj וַיֵּרֶד vayered ריי יְהֹוָהאדנייאהדונהי Adonai בֶּעָנָן beanán

וַיִּתְיַצֵּב vayityatsev עִמּוֹ imó שָׁם sham וַיִּקְרָא vayikrá עם האותיות = ב"פ קס"א

בְשֵׁם veshem יְהֹוָהאדנייאהדונהי Adonai וְשָׁם vesham נֶאֱמַר: neemar

---

Tus caminos, Oh, Misericordioso y Piadoso,
revelaste a (Moshé) Tu fiel; cuando él lo solicitó de Ti, Tú le hiciste saber Tu fidelidad.

LOS TRECE ATRIBUTOS

Rey Todopoderoso, que se sienta el trono de misericordia, comportándose con gentileza, perdona las iniquidades de Su pueblo; Él elimina (sus pecados) uno a uno, extiende perdón a los pecadores y absolución a los transgresores. Actúa caritativamente con todos los mortales, sin retaliación por su iniquidad. Dios, Quien nos enseñó a recitar los Trece (Atributos), recuerda por nosotros este día la alianza de los Trece (Atributos). Como Tú los revelaste al humilde (quien es Moshé) de largura de días. Como está escrito en tu Torá: "Descendió el Señor en la nube y permaneció allí junto a él; y él proclamó el nombre del Señor" (Éxodo 34:5)."
Como está dicho allí:

וַיַּעֲבֹר vayaavor רפ"ח להעלות רפ"ח ניצוצות שנפלו לקליפה דמשם באים התחלואים

יְהֹוָה Adonai עַל al ר"ת = אלהים, אהיה אדני פָּנָיו panav

וַיִּקְרָא vayikrá עם האותיות = ב"פ קס"א ; ר"ת = אלהים, אהיה אדני

יְהֹוָה Adonai | יְהֹוָה Adonai

1) אֵל El ייא"י מילוי דס"ג (*Kéter*) 2) רַחוּם rajum (*Jojmá*) 3) וְחַנּוּן vejanún

4) אֶרֶךְ érej 5) אַפַּיִם apáyim 6) וְרַב־ verav חֶסֶד jésed ע"ב, ריבוע יהוה

7) וֶאֱמֶת veemet אהיה פעמים אהיה, ז"פ ס"ג: 8) נֹצֵר notser חֶסֶד jésed ע"ב, ריבוע יהוה

9) לָאֲלָפִים laalafim ר"ת שם נוזל 10) נֹשֵׂא nosé עָוֹן avón

11) וָפֶשַׁע vafesha 12) וְחַטָּאָה vejataa 13) וְנַקֵּה venaké קס"א (אלף הי יוד הי)

וע"י שם זה יכוין לברר ולנקות את ניצוצי הקדושה שנפלו עם הקיטרוגים, להעלותם לשורשם:

וְסָלַחְתָּ vesalajta לַעֲוֹנֵנוּ laavonenu וּלְחַטָּאתֵנוּ ulejatatenu

וּנְחַלְתָּנוּ: unjaltanu כִּי qui בַּיּוֹם vayom ע"ה נגד, מזבח, ון, אל יהוה הַזֶּה hazé והו

יְכַפֵּר yejaper עֲלֵיכֶם aleijem לְטַהֵר letaher אֶתְכֶם etjem מִכֹּל micol ילי

חַטֹּאתֵיכֶם jatoteijem לִפְנֵי lifnei יְהֹוָה Adonai תִּטְהָרוּ: titharú

ANENU

En estos versos, le estamos pidiendo a Dios que responda nuestras oraciones. Los antiguos kabbalistas preguntaban con frecuencia: ¿Por qué nuestras oraciones no son contestadas? La razón es porque no hemos entendido el significado espiritual interno que se encuentra en las palabras de nuestra oración. Por ejemplo, realmente no le estamos pidiendo a Dios que responda nuestras oraciones; como si un Creador amoroso e infinito necesitara motivación para contestarlas. Lo que realmente le estamos pidiendo a Dios es que nos dé la fortaleza para que *nosotros* podamos activar el poder de nuestras oraciones. La llave de arranque es nuestro deseo de cambiar y nuestra disposición a doblegar nuestro ego.

Debemos ser cuidadosos en tener la intención y el significado correctos mientras decimos la palabra "*anenu*" que quiere decir "respóndenos", puesto que en arameo *anenu* tiene dos significados: Puede ser tanto "respóndenos" como "tortúranos".

"Y el Señor pasó por delante de él y exclamó: '¡Señor! ¡Señor! (1) Dios (Kéter) (2) misericordioso (Jojmá) (3) y piadoso; (4) grande (5) en paciencia (6) y grande en misericordia (7) y verdad, (8) que guarda misericordia (9) a millares, (10) que perdona la iniquidad, (11) el pecado (12) y la transgresión, (13) y purifica'" (Éxodo 24:6-7).

"Y perdona nuestra maldad y nuestro pecado, y acéptanos como Tu heredad" (Éxodo 34:9). *"Porque en este día se hará expiación por ustedes, y serán limpios de todos sus pecados delante del Señor"* (Levítico 16:30)

עֲנֵנוּ anenu אָבִינוּ avinu עֲנֵנוּ anenu ◆ עֲנֵנוּ anenu בּוֹרְאֵנוּ borenu עֲנֵנוּ anenu ◆

עֲנֵנוּ anenu גּוֹאֲלֵנוּ goalenu עֲנֵנוּ anenu ◆ עֲנֵנוּ anenu דּוֹרְשֵׁנוּ dorshenu

עֲנֵנוּ anenu ◆ עֲנֵנוּ anenu הוֹד hod ההה וְהָדָר vehadar עֲנֵנוּ anenu ◆ עֲנֵנוּ anenu

וָתִיק vatik בְּנֶחָמוֹת benejamot עֲנֵנוּ anenu ◆ עֲנֵנוּ anenu זַךְ zaj יי״ז

וְיָשָׁר veyashar עֲנֵנוּ anenu ◆ עֲנֵנוּ anenu חַי jai וְקַיָּם vekayam עֲנֵנוּ anenu ◆

עֲנֵנוּ anenu טְהוֹר tehor י״פ אכא עֵינַיִם eináyim עֲנֵנוּ anenu ◆ עֲנֵנוּ anenu

יוֹשֵׁב yoshev שָׁמַיִם shamáyim י״פ טל, י״פ כוזו עֲנֵנוּ anenu ◆ עֲנֵנוּ anenu

כַּבִּיר cabir כֹּחַ cóaj עֲנֵנוּ anenu ◆ עֲנֵנוּ anenu לֹא lo אֵל El ייא״י (במילוי דס״ג)

וְחָפֵץ jafets בְּרֶשַׁע beresha עֲנֵנוּ anenu ◆ עֲנֵנוּ anenu מֶלֶךְ mélej מַלְכֵי maljei

הַמְּלָכִים hamlajim עֲנֵנוּ anenu ◆ עֲנֵנוּ anenu נוֹרָא norá וְנִשְׂגָּב venishgav

עֲנֵנוּ anenu ◆ עֲנֵנוּ anenu סוֹמֵךְ somej ריבוע אדני נוֹפְלִים noflim עֲנֵנוּ anenu ◆

עֲנֵנוּ anenu עוֹזֵר ozer דַּלִּים dalim עֲנֵנוּ anenu ◆ עֲנֵנוּ anenu פּוֹדֶה podé

וּמַצִּיל umatsil עֲנֵנוּ anenu ◆ עֲנֵנוּ anenu צַדִּיק tsadik וּמַצְדִּיק umatsdik

עֲנֵנוּ anenu ◆ עֲנֵנוּ anenu קָרוֹב karov לְכָל lejol יה אדני קוֹרְאָיו korav

בֶּאֱמֶת beemet אהיה פעמים אהיה, ד״פ ס״ג עֲנֵנוּ anenu ◆ עֲנֵנוּ anenu רָם ram

וְנִשָּׂא venisá עֲנֵנוּ anenu ◆ עֲנֵנוּ anenu שׁוֹכֵן shojén שְׁחָקִים shjakim

עֲנֵנוּ anenu ◆ עֲנֵנוּ anenu תּוֹמֵךְ tomej תְּמִימִים temimim עֲנֵנוּ anenu:

ANENU

Respóndenos, Padre nuestro, respóndenos. Respóndenos, Creador nuestro, respóndenos. Respóndenos, Redentor nuestro, respóndenos. Respóndenos, Tú que nos buscas, respóndenos. Respóndenos, Tú que eres gloria y majestad, respóndenos. Respóndenos, Tú que eres constante en Tu consolación, respóndenos. Respóndenos, Tú que eres puro y recto, respóndenos. Respóndenos, Tú que vives y perduras, respóndenos. Respóndenos, Tú que eres puro de ojos, respóndenos. Respóndenos, Tú que moras en los Cielos, respóndenos. Respóndenos, Tú que eres poderoso en fortaleza, respóndenos. Respóndenos, Tú, el Dios que desprecia la iniquidad, respóndenos. Respóndenos, Tú, Supremo Rey de Reyes, respóndenos. Respóndenos, Tú que eres asombroso y exaltado, respóndenos. Respóndenos, Tú que sostienes a los caídos, respóndenos. Respóndenos, Tú que eres justo y puedes vindicar, respóndenos. Respóndenos, Tú que eres cercano a aquellos que Te llaman con verdad, respóndenos. Respóndenos, Tú que eres el más elevado y sublime, respóndenos. Respóndenos, Tú que moras en los Cielos excelsos, respóndenos. Respóndenos, Tú que sostienes al justo, respóndenos.

עֲנֵנוּ anenu אֱלֹהֵי Elohei מילוי ע"ב, דמב ; ילה אַבְרָהָם Avraham וז"פ אל, רי"ו ול"ב נתיבות
החכמה, רמ"ח (אברים), עסמ"ב וט"ז אותיות פשוטות עֲנֵנוּ anenu:
עֲנֵנוּ anenu וּפַחַד ufájad יִצְחָק Yitsjak ד"פ ב"ן עֲנֵנוּ anenu:
עֲנֵנוּ anenu אֲבִיר avir הרוז יַעֲקֹב Yaakov ז' הויות, אידהנויה עֲנֵנוּ anenu:
עֲנֵנוּ anenu מָגֵן maguén ג"פ אל (יא"י מילוי דס"ג) ; ר"ת מיכאל גבריאל נוריאל
דָּוִד David עֲנֵנוּ anenu: עֲנֵנוּ anenu הָעוֹנֶה haoné בְּעֵת beet י' יהוה וי' אהיה
רָצוֹן ratsón מהש ע"ה, ע"ב בריבוע וקס"א ע"ה, אל שדי ע"ה עֲנֵנוּ anenu:
עֲנֵנוּ anenu הָעוֹנֶה haoné בְּעֵת beet צָרָה tsará אלהים דההין עֲנֵנוּ anenu:
עֲנֵנוּ anenu הָעוֹנֶה haoné בְּעֵת beet רַחֲמִים rajamim עֲנֵנוּ anenu:
עֲנֵנוּ anenu אֱלֹהֵי Elohei מילוי ע"ב, דמב ; ילה הַמֶּרְכָּבָה hamercavá עֲנֵנוּ anenu:
עֲנֵנוּ anenu אֱלָהָא Elahá דְּרִבִּי deRibí מֵאִיר Meir עֲנֵנוּ anenu:
עֲנֵנוּ anenu בִּזְכוּתֵיהּ vizjutei דְּבַר deBar ראה יוֹחָאי Yojái עֲנֵנוּ anenu:
עֲנֵנוּ anenu רַחוּם rajum וְחַנּוּן vejanún עֲנֵנוּ anenu:

RAJUM VEJANÚN

Estos versos están compuestos según el orden del alfabeto arameo. Las letras arameas son los instrumentos que ayudaron a que la creación de nuestro universo ocurriera. Cuando una oración está estructurada de acuerdo con esta secuencia alfabética, estamos recibiendo la energía espiritual de la Creación en nuestra vida, lo cual genera orden a partir del caos. Trae renovación y poder creativo a aquellas áreas en las cuales realmente lo necesitamos.

רַחוּם rajum וְחַנּוּן vejanún חָטָאנוּ jatanu לְפָנֶיךָ lefaneja ס"ג מ"ה ב"ן
רַחֵם rajem וז"פ אל, רי"ו ול"ב נתיבות החכמה, רמ"ח (אברים), עסמ"ב וט"ז אותיות פשוטות
עָלֵינוּ aleinu: אֲדוֹן adón אני הַסְּלִיחוֹת haslijot. בּוֹחֵן bojén
לְבָבוֹת levavot. גּוֹלֶה golé עֲמוּקוֹת amukot. דּוֹבֵר dover צְדָקוֹת tsedakot.

Respóndenos, Dios de Avraham, respóndenos. Respóndenos, temor de Yitsjak, respóndenos. Respóndenos, Poderoso de Yaakov, respóndenos. Respóndenos, Escudo de David, respóndenos. Respóndenos, Tú que contestas en tiempo apropiado, respóndenos. Respóndenos, Tú que contestas en tiempos turbios, respóndenos. Respóndenos, Tú que contestas en tiempo de misericordia, respóndenos. Respóndenos, Dios de la Carroza Celestial, respóndenos. Respóndenos, Dios de Rabí Meir, respóndenos. Respóndenos por el mérito del hijo de Yojái, respóndenos. Respóndenos, Misericordioso y Piadoso.

RAJUM VEJANÚN

Misericordioso y piadoso Dios, hemos pecado ante Ti, ten misericordia de nosotros. Amo del perdón. Escudriñador de corazones. Descubridor de profundidades. Hablador de rectitud.

וְחָטָאנוּ jatanu לְפָנֶיךָ lefaneja ס״ג מ״ה ב״ן רַחֵם rajem וז״פ אל,
רי״ו ול״ב נתיבות החכמה, רמ״ח (אברים), עסמ״ב וט״ז אותיות פשוטות עָלֵינוּ aleinu:
הָדוּר hadur בְּנִפְלָאוֹת beniflaot• וָתִיק vatik בְּנֶחָמוֹת benejamot•
זוֹכֵר zojer בְּרִית brit אָבוֹת avot• חוֹקֵר joker כְּלָיוֹת quelayot•
וְחָטָאנוּ jatanu לְפָנֶיךָ lefaneja ס״ג מ״ה ב״ן רַחֵם rajem וז״פ אל,
רי״ו ול״ב נתיבות החכמה, רמ״ח (אברים), עסמ״ב וט״ז אותיות פשוטות עָלֵינוּ aleinu:
טוֹב tov והו וּמֵטִיב umetiv לַבְּרִיּוֹת labriyot• יוֹדֵעַ yodea כָּל col ילי
נִסְתָּרוֹת nistarot• כּוֹבֵשׁ covesh עֲוֹנוֹת avonot• לוֹבֵשׁ lovesh צְדָקוֹת tsedakot•
וְחָטָאנוּ jatanu לְפָנֶיךָ lefaneja ס״ג מ״ה ב״ן רַחֵם rajem וז״פ אל,
רי״ו ול״ב נתיבות החכמה, רמ״ח (אברים), עסמ״ב וט״ז אותיות פשוטות עָלֵינוּ aleinu:
מָלֵא malé זַכִּיּוֹת zaquiyot• נוֹרָא norá תְּהִלּוֹת tehilot•
סוֹלֵחַ soléaj עֲוֹנוֹת avonot• עוֹנֶה oné בְּעֵת beet צָרוֹת tsarot•
וְחָטָאנוּ jatanu לְפָנֶיךָ lefaneja ס״ג מ״ה ב״ן רַחֵם rajem וז״פ אל,
רי״ו ול״ב נתיבות החכמה, רמ״ח (אברים), עסמ״ב וט״ז אותיות פשוטות עָלֵינוּ aleinu:
פּוֹעֵל poel יְשׁוּעוֹת yeshuot• צוֹפֶה tsofé עֲתִידוֹת atidot•
קוֹרֵא koré הַדּוֹרוֹת hadorot• רוֹכֵב rojev עֲרָבוֹת aravot•
שׁוֹמֵעַ shomea תְּפִלּוֹת tefilot• תְּמִים temim דֵּעוֹת deot•
וְחָטָאנוּ jatanu לְפָנֶיךָ lefaneja ס״ג מ״ה ב״ן רַחֵם rajem וז״פ אל,
רי״ו ול״ב נתיבות החכמה, רמ״ח (אברים), עסמ״ב וט״ז אותיות פשוטות עָלֵינוּ aleinu:
אֵל El יא״י (מילוי דס״ג) רַחוּם rajum שְׁמֶךָ Shimjá•
אֵל El יא״י (מילוי דס״ג) וְחַנּוּן janún שְׁמֶךָ Shimjá•

Hemos pecado ante Ti, ten misericordia de nosotros. Glorioso en obras maravillosas. Constante en el consuelo. Recordaste la alianza de los Patriarcas. Escudriñador de las personalidades internas. Hemos pecado ante Ti, ten misericordia de nosotros. Bueno y benévolo con todas las criaturas. Conocedor de todos los secretos. Eliminador de iniquidades. Tú que estás vestido en rectitud. Hemos pecado ante Ti, ten misericordia de nosotros. Lleno de pureza. Reverenciado en alabanzas. Perdonador de iniquidades. Respondes en tiempos de aflicción. Hemos pecado ante Ti, ten misericordia de nosotros. Hacedor de salvación. Vidente del futuro. Llamador de generaciones. Morador de los Cielos. Atendedor de oraciones. Perfecto en conocimiento. Hemos pecado ante Ti, ten misericordia de nosotros. Dios misericordioso es Tu Nombre. Dios piadoso es Tu Nombre.

אֵל El ייא״י (מילוי דס״ג) אֶרֶךְ érej אַפַּיִם apáyim שִׁמְךָ •Shimjá מָלֵא malé
רַחֲמִים rajamim שִׁמְךָ •Shimjá בָּנוּ banu נִקְרָא nikrá שִׁמְךָ •Shimjá
יְהֹוָה Adonai עֲשֵׂה asé לְמַעַן lemaan שִׁמְךָ •Shimjá

ASÉ LEMAAN

Los versos en esta conexión fluyen de acuerdo al orden del alfabeto arameo. Siempre que un rezo está estructurado en esta secuencia alfabética, estamos recibiendo la energía espiritual de la Creación. Esta energía crea orden a partir del caos. Trae renovación y poder creativo a las áreas en las que más lo necesitamos.

עֲשֵׂה asé לְמַעַן lemaan שְׁמָךְ •Shmaj עֲשֵׂה asé לְמַעַן lemaan
אֲמִתָּךְ •amitaj עֲשֵׂה asé לְמַעַן lemaan בְּרִיתָךְ •britaj עֲשֵׂה asé
לְמַעַן lemaan גָּדְלָךְ •godlaj עֲשֵׂה asé לְמַעַן lemaan דָּתָךְ •dataj
עֲשֵׂה asé לְמַעַן lemaan הֲדָרָךְ •hadaraj עֲשֵׂה asé לְמַעַן lemaan
וִיעוּדָךְ •viudaj עֲשֵׂה asé לְמַעַן lemaan זִכְרָךְ •zijraj עֲשֵׂה asé
לְמַעַן lemaan חַסְדָּךְ •jasdaj עֲשֵׂה asé לְמַעַן lemaan טוּבָךְ tuvaj לאו•
עֲשֵׂה asé לְמַעַן lemaan יָשְׁרָךְ •yoshraj עֲשֵׂה asé לְמַעַן lemaan
כְּבוֹדָךְ quevodaj לכב, ב״ן• עֲשֵׂה asé לְמַעַן lemaan לִמּוּדָךְ •limudaj
עֲשֵׂה asé לְמַעַן lemaan מַלְכוּתָךְ •maljutaj עֲשֵׂה asé לְמַעַן lemaan
נִצְחָךְ •nitsjaj עֲשֵׂה asé לְמַעַן lemaan סוֹדָךְ sodaj מ״כ, י״פ האא•
עֲשֵׂה asé לְמַעַן lemaan עֻזָּךְ •uzaj עֲשֵׂה asé לְמַעַן lemaan
פְּאֵרָךְ •peeraj עֲשֵׂה asé לְמַעַן lemaan צִדְקָתָךְ •tsidkataj

---

Dios lento para la ira es Tu Nombre. Lleno de compasión es Tu Nombre. Somos llamados por Tu Nombre. Señor, actúa por amor a Tu Nombre.

ASÉ LEMAAN

Actúa (a nuestro favor) por amor a Tu Nombre. Actúa por amor a Tu fidelidad. Actúa por amor a Tu alianza. Actúa por amor a Tu grandeza. Actúa por amor a Tu ley. Actúa por amor a Tu majestad. Actúa por amor a Tu lugar de asamblea. Actúa por amor a Tu remembranza. Actúa por amor a Tu benevolencia. Actúa por amor a tu beneficencia. Actúa por amor a Tu rectitud. Actúa por amor a Tu honor. Actúa por amor a Tu enseñanza. Actúa por amor a Tu reinado. Actúa por amor a Tu eternidad. Actúa por amor a Tu consuelo. Actúa por amor a Tu poder. Actúa por amor a Tu gloria. Actúa por amor a Tu justicia.

עֲשֵׂה asé לְמַעַן lemaan קְדֻשָּׁתָךְ kedushataj. עֲשֵׂה asé

לְמַעַן lemaan רַחֲמָנוּתָךְ rajamanutaj. עֲשֵׂה asé לְמַעַן lemaan

שְׁכִינָתָךְ Shjinataj. עֲשֵׂה asé לְמַעַן lemaan תּוֹרָתָךְ Torataj.

ASÉ LEMAAN

En esta oración, le pedimos al Creador que nos ayude a través del mérito de Avraham. El significado espiritual de este verso se trata de nuestra propia humildad. Debemos despertar la sensación de que no merecemos la tremenda Luz del Creador, y sin embargo queremos recibir esta Luz en el mérito de los grandes gigantes espirituales de nuestro pasado. Mediante la realización de estas dos oraciones con un sentido de humildad, estamos disminuyendo nuestro ego, lo que pavimentaría el camino para que el poder de las letras arameas pueda poner orden real en nuestra vida. Nuestro ego es el único obstáculo potencial que puede prevenir que esta Luz fluya en nuestra vida.

עֲשֵׂה asé לְמַעַן lemaan

אַבְרָהָם Avraham ו״פ אל, רי״ו ול״ב נתיבות החכמה, רמ״ח (אברים), עסמ״ב וט״ז אותיות פשוטות

יִצְחָק Yitsjak ד״פ ב״ן וְיַעֲקֹב veYaakov ז׳ הויות, אידהנויה. עֲשֵׂה asé לְמַעַן lemaan

מֹשֶׁה Moshé מהש, ע״ב בריבוע ו קס״א, אל שדי, ד״פ אלהים וְאַהֲרֹן veAharón. עֲשֵׂה asé

לְמַעַן lemaan יוֹסֵף Yosef ציון, קנאה, ו׳ הויות דָּוִד David וּשְׁלֹמֹה uShlomó.

עֲשֵׂה asé לְמַעַן lemaan יְרוּשָׁלַיִם Yerushaláyim עִיר ir ערי, בוזחך, סנדלפון

הַקֹּדֶשׁ hakódesh. עֲשֵׂה asé לְמַעַן lemaan צִיּוֹן Tsiyón יוסף, ו׳ הויות, קנאה

מִשְׁכַּן mishcán כְּבוֹדָךְ quevodaj לכב, ב״ן. עֲשֵׂה asé לְמַעַן lemaan

חָרְבַּן jorbán בֵּיתָךְ beitaj ב״פ ראה. עֲשֵׂה asé לְמַעַן lemaan

שִׁמֲמוּת shimamut הֵיכָלָךְ heijalaj. עֲשֵׂה asé לְמַעַן lemaan

יִשְׂרָאֵל Yisrael הָעֲנִיִּים haaniyim ריבוע מ״ה. עֲשֵׂה asé לְמַעַן lemaan

יִשְׂרָאֵל Yisrael הַדַּלִּים hadalim ע״י העניות והדלות נתכפר עונותיו של האדם.

Actúa por amor a Tu Santidad.

Actúa por amor a Tu compasión. Actúa por amor a Tu Shejiná. Actúa por amor a Tu Torá.

ASÉ LEMAAN

Actúa (a nuestro favor) por amor a Avraham, Yitsjak y Yaakov. Actúa por amor a Moshé y Aharón. Actúa por amor a Yosef, David y Shlomó. Actúa por amor a Jerusalén, la Ciudad Santa. Actúa por amor a Sión, el lugar de morada de Tu gloria. Actúa por amor a Tu Templo destruido. Actúa por amor a la desolación de Tu santuario. Actúa por amor a Israel empobrecido. Actúa por amor a Israel destituido.

עֲשֵׂה asé לְמַעַן lemaan יִשְׂרָאֵל Yisrael הַשְּׁרוּיִים hasheruyim

בְּצָרוֹת •betsarot עֲשֵׂה asé לְמַעַן lemaan יְתוֹמִים yetomim

וְאַלְמָנוֹת •vealmanot עֲשֵׂה asé לְמַעַן lemaan יוֹנְקֵי yonkei

שָׁדַיִם •shadáyim עֲשֵׂה asé לְמַעַן lemaan גְּמוּלֵי gmulei חָלָב •jalav

עֲשֵׂה asé לְמַעַן lemaan תִּינוֹקוֹת tinokot שֶׁל shel בֵּית beit ב"פ ראה

רַבָּן rabán שֶׁלֹּא sheló חָטְאוּ •jatú עֲשֵׂה asé לְמַעַנְךָ lemaanaj

אִם im יוהך, מ"א אותיות דפשוט, דמילוי ודמילוי דמילוי דאהיה ע"ה לֹא lo לְמַעֲנֵנוּ •lemaanenu

עֲשֵׂה asé לְמַעַנְךָ lemaanaj וְהוֹשִׁיעֵנוּ •vehoshienu

הוֹשִׁיעֵנוּ hoshienu וַעֲנֵנוּ vaanenu הַיּוֹם hayom ע"ה נגד, מזבח, זן, אל יהוה

וּבְכָל uvejol לכב, ב"ן יוֹם yom ע"ה נגד, מזבח, זן, אל יהוה וָיוֹם vayom ע"ה נגד, מזבח, זן, אל יהוה

בִּתְפִלָּתֵנוּ bitfilatenu כִּי qui תְהִלָּתֵנוּ tehilatenu אַתָּה Atá:

LOS TRECE ATRIBUTOS

אֵל El ייא" (מילוי דס"ג) מֶלֶךְ mélej יוֹשֵׁב yoshev עַל al

כִּסֵּא quisé רַחֲמִים rajamim וּמִתְנַהֵג umitnaheg בַּחֲסִידוּת •bajasidut

מוֹחֵל mojel עֲוֹנוֹת avonot עַמּוֹ amó מַעֲבִיר maavir רִאשׁוֹן rishón

רִאשׁוֹן •rishón מַרְבֶּה marbé מְחִילָה mejilá לְחַטָּאִים •lajataím

וּסְלִיחָה uslijá לַפּוֹשְׁעִים •laposhim עוֹשֶׂה osé צְדָקוֹת tsedakot

עִם im כָּל col ילי בָּשָׂר basar וְרוּחַ •verúaj לֹא lo כְרָעָתָם jeraatam

לָהֶם lahem גּוֹמֵל •gomel אֵל El ייא" (מילוי דס"ג) הוֹרֵתָנוּ horetanu

לוֹמַר lomar מִדּוֹת midot שְׁלֹשׁ shlosh עֶשְׂרֵה •esré

Actúa por amor a Israel, que está rodeado de aflicción. Actúa por amor a los huérfanos y las viudas. Actúa por amor a los bebés de pecho. Actúa por amor a aquellos que están destetados de leche. Actúa por amor a los niños pequeños que asisten a la escuela, los cuales no han pecado. Actúa por amor a Ti, si no es por amor a nosotros. Actúa por amor a Ti y sálvanos. Sálvanos y respóndenos hoy y cada día cuando oramos, porque Tú eres nuestra alabanza.

LOS TRECE ATRIBUTOS

Rey Todopoderoso, que se sienta el trono de misericordia,

comportándose con gentileza, perdona las iniquidades de Su pueblo; Él elimina (sus pecados) uno a uno, extiende perdón a los pecadores y absolución a los transgresores. Actúa caritativamente con todos los mortales, sin retaliación por su iniquidad. Dios, Quien nos enseñó a recitar los Trece (Atributos),

זְכוֹר zejor ע"ב קס"א, יהי אור ע"ה (סוד המשכת השפע מן ד' שמות ליסוד הנקרא זכור)
לָנוּ lanu אלהים, אהיה אדני הַיּוֹם hayom ע"ה נגד, מזבח, זן, אל יהוה בְּרִית brit
שְׁלֹשׁ shlosh עֶשְׂרֵה esré• כְּמוֹ cmó שֶׁהוֹדַעְתָּ shehodata
לֶעָנָו leanav (*Moshé*) מִקֶּדֶם mikédem• וְכֵן vején כָּתוּב catuv
בְּתוֹרָתָךְ: betorataj: וַיֵּרֶד vayered ריי יְהֹוָה יאהדונהי Adonai בֶּעָנָן beanán
וַיִּתְיַצֵּב vayityatsev עִמּוֹ imó שָׁם sham וַיִּקְרָא vayikrá עם האותיות = ב"פ קס"א
בְשֵׁם veshem יְהֹוָה יאהדונהי Adonai וְשָׁם vesham נֶאֱמַר: neemar:
וַיַּעֲבֹר vayaavor רפ"ח להעלות רפ"ח ניצוצות שנפלו לקליפה דמשם באים התחלואים
יְהֹוָה יאהדונהי Adonai עַל al ר"ת = אלהים, אהיה אדני פָּנָיו panav
וַיִּקְרָא vayikrá עם האותיות = ב"פ קס"א ; ר"ת = אלהים, אהיה אדני
יְהֹוָה יאהדונהי Adonai | יְהֹוָה יאהדונהי Adonai
1) אֵל El יא"י מילוי דס"ג (*Kéter*) 2) רַחוּם rajum (*Jojmá*) 3) וְחַנּוּן vejanún
4) אֶרֶךְ érej 5) אַפַּיִם apáyim 6) וְרַב־ verav חֶסֶד jésed ע"ב, ריבוע יהוה
7) וֶאֱמֶת veemet אהיה פעמים אהיה, ז"פ ס"ג: 8) נֹצֵר notser חֶסֶד jésed ע"ב, ריבוע יהוה
9) לָאֲלָפִים laalafim ר"ת שם נזל 10) נֹשֵׂא nosé עָוֺן avón
11) וָפֶשַׁע vafesha 12) וְחַטָּאָה vejataa 13) וְנַקֵּה venaké קס"א (אלף הי יוד הי)
וע"י שם זה יכוין לברר ולנקות את ניצוצי הקדושה שנפלו עם הקיטרוגים, להעלותם לשורשם:
וְסָלַחְתָּ vesalajta לַעֲוֺנֵנוּ laavonenu וּלְחַטָּאתֵנוּ ulejatatenu
וּנְחַלְתָּנוּ: unjaltanu: כִּי qui בַיּוֹם vayom ע"ה נגד, מזבח, זן, אל יהוה הַזֶּה hazé והו
יְכַפֵּר yejaper עֲלֵיכֶם aleijem לְטַהֵר letaher אֶתְכֶם etjem מִכֹּל micol ילי
חַטֹּאתֵיכֶם jatoteijem לִפְנֵי lifnei יְהֹוָה יאהדונהי Adonai תִּטְהָרוּ: titharú:

---

recuerda por nosotros este día la alianza de los Trece (Atributos). Como Tú los revelaste al humilde (quien es Moshé) de largura de días. Como está escrito en tu Torá: "Descendió el Señor en la nube y permaneció allí junto a él; y él proclamó el nombre del Señor" (Éxodo 34:5). Como está dicho allí: "Y el Señor pasó por delante de él y exclamó: Señor, Señor, 1) Dios (Kéter) 2) Compasivo (Jojmá) 3) Amable 4) Grande 5) Paciente 6) Abundante con benevolencia 7) y verdad 8) Él conserva la benevolencia 9) para los miles 10) Él dispensa las iniquidades 11) y el pecado 12) y la trasgresión 13) y purifica" (Éxodo 34:6-7). "Y perdona nuestra maldad y nuestro pecado, y acéptanos como Tu heredad" (Éxodo 34:9). "Porque en este día se hará expiación por ustedes, y serán limpios de todos sus pecados delante del Señor" (Levítico 16:30).

Ashamnu (Vidui) (encontrarás la explicación y traducción del *Vidui* en las páginas 56-68)

Mientras recitas el *Vidui*, debes golpear tu pecho con la mano derecha para agitar los *Jasadim* (Misericordias) y las *Guevurot* (Juicios) para que puedan crecer por el bien del *Zivug* (Unificación). Incluso si sabes que no has cometido una de las acciones negativas mencionadas a continuación, debes decir el *Vidui* de todos modos, porque todos actuamos como garantes uno del otro. El *Vidui* es dicho en forma plural porque el *Vidui* es acerca de otras vidas y otras personas que están conectadas a la raíz de nuestra alma.

Las 22 letras son el valor numérico del Nombre Sagrado: אכא

אָנָּא ana ב"ן יְהֹוָה Adonai אֱלֹהֵינוּ Eloheinu ילה

וֵאלֹהֵי veElohei לכב ; מילוי ע"ב, דמב ; ילה אֲבוֹתֵינוּ avoteinu. תָּבֹא tavó

לְפָנֶיךָ lefaneja ס"ג מ"ה ב"ן תְּפִלָּתֵנוּ tfilatenu וְאַל veal תִּתְעַלַּם titalam

מַלְכֵּנוּ malquenu מִתְּחִנָּתֵנוּ. mitjinatenu שֶׁאֵין sheéin אֲנַחְנוּ anajnu

עַזֵּי azei אלהים ע"ה, אהיה אדני ע"ה פָנִים panim וּקְשֵׁי ukshei עֹרֶף óref

לוֹמַר lomar לְפָנֶיךָ lefaneja ס"ג מ"ה ב"ן יְהֹוָה Adonai

אֱלֹהֵינוּ Eloheinu ילה וֵאלֹהֵי veElohei לכב ; מילוי ע"ב, דמב ; ילה

אֲבוֹתֵינוּ avoteinu צַדִּיקִים tsadikim אֲנַחְנוּ anajnu וְלֹא veló

וְחָטָאנוּ. jatanu אֲבָל aval וְחָטָאנוּ. jatanu עָוִינוּ. avinu פָּשַׁעְנוּ. pashanu

אֲנַחְנוּ anajnu וַאֲבוֹתֵינוּ vaavoteinu וְאַנְשֵׁי veanshei בֵּיתֵנוּ veitenu ב"פ ראה:

אָשַׁמְנוּ. ashamnu בָּגַדְנוּ. bagadnu גָּזַלְנוּ. gazalnu דִּבַּרְנוּ dibarnu דּוֹפִי dofi

וְלָשׁוֹן velashón הָרָע. hará הֶעֱוִינוּ. heevinu וְהִרְשַׁעְנוּ. vehirshanu זַדְנוּ. zadnu

וְחָמַסְנוּ. jamasnu טָפַלְנוּ tafalnu שֶׁקֶר shéker וּמִרְמָה. umirmá יָעַצְנוּ yaatsnu

עֵצוֹת etsot רָעוֹת. raot כִּזַּבְנוּ. quizavnu כָּעַסְנוּ. caasnu לַצְנוּ. latsnu

מָרַדְנוּ. maradnu מָרִינוּ marinu דְּבָרֶיךָ. devareja נִאַצְנוּ. niatsnu

נִאַפְנוּ. niafnu סָרַרְנוּ. sararnu עָוִינוּ. avinu פָּשַׁעְנוּ. pashanu

פָּגַמְנוּ. pagamnu צָרַרְנוּ. tsararnu צִעַרְנוּ tsiarnu אָב av וָאֵם. vaem

קִשִּׁינוּ kishinu עֹרֶף. óref רָשַׁעְנוּ. rashanu שִׁחַתְנוּ. shijatnu תִּעַבְנוּ. tiavnu

תָּעִינוּ. taínu וְתִעְתָּעְנוּ vetiatanu וְסַרְנוּ vesarnu מִמִּצְוֹתֶיךָ mimitsvoteja

וּמִמִּשְׁפָּטֶיךָ umimishpateja הַטּוֹבִים hatovim וְלֹא veló שָׁוָה shavá

לָנוּ lanu אלהים, אהיה אדני. וְאַתָּה veAtá צַדִּיק tsadik

עַל al כָּל col ילי ; עמם הַבָּא habá עָלֵינוּ aleinu כִּי qui

אֱמֶת emet אהיה פעמים אהיה, ד"פ ס"ג עָשִׂיתָ asita וַאֲנַחְנוּ vaanajnu הִרְשָׁעְנוּ hirshanu:

Medita para garantizar que tus acciones negativas sean parte del pasado y ya no sean parte de tu presente.

MA NOMAR

El secreto del Nombre: יוד הא ואו הא (מ"ה=45)
que revive a los Siete Reyes Quebrantados. La capacidad de revertir todo y corregir toda clase de corrupción depende de este Nombre, y también la *Teshuvá* (arrepentimiento) depende y se nutre de Éste.

(*Ima*) ב"ן מ"ה ס"ג lefaneja לְפָנֶיךָ nomar נֹּאמַר מ"ה ma מַה
nesaper נְּסַפֵּר מ"ה uma וּמַה .(*Atik Yomín*) marom מָרוֹם yoshev יוֹשֵׁב
shojén שׁוֹכֵן ב"ן מ"ה ס"ג lefaneja לְפָנֶיךָ (***Nukvá*—el libro de *Yesod***)
(***Ima*—que se extiende en *Yesod* mediante *Nétsaj* y *Hod***) shjakim שְׁחָקִים
(י"ה) hanistarot הַנִּסְתָּרוֹת (**50 Puertas de *Biná***) ילי jol כֹּל (*Ima*) haló הֲלֹא
.(*Mazal Venaké*) yodea יוֹדֵעַ (סן'ףך) Atá אַתָּה (ו"ה) vehaniglot וְהַנִּגְלוֹת
.(*Aba* e *Ima*) olam עוֹלָם razei רָזֵי yodea יוֹדֵעַ (*Mazal Venaké*) Atá אַתָּה
(**desde el aspecto de *Aba* e *Ima***) vetaalumot וְתַעֲלוּמוֹת
ילי col כָּל־ (**desde el aspecto de *Mazal***) מצר ב"פ sitrei סִתְרֵי
.(***Yesod* de *Zeir Anpín***) וחיים ,ע"ה ,בינה ,יהוה אהיה אהיה = חי כל jai חָי
.(***Shóresh Yisrael***) vaten בָּטֶן jadrei וַחַדְרֵי־ ילי col כָּל jofés חוֹפֵשׂ Atá אַתָּה
ein אֵין .valev וָלֵב jelayot כְּלָיוֹת ראה roé רֹאֶה
(**en *Nukvá***) mimaj מִמָּךְ neelam נֶעְלָם ראה davar דָּבָר
(**en *Briá*, *Yetsirá* y *Asiyá***) מצר ב"פ nistar נִסְתָּר veéin וְאֵין
מ"ה ריבוע ; קס"א ע"ה eineja עֵינֶיךָ יהוה אל ,זן ,מזבח minégued מִנֶּגֶד
:(***Nukvá*—de Su providencia sobre *Briá*, *Yetsirá* y *Asiyá***)

YEHÍ RATSÓN

ע"ה שדי אל ,ע"ה וקס"א בריבוע ע"ב ,ע"ה מהש ratsón רָצוֹן yehí יְהִי
ילה Eloheinu אֱלֹהֵינוּ Adonai יְהֹוָהאדניאהדונהי ב"ן מ"ה ס"ג milfaneja מִלְּפָנֶיךָ
avoteinu אֲבוֹתֵינוּ ילה ; דמב ,ע"ב מילוי ; לכב veElohei וֵאלֹהֵי
(**con el poder del Nombre: אלף הא יוד הא**) shetimjol שֶׁתִּמְחוֹל
ילי col כָּל־ et אֶת־ אדני אהיה ,אלהים lanu לָנוּ
(**las manchas del *Néfesh***) jatoteinu וְחַטֹּאתֵינוּ
(**con el poder del Nombre: אלף הה יוד הה**) utejaper וּתְכַפֵּר
ילי col כָּל et אֶת אדני אהיה ,אלהים lanu לָנוּ
vetislaj וְתִסְלַח vetimjol וְתִמְחוֹל (**las manchas del *Rúaj***) avonoteinu עֲוֹנוֹתֵינוּ
(**con el poder del Nombre: אלף הי יוד הי**) ע"ב יהוה
:(**las manchas de la *Neshamá***) peshaeinu פְּשָׁעֵינוּ אדני יה lejol לְכָל־

AL JET—OR YASHAR

Según el orden del alfabeto hebreo en el secreto de *Or Yashar* (Luz Directa) el cual, al recitarlo en este orden, ayuda a corregir (en el secreto de la *Teshuvá*) todos los daños en los órganos.

עַל al חֵטְא jet שֶׁחָטָאנוּ shejatanu לְפָנֶיךָ lefaneja ס"ג מ"ה ב"ן

בְּאוֹנֶס beónes:

עַל al חֵטְא jet שֶׁחָטָאנוּ shejatanu לְפָנֶיךָ lefaneja ס"ג מ"ה ב"ן

בִּבְלִי bivlí דָעַת dáat:

עַל al חֵטְא jet שֶׁחָטָאנוּ shejatanu לְפָנֶיךָ lefaneja ס"ג מ"ה ב"ן

בְּגִלּוּי beguilui עֲרָיוֹת arayot:

עַל al חֵטְא jet שֶׁחָטָאנוּ shejatanu לְפָנֶיךָ lefaneja ס"ג מ"ה ב"ן

בְּדַעַת bedáat וּבְמִרְמָה uvemirmá:

עַל al חֵטְא jet שֶׁחָטָאנוּ shejatanu לְפָנֶיךָ lefaneja ס"ג מ"ה ב"ן

בְּהִרְהוּר behirhur הַלֵּב halev:

עַל al חֵטְא jet שֶׁחָטָאנוּ shejatanu לְפָנֶיךָ lefaneja ס"ג מ"ה ב"ן

בְּוִדּוּי bevidui פֶּה pe ע"ה מום:

עַל al חֵטְא jet שֶׁחָטָאנוּ shejatanu לְפָנֶיךָ lefaneja ס"ג מ"ה ב"ן

בְּזָדוֹן bezadón:

עַל al חֵטְא jet שֶׁחָטָאנוּ shejatanu לְפָנֶיךָ lefaneja ס"ג מ"ה ב"ן

בְּחוֹזֶק bejózek פהל יָד yad:

עַל al חֵטְא jet שֶׁחָטָאנוּ shejatanu לְפָנֶיךָ lefaneja ס"ג מ"ה ב"ן

בְּטוּמְאַת betumat שְׂפָתַיִם sfatáyim:

עַל al חֵטְא jet שֶׁחָטָאנוּ shejatanu לְפָנֶיךָ lefaneja ס"ג מ"ה ב"ן

בְּיֵצֶר beyétser הָרָע hará:

עַל al חֵטְא jet שֶׁחָטָאנוּ shejatanu לְפָנֶיךָ lefaneja ס"ג מ"ה ב"ן

בְּיוֹדְעִים beyodim וּבְלֹא uveló יוֹדְעִים yodim:

עַל al חֵטְא jet שֶׁחָטָאנוּ shejatanu לְפָנֶיךָ lefaneja ס"ג מ"ה ב"ן

בְּכַחַשׁ bejajash וּבְכָזָב uvejazav:

עַל al חֵטְא jet שֶׁחָטָאנוּ shejatanu לְפָנֶיךָ lefaneja ס"ג מ"ה ב"ן

בִּלְשׁוֹן belashón הָרָע hará:

עַל al וְחֵטְא jet שֶׁחָטָאנוּ shejatanu לְפָנֶיךָ lefaneja ס״ג מ״ה ב״ן
בְּמַרְאִית bemarit הָעַיִן haayin ריבוע מ״ה:

עַל al וְחֵטְא jet שֶׁחָטָאנוּ shejatanu לְפָנֶיךָ lefaneja ס״ג מ״ה ב״ן
בְּנֶשֶׁךְ benéshej וּבְמַרְבִּית uvemarbit:

עַל al וְחֵטְא jet שֶׁחָטָאנוּ shejatanu לְפָנֶיךָ lefaneja ס״ג מ״ה ב״ן
בְּשִׂיחַ besíaj שִׂפְתוֹתֵינוּ siftoteinu:

עַל al וְחֵטְא jet שֶׁחָטָאנוּ shejatanu לְפָנֶיךָ lefaneja ס״ג מ״ה ב״ן
בַּסֵּתֶר baséter ב״פ מצר:

עַל al וְחֵטְא jet שֶׁחָטָאנוּ shejatanu לְפָנֶיךָ lefaneja ס״ג מ״ה ב״ן
בְּעֵינַיִם beeináyim ריבוע מ״ה רָמוֹת ramot:

עַל al וְחֵטְא jet שֶׁחָטָאנוּ shejatanu לְפָנֶיךָ lefaneja ס״ג מ״ה ב״ן
בְּפִתְחוֹן befitjón פֶּה pe ע״ה מום:

עַל al וְחֵטְא jet שֶׁחָטָאנוּ shejatanu לְפָנֶיךָ lefaneja ס״ג מ״ה ב״ן
בְּצַעֲדֵי betsaadei רַגְלַיִם ragláyim לְהָרַע lehará:

עַל al וְחֵטְא jet שֶׁחָטָאנוּ shejatanu לְפָנֶיךָ lefaneja ס״ג מ״ה ב״ן
בִּקְפִיצַת bikfitsat יָד yad:

עַל al וְחֵטְא jet שֶׁחָטָאנוּ shejatanu לְפָנֶיךָ lefaneja ס״ג מ״ה ב״ן
בְּרָצוֹן beratsón מהש:

עַל al וְחֵטְא jet שֶׁחָטָאנוּ shejatanu לְפָנֶיךָ lefaneja ס״ג מ״ה ב״ן
בִּשְׁגָגָה bishgagá:

עַל al וְחֵטְא jet שֶׁחָטָאנוּ shejatanu לְפָנֶיךָ lefaneja ס״ג מ״ה ב״ן
בִּתְשׂוּמֶת bitsúmet יָד yad:

AL JET—OR JOZER

עַל al וְחֵטְא jet שֶׁחָטָאנוּ shejatanu לְפָנֶיךָ lefaneja ס״ג מ״ה ב״ן
בְּתִמְהוֹן betimhón לֵבָב levav בוכו:

עַל al וְחֵטְא jet שֶׁחָטָאנוּ shejatanu לְפָנֶיךָ lefaneja ס״ג מ״ה ב״ן
בְּשִׂנְאַת besinat חִנָּם jinam:

עַל al חֵטְא jet שֶׁחָטָאנוּ shejatanu לְפָנֶיךָ lefaneja ס״ג מ״ה ב״ן

בְּרַגְלַיִם beragláyim מְמַהֲרוֹת memaharot לָרוּץ laruts לְהָרַע leraá רהע:

עַל al חֵטְא jet שֶׁחָטָאנוּ shejatanu לְפָנֶיךָ lefaneja ס״ג מ״ה ב״ן

בִּרְכִילוּת birejilut:

עַל al חֵטְא jet שֶׁחָטָאנוּ shejatanu לְפָנֶיךָ lefaneja ס״ג מ״ה ב״ן

בְּקִשּׁוּי bekishui עֹרֶף óref:

עַל al חֵטְא jet שֶׁחָטָאנוּ shejatanu לְפָנֶיךָ lefaneja ס״ג מ״ה ב״ן

בְּצַוָּאר betsavar עָתָק atak:

עַל al חֵטְא jet שֶׁחָטָאנוּ shejatanu לְפָנֶיךָ lefaneja ס״ג מ״ה ב״ן

בִּפְרִיקַת bifrikat עֹל ol:

עַל al חֵטְא jet שֶׁחָטָאנוּ shejatanu לְפָנֶיךָ lefaneja ס״ג מ״ה ב״ן

בְּעַזּוּת beazut מֵצַח métsaj:

עַל al חֵטְא jet שֶׁחָטָאנוּ shejatanu לְפָנֶיךָ lefaneja ס״ג מ״ה ב״ן

בְּסִיקּוּר besikur עָיִן ayin ריבוע מ״ה:

עַל al חֵטְא jet שֶׁחָטָאנוּ shejatanu לְפָנֶיךָ lefaneja ס״ג מ״ה ב״ן

בִּנְטִיַּת binetiyat גָּרוֹן garón:

עַל al חֵטְא jet שֶׁחָטָאנוּ shejatanu לְפָנֶיךָ lefaneja ס״ג מ״ה ב״ן

בְּמַשָּׂא bemasá וּמַתָּן umatán:

עַל al חֵטְא jet שֶׁחָטָאנוּ shejatanu לְפָנֶיךָ lefaneja ס״ג מ״ה ב״ן

בִּלְשׁוֹן bilshón תַּרְמִית tarmit:

עַל al חֵטְא jet שֶׁחָטָאנוּ shejatanu לְפָנֶיךָ lefaneja ס״ג מ״ה ב״ן

בִּכְנֵסִיָּה bijnesiyá שֶׁלֹּא sheló לְשֵׁם leShem שָׁמַיִם shamáyim י״פ טל, י״פ כוזו:

עַל al חֵטְא jet שֶׁחָטָאנוּ shejatanu לְפָנֶיךָ lefaneja ס״ג מ״ה ב״ן

בְּיוּהֲרָא beyuhará:

עַל al חֵטְא jet שֶׁחָטָאנוּ shejatanu לְפָנֶיךָ lefaneja ס״ג מ״ה ב״ן

בְּטֻמְאַת betumat רַעְיוֹן rayón:

עַל al חֵטְא jet שֶׁחָטָאנוּ shejatanu לְפָנֶיךָ lefaneja ס״ג מ״ה ב״ן

בְּחִלּוּל bejilul הַשֵּׁם haShem:

עַל al וְחֵטְא jet שֶׁחָטָאנוּ shejatanu לְפָנֶיךָ lefaneja ס"ג מ"ה ב"ן

בְּזִלְזוּל bezilzul הוֹרִים horim וּמוֹרִים umorim:

עַל al וְחֵטְא jet שֶׁחָטָאנוּ shejatanu לְפָנֶיךָ lefaneja ס"ג מ"ה ב"ן

בְּוִעוּד beviud עֲבֵירָה aveirá:

עַל al וְחֵטְא jet שֶׁחָטָאנוּ shejatanu לְפָנֶיךָ lefaneja ס"ג מ"ה ב"ן

בְּהוֹצָאַת behotsaat דִּבָּה dibá:

עַל al וְחֵטְא jet שֶׁחָטָאנוּ shejatanu לְפָנֶיךָ lefaneja ס"ג מ"ה ב"ן

בִּדְבָרִים bidvarim בְּטֵלִים betelim:

עַל al וְחֵטְא jet שֶׁחָטָאנוּ shejatanu לְפָנֶיךָ lefaneja ס"ג מ"ה ב"ן

בְּגַאֲוָה begaavá וָבוּז vavuz:

עַל al וְחֵטְא jet שֶׁחָטָאנוּ shejatanu לְפָנֶיךָ lefaneja ס"ג מ"ה ב"ן

בְּגִלְגּוּל beguilgul זֶה ze וּבְגִלְגּוּלִים uveguilgulim אֲחֵרִים ajerim:

עַל al וְחֵטְא jet שֶׁחָטָאנוּ shejatanu לְפָנֶיךָ lefaneja ס"ג מ"ה ב"ן

בְּבִטּוּי bevitui שְׂפָתַיִם sfatáyim:

עַל al וְחֵטְא jet שֶׁחָטָאנוּ shejatanu לְפָנֶיךָ lefaneja ס"ג מ"ה ב"ן

בַּאֲכִילַת beajilat אִסּוּר isur:

עַל al וְחֵטְא jet שֶׁחָטָאנוּ shejatanu לְפָנֶיךָ lefaneja ס"ג מ"ה ב"ן

בְּמָאתַיִם bematáyim וְאַרְבָּעִים vearbaím וּשְׁמֹנָה ushmoná אֵבָרִים evarim.

וּשְׁלֹשׁ ushlosh מֵאוֹת meot המספר = ש' = אלהים דיודין

וְשִׁשִּׁים veshishim המספר = מילוי הש' (יו) וַחֲמִשָּׁה vajamishá

גִּידִים guidim. שֶׁל shel גּוּפֵנוּ gufenu וְנַפְשֵׁנוּ venafshenu

וְרוּחֵנוּ verujenu וְנִשְׁמָתֵנוּ venishmatenu וּנְשָׁמָה unshamá לִנְשְׁמָתֵנוּ lenishmatenu.

וְעַל veal וְחֵטְא jet שֶׁחָטָאנוּ shejatanu לְפָנֶיךָ lefaneja ס"ג מ"ה ב"ן

שֶׁגָּרַמְנוּ shegaramnu פְּגַם pgam וּמוּם umum בְּמָאתַיִם bematáyim

וְאַרְבָּעִים vearbaím וּשְׁמֹנָה ushmoná אֵבָרִים evarim. וּשְׁלֹשׁ ushlosh מֵאוֹת meot

המספר = ש' = אלהים דיודין וְשִׁשִּׁים veshishim המספר = מילוי הש' (יו) וַחֲמִשָּׁה vajamishá

גִּידִים guidim שֶׁל shel אֲחֵרִים ajerim.

וּבְגוּפָם uvegufam וְנַפְשָׁם venafsham וְרוּחָם verujam

וְנִשְׁמָתָם venishmatam וּנְשָׁמָה unshamá לִנְשְׁמָתָם lenishmatam:

עַל al חֲטָאִים jataím שֶׁאֲנַחְנוּ sheanajnu חַיָּבִים jayavim

עֲלֵיהֶם aleihem עַל al בִּטּוּל bitul מִצְוֹת mitsvot עֲשֵׂה asé:

עַל al חֲטָאִים jataím שֶׁאֲנַחְנוּ sheanajnu חַיָּבִים jayavim

עֲלֵיהֶם aleihem עַל al לָאו lav הַנִּתָּק hanitak לַעֲשֵׂה laasé:

עַל al חֲטָאִים jataím שֶׁאֲנַחְנוּ sheanajnu חַיָּבִים jayavim

עֲלֵיהֶם aleihem עַל al לָאו lav שֶׁאֵין sheéin בּוֹ bo מַעֲשֶׂה maasé:

עַל al חֲטָאִים jataím שֶׁאֲנַחְנוּ sheanajnu חַיָּבִים jayavim

עֲלֵיהֶם aleihem עוֹלָה olá:

עַל al חֲטָאִים jataím שֶׁאֲנַחְנוּ sheanajnu חַיָּבִים jayavim

עֲלֵיהֶם aleihem חַטָּאת jatat:

עַל al חֲטָאִים jataím שֶׁאֲנַחְנוּ sheanajnu חַיָּבִים jayavim

עֲלֵיהֶם aleihem קָרְבָּן korbán עוֹלֶה olé וְיוֹרֵד veyored:

עַל al חֲטָאִים jataím שֶׁאֲנַחְנוּ sheanajnu חַיָּבִים jayavim

עֲלֵיהֶם aleihem אָשָׁם asham תָּלוּי talui וְאָשָׁם veasham וַדַּאי vadai:

עַל al חֲטָאִים jataím שֶׁאֲנַחְנוּ sheanajnu חַיָּבִים jayavim

עֲלֵיהֶם aleihem מַכַּת macat מַרְדּוּת mardut:

עַל al חֲטָאִים jataím שֶׁאֲנַחְנוּ sheanajnu חַיָּבִים jayavim

עֲלֵיהֶם aleihem מַלְקוֹת malkot אַרְבָּעִים arbaím:

עַל al חֲטָאִים jataím שֶׁאֲנַחְנוּ sheanajnu חַיָּבִים jayavim

עֲלֵיהֶם aleihem מִיתָה mitá בִּידֵי bidei שָׁמַיִם shamáyim י"פ טל, י"פ כוזו:

עַל al חֲטָאִים jataím שֶׁאֲנַחְנוּ sheanajnu חַיָּבִים jayavim

עֲלֵיהֶם aleihem מִיתוֹת mitot מְשֻׁנּוֹת meshunot:

עַל al חֲטָאִים jataím שֶׁאֲנַחְנוּ sheanajnu חַיָּבִים jayavim

עֲלֵיהֶם aleihem כָּרֵת caret וַעֲרִירִי vaarirí:

עַל al חֲטָאִים jataím שֶׁאֲנַחְנוּ sheanajnu חַיָּבִים jayavim

עֲלֵיהֶם aleihem גִּלְגּוּל guilgul בְּדוֹמֵם bedomem. וְצוֹמֵחַ vetsoméaj. וְחַי vejai

בִּלְתִּי biltí מְדַבֵּר medaber ראה. וְחַי vejai מְדַבֵּר medaber ראה:

עַל al חֲטָאִים jataím שֶׁאֲנַחְנוּ sheanajnu חַיָּבִים jayavim
עֲלֵיהֶם aleihem כָּל ילי col מִינֵי minei יִסּוּרִים yisurim:
עַל al חֲטָאִים jataím שֶׁאֲנַחְנוּ sheanajnu חַיָּבִים jayavim
עֲלֵיהֶם aleihem כָּל ילי col מִינֵי minei עוֹנָשִׁים onashim:
עַל al חֲטָאִים jataím שֶׁאֲנַחְנוּ sheanajnu חַיָּבִים jayavim עֲלֵיהֶם aleihem
אַרְבַּע arbá מִיתוֹת mitot בֵּית beit ב"פ ראה דִּין din. סְקִילָה skilá. שְׂרֵפָה sreifá.
הֶרֶג héreg. וְחֶנֶק vejének. עַל al מִצְוֹת mitsvot עֲשֵׂה asé. וְעַל veal
מִצְוֹת mitsvot לֹא lo תַעֲשֶׂה taasé. בֵּין bein שֶׁיֵּשׁ sheyesh בָּם bam מ"ב קוּם kum
עֲשֵׂה asé. וּבֵין uvein שֶׁאֵין sheéin בָּם bam מ"ב קוּם kum עֲשֵׂה asé.
בֵּין bein שֶׁגְּלוּיִים shegluyim לָנוּ lanu אלהים, אהיה אדני.
וּבֵין uvein שֶׁאֵינָן sheeinán גְּלוּיִים gluyim לָנוּ lanu אלהים, אהיה אדני.
אֶת et שֶׁגְּלוּיִים shegluyim לָנוּ lanu אלהים, אהיה אדני כְּבָר cvar אֲמַרְנוּם amarnum
לְפָנֶיךָ lefaneja ס"ג מ"ה ב"ן יְהֹוָהאדנָי אהדונהי Adonai אֱלֹהֵינוּ Eloheinu ילה
וֵאלֹהֵי veElohei לכב ; מילוי ע"ב, דמב ; ילה אֲבוֹתֵינוּ avoteinu וְהוֹדִינוּ vehodinu
לְךָ lejá עֲלֵיהֶם aleihem. וְאֶת veet שֶׁאֵינָן sheeinán גְּלוּיִים gluyim
לָנוּ lanu אלהים, אהיה אדני הֵם hem גְּלוּיִים gluyim וִידוּעִים viyeduím
לְפָנֶיךָ lefaneja ס"ג מ"ה ב"ן. כִּי qui הַכֹּל hacol גָּלוּי galui וְצָפוּי vetsafui
לְפָנֶיךָ lefaneja ס"ג מ"ה ב"ן יְהֹוָהאדנָי אהדונהי Adonai אֱלֹהֵינוּ Eloheinu ילה.
כְּמוֹ cmó שֶׁנֶּאֱמַר sheneemar: הַנִּסְתָּרֹת hanistarot לַיהֹוָהאדנָי אהדונהי laAdonai
אֱלֹהֵינוּ Eloheinu ילה וְהַנִּגְלֹת vehaniglot **(Los once puntos)**
לָנוּ lanu אלהים, אהיה אדני וּלְבָנֵינוּ ulevaneinu עַד ad עוֹלָם olam לַעֲשׂוֹת laasot
אֶת et כָּל col ילי דִּבְרֵי divrei ראה הַתּוֹרָה haTorá הַזֹּאת hazot:
כִּי qui אַתָּה Atá סוֹלְחָן soljan לְיִשְׂרָאֵל leYisrael וּמוֹחֲלָן umojalán
לְשִׁבְטֵי leshivtei יְשֻׁרוּן Yeshurún. וּמִבַּלְעָדֶיךָ umibaladeja אֵין ein
לָנוּ lanu אלהים, אהיה אדני מֶלֶךְ mélej מוֹחֵל mojel וְסוֹלֵחַ vesoléaj:

ADIR VENAOR

Estos versos contienen el poder del alfabeto hebreo. Cuando una oración está basada en el orden de las letras hebreas, significa que estamos recibiendo la energía de la Creación. Atraemos renovación y poder creativo a áreas en las cuales nos son necesarios.

אַדִּיר adir הרי וְנָאוֹר venaor• בּוֹרֵא boré דּוֹק dok וְחֹלֶד vajéled•

מִי mi ילי אֵל El כָּמוֹךָ camoja:•

גּוֹלֶה golé עֲמוּקוֹת amukot• דּוֹבֵר dover צְדָקוֹת tsedakot•

מִי mi ילי אֵל El כָּמוֹךָ camoja:•

הָדוּר hadur בִּלְבוּשׁוֹ bilvushó• וְאֵין veéin זוּלָתוֹ zulató•

מִי mi ילי אֵל El כָּמוֹךָ camoja:•

זוֹכֵר zojer הַבְּרִית habrit• וְחוֹנֵן jonén שְׁאֵרִית sheerit•

מִי mi ילי אֵל El כָּמוֹךָ camoja:•

טְהוֹר tehor י"פ אכא עֵינַיִם einayim• יוֹשֵׁב yoshev שָׁמַיִם shamáyim י"פ טל•

מִי mi ילי אֵל El כָּמוֹךָ camoja:•

כּוֹבֵשׁ covesh עֲוֹנוֹת avonot• לוֹבֵשׁ lovesh צְדָקוֹת tsedakot•

מִי mi ילי אֵל El כָּמוֹךָ camoja:•

מֶלֶךְ mélej מְלָכִים melajim• נוֹרָא norá וְנִשְׂגָּב venisgav•

מִי mi ילי אֵל El כָּמוֹךָ camoja:•

סוֹמֵךְ somej כוק נוֹפְלִים noflim• עוֹנֶה oné עֲשׁוּקִים ashukim•

מִי mi ילי אֵל El כָּמוֹךָ camoja:•

פּוֹדֶה podé וּמַצִּיל umatsil• צוֹעֶה tsoé בְּרָב verov כֹּחַ cóaj•

מִי mi ילי אֵל El כָּמוֹךָ camoja:•

ADIR VENAOR

Majestuoso y glorioso; Creador del Cielo y la Tierra. ¿Quién es como Tú, Señor?
Revelador de asuntos profundos, hablador de verdad. ¿Quién es como Tú, Señor?
Glorioso en apariencia. No hay nadie además de Él. ¿Quién es como Tú, Señor?
Recuerda el pacto. Misericordioso con el resto. ¿Quién es como Tú, Señor?
De mirada pura. Entronado en el Cielo. ¿Quién es como Tú, Señor?
Conquistador de iniquidades. Vestido en rectitud. ¿Quién es como Tú, Señor?
Rey de Reyes. Asombroso y exaltado. ¿Quién es como Tú, Señor?
Sostén de los caídos. Responde a los oprimidos. ¿Quién es como Tú, Señor?
Redentor y liberador. Imponente con gran poder. ¿Quién es como Tú, Señor?

קָרוֹב karov לְקוֹרְאָיו lekorav• רַחוּם rajum וְחַנּוּן vejanún•
מִי mi יל״י אֵל El כָּמוֹךָ camoja:•

שׁוֹכֵן shojén שְׁחָקִים shjakim• תּוֹמֵךְ tomej תְּמִימִים temimim•
מִי mi יל״י אֵל El כָּמוֹךָ camoja:•

LOS TRECE ATRIBUTOS

(1) אל — מִי־ mi יל״י אֵל El ייא״י (מילוי ד״סג) כָּמוֹךָ camoja

(2) רחום — נֹשֵׂא nosé עָוֹן avón

(3) וחנון — וְעֹבֵר veover עַל־ al פֶּשַׁע pesha

(4) ארך — לִשְׁאֵרִית lisherit נַחֲלָתוֹ najalató

(5) אפים — לֹא־ lo הֶחֱזִיק hejezik לָעַד laad ב״פ ב״ן אַפּוֹ apó

(6) ורב חסד — כִּי־ qui חָפֵץ jafets חֶסֶד jésed ע״ב, ריבוע יהוה הוּא hu:•

(7) ואמת — יָשׁוּב yashuv יְרַחֲמֵנוּ yerajamenu

(8) נצר חסד — יִכְבֹּשׁ yijbosh עֲוֹנֹתֵינוּ avonoteinu

(9) לאלפים — וְתַשְׁלִיךְ vetashlij בִּמְצֻלוֹת bimtsulot
יָם yam יל״י כָּל־ col יל״י חַטֹּאותָם jatotam:•

(10) נשא עון — תִּתֵּן titén ב״פ כהת אֱמֶת emet אהיה פעמים אהיה, ז״פ ס״ג
לְיַעֲקֹב leYaakov ז׳ הויות, יאהדונהי אידהנויה (וזיבור ז״א ומלכות)

(11) ופשע — חֶסֶד jésed ע״ב, ריבוע יהוה לְאַבְרָהָם leAvraham
ח״פ אל, רי״ו ול״ב נתיבות החכמה, רמ״ח (אברים), עסמ״ב וט״ז אותיות פשוטות

(12) וחטאה — אֲשֶׁר־ asher נִשְׁבַּעְתָּ nishbata לַאֲבֹתֵינוּ laavoteinu

(13) ונקה — מִימֵי mimei קֶדֶם kédem:•

Cercano a aquellos que le claman. Misericordioso y piadoso. ¿Quién es como Tú, Señor? Morador en los Cielos excelsos. Sostén de los sinceros. ¿Quién es como Tú, Señor?

LOS TRECE ATRIBUTOS

"1) ¿Quién es un Dios como Tú? 2) Quien perdona la iniquidad, 3) y olvida el pecado 4) del remanente de Su heredad. 5) Él no retuvo para siempre Su enojo 6) porque Él se deleita en misericordia. 7) Él tendrá de nuevo misericordia sobre nosotros 8) y eliminará nuestras iniquidades. 9) Él echará en las profundidades del mar todos sus pecados. 10) Da la verdad a Yaakov 11) y benevolencia a Avraham 12) que prometiste nuestros padres, 13) desde el comienzo de los días" (Miqueas 7:18-20).

KADISH TITKABAL

יִתְגַּדַּל yitgadal וְיִתְקַדַּשׁ veyitkadash שד"י ומילוי שד"י ; י"א אותיות כמנין ו"ה

שְׁמֵיהּ Shmei (שם י"ה דע"ב) רַבָּא rabá קנ"א ב"ן, יהוה אלהים יהוה אדני,

מילוי קס"א וס"ג, מ"ה ברבוע וע"ב ע"ה ; ר"ת = ו"פ אלהים ; ס"ת = ג"פ יב"ק: אָמֵן Amén אידהנויה.

בְּעָלְמָא bealmá דִּי di בְרָא verá כִּרְעוּתֵיהּ quirutei.

וְיַמְלִיךְ veyamlij מַלְכוּתֵיהּ maljutei. וְיַצְמַח veyatsmaj פּוּרְקָנֵיהּ purkanei.

וִיקָרֵב vikarev מְשִׁיחֵיהּ Meshijei: אָמֵן Amén אידהנויה.

בְּחַיֵּיכוֹן bejayeijón וּבְיוֹמֵיכוֹן uveyomeijón וּבְחַיֵּי uvejayei

דְכָל dejol יל"י בֵּית beit ב"פ ראה יִשְׂרָאֵל Yisrael בַּעֲגָלָא baagalá

וּבִזְמַן uvizmán קָרִיב kariv וְאִמְרוּ veimrú אָמֵן Amén: אָמֵן Amén אידהנויה.

La congregación y el *jazán* dicen lo siguiente:

28 palabras (hasta *bealmá*) – y 28 letras (hasta *almayá*)

יְהֵא yehé שְׁמֵיהּ Shmei (שם י"ה דס"ג) רַבָּא rabá קנ"א ב"ן,

יהוה אלהים יהוה אדני, מילוי קס"א וס"ג, מ"ה ברבוע וע"ב ע"ה מְבָרַךְ mevaraj,

לְעָלַם lealam לְעָלְמֵי lealmei עָלְמַיָּא almayá. יִתְבָּרַךְ yitbaraj.

Siete palabras con seis letras cada una (שם בן מ"ב). También, 7 veces la letra Vav (שם בן מ"ב)

וְיִשְׁתַּבַּח veyishtabaj י"פ ע"ב יהוה אל אבג יתץ.

וְיִתְפָּאַר veyitpaar הי נו יה קרע שטן. וְיִתְרוֹמַם veyitromam וה כוזו נגד יכש.

וְיִתְנַשֵּׂא veyitnasé במוכסז בטר צתג. וְיִתְהַדָּר veyithadar כוזו יה וקב טנע.

וְיִתְעַלֶּה veyitalé וה יוד ה יגל פזק. וְיִתְהַלָּל veyithalal א ואו הא שקו צית.

שְׁמֵיהּ Shmei (שם י"ה דמ"ה) דְּקוּדְשָׁא deKudshá בְּרִיךְ Verij הוּא Hu:

אָמֵן Amén אידהנויה.

KADISH TITKABAL

Glorificado y santificado sea Su gran Nombre (Amén).

En el mundo que Él creó de acuerdo a Su voluntad, y pueda Su Reino reinar. Y pueda Él hacer que Su redención florezca y pueda Él acercar al Mesías (Amén). En tus vidas y en tus días y en la vida de toda la Casa de Israel, prontamente y en el futuro cercano, y dígase: Amén (Amén). Que Su gran Nombre sea bendito por siempre y por toda la eternidad. Bendito y alabado, y glorificado y exaltado, y ensalzado y honrado, y adorado yloado, sea el Nombre del Santísimo, Bendito sea Él (Amén).

לְעֵלָּא leelá מִן min כָּל col יל״י בִּרְכָתָא birjatá• שִׁירָתָא shiratá•
תֻּשְׁבְּחָתָא tishbejatá וְנֶחֱמָתָא venejamatá• דַּאֲמִירָן daamirán
בְּעָלְמָא bealmá וְאִמְרוּ veimrú אָמֵן Amén: אָמֵן Amén אידהנויה.

תִּתְקַבַּל titkabal צְלוֹתָנָא tslotaná וּבָעוּתָנָא uvautaná
עִם im צְלוֹתְהוֹן tslothón וּבָעוּתְהוֹן uvauthón דְּכָל dejol יל״י
בֵּית beit ב״פ ראה יִשְׂרָאֵל Yisrael קֳדָם kadam אֲבוּנָא avuná
דְּבִשְׁמַיָּא devishmayá וְאִמְרוּ veimrú אָמֵן Amén: אָמֵן Amén אידהנויה•

יְהֵא yehé שְׁלָמָא shlamá רַבָּא rabá קנ״א ב״ן, יהוה אלהים יהוה אדני, מילוי קס״א וס״ג,
מ״ה ברבוע וע״ב ע״ה מִן min שְׁמַיָּא shmayá• וְחַיִּים jayim אהיה אהיה יהוה, בינה ע״ה
וְשָׂבָע vesavá וִישׁוּעָה vishuá וְנֶחָמָה venejamá וְשֵׁיזָבָא vesheizavá
וּרְפוּאָה urefuá וּגְאֻלָּה ugueulá וּסְלִיחָה uslijá וְכַפָּרָה vejapará
וְרֵיוַח vereivaj וְהַצָּלָה vehatsalá• לָנוּ lanu אלהים, אהיה אדני וּלְכָל ulejol יה אדני
עַמּוֹ amó יִשְׂרָאֵל Yisrael וְאִמְרוּ veimrú אָמֵן Amén: אָמֵן Amén אידהנויה.

Da tres pasos para atrás y di:

עוֹשֶׂה osé הַשָּׁלוֹם hashalom ספריאל המלאך הזותם לוזיים

בִּמְרוֹמָיו bimromav ע״ב, ריבוע יהוה• הוּא Hu בְּרַחֲמָיו berajamav
יַעֲשֶׂה yaasé שָׁלוֹם shalom עָלֵינוּ aleinu ר״ת ש״ע נהורין•
וְעַל veal כָּל col יל״י ; עמם עַמּוֹ amó יִשְׂרָאֵל Yisrael וְאִמְרוּ veimrú אָמֵן Amén:
אָמֵן Amén אידהנויה•

Más allá de todas las bendiciones, himnos, alabanzas y palabras de consolación que jamás se dijeran en el mundo, y dígase: Amén (Amén). Sean aceptadas nuestras oraciones y súplicas, junto con las oraciones y las súplicas de toda la Casa de Israel, ante nuestro Padre en los Cielos, y dígase: Amén (Amén). Que haya paz abundante del Cielo; vida, satisfacción, salvación, consuelo, entrega, sanación, redención, perdón, expiación, comodidad y alivio para nosotros y para toda Su nación, Israel, y dígase: Amén (Amén). Él, que establece la paz en Sus Alturas, Él, en Su compasión, hará la paz sobre nosotros y sobre toda Su nación, Israel. Y dígase: Amén (Amén).

LEDAVID MIZMOR

Abrimos el Arca.

Rosh Hashaná y *Yom Kipur* son el momento en el cual podemos lograr toda nuestra "planificación financiera" y determinar nuestro "rendimiento sobre la inversión" para todo el año. Este Salmo nos ayuda a alcanzar eso mientras recurrimos al poder de la prosperidad y el sustento.

(*Kéter*) לְדָוִד leDavid מִזְמוֹר mizmor **(pausa aquí)** לַיהֹוָה(יהואדני) laAdonai

הָאָרֶץ haárets אלהים דההין ע״ה וּמְלוֹאָהּ umloá תֵּבֵל tevel ב״פ רי״ו

וְיֹשְׁבֵי veyoshvei בָהּ va: **(*Jojmá*)** כִּי־ qui הוּא hu עַל־ al יַמִּים yamim נלך

יְסָדָהּ yesadá וְעַל־ veal נְהָרוֹת neharot יְכוֹנְנֶהָ yejoneneha עם התיבה וע״ה קמ״ג:

(*Biná*) מִי mi ילי יַעֲלֶה yaalé בְהַר־ vehar ר״ת יבמ, ב״ן יְהֹוָה(יהואדני) Adonai

וּמִי־ umí ילי יָקוּם yakum בִּמְקוֹם bimkom קָדְשׁוֹ kodshó ר״ת יבק, אלהים יהוה,

אהיה אדני יהוה ; ס״ת מום, אלהים, אהיה אדני:

(*Jésed*) נְקִי nekí ע״ה קס״א כַפַּיִם japáyim ע״ה קנ״א, אדני אלהים (מזרע לבטלה)

וּבַר־ uvar יצחק, ד״פ ב״ן לֵבָב levav בוכו ; בר לבב = ע״ב ס״ג מ״ה ב״ן, הברכה

(למתק את ז׳ המלכים שמתו) אֲשֶׁר asher לֹא־ lo נָשָׂא nasá לַשָּׁוְא lashav

נַפְשִׁי nafshí (כתיב: נפשו) וְלֹא veló נִשְׁבַּע nishbá לְמִרְמָה lemirmá:

(*Guevurá*) יִשָּׂא yisá בְרָכָה vrajá מֵאֵת meet ר״ת יבמ, ב״ן

יְהֹוָה(יהואדני) Adonai וּצְדָקָה utsdaká ע״ה ריבוע אלהים ; יהה

מֵאֱלֹהֵי meElohei מילוי ע״ב, דמב ; ילה יִשְׁעוֹ yishó שכינה ע״ה ; ס״ת יהוה:

(*Tiféret*) זֶה ze דּוֹר dor דֹּרְשָׁיו dorshav (כתיב: דרשו) מְבַקְשֵׁי mevakshei

פָנֶיךָ faneja ס״ג מ״ה ב״ן יַעֲקֹב Yaakov ד׳ הויות, יאהדונהי אידהנויה סֶלָה sela:

(*Nétsaj*) שְׂאוּ seú שְׁעָרִים shearim כתר רָאשֵׁיכֶם rasheijem

וְהִנָּשְׂאוּ vehinasú ו׳ שהוא זעיר אנפין וה׳ שהיא מלכות - נשאו פִּתְחֵי pitjei עוֹלָם olam

וְיָבוֹא veyavó מֶלֶךְ Mélej הַכָּבוֹד hacavod לאו:

LEDAVID MIZMOR

"Un Salmo de David:

La Tierra y todo lo que contiene pertenece al Señor, y todos los que habitan en ella. Él la fundó sobre los mares y la estableció sobre los ríos. ¿Quién deberá ascender la montaña del Señor y quién se mantendrá erguido en Su Santo Lugar? Aquél cuyas manos están limpias, cuyo corazón es puro y que no ha jurado en Mi Nombre en vano, ni ha prometido falsamente. Él recibirá una bendición del Señor y caridad del Dios de su salvación. Así es la generación de los que Le buscan, que buscan Tu Rostro, incluso Yaakov. Sela. ¡Alcen, oh puertas, sus cabezas, y álcense ustedes, puertas eternas, ¡y entrará el Rey de gloria!

(*Hod*) מִי ילי mi זֶה ze מֶלֶךְ ר״ת = פ״ו בסוד כתם טהור פז Mélej הַכָּבוֹד hacavod

לאו יְהֹוָה (יְהֹוָה אדני) Adonai ; כבוד יהוה = יוד הי ואו הה עִזּוּז izuz וְגִבּוֹר veguibor

יְהֹוָה (יְהֹוָה אדני) Adonai גִּבּוֹר guibor מִלְחָמָה miljamá: (*Yesod*) שְׂאוּ seú

שְׁעָרִים shearim כתר רָאשֵׁיכֶם rasheijem וְשְׂאוּ useú ו׳ עילאה שהוא ת״ת נשא

פִּתְחֵי pitjei עוֹלָם olam וְיָבֹא veyavó מֶלֶךְ Mélej הַכָּבוֹד hacavod לאו:

(*Maljut*) מִי mi ילי הוּא hu זֶה ze מֶלֶךְ Mélej הַכָּבוֹד hacavod לאו

יְהֹוָה (יְהֹוָה אדני) Adonai כבוד יהוה = יוד הי ואו הה צְבָאוֹת tsvaot פני שכינה

הוּא hu מֶלֶךְ Mélej הַכָּבוֹד hacavod לאו סֶלָה sela:

BENDICIÓN PARA EL SUSTENTO

יְהִי yehí רָצוֹן ratsón מהש ע״ה, ע״ב בריבוע וקס״א ע״ה, אל שדי

מִלְּפָנֶיךָ milfaneja ס״ג מ״ה ב״ן יְהֹוָה אדני אהדונהי Adonai הָאֵל haEl לאה (יי״א)

הַגָּדוֹל hagadol להח ; עם ד׳ אותיות = מבה, יזל, הום הַגִּבּוֹר haguibor ההה

וְהַנּוֹרָא vehanorá. עָשֵׂה asá לְמַעֲנָךְ lemaanaj וּלְמַעַן ulemaan

קְדֻשַּׁת kdushat הַמִּזְמוֹר hamizmor הַזֶּה hazé והו וְהַשֵּׁמוֹת vehashemot

הַקְּדוֹשִׁים hakedoshim הַנִּזְכָּרִים hanizcarim בּוֹ bo. וּלְמַעַן ulemaan

קְדֻשַּׁת kdushat פְּסוּקָיו psukav וְתֵיבוֹתָיו veteivotav וְאוֹתִיּוֹתָיו veotiyotav

וּטְעָמָיו uteamav וּרְמָזָיו urmazav וְסוֹדוֹתָיו vesodotav הַיּוֹצְאִים hayotsim

מִמֶּנּוּ mimenu. וּלְמַעַן ulemaan שֵׁם shem הַגָּדוֹל hagadol להח ; עם ד׳ אותיות =

מבה, יזל, הום וְהַקָּדוֹשׁ vehakadosh (No pronunciar este Nombre: דִּיקַרְנוֹסָא

וזהך עם ג׳ אותיות - ובאתב״ש = סאל = אמן = יאהדונהי) הַיּוֹצֵא hayotsé מִפָּסוּק mipasuk:

¿Quién es este Rey de gloria? Es el Señor, que es poderoso y valiente. El Señor, que es poderoso en batalla. ¡Alcen, oh puertas, sus cabezas, y álcense ustedes, puertas eternas, ¡y entrará el Rey de gloria! ¿Quién es este Rey de gloria? Es el Señor de los Ejércitos. Él es el Dios de Gloria. Sela" (Salmos 24).

BENDICIÓN PARA EL SUSTENTO

Que sea de Tu agrado, Señor, el Dios grande, poderoso y sorprendente,

que Tú actúes por Tu bien y por el bien de la santidad de este Salmo y por los Nombres Santos que se mencionan en él. Y por la santidad de sus versículos, palabras y letras, y las insinuaciones y secretos que se derivan de él, y también por el Gran y Santo Nombre que surge del versículo:

וַהֲרִיקֹתִי vaharikoti לָכֶם lajem בְּרָכָה brajá עַד ad בְּלִי bli דָי dai.
וּמִפָּסוּק umipasuk: נְסָה nesá עָלֵינוּ aleinu אוֹר or רז, א״ס
פָּנֶיךָ paneja ס״ג מ״ה ב״ן יְהֹוָה Adonai. שֶׁתִּכְתְּבֵנוּ shetijtevenu
בְּסֵפֶר beséfer פַּרְנָסָה parnasá וְכַלְכָּלָה vejalcalá. שָׁנָה shaná זוֹ zo
וְכָל vejol ילי שָׁנָה shaná וְשָׁנָה veshaná. לָנוּ lanu אלהים, אהיה אדני
וּלְכָל ulejol יה אדני בְּנֵי bnei בֵּיתֵינוּ veiteinu ב״פ ראה. בְּמִלּוּי bemilui
וּבְרֵיוַח uvereivaj. וְלֹא veló בְּאִסּוּר veisur וְלֹא veló בְּעָמָל veamal
וְטוֹרַח vetóraj. בְּנַחַת benájat וּבְשַׁלְוָה uveshalvá וּבְהַשְׁקֵט uvehashket
וָבֶטַח vavétaj. כְּדֵי quedei שֶׁנּוּכַל shenujal לַעֲבוֹד laavod עֲבוֹדַת avodat
הַקֹּדֶשׁ hakódesh בִּקְדֻשָּׁה bikdushá וּבְטָהֳרָה uvetahorá בְּלִי bli שׁוּם shum
טִרְדָא tirdá. פַּרְנָסָה parnasá שֶׁלֹּא sheló יִהְיֶה yihyé ייי בָּהּ ba
שׁוּם shum בּוּשָׁה bushá וּכְלִמָּה ujlimá. וְאַל veal תַּצְרִיכֵנוּ tatsrijenu
לִידֵי lidei מַתְּנוֹת matnot בָּשָׂר basar וָדָם vadam. כִּי qui
אִם im יוהך, מ״א אותיות אהיה בפשוטו, מילואו ומילוי דמילואו ע״ה מִיָּדְךָ miyadjá
הַפְּתוּחָה haptujá וְהַקְּדוֹשָׁה vehakdoshá. וְהַצְלִיחֵנוּ vehatslijenu
וְהַרְוִיחֵנוּ veharvijenu בְּכָל vejol לכב, ב״ן לִמּוּדֵנוּ limudenu וּמַעֲשֵׂה umaasé
יָדֵינוּ yadeinu וְעִסְקֵנוּ veisquenu. וְיִהְיֶה veyihyé ייי בֵּיתֵנוּ veitenu ב״פ ראה
מָלֵא malé בִּרְכַּת bircat יְהֹוָה Adonai. וְנִשְׂבַּע venisbá
לֶחֶם léjem ג׳ הויות וְנִהְיֶה venihyé טוֹבִים tovim אָמֵן Amén יאהדונהי כֵּן quen
יְהִי yehí רָצוֹן ratsón מהש ע״ה, ע״ב בריבוע וקס״א ע״ה, אל שדי: **cerramos el arca**

Y Yo verteré bendiciones sin límite para ti" (Malaquías 3:10). *Y del versículo: "Permite que la Luz de Tu rostro brille sobre nosotros, Señor"* (Salmos 4:7) *e inscríbenos en el libro del sustento y ganancias, este año y todos los años, para nosotros y para todos los miembros de nuestra casa, con abundancia y alivio, y no de una manera prohibida, y no a través de labor ardua ni grandes esfuerzos, sino con facilidad y tranquilidad, con calma y seguridad, para que seamos capaces de hacer nuestro servicio sagrado en santidad y sin molestias. Danos sustento que no contenga ninguna lástima ni vergüenza, y no me hagas requerir de los regalos de la carne y de la sangre, sino sólo de Tus Sagradas y abiertas Manos. Danos éxito y facilidad en todos nuestros estudios y toda la labor de nuestras manos, y puedan nuestras casas estar llenas de la bendición del Señor y plenas con pan y que sea bueno, Amén, que así sea esta Tu voluntad.*

KADISH YEHÉ SHLAMÁ

יִתְגַּדַּל yitgadal וְיִתְקַדַּשׁ veyitkadash שד״י ומילוי שד״י ; י״א אותיות כמנין ו״ה

שְׁמֵיהּ Shmei (שם י״ה דע״ב) רַבָּא rabá קנ״א ב״ן, יהוה אלהים יהוה אדנ״י,

מילוי קס״א וס״ג, מ״ה ברבוע וע״ב ע״ה ; ר״ת = ו״פ אלהים ; ס״ת = ג״פ יב״ק: אָמֵן Amén אידהנויה.

בְּעָלְמָא bealmá דִּי di בְרָא verá כִרְעוּתֵיהּ quirutei.

וְיַמְלִיךְ veyamlij מַלְכוּתֵיהּ maljutei. וְיַצְמַח veyatsmaj פּוּרְקָנֵיהּ purkanei.

וִיקָרֵב vikarev מְשִׁיחֵיהּ Meshijei: אָמֵן Amén אידהנויה.

בְּחַיֵּיכוֹן bejayeijón וּבְיוֹמֵיכוֹן uveyomeijón וּבְחַיֵּי uvejayei

דְכָל dejol ילי בֵּית beit ב״פ ראה יִשְׂרָאֵל Yisrael בַּעֲגָלָא baagalá

וּבִזְמַן uvizmán קָרִיב kariv וְאִמְרוּ veimrú אָמֵן Amén: אָמֵן Amén אידהנויה.

La congregación y el *jazán* dicen lo siguiente:

28 palabras (hasta *bealmá*) – y 28 letras (hasta *almayá*)

יְהֵא yehé שְׁמֵיהּ Shmei (שם י״ה דס״ג) רַבָּא rabá קנ״א ב״ן,

יהוה אלהים יהוה אדנ״י, מילוי קס״א וס״ג, מ״ה ברבוע וע״ב ע״ה מְבָרַךְ mevaraj,

לְעָלַם lealam לְעָלְמֵי lealmei עָלְמַיָּא almayá. יִתְבָּרַךְ yitbaraj.

Siete palabras con seis letras cada una (שם בן מ״ב). También, 7 veces la letra Vav (שם בן מ״ב)

וְיִשְׁתַּבַּח veyishtabaj י״פ ע״ב יהוה אל אבג יתץ.

וְיִתְפָּאַר veyitpaar הי נו יה קרע שטן. וְיִתְרוֹמַם veyitromam וה כוזו נגד יכש.

וְיִתְנַשֵּׂא veyitnasé במוכסז בטר צתג. וְיִתְהַדָּר veyithadar כוזו יה וזקב טנע.

וְיִתְעַלֶּה veyitalé וה יוד ה יגל פזק. וְיִתְהַלָּל veyithalal א ואו הא שקו צית.

שְׁמֵיהּ Shmei (שם י״ה דמ״ה) דְּקוּדְשָׁא deKudshá בְּרִיךְ Verij הוּא Hu:

אָמֵן Amén אידהנויה.

KADISH YEHÉ SHLAMÁ

Glorificado y santificado sea Su gran Nombre (Amén).

En el mundo que Él creó de acuerdo a Su voluntad, y pueda Su Reino reinar. Y pueda Él hacer que Su redención florezca y pueda Él acercar al Mesías (Amén). En tus vidas y en tus días y en la vida de toda la Casa de Israel, prontamente y en el futuro cercano, y dígase: Amén (Amén). Que Su gran Nombre sea bendito por siempre y por toda la eternidad. Bendito y alabado, y glorificado y exaltado, y ensalzado y honrado, y adorado y loado, sea el Nombre del Santísimo, Bendito sea Él (Amén).

לְעֵלָּא leelá מִן min כָּל col יל״י בִּרְכָתָא birjatá. שִׁירָתָא shiratá.
תֻּשְׁבְּחָתָא tishbejatá וְנֶחָמָתָא venejamatá. דַּאֲמִירָן daamirán
בְּעָלְמָא bealmá וְאִמְרוּ veimrú אָמֵן Amén: אָמֵן Amén אידהנויה.

יְהֵא yehé שְׁלָמָא shlamá רַבָּא rabá קנ״א ב״ן, יהוה אלהים יהוה אדני, מילוי קס״א וס״ג,
מ״ה ברבוע וע״ב ע״ה מִן min שְׁמַיָּא shmayá. וְחַיִּים jayim אהיה אהיה יהוה, בינה ע״ה
וְשָׂבָע vesavá וִישׁוּעָה vishuá וְנֶחָמָה venejamá וְשֵׁיזָבָא vesheizavá
וּרְפוּאָה urefuá וּגְאֻלָּה ugueulá וּסְלִיחָה uslijá וְכַפָּרָה vejapará
וְרֵיוַח vereivaj וְהַצָּלָה vehatsalá. לָנוּ lanu אלהים, אהיה אדני וּלְכָל ulejol יה אדני
עַמּוֹ amó יִשְׂרָאֵל Yisrael וְאִמְרוּ veimrú אָמֵן Amén: אָמֵן Amén אידהנויה.

Da tres pasos para atrás y dice:

עוֹשֶׂה osé הַשָּׁלוֹם hashalom בִּמְרוֹמָיו bimromav ע״ב, ריבוע יהוה. הוּא Hu
בְּרַחֲמָיו berajamav יַעֲשֶׂה yaasé שָׁלוֹם shalom עָלֵינוּ aleinu ר״ת ש״ע נהורין.
וְעַל veal כָּל col יל״י ; עמם עַמּוֹ amó יִשְׂרָאֵל Yisrael וְאִמְרוּ veimrú אָמֵן Amén:
אָמֵן Amén אידהנויה.

BARJÚ

El *jazán* (o la persona que recitó el *Kadish Yehé Shlamá*) dice:

רַבָּנָן rabanán: בָּרְכוּ barjú יהוה ריבוע יהוה ריבוע מ״ה אֶת et
יְהֹוָהאדניאהדונהי Adonai הַמְבֹרָךְ: hamevoraj ס״ת כהת, משיח בן דוד ע״ה:

Primero la congregación responde con lo siguiente y después el *jazán* (o la persona que recitó el *Kadish Yehé Shlamá*) repite:

Néfesh *Rúaj* *Neshamá*
בָּרוּךְ Baruj יְהֹוָהאדניאהדונהי Adonai הַמְבֹרָךְ hamevoraj

Jayá *Yejidá*
לְעוֹלָם leolam ריבוע ס״ג וי׳ אותיות דס״ג וָעֶד vaed:

Más allá de todas las bendiciones, himnos, alabanzas y palabras de consolación que jamás se dijeran en el mundo, y dígase: Amén (Amén). Que haya paz abundante del Cielo; vida, satisfacción, salvación, consuelo, entrega, sanación, redención, perdón, expiación, comodidad y alivio para nosotros y para toda Su nación, Israel y dígase: Amén (Amén). Él, que establece la paz en Sus Alturas, Él, en Su compasión, hará la paz sobre nosotros y sobre toda Su nación, Israel. Y dígase: Amén (Amén).

BARJÚ

Señores: ¡Bendigan a Dios, el Bendito!
Bendito es el Señor, el Bendito, por siempre y para siempre.

ALEINU

Aleinu es un agente sellador cósmico. Cementa y asegura todas nuestras oraciones, protegiéndolas de cualquier fuerza negativa tales como las *klipot*. Todas las oraciones anteriores a *Aleinu* atrajeron lo que los kabbalistas llaman Luz Interna. Sin embargo, *Aleinu* atrae Luz Circundante, la cual envuelve nuestras oraciones con un campo de fuerza protectora para bloquear a las *klipot*.

Atraer Luz Circundante para ser protegido de las *klipot* (la inclinación negativa).

עָלֵינוּ aleinu ריבוע דס״ג לְשַׁבֵּחַ leshabéaj עלינו לשבח = אבג יתץ, ושר

לַאֲדוֹן laAdón אני ; ס״ת = ס״ג ע״ה הַכֹּל hacol ר״ת ללה, אדני

לָתֵת latet גְּדֻלָּה guedulá לְיוֹצֵר leyotser בְּרֵאשִׁית bereshit ר״ת גל״ב (באך ב״י יג״ל)

שֶׁלֹּא sheló עָשָׂנוּ asanu כְּגוֹיֵי quegoyei הָאֲרָצוֹת haaratsot

וְלֹא veló שָׂמָנוּ samanu כְּמִשְׁפְּחוֹת quemishpejot הָאֲדָמָה haadamá

שֶׁלֹּא sheló שָׂם sam חֶלְקֵנוּ jelkenu כָּהֶם cahem וְגוֹרָלֵנוּ vegoralenu

כְּכָל quejol הֲמוֹנָם hamonam. שֶׁהֵם shehem מִשְׁתַּחֲוִים mishtajavim

לָהֶבֶל lahével וָרִיק varik וּמִתְפַּלְּלִים umitpalelim אֶל el אֵל el

לֹא lo יוֹשִׁיעַ yoshía. (haz una pausa aquí, y cuando digas "*vaanajnu mishtajavim*" inclina todo tu cuerpo)

וַאֲנַחְנוּ vaanajnu מִשְׁתַּחֲוִים mishtajavim לִפְנֵי lifnei מֶלֶךְ Mélej

מַלְכֵי maljei הַמְּלָכִים hamlajim הַקָּדוֹשׁ haKadosh בָּרוּךְ Baruj

הוּא Hu. שֶׁהוּא sheHú נוֹטֶה noté שָׁמַיִם shamáyim י״פ טל, י״פ כוזו ; ר״ת = י״פ אדני

שב״י ספירות של נוקבא דז״א וְיוֹסֵד veyosed אָרֶץ árets. וּמוֹשַׁב umoshav

יְקָרוֹ yekaró בַּשָּׁמַיִם bashamáyim י״פ טל, י״פ כוזו מִמַּעַל mimáal עלם.

וּשְׁכִינַת ushjinat עֻזּוֹ uzó בְּגָבְהֵי begavhei מְרוֹמִים meromim.

הוּא Hu אֱלֹהֵינוּ Eloheinu ילה וְאֵין veein עוֹד od אַחֵר ajer.

ALEINU

Es nuestro deber alabar al Soberano de todo y atribuir grandeza al Moldeador de la Creación, que no nos ha hecho como los pueblos del mundo. Él no nos colocó como las familias de la Tierra. Él no hizo nuestra suerte como la de ellos ni nuestro destino como el de sus multitudes, ya que ellos se inclinan ante la futilidad y el vacío, y rezan a una deidad que no ayuda. Nosotros nos inclinamos ante el Supremo Rey de Reyes, el Santísimo, Bendito sea Él. Él es quien extiende los Cielos y funda la Tierra. La Sede de Su gloria está arriba en el Cielo y la Presencia Divina de Su poder está en las alturas excelsas. Él es nuestro Dios y no hay ningún otro.

אֱמֶת emet אהיה פעמים אהיה, ז״פ ס״ג מַלְכֵּנוּ malquenu וְאֶפֶס veéfes

זוּלָתוֹ zulató. כַּכָּתוּב cacatuv בַּתּוֹרָה baTorá: וְיָדַעְתָּ veyadata

הַיּוֹם hayom ע״ה נגד, מזבח, זן, אל יהוה וַהֲשֵׁבֹתָ vahashevota אֶל־ el

לְבָבֶךָ levaveja ר״ת לאו כִּי qui יְהֹוָה Adonai הוּא hu

הָאֱלֹהִים haElohim אהיה אדני ; ילה ; ר״ת יהה וכן עולה למנין ענו עג״כ

בַּשָּׁמַיִם bashamáyim י״פ טל, י״פ כוזו מִמַּעַל mimáal עלם ;

רמז לאור פנימי המתוזיל מלמעלה וְעַל־ veal הָאָרֶץ haárets אלהים דההין ע״ה

מִתָּחַת mitájat רמז לאור מקיף המתוזיל מלמטה אֵין ein עוֹד od:

עַל al כֵּן quen נְקַוֶּה nekavé לְּךָ laj יְהֹוָה Adonai

אֱלֹהֵינוּ Eloheinu ילה לִרְאוֹת lirot מְהֵרָה meherá בְּתִפְאֶרֶת betiféret

עֻזָּךְ: uzaj ס״ת כהת, משיח בן דוד ע״ה לְהַעֲבִיר lehaavir גִּלּוּלִים guilulim מִן min

הָאָרֶץ haárets אלהים דההין ע״ה וְהָאֱלִילִים vehaelilim כָּרוֹת carot

יִכָּרֵתוּן yicaretún. לְתַקֵּן letakén עוֹלָם olam בְּמַלְכוּת bemaljut

שַׁדַּי Shadai. וְכָל vejol ילי בְּנֵי bnei בָשָׂר vasar יִקְרְאוּ yikreú

בִשְׁמֶךָ viShmeja לְהַפְנוֹת lehafnot אֵלֶיךָ eleja כָּל col ילי רִשְׁעֵי rishei

אָרֶץ árets. יַכִּירוּ yaquiru וְיֵדְעוּ veyedú כָּל col ילי יוֹשְׁבֵי yoshvei

תֵבֵל tevel ב״פ רי״ו. כִּי qui לְךָ lejá תִּכְרַע tijrá כָּל־ col ילי בֶּרֶךְ bérej.

תִּשָּׁבַע tishavá כָּל col ילי לָשׁוֹן lashón. לְפָנֶיךָ lefaneja ס״ג מ״ה ב״ן

יְהֹוָה Adonai אֱלֹהֵינוּ Eloheinu ילה יִכְרְעוּ yijreú וְיִפֹּלוּ veyipolu

וְלִכְבוֹד velijvod שִׁמְךָ Shimjá יְקָר yekar יִתֵּנוּ yitenu.

Nuestro Rey es verdadero y no hay nadie excepto Él. Como está escrito en la Torá: "Aprende hoy y grábalo en tu corazón que el Señor es Dios arriba en los Cielos y abajo sobre la Tierra, y no hay otro" (Deuteronomio 4:39). Por eso, Señor, nuestro Dios, esperamos contemplar pronto la gloria majestuosa de Tu poder, cuando elimines los ídolos de la Tierra y los falsos dioses hayan sido completamente destruidos, para perfeccionar al mundo con el Reino del Todopoderoso. Y la humanidad entera invocará Tu Nombre y todos los malvados de la Tierra se dirigirán a Ti. Entonces todos los habitantes del mundo reconocerán y sabrán que, por Ti, toda rodilla se dobla y toda lengua se colma. Que ante Ti, Señor, nuestro Dios, se arrodillen y se prosternen y honren Tu glorioso Nombre.

וִיקַבְּלוּ vikablú כֻלָּם julam אֶת et עוֹל ol מַלְכוּתֶךָ maljuteja.
וְתִמְלוֹךְ vetimloj עֲלֵיהֶם aleihem מְהֵרָה meherá לְעוֹלָם leolam
ריבוע ס"ג וי' אותיות דס"ג וָעֶד vaed. כִּי qui הַמַּלְכוּת hamaljut שֶׁלְּךָ sheljá
הִיא hi. וּלְעוֹלְמֵי uleolmei עַד ad תִּמְלוֹךְ timloj בְּכָבוֹד bejavod בוכו.
כַּכָּתוּב cacatuv בְּתוֹרָתָךְ betorataj: יְהֹוָהאדניאהדונהי Adonai | יִמְלֹךְ yimloj
לְעֹלָם leolam ריבוע ס"ג וי' אותיות דס"ג ; ר"ת יי"ל וָעֶד vaed. וְנֶאֱמַר veneemar:
וְהָיָה vehayá יהוה ; יההה יְהֹוָהאדניאהדונהי Adonai לְמֶלֶךְ leMélej עַל al כָּל col
ילי ; עמם הָאָרֶץ haárets אלהים דההין ע"ה בַּיּוֹם bayom ע"ה נגד, מזבח, זן, אל יהוה
הַהוּא hahú יִהְיֶה yihyé ייי יְהֹוָהאדניאהדונהי Adonai אֶחָד Ejad אהבה, דאגה
וּשְׁמוֹ uShmó מהש ע"ה, ע"ב בריבוע וקס"א ע"ה, אל שדי ע"ה אֶחָד Ejad אהבה, דאגה:

Si has estado rezando solo, recita lo siguiente antes de comenzar el *Arvit* y antes de "*Aleinu*" en lugar de "*Barjú*":

אָמַר amar רַבִּי Rabí עֲקִיבָא Akivá חַיָּה jayá אַחַת ajat עוֹמֶדֶת omédet
בָּרָקִיעַ barakía וּשְׁמָהּ ushmá יִשְׂרָאֵל Yisrael וְחָקוּק vejakuk עַל al
מִצְחָהּ mitsjá יִשְׂרָאֵל Yisrael. עוֹמֶדֶת omédet בְּאֶמְצַע beémtsa
הָרָקִיעַ harakía וְאוֹמֶרֶת veoméret: בָּרְכוּ barjú יהוה ריבוע יהוה ריבוע מ"ה אֶת et
יְהֹוָהאדניאהדונהי Adonai הַמְבֹרָךְ hamevoraj ס"ת כהת, משיח בן דוד ע"ה וְכָל vejol
ילי גְּדוּדֵי gdudei מַעְלָה mala עוֹנִים onim: בָּרוּךְ Baruj יְהֹוָהאדניאהדונהי Adonai
הַמְבֹרָךְ hamevoraj לְעוֹלָם leolam ריבוע ס"ג וי' אותיות דס"ג וָעֶד vaed.

BENDICIÓN PARA LOS HIJOS

Después del *Kidush*, los kabbalistas recomiendan que cada padre bendiga a sus hijos porque es un momento de gracia y las bendiciones son abundantes. Como los niños no pueden atraer bendiciones sobre sí mismos a través de sus acciones, que un adulto lo haga será muy efectivo. La Luz de abundancia baja desde Arriba para adherirse a los niños y acogerlos porque ellos aún no han pecado, y a través de ellos las bendiciones pueden difundirse mejor. (No obstante, incluso los hijos adultos pueden recibir bendiciones de sus padres).

Y todos aceptarán el yugo de Tu Reino y Tú reinarás sobre ellos para siempre jamás. Pues el Reino es Tuyo. Y para siempre y por la eternidad, Tú reinarás en gloria. Como está escrito en la Torá: "El Señor reinará por los siglos de los siglos" (Éxodo 15:18) y también está dicho: "El Señor será Rey sobre toda la Tierra y, en aquél día, el Señor será Uno y Uno su Nombre" (Zacarías 14:9).

Rabí Akivá dijo: Erguido en el Cielo, hay un animal llamado Israel, y Israel está grabada en su frente, y ella está de pie en el medio Cielo diciendo: Bendito sea el Señor, el Santísimo, Bendito sea Él, y todos los ejércitos del Cielo contestan: Bendito es el Señor, el Santísimo, Bendito sea Él, por siempre y para toda la eternidad.

Para un hijo:

יְשִׂימְךָ yesimjá אֱלֹהִים Elohim אהיה אדני ; ילה

כְּאֶפְרַיִם queEfrayim וְכִמְנַשֶּׁה vejiMenashé◆ Continúa con *"yevarejejá"*

Para una hija:

יְשִׂימֵךְ yesimej אֱלֹהִים Elohim אהיה אדני ; ילה

כְּשָׂרָה queSará רִבְקָה Rivká רָחֵל Rajel וְלֵאָה veLeá◆

Derecha

יְבָרֶכְךָ yevarejejá יְהֹוָהאדני יאהדונהי Adonai

וְיִשְׁמְרֶךָ veyishmereja ר״ת = יהוה ; וס״ת = מ״ה׃

Izquierda

יָאֵר yaer כף ויו זין ויו יְהֹוָהאדני יאהדונהי Adonai | פָּנָיו panav אֵלֶיךָ eleja

וִיחֻנֶּךָּ vijuneca מנד ; יהה אותיות בפסוק׃

Central

יִשָּׂא yisá יְהֹוָהאדני יאהדונהי Adonai | פָּנָיו panav אֵלֶיךָ eleja

וְיָשֵׂם veyasem לְךָ lejá שָׁלוֹם shalom האא תיבות בפסוק׃

וְשָׂמוּ vesamu אֶת־ et שְׁמִי Shmí עַל־ al בְּנֵי bnei יִשְׂרָאֵל Yisrael

וַאֲנִי vaaní אני אֲבָרְכֵם avarjem׃

הַמַּלְאָךְ hamalaj פוי, אל אדני הַגֹּאֵל hagoel אֹתִי otí מִכָּל־ micol ילי רָע ra

יְבָרֵךְ yevarej ע״סמ״ב, הברכה (למתק את ז׳ המלכים שמתו) אֶת־ et הַנְּעָרִים hanearim

וְיִקָּרֵא veyikaré עם ה׳ אותיות = ב״פ קס״א בָהֶם vahem שְׁמִי shmí וְשֵׁם veshem

אֲבֹתַי avotai אַבְרָהָם Avraham וז״פ אל, רי״ו ול״ב נתיבות החכמה, רמ״ח (אברים),

עסמ״ב וט״ז אותיות פשוטות וְיִצְחָק veYitsjak ד״פ ב״ן וְיִדְגּוּ veyidgú

לָרֹב larov בְּקֶרֶב bekérev הָאָרֶץ haárets אלהים דההין ע״ה׃

בֵּן ben פֹּרָת porat יוֹסֵף Yosef ציון, ו׳ הויות, קנאה בֵּן ben פֹּרָת porat עֲלֵי־ alei

עָיִן ayin ריבוע מ״ה בָּנוֹת banot צָעֲדָה tsaadá עֲלֵי־ alei שׁוּר shur ושר׃

BENDICIÓN PARA LOS HIJOS

Para un hijo: *"Quiera Dios bendecirte como a Efrayim y como Menashé"* (Génesis 48:20).

Para una hija: *Quiera Dios bendecirte como a Sará, Rivká, Rajel y como Leá.*

(Derecha) *"Que el Señor te bendiga y te proteja.*

(Izquierda) *Que el Señor haga brillar Su rostro sobre ti y te dé gracia.*

(Central) *Que el Señor eleve Su rostro hacia ti y te conceda paz.*

Y ellos pondrán Mi Nombre sobre los Hijos de Israel y Yo les bendeciré" (Números 6:24-27). *"El ángel que me redimió de todo mal bendiga a estos jóvenes, y pueda mi nombre y el nombre de mis padres, Avraham y Yitsjak, ser llamado sobre ellos. Y puedan crecer en multitudes en medio de la Tierra"* (Génesis 48:16). *"Una rama fructífera es Yosef. Una rama fructífera junto al pozo y cuyas ramas se extienden sobre el muro"* (Génesis 49:22).

MEDITACIÓN ESPECIAL PARA PROTECCIÓN DURANTE LA NOCHE

Antes de ir a dormir en la noche de *Yom Kipur*, medita en los siguientes Nombres y secuencias:

יְהֹוָה בִּבְרִית - קְרַע שָׂטָן

En los cuatro Salmos siguientes hay 306 palabras, y junto con los cuatro Salmos es 310, que es el mismo valor numérico de la palabra *kerí* (eyaculación masculina). La suma de las iniciales y las últimas letras de estos cuatro Salmos da 131, que es el valor numérico del Ángel Negativo סמאל (**no pronunciar**), puede ayudar a evitar la emisión de *kerí*.

אַשְׁרֵי ashrei הָאִישׁ haísh אֲשֶׁר asher | לֹא lo הָלַךְ halaj בַּעֲצַת baatsat

רְשָׁעִים reshaím וּבְדֶרֶךְ uvedérej חַטָּאִים jataím לֹא lo עָמָד amad

וּבְמוֹשַׁב uvemoshav לֵצִים letsim לֹא lo יָשָׁב׃ yashav: כִּי qui אִם im

בְּתוֹרַת betorat יְהֹוָה יאהדונהי Adonai חֶפְצוֹ jeftsó וּבְתוֹרָתוֹ uvetorató

יֶהְגֶּה yehgué יוֹמָם yomam וָלָיְלָה׃ valayla: וְהָיָה vehayá כְּעֵץ queets

שָׁתוּל shatul עַל־ al פַּלְגֵי palguei מָיִם máyim אֲשֶׁר asher פִּרְיוֹ piryó |

יִתֵּן yitén בְּעִתּוֹ beitó וְעָלֵהוּ vealehu לֹא־ lo יִבּוֹל yibol וְכֹל vejol

אֲשֶׁר־ asher יַעֲשֶׂה yaasé יַצְלִיחַ׃ yatslíaj: לֹא־ lo כֵן jen

הָרְשָׁעִים hareshaím כִּי qui אִם־ im כַּמֹּץ camots אֲשֶׁר־ asher

תִּדְּפֶנּוּ tidfenu רוּחַ׃ rúaj: עַל־ al כֵּן quen | לֹא־ lo יָקֻמוּ yakumu

רְשָׁעִים reshaím בַּמִּשְׁפָּט bamishpat וְחַטָּאִים vejataím בַּעֲדַת baadat

צַדִּיקִים׃ tsadikim: כִּי־ qui יוֹדֵעַ yodea יְהֹוָה יאהדונהי Adonai דֶּרֶךְ dérej

צַדִּיקִים tsadikim וְדֶרֶךְ vedérej רְשָׁעִים reshaím תֹּאבֵד toved:

לָמָּה lama רָגְשׁוּ ragshú גוֹיִם goyim וּלְאֻמִּים uleumim יֶהְגּוּ־ yehgú רִיק rik:

יִתְיַצְּבוּ yityatsvú | מַלְכֵי־ maljei אֶרֶץ érets וְרוֹזְנִים veroznim נוֹסְדוּ־ nosdú

יָחַד־ yájad עַל־ al יְהֹוָה יאהדונהי Adonai וְעַל־ veal מְשִׁיחוֹ Meshijó:

MEDITACIÓN ESPECIAL PARA LA PROTECCIÓN DURANTE LA NOCHE

"Bienaventurado el hombre que no anduvo en consejo de malos, ni estuvo en camino de pecadores, ni en silla de escarnecedores se ha sentado, sino que en la Torá del Señor está su deleite y en Su Torá medita de día y de noche. Será como árbol plantado junto a corrientes de aguas, que da su fruto en su tiempo y su hoja no cae, y todo lo que hace prosperará. No así los malos, que son como el tamo que arrebata el viento. Por tanto, no se levantarán los malos en el juicio ni los pecadores en la congregación de los justos, porque el Señor conoce el camino de los justos, mas la senda de los malos perecerá" (Salmos 1). *"¿Por qué se amotina la gente y los pueblos piensan cosas vanas? Se levantarán los reyes de la Tierra y príncipes conspirarán contra el Señor y contra Su ungido,*

ננתקה nenatka את־ et מוסרותימו mosroteimo ונשליכה venashlija

ממנו mimenu עבתימו :avoteimo יושב yoshev בשמים bashamáyim

ישחק yisjak אדני Adonai ילעג־ yilag למו :lamó אז az ידבר yedaber

אלימו eleimo באפו veapó ובחרונו uvajaronó יבהלמו :yevahalemo

ואני vaaní נסכתי nasajti מלכי malquí על־ al ציון Tsiyón

הר־ har קדשי :kodshí אספרה asaprá אל el חק jok

יהוה Adonai אמר amar אלי elai בני bní אתה atá

אני aní היום hayom ילדתיך :yelidtija שאל sheal

ממני mimeni ואתנה veetná גוים goyim נחלתך najalateja

ואחזתך vaajuzatjá אפסי־ afsei ארץ :árets תרעם teroem

בשבט beshévet ברזל barzel ככלי quijlí יוצר yotser תנפצם :tenaptsem

ועתה veatá מלכים melajim השכילו hasquilu הוסרו hivasrú

שפטי shoftei ארץ :árets עבדו ivdú את־ et יהוה Adonai

ביראה beyirá וגילו veguilú ברעדה :bireadá נשקו־ nashkú בר var

פן־ pen יאנף yeenaf | ותאבדו vetovedu דרך dérej כי־ qui יבער yivar

כמעט quimat אפו apó אשרי ashrei כל־ col חוסי josei בו :vo

מזמור mizmor לדוד leDavid בברחו bevorjo מפני mipnei |

אבשלום Avshalom בנו :bnó יהוה Adonai מה־ ma רבו rabu

צרי tsarai רבים rabim קמים kamim עלי :alai רבים rabim אמרים omrim

לנפשי lenafshí אין ein ישועתה yeshuatá לו lo באלהים veElohim סלה :sela

---

diciendo: Rompamos sus ligaduras y echemos de nosotros sus cuerdas. El que mora en los Cielos se reirá; el Señor se burlará de ellos. Luego les hablará en Su furor y los turbará con Su ira: 'Yo he puesto mi rey sobre Sión, mi santo monte'. Yo publicaré el decreto: El Señor me ha dicho: 'Mi hijo eres tú; Yo te engendré hoy. Pídeme, y te daré por herencia las naciones y como posesión tuya los confines de la Tierra. Los quebrantarás con vara de hierro; como a vasija de alfarero los desmenuzarás'. Ahora, pues, reyes, sean prudentes; admitan amonestación, jueces de la Tierra. Sirvan al Señor con temor y alégrense con temblor. Háganse de pureza para que no se enoje y perezcan en el camino, pues se inflama de pronto Su ira. ¡Bienaventurados todos los que en Él confían!" (Salmos 2). "Un Salmo de David, cuando huía de su hijo Abshalom. ¡Señor, cuánto se han multiplicado mis adversarios! Muchos son los que se levantan contra mí; muchos son los que dicen de mí: 'No hay para él salvación en Dios'. Sela.

וְאַתָּה veatá יְהֹוָה Adonai מָגֵן maguén בַּעֲדִי baadí כְּבוֹדִי quevodí

וּמֵרִים umerim רֹאשִׁי roshí: קוֹלִי kolí אֶל־ el יְהֹוָה Adonai

אֶקְרָא ekrá וַיַּעֲנֵנִי vayaaneni מֵהַר mehar קָדְשׁוֹ kodshó סֶלָה sela:

אֲנִי aní שָׁכַבְתִּי shajavti וָאִישָׁנָה vaishaná הֱקִיצוֹתִי hekitsoti כִּי qui

יְהֹוָה Adonai יִסְמְכֵנִי yismejeni: לֹא־ lo אִירָא irá

מֵרִבְבוֹת merivevot עָם am אֲשֶׁר asher סָבִיב saviv שָׁתוּ shatú עָלָי alai:

קוּמָה kuma יְהֹוָה Adonai | הוֹשִׁיעֵנִי hoshiéni אֱלֹהַי Elohai

כִּי־ qui הִכִּיתָ hiquita אֶת־ et כָּל־ col אֹיְבַי oyvai לֶחִי lejí

שִׁנֵּי shinei רְשָׁעִים reshaím שִׁבַּרְתָּ shibarta: לַיהֹוָה laAdonai

הַיְשׁוּעָה hayeshuá עַל־ al עַמְּךָ ameja בִרְכָתֶךָ virjateja סֶּלָה sela:

לַמְנַצֵּחַ lamenatséaj בִּנְגִינוֹת binguinot מִזְמוֹר mizmor לְדָוִד leDavid:

בְּקָרְאִי bekorí עֲנֵנִי aneni | אֱלֹהֵי Elohei צִדְקִי tsidkí בַּצָּר batsar

הִרְחַבְתָּ hirjavta לִּי li חָנֵּנִי joneni וּשְׁמַע ushmá תְּפִלָּתִי tfilatí:

בְּנֵי bnei אִישׁ ish עַד־ ad מֶה me כְבוֹדִי jevodí לִכְלִמָּה lijlimá

תֶּאֱהָבוּן teehavún רִיק rik תְּבַקְשׁוּ tevakshú כָזָב jazav סֶלָה sela:

וּדְעוּ udeú כִּי־ qui הִפְלָה hiflá יְהֹוָה Adonai חָסִיד jasid לוֹ lo

יְהֹוָה Adonai יִשְׁמַע yishmá בְּקָרְאִי bekorí אֵלָיו elav:

רִגְזוּ rigzú וְאַל־ veal תֶּחֱטָאוּ tejetau אִמְרוּ imrú בִלְבַבְכֶם vilvavjem

עַל־ al מִשְׁכַּבְכֶם mishcavjem וְדֹמּוּ vedomú סֶלָה sela: זִבְחוּ zivjú

זִבְחֵי־ zivjei צֶדֶק tsédek וּבִטְחוּ uvitjú אֶל־ el יְהֹוָה Adonai:

Mas Tú, Señor, eres escudo alrededor de mí; mi gloria, y el que levanta mi cabeza. Con mi voz clamé al Señor y Él me respondió desde su monte santo. Sela. Yo me acosté y dormí, y desperté, porque el Señor me sustentaba. No temeré ni a una gran multitud que ponga sitio contra mí. ¡Levántate, Señor! ¡Sálvame, Dios mío! Tú heriste en la mejilla a todos mis enemigos; los dientes de los perversos rompiste. La salvación es del Señor. ¡Sobre Tu pueblo sea Tu bendición!" (Salmos 3). *"Al Director del Coro, con música melodiosa, un Salmo a David: ¡Respóndeme cuando clamo, Dios, justicia mía! Cuando estaba en angustia, Tú me diste alivio. Ten misericordia de mí y oye mi oración. Hijos de los hombres, ¿hasta cuándo volverán mi honra en infamia, amarán la vanidad y buscarán la mentira? Sela. Saben, pues, que el Señor ha escogido al piadoso para Sí; el Señor oirá cuando yo a Él clame. ¡Tiemblen y no pequen! Mediten en su corazón estando en su cama, y callen. Sela. Ofrezcan sacrificios de justicia y confíen en el Señor.*

רַבִּים rabim אֹמְרִים omrim מִי mi יַרְאֵנוּ yarenu טוֹב tov
נְסָה nesá עָלֵינוּ aleinu אוֹר or פָּנֶיךָ paneja יְהֹוָה יאהדונהי Adonai:
נָתַתָּה natata שִׂמְחָה simjá בְלִבִּי velibí מֵעֵת meet דְּגָנָם deganam
וְתִירוֹשָׁם vetirosham רָבּוּ rabu: בְּשָׁלוֹם beshalom יַחְדָּו yajdav
אֶשְׁכְּבָה eshquevá וְאִישָׁן veishán כִּי qui אַתָּה Atá
יְהֹוָה יאהדונהי Adonai לְבָדָד levadad לָבֶטַח lavétaj תּוֹשִׁיבֵנִי toshiveni:

הַלְלוּיָהּ haleluyá אלהים, אהיה אדני ; ללה שִׁירוּ shiru לַיהֹוָה יאהדונהי laAdonai שִׁיר shir
חָדָשׁ jadash י״ב הויות, קס״א וקנ״א תְּהִלָּתוֹ tehilató בִּקְהַל bikhal חֲסִידִים jasidim:
יִשְׂמַח yismaj משיוח יִשְׂרָאֵל Yisrael בְּעֹשָׂיו beosav בְּנֵי bnei
צִיּוֹן Tsiyón יוסף, ו׳ הויות, קנאה יָגִילוּ yaguilu בְמַלְכָּם vemalcam: יְהַלְלוּ yehalelú
שְׁמוֹ Shmó מהש ע״ה, ע״ב בריבוע וקס״א ע״ה, אל שדי ע״ה בְמָחוֹל vemajol בְּתֹף betof
וְכִנּוֹר vejinor יְזַמְּרוּ yezamrú לוֹ lo: כִּי qui רוֹצֶה rotsé יְהֹוָה יאהדונהי Adonai
בְּעַמּוֹ beamó ר״ת עסמ״ב, הברכה (למתק את ז׳ המלכים שמתו) ; ס״ת יהוה
יְפָאֵר yefaer עֲנָוִים anavim בִּישׁוּעָה bishuá פוי, אל אדני ; ר״ת הפסוק = שדי:
יַעְלְזוּ yaalzú ג״פ אם (אותיות דפשוט, דמילוי ודמילוי דמילוי דג״פ אהיה) חֲסִידִים jasidim
בְּכָבוֹד bejavod בוכו, ובאתב״ש הוא שם שלשפ״ק הממתק את ג׳ אם דלעיל
(והוא עולה למנין עסמ״ב קס״א קנ״א קמ״ג וג״פ אם הנ״ל) יְרַנְּנוּ yeranenú עַל al
מִשְׁכְּבוֹתָם mishquevotam: רוֹמְמוֹת romemot אֵל El ייא״י (מילוי דס״ג)
בִּגְרוֹנָם bigronam ר״ת = קנ״א ב״ן, יהוה אלהים יהוה אדני, מילוי קס״א וס״ג, מ״ה ברבוע וע״ב ע״ה
וְחֶרֶב vejérev רי״ו פִּיפִיּוֹת pifiyot בְּיָדָם beyadam: לַעֲשׂוֹת laasot
נְקָמָה nekamá מנק בַּגּוֹיִם bagoyim תּוֹכֵחוֹת tojejot בַּלְאֻמִּים baleumim:

Muchos son los que dicen: '¿Quién nos mostrará el bien?'. Alza sobre nosotros, Señor, la luz de Tu rostro. Tú diste alegría a mi corazón, mayor que la de ellos cuando abundaba su grano y su mosto. En paz me acostaré y asimismo dormiré, porque sólo Tú, Señor, me haces vivir confiado" (Salmos 4). "¡Alaben al Señor! Canten al Señor un cántico nuevo; Su alabanza sea en la congregación de los santos. Alégrese Israel en su Hacedor; los hijos de Sión se gocen en su Rey. Alaben Su nombre con danza; con pandero y arpa a Él canten, porque el Señor tiene contentamiento en su pueblo; hermoseará a los humildes con la salvación. Regocíjense los santos por Su gloria y canten aun sobre sus camas. Exalten a Dios con sus gargantas y con espadas de dos filos en sus manos, para ejecutar venganza entre las naciones, castigo entre los pueblos.

לֶאְסֹר leesor מַלְכֵיהֶם maljeihem בְּזִקִּים bezikim וְנִכְבְּדֵיהֶם venijbedeihem
בְּכַבְלֵי bejavlei בַרְזֶל varzel ר"ת בלהה, רוזל, זלפה, לאה: לַעֲשׂוֹת laasot
בָּהֶם bahem מִשְׁפָּט mishpat ע"ה ה"פ אלהים כָּתוּב catuv הָדָר hadar הוּא hu
לְכָל lejol יה אדני וַחֲסִידָיו jasidav הַלְלוּיָהּ haleluyá אלהים, אהיה אדני ; ללה:

חסד אָנָּא aná בְּכֹחַ bejóaj• גְּדֻלַּת guedulat יְמִינְךָ yemineja•
תַּתִּיר tatir צְרוּרָה tserurá: אבג יתץ
גבורה קַבֵּל kabel רִנַּת rinat• עַמְּךָ ameja שַׂגְּבֵנוּ sagvenu•
טַהֲרֵנוּ taharenu נוֹרָא norá: קרע שטן
תפארת נָא na גִבּוֹר guibor• דּוֹרְשֵׁי dorshei יִחוּדְךָ yijudeja•
כְּבָבַת quevavat שָׁמְרֵם shomrem: נגד יכש
נצח בָּרְכֵם barjem טַהֲרֵם taharem• רַחֲמֵי rajamei צִדְקָתְךָ tsidkateja•
תָּמִיד tamid גָּמְלֵם gomlem: בטר צתג
הוד חֲסִין jasín קָדוֹשׁ kadosh• בְּרוֹב berov טוּבְךָ tuvjá•
נַהֵל nahel עֲדָתֶךָ adateja: חקב טנע
יסוד יָחִיד yajid גֵּאֶה gueé• לְעַמְּךָ leamjá פְּנֵה pené•
זוֹכְרֵי zojrei קְדֻשָּׁתֶךָ kedushateja: יגל פזק
מלכות שַׁוְעָתֵנוּ shavatenu קַבֵּל kabel• וּשְׁמַע ushmá צַעֲקָתֵנוּ tsaakatenu•
יוֹדֵעַ yodea תַּעֲלוּמוֹת taalumot: שקו צית

יוזו אותיות בָּרוּךְ Baruj שֵׁם Shem כְּבוֹד quevod מַלְכוּתוֹ maljutó
לְעוֹלָם leolam ריבוע ס"ג וי' אותיות דס"ג וָעֶד vaed:

Para aprisionar a sus reyes con grillos y a sus nobles con cadenas de hierro; para ejecutar en ellos el juicio decretado. Gloria será esto para todos Sus piadosos. ¡Aleluya!" (Salmos 149).

Jésed, אבג יתץ *Te suplicamos, con el gran poder de Tu diestra, pon en libertad a los cautivos.*
Guevurá, קרע שטן *Acepta el canto de Tu Nación. Fortifícanos y purifícanos, Oh Reverenciado.*
Tiféret, נגד יכש *Por favor, Todopoderoso, a los que buscan Tu unidad, cuídalos como a la pupila de los ojos.*
Nétsaj, בטר צתג *Bendícelos. Purifícalos. Otórgales siempre tu fidelidad compasiva.*
Hod, חקב טנע *Invencible y Todopoderoso, con la abundancia de Tu bondad, guía a Tu congregación.*
Yesod, יגל פזק *Oh exaltado y orgulloso, vuélvete a Tu pueblo, aquellos que recuerdan Tu santidad.*
Maljut, שקו צית *Acepta nuestra plegaria y escucha nuestro clamor, Tú que conoces todo lo oculto.*
"Bendito es el Nombre de la Gloria. Su Reino es para siempre y para la eternidad" (Pesajim 56a).

MEDITACIÓN ESPECIAL PARA LA MEMORIA ESPIRITUAL

Rav Jayim Vital escribe (La puerta de la Inspiración Divina, pág. 87): "Un *Yijud* (unificación) que aumenta la memoria de cada individuo es el secreto de los dos Nombres de *Yud* y *Hei* deletreados con *Yud* y con *Hei*. Sus letras están combinadas, una letra de cada una a la vez, de la siguiente manera:

ייוודדההיהייוודדהההי

El momento para esta meditación es cada mañana al amanecer.

BENDICIONES DE LA MAÑANA

Debes recitar las bendiciones de la mañana a partir de la medianoche en adelante. Y debes procurar recitar todas las bendiciones tan pronto como despiertes después de la medianoche, y si no las recitas completamente al despertar después de la medianoche, estás evitando que la abundancia del Mundo Superior y los *Mojín* infunda a los *Partsufim* Superiores. Y también causas que las *klipot* permanezcan adheridas en los lugares celestiales. También que el poder de las *klipot* se esparza en tu *Néfesh*, *Rúaj*, *Neshamá*, *Jayá*, *Yejidá* y tus sentidos. Usar tus sentidos ahora, con las *klipot* adheridas, agotará tu energía en lugar de aprovechar la oportunidad de usar el poder de remover y cancelar a las *klipot*. Y ésta es una de las razones por la cual otros tipos de infortunios y caos ocurren en nuestra vida, Dios no lo permita, y por esta razón es importante decir todas las bendiciones de la mañana cuando despiertes a la medianoche, incluso si planeas irte a dormir después. Esto no aplica a dormir durante el día, debido a que no hay energía negativa adherida al sueño en el día. Cuando te despiertes después de la medianoche o no duermas en lo absoluto y comiences a estudiar, después de la medianoche, debes recitar las bendiciones de la mañana (a excepción de las bendiciones de la Torá, las cuales serán recitadas al amanecer). Como está escrito en el *Zóhar*, *Vayakel* 14-25: "Rav Elazar y Rav Yosi estuvieron estudiando desde el comienzo de la noche, cuando llegó la medianoche escucharon el canto de un gallo y recitaron las bendiciones de la mañana" (*Náhar Shalom*, pág. 88).

MODÉ ANÍ

Cada noche, cuando nuestras almas ascienden a los Mundos Superiores, una fuerza poderosa intenta impedir que nos despertemos y veamos la luz de un nuevo día. Esta fuerza reside dentro de cada uno de nosotros. Es nuestro lado negativo, o lo que los kabbalistas llaman nuestra "Inclinación al Mal", alimentado por nuestro comportamiento negativo del día anterior. No obstante, cada día el Creador nos da otra oportunidad para cambiar y revelar la Luz que no fuimos capaces de revelar el día anterior. La conexión de *Modé Aní* nos permite aprovechar esta oportunidad. Esta secuencia de letras arameas despierta nuestra apreciación por el regreso de nuestra alma a nuestro cuerpo. Este acto de apreciación ayuda a fortalecer y proteger todas las bendiciones que recibimos.

Cuando despiertes, aun cuando tus manos no estén limpias, puedes decir el verso "*modé aní*" puesto que no contiene ninguno de los Nombres Sagrados.

מוֹדֶה modé (Las mujeres dicen: מוֹדָה modá) אֲנִי aní אני לְפָנֶיךָ lefaneja ס"ג מ"ה ב"ן

מֶלֶךְ Mélej חַי jai וְקַיָּם vekayam שֶׁהֶחֱזַרְתָּ shehejezarta בִּי bi

נִשְׁמָתִי nishmatí בְּחֶמְלָה bejemlá. רַבָּה rabá אֱמוּנָתֶךָ emunateja:

BENDICIONES DE LA MAÑANA
MODÉ ANÍ

Doy las gracias ante Ti, Rey viviente y existente,
por regresarme mi alma, misericordiosamente. Grande es Tu confianza (*Bereshit Rabá, cap. 68*).

EL LAVADO DE MANOS

Mientras dormimos en la noche, muchas fuerzas negativas se adhieren a nuestro cuerpo. Cuando nuestra alma regresa y se reconecta con nuestro cuerpo, elimina la mayor parte de esa negatividad, pero no de nuestras manos. Al lavar nuestras manos cada mañana al despertar, logramos tres objetivos importantes:
1) Limpiar y eliminar todas las fuerzas negativas que se adhirieron a nuestras manos durante la noche;
2) Conectarnos con la causa y el nivel de semilla de la realidad (proactivo) y no sólo el efecto (reactivo);
3) Desprendernos de la energía de *aní* (pobre) y conectarnos con la energía de *ashir* (rico).

Lava tus manos en el agua de *Jésed* (misericordia) para remover la suciedad de la *klipá* que está adherida a las cinco *Guevurot* (juicios) בנצפך que son revelados por los diez dedos de las manos de *Zeir Anpín* de *Asiyá*. **Primero**, sostén el recipiente de lavado en tu mano derecha y llénalo con agua, luego pásalo a la mano izquierda. **Después**, vierte el agua desde la izquierda sobre la derecha, y luego vierte agua desde la derecha sobre la izquierda. Este proceso debe ser repetido una segunda y una tercera vez. De manera que cada mano sea lavada tres veces. No debes lavar una mano tres veces seguidas, sino alternar entre derecha e izquierda y, al hacer esto, el espíritu impuro llamado "*Shivtá* **(no pronunciar este nombre)** la hija de un rey" salta de una mano a otra hasta que es removido completamente de las manos. Y si no sigues este orden, este espíritu impuro no es removido. Antes de la bendición, debes abrir las palmas de tus manos como alguien que quiere recibir algo, y meditar en elevar *Asiyá* mediante el Nombre de 42 Letras de *Yetsirá*, que tiene el valor numérico de tres manos:
Mano derecha (*HaGdolá*) יהוה אלהינו יהוה, el secreto de la primera mitad del Nombre יוד ואו דלת הא אלף
Mano izquierda (*HaJazaká*) כוזו במוכסז כוזו, el secreto de la última mitad del Nombre ואו אלף ואו הא אלף
Mano del medio (*Ramá*) יהוה יוד הא ואו הא Es la raíz del Nombre mismo y a partir de éste se extienden esas tres manos y, por lo tanto, está en el medio. Y mediante estas tres manos de *Yetsirá* elevamos a *Asiyá*. **El lavado** de las manos es el *tikún* de la Luz Interna, su interior y exterior (*Nétsaj, Hod, Yesod*) de *Asiyá*. **La bendición** es el *tikún* de la Luz Circundante del exterior (*Nétsaj, Hod, Yesod*) de *Asiyá*. Las 13 palabras corresponden a los Trece Atributos de *Asiyá*.

Lava tus manos, ve al baño si es necesario, y luego lava tus manos nuevamente. La forma de lavar nuestras manos: Sujeta el recipiente en tu mano derecha y llénalo con agua, luego pásalo a tu mano izquierda. Después, vierte el agua desde la izquierda sobre la derecha y luego vierte agua desde la derecha sobre la izquierda. Ese proceso debe repetirse una segunda y una tercera vez. No debes lavarlas tres veces seguidas, sino alternando entre derecha e izquierda. Frota tus manos tres veces y elévalas al nivel de los ojos y recita la bendición antes de secarlas.

בָּרוּךְ Baruj (אל) **אַתָּה** Atá (רחום) **יְהֹוָאדהֹנָהי** Adonai (וחנון)
אֱלֹהֵינוּ Eloheinu ילה (ארך) **מֶלֶךְ** Mélej (אפים) **הָעוֹלָם** haolam (ורב חסד)
אֲשֶׁר asher (ואמת) **קִדְּשָׁנוּ** kidshanu (נצר חסד) **בְּמִצְוֹתָיו** bemitsvotav (לאלפים)
וְצִוָּנוּ vetsivanu (נשא עון) **עַל** al (ופשע) **נְטִילַת** netilat (וחטאה) **יָדָיִם** yadáyim (ונקה)

Las últimas tres palabras de esta bendición son *Al Netilat Yadáyim*: La primera letra de cada una de estas palabras forman la palabra *aní* עני, "persona pobre" en arameo, y tiene el valor numérico del Nombre Sagrado *Mem Hei* (יוד הא ואו הא). Las últimas dos letras de estas tres palabras, *Ayin Lámed* על, *Lámed Tav* לת, y *Yud Mem* ימ, tienen el mismo valor numérico de la palabra *ashir* עשיר, que quiere decir "persona rica".

EL LAVADO DE MANOS

Bendito seas Tú, Señor, nuestro Dios, Rey del mundo,
Quien nos ha santificado con Sus mandamientos y nos ha ordenado sobre el lavado de manos.

ASHER YATSAR

Recitar el *Asher Yatsar* después de cada vez que vamos al baño nos conecta con el ADN espiritual y el mapa original del ser humano. Podemos despertar en la mañana sintiéndonos vacíos de energía espiritual, deprimidos, asustados, irritables o, inclusive, llenos de temor por el día que está por venir. A través del poder del *Asher Yatsar*, inyectamos la Luz de la Creación en nuestro sistema inmunológico, fortaleciéndolo y potenciándolo para estar llenos de Luz y recargados espiritualmente para el resto del día.

En esta sección hay 45 palabras, las cuales equivalen al valor numérico de la palabra *Adam* (ser humano) y el mismo valor numérico del Nombre *Mem-Hei*, que fue creado por *Jojmá*. La palabra *Jojmá* está dividida en otras dos palabras que significan fuerza (*cóaj*) para *Mem-Hei*. Debes meditar en el Nombre Sagrado *Mem-Hei*:

יוד הא ואו הא

La bendición es el *tikún* de la Luz Circundante del interior (*Nétsaj, Hod, Yesod*) de *Asiyá*.

(*Aba de Asiyá*) בָּרוּךְ Baruj אַתָּה Atá יְהֹוָאדהנויאהדונהי Adonai

אֱלֹהֵינוּ Eloheinu ילה מֶלֶךְ Mélej הָעוֹלָם haolam אֲשֶׁר asher יָצַר yatsar

אֶת et הָאָדָם haadam מ״ה בְּחָכְמָה bejojmá במילוי תרי״ג (מצוות)•

וּבָרָא uvará קנ״א ב״ן, יהוה אלהים יהוה אדני, מילוי קס״א וס״ג, מ״ה ברבוע וע״ב ע״ה

בוֹ vo נְקָבִים nekavim נְקָבִים nekavim• חֲלוּלִים jalulim

חֲלוּלִים jalulim אברהם, ח״פ אל, רי״ו ול״ב נתיבות החכמה, רמ״ח (אברים), עסמ״ב וט״ז אותיות פשוטות•

גָּלוּי galui וְיָדוּעַ veyadúa לִפְנֵי lifnei כִסֵּא jisé כְבוֹדֶךָ jevodeja

שֶׁאִם sheím לכב, ב״ן, יוהך, מ״א אותיות דפשוט, דמילוי ודמילוי דמילוי דאהיה ע״ה

יִסָּתֵם yisatem אֶחָד ejad אהבה, דאגה מֵהֶם mehem אוֹ o אִם im יוהך, מ״א

אותיות דפשוט, דמילוי ודמילוי דמילוי דאהיה ע״ה יִפָּתֵחַ yipatéaj אֶחָד ejad אהבה, דאגה

מֵהֶם mehem אִי ei אֶפְשָׁר efshar לְהִתְקַיֵּם lehitkayem אֲפִלּוּ afilu

שָׁעָה shaá אֶחָת ejat• בָּרוּךְ Baruj אַתָּה Atá יְהֹוָאדהנויאהדונהי Adonai

רוֹפֵא rofé כָל jol ילי בָשָׂר basar וּמַפְלִיא umaflí לַעֲשׂוֹת laasot:

ASHER YATSAR

Bendito seas Tú, Señor, nuestro Dios, el Rey del mundo, Quien hizo al hombre con su sabiduría y creó en él muchas aberturas y muchas cavidades. Es obvio y sabido ante Tu Trono de Gloria que si cualquiera de ellas se bloquea o cualquiera de ellas se abre, entonces sería imposible permanecer vivo ni siquiera por una hora. Bendito seas Tú, Señor, el Sanador de toda la carne y quien asombra por lo que Él hace.

ELOHAI NESHAMÁ: CONECTAR CON NUESTRA ALMA

La Kabbalah nos enseña que hay cinco niveles principales en nuestra alma: *Néfesh, Rúaj, Neshamá, Jayá* y *Yejidá*. En nuestra vida cotidiana, la mayoría de nosotros no estamos totalmente conectados a estos cinco niveles. Una especie de cordón umbilical discurre constantemente entre los cinco niveles del alma, alimentándonos de con la cantidad mínima de Luz que necesitamos para mantener el "piloto" encendido en nuestra alma. Recitamos *Elohai Neshamá* cada mañana para conectar nuestra mente consciente a los cinco niveles de nuestra alma, para que podamos despertar el verdadero propósito y significado de nuestra vida.

El nombre de una persona no es meramente una palabra, es también la conexión espiritual con su alma. Cada letra de un nombre es parte del alfabeto espiritual genético que infunde al alma con la forma de energía particular creada por ese nombre. El poder de esta bendición es que abre un túnel a través de los Mundos Superiores y crea una conexión con los cinco niveles de nuestra alma. Nuestra conexión con esta oración se vuelve más profunda si combinamos nuestro nombre hebreo con la palabra *Neshamá* (alma). Para combinar tu nombre con *Neshamá*, de derecha a izquierda, **en los días de la semana**, inserta la primera letra de tu nombre, seguida por la primera letra de *Neshamá*. Luego inserta la segunda letra de tu nombre, seguida por la segunda letra de *Neshamá*, y así sucesivamente. **En *Shabat***, inserta la primera letra de *Neshamá* seguida de la primera letra de tu nombre. Después inserta la segunda letra de *Neshamá* seguida por la segunda letra de tu nombre, y así sucesivamente. Medita en la secuencia completa de letras antes de conectar con la oración. Por ejemplo, con el nombre Yehuda, la combinación quedaría de la siguiente manera:

Para *Shabat*:

Para días de la semana:

No todo individuo tiene el mérito de recibir la parte del alma llamada *Neshamá*, no obstante, todos aún tenemos una parte del alma de Adam (el primer hombre) que abarca a toda la Creación.
En esta bendición hay 47 palabras, las cuales tienen el valor numérico de:
יאהדונהי

(haz una pausa aquí) ♦ילה ; דמב ,ע"ב מילוי Elohai אֱלֹהַי (*Ima de Asiyá*)

(cinco aspectos del colectivo *Atsilut, Briá, Yetsirá* y *Asiyá*) neshamá נְשָׁמָה

♦(*Jayá* desde *Atsilut*) tehorá טְהוֹרָה (en el alma de *Adam*) bi בִּי shenatata שֶׁנָּתַתָּ

Atá אַתָּה ♦*Neshamá* desde *Briá*) verata בְרָאתָהּ Atá אַתָּה

nefajta נְפַחְתָּהּ Atá אַתָּה ♦(*Rúaj* desde *Yetsirá*) yetsarta יְצַרְתָּהּ

meshamrá מְשַׁמְּרָהּ veAtá וְאַתָּה ♦(*Néfesh* desde *Asiyá*) bi בִּי

litlá לִטְּלָהּ atid עָתִיד veAtá וְאַתָּה ♦שדי bekirbí בְּקִרְבִּי

♦lavó לָבֹא leatid לֶעָתִיד bi בִּי ulehajazirá וּלְהַחֲזִירָהּ mimeni מִמֶּנִּי

ELOHAI NESHAMÁ

Mi Dios, el alma que Tú has dado en mí es pura Tú la has formado.
Tú la has creado. Tú la has insuflado en mí. Y la preservas dentro de mí. Finalmente, Tú la retirarás de mí, y sin embargo me la retornarás en un futuro venidero.

כָּל col יל"י זְמַן zmán שֶׁהַנְּשָׁמָה shehaneshamá בְּקִרְבִּי vekirbí שד"י

מוֹדֶה modé אֲנִי aní אנ"י לְפָנֶיךָ lefaneja ס"ג מ"ה ב"ן

יְהֹוָאדנהיאהדונהי Adonai אֱלֹהַי Elohai מילוי ע"ב, דמב ; ילה וֵאלֹהֵי veElohei

לכב ; מילוי ע"ב, דמב ; ילה אֲבוֹתַי avotai רִבּוֹן ribón יהוה ע"ב ס"ג מ"ה ב"ן

כָּל col ילי הַמַּעֲשִׂים hamaasim. אֲדוֹן adón אני כָּל col ילי

הַנְּשָׁמוֹת haneshamot. בָּרוּךְ Baruj אַתָּה Atá יְהֹוָאדנהיאהדונהי Adonai

הַמַּחֲזִיר hamajazir נְשָׁמוֹת neshamot לִפְגָרִים lifgarim מֵתִים metim:

LAS DIECIOCHO BENDICIONES

El propósito de las Dieciocho Bendiciones es reconectar a nuestra alma con nuestro cuerpo físico después de haber estado casi totalmente desconectada durante el sueño de la noche previa. Todos nosotros estamos bendecidos con diversos dones que, la mayor parte del tiempo, no apreciamos; como la conexión de nuestra alma a nuestro cuerpo. Lamentablemente, la mayoría de nosotros sólo empezamos a apreciar nuestros regalos cuando los hemos perdido. A través del poder de estas Dieciocho Bendiciones, podemos inyectar una fuerza de energía proactiva de apreciación, la cual, a su vez, protege y preserva todo lo que amamos.

Las Dieciocho Bendiciones corresponden a *Yesod* de *Asiyá*. Con estas bendiciones atraemos mucha abundancia y gran Iluminación hacia las tres *Sefirot* superiores de *Asiyá* y, por lo tanto, su parte exterior es bendecida y recibe esta gran Luz, y lo externo se hace igual a lo interno.

LA PRIMERA BENDICIÓN – DISTINGUE ENTRE LA NOCHE Y EL DÍA

El mayor don que tenemos como seres humanos es el poder del libre albedrío. La frase "distingue entre el día y la noche" se refiere a la capacidad que tenemos para escoger la Luz del Creador en lugar de la oscuridad, o el bien en vez del mal. Al decir esta bendición, se nos otorga la claridad para ver estas dos fuerzas opuestas que suelen estar ocultas para nosotros.

La Primera Bendición está en los tres *Partsufim* de *Kéter*: externo, medio e interno de la Luz Directa del *Partsuf* medio de *Zeir Anpín* de *Asiyá* de *Atsilut*, y de *Asiyá* Inferior.

בָּרוּךְ Baruj אַתָּה Atá יְהֹוָאדנהיאהדונהי Adonai אֱלֹהֵינוּ Eloheinu ילה

מֶלֶךְ Mélej הָעוֹלָם haolam הַנּוֹתֵן hanotén אבגיתץ, ושר

לַשֶּׂכְוִי lasejví שכוי ע"ה = מלאך גבריאל בִּינָה viná ע"ה ווים, אהיה אהיה יהוה ;

ר"ת הבל, מילוי ס"ג (endulzando el juicio de la noche) וס"ת = ללה, אדני לְהַבְחִין lehavjín

בֵּין bein יוֹם yom ע"ה נגד, מזבח, זן, אל יהוה וּבֵין uvein לָיְלָה layla מלה ; ר"ת = ג"פ יהוה:

Mientras el alma esté dentro de mí, yo Te estoy agradecido ante Ti, Señor, mi Dios y Dios de mis padres, el Gobernante de todas las acciones. El Dueño de todas las almas. Bendito seas Tú, Señor, Quien regresa las almas a los cuerpos muertos.

LAS DIECIOCHO BENDICIONES - LA PRIMERA BENDICIÓN

Bendito seas Tú, Señor, nuestro Dios,
el Rey del mundo, Quien le otorga al gallo el entendimiento para distinguir entre el día y la noche.

LA SEGUNDA BENDICIÓN – OTORGA LA VISTA A LOS CIEGOS

El Rey David dijo: "Tenemos ojos, pero no vemos. Tenemos oídos, pero no escuchamos". Con demasiada frecuencia, nos dejamos cegar por una oportunidad lucrativa o somos incapaces de anticipar el caos de una situación inminente. El verdadero poder de esta bendición es que nos ayuda a agudizar nuestros sentidos de percepción e intuición para que podamos ver las verdades que normalmente están ocultas para nosotros.

La Segunda Bendición está en los tres *Partsufim* de *Kéter*: externo, medio e interno de la Luz Retornante del *Partsuf* medio de *Zeir Anpín* de *Asiyá* de *Atsilut*, y de *Asiyá* Inferior.

בָּרוּךְ Baruj אַתָּה Atá יְהֹוָאֲדֹנָיאהדונהי Adonai אֱלֹהֵינוּ Eloheinu ילה

מֶלֶךְ Mélej הָעוֹלָם haolam פּוֹקֵחַ pokéaj עִוְרִים ivrim:

LA TERCERA BENDICIÓN – LIBERA A AQUELLOS QUE ESTÁN CAUTIVOS

A menudo nos volvemos prisioneros de nuestro trabajo, nuestros pagos de la hipoteca, nuestras relaciones, nuestras profesiones o, inclusive, de las percepciones que otras personas tienen de nosotros. En esencia, cada uno de nosotros, en mayor o menor grado, es un prisionero cautivo de su Deseo de Recibir Sólo para Sí Mismo. La energía que emana de esta bendición tiene el poder de liberarnos de las garras de este deseo tan poderoso y autodestructivo.

La Tercera Bendición está en los tres *Partsufim* de *Jojmá*: externo, medio e interno de la Luz Directa del *Partsuf* medio de *Zeir Anpín* de *Asiyá* de *Atsilut*, y de *Asiyá* Inferior.

בָּרוּךְ Baruj אַתָּה Atá יְהֹוָאֲדֹנָיאהדונהי Adonai אֱלֹהֵינוּ Eloheinu ילה

מֶלֶךְ Mélej הָעוֹלָם haolam מַתִּיר matir אֲסוּרִים asurim:

LA CUARTA BENDICIÓN – ENDEREZA A AQUELLOS QUE ESTÁN TORCIDOS

El significado profundo de esta bendición está relacionado con la visión a menudo tergiversada que tenemos del mundo y de las personas que nos rodean. Nuestro yo egocéntrico distorsiona nuestra percepción de la realidad hasta el punto en que todos los demás nos parecen desviados, imperfectos y equivocados. Esta secuencia específica de letras arameas tiene el poder de imbuirnos con la aceptación y la comprensión necesaria para que podamos transformar esa parte negativa de nuestro carácter que percibe a los demás como torcidos.

La Cuarta Bendición está en los tres *Partsufim* de *Jojmá*: externo, medio e interno de la Luz Retornante del *Partsuf* medio de *Zeir Anpín* de *Asiyá* de *Atsilut*, y de *Asiyá* Inferior.

בָּרוּךְ Baruj אַתָּה Atá יְהֹוָאֲדֹנָיאהדונהי Adonai אֱלֹהֵינוּ Eloheinu ילה

מֶלֶךְ Mélej הָעוֹלָם haolam זוֹקֵף zokef כְּפוּפִים cfufim:

LA SEGUNDA BENDICIÓN

Bendito seas Tú, Señor, nuestro Dios, Rey del mundo, Quien otorga la vista a los ciegos.

LA TERCERA BENDICIÓN

Bendito seas Tú, Señor, nuestro Dios, Quien liberas a aquellos que están cautivos.

LA CUARTA BENDICIÓN

Bendito seas Señor, nuestro Dios, Rey del mundo, Quien endereza a aquellos que están torcidos.

LA QUINTA BENDICIÓN – VISTE A LOS QUE ESTÁN DESNUDOS

La Kabbalah explica que el cuerpo es la vestimenta del alma. De igual forma que una persona negativa no puede cambiar su carácter vistiendo un traje costoso, nosotros no podemos crear un cambio personal ni la satisfacción duradera si no nos conectamos a un mundo que está más allá de la conciencia de nuestro cuerpo. La secuencia de letras en esta bendición nos otorga el poder de elevarnos por encima de nuestra conciencia corpórea y conectarnos con nuestra conciencia del alma.

La Quinta Bendición está en los tres *Partsufim* de *Biná*: externo, medio e interno de la Luz Directa del *Partsuf* medio de *Zeir Anpín* de *Asiyá* de *Atsilut*, y de *Asiyá* Inferior. Al final de la bendición, medita en atraer 378 Iluminaciones desde el Rostro de *Arij Anpín* hacia el Rostro de *Jashmal* de *Zeir* y *Nukvá* de *Atsilut*, que es el secreto de *malbush*.
(*Malbush* significa vestimenta, palabra que tiene el mismo valor numérico de *Jashmal*, electricidad).

ילה Eloheinu אֱלֹהֵינוּ Adonai יְהֹוָהאדניאהדונהי Atá אַתָּה Baruj בָּרוּךְ
:arumim עֲרוּמִּים malbish מַלְבִּישׁ haolam הָעוֹלָם Mélej מֶלֶךְ

LA SEXTA BENDICIÓN – DA FUERZA AL FATIGADO

A menudo tratamos de efectuar cambios positivos dentro de nosotros mismos. Intentamos enfrentar nuestros miedos, deshacernos de la ira y vencer nuestros celos. Pero Satán, una inteligencia negativa, lucha contra nosotros desde nuestro interior y puede evitar que estos cambios sucedan. La secuencia de letras en esta bendición nos brinda la ayuda adicional y la energía que necesitamos para vencer a Satán.

La Sexta Bendición está en los tres *Partsufim* de *Biná*: externo, medio e interno de la Luz Retornante del *Partsuf* medio de *Zeir Anpín* de *Asiyá* de *Atsilut*, y de *Asiyá* Inferior. Al final de la bendición, medita en atraer 378 Iluminaciones desde Rostro de *Arij Anpín* hacia el Rostro de *Jashmal* de *Zeir* y *Nukvá* de *Atsilut*, que es el secreto de *malbush*.
(*Malbush* significa vestimenta, palabra que tiene el mismo valor numérico de *Jashmal*, electricidad).

Mélej מֶלֶךְ ילה Eloheinu אֱלֹהֵינוּ Adonai יְהֹוָהאדניאהדונהי Atá אַתָּה Baruj בָּרוּךְ
:נלך cóaj כֹּחַ layaef לַיָּעֵף ושר ,אבגיתץ hanotén הַנּוֹתֵן haolam הָעוֹלָם

LA SÉPTIMA BENDICIÓN – MANTIENE LA TIERRA SOBRE LAS AGUAS

Los kabbalistas enseñan que antes de la creación del mundo, el agua llenaba toda la realidad y la existencia. El agua es una expresión física de la fuerza-energía de la misericordia y la Fuerza de Luz del Creador, también conocida como el Deseo de Compartir. La materia física posee la esencia inherente del Deseo de Recibir, representado por la creación de la tierra en nuestro planeta. Dios creó un delicado equilibrio entre el Deseo de Compartir y el Deseo de Recibir, el cual se manifiesta en el equilibrio existente entre el agua y la tierra. Esta bendición nos ayuda a lograr y mantener este equilibrio.

LA QUINTA BENDICIÓN

Bendito seas Tú, Señor, nuestro Dios, Rey del mundo, Quien viste a los desnudos.

LA SEXTA BENDICIÓN

Bendito seas Tú, Señor, nuestro Dios, Rey del mundo, Quien le da fortaleza a los fatigados.

La Séptima Bendición está en los tres *Partsufim* de *Jésed*: externo, medio e interno de la Luz Directa del *Partsuf* medio de *Zeir Anpín* de *Asiyá* de *Atsilut*, y de *Asiyá* Inferior.

בָּרוּךְ Baruj אַתָּה Atá יְהֹוָהּאדניאהדונהי Adonai אֱלֹהֵינוּ Eloheinu ילה
מֶלֶךְ Mélej הָעוֹלָם haolam רוֹקַע roká הָאָרֶץ haárets אלהים דההין ע״ה
עַל al הַמָּיִם hamáyim:

LA OCTAVA BENDICIÓN – DIRIGE LOS PASOS DEL HOMBRE

Cuando una persona se embarca en un camino espiritual, ésta inevitablemente enfrentará obstáculos y desafíos a lo largo del camino. Esta secuencia particular de letras arameas nos da el poder de la certeza, para saber que el camino espiritual en el que nos encontramos es el correcto, incluso cuando el sendero ante nosotros se torne temporalmente sombrío.

La Octava Bendición está en los tres *Partsufim* de *Jésed*: externo, medio e interno de la Luz Retornante del *Partsuf* medio de *Zeir Anpín* de *Asiyá* de *Atsilut*, y de *Asiyá* Inferior.

בָּרוּךְ Baruj אַתָּה Atá יְהֹוָהּאדניאהדונהי Adonai אֱלֹהֵינוּ Eloheinu ילה
מֶלֶךְ Mélej הָעוֹלָם haolam הַמֵּכִין hamejín מִצְעֲדֵי mitsadei גָבֶר gaver:

En *Yom Kipur* omitimos la novena bendición.

LA DÉCIMA BENDICIÓN – FORTALECE A ISRAEL CON PODER

En arameo, la palabra para "fuerza" es *Guevurá*. *Guevurá* tiene el mismo valor numérico (216) que las secuencias de tres letras de los 72 Nombres de Dios (72 x 3 = 216), las cuales nos ayudan a alcanzar el poder de la mente sobre la materia y a superar nuestra naturaleza reactiva. En las últimas tres palabras de la bendición se encuentra otro secreto. Las primeras tres letras de las últimas tres palabras (*Álef* א, *Yud* י y *Bet* ב) tienen el mismo valor numérico (13) que la palabra aramea *Ahavá* (אהבה), que significa "amor". Si tenemos amor en nuestra vida, siempre tendremos la capacidad de acceder al poder de los 72 Nombres de Dios.

La Décima Bendición está en los tres *Partsufim* de *Guevurá*: externo, medio e interno de la Luz Retornante del *Partsuf* medio de *Zeir Anpín* de *Asiyá* de *Atsilut*, y de *Asiyá* Inferior.

בָּרוּךְ Baruj אַתָּה Atá יְהֹוָהּאדניאהדונהי Adonai אֱלֹהֵינוּ Eloheinu ילה
מֶלֶךְ Mélej הָעוֹלָם haolam אוֹזֵר ozer יִשְׂרָאֵל Yisrael
בִּגְבוּרָה bigvurá רי״ו ; ר״ת = אהבה, אחד, דאגה:

LA SÉPTIMA BENDICIÓN

Bendito seas Tú, Señor, nuestro Dios, Rey del mundo, Quien mantiene la tierra por encima del agua.

LA OCTAVA BENDICIÓN

Bendito seas Tú, Señor, nuestro Dios, Rey del mundo, Quien dirige los pasos del hombre.

LA DÉCIMA BENDICIÓN

Bendito seas Tú, Señor, nuestro Dios, Rey del mundo, Quien da fuerza a Israel con poder.

LA UNDÉCIMA BENDICIÓN – CORONA A ISRAEL CON ESPLENDOR

La palabra en arameo para "esplendor" es *tifará*, de la raíz *Tiféret*. *Tiféret* es la *Sefirá* o la dimensión específica que conecta los Mundos Superiores con nuestro mundo físico. La secuencia de letras que compone esta bendición nos da la capacidad de capturar y almacenar la Luz —como una batería portátil que puede alimentarnos— incluso después de haber cerrado el *Sidur*.

La Undécima Bendición está en los tres *Partsufim* de *Tiféret*: externo, medio e interno de la Luz Directa del *Partsuf* medio de *Zeir Anpín* de *Asiyá* de *Atsilut*, y de *Asiyá* Inferior.

בָּרוּךְ Baruj אַתָּה Atá יְהֹוָהאדניאהדונהי Adonai אֱלֹהֵינוּ Eloheinu ילה

מֶלֶךְ Mélej הָעוֹלָם haolam עוֹטֵר oter יִשְׂרָאֵל Yisrael בְּתִפְאָרָה betifará:

LA DUODÉCIMA BENDICIÓN – NO ME HIZO UN HOMBRE GENTIL / UNA MUJER GENTIL

En un nivel superficial, esta bendición parece ser discriminatoria. Kabbalísticamente, la palabra gentil no tiene nada que ver con la afiliación religiosa de una persona. Más bien es un código que representa a alguien que no tiene un Deseo de Recibir poderoso e intenso. Esta bendición enciende nuestro deseo de crecimiento espiritual, cambio interno y transformación positiva.

La Duodécima Bendición está en los tres *Partsufim* de *Tiféret*: externo, medio e interno de la Luz Retornante del *Partsuf* medio de *Zeir Anpín* de *Asiyá* de *Atsilut*, y de *Asiyá* Inferior.

בָּרוּךְ Baruj אַתָּה Atá יְהֹוָהאדניאהדונהי Adonai אֱלֹהֵינוּ Eloheinu ילה

מֶלֶךְ Mélej הָעוֹלָם haolam שֶׁלֹּא sheló עָשַׂנִי asani גּוֹי goy:

Las mujeres dicen: בָּרוּךְ Baruj אַתָּה Atá יְהֹוָהאדניאהדונהי Adonai אֱלֹהֵינוּ Eloheinu ילה

מֶלֶךְ Mélej הָעוֹלָם haolam שֶׁלֹּא sheló עָשַׂנִי asani גּוֹיָה goyá:

LA DECIMOTERCERA BENDICIÓN – NO ME HIZO UN ESCLAVO / UNA ESCLAVA

Esta bendición nos brinda el apoyo que necesitamos para no ser gobernados ni encarcelados por nuestra naturaleza reactiva y el mundo material.

La Decimotercera Bendición está en los tres *Partsufim* de *Nétsaj*: externo, medio e interno de la Luz Directa del *Partsuf* medio de *Zeir Anpín* de *Asiyá* de *Atsilut*, y de *Asiyá* Inferior.

בָּרוּךְ Baruj אַתָּה Atá יְהֹוָהאדניאהדונהי Adonai אֱלֹהֵינוּ Eloheinu ילה

מֶלֶךְ Mélej הָעוֹלָם haolam שֶׁלֹּא sheló עָשַׂנִי asani עָבֶד áved:

Las mujeres dicen: בָּרוּךְ Baruj אַתָּה Atá יְהֹוָהאדניאהדונהי Adonai אֱלֹהֵינוּ Eloheinu ילה

מֶלֶךְ Mélej הָעוֹלָם haolam שֶׁלֹּא sheló עָשַׂנִי asani שִׁפְחָה shifjá:

LA UNDÉCIMA BENDICIÓN

Bendito seas Tú, Señor, nuestro Dios, Rey del mundo, Quien corona a Israel con esplendor.

LA DUODÉCIMA BENDICIÓN

Bendito seas Tú, Señor, nuestro Dios, Rey del mundo, Quien no me hizo un hombre gentil / una mujer gentil.

LA DECIMOTERCERA BENDICIÓN

Bendito seas Tú, Señor, nuestro Dios, Rey del mundo, Quien no me hizo un esclavo / una esclava.

LA DECIMOCUARTA BENDICIÓN –

NO ME HIZO MUJER / ME HIZO ACORDE A SU VOLUNTAD

Aunque esta bendición parece machista, no lo es. Kabbalísticamente, la energía inherente a la dimensión de *Zeir Anpín* (que comprende las *Sefirot* de *Jésed* a *Yesod*) —el canal a través del cual fluye la Luz desde los Mundos Superiores hasta nuestro mundo— es masculina. *Maljut*, nuestro mundo, tiene una energía inherente femenina. Este rezo despierta apreciación por nuestra capacidad de generar Luz espiritual a través de las dos fuerzas de energía de lo masculino y lo femenino, y ayuda a que las dos mitades del alma —femenina y masculina— se unan.

La Decimocuarta Bendición está en los tres *Partsufim* de *Nétsaj*: externo, medio e interno de la Luz Retornante del *Partsuf* medio de *Zeir Anpín* de *Asiyá* de *Atsilut*, y de *Asiyá* Inferior.

בָּרוּךְ Baruj אַתָּה Atá יְהֹוָהאדניאהדונהי Adonai אֱלֹהֵינוּ Eloheinu ילה

מֶלֶךְ Mélej הָעוֹלָם haolam שֶׁלֹּא sheló עָשַׂנִי asani אִשָּׁה ishá:

Las mujeres dicen: בָּרוּךְ Baruj שֶׁעָשַׂנִי sheasani כִּרְצוֹנוֹ quirtsonó:

LA DECIMOQUINTA BENDICIÓN – ELIMINA DE MIS OJOS LAS ATADURAS DEL SUEÑO

Los kabbalistas han dicho que la humanidad ha estado dormida durante dos mil años. Desafortunadamente, algunas personas viven dormidas toda su vida. Nunca elevan su nivel de conciencia y no logran crear un verdadero cambio interno. Las letras arameas en esta bendición nos ayudan a despertarnos de ese estado de coma.

La Decimoquinta Bendición está en los tres *Partsufim* de *Hod*: externo, medio e interno de la Luz Directa del *Partsuf* medio de *Zeir Anpín* de *Asiyá* de *Atsilut*, y de *Asiyá* Inferior.

בָּרוּךְ Baruj אַתָּה Atá יְהֹוָהאדניאהדונהי Adonai אֱלֹהֵינוּ Eloheinu ילה

מֶלֶךְ Mélej הָעוֹלָם haolam הַמַּעֲבִיר hamaavir חֶבְלֵי jevlei

שֵׁנָה shená מֵעֵינָי meenai ריבוע מ״ה וּתְנוּמָה utnumá מֵעַפְעַפָּי meafapai:

Esta bendición no termina aquí, sino al final de la siguiente sección (“*gomel jasadim tovim leamó Yisrael*”), por ese motivo no respondemos *AMÉN* aquí.

LA DECIMOCUARTA BENDICIÓN

Bendito seas Tú, Señor, nuestro Dios, Rey del mundo, Quien no me hizo una mujer. Bendito Quien me hizo acorde a Su Voluntad.

LA DECIMOQUINTA BENDICIÓN

Bendito seas Tú, Señor, nuestro Dios, Rey del mundo, Quien elimina de mis ojos las ataduras del sueño y la pesadez de mis párpados.

VIHÍ RATSÓN

Esta oración nos ayuda a eliminar las fuerzas negativas que habitan en nuestro interior.

Vihí Ratsón elimina el control de los *jitsoniyim* (fuerzas negativas externas) del aspecto interno.

וִיהִי vihí רָצוֹן ratsón מהש ע"ה, ע"ב בריבוע וקס"א ע"ה, אל שדי ע"ה מִלְּפָנֶיךָ milfaneja

ס"ג מ"ה ב"ן יְהֹוָהאדניאהדונהי Adonai אֱלֹהַי Elohai מילוי ע"ב, דמב ; ילה

וֵאלֹהֵי veElohei לכב ; מילוי ע"ב, דמב ; ילה אֲבוֹתַי avotai שֶׁתַּרְגִּילֵנִי shetarguileni

בְּתוֹרָתֶךָ betorateja• וְתַדְבִּיקֵנִי vetadbikeni בְּמִצְוֹתֶיךָ bemitsvoteja•

וְאַל veal תְּבִיאֵנִי tevieni לִידֵי lidei חֵטְא jet• וְלֹא veló לִידֵי lidei

עָוֹן avón• וְלֹא veló לִידֵי lidei נִסָּיוֹן nisayón• וְלֹא veló לִידֵי lidei

בִזָּיוֹן vizayón• וְתַרְחִיקֵנִי vetarjikeni מִיֵּצֶר miyétser הָרָע hará•

וְתַדְבִּיקֵנִי vetadbikeni בְּיֵצֶר beyétser הַטּוֹב hatov והו• וְכוֹף vejof אֶת et

יִצְרִי yitsrí לְהִשְׁתַּעְבֶּד lehishtabed לָךְ laj• וּתְנֵנִי utnení הַיּוֹם hayom

ע"ה נגד, מזבח, זן, אל יהוה וּבְכָל uvejol ב"ן, לכב יוֹם yom ע"ה נגד, מזבח, זן, אל יהוה

לְחֵן lején מוזי, מילוי מ"ה בריבוע וּלְחֶסֶד ulejésed ע"ב, ריבוע יהוה

וּלְרַחֲמִים ulerajamim בְּעֵינֶיךָ beeineja ע"ה קס"א ; ריבוע מ"ה

וּבְעֵינֵי uveinei ריבוע מ"ה כָל jol ילי רוֹאַי roái• וְגָמְלֵנִי vegamleni

חֲסָדִים jasadim טוֹבִים tovim• בָּרוּךְ Baruj אַתָּה Atá יְהֹוָהאדניאהדונהי Adonai

גּוֹמֵל gomel חֲסָדִים jasadim טוֹבִים tovim לְעַמּוֹ leamó יִשְׂרָאֵל Yisrael:

YEHÍ RATSÓN

Con mucha frecuencia atraemos personas negativas y situaciones desfavorables a nuestra vida. Nos encontramos en el lugar equivocado en el momento equivocado. Hacemos negocios con las personas equivocadas. Aquí obtenemos la capacidad de eliminar todos los sucesos negativos externos e impedir que interfieran en nuestra vida. También eliminamos once áreas distintas de negatividad que pueden invadir nuestro entorno.

VIHÍ RATSÓN

Y que sea Tu voluntad, Señor, nuestro Dios y Dios de nuestros padres, que Tú me acostumbres a Tu Torá y me hagas ser fiel a Tus preceptos, y no me lleves a las manos del pecado, la injusticia, la tentación ni la vergüenza. Y que hagas que me distancie a mí mismo de la Inclinación al Mal, y me adhieras a la Inclinación al Bien, y que fuerces mi voluntad para servirte a Ti. Concédeme en este día y todos los días gracia, benevolencia y misericordia ante Ti y ante todos aquellos que me observan, y otórgame bondad amorosa. Bendito seas Tú, Señor, Quien concede bondad amorosa a Su pueblo Israel.

Yehí Ratsón elimina el control de los *jitsoniyim* (fuerzas negativas externas) del aspecto externo. En esta sección mencionamos once aspectos que corresponden a los once inciensos del *Któret*.

יְהִי yehí רָצוֹן ratsón מהש ע"ה, ע"ב בריבוע וקס"א ע"ה, אל שדי ע"ה מִלְּפָנֶיךָ milfaneja
ס"ג מ"ה ב"ן יְהֹוָהאדהנויאהדונהי Adonai אֱלֹהַי Elohai מילוי ע"ב, דמב ; ילה וֵאלֹהֵי veElohei
לכב ; מילוי ע"ב, דמב ; ילה אֲבוֹתַי avotai שֶׁתַּצִּילֵנִי shetatsileni הַיּוֹם hayom
ע"ה נגד, מזבח, זן, אל יהוה וּבְכָל uvejol ב"ן, לכב יוֹם yom ע"ה נגד, מזבח, זן, אל יהוה
וָיוֹם vayom ע"ה נגד, מזבח, זן, אל יהוה מֵעַזֵּי meazei אלהים ע"ה, אהיה אדני ע"ה
פָּנִים fanim• וּמֵעַזּוּת umeazut פָּנִים panim• מֵאָדָם meadam רָע ra•
מִיֵּצֶר miyétser רָע ra• מֵחָבֵר mejaver רָע ra• מִשָּׁכֵן mishajén רָע ra•
מִפֶּגַע mipega רָע ra• מֵעַיִן meáyin ריבוע מ"ה הָרָע hará•
וּמִלָּשׁוֹן umilashón הָרָע hará• מִדִּין midín קָשֶׁה kashé•
וּמִבַּעַל umibáal דִּין din קָשֶׁה kashé• בֵּין bein שֶׁהוּא shehú
בֶּן ven בְּרִית brit• וּבֵין uvein שֶׁאֵינוֹ sheeinó בֶּן ven בְּרִית brit:

BENDICIONES DE LA TORÁ

Las tres bendiciones siguientes se conocen como *Bircot haTorá* (Bendiciones de la Torá).

LA DECIMOSEXTA BENDICIÓN – LAS ENSEÑANZAS DE LA TORÁ

Los kabbalistas enseñan que sin una conexión con la Torá no tenemos ninguna posibilidad de crear un cambio positivo genuino en nuestra vida ni en el mundo que nos rodea. Según la Kabbalah, la referencia a la Torá hace alusión al trabajo espiritual, al estudio espiritual y al uso de herramientas espirituales. Esta bendición nos conecta con la esencia interna de la Torá, dándonos la energía y el combustible que necesitamos para activar todas las otras bendiciones que hemos recitado, y para imbuir nuestra vida de pasión y energía espiritual.

La Decimosexta Bendición posee dos aspectos:
1) El aspecto de la *Mitsvá* de *Ések* ("complejo") de la Torá, que está en *Zeir Anpín* de *Atsilut*.
2) El aspecto que está en los tres *Partsufim* de *Hod*: externo, medio e interno de la Luz Retornante del *Partsuf* medio de *Zeir Anpín* de *Asiyá* de *Atsilut*, y de *Asiyá* Inferior (al igual que en las otras bendiciones). Mientras recitas esta bendición, debes meditar en ambos aspectos, y mientras digas las palabras "*asher kidshanu...*" también debes meditar en atraer los *Tsélems* hacia *Jojmá, Biná, Dáat* de *Zeir Anpín* de *Atsilut*, mientras meditamos en los otros preceptos de la Torá.

YEHÍ RATSÓN

Que sea Tu voluntad, Señor nuestro Dios y Dios de nuestros antepasados, salvarme en este día y en todos los días del hombre arrogante y de la arrogancia, de un hombre malvado, de la Inclinación al Mal, de una compañía malvada, de un vecino malvado, de un suceso siniestro, del mal de ojo, de las palabras malignas, del juicio severo, y de un oponente severo, ya sea un hijo de la alianza o no sea un hijo de la alianza.

בָּרוּךְ Baruj אַתָּה Atá יְהֹוָהאדניאהדונהי Adonai אֱלֹהֵינוּ Eloheinu ילה
מֶלֶךְ Mélej הָעוֹלָם haolam אֲשֶׁר asher קִדְּשָׁנוּ kidshanu
בְּמִצְוֹתָיו bemitsvotav וְצִוָּנוּ vetsivanu עַל al דִּבְרֵי divrei ראה תוֹרָה Torá:

Según el Arí, respondemos *AMÉN* después de esta bendición, puesto que esta es una bendición separada de la siguiente.

LA DECIMOSÉPTIMA BENDICIÓN – ENSEÑA TORÁ A LA NACIÓN

Decimos esta bendición con la conciencia de ayudar a todo el mundo a hacer una conexión con la energía de la Torá. Esta es nuestra oportunidad de ocuparnos genuinamente por los demás y de compartir la Luz del Creador; una de las formas más poderosas de transformar nuestra naturaleza reactiva en una proactiva.

La Decimoséptima Bendición está en los tres *Partsufim* de *Yesod*: externo, medio e interno de la Luz Directa del *Partsuf* medio de *Zeir Anpín* de *Asiyá* de *Atsilut*, y de *Asiyá* Inferior.

וְהַעֲרֶב vehaarev נָא na יְהֹוָהאדניאהדונהי Adonai אֱלֹהֵינוּ Eloheinu ילה
אֶת et דִּבְרֵי divrei ראה תוֹרָתְךָ toratjá בְּפִינוּ befinu
וּבְפִיפִיּוֹת uvefifiyot עַמְּךָ amjá בֵּית beit ב״פ ראה יִשְׂרָאֵל Yisrael.
וְנִהְיֶה venihyé אֲנַחְנוּ anajnu וְצֶאֱצָאֵינוּ vetseetsaéinu

(Debes meditar para que tus hijos sean justos y estén conectados a la Torá y a la Luz).

וְצֶאֱצָאֵי vetseetsaéi צֶאֱצָאֵינוּ tseetsaéinu וְצֶאֱצָאֵי vetseetsaéi
עַמְּךָ amjá בֵּית beit ב״פ ראה יִשְׂרָאֵל Yisrael כֻּלָּנוּ culanu
יוֹדְעֵי yodei שְׁמֶךָ Shmeja וְלוֹמְדֵי velomdei תוֹרָתְךָ toratjá
לִשְׁמָהּ lishmá. בָּרוּךְ Baruj אַתָּה Atá יְהֹוָהאדניאהדונהי Adonai
הַמְלַמֵּד hamelamed תּוֹרָה Torá לְעַמּוֹ leamó יִשְׂרָאֵל Yisrael:

BENDICIONES DE LA TORÁ
LA DECIMOSEXTA BENDICIÓN

Bendito seas Tú, Señor, nuestro Dios, Rey del mundo,
Quien nos ha santificado con Sus mandamientos y nos ha obligado con respecto a las enseñanzas de la Torá.

LA DECIMOSÉPTIMA BENDICIÓN

Y endulza para nosotros, Señor, nuestro Dios,
las palabras de Tu Torá en nuestra boca y en las bocas de Tu Nación, la Casa de Israel. Y sea que nosotros y nuestra descendencia, y la descendencia de nuestra descendencia, y la descendencia de toda Tu Nación, la Casa de Israel, todos nosotros, sepamos Tus Nombres y seamos aprendices de Tu Torá por el bien de sí misma. Bendito seas Tú, Señor, Quien enseña la Torá a Su Nación, Israel.

LA DECIMOCTAVA BENDICIÓN – DA LA TORÁ

La palabra aramea *jai* ח״י (vida) tiene el valor numérico de 18. Esta bendición nos conecta al Árbol de la Vida (*Ets HaJayim* - עֵץ החיים), la dimensión donde sólo existe realización, orden y felicidad eterna.

La Decimoctava Bendición está en los tres *Partsufim* de *Yesod*: externo, medio e interno de la Luz Retornante del *Partsuf* medio de *Zeir Anpín* de *Asiyá* de *Atsilut*, y de *Asiyá* Inferior.

בָּרוּךְ Baruj אַתָּה Atá יְהֹוָאדהנויאהדונהי Adonai אֱלֹהֵינוּ Eloheinu ילה

מֶלֶךְ Mélej הָעוֹלָם haolam אֲשֶׁר asher בָּחַר bajar

בָּנוּ banu מִכָּל micol ילי הָעַמִּים haamim וְנָתַן venatán

לָנוּ lanu אלהים, אהיה אדני אֶת et תּוֹרָתוֹ Torató. בָּרוּךְ Baruj

אַתָּה Atá יְהֹוָאדהנויאהדונהי Adonai נוֹתֵן notén אבגיתץ, ושר הַתּוֹרָה haTorá:

LA BENDICIÓN DE LOS COHANIM

Al finalizar las Dieciocho Bendiciones, hacemos una conexión inmediata con la Torá. Los versos que recitamos son las bendiciones de los sacerdotes (*Cohanim*). En tiempos ancestrales, cuando el *Cohén* bendecía a la congregación en el Templo, él usaba la fórmula *Yud, Yud, Yud* ייי, uno de los 72 Nombres de Dios. Cada una de las tres frases siguientes comienza con una *Yud*. Cuando recitamos esta oración, activamos y revelamos enormes poderes de sanación en nuestra vida.

וַיְדַבֵּר vaydaber ראה יְהֹוָאדהנויאהדונהי Adonai אֶל־ el מֹשֶׁה Moshé

מהש, ע״ב בריבוע וקס״א, אל שדי, ד״פ אלהים ע״ה לֵּאמֹר lemor: דַּבֵּר daber ראה

אֶל־ el אַהֲרֹן Aharón וְאֶל־ veel בָּנָיו banav לֵאמֹר lemor

כֹּה co היי תְבָרְכוּ tevarjú יהוה ריבוע יהוה ריבוע מ״ה

אֶת־ et בְּנֵי bnei יִשְׂרָאֵל Yisrael אָמוֹר amor לָהֶם lahem:

LA DECIMOCTAVA BENDICIÓN

Bendito seas Tú, Señor, nuestro Dios, Rey del mundo, Quien nos ha elegido de entre todas las naciones y nos ha otorgado Su Torá. Bendito seas, Señor, Quien otorga la Torá.

LA BENDICIÓN DE LOS COHANIM

"Y el Señor habló a Moshé y dijo: Habla a Aharón y a sus hijos diciendo:
Pues bendecirán a los Hijos de Israel, y les dirán:

Las letras iniciales de los tres versos nos dan el Nombre Sagrado: ייי.
En esta sección hay 15 palabras, que equivalen al valor numérico del Santo Nombre: ההה.

(Derecha – *Jésed*)

יְבָרֶכְךָ yevarejejá יְהֹוָהאדניאהדונהי Adonai וְיִשְׁמְרֶךָ veyishmereja

ר"ת = יהוה ; וס"ת = מ"ה:

(Izquierda – *Guevurá*)

יָאֵר yaer כף ויו זין ויו יְהֹוָהאדניאהדונהי Adonai | פָּנָיו panav אֵלֶיךָ eleja וִיחֻנֶּךָּ vijuneca מנד ; יהה אותיות בפסוק:

(Central – *Tiféret*)

יִשָּׂא yisá יְהֹוָהאדניאהדונהי Adonai | פָּנָיו panav אֵלֶיךָ eleja וְיָשֵׂם veyasem לְךָ lejá שָׁלוֹם shalom האא תיבות בפסוק:

(*Maljut*)

וְשָׂמוּ vesamu אֶת־ et שְׁמִי Shmí עַל־ al בְּנֵי bnei יִשְׂרָאֵל Yisrael וַאֲנִי vaAní אני אֲבָרְכֵם avarjem:

La oración de *Shajarit* se encuentra en la página 231 y el orden del *Talit* en las páginas 235-237.

(Derecha) *Que el Señor te bendiga y te proteja.*
(Izquierda) *Que el Señor haga brillar Su rostro sobre ti y te dé gracia.*
(Central) *Que el Señor eleve Su rostro hacia ti y te conceda paz.*
Y ellos pondrán Mi Nombre sobre los Hijos de Israel y Yo les bendeciré" (*Números 6:22-27*).

AMAR RABÍ SHIMÓN

La esencia de este pasaje del *Zóhar, Nóaj*, 122-127, habla acerca de las manos. Debido a que las manos son las herramientas con las que llevamos a cabo las acciones de la vida, las fuerzas de la oscuridad se aferran a ellas con el propósito de influir en nuestras acciones. Podemos imbuir nuestras manos de energía positiva proveniente de los Mundos Superiores para que éstas provean bendiciones y buena fortuna a todas nuestras labores.

amar אֲמַר Rabí רַבִּי Shimón שִׁמְעוֹן areimat אֲרֵימַת yedai יְדַאי

bitslotín בִּצְלוֹתִין leeilá, לְעֵילָא dejad דְּכַד reutá רְעוּתָא ilaá, עִלָּאָה

leeilá לְעֵילָא leeilá, לְעֵילָא kaymá קַיְימָא al עַל hahú הַהוּא

reutá, רְעוּתָא delá דְּלָא ityedá, אִתְיְדַע veló וְלָא itpás אִתְפַּס

lealmín, לְעָלְמִין reishá רֵישָׁא desatim דְּסָתִים yatir יַתִּיר leeilá, לְעֵילָא

vehahú וְהַהוּא reishá רֵישָׁא apeik אַפִּיק maí מַאי deapeik, דְּאַפִּיק velá וְלָא

yediá, יְדִיעַ venaher וְנָהִיר maí מַאי denaher, דְּנָהִיר colá כֹּלָּא

bistimu. בִּסְתִּימוּ reó רְעוּ demajashavá דְּמַחֲשָׁבָה ilaá עִלָּאָה

lemirdaf לְמִרְדַּף avatreí, אֲבַתְרֵיהּ uleitneharáa וּלְאִתְנַהֲרָא minei. מִנֵּיהּ

jad וְחַד prisú פְּרִיסוּ itpreis, אִתְפְּרֵיס umigó וּמִגּוֹ hahú הַהוּא

prisá, פְּרִיסָא birdifu בִּרְדִיפוּ dehahí דְּהַהִיא majashavá מַחֲשָׁבָה

ilaá, עִלָּאָה matei מָטֵי velá וְלָא matei. מָטֵי ad עַד

hahú הַהוּא prisá, פְּרִיסָא naher נָהִיר ma מַה denaher. דְּנָהִיר

ujdein וּכְדֵין ihú אִיהוּ majashavá מַחֲשָׁבָה ilaá, עִלָּאָה

naher נָהִיר binhirú בִּנְהִירוּ satim סָתִים delá דְּלָא yediá, יְדִיעַ

vehahú וְהַהוּא majashavá מַחֲשָׁבָה la לָא yadá. יָדַע

AMAR RABÍ SHIMÓN

Rav Shimón dijo: "Elevo mis manos alto para orar. Cuando el Deseo Celestial en su punto más elevado Arriba es establecido sobre el eternamente desconocido e imperceptible deseo, se convierte en la Cabeza más oculta Arriba. Y esa Cabeza emana todo lo que Él emana y todo lo que es desconocido. Y Él ilumina todo lo que él ilumina de forma oculta. El deseo del Pensamiento Celestial corre tras de éste para ser iluminado por él. Pero un velo se despliega y, por extenderse y por correr tras éste, le es permitido alcanzar —y no alcanzar— a la Luz. La Luz brilla hacia arriba y hacia el velo. Por lo tanto, el Pensamiento Celestial brilla con Iluminación No Revelada y con Luz desconocida para la 'Mente (Móaj) de aire'. Y el Pensamiento mismo es considerado como desconocido.

כְּדֵין quedein בָּטַשׁ batash הַאי haí נְהִירוּ nehirú דְּמַחֲשָׁבָה demajashavá

דְּלָא delá אִתְיְידַע, ityedá, בִּנְהִירוּ binhirú דְּפַרְסָא defarsá

דְּקַיְימָא, dekaymá, דְּנָהִיר denaher מִמַּה mimá דְּלָא delá יְדִיעַ yediá

וְלָא velá אִתְיְידַע, ityedá, וְלָא velá אִתְגַּלְיָיא. itgalyá. וּכְדֵין ujdein דָּא da

נְהִירוּ nehirú דְּמַחֲשָׁבָה demajashavá דְּלָא delá אִתְיְידַע ityedá

בָּטַשׁ batash בִּנְהִירוּ binhirú דִּפְרִיסָא, difrisá, וְנָהֲרִין venaharín

כַּחֲדָא, cajadá, וְאִתְעֲבִידוּ veitavidu תֵּשַׁע teshá הֵיכָלִין. heijalín.

וְהֵיכָלִין, veheijalín, לָאו lav אִינּוּן inún נְהוֹרִין, nehorín, וְלָאו velav

אִינּוּן inún רוּחִין, rujín, וְלָאו velav אִינּוּן inún נִשְׁמָתִין nishmatín וְלָא velá

אִית it מַאן man דְּקַיְימָא dekaymá בְּהוֹ. behó. רְעוּתָא, reutá, דְּכָל dejol

תֵּשַׁע teshá נְהוֹרִין, nehorín, דְּקַיְימֵי dekaymei כֻּלְּהוֹ colhó

בְּמַחֲשָׁבָה, bemajashavá, דְּאִיהוּ deihú חַד jad מִנַּיְיהוּ minayehu

בְּחוּשְׁבְּנָא bejushbená כֻּלְּהוֹ colhó לְמִרְדַּף lemirdaf בַּתְרַיְיהוּ, batrayehu,

בְּשַׁעֲתָא beshaatá דְּקַיְימֵי dekaymei בְּמַחֲשָׁבָה bemajashavá וְלָא velá

מִתְדַּבְּקָן mitdabkán וְלָא velá אִתְיְידָעוּ, ityedaú, וְאִלֵּין veilein לָא la

קַיְימֵי kaymei לָא la בִּרְעוּתָא, bireutá, וְלָא velá בְּמַחֲשָׁבָה bemajashavá

עִלָּאָה ilaá תָּפְסִין tafsín בָּהּ ba וְלָא velá תָּפְסִין. tafsín.

Entonces, la iluminación del Pensamiento Desconocido llega a la iluminación del velo que está detenido y brilla sobre lo que es desconocido, lo que no se conoce, y lo que no es revelado. Así, la iluminación del Pensamiento que no es conocido llega a la iluminación del velo y brillan juntas. Y a partir de ellas se crean nueve Cámaras. Estas Cámaras no son Luz. Ellas tampoco son Rujot ni Neshamot, y nadie puede entender qué son. El deseo de todas las nueve Luces permanece en el Pensamiento y también es considerado como una de Ellas. Y todos desean perseguirlas mientras las nueve Luces están ubicadas en el Pensamiento. No obstante, las Cámaras no son alcanzadas y no son conocidas porque no están establecidas como un aspecto del deseo ni como un aspecto del Pensamiento Celestial. Ellas perciben y no perciben.

בְּאִלֵּין beilein קָיְימֵי kaymei כָּל col רָזֵי razei דִּמְהֵימְנוּתָא dimheimnutá,
וְכָל vejol אִינּוּן inún נְהוֹרִין nehorín מֵרָזָא merazá
דְּמַחֲשָׁבָה demajashavá עִלָּאָה ilaá כֻּלְּהוֹ colhó אִקְרוּן ikrún אֵין ein
סוֹף sof. עַד ad הָכָא hajá מָטוֹ mató נְהוֹרִין nehorín וְלָא velá
מָטוֹן matón, וְלָא velá אִתְיְידָעוּ ityedaú, לָאו lav הָכָא hajá
רְעוּתָא reutá, וְלָא velá מַחֲשָׁבָה majashavá. כַּד cad נָהִיר naher
מַחֲשָׁבָה majashavá, וְלָא velá אִתְיְידַע ityedá מִמַּאן mimán
דְּנָהִיר denaher, כְּדֵין quedein אִתְלַבֵּשׁ itlabesh וְאַסְתִּים veastim גּוֹ go
בִּינָה biná, וְנָהִיר venaher לְמַאן lemaan דְּנָהִיר denaher וְאָעִיל veaeil דָּא da
בְּדָא bedá, עַד ad דְּאִתְכְּלִילוּ deitclilú כֻּלְּהוֹ calhó כַּחֲדָא cajadá.
וּבְרָזָא uverazá דְּקָרְבְּנָא dekarbaná כַּד cad סָלֵיק saleik, כֹּלָּא colá
אִתְקַשַּׁר itkashar דָּא da בְּדָא bedá, וְנָהִיר venaher דָּא da בְּדָא bedá,
כְּדֵין quedein קָיְימֵי kaymei כֻּלְּהוֹ calhó בִּסְלִיקוּ bisliku,
וּמַחֲשָׁבָה umajashavá אִתְעַטַּר itatar בְּאֵין beéin סוֹף sof.
הַהוּא hahú נְהִירוּ nehirú דְּאִתְנְהִיר deitneheir מִנֵּיהּ minei
מַחֲשָׁבָה majashavá עִלָּאָה ilaá, אִקְרֵי ikrei אֵין ein סוֹף sof.
וּמִנֵּיהּ uminei אִשְׁתְּכַח ishtejaj וְקָיְימָא vekaymá וְנָהִיר venaher
לְמַאן lemaan דְּנָהִיר denaheir, וְעַל veal דָּא da כֹּלָּא colá
קָאִים kaéim. זַכָּאָה zacaá חוּלָקֵיהוֹן julakeihón דְּצַדִּיקַיָּיא detsadikaya
בְּעָלְמָא bealmá דֵּין dein וּבְעָלְמָא uvialimá דְּאָתֵי deatei.

Con éstas, se basan todos los secretos de la Fe. Y todas estas Luces provienen del secreto del Pensamiento Celestial y todas son llamadas Ein Sof. Porque las Luces alcanzan y no alcanzan, y no son conocidas, no hay ni deseo ni pensamiento en este punto. Cuando un Pensamiento Desconocido brilla desde su fuente, brilla sobre quien Ella brilla, y entran uno dentro de otro hasta que son uno. De regreso al secreto del sacrificio: Cuando es elevado, todos están enredados uno dentro de otro y brillan uno sobre otro. Ahora todas las etapas están en el secreto de la 'Ascención' y, cuando ésta asciende a la Cabeza Desconocida, el Pensamiento es coronado por el Ein Sof. Esta iluminación de donde brilla el Pensamiento Celestial es llamada Ein Sof. Y de ahí proviene. Es establecida y brilla sobre quien brilla. Y todo está basado en esto. ¡Felices son los justos en este mundo y en el Mundo por Venir!".

PTIJAT ELIYAHU HANAVÍ – LA APERTURA DEL PROFETA ELÍAS

Recitar estos párrafos puede ayudarte a abrir tu corazón a la sabiduría espiritual.

וִיהִי vihí נֹעַם nóam אֲדֹנָי Adonai ללה אֱלֹהֵינוּ Eloheinu ילה עָלֵינוּ aleinu
וּמַעֲשֵׂה umaasé יָדֵינוּ yadeinu כּוֹנְנָה conená עָלֵינוּ aleinu
וּמַעֲשֵׂה umaasé יָדֵינוּ yadeinu כּוֹנְנֵהוּ conenehu:

פָּתַח pataj אֵלִיָּהוּ Eliyahu לכב הַנָּבִיא Hanaví, זָכוּר zajur ע״ב קס״א,
יה״י אור ע״ה (סוד המשכת השפע מן ד׳ שמות ליסוד הנקרא זכור) לְטוֹב letov והו ;
זכור לטוב = סנזוחך, סנדלפון, ערי ; אליהו הנביא זכור לטוב = ת׳ כנגד ת׳ כוזות הס״א וְאָמַר veamar:
רִבּוֹן Ribón יהוה ע״ב ס״ג מ״ה ב״ן עָלְמִין almín דְּאַנְתְּ deánt הוּא Hu וְחָד jad
וְלָא velá בְּחֻשְׁבָּן bejushbán, אַנְתְּ ant הוּא Hu עִלָּאָה ilaá עַל al כָּל col
ילי ; עמם עִלָּאִין ilaín, סְתִימָא stimá עַל al כָּל col ילי ; עמם סְתִימִין stimín,
לֵית leit מַחֲשָׁבָה majashavá תְּפִיסָא tfisá בָּךְ baj כְּלָל clal. אַנְתְּ ant
הוּא Hu דְּאַפַּקְתְּ deapakt עֶשֶׂר éser תִּקּוּנִין tikunín, וְקָרֵינָן vekarenán
לוֹן lon עֶשֶׂר éser סְפִירָן sfirán, לְאַנְהָגָא leanhagá בְּהוֹן behón
עָלְמִין almín סְתִימִין stimín דְּלָא delá אִתְגַּלְיָן itgalyán וְעָלְמִין vealmín
דְּאִתְגַּלְיָן deitgalyán. וּבְהוֹן uvehón אִתְכַּסִּיאַת itcasiat מִבְּנֵי mibnei
נָשָׁא nashá. וְאַנְתְּ veánt הוּא Hu דְּקָשִׁיר dekashir לוֹן lon וּמְיַחֵד umeyajed
לוֹן lon. וּבְגִין uveguín דְּאַנְתְּ deánt מִלְּגָאו milgav כָּל col ילי מָאן man
דְּאַפְרִישׁ deafrish חָד jad מִן min חַבְרֵיהּ javrei מֵאִלֵּין meiléin
עֶשֶׂר éser, אִתְחֲשִׁיב itjashiv לֵיהּ lei כְּאִלּוּ queílu אַפְרִישׁ afrish בָּךְ baj.

PTIJAT ELIYAHU HANAVÍ

"Que la gracia del Señor, nuestro Dios, sea sobre nosotros y pueda Él establecer para nosotros el trabajo de nuestras manos y pueda el trabajo de nuestras manos establecerlo a Él" (Salmos 90:17). *Eliyahu abrió, diciendo: Señor de los mundos, Tú eres Uno sin enumeración. Tú estás por encima de los más elevados, el más oculto de todos. Ningún pensamiento puede alcanzarte en absoluto. Tú eres Aquél que produjo las Diez Emanaciones. Y nosotros las nombramos Las Diez Sefirot, para conducir con ellas mundos oscuros que no están revelados, y mundos revelados. Y a través de ellas, Tú estás oculto de los seres humanos. Y Tú eres El que las conecta y las une. Y puesto que Tú eres del interior, así, todo aquel que separa a estas Diez una de la otra, para dar dominio a esa sola, se considera como si él separara en Ti.*

וְאִלֵּין veiléin עֶשֶׂר éser סְפִירָן sfirán אִינּוּן inún אַזְלִין azlín
כְּסִדְרָן, quesidrán וְחַד jad אֲרִיךְ, arij וְחַד vejad קָצֵר, katser
וְחַד vejad בֵּינוֹנִי. beinoní וְאַנְתְּ veánt הוּא Hu דְּאַנְהִיג deanhig לוֹן, lon
וְלֵית veleit מָאן man דְּאַנְהִיג deanhig לָךְ. laj לָא la לְעֵילָא, leeilá
וְלָא velá לְתַתָּא, letatá וְלָא velá מִכָּל micol יל״י סִטְרָא. sitrá
לְבוּשִׁין levushín תַּקִּינַת takant לוֹן, lon דְּמִנַּיְהוּ deminayhú פַּרְחִין farjín
נִשְׁמָתִין nishmatín לִבְנֵי livnei נָשָׁא. nashá וְכַמָּה vejamá גּוּפִין gufín
תַּקִּינַת takant לוֹן, lon דְּאִתְקְרִיאוּ deitkriú גּוּפָא gufá לְגַבֵּי legabei
לְבוּשִׁין levushín דִּמְכַסְיָן dimjasyán עֲלֵיהוֹן. aleihón וְאִתְקְרִיאוּ veitkriú
בְּתִקּוּנָא betikuná דָּא, da חֶסֶד Jésed ע״ב, ריבוע יהוה דְּרוֹעָא deroá
יְמִינָא, yeminá גְּבוּרָה Gvurá רי״ו דְּרוֹעָא deroá שְׂמָאלָא, smalá
תִּפְאֶרֶת Tiféret גּוּפָא, gufá נֶצַח Nétsaj וְהוֹד veHod ההה תְּרֵין trein
שׁוֹקִין, shokín יְסוֹד Yesod ההע סִיּוּמָא siyumá דְּגוּפָא degufá אוֹת ot
בְּרִית brit קֹדֶשׁ. kódesh מַלְכוּת Maljut פֶּה pe מילה ; וע״ה אלהים, אהיה אדני.
תּוֹרָה Torá שֶׁבְּעַל shebeal פֶּה pe מילה ; וע״ה אלהים, אהיה אדני קָרֵינָן kareinán
לָהּ. la וְחָכְמָה Jojmá במילוי = תרי״ג (מצוות) מוֹחָא, mojá אִיהוּ ihú
מַחֲשָׁבָה majashavá מִלְּגָאו, milgav בִּינָה Biná ע״ה וחיים, אהיה אהיה יהוה
לִבָּא libá וּבָהּ uvá הַלֵּב halev מֵבִין mevín וְעַל veal אִלֵּין ilein תְּרֵין trein
כְּתִיב ctiv: הַנִּסְתָּרֹת hanistarot לַיהֹוָה laAdonai אֱלֹהֵינוּ Eloheinu יל״ה

Y estas Diez Sefirot siguen su orden, la una es larga, y una es corta. Y la una es mediana. Y Tú las conduces, y no hay otro que te lidere a Ti, ni Arriba, ni Abajo, ni tampoco en ningún otro lado. Tú preparaste vestimentas, desde las cuales las Neshamot vuelan a los seres humanos, y preparaste varios cuerpos. Y éstos son llamados cuerpos en relación con la vestimenta, en la que están ataviados. Las Sefirot reciben su nombre por esta enmendación, siendo Jésed el brazo derecho, Guevurá siendo el brazo izquierdo. Tiféret significa el cuerpo. Nétsaj y Hod los dos muslos, Yesod la parte final del cuerpo, el signo de la Alianza Sagrada, Maljut, la boca, la llamamos la Torá Oral. Jojmá es el cerebro, el pensamiento interior. Biná es el corazón, y a través de ella el corazón entiende. Y acerca de estos dos, está escrito: "Las cosas secretas pertenecen al Señor, nuestro Dios" (Deuteronomio 29:29).

כֶּתֶר Kéter יהוה מלך יהוה מלך יהוה ימלוך לעולם ועד (באתב"ש גאל) עֶלְיוֹן elyón, אִיהוּ ihú
כֶּתֶר Kéter יהוה מלך יהוה מלך יהוה ימלוך לעולם ועד (באתב"ש גאל) מַלְכוּת Maljut.
וְעָלֵיהּ vealei פהל אִתְּמַר itmar: מַגִּיד maguid מֵרֵאשִׁית mereshit
אַחֲרִית ajarit. וְאִיהוּ veihú קַרְקַפְתָּא karkaftá דִּתְפִלֵּי ditfilei.
מִלְּגָאו milgav אִיהוּ ihú אוֹת ot יו"ד Yud וְאוֹת veot ה"א He וְאוֹת veot
וא"ו Vav וְאוֹת veot ה"א He, דְּאִיהוּ deihú אֹרַח óraj אֲצִילוּת Atsilut,
אִיהוּ ihú שַׁקְיוּ shakyú דְּאִילָנָא deilaná בִּדְרוֹעוֹי bidroói וְעַנְפּוֹי veanpoi,
כְּמַיָּא quemayá דְּאַשְׁקֵי deashkei לְאִילָנָא leilaná וְאִתְרַבֵּי veitrabei
בְּהַהוּא behahú שַׁקְיוּ shakyú. רִבּוֹן ribón יהוה ע"ב ס"ג מ"ה ב"ן עָלְמִין almín,
אַנְתְּ ant הוּא Hu עִלַּת ilat הָעִלּוֹת hailot, וְסִבַּת vesibat הַסִּבּוֹת hasibot,
דְּאַשְׁקֵי deashkei לְאִילָנָא leilaná בְּהַהוּא behahú נְבִיעוּ neviú,
וְהַהוּא vehahú נְבִיעוּ neviú אִיהוּ ihú כְּנִשְׁמְתָא quenishmetá לְגוּפָא legufá,
דְּאִיהִי deihí וְחַיִּים jayim אהיה אהיה יהוה, בינה ע"ה לְגוּפָא legufá. וּבָךְ uvaj
לֵית leit דִּמְיוֹן dimyón, וְלֵית veleit דְּיוּקְנָא diyukná, מִכָּל micol יל'
מָה ma מ"ה דִּלְגָאו dilgav וּלְבַר ulvar. וּבָרָאתָ uvarata שְׁמַיָּא shmayá
וְאַרְעָא veará, וְאַפַּקְתְּ veapakt מִנְּהוֹן minhón שִׁמְשָׁא shimshá
וְסִיהֲרָא vesihará וְכֹכְבַיָּא vejojvayá וּמַזָּלֵי umazalei. וּבְאַרְעָא uveará,
אִילָנִין ilanín וּדְשָׁאִין udshaín וְגִנְּתָא veguintá דְּעֵדֶן deEden וְעִשְׂבִּין veisbín
וְחֵיוָן vejeiván וְעוֹפִין veofín וְנוּנִין venunín וּבְעִירִין uveirín וּבְנֵי uvnei
נָשָׁא nashá. לְאִשְׁתְּמוֹדְעָא leishtemodá בְּהוֹן behón עִלָּאִין ilaín,
וְאֵיךְ veéij יִתְנַהֲגוּן yitnahagún בְּהוֹן behón עִלָּאִין ilaín וְתַתָּאִין vetataín.

El Kéter Celestial es la corona de Maljut. Y sobre esto está dicho: "Que declaro el fin desde el principio" (Isaías 46:10). Y ese es el Cráneo del Tefilín. Dentro está Yud-Vav-Dálet, Hei-Álef, Vav-Álef-Vav, Hei-Álef, que está en el camino de Atsilut. Es el riego del árbol en sus brazos y sus ramas, como aguas que riegan ese árbol y éste se multiplica por este riego. Señor de los Mundos, Tú eres la Causa de todas las Causas, y la Razón de todas las Razones, que riega el árbol por ese arroyo, y ese manantial es como un alma para el cuerpo, que es la vida del cuerpo. Y no hay semejanza ni parecido Contigo ni desde adentro ni afuera. Y Tú creaste el Cielo y la Tierra y de éstos produjiste al Sol y la Luna y las estrellas y las constelaciones. Y en la Tierra, árboles y hierbas, y el Jardín de Edén, y las plantas y los animales y las aves y los peces y los seres humanos, para a través de ellos reconocer a los elevados, y cómo los superiores y los inferiores se comportan.

וְאֵיךְ veéij אִשְׁתְּמוֹדְעָן ishtemodán מֵעִלָּאֵי meilaéi וְתַתָּאֵי vetataéi.

וְלֵית veleit דְּיָדַע deyadá בָּךְ baj כְּלַל, clal, וּבַר uvar יצחק, ר"פ ב"ן

מִנָּךְ minaj לֵית leit יְחוּדָא yijudá בְּעִלָּאֵי beilaéi וְתַתָּאֵי vetataéi,

וְאַנְתְּ veant אִשְׁתְּמוֹדַע ishtemodá אָדוֹן Adón אני עַל al כֹּלָּא colá.

וְכָל vejol ילי סְפִירָן sfirán, ילי כָּל col וְחַד jad אִית it לֵיהּ lei שֵׁם shem

יְדִיעַ yediá, וּבְהוֹן uvehón אִתְקְרִיאוּ itkriú מַלְאֲכַיָּא malajayá.

וְאַנְתְּ veánt לֵית leit לָךְ laj שֵׁם shem יְדִיעַ yediá, דְּאַנְתְּ deánt הוּא Hu

מְמַלֵּא memalé כָּל col ילי שְׁמָהָן shmahán, וְאַנְתְּ veánt הוּא Hu

שְׁלִימוּ shlimú דְּכֻלְּהוּ dejulhú, וְכַד vejad אַנְתְּ ant תִּסְתַּלַּק tistalak

מִנְּהוֹן minhón אִשְׁתְּאָרוּ ishtearú כֻּלְּהוּ culhú שְׁמָהָן shmahán

כְּגוּפָא quegufá בְּלָא belá נִשְׁמָתָא nishmatá. אַנְתְּ ant וְחַכִּים jaquím

וְלָאו velav בְּחָכְמָה beJojmá במילוי = תרי"ג (מצוות) יְדִיעָא yediá. אַנְתְּ ant

הוּא Hu מֵבִין mevín, וְלָאו velav מִבִּינָה miBiná ע"ה חיים, אהיה אהיה יהוה

יְדִיעָא yediá. לֵית leit לָךְ laj אֲתַר atar יְדִיעָא yediá.

אֶלָּא elá לְאִשְׁתְּמוֹדְעָא leishtemodá תָּקְפָךְ tukfaj וְחֵילָךְ vejeilaj

לִבְנֵי livnei נָשָׁא nashá, וּלְאַחֲזָאָה uleajzaá לוֹן lon, אֵיךְ eij

אִתְנְהִיג itnehig עָלְמָא almá בְּדִינָא vediná וּבְרַחֲמֵי uverajamei,

דְּאִינוּן deinún צֶדֶק tsédek וּמִשְׁפָּט umishpat ע"ה ה"פ אלהים

כְּפוּם quefum עוֹבָדֵיהוֹן ovadeihón דִּבְנֵי divnei נָשָׁא nashá.

Y cómo los inferiores buscan alcanzar a los superiores; y en Ti, no hay absolutamente nadie que sea conocedor. Y aparte de Tu unificación, no hay tal unidad única en los superiores y los inferiores, y Tú eres reconocido como el Señor por encima de todo. Cada una de las Sefirot tiene un nombre reconocible, suyo propio. Y por ellas los ángeles reciben sus nombres. Sin embargo Tú no tienes un nombre conocido, Tú eres Él, quien llena todos los nombres. Y eres Tú quien los completas. Y cuando Tú te alejas de ellos, todos los nombres quedan como cuerpo sin alma. Tú eres sabio, pero no de sabiduría conocida. Tú entiendes, pero no con ningún entendimiento conocido. Y Tú no ocupas ningún lugar conocido para que así los humanos perciban Su fuerza y poderío y para mostrarles cómo se conduce el mundo con justicia y misericordia que son la rectitud y el juicio justo, de acuerdo con las acciones de los inferiores.

דִּין din, אִיהוּ ihú גְּבוּרָה Gvurá רי״ו. מִשְׁפָּט mishpat ע״ה ה״פ אלהים

עַמּוּדָא amudá דְּאֶמְצָעִיתָא deemtsaitá. צֶדֶק tsédek, מַלְכוּתָא maljutá

קַדִּישָׁא kadishá. מֹאזְנֵי moznei צֶדֶק tsédek, תְּרֵין trein סַמְכֵי samjei

קְשׁוֹט keshot. הִין hin צֶדֶק tsédek, אוֹת ot בְּרִית brit. כֹּלָּא culá

לְאַחֲזָאָה leajzaá אֵיךְ eij אִתְנְהִיג itnehig עָלְמָא almá.

אֲבָל aval לָאו lav דְּאִית deit לָךְ laj צֶדֶק tsédek יְדִיעָא yediá

דְּאִיהוּ deihú דִּין din, וְלָאו velav מִשְׁפָּט mishpat ע״ה ה״פ אלהים יְדִיעָא yediá

דְּאִיהוּ deihú רַחֲמֵי rajamei, וְלָאו velav מִכָּל micol יל״י אִלֵּין ilein

מִדּוֹת midot כְּלָל clal. קוּם kum רִבִּי Ribí שִׁמְעוֹן Shimón

וְיִתְחַדְּשׁוּן veyitjadshún מִלִּין milín עַל al יְדָךְ yedaj, דְּהָא dehá

רְשׁוּתָא reshutá אִית it לָךְ laj לְגַלָּאָה legalaá רָזִין razín טְמִירִין tmirín

עַל al יְדָךְ yedaj מָה ma מ״ה דְּלָא delá אִתְיְהִיב ityehiv רְשׁוּ reshú

לְגַלָּאָה legalaá לְשׁוּם leshum בַּר bar נָשׁ nash עַד ad כְּעַן queán.

קָם kam רִבִּי Ribí שִׁמְעוֹן Shimón, פָּתַח pataj וְאָמַר veamar:

לְךָ lejá יְהֹוָה Adonai הַגְּדֻלָּה haGdulá וְהַגְּבוּרָה vehaGvurá רי״ו

וְהַתִּפְאֶרֶת vehaTiféret וְהַנֵּצַח vehaNétsaj וְהַהוֹד vehaHod ההה כִּי qui

כֹּל jol יל״י בַּשָּׁמַיִם bashamáyim י״פ טל, י״פ כוזו וּבָאָרֶץ uvaárets לְךָ lejá

יְהֹוָה Adonai הַמַּמְלָכָה hamamlajá וגו׳ vegómer, עִלָּאִין ilaín

שִׁמְעוּ shmaú, אִינוּן inún דְּמִיכִין demijín דְּחֶבְרוֹן deJevrón

וְרַעְיָא veRaayá מְהֵימְנָא Meheimná, אִתְעָרוּ itarú מִשְּׁנַתְכוֹן mishnatjón.

Juicio es Guevurá, el proceso judicial es la Columna Central, la Rectitud: el Maljut Sagrado; las balanzas justas son dos soportes de la verdad. Una verdadera medida de un hin es este símbolo del pacto de Yesod. Todo para mostrar el liderazgo del mundo, pero no es como si hubiera cierta justicia que es estrictamente sentenciosa, ni cierto juicio justo que sea estrictamente misericordioso, ni ninguno de estos atributos, en absoluto. Levántate, Rabí Shimón y deja que nuevas ideas lleguen a través de ti, pues tienes permiso, de que a través de ti misterios oscuros se revelen, porque el permiso no le fue concedido a ninguna persona hasta ahora para revelarlos. Rabí Shimón se levantó, abrió y dijo: "Tuyos son, Señor, la grandeza y el poder…" (Crónicas 1 29:11). Escuchen, Supremos, aquellos que descansan en Jevrón, y el Pastor Fiel, sean sacudidos de su sueño.

הקיצו hakitsu ורננו veranenú שכני shojnei עפר afar, אלין ilein אנון inún

צדיקיא tsadikaya, דאנון deinún מסטרא misitrá דההוא dehahú

דאתמר deitmar בה ba: אני aní אני ישנה yeshená ולבי velibí ער er,

ולאו velav אנון inún מתים metim, ובגין uveguín דא da

אתמר itmar בהון vehón הקיצו hakitsu ורננו veranenú וגו' vegómer.

רעיא Raayá מהימנא Meheimná, אנת ant ואבהן vaavahán, הקיצו hakitsu

ורננו veranenú לאתערותא leitarutá דשכינתא diShjintá דאיהי deihí

ישנה yeshená בגלותא vegalutá. דעד dead כען queán צדיקיא tsadikaya

כלהו culhú דמיכין demijín ושינתא veshintá בחוריהון vejoreihón.

מיד miyad יהיבת yahivat שכינתא Shjintá תלת tlat קלין kalín

לגבי legabei רעיא Raayá מהימנא Meheimná ויימא veyimá ליה lei

קום kum רעיא Raayá מהימנא Meheimná, דהא dehá עלך alaj

אתמר itmar קול col דודי dodí דופק dofek מנק legabai, לגבאי,

בארבע bearbá אתון atván דיליה dilei. ויימא veyimá בהון vehón

פתחי־ pitjí לי li אחתי ajotí רעיתי raayatí יונתי yonatí תמתי tamatí.

דהא dehá תם־ tam עונך avonej בת־ bat ציון Tsiyón יוסף, ו' הויות, קנאה

לא lo יוסיף yosif להגלותך lehaglotej. שראשי sheroshí נמלא־ nimlá

טל tal יוד הא ואו, כוזו מאי maí נמלא nimlá טל tal יוד הא ואו, כוזו.

"Despierten y canten, ustedes que moran en polvo" (Isaías 26:19). Son aquellos justos que son de este aspecto sobre el cual se dice: "Yo duermo, pero mi corazón vela" (Cantar de los Cantares 5:2). Y ellos no están muertos, por lo tanto dice de ellos: "Despierten y canten…" Pastor Fiel, tú y los Patriarcas, despiértense y canten al despertar de la Shejiná que duerme en el exilio ya que hasta ahora todos los justos están durmiendo, y el sueño está en las cavernas. Instantáneamente, la Shejiná emite tres sonidos hacia el Pastor Fiel, y le dice a él: ¡Levántate Pastor Fiel! Puesto que de ti se dijo: "Escucha, mi amado está llamando" (Ibid.) por mí, con Sus cuatro letras. Y él dirá con ellos: "Ábrete a mí, hermana mía, mi amada, paloma mía, casta mía" (Ibid.). Puesto que, "El castigo de tu iniquidad se ha completado, hija de Sión; Él no te llevará más al exilio" (Lamentaciones 4:22). "Porque mi cabeza está llena de rocío" (Cantar de los Cantares 5:2). Él pregunta: "¿Qué significa 'llena de rocío'?".

אֶלָּא elá אָמַר amar קֻדְשָׁא Kudshá בְּרִיךְ Berij הוּא Hu,

אַנְתְּ ant וְחָשַׁבְתְּ jashavt דְּמִיּוֹמָא demiyomá דְּאִתְחָרַב deitjarav

בֵּי bei מַקְדְּשָׁא makdeshá דְּעָאלְנָא dealná בְּבֵיתָא beveitá דִּילִי dili

וְעָאלְנָא vealná בְּיִשּׁוּבָא veyishuvá, לָאו lav הָכִי hají, דְּלָא delá

עָאלְנָא alná כָּל col ילי זִמְנָא zimná דְּאַנְתְּ deánt בְּגָלוּתָא begalutá,

הֲרֵי harei לָךְ laj סִימָנָא simaná שֶׁרֹּאשִׁי sheroshí נִמְלָא nimlá

טָל tal יוד הא ואו, כוזו. הֵ"א He, שְׁכִינְתָּא Shjintá בְּגָלוּתָא begalutá,

שְׁלִימוּ shlimú דִּילָהּ dilá וְחַיִּים vejayim אהיה אהיה יהוה, בינה ע"ה דִּילָהּ dilá,

אִיהוּ ihú טַל tal יוד הא ואו, כוזו. וְדָא vedá אִיהוּ ihú אוֹת ot יו"ד Yod

וְאוֹת veot הֵ"א He וְאוֹת veot וָא"ו Vav. וְאוֹת veot הֵ"א He אִיהִי ihí

שְׁכִינְתָּא Shjintá, דְּלָא delá מֶחֻשְׁבַּן mejushbán טַ"ל tal יוד הא ואו, כוזו.

אֶלָּא elá יו"ד Yod הֵ"א He וָא"ו Vav, דִּסְלִיקוּ disliku אַתְוָן atván

לְחֻשְׁבַּן lejushbán טַ"ל tal יוד הא ואו, כוזו. דְּאִיהוּ deihú מַלְיָא malyá

לִשְׁכִינְתָּא liShjintá, מִנְּבִיעוּ mineviú דְּכָל dejol ילי מְקוֹרִין mekorín

עִלָּאִין ilaín. מִיַּד miyad קָם kam רַעְיָא Raayá מְהֵימְנָא Meheimná,

וַאֲבָהָן vaavahán קַדִּישִׁין kadishín עִמֵּיהּ imei. עַד ad כָּאן can רָזָא razá

דְּיִחוּדָא deyijudá. בָּרוּךְ Baruj יְהֹוָה יאהדונהי Adonai לְעוֹלָם leolam

ריבוע דס"ג וי' אותיות דס"ג אָמֵן Amén יאהדונהי וְאָמֵן veAmén יאהדונהי ; ר"ת לאו:

Pero el Santísimo, Bendito sea Él, dijo: ¿Tú piensas que desde el día de la destrucción del Templo, Yo entré en Mi propia morada, y entré en el asentamiento? No es así, pues no he entrado ya que ustedes están en exilio. Y he aquí su prueba: "Puesto que mi cabeza está llena de rocío". Hei-Álef es la Shejiná, y ella está en exilio. Su perfección, y su vida es el rocío (heb. tal =39), y éste es Yud-Vav-Dálet, Hei-Álef, Vav-Álef-Vav numéricamente tal (=39). Y el Hei-Álef, la Shejiná, no estaba en las cuentas de tal, sólo la Yud-Vav-Dálet, Hei-Álef, Vav-Álef-Vav, que equivalen a tal. Y es Él, quien llena la Shejiná del manantial de todas las Fuentes Celestiales. El Pastor Fiel se levantó inmediatamente, y los sagrados Patriarcas con él. Hasta aquí los misterios de la unificación. "¡Bendito sea el Señor por siempre, Amén y Amén!" (Salmos 89:53).

וִיהֵא veyehé רַעֲוָא raavá מִן min קֳדָם kodam עַתִּיקָא atiká

קַדִּישָׁא kadishá דְּכָל dejol ילי קַדִּישִׁין kadishín טְמִירָא tmirá

דְּכָל dejol ילי טְמִירִין tmirín סְתִימָא stimá דְּכֹלָּא dejolá,

דְּיִתְמְשַׁךְ deyitmeshaj טַלָּא talá עִילָּאָה ilaá מִנֵּיהּ minei לְמַלְיָא lemalyá

רֵישֵׁיהּ reishei דִּזְעֵיר diZeir אַנְפִּין Anpín וּלְהַטִּיל ulehatil לַחֲקַל lajakal

תַּפּוּחִין tapujín קַדִּישִׁין kadishín אהיה יהוה יהוה אדנ"י, מנחם (שמו של משיח)

בִּנְהִירוּ binhirú דְּאַנְפִּין deanpín בִּרְעֲוָא beraavá וּבְחֶדְוָתָא uvejedvatá

דְּכֹלָּא dejolá. וְיִתְמְשַׁךְ veyitmeshaj מִן min קֳדָם kodam עַתִּיקָא atiká

קַדִּישָׁא kadishá דְּכָל dejol ילי קַדִּישִׁין kadishín טְמִירָא tmirá

דְּכָל dejol ילי טְמִירִין tmirín סְתִימָא stimá דְּכֹלָּא dejolá.

רְעוּתָא reutá וְרַחֲמֵי verajamei וְחִנָּא jiná וְחִסְדָּא vejisdá

בִּנְהִירוּ binhirú עִילָּאָה ilaá בִּרְעוּתָא bireutá וְחֶדְוָה vejedvá

עָלַי alai וְעַל veal כָּל col ילי ; עמם בְּנֵי bnei בֵיתִי veití ב"פ ראה וְעַל veal

כָּל col ילי ; עמם בְּנֵי bnei יִשְׂרָאֵל Yisrael עַמֵּיהּ amei. וְיִפְרְקִינָן veyifrekinán

מִכָּל micol ילי עָקְתִין aktín בִּישִׁין bishín דְּיֵיתוּן deyetún לְעָלְמָא lealmá.

וְיַזְמִין veyazmín וְיִתְיְהִיב veyityehiv לָנָא laná וּלְכָל ulejol יה אדני

נַפְשָׁתָנָא nafshataná וְחִנָּא jiná וְחִסְדָּא vejisdá וְחַיֵּי vejayei

אֲרִיכֵי arijei וּמְזוֹנֵי umezonei רְוִיחֵי revijei וְרַחֲמֵי verajamei מִן min

קֳדָמֵיהּ kodamei. אָמֵן Amén יאהדונהי כֵּן quen יְהִי yehí רָצוֹן ratsón

מהש ע"ה, ע"ב בריבוע וקס"א ע"ה, אל שדי ע"ה אָמֵן Amén יאהדונהי וְאָמֵן veAmén יאהדונהי:

Y que sea grato ante el Santo de los Santos Atiká, el escondido de todos y el más oculto, que un rocío Celestial será atraído de Él para llenar la Cabeza de Zeir Anpín, y para que deje caer sobre Jakal Tapujíin Kadishín de su Brillante Rostro con deseo y felicidad para todos. Y también será atraído del Santo de los Santos Atiká, el escondido de todos y el más oculto voluntariamente, misericordia, gracia, amabilidad, con Iluminación Celestial con deseo y felicidad, para mí y para mi hogar, y para todo Tu pueblo, Israel. Y Él nos salvará de todos los incidentes negativos que existen en nuestro mundo. Y Él traerá y nos dará a nosotros y al resto de la gente, gracia y amabilidad, una vida larga y sustento, bienestar y misericordia de ante Su presencia. Amén, que así sea. Amén y Amén.

יְדִיד yedid נֶפֶשׁ néfesh אָב av הָרַחֲמָן ♦harajamán מְשׁוֹךְ meshoj

עַבְדְּךָ avdaj פוי, אל אדנ"י אֶל el רְצוֹנָךְ ♦retsonaj יָרוּץ yaruts

עַבְדְּךָ avdaj פוי, אל אדנ"י כְּמוֹ cmó אַיָּל ♦ayal יִשְׁתַּחֲוֶה yishtajavé אֶל el

מוּל mul הֲדָרָךְ hadaraj ב"פ יבק, ס"ג קס"א♦ יֶעֱרַב yeerav לוֹ lo

יְדִידוּתָךְ yedidutaj ר"ת יכ"י♦ מִנּוֹפֶת minófet צוּף tsuf וְכָל vejol טָעַם táam♦

הָדוּר hadur נָאֶה naé זִיו ziv הָעוֹלָם ♦haolam נַפְשִׁי nafshí

חוֹלַת jolat אַהֲבָתָךְ ♦ahavataj אָנָּא aná ב"ן אֵל El יא"י (במילוי דס"ג)

נָא na רְפָא refá נָא na לָהּ la ♦(**Nombre de 11 letras** para sanación)

בְּהַרְאוֹת beharot לָהּ la נוֹעַם nóam זִיוָךְ ♦zivaj אָז az תִּתְחַזֵּק titjazek

וְתִתְרַפֵּא ♦vetitrapé וְהָיְתָה vehaytá לָהּ la שִׂמְחַת simjat עוֹלָם olam♦

וָתִיק vatik יֶהֱמוּ yehemú רַחֲמֶיךָ ♦rajameja וְחוּסָה vejusá

נָא na עַל al בֵּן ben אֲהוּבָךְ ♦ahuvaj כִּי qui זֶה ze

כַּמָּה jame נִכְסוֹף nijsof נִכְסַף ♦nijsaf לִרְאוֹת lirot

בְּתִפְאֶרֶת betiféret עֻזָּךְ ♦uzaj אָנָּא ana ב"ן אֵלִי Elí וְחֶמְדַּת jemdat

לִבִּי ♦libí חוּשָׁה jushá נָא na וְאַל veal תִּתְעַלָּם titalam♦

הִגָּלֶה higalé נָא na וּפְרוֹשׂ ufrós חָבִיב javiv הוי"♦ עָלַי alai אֶת et סֻכַּת sucat

שְׁלוֹמָךְ ♦shlomaj תָּאִיר tair אֶרֶץ érets מִכְּבוֹדָךְ micvodaj ב"ן, לכב♦

נָגִילָה naguilá וְנִשְׂמְחָה venismejá בָּךְ ♦vaj מַהֵר maher אָהוּב ahuv

כִּי qui בָא va מוֹעֵד ♦moed וְחָנֵּנוּ vejanenú כִּימֵי quimei עוֹלָם olam♦

י *Querido del alma, Padre misericordioso, atrae a Tu siervo hacia Tu voluntad. Correrá Tu siervo como el corzo para postrarse frente a Tu majestad; pues le agrada Tu amistad más que la miel que destila el panal, y más que todo deleite.* ה *Majestad, Esplendor del mundo, mi alma padece por Tu amor. Te ruego, Dios, cúrala mostrándole la belleza de tu esplendor. Entonces ella será fortalecida y sanará, y será para Ti una servidora eterna.* ו *Oh Poderoso, que Tus piedades se enternezcan, y ten compasión hacia tu pueblo amado, porque hace tiempo que éste desea contemplar la gloria de Tu fuerza. Te ruego, oh, Dios, deleite de mi corazón, apresúrate y no te alejes.* ה *Revélate, te ruego, y extiende, oh Amado, sobre mí el abrigo de Tu paz; ilumina la Tierra con Tu gloria; nos alegraremos y nos regocijaremos por Tu causa. De prisa Amado, pues llegó la hora de concedernos Tu gracia como en los tiempos antiguos.*

LESHEM YIJUD

לְשֵׁם leShem יִחוּד yijud קוּדְשָׁא Kudshá בְּרִיךְ Berij הוּא Hu
וּשְׁכִינְתֵּיהּ uShjintei (יאהדונהי) בִּדְחִילוּ bidjilu וּרְחִימוּ urjimu (יאההויהה),
וּרְחִימוּ urjimu וּדְחִילוּ udjilu (איההיוהה), לְיַחֲדָא leyajadá שֵׁם Shem
יו"ד Yud קֵ"י Kei בְּוָא"ו beVav קֵ"י Kei בְּיִחוּדָא beyijudá שְׁלִים shlim (יהוה)
בְּשֵׁם beShem כָּל col יכ"י יִשְׂרָאֵל, Yisrael הֲרֵינִי hareini מְקַבֵּל mekabel
עָלַי alai אֱלָהוּתוֹ elohutó יִתְבָּרַךְ yitbaraj וְיִרְאָתוֹ veyirató וְאַהֲבָתוֹ veahavató
וְהִנְנִי vehineni עֶבֶד éved לְהַשֵּׁם lehaShem יִתְבָּרַךְ, yitbaraj וַהֲרֵינִי vehareini
מְקַיֵּם mekayem מִצְוַת mitsvat וְאָהַבְתָּ veahavta ב"פ אור, ב"פ רז, ב"פ א"ס
לְרֵעֲךָ lereajá כָּמוֹךָ camoja וַהֲרֵינִי vehareini אוֹהֵב ohev אֶת et כָּל col יכ"י
אָדָם adam מִיִּשְׂרָאֵל miYisrael כְּנַפְשִׁי, quenafshí וַהֲרֵינִי vehareini
מְכַוֵּין mejavén לְקַיֵּם lekayem מִצְוַת mitsvat צִיצִית tsitsit וּמִצְוַת vemitsvat
תַּלְמוּד talmud תּוֹרָה, Torá וַהֲרֵינִי vehareini מְכַוֵּין mejavén לְקַיֵּם lekayem
מִצְוַת mitsvat קְרִיאַת kriat שְׁמַע Shmá וּתְפִלַּת utfilat שַׁחֲרִית, shajarit
הֵם hem וְהַמִּצְוֹת vehamitsvot הַנִּלְווֹת hanilvot וְהַכְּלוּלוֹת vehaclulot
בָּהֶם, bahem וַאֲנִי vaaní אני מְכַוֵּין mejavén בְּכָל bacol ב"ן, לכב לַעֲשׂוֹת laasot
נַחַת nájat רוּחַ rúaj לְיוֹצְרֵנוּ leyotsrenu שֶׁלֹּא sheló עַל al מְנָת menat
לְקַבֵּל lekabel פְּרַס pras בְּשׁוּם beshum צַד, tsad וַאֲנִי vaaní אני מְכַוֵּין mejavein
בְּכָל bacol ב"ן, לכב לָדַעַת ledáat רַבִּי Rabí שִׁמְעוֹן Shimón בֶּן ben
יוֹחָאי Yojái הַקָּדוֹשׁ, hakadosh וַהֲרֵינִי vehareini מְקַבֵּל mekabel עָלַי alai
כָּל col יכ"י תרי"ג taryag מִצְווֹת mitsvot דְּאוֹרַיְיתָא deoraytá
וּמִצְווֹת umitsvot דְּרַבָּנָן derabanán הֵם hem וְעַנְפֵיהֶם veanfeihem.

LESHEM YIJUD

Para la unificación entre El Santo, Bendito sea y Su Shejiná, con temor y amor y con amor y temor, para unificar El Nombre Yud-Kei y Vav-Kei en perfecta unidad, y en el nombre de toda Israel, por este medio acepto sobre mí Su divinidad, bendito sea Él, y el amor de Él y el temor de Él, y por este medio me declaro siervo de Dios, bendito sea Él. Y por este medio acepto sobre mí el precepto obligatorio de "Ama a tu prójimo como a ti mismo". Y por este medio declaro que amo a cada miembro de Israel con mi alma. Y por el presente medio estoy preparado para cumplir con el precepto obligatorio de usar el Tsitsit, y el precepto del estudio de la Torá. Y por este medio estoy preparado para cumplir con el precepto obligatorio de recitar el Shmá y la oración de Shajarit, y todos los preceptos relacionados a ésta. Y medito para dar satisfacción a nuestro Creador, sin el propósito de recibir alguna recompensa. Y toda mi intención está basada en las enseñanzas del Santo Rabí Shimón Bar Yojái. Y por este medio acepto sobre mí todos los 613 preceptos de la Torá y los sabios y sus ramificaciones.

וְאַתָּה veAtá הָאֵל haEl לאה ; ייא״י (מילוי דס״ג) הַטּוֹב hatov והו בְּרוֹב berov י״פ אהיה
רַחֲמֶיךָ rajameja תַּצִּילֵנוּ tatsilenu מִיֵּצֶר miyétser הָרָע hará וּתְזַכֵּנוּ utezaquenu
לְעָבְדְךָ leovdejá פוי, אל אדני בֶּאֱמֶת beemet אהיה פעמים אהיה, ז״פ ס״ג
אָמֵן amén יאהדונהי כֵּן quen יְהִי yehí רָצוֹן ratsón מהש ע״ה, ע״ב בריבוע וקס״א ע״ה,
אל שדי ע״ה. וִיהִי vihí נֹעַם nóam אֲדֹנָי Adonai ללה אֱלֹהֵינוּ Eloheinu ילה
עָלֵינוּ aleinu וּמַעֲשֵׂה umaasé יָדֵינוּ yadeinu כּוֹנְנָה conená
עָלֵינוּ aleinu וּמַעֲשֵׂה umaasé יָדֵינוּ yadeinu כּוֹנְנֵהוּ :conenehu

RIBÓN ALMÁ

Rabí Shimón dice en el *Zóhar*, *Idra Rabá* 303: "*El alma de un hombre es bajada desde los niveles elevados hacia Maljut. Por medio de eso, causa que todo esté en unión singular. Quien interrumpa esta unión del mundo es como si cortara al alma previamente mencionada, e indica que otra alma existe además de ésta. Como resultado, él y su memoria desaparecerán de este mundo por generaciones tras generaciones*". Decir "*Ribón Almá*" antes de la oración nos protege de cometer errores intelectuales en el transcurso de nuestro trabajo espiritual.

רִבּוֹן Ribón עָלְמָא Almá יְהֵא yehé רַעֲוָא raavá קֳמָךְ kamaj לְמֵיהַב lemeihav
לָן lan חֵילָא jeilá לְאִתְעָרָא leitatrá בִּיקָרָךְ vikaraj וּלְמֶעְבַּד ulmebad
רְעוּתָךְ reutaj וּלְסַדְּרָא ulesadará כֹּלָּא jolá כִּדְקָא quedecá יָאוּת yaut.
וְאַף veaf עַל al גַּב gav דְּלֵית deleit אֲנָן anán יָדְעִין yadín לְשַׁוָּאָה leshavaá
רְעוּתָא reutá וְלִבָּא velibá לְתַקָּנָא letakaná כֹּלָּא jolá, יְהֵא yehé רַעֲוָא raavá
קֳמָךְ kamaj דְּתִתְרְעֵי detitreéi בְּמִלִּין vemilín וּצְלוֹתָא utslotá דִּילָן dilán
לְתַקָּנָא letakaná תִּקּוּנָא tikuná דִּלְעֵלָּא dilelá כִּדְקָא quidecá
יָאוּת yaut וְלֶהֱווֹ ulehevó הֵיכָלִין heijalín עִלָּאִין ilaín וְרוּחִין verujín
עִלָּאִין ilaín עָיְלֵי aylí הֵיכָלָא heijalá בְּהֵיכָלָא beheijalá וְרוּחָא verujá
בְּרוּחָא verujá עַד ad דְּמִתְחַבְּרָן demitjabrán בְּדוּכְתַּיְהוּ bedujtayhó
כִּדְקָא quidecá וְזָיֵי jazei, שְׁיָפָא sheyafá בִּשְׁיָפָא bisheyafá,

---

Y Tú, el buen Dios, con Tu gran misericordia, nos salvarás de la inclinación al mal y nos darás el privilegio de servirte con verdad. Amén, que así sea Su voluntad. "Que la gracia del Señor, nuestro Dios, sea sobre nosotros y pueda Él establecer para nosotros el trabajo de nuestras manos y pueda el trabajo de nuestras manos establecerlo a Él" (Salmos 90:17).

RIBÓN ALMÁ

Señor del Mundo, que sea de Tu agrado proporcionarnos fortaleza,
para actuar y honrarte, para hacer Tu voluntad y poner todo en la dirección correcta. Y, aunque no sabemos cómo ser diligentes ni cómo dirigir nuestro corazón para corregirlo todo, que sea de Tu agrado que nuestras palabras y oraciones sean aceptadas para corregir el tikún Celestial de la manera correcta, para que las cámaras Celestiales y las almas Celestiales sean elevadas, una cámara penetra a la otra, y un alma a otra, hasta que todas reposen en sus respectivos lugares como es debido. Un órgano está dentro del otro

וְאִשְׁתְּלִימוּ veishtlimu דָא da בְּדָא vedá וְאִתְיַחֲדוּ veityajadú דָא da
בְּדָא vedá עַד ad אִנּוּן inún וַחַד jad, וְנַהֲרִין venaharín דָא da בְּדָא vedá.
וּכְדֵין ujdein נִשְׁמְתָא nishmetá עִלָּאָה ilaá דְּכֹלָּא dejolá אַתְיָא atyá
מִלְּעֵלָּא milelá וְנָהִר venaher לוֹן lon וְלֶהֱווּ velehevú נְהִירִין nehirín
כֻּלְּהוֹ colhó בּוֹצִינִין vutsinín בִּשְׁלֵימוּ bishlemú כִּדְקָא quidecá וַזַּי jazei,
עַד ad דְּהַהוּא dehahú נְהוֹרָא nehorá עִלָּאָה ilaá אִתְעַר itear, וְכֹלָּא vejolá
אָעֵיל aéil לְגַבֵּי legabei קֹדֶשׁ kódesh קָדָשִׁים kodashim וְאִתְבָּרְכָא veitbarjá
וְאִתְמַלְיָא veitmalyá כְּבֵירָא queveirá דְּמַיִין demayín נָבְעִין navín וְלָא velá
פָּסְקִין faskín וְכֻלְּהוֹ vejolhó מִתְבָּרְכָן mitbarján לְעֵלָּא leelá וְתַתָּא vetatá.
וְהַהוּא vehahú דְּלָא delá אִתְיְדַע ityedá וְלָא velá אָעֵיל aéil
בְּחֻשְׁבְּנָא bejushbená, רְעוּתָא reutá דְּלָא delá אִתְפַּס itpás לְעָלְמִין lealmín,
בְּסִים basim לְגוֹ legó לְגוֹ legó בְּגַוַּיְהוּ begavayhó, וְלָא velá אִתְיְדַע ityedá
הַהוּא hahú רְעוּתָא reutá וְלָא velá אִתְפַּס itpás לְמִנְדַּע lemindá,
וּכְדֵין ujdein כֹּלָּא colá רְעוּתָא reutá וַחֲדָא jadá עַד ad אֵין ein סוֹף sof
וְכֹלָּא vejolá אִיהוּ ihú בִּשְׁלֵימוּ vishlemú מִלְּתַתָּא miltatá וּמִגּוֹ umigó
לְגוֹ legó עַד ad דְּאִתְעֲבֵד deitaved כֹּלָּא colá וַחַד jad, וְאִתְמַלִּיאַת veitmaliá
כֹּלָּא colá וְאִשְׁלִים veashlem כֹּלָּא colá וְאִתְנְהִר veitnahir וְאִתְבַּסַּם veitbasem
כֹּלָּא colá כִּדְקָא quidecá יָאוּת yaut. רִבּוֹן Ribón עָלְמָא Almá יְהֵא yehé
רְעוּתָךְ reutaj עִם im עַמָּךְ amaj יִשְׂרָאֵל Yisrael לְעָלַם lealam.
וּפֻרְקָן ufurkán יְמִינָךְ yeminaj אַחֲזֵי ajazei לְעַמָּךְ leamaj בְּבֵית beveit
מַקְדְּשָׁךְ makdeshaj וּלְאַמְטוּיֵי uleamtuyei לָנָא laná מִטּוּב mituv
נְהוֹרָךְ nehoraj וּלְקַבְּלָא ulekabalá צְלוֹתַנָא tslotaná בְּרַחֲמֵי berajamei.

---

y uno complementa al otro. Los elementos se funden hasta que vuelven uno y brillan uno dentro del otro. Por consiguiente, el Alma más Celestial desciende e irradia sobre ellos, y todas las Velas (Sefirot) se van encendiendo en completa perfección, hasta que esta Luz Celestial es despertada y todas las cámaras entran al Santo Sanctórum y es bendecida y llenada como un pozo de agua de manantial que nunca cesa de brotar, y todos los Superiores e Inferiores son bendecidos. El más guardado de los secretos que no puede ser concebido, y que es tomado en cuenta, es un deseo que nunca se puede comprender, es endulzado muy dentro de las Sefirot, y su deseo no puede ser concebido ni conocido directamente. De este modo, todos los niveles hasta Ein Sof [Mundo Infinito] se unen en uno, y todo es perfeccionado desde Arriba, Abajo y adentro. Todos los niveles son llenados con su Luz, todos alcanzan la completitud y todos brillan a causa de él, y son apropiadamente endulzados de la forma debida. Señor del Mundo, que Tu deseo esté con Tu nación Israel para siempre. La redención de Tu Diestra puedas enseñar a Tu nación en Tu Templo. Que Tú nos llenes con lo mejor de Tu iluminación y que Tú recibas nuestras oraciones con misericordia.

vesamej וְסָמֵךְ saed סָעֵד detehevei דְּתֶהֱוֵי kamaj קָמָךְ raavá רַעֲוָא yehé יְהֵא

.mishor מִישׁוֹר beóraj בְּאֹרַח milín מִלִּין deneimá דְּנֵימָא lan לָן

demalcá דְּמַלְכָּא betikunín בְּתִקּוּנִין dilelá דִּלְעֵלָּא betikuná בְּתִקּוּנָא

ulemeebad וּלְמֶעְבַּד kadishá קַדִּישָׁא umatronitá וּמַטְרוֹנִיתָא kadishá קַדִּישָׁא

nishmetá נִשְׁמְתָא lehahí לְהַהִיא leashlafá לְאַשְׁלְפָא shlim שְׁלִים yijudá יִחוּדָא

ad עַד ledargá לְדַרְגָּא midargá מִדַּרְגָּא jayei וְחַיֵּי dejol דְּכֹל

dihevei דִיהֱוֵי beguín בְּגִין .darguín דַּרְגִּין dejol דְּכֹל sofá סוֹפָא

bejolá בְּכֹלָּא mishtejajá מִשְׁתַּכְּחָא nishmetá נִשְׁמְתָא hahí הַהִיא

vetatá וְתַתָּא elá עֵלָּא dehá דְּהָא bejolá בְּכֹלָּא umitpashtá וּמִתְפַּשְׁטָא

:va בַהּ umitkaymei וּמִתְקַיְּמֵי nishmetá נִשְׁמְתָא behai בְּהַאי tlayín תְּלַיִן

ADÓN OLAM

Las dos palabras *Adón Olam* (אדון עולם) equivalen al valor numérico de las palabras arameas *Ein Sof* (207), que significan el "Mundo Infinito", nuestro verdadero origen. *Adón Olam* también es el valor numérico de la palabra aramea *Or*, que quiere decir "Luz". Las palabras *Adón Olam* en sí se traducen como "Señor del Universo". Mediante esta oración queremos despertar un sentido de temor reverencial y asombro por la sabiduría y la comprensión del sistema espiritual, y por el orden y perfección del mundo y la Luz del Creador.

.malaj מָלַךְ asher אֲשֶׁר אור, רז, א"ס Olam עוֹלָם אני Adón אֲדוֹן

leet לְעֵת :nivrá נִבְרָא yetsir יְצִיר ילי col כָּל betérem בְּטֶרֶם

Mélej מֶלֶךְ azai אֲזַי .ילי col כֹּל vejeftsó בְחֶפְצוֹ naasá נַעֲשָׂה

:nikrá נִקְרָא מהש ע"ה, ע"ב בריבוע וקס"א ע"ה, אל שדי ע"ה Shmó שְׁמוֹ

מ"ב levadó לְבַדּוֹ .ילי hacol הַכֹּל quijlot כִּכְלוֹת veajarei וְאַחֲרֵי

יהה hayá הָיָה veHú וְהוּא :norá נוֹרָא yimloj יִמְלוֹךְ

:betifará בְּתִפְאָרָה ייי yihyé יִהְיֶה veHú וְהוּא .hové הֹוֶה veHú וְהוּא

Que sea agradable ante Ti

ayudarnos y apoyarnos para que digamos las palabras de la manera correcta, para el tikún Celestial y el tikún del Santo Rey y la Santa Matrona. Para crear una unificación completa que atraiga esta Alma que da vida a todos desde una altura a otra; y así hasta el final de todos los niveles. Debido a la existencia de esta Alma en todo y su extensión en todo, Arriba y Abajo dependen de esta Alma y existen por causa de ella.

ADÓN OLAM

Señor del Universo, Quien reinó antes de que cualquier forma se crease, y cuando todo se hizo de acuerdo a Su voluntad, Su Nombre fue proclamado como Rey. Y después que todo haya expirado, Él, el reverentemente temido, reinará solo. Él fue, Él es y Él se mantendrá en esplendor.

וְהוּא veHú אֶחָד ejad אהבה, דאגה וְאֵין veeín שֵׁנִי •shení

לְהַמְשִׁילוֹ lehamshiló וּלְהַחְבִּירָה :ulehajbirá בְּלִי bli רֵאשִׁית reshit

בְּלִי bli תַכְלִית •tajlit וְלוֹ veló הָעֹז haoz וְהַמִּשְׂרָה :vehamisrá בְּלִי bli

עֵרֶךְ érej בְּלִי bli דִמְיוֹן •dimyón בְּלִי bli שִׁנּוּי shinui וּתְמוּרָה :utmurá

בְּלִי bli וְחִבּוּר jibur בְּלִי bli פֵּרוּד •pirud גָּדוֹל guedol להח ; עם ד' אותיות =

מבה, יזל, אום כֹּחַ cóaj וּגְבוּרָה ugvurá רי"י: וְהוּא vehú אֵלִי Elí וְחַי vejai

גֹּאֲלִי •goalí וְצוּר vetsur אלהים דההין ע"ה וְחֶבְלִי jevlí בְּיוֹם beyom ע"ה נגד,

מזבח, זן, אל יהוה צָרָה tsará אלהים דההין: וְהוּא vehú נִסִּי nisí וּמָנוֹסִי •umanusí

מְנָת menat כּוֹסִי cosí בְּיוֹם beyom ע"ה נגד, מזבח, זן, אל יהוה אֶקְרָא :ekrá

וְהוּא vehú רוֹפֵא rofé וְהוּא vehú מַרְפֵּא •marpé וְהוּא vehú צוֹפֶה tsofé

וְהוּא vehú עֶזְרָה :ezrá בְּיָדוֹ beyadó אַפְקִיד afkid רוּחִי rují

ר"ת = קנ"א ב"ן, יהוה אלהים יהוה אדני, מילוי קס"א וס"ג, מ"ה ברבוע וע"ב ע"ה • בְּעֵת beet

אִישָׁן ishán וְאָעִירָה :veairá וְעִם veim רוּחִי rují גְּוִיָּתִי •gueviyatí

אֲדֹנָי Adonai ללה לִי li וְלֹא veló אִירָא :irá בְּמִקְדָּשׁוֹ bemikdashó

תָּגֵל taguel נַפְשִׁי •nafshí מְשִׁיחֵנוּ meshijenu יִשְׁלַח yishlaj מְהֵרָה :meherá

וְאָז veaz נָשִׁיר nashir בְּבֵית beveit ב"פ ראה קָדְשִׁי •kodshí

אָמֵן Amén יאהדונהי אָמֵן יאהדונהי Amén שֵׁם Shem הַנּוֹרָא :hanorá

EL TALIT PEQUEÑO

La conexión con el *Talit* pequeño (*Talit katán* o *Tsitsit*) se refiere a la prenda de vestir que se lleva debajo de la camisa. El *Talit* pequeño crea un escudo de protección alrededor de la piel y el cuerpo de quien lo usa, para que las fuerzas negativas no puedan infiltrarse ni penetrarlo. Nuestra piel tiene la energía de *Maljut*, la cual está conectada a la realidad del uno por ciento. El *Talit* pequeño controla el campo energético alrededor de la piel y la protege.

Él es Uno y no hay otro que se compare a Él o que se declare Su igual. Sin comienzo, sin final, Suyo es el poder y el dominio, insondable e inimaginable, inmutable e irremplazable. Él no tiene uniones ni separaciones. Su fuerza y valor son inmensos. Él es mi Dios y mi Redentor viviente, mi sostén en momentos de angustia. Él es mi guía y mi refugio, mi parte de bienaventuranza en el día que lo invoco. Él es un sanador y un remedio. Él observa y Él ayuda. En Sus Manos, yo confío mi espíritu cuando duermo y cuando me despierto. Mientras mi alma está en mi cuerpo, el Señor está conmigo, no temeré. En Su Templo se regocijará mi espíritu. Él nos enviará con rapidez a nuestro Mesías. Entonces cantaremos en Su Templo: Amén, Amén, el grandioso Nombre.

Está escrito en el *Zóhar* que el *Tsitsit* es un talismán que cubre y protege a quien lo usa de todos los espíritus malignos y ángeles negativos. Rabeinu Bajyé dice que el precepto del *Tsitsit* está vinculado a la Resurrección de los Muertos. El *Tsitsit* representa a la Luz Circundante y, por esta razón, el *Talit* debe ser grande para que pueda cubrir la cabeza y el cuerpo, por delante y por detrás, hasta llegar al pecho. El *Talit* pequeño representa la Luz Circundante de *Katnut*.

Si no usas un *Talit* para las oraciones, sólo debes recitar esta bendición.
Si dormiste con un *Talit* pequeño, debes tocar el *Tsitsit* primero.

בָּרוּךְ Baruj אַתָּה Atá יְהֹוָאדהיאהדונהי Adonai אֱלֹהֵינוּ Eloheinu ילה
מֶלֶךְ Mélej הָעוֹלָם haolam אֲשֶׁר asher קִדְּשָׁנוּ kidshanu
בְּמִצְוֹתָיו bemitsvotav וְצִוָּנוּ vetsivanu עַל al מִצְוַת mitsvat צִיצִית: tsitsit

EL TALIT

El *Talit* es un manto que se coloca sobre los hombros, por encima de la ropa. Éste rodea a la persona que lo usa con una capa espiritual protectora de iluminación. Las cuatro esquinas del *Talit*, con sus flecos, nos conectan a los cuatro confines del universo y al nivel cuántico de nuestro mundo, ayudándonos a obtener el control sobre nuestra vida. El *Talit* nos conecta con la Luz Circundante, el potencial de nuestra alma. Generalmente, sólo los hombres casados lo usan debido a que la energía despertada por el *Talit* se manifiesta a través de la conexión de un hombre con su esposa.

LESHEM YIJUD

LeShem Yijud es una bujía que activa la siguiente serie de oraciones y acciones, uniendo los Mundos Superiores con nuestra realidad física.

לְשֵׁם leShem יִחוּד yijud קוּדְשָׁא Kudshá בְּרִיךְ Berij הוּא Hu
וּשְׁכִינְתֵּיהּ uShjintei (יאהדונהי) בִּדְחִילוּ bidjilu וּרְחִימוּ urjimu
(יאהדויהה), וּרְחִימוּ urjimu וּדְחִילוּ udjilu (איההויהה), לְיַחֲדָא leyajadá
שֵׁם Shem יו"ד Yud קֵ"י Kei בְּוָא"ו beVav קֵ"י Kei בְּיִחוּדָא beyijudá
שְׁלִים shlim (יהוה) בְּשֵׁם beShem כָּל col ילי יִשְׂרָאֵל Yisrael, הֲרֵינִי hareini
מוּכָן muján לִלְבּוֹשׁ lilvosh טַלִּית talit מְצֻיֶּצֶת metsuyétset
כַּהֲלָכָתָהּ quehiljatá כְּמוֹ cmó שֶׁצִּוָּנוּ shetsivanu יְהֹוָאדהיאהדונהי Adonai
אֱלֹהֵינוּ Eloheinu ילה בְּתוֹרָתוֹ vetorató הַקְּדוֹשָׁה: hakdoshá

EL TALIT PEQUEÑO

Bendito eres Tú, Señor, nuestro Dios, el Rey del Mundo, que nos has santificado con Tus preceptos y nos has obligado con el precepto del Tsitsit.

EL TALIT - LESHEM YIJUD

Para la unificación entre El Santo, Bendito sea y Su Shejiná, con temor y amor y con amor y temor, para unificar El Nombre Yud-Kei y Vav-Kei en perfecta unidad, y en el nombre de todo Israel, estoy por este medio preparado para usar un Talit con Tsitsit, de acuerdo a la ley y como fuimos ordenados por el Señor, nuestro Dios, en Su santa Torá:

וְעָשׂוּ veasú לָהֶם lahem צִיצִת tsitsit עַל־ al כַּנְפֵי canfei בִגְדֵיהֶם vigdeihem,
כְּדֵי quedei לַעֲשׂוֹת laasot נַחַת nájat רוּחַ rúaj לְיוֹצְרִי leyotsrí
וְלַעֲשׂוֹת velaasot רְצוֹן retsón מהש ע"ה, ע"ב בריבוע וקס"א ע"ה, אל שדי ע"ה
בּוֹרְאִי borí, וַהֲרֵינִי vehareini מוּכָן muján לְבָרֵךְ levarej עַל al
עֲטִיפַת atifat הַטַּלִּית hatalit כְּתִקּוּן quetikún רז"ל razal, וַהֲרֵינִי vehareini
מְכַוֵּין mejavén לִפְטוֹר liftor בִּבְרָכָה bivrajá זוֹ zo גַּם gam טַלִּית talit
הַקָּטָן hakatán שֶׁעָלַי shealai. וִיהִי vihí נֹעַם nóam אֲדֹנָי Adonai ללה
אֱלֹהֵינוּ Eloheinu ילה עָלֵינוּ aleinu וּמַעֲשֵׂה umaasé יָדֵינוּ yadeinu
כּוֹנְנָה conená עָלֵינוּ aleinu וּמַעֲשֵׂה umaasé יָדֵינוּ yadeinu כּוֹנְנֵהוּ conenehu:

ENVOLTURA CON EL TALIT: Después de la bendición, envuelves el *Talit* sobre tu cabeza, dejando tu cara descubierta y las cuatro esquinas colgando sobre tu pecho. Luego tomas los dos *Tsitsits* del lado derecho y los arrojas sobre tu hombro izquierdo de forma que caigan sobre la espalda; haz una pequeña pausa antes de sostener los dos *Tsitsits* del lado izquierdo y arrojarlos sobre tu hombro izquierdo, para que caigan sobre la espalda de modo que los cuatro *Tsitsits* estén pendiendo sobre tu hombro izquierdo y hacia atrás. Debes hacer una pausa en esta posición durante unos cuatro segundos antes de dejar que el *Talit* caiga al frente para luego acomodarlo de forma cómoda y holgada sobre ambos hombros con dos *Tsitsits* al frente y dos atrás.

El *Talit* es el aspecto de la Luz Circundante de *Gadlut*.
El *Talit* es el *tikún* de la parte externa (*Nétsaj, Hod, Yesod*) de *Yetsirá*.
La bendición es el *tikún* de la Luz Circundante y
Usar el *Talit* es el *tikún* de la Luz Interior.

בָּרוּךְ Baruj אַתָּה Atá יְהֹוָהאדניאהדונהי Adonai אֱלֹהֵינוּ Eloheinu ילה מֶלֶךְ Mélej
הָעוֹלָם haolam אֲשֶׁר asher קִדְּשָׁנוּ kidshanu בְּמִצְוֹתָיו bemitsvotav
וְצִוָּנוּ vetsivanu לְהִתְעַטֵּף lehitatef בְּצִיצִית betsitsit ר"ת ל"ב נתיבות החכמה:

El *Yijud* del *Talit*: Al principio debes meditar en el *Yijud* (unificación) de *Zeir Anpín*, el cual es יהוה, y tiene el valor numérico de 32 caminos de sabiduría (ל"ב נתיבות החכמה). A nivel específico, debes meditar en conectar las letras יה, que son *Aba* e *Ima*, con la letra ו, que es *Zeir Anpín*, para que se convierta en la Luz Circundante, que es el *Talit*. Después, debes meditar en conectar la letra ו (*Zeir Anpín*) con la última letra ה, para atraer la Luz Circundante a la letra ה, que es el *Tsitsit*.

"Y ellos deberán hacerse para sí mismos Tsitsit en las esquinas de sus ropajes" (Números 15:38). *Para darle placer a mi Hacedor y para satisfacer el deseo de mi Creador, estoy por este medio preparado para bendecir al envolverme con el Talit, como fue establecido por nuestros Sabios de bendita memoria. Por este medio pretendo eximir el pequeño Talit que estoy usando con esta bendición. "Que la gracia del Señor, nuestro Dios, sea sobre nosotros y pueda Él establecer para nosotros el trabajo de nuestras manos y pueda el trabajo de nuestras manos establecerlo a Él"* (Salmos 90:17).

Bendito eres Tú, Señor, nuestro Dios, el Rey del Mundo,
que nos has santificado con Tus preceptos y nos has obligado a envolvernos con el Talit.

VAANÍ

COMUNICACIÓN CON LOS TRES PILARES DE ORACIÓN (AVRAHAM, YITSJAK Y YAAKOV)

Existen tres fuerzas en el universo que son necesarias para generar energía, sea física o espiritual. Estas fuerzas son la Columna Derecha positiva, energía de compartir, canalizada por Avraham; la Columna Izquierda receptora, energía negativa, la cual es canalizada por Yitsjak; y la Columna Central de equilibrio, resistencia, canalizada por Yaakov. Los kabbalistas ancestrales explican que Avraham, Yitsjak y Yaakov son los cimientos de cada oración. Sus nombres son transmisores que activan y dan poder a todas las bendiciones y oraciones que realizamos mediante este *Sidur.*

Debes decir el siguiente verso antes de entrar al lugar de oración, mientras estás parado en la puerta:

Avraham (Derecha)

וַאֲנִי vaaní אני בְּרֹב berov י"פ אהיה חַסְדְּךָ jasdeja אבג"יתץ

אָבוֹא avó בֵיתֶךָ veiteja ב"פ ראה

Yitsjak (Izquierda)

אֶשְׁתַּחֲוֶה eshtajavé י"פ ע"ב אֶל־ el הֵיכַל heijal ללה, אדני ; ר"ת = יהוה

קָדְשְׁךָ kodsheja

Yaakov (Central)

בְּיִרְאָתֶךָ beyirateja:

Luego te inclinas y entras.

Derecha

יְהֹוָהאדניאהדונהי Adonai צְבָאוֹת Tsvaot פני שכינה עִמָּנוּ imanu

ריבוע ס"ג, קס"א ע"ה וד' אותיות מִשְׂגָּב־ misgav משה, מהש, ריבוע ע"ב וקס"א, אל שדי,

ד"פ אלהים ע"ה לָנוּ lanu אלהים, אהיה אדני אֱלֹהֵי Elohei מילוי ע"ב, דמב ; ילה

יַעֲקֹב Yaakov ז' הויות, יאהדונהי אידהנויה סֶלָה sela:

Izquierda

יְהֹוָהאדניאהדונהי Adonai צְבָאוֹת Tsvaot פני שכינה אַשְׁרֵי ashrei

אָדָם adam מ"ה ; ה' צבאות אשרי אדם = תפארת בֹּטֵחַ botéaj

בָּךְ baj אדם בוטח בך = אמן (יאהדונהי) ע"ה ; בוטח בך = מילוי ע"ב ע"ה:

VAANÍ

"Y yo, con la profusión de Tu benevolencia,
vengo a Tu Casa y me inclino hacia Tu Arca Sagrada, en temor reverencial hacia Ti" (Salmos 5:8).
"El Señor de los Ejércitos está con nosotros. El Dios de Yaakov es un refugio para nosotros, Sela" (Salmos 46:12)
"El Señor de los Ejércitos, lleno de alegría es aquel que confía en Ti" (Salmos 84:13).

Central

יְהֹוָואדהנויאהדונהי Adonai הוֹשִׁיעָה hoshía יהוה וש"ע נהורין הַמֶּלֶךְ: haMélej ר"ת יהה

יַעֲנֵנוּ yaanenu בְיוֹם veyom ע"ה נגד, מזבח, זן, אל יהוה קָרְאֵנוּ korenu

ר"ת יב"ק, אלהים יהוה, אהיה יהוה אדני ; ס"ת = ב"ן ועם אות כ' = ההמלך = ע"ב:

ESH TAMID – MEDITACIÓN PARA CONTROLAR NUESTROS PENSAMIENTOS

Nuestro cerebro es un receptor, y existen dos estaciones transmisoras que envían señales/pensamientos a nuestro cerebro. Una fuente es la Luz y la otra es Satán. Estos versos interrumpen y anulan cualquier pensamiento negativo que pueda entrar en nuestra mente.

Recita siete veces:

אֵשׁ esh תָּמִיד tamid ע"ה קס"א קנ"א קמ"ג תּוּקַד tukad עַל־ al

הַמִּזְבֵּחַ hamizbéaj נגד, זן, אל יהוה לֹא lo תִכְבֶּה tijbé:

Recita siete veces:

סֵעֲפִים seafim שָׂנֵאתִי saneti וְתוֹרָתְךָ vetoratjá אָהָבְתִּי ahavti:

Recita siete veces:

לֵב lev טָהוֹר tahor י"פ אכא בְּרָא־ berá

קנ"א ב"ן, יהוה אלהים יהוה אדני, מילוי קס"א וס"ג, מ"ה ברבוע וע"ב ע"ה

לב טהור ברא = קס"א קנ"א קמ"ג

לִי li אֱלֹהִים Elohim אהיה אדני ; ילה ; לי אלהים = ריבוע אדני

וְרוּחַ verúaj נָכוֹן najón חַדֵּשׁ jadesh י"ב הויות, קס"א קנ"א בְּקִרְבִּי bekirbí שדי:

AYIN LÁMED MEM

Esta combinación de tres letras de los 72 Nombres de Dios nos da control sobre pensamientos indeseados como preocupación, pesimismo e ideas obsesivas o compulsivas. Además de usar esta meditación en las oraciones de la mañana, podemos usarla durante el resto del día según sea necesario.

Debes meditar en el Nombre Sagrado que ayuda a controlar tus pensamientos.

עלם

El Señor nos redime. El Rey nos responderá en el día en que lo invoquemos" (Salmos 20:10).

ESH TAMID

"Y el Fuego Eterno deberá quemarse sobre el Altar y nunca deberá extinguirse" (Levítico 6:6).
"Pensamientos dispersos desprecio, pero a Tu Torá yo amo" (Salmos 119:113).
"Crea para mí un corazón puro, Dios, y renueva dentro de mí un espíritu correcto" (Salmos 51:12).

LA ORACIÓN DE LA MAÑANA

Debes ser muy cuidadoso de no hablar, ni una sola palabra, durante las oraciones y meditaciones.

Según la Kabbalah, existen tres tipos de energía diferentes que gobiernan tres momentos específicos del día: Columna Derecha (Avraham), la mañana; Columna Izquierda (Yitsjak), la tarde; y Columna Central (Yaakov), la noche. Las oraciones de *Shajarit* corresponden a la Columna Derecha (Avraham), que es energía dadora, misericordiosa y positiva. Con mucha frecuencia despertamos de mal humor, y este estado de conciencia negativa permanece con nosotros durante el resto del día. Para contrarrestar esta negatividad, tenemos la conexión de *Shajarit*, la cual nos imbuye de energía de felicidad y vitalidad, motivándonos a revelar Luz a lo largo del día.

LESHEM YIJUD

לשם leShem יחוד yijud קודשא Kudshá בריך Berij הוא Hu
ושכינתיה uShjintei (יאהדונהי) בדחילו bidjilu ורחימו urjimu
(יאהדויהה) ורחימו urjimu ודחילו udjilu (איההויהה) ליחדא leyajdá
שם Shem יו"ד Yud קי Kei בוא"ו beVav קי Kei ביחודא beyijudá
שלים shlim (יהוה) בשם beShem כל col ילי ישראל Yisrael,
הנה hiné אנחנו anajnu באים baím להתפלל lehitpalel תפלת tfilat
שחרית shajarit של shel (**En** ***Shabat*** **agregar:** שבת Shabat קודש kódesh ו ve)
יום yom ע"ה נגד, מזבח, זן, אל יהוה הכפורים HaKipurim שתקן shetikén
אברהם Avraham ח"פ אל, רי"ו ול"ב נתיבות החכמה, רמ"ח (אברים), עסמ"ב וט"ח אותיות פשוטות
אבינו avinu עליו alav השלום hashalom עם im כל col ילי
המצות hamitsvot הכלולות haclulot בה ba לתקן letakén את et
שורשה shorshá במקום bemakom עליון elyón לעשות laasot נחת nájat
רוח rúaj ליוצרנו leyotsrenu ולעשות velaasot רצון retsón מהש ע"ה, ע"ב
בריבוע וקס"א ע"ה, אל שדי ע"ה בוראינו boreinu. ויהי vihí נעם nóam אדני Adonai
ללה אלהינו Eloheinu ילה עלינו aleinu ומעשה umaasé ידינו yadeinu
כוננה conená עלינו aleinu ומעשה umaasé ידינו yadeinu כוננהו conenehu:

LA ORACIÓN DE LA MAÑANA – LESHEM YIJUD

*Para la unificación entre El Santo, Bendito sea y Su Shejiná, con temor y amor y con amor y temor, para unificar El Nombre Yud-Kei y Vav-Kei en perfecta unidad, y en el nombre de Israel, hemos venido por este medio a rezar la Oración de la Mañana (***En Shabat:*** del Santo Shabat y) de Yom Kipur, establecida por Avraham, nuestro patriarca, sea la paz sobre él, con todos sus mandamientos, para corregir su raíz en el Lugar Celestial, para llevarle satisfacción a nuestro Hacedor y para satisfacer el deseo de nuestro Creador. "Que la gracia del Señor, nuestro Dios, sea sobre nosotros y pueda Él establecer para nosotros el trabajo de nuestras manos y pueda el trabajo de nuestras manos establecerlo a Él" (Salmos 90:17).*

UN COMPROMISO DE AMOR Y UNIDAD – ELEVAR NUESTRA CONCIENCIA

Un hilo delgado y débil no puede levantar un cofre lleno de tesoros. Sin embargo, cuando tejemos numerosos hilos delgados, formamos una soga. Cuando nos unimos con el resto del mundo mediante un compromiso de amor, podemos halar los tesoros espirituales más grandes, aunque no seamos dignos o lo suficientemente fuertes para lograr esto de manera individual.

Respecto al peligro de la desviación, el Caf-HaJayim dice: "En un lugar de desviación, la bendición se elimina a sí misma, y la gente que tuvo discordancias terminan con daños y accidentes en sus cuerpos así como en su salud. Aquellos que cuidan de sí mismos deben mantenerse alejados de cualquier desviación".

El Arí escribe en *La puerta de las meditaciones*: Antes de que comiences tus conexiones y oraciones, debes aceptar dentro de ti mismo el precepto de "ama a tu prójimo como a ti mismo". Esto quiere decir que debes meditar en amar a todas las personas que están haciendo el trabajo espiritual como si fueran parte de tu alma, para que tus oraciones sean incluidas y elevadas junto a la oración universal y tenga resultados. Es especialmente importante tener amor por los *Javerim* (las personas que dedican su vida al trabajo espiritual) y reconocer que rezar por los demás fortalece nuestras oraciones y permite que éstas sean aceptadas.

הֲרֵינִי hareini מְקַבֵּל mekabel עָלַי alai מִצְוַת mitsvat עֲשֵׂה asé שֶׁל shel

וְאָהַבְתָּ veahavtá ב"פ אור, ב"פ רז, ב"פ א"ס לְרֵעֲךָ lereajá כָּמוֹךָ camoja•

וַהֲרֵינִי vehareini אוֹהֵב ohev אֶת et כָּל col ילי אֶחָד ejad אהבה, דאגה

מִבְּנֵי mibnei יִשְׂרָאֵל Yisrael כְּנַפְשִׁי quenafshí וּמְאוֹדִי umeodí•

וַהֲרֵינִי vehareini מְזַמֵּן mezamén פֶּה pe מילה ; ע"ה אלהים, אהיה אדני

שֶׁלִּי shelí לְהִתְפַּלֵּל lehitpalel לִפְנֵי lifnei מֶלֶךְ Mélej מַלְכֵי maljei

הַמְּלָכִים hamlajim הַקָּדוֹשׁ haKadosh בָּרוּךְ Baruj הוּא Hu:

LA ATADURA DE YITSJAK

Al recitar este verso, que describe a Yitsjak siendo atado por Avraham, conectamos con el poder de la misericordia. De manera simultánea, atamos nuestro juicio como parte de nuestra limpieza interior y recibimos ayuda para atar los pensamientos negativos de personas que vienen con juicio contra nosotros.

UN COMPROMISO DE AMOR
ELEVAR NUESTRA CONCIENCIA

Por este medio yo acepto sobre mí el mandamiento obligatorio de "Ama a tu prójimo como a ti mismo". Por este medio yo declaro que yo amo a cada uno de los hijos de Israel con toda mi alma y toda mi fuerza. Y por este medio preparo mi boca para rezar ante el Rey de todos los Reyes, El Santo Bendito Sea.

אֱלֹהֵינוּ Eloheinu ילה וֵאלֹהֵי veElohei לכב ; מילוי ע״ב, דמב ; ילה אֲבוֹתֵינוּ avoteinu

זָכְרֵנוּ zojrenu בְּזִכְרוֹן bezijrón ע״ב קס״א ונש״ב טוֹב tov והו

מִלְּפָנֶיךָ milfaneja ס״ג מ״ה ב״ן וּפָקְדֵנוּ ufakdenu בִּפְקֻדַּת bifkudat

יְשׁוּעָה yeshuá וְרַחֲמִים verajamim מִשְּׁמֵי mishmei שְׁמֵי shmei

קֶדֶם •kédem וּזְכָר uzjar לָנוּ lanu אלהים, אהיה אדני יְהֹוָה יאהדונהי Adonai

אֱלֹהֵינוּ Eloheinu ילה אַהֲבַת ahavat הַקַּדְמוֹנִים hakadmonim

אַבְרָהָם Avraham וו״פ אל, רי״ו ול״ב נתיבות החכמה, רמ״ח (אברים), עסמ״ב וט״ז אותיות פשוטות

יִצְחָק Yitsjak ד״פ ב״ן וְיִשְׂרָאֵל veYisrael עֲבָדֶיךָ •avadeja

אֶת et הַבְּרִית habrit וְאֶת veet הַחֶסֶד hajésed ע״ב, ריבוע יהוה

וְאֶת veet הַשְּׁבוּעָה hashvuá שֶׁנִּשְׁבַּעְתָּ shenishbata לְאַבְרָהָם leAvraham

וו״פ אל, רי״ו ול״ב נתיבות החכמה, רמ״ח (אברים), עסמ״ב וט״ז אותיות פשוטות

אָבִינוּ avinu בְּהַר behar הַמּוֹרִיָּה •haMoriyá וְאֶת veet הָעֲקֵדָה haakedá

שֶׁעָקַד sheakad אֶת et יִצְחָק Yitsjak ד״פ ב״ן בְּנוֹ bnó עַל al גַּבֵּי gabei

הַמִּזְבֵּחַ hamizbéaj נגד, זן, אל יהוה כַּכָּתוּב cacatuv בְּתוֹרָתָךְ: :betorataj

LA PORCIÓN RELACIONADA CON LA ATADURA

Recitar cada día la porción relacionada con la Atadura de Yitsjak nos permite expiar todos nuestros pecados y crear un escudo de protección contra toda enfermedad, el cual cancela la muerte de la humanidad.

LA ATADURA DE YITSJAK

Nuestro Dios y el Dios de nuestros antepasados, recuérdanos favorablemente ante Ti y evoca para nosotros la reminiscencia de salvación y misericordia, desde los primeros y más elevados Cielos. Y recuerda, por nosotros, Señor, nuestro Dios, el amor de los ancestros: Tus sirvientes, Avraham, Yitsjak e Yisrael. Y recuerda, también, la Alianza, la benevolencia y el juramento que Tú le hiciste a Avraham, nuestro antepasado, sobre el Monte Moriá, cuando él ató a su hijo, Yitsjak, sobre el altar, como se relata en Tu Torá:

וַיְהִי vayehí אַחַר ajar הַדְּבָרִים hadvarim הָאֵלֶּה haéle

וְהָאֱלֹהִים vehaElohim אהיה אדני ; ילה נִסָּה nisá אֶת־ et אַבְרָהָם Avraham

ו"פ אל, ר"ו ול"ב נתיבות החכמה, רמ"ח (אברים), עסמ"ב וט"ז אותיות פשוטות וַיֹּאמֶר vayómer

אֵלָיו elav אַבְרָהָם Avraham ו"פ אל, ר"ו ול"ב נתיבות החכמה, רמ"ח (אברים),

עסמ"ב וט"ז אותיות פשוטות וַיֹּאמֶר vayómer הִנֵּנִי hineni: וַיֹּאמֶר vayómer קַח־ kaj

נָא na אֶת־ et בִּנְךָ binjá אֶת־ et יְחִידְךָ yejidjá אֲשֶׁר־ asher

אָהַבְתָּ ahavta אֶת־ et יִצְחָק Yitsjak ד"פ ב"ן וְלֶךְ־ velej לְךָ lejá

אֶל־ el אֶרֶץ érets הַמֹּרִיָּה haMoriyá וְהַעֲלֵהוּ vehaalehu שָׁם sham

לְעֹלָה leolá עַל al אַחַד ajad אהבה, דאגה הֶהָרִים heharim אֲשֶׁר asher

אֹמַר omar אֵלֶיךָ eleja: וַיַּשְׁכֵּם vayashquem אַבְרָהָם Avraham ו"פ אל,

ר"ו ול"ב נתיבות החכמה, רמ"ח (אברים), עסמ"ב וט"ז אותיות פשוטות בַּבֹּקֶר babóker

וַיַּחֲבֹשׁ vayajavosh אֶת־ et חֲמֹרוֹ jamoró וַיִּקַּח vayikaj ו"עם אֶת־ et

שְׁנֵי shnei נְעָרָיו nearav אִתּוֹ itó וְאֵת veet יִצְחָק Yitsjak ד"פ ב"ן בְּנוֹ bnó

וַיְבַקַּע vayvaká עֲצֵי atsei עֹלָה olá וַיָּקָם vayakam וַיֵּלֶךְ vayelej כלי

אֶל־ el הַמָּקוֹם hamakom אֲשֶׁר־ asher אָמַר־ amar לוֹ lo

הָאֱלֹהִים haElohim אהיה אדני ; ילה: בַּיּוֹם bayom ע"ה נגד, מזבח, זן, אל יהוה

הַשְּׁלִישִׁי hashlishí וַיִּשָּׂא vayisá אַבְרָהָם Avraham ו"פ אל, ר"ו ול"ב נתיבות החכמה,

רמ"ח (אברים), עסמ"ב וט"ז אותיות פשוטות אֶת־ et עֵינָיו einav ריבוע מ"ה

וַיַּרְא vayar אֶת־ et הַמָּקוֹם hamakom מֵרָחֹק merajok שדי:

LA PORCIÓN RELACIONADA CON LA ATADURA

"Y aconteció después de estos sucesos, Dios puso a prueba a Avraham y le dijo: 'Avraham', y éste contestó: 'Heme aquí'. Y Él dijo: 'Por favor, toma ahora a tu hijo, tu hijo único, a quien amas, Yitsjak, y ve a la tierra de Moriá y ofrécelo allí en holocausto sobre una de las montañas que te indicaré'. Y madrugó Avraham, preparó su asno y tomó a dos siervos consigo y a su hijo Yitsjak. Avraham partió leña para el holocausto, luego se levantó y fue al lugar que Dios le indicó. Al tercer día alzó Avraham sus ojos y vio el lugar a lo lejos.

וַיֹּאמֶר vayómer אַבְרָהָם Avraham ו"פ אל, רי"ו ול"ב נתיבות החכמה, רמ"ח (אברים),
עסמ"ב וט"ז אותיות פשוטות אֶל־ el נְעָרָיו nearav שְׁבוּ־ shvú לָכֶם lajem פֹּה po
מילה (להכניע הקליפות בסוד החמור) ; ע"ה אלהים, אהיה אדני עִם־ im הַחֲמוֹר hajamor
וַאֲנִי vaaní אני וְהַנַּעַר vehanáar נֵלְכָה neljá עַד־ ad כֹּה co
וְנִשְׁתַּחֲוֶה venishtajavé וְנָשׁוּבָה venashuva אֲלֵיכֶם aleijem: וַיִּקַּח vayikaj
ע"ה אַבְרָהָם Avraham ו"פ אל, רי"ו ול"ב נתיבות החכמה, רמ"ח (אברים), עסמ"ב וט"ז אותיות פשוטות
אֶת־ et עֲצֵי atsei הָעֹלָה haolá וַיָּשֶׂם vayasem עַל־ al יִצְחָק Yitsjak ד"פ ב"ן
בְּנוֹ bnó וַיִּקַּח vayikaj ע"ה בְּיָדוֹ beyadó אֶת־ et הָאֵשׁ haesh שאה
וְאֶת־ veet הַמַּאֲכֶלֶת hamaajélet וַיֵּלְכוּ vayeljú שְׁנֵיהֶם shneihem
יַחְדָּו yajdav: וַיֹּאמֶר vayómer יִצְחָק Yitsjak ד"פ ב"ן אֶל־ el
אַבְרָהָם Avraham ו"פ אל, רי"ו ול"ב נתיבות החכמה, רמ"ח (אברים), עסמ"ב וט"ז אותיות פשוטות
אָבִיו aviv וַיֹּאמֶר vayómer אָבִי aví וַיֹּאמֶר vayómer הִנֶּנִּי hineni בְנִי vní
וַיֹּאמֶר vayómer הִנֵּה hiné הָאֵשׁ haesh שאה וְהָעֵצִים vehaetsim וְאַיֵּה veayé
הַשֶּׂה hasé לְעֹלָה leolá: וַיֹּאמֶר vayómer אַבְרָהָם Avraham ו"פ אל, רי"ו ול"ב
נתיבות החכמה, רמ"ח (אברים), עסמ"ב וט"ז אותיות פשוטות אֱלֹהִים Elohim אהיה אדני ; ילה
יִרְאֶה־ yiré רי"ו לוֹ lo הַשֶּׂה hasé לְעֹלָה leolá בְּנִי bní ר"ת הבל (למתק או"ח
ע"מ לתקן עון הבל שוטא בראיה) וַיֵּלְכוּ vayeljú שְׁנֵיהֶם shneihem יַחְדָּו yajdav:
וַיָּבֹאוּ vayavóu אֶל־ el הַמָּקוֹם hamakom אֲשֶׁר asher אָמַר־ amar לוֹ lo
הָאֱלֹהִים haElohim אהיה אדני ; ילה וַיִּבֶן vayivén שָׁם sham אַבְרָהָם Avraham
ו"פ אל, רי"ו ול"ב נתיבות החכמה, רמ"ח (אברים), עסמ"ב וט"ז אותיות פשוטות אֶת־ et
הַמִּזְבֵּחַ hamizbéaj נגד, זן, אל יהוה וַיַּעֲרֹךְ vayaaroj אֶת־ et הָעֵצִים haetsim
וַיַּעֲקֹד vayaakod אֶת־ et יִצְחָק Yitsjak ד"פ ב"ן בְּנוֹ bnó וַיָּשֶׂם vayasem

---

Les dijo entonces a los mozos: Esperen aquí con el asno, mientras yo y mi hijo vamos allá, donde nos prosternaremos y volveremos a ustedes. Y tomó Avraham la leña para el holocausto y la cargó sobre su hijo Yitsjak. Tomó el fuego y el cuchillo, y ambos fueron juntos. Entonces Yitsjak le dijo a su padre: 'Padre mío', y él contestó: 'Aquí estoy, hijo mío'. Y dijo Yitsjak: 'He aquí el fuego y la leña, ¿pero dónde está el cordero para el sacrificio?'. Y respondió Avraham: 'Hijo mío, Dios proveerá el cordero para el holocausto'. Y siguieron andando los dos juntos. Y llegaron al lugar que Dios le había indicado, y Avraham erigió allí un altar, ordenó la leña y ató a su hijo, Yitsjak, y lo colocó

אתו otó על־ al המזבח hamizbéaj נגד, זן, אל יהוה ממעל mimáal עלם
לעצים laetsim: וישלח vayishlaj אברהם Avraham וח"פ אל, רי"ו ול"ב נתיבות
החכמה, רמ"ח (אברים), עסמ"ב וט"ז אותיות פשוטות את־ et ידו yadó ויקח vayikaj חעם
את־ et המאכלת hamaajélet לשחט lishjot את־ et בנו bnó:
ויקרא vayikrá עם ה' אותיות = ב"פ קס"א אליו elav מלאך malaj
יהוהאדניאהדונהי Adonai מן־ min השמים hashamáyim י"פ טל, י"פ כחו ; ר"ת מ"ה
ויאמר vayómer אברהם Avraham | וח"פ אל, רי"ו ול"ב נתיבות החכמה, רמ"ח (אברים),
עסמ"ב וט"ז אותיות פשוטות אברהם Avraham וח"פ אל, רי"ו ול"ב נתיבות החכמה, רמ"ח (אברים),
עסמ"ב וט"ז אותיות פשוטות ויאמר vayómer הנני hineni: ויאמר vayómer אל־ al
תשלח tishlaj ידך yadjá אל־ el הנער hanáar ואל־ veal תעש taás
לו lo מאומה meumá כי qui | עתה ata ידעתי yadati כי־ qui ירא yeré
אלהים Elohim אהיה אדני ; ילה אתה atá ולא veló חשכת jasajta את־ et
בנך binjá את־ et יחידך yejidjá ממני mimeni: וישא vayisá
אברהם Avraham וח"פ אל, רי"ו ול"ב נתיבות החכמה, רמ"ח (אברים), עסמ"ב וט"ז אותיות פשוטות
את־ et עיניו einav ריבוע מ"ה וירא vayar והנה־ vehiné איל áyil אחר ajar
נאחז neejaz בסבך basvaj בקרניו bekarnav כשאומר נאחז בסבך בקרניו
יכוין לתיבות שאחר סבך הם עגל, והשטן בעבור קיטרוג העגל היה מרחיק האיל, כדי שישחט יצחק.
ומיכאל (= הנה איל, ננא) אחר נאחז בקרניו (= שס"ח סממני הקטורת) הכניע את השטן
וילך vayelej כלי אברהם Avraham וח"פ אל, רי"ו ול"ב נתיבות החכמה,
רמ"ח (אברים), עסמ"ב וט"ז אותיות פשוטות ויקח vayikaj חעם את־ et
האיל haáyil ויעלהו vayaalehu לעלה leolá תחת tájat בנו bnó:
ויקרא vayikrá עם ה' אותיות = ב"פ קס"א אברהם Avraham וח"פ אל, רי"ו ול"ב נתיבות
החכמה, רמ"ח (אברים), עסמ"ב וט"ז אותיות פשוטות שם־ shem המקום hamakom

---

en el altar, sobre la leña. Y Avraham extendió la mano en la que portaba el cuchillo para sacrificar a su hijo cuando lo llamó desde Cielo el Ángel del Señor diciéndole: 'Avraham, Avraham'. Y éste contestó dijo: 'Heme aquí'. Y Él dijo: 'No abatas tu mano sobre el muchacho ni le hagas nada, porque ahora sé que eres temeroso de Dios y no escatimaste para Mí a tu propio hijo'. Y Avraham alzó la vista y vio a un carnero cercano que tenía sus cuernos trabados en el matorral. Avraham fue allí y tomó al carnero; lo ofreció por holocausto en lugar de su hijo. Y llamó Avraham ese lugar

ההוא hahú יהוה יאהדונהי Adonai | יראה yiré רי"ו אשר asher

יאמר yeamer היום hayom ע"ה נגד, מזבח, זן, אל יהוה בהר behar

יהוה יאהדונהי Adonai יראה yeraé רי"ו: ויקרא vayikrá עם ה' אותיות = ב"פ קס"א

מלאך malaj יהוה יאהדונהי Adonai אל el אברהם Avraham ו"פ אל,

רי"ו ול"ב נתיבות החכמה, רמ"ח (אברים), עסמ"ב וט"ז אותיות פשוטות שנית shenit מן min

השמים hashamáyim י"פ טל, י"פ כוזו ; ר"ת מ"ה: ויאמר vayómer בי bi

נשבעתי nishbati נאם neúm יהוה יאהדונהי Adonai כי qui יען yaán

אשר asher עשית asita את et הדבר hadavar ראה הזה hazé והו ולא veló

וחשכת jasajta את et בנך binjá את et יחידך yejideja: כי qui

ברך varej אברכך avarejejá והרבה veharbá ארבה arbé יצחק, ד"פ ב"ן

את et זרעך zarajá ככוכבי quejójvei השמים hashamáyim י"פ טל, י"פ כוזו

וכחול vejajol אשר asher על al שפת sfat הים hayam ילי

וירש veyirash זרעך zarajá את et שער sháar איביו oyvav:

והתברכו vehitbarjú יהוה ריבוע יהוה ריבוע מ"ה בזרעך vezarajá

כל col ילי גויי goyei הארץ haárets אלהים דההין ע"ה עקב ékev ב"פ מום

אשר asher שמעת shamata בקלי bekolí: וישב vayashav

אברהם Avraham ו"פ אל, רי"ו ול"ב נתיבות החכמה, רמ"ח (אברים), עסמ"ב וט"ז אותיות פשוטות

אל el נעריו nearav ויקמו vayakumu וילכו vayeljú יחדו yajdav

אל el באר Beer קנ"א ב"ן, יהוה אלהים יהוה אדני, מילוי קס"א וס"ג, מ"ה ברבוע וע"ב ע"ה

שבע Shava וישב vayeshev אברהם Avraham ו"פ אל,

רי"ו ול"ב נתיבות החכמה, רמ"ח (אברים), עסמ"ב וט"ז אותיות פשוטות בבאר biVeer

קנ"א ב"ן, יהוה אלהים יהוה אדני, מילוי קס"א וס"ג, מ"ה ברבוע וע"ב ע"ה שבע Shava:

El Señor verá, de donde se dice hasta hoy día que en la Montaña del Señor se puede ver. Entonces el Ángel del Señor llamó a Avraham desde el Cielo por segunda vez diciendo: 'Por Mí juré, dijo el Señor, que por haber hecho tú cosa semejante y no Me negaste a tu hijo, el único, ciertamente he de bendecirte y multiplicaré inmensamente tu simiente como las estrellas del cielo y la arena de las costas. Tu simiente heredará el portal de sus enemigos. Todos los pueblos de la Tierra serán bendecidos por tu simiente, porque tú has obedecido a Mi Voz'. Y Avraham regresó al lugar donde estaban sus mozos. Se levantaron todos y fueron a Beer Sheva. Y Avraham moró en Beer Sheva" (Génesis 22:1-19).

RIBONÓ SHEL OLAM

La Luz nunca se puede revelar sin una Vasija. *Ribonó Shel Olam* nos ayuda a construir nuestra propia Vasija personal para atraer toda la Luz que Avraham generó en virtud de sus acciones.

רִבּוֹנוֹ Ribonó שֶׁל shel עוֹלָם olam• כְּמוֹ cmó שֶׁכָּבַשׁ shecavash

אַבְרָהָם Avraham ו״פ אל, רי״ו ול״ב נתיבות החכמה, רמ״ח (אברים), עסמ״ב וט״ז אותיות פשוטות

אָבִינוּ avinu אֶת et רַחֲמָיו rajamav לַעֲשׂוֹת laasot רְצוֹנְךָ retsonjá

בְּלֵבָב belevav בוכו שָׁלֵם shalem• כֵּן quen יִכְבְּשׁוּ yijbeshú

רַחֲמֶיךָ rajameja אֶת et כַּעַסְךָ caaseja• וְיִגֹּלוּ veyigolu

רַחֲמֶיךָ rajameja עַל al מִדּוֹתֶיךָ midoteja• וְתִתְנַהֵג vetitnaheg

עִמָּנוּ imanu ריבוע דס״ג, קס״א ע״ה וד׳ אותיות יְהֹוָאֲדֹנָיאהדונהי Adonai אֱלֹהֵינוּ Eloheinu

ילה בְּמִדַּת bemidat הַחֶסֶד hajésed ע״ב, ריבוע יהוה וּבְמִדַּת uvemidat

הָרַחֲמִים harajamim• וְתִכָּנֵס veticanés לָנוּ lanu אלהים, אהיה אדני

לִפְנִים lifnim מִשּׁוּרַת mishurat הַדִּין hadín• וּבְטוּבְךָ uvetuvjá לאו

הַגָּדוֹל hagadol להח ; עם ד׳ אותיות = מבה, יזל, אום יָשׁוּב yashuv וַחֲרוֹן jarón

אַפְּךָ apaj• מֵעַמְּךָ meamaj וּמֵעִירְךָ umeiraj וּמֵאַרְצְךָ umeartsaj

וּמִנַּחֲלָתְךָ uminajalataj• וְקַיֵּם vekayem לָנוּ lanu אלהים, אהיה אדני

יְהֹוָאֲדֹנָיאהדונהי Adonai אֱלֹהֵינוּ Eloheinu ילה אֶת et הַדָּבָר hadavar ראה

שֶׁהִבְטַחְתָּנוּ shehivtajtanu בְּתוֹרָתְךָ betorataj עַל al יְדֵי yedei

מֹשֶׁה Moshé מהש, ע״ב בריבוע וקס״א, אל שדי, ד״פ אלהים ע״ה עַבְדְּךָ avdaj פוי, אל אדני

כָּאָמוּר caamur: וְזָכַרְתִּי vezajarti אֶת־ et בְּרִיתִי brití

יַעֲקוֹב Yaakov ז׳ הויות, יאהדונהי אידהנויה וְאַף veaf אֶת־ et בְּרִיתִי brití

RIBONÓ SHEL OLAM

Señor del Mundo, igual que Avraham nuestro padre suprimió su compasión para cumplir con Tu voluntad con todo el corazón, de igual manera que Tu compasión suprima a Tu ira y pueda Tu compasión revelarse por encima de Tus otros atributos. Compórtate con nosotros, Señor, nuestro Dios, de acuerdo con los atributos de benevolencia y de compasión; por nuestro bien, actúa hacia nosotros desde más allá del marco de juicio estricto. Por Tu gran bondad, Tu furia se retractará de Tu Nación, Tu Ciudad, Tu Tierra, y Tu Herencia. Cumple para nosotros, Señor, nuestro Dios, lo que nos has prometido en Tu Torá, a través de Moshé, Tu sirviente, como está dicho: "Me acordaré de Mi Pacto con Yaakov, de Mi Pacto

יִצְחָק Yitsjak ד"פ ב"ן וְאַף veaf אֶת־ et בְּרִיתִי brití
אַבְרָהָם Avraham וז"פ אל, רי"ו ול"ב נתיבות החכמה, רמ"ח (אברים), עסמ"ב וט"ז אותיות פשוטות
אֶזְכֹּר ezcor וְהָאָרֶץ vehaárets אלהים דההין ע"ה אֶזְכֹּר ezcor: וְנֶאֱמַר veneemar:
וְאַף־ veaf גַּם־ gam זֹאת zot בִּהְיוֹתָם bihyotam בְּאֶרֶץ beérets
אֹיְבֵיהֶם oyveihem לֹא־ lo מְאַסְתִּים meastim וְלֹא־ veló גְעַלְתִּים guealtim
לְכַלֹּתָם lejalotam לְהָפֵר lehafer בְּרִיתִי brití אִתָּם itam כִּי qui אֲנִי aní אני
יְהֹוָה(אדני) יאהדונהי Adonai אֱלֹהֵיהֶם Eloheihem ילה: וְזָכַרְתִּי vezajarti
לָהֶם lahem בְּרִית brit רִאשֹׁנִים rishonim אֲשֶׁר asher הוֹצֵאתִי־ hotseti
אֹתָם otam מֵאֶרֶץ meérets מִצְרַיִם Mitsráyim מצר לְעֵינֵי leeinei ריבוע מ"ה
הַגּוֹיִם hagoyim לִהְיוֹת lihyot לָהֶם lahem לֵאלֹהִים leElohim אהיה אדני ; ילה
אֲנִי Aní אני יְהֹוָה(אדני) יאהדונהי Adonai: וְנֶאֱמַר veneemar: וְשָׁב veshav
יְהֹוָה(אדני) יאהדונהי Adonai אֱלֹהֶיךָ Eloheja ילה אֶת־ et שְׁבוּתְךָ shevutjá
וְרִחֲמֶךָ verijameja וְשָׁב veshav וְקִבֶּצְךָ vekibetsjá מִכָּל־ micol ילי
הָעַמִּים haamim אֲשֶׁר asher הֱפִיצְךָ hefitsjá יְהֹוָה(אדני) יאהדונהי Adonai
אֱלֹהֶיךָ Eloheja ילה שָׁמָּה shama: אִם־ im יוהך, מ"א אותיות דפשוט,
דמילוי ודמילוי דמילוי דאהיה ע"ה יִהְיֶה yihyé ייי נִדַּחֲךָ nidajajá בִּקְצֵה biktsé
הַשָּׁמָיִם hashamáyim י"פ טל, י"פ כוזו מִשָּׁם misham יְקַבֶּצְךָ yekabetsjá
יְהֹוָה(אדני) יאהדונהי Adonai אֱלֹהֶיךָ Eloheja ילה וּמִשָּׁם umisham
יִקָּחֶךָ yikajejá: וֶהֱבִיאֲךָ veheviajá יְהֹוָה(אדני) יאהדונהי Adonai
אֱלֹהֶיךָ Eloheja ילה אֶל־ el הָאָרֶץ haárets אלהים דההין ע"ה אֲשֶׁר־ asher

---

con Yitsjak y hasta de Mi Pacto con Avraham y me acordaré también de la tierra" (Levítico 26:42). *Y también está dicho: "Y a pesar de las iniquidades de Israel, cuando estuvieron en tierras de sus enemigos, no los desprecié ni los odié de tal manera como para destruirlos y anular Mi Pacto con ellos, porque Yo soy El Señor, su Dios. Y por ellos, recordaré de Mi Pacto con la primera generación a quienes libré de la tierra de Egipto ante los ojos de todos los pueblos para que Yo fuera su Dios. Yo soy el Señor"* (Levítico 26:44-45). *Y también está dicho: "Y el Señor te hará volver del cautiverio y se apiadará de ti y te recogerá del seno de los pueblos donde Él te hubiere dispersado. Incluso si estuvieses desterrado en el extremo del Cielo, de allí mismo el Señor, tu Dios, ha de reunirte y de allí mismo ha de recogerte. Y el Señor, tu Dios, te traerá a la Tierra que*

יְרֵשׁוּ yarshú אֲבֹתֶיךָ avoteja וִירִשְׁתָּהּ virishtá וְהֵיטִבְךָ veheitivjá

וְהִרְבְּךָ vehirbeja מֵאֲבֹתֶיךָ: meavoteja וְנֶאֱמַר veneemar עַל al

יְדֵי yedei נְבִיאֶךָ: nevieja יְהֹוָה יאהדונהי Adonai חָנֵּנוּ janenu

לְךָ lejá קִוִּינוּ kivinu הֱיֵה heyé יהה זְרֹעָם zroam לַבְּקָרִים labkarim

אַף af יְשׁוּעָתֵנוּ yeshuatenu (referencia a los "Diez mártires del reino")

בְּעֵת beet צָרָה tsará אלהים דההין: וְנֶאֱמַר veneemar: וְעֵת־ veet

צָרָה tsará אלהים דההין הִיא hi לְיַעֲקֹב leYaakov ז' הויות, יאהדונהי אידהנויה

וּמִמֶּנָּה umimena יִוָּשֵׁעַ yivashea. וְנֶאֱמַר veneemar: בְּכָל־ bejol ב"ן, לכב

צָרָתָם tsaratam | לֹו lo (כתיב: לא) צָר tsar וּמַלְאַךְ umalaj

פָּנָיו panav הוֹשִׁיעָם hoshiam בְּאַהֲבָתוֹ beahavató וּבְחֶמְלָתוֹ uvejemlató

הוּא Hu גְּאָלָם guealam וַיְנַטְּלֵם vayenatlem וַיְנַשְּׂאֵם vaynasem

כָּל־ col ילי יְמֵי yemei עוֹלָם olam: וְנֶאֱמַר veneemar:

LOS TRECE ATRIBUTOS

Los Trece Atributos son 13 virtudes o propiedades que reflejan 13 aspectos de nuestra relación diaria con el Creador. Actúan como un espejo. Si realizamos una acción negativa en nuestro mundo, el espejo refleja esta energía negativa de vuelta a nosotros. A medida que intentamos transformar nuestra naturaleza reactiva en una proactiva, esta retroalimentación directa desde el mundo de *Yetsirá* ayuda a orientarnos y a corregirnos. El número 13 también representa "uno por encima de los 12 signos del Zodíaco". Los 12 signos astrológicos determinan nuestro comportamiento instintivo y reactivo. El número 13 nos da el control sobre los 12 signos, lo que nos da el dominio sobre nuestra naturaleza reactiva.

Una carta astrológica se conoce mejor como el mapa de ADN del alma de un individuo, revelando qué vino a hacer a este mundo, y qué necesita corregir y transformar en este tiempo de vida. Estamos destinados a usar los aspectos positivos de nuestro signo astrológico para superar y transformar todos los aspectos negativos imbuidos en nuestra personalidad interior. Es importante comprender que nuestro perfil astrológico no es la *causa* de nuestra naturaleza, sino el *efecto*. Recibimos un mapa de ADN en particular basado en nuestro historial de vidas pasadas. Este comportamiento de una vida pasada —y sus consecuentes créditos y deudas espirituales— determinó el momento y el signo en que nacimos. La astrología es sólo el mecanismo mediante el cual adquirimos las características necesarias para nuestro crecimiento y cambio interior.

---

heredaron tus padres y que también tú poseerás. Él será benévolo contigo y hará que te multipliques más que tus padres" (Deuteronomio 30:3-5). *Y también está dicho a través de Tus profetas: "Señor, ten misericordia de nosotros, a Ti hemos esperado; Tú, brazo de ellos en la mañana, sé también nuestra salvación en tiempo de la tribulación."* (Isaías 33:2). *Y como está dicho: "Es tiempo de tribulaciones para Yaakov, mas él será librado de ellas"* (Jeremías 30:7). *También: "Dios estaba afligido por la aflicción de ellos, y por eso los ángeles de Su presencia, los redimieron. En Su amor y en Su piedad los salvó. Él los trajo y los levantó todos los días de la eternidad"* (Isaías 63:9). *Y se ha dicho:*

(1) אל מִי־ mi ילי אֵל El ייא"י (מילוי דס"ג) כָּמוֹךָ camoja

(2) רחום נֹשֵׂא nosé עָוֺן avón

(3) וחנון וְעֹבֵר veover עַל־ al פֶּשַׁע pesha

(4) ארך לִשְׁאֵרִית lisherit נַחֲלָתוֹ najalató

(5) אפים לֹא־ lo הֶחֱזִיק hejezik לָעַד laad ב"פ ב"ן אַפּוֹ apó

(6) ורב חסד כִּי־ qui חָפֵץ jafets חֶסֶד jésed ע"ב, ריבוע יהוה הוּא hu:

(7) ואמת יָשׁוּב yashuv יְרַחֲמֵנוּ yerajamenu

(8) נצר חסד יִכְבֹּשׁ yijbosh עֲוֺנֹתֵינוּ avonoteinu

(9) לאלפים וְתַשְׁלִיךְ vetashlij בִּמְצֻלוֹת bimtsulot

יָם yam ילי כָּל־ col ילי חַטֹּאותָם jatotam:

(10) נשא עון תִּתֵּן titén ב"פ כהת אֱמֶת emet אהיה פעמים אהיה, ז"פ ס"ג

לְיַעֲקֹב leYaakov ז' הויות, יאהדונהי אידהנויה (חיבור ז"א ומלכות)

(11) ופשע חֶסֶד jésed ע"ב, ריבוע יהוה לְאַבְרָהָם leAvraham

ח"פ אל, רי"ו ול"ב נתיבות החכמה, רמ"ח (אברים), עסמ"ב וט"ז אותיות פשוטות

(12) וחטאה אֲשֶׁר־ asher נִשְׁבַּעְתָּ nishbata לַאֲבֹתֵינוּ laavoteinu

(13) ונקה מִימֵי mimei קֶדֶם kédem:

LOS TRECE ATRIBUTOS

"1) ¿Quién es un Dios como Tú? 2) Quien perdona la iniquidad, 3) y olvida el pecado 4) del remanente de Su heredad. 5) Él no retuvo para siempre Su enojo 6) porque Él se deleita en misericordia. 7) Él tendrá de nuevo misericordia sobre nosotros 8) y eliminará nuestras iniquidades. 9) Él echará en las profundidades del mar todos sus pecados. 10) Da la verdad a Yaakov 11) y benevolencia a Avraham 12) que prometiste nuestros padres, 13) desde el comienzo de los días" (Miqueas 7:18-20).

ונאמר veneemar: והביאותים vahaviotim אל־ el הר har
קדשי kodshí ושמחתים vesimajtim בבית beveit ב"פ ראה
תפלתי tfilatí עולתיהם oloteihem וזבחיהם vezivjeihem לרצון leratsón
מהש ע"ה, ע"ב בריבוע וקס"א ע"ה, אל שדי ע"ה על־ al מזבחי mizbejí כי qui
ביתי veití ב"פ ראה בית־ beit ב"פ ראה תפלה tfilá באתב"ש אוכצ, ב"ן אדני
וניקודה ע"ה = יוד הי וו הה יקרא yikaré לכל־ lejol יה אדני העמים haamim ר"ת יכלה:

ELU DVARIM

אלו elu דברים dvarim ראה שאין sheéin להם lahem שיעור shiur
הפאה hapeá והבכורים vehabicurim והראיון vehareayón וגמילות ugmilut
וחסדים jasadim ותלמוד vetalmud תורה Torá. אלו elu
דברים dvarim ראה שאדם sheadam מ"ה עושה osé אותם otam,
אוכל ojel מפירותיהם miperoteihem בעולם baolam הזה hazé והו
והקרן vehakeren קימת kayémet לו lo לעולם leolam ריבוע דס"ג וי' אותיות דס"ג
הבא habá. ואלו veelu הן hen. כבוד quibud אב av ואם vaem.
וגמילות ugmilut חסדים jasadim. ובקור uvikur חולים jolim וחולה =
מ"ה עם ד' אותיות. והכנסת vehajnasat אורחים orjim. והשכמת vehashcamat
בית beit ב"פ ראה הכנסת hacnéset. והבאת vahavaat שלום shalom בין bein
אדם adam מ"ה לחבירו lajaveró. ובין uvein איש ish לאשתו leishtó.
ותלמוד vetalmud תורה Torá כנגד quenégued מזבח, זן, אל יהוה כלם culam:

Y también está dicho: "Yo los he traído a Mi Montaña Sagrada y los he regocijado en Mi Casa de Oración. Sus holocaustos y sus sacrificios serán aceptados sobre Mi Altar, porque Mi Casa será llamada: 'Mi Casa de Oración' para todas las naciones" (Isaías 56:7).

ELU DVARIM

"Los siguientes elementos no tienen medida: la esquina del terreno, la primicia, una ofrenda visual, la benevolencia y el estudio de la Torá. Estas son las cosas que una persona puede hacer y beneficiarse de sus frutos, en este mundo y, mientras su esencia permanezca intacta, en el Mundo por Venir. Y estas son: Honrar al padre y a la madre, Otorgar benevolencia, Visitar a los enfermos, Brindar hospitalidad a los huéspedes, Llegar temprano a la sinagoga, Traer paz entre el hombre y sus semejantes y entre marido y mujer. Y el estudio de la Torá es equivalente a todos ellos" (Peá Cap. 1:1; Shabat 127a).

LEOLAM YEHÉ ADAM

Es importante mantener un sentido de temor reverencial por el Creador y tener un miedo saludable de desconectarse de la Luz por actuar de forma deshonesta, bien sea que estemos solos o entre otras personas. El temor reverencial nos ayuda a reconocer que es nuestro oponente *—Satán—* quien intenta controlar nuestro comportamiento y no nuestra naturaleza verdadera

לְעוֹלָם leolam ריבוע דס"ג וי' אותיות דס"ג יְהֵא yehé אָדָם adam יְרֵא yeré
שָׁמַיִם shamáyim י"פ טל, י"פ כוזו בְּסֵתֶר baséter ב"פ מצר כְּבַגָּלוּי quevagalui•
וּמוֹדֶה umodé עַל al הָאֱמֶת haemet אהיה פעמים אהיה, ז"פ ס"ג•
וְדוֹבֵר vedover אֱמֶת emet אהיה פעמים אהיה, ז"פ ס"ג בִּלְבָבוֹ bilvavó•
וְיַשְׁכֵּם veyashquim וְיֹאמַר veyomar: רִבּוֹן Ribón יהוה ע"ב ס"ג מ"ה ב"ן
הָעוֹלָמִים haolamim וַאֲדוֹנֵי vaAdonei הָאֲדוֹנִים haadonim• לֹא lo עַל־ al
צִדְקוֹתֵינוּ tsidkoteinu אֲנַחְנוּ anajnu מַפִּילִים mapilim תַּחֲנוּנֵינוּ tajanuneinu
לְפָנֶיךָ lefaneja ס"ג מ"ה ב"ן כִּי qui עַל־ al רַחֲמֶיךָ rajameja הָרַבִּים harabim:
אֲדֹנָי Adonai | ללה שְׁמָעָה shmaá ללה | אֲדֹנָי Adonai סְלָחָה slajá
אֲדֹנָי Adonai ללה הַקְשִׁיבָה hakshiva וַעֲשֵׂה vaasé אַל־ al תְּאַחַר teajar
לְמַעַנְךָ lemaanjá אֱלֹהַי Elohai מילוי ע"ב, דמב ; ילה כִּי־ qui שִׁמְךָ Shimjá
נִקְרָא nikrá עַל־ al עִירְךָ irjá וְעַל־ veal עַמֶּךָ ameja: מַה ma מ"ה
אֲנַחְנוּ anajnu מַה ma מ"ה וְחַיֵּינוּ jayeinu• מַה ma מ"ה וְחַסְדֵּנוּ jasdenu
מַה ma מ"ה צִדְקוֹתֵינוּ tsidkoteinu• מַה ma מ"ה כֹּחֵנוּ cojenu מַה ma מ"ה
גְּבוּרָתֵנוּ gvuratenu• מַה ma מ"ה נֹּאמַר nomar לְפָנֶיךָ lefaneja ס"ג מ"ה ב"ן
יְהֹוָהאדניאהדונהי Adonai אֱלֹהֵינוּ Eloheinu ילה וֵאלֹהֵי veElohei לכב ; מילוי ע"ב, דמב ; ילה
אֲבוֹתֵינוּ avoteinu הֲלֹא haló כָּל col ילי הַגִּבּוֹרִים haguiborim כְּאַיִן queáyin
לְפָנֶיךָ lefaneja ס"ג מ"ה ב"ן • וְאַנְשֵׁי veanshei הַשֵּׁם haShem כְּלֹא queló הָיוּ hayú•

LEOLAM YEHÉ ADAM

Uno siempre debe temer a los Cielos en privado y en público, y uno debe reconocer la verdad y hablar la verdad en su corazón. Uno debe levantarse temprano y decir: Gobernador de los mundos, Señor de todos los Señores, "No ponemos nuestras súplicas ante Ti por causa de nuestra rectitud, sino debido a Tu abundante compasión. Señor, escúchanos. Señor, perdónanos. Señor, escucha, actúa y no demores. Mi Dios, hazlo así por Tu propia causa, porque Tu Nombre es invocado sobre Tu Ciudad y Tu Nación" (Daniel 9:18-19). ¿Cuál es nuestro valor y cuál es el beneficio de nuestra vida, nuestra rectitud, nuestra fortaleza y nuestro valor? ¿Qué debemos decir ante Ti, Señor, nuestro Dios y el Dios de nuestros padres? Todos los poderosos son como nada ante Ti. Los hombres famosos como si nunca hubiesen existido.

וַחֲכָמִים vajajamim כִּבְלִי quivlí מַדָּע madá וּנְבוֹנִים unevonim

כִּבְלִי quivlí הַשְׂכֵּל •hasquel כִּי qui כָל jol ילי מַעֲשֵׂינוּ maaseinu

תֹהוּ tohú וִימֵי vimei חַיֵּינוּ jayeinu הֶבֶל hével

לְפָנֶיךָ lefaneja ס"ג מ"ה ב"ן : וּמוֹתַר umotar הָאָדָם haadam מ"ה מִן min

הַבְּהֵמָה habehemá ב"ן אָיִן ayin כִּי qui הַכֹּל hacol ילי הָבֶל :hável

LEVAD HANESHAMÁ (EXCEPTO POR ESA ALMA PURA)

La única entidad de valor genuino e importancia es nuestra alma, ya que el alma es una parte real de Dios. Si cometemos el error de olvidar que todos los que nos rodean también son parte del Creador, nos desconectamos inmediatamente de la Luz. *Levad HaNeshamá* nos ayuda a valorar y a apreciar el aspecto divino en todas las criaturas y a respetar la esencia espiritual de nuestro mundo.

לְבַד levad הַנְּשָׁמָה haneshamá הַטְּהוֹרָה hatehorá שֶׁהִיא shehí

עֲתִידָה atidá לִתֵּן litén דִּין din וְחֶשְׁבּוֹן vejeshbón לִפְנֵי lifnei כִּסֵּא jisé

כְּבוֹדֶךָ jevodeja ב"ן, לכב וְכָל vejol ילי הַגּוֹיִם hagoyim כְּאַיִן queáyin

נֶגְדֶּךָ negdejá מזבח, זן, אל יהוה שֶׁנֶּאֱמַר :sheneemar הֵן hen גּוֹיִם goyim

כְּמַר cmar מִדְּלִי midlí וּכְשַׁחַק ujeshájak מֹאזְנַיִם moznáyim

נֶחְשָׁבוּ nejshavú הֵן hen אִיִּים iyim כַּדַּק cadak יִטּוֹל :yitol

AVAL

Todos somos descendientes de Avraham, Yitsjak y Yaakov. Estos grandes patriarcas bíblicos vinieron a este mundo y crearon una estructura espiritual siendo ellos los conductores, conectando con aspectos específicos de la Luz para que tú, yo y todas las personas del mundo pudiéramos acceder a la misma energía que ellos mismos encarnaron. Es gracias al mérito de estos gigantes espirituales que ahora podemos hacer las conexiones espirituales más elevadas posibles.

Los hombres sabios como si no tuvieran conocimiento y los hombres con entendimiento como si carecieran de sentido. Todas nuestras obras son confusión y los días de nuestras vidas son vanos ante Ti (Taná Devei Rabí Eleazar Cap. 21). Y el hombre no es superior a las bestias, porque todo es vanidad (Eclesiastés 3:19).

LEVAD HANESHAMÁ

Excepto por esa alma pura la cual está destinada a ser juzgada y a rendir cuentas ante el Trono de Tu Gloria. Todas las naciones son como nada ante Ti, como está dicho: "He aquí que las naciones son para Él como una gota de agua que cae de un balde y son contadas como el polvillo en la balanza. Él hace desaparecer las islas como si fueran polvo" (Isaías 40:15).

אֲבָל aval אֲנַחְנוּ anajnu עַמְּךָ amjá בְּנֵי bnei בְּרִיתֶךָ vriteja בְּנֵי bnei
אַבְרָהָם Avraham וז"פ אל, רי"ו ול"ב נתיבות החכמה, רמ"ח (אברים), עסמ"ב וט"ז אותיות פשוטות
אֹהֲבֶךָ ohaveja שֶׁנִּשְׁבַּעְתָּ shenishbata לוֹ lo בְּהַר behar
הַמּוֹרִיָּה •haMoriyá זֶרַע zera יִצְחָק Yitsjak ד"פ ב"ן עֲקֵדֶךָ akedeja
שֶׁנֶּעֱקַד sheneekad עַל־ al גַּבֵּי gabei הַמִּזְבֵּחַ hamizbéaj נגד, זן, אל יהוה
עֲדַת adat יַעֲקֹב Yaakov ז' הויות, יאהדונהי אידהנויה בִּנְךָ binjá
בְּכוֹרֶךָ •vejoreja שֶׁמֵּאַהֲבָתְךָ shemeahavatjá שֶׁאָהַבְתָּ sheahavta
אוֹתוֹ otó וּמִשִּׂמְחָתְךָ umisimjatjá שֶׁשָּׂמַחְתָּ shesamajta בּוֹ bo
קָרָאתָ karata אוֹתוֹ otó יִשְׂרָאֵל Yisrael וִישֻׁרוּן vishurún:

LEFIJAJ

LeFijaj despierta un sentido de apreciación que garantiza nuestra buena fortuna y protege aquello que amamos. Espiritualmente, no hay nada malo en trabajar por cosas más grandes y mejores en la vida; pero es nuestra conciencia de alma, no nuestra conciencia corpórea, lo que determinará si recibimos felicidad y satisfacción interior o insatisfacción y frustración. El mensaje profundo es que debemos estar felices con nuestro destino en la vida, como quiera que éste se vea, porque esa sensación de felicidad y apreciación es exactamente lo que necesitamos para lograr nuestro crecimiento espiritual.

לְפִיכָךְ lefijaj אֲנַחְנוּ anajnu חַיָּבִים jayavim לְהוֹדוֹת lehodot לָךְ laj
וּלְשַׁבְּחָךְ uleshabjaj וּלְפָאֲרָךְ ulefaaraj וּלְרוֹמְמָךְ uleromemaj
וְלִתֵּן velitén שִׁיר shir שֶׁבַח shévaj וְהוֹדָאָה vehodaá לְשִׁמְךָ leShimjá
הַגָּדוֹל hagadol להוז ; עם ד' אותיות = מבה, יזל, אום וְחַיָּבִים vejayavim
אֲנַחְנוּ anajnu לוֹמַר lomar לְפָנֶיךָ lefaneja ס"ג מ"ה ב"ן שִׁירָה shirá
בְּכָל־ bejol ב"ן, לכב יוֹם yom ע"ה נגד, מזבח, זן, אל יהוה תָּמִיד tamid ע"ה נתה, קס"א קנ"א קמ"ג.

AVAL

Sin embargo somos Tu Nación, los hijos de Tu pacto: los Hijos de Avraham, que Te ha amado y a quien Tú le has jurado sobre el Monte Moriá; la semilla de Yitsjak, Tu atado, que fue atado sobre el altar; y la Congregación de Yaakov, Tu hijo, Tu primogénito, que por el amor y la alegría que Tú sentías hacia él, Te has regocijado en él y lo llamaste Yisrael y también Yeshurún.

LEFIJAJ

Por lo tanto, es nuestra obligación agradecerte, alabarte, glorificarte y exaltarte, y brindar una canción de alabanza y gratitud a Tu Gran Nombre. Estamos obligados a decir ante Ti, todos los días y para siempre,

אַשְׁרֵנוּ ashrenu מַה ma מ״ה טּוֹב tov והו וְחֶלְקֵנוּ jelkenu

וּמַה־ umá מ״ה נָּעִים naim גּוֹרָלֵנוּ •goralenu וּמַה umá מ״ה

יָּפָה yafá מְאֹד meod יְרֻשָּׁתֵנוּ •yerushatenu אַשְׁרֵנוּ ashrenu

שֶׁאֲנַחְנוּ sheanajnu מַשְׁכִּימִים mashquimim וּמַעֲרִיבִים umaarivim

בְּבָתֵּי bevatei כְּנֵסִיּוֹת jnesiyot וּבְבָתֵּי uvevatei מִדְרָשׁוֹת •midrashot

וּמְיַחֲדִים umeyajadim שִׁמְךָ Shimjá בְּכָל bejol ב״ן, לכב

יוֹם yom ע״ה נגד, מזבח, זן, אל יהוה תָּמִיד tamid ע״ה נתה, קס״א קנ״א קמ״ג

אוֹמְרִים omrim פַּעֲמַיִם paamáyim בְּאַהֲבָה beahavá אחד, דאגה:

PEQUEÑO SHMÁ

Esta versión del *Shmá* actúa como un propulsor de cohetes, ayudándonos a despegar hacia *Shajarit*, la conexión matutina. Primero escaneamos las meditaciones que anteceden al *Shmá* para preparar nuestra Vasija interior. Cuando recitamos el *Shmá*, unimos a los Mundos Superiores con el mundo físico. Reconocemos que sólo hay un Creador, una Fuente, y que pasado, presente y futuro son uno. Recubrimos nuestra realidad física con la Realidad del Árbol de la Vida, creando un puente con nuestra conciencia al meditar en que todo es uno solo.

Dentro del *Shmá* hay dos letras arameas grandes: *Ayin* ע y *Dálet* ד. Juntas forman la palabra aramea para "testigo", עֵד. La Luz es testigo de todo lo que hacemos y siempre somos responsables de nuestras acciones, incluso si creemos que nadie nos vio haciéndolas. Esta es la ley de causa y efecto.

En *Shabat* omitimos esta meditación y continuamos en la página 257.

Primero, medita en general, en el primer *Yijud* de los cuatro *Yijudim* del Nombre: יהוה y, en particular, para despertar a la letra ה, y luego para conectarla con la letra ו. Entonces conecta a la letra י y a la letra ה juntas en el orden siguiente: *Hei* (ה), *Hei-Vav* (ה"ו), luego *Yud-Hei* (י"ה), lo que suma 31, el secreto de י"א" del Nombre ס"ג. Es bueno meditar en este *Yijud* antes de recitar cualquier *Shmá* porque actúa como un reemplazo por las veces que quizás no hayas recitado el *Shmá*. Este *Yijud* tiene la capacidad de crear una conexión Celestial como la lectura del *Shmá*: elevar a *Zeir* y a *Nukvá* juntos para el *Zivug* de *Aba* e *Ima*.

Según el Ramjal, la elevación de los *Mojín* durante este *Shmá* es la misma que durante el *Shmá* de *Korbanot* de los días de semana, excepto que *la Nukvá* es elevada en *Ima*.

¡Qué afortunados somos!

¡Qué buena es nuestra providencia! ¡Qué agradable es nuestro destino! ¡Qué hermosa es nuestra herencia! Estamos dichosos por ser capaces de llegar temprano y regresar tarde, a y desde las sinagogas y casas de estudio, y proclamar la unidad de Tu Nombre, diariamente y para siempre, y decimos dos veces, con amor:

Shmá – שׁמע

Meditación general: שׁם ע – para atraer la energía desde las siete *Sefirot* inferiores de *Ima* hacia la *Nukvá*, la cual permite a la *Nukvá* elevar las *Mayin Nukvín* (despertar desde Abajo). **Meditación particular**: שׁם = יהוה + שׁדי y cinco veces las letras י y ד de ב"ן = ע [La letra *Hei* (ה) es formada por las letras *Dálet* (ד) y *Yud* (י), por lo tanto en ב"ן tenemos cuatro veces la letra ה más otra vez las letras י y ד de יוד de ב"ן]. También las tres letras ו (18) que quedan de ב"ן, más ב"ן mismo (52) equivale a ע (70).

Yisrael – ישׂראל

Meditación general: שׂ"ר אל – para atraer energía desde *Jésed* y *Guevurá* de *Aba* hacia *Zeir Anpín*, para hacer su acción en el secreto de *Mayin Dujrín* (despertar desde Arriba).

Meditación particular: (las letras reordenadas de la palabra *Yisrael*): שׂר אלי

שׂ"ר = מילוי דשׂד"י (ין לת וד),

אלי = מ"א אותיות שׂבאהיה דאלפין פשׂוט ומלא ומלא דמלא

(אהיה אלף הא יוד הא אלף למד פא הא אלף יוד ואו דלת הא אלף).

Medita en atraer la Luz Circundante de *Ima* y la Luz Interna de *Aba* de *Katnut* hacia *Zeir Anpín*.

Adonai Eloheinu Adonai – יהוה אלהינו יהוה

Meditación general: para atraer energía hacia *Aba*, *Ima* y *Dáat* desde *Arij Anpín*.

Meditación particular: ע"ב (יוד הי ויו הי) קס"א (אלף הי יוד הי) ע"ב (יוד הי וי הי)

Ejad – אחד

(El secreto de la completa *Yijud-Unificación*)

Las letras *Álef* א y *Jet* ח de *Ejad* אחד son *Zeir Anpín* y la letra *Dálet* ד es *Nukvá*. **Debes meditar** en dedicar tu alma a la santificación del Nombre Sagrado, elevando de este modo a tu *Néfesh*, *Rúaj*, *Neshamá* y *Neshamá* de *Neshamá* con *Zeir Anpín* y *Nukvá* (usando los Nombres: ע"ב y ס"ג) hacia *Aba* e *Ima* como en el secreto de *Mayin Nukvín*, y por esa energía, *Aba* e *Ima* serán unificados en el secreto del Nombre: יאהדויה"ה. **También meditar** en atraer la Luz Circundante de *Katnut* de *Aba* y los Seis Bordes Internos de *Gadlut* de *Ima* hacia *Zeir Anpín*. La Gota, que es ע"ב, es sacada desde lo Interno de *Arij Anpín*, y desciende hacia *Yesod* de *Ima*, donde se convierte en: ע"ב ס"ג מ"ה ב"ן, y las cuatro אהיה deletreadas (אלף הי יוד הי, אלף הי יוד הי, אלף הא יוד הא, אלף הה יוד הה) se convierten en Su vestimenta. <u>Como resultado</u>, *Zeir Anpín* tiene cuatro יה"ו deletreadas (יוד הי ויו, יוד הי ואו, יוד הא ואו, יוד הה וו), cuatro אה"י deletreadas (אלף הי יוד, אלף הי יוד, אלף הא יוד, אלף הה יוד) y los Seis Bordes Internos de *Gadlut* de *Ima*.

También meditar en el Nombre: אל"ף ה"י וי"ו ה"י, que son los *Mojín* enteros en el secreto de *Dáat*. **Y también meditar** (según el Ramjal) en las cuatro *Álef* deletreadas (אלף=111) del Nombre: אהי"ה que es igual a la palabra *Midat* (444), haciendo el *Kéter* para *Leá*.

Baruj Shem Quevod Maljutó Leolam Vaed

ברוך שׁם כבוד מלכותו לעולם ועד

Baruj Shem Quevod – *Jojmá*, *Biná*, *Dáat* de *Leá*;

Maljutó – Su *Kéter*; **Leolam** – el resto de Su *Partsuf*;

Vaed – los cuatro היה (4 veces 20 es igual a *Vaed*= 80) harán el *Kéter* para *Rajel*.

Y las cuatro היה deletreadas (הי יוד הי, הי יוד הי, הא יוד הא, הה יוד הה) harán el resto de Su cuerpo.

שְׁמַע Shmá ע׳ רבתי יִשְׂרָאֵל Yisrael יְהֹוָאדהנּיאהדונהי Adonai

אֱלֹהֵינוּ Eloheinu ילה יְהֹוָאדהנּיאהדונהי Adonai | אֶחָד Ejad ד׳ רבתי ; אהבה, דאגה:

יוזו אותיות בָּרוּךְ Baruj שֵׁם Shem כְּבוֹד quevod מַלְכוּתוֹ maljutó,

לְעוֹלָם leolam ריבוע ס״ג וי׳ אותיות דס״ג וָעֶד vaed:

ATÁ HU

El siguiente *Atá Hu* ocupa la realidad metafísica —*Ein Sof* (el Mundo Infinito)— que existió antes de que nuestro mundo fuera creado. El segundo *Atá Hu* reside en nuestro mundo físico, el cual fue creado después de que el universo existiera. Este conocimiento ayuda a reforzar la idea de que sólo hay una Luz que abarca tanto los dominios espirituales como los físicos.

אַתָּה Atá הוּא Hu אֶחָד ejad אהבה, דאגה קוֹדֶם kódem עֹמם

שֶׁבָּרָאתָ shebarata הָעוֹלָם haolam וְאַתָּה veAtá הוּא Hu אֶחָד ejad

אהבה, דאגה לְאַחַר leajar שֶׁבָּרָאתָ shebarata הָעוֹלָם haolam. אַתָּה Atá

הוּא Hu אֵל El ייא״י (מילוי דס״ג) בָּעוֹלָם baolam הַזֶּה hazé והו וְאַתָּה veAtá

הוּא Hu אֵל El ייא״י (מילוי דס״ג) בָּעוֹלָם baolam הַבָּא habá. וְאַתָּה־ veAtá

הוּא Hu וּשְׁנוֹתֶיךָ ushnoteja לֹא lo יִתָּמּוּ yitamu: קַדֵּשׁ kadesh

שִׁמְךָ Shmaj בְּעוֹלָמָךְ beolamaj עַל al עַם am מְקַדְּשֵׁי mekadshei

שְׁמֶךָ Shmeja. וּבִישׁוּעָתְךָ uvishuatjá מַלְכֵּנוּ malquenu תָּרוּם tarum

וְתַגְבִּיהַּ vetagbiha קַרְנֵנוּ karnenu. וְתוֹשִׁיעֵנוּ vetoshienu בְּקָרוֹב vekarov

לְמַעַן lemaan שְׁמֶךָ Shmeja. בָּרוּךְ Baruj הַמְקַדֵּשׁ hamekadesh

שְׁמוֹ Shmó מהש ע״ה, ע״ב בריבוע וקס״א ע״ה, אל שדי ע״ה בָּרַבִּים varabim:

אַתָּה Atá הוּא Hu יְהֹוָאדהנּיאהדונהי Adonai הָאֱלֹהִים haElohim

אהיה אדני ; ילה ; ר״ת אהיה בַּשָּׁמַיִם bashamáyim י״פ טל, י״פ כוזו מִמַּעַל mimaal עלם

PEQUEÑO SHMÁ

"Escucha, Israel, el Señor nuestro Dios. El Señor es Uno" (Deuteronomio 6:4).

"Bendito es el glorioso Nombre, Su Reino es por siempre y para la eternidad" (Pesajim 56a).

ATÁ HU

"Tú eres Uno antes que Tú crearas el mundo y Tú eres Uno después que Tú crearas el mundo. Tú eres Dios en este mundo y Tú eres Dios en el Mundo por Venir. Tú eres Tú y Tus años no tienen fin" (Salmos 102:28). *Santifica Tu Nombre, en Tu mundo, sobre la Nación que santifica Tu Nombre. Con Tu salvación, nuestro Rey, Tú Te levantarás y exaltarás nuestro valor. Redímenos pronto en Tu Nombre. Bendito es Él, que santifica Su Nombre sobre las multitudes. Tú eres el Señor, el Dios en los Cielos Arriba*

וְעַל veal הָאָרֶץ haárets אלהים דההין ע״ה מִתַּחַת mitájat בִּשְׁמֵי bishmei
הַשָּׁמַיִם hashamáyim י״פ טל, י״פ כוזו הָעֶלְיוֹנִים haelyonim
וְהַתַּחְתּוֹנִים vehatajtonim. אַתָּה Atá הוּא Hu רִאשׁוֹן rishón וְאַתָּה veAtá
הוּא Hu אַחֲרוֹן ajarón וּמִבַּלְעָדֶיךָ umibaladeja אֵין ein אֱלֹהִים Elohim
אהיה אדני ; ילה. קַבֵּץ kabets נְפוּצוֹת nefutsot קוֶֹיךָ koveja מֵאַרְבַּע mearbá
כַּנְפוֹת canfot הָאָרֶץ haárets אלהים דההין ע״ה ; ר״ת = אדני. יַכִּירוּ yaquiru
וְיֵדְעוּ veyedú כָּל־ jol ילי בָּאֵי baéi עוֹלָם olam כִּי qui אַתָּה Atá הוּא Hu
הָאֱלֹהִים haElohim אהיה אדני ; ילה לְבַדְּךָ levadjá לְכֹל lejol יה אדני
מַמְלְכוֹת mamlejot הָאָרֶץ haárets אלהים דההין ע״ה אַתָּה Atá עָשִׂיתָ asita
אֶת־ et הַשָּׁמַיִם hashamáyim י״פ טל, י״פ כוזו וְאֶת־ veet הָאָרֶץ haárets
אלהים דההין ע״ה: אֶת et הַיָּם hayam ילי וְאֵת veet כָּל col ילי - אֲשֶׁר־ asher
בָּם bam מ״ב וּמִי umí ילי בְּכָל vejol ב״ן, לכב מַעֲשֵׂה maasé יָדֶיךָ yadeja
בָּעֶלְיוֹנִים baelyonim וּבַתַּחְתּוֹנִים uvatajtonim שֶׁיֹּאמַר sheyomar לָךְ laj
מַה ma מ״ה - תַּעֲשֶׂה taasé וּמַה umá מ״ה תִּפְעַל tifal. אָבִינוּ avinu
שֶׁבַּשָּׁמַיִם shebashamáyim י״פ טל , י״פ כוזו וְחַי jai וְקַיָּם vekayam עֲשֵׂה asé
עִמָּנוּ imanu ריבוע ס״ג, קס״א ע״ה וד׳ אותיות וָחֶסֶד jésed ע״ב, ריבוע יהוה
בַּעֲבוּר baavur כְּבוֹד quevod שִׁמְךָ Shimjá הַגָּדוֹל hagadol להח ; עם ד׳ אותיות =
מבה, יזל, אום הַגִּבּוֹר haguibor וְהַנּוֹרָא vehanorá שֶׁנִּקְרָא shenikrá עָלֵינוּ aleinu
וְקַיֵּם vekayem לָנוּ lanu אלהים, אהיה אדני יְהֹוָהאדניאהדונהי Adonai
אֱלֹהֵינוּ Eloheinu ילה אֶת et הַדָּבָר hadavar ראה שֶׁהִבְטַחְתָּנוּ shehivtajtanu
עַל al יְדֵי yedei צְפַנְיָה Tsefanyá חוֹזָךְ jozaj כָּאָמוּר caamur:

---

y en la Tierra Abajo. En los cielos de los Cielos Superiores e Inferiores, Tú eres primero y Tú eres último y, aparte de Ti, no hay otro Dios. Desde las cuatro esquinas de la Tierra reúne a los dispersos que tienen esperanza en Ti. Permite que toda la humanidad venga a reconocer y a saber que eres Tú solo Quien es el Dios de todos los reinos de la Tierra. Tú has hecho los Cielos y la Tierra, el mar, y todo lo que contienen. ¿Y quién entre todas las criaturas que salieron de Tus manos, de arriba o de abajo, puede decirte qué hacer y cómo hacerlo? Nuestro Padre en los Cielos, Viviente y Existente, concédenos benevolencia por la gloria de Tu grande, poderoso y reverentemente temido Nombre, que ha sido invocado sobre nosotros. Puedas Tú satisfacernos, Señor, nuestro Dios, con lo que Tú has prometido a través de Tsefanyá, Tu vidente, como estaba dicho:

בָּעֵת baet הַהִיא hahí אָבִיא aví אֶתְכֶם etjem וּבָעֵת uvaet קַבְּצִי kabtsí
אֶתְכֶם etjem כִּי־ qui אֶתֵּן etén אֶתְכֶם etjem לְשֵׁם leShem
וְלִתְהִלָּה velitehilá ע"ה אמת, אהיה פעמים אהיה, ז"פ ס"ג בְּכֹל bejol ב"ן, לכב עַמֵּי amei
הָאָרֶץ haárets אלהים דההין ע"ה בְּשׁוּבִי beshuvi אֶת־ et שְׁבוּתֵיכֶם shvuteijem
לְעֵינֵיכֶם leeineijem ריבוע דמ"ה אָמַר amar יְהֹוָהאדניאהדונהי Adonai:

LOS SACRIFICIOS – KORBANOT

La palabra *Korbanot* significa "sacrificios". *Korbanot* viene de la palabra aramea *krav*, que significa "guerra", y también de la palabra aramea *kiruv*, que significa "acercar". Evidentemente, no podemos llevar sacrificios físicos a un Templo pero, a través de esta conexión, aún podemos ir a la guerra contra Satán y acercarnos a los Mundos Superiores. Al recitar las oraciones de los *Korbanot* con una mente abierta y un corazón que confía, estamos generando la misma cantidad de energía como si estuviéramos llevando a cabo todas las acciones necesarias en el Templo.

EL SACRIFICIO DE OLÁ (GRANOS)

Según el *Zóhar* (*Zóhar Jadash* 41d), recitamos esta sección para limpiar la noche de los pensamientos negativos.

וַיְדַבֵּר vaydaber ראה יְהֹוָהאדניאהדונהי Adonai אֶל־ el מֹשֶׁה Moshé
מהש, ע"ב בריבוע וקס"א, אל שדי לֵּאמֹר lemor: צַו tsav פוי, אל אדני אֶת־ et
אַהֲרֹן Aharón וְאֶת־ veet בָּנָיו banav לֵאמֹר lemor זֹאת zot תּוֹרַת torat
הָעֹלָה haolá הִוא hi הָעֹלָה haolá עַל al מוֹקְדָה mokdá עַל־ al
הַמִּזְבֵּחַ hamizbéaj נגד, זן, אל יהוה כָּל־ col ילי הַלַּיְלָה halayla מלה עַד־ ad
הַבֹּקֶר habóker וְאֵשׁ veesh הַמִּזְבֵּחַ hamizbéaj נגד, זן, אל יהוה תּוּקַד tukad
בּוֹ bo: וְלָבַשׁ velavash הַכֹּהֵן haCohén מלה מִדּוֹ midó בַד vad
וּמִכְנְסֵי־ umijnesei בַד vad יִלְבַּשׁ yilbash עַל־ al בְּשָׂרוֹ besaró
וְהֵרִים veherim אֶת־ et הַדֶּשֶׁן hadeshen אֲשֶׁר asher תֹּאכַל tojal
הָאֵשׁ haesh שאה אֶת־ et הָעֹלָה haolá עַל־ al הַמִּזְבֵּחַ hamizbéaj
נגד, זן, אל יהוה וְשָׂמוֹ vesamó אֵצֶל etsel הַמִּזְבֵּחַ hamizbéaj נגד, זן, אל יהוה:

"En ese tiempo, Yo les traeré y, en ese tiempo, Yo les reuniré, les daré fama y alabanza entre todas las naciones de la Tierra. Yo los regresaré del cautiverio delante de sus propios ojos. Así dijo el Señor" (Sofonías 3:20).

LOS SACRIFICIOS – KORBANOT – EL SACRIFICIO DE OLÁ (GRANOS)

"Y el Señor dijo a Moshé: Ordena a Aharón y a sus hijos, diciéndoles:

Esta es la ley del holocausto. Es una ofrenda quemada que permanecerá encendido sobre al Altar toda la noche, hasta la mañana y el fuego del Altar se mantendrá ardiendo. El Cohén vestirá su túnica de lino; pantalones de lino vestirá sobre su carne. Él retirará las cenizas cuando el fuego haya consumido la ofrenda y las pondrá a un lado del Altar.

וּפָשַׁט ufashat אֶת־ et בְּגָדָיו begadav וְלָבַשׁ velavash בְּגָדִים begadim
אֲחֵרִים ajerim וְהוֹצִיא vehotsí אֶת־ et הַדֶּשֶׁן hadeshen אֶל־ el
מִחוּץ mijuts לַמַּחֲנֶה lamajané אֶל־ el מָקוֹם makom טָהוֹר tahor י״פ אכא:
וְהָאֵשׁ vehaesh שאה עַל־ al הַמִּזְבֵּחַ hamizbéaj נגד, זן, אל יהוה תּוּקַד־ tukad
בּוֹ bo לֹא lo תִכְבֶּה tijbé וּבִעֵר uvier עָלֶיהָ aleha פהל הַכֹּהֵן haCohén מלה
עֵצִים etsim בַּבֹּקֶר babóker בַּבֹּקֶר babóker וְעָרַךְ vearaj עָלֶיהָ aleha פהל
הָעֹלָה haolá וְהִקְטִיר vehiktir עָלֶיהָ aleha פהל חֶלְבֵי jelvei
הַשְּׁלָמִים hashlamim: אֵשׁ esh תָּמִיד tamid ע״ה קס״א קנ״א קמ״ג (מילואי אהיה)
תּוּקַד tukad עַל־ al הַמִּזְבֵּחַ hamizbéaj נגד, זן, אל יהוה לֹא lo תִכְבֶּה tijbé:

El Tamid – La Ofrenda (Diaria)

El segundo sacrificio es la ofrenda diaria. La palabra aramea *olat* עולת, que quiere decir "elevado", puede ser reordenada para deletrear *tolá* תולע, una fuerza negativa que es despertada cada mañana. Al agregar la palabra *olat*, como en *Olat Tamid*, desarraigamos y anulamos las fuerzas negativas de la mañana. *Olat* tiene el mismo valor numérico (506) que la primera frase en el *Aná Bejóaj*, que corresponde a la *Sefirá* de *Jésed*, que es misericordia. También representa el nivel de semilla de nuestra alma, un reino donde la separación y la negatividad no existen. Al cambiar las letras en *tolá* por *olat*, y meditando en la primera frase del *Aná Bejóaj*, removemos la fuerza negativa y regresamos a la semilla de amor incondicional y unidad.

Al recitar esta sección, elevamos la parte interior de las tres *Sefirot* Superiores de *Asiyá* al Nivel Superior. Este es el secreto de la Ofrenda *Tamid*, para acercar lo Superior y lo Inferior, y para elevar lo Inferior hasta lo más alto (*Los escritos del Arí: Las puertas de la meditación*, vol. 1 cap. 3).

Existe una *toláat* (lombriz) en el Lado Santo, que es el secreto de *Jésed* que aumenta, se revela y brilla cada mañana. Y similar a ello, existe otra *tolá* en la *klipá* (Lado Impuro). Esta lombriz negativa despierta cada mañana para destruir el mundo, y Dios, con misericordia, revela la lombriz del Lado Puro, que es la Luz de *Jésed* (mencionada anteriormente). Y este es el secreto del *Tamid* (Ofrenda Diaria) que es llamado "*Olat HaTamid*", puesto que la palaba *olat* tiene las mismas letras que *tolá*, sólo que en diferente orden. A través de *Olat HaTamid*, que se recita cada mañana, la *tolá* del Lado Impuro se rendirá. En esta sección, debes meditar en purificar a los Mundos y en prepararlos para recibir la abundancia desde el aspecto de *Shabat*, a pesar de haber sido purificados desde el aspecto de los días de la semana.

Se quitará luego su vestimenta y se pondrá otra ropa, y llevará las cenizas fuera del campamento, a un lugar limpio. Y el fuego del Altar seguirá ardiendo y no debe ser extinguido. Temprano en la mañana, el Cohén colocará sobre él leños. Él dispondrá la ofrenda sobre el Altar y quemará la grasa como incienso de los sacrificios de paz. El fuego eterno arderá en el Altar y no se extinguirá" (Levítico 6:1-6).

Moshé מֹשֶׁה el אֶל־ Adonai יְהֹוָהאדניאהדונהי ראה vaydaber וַיְדַבֵּר

bnei בְּנֵי et אֶת־ אל אדני, פוי tsav צַו :lemor לֵּאמֹר מהש, ע"ב בריבוע וקס"א, אל שדי

korbaní קָרְבָּנִי et אֶת־ aleihem אֲלֵהֶם veamarta וְאָמַרְתָּ Yisrael יִשְׂרָאֵל

tishmerú תִּשְׁמְרוּ nijojí נִיחֹחִי réaj רֵיחַ leishai לְאִשַּׁי lajmí לַחְמִי

lahem לָהֶם veamarta וְאָמַרְתָּ :bemoadó בְּמוֹעֲדוֹ li לִי lehakriv לְהַקְרִיב

laAdonai לַיהֹוָהאדניאהדונהי takrivu תַּקְרִיבוּ asher אֲשֶׁר haishé הָאִשֶּׁה ze זֶה

shnáyim שְׁנַיִם temimim תְמִימִם shaná שָׁנָה bnei בְּנֵי־ cvasim כְּבָשִׂים

:ע"ה קס"א קנ"א קמ"ג tamid תָמִיד ר"ת עשל olá עֹלָה ע"ה נגד, מזבח, זן, אל יהוה layom לַיּוֹם

vabóker בַבֹּקֶר taasé תַּעֲשֶׂה אהבה, דאגה ejad אֶחָד haqueves הַכֶּבֶשׂ et אֶת־

bein בֵּין taasé תַּעֲשֶׂה hashení הַשֵּׁנִי haqueves הַכֶּבֶשׂ veet וְאֵת

sólet סֹלֶת haefá הָאֵיפָה vaasirit וַעֲשִׂירִית :haarbáyim הָעַרְבָּיִם

beshemen בְּשֶׁמֶן blulá בְּלוּלָה ב"ן ב"פ ע"ה leminjá לְמִנְחָה

ושר, אבגית"ץ olat עֹלַת :hahín הַהִין reviít רְבִיעִת catit כָּתִית

(Aquí meditar en doblegar a la *klipá* llamada *Tolá* usando el nombre: אבגית"ץ)

haasuyá הָעֲשֻׂיָה ע"ה קס"א קנ"א קמ"ג tamid תָּמִיד

nijóaj נִיחֹחַ leréaj לְרֵיחַ נמם, ה' הויות (ה' גבורות) Sinai סִינַי behar בְּהַר

reviít רְבִיעִת veniscó וְנִסְכּוֹ :laAdonai לַיהֹוָהאדניאהדונהי ishé אִשֶּׁה

bakódesh בַּקֹּדֶשׁ אהבה, דאגה haejad הָאֶחָד laqueves לַכֶּבֶשׂ hahín הַהִין

:laAdonai לַיהֹוָהאדניאהדונהי י"פ ב"ן shejar שֵׁכָר nések נֶסֶךְ hasej הַסֵּךְ

EL TAMID – OFRENDA (DIARIA)

"Y habló Dios a Moshé y dijo: Ordena a los Hijos de Israel y diles: Mi ofrenda, el pan para ofrenda de fuego, Mi agradable fragancia, guardarán para entregar en sacrificio a Mí en el momento especificado. Y les dirás: Este es la ofrenda de fuego que ofrecerán a Dios: cordero sin tacha de un año, dos diarios, como una ofrenda diaria regular; un cordero ofrecerás en la mañana y el segundo cordero ofrecerás al final de la tarde. Y un décimo de una fanega de harina fina, para la ofrenda de comida, mezclada con un cuarto de cuartal de aceite. Una ofrenda quemada permanente hecha en el Monte Sinaí, para fragancia adorable y una ofrenda de fuego ante Dios. Su libación es un cuarto de cuartal para un cordero en el Santuario, vierte una libación de vino superior ante Dios.

bein בֵּין taasé תַּעֲשֶׂה hashení הַשֵּׁנִי haqueves הַכֶּבֶשׂ veet וְאֵת
ujeniscó וּכְנִסְכּוֹ habóker הַבֹּקֶר queminjat כְּמִנְחַת haarbáyim הָעַרְבַּיִם
(elevación a *Briá*) réaj רֵיחַ (elevación a *Yetsirá*) ishé אִשֵּׁה taasé תַּעֲשֶׂה
⁘(elevación al Mundo Infinito) ; laAdonai לַיהוָה יאהדונהי (elevación a *Atsilut*) nijóaj נִיחֹחַ

EL INCIENSO

Estos versículos de la Torá y el *Talmud* hablan sobre las 11 hierbas y especias que fueron usadas en el Templo. Estas hierbas y especias fueron usadas con un solo propósito: Para ayudarnos a remover la fuerza de la muerte de cada área de nuestra vida. Esta es una de las varias oraciones cuyo único propósito es la erradicación de la muerte. El *Zóhar* nos enseña que todo aquel que tenga juicio persiguiéndole, necesita conectarse con este incienso. Estas 11 hierbas y especias se conectan con las 11 Luces que sostienen a las *klipot* (cáscaras de negatividad). Cuando arrancamos las 11 Luces que sostienen a las *klipot* a través del poder del incienso, las *klipot* pierden su fuerza vital y mueren. Además de llevar las 11 especias al Templo, la gente llevaba resina, vino y otros elementos con propiedades metafísicas para ayudar a combatir al Ángel de la Muerte.

Está escrito en el *Zóhar*: "Ven y ve: Quien es perseguido por el juicio necesita incienso y debe arrepentirse ante su Señor, ya que el incienso ayuda a desaparecer el juicio de él". Las 11 hierbas y especias corresponden a las 11 Iluminaciones Santas que reviven a la *klipá*. Al elevarlas, la *klipá* muere. Mediante estas 11 hierbas, las *klipot* son alejadas y se elimina la fuerza energética que les daba vida. Y debido a que el Lado Puro y su sustento desaparecen, las *klipot* quedan sin vida. Por lo tanto, el secreto del incienso es que éste limpia la fuerza de la plaga y la cancela. El incienso destruye al Ángel de la Muerte y le quita su poder de asesinar.

יכה Eloheinu אֱלֹהֵינוּ Adonai יְהֹוָה(אדני)אהדונהי Hu הוּא Atá אַתָּה
ב"ן מ"ה ס"ג lefaneja לְפָנֶיךָ avoteinu אֲבוֹתֵינוּ shehiktiru שֶׁהִקְטִירוּ
; (הנבררים מהקליפות ע"י י"א הסממנים) י"א פעמים אדני któret קְטֹרֶת et אֶת
ע"ה קנ"א, אדני אלהים hasamim הַסַּמִּים קטרת - הק' באתב"ש ד' = תרי"ג (מצוות)
kayam קַיָּם hamikdash הַמִּקְדָּשׁ ב"פ ראה shebeit שֶׁבֵּית bizmán בִּזְמַן
מהש, Moshé מֹשֶׁה yad יַד al עַל־ otam אוֹתָם tsivita צִוִּיתָ caasher כַּאֲשֶׁר
⁘beTorataj בְּתוֹרָתָךְ cacatuv כַּכָּתוּב neviaj נְבִיאָךְ ע"ב בריבוע וקס"א, אל שדי

Ofrecerás el segundo cordero en la tarde como la ofrenda de la mañana; su libación ofrecerás como ofrenda por fuego de una fragancia agradable a Dios" (*Números* 28:1-8).

EL INCIENSO

Eres Tú, Señor, nuestro Dios, ante quien nuestros antepasados quemaron las especias del incienso. Durante el tiempo en el que existía el Sagrado Templo, como habías ordenado a través de Moshé, Tu Profeta, y como está escrito en Tu Torá:

LA PORCIÓN DEL INCIENSO

Para elevar las *Sefirot* de todas las *Noga* de *Atsilut*, *Briá*, *Yetsirá* y *Asiyá*.

וַיֹּאמֶר vayómer יְהֹוָה יאהדונהי Adonai אֶל־ el מֹשֶׁה Moshé

מהש, ע"ב ב"ריבוע קס"א, אל עדי קַח־ kaj לְךָ lejá סַמִּים samim (*Tiféret, Nétsaj*)

ע"ה קנ"א, אדנ"י אלהים נָטָף nataf | (*Hod*) וּשְׁחֵלֶת ushjélet (*Yesod*) וְחֶלְבְּנָה vejelbená

(*Maljut*) ע"ה פוי, אל אדנ"י סַמִּים samim (*Kéter, Jojmá, Biná, Jésed, Guevurá*)

ע"ה קנ"א, אדנ"י אלהים וּלְבֹנָה ulevoná זַכָּה zacá (Luz Circundante) בַּד bad בְּבַד bevad

יִהְיֶה yihyé יי"י: וְעָשִׂיתָ veasita אֹתָהּ otá קְטֹרֶת któret י"א פעמים אדנ"י (הנבררים

מהקליפות ע"י י"א הסממנים) ; קטרת - הק' באתב"ש ד' = תרי"ג (מצוות) רֹקַח rókaj מַעֲשֵׂה maasé

רוֹקֵחַ rokéaj שדי מְמֻלָּח memulaj טָהוֹר tahor י"פ אכא קֹדֶשׁ kódesh

סת חוש בסוד לפש חוזמם חעל לכהה: וְשָׁחַקְתָּ veshajakta מִמֶּנָּה mimena

הָדֵק hadek וְנָתַתָּה venatata מִמֶּנָּה mimena לִפְנֵי lifnei הָעֵדֻת haedut

בְּאֹהֶל beóhel מוֹעֵד moed אֲשֶׁר asher אִוָּעֵד ivaed לְךָ lejá שָׁמָּה shama

קֹדֶשׁ kódesh קָדָשִׁים kodashim תִּהְיֶה tihyé לָכֶם lajem. וְנֶאֱמַר veneemar:

וְהִקְטִיר vehiktir עָלָיו alav אַהֲרֹן Aharón קְטֹרֶת któret י"א פעמים אדנ"י

(הנבררים מהקליפות ע"י י"א סממני הקטורת) ; קטרת - הק' באתב"ש ד' = תרי"ג (מצוות) סַמִּים samim

ע"ה קנ"א, אדנ"י אלהים בַּבֹּקֶר babóker בַּבֹּקֶר babóker בְּהֵיטִיבוֹ beheitivo

אֶת־ et הַנֵּרֹת hanerot יַקְטִירֶנָּה yaktirena: וּבְהַעֲלֹת uvehaalot

אַהֲרֹן Aharón אֶת־ et הַנֵּרֹת hanerot בֵּין bein הָעַרְבַּיִם haarbáyim

ר"ת אהבה, דאגה, אחד יַקְטִירֶנָּה yaktirena קְטֹרֶת któret י"א פעמים אדנ"י

(הנבררים מהקליפות ע"י י"א הסממנים) ; קטרת - הק' באתב"ש ד' = תרי"ג (מצוות) תָּמִיד tamid

ע"ה קס"א קנ"א קמ"ג לִפְנֵי lifnei יְהֹוָה יאהדונהי Adonai לְדֹרֹתֵיכֶם ledoroteijem:

LA PORCIÓN DEL INCIENSO

"Y Dios dijo a Moshé: Toma especias de bálsamo, uña aromática, gálbano, y olíbano puro, de todo en igual peso. Y deberás preparar una mezcla de incienso: la obra de un perfumador, bien combinada, pura y santa. Molerás de ella pulverizándola y la colocarás delante del Testimonio en el Tabernáculo de Reunión, en donde Yo me encontraré contigo. Será el Santo Sanctórum para ti" (Éxodo 30:34-36). *Y Dios también dijo: "Aharón quemará sobre el Altar especies de incienso cada mañana cuando prepare las velas. Y cuando Aharón encienda las velas a la caída del sol, él deberá quemar especias de incienso como una ofrenda de incienso permanente ante Dios, por todas sus generaciones"* (Éxodo 30:7-8).

LAS FUNCIONES DEL INCIENSO

El relleno del incienso tiene dos propósitos: Primero, remover las *klipot* para evitar que éstas acompañen la elevación de los Mundos y, segundo, para atraer Luz hacia *Asiyá*. Por lo tanto, meditar en elevar las chispas de Luz de todas las *Noga* de *Atsilut*, *Briá*, *Yetsirá* y *Asiyá*.

Cuenta el incienso uno por uno usando tu mano derecha y no te saltes ni uno, porque está escrito: "Si uno omite uno de los ingredientes, es probable que reciba la pena de muerte". Y por lo tanto, debes tener cuidado de no saltarte ninguno, porque recitar este párrafo es un sustituto de la verdadera quema del incienso.

תָּנוּ tanú רַבָּנָן rabanán פִּטּוּם pitum הַקְּטֹרֶת ha któret י"א פעמים אדני
(הנבררים מהקליפות ע"י י"א הסממנים) קטרת - הק' באתב"ש ד' = תרי"ג (מצוות);
פטום הקטרת = יְהוָה יֱהֹוִה מצפצ יה אדני אל אלהים מצפצ (ז' מרגלאין דשבת):
כֵּיצַד queitsad. שְׁלֹשׁ shlosh מֵאוֹת meot המספר = ש', אלהים דיודין
וְשִׁשִּׁים veshishim המספר = מילוי הש' (ין) וּשְׁמוֹנָה ushmoná מָנִים manim הָיוּ hayú
בָהּ va. שְׁלֹשׁ shlosh מֵאוֹת meot המספר = ש', אלהים דיודין וְשִׁשִּׁים veshishim
המספר = מילוי הש' (ין) וַחֲמִשָּׁה vajamishá כְּמִנְיַן queminyán יְמוֹת yemot
הַחַמָּה hajamá מָנֶה mané ע"ה פוי, אל אדני בְּכָל־ bejol ב"ן, לכב
יוֹם yom ע"ה נגד, מזבח, זן, אל יהוה. מַחֲצִיתוֹ majatsitó בַּבֹּקֶר babóker
וּמַחֲצִיתוֹ umajatsitó בָּעֶרֶב baérev. וּשְׁלֹשָׁה ushloshá מָנִים manim
יְתֵרִים yeterim קס"א, קנ"א וקמ"ג שֶׁמֵּהֶם shemehem מַכְנִיס majnís כֹּהֵן Cohén מלה
גָּדוֹל gadol להח ; עם ד' אותיות = מבה, יזל, אום וְנוֹטֵל venotel מֵהֶם mehem
מְלֹא meló חָפְנָיו jafnav בְּיוֹם beYom ע"ה נגד, מזבח, זן, אל יהוה הַכִּפּוּרִים HaKipurim.
מַחֲזִירָן majazirán לַמַּכְתֶּשֶׁת lamajtéshet בְּעֶרֶב beérev
יוֹם Yom ע"ה נגד, מזבח, זן, אל יהוה הַכִּפּוּרִים HaKipurim כְּדֵי quedei לְקַיֵּם lekayem
מִצְוַת mitsvat דַּקָּה daká מִן min הַדַּקָּה hadaká. וְאַחַד veajad אהבה, דאגה
עָשָׂר asar סַמָּנִים samanim הָיוּ hayú בָהּ va. וְאֵלּוּ veelu הֵן hen:

LAS FUNCIONES DEL INCIENSO

Nuestros Sabios han enseñado: ¿Cómo se hacía la composición del incienso? Trescientas sesenta y ocho porciones estaban contenidas allí. Trescientas sesenta y cinco correspondían al número de días en el año solar, una porción para cada día: La mitad de ella en la mañana y la otra mitad a la caída del sol. Y las tres porciones restantes, El Sumo Sacerdote, en Yom Kipur, se llenaba ambas manos con ellas. En la Víspera de Yom Kipur, él las llevaría de regreso al mortero para cumplir el requerimiento de que debían estar muy finamente molidas. Cada porción contenía once especias:

1) הַצֳּרִי haTsorí (*Kéter*) מצפצ, אלהים דיודין, י״פ ייי. 2) וְהַצִּפֹּרֶן vehaTsiporén (*Yesod*)
יהוה אדני אהיה שדי. 3) וְהַחֶלְבְּנָה vehaJelbená (*Maljut*) ע״ה פוי, אל אדני.
4) וְהַלְּבוֹנָה vehaLevoná (**Luz Circundante** - שהוא אור לבן והוא יוזידי הנקרא אדון יוזיד)
מִשְׁקַל mishkal שִׁבְעִים shivim שִׁבְעִים shivim מָנֶה mané ע״ה פוי, אל אדני.
5) מוֹר Mor (*Jésed*). 6) וּקְצִיעָה uKetsía רהע (*Guevurá* - "כי מצפון תפתח הרעה",
והגבורה סוד רוזו צפון). 7) וְשִׁבֹּלֶת veShibólet נֵרְדְּ nerd (*Tiféret*).
8) וְכַרְכּוֹם veJarcom (*Nétsaj*) בוזפר, סנדלפון, ערי. מִשְׁקַל mishkal שִׁשָּׁה shishá
עָשָׂר asar שִׁשָּׁה shishá עָשָׂר asar מָנֶה mané ע״ה פוי, אל אדני. 9) קֹשְׁטְ Kosht
(*Jojmá*) שְׁנֵים shnéim עָשָׂר asar. 10) קְלוּפָה Kilufá (*Biná*) שְׁלֹשָׁה shloshá.
11) קִנָּמוֹן Kinamón (*Hod*) ר״ת ג״פ ק׳ (בסוד קדוש קדוש קדוש). תִּשְׁעָה tishá.
בּוֹרִית borit כַּרְשִׁינָא carshiná תִּשְׁעָה tishá קַבִּין kabín. יֵין yein מיכ, י״פ האא
קַפְרִיסִין kafrisín סְאִין seín תְּלַת tlat וְקַבִּין vekabín תְּלָתָא tlatá אהיה קבין
וְאִם veím יוהך, מ״א אותיות דפשוט, דמילוי ודמילוי דמילוי דאהיה ע״ה לֹא lo מָצָא matsá
יֵין yein מיכ, י״פ האא קַפְרִיסִין kafrisín מֵבִיא meví חֲמַר jamar חִוַּר jivar
עַתִּיק atik. מֶלַח mélaj סְדוֹמִית sdomit רֹבַע rova. מַעֲלֶה maalé
עָשָׁן ashán כָּל col יכי שֶׁהוּא shehú. רִבִּי Ribí נָתָן Natán הַבַּבְלִי haBavlí
אוֹמֵר omer אַף af מִכִּפַּת miquipat הַיַּרְדֵּן haYardén י׳ הויות וד׳ אותיות כָּל col יכי
שֶׁהִיא shehí. אִם im יוהך, מ״א אותיות דפשוט, דמילוי ודמילוי דמילוי דאהיה ע״ה נָתַן natán
בָּהּ ba דְּבַשׁ dvash ש״ו (דשופר) וי״ד (האוזן) = ש״ך דינין דגדלות פְּסָלָהּ psalá.
וְאִם veím יוהך, מ״א אותיות דפשוט, דמילוי ודמילוי דמילוי דאהיה ע״ה חִסַּר jiser
אַחַת ajat מִכָּל־ micol יכי סַמְמָנֶיהָ samemaneha חַיָּב jayav מִיתָה mitá:

---

1) Bálsamo 2) Uña Aromática 3) Gálbano 4) Olíbano; el peso de setenta porciones cada una. 5) Mirra 6) Acacia 7) Nardo 8) y Azafrán, el peso de dieciséis porciones cada una. 9) Doce porciones de Costo 10) Tres de Corteza aromática 11) Nueve de Canela. Asimismo, nueve kabín de Lejía de Carsina. Y tres kabín y tres seín de Vino de Chipre. Y si uno no encontrase vino de Chipre, él deberá traer vino blanco añejo. Y un cuarto de la sal de Sodoma. Y una pequeña medida de una hierba generadora de humo. Rabí Natán, el Babilonio, también aconsejaba una pequeña cantidad de ámbar de Jordania. Si se le añadía miel, se hacía defectuoso. Si omite aunque sea una de todas las hierbas, era merecedor de la muerte.

רַבָּן Rabán שִׁמְעוֹן Shimón בֶּן ben גַּמְלִיאֵל Gamliel אוֹמֵר omer:

הַצֳּרִי haTsorí מצפצ, אלהים דיודין, י״פ ייי אֵינוֹ einó אֶלָּא ela שְׂרָף seraf

הַנּוֹטֵף hanotef מֵעֲצֵי meatsei הַקְּטָף haktaf. בּוֹרִית borit

כַּרְשִׁינָא carshiná לָמָּה lemá הִיא hi בָאָה vaá כְּדֵי quedei

לְשַׁפּוֹת leshapot בָּהּ ba אֶת et הַצִּפֹּרֶן haTsiporén יהוה אדני אהיה שדי

כְּדֵי quedei שֶׁתְּהֵא shetehé נָאָה naá. יֵין yein ע׳ (כנגד ע׳ אומות העולם התלויים בסמאל),

מ״כ, י״פ האא קַפְרִיסִין Kafrisín לָמָּה lemá הוּא hu בָא va כְּדֵי quedei

לִשְׁרוֹת lishrot בּוֹ bo אֶת et הַצִּפֹּרֶן haTsiporén יהוה אדני אהיה שדי

כְּדֵי quedei שֶׁתְּהֵא shetehé עַזָּה azá. וַהֲלֹא vahaló מֵי mei ילי רַגְלַיִם ragláyim

יָפִין yafín לָהּ la אֶלָּא ela שֶׁאֵין sheéin מַכְנִיסִין majnisín מֵי mei ילי

רַגְלַיִם ragláyim בַּמִּקְדָּשׁ bamikdash מִפְּנֵי mipnei הַכָּבוֹד hacavod לאו:

תַּנְיָא tanyá רִבִּי Ribí נָתָן Natán אוֹמֵר omer כְּשֶׁהוּא queshehú

שׁוֹחֵק shojek אוֹמֵר omer הָדֵק hadek הֵיטֵב heitev. הֵיטֵב heitev

הָדֵק hadek. מִפְּנֵי mipnei שֶׁהַקּוֹל shehakol יָפֶה yafé לַבְּשָׂמִים labesamim.

פִּטְּמָהּ pitmá לַחֲצָאִין lajatsaín כְּשֵׁרָה quesherá. לִשְׁלִישׁ leshalish

וּלְרָבִיעַ uleravía לֹא lo שָׁמַעְנוּ shamanu. אָמַר amar רִבִּי Ribí

יְהוּדָה Yehudá זֶה ze הַכְּלָל haclal אִם im יוהך, מ״א אותיות דפשוט, דמילוי

ודמילוי דמילוי דאהיה ע״ה כְּמִדָּתָהּ quemidatá כְּשֵׁרָה queshera לַחֲצָאִין lajatsaín.

וְאִם veím יוהך, מ״א אותיות דפשוט, דמילוי ודמילוי דמילוי דאהיה ע״ה וְחִסֵּר jiser

אַחַת ajat מִכָּל־ micol ילי סַמְמָנֶיהָ samemaneha חַיָּב jayav מִיתָה mitá:

Rabán Shimón ben Gamliel dice: El bálsamo era sólo una savia que rezumaba de los árboles de bálsamo. ¿Para qué se añadía la lejía de Carsina? Para frotar la uña aromática con ella y hacerlo agradable a la vista. ¿Cuál era el propósito de añadir vino de Chipre? Para remojarlo con la uña aromática. Orina es lo más apropiado para esto, pero no se lleva orina al Templo Sagrado por respeto. Se enseñaba que Rabí Natán decía: Cuando él molía, él decía: "Muélela finamente, muélela finamente". Esto es porque la voz es beneficiosa para las especias. Si combina la mitad de la cantidad es todavía válido, pero con relación a un tercio o un cuarto no poseemos información. Rabí Yehuda decía: Esta es la regla general: Si está en las proporciones correctas, entonces la mitad es válida. Pero si él omite una de las especias, es merecedor de la muerte.

תָּנֵי tanei בַּר Var קַפָּרָא Kapará אַחַת ajat לְשִׁשִּׁים leshishim אוֹ o
לְשִׁבְעִים leshivim שָׁנָה shaná הָיְתָה haytá בָּאָה vaá שֶׁל shel
שִׁירַיִם shiráyim לַחֲצָאִין lajatsaín. וְעוֹד veod תָּנֵי tanei בַּר Var
קַפָּרָא Kapará אִלּוּ ilu הָיָה hayá יהה נוֹתֵן notén אבג׳יתץ, ושר בָּהּ ba
קָרְטוֹב kartov שֶׁל shel דְּבַשׁ dvash שו׳ (דשופר) וי״ד (האווזז) = ש״ך דינין דגדלות
אֵין ein אָדָם adam מ״ה יָכוֹל yajol לַעֲמוֹד laamod מִפְּנֵי mipnei
רֵיחָהּ reijá. וְלָמָּה velama אֵין ein מְעָרְבִין mearvín בָּהּ ba דְּבַשׁ dvash
שו׳ (דשופר) וי״ד (האווזז) = ש״ך דינין דגדלות מִפְּנֵי mipnei שֶׁהַתּוֹרָה shehaTorá
אָמְרָה amrá: כִּי qui כָל־ jol ילי שְׂאֹר seor ג׳ מווזין דאלהים דקטנות
(ש׳ = אלהים דיודין ; א׳ כללות שם אלהים ; ר׳ = ריבוע אלהים) וְכָל־ vejol ילי דְּבַשׁ dvash
שו׳ (דשופר) וי״ד (האווזז) = ש״ך דינין דגדלות לֹא־ lo תַקְטִירוּ taktiru מִמֶּנּוּ mimenu
שכן הם בחינת דינין דקטנות ודגדלות לכן נאסרה הקרבתן אִשֶּׁה ishé לַיהֹוָהאדניאהדונהי laAdonai:

Derecha

יְהֹוָהאדניאהדונהי Adonai צְבָאוֹת Tsvaot פני שכינה עִמָּנוּ imanu
ריבוע דס״ג, קס״א ע״ה וד׳ אותיות מִשְׂגָּב־ misgav משה, מהש, ע״ב בריבוע קס״א, אל שדי,
ד״פ אלהים ע״ה לָנוּ lanu אלהים, אהיה אדני אֱלֹהֵי Elohei מילוי ע״ב, דמב ; ילה
יַעֲקֹב Yaakov ז׳ הויות, יאהדונהי אידהנויה סֶלָה sela:

Izquierda

יְהֹוָהאדניאהדונהי Adonai צְבָאוֹת Tsvaot פני שכינה אַשְׁרֵי ashrei
אָדָם adam מ״ה ; יהוה צבאות אשרי אדם = תפארת בֹּטֵחַ botéaj
בָּךְ baj אדם בוטח בך = אמן (יאהדונהי) ע״ה ; בוטח בך = מילוי ע״ב ע״ה:

Bar Kapara enseñaba que una vez cada sesenta o setenta años, las sobras se acumularían hasta llegar a la mitad de la medida. Bar Kapara también enseñaba que si se le añadía una pequeña medida de miel, ningún hombre soportaría su olor. ¿Por qué no se mezcla miel con ella? Porque la Torá ha estipulado: Porque cualquier levadura o miel, no debes quemar en una ofrenda por fuego a Dios (Kritut 6; Yerushalmi, Yomá: cap. 4). (Derecha) *"El Señor de los Ejércitos está con nosotros, nuestra fuerza es el Dios de Yaakov, Sela"* (Salmos 46:12). (Izquierda) *"El Señor de los Ejércitos, dichoso es aquel que confía en Ti"* (Salmos 84:13).

Central

יְהֹוָהאדניאהדונהי Adonai הוֹשִׁיעָה hoshía יהוה וש״ע נהורין הַמֶּלֶךְ haMélej ר״ת יהה

יַעֲנֵנוּ yaanenu בְיוֹם veyom ע״ה, נגד, מזבח, זן, אל יהוה

קָרְאֵנוּ korenu ר״ת יב״ק, אלהים יהוה, אהיה אדני יהוה ; ס״ת = ב״ן ועם כף דהמלך = ע״ב:

וְעָרְבָה vearvá לַיהֹוָהאדניאהדונהי laAdonai

מִנְחַת minjat יְהוּדָה Yehudá וִירוּשָׁלָם virushaláim

כִּימֵי quimei עוֹלָם olam וּכְשָׁנִים ujeshanim קַדְמֹנִיּוֹת kadmoniyot:

EL ORDEN DEL SERVICIO RITUAL DEL ALTAR

Relatamos todas las actividades y acciones que se realizaban en el Templo. El utilizar la transferencia de energía de las letras arameas es como si en realidad estuviéramos realizando estos ritos y rituales nosotros mismos. Los órganos de los animales sacrificados en el Templo representan nuestros órganos internos y, cuando recitamos las palabras de estos sacrificios específicos, atraemos sanación y orden a nuestra vida.

אַבַּיֵּי Abayei• (haz una pausa aquí) הֲוָה havá מְסַדֵּר mesader סֵדֶר séder

הַמַּעֲרָכָה hamaarajá מִשְּׁמָא mishmá דִגְמָרָא diGmará וְאַלִּבָּא vealibá

דְאַבָּא deAbá שָׁאוּל Shaul• מַעֲרָכָה maarajá גְדוֹלָה gdolá

קוֹדֶמֶת kodémet לְמַעֲרָכָה lemaarajá שְׁנִיָּה shniyá שֶׁל shel

קְטֹרֶת któret י״א פעמים אדני (הנבררים מהקליפות ע״י י״א הסממנים) ; קטרת - הק׳ באתב״ש ד׳ = תרי״ג (מצוות) • וּמַעֲרָכָה umaarajá שְׁנִיָּה shniyá שֶׁל shel קְטֹרֶת któret

י״א פעמים אדני (הנבררים מהקליפות ע״י י״א הסממנים) ; קטרת - הק׳ באתב״ש ד׳ = תרי״ג (מצוות)

קוֹדֶמֶת kodémet לְסִדּוּר lesidur שְׁנֵי shnei גְזִירֵי guezirei עֵצִים etsim•

(Central) *"Señor, sálvanos. El Rey nos responderá el día que lo invoquemos"* (Salmos 20:10). *"Que el Señor encuentre la ofrenda de Yehuda y Jerusalén agradable como siempre y como en los tiempos antiguos"* (Malaquías 3:4).

EL ORDEN DEL SERVICIO DEL RITUAL DEL ALTAR

Abayei, él listaba el orden del ritual de acuerdo con la Guemará y Abá Shaul. El orden de la pira mayor precedía al orden de la segunda pira de incienso. La segunda pira de incienso precedía al arreglo de los dos troncos de madera.

וְסִדּוּר vesidur שְׁנֵי shnei גְזִירֵי guezirei עֵצִים etsim קוֹדֵם kódem עסמב

לְדִשּׁוּן ledishún מִזְבֵּחַ mizbéaj נג"ד, יז, אל יהוה הַפְּנִימִי hapnimí.

וְדִשּׁוּן vedishún מִזְבֵּחַ mizbéaj נג"ד, יז, אל יהוה הַפְּנִימִי hapnimí

קוֹדֵם kódem עסמב לַהֲטָבַת lahatavat חָמֵשׁ jamesh נֵרוֹת nerot.

וַהֲטָבַת vahatavat חָמֵשׁ jamesh נֵרוֹת nerot קוֹדֶמֶת kodémet

לְדַם ledam הַתָּמִיד hatamid ע"ה קס"א קנ"א קמ"ג. וְדַם vedam

הַתָּמִיד hatamid ע"ה קס"א קנ"א קמ"ג קוֹדֵם kódem עסמב

לַהֲטָבַת lahatavat שְׁתֵּי shtei נֵרוֹת nerot. וַהֲטָבַת vahatavat

שְׁתֵּי shtei נֵרוֹת nerot קוֹדֶמֶת kodémet לִקְטֹרֶת liktóret י"א פעמים אדני

וּקְטֹרֶת uktóret (הנבררים מהקליפות ע"י י"א הסממנים) ; קטרת – הק' באתב"ש ד' = תרי"ג (מצוות).

י"א פעמים אדני (הנבררים מהקליפות ע"י י"א הסממנים) ; קטרת – הק' באתב"ש ד' = תרי"ג (מצוות)

לְאֵבָרִים leevarim. וְאֵבָרִים veevarim לְמִנְחָה leminjá ע"ה ב"פ ב"ן

וּמִנְחָה uminjá ע"ה ב"פ ב"ן לַחֲבִתִּין lajavitín. וַחֲבִתִּין vajavitín

לִנְסָכִין linsajín. וּנְסָכִין unsajín לְמוּסָפִין lemusafín. וּמוּסָפִין umusafín

לְבָזִיכִין levazijín. וּבָזִיכִין uvazijín קוֹדְמִין kodmín לְתָמִיד letamid

ע"ה קס"א קנ"א קמ"ג שֶׁל shel בֵּין bein הָעַרְבַּיִם haarbáyim. שֶׁנֶּאֱמַר sheneemar:

וְעָרַךְ vearaj עָלֶיהָ aleha פהל הָעֹלָה haolá וְהִקְטִיר vehiktir

עָלֶיהָ aleha פהל חֶלְבֵי jelvei הַשְּׁלָמִים hashlamim: עָלֶיהָ aleha פהל

הַשְׁלֵם hashlem כָּל־ col ילי הַקָּרְבָּנוֹת hakorbanot כֻּלָּם culam:

El arreglo de los dos troncos de madera precedía la retirada de las cenizas del Altar interior. La retirada de las cenizas del Altar interior precedía la preparación de las cinco velas. La preparación de las cinco velas precedía la sangre de la ofrenda diaria. La sangre de la ofrenda diaria precedía la preparación de las dos velas. La preparación de las dos velas precedía el incienso. El incienso precedía a los miembros y los miembros precedían las ofrendas de comida, y las ofrendas de comida precedían las ofrendas horneadas. Las ofrendas horneadas precedían las libaciones de vino. Las libaciones de vino precedían los sacrificios del Musaf. Los sacrificios del Musaf precedían las ofrendas diarias a la caída del sol. Como se decía: Él preparaba las ofrendas quemadas sobre el Altar como incienso. Y sobre él, debes completar todos los sacrificios (Yomá 33a).

ANÁ BEJÓAJ

El *Aná Bejóaj* probablemente sea la oración más poderosa en todo el universo. El Kabbalista del siglo II Rav Najunyá ben HaKaná fue el primer sabio en revelar esta combinación de 42 letras, la cual contiene el poder de la Creación.

El *Aná Bejóaj* es una fórmula única, compuesta por 42 letras distribuidas en siete frases que nos proporciona la capacidad de trascender este mundo físico con todas sus limitaciones. Se conoce como el Nombre de Dios de 42 letras. El *Aná Bejóaj* puede eliminar literalmente todas las fricciones, barreras y obstáculos asociados con nuestra existencia física. Inyecta orden en el caos, elimina la influencia de Satán de nuestra naturaleza, genera sustento financiero, crea unidad y amor con los demás, y proporciona energía sanadora al cuerpo y la mente. Recitamos o escaneamos el *Aná Bejóaj* cada día, tantas veces como queramos.

Cuando utilizamos el *Aná Bejóaj* nos estamos conectando a estos cuatro elementos:

1) SIETE FRASES: Las siete frases corresponden a las siete *Sefirot*, desde *Jésed* hasta *Maljut*. Aunque hay diez *Sefirot* en total, sólo las Siete Inferiores ejercen influencia en nuestro mundo físico. Al conectarnos a estas siete, obtenemos el control sobre este mundo físico.

2) LETRAS DEL MES: Avraham el Patriarca reveló los secretos astrológicos de las letras arameas y de los signos del Zodíaco en su tratado kabbalístico, *El libro de la formación* (*Séfer Yetsirá*). Cada mes del año está gobernado por un planeta, y cada planeta tiene un verso correspondiente en el *Aná Bejóaj*; por lo tanto, también meditamos en el planeta y la letra aramea que creó tanto el planeta como el signo del Zodíaco de ese mes. Al hacer esto, nos conectamos con la energía positiva de cada planeta y no con su influencia negativa. Por ejemplo, la letra aramea *Lámed* creó el signo de Libra, *Tishrei*. Libra está gobernado por el planeta Venus. La letra aramea que dio nacimiento a Venus es *Pei*; por lo tanto, cada día durante el mes de *Tishrei* meditamos en las letras *Lámed* y *Pei* después de recitar y meditar en el quinto verso del *Aná Bejóaj*.

El mes y las letras		El signo astrológico y la letra		El planeta y la letra		Meditación del Aná Bejóaj
Tishrei	לפ	Libra	ל	Venus	פ	חקבטנע

3) CORRECCIÓN DEL ALMA – TIKÚN HANÉFESH: A lo largo de la historia, los kabbalistas han utilizado esta meditación sanadora dos veces al día, siete días a la semana, para regenerar y revitalizar todos los órganos del cuerpo. Cuando llegamos a la frase del *Aná Bejóaj* que gobierna el mes en el cual nos encontramos, nos detenemos y meditamos en las letras del mes, y luego hacemos el *Tikún HaNéfesh*. (Ver pág. 759). Utilizando la tabla como guía, coloca tu mano derecha sobre la parte del cuerpo en particular a la que estás canalizando energía. Mira la combinación de letras arameas para esa área específica del cuerpo y permite que la Luz penetre a través de tu mano derecha en esa parte del cuerpo.

4) LOS ÁNGELES DEL DÍA: Los ángeles son paquetes diferenciados de energía espiritual que actúan como un sistema de transporte para nuestras oraciones. Ellos llevan nuestras palabras y pensamientos hacia los Mundos Superiores. Hay una línea del *Aná Bejóaj* para cada día de la semana y hay ángeles únicos que gobiernan cada día. (Ver pág. 760-762).

Jésed, domingo (*Álef Bet Guímel Yud Tav Tsadi*) אבג יתץ

אָנָּא aná בְּכוֹחַ •bejóaj גְּדוּלַּת guedulat יְמִינְךָ •yemineja

תַּתִּיר tatir צְרוּרָה •:tserurá

Guevurá, lunes (*Kof Resh Ayin Sin Tet Nun*) קרע שטן

קַבֵּל kabel רִנַּת •rinat עַמְּךָ ameja שַׂגְּבֵנוּ •sagvenu

טַהֲרֵנוּ taharenu נוֹרָא •:norá

Tiféret, martes (*Nun Guímel Dálet Yud Caf Shin*) נגד יכש

נָא na גִבּוֹר •guibor דוֹרְשֵׁי dorshei יִחוּדְךָ •yijudeja

כְּבָבַת quevavat שָׁמְרֵם •:shamrem

Nétsaj, miércoles (*Bet Tet Resh Tsadi Tav Guímel*) בטר צתג

בָּרְכֵם barjem טַהֲרֵם •taharem רַחֲמֵי rajamei צִדְקָתְךָ •tsidkateja

תָּמִיד tamid גָּמְלֵם •:gomlem

Hod, jueves (*Jet Kof Bet Tet Nun Ayin*) חקב טנע

חֲסִין jasín קָדוֹשׁ •kadosh בְּרוֹב berov טוּבְךָ •tuvjá

נַהֵל nahel עֲדָתֶךָ •:adateja

ANÁ BEJÓAJ

Jésed, domingo אבג יתץ

Te suplicamos, con el gran poder de Tu diestra, pon en libertad a los cautivos.

Guevurá, lunes קרע שטן

Acepta el canto de Tu Nación. Fortifícanos y purifícanos, Oh Reverenciado.

Tiféret, martes נגד יכש

Por favor, oh Todopoderoso, a los que buscan Tu unidad, cuídalos como a la pupila de los ojos.

Nétsaj, miércoles בטר צתג

Bendícelos. Purifícalos. Otórgales siempre tu fidelidad compasiva.

Hod, jueves חקב טנע

Invencible y Todopoderoso, con la abundancia de Tu bondad, guía a Tu congregación.

Yesod, viernes (*Yud Guímel Lámed Pei Zayin Kof*) יג״ל פז״ק

יָחִיד yajid גֵּאֶה gueé• לְעַמְּךָ leamjá פְּנֵה pené•

זוֹכְרֵי zojrei קְדֻשָּׁתֶךָ kedushateja:

Maljut, sábado (*Shin Kof Vav Tsadi Yud Tav*) שק״ו צי״ת

שַׁוְעָתֵנוּ shavatenu קַבֵּל kabel• וּשְׁמַע ushmá צַעֲקָתֵנוּ tsaakatenu•

יוֹדֵעַ yodea תַּעֲלוּמוֹת taalumot:

BARUJ SHEM QUEVOD

יו״ד אותיות בָּרוּךְ Baruj שֵׁם Shem כְּבוֹד quevod מַלְכוּתוֹ maljutó

לְעוֹלָם leolam ריבוע ס״ג וי׳ אותיות דס״ג וָעֶד vaed:

RIBÓN HAOLAMIM

Dios nos ha dado instrucciones específicas respecto a los sacrificios que debían ser realizados en el *Beit HaMikdash* (Templo Sagrado de Jerusalén). Debido a la destrucción del Templo, no podemos llevar a cabo dichas instrucciones. Aquí, pedimos a Dios que nos permita usar el poder de estas letras arameas como reemplazo a esos sacrificios.

רִבּוֹן Ribón יהוה ע״ב ס״ג מ״ה ב״ן הָעוֹלָמִים haolamim אַתָּה Atá צִוִּיתָנוּ tsivitanu

לְהַקְרִיב lehakriv קָרְבַּן korbán הַתָּמִיד hatamid ע״ה קס״א קנ״א קמ״ג

בְּמוֹעֲדוֹ bemoadó• וְלִהְיוֹת velihyot כֹּהֲנִים Cohanim

בַּעֲבוֹדָתָם baavodatam וּלְוִיִּם uLeviyim בְּדוּכָנָם bedujanam

וְיִשְׂרָאֵל veYisrael בְּמַעֲמָדָם bemaamadam• וְעַתָּה veAtá

בַּעֲוֹנוֹתֵינוּ baavonoteinu וְחָרֵב jarev בֵּית beit ב״פ ראה הַמִּקְדָּשׁ hamikdash

---

Yesod, viernes יג״ל פז״ק

Oh exaltado y orgulloso, vuélvete a Tu pueblo, aquellos que recuerdan Tu santidad.

Maljut, sábado שק״ו צי״ת

Acepta nuestra plegaria y escucha nuestro clamor, Tú que conoces todo lo oculto.

BARUJ SHEM QUEVOD

"Bendito es el Nombre de la Gloria. Su Reino es para siempre y para la eternidad" (Pesajim 56a).

RIBÓN HAOLAMIM

Señor de todos los Mundos, Tú nos has ordenado sacrificar las ofrendas diarias en su momento apropiado, que los Cohanim hagan su servicio, los Levitas deban estar en sus tribunas, y los israelitas deban estar en sus posiciones. Pero ahora, debido a nuestros pecados, el Templo ha sido destruido

וּבָטַל uvutal הַתָּמִיד hatamid ע"ה קס"א קנ"א קמ"ג וְאֵין veéin

לָנוּ lanu אלהים, אהיה אדני לֹא lo כֹּהֵן Cohén מלה

בַּעֲבוֹדָתוֹ baavodató. וְלֹא veló לֵוִי Leví בְּדוּכָנוֹ bedujanó.

וְלֹא veló יִשְׂרָאֵל Yisrael בְּמַעֲמָדוֹ bemaamadó. וְאַתָּה veAtá

אָמַרְתָּ amarta: וּנְשַׁלְּמָה unshalmá פָרִים farim שְׂפָתֵינוּ sfateinu:

לָכֵן lajén יְהִי yehí רָצוֹן ratsón מהש ע"ה, ע"ב בריבוע וקס"א ע"ה, אל שדי ע"ה

מִלְּפָנֶיךָ milfaneja ס"ג מ"ה ב"ן יְהֹוָהאדניאהדונהי Adonai אֱלֹהֵינוּ Eloheinu ילה

וֵאלֹהֵי veElohei לכב ; מילוי ע"ב, דמב ; ילה אֲבוֹתֵינוּ avoteinu שֶׁיְּהֵא sheyhé

זֶה ze שִׂיחַ síaj שִׂפְתוֹתֵינוּ siftoteinu וְחָשׁוּב jashuv וּמְקֻבָּל umekubal

וּמְרוּצֶה umerutsé לְפָנֶיךָ lefaneja ס"ג מ"ה ב"ן כְּאִלּוּ queílu הִקְרַבְנוּ hikravnu

קָרְבַּן korbán הַתָּמִיד hatamid ע"ה קס"א קנ"א קמ"ג בְּמוֹעֲדוֹ bemoadó

וְעָמַדְנוּ veamadnu עַל al מַעֲמָדוֹ maamadó. כְּמוֹ cmó שֶׁנֶּאֱמַר sheneemar:

וּנְשַׁלְּמָה unshalmá פָרִים farim שְׂפָתֵינוּ sfateinu. וְנֶאֱמַר veneemar:

וְשָׁחַט veshajat אֹתוֹ otó עַל al יֶרֶךְ yérej הַמִּזְבֵּחַ hamizbéaj נגד, זן, אל יהוה

צָפֹנָה tsafona יה פעמים יה וע"ה ע"ב ס"ג מ"ה ב"ן, הברכה (מכוון למאמרם ז"ל הרוצה להעשיר יצפין)

לִפְנֵי lifnei יְהֹוָהאדניאהדונהי Adonai וְזָרְקוּ vezarkú ס"ת יהוה

בְּנֵי bnei אַהֲרֹן Aharón הַכֹּהֲנִים hacohanim אֶת־ et דָּמוֹ damó

עַל־ al הַמִּזְבֵּחַ hamizbéaj נגד, זן, אל יהוה סָבִיב saviv:

וְנֶאֱמַר veneemar: זֹאת zot הַתּוֹרָה haTorá לָעֹלָה laolá

לַמִּנְחָה laminjá ע"ה ב"פ ב"ן וְלַחַטָּאת velajatat וְלָאָשָׁם velaasham

וְלַמִּלּוּאִים velamiluím וּלְזֶבַח ulezévaj הַשְּׁלָמִים hashlamim:

---

y la ofrenda diaria ha cesado. Ahora no tenemos un Cohén que lleve a cabo su servicio; ningún Levita que esté en su tribuna y ningún israelita en su posición. Pero preguntamos: "¿Podemos compensar las ofrendas de los toros con nuestros labios?" (Oseas 14:3). Por lo tanto, que sea Tu voluntad, Señor, nuestro Dios, y Dios de nuestros padres, que esas palabras que salen de nuestros labios sean adecuadas, aceptadas, y favorables ante Ti, como si hubiésemos sacrificado nuestra ofrenda diaria en su momento adecuado y como si hubiésemos estado de pie en esa ocasión, como fue dicho: "¿Podemos compensar las ofrendas de los toros con nuestros labios?" (Oseas 14:3). Y como también fue dicho: "Y él deberá degollarlos en el lado Norte del Altar ante el Señor. Los hijos de Aharón, los Cohanim, rociarán su sangre sobre el Altar, por todas partes" (Levítico 1:11). Y: "Esta es la ley relacionada con la ofrenda quemada, la ofrenda de comida, la ofrenda de pecado, la ofrenda de culpa, la ofrenda de inauguración y la ofrenda de paz" (Levítico 7:37).

EL PODER DE LA PAZ

Es importante conectar con todos los niveles de la Torá a lo largo del día; por lo tanto, leemos estos versículos de la *Mishná*, seguido por versículos de la *Guemará* (ambos son aspectos del *Talmud*). Esta sección específica del *Talmud* ayuda a imbuirnos del poder de la verdad, la unidad y la paz, puesto que es el único capítulo donde no se encuentran debates o perspectivas opuestas sobre las interpretaciones de la Torá.

Aquí medita para elevar a *Nétsaj, Hod, Yesod* de *Asiyá* hasta *Jésed, Guevurá, Tiféret*; y luego para elevar *Maljut* hasta *Nétsaj, Hod, Yesod*; y después para elevar las Chispas de Luz que están en la *klipá* hasta *Maljut*.

Recitamos esta sección en este momento porque es el único capítulo de toda la *Mishná* donde todas las opiniones concuerdan, y es por ello que el capítulo se llama: *Halajá Pesuká*, que quiere decir Ley Indiscutible. Ahora, mientras los mundos son elevados, necesitamos el poder de la paz, no del desacuerdo.

PRIMERA MISHNÁ

Al recitar esta *Mishná*, el aspecto interno de *Nétsaj* de *Asiyá* se eleva y se vuelve externo para la parte externa de *Jésed* de *Asiyá*.

אֵיזֶהוּ eizehú מְקוֹמָן mekomán שֶׁל shel זְבָחִים zvajim• קָדְשֵׁי kodshei
קָדָשִׁים kodashim שְׁחִיטָתָן shjitatán בַּצָּפוֹן batsafón• פַּר par
וְשָׂעִיר vesair שֶׁל shel יוֹם yom ע״ה נגד, מזבח, זן, אל יהוה הַכִּפּוּרִים HaKipurim
שְׁחִיטָתָן shjitatán בַּצָּפוֹן batsafón וְקִבּוּל vekibul דָּמָן damán בִּכְלֵי bijlei
שָׁרֵת sharet בַּצָּפוֹן batsafón• וְדָמָן vedamán טָעוּן taún הַזָּיָה hazayá עַל al
בֵּין bein הַבַּדִּים habadim וְעַל veal הַפָּרֹכֶת haparójet וְעַל veal
מִזְבַּח mizbaj נגד, זן, אל יהוה הַזָּהָב hazahav והו• מַתָּנָה matraná נתה, קס״א קנ״א קמ״ג
אַחַת ajat מֵהֶן mehén מְעַכֶּבֶת meaquévet• שְׁיָרֵי shiyerei הַדָּם hadam
הָיָה hayá יהה שׁוֹפֵךְ shofej עַל al יְסוֹד yesod ההע מַעֲרָבִי maaraví
שֶׁל shel מִזְבֵּחַ mizbéaj נגד, זן, אל יהוה הַחִיצוֹן hajitsón• אִם im יוהך,
מ״א אותיות דפשוט, דמילוי ודמילוי דמילוי דאהיה ע״ה לֹא lo נָתַן natán לֹא lo עִכֵּב iquev:

EL PODER DE LA PAZ
PRIMERA MISHNÁ

¿Cuál es la ubicación de los sacrificios? Lo más sagrado se sacrifica en el lado norte. El toro y el macho cabrío de Yom Kipur son sacrificados en el lado norte; su sangre es recibida en vasijas de servicio en el lado norte. Su sangre debe ser rociada entre las perchas, sobre la cortina y sobre el Altar Dorado. La ausencia de uno de estos invalida. Él vierte la sangre sobrante en la base oeste del Altar exterior; si él no vierte, él no invalida.

SEGUNDA MISHNÁ

Al recitar esta *Mishná*, el aspecto interno de *Hod* de *Asiyá* se eleva y se vuelve externo para la parte externa de *Guevurá* de *Asiyá*.

פָּרִים parim הַנִּשְׂרָפִים hanisrafim וּשְׂעִירִים useirim הַנִּשְׂרָפִים hanisrafim
שְׁחִיטָתָן shjitatán בַּצָּפוֹן batsafón. וְקִבּוּל vekibul דָּמָן damán
בִּכְלֵי bijlei שָׁרֵת sharet בַּצָּפוֹן batsafón. וְדָמָן vedamán טָעוּן taún
הַזָּיָה hazayá עַל al הַפָּרֹכֶת haparójet וְעַל veal מִזְבַּח mizbaj נגד, זן, אל יהוה
הַזָּהָב hazahav וזהו. מַתָּנָה matana נתה, קס"א קנ"א קמ"ג אַחַת ajat
מֵהֶן mehén מְעַכֶּבֶת meaquévet. שְׁיָרֵי shiyerei הַדָּם hadam הָיָה hayá יהה
שׁוֹפֵךְ shofej עַל al יְסוֹד yesod ההע מַעֲרָבִי maaraví שֶׁל shel
מִזְבֵּחַ mizbéaj נגד, זן, אל יהוה הַחִיצוֹן hajitsón. אִם im יוהך,
מ"א אותיות דפשוט, דמילוי ודמילוי דמילוי דאהיה ע"ה לֹא lo נָתַן natán לֹא lo עִכֵּב iquev.
אֵלּוּ elu וָאֵלּוּ vaelu נִשְׂרָפִין nisrafín בְּבֵית beveit ב"פ ראה הַדֶּשֶׁן hadeshen:

TERCERA MISHNÁ

Al recitar esta *Mishná*, el aspecto interno de *Yesod* de *Asiyá* se eleva y se vuelve externo para la parte externa de *Tiféret* de *Asiyá*. Aquí, completamos a *Jésed, Guevurá, Tiféret* de *Asiyá*.

וְחַטֹּאת jatot הַצִּבּוּר hatsibur וְהַיָּחִיד vehayajid אֵלּוּ elu הֵן hen
וְחַטֹּאת jatot הַצִּבּוּר hatsibur. שְׂעִירֵי seirei רָאשֵׁי rashei
חֳדָשִׁים jodashim וְשֶׁל veshel מוֹעֲדוֹת moadot שְׁחִיטָתָן shjitatán
בַּצָּפוֹן batsafón. וְקִבּוּל vekibul דָּמָן damán בִּכְלֵי bijlei שָׁרֵת sharet
בַּצָּפוֹן batsafón. וְדָמָן vedamán טָעוּן taún אַרְבַּע arbá מַתָּנוֹת matanot

---

SEGUNDA MISHNÁ

Los toros y los machos cabríos que van a ser quemados son degollados en el lado norte. Su sangre se recibe en vasijas de servicio en el lado norte. Su sangre debe ser rociada sobre la cortina y sobre el Altar Dorado. La ausencia de uno de éstos invalida. Él vierte la sangre sobrante en la base oeste del Altar exterior; si él no vierte, él no invalida. Esta y las ofrendas precedentes se queman en repositorios de cenizas.

TERCERA MISHNÁ

Las ofrendas de pecados personales y comunitarios son las ofrendas de pecado comunitarias:

Los machos cabríos de Rosh Jódesh y de las Festividades: éstos se degollan en el lado norte. Y su sangre se recibe en vasijas de servicio en el lado norte. Su sangre requiere cuatro porciones vertidas

עַל al אַרְבַּע arbá קְרָנוֹת kranot. כֵּיצַד queitsad. עָלָה alá
בַּכֶּבֶשׁ baquévesh וּפָנָה ufaná ע"ב ס"ג לַסּוֹבֵב lasovev וּבָא uvá לוֹ lo
לְקֶרֶן lekeren דְּרוֹמִית dromit מִזְרָחִית mizrajit. מִזְרָחִית mizrajit
צְפוֹנִית tsfonit. צְפוֹנִית tsfonit מַעֲרָבִית maaravit. מַעֲרָבִית maaravit
דְּרוֹמִית dromit. שְׁיָרֵי shiyerei הַדָּם hadam הָיָה hayá יהה
שׁוֹפֵךְ shofej עַל al יְסוֹד yesod ההע הַדְּרוֹמִי hadromí.
וְנֶאֱכָלִין veneejalín לִפְנִים lifnim מִן min הַקְּלָעִים haklaím
לְזִכְרֵי lezijrei כְהֻנָּה jehuná בְּכָל bejol ב"ן, לכב מַאֲכָל maajal.
לְיוֹם leyom ע"ה נגד, מזבח, זן, אל יהוה וָלַיְלָה valayla מלה עַד ad חֲצוֹת jatsot:

CUARTA MISHNÁ – LAS OFRENDAS DE OLÁ (QUEMADA)

Recitamos esta *Mishná* por la totalidad de *Asiyá*.

הָעוֹלָה haolá קֹדֶשׁ kódesh קָדָשִׁים kodashim שְׁחִיטָתָהּ shjitatá
בַּצָּפוֹן batsafón. וְקִבּוּל vekibul דָּמָהּ damá בִּכְלֵי bijlei
שָׁרֵת sharet בַּצָּפוֹן batsafón. וְדָמָהּ vedamá טָעוּן taún שְׁתֵּי shtei
מַתָּנוֹת matanot שֶׁהֵן shehén אַרְבַּע arbá. וּטְעוּנָה uteuná
הֶפְשֵׁט hefshet וְנִתּוּחַ venitúaj וְכָלִיל vejalil לָאִשִּׁים laishim:

QUINTA MISHNÁ – LAS OFRENDAS DE ASHAM (CULPA)

Al recitar esta *Mishná*, el aspecto interno de la Columna Derecha de *Maljut* de *Asiyá* se eleva y se vuelve externa para el aspecto externo de *Nétsaj* de *Asiyá*.

זִבְחֵי zivjei שַׁלְמֵי shalmei צִבּוּר tsibur וַאֲשָׁמוֹת vaashamot.
אֵלּוּ elu הֵן hen אֲשָׁמוֹת ashamot. אֲשַׁם asham גְּזֵלוֹת gzelot.

---

sobre las cuatro esquinas del Altar. ¿Cómo?: Él asciende la rampa, luego cruza al borde que lo rodea; luego va a la esquina sureste, la noreste, la noroeste y la esquina suroeste. Él vierte la sangre restante en la base sur. Estas eran comidas por los varones de los Cohanim, entre las cortinas, en cada comida durante un día y una noche, hasta la medianoche.

CUARTA MISHNÁ – LAS OFRENDAS DE OLÁ (QUEMADA)

La ofrenda quemada corresponde a lo más sagrado.

Se degolla en el Norte y su sangre se recibe en vasijas de servicio en el Norte. Su sangre requiere dos porciones de cuatro partes. Requiere ser desollado, desmembrado y consumido completamente por el fuego.

QUINTA MISHNÁ – LAS OFRENDAS DE ASHAM (CULPA)

Las ofrendas de paz y de culpa comunitarias:

Estas son las ofrendas de culpa: Las ofrendas de culpa por robos,

אָשָׁם asham מְעִילוֹת meilot• אָשָׁם asham שִׁפְחָה shifjá וַחֲרוּפָה jarufá•
אָשָׁם asham נָזִיר nazir• אָשָׁם asham מְצוֹרָע metsorá• אָשָׁם asham
תָּלוּי talui• שְׁחִיטָתָן shjitatán בַּצָּפוֹן batsafón• וְקִבּוּל vekibul דָּמָן damán
בִּכְלֵי bijlei שָׁרֵת sharet בַּצָּפוֹן batsafón• וְדָמָן vedamán
טָעוּן taún שְׁתֵּי shtei מַתָּנוֹת matanot שֶׁהֵן shehén אַרְבַּע arbá•
וְנֶאֱכָלִין veneejalín לִפְנִים lifnim מִן min הַקְּלָעִים haklaím
לְזִכְרֵי lezijrei כְהֻנָּה jehuná בְּכָל bejol ב"ן, לכב מַאֲכָל maajol
לְיוֹם leyom ע"ה נגד, מזבח, זן, אל יהוה וָלַיְלָה valayla מלה עַד ad חֲצוֹת jatsot:

SEXTA MISHNÁ – LAS OFRENDAS DE TODÁ (AGRADECIMIENTO)

Al recitar esta *Mishná*, el aspecto interno de la Columna Izquierda de *Maljut* de *Asiyá* se eleva y se vuelve externa para el aspecto externo de *Hod* de *Asiyá*.

הַתּוֹדָה hatodá וְאֵיל veéil נָזִיר nazir קָדָשִׁים kodashim קַלִּים kalim
שְׁחִיטָתָן shjitatán בְּכָל bejol ב"ן, לכב מָקוֹם makom בָּעֲזָרָה baazará
וְדָמָן vedamán טָעוּן taún שְׁתֵּי shtei מַתָּנוֹת matanot שֶׁהֵן shehén
אַרְבַּע arbá• וְנֶאֱכָלִין veneejalín בְּכָל bejol ב"ן, לכב הָעִיר hair
סוזפר, סנדלפון, ערי לְכָל lejol יה אדני אָדָם adam מ"ה בְּכָל bejol ב"ן, לכב
מַאֲכָל maajol לְיוֹם leyom ע"ה נגד, מזבח, זן, אל יהוה וָלַיְלָה valayla מלה עַד ad
חֲצוֹת jatsot• הַמּוּרָם hamuram מֵהֶם mehem כַּיּוֹצֵא cayotsé בָהֶם vahem
אֶלָּא ela שֶׁהַמּוּרָם shehamuram נֶאֱכָל neejal לַכֹּהֲנִים lacohanim
לִנְשֵׁיהֶם linsheihem וְלִבְנֵיהֶם velivneihem וּלְעַבְדֵיהֶם uleavdeihem:

---

por mal uso de objetos sagrados, por estar con una sirvienta casada, por Nazir, por leproso, y por trasgresión dudosa. Éstas son sacrificadas en el lado norte y su sangre se recibe en vasijas de servicio en el lado norte. Su sangre requiere dos porciones de cuatro partes. Las comen los varones de los Cohanim entre las cortinas, en cada comida durante un día y una noche, hasta la medianoche.

SEXTA MISHNÁ – LAS OFRENDAS DE TODÁ (AGRADECIMIENTO)

Las ofrendas de agradecimiento

y del carnero del Nazir son de menor santidad. Se degollan en cualquier lugar en el patio. Su sangre requiere dos porciones de cuatro partes. Se comen por toda la ciudad, por cualquier persona, en cada comida durante un día y una noche, hasta la medianoche. Esa parte que se coloca a un lado se trata de la misma forma, a excepción que esa parte es comida por los Cohanim, sus esposas, sus hijos y sus esclavos.

SÉPTIMA MISHNÁ – LAS OFRENDAS DE SHLAMIM (PAZ)

Al recitar esta *Mishná*, el aspecto interno de la Columna Central de *Maljut* de *Asiyá* se eleva y se vuelve externo para el aspecto externo de *Yesod* de *Asiyá*.

שלמים shlamim קדשים kodashim קלים kalim שחיטתן shjitatán

בכל bejol ב"ן, לכב מקום makom בעזרה baazará• ודמן vedamán

טעון taún שתי shtei מתנות matanot שהן shehén ארבע arbá•

ונאכלין veneejalín בכל bejol ב"ן, לכב העיר hair בוזוהר, סנדלפון, ערי

לכל- lejol יה אדני אדם adam מ"ה בכל- bejol ב"ן, לכב מאכל maajal

לשני lishnei ימים yamim נלך ולילה velayla מלה אחד ejad אהבה, דאגה•

המורם hamuram מהם mehem כיוצא cayotsé בהם vahem

אלא ela שהמורם shehamuram נאכל neejal לכהנים lacohanim

לנשיהם linsheihem ולבניהם velivneihem ולעבדיהם uleavdeihem:

LA MISHNÁ FINAL

Con esta *Mishná* final, tenemos el poder de elevar a todo el mundo de *Asiyá*. Cualquier alma o Luz que haya quedado atrapada dentro de las *klipot* también son elevadas con este verso. Debido a que esta sección en particular no contiene debates o perspectivas opuestas, genera un cordón de unidad; sólo a través de esta unidad es que tenemos la capacidad de elevarnos al Mundo de Formación (*Yetsirá*).

Al recitar esta *Mishná*, el aspecto interno (que se encontraba en la *klipá*) se eleva y se vuelve externo para el aspecto externo de *Maljut* de *Asiyá*. Con esto, completas todo el mundo de *Asiyá*.

הבכור habejor והמעשר vehamaaser והפסח vehapésaj קדשים kodashim

קלים kalim שחיטתן shjitatán בכל bejol ב"ן, לכב מקום makom

בעזרה baazará ודמן vedamán טעון taún מתנה matana נתה, קס"א קנ"א קמ"ג

אחת ejat• ובלבד uvilvad שיתן sheyitén כנגד quenégued מזבח, זן, אל יהוה

היסוד hayesod ההע• שנה shiná באכילתן vaajilatán•

SÉPTIMA MISHNÁ – LAS OFRENDAS DE SHLAMIM (PAZ)

Las ofrendas de paz son de menor santidad. Se degollan en cualquier lugar en el patio. Su sangre requiere dos porciones de cuatro partes. Se comen por toda la ciudad, por cualquier persona, en cada comida, durante dos días y una noche. Esa parte que se coloca a un lado se trata de la misma forma, a excepción que esa parte es comida por los Cohanim, sus esposas, sus hijos y sus esclavos.

MISHNÁ FINAL

El animal primogénito, el diezmo del ganado y la ofrenda de Pésaj son de menor santidad. Son sacrificados en cualquier parte del patio. Su sangre requiere una porción, siempre que se vierta contra la base del Altar. Difieren en la forma en la que son consumidas:

הַבְּכוֹר habejor נֶאֱכָל neejal לַכֹּהֲנִים lacohanim. וְהַמַּעֲשֵׂר vehamaaser

לְכָל־ lejol יה אדני אָדָם adam מ"ה. וְנֶאֱכָלִין veneejalín

בְּכָל־ bejol ב"ן, לכב הָעִיר hair בוזוחך, סנדלפון, ערי

בְּכָל־ bejol ב"ן, לכב מַאֲכָל maajal לִשְׁנֵי lishnei יָמִים yamim נלך

וְלַיְלָה velayla מלה אֶחָד ejad אהבה, דאגה. הַפֶּסַח hapésaj אֵינוֹ einó

נֶאֱכָל neejal אֶלָּא ela בַּלַּיְלָה valayla מלה. וְאֵינוֹ veeinó נֶאֱכָל neejal

אֶלָּא ela עַד ad חֲצוֹת jatsot. וְאֵינוֹ veeinó נֶאֱכָל neejal אֶלָּא ela

לִמְנוּיָו limnuyav. וְאֵינוֹ veeinó נֶאֱכָל neejal אֶלָּא ela צָלִי tsalí:

RIBÍ YISHMAEL

Ribí Yishmael actúa como un eslabón en la cadena de *Sefirot*. Nos conecta con 13 *Sefirot*: Diez en el Mundo de Acción (*Asiyá*) y tres en el siguiente nivel, el Mundo de Formación (*Yetsirá*). Es bueno contar las 13 *Sefirot* de *Asiyá* con los dedos de la mano derecha.

רִבִּי Ribí יִשְׁמָעֵאל Yishmael אוֹמֵר omer, בִּשְׁלֹשׁ bishlosh עֶשְׂרֵה esré

מִדּוֹת midot הַתּוֹרָה haTorá נִדְרֶשֶׁת nidréshet. 1) מִקַּל mikal נמם

וָחוֹמֶר vajómer. 2) מִגְּזֵרָה migzerá שָׁוָה shavá. 3) מִבִּנְיַן mibinyán אָב av

וְכָתוּב vejatuv אֶחָד ejad אהבה, דאגה. וּמִבִּנְיַן umibinyán אָב av

וּשְׁנֵי ushnei כְתוּבִים jetuvim. 4) מִכְּלָל miclal וּפְרָט ufrat.

5) מִפְּרָט miprat וּכְלָל ujlal. 6) כְּלָל clal וּפְרָט ufrat וּכְלָל ujlal

אִי ei אַתָּה atá דָן dan אֶלָּא ela כְּעֵין queéin הַפְּרָט haprat.

El animal primogénito puede ser comido por el Cohén, y el diezmo puede ser comido por cualquiera. Se comen por toda la ciudad, en cualquier comida durante dos días y una noche. La ofrenda de Pésaj sólo puede ser comida durante esa noche y sólo hasta la medianoche, y sólo puede ser comida por aquellos que contribuyeron con ella. Sólo puede ser comida asada.

RIBÍ YISHMAEL

'Rabí Yishmael dice: A través de trece atributos es enseñada la Torá: 1) Por ley de indulgencia y por ley estricta. 2) Por similitud de palabras. 3) De un principio general derivado de un versículo y un principio general derivado de dos versículos. 4) De una declaración general seguida por una específica. 5) De una declaración específica seguida por una generalidad. 6) De una declaración general, seguida por una específica, seguida por una generalidad: entonces sólo puedes inferir lo que es similar a la especificación.

7) מִכְּלָל miclal שֶׁהוּא shehú צָרִיךְ tsarij לִפְרָט lifrat. וּמִפְּרָט umiprat
שֶׁהוּא shehú צָרִיךְ tsarij לִכְלָל lijlal. 8) וְכָל vejol ילי דָּבָר davar ראה
שֶׁהָיָה shehayá יהה בִּכְלָל bijlal וְיָצָא veyatsá מִן־ min הַכְּלָל haclal
לְלַמֵּד lelamed. לֹא lo לְלַמֵּד lelamed עַל al עַצְמוֹ atsmó יָצָא yatsá
אֶלָּא ela לְלַמֵּד lelamed עַל al הַכְּלָל haclal כֻּלּוֹ culó יָצָא yatsá:
9) וְכָל vejol ילי דָּבָר davar ראה שֶׁהָיָה shehayá יהה בִּכְלָל bijlal.
וְיָצָא veyatsá לִטְעוֹן litón טַעַן taún אַחֵר ajer שֶׁהוּא shehú
כְּעִנְיָנוֹ jeinyanó. יָצָא yatsá לְהָקֵל lehakel וְלֹא veló לְהַחְמִיר lehajmir:
10) וְכָל vejol ילי דָּבָר davar ראה שֶׁהָיָה shehayá יהה בִּכְלָל bijlal
וְיָצָא veyatsá לִטְעוֹן litón טַעַן taún אַחֵר ajer שֶׁלֹּא sheló
כְּעִנְיָנוֹ jeinyanó יָצָא yatsá לְהָקֵל lehakel וּלְהַחְמִיר ulehajmir:
11) וְכָל vejol ילי דָּבָר davar ראה שֶׁהָיָה shehayá יהה בִּכְלָל bijlal
וְיָצָא veyatsá לִדּוֹן lidón בְּדָבָר bedavar ראה חָדָשׁ jadash י"ב הויות, קס"א קנ"א
אִי ei אַתָּה atá יָכוֹל yajol לְהַחֲזִירוֹ lehajaziró לִכְלָלוֹ lijlaló עַד ad
שֶׁיַּחֲזִירֶנּוּ sheyajazirenu הַכָּתוּב hacatuv לִכְלָלוֹ lijlaló בְּפֵירוּשׁ befeirush:
12) וְדָבָר vedavar ראה הַלָּמֵד halamed מֵעִנְיָנוֹ meinyanó וְדָבָר vedavar ראה
הַלָּמֵד halamed מִסּוֹפוֹ misofó: 13) וְכֵן veján (וְכָאן) שְׁנֵי shnei
כְּתוּבִים jetuvim הַמַּכְחִישִׁים hamajishim זֶה ze אֶת et זֶה ze
עַד ad שֶׁיָּבֹא sheyavó הַכָּתוּב hacatuv הַשְּׁלִישִׁי hashlishí
וְיַכְרִיעַ veyajría בֵּינֵיהֶם beineihem:

---

7) De una declaración general que requiere una declaración específica que, a su vez, requiere una declaración general para explicarla. 8) Cualquier cosa que era parte de una declaración general que luego era extraída de la declaración general para enseñar algo. No era para enseñar sobre ella misma que era extraída, sino para enseñar con relación a la declaración general completa. 9) Cualquier cosa que sea parte de una declaración general, que después era extraída para discutir otra instancia de su contexto. Era extraída para ser más indulgente y no más rigurosa. 10) Cualquier cosa que era parte de una declaración general y era después extraída para discutir otra instancia fuera de su contexto. Era extraída para ser más indulgente y no más rigurosa. 11) Cualquier cosa que era parte de una declaración general, y era extraída para discutir un concepto nuevo, no la puedes regresar a su contexto general, a menos que el texto explícitamente lo devuelva a su contexto general. 12) Una materia que se aprende de su contexto y una materia que se desprende de su fin. 13) Y también de dos versículos que se contradicen el uno al otro, hasta que aparezca un tercero que los reconcilie" (Torat Cohanim, Porción Vayikrá).

יְהוּדָה Yehudá בֶּן ven תֵּימָא Teimá אוֹמֵר omer: הֱוֵי hevei עַז az
כַּנָּמֵר canamer וְקַל vekal נמם (שהם ה גבורות) כַּנֶּשֶׁר canésher וְרָץ verats
כַּצְּבִי catsví וְגִבּוֹר veguibor כָּאֲרִי caarí לַעֲשׂוֹת laasot רְצוֹן retsón
מהש ע"ה, ע"ב בריבוע וקס"א ע"ה, אל שדי ע"ה אָבִיךָ avija שֶׁבַּשָּׁמַיִם shebashamáyim
י"פ טל, י"פ כוזו: הוּא hu הָיָה hayá יהה אוֹמֵר omer: עַז az פָּנִים panim
לַגֵּיהִנָּם laGueihinom וּבֹשֶׁת uvóshet פָּנִים panim לְגַן leGán עֵדֶן Eden:

YEHÍ RATSÓN

A pesar de que, según la Kabbalah, el Templo todavía existe en la realidad espiritual del Mundo Infinito, su estructura física no está; dejando a nuestro mundo físico incompleto. Esta oración ayuda a movilizar y acelerar la reconstrucción del Templo físico.

יְהִי yehí רָצוֹן ratsón מהש ע"ה, ע"ב בריבוע וקס"א ע"ה, אל שדי ע"ה
מִלְּפָנֶיךָ milfaneja ס"ג מ"ה ב"ן יְהֹוָהאדניאהדונהי Adonai אֱלֹהֵינוּ Eloheinu ילה
וֵאלֹהֵי veElohei לכב ; מילוי ע"ב, דמב ; ילה אֲבוֹתֵינוּ avoteinu
שֶׁתִּבָּנֶה shetivné בֵּית beit ב"פ ראה הַמִּקְדָּשׁ hamikdash
בִּמְהֵרָה bimherá בְּיָמֵינוּ veyameinu. וְתֵן vetén חֶלְקֵנוּ jelkenu
בְּתוֹרָתָךְ betorataj לַעֲשׂוֹת laasot חֻקֵּי jukei רְצוֹנָךְ retsonaj
וּלְעָבְדָךְ uleavdaj פוי, אל אדני בְּלֵבָב belevav בוכו שָׁלֵם shalem:

Debes tener cuidado de no hablar o, inclusive, hacer una pausa muy larga aquí; y debes proseguir a recitar *Hodú* inmediatamente después del *Kadish*.

KADISH AL YISRAEL

Kadish, en general, significa elevar los mundos en el secreto de la Columna.
Hay una columna que conecta los mundos unos con otros y está erigida en el medio de cada Palacio. Y mediante esta columna, cada Palacio se eleva al superior y se vuelve uno con él (como es mencionado en el *Zóhar*). Esta columna es el *Kadish*. El secreto del *Kadish Al Yisrael* es que nos eleva desde el Mundo de *Asiyá* (ב"ן) hasta el Mundo de *Yetsirá* (מ"ה).

"Yehuda Ben Teimá dice: Sé valiente como un tigre y ligero como un águila, y corre como un venado y sé fuerte como un león para así satisfacer la voluntad de Tu Padre en el Cielo. Él solía decir: Una persona insolente va al Infierno y una persona modesta al Jardín de Edén" (*Avot, cap. 5*).

YEHÍ RATSÓN

Sea Tu voluntad, Señor, nuestro Dios y Dios de nuestros padres, que Tú construyas el Templo rápidamente en nuestros días. Y que Tú coloques nuestra providencia en Tu Torá, para que podamos cumplir las leyes de Tus deseos y adorarte con todo el corazón.

יִתְגַּדַּל yitgadal וְיִתְקַדַּשׁ veyitkadash ש״די ומילוי ש״די ; י״א אותיות כמנין ו״ה

שְׁמֵיהּ Shmei (שם י״ה דע״ב) רַבָּא rabá קנ״א ב״ן, יהוה אלהים יהוה אדני,

מילוי קס״א וס״ג, מ״ה ברבוע וע״ב ע״ה ; ר״ת = ו״פ אלהים ; ס״ת = ג״פ יב״ק: אָמֵן Amén אידהנויה.

בְּעָלְמָא bealmá דִּי di בְרָא verá כִרְעוּתֵיהּ quirutei.

וְיַמְלִיךְ veyamlij מַלְכוּתֵיהּ maljutei. וְיַצְמַח veyatsmaj

פּוּרְקָנֵיהּ purkanei. וִיקָרֵב vikarev מְשִׁיחֵיהּ Meshijei: אָמֵן Amén אידהנויה.

בְּחַיֵּיכוֹן bejayeijón וּבְיוֹמֵיכוֹן uveyomeijón וּבְחַיֵּי uvejayei

דְכָל dejol ילי בֵּית beit ב״פ ראה יִשְׂרָאֵל Yisrael בַּעֲגָלָא baagalá

וּבִזְמַן uvizmán קָרִיב kariv וְאִמְרוּ veimrú אָמֵן Amén: אָמֵן Amén אידהנויה.

La congregación y el *jazán* dicen lo siguiente:

28 palabras (hasta *bealmá*) – meditar: מילוי דמילוי דס״ג (יוד ויו דלת הי יוד ואו אלף ואו הי יוד)

28 letras (hasta *almayá*) – meditar: מילוי דמילוי דמ״ה (יוד ואו דלת הא אלף ואו אלף ואו הא אלף)

יְהֵא yehé שְׁמֵיהּ Shmei (שם י״ה דס״ג) רַבָּא rabá קנ״א ב״ן,

יהוה אלהים יהוה אדני, מילוי קס״א וס״ג, מ״ה ברבוע וע״ב ע״ה מְבָרַךְ mevaraj,

לְעָלַם lealam לְעָלְמֵי lealmei עָלְמַיָּא almayá. יִתְבָּרַךְ yitbaraj.

Siete palabras con seis letras cada una (שם בן מ״ב) – meditar:

יהוה ÷ יוד הי ויו הי ÷ מילוי דמילוי דס״ג (יוד ויו דלת הי יוד ואו אלף ואו הי יוד)

También, siete veces la letra Vav (שם בן מ״ב) – meditar:

יהוה ÷ יוד הי ואו הי ÷ מילוי דמילוי דמ״ה (יוד ואו דלת הא אלף ואו אלף ואו הא אלף).

וְיִשְׁתַּבַּח veyishtabaj י״פ ע״ב יהוה אל אבג יתץ.

וְיִתְפָּאַר veyitpaar הי נו יה קרע שטן. וְיִתְרוֹמַם veyitromam וה כוזו נגד יכש.

וְיִתְנַשֵּׂא veyitnasé במוכסז בטר צתג. וְיִתְהַדָּר veyithadar כוזו יה וזקב טנע.

וְיִתְעַלֶּה veyitalé וה יוד היגל פזק. וְיִתְהַלָּל veyithalal א ואו הא שקו צית.

שְׁמֵיהּ Shmei (שם י״ה דמ״ה) דְּקוּדְשָׁא deKudshá בְּרִיךְ Verij הוּא Hu:

אָמֵן Amén אידהנויה.

KADISH AL YISRAEL

¡Glorificado y santificado sea su Gran Nombre! (Amén).

En el mundo que Él creó de acuerdo a Su voluntad y pueda Su Reino reinar. Y pueda Él hacer que su Redención florezca y pueda Él acercar al Mesías (Amén). En tus vidas y en tus días y en la vida de la Casa de Israel, prontamente y en el futuro cercano, y dígase: Amén (Amén). Que Su gran Nombre sea bendito por siempre y para toda la eternidad, y bendito y alabado, y glorificado y exaltado, y ensalzado y honrado, y adorado y loado, sea el Nombre del Santo Bendito Sea (Amén).

לְעֵלָּא leelá מִן min כָּל col ילי בִּרְכָתָא birjatá• שִׁירָתָא shiratá•

תֻּשְׁבְּחָתָא tishbejatá וְנֶחָמָתָא venejamatá• דַּאֲמִירָן daamirán

בְּעָלְמָא bealmá וְאִמְרוּ veimrú אָמֵן Amén: אָמֵן Amén אידהנויה.

עַל al יִשְׂרָאֵל Yisrael וְעַל veal רַבָּנָן rabanán וְעַל veal

תַּלְמִידֵיהוֹן talmideihón וְעַל veal כָּל col ילי ; עמם תַּלְמִידֵי talmidei

תַּלְמִידֵיהוֹן talmideihón• דְּעָסְקִין deaskín בְּאוֹרַיְתָא beoraytá

קַדִּישְׁתָּא kadishtá• דִּי di בְּאַתְרָא veatrá הָדֵין hadein וְדִי vedí

בְּכָל vejol ב"ן, לככ אֲתַר atar וַאֲתַר veatar• יְהֵא yehé

לָנָא laná וּלְהוֹן ulhón וּלְכוֹן uljón חִנָּא jiná וְחִסְדָּא vejisdá

וְרַחֲמֵי verajamei• מִן min קֳדָם kodam מָארֵי marei שְׁמַיָּא shmayá

וְאַרְעָא veará וְאִמְרוּ veimrú אָמֵן Amén: אָמֵן Amén אידהנויה.

יְהֵא yehé שְׁלָמָא shlamá רַבָּא rabá קנ"א ב"ן, יהוה אלהים יהוה אדני, מילוי קס"א וס"ג,

מ"ה ברבוע וע"ב ע"ה מִן min שְׁמַיָּא shmayá• וְחַיִּים jayim אהיה אהיה יהוה, בינה ע"ה

וְשָׂבָע vesavá וִישׁוּעָה vishuá וְנֶחָמָה venejamá וְשֵׁיזָבָא vesheizavá

וּרְפוּאָה urefuá וּגְאֻלָּה ugueulá וּסְלִיחָה uslijá וְכַפָּרָה vejapará

וְרֵיוַח vereivaj וְהַצָּלָה vehatsalá• לָנוּ lanu אלהים, אהיה אדני וּלְכָל ulejol יה אדני

עַמּוֹ amó יִשְׂרָאֵל Yisrael וְאִמְרוּ veimrú אָמֵן Amén: אָמֵן Amén אידהנויה.

Da tres pasos para atrás y dí:

עוֹשֶׂה osé שָׁלוֹם shalom בִּמְרוֹמָיו bimromav ע"ב, ריבוע יהוה• הוּא Hu

בְּרַחֲמָיו berajamav יַעֲשֶׂה yaasé שָׁלוֹם shalom עָלֵינוּ aleinu ר"ת ש"ע נהורין•

וְעַל veal כָּל col ילי ; עמם עַמּוֹ amó יִשְׂרָאֵל Yisrael וְאִמְרוּ veimrú אָמֵן Amén:

אָמֵן Amén אידהנויה•

Más allá de todas las bendiciones, himnos, alabanzas y palabras de consolación que deben decirse en el mundo, y dirán: Amén (Amén). Sobre Israel, Sus Sabios, Sus discípulos y todos los estudiantes de sus discípulos que se ocupan de la Santa Torá, en este lugar y en cada y toda localidad, que hay para nosotros, para ellos, y para todos, gracia, benevolencia y compasión del Señor de los Cielos y la Tierra y dígase: Amén (Amén). Que haya paz abundante del Cielo, vida, satisfacción, salvación, consuelo, entrega, sanación, redención, perdón, expiación, comodidad y alivio para nosotros y para toda Su Nación, Israel, y dígase: Amén (Amén). Él, que establece la paz en Sus Alturas y con Su compasión hará la paz sobre nosotros y sobre toda Su Nación, Israel. Y dígase: Amén (Amén).

HODÚ, EL NEKAMOT Y AROMIMJÁ

El poder del *Kadish* reside en su capacidad para elevarnos a los Mundos Superiores. Pero el lanzamiento inicial desde nuestro mundo físico (*Asiyá*) requiere un impulso adicional. Los sabios ancestrales nos dieron tres oraciones, *Hodú*, *El Nekamot* y *Aromimjá*, para este propósito. Esta etapa inicial de lanzamiento ocurre en el Mundo de Acción (*Asiyá*).

HODÚ

El único alimento de nuestras *klipot* proviene de nuestro mundo (*Maljut* o *Asiyá*) y, como consecuencia, las *klipot* intentan evitar que nuestro mundo de *Maljut*, el Mundo de Acción (*Asiyá*), se eleve al Mundo de Formación (*Yetsirá*), puesto que esta traslación las desconectaría de su única fuente de Luz. *Hodú* corta el suministro de oxígeno a las *klipot*, ayudándonos a liberarnos de la fuerza gravitacional de éstas.

Decimos *Hodú* para fortalecer a *Maljut* de *Yetsirá*, que está incluida en *Heijal Kódesh HaKodashim* de *Asiyá*, con el propósito de romper el poder de las *klipot* que evitan que *Asiyá* se eleve a *Yetsirá*. Desde *Hodú* hasta *Baruj Elohim* (pág. 253) hay 295 palabras, que es el valor numérico de *Elohim* deletreado sin *Hei* (אלף למד הה יוד מם). Y, por lo tanto, no debes agregar ni omitir ninguna de las palabras. Esta oración alaba al Sol en su camino cuando viene a iluminar al mundo. También *Yisrael* está alabando a Dios junto al Sol, como está escrito: "Deben ser vistos junto al Sol" (Salmos 72:5).

הוֹדוּ hodú אהיה לַיהֹוָה laAdonai יאהדונהי קִרְאוּ kirú בִשְׁמוֹ viShmó מהש ע״ה,
ע״ב בריבוע וקס״א ע״ה, אל שדי ע״ה ; לאו הוֹדִיעוּ hodíu בָעַמִּים vaamim
עֲלִילוֹתָיו alilotav: שִׁירוּ shiru לוֹ lo זַמְּרוּ־ zamrú לוֹ lo שִׂיחוּ sijú
בְּכָל־ bejol ב״ן, לכב נִפְלְאוֹתָיו nifleotav: הִתְהַלְלוּ hithalelú בְּשֵׁם beShem
קָדְשׁוֹ kodshó יִשְׂמַח yismaj משיח לֵב lev מְבַקְשֵׁי mevakshei
יְהֹוָה Adonai יאהדונהי: דִּרְשׁוּ dirshú יְהֹוָה Adonai יאהדונהי וְעֻזּוֹ veuzó
בַּקְּשׁוּ bakshú פָנָיו fanav תָּמִיד tamid ע״ה קס״א קנ״א קמ״ג:
זִכְרוּ zijrú נִפְלְאוֹתָיו nifleotav אֲשֶׁר asher עָשָׂה asá מֹפְתָיו moftav
וּמִשְׁפְּטֵי־ umishpetei פִיהוּ fihu: זֶרַע zera יִשְׂרָאֵל Yisrael
עַבְדּוֹ avdó בְּנֵי bnei יַעֲקֹב Yaakov ו׳ הויות, יאהדונהי אידהנויה
בְּחִירָיו bejirav: הוּא Hu יְהֹוָה Adonai יאהדונהי אֱלֹהֵינוּ Eloheinu ילה
בְּכָל־ bejol ב״ן, לכב הָאָרֶץ haárets אלהים דההין ע״ה מִשְׁפָּטָיו mishpatav:

HODÚ, EL NEKAMOT Y AROMIMJÁ

HODÚ

"Agradece al Señor, invoca Su Nombre y da a conocer sus proezas entre los pueblos. Cántale, cántale alabanzas y habla de Sus maravillas. Está orgulloso de Su santo Nombre. Quienes buscan al Señor y a Su fuerza sienten regocijo en sus corazones. Busca Su presencia continuamente. Recuerda las maravillosas obras que Él ha hecho, Sus milagros y las leyes que Él ha enunciado. Ustedes son simiente de Israel, Su siervo, y los hijos de Yaakov, Sus Escogidos. Él es el Señor, nuestro Dios. Sus juicios cubren toda la Tierra.

זִכְרוּ zijrú לְעוֹלָם leolam ריבוע דס"ג וי' אותיות ס"ג בְּרִיתוֹ britó דָּבָר davar ראה
צִוָּה tsivá לְאֶלֶף leélef המספר אֶלֶף = אלף למד שין דלת יוד ע"ה דּוֹר dor: אֲשֶׁר asher
כָּרַת carat אֶת־ et אַבְרָהָם Avraham וז"פ אל, רי"ו ול"ב נתיבות החכמה, רמ"ח (אברים),
עסמ"ב וט"ז אותיות פשוטות וּשְׁבוּעָתוֹ ushvuató לְיִצְחָק leYitsjak ד"פ ב"ן:
וַיַּעֲמִידֶהָ vayaamideha לְיַעֲקֹב leYaakov ז' הויות, יאהדונהי אידהנויה לְחֹק lejok
לְיִשְׂרָאֵל leYisrael בְּרִית brit עוֹלָם olam: לֵאמֹר lemor לְךָ lejá
אֶתֵּן etén אֶרֶץ־ érets כְּנָעַן cnaán חֶבֶל jével נַחֲלַתְכֶם najalatjem:
בִּהְיוֹתְכֶם bihyotjem מְתֵי metei מִסְפָּר mispar כִּמְעַט quimat
וְגָרִים vegarim בָּהּ ba: וַיִּתְהַלְּכוּ vayithaljú ניצוצות קדושה מִגּוֹי migoi אֶל־ el
גּוֹי goi וּמִמַּמְלָכָה umimamlajá אֶל־ el עַם am אַחֵר ajer: לֹא־ lo
הִנִּיחַ hiníaj לְאִישׁ leísh לְעָשְׁקָם leashkam ר"ת ללה, אדני וַיּוֹכַח vayojaj
עֲלֵיהֶם aleihem מְלָכִים melajim: אַל־ al תִּגְּעוּ tigú בִּמְשִׁיחָי bimshijai
וּבִנְבִיאַי uvineviái אַל־ al תָּרֵעוּ tareu: שִׁירוּ shiru לַיהֹוָה אדני יאהדונהי laAdonai
כָּל־ col ילי הָאָרֶץ haárets אלהים ההין ע"ה בַּשְּׂרוּ basrú מִיּוֹם־ miyom
ע"ה נגד, מזבח, זן, אל יהוה אֶל־ el יוֹם yom ע"ה נגד, מזבח, זן, אל יהוה יְשׁוּעָתוֹ yeshuató:
סַפְּרוּ saprú בַגּוֹיִם vagoyim (pronuncia bien la letra *Álef* en la palabra "*et*") אֶת־ et
כְּבוֹדוֹ quevodó בְּכָל bejol ב"ן, לכב הָעַמִּים haamim נִפְלְאוֹתָיו nifleotav:
כִּי qui גָדוֹל gadol להח ; עם ד' אותיות = מבה, יזל, הום יְהֹוָה אדני יאהדונהי Adonai
וּמְהֻלָּל umehulal ס"ת ללה, אדני מְאֹד meod וְנוֹרָא venorá הוּא hu עַל־ al
כָּל־ col ילי ; עמם אֱלֹהִים Elohim אהיה אדני ; ילה. כִּי qui כָּל־ col ילי
אֱלֹהֵי Elohei מילוי ע"ב, דמב ; ילה הָעַמִּים haamim אֱלִילִים elilim (pausa aquí)

Recuerda Su Pacto por siempre. Pacto que Él hizo con Avraham, y juramentó a Yitsjak, que Él estableció para Yaakov por estatuto y para Israel como Pacto eterno: A ti te daré la tierra de Canaán, la parte de tu herencia, donde no eran más que unos pocos y eran extranjeros perdidos en ella. Ellos deambularon de nación en nación y de un reino a otro. Sin embargo, Él no permitió que nadie les hiciese mal. Por ellos Él reprobaba a reyes: ¡No toquen a Mis ungidos y no causen daños a Mis profetas! Canta al Señor toda la Tierra y proclama Su salvación día a día. Relata Su gloria entre las naciones y Sus maravillosas obras entre todos los pueblos: porque grande es el Señor y alabado, Él es reverenciado por sobre todos los dioses. Porque todos los dioses de los pueblos no son nada, son sólo dioses,

וַיהֹוָה יאהדונהי vaAdonai שָׁמַיִם shamáyim י״פ טל, י״פ כוזו עָשָׂה asá: הוֹד hod ההה

וְהָדָר vehadar לְפָנָיו lefanav עֹז oz וְחֶדְוָה vejedvá בִּמְקֹמוֹ bimkomó:

הָבוּ havú אוזד, אהבה, דאגה לַיהֹוָה יאהדונהי laAdonai מִשְׁפְּחוֹת mishpejot

עַמִּים amim הָבוּ havú אוזד, אהבה, דאגה לַיהֹוָה יאהדונהי laAdonai כָּבוֹד cavod

וָעֹז vaoz: הָבוּ havú אוזד, אהבה, דאגה לַיהֹוָה יאהדונהי laAdonai כְּבוֹד quevod

שְׁמוֹ Shmó מהש ע״ה, ע״ב בריבוע וקס״א ע״ה, אל שדי ע״ה ; הבו יהוה כבוד שמו = אדם דוד משיוז

שְׂאוּ seú מִנְחָה minjá ע״ה ב״פ ב״ן וּבֹאוּ uvóu לְפָנָיו lefanav

הִשְׁתַּחֲווּ hishtajavú לַיהֹוָה יאהדונהי laAdonai בְּהַדְרַת behadrat

קֹדֶשׁ kódesh ר״ת קבלה למפרע (היינו שביום שבת צריך ללמוד קבלה):

חִילוּ jilú מִלְּפָנָיו milfanav כָּל־ col ילי הָאָרֶץ haárets אלהים דההין ע״ה

אַף־ af תִּכּוֹן ticón תֵּבֵל tevel ב״פ רי״ו בַּל־ bal תִּמּוֹט timot:

יִשְׂמְחוּ yismejú הַשָּׁמַיִם hashamáyim י״פ טל, י״פ כוזו וְתָגֵל vetaguel אותיות גלות

(שכשתהיה גאולה תהא שמוזה) הָאָרֶץ haárets אלהים דההין ע״ה ; ר״ת יהוה ; ס״ת = ריבוע דס״ג

וְיֹאמְרוּ veyomrú בַגּוֹיִם vagoyim יְהֹוָה יאהדונהי Adonai מָלָךְ malaj

ר״ת יבמ, ב״ן: יִרְעַם yiram הַיָּם hayam ילי וּמְלוֹאוֹ umloó ר״ת יה״ו, אהיה ;

ס״ת מום, אלהים, אהיה אדני יַעֲלֹץ yaalots הַשָּׂדֶה hasadé וְכָל־ vejol ילי

אֲשֶׁר־ asher בּוֹ bo: אָז az יְרַנְּנוּ yeranenú עֲצֵי atsei הַיָּעַר hayaar

מוזוזך, סנדלפון, ערי מִלִּפְנֵי milifnei יְהֹוָה יאהדונהי Adonai כִּי־ qui בָא va

לִשְׁפֹּט lishpot אֶת־ et הָאָרֶץ haárets אלהים ההין ע״ה ; ר״ת לאה: הוֹדוּ hodú אהיה

לַיהֹוָה יאהדונהי laAdonai כִּי qui טוֹב tov והו ; כי טוב = יהוה אהיה, אום, מבה, יזל כִּי qui

לְעוֹלָם leolam ריבוע דס״ג ו׳ אותיות דס״ג חַסְדּוֹ jasdó ג׳ הויות, מוזלא (ממוזלא עילאה) ; ר״ת = נגה:

---

mientras que el Señor hizo los Cielos. Majestad y magnificencia son Su presencia; poder y gloria son Su morada. Otorga al Señor, oh familias de los pueblos, otorga al Señor honra y poder. Otorga al Señor la gloria debida a Su nombre. Trae una ofrenda y ven ante Él con esplendor de santidad. Estremeceos ante Él, moradores de la Tierra, para que el mundo sea establecido y no pueda desplomarse. Alégrense los Cielos y regocíjese la Tierra. Sea dicho entre las naciones: ¡El Señor reina! Brame la mar con todo lo que contiene, exáltese el campo y todo lo que hay allí. Los bosques cantarán ante el Señor, porque Él ha venido a juzgar la Tierra. Agradece al Señor porque Él es bueno y Su misericordia perdura eternamente.

וְאִמְרוּ veimrú הוֹשִׁיעֵנוּ hoshienu אֱלֹהֵי Elohei מילוי ע"ב, דמב ; ילה
יִשְׁעֵנוּ yishenu וְקַבְּצֵנוּ vekabtsenu וְהַצִּילֵנוּ vehatsilenu מִן־ min
הַגּוֹיִם hagoyim לְהוֹדוֹת lehodot לְשֵׁם leShem קָדְשֶׁךָ kodsheja
לְהִשְׁתַּבֵּחַ lehishtabéaj בִּתְהִלָּתֶךָ: bitehilateja בָּרוּךְ Baruj
יְהֹוָה יאהדונהי Adonai אֱלֹהֵי Elohei מילוי ע"ב, דמב ; ילה יִשְׂרָאֵל Yisrael
יהוה אלהי ישראל = תרי"ג (מצוות) ; ס"ת = אדני מִן־ min הָעוֹלָם haolam וְעַד vead
הָעֹלָם haolam וַיֹּאמְרוּ vayomrú כָל־ jol ילי הָעָם haam אָמֵן יאהדונהי Amén
וְהַלֵּל vehalel ללה, אדני לַיהֹוָה יאהדונהי laAdonai: רוֹמְמוּ romemú
יְהֹוָה יאהדונהי Adonai אֱלֹהֵינוּ Eloheinu ילה וְהִשְׁתַּחֲווּ vehishtajavú
לַהֲדֹם lahadom רַגְלָיו raglav קָדוֹשׁ Kadosh הוּא Hu: רוֹמְמוּ romemú
יְהֹוָה יאהדונהי Adonai אֱלֹהֵינוּ Eloheinu ילה וְהִשְׁתַּחֲווּ vehishtajavú
לְהַר lehar קָדְשׁוֹ kodshó כִּי־ qui קָדוֹשׁ Kadosh יְהֹוָה יאהדונהי Adonai
אֱלֹהֵינוּ Eloheinu ילה: וְהוּא vehú רַחוּם rajum יְכַפֵּר yejaper ר"ת רי"ו
עָוֹן avón (***Aba*** de la ***klipá***) וְלֹא־ veló יַשְׁחִית yashjit (***Ima*** de la ***klipá***)
וְהִרְבָּה vehirbá לְהָשִׁיב lehashiv אַפּוֹ apó (***Zeir*** de la ***klipá***) וְלֹא־ veló
יָעִיר yair כָּל־ col ילי חֲמָתוֹ jamató (***Nukvá*** de la ***klipá***): אַתָּה Atá
יְהֹוָה יאהדונהי Adonai לֹא־ lo תִכְלָא tijlá רַחֲמֶיךָ rajameja מִמֶּנִּי mimeni
חַסְדְּךָ jasdejá ר"ת = אברהם, ו"פ אל, רי"ו ול"ב נתיבות החכמה, רמ"ח (אברים), עסמ"ב וט"ז
אותיות פשוטות וַאֲמִתְּךָ vaamitjá תָּמִיד tamid ע"ה קס"א קנ"א קמ"ג יִצְּרוּנִי yitsruni:
זְכֹר־ zjor ע"ב קס"א, יהי אור ע"ה (סוד המשכת השפע מן ד' שמות ליסוד הנקרא זכור)
רַחֲמֶיךָ rajameja יְהֹוָה יאהדונהי Adonai וַחֲסָדֶיךָ vajasadeja כִּי qui

---

Y digan: Sálvanos, Dios de nuestra salvación; reúnenos para librarnos de las naciones, para que agradezcamos a Tu santo Nombre, y nos glorifiquemos en Tu alabanza. ¡Bendito sea el Señor, Dios de Israel, en este mundo y en el Mundo por Venir! Y todo el pueblo dice 'Amén' y alabó al Señor" (1 Crónicas 16:8-36). *"Exalten al Señor, nuestro Dios y póstrense ante Su escaño, porque Él es sagrado"* (Salmos 99:5). *"Exalten al Señor, nuestro Dios, y póstrense ante Su Santa Montaña, porque el Señor, nuestro Dios es santo"* (Salmos 99:9). *"Él es misericordioso, olvida iniquidades, y no destruye. Él frecuentemente contiene Su furia y no libera toda Su ira"* (Salmos 78:38). *"Y Tú, Señor, no alejes Tu misericordia de mí. Que Tu benevolencia y verdad siempre me protejan"* (Salmos 40:12). *"Recuerda Tu misericordia y benevolencia, Señor,*

מֵעוֹלָם meolam הֵמָּה hema עמם: תְּנוּ tnú עֹז oz לֵאלֹהִים leElohim אהיה אדני ; ילה

עַל־ al יִשְׂרָאֵל Yisrael גַּאֲוָתוֹ gaavató וְעֻזּוֹ veuzó בַּשְּׁחָקִים bashjakim:

נוֹרָא norá אֱלֹהִים Elohim אהיה אדני ; ילה מִמִּקְדָּשֶׁיךָ mimikdasheja

אֵל el ייא״י (מילוי דס״ג) יִשְׂרָאֵל Yisrael אל ישראל = כ״ב הויות (כ״א דתפילין וא׳ דטלית)

הוּא Hu נֹתֵן notén אבגית״ץ, ושר עֹז oz וְתַעֲצֻמוֹת vetaatsumot לָעָם laam עלם

בָּרוּךְ Baruj אֱלֹהִים Elohim אהיה אדני ; ילה ; ס״ת = מילוי דשדי (ין לת וד) ; ברוך אלהים = שדי:

EL NEKAMOT

El Nombre *Yud, Hei, Vav* y *Hei* aparece once veces en esta conexión. El poder de once elimina el dominio de las *klipot*. Existen Diez *Sefirot* entre nuestro mundo y el Mundo Infinito. La undécima conexión está diseñada para darle su alimento a las *klipot* para que no intenten robarnos el nuestro. Cuando iniciamos esta entrega de Luz, obtenemos control sobre las *klipot*. Tenemos apoyo adicional disponible en virtud de diez gigantes espirituales que vivieron y murieron para poder asistirnos. Estas diez almas justas fueron la reencarnación de los diez hermanos que vendieron a Yosef (hijo del Patriarca bíblico Yaakov) como esclavo. En su última encarnación, los hermanos de Yosef fueron brutalmente asesinados, pero tuvieron el poder de abandonar los confines de sus cuerpos físicos para que no sufrieran dolor alguno. Como reflejo de sus acciones, podemos obtener un aumento adicional de energía para ayudarnos a despegar de este mundo físico.

Desde aquí hasta *Aromimjá*, el Nombre Sagrado: יהוה aparece once veces con el propósito de separar las *klipot* que están adheridas a las 11 cortinas. Cuando dices *El Nekamot*, debes meditar en que Dios vindique (*nekamá*, pero el significado más profundo es "elevar", que proviene de la misma raíz, *lehakim*) las muertes de los Diez Mártires. Cuando recitamos *El Nekamot*, esto le da fortaleza a las almas de los Diez Mártires para que puedan reunir las chispas de las almas que están capturadas dentro de la *klipá* de *Asiyá*.

אֵל El ייא״י (מילוי דס״ג) נְקָמוֹת nekamot יְהֹוָאדהנויה Adonai ; ר״ת אני

אֵל El ייא״י (מילוי דס״ג) נְקָמוֹת nekamot מנק ; ר״ת = יב״ק, אלהים יהוה, אהיה אדני יהוה

הוֹפִיעַ hofía: הִנָּשֵׂא hinasé שֹׁפֵט shofet הָאָרֶץ haárets אלהים דההין ע״ה

הָשֵׁב hashev ר״ת = שדי ע״ה גְּמוּל gmul עַל־ al גֵּאִים gueím:

---

porque son eternas" (Salmos 25:6). *"Da poder a Dios, porque Su majestad está sobre Israel y Su poder está en los Cielos. Dios, Tú eres reverentemente temido en Tus Templos, Dios de Israel. Él da poderes y fortaleza a la nación, bendito sea Dios"* (Salmos 68:35-36).

EL NEKAMOT

"Tú eres el Dios de la venganza, Señor, Oh El Dios de la venganza aparece. Levántate, Juez del mundo. Devuelve a los arrogantes lo que se merecen" (Salmos 94:1-2).

לַיהֹוָה יאהדונהי laAdonai הַיְשׁוּעָה hayeshuá עַל־ al עַמְּךָ amjá

בִרְכָתֶךָ virjateja סֶּלָה sela: יְהֹוָה יאהדונהי Adonai צְבָאוֹת Tsvaot פני שכינה

עִמָּנוּ imanu ריבוע ס״ג, קס״א ע״ה וד׳ אותיות מִשְׂגָּב־ misgav משה, מהש, ע״ב בריבוע וקס״א,

אל שדי, ד״פ אלהים ע״ה לָנוּ lanu אלהים, אהיה אדני אֱלֹהֵי Elohei מילוי ע״ב, דמב ; ילה

יַעֲקֹב Yaakov ד׳ הויות, יאהדונהי אידהנויה סֶלָה sela: יְהֹוָה יאהדונהי Adonai

צְבָאוֹת Tsvaot פני שכינה אַשְׁרֵי ashrei אָדָם adam מ״ה ; יהוה צבאות אשרי אדם = תפארת

בֹּטֵחַ botéaj בָּךְ baj אדם בוטח בך = אמן ע״ה = יאהדונהי ע״ה ; בוטח בך = מילוי ע״ב ע״ה:

יְהֹוָה יאהדונהי Adonai הוֹשִׁיעָה hoshía יהוה וש״ע נהורין הַמֶּלֶךְ haMélej ר״ת יהה

יַעֲנֵנוּ yaanenu בְיוֹם veyom ע״ה נגד, מזבח, זן, אל יהוה קָרְאֵנוּ korenu ר״ת יב״ק,

אלהים יהוה, אהיה אדני יהוה ; ס״ת, בן ; ועם את כף המלך = ע״ב : הוֹשִׁיעָה hoshía יהוה וש״ע נהורין

אֶת־ et עַמֶּךָ ameja ס״ת כהת, משיח בן דוד ע״ה וּבָרֵךְ uvarej אֶת־ et

נַחֲלָתֶךָ najalateja וּרְעֵם ureem וְנַשְּׂאֵם venasem עַד־ ad הָעוֹלָם haolam:

נַפְשֵׁנוּ nafshenu (pronuncia bien la letra *Jet* en la palabra "*jictá*") חִכְּתָה jictá

כהת, משיח בן דוד ע״ה לַיהֹוָה יאהדונהי laAdonai (יוד הה וו הה) ; ר״ת שם נחל

עֶזְרֵנוּ ezrenu וּמָגִנֵּנוּ umaguinenu הוּא Hu: כִּי־ qui בוֹ vo יִשְׂמַח yismaj משיח

לִבֵּנוּ libenu כִּי qui בְשֵׁם veShem קָדְשׁוֹ kodshó בָטָחְנוּ vatajnu: יְהִי־ yehí

חַסְדְּךָ jasdejá יְהֹוָה יאהדונהי Adonai עָלֵינוּ aleinu כַּאֲשֶׁר caasher

יִחַלְנוּ yijalnu סאל = אמן (יאהדונהי) לָךְ laj: הַרְאֵנוּ harenu יְהֹוָה יאהדונהי Adonai

חַסְדֶּךָ jasdejá וְיֶשְׁעֲךָ veyeshajá תִּתֶּן־ titén ב״פ כהת לָנוּ lanu אלהים, אהיה אדני:

"La salvación pertenece al Señor y Tu bendición está sobre Tu Nación, Sela" (Salmos 3:9). *"El Señor de los Ejércitos está con nosotros, y nuestra fortaleza es el Dios de Yaakov, Sela"* (Salmos 46:12). *"El Señor de los Ejércitos, dichoso es el hombre que confía en Ti"* (Salmos 84:13). *"Señor, redímenos. El Rey nos responderá en el día en el que lo llamemos"* (Salmos 20:10). *"Redime a Tu Nación y bendice Tu herencia, provee para ellos y elévalos para siempre"* (Salmos 28:9). *"Nuestra alma ha esperado al Señor. Él es nuestra ayuda y nuestro escudo. Porque, en Él, nuestro corazón se regocija porque hemos confiado en Su Santo Nombre. Señor, que Tu benevolencia esté sobre nosotros porque hemos colocado nuestra confianza en Ti"* (Salmos 33:20-22). *"Muéstranos Tu benevolencia, Señor, y otórganos Tu salvación"* (Salmos 85:8).

קוּמָה kuma קנ״א (מקוה) עֶזְרָתָה ezratá לָנוּ lanu אלהים, אהיה אדני וּפְדֵנוּ ufdenu

לְמַעַן lemaan חַסְדֶּךָ jasdejá: אָנֹכִי anojí יְהֹוָהאדניאהדונהי Adonai

אֱלֹהֶיךָ Eloheja ילה הַמַּעַלְךָ hamaaljá מֵאֶרֶץ meérets מִצְרָיִם Mitsráyim

מצר הַרְחֶב־ harjev פִּיךָ pija וַאֲמַלְאֵהוּ vaamalehu: אַשְׁרֵי ashrei

הָעָם haam שֶׁכָּכָה shecaja משה, מהש, ע״ב בריבוע וקס״א, אל שדי, ד״פ אלהים ע״ה

לּוֹ lo אַשְׁרֵי ashrei הָעָם haam ר״ת לאה שֶׁיְהֹוָהאדניאהדונהי sheAdonai

אֱלֹהָיו Elohav ילה: וַאֲנִי vaaní אני בְּחַסְדְּךָ bejasdejá בָטַחְתִּי vatajti

יָגֵל yaguel להח לִבִּי libí בִּישׁוּעָתֶךָ bishuateja ר״ת = בן אָשִׁירָה ashira

לַיהֹוָהאדניאהדונהי laAdonai כִּי qui גָמַל gamal עָלָי alai ס״ת ילי:

AROMIMJÁ

Cuando realizamos acciones negativas, le damos nuestra Luz a la *klipá* —especialmente a aquellas que están en *Asiyá*— evitando de este modo la elevación de *Asiyá*. Debido a su pesadez espiritual, tenemos que deshacernos de la *klipá* para que *Asiyá* pueda ascender al Mundo de Formación. Mientras que la oración *Hodú* nos desconecta de la *klipá*, *Aromimjá* ayuda a reunir y elevar las chispas de Luz que aún están atrapadas dentro de la *klipá*. Cuando separamos estas chispas de Luz de la *klipá*, la *klipá* pierde todo su poder y deja ir a *Asiyá*. La palabra *Aromimjá* significa "alabar", pero también "elevar", en referencia a la elevación de las chispas desde la *klipá*. *Aromimjá* contiene 92 palabras que nos conectan al poder de la palabra "*Amén*" (que es 91 más 1 por la palabra misma).

En este Salmo está diez veces el Nombre: יהוה que corresponde a las Diez *Sefirot*. Y hay 92 palabras, que es el valor numérico de יהוה אדני (más 1 por la palabra misma). *Aromimjá* está compuesta de palabras de gratitud de las almas y las chispas de *Asiyá* que fueron salvadas y elevadas de las *klipot* de *Asiyá* para transformarse en *Mayin Nukvín*. Estas almas agradecen a Dios por elevarlas del *Sheol*.

"¡Levántate y ayúdanos! ¡Redímenos por causa de Tu benevolencia!" (Salmos 44:27). *"Yo soy el Señor, su Dios, Quien los sacó de la tierra de Egipto. Abre tu boca con amplitud y Yo la llenaré"* (Salmos 81:11). *"Dichosa es la nación para la cual todo esto es cierto; feliz es la nación de la cual el Señor es su Dios"* (Salmos 144:15). *"Y yo he confiado en Tu benevolencia, por lo tanto, mi corazón se regocijará en Tu salvación. Yo cantaré al Señor, porque Él me ha recompensado"* (Salmos 13:6).

אֲרוֹמִמְךָ aromimjá

עִנְיַן נִצוֹצֵי הַקְּדוּשָׁה הָעוֹלִים וְיוֹצְאִים מִקְּלִיפּוֹת דַּעֲשִׂיָּה הַנִּקְרָא נֶפֶשׁ יְהֹוָהאדניאהדונהי Adonai (*Kéter*)

כִּי qui דִלִּיתָנִי dilitani וְלֹא־ veló שִׂמַּחְתָּ simajta אֹיְבַי oyvai לִי li:

יְהֹוָהאדניאהדונהי Adonai (*Jojmá*) אֱלֹהָי Elohai מִילּוּי ע״ב, דמב ; ילה שִׁוַּעְתִּי shivati

אֵלֶיךָ eleja וַתִּרְפָּאֵנִי vatirpaeni: יְהֹוָהאדניאהדונהי Adonai (*Biná*)

הֶעֱלִיתָ heelita מִן־ min שְׁאוֹל sheol נַפְשִׁי nafshí (elevación de las almas desde *Asiyá*)

חִיִּיתַנִי jiyitani ס״ת ילי מִיָּרְדִי־ miyardí (כתיב : מיורדי) בוֹר vor: זַמְּרוּ zamrú

לַיהֹוָהאדניאהדונהי laAdonai (*Jésed*) חֲסִידָיו jasidav וְהוֹדוּ vehodú אהיה

לְזֵכֶר lezéjer קָדְשׁוֹ kodshó: כִּי qui רֶגַע rega ג״פ אלהים וה׳ אותיות שבכל שם אלהים

בְּאַפּוֹ beapó ס״ת = אלהים, אהיה אדני ; ועם ם דחיים = ריבוע אדני

חַיִּים jayim אהיה אהיה יהוה, בינה ע״ה בִּרְצוֹנוֹ birtsonó כי רגע באפו חיים ברצונו = שין דלת יוד

בָּעֶרֶב baérev יָלִין yalín בֶּכִי beji ר״ת י״ד (כנגד מספר אותיות יהוה אלהינו יהוה,

וכן מספר האותיות כוזו במוכסז כוזו) וְלַבֹּקֶר velabóker רִנָּה riná בערב ילין בכי ולבקר רנה =

מטטרון שר הפנים: וַאֲנִי vaaní אני אָמַרְתִּי amarti בְשַׁלְוִי veshalví בַּל־ bal

אֶמּוֹט emot לְעוֹלָם leolam ריבוע ס״ג וי׳ אותיות דס״ג: יְהֹוָהאדניאהדונהי Adonai (*Guevurá*)

בִּרְצוֹנְךָ birtsonjá הֶעֱמַדְתָּה heemadta לְהַרְרִי leharerí עֹז oz

הִסְתַּרְתָּ histarta פָנֶיךָ faneja ס״ג מ״ה ב״ן הָיִיתִי hayiti נִבְהָל nivhal:

AROMIMJÁ

"Te exaltaré, Señor, porque Tú me has elevado, y no permitiste que mis enemigos se rieran de mí. Señor, Dios mío, clamé a Ti y Tú me sanaste. Señor, Tú alzaste mi alma del Sheol (Infierno), y me mantuviste con vida cuando caí en el abismo. Entonen cánticos al Señor, ustedes, Sus piadosos siervos y alaben Su Santo Nombre. Porque Su ira dura un instante y Su voluntad por siempre. Si por la noche se derraman lágrimas, por la mañana despertamos cantando. Y yo pensaba confiado, que nunca me desplomaría. Señor, eras Tú que diste fortaleza a mi montaña; y cuando ocultaste Tu Rostro, estuve asustado.

אֵלֶיךָ eleja יְהֹוָהאדניאהדונהי Adonai (*Tiféret*) אֶקְרָא ekrá וְאֶל veel

יְהֹוָהאדניאהדונהי Adonai (*Nétsaj*) אֶתְחַנָּן etjanán: מַה־ ma מ״ה בֶּצַע betsá

בְּדָמִי bedamí בְּרִדְתִּי beridtí אֶל el ס״ת ילי שָׁחַת shájat הֲיוֹדְךָ hayodjá

עָפָר afar הֲיַגִּיד hayaguid ייז, כ״ב אותיות פשוטות (= אכא) וה׳ אותיות סופיות (מנצפך)

אֲמִתֶּךָ amiteja: שְׁמַע־ Shmá יְהֹוָהאדניאהדונהי Adonai (*Hod*) וְחָנֵּנִי vejaneni

יְהֹוָהאדניאהדונהי Adonai (*Yesod*) הֱיֵה־ heyé יהה עֹזֵר ozer לִי li מוזי:

הָפַכְתָּ hafajta מִסְפְּדִי mispedí לְמָחוֹל lemajol לִי li ס״ת ילי

פִּתַּחְתָּ pitajta שַׂקִּי sakí וַתְּאַזְּרֵנִי vateazreni שִׂמְחָה simjá:

לְמַעַן lemaan יְזַמֶּרְךָ yezamerja כָבוֹד javod וְלֹא veló יִדֹּם yidom (pausa)

יְהֹוָהאדניאהדונהי Adonai (*Maljut*) ר״ת = אלהים, אהיה אדני אֱלֹהַי Elohai

מילוי ע״ב, דמב ; ילה לְעוֹלָם leolam ריבוע ס״ג וי׳ אותיות דס״ג אוֹדֶךָּ odeca:

EL SEÑOR ES EL DIOS

El Nombre *Yud, Hei, Vav* y *Hei* יהוה corresponde a los Mundos Superiores. El Nombre *Elohim* אלהים se refiere tanto al concepto de Juicio como al mundo físico. Durante los diez días entre *Rosh Hashaná* y *Yom Kipur*, los Mundos Superiores e Inferiores son unidos. Esta oración nos ayuda a transformar en Misericordia cualquier juicio decretado en nuestra contra. Es importante entender que cuando la vida parece estarnos juzgando muy severamente, siempre hay una razón para ello.

יְהֹוָהאדניאהדונהי Adonai הוּא Hu הָאֱלֹהִים haElohim אהיה אדני ; ילה ;

יהוה הוא האלהים = ענו עג״כ ; ר״ת יהה.

יְהֹוָהאדניאהדונהי Adonai הוּא Hu הָאֱלֹהִים haElohim אהיה אדני ; ילה ;

יהוה הוא האלהים = ענו עג״כ ; ר״ת יהה.

Recitar este verso dos veces.

Es a Ti, Señor, a Quien llamo y es al Señor a Quien yo imploro. ¿Qué provecho habrá con mi muerte o con que sea bajado al sepulcro? ¿Acaso el polvo Te alabará? ¿Proclamará Tu fidelidad? Señor, escúchame y sé misericordioso conmigo. Señor, sé mi asistente. Tú convertiste mi lamento en júbilo. Me quitaste el luto y me vestiste de regocijo, para que mi corazón pueda cantarte alabanzas y nunca quedarse callado, ¡Señor, mi Dios, Te agradeceré por siempre!" (Salmos 30:2-13).

EL SEÑOR ES EL DIOS

"¡El Señor es el Dios!
¡El Señor es el Dios!" (1 Reyes 18:39).

EL SEÑOR ES REY

Esta oración trasciende el concepto de tiempo, espacio y movimiento, así como las ilusiones de los cinco sentidos. La frase "El Señor es Rey, el Señor ha reinado, el Señor reinará para siempre y por la eternidad" unifica pasado, presente y futuro en uno solo, de modo que cuando recitamos *Adonai Mélej* (El Señor es Rey) con la conciencia de transformación, podemos corregir errores cometidos en el pasado, a la vez que creamos un mejor futuro y lo logramos en el presente. Cuando vivimos en el presente, podemos corregir el pasado e influir en nuestro futuro.

Los ángeles son fuerzas energéticas particulares que actúan como sistema de transporte de nuestras oraciones. Esta conexión es tan poderosa que incluso los ángeles se quedan y cantan junto a nosotros, en lugar de sólo transportar nuestras palabras y pensamientos a los Mundos Superiores.

Según el Libro de *Heijalot*: "Hay un ángel que se para cada mañana en medio del Cielo y canta los versos de '*Adonai Mélej*', y todos los ejércitos de los Mundos Superiores cantan con él hasta *Barjú*". Como los ángeles cantan *Adonai Mélej* mientras están de pie, nosotros también.

Recita lo siguiente mientras estás de pie:

חכמה-חסד · ם ן · בינה-גבורה · ץ

יְהֹוָהאדניאהדונהי Adonai מֶלֶךְ Mélej יְהֹוָהאדניאהדונהי Adonai מָלָךְ malaj

דעת-תפארת · ף ך

יְהֹוָהאדניאהדונהי Adonai | יִמְלֹךְ yimloj (מֶלֶךְ מָלָךְ יִמְלֹךְ = מנצפך, סנדלפון, ערי)

יהוה · דעת-תפארת

לְעֹלָם leolam ריבוע דס״ג וי׳ אותיות דס״ג ; ר״ת ייל וָעֶד vaed:

נצח · ם ן · הוד · ץ

יְהֹוָהאדניאהדונהי Adonai מֶלֶךְ Mélej יְהֹוָהאדניאהדונהי Adonai מָלָךְ malaj

יסוד · ף ך

יְהֹוָהאדניאהדונהי Adonai | יִמְלֹךְ yimloj (מֶלֶךְ מָלָךְ יִמְלֹךְ = מנצפך, סנדלפון, ערי)

יהוה · יסוד

לְעֹלָם leolam ריבוע דס״ג וי׳ אותיות דס״ג ; ר״ת ייל וָעֶד vaed:

EL SEÑOR ES REY

El Señor es Rey, El Señor ha reinado, el Señor reinará por siempre y para la eternidad.
El Señor es Rey, El Señor ha reinado, el Señor reinará por siempre y para la eternidad.

וְהָיָה vehayá יהוה ; יהה יְהֹוָאדנָהיאהדונהי Adonai לְמֶלֶךְ leMélej

עַל־ al כָּל col ילי ; עמם הָאָרֶץ haárets אלהים דההין ע״ה בַּיּוֹם bayom

ע״ה נגד, מזבח, זן, אל יהוה הַהוּא hahú יִהְיֶה yihyé ייי יְהֹוָאדנָהיאהדונהי Adonai

אֶחָד Ejad אהבה, דאגה וּשְׁמוֹ uShmó מהש ע״ה, ע״ב בריבוע וקס״א, אל שדי ע״ה

אֶחָד Ejad אהבה, דאגה (בסוד אבא ואמא ואריך אנפין דעולם העשיה):

HOSHIENU

הוֹשִׁיעֵנוּ hoshienu | יְהֹוָאדנָהיאהדונהי Adonai אֱלֹהֵינוּ Eloheinu ילה

וְקַבְּצֵנוּ vekabtsenu מִן min הַגּוֹיִם hagoyim לְהוֹדוֹת lehodot

לְשֵׁם leShem קָדְשֶׁךָ kodsheja לְהִשְׁתַּבֵּחַ lehishtabéaj

בִּתְהִלָּתֶךָ bitehilateja:

בָּרוּךְ Baruj יְהֹוָאדנָהיאהדונהי Adonai | אֱלֹהֵי Elohei מילוי ע״ב, דמב ; ילה

יִשְׂרָאֵל Yisrael ס״ת = אדני ; יהוה אלהי ישראל = תרי״ג (מצוות)

מִן־ min הָעוֹלָם haolam וְעַד vead הָעוֹלָם haolam

וְאָמַר veamar כָּל־ col ילי הָעָם haam אָמֵן Amén יאהדונהי

הַלְלוּיָהּ haleluyá אלהים, אהיה אדני ; ללה:

כֹּל col ילי הַנְּשָׁמָה haneshamá תְּהַלֵּל tehalel ר״ת כהת, משיח בן דוד ע״ה

יָהּ Yah הַלְלוּיָהּ haleluyá אלהים, אהיה אדני ; ללה:

"Y el Señor siempre ha sido Rey sobre toda la Tierra. Y en ese día, el Señor será Uno y Su Nombre Uno" (Zacarías 14:9).

HOSHIENU

"Sálvanos, Señor, nuestro Dios, y reúnenos de entre las naciones para darle gracias a Tu Santo Nombre y ser glorificados en Tu alabanza. Bendito es el Señor, el Dios de Israel, de este mundo al Mundo por Venir y toda la nación dice: Amén ¡Alaba al Señor!" (Salmos 106:47-48).

"¡Todas las almas alabarán a Dios, Aleluya!" (Salmos 150:6).

LAMENATSÉAJ

En este Salmo hay 13 versículos que corresponden a los Trece Atributos de Misericordia, y seis veces el Nombre: יהוה que corresponde a los Seis Bordes de *Zeir Anpín*. Medita en el primer *Maamar* (Enunciado) de Creación: בראשית ברא אלהים את השמים ואת הארץ.

(א-אל) לַמְנַצֵּחַ lamenatséaj מִזְמוֹר mizmor לְדָוִד leDavid:

(ב-רוזום) הַשָּׁמַיִם hashamáyim י"פ טל, י"פ כוזו מְסַפְּרִים mesaprim כְּבוֹד quevod

אֵל El יא"י (מילוי דס"ג) ; ר"ת מכאל (מיכאל = ננא) ; כבוד אל = ס"ג (יוד הי ואו הי - דעת דנוקבא)

וּמַעֲשֵׂה umaasé יָדָיו yadav מַגִּיד maguid הָרָקִיעַ harakía:

(ג-וזונון) יוֹם yom ע"ה נגד, מזבח, זן, אל יהוה לְיוֹם leyom ע"ה נגד, מזבח, זן, אל יהוה

יַבִּיעַ yabía אֹמֶר omer וְלַיְלָה velayla מלה לְלַיְלָה lelayla מלה

יְחַוֶּה־ yejavé דָּעַת dáat: (ד-ארך) אֵין־ ein אֹמֶר omer וְאֵין veéin

דְּבָרִים dvarim ראה בְּלִי blí נִשְׁמָע nishmá קוֹלָם kolam:

(ה-אפים) בְּכָל־ bejol ב"ן, לכב הָאָרֶץ haárets אלהים דההין ע"ה

יָצָא yatsá קַוָּם kavam וּבִקְצֵה uviktsé תֵבֵל tevel ב"פ רי"ו

מִלֵּיהֶם mileihem לַשֶּׁמֶשׁ lashémesh שָׂם־ sam אֹהֶל óhel בָּהֶם bahem:

(ו-ורב וחסד) וְהוּא vehú כְּחָתָן quejatán יֹצֵא yotsé מֵחֻפָּתוֹ mejupató

יָשִׂישׂ yasís כְּגִבּוֹר queguibor לָרוּץ laruts אֹרַח óraj:

(ז-ואמת) מִקְצֵה miktsé הַשָּׁמַיִם hashamáyim י"פ טל, י"פ כוזו

מוֹצָאוֹ motsaó וּתְקוּפָתוֹ utkufató עַל־ al קְצוֹתָם ketsotam

וְאֵין veéin נִסְתָּר nistar ב"פ מצר מֵחַמָּתוֹ mejamató:

LAMENATSÉAJ

"1) Al Director de los cánticos, un Salmo de David.

2) Los Cielos declaran la gloria de Dios y el firmamento muestra la obra de Sus manos. 3) Un día transmite al siguiente día la palabra y una noche a la otra noche revela el conocimiento. 4) Sin discursos, sin palabras y sin que se escucha sus voces. 5) Su pregón recorre toda la Tierra y sus palabras se expanden hasta el confín del mundo. Y entre ellos Él puso allí una tienda para el Sol. 6) Y Él es cual novio que sale de su alcoba nupcial y se regocija como un valiente guerrero por recorrer su camino. 7) El sale del confín del cielo y su llegada es en el otro extremo de él. No hay nada que se escape a su calor.

Los kabbalistas escribieron: Este Salmo posee una gran y magnífica capacidad de protección. De aquí en adelante tenemos seis versículos consecutivos de cinco palabras cada uno, y en la segunda palabra de cada uno está: יהוה. Debes contar las palabras con los dedos de tu mano derecha de la siguiente manera: Di la primera palabra y baja tu pulgar, luego dices la segunda palabra, que es יהוה y mantén el dedo índice arriba, luego di la tercera palabra y baja el dedo del medio, después di la cuarta palabra y baja el dedo anular, y mientras dices la quinta palabra baja el dedo meñique. Y mientras haces eso, medita en que el Creador enderece a aquellos que están torcidos y, también, que todos tus enemigos espirituales se rindan y que tú puedas vencerlos.

(וז-נצר וחסד) תּוֹרַת torat יְהֹוָה יאהדונהי Adonai (*Jésed*) תְּמִימָה temimá

מְשִׁיבַת meshivat נָפֶשׁ náfesh עֵדוּת edut יְהֹוָה יאהדונהי Adonai (*Guevurá*)

נֶאֱמָנָה neemaná מַחְכִּימַת majquimat פֶּתִי petí: (ט-לאלפים) פִּקּוּדֵי pikudei מנק

יְהֹוָה יאהדונהי Adonai (*Tiféret*) יְשָׁרִים yesharim מְשַׂמְּחֵי mesamjei

לֵב lev מִצְוַת mitsvat יְהֹוָה יאהדונהי Adonai (*Nétsaj*) בָּרָה bará

מְאִירַת meirat עֵינָיִם einávim ריבוע מ"ה: (י-נשא עון) יִרְאַת yirat

יְהֹוָה יאהדונהי Adonai (*Hod*) טְהוֹרָה tehorá עוֹמֶדֶת omédet

לָעַד laad ב"פ ב"ן מִשְׁפְּטֵי mishpetei יְהֹוָה יאהדונהי Adonai (*Yesod*)

אֱמֶת emet אהיה פעמים אהיה, ז"פ ס"ג צָדְקוּ tsadkú יַחְדָּו yajdav:

(י"א-ופשע) הַנֶּחֱמָדִים hanejemadim מִזָּהָב mizahav וּמִפַּז umipaz רָב rav

וּמְתוּקִים umetukim מִדְּבַשׁ midvash שו' דשופר ועם י"ד האוזו הרי ש"ך דינין דגדלות

וְנֹפֶת venófet צוּפִים tsufim: גַּם gam עַבְדְּךָ avdeja פוי, אל אדני

נִזְהָר nizhar בָּהֶם bahem בְּשָׁמְרָם beshamram עֵקֶב ékev ב"פ מום רָב rav:

---

8) *La Torá del Señor* (Jésed) *es perfecta, restauradora del alma.*
El testimonio del Señor (Guevurá) *es seguro y da sabiduría al simple.*
9) *Los preceptos del Señor* (Tiféret) *son rectos y alegran el corazón.*
Los mandamientos del Señor (Nétsaj) *son claros e iluminan los ojos.*
10) *El temor del Señor* (Hod) *es puro y dura para siempre.*
Los juicios del Señor (Yesod) *son verdaderos y absolutamente justos.*
11) *Son más deseables que el oro y que muchas piedras preciosas, y son más dulces que la miel y las gotas que destilan los panales. Incluso yo, Tu siervo, soy cuidadoso en observarlos puesto que es muy provechoso.*

(י"ב-וזטאה) שְׁגִיאוֹת shguiot מִי־ mi ילי יָבִין yavín מִנִּסְתָּרוֹת ministarot

נַקֵּנִי: nakeni (י"ג-ונקה) גַּם gam מִזֵּדִים mizedim חֲשֹׂךְ jasoj

שך נצוצות של וז' המלכים עַבְדֶּךָ avdeja פוי, אל אדני אַל־ al יִמְשְׁלוּ־ yimshelú

בִי vi אָז az אֵיתָם eitam וְנִקֵּיתִי venikeiti מִפֶּשַׁע mipesha רָב rav:

מ"ב אותיות בפסוק

יִהְיוּ yihyú אל (יי"א" מילוי דס"ג) לְרָצוֹן leratsón מהש ע"ה, ע"ב בריבוע וקס"א ע"ה, אל שדי ע"ה

אִמְרֵי־ imrei פִי fi ר"ת המספר אֶלֶף = אלף למד שין דלת יוד ע"ה

וְהֶגְיוֹן vehegyón לִבִּי libí לְפָנֶיךָ lefaneja ס"ג מ"ה ב"ן יְהֹוָהאדניאהדונהי Adonai

צוּרִי tsurí וְגֹאֲלִי vegoalí:

RANENÚ

Hay 22 versículos en este Salmo, indicando una conexión con las 22 letras del alfabeto arameo. Debido a que las letras arameas son los verdaderos instrumentos de la Creación, esta oración ayuda a inyectar orden y el poder de la Creación en aquellas áreas caóticas que necesitan rejuvenecimiento en nuestra vida. Los seres humanos están compuestos de un alfabeto genético de cuatro letras (A, T, C y G) que se encuentra en nuestro ADN, cada una de estas letras representa un elemento químico diferente. Las letras se combinan y crean una serie de instrucciones para formar a un ser humano. De acuerdo con la Kabbalah, el universo está compuesto por el alfabeto genético de las 22 letras arameas, y cada una de las 22 letras representan una fuerza energética particular; estas fuerzas se combinan en diferentes secuencias para crear nuestro universo.

En los dos Salmos siguientes hay grandes y profundos secretos, así que cuida recitarlos meticulosamente. Porque si omites o te comes una de las palabras, estarías perdiendo gran bienaventuranza.

En este Salmo hay 161 palabras, como el valor numérico del Nombre: אלף הי יוד הי. También hay 22 versículos que corresponden a las 22 letras del alfabeto arameo, que es el valor numérico del Nombre: אכא de los 72 Nombres de Dios.

También medita en el segundo *Maamar* (Enunciado) de Creación: יהי אור ("y Dios dijo: Sea la luz"; La Luz fue creada inicialmente para los justos y luego ocultada para el futuro por venir).

---

12) Además de Ti, ¿quién puede discernir los errores? Líbrame Tú de las faltas ocultas. 13) Y aparta también a Tu siervo de los pecados de soberbia. No permitas que me controlen; entonces seré irreprochable y me veré libre de ese gran pecado. Sean gratos ante Ti, Señor, mi Fortaleza y mi Redentor, los dichos de mi boca y los pensamientos de mi corazón" (Salmos 19).

רַנְּנוּ ranenú צַדִּיקִים tsadikim

Medita en el Nombre: אהיה דיודין (אלף הי יודי הי), porque es una corrección para eliminar la ira.

בַּיהֹוָהאדניאהדונהי baAdonai לַיְשָׁרִים layesharim נָאוָה navá תְּהִלָּה tehilá

ע"ה אמת, אהיה פעמים אהיה, ז"פ ס"ג׃ הוֹדוּ hodú אהיה לַיהֹוָהאדניאהדונהי laAdonai

בְּכִנּוֹר bejinor ס"ת אלף למד יהוה בְּנֵבֶל benével עָשׂוֹר asor ר"ת ע"ב, ריבוע יהוה

זַמְּרוּ zamrú לוֹ lo ר"ת מילוי ס"ג (וד י או י) ; ס"ת = רמ"ב [רלב (עסמ"ב) וי' אותיות אלף הי יוד הי]׃

שִׁירוּ־ shiru לוֹ lo שִׁיר shir חָדָשׁ jadash י"ב הויות, קס"א קנ"א

הֵיטִיבוּ heitivu נַגֵּן naguén בִּתְרוּעָה bitruá׃ כִּי־ qui יָשָׁר yashar

דְּבַר־ devar ראה יְהֹוָהאדניאהדונהי Adonai וְכָל־ vejol ילי מַעֲשֵׂהוּ maasehu

בֶּאֱמוּנָה beemuná ר"ת ומב׃ אֹהֵב ohev צְדָקָה tsdaká ע"ה ריבוע אלהים

וּמִשְׁפָּט umishpat ע"ה ה"פ אלהים חֶסֶד jésed ע"ב, ריבוע יהוה יְהֹוָהאדניאהדונהי Adonai

מָלְאָה malá הָאָרֶץ haárets אלהים דההין ע"ה׃ בִּדְבַר bidvar ראה

יְהֹוָהאדניאהדונהי Adonai שָׁמַיִם shamáyim י"פ טל, י"פ כוזו נַעֲשׂוּ naasú

וּבְרוּחַ uverúaj פִּיו piv כָּל־ col ילי צְבָאָם tsvaam׃ כֹּנֵס conés כַּנֵּד caned

מֵי mei ילי הַיָּם hayam ילי נֹתֵן notén אבגיתץ, ושר בְּאוֹצָרוֹת beotsarot

תְּהוֹמוֹת tehomot׃ יִירְאוּ yirú מֵיְהֹוָהאדניאהדונהי meAdonai כָּל־ col ילי

הָאָרֶץ haárets אלהים דההין ע"ה מִמֶּנּוּ mimenu יָגוּרוּ yaguru כָּל col ילי

יֹשְׁבֵי yoshvei תֵבֵל tevel ב"פ רי"ו׃ כִּי qui הוּא Hu אָמַר amar וַיֶּהִי vayehí

הוּא־ Hu צִוָּה tsivá וַיַּעֲמֹד vayaamod׃ יְהֹוָהאדניאהדונהי Adonai הֵפִיר hefir

עֲצַת־ atsat גּוֹיִם goyim הֵנִיא hení מַחְשְׁבוֹת majshevot עַמִּים amim׃

RANENÚ

"Aclamen llenos de júbilo, oh justos, para el Señor, porque es propio de los rectos alabarlo. Den gracias al Señor con al arpa, y toquen melodías en su honor con la lira de diez cuerdas. Canten un cántico nuevo y toquen diestramente las trompetas, por cuanto la palabra del Señor es verdadera y Él obra siempre con lealtad. Él ama la caridad y la justicia, y la Tierra está llena de Su bondad. Por la Palabra del Señor fueron hechos los Cielos, y por el Aliento de Su Boca, fueron hechos los ejércitos celestiales. Él reúne las aguas del mar como en un muro y Él guarda las aguas profundas en bóvedas. Toda la Tierra temerá el Señor, y temblarán ante Él todos los habitantes del mundo. Porque Él lo dijo y el mundo existió. Él dio una orden y todo subsiste. El Señor invalida el proyecto de las naciones y Él deshace los planes de los pueblos.

עֲצַת atsat יְהֹוָהאדניאהדונהי Adonai לְעוֹלָם leolam ריבוע ס״ג ו׳ אותיות דס״ג
תַּעֲמֹד taamod מַחְשְׁבוֹת majshevot לִבּוֹ libó לְדֹר ledor וָדֹר vador ר״ו:
אַשְׁרֵי ashrei הַגּוֹי hagoy אֲשֶׁר־ asher יְהֹוָהאדניאהדונהי Adonai
אֱלֹהָיו Elohav ילה הָעָם haam בָּחַר bajar לְנַחֲלָה lenajalá לוֹ lo:
מִשָּׁמַיִם mishamáyim י״פ טל, י״פ כוזו הִבִּיט hibit יְהֹוָהאדניאהדונהי Adonai
רָאָה raá ראה אֶת־ et כָּל־ col ילי בְּנֵי bnei הָאָדָם haadam מ״ה:
מִמְּכוֹן־ mimejón שִׁבְתּוֹ shivtó הִשְׁגִּיחַ hishguíaj אֶל el כָּל־ col ילי
יֹשְׁבֵי yoshvei הָאָרֶץ haárets אלהים דההין ע״ה: הַיֹּצֵר hayotser יַחַד yájad
לִבָּם libam הַמֵּבִין hamevín אֶל־ el כָּל־ col ילי מַעֲשֵׂיהֶם maaseihem:
אֵין־ ein הַמֶּלֶךְ haMélej נוֹשָׁע noshá בְּרָב־ berov חָיִל jáyil ומב גִּבּוֹר guibor
לֹא־ lo יִנָּצֵל yinatsel בְּרָב־ berov כֹּחַ cóaj: שֶׁקֶר shéker הַסּוּס hasús
ריבוע אדני, כוק לִתְשׁוּעָה litshuá וּבְרֹב uverov י״פ אהיה וְחֵילוֹ jeiló לֹא lo
יְמַלֵּט yemalet: הִנֵּה hiné עֵין ein ריבוע מ״ה יְהֹוָהאדניאהדונהי Adonai
אֶל־ el נ״א יְרֵאָיו yereav לַמְיַחֲלִים lameyajalim לְחַסְדּוֹ lejasdó ג׳ הויות = מזלא
(להמשיך הארה ממזלא עילאה): לְהַצִּיל lehatsil מִמָּוֶת mimávet נַפְשָׁם nafsham
וּלְחַיּוֹתָם ulejayotam בָּרָעָב baráav: נַפְשֵׁנוּ nafshenu (צריך להדגיש הוי״ת)
וְחִכְּתָה jictá כהת, משיח בן דוד ע״ה לַיהֹוָהאדניאהדונהי laAdonai (יוד הה וו הה);
ר״ת שם נוזל עֶזְרֵנוּ ezrenu וּמָגִנֵּנוּ umaguinenu הוּא Hu: כִּי־ qui בוֹ vo
יִשְׂמַח yismaj משיח לִבֵּנוּ libenu כִּי qui בְּשֵׁם veShem קָדְשׁוֹ kodshó
בָטָחְנוּ vatajnu: יְהִי־ yehí חַסְדְּךָ jasdejá יְהֹוָהאדניאהדונהי Adonai
עָלֵינוּ aleinu כַּאֲשֶׁר caasher יִחַלְנוּ yijalnu סא״ל, אמן (יאהדונהי) לָךְ laj:

El designio del Señor permanece para siempre y las ideas de Su Corazón para todas las generaciones. Dichosa es la nación cuyo Dios es el Señor, el pueblo que Él ha escogido para Su propia herencia. Desde Su Santa Morada, el Señor mira hacia abajo y contempla a toda la humanidad. Él modela sus corazones en unidad y Él conoce todas sus acciones. Un rey no vence por la fuerza de su ejército ni un héroe es salvado por su gran vigor. No sirve un caballo para la victoria, a pesar de su gran fuerza, no puede escapar. He aquí que el Ojo del Señor está sobre los que le temen, sobre los que esperan Su misericordia para que libere sus alma de la muerte y los sustente en medio del hambre. Nuestra alma ha esperado al Señor. Él es nuestra ayuda y nuestro escudo. Porque en Él se regocija nuestro corazón, porque hemos confiado en Su Santo Nombre. Señor, que Tu benevolencia descienda sobre nosotros conforme a la esperanza que tenemos en Ti" (Salmos 33).

LEDAVID

En este Salmo hay 161 palabras, el mismo valor numérico del Nombre: אלף הי יוד הי. También hay 22 versículos que corresponden a las 22 letras del alfabeto arameo, que es el valor numérico del Nombre: אכא de los 72 Nombres de Dios. Y cada versículo comienza con una de las letras del alfabeto en orden consecutivo (con una excepción, la letra ו *Vav* no aparece. En lugar de ello, al final hay un versículo adicional que comienza con la letra פ *Pei*, que en *Atbash* es la letra *Vav*). También medita en el tercer *Maamar* (Enunciado) de Creación: יהי רקיע ("y dijo Dios: Haya firmamento"; El firmamento separó al agua debajo del firmamento del agua por encima de él).

לְדָוִד leDavid

בְּשַׁנּוֹתוֹ beshanotó אֶת־ et טַעְמוֹ tamó לִפְנֵי lifnei אֲבִימֶלֶךְ Avimélej

(אביו שבשמים) וַיְגָרְשֵׁהוּ vayegarshehu (לסמא״ל) וַיֵּלַךְ vayelaj כלי:

אֲבָרְכָה avarjá אֶת־ et יְהֹוָה יאהדונהי Adonai בְּכָל־ bejol ב״ן, לכב עֵת et

תָּמִיד tamid ע״ה קס״א קנ״א קמ״ג תְּהִלָּתוֹ tehilató בְּפִי befí:

בַּיהֹוָה יאהדונהי baAdonai תִּתְהַלֵּל tithalel נַפְשִׁי nafshí

יִשְׁמְעוּ yishmeú עֲנָוִים anavim וְיִשְׂמָחוּ veyismajú:

גַּדְּלוּ gadlú לַיהֹוָה יאהדונהי laAdonai אִתִּי ití וּנְרוֹמְמָה unromemá

שְׁמוֹ Shemó מהש ע״ה, ע״ב בריבוע וקס״א ע״ה, אל שדי ע״ה יַחְדָּו yajdav:

דָּרַשְׁתִּי darashti אֶת־ et יְהֹוָה יאהדונהי Adonai וְעָנָנִי veanani

ר״ת ודאי, אהיה (ובשם זה עלה משה למרום והוא מגן ממלאכי חבלה) ; ס״ת = כהת, משיוו בן דוד ע״ה

וּמִכָּל־ umicol ילי מְגוּרוֹתַי megurotai הִצִּילָנִי hitsilani נתה:

הִבִּיטוּ hibitu אֵלָיו elav וְנָהָרוּ venaharú

וּפְנֵיהֶם ufneihem אַל־ al יֶחְפָּרוּ yejparú:

זֶה ze עָנִי aní ריבוע מ״ה קָרָא kará וַיהֹוָה יאהדונהי vaAdonai

שָׁמֵעַ shamea וּמִכָּל־ umicol ילי צָרוֹתָיו tsarotav הוֹשִׁיעוֹ hoshío:

LEDAVID

"De David, cuando se fingió demente delante de Avimélej, que lo echó y él tuvo que irse. Bendeciré al Señor en todo tiempo, Su alabanza estará siempre en mis labios. Mi alma se gloria en el Señor. Los humildes lo oirán y se alegrarán. Glorifiquen conmigo al Señor, alabemos su Nombre todos juntos. Busqué al Señor y Él me respondió y me libró de todos mis temores. Ellos le miraron, quedaron iluminados y sus rostros no fueron avergonzados. Este pobre hombre clamó y el Señor escuchó y le salvó de todas sus angustias.

חֹנֶה joné מַלְאַךְ־ malaj יְהֹוָה יאהדונהי Adonai

סָבִיב saviv לִירֵאָיו lireav וַיְחַלְּצֵם vayejaltsem:

טַעֲמוּ taamú וּרְאוּ ureú כִּי־ qui טוֹב tov והו ; כי טוב = יהוה אהיה, אום, מבה, יזל

יְהֹוָה יאהדונהי Adonai אַשְׁרֵי ashrei הַגֶּבֶר haguéver יֶחֱסֶה־ yejesé בּוֹ bo:

יְראוּ yirú אֶת־ et יְהֹוָה יאהדונהי Adonai קְדֹשָׁיו kedoshav

כִּי־ qui אֵין ein מַחְסוֹר majsor לִירֵאָיו lireav:

כְּפִירִים cfirim רָשׁוּ rashú וְרָעֵבוּ veraevú וְדֹרְשֵׁי vedorshei

יְהֹוָה יאהדונהי Adonai לֹא־ lo יַחְסְרוּ yajserú כָל־ jol ילי טוֹב tov והו:

לְכוּ־ lejú בָנִים vanim שִׁמְעוּ־ shimú לִי li

יִרְאַת yirat יְהֹוָה יאהדונהי Adonai אֲלַמֶּדְכֶם alamedjem:

מִי־ mi ילי הָאִישׁ haísh הֶחָפֵץ hejafets חַיִּים jayim אהיה אהיה יהוה, בינה ע"ה

אֹהֵב ohev יָמִים yamim נלך לִרְאוֹת lirot טוֹב tov והו:

נְצֹר netsor לְשׁוֹנְךָ leshonjá מֵרָע merá

וּשְׂפָתֶיךָ usfateja מִדַּבֵּר midaber ראה מִרְמָה mirmá:

סוּר sur מֵרָע merá וַעֲשֵׂה־ vaasé טוֹב tov והו

בַּקֵּשׁ bakesh שָׁלוֹם shalom וְרָדְפֵהוּ veradfehu:

עֵינֵי einei ריבוע מ"ה יְהֹוָה יאהדונהי Adonai אֶל־ el צַדִּיקִים tsadikim עלם

וְאָזְנָיו veoznav יוד הי ואו הה אֶל־ el שַׁוְעָתָם shavatam:

El ángel del Señor acampa en torno de Sus fieles y los libra. Gusten y vean que el Señor es bueno. Dichoso es el hombre que se refugia en Él. Teman al Señor, todos sus santos, pues nada faltará a los que le temen. Los leoncillos padecen de necesidad y sufren hambre, pero los que buscan al Señor no carecen de ninguna cosa buena. Vengan, hijos, escuchen. Yo les enseñaré el temor del Señor. ¿Quién es el hombre que ama la vida y desea gozar de días felices? Guarda tu lengua de hablar mal y tus labios de decir engaños. Apártate del mal y practica el bien. Busca la paz y ve tras ella. Los Ojos del Señor miran a los justos y Sus Oídos escuchan su clamor.

פְּנֵי pnei וחכמה בינה (el rostro de la ira) יְהֹוָה אדניאהדונהי Adonai

בְּעֹשֵׂי beosei רָע ra לְהַכְרִית lehajrit מֵאֶרֶץ meérets זִכְרָם zijram מצר

(incluyendo al hueso eterno *luz* mientras Él salva todos los huesos de los justos).:

צָעֲקוּ tsaakú וַיהֹוָה אדניאהדונהי vaAdonai שָׁמֵעַ shamea

וּמִכָּל־ umicol ילי צָרוֹתָם tsarotam הִצִּילָם hitsilam:

קָרוֹב karov יְהֹוָה אדניאהדונהי Adonai לְנִשְׁבְּרֵי־ lenishberei לֵב lev

(los siete reyes que murieron) וְאֶת־ veet דַּכְּאֵי־ daquei רוּחַ rúaj יוֹשִׁיעַ yoshía:

רַבּוֹת rabot רָעוֹת raot צַדִּיק tsadik

וּמִכֻּלָּם umiculam יַצִּילֶנּוּ yatsilenu יְהֹוָה אדניאהדונהי Adonai:

שֹׁמֵר shomer כָּל־ col ילי עַצְמוֹתָיו atsmotav

אַחַת ajat מֵהֵנָּה mehená לֹא lo נִשְׁבָּרָה nishbará:

תְּמוֹתֵת temotet רָשָׁע rashá רָעָה raá רהע

וְשֹׂנְאֵי vesonei צַדִּיק tsadik יֶאְשָׁמוּ yeshamú:

פּוֹדֶה podé יְהֹוָה אדניאהדונהי Adonai נֶפֶשׁ néfesh עֲבָדָיו avadav

וְלֹא veló יֶאְשְׁמוּ yeshmú כָּל col ילי הַחוֹסִים hajosim בּוֹ bo:

TFILÁ LEMOSHÉ

Esta oración nos da la capacidad de conectar con la conciencia de Moshé, el profeta más grande que haya existido. Moshé era la personificación del compartir puro, con amor incondicional y ocupación por los demás. Fue este el atributo, junto a su profunda y cercana relación con Dios, lo que le dio todo su poder.

El Rostro (el Rostro de la ira) del Señor rechaza a los que hacen el mal, para eliminar el recuerdo de ellos de la Tierra (incluyendo al hueso perenne luz, mientras que Él salva todos los huesos de los justos). Clamaron y el Señor les oyó y les libró de todas sus tribulaciones. El Señor se acerca a quienes tienen el corazón destrozado [los siete reyes que murieron] y salva a los de espíritu contrito. Muchos son los pesares del justo, pero el Señor los libra de todos. Él guarda todos Sus huesos de tal manera que ninguno de ellos se rompa. La maldad dará muerte al malvado y los que aborrecen al justo serán castigados. El Señor redime las almas de Sus servidores, y los que se refugian en Él no será condenado" (Salmos 34).

Medita en el cuarto *Maamar* (Enunciado) de Creación:

יקוו המים מתחת השמים אל מקום אחד ותראה היבשה ("Y dijo Dios: Júntense las aguas que están debajo de los cielos en un lugar y descúbrase lo seco"; como está dicho (más adelante): "Muestra Tus obras a Tus siervos"; 'Tus obras', que quiere decir la revelación de la tierra).

תְּפִלָּה tfilá בא״ת ב״ש אִוְכּצַ = ב״ן אדני וניקודה ע״ה יוד הי וו הה לְמֹשֶׁה leMoshé

מהש, ע״ב בריבוע וקס״א, אל שדי, ד״פ אלהים ע״ה אִישׁ ish הָאֱלֹהִים haElohim ילה ;

ר״ת לאה (רומז לז״א כבוד ישראל המזווג עם לאה) ; ס״ת משה (כלת משה)

אֲדֹנָי Adonai ללה מָעוֹן maón אַתָּה Atá הָיִיתָ hayita לָּנוּ lanu אלהים, אהיה אדני

בְּדֹר bedor ר״ת הבל (שהוא משה גלגול הבל שמתגלגל בכל דור להורות בני דורו) וָדֹר vador רי״ו:

בְּטֶרֶם betérem הָרִים harim יֻלָּדוּ yuladú וַתְּחוֹלֵל vatejolel אֶרֶץ érets

וְתֵבֵל vetevel ב״פ רי״ו וּמֵעוֹלָם umeolam עַד ad עוֹלָם olam

אַתָּה Atá אֵל el יי״א (מילוי דס״ג): תָּשֵׁב tashev אֱנוֹשׁ enosh עַד ad

דַּכָּא dacá וַתֹּאמֶר vatómer שׁוּבוּ shuvu בְנֵי vnei אָדָם adam מ״ה:

כִּי qui אֶלֶף élef מספר אֶלֶף = אלף למד שין דלת יוד ע״ה שָׁנִים shanim

בְּעֵינֶיךָ beeineja ע״ה קס״א ; ריבוע מ״ה כְּיוֹם queyom ע״ה נגד, מזבח, זן, אל יהוה

אֶתְמוֹל etmol כִּי qui יַעֲבֹר yaavor וְאַשְׁמוּרָה veashmurá בַלָּיְלָה valayla מלה:

זְרַמְתָּם zeramtam שֵׁנָה shená יִהְיוּ yihyú אל (יי״א מילוי דס״ג)

בַּבֹּקֶר babóker כֶּחָצִיר quejatsir יַחֲלֹף yajalof: בַּבֹּקֶר babóker יָצִיץ yatsits

וְחָלַף vejalaf לָעֶרֶב laérev יְמוֹלֵל yemolel וְיָבֵשׁ veyavesh: כִּי qui

כָלִינוּ jalinu בְאַפֶּךָ veapeja וּבַחֲמָתְךָ uvajamatjá נִבְהָלְנוּ nivhalnu:

TFILÁ LEMOSHÉ

"Plegaria de Moshé, varón de Dios: Señor, Tú has sido nuestro refugio durante todas las generaciones, antes de que las montañas fuesen engendradas y aún antes de que Tú formaras la Tierra y el mundo. Desde siempre y hasta la eternidad, Tú eres Dios. Tú llevas al hombre a la aflicción y dices: Arrepiéntanse, hijos del hombre. Porque mil años ante Tus Ojos son como el día de ayer que ya ha pasado y como la vigilia de una noche. Tú los inundas y se adormecen. A la mañana son como hierba que crece. En la mañana florece y es rejuvenecida, y por la tarde es segada y se marchita. Por cuanto somos consumidos en Tu ira y por Tu ira estamos consternados.

שַׁתָּה shatá (כתיב: שת) עֲוֺנֹתֵינוּ avonoteinu לְנֶגְדֶּךָ lenegdejá עֲלֻמֵנוּ alumenu
לִמְאוֹר limor פָּנֶיךָ paneja ס"ג מ"ה ב"ן: כִּי qui כָל jol יכי יָמֵינוּ yameinu
פָּנוּ panú בְעֶבְרָתֶךָ veevrateja כִּלִּינוּ quilinu שָׁנֵינוּ shaneinu כְמוֹ־ jemó
הֶגֶה: hegue יְמֵי־ yemei שְׁנוֹתֵינוּ shnoteinu בָהֶם vahem שִׁבְעִים shivim
שָׁנָה shaná וְאִם veím יוהך, מ"א אותיות דפשוט, דמילוי ודמילוי דמילוי דאהיה ע"ה
בִּגְבוּרֹת bigvurot שְׁמוֹנִים shmonim שָׁנָה shaná וְרָהְבָּם verahbam
עָמָל amal וָאָוֶן vaáven כִּי־ qui גָז gaz חִישׁ jish וַנָּעֻפָה: vanaufa מִי־ mi יכי
יוֹדֵעַ yodea עֹז oz אַפֶּךָ apeja וּכְיִרְאָתְךָ ujeyiratjá עֶבְרָתֶךָ: evrateja
לִמְנוֹת limnot יָמֵינוּ yameinu כֵּן quen הוֹדַע hodá וְנָבִא venaví לְבַב levav בוכו
וְחָכְמָה jojmá במילוי = תרי"ג (מצוות): שׁוּבָה shuvá הוזש יְהֹוָהאדניאהדונהי Adonai
עַד־ ad מָתָי matai וְהִנָּחֵם vehinajem עַל־ al עֲבָדֶיךָ avadeja דמב, מילוי דע"ב:
שַׂבְּעֵנוּ sabenu בַבֹּקֶר vabóker חַסְדֶּךָ jasdeja וּנְרַנְּנָה uneranená
וְנִשְׂמְחָה venismejá בְּכָל־ bejol ב"ן, לכב יָמֵינוּ: yameinu שַׂמְּחֵנוּ samjenu
כִּימוֹת quimot עִנִּיתָנוּ initanu שְׁנוֹת shnot רָאִינוּ raínu רָעָה raá רהע:
יֵרָאֶה yeraé רי"ו אֶל־ el עֲבָדֶיךָ avadeja פָעֳלֶךָ faoleja וַהֲדָרְךָ vahadarjá
עַל־ al בְּנֵיהֶם: bneihem וִיהִי vihí נֹעַם nóam (נעם עליון) אֲדֹנָי Adonai ללה
אֱלֹהֵינוּ Eloheinu ילה עָלֵינוּ aleinu וּמַעֲשֵׂה umaasé יָדֵינוּ yadeinu
כּוֹנְנָה conená עָלֵינוּ aleinu וּמַעֲשֵׂה umaasé יָדֵינוּ yadeinu כּוֹנְנֵהוּ: conenehu

---

Tú colocas nuestras iniquidades ante Ti, nuestra inmadurez frente a la Luz de Tu rostro. Porque todos nuestros días transcurren bajo el peso de Tu enojo y nuestros años se consumen como un suspiro. Los días de nuestros años son setenta años, a lo sumo ochenta años, si tenemos más vigor, su mayor éxito son afán y dolor, porque pasan pronto y nosotros nos vamos. ¿Quién conoce el poder de Tu furia? Pues eres temido, al igual que Tu ira. Enséñanos a contar nuestros días, para que nuestro corazón alcance la sabiduría. Vuélvete Señor, ¿hasta cuándo? Conduélete de Tus siervos. Sácianos por la mañana con Tu bondad, para que cantemos y nos regocijemos todos nuestros días. Alégranos por los días en que Tú nos afligiste, por los años en soportamos la desgracia. Muestra Tu obra a Tus siervos y Tu majestad a sus hijos. Que la gracia del Señor, nuestro Dios, sea sobre nosotros y pueda Él establecer para nosotros el trabajo de nuestras manos y pueda el trabajo de nuestras manos establecerlo a Él" (Salmos 90).

YOSHEV

Cada acción positiva crea ángeles positivos, y cada acción negativa crea ángeles negativos. Los ángeles son fuerzas particulares de energía espiritual. Los ángeles negativos o fuerzas energéticas negativas perturban nuestra vida de muchas maneras. Por ejemplo, a menudo la gente no entiende lo que intentamos decirles o nosotros no entendemos completamente lo que se nos dice. Es como una interferencia invisible que genera confusión y envía señales ambiguas. Los problemas de comunicación finalmente conllevan a malentendidos, lo que a su vez conllevan a peleas, discusiones y, con mucha frecuencia, a mucho dolor. En otras ocasiones, las cosas van mal; sin importar qué hagamos, nada parece mejorar la situación.

Medita en el quinto *Maamar* (Enunciado) de Creación: תדשא הארץ דשא ("y dijo Dios: Que la tierra produzca vegetación"; la vegetación fue creada para sustentar a todas las criaturas y para que éstas moraran bajo su sombra).

יֹשֵׁב yoshev בְּסֵתֶר beséter ב"פ מצר עֶלְיוֹן elyón בְּצֵל betsel שַׁדַּי Shadai

יִתְלוֹנָן: yitlonán אֹמַר omar לַיהֹוָה (יאהדונהי) laAdonai מַחְסִי majsí

וּמְצוּדָתִי umetsudatí אֱלֹהַי Elohai מילוי דע"ב, דמב ; ילה ; ר"ת אום, מבה, יזל

אֶבְטַח־ evtaj ס"ט בּוֹ: bo כִּי qui הוּא Hu יַצִּילְךָ yatsiljá

מִפַּח mipaj ר"ת מיה יָקוּשׁ yakush מִדֶּבֶר midéver הַוּוֹת: havot

בְּאֶבְרָתוֹ beevrató יָסֶךְ yasej לָךְ laj וְתַחַת־ vetájat כְּנָפָיו cnafav

תֶּחְסֶה tejsé צִנָּה tsiná וְסֹחֵרָה vesojerá אֲמִתּוֹ: amitó לֹא־ lo תִירָא tirá

מִפַּחַד mipájad לָיְלָה layla מלה מֵחֵץ mejéts יָעוּף yauf יוֹמָם: yomam

מִדֶּבֶר midéver בָּאֹפֶל baófel יַהֲלֹךְ yahaloj מִקֶּטֶב mikétev יָשׁוּד yashud

צָהֳרָיִם: tsohoráyim יִפֹּל yipol מִצִּדְּךָ mitsidjá אֶלֶף élef מספר אֶלֶף = אלף למד שין

דלת יוד ע"ה וּרְבָבָה urevavá מִימִינֶךָ mimineja אֵלֶיךָ eleja לֹא lo יִגָּשׁ: yigash

---

YOSHEV

"Tú que vives al amparo del Altísimo y moras a la sombra de Shadai. Yo diré del Señor: Él es mi refugio y mi baluarte, mi Dios en Quien confío. Porque Él ha de librarte de la red del cazador y la peste perniciosa. Te cubrirá con Sus plumas y bajo Sus alas hallarás refugio. Su verdad es un escudo y un yelmo. No temerás los terrores de la noche, ni la flecha que vuela de día, ni la peste que acecha en la oscuridad ni la destrucción que asuela a mediodía. Aunque caigan mil a tu lado y diez mil a tu derecha, tú no serás alcanzado.

רַק rak בְּעֵינֶיךָ beeineja ע"ה קס"א ; ריבוע מ"ה תַבִּיט tabit וְשִׁלֻּמַת veshilumat

רְשָׁעִים reshaím תִּרְאֶה: tiré כִּי־ qui אַתָּה Atá יְהוָה יאהדונהי Adonai

מַחְסִי• majsí עֶלְיוֹן elyón שַׂמְתָּ samta מְעוֹנֶךָ meoneja ו"עם:

לֹא־ lo תְאֻנֶּה teuné אֵלֶיךָ eleja רָעָה raá רהע (לילית) וְנֶגַע venega (סמאל)

לֹא־ lo יִקְרַב yikrav בְּאָהֳלֶךָ: beaholeja כִּי qui מַלְאָכָיו malajav

יְצַוֶּה־ yetsavé לָּךְ: laj ס"ת שם קדוש יוהך לִשְׁמָרְךָ lishmarjá

בְּכָל־ bejol ב"ן, לכב דְּרָכֶיךָ derajeja ס"ת שם קדוש כלך:

עַל־ al כַּפַּיִם capáyim ע"ה קנ"א, אדני אלהים יִשָּׂאוּנְךָ yisaunjá פֶּן־ pen

תִּגֹּף tigof בָּאֶבֶן baéven (לילית) רַגְלֶךָ: ragleja עַל־ al שַׁחַל shájal (דכורא)

וָפֶתֶן vafeten (נוקבא) תִּדְרֹךְ tidroj תִּרְמֹס tirmós כְּפִיר quefir (יסוד דקליפה)

וְתַנִּין: vetanín כִּי qui בִי vi שם בן מ"ב חָשַׁק jashak וַאֲפַלְּטֵהוּ vaafaltehu

(ע"י שם ב"ט העולה למנין יה"ו ביסוד וכן למנין אהיה ומסוגל לשמירה) אֲשַׂגְּבֵהוּ asagvehu

כִּי־ qui יָדַע yadá שְׁמִי Shmí ר"ת אכיש (ע"י שם ביט ברוז דוד מאכיש) ; ר"ת יכש:

יִקְרָאֵנִי yikraeni וְאֶעֱנֵהוּ veenehu עִמּוֹ־ imó אָנֹכִי anojí

בְצָרָה vetsará אלהים דההין אֲחַלְּצֵהוּ ajaltsehu וַאֲכַבְּדֵהוּ: vaajabdehu

Decimos el último versículo de este Salmo dos veces para tener 130 palabras, que es el valor numérico del Nombre: יוד יוד הא יוד הא ואו יוד הא ואו הא, que tiene el poder de ahuyentar a las entidades negativas que aquí se mencionan.

אֹרֶךְ órej יָמִים yamim נלך

אַשְׂבִּיעֵהוּ asbiehu וְאַרְאֵהוּ vearehu בִּישׁוּעָתִי: bishuatí אֹרֶךְ órej

יָמִים yamim נלך אַשְׂבִּיעֵהוּ asbiehu וְאַרְאֵהוּ vearehu בִּישׁוּעָתִי: bishuatí

Mas con tus ojos verás como los malvados reciben su merecido. Porque Tú eres, Señor, mi refugio. Hiciste Tu Morada en las Alturas. No te alcanzará ningún mal, ni plaga alguna se acercará a tu tienda. Porque Él te encomendó a sus ángeles para que te cuiden en todos tus caminos. Te conducirán de la mano para que tu pie no tropiece contra una piedra. Caminarás sobre el león y la cobra, pisotearás al leoncillo y a la serpiente. Porque tiene puesto en Mí su amor y Yo le corresponderé. Le colocaré bien alto, porque él conoce Mi nombre. Él me llamará y Yo le responderé. Estaré con él en tiempo de aflicción. Le rescataré y le glorificaré. Con larga vida le satisfaré y haré que contemple Mi salvación" (Salmos 91).

MIZMOR SHIRU

De acuerdo con la Kabbalah, a veces las personas reencarnan en animales como parte de su proceso de *tikún* (corrección). Al recitar este Salmo con eso en mente, estamos ayudando a elevar sus almas.

Medita en el séptimo *Maamar* (Enunciado) de Creación: ישרצו המים ("y dijo Dios: Que las aguas se llenen"; como dice en este Salmo: "El mar en su totalidad bramará").

מִזְמוֹר mizmor שִׁירוּ shiru לַיהֹוָה אדני אהדונהי laAdonai שִׁיר shir חָדָשׁ jadash

י"ב הויות, קס"א קנ"א (שנתחדשו בחידוש היום) כִּי qui נִפְלָאוֹת niflaot עָשָׂה asá

הוֹשִׁיעָה hoshía יהוה וש"ע נהורין לּוֹ lo יְמִינוֹ yeminó ר"ת ילה וּזְרוֹעַ uzroa

קׇדְשׁוֹ: kodshó הוֹדִיעַ hodía יְהֹוָה אדני אהדונהי Adonai יְשׁוּעָתוֹ yeshuató ר"ת היי

לְעֵינֵי leeinei ריבוע מ"ה הַגּוֹיִם hagoyim גִּלָּה guilá צִדְקָתוֹ: tsidkató זָכַר zajar

חַסְדּוֹ jasdó ג' הויות, מוזלא (להמשיך הארה ממזלא עילאה) וֶאֱמוּנָתוֹ veemunató

לְבֵית leveit ב"פ ראה יִשְׂרָאֵל Yisrael רָאוּ raú כׇל־ jol ילי אַפְסֵי־ afsei

אָרֶץ árets אֵת et יְשׁוּעַת yeshuat אֱלֹהֵינוּ Eloheinu ילה: הָרִיעוּ haríu

אלהים דאלפין לַיהֹוָה אדני אהדונהי laAdonai כׇּל־ col ילי הָאָרֶץ haárets אלהים דההין ע"ה;

ר"ת הלכה ; ס"ת ע"ה = ריבוע אדני פִּצְחוּ pitsjú להח וְרַנְּנוּ veranenú וְזַמֵּרוּ: vezameru

זַמְּרוּ zamrú לַיהֹוָה אדני אהדונהי laAdonai בְּכִנּוֹר bejinor בְּכִנּוֹר bejinor

וְקוֹל vekol זִמְרָה: zimrá בַּחֲצֹצְרוֹת bajatsotsrot וְקוֹל vekol שׁוֹפָר shofar

הָרִיעוּ haríu אלהים דאלפין לִפְנֵי lifnei הַמֶּלֶךְ haMélej יְהֹוָה אדני אהדונהי: Adonai

יִרְעַם yiram הַיָּם hayam ילי וּמְלֹאוֹ umeloó תֵּבֵל tevel ב"פ רי"ו וְיֹשְׁבֵי veyoshvei

בָהּ: va נְהָרוֹת neharot יִמְחֲאוּ־ yimjaú כָף jaf יַחַד yájad

הָרִים harim יְרַנֵּנוּ: yeranenú לִפְנֵי־ lifnei יְהֹוָה אדני אהדונהי Adonai

כִּי qui בָא va לִשְׁפֹּט lishpot הָאָרֶץ haárets אלהים דההין ע"ה יִשְׁפֹּט־ yishpot

תֵּבֵל tevel ב"פ רי"ו בְּצֶדֶק betsédek וְעַמִּים veamim בְּמֵישָׁרִים: bemeisharim

---

MIZMOR SHIRU

"Un Salmo: Canten al Señor un nuevo cántico porque Él ha hechos cosas maravillosas. Su Diestra y Su santo Brazo le dieron la victoria. El Señor ha dado a conocer Su salvación. Él reveló Su justicia ante la vista de las naciones. Él se ha acordado de su amor y de Su fidelidad por la Casa de Israel. Todos los confines de la Tierra han contemplado el triunfo de nuestro Dios. Aclamen al Señor toda la Tierra. Prorrumpan en cantos jubilosos y alabanzas. Canten alabanzas al Señor con el arpa. Con el arpa y el sonido de los cantos. Con trompetas y el son del Shofar, aclamen al Rey, el Señor. Resuene el mar y todo lo que hay en él, el mundo y todos sus habitantes. Los ríos aplaudirán y las montañas cantarán jubilosamente ante el Señor, porque Él vendrá para juzgar la Tierra. Juzgará al mundo con justicia y a los pueblos con equidad" (Salmos 98).

SHIR LAMAALOT

Esta configuración de letras arameas ayuda a despertar una conciencia interior de que nada de valor puede lograrse en este mundo físico sin ayuda del Creador. Solos, no podemos hacer nada. El Satán, nuestro ego, hará cualquier cosa para convencernos de que nosotros somos los únicos arquitectos de nuestro éxito. Esta conexión nos ayuda a reconocer la profunda verdad de que la mano del Creador siempre se encontrará detrás de nuestra buena fortuna.

En esta alabanza, la palabra *shomer* (guardia o derivados de ésta) es mencionada seis veces. Esto representa la letra *Vav* (ו=6) del Nombre: יהוה. También, medita por el octavo *Maamar* (Enunciado) de Creación: תוצא הארץ נפש חיה ("y dijo Dios: Que la tierra produzca criaturas vivientes").

שִׁיר shir לַמַּעֲלוֹת lamaalot (מלמד שמלכות נקנית בכל מעלות) אֶשָּׂא esá

עֵינַי einai ריבוע מ״ה אֶל־ el הֶהָרִים heharim (האבות שנקראים הרים)

מֵאַיִן meáyin (א״א) יָבֹא yavó עֶזְרִי ezrí: עֶזְרִי ezrí מֵעִם meím

יְהֹוָהאדניאהדונהי Adonai עֹשֵׂה osé שָׁמַיִם shamáyim י״פ טל, י״פ כוזו וָאָרֶץ vaárets:

אַל־ al יִתֵּן yitén לַמּוֹט lamot רַגְלֶךָ ragleja אַל־ al יָנוּם yanum

שֹׁמְרֶךָ shomreja: הִנֵּה hiné לֹא־ lo יָנוּם yanum וְלֹא veló ר״ת = דמב, מילוי דע״ב

יִישָׁן yishán ש״ע נהורין דא״א שׁוֹמֵר shomer כ״א ההויות שבתפילין יִשְׂרָאֵל Yisrael:

יְהֹוָהאדניאהדונהי Adonai שֹׁמְרֶךָ shomreja יְהֹוָהאדניאהדונהי Adonai צִלְּךָ tsiljá

עַל־ al יַד yad יְמִינֶךָ yemineja הי״י: יוֹמָם yomam הַשֶּׁמֶשׁ hashémesh

לֹא־ lo יַכֶּכָּה yaqueca ר״ת ילה וְיָרֵחַ veyaréaj בַּלָּיְלָה balayla מלה:

יְהֹוָהאדניאהדונהי Adonai יִשְׁמָרְךָ yishmarjá מִכָּל־ micol ילי רָע ra

יִשְׁמֹר yishmor אֶת־ et נַפְשֶׁךָ nafsheja מי״כ:

יְהֹוָהאדניאהדונהי Adonai יִשְׁמָר־ yishmor צֵאתְךָ tsetjá וּבוֹאֶךָ uvoeja

מֵעַתָּה meatá וְעַד־ vead עוֹלָם olam ולי:

SHIR LAMAALOT

"Cántico de las Ascensiones: Alzaré mis ojos a las montañas, ¿de dónde provendrá mi auxilio? Mi ayuda viene del Señor, que hizo los Cielos y la Tierra. Él no permitirá que resbale tu pie. Tu Guardián nunca duerme. He aquí que Él no dormita ni duerme, el Guardián de Israel. El Señor es tu Guardián. El Señor es la sombra protectora sobre tu diestra. No te herirá el Sol de día ni la Luna de noche. El Señor te guardará de todo mal. Él cuidará tu alma. El Señor protegerá tu partida y tu regreso, desde ahora para siempre" (Salmos 121).

SHIR HAMAALOT LEDAVID

Estos versículos nos conectan con el antiguo Templo Sagrado. Según la Kabbalah, el Templo Sagrado es un centro energético y fuente de toda la Luz espiritual para el mundo entero, similar a una central nuclear que proporciona energía eléctrica a una ciudad completa. La Tierra de Israel es el centro de energía del planeta; Jerusalén es el centro de energía de Israel; el Templo físico era el centro de energía de Jerusalén; y el Santo Sanctórum, dentro del Templo, era la central máxima de energía para el Templo y, por ende, para el resto del mundo físico. Cuando el Templo existía, actuaba como un generador que trabajaba las 24 horas del día para producir toda la Luz y energía espiritual que necesitábamos. Con su destrucción, los cables transmisores fueron cortados. Las letras arameas en esta conexión restablecen los canales de comunicación con la esencia espiritual del Templo, dándonos la capacidad de capturar esta energía para nuestra vida personal.

Esta alabanza fue recitada por el Rey David por su reino, puesto que todo estaba en una sola unificación; "la justicia y la paz se besaron". Y ese es el significado de: "Yo solicitaré el bien para ti".

שִׁיר shir הַמַּעֲלוֹת hamaalot לְדָוִד leDavid שָׂמַחְתִּי samajti

בְּאֹמְרִים beomrim לִי li בֵּית beit ב״פ ראה יְהֹוָה יאהדונהי Adonai נֵלֵךְ nelej נלך:

עֹמְדוֹת omdot הָיוּ hayú רַגְלֵינוּ ragleinu ר״ת רהע בִּשְׁעָרַיִךְ bishearáyij

יְרוּשָׁלָם Yerushaláyim: יְרוּשָׁלַם Yerushaláyim הַבְּנוּיָה habnuyá כְּעִיר queir

בן זכר, סנדלפון, ערי שֶׁחֻבְּרָה shejubrá לָּהּ la יַחְדָּו yajdav: שֶׁשָּׁם shesham

עָלוּ alú שְׁבָטִים shvatim שִׁבְטֵי shivtei יָהּ Yah עֵדוּת edut

לְיִשְׂרָאֵל leYisrael לְהֹדוֹת lehodot לְשֵׁם leShem יְהֹוָה יאהדונהי Adonai:

כִּי qui שָׁמָּה shama יָשְׁבוּ yashvú כִסְאוֹת jisot לְמִשְׁפָּט lemishpat ע״ה ה״פ אלהים

כִּסְאוֹת quisot לְבֵית leveit ב״פ ראה דָּוִיד David: שַׁאֲלוּ shaalú שְׁלוֹם shlom

יְרוּשָׁלָם Yerushaláyim יִשְׁלָיוּ yishlayú אֹהֲבָיִךְ ohaváyij: יְהִי yehí

שָׁלוֹם shalom בְּחֵילֵךְ bejeilej שַׁלְוָה shalvá בְּאַרְמְנוֹתָיִךְ bearmenotáyij:

לְמַעַן lemaan אַחַי ajai וְרֵעָי vereái אֲדַבְּרָה adabrá נָּא na שָׁלוֹם shalom

בָּךְ baj: לְמַעַן lemaan בֵּית beit ב״פ ראה יְהֹוָה יאהדונהי Adonai

אֱלֹהֵינוּ Eloheinu ילה אֲבַקְשָׁה avakshá טוֹב tov והו לָךְ laj:

SHIR HAMAALOT LEDAVID

"Cántico de las Ascensiones de David: Me alegré cuando me dijeron: Vayamos a la Casa del Señor. Nuestros pies ya están pisando dentro de tus portones, Oh Jerusalén. Jerusalén que fuiste edificada en forma unificada. Allí subieron las tribus, las tribus del Señor, como testimonio para Israel, para ensalzar el Nombre del Señor. Por cuanto allí fueron puestos tronos para juzgar, los tronos de la Casa de David, pidieron por la paz de Jerusalén. Tengan serenidad quienes te aman y haya paz en tus palacios. Por amor a mis hermanos y mis compañeros, yo hablaré de paz en su nombre. Por amor a la Casa del Señor, buscaré tu felicidad" (Salmos 122).

SHIR HAMAALOT ELEJA

Toda la humanidad es considerada como una sola alma unificada, cuya naturaleza es recibir. La Luz del Creador tiene muchas dimensiones, una de ellas se expresa en nuestra dimensión física como la *Shejiná*, que tiene la naturaleza de compartir e impartir. La unión del alma unificada con la *Shejiná* es como la unión de una novia y un novio. Las palabras que componen este Salmo nos ayudan a unirnos con la *Shejiná* y, por lo tanto, a alcanzar la máxima realización.

Esta alabanza es recitada por *Yisrael* inferior en nombre de la Novia. Por lo tanto, en la palabra "*hayoshví*" hay una letra *Hei* adicional (ה - *Maljut*) puesto que es la última letra del Nombre: יהוה, que es la Novia.

et אֶת־ nasati נָשָׂאתִי eleja אֵלֶיךָ hamaalot הַמַּעֲלוֹת shir שִׁיר

:כוזו י"פ טל, י"פ bashamáyim בַּשָּׁמָיִם hayoshví הַיֹּשְׁבִי מ"ה ריבוע einai עֵינַי

yad יַד el אֶל־ avadim עֲבָדִים מ"ה ריבוע jeeinei כְעֵינֵי hiné הִנֵּה

yad יַד el אֶל־ shifjá שִׁפְחָה מ"ה ריבוע queeinei כְּעֵינֵי adoneihem אֲדוֹנֵיהֶם

Adonai יְהֹוָהאדניאהדונהי el אֶל־ מ"ה ריבוע eineinu עֵינֵינוּ quen כֵּן guevirtá גְּבִרְתָּהּ

janenu וְחָנֵּנוּ :sheyejanenú שֶׁיְּחָנֵּנוּ ad עַד ילה Eloheinu אֱלֹהֵינוּ

:vuz בוּז savanu שָׂבַעְנוּ rav רַב qui כִּי־ janenu חָנֵּנוּ Adonai יְהֹוָהאדניאהדונהי

haláag הַלַּעַג nafshenu נַפְשֵׁנוּ la לָּהּ savá שָׂבְעָה־ rabat רַבַּת

:(כתיב: לגאיונים) yonim יוֹנִים liguei לִגְאֵי habuz הַבּוּז hashaananim הַשַּׁאֲנַנִּים

SHIR HAMAALOT LEDAVID

Aquí hacemos nuestra conexión con la Redención Final, el fin de todo caos y oscuridad espiritual. Hace dos mil años, el Kabbalista Rav Shimón bar Yojái dijo que cuando la sabiduría del *Zóhar* perteneciera a la gente (como ahora) y los secretos de la Torá fueran conocidos por todos, jóvenes y ancianos (como estás haciéndolo tú en este momento), sería la señal de que la era de la Redención Final se acerca a nosotros.

La siguiente alabanza habla sobre la Redención Final. También nos conecta con la Novia que se mencionó anteriormente, quien escapa de la aflicción que la estaba persiguiendo desde el Otro Lado, y entra al Lado Santo, cuando comienza *Shabat*.

SHIR HAMAALOT ELEJA

"Cántico de las Ascensiones: Levanto mis ojos hacia Ti, Tú que habitas en los Cielos. Tal como los ojos de los servidores miran la mano de su amo, y como los ojos de la servidora mira la mano de su ama, así nuestros ojos miran al Señor, nuestro Dios, hasta que Él nos favorezca. Sé misericordioso con nosotros, Señor, sé misericordioso porque estamos hartos de menosprecios. Nuestra alma está saturada de las burlas de los indolentes y del desprecio de los arrogantes" (Salmos 123).

Medita en el noveno *Maamar* (Enunciado) de Creación: נעשה אדם ("y dijo Dios: hagamos al hombre", como está dicho en este Salmo "si el Señor no hubiese estado con nosotros"; la imagen de Dios está en nosotros).

Adonai יאהדונהי יְהֹוָה lulei לוּלֵי leDavid לְדָוִד hamaalot הַמַּעֲלוֹת shir שִׁיר
na נָא yomar יֹאמַר־ אדני אהיה ,אלהים lanu לָנוּ יהה shehayá שֶׁהָיָה
יהה shehayá שֶׁהָיָה ילי ר"ת ; Adonai יאהדונהי יְהֹוָה lulei לוּלֵי :Yisrael יִשְׂרָאֵל
:(אדם בליעל ס"מ) adam אָדָם aleinu עָלֵינוּ bekum בְּקוּם אדני אהיה ,אלהים lanu לָנוּ
bajarot בַּחֲרוֹת belaúnu בְּלָעוּנוּ ע"ה בינה ,יהוה אהיה אהיה jayim חַיִּים azai אֲזַי
shetafunu שְׁטָפוּנוּ hamáyim הַמַּיִם azai אֲזַי :banu בָּנוּ (נוקבא דס"מ) apam אַפָּם
azai אֲזַי :nafshenu נַפְשֵׁנוּ al עַל־ avar עָבַר najlá נַחְלָה (לילית וכת דלהון)
:hazeidonim הַזֵּידוֹנִים hamáyim הַמַּיִם nafshenu נַפְשֵׁנוּ al עַל־ avar עָבַר
netananu נְתָנָנוּ sheló שֶׁלֹּא Adonai יאהדונהי יְהֹוָה Baruj בָּרוּךְ
quetsipor כְּצִפּוֹר nafshenu נַפְשֵׁנוּ :leshineihem לְשִׁנֵּיהֶם téref טֶרֶף
nishbar נִשְׁבָּר hapaj הַפַּח yokshim יוֹקְשִׁים mipaj מִפַּח nimletá נִמְלְטָה
beShem בְּשֵׁם ezrenu עֶזְרֵנוּ :nimlatnu נִמְלָטְנוּ vaanajnu וַאֲנַחְנוּ
:vaárets וָאָרֶץ י"פ טל, י"פ כוזו shamáyim שָׁמַיִם osé עֹשֵׂה Adonai יאהדונהי יְהֹוָה

HALELUYÁ

El Rey David dice: "Tenemos ojos, pero no vemos. Tenemos oídos, pero no escuchamos" (Salmos 115:6). Con demasiada frecuencia, nuestros cinco sentidos y mente racional nos proveen de sólo una visión limitada de la realidad. Incluso la ciencia nos dice que utilizamos menos del 10% de nuestra capacidad cerebral. La Kabbalah pregunta: "¿Dónde está el 90% restante?". Esta oración nos ayuda a despertar nuestras capacidades adormecidas y fortalecer nuestra percepción. Alcanzamos un estado de conciencia más elevado y una intuición superior.

En el siguiente Salmo tenemos 20 versículos por los 13 Atributos y las siete voces, y también tenemos 165 palabras por el Nombre: (אלף הי יוד הי (וד' אותיות השורש. Medita en el sexto *Maamar* (Enunciado) de la Creación: יהי מאורות ("y Dios dijo: Que haya luceros", las estrellas fueron creadas para servir a Dios en Sus jardines; el mundo).

SHIR HAMAALOT LEDAVID

"Cánticos de las Ascensiones de David: Si el Señor no hubiese estado con nosotros, ¡que lo diga Israel! Si no hubiese estado el Señor de nuestra parte cuando los hombres se levantaron contra nosotros, ellos nos habrían devorado vivos cuando su ira se encendió contra nosotros. Entonces las aguas nos habrían inundado y un torrente nos habría sumergido y las soberbias aguas habrían sobrepasado nuestra alma. ¡Bendito sea el Señor, que no nos entregó como presa para sus dientes! Escapó nuestra alma como pájaro de la trampa de los cazadores. Se rompió la trampa y nosotros escapamos. Nuestro auxilio es el Nombre del Señor, que hizo el Cielo y la Tierra" (Salmos 124).

הַלְלוּיָהּ haleluyá אלהים, אהיה אדני ; ללה הַלְלוּ halelú אֶת־ et שֵׁם Shem
יְהֹוָה יאהדונהי Adonai הַלְלוּ halelú עַבְדֵי avdei יְהֹוָה יאהדונהי Adonai:
שֶׁעֹמְדִים sheomdim בְּבֵית beveit ב״פ ראה יְהֹוָה יאהדונהי Adonai
בְּחַצְרוֹת bejatsrot בֵּית beit ב״פ ראה אֱלֹהֵינוּ Eloheinu ילה: הַלְלוּיָהּ haleluyá
אלהים, אהיה אדני ; ללה כִּי־ qui טוֹב tov והו ; יהוה אהיה, אום, מבה, יזל
יְהֹוָה יאהדונהי Adonai זַמְּרוּ zamrú לִשְׁמוֹ liShmó מהש ע״ה, ע״ב בריבוע וקס״א ע״ה,
אל שדי ע״ה כִּי qui נָעִים naím: כִּי־ qui יַעֲקֹב Yaakov ו׳ הויות, יאהדונהי אידהנויה
בָּחַר bajar לוֹ lo יָהּ Yah יִשְׂרָאֵל Yisrael לִסְגֻלָּתוֹ lisgulató: כִּי qui
אֲנִי aní אני יָדַעְתִּי yadati כִּי־ qui גָדוֹל gadol להח; עם ד׳ אותיות - מבה, יזל, אום
יְהֹוָה יאהדונהי Adonai וַאֲדֹנֵינוּ vaadoneinu מִכָּל־ micol ילי
אֱלֹהִים Elohim אהיה אדני ; ילה: כֹּל col ילי אֲשֶׁר־ asher חָפֵץ jafets
יְהֹוָה יאהדונהי Adonai עָשָׂה asá בַּשָּׁמַיִם bashamáyim י״פ טל, י״פ כוזו
וּבָאָרֶץ uvaárets בַּיַּמִּים bayamim נלך וְכָל־ vejol תְּהוֹמוֹת tehomot:
מַעֲלֶה maalé נְשִׂאִים nesiím מִקְצֵה miktsé הָאָרֶץ haárets אלהים דההין ע״ה
בְּרָקִים brakim לַמָּטָר lamatar עָשָׂה asá מוֹצֵא־ motsé רוּחַ rúaj
מֵאוֹצְרוֹתָיו meotsrotav: שֶׁהִכָּה shehicá בְּכוֹרֵי bejorei מִצְרָיִם Mitsráyim
מצר מֵאָדָם meadam מ״ה עַד־ ad בְּהֵמָה behemá ב״ן: שָׁלַח shalaj אֹתוֹת otot
וּמֹפְתִים umoftim בְּתוֹכֵכִי betojejí מִצְרָיִם Mitsráyim מצר בְּפַרְעֹה beFaró
וּבְכָל־ uvejol ב״ן, לכב עֲבָדָיו avadav: שֶׁהִכָּה shehicá גּוֹיִם goyim
רַבִּים rabim וְהָרַג veharag מְלָכִים melajim עֲצוּמִים atsumim:

HALELUYÁ

"¡Aleluya! Alaben el Nombre del Señor. Alábenlo, oh siervos del Señor. Ustedes que están en la Casa del Señor, en los atrios de la Casa de nuestro Dios. Alaben al Señor, porque el Señor es benevolente. Canten alabanzas a Su Nombre porque es amable y porque El Señor eligió a Yaakov para Sí y a Israel por tesoro Suyo. Sí, yo sé que el Señor, nuestro Dios, es grande por encima de todos los poderes celestiales. Todo lo que El Señor desea Él lo hace, en el Cielo y en la Tierra, en los mares y en los océanos. Él levanta las nubes desde el horizonte, con los relámpagos provoca la lluvia; Él saca el viento de Sus bóvedas. Él hirió a los primogénitos de Egipto, tanto de hombre como de bestia. Es Él que realizó señales y prodigios en medio de ti, Oh Egipto, sobre el Faraón y todos sus ministros. Él derrotó a muchas naciones y mató a reyes poderosos:

לְסִיחוֹן leSijón מֶלֶךְ mélej הָאֱמֹרִי haEmorí וּלְעוֹג uleOg מֶלֶךְ mélej

הַבָּשָׁן haBashán וּלְכֹל ulejol יה אדני מַמְלְכוֹת mamlejot כְּנָעַן cnaán:

וְנָתַן venatán אַרְצָם artsam נַחֲלָה najalá נַחֲלָה najalá לְיִשְׂרָאֵל leYisrael

עַמּוֹ amó: יְהֹוָה יאהדונהי Adonai שִׁמְךָ Shimjá לְעוֹלָם leolam

ריבוע דס"ג י' אותיות דס"ג יְהֹוָה יאהדונהי Adonai זִכְרְךָ zijrejá לְדֹר־ ledor ר"ת יזל

וָדֹר vador ר"ו: כִּי qui יָדִין yadín יְהֹוָה יאהדונהי Adonai עַמּוֹ amó

וְעַל־ veal עֲבָדָיו avadav יִתְנֶחָם yitnejam: עֲצַבֵּי atsabei הַגּוֹיִם hagoyim

כֶּסֶף quésef וְזָהָב vezahav מַעֲשֵׂה maasé יְדֵי yedei אָדָם adam:

פֶּה pe מילה, וע"ה אלהים, אהיה אדני לָהֶם lahem וְלֹא veló יְדַבֵּרוּ yedaberu

עֵינַיִם eináyim ריבוע מ"ה לָהֶם lahem וְלֹא veló יִרְאוּ yirú: אָזְנַיִם oznáyim

יוד הי ואו הה לָהֶם lahem וְלֹא veló יַאֲזִינוּ yaazinu אַף af אֵין־ ein יֶשׁ־ yesh

רוּחַ rúaj בְּפִיהֶם befihem: כְּמוֹהֶם quemohem יִהְיוּ yihyú אל (ייא" מילוי דס"ג)

עֹשֵׂיהֶם oseihem כֹּל col ילי אֲשֶׁר־ asher בֹּטֵחַ botéaj בָּהֶם bahem:

בֵּית beit ב"פ ראה יִשְׂרָאֵל Yisrael בָּרְכוּ barjú יהוה ריבוע יהוה ריבוע מ"ה אֶת־ et

יְהֹוָה יאהדונהי Adonai בֵּית beit ב"פ ראה אַהֲרֹן Aharón בָּרְכוּ barjú יהוה ריבוע

יהוה ריבוע מ"ה אֶת־ et יְהֹוָה יאהדונהי Adonai: בֵּית beit ב"פ ראה הַלֵּוִי haLeví

בָּרְכוּ barjú יהוה ריבוע יהוה ריבוע מ"ה אֶת־ et יְהֹוָה יאהדונהי Adonai

יִרְאֵי yirei יְהֹוָה יאהדונהי Adonai בָּרְכוּ barjú יהוה ריבוע יהוה ריבוע מ"ה

אֶת־ et יְהֹוָה יאהדונהי Adonai: בָּרוּךְ Baruj יְהֹוָה יאהדונהי Adonai

מִצִּיּוֹן miTsiyón יוסף, ו' הויות, קנאה שֹׁכֵן shojén יְרוּשָׁלָיִם Yerushaláyim

הַלְלוּיָהּ haleluyá אלהים, אהיה אדני ; ללה:

A Sijón, rey de los amorreos, y a Og, rey de Basán, y a todos los reyes de Canaán y dio las tierras de ellos por heredad, por herencia a Israel, Su Pueblo. El Señor es Tu Nombre para siempre. El Señor es tu recuerdo por todas las generaciones. Cuando el Señor juzgará a las naciones, Él se apiadará de Sus servidores. Los ídolos de las naciones son plata y oro, obra de las manos de hombres. Tienen boca, pero no hablan; ojos tienen pero no ven; tienen orejas, pero no escuchan. Y tampoco hay aliento en sus bocas. Como ellos serán los que los fabrican y todo aquel que confía en ellos. Casa de Israel, bendigan al Señor. Casa de Aharón, bendigan al Señor. Casa de Leví, bendigan al Señor. Ustedes que temen al Señor, bendigan al Señor. Bendito es el Señor desde Sión, Él que habita en Jerusalén, ¡Aleluya!" (Salmos 135).

HODÚ

El siguiente Salmo tiene 26 versículos que nos conectan con el Nombre: יהוה. También nos conectan con los 26 Ángeles (uno por cada versículo), en orden consecutivo del alfabeto arameo. Medita en el décimo *Maamar* (Enunciado) de la Creación: פרו ורבו ("y Dios dijo: Sean fecundos y multiplíquense"; para que los justos nacieran y agradecieran al Creador).

י

אדריאל

הוֹדוּ hodú אהיה לַיהֹוָהאדניאהדונהי laAdonai כִּי־ qui טוֹב tov והו ;

כי טוב = יהוה אהיה = אום, מבה, יזל

כִּי qui לְעוֹלָם leolam ריבוע דס״ג וי׳ אותיות דס״ג חַסְדּוֹ jasdó

ג׳ הויות, מזלא (להמשיך הארה ממזלא עילאה) ; ר״ת = נגה : יְיָ

ברכיאל

הוֹדוּ hodú אהיה לֵאלֹהֵי leElohei מילוי דע״ב, דמב ; ילה

הָאֱלֹהִים haElohim אהיה אדני ; ילה

כִּי qui לְעוֹלָם leolam ריבוע דס״ג וי׳ אותיות דס״ג חַסְדּוֹ jasdó

ג׳ הויות, מזלא (להמשיך הארה ממזלא עילאה) ; ר״ת = נגה : יְיָ

גועיאל

הוֹדוּ hodú אהיה לַאֲדֹנֵי laAdonei הָאֲדֹנִים haAdonim

כִּי qui לְעוֹלָם leolam ריבוע דס״ג וי׳ אותיות דס״ג חַסְדּוֹ jasdó

ג׳ הויות, מזלא (להמשיך הארה ממזלא עילאה) ; ר״ת = נגה : יְיָ

דורשיאל

לְעֹשֵׂה leosé נִפְלָאוֹת niflaot גְּדֹלוֹת gdolot לְבַדּוֹ levadó מ״ב בסוד שם בן מ״ב

כִּי qui לְעוֹלָם leolam ריבוע דס״ג וי׳ אותיות דס״ג חַסְדּוֹ jasdó

ג׳ הויות, מזלא (להמשיך הארה ממזלא עילאה) ; ר״ת = נגה : יְיָ

הדריאל

לְעֹשֵׂה leosé הַשָּׁמַיִם hashamáyim י״פ טל, י״פ כוזו בִּתְבוּנָה bitvuná

כִּי qui לְעוֹלָם leolam ריבוע דס״ג וי׳ אותיות דס״ג חַסְדּוֹ jasdó

ג׳ הויות, מזלא (להמשיך הארה ממזלא עילאה) ; ר״ת = נגה : יְיָ

HODÚ

"Agradezcan al Señor porque es benevolente, porque Su misericordia perdura por siempre.
Agradezcan al Dios de dioses, porque Su misericordia perdura por siempre.
Agradezcan al Señor de los señores, porque Su misericordia perdura por siempre.
Al único que hace grandes maravillas, porque Su misericordia perdura por siempre.
Al que hizo los Cielos con discernimiento, porque Su misericordia perdura por siempre.

וועדיאל

לְרֹקַע leroká הָאָרֶץ haárets אלהים דההין ע"ה עַל־ al הַמָּיִם hamáyim

כִּי qui לְעוֹלָם leolam ריבוע דס"ג ו"י אותיות דס"ג וַחַסְדּוֹ jasdó

ג' הויות = מזלא (להמשיך הארה ממזלא עילאה) ; ר"ת = נגה : יְהוָה

זבדיאל

לְעֹשֵׂה leosé אוֹרִים orim רז, אין סוף גְּדֹלִים gdolim

כִּי qui לְעוֹלָם leolam ריבוע דס"ג ו"י אותיות דס"ג וַחַסְדּוֹ jasdó

ג' הויות = מזלא (להמשיך הארה ממזלא עילאה) ; ר"ת = נגה : יְהוָה

וזניאל

אֶת־ et הַשֶּׁמֶשׁ hashémesh

לְמֶמְשֶׁלֶת lememshélet בַּיּוֹם bayom ע"ה נגד, מזבח, זן, אל יהוה

כִּי qui לְעוֹלָם leolam ריבוע דס"ג ו"י אותיות דס"ג וַחַסְדּוֹ jasdó

ג' הויות, מזלא (להמשיך הארה ממזלא עילאה) ; ר"ת = נגה : יְהוָה

טהוריאל

אֶת־ et הַיָּרֵחַ hayaréaj וְכוֹכָבִים vejojavim

לְמֶמְשְׁלוֹת lememshelot בַּלָּיְלָה balayla מלה

כִּי qui לְעוֹלָם leolam ריבוע דס"ג ו"י אותיות דס"ג וַחַסְדּוֹ jasdó

ג' הויות, מזלא (להמשיך הארה ממזלא עילאה) ; ר"ת = נגה : יְהוָה

ידידיאל

לְמַכֵּה lemaqué מִצְרַיִם Mitsráyim מצר בִּבְכוֹרֵיהֶם bivjoreihem

כִּי qui לְעוֹלָם leolam ריבוע דס"ג ו"י אותיות דס"ג וַחַסְדּוֹ jasdó

ג' הויות, מזלא (להמשיך הארה ממזלא עילאה) ; ר"ת = נגה : יְהוָה

Al que extendió la Tierra sobre las aguas, porque Su misericordia perdura por siempre.
Al que hizo las grandes luminarias, porque Su misericordia perdura por siempre.
Al que hizo el Sol que gobierna en el día, porque Su misericordia perdura por siempre.
La Luna y las estrellas que gobiernan en la noche, porque Su misericordia perdura por siempre.
Al que hirió a Egipto en sus primogénitos, porque Su misericordia perdura por siempre.

ה

כרוביאל

וַיּוֹצֵא vayotsé יִשְׂרָאֵל Yisrael מִתּוֹכָם mitojam

כִּי qui לְעוֹלָם leolam ריבוע דס״ג וי׳ אותיות דס״ג חַסְדּוֹ jasdó

ג׳ הויות, מזלא (להמשיך הארה ממזלא עילאה) ; ר״ת = נגה : הָיָ

להטיאל

בְּיָד beyad חֲזָקָה jazaká וּבִזְרוֹעַ uvizroa נְטוּיָה netuyá

כִּי qui לְעוֹלָם leolam ריבוע דס״ג וי׳ אותיות דס״ג חַסְדּוֹ jasdó

ג׳ הויות, מזלא (להמשיך הארה ממזלא עילאה) ; ר״ת = נגה : הָיָ

מהגביאל

לְגֹזֵר legozer יַם־ yam יל״י סוּף Suf לִגְזָרִים ligzarim

כִּי qui לְעוֹלָם leolam ריבוע דס״ג וי׳ אותיות דס״ג חַסְדּוֹ jasdó

ג׳ הויות, מזלא (להמשיך הארה ממזלא עילאה) ; ר״ת = נגה : הָיָ

נוריאל

וְהֶעֱבִיר veheevir יִשְׂרָאֵל Yisrael בְּתוֹכוֹ betojó

כִּי qui לְעוֹלָם leolam ריבוע דס״ג וי׳ אותיות דס״ג חַסְדּוֹ jasdó

ג׳ הויות, מזלא (להמשיך הארה ממזלא עילאה) ; ר״ת = נגה : הָיָ

נוצציאל

וְנִעֵר venier פַּרְעֹה Paró וְחֵילוֹ vejeiló בְיַם־ veyam יל״י סוּף Suf

כִּי qui לְעוֹלָם leolam ריבוע דס״ג וי׳ אותיות דס״ג חַסְדּוֹ jasdó

ג׳ הויות, מזלא (להמשיך הארה ממזלא עילאה) ; ר״ת = נגה : הָיָ

Y sacó a Israel de entre ellos, porque Su misericordia perdura por siempre.
Con mano fuerte y brazo extendido, porque Su misericordia perdura por siempre.
Al que partió en dos el Mar Rojo, porque Su misericordia perdura por siempre.
E hizo que Israel pasará en medio de él, porque Su misericordia perdura por siempre.
Y hundió al Faraón y a su ejército en el Mar Rojo, porque Su misericordia perdura por siempre.

ו

נודיאל

לְמוֹלִיךְ lemolij עַמּוֹ amó בַּמִּדְבָּר bamidbar

כִּי qui לְעוֹלָם leolam ריבוע דס״ג וי׳ אותיות דס״ג וְחַסְדּוֹ jasdó

ג׳ הויות, מזלא (להמשיך הארה ממזלא עילאה) ; ר״ת = נגה : ויי

סרעיאל

לְמַכֵּה lemaqué מְלָכִים melajim גְּדֹלִים gdolim

כִּי qui לְעוֹלָם leolam ריבוע דס״ג וי׳ אותיות דס״ג וְחַסְדּוֹ jasdó

ג׳ הויות, מזלא (להמשיך הארה ממזלא עילאה) ; ר״ת = נגה : ויי

עשאל

וַיַּהֲרֹג vayaharog מְלָכִים melajim אַדִּירִים adirim הרי

כִּי qui לְעוֹלָם leolam ריבוע דס״ג וי׳ אותיות דס״ג וְחַסְדּוֹ jasdó

ג׳ הויות, מזלא (להמשיך הארה ממזלא עילאה) ; ר״ת = נגה : ויי

פקדיאל

לְסִיחוֹן leSijón מֶלֶךְ mélej הָאֱמֹרִי haEmorí

כִּי qui לְעוֹלָם leolam ריבוע דס״ג וי׳ אותיות דס״ג וְחַסְדּוֹ jasdó

ג׳ הויות, מזלא (להמשיך הארה ממזלא עילאה) ; ר״ת = נגה : ויי

צרופיאל

וּלְעוֹג uleOg מֶלֶךְ mélej הַבָּשָׁן haBashán

כִּי qui לְעוֹלָם leolam ריבוע דס״ג וי׳ אותיות דס״ג וְחַסְדּוֹ jasdó

ג׳ הויות, מזלא (להמשיך הארה ממזלא עילאה) ; ר״ת = נגה : ויי

קדושיאל

וְנָתַן venatán אַרְצָם artsam לְנַחֲלָה lenajalá

כִּי qui לְעוֹלָם leolam ריבוע דס״ג וי׳ אותיות דס״ג וְחַסְדּוֹ jasdó

ג׳ הויות, מזלא (להמשיך הארה ממזלא עילאה) ; ר״ת = נגה : ויי

Al que condujo a Su pueblo por el desierto, porque Su misericordia perdura por siempre.
Al que derrotó a grandes reyes, porque Su misericordia perdura por siempre.
Y mató a reyes poderosos, porque Su misericordia perdura por siempre.
A Sijón, rey de los amorreos, porque Su misericordia perdura por siempre.
Y a Og, rey de Basán, porque Su misericordia perdura por siempre.
Y dio sus tierras por heredad, porque Su misericordia perdura por siempre.

ה

רוממיאל

avdó עַבְדּוֹ leYisrael לְיִשְׂרָאֵל najalá נַחֲלָה

jasdó חַסְדּוֹ ריבוע דס״ג וי׳ אותיות דס״ג leolam לְעוֹלָם qui כִּי

ג׳ הויות, מזלא (להמשיך הארה ממזלא עילאה) ; ר״ת = נגה : הַיָ

שומריאל

אלהים, אהיה אדני lanu לָנוּ zajar זָכַר shebeshiflenu שֶׁבְּשִׁפְלֵנוּ

jasdó חַסְדּוֹ ריבוע דס״ג וי׳ אותיות דס״ג leolam לְעוֹלָם qui כִּי

ג׳ הויות, מזלא (להמשיך הארה ממזלא עילאה) ; ר״ת = נגה : הַיָ

שמריאל

mitsareinu מִצָּרֵינוּ vayifrekenu וַיִּפְרְקֵנוּ

jasdó חַסְדּוֹ ריבוע דס״ג וי׳ אותיות דס״ג leolam לְעוֹלָם qui כִּי

ג׳ הויות, מזלא (להמשיך הארה ממזלא עילאה) ; ר״ת = נגה : הַיָ

תומכיאל

basar בָּשָׂר יה אדני lejol לְכָל־ ג׳ הויות léjem לֶחֶם ושר , אבג יתץ notén נֹתֵן

ר״ת = יב״ק, אלהים יהוה, אהיה אדני יהוה

jasdó חַסְדּוֹ ריבוע דס״ג וי׳ אותיות דס״ג leolam לְעוֹלָם qui כִּי

ג׳ הויות, מזלא (להמשיך הארה ממזלא עילאה) ; ר״ת = נגה : הַיָ

תהפיאל

י״פ טל, י״פ כוזו hashamáyim הַשָּׁמָיִם ייא״י (מילוי דס״ג) leEl לְאֵל אהיה hodú הוֹדוּ

jasdó חַסְדּוֹ ריבוע דס״ג וי׳ אותיות דס״ג leolam לְעוֹלָם qui כִּי

ג׳ הויות, מזלא (להמשיך הארה ממזלא עילאה) ; ר״ת = נגה : הַיָ

Por heredad a Israel, Su siervo, porque Su misericordia perdura por siempre. Quien se acuerda de nosotros en nuestra humillación, porque Su misericordia perdura por siempre. Quien nos ha librado de nuestros opresores, porque Su misericordia perdura por siempre. Quien da alimento a toda carne, porque Su misericordia perdura por siempre. Agradezcan al Dios del Cielo, porque Su misericordia perdura por siempre" (Salmos 136).

LEJAI OLAMIM

Esta oración tiene 22 frases, cada una empieza con una de las 22 letras del alfabeto arameo. Siempre que encontremos una conexión con el número 22, es nuestra oportunidad de traer hacia nosotros los poderes de la Creación, semejantes al ADN, de las letras arameas para transformar nuestra naturaleza reactiva en una proactiva y para crear orden a partir del caos.

הָאַדֶּרֶת haadéret	וְהָאֱמוּנָה vehaemuná	לְחַי lejai עוֹלָמִים olamim
הַבִּינָה habiná בינה ע״ה = אהיה אהיה יהוה = וזיים	וְהַבְּרָכָה vehabrajá	לְחַי lejai עוֹלָמִים olamim
הַגַּאֲוָה hagaavá	וְהַגְּדֻלָּה vehagdulá	לְחַי lejai עוֹלָמִים olamim
הַדֵּעָה hadeá	וְהַדִּבּוּר vehadibur	לְחַי lejai עוֹלָמִים olamim
הַהוֹד hahod ההה	וְהֶהָדָר vehehadar	לְחַי lejai עוֹלָמִים olamim
הַוַּעַד haváad	וְהַוָּתִיקוּת vehavatikut	לְחַי lejai עוֹלָמִים olamim
הַזַּךְ hazaj ייי	וְהַזֹּהַר vehazóhar	לְחַי lejai עוֹלָמִים olamim
הַחַיִל hajáyil ומב	וְהַחֹסֶן vehajosen	לְחַי lejai עוֹלָמִים olamim
הַטֶּכֶס hatejes	וְהַטֹּהַר vehatóhar	לְחַי lejai עוֹלָמִים olamim
הַיִּחוּד hayijud	וְהַיִּרְאָה vehayirá רי״י	לְחַי lejai עוֹלָמִים olamim
הַכֶּתֶר hakéter כתר = ה׳ מלך ה׳ מלך ה׳ ימלוך לעולם ועד ובאתב״ש גאל	וְהַכָּבוֹד vehacavod לאו	לְחַי lejai עוֹלָמִים olamim
הַלֶּקַח halékaj	וְהַלִּבּוּב vehalibuv	לְחַי lejai עוֹלָמִים olamim

---

LEJAI OLAMIM

La fortaleza y la lealtad	*a Él, que vive eternamente.*
El discernimiento y la bendición	*a Él, que vive eternamente.*
La grandeza y la magnificencia	*a Él, que vive eternamente.*
La sabiduría y el discurso	*a Él, que vive eternamente.*
La gloria y la majestad	*a Él, que vive eternamente.*
La convocatoria y la autoridad	*a Él, que vive eternamente.*
El brillo y el esplendor	*a Él, que vive eternamente.*
El valor y la opulencia	*a Él, que vive eternamente.*
La ceremonia y la pureza	*a Él, que vive eternamente.*
La unicidad y la reverencia	*a Él, que vive eternamente.*
La corona y la gloria	*a Él, que vive eternamente.*
La lección y la comprensión	*a Él, que vive eternamente.*

הַמְּלוּכָה hamlujá וְהַמֶּמְשָׁלָה vehamemshalá לְחַי lejai עוֹלָמִים olamim

הַנּוֹי hanoi וְהַנֵּצַח vehanétsaj לְחַי lejai עוֹלָמִים olamim

הַסִּגּוּי hasiguy וְהַשֶּׂגֶב vehaséguev לְחַי lejai עוֹלָמִים olamim

הָעֹז haoz וְהָעֲנָוָה vehaanavá לְחַי lejai עוֹלָמִים olamim

הַפְּדוּת hapedut וְהַפְּאֵר vehapeer לְחַי lejai עוֹלָמִים olamim

הַצְּבִי hatsví וְהַצֶּדֶק vehatsédek לְחַי lejai עוֹלָמִים olamim

הַקְּרִיאָה hakriá וְהַקְּדֻשָּׁה vehakdushá לְחַי lejai עוֹלָמִים olamim

הָרֹן harón וְהָרוֹמֵמוֹת veharomemot לְחַי lejai עוֹלָמִים olamim

הַשִּׁיר hashir וְהַשֶּׁבַח vehashévaj לְחַי lejai עוֹלָמִים olamim

הַתְּהִלָּה hatehilá וְהַתִּפְאֶרֶת vehatiféret לְחַי lejai עוֹלָמִים olamim

תהלה ע"ה = אמת, אהיה פעמים אהיה, ז"פ ס"ג

כִּי qui גָבַר gavar עָלֵינוּ aleinu וְחַסְדּוֹ jasdó ג' הויות, מזלא (להמשיך הארה ממזלא עילאה)

וֶאֱמֶת veemet אהיה פעמים אהיה, ז"פ ס"ג יְהֹוָהאדניאהדונהי Adonai

לְעוֹלָם leolam ריבוע דס"ג וי' אותיות דס"ג הַלְלוּיָהּ haleluyá אלהים, אהיה אדני ; ללה:

בָּרוּךְ baruj שֶׁנָּתַן shenatán לְעַמּוֹ leamó יִשְׂרָאֵל Yisrael אֶת et

יוֹם yom ע"ה נגד, מזבח, זן, אל יהוה (En *Shabat* agrega: הַשַּׁבָּת haShabat הַזֶּה hazé והו

וְאֶת veet יוֹם Yom ע"ה נגד, מזבח, זן, אל יהוה) הַכִּפּוּרִים HaKipurim הַזֶּה hazé והו.

אֶת et יוֹם yom ע"ה נגד, מזבח, זן, אל יהוה סְלִיחַת slijat הֶעָוֺן heavón הַזֶּה hazé והו.

אֶת et יוֹם yom ע"ה נגד, מזבח, זן, אל יהוה מִקְרָא mikrá קֹדֶשׁ kódesh הַזֶּה hazé והו.

El reinado y el dominio — *a Él, que vive eternamente.*
La belleza y el triunfo — *a Él, que vive eternamente.*
La eminencia y la supremacía — *a Él, que vive eternamente.*
El poder y la modestia — *a Él, que vive eternamente.*
La redención y el esplendor — *a Él, que vive eternamente.*
El hermosura y la rectitud — *a Él, que vive eternamente.*
La proclamación y la santidad — *a Él, que vive eternamente.*
El regocijo y la exaltación — *a Él, que vive eternamente.*
La canción y la alabanza — *a Él, que vive eternamente.*
El elogio y la magnificencia — *a Él, que vive eternamente.*

*"Porque ha engrandecido sobre nosotros su misericordia y la verdad del Señor es para siempre. ¡Aleluya!" (Salmos 117:2). Bendito sea Él que concede a Su nación Israel este día de (***en Shabat:** *Shabat y este día de) Expiación, este día del perdón de la iniquidad, este día de Santa Convocatoria.*

BARUJ SHEAMAR

Desde aquí, "*Baruj Sheamar*", hasta "*Jei Haolamim*" (pág. 357) estás en el Mundo de *Yetsirá*.

Cuando digas *Baruj Sheamar* debes estar de pie y sostener los dos *Tsitsiot* delanteros y meditar en crear igualdad entre *Asiyá* y *Yetsirá*, puesto que la purificación de *Yetsirá* se hace a través del *Talit*. Trece veces la palabra "*Baruj*" corresponde a los Trece Atributos de *Yetsirá*.

(1) אל **(Kéter)** בָּרוּךְ Baruj שֶׁאָמַר sheamar וְהָיָה vehayá יהה
הָעוֹלָם haolam. בְּשָׁוֶה - *Olam Asiyá* ahora es igual a *Olam Yetsirá*

(2) רחום **(Jojmá)** בָּרוּךְ Baruj הוּא Hu.

(3) וחנון **(Biná)** בָּרוּךְ Baruj אוֹמֵר omer וְעֹשֶׂה veosé.

(4) ארך בָּרוּךְ Baruj גּוֹזֵר gozer וּמְקַיֵּם umekayem.

(5) אפים בָּרוּךְ Baruj עֹשֶׂה osé בְרֵאשִׁית vereshit.

(6) ורב חסד בָּרוּךְ Baruj מְרַחֵם merajem אברהם, ח"פ אל, רי"ו ול"ב נתיבות החכמה,
רמ"ח (אברים), עסמ"ב וט"ז אותיות פשוטות עַל al הָאָרֶץ haárets אלהים דההין ע"ה

(7) ואמת בָּרוּךְ Baruj מְרַחֵם merajem אברהם, ח"פ אל, רי"ו ול"ב נתיבות החכמה,
רמ"ח (אברים), עסמ"ב וט"ז אותיות פשוטות עַל al הַבְּרִיּוֹת habriyot.

(8) נצר חסד בָּרוּךְ Baruj מְשַׁלֵּם meshalem שָׂכָר sajar י"פ ב"ן
טוֹב tov והו לִירֵאָיו lireav.

(9) לאלפים בָּרוּךְ Baruj חַי jai לָעַד laad ב"פ ב"ן
וְקַיָּם vekayam לָנֶצַח lanétsaj.

(10) נשא עון בָּרוּךְ Baruj פּוֹדֶה podé וּמַצִּיל umatsil.

(11) ופשע בָּרוּךְ Baruj שְׁמוֹ Shmó מהש ע"ה, ע"ב בריבוע וקס"א ע"ה, אל שדי ע"ה.

BARUJ SHEAMAR

1) Bendito sea Él que habló y el mundo entero existió.

2) Bendito sea Él. 3) Bendito sea Él cuya palabra es obra.

4) Bendito sea Él cuyo decreto de cumple. 5) Bendito sea Él que instiga creaciones. 6) Bendito sea Él que es compasivo con el mundo. 7) Bendito sea Él que se apiada todas las criaturas. 8) Bendito sea Él que recompensa bien a aquellos que le temen. 9) Bendito sea Él que vive para siempre y existe para la eternidad. 10) Bendito sea Él que redime y salva. 11) Bendito es Su Nombre.

(12) ווזטאה בָּרוּךְ Baruj אַתָּה Atá יְהֹוָהאדניאהדונהי Adonai

אֱלֹהֵינוּ Eloheinu ילה מֶלֶךְ Mélej הָעוֹלָם haolam

הָאֵל haEl לאה ; "יא" (מילוי דס"ג) אָב av

הָרַחֲמָן harajmán הַמְהֻלָּל hamehulal בְּפֶה befé פ"ז

(מנין התיבות בברוך שאמר - בסוד "כתם טהור פז") עַמּוֹ amó◆

מְשֻׁבָּח meshubaj וּמְפֹאָר umefoar בִּלְשׁוֹן bilshón

חֲסִידָיו jasidav וַעֲבָדָיו vaavadav◆ וּבְשִׁירֵי uveshirei

דָּוִד David עַבְדֶּךָ avdaj פוי, אל אדני נְהַלֶּלְךָ nehalelaj

יְהֹוָהאדניאהדונהי Adonai אֱלֹהֵינוּ Eloheinu ילה בִּשְׁבָחוֹת bishvajot

וּבִזְמִירוֹת uvizmirot◆ וּנְגַדֶּלְךָ unegadlaj וּנְשַׁבֵּחֲךָ uneshabjaj

וּנְפָאֶרְךָ unefaaraj וְנַמְלִיכְךָ venamlijaj וְנַזְכִּיר venazquir

שִׁמְךָ Shimjá מַלְכֵּנוּ malquenu אֱלֹהֵינוּ Eloheinu ילה

יָחִיד yajid חֵי jei (לפי האריז"ל, וְחַי לפי הרש"ש)

הָעוֹלָמִים haolamim◆ מֶלֶךְ Mélej מְשֻׁבָּח meshubaj

וּמְפֹאָר umefoar עֲדֵי adei עַד ad

שְׁמוֹ Shmó מהש ע"ה, ע"ב בריבוע וקס"א ע"ה, אל שדי ע"ה

הַגָּדוֹל hagadol להח ; עם ד' אותיות = מבה, יזל, אום◆

(13) ונקה בָּרוּךְ Baruj אַתָּה Atá יְהֹוָהאדניה(יְהֹוָהאדניה)אהדונהי Adonai

מֶלֶךְ Mélej מְהֻלָּל mehulal בַּתִּשְׁבָּחוֹת batishbajot:

---

12) Bendito eres Tú, Señor, nuestro Dios, el Rey del universo. El Dios, el Padre compasivo, Quien es exaltado en labios de Su Nación. Quien es alabado y glorificado por las lenguas de Sus piadosos y Sus siervos. Con las canciones de David, Tu siervo. Te loaremos, Señor, nuestro Dios, con alabanzas y canciones, nos regocijaremos y Te alabaremos, Te glorificaremos, y Te proclamaremos, Rey. Mencionaremos Tu Nombre nuestro Rey, nuestro Dios, Único y eternamente vivo; el Rey Quien es alabado y glorificado. Y por siempre es Su gran Nombre. 13) Bendito eres Tú, Señor, el Rey exaltado en alabanzas.

MIZMOR SHIR LEYOM HASHABAT

El *Zóhar* dice que los siguientes dos párrafos fueron recitados por Adam durante el primer *Shabat* en el Jardín de Edén. Los términos "Adam" y "Jardín de Edén" son códigos. Adam es el nombre que se le da al alma unificada que abarca a todas las almas de la humanidad que hayan existido o existirán en este mundo. El Jardín de Edén era una dimensión de Luz pura y energía positiva. Las letras arameas que componen este párrafo representan fuerzas energéticas específicas que nutrieron y satisficieron a esta alma unificada llamada Adam. Este párrafo es sólo una fórmula que define a estas fuerzas. Las letras también actúan como antenas que atraen estas fuerzas a nuestra vida, dándonos a probar del Jardín de Edén.

El primer párrafo conecta con la dimensión de *Maljut*, nuestro universo físico de caos y oscuridad. El segundo se refiere al nivel de *Zeir Anpín*, los Mundos Superiores de positividad absoluta y realización. El único propósito de unir estos dos mundos es eliminar todo el caos y oscuridad de nuestra existencia.

En el primer párrafo tenemos 112 palabras (יב"ק, אלהים + יהוה, אהיה + אדני + יהוה) y 16 versículos que corresponden a los nueve puntos de *Maljut* (ya que *Maljut* no tiene un punto consistente, pero Ella está incluida en cada uno de los otros nueve puntos) y las siete Voces de la Torá dada.

מִזְמוֹר mizmor שִׁיר shir לְיוֹם leyom ע"ה נגד, מזבח, זן, אל יהוה הַשַּׁבָּת haShabat

Iniciales de *LeMoshé* (למשה)

טוֹב tov והו לְהֹדוֹת lehodot ר"ת ט"ל לַיהֹוָהאדניאהדונהי laAdonai

וּלְזַמֵּר ulezamer לְשִׁמְךָ leShimjá עֶלְיוֹן: elyón לְהַגִּיד lehaguid בַּבֹּקֶר babóker

חַסְדֶּךָ jasdejá וֶאֱמוּנָתְךָ veemunatjá בַּלֵּילוֹת: baleilot עֲלֵי־ alei

עֲשׂוֹר asor וַעֲלֵי־ vaalei נָבֶל navel עֲלֵי alei הִגָּיוֹן higayón בְּכִנּוֹר: bejinor

כִּי qui שִׂמַּחְתַּנִי simajtani יְהֹוָהאדניאהדונהי Adonai בְּפָעֳלֶךָ befaoleja

בְּמַעֲשֵׂי bemaasei יָדֶיךָ yadeja אֲרַנֵּן: aranén מַה־ ma מ"ה גָּדְלוּ gadlú

מַעֲשֶׂיךָ maaseja יְהֹוָהאדניאהדונהי Adonai מְאֹד meod עָמְקוּ amkú

מַחְשְׁבֹ(ו)תֶיךָ majshevoteja (*Kéter* Superior) יוהו: אִישׁ־ ish בַּעַר baar

לֹא lo יֵדָע yedá וּכְסִיל ujsil לֹא־ lo יָבִין yavín אֶת־ et זֹאת: zot

---

MIZMOR SHIR LEYOM HASHABAT

"Un Salmo, cántico para el día del Shabat: Es bueno dar gracias al Señor y cantar alabanzas a Tu Nombre, Oh Altísimo, declarando Tu benevolencia por la mañana y Tu fidelidad por las noches, con el arpa de diez cuerdas y con una lira, y con el dulce son de la cítara. Tú me alegras con Tus acciones, cantaré jubiloso las obras de Tus manos. Cuán grandes son Tus obras, Señor, y que profundos Tus designios. El hombre insensato no sabe y el necio no comprende esto.

כוונות הקדושה (ע"ב שמות) ésev עֵשֶׂב cmó כְּמוֹ reshaím רְשָׁעִים bifróaj בִּפְרֹחַ

(Las almas de los malvados son juzgadas ahora para ver si merecen ser elevados de *Gehinom*)

aven אָוֶן poalei פֹּעֲלֵי ילי col כָּל־ vayatsitsu וַיָּצִיצוּ

lehishamdam לְהִשָּׁמְדָם (La *klipá* que quiere ser elevada con la Santidad)

marom מָרוֹם veAtá וְאַתָּה ׃(pero no se le permite subir) ad עַד adei עֲדֵי־

hiné הִנֵּה qui כִּי ׃Adonai יְהֹוָהאדני יאהדונהי ריבוע דס"ג וי' אותיות דס"ג leolam לְעֹלָם

oyveja אֹיְבֶיךָ hiné הִנֵּה qui כִּי־ Adonai יְהֹוָהאדני יאהדונהי oyveja אֹיְבֶיךָ

׃(La *klipá*) aven אָוֶן poalei פֹּעֲלֵי ילי col כָּל־ yitpardú יִתְפָּרְדוּ yovedu יֹאבֵדוּ

balotí בַּלֹּתִי karní קַרְנִי quireím כִּרְאֵים (La Santidad) vatarem וַתָּרֶם

ריבוע דמ"ה einí עֵינִי vatabet וַתַּבֵּט ׃raanán רַעֲנָן beshemen בְּשֶׁמֶן

mereím מְרֵעִים alai עָלַי bakamim בַּקָּמִים beshurai בְּשׁוּרָי

(Las almas de los justos que son elevadas ahora) ׃יוד הי ואו הה oznai אָזְנָי tishmaná תִּשְׁמַעְנָה

ס"ת קרח yifraj יִפְרָח catamar כַּתָּמָר ג"פ באי כלה דלעיל tsadik צַדִּיק

׃yisgué יִשְׂגֶּה baLevanón בַּלְּבָנוֹן queérez כְּאֶרֶז (medita en elevar el alma de *Kóraj*)

Adonai יְהֹוָהאדני יאהדונהי ב"פ ראה beveit בְּבֵית shtulim שְׁתוּלִים

od עוֹד ׃yafriju יַפְרִיחוּ ילה Eloheinu אֱלֹהֵינוּ bejatsrot בְּחַצְרוֹת

veraananim וְרַעֲנַנִּים deshenim דְּשֵׁנִים beseivá בְּשֵׂיבָה yenuvún יְנוּבוּן

yashar יָשָׁר qui כִּי־ lehaguid לְהַגִּיד ׃(אל ("יא"י") מילוי דס"ג) yihyú יִהְיוּ

׃bo בּוֹ (כתיב: עלתה) avlatá עַוְלָתָה veló וְלֹא־ tsurí צוּרִי Adonai יְהֹוָהאדני יאהדונהי

Si los impíos (de Guehinom) crecen como la hierba y los que hacen el mal proliferan, es para ser destruidos eternamente. Pero Tú, Señor, eres excelso por siempre. Pero he aquí que Tus enemigos, Señor, Tus enemigos perecerán. Todos los que cometen iniquidad (esas son las klipot) serán esparcidos. Y Tú elevarás (la Santidad) Mi fuerza como la de un buey y yo seré ungido con aceite fresco. Y mis ojos verán a mis enemigos y mis oídos oirán a aquellos que se levantan para hacerme daño. El hombre justo florecerá como la palmera, crecerá alto como un cedro en el Líbano. Trasplantados en la Casa del Señor, florecerán en los atrios de nuestro Dios. Aún en la vejez fructificarán, vigorosos y frescos serán, para declarar que el Señor es justo, mi roca, y no hay iniquidad en Él" (Salmos 92).

ADONAI MALAJ

En este Salmo hay 45 palabras que corresponden al Nombre Sagrado: (מ״ה (יוד הא ואו הא

gueut גֵּאוּת malaj מָלָךְ (*Zeir Anpín*) Adonai יְהֹוָהאדניאהדונהי

(410 hilos de *Arij Anpín*, donde *Zeir Anpín* es elevado en *Shabat* y se viste de ellos)

hitazar הִתְאַזָּר oz עֹז Adonai יְהֹוָהאדניאהדונהי lavesh לָבֵשׁ lavesh לָבֵשׁ

ר״י ב״פ tevel תֵּבֵל ticón תִּכּוֹן אדני אהיה אלהים, = ר״ת af אַף־

ומב meaz מֵאָז quisajá כִּסְאֲךָ najón נָכוֹן :timot תִּמּוֹט bal בַּל־

neharot נְהָרוֹת nasú נָשְׂאוּ :אלהים אדני קנ״א, = ר״ת Atá אָתָּה meolam מֵעוֹלָם

(410 hilos de *Arij Anpín*,

que atraen Luz desde el mar de *Jojmá* —מוזא סתימא דא״א— en *Shabat* hacia *Zeir Anpín*).

neharot נְהָרוֹת קין = ר״ת nasú נָשְׂאוּ Adonai יְהֹוָהאדניאהדונהי

:דני ר״ת dajyam דָּכְיָם neharot נְהָרוֹת yisú יִשְׂאוּ kolam קוֹלָם

ערי ,סנדלפון ,מןזחך = ר״ת rabim רַבִּים máyim מַיִם (410 hilos) mikolot מִקֹּלוֹת

ילי yam יָם mishberei מִשְׁבְּרֵי־ הרי adirim אַדִּירִים (לעשות בה מ״ן שהם ה״ג - *Ima*)

Arij Anpín [tiene 221 *Ribó* (decenas de mil) Iluminaciones],

Él está dando 150 *Ribó* (decenas de mil) Iluminaciones a *Zeir Anpín*.

Iniciales de אמי (mi madre) porque *Zeir Anpín* primero sube y obtiene *Mojín* de *Ima* (Madre).

Adonai יְהֹוָהאדניאהדונהי bamarom בַּמָּרוֹם הרי adir אַדִּיר

Iniciales de אבי (mi padre) porque *Zeir Anpín* luego sube y obtiene *Mojín* de *Aba* (Padre).

ADONAI MALAJ

"El Señor reina. Revestido es de majestad. El Señor se ha revestido: se ha ceñido con Poder. El mundo está establecido firmemente para que no pueda desplomarse. Tu trono está establecido desde entonces. Tú existes desde la eternidad. Los ríos hacen resonar sus voces, Señor, los ríos hacen resonar su fragor. Pero más fuerte que las aguas impetuosas, más fuerte que el oleaje del mar, Tú eres inmenso en las Alturas, Señor.

עֵדֹתֶיךָ edoteja נֶאֶמְנוּ neemnú מְאֹד meod ר״ת = קין לְבֵיתְךָ leveitjá

ב״פ ראה נַאֲוָה־ naavá קֹדֶשׁ kódesh יְהֹוָהאדניאהדונהי Adonai לְאֹרֶךְ: leórej

יָמִים yamim נלך ; ר״ת ילי ; ס״ת אדני ; ה׳ לאורך ימים = שע׳ נהורים עם האותיות:

YEHÍ JEVOD

Hay 18 versículos en esta conexión, con 18 veces el poder de *Yud, Hei, Vav* y *Hei*. La relevancia de 18 se encuentra dentro del poder de la *Mezuzá*. Los kabbalistas enseñan que la *Mezuzá*, que contiene un pedazo de pergamino con las letras arameas *Shin, Dálet, Yud* שדי, o *Shadai* (un poderoso Nombre de Dios que nos proporciona protección de las fuerzas negativas), debe colocarse en el marco de cada puerta. La puerta o la entrada es el inicio, el nivel de semilla de una habitación. Las fuerzas negativas se adhieren a todas las entradas, infectando la semilla con negatividad. La *Mezuzá* no sólo cancela a esta fuerza negativa, sino que también transforma la energía negativa en energía positiva.

Otro secreto de *Shin, Dálet, Yud* es que es una conexión con uno de los 72 Nombres de Dios, uno que nos da la capacidad de erradicar todas las formas de negatividad: Al reemplazar las letras *Shin, Dálet* y *Yud* con la letra que le sigue a cada una de ellas en el alfabeto arameo (ej: *Shin* ש con la letra *Tav* ת, *Dálet* ד con la letra *Hei* ה, y *Yud* י con la letra *Caf* כ) y ubicándolas una al lado de la otra en orden inverso, estas letras forman *Caf, Hei, Tav* כהת. Esta secuencia de tres letras tiene el poder de desactivar la energía negativa y fue usada para destruir al malvado Hamán en Persia durante *Purim*, hace 2500 años.

Cuando dices los 18 versículos de *Yehí Jevod*, debes meditar en las 18 letras de las seis combinaciones del Nombre *Shadai* שדי que existen en las Vasijas centrales de *Zeir Anpín* de *Yetsirá*, y también meditar en las 18 veces que aparece el Nombre: יהוה en esta sección, porque esto equivale a las dos letras *Tet* ט en el Nombre del Ángel Me-ta-trón מטטרו״ן (**no pronunciar**) que está en *Zeir Anpín* de *Yetsirá*. Debes meditar en que la *Tet* (9) corresponda a *Tikunéi Dikná* de *Zeir Anpín* de *Yetsirá* (nueve de Luz Directa y nueve de Luz Retornante).

El valor numérico del acrónimo de los 18 versículos de *Yehí Jevod* es 686. El valor numérico de las últimas letras de cada uno de los 18 versículos es 602, más 18 (*Yesod-Jai* - ח״י) suma 620. El número de palabras en *Yehí Jevod* es 138 (con el *Colel*). También debes meditar en atraer ע״ב, ס״ג, מ״ה, ב״ן con קס״א, קמ״ג, קנ״א (que suma 686 —con el *Colel*— y es igual al valor numérico de la palabra *Porat*), de "*Ben Porat Yosef*" que es *Yesod-Jai* (18) *Almín*. Creando por lo tanto el *Kéter* (620) de *Nukvá* (que es llamado: *Jakal* חק״ל, que suma 138). El *Kéter* mismo será construido más adelante por las 22 letras del *Ashrei*.

Tus testimonios son extremadamente fidedignos.
Tu Casa es el Santuario Santo. El Señor estará a lo largo de los tiempos" (*Salmos 93*).

(ש—*Kéter*) יְהִי yehí כְּבוֹד jevod יְהֹוָה Adonai (ארך)
כבוד יהוה = יוד הי ואו הה ריבוע ס"ג וי' אותיות דס"ג לְעוֹלָם leolam יִשְׂמַח yismaj משיוז;
לעולם ישמח ע"ה = ריבוע קס"א יְהֹוָה Adonai (אפים) בְּמַעֲשָׂיו bemaasav
יהוה במעשיו ע"ה = קס"א קנ"א קמ"ג ; הוזש ; ר"ת הפסוק = אמן (יאהדונהי) ע"ה: (ד—*Kéter*) יְהִי yehí
שֵׁם Shem יְהֹוָה Adonai (ורב וחסד) מְבֹרָךְ mevoraj ר"ת =
ריבוע ע"ב ריבוע ס"ג ; יהוה מברך = רפ"ח (להעלות רפ"ח ניצוצות שנפלו לקליפה דמשם באים התוזלואים)
מֵעַתָּה meatá וְעַד vead עוֹלָם olam ייל:

(י—*Jojmá*) מִמִּזְרַח mimizraj שֶׁמֶשׁ shémesh עַד ad ר"ת קדוש
מְבוֹאוֹ mevoó מְהֻלָּל mehulal שֵׁם Shem יְהֹוָה Adonai (נשא עון):
(ש—*Jojmá*) רָם ram עַל al כָּל col ילי ; עמם גּוֹיִם goyim
יְהֹוָה Adonai (ופשע) עַל al הַשָּׁמַיִם hashamáyim י"פ טל, י"פ כוזו ;
ר"ת = וזשמל כְּבוֹדוֹ quevodó: (י—*Biná*) יְהֹוָה Adonai (ונקה) שִׁמְךָ Shimjá
לְעוֹלָם leolam ריבוע ס"ג וי' אותיות דס"ג יְהֹוָה Adonai (פוקד)
זִכְרְךָ zijrejá לְדֹר ledor ר"ת יזל וָדֹר vador רי"ו:
(ד—*Biná*) יְהֹוָה Adonai (על שלשים) בַּשָּׁמַיִם bashamáyim י"פ טל, י"פ כוזו
הֵכִין hejín כִּסְאוֹ quisó וּמַלְכוּתוֹ umaljutó בַּכֹּל bacol ב"ן, לכב
מָשָׁלָה mashalá מבה: (ד—*Jésed*) יִשְׂמְחוּ yismejú הַשָּׁמַיִם hashamáyim
י"פ טל, י"פ כוזו וְתָגֵל vetaguel אותיות גלות (כשתהיה גאולה תהא שמוזה) הָאָרֶץ haárets אלהים
דההין ע"ה ; ר"ת יהוה ס"ת ריבוע דס"ג וְיֹאמְרוּ veyomrú בַגּוֹיִם vagoyim
יְהֹוָה Adonai (ועל רבעים) מָלָךְ malaj ר"ת יבמ, ב"ן:

YEHÍ JEVOD

"Que la gloria del Señor dure por siempre. Que el Señor pueda regocijarse en Sus obras" (Salmos 104:31). *"Que el Nombre del Señor sea bendecido desde ahora y por toda la eternidad. Desde que el Sol se levanta hasta que se pone, el Nombre del Señor es alabado. El Señor está sobre todas las naciones. Su gloria se eleva sobre los Cielos"* (Salmos 113:2-4). *"Señor, Tu Nombre es para siempre. Señor, Tu fama es para todas las generaciones"* (Salmos 135:13). *"El Señor estableció Su Trono en los Cielos, y Su Reino gobierna sobre todo"* (Salmos 103:19). *"¡Alégrense los Cielos, y regocíjese la Tierra! Digan las naciones: ¡El Señor ha reinado!"* (1 Crónicas 16:31).

(*Jésed*–ש) יְהֹוָהאדניאהדונהי Adonai (ארך) מֶלֶךְ Mélej

יְהֹוָהאדניאהדונהי Adonai (אפים) מָלָךְ malaj יְהֹוָהאדניאהדונהי Adonai (ורב וחסד) |

יִמְלֹךְ yimloj מלך מלך ימלך = בוזחך, סנדלפון, ערי לְעֹלָם leolam ריבוע ס"ג וי' אותיות דס"ג

ר"ת יי"ל וָעֶד vaed: (*Guevurá*–י) יְהֹוָהאדניאהדונהי Adonai (נושא עון) מֶלֶךְ Mélej

עוֹלָם olam וָעֶד vaed ר"ת = כוק, ריבוע אדני אָבְדוּ avdú גוֹיִם goyim

מֵאַרְצוֹ meartsó ס"ת = ב"ן: (*Guevurá*–ד) יְהֹוָהאדניאהדונהי Adonai (ופשע)

הֵפִיר hefir עֲצַת־ atsat גּוֹיִם goyim הֵנִיא hení מַחְשְׁבוֹת majshevot

עַמִּים amim: (*Tiféret*–י) רַבּוֹת rabot מַחֲשָׁבוֹת majashavot בְּלֶב־ belev

אִישׁ ish וַעֲצַת vaatsat יְהֹוָהאדניאהדונהי Adonai (ונקה) הִיא hi

תָקוּם takum כ"א הויות: (*Tiféret*–ש) עֲצַת atsat יְהֹוָהאדניאהדונהי Adonai (פוקד)

לְעוֹלָם leolam ריבוע ס"ג וי' אותיות דס"ג תַּעֲמֹד taamod מַחְשְׁבוֹת majshevot

לִבּוֹ libó לְדֹר ledor וָדֹר vador רי"ו: (*Nétsaj*–י) כִּי qui הוּא Hu

אָמַר amar וַיֶּהִי vayehí הוּא־ Hu צִוָּה tsivá וַיַּעֲמֹד vayaamod:

(*Nétsaj*–ש) כִּי־ qui בָחַר vajar יְהֹוָהאדניאהדונהי Adonai (על שלשים)

בְּצִיּוֹן beTsiyón יוסף, ו' הויות, קנאה אִוָּהּ ivá וזבו לְמוֹשָׁב lemoshav לוֹ lo:

(*Hod*–ד) כִּי־ qui יַעֲקֹב Yaakov ז' הויות, יאהדונהי אידהנויה בָּחַר bajar לוֹ lo יָהּ Yah

יִשְׂרָאֵל Yisrael לִסְגֻלָּתוֹ lisgulató: (*Hod*–י) כִּי qui לֹא־ lo יִטֹּשׁ yitosh

יְהֹוָהאדניאהדונהי Adonai (ועל רבעים) עַמּוֹ amó וְנַחֲלָתוֹ venajalató לֹא lo

יַעֲזֹב yaazov: (*Yesod*–ד) וְהוּא veHú רַחוּם rajum יְכַפֵּר yejaper ר"ת רי"ו

"El Señor reina, el Señor ha reinado. El Señor reinará por siempre y para siempre. El Señor es Rey por siempre y para siempre. Las naciones han perecido de Su tierra" (Salmos 10:16). "El Señor frustra el designio de las naciones y deshace los planes de los pueblos" (Salmos 33:10). "Muchos son los pensamientos en el corazón del hombre, pero es el designio del Señor permanecerá" (Proverbios 19:21). "El designio del Señor durará para siempre y los pensamientos de Su Corazón, para todas las generaciones" (Salmos 33:11). "Porque Él dijo y se hizo, Él ordenó y se estableció" (Salmos 33:9). "Porque el Señor escogió a Sión como Su lugar de morada deseado" (Salmos 132:13). "Porque Dios escogió a Yaakov para Sí Mismo y a Israel como su tesoro" (Salmos 135:4). "Porque el Señor no renunciará a Su gente ni abandonará Su herencia" (Salmos 94:14). "Y Él es misericordioso compasivo, perdona

עָוֹן avón (*Aba* de la *klipá*) וְלֹא־ veló יַשְׁחִית yashjit (*Ima* de la *klipá*)
וְהִרְבָּה vehirbá לְהָשִׁיב lehashiv אַפּוֹ apó (*Zeir* de la *klipá*)
וְלֹא־ veló יָעִיר yair כָּל־ col יכי חֲמָתוֹ jamató (*Nukvá* de la *klipá*):
(ש–*Yesod*) יְהֹוָהאדניאהדונהי Adonai הוֹשִׁיעָה hoshía יהוה וש״ע נהורין
הַמֶּלֶךְ haMélej ר״ת יהה יַעֲנֵנוּ yaanenu בְיוֹם veyom ע״ה נגד, מזבח, זן, אל יהוה
קָרְאֵנוּ korenu ר״ת יב״ק, אלהים יהוה, אהיה אדני יהוה ; ס״ת ב״ן ; ועם כף דהמלך = ע״ב:

Entonces, sin interrupción alguna, debes comenzar inmediatamente los dos versículos del *Ashrei* para formar el *Kéter* para la *Nukvá* con las 22 letras del *Ashrei* (como se mencionó antes de *Yehí Jevod*).

EL ASHREI

De las veintidós letras del alfabeto arameo, veintiuna de ellas están codificadas en el *Ashrei* en el orden correcto, de la *Álef* a la *Tav*. El Rey David, el autor, dejó a la letra aramea *Nun* fuera de esta oración, ya que la *Nun* es la primera letra de la palabra aramea *Nefilá*, que significa "caída". Caída se refiere a un descenso espiritual, caer en la *klipá*. Los sentimientos de duda, depresión, preocupación e incertidumbre son consecuencias de la caída espiritual. Debido a que las letras arameas son los verdaderos instrumentos de la Creación, esta oración ayuda a inyectar el orden y la fuerza de la Creación en nuestra vida, sin la energía de la caída.

En este Salmo está escrito diez veces el Nombre: יהוה por las Diez *Sefirot*. Este Salmo está escrito según el orden del *Álef Bet*, pero la letra *Nun* es omitida para evitar la caída.

אַשְׁרֵי ashrei (סוד הכתר) יוֹשְׁבֵי yoshvei בֵיתֶךָ veiteja ב״פ ראה
עוֹד od יְהַלְלוּךָ yehaleluja סֶּלָה sela: אַשְׁרֵי ashrei הָעָם haam
שֶׁכָּכָה shecaja מהש, משה, ע״ב בריבוע קס״א, אל שדי, ד״פ אלהים ע״ה לּוֹ lo
אַשְׁרֵי ashrei הָעָם haam ר״ת לאה שֶׁיְהֹוָהאדניאהדונהי sheAdonai (*Kéter*)
אֱלֹהָיו Elohav ילה: תְּהִלָּה tehilá ע״ה אמת, אהיה פעמים אהיה, ז״פ ס״ג לְדָוִד leDavid
אֲרוֹמִמְךָ aromimjá אֱלוֹהַי Elohai הַמֶּלֶךְ haMélej וַאֲבָרְכָה vaavarjá
שִׁמְךָ Shimjá לְעוֹלָם leolam ריבוע ד״ס״ג וי׳ אותיות ד״ס״ג וָעֶד vaed:

---

sus iniquidades y no los destruye; muchas veces contiene su ira, y no despierta todo su furor; muchas veces contuvo su ira, y no despertó todo su furor" (Salmos 78:38). *"Señor sálvanos. El Rey nos responderá en el día en el que lo invoquemos"* (Salmos 20:10).

EL ASHREI

"Dichosos aquellos que moran en Tu casa, ellos Te alabarán, Sela" (Salmos 84:5). *"Dichosa es la nación que así es para ella y dichosa la nación de la que El Señor es su Dios"* (Salmos 145:15). *"Una alabanza de David:*
א *Yo te exaltaré a Ti, mi Dios, el Rey, y yo bendeciré Tu Nombre por siempre y por la eternidad.*

בְּכָל־ bejol ב״ן, לכב יוֹם yom ע״ה נגד, מזבח, זן, אל יהוה
אֲבָרְכֶךָּ avarjeca וַאֲהַלְלָה vaahalelá מ״ה יהוה שִׁמְךָ Shimjá
לְעוֹלָם leolam ריבוע ד״סג וי׳ אותיות ד״סג וָעֶד vaed:
גָּדוֹל gadol להח ; עם ד׳ אותיות = מבה, יזל, אום
יְהֹוָהאדני אהדונהי Adonai (Jojmá) וּמְהֻלָּל umehulal אדני, ללה
מְאֹד meod וְלִגְדֻלָּתוֹ veligdulató והו אֵין ein וְחֵקֶר jéker:
דּוֹר dor לְדוֹר ledor יְשַׁבַּח yeshabaj מַעֲשֶׂיךָ maaseja ר״ת דלים
וּגְבוּרֹתֶיךָ ugvuroteja יַגִּידוּ yaguidu יי, כ״ב אותיות פשוטות (=אכא) וה׳ אותיות סופיות מנצפך:
הֲדַר hadar כְּבוֹד quevod הוֹדֶךָ hodeja וְדִבְרֵי vedivrei
נִפְלְאוֹתֶיךָ nifleoteja ר״ת אלהים, אהיה אדני
אָשִׂיחָה asija ר״ת הפסוק = פ״ז (בסוד כתם טהור פז):
וֶעֱזוּז veezuz נוֹרְאוֹתֶיךָ noroteja יֹאמֵרוּ yomeru וּגְדוּלָּתְךָ ugdulatjá
(כתיב : וגדלותיך) ר״ת = ע״ב, ריבוע יהוה אֲסַפְּרֶנָּה asaprena ס״ת = ״יא״ (מילוי דס״ג):
זֵכֶר zéjer רַב־ rav טוּבְךָ tuvjá לאו יַבִּיעוּ yabíu
וְצִדְקָתְךָ vetsidkatjá יְרַנֵּנוּ yeranenu ס״ת = ב״ן, יבמ, לכב ; ר״ת הפסוק = רי״ו יהוה:
חַנּוּן janún וְרַחוּם verajum יְהֹוָהאדני אהדונהי Adonai (Biná)
חנון ורחום יהוה = עשל אֶרֶךְ érej ס״ת = ס״ג ב״ן אַפַּיִם apáyim ר״ת = יהוה
וּגְדָל־ ugdal (כתיב : וגדול) וָחֶסֶד jásed ע״ב, ריבוע יהוה:

ב *Te bendeciré cada día y alabaré Tu Nombre por siempre y por la eternidad.*
ג *El Señor es grande y extremadamente alabado. Su grandeza es inescrutable.*
ד *Una generación y la próxima alabarán Tus obras y narrarán Tus proezas.*
ה *Yo hablaré de la luminosidad de Tu espléndida gloria y de la maravilla de Tus actos.*
ו *Ellos proclamarán el asombroso poder de Tus actos y yo hablaré de Tu grandeza.*
ז *Ellos expresarán el recuerdo de Tu abundante bondad y proclamarán dichosos Tu justicia.*
חו *El Señor es misericordioso y compasivo, lento para la ira y grande en misericordia.*

טוֹב־ tov והו יְהֹוָה Adonai (*Jésed*) לַכֹּל lacol

יה אדני ; ס״ת ל״ו (מילוי דס״ג) וְרַחֲמָיו verajamav עַל־ al

כָּל col ילי ; עמם ; ר״ת ריבוע ב״ן ע״ה מַעֲשָׂיו maasav ס״ת ע״ב, ריבוע יהוה:

יוֹדוּךָ yoduja יְהֹוָה Adonai (**Guevurá**) כָּל־ col ילי מַעֲשֶׂיךָ maaseja

וַחֲסִידֶיךָ vajasideja ר״ת אלהים, אהיה אדני יְבָרְכוּכָה yevarjuja ס״ת = מ״ה:

כְּבוֹד quevod מַלְכוּתְךָ maljutjá יֹאמֵרוּ yomeru וּגְבוּרָתְךָ ugvuratjá

יְדַבֵּרוּ yedaberu ר״ת הפסוק = אלהים, אהיה אדני; ס״ת = ב״ן, יבמ, לכב:

לְהוֹדִיעַ lehodía לִבְנֵי livnei הָאָדָם haadam ר״ת ללה, אדני

גְּבוּרֹתָיו gvurotav וּכְבוֹד ujvod הֲדַר hadar

מַלְכוּתוֹ maljutó ר״ת מ״ה וס״ת רי״ו ; ר״ת הפסוק ע״ה = ק״כ צירופי אלהים:

מַלְכוּתְךָ maljutjá מַלְכוּת maljut כָּל־ col ילי עֹלָמִים olamim

וּמֶמְשַׁלְתְּךָ umemshaltejá בְּכָל־ bejol ב״ן, לכב דּוֹר dor וָדֹר vador רי״ו:

סוֹמֵךְ somej ריבוע אדני יְהֹוָה Adonai (**Tiféret**)

לְכָל־ lejol יה אדני ; סומך אדני לכל ר״ת סאל, אמן (יאהדונהי) הַנֹּפְלִים hanoflim

וְזוֹקֵף vezokef לְכָל־ lejol יה אדני הַכְּפוּפִים hacfufim נמם:

עֵינֵי־ einei ריבוע דמ״ה כֹל jol ילי אֵלֶיךָ eleja יְשַׂבֵּרוּ yesaberu וְאַתָּה veAtá

נוֹתֵן־ notén אבגית״ץ, ושר לָהֶם lahem אֶת־ et אָכְלָם ajlam בְּעִתּוֹ beitó:

ט *El Señor es bueno para con todos, Su compasión se extiende sobre todos Sus actos.*
י *Todas Tus obras Te agradecerán, Señor, y Tus fieles devotos te bendicen.*
כ *Ellos dirán de la gloria de Tu Reino y hablarán de Tus poderosos actos.*
ל *Él hace que el hombre conozca Sus proezas y la gloria de Su espléndido Reino.*
מ *Tuyo es el Reino de todos los mundos y Tu dominio se extiende a toda y cada generación.*
ס *El Señor sostiene a todos aquellos que caen y endereza a los doblegados.*
ע *Los ojos de todos ven con esperanza hacia Ti, y Tú les das su alimento al momento apropiado.*

POTÉAJ ET YADEJA

Conectamos con las letras *Pei*, *Álef* y *Yud* al abrir nuestras manos con las palmas hacia arriba. Nuestra conciencia está enfocada en recibir el sustento y la prosperidad financiera de parte de la Luz a través de nuestras acciones del diezmo y compartir; nuestro *Deseo de Recibir para Dar y Compartir*. Al hacer esto, también reconocemos que el sustento que recibimos proviene de una Fuente Superior y no de nuestras acciones. Según los sabios, si no meditamos en esta idea en este punto, debemos repetir la oración.

פתוז (שע"ז נהורין למ"ה ולס"ה)

יוד הי ויו הי יוד הי ויו הי (וז' וזיוורתי)
אלף למד אלף למד (ש"ע)
יוד הא ואו הא (לז"א)
אדני (ולנוקבא)

פותוז את ידך ר"ת פאי
גימ' יאהדונהי זו"ן
וזכמה דז"א ו"ק
יסוד דנוק'

פּוֹתֵחַ potéaj אֶת et יָדֶךָ yadeja ר"ת פאי וס"ת וזתך עם ג' אותיות = דִּיקַרְנוֹסָא

ובאתב"ש הוא סאל, פאי, אמן, יאהדונהי ; ועוד יכוין שם וזתך בשילוב יהוה – יְוֹזֲהֵתְוֹכָהָ

מצפץ מצפץ מווזין דפנים דאוזור אלהים אלהים
להמשיך פ"ו אורות לכל מילוי דכל

אוזור דפרצופי נה"י וזג"ת
דפרצוף וזג"ת דיצירה דז"א
לף מד י וד ם
אלף למד הי יוד מם

וזתך
סאל יאהדונהי

ואוזור דפרצופי נה"י וזג"ת
דיצירה דרוזל הנקראת לאה
לף מד י וד ם
אלף למד הי יוד מם

וּמַשְׂבִּיעַ umasbía וזתך עם ג' אותיות = דִּיקַרְנוֹסָא

ובא"ת ב"ש הוא סאל, אמן, יאהדונהי ; ועוד יכוין שם וזתך בשילוב יהוה – יְוֹזֲהֵתְוֹכָהָ

מצפץ מצפץ מווזין דפנים דאוזור אלהים אלהים
להמשיך פ"ו אורות לכל מילוי דכל

אוזור דפרצופי נה"י וזג"ת
דפרצוף נה"י דיצירה דז"א
לף מד י וד ם
אלף למד הי יוד מם

וזתך

ואוזור דפרצופי נה"י וזג"ת
דיצירה דרוזל הנקראת לאה
לף מד י וד ם
אלף למד הי יוד מם

לְכָל־ lejol יה אדני (להמשיך מווזין ד-יה אל הנוקבא שהיא אדני)

וזַי jai כל וזי = אהיה אהיה יהוה, בינה ע"ה, וזיים

רָצוֹן ratsón מהש ע"ה, ע"ב בריבוע וקס"א ע"ה, אל שדי ע"ה ; ר"ת רוזל שהיא המלכות הצריכה לשפע

יוד יוד הי יוד הי ויו יוד הי ויו הי יסוד דאבא
אלף הי יוד הי יסוד דאימא
להמתיק רוזל וב' דמעין שך פר

También debemos meditar en atraer abundancia, sustento y bendiciones a todos los mundos desde el *ratsón* mencionado anteriormente. Debemos meditar y enfocarnos en este versículo porque es la esencia de la prosperidad, y meditar en que Dios esté interviniendo, sustentando y apoyando a toda la Creación.

POTÉAJ ET YADEJA

פ *Abre Tus Manos y satisface el deseo de todo ser viviente.*

צַדִּיק tsadik יְהֹוָה יאהדונהי Adonai (*Yesod*) בְּכָל bejol ב"ן, לכב
דְּרָכָיו derajav וְחָסִיד vejasid בְּכָל bejol ב"ן, לכב מַעֲשָׂיו maasav יבמ, ב"ן:

קָרוֹב karov יְהֹוָה יאהדונהי Adonai (*Maljut*) לְכָל־ lejol יה אדני
קֹרְאָיו korav לְכֹל lejol יה אדני אֲשֶׁר asher
יִקְרָאֻהוּ yikraúhu בֶאֱמֶת veemet אהיה פעמים אהיה, ז"פ ס"ג:

רְצוֹן retsón מהש ע"ה, ע"ב בריבוע וקס"א ע"ה, אל שדי ע"ה יְרֵאָיו yereav יַעֲשֶׂה yaasé
ר"ת ריי וְאֶת־ veet שַׁוְעָתָם shavatam יִשְׁמַע yishmá וְיוֹשִׁיעֵם veyoshiém:

שׁוֹמֵר shomer כ"א הויות שבתפילין יְהֹוָה יאהדונהי Adonai (*Nétsaj*)
אֶת־ et כָּל־ col ילי אֹהֲבָיו ohavav ר"ת אכא
וְאֵת veet כָּל־ col ילי הָרְשָׁעִים hareshaím יַשְׁמִיד yashmid:

תְּהִלַּת tehilat יְהֹוָה יאהדונהי Adonai (*Hod*) יְדַבֶּר yedaber ראה פִּי pi
וִיבָרֵךְ vivarej ע"ב ס"ג מ"ה ב"ן, הברכה (למתק את ז' המלכים שמתו) כָּל col ילי
בָּשָׂר basar שֵׁם Shem קָדְשׁוֹ kodshó לְעוֹלָם leolam ריבוע ס"ג וי' אותיות דס"ג
וָעֶד vaed: וַאֲנַחְנוּ vaanajnu נְבָרֵךְ nevarej יָהּ Yah מֵעַתָּה meatá
וְעַד־ vead עוֹלָם olam הַלְלוּיָהּ haleluyá אלהים, אהיה אדני ; ללה:

LOS CINCO SALMOS

Al principio y la final de estos cinco Salmos, encontramos la palabra *Haleluyá*, que significa "Alaben al Señor". Como la Kabbalah siempre dice: Dios no necesita nuestra alabanza. La palabra es un código; estos diez *Haleluyás* nos conectan con las Diez *Sefirot*. Nos ayudan a ascender a la cima del Mundo de Formación, *Yetsirá*.

צ *El Señor es justo en todos Sus caminos y virtuoso en todas Sus obras.*
ק *El Señor está cerca de todos los que lo llaman, de todos aquellos que lo llaman sinceramente.*
ר *Él cumplirá la voluntad de aquellos que le temen; Él escucha sus clamores y los salva.*
ש *El Señor protege a todos los que lo aman y destruye a los impíos.*
ת *Mis labios proclamarán la alabanza al Señor y toda criatura bendecirá Su Santo Nombre, por siempre y por la eternidad" (Salmos 145). "Y bendeciremos a Dios por siempre y por la eternidad. ¡Aleluya!" (Salmos 115:18).*

Diez veces *Haleluyá* es el *tikún* de las Diez *Sefirot* de *Briá* en *Yetsirá*.

EL PRIMER SALMO – MALJUT Y YESOD

Este primer Salmo contiene *Yud, Hei, Vav* y *Hei* (el Tetragramatón – יהוה), nueve veces. Este nueve está vinculado a las nueve *Sefirot* superiores, desde *Yesod* hasta *Kéter*. La energía de nuestra dimensión, el Mundo de *Maljut*, es receptora. Al igual que la Luna, *Maljut* no tiene Luz propia y atrae su Luz de las nueve dimensiones superiores mediante nuestras acciones espirituales de transformación.

(*Maljut* de *Yetsirá*) הַלְלוּיָהּ haleluyá אלהים, אהיה אדני ; ללה הַלְלִי halelí
נַפְשִׁי nafshí אֶת־ et יְהֹוָהאדני יאהדונהי Adonai (*Kéter*)׃ אֲהַלְלָה ahalelá מ״ה יהוה
יְהֹוָהאדני יאהדונהי Adonai (*Jojmá*) בְּחַיָּי bejayai אֲזַמְּרָה azamrá
לֵאלֹהַי leElohai מילוי ע״ב, דמב ; ילה בְּעוֹדִי beodí ר״ת וס״ת הפסוק = אמן (יאהדונהי)׃
אַל־ al תִּבְטְחוּ tivtejú בִנְדִיבִים vinedivim בְּבֶן־ bevén אָדָם adam
שֶׁאֵין sheéin לוֹ lo תְשׁוּעָה teshuá׃ תֵּצֵא tetsé רוּחוֹ rujó יָשֻׁב yashuv
לְאַדְמָתוֹ leadmató בַּיּוֹם bayom ע״ה נגד, מזבח, זן, אל יהוה הַהוּא hahú
אָבְדוּ avdú עֶשְׁתֹּנֹתָיו eshtonotav׃ אַשְׁרֵי ashrei שֶׁאֵל sheEl ייא״י (מילוי דס״ג)
יַעֲקֹב Yaakov ז׳ הויות, יאהדונהי אידהנויה בְּעֶזְרוֹ beezró שִׂבְרוֹ sivró
עַל al יְהֹוָהאדני יאהדונהי Adonai (*Biná*) אֱלֹהָיו Elohav ילה׃ עֹשֶׂה osé
שָׁמַיִם shamáyim י״פ טל, י״פ כוזו וָאָרֶץ vaárets אֶת־ et הַיָּם hayam ילי
וְאֶת־ veet כָּל־ col ילי אֲשֶׁר־ asher בָּם bam שם בן מ״ב הַשֹּׁמֵר hashomer
אֱמֶת emet אהיה פעמים אהיה, ז״פ ס״ג לְעוֹלָם leolam ריבוע ס״ג וי׳ אותיות דס״ג׃
עֹשֶׂה osé מִשְׁפָּט mishpat ע״ה ה״פ אלהים לַעֲשׁוּקִים laashukim נֹתֵן notén
אבגית״ץ, ושר לֶחֶם léjem ג׳ הויות לָרְעֵבִים lareevim יְהֹוָהאדני יאהדונהי Adonai
(*Jésed*) מַתִּיר matir אֲסוּרִים asurim׃ יְהֹוָהאדני יאהדונהי Adonai (*Guevurá*)
פֹּקֵחַ pokéaj מ״ה קמ״ג עִוְרִים ivrim יְהֹוָהאדני יאהדונהי Adonai (*Tiféret*) זֹקֵף zokef
כְּפוּפִים cfufim יְהֹוָהאדני יאהדונהי Adonai (*Nétsaj*) אֹהֵב ohev צַדִּיקִים tsadikim׃

LOS CINCO SALMOS – EL PRIMER SALMO

"¡Aleluya! ¡Alaba al Señor, oh alma mía! Yo alabaré al Señor mientras viva. Cantaré alabanzas a mi Dios mientras yo exista. No confíen en nobles, ni en mortales que no tienen salvación. Su aliento se va y vuelven al polvo. Ese día, sus pensamientos perecen. Feliz es aquel que se apoya en el Dios de Yaakov, y pone su esperanza en el Señor, su Dios. Él que hizo el Cielo y la Tierra; el mar y todo lo que hay en ellos; que guarda Su fidelidad por siempre; hace justicia a los oprimidos; da pan al hambriento. El Señor libera a los prisioneros. El Señor otorga visión los ciegos. El Señor endereza a los que están torcidos. El Señor ama a los justos.

יְהֹוָהאדניאהדונהי Adonai (*Hod*) שֹׁמֵר shomer אֶת־ et גֵּרִים guerim ר״ת = שדי

יָתוֹם yatom יוסף (ויהי יוסף יפה תואר ויפה מראה) וְאַלְמָנָה vealmaná

יְעוֹדֵד yeoded ר״ת = יהוה וְדֶרֶךְ vedérej ב״פ יב״ק, ע״ב קס״א רְשָׁעִים reshaím

יְעַוֵּת yeavet ר״ת רי״ו: יִמְלֹךְ yimloj יוהוווהאדניאהדונהי Adonai (*Yesod*)

לְעוֹלָם leolam ריבוע ס״ג וי׳ אותיות דס״ג אֱלֹהַיִךְ Eloháyij ילה צִיּוֹן Tsiyón

יוסף, ו׳ הויות, קנאה לְדֹר ledor וָדֹר vador רי״ו ; ר״ת אצלו (רמז שמלכות אצל ז״א

אע״פ שאין הויה כנגדה) (*Yesod de Yetsirá*) הַלְלוּיָהּ haleluyá אלהים, אהיה אדני ; ללה:

EL SEGUNDO SALMO – LAS DOS SEFIROT SIGUIENTES

El poder de este Salmo nos ayuda a equilibrar nuestros actos de juicio y misericordia hacia las demás personas.

Este Salmo contiene el Nombre: יהוה cinco veces, que corresponde a los cinco *Jasadim* (Misericordias) a través de las cuales las cinco *Guevurot* (Juicios) son endulzados. Este Salmo contiene 139 palabras (con el *colel*) que es el valor numérico de *cóaj* (fortaleza) y *Yabok* (יהוה + אלהים = יב״ק, un código para endulzar el Juicio).

הַלְלוּיָהּ haleluyá אהיה אדני ; ללה כִּי־ qui טוֹב tov והו ; כי טוב =

יהוה אהיה, אום, מבה, יזל (*Yesod*) זַמְּרָה zamrá אֱלֹהֵינוּ Eloheinu ילה (*Hod*) כִּי־ qui

נָעִים naím (*Nétsaj*) נָאוָה navá תְהִלָּה tehilá ע״ה אמת, אהיה פעמים אהיה, ז״פ ס״ג:

בּוֹנֵה boné ס״ג יְרוּשָׁלַםִ Yerushaláyim יְהֹוָהאדניאהדונהי Adonai (**Primer *Jésed***)

נִדְחֵי nidjei ע״ב, ריבוע יהוה יִשְׂרָאֵל Yisrael יְכַנֵּס yejanés:

הָרֹפֵא harofé לִשְׁבוּרֵי lishvurei לֵב lev ר״ת ללה, אדני

El Señor protege a los extranjeros. Sostiene al huérfano y a la viuda y entorpece el camino de los malvados. El Señor reinará por siempre, tu Dios, oh Sión, para todas las generaciones. ¡Aleluya!" (*Salmos 146*).

EL SEGUNDO SALMO

"¡Aleluya! Porque es bueno cantar alabanzas a nuestro Dios. Porque es grato y agradable alabarlo. El Señor edifica Jerusalén. Reúne a los dispersos de Israel. Sana a los de corazón quebrantado.

UMEJABESH LEATSVOTAM

Según el *Zóhar*, este versículo libera la energía de inmortalidad, acelerando su llegada. Al liberar la energía de inmortalidad en nuestra atmósfera espiritual, estamos ayudando a impulsar a investigadores médicos, biólogos, genetistas y a todos los demás científicos en su búsqueda para encontrar los secretos de la longevidad, el anti envejecimiento y la regeneración de células y órganos humanos.

וּמְחַבֵּשׁ umejabesh לְעַצְּבוֹתָם leatsvotam:

מוֹנֶה moné מִסְפָּר mispar לַכּוֹכָבִים lacojavim לְכֻלָּם lejulam

שֵׁמוֹת shemot יִקְרָא yikrá: גָּדוֹל gadol להוו ; עם ד' אותיות = מבה, יזל, אום

אֲדוֹנֵינוּ adoneinu וְרַב־ verav כֹּחַ cóaj ע"ב ס"ג מ"ה ב"ן, וד' כוללים

לִתְבוּנָתוֹ litvunató אֵין ein מִסְפָּר mispar: מְעוֹדֵד meoded עֲנָוִים anavim

יְהֹוָהאדניאהדונהי Adonai **(Segundo *Jésed*)** מַשְׁפִּיל mashpil רְשָׁעִים reshaím

עֲדֵי־ adei אָרֶץ árets: עֱנוּ enú לַיהֹוָהאדניאהדונהי laAdonai **(Tercer *Jésed*)**

בְּתוֹדָה betodá זַמְּרוּ zamrú לֵאלֹהֵינוּ leEloheinu ילה בְכִנּוֹר vejinor:

הַמְכַסֶּה hamejasé שָׁמַיִם shamáyim י"פ טל, י"פ כוזו בְּעָבִים beavim

הַמֵּכִין hamejín לָאָרֶץ laárets מָטָר matar ר"ת מלה הַמַּצְמִיחַ hamatsmíaj

הָרִים harim חָצִיר jatsir: נוֹתֵן notén אבגיתץ, ושר לִבְהֵמָה livehemá ב"ן

לַחְמָהּ lajmá לִבְנֵי livnei עֹרֵב órev אֲשֶׁר asher יִקְרָאוּ yikraú:

לֹא lo בִגְבוּרַת vigvurat הַסּוּס hasús ריבוע אדני, כוק יֶחְפָּץ yejpats

לֹא־ lo בְשׁוֹקֵי veshokei הָאִישׁ haísh (*Nétsaj* y *Hod*) יִרְצֶה yirtsé:

UMEJABESH LEATSVOTAM

Y venda sus aflicciones. Cuenta el número de las estrellas. A todas les da sus nombres. Grande es Nuestro Señor e inmenso en poder. Su entendimiento es infinito. El Señor sostiene a los humildes, y echa por tierra a los malvados. Canten al Señor con alabanzas. Toquen la cítara a nuestro Dios. A Él que cubre el cielo de nubes, que provee la lluvia a la Tierra, que hace brotar hierba en las montañas, dispensa alimento a la bestia y a los pichones del cuervo que lo reclaman. Él no se complace con la fuerza del caballo, ni se complace en las piernas de un hombre.

רוֹצֶה rotsé יְהֹוָה(אדני)יאהדונהי Adonai (Cuarto *Jésed*) אֶת־ et יְרֵאָיו yereav

אֶת־ et הַמְיַחֲלִים hameyajalim ייי לְחַסְדּוֹ lejasdó ג׳ הויות, מוזלא

(להמשיך הארה ממוזלא עילאה): שַׁבְּחִי shabjí יְרוּשָׁלַיִם Yerushaláyim אֶת־ et

יְהֹוָה(אדני)יאהדונהי Adonai (Quinto *Jésed*) הַלְלִי halelí אֱלֹהַיִךְ Eloháyij ילה

צִיּוֹן Tsiyón יוסף, ו׳ הויות, קנאה: כִּי־ qui חִזַּק jizak פהל בְּרִיחֵי brijei

שְׁעָרָיִךְ shearáyij בֵּרַךְ beraj בָּנַיִךְ banáyij בְּקִרְבֵּךְ :bekirbej

הַשָּׂם־ hasam גְּבוּלֵךְ gvulej שָׁלוֹם shalom חֵלֶב jélev חִטִּים jitim

יַשְׂבִּיעֵךְ :yasbiej הַשֹּׁלֵחַ hasholéaj אִמְרָתוֹ imrató אָרֶץ árets ר״ת האא

עַד־ ad מְהֵרָה meherá יָרוּץ yaruts דְּבָרוֹ dvaró ראה:

הַנֹּתֵן hanotén אבג יתץ, ושר שֶׁלֶג shéleg אלף אלף אלף אלף דג׳ אהיה כַּצָּמֶר catsámer מצר

כְּפוֹר cfor כָּאֵפֶר caéfer יְפַזֵּר :yefazer מַשְׁלִיךְ mashlij קַרְחוֹ karjó

כְפִתִּים jefitim לִפְנֵי lifnei קָרָתוֹ karató מִי mi ילי יַעֲמֹד :yaamod

יִשְׁלַח yishlaj דְּבָרוֹ dvaró ראה וְיַמְסֵם veyamsem יַשֵּׁב yashev רוּחוֹ rujó

יִזְּלוּ־ yizlú מָיִם :máyim מַגִּיד maguid דְּבָרָיו dvarav ראה (כתיב: דברו)

לְיַעֲקֹב leYaakov ד׳ הויות, יאהדונהי אידהנויה חֻקָּיו jukav וּמִשְׁפָּטָיו umishpatav

לְיִשְׂרָאֵל leYisrael (*Hod*): לֹא lo עָשָׂה asá כֵן jen לְכָל־ lejol יה אדני

גּוֹי goy וּמִשְׁפָּטִים umishpatim בַּל־ bal ל״ב נתיבות שבקדושה וכנגדם ל״ב בס״א (בלעם ובלק)

ר״ת = סמאל יְדָעוּם yedaum (*Hod*) הַלְלוּיָהּ haleluyá אלהים, אהיה אדני ; ללה:

El Señor se complace en los que le temen, en los que esperan Su misericordia. Glorifica al Señor, Oh Jerusalén. Alaba a tu Dios, Oh Sión, porque Él ha fortalecido las barras de tus portones, ha bendecido a tus hijos dentro de ti, ha impuesto paz en las fronteras, te da en abundancia con lo mejor del trigo, envía su mensaje sobre la Tierra, Su palabra corre con rapidez, hace caer la nieve como lana y esparce la escarcha como ceniza. Él arroja granizo como migajas. ¿Quién puede soportar Su frío? Él emite Su palabra y éste se derrite. Hace que sople su viento y fluyen las aguas. Revela Su palabra a Yaakov y Sus leyes y justicias a Israel. No ha obrado así con ningún otro pueblo, ni le dio a conocer sus mandamientos. ¡Aleluya!" (Salmos 147).

EL TERCER SSALMO (HALEL DIARIO) – TIFÉRET Y GUEVURÁ

En este Salmo damos gracias al Creador, pero lo que en realidad estamos haciendo es reconocer que no somos merecedores de nada, que los regalos en nuestra vida superan con creces a nuestros esfuerzos. Esto no proviene de tener un sentimiento de baja autoestima, sino más bien de un sentido combinado de humildad y apreciación por todo lo que recibimos en la vida.

Debes ser muy cuidadoso con ese Salmo y decirlo lentamente con una meditación profunda y genuina, porque aquí los sabios dicen: "Mi porción estará con aquellos que reciten el *Halel* diariamente". Hay 14 versículos para la palabra *yad* (mano) cuyo valor numérico es 14, esto nos conecta con la *Yad Ramá* (Columna Central) y *Yad Jazaká* (Columna Izquierda).

(***Tiféret* de *Yetsirá***) הַלְלוּיָהּ haleluyá אלהים, אהיה אדני ; ללה הַלְלוּ halelú (***Asiyá***)

אֶת־ et יְהֹוָהאדניאהדונהי Adonai ; ר"ת אהיה מִן־ min הַשָּׁמַיִם hashamáyim

י"פ טל, י"פ כוזו ; ר"ת מ"ה הַלְלוּהוּ haleluhu (***Yetsirá***) בַּמְּרוֹמִים bameromim:

הַלְלוּהוּ haleluhu (***Briá***) כָל jol ילי מַלְאָכָיו malajav הַלְלוּהוּ haleluhu

(***Atsilut***) כָּל col ילי צְבָאָו tsvaav ר"ת הפסוק = ע"ב ס"ג מ"ה ; ס"ת הפסוק = אהיה ס"ג:

הַלְלוּהוּ haleluhu שֶׁמֶשׁ shémesh וְיָרֵחַ veyaréaj הַלְלוּהוּ haleluhu כָּל col ילי

כּוֹכְבֵי cojvei אוֹר or רז, אין סוף: הַלְלוּהוּ haleluhu שְׁמֵי shmei

הַשָּׁמָיִם hashamáyim י"פ טל, י"פ כוזו וְהַמַּיִם vehamáyim אֲשֶׁר asher מֵעַל meal

עלם הַשָּׁמָיִם hashamáyim י"פ טל, י"פ כוזו ; ר"ת מ"ה: יְהַלְלוּ yehalelú אֶת־ et

שֵׁם Shem יְהֹוָהאדניאהדונהי Adonai כִּי qui הוּא Hu צִוָּה tsivá וְנִבְרָאוּ venivraú:

וַיַּעֲמִידֵם vayaamidem לָעַד laad ב"פ ב"ן לְעוֹלָם leolam ריבוע ס"ג וי' אותיות דס"ג

חָק־ jak נָתַן natán וְלֹא veló ס"ת קנ"א (אלף הה יוד הה, מקוה), אדני אלהים

יַעֲבוֹר yaavor רפ"ח (להעלות רפ"ח ניצוצות שנפלו לקליפה דמשם באים התחלואים):

EL TERCER SALMO

"¡Aleluya! Alaben al Señor desde los Cielos. Alábenle en las Alturas. Alábenle todos Sus ángeles. Alábenle todos Sus ejércitos. Alábenle el Sol y la Luna. Alábenle todas las luminarias. Alábenle los Cielos Superiores, y las aguas que están sobre los Cielos. Alaben el Nombre del Señor, porque Él lo ordenó y fueron creados. Él los estableció por siempre y para siempre. Él impuso una ley que no será trasgredida.

הַלְלוּ halelú אֶת־ et יְהֹוָהאדניאהדונהי Adonai מִן min הָאָרֶץ haárets אלהים דההין ע״ה
תַּנִּינִים taninim וְכָל־ vejol ילי תְּהֹמוֹת tehomot: אֵשׁ esh וּבָרָד uvarad
שֶׁלֶג shéleg אלף אלף אלף ד״ג אהיה וְקִיטוֹר vekitor רוּחַ rúaj סְעָרָה seará
עֹשָׂה osá דְבָרוֹ dvaró ראה: הֶהָרִים heharim וְכָל־ vejol ילי גְּבָעוֹת guevaot
עֵץ ets פְּרִי prí וְכָל vejol ילי אֲרָזִים arazim: הַחַיָּה hajayá וְכָל־ vejol ילי
בְּהֵמָה behemá ב״ן רֶמֶשׂ remes וְצִפּוֹר vetsipor כָּנָף canaf ע״ה קנ״א, אדני אלהים:
מַלְכֵי maljei אֶרֶץ érets וְכָל־ vejol ילי לְאֻמִּים leumim שָׂרִים sarim
וְכָל־ vejol ילי שֹׁפְטֵי shoftei אָרֶץ árets: בַּחוּרִים bajurim וְגַם־ vegam
בְּתוּלוֹת betulot זְקֵנִים zekenim עִם־ im נְעָרִים nearim: יְהַלְלוּ yehalelú
אֶת־ et שֵׁם Shem יְהֹוָהאדניאהדונהי Adonai כִּי־ qui נִשְׂגָּב nisgav
שְׁמוֹ Shmó מהש ע״ה, ע״ב בריבוע וקס״א ע״ה, אל שדי ע״ה לְבַדּוֹ levadó שם בן מ״ב
הוֹדוֹ hodó אהיה עַל־ al אֶרֶץ érets וְשָׁמָיִם veshamáyim י״פ טל, י״פ כוזו:
וַיָּרֶם vayarem קֶרֶן keren לְעַמּוֹ leamó תְּהִלָּה tehilá ע״ה אמת, אהיה פעמים אהיה, ז״פ ס״ג
לְכָל lejol יה אדני וַחֲסִידָיו jasidav לִבְנֵי livnei יִשְׂרָאֵל Yisrael
עַם־ am קְרֹבוֹ krovó (*Guevurá* de *Yetsirá*) הַלְלוּיָהּ haleluyá אלהים, אהיה אדני ; ללה:

EL CUARTO SALMO (SHIRU) – JÉSED

Este Salmo está compuesto de nueve versículos que se refieren a nueve "cielos" que separan a los Mundos Superiores del Mundo Inferior. Esta idea de separación es una referencia directa al concepto del tiempo y su relación con la ley de causa y efecto. Mediante estos versículos, manipulamos el tiempo y acortamos la distancia entre causa y efecto.

Para permitir que expresemos nuestra característica exclusivamente humana del libre albedrío, el tiempo es insertado en el proceso de causa y efecto. Este espacio le da a Satán, nuestro ego, y a nuestros pensamientos egoístas limitantes la oportunidad de desafiarnos. Satán nos hace creer que nos salimos con la nuestra al hacer acciones negativas. Él nos hace creer que la vida es injusta y que el buen comportamiento no es recompensado. Cambiarnos a nosotros mismos y a nuestro sistema de creencias se hace más difícil. Ahora que estamos acercándonos al fin de los tiempos —la Corrección Final— podemos acortar la separación entre Causa y Efecto y cosechar las recompensas de nuestro comportamiento positivo mucho más rápidamente. De la misma manera, nuestras acciones negativas producirán retaliaciones más rápidas. El resultado en ambas situaciones es un cambio acelerado de nuestra parte.

Alaben al Señor desde la Tierra, los grandes peces marinos y todas las profundidades. El fuego y el granizo, la nieve y el vapor, el viento tormentoso cumple Su palabra. Las montañas y todas las colinas, los árboles frutales y todos los cedros, las bestias y todo el ganado, los reptiles y las aves, los reyes de la Tierra y todos los pueblos, príncipes y todos los jueces de la Tierra; jóvenes y doncellas, ancianos y niños, alaben todos el Nombre del Señor, porque sólo Su Nombre es digno de ser ensalzado. Su gloria está por encima de la Tierra y del Cielo. Y Él exalta las palabras de Su pueblo, una alabanza para todos Sus fieles, para los Hijos de Israel, pueblo cercano a Él. ¡Aleluya!" (Salmos 148).

Hay 61 palabras en este Salmo, como el valor numérico de los Nombres: *Álef Guímel Lámed Álef* (אגלא=35), que también es igual a *Álef Lámed Dálet* אלד más יהוה (26), para darnos protección contra el Mal de Ojo.

(*Jésed de Yetsirá*) הַלְלוּיָהּ haleluyá אלהים, אהיה אדני ; ללה שִׁירוּ shiru

לַיהוָהאדניאהדונהי laAdonai שִׁיר shir חָדָשׁ jadash י״ב הויות, קס״א קנ״א

תְּהִלָּתוֹ tehilató בִּקְהַל bikhal חֲסִידִים jasidim: יִשְׂמַח yismaj משיוח

יִשְׂרָאֵל Yisrael בְּעֹשָׂיו beosav בְּנֵי־ bnei צִיּוֹן Tsiyón יוסף, ו׳ הויות, קנאה

יָגִילוּ yaguilu בְמַלְכָּם vemalcam: יְהַלְלוּ yehalelú שְׁמוֹ Shmó מהש ע״ה,

ע״ב בריבוע וקס״א ע״ה, אל שדי ע״ה בְמָחוֹל vemajol בְּתֹף betof וְכִנּוֹר vejinor

יְזַמְּרוּ־ yezamrú לוֹ lo: כִּי qui רוֹצֶה rotsé יְהוָהאדניאהדונהי Adonai

בְּעַמּוֹ beamó ר״ת = ע״ב ס״ג מ״ה ב״ן, הברכה (למתק את ז׳ המלכים שמתו) ; ס״ת יהוה

יְפָאֵר yefaer עֲנָוִים anavim בִּישׁוּעָה bishuá פוי, אל אדני ; ר״ת הפסוק = שדי:

יַעְלְזוּ yalzú ג״פ אם (אותיות דפשוט, דמילוי ודמילוי דמילוי דג״פ אהיה) חֲסִידִים jasidim

בְּכָבוֹד bejavod בוכו, ובאתב״ש הוא שם שלשפ״ק הממתק את ג׳ אם דלעיל (והוא עולה למנין

עסמ״ב קס״א קנ״א קמ״ג וג״פ אם הנ״ל) יְרַנְּנוּ yeranenú עַל־ al מִשְׁכְּבוֹתָם mishquevotam:

רוֹמְמוֹת romemot אֵל El ייא״י (מילוי דס״ג) בִּגְרוֹנָם bigronam

ר״ת = קנ״א ב״ן, יהוה אלהים יהוה אדני, מילוי קס״א וס״ג, מ״ה ברבוע ע״ב ע״ה

וְחֶרֶב vejérev רי״ו פִּיפִיּוֹת pifiyot בְּיָדָם beyadam: לַעֲשׂוֹת laasot

נְקָמָה nekamá מנק בַּגּוֹיִם bagoyim תּוֹכֵחוֹת tojejot בַּלְאֻמִּים baleumim:

לֶאְסֹר lesor מַלְכֵיהֶם maljeihem בְּזִקִּים bezikim וְנִכְבְּדֵיהֶם venijbedeihem

בְּכַבְלֵי bejavlei בַרְזֶל varzel ר״ת בלהה, רחל, זלפה, לאה : לַעֲשׂוֹת laasot

בָּהֶם bahem מִשְׁפָּט mishpat ע״ה ה״פ אלהים כָּתוּב catuv הָדָר hadar הוּא hu

לְכָל־ lejol יה אדני חֲסִידָיו jasidav הַלְלוּיָהּ haleluyá אלהים, אהיה אדני ; ללה:

EL CUARTO SALMO

"¡Aleluya! Canten al Señor un nuevo cántico y resuene Su alabanza en la congregación de los fieles. Regocíjese Israel en su Creador. Alégrense los Hijos de Sión en su Rey. Alaben Su Nombre con danzas. Cántenle alabanzas con tamboril y cítara. Porque el Señor se complace en Su pueblo. Corona con triunfo a los humildes. Regocíjense los fieles en Su gloria y canten con alegría en sus lechos. Estén las alabanzas de Dios en su boca y una espada de dos filos en su mano para ejecutar venganza sobre las naciones y castigar a los pueblos y atar a sus reyes con cadenas y a sus nobles con grillos de hierro y aplicar a ellos la sentencia dictada. Él es la gloria de todos Sus fieles, ¡Aleluya!" (Salmos 149).

EL QUINTO SALMO (HALELÚ EL) – LAS TRES SEFIROT SUPERIORES

Los seis versículos que se encuentran aquí nos conectan con Me-ta-trón (**no pronunciar**), el ángel más elevado de todos. El nombre arameo para Me-ta-trón contiene seis letras: *Mem, Tet, Tet, Resh, Vav* y *Nun* final. Cada versículo en esta conexión ayuda a formar el nombre. Debido a que Me-ta-trón controla a todos los ángeles en el mundo espiritual, él puede ayudarnos a tener el control sobre nuestro mundo físico y a asistirnos en el logro de nuestro trabajo espiritual.

Este Salmo tiene seis versículos por las seis letras del Ángel מטטרו״ן (**no pronunciar**) de *Yetsirá* para elevar a *Asiyá* en él. El Ángel סנדלפו״ן (**no pronunciar**) tiene siete letras y, por este motivo, repetimos el sexto versículo para completar el séptimo. También decimos este Salmo para conectar con las tres *Sefirot* Superiores de *Yetsirá*. Esto incluye a todas las Diez *Sefirot* de *Yetsirá* con el secreto de los Diez *Haleluyás*.

אל (ייא״ מילוי דס״ג) אותיות בפסוק הַלְלוּיָהּ haleluyá (**Kéter**) אלהים, אהיה אדני ; ללה

הַלְלוּ־ halelú אֵל el ״ייא״ (מילוי דס״ג) בְּקָדְשׁוֹ bekodshó

הַלְלוּהוּ haleluhu (**Jojmá**) בִּרְקִיעַ birkía עֻזּוֹ uzó ס״ת = ע״ב ב״ן:

הַלְלוּהוּ haleluhu (**Biná**) בִּגְבוּרֹתָיו vigvurotav הַלְלוּהוּ haleluhu (**Jésed**)

כְּרֹב querov גֻּדְלוֹ gudló: הַלְלוּהוּ haleluhu (**Guevurá**) בְּתֵקַע beteka

שׁוֹפָר shofar הַלְלוּהוּ haleluhu (**Tiféret**) בְּנֵבֶל benével וְכִנּוֹר vejinor:

הַלְלוּהוּ haleluhu (**Nétsaj**) בְּתֹף betof וּמָחוֹל umajol הַלְלוּהוּ haleluhu (**Hod**)

בְּמִנִּים beminim וְעֻגָב veugav: הַלְלוּהוּ haleluhu (**Yesod**) בְּצִלְצְלֵי־ vetsiltselei

שָׁמַע shamá הַלְלוּהוּ haleluhu (**Maljut**) בְּצִלְצְלֵי betsiltselei תְרוּעָה truá:

כֹּל col ילי הַנְּשָׁמָה haneshamá תְּהַלֵּל tehalel ר״ת כהת, משיח בן דוד ע״ה

יָהּ Yah הַלְלוּיָהּ haleluyá אלהים, אהיה אדני ; ללה :

כֹּל col ילי הַנְּשָׁמָה haneshamá תְּהַלֵּל tehalel ר״ת כהת, משיח בן דוד ע״ה

יָהּ Yah הַלְלוּיָהּ haleluyá אלהים, אהיה אדני ; ללה :

EL QUINTO SALMO

"¡Aleluya! Alaben a Dios en Su Santuario. Alábenle en Su poderoso firmamento; alábenle por Sus grandes proezas; alábenle conforme a Su grandeza; alábenle con el toque del Shofar; alábenle con el arpa y la cítara; alábenle tamboriles y danzas; alábenle con laudes y flautas; alábenle con resonantes platillos; alábenle con platillos reverberantes. ¡Alaben al Señor todas las almas! ¡Aleluya! ¡Alaben al Señor todas las almas! ¡Aleluya!" (Salmos 150).

BARUJ

Cada uno de esos cuatro versículos es un conducto para las cuatro letras en *Yud*, *Hei*, *Vav* y *Hei* (יהוה), que nos ayudan a saltar a la parte superior del Mundo de Formación, *Atsilut* de *Yetsirá*.

י

בָּרוּךְ Baruj יְהֹוָהאדניאהדונהי Adonai לְעוֹלָם leolam ריבוע דס"ג וי' אותיות דס"ג

אָמֵן Amén יאהדונהי וְאָמֵן veAmén יאהדונהי ; ר"ת לאו:

ה

בָּרוּךְ Baruj יְהֹוָהאדניאהדונהי Adonai מִצִּיּוֹן miTsiyón יוסף, ו' הויות, קנאה

שֹׁכֵן shojén יְרוּשָׁלָיִם Yerushaláyim הַלְלוּיָהּ haleluyá אלהים, אהיה אדני ; ללה:

ו

בָּרוּךְ Baruj יְהֹוָהאדניאהדונהי Adonai אֱלֹהִים Elohim אהיה אדני ; ילה

אֱלֹהֵי Elohei מילוי דע"ב, דמב ; ילה יִשְׂרָאֵל Yisrael

עֹשֵׂה osé נִפְלָאוֹת niflaot לְבַדּוֹ levadó שם בן מ"ב:

ה

וּבָרוּךְ uvaruj שֵׁם shem כְּבוֹדוֹ quevodó לְעוֹלָם leolam ריבוע דס"ג וי' אותיות דס"ג

וְיִמָּלֵא veyimalé כְבוֹדוֹ jevodó אֶת־ et כָּל־ col ילי

הָאָרֶץ haárets אלהים דההין ע"ה אָמֵן Amén יאהדונהי וְאָמֵן veAmén יאהדונהי:

BARUJ

"Bendito es el Señor por siempre, Amén y Amén" (Salmos 89:53).

"Bendito es el Señor desde Sión, Quien habita en Jerusalén. ¡Aleluya!" (Salmos 135:21).

"Bendito es el Señor, nuestro Dios, el Dios de Israel, el único que realiza maravillas. Y bendito es Su Nombre glorioso, para siempre. Que Su gloria llene todo el mundo, Amén y Amén" (Salmos 72:18-19).

VAYEVAREJ DAVID – EL PUNTO MÁS ELEVADO DEL MUNDO DE FORMACIÓN (YETSIRÁ)

Los kabbalistas nos enseñan que hay dos prerrequisitos para activar el poder de una oración:
1) Entender el significado interno de la oración, y
2) Tener certeza de que la oración producirá la Luz y energía que está destinada a generar.

La siguiente oración nos imbuye con el poder de la certeza. *Vadái* ודאי (certeza) es creada por la primera letra de cada una de las primeras cuatro palabras en esta oración. Cualquiera que recite esta oración despierta una sensación intensa de certeza en su vida. Si no tenemos la certeza de que esta oración funcionará, entonces no lo hará. El trabajo de Satán es llenarnos de incertidumbre cada vez que puede, incluso mientras leemos estas palabras. Esta oración combate nuestras dudas e incertidumbres, y nos llena de convicción y certidumbre.

Tikún de *Atsilut* de *Yetsirá*
Hasta el Cántico del Mar tenemos diez veces el Nombre: יהוה, cinco por *Jasadim* y cinco por *Guevurot*.

Ponte de pie mientras recitas "*Vayevarej David*".

וַיְבָרֶךְ vayevarej ע״ב ס״ג מ״ה ב״ן, הברכה (למתק את ו׳ המלכים שמתו) דָּוִיד David
אֶת־ et יְהֹוָהאדניאהדונהי Adonai **(Primer *Jésed*)** ; ר״ת ודאי (=אהיה) (בשם זה עלה משה למרום
והוא מגן ממלאכי חבלה) לְעֵינֵי leeinei ריבוע מ״ה כָּל col ילי הַקָּהָל hakahal
וַיֹּאמֶר vayómer דָּוִיד David ר״ת = אדני בָּרוּךְ Baruj אַתָּה Atá
יְהֹוָהאדניאהדונהי Adonai **(Segundo *Jésed*)** אֱלֹהֵי Elohei מילוי ע״ב, דמב ; ילה
יִשְׂרָאֵל Yisrael יהוה אלהי ישראל = תרי״ג (מצוות) אָבִינוּ avinu מֵעוֹלָם meolam
וְעַד־ vead עוֹלָם olam: לְךָ lejá יְהֹוָהאדניאהדונהי Adonai **(Tercer *Jésed*)**
הַגְּדֻלָּה hagdulá וְהַגְּבוּרָה vehaGvurá רי״ו וְהַתִּפְאֶרֶת vehaTiféret
וְהַנֵּצַח vehaNétsaj וְהַהוֹד vehaHod ההה כִּי־ qui כֹל jol ילי
בַּשָּׁמַיִם bashamáyim י״פ טל, י״פ כוזו וּבָאָרֶץ uvaárets לְךָ lejá
יְהֹוָהאדניאהדונהי Adonai **(Cuarto *Jésed*)** הַמַּמְלָכָה hamamlajá
וְהַמִּתְנַשֵּׂא vehamitnasé לְכֹל lejol יה אדני לְרֹאשׁ lerosh ריבוע אלהים דיודין
ע״ה: וְהָעֹשֶׁר vehaósher וְהַכָּבוֹד vehacavod לאו מִלְּפָנֶיךָ milfaneja ס״ג מ״ה ב״ן

VAYEVAREJ DAVID – EL PUNTO MÁS ELEVADO DEL MUNDO DE FORMACIÓN (YETSIRÁ)

"Entonces David bendijo al Señor ante los ojos de toda la congregación. David dijo: Bendito eres Tú, Señor, el Dios de Israel, nuestro Padre, por siempre y para la eternidad. Tuyas, Señor, son la magnificencia, el poder, la gloria, la victoria y el esplendor. Porque Tuyo es todo lo que está en el Cielo y en la Tierra. Tuyo, Señor, es el reinado; Tú eres excelso por sobre los líderes. Las riquezas y los honores Te preceden;

וְאַתָּה veAtá מוֹשֵׁל moshel בַּכֹּל bacol ב״ן, לכב ; ר״ת ומב

וּבְיָדְךָ uveyadjá כֹּחַ cóaj וּגְבוּרָה ugvurá רי״ו ; ר״ת בוכו (אהיה)

וּבְיָדְךָ uveyadjá לְגַדֵּל legadel וּלְחַזֵּק ulejazek פהל לַכֹּל lacol יה אדני:

וְעַתָּה veAtá אֱלֹהֵינוּ Eloheinu ילה מוֹדִים modim כנגד מאה ברכות שתיקן דוד

לאמרם כל יום אֲנַחְנוּ anajnu לָךְ laj וּמְהַלְלִים umehalelim לְשֵׁם leShem

תִּפְאַרְתֶּךָ: tifarteja וִיבָרְכוּ vivarjú יהוה ריבוע יהוה ריבוע מ״ה שֵׁם Shem

כְּבוֹדֶךָ quevodeja ב״ן, לכב וּמְרוֹמַם umeromam עַל־ al כָּל־ col ילי ; עמם

בְּרָכָה brajá וּתְהִלָּה utehilá ע״ה אמת, אהיה פעמים אהיה, ז״פ ס״ג:

אַתָּה־ Atá הוּא Hu יְהֹוָהאדניאהדונהי Adonai **(Quinto *Jésed*)** לְבַדֶּךָ levadeja

אַתָּ Atá עָשִׂיתָ asita אֶת־ et הַשָּׁמַיִם hashamáyim י״פ טל, י״פ כוזו שְׁמֵי shmei

הַשָּׁמַיִם hashamáyim י״פ טל, י״פ כוזו וְכָל־ vejol ילי צְבָאָם tsvaam

הָאָרֶץ haárets אלהים דההין ע״ה וְכָל־ vejol ילי אֲשֶׁר asher עָלֶיהָ aleha פהל

הַיַּמִּים hayamim נלך וְכָל־ vejol ילי אֲשֶׁר asher בָּהֶם bahem

וְאַתָּה veAtá מְחַיֶּה mejayé ס״ג אֶת־ et כֻּלָּם culam וּצְבָא utsvá

הַשָּׁמַיִם hashamáyim י״פ טל, י״פ כוזו לְךָ lejá מִשְׁתַּחֲוִים mishtajavim ר״ת מלה:

אַתָּה־ Atá הוּא Hu יְהֹוָהאדניאהדונהי Adonai **(Primera *Guevurá*)** הָאֱלֹהִים haElohim

אהיה אדני ; ילה ; ר״ת אהיה (Permanece de pie hasta aquí) אֲשֶׁר asher בָּחַרְתָּ bajarta

בְּאַבְרָם beAvram וְהוֹצֵאתוֹ vehotsetó מֵאוּר meUr כַּשְׂדִּים Casdim

וְשַׂמְתָּ vesamta שְׁמוֹ shmó מהש ע״ה, ע״ב בריבוע וקס״א ע״ה, אל שדי ע״ה

אַבְרָהָם Avraham וז״פ אל, רי״ו ול״ב נתיבות החכמה, רמ״ח (אברים), עסמ״ב וט״ז אותיות פשוטות:

Tú gobiernas sobre todo. En Tu Mano están el poder y la fuerza. Y está en Tu Mano hacer grande y dar fuerza a todos. Ahora, nuestro Dios, Te estamos agradecidos y alabamos en Nombre de Tus esplendores" (1 Crónicas 29:10-13). "Y ellos bendecirán el Nombre de Tu gloria, que es exaltada sobre todas las bendiciones y alabanzas. Eres sólo Tú, Quien es el Señor. Tú hiciste los Cielos y los Cielos Superiores y todos sus ejércitos, la Tierra y todo lo que está sobre ella, los mares y todo lo que contienen, y Tú sostienes la vida en todos ellos. Y los ejércitos de los Cielos se postran ante Ti. Eres Tú, Señor, el Dios, Quien escogió a Avram y lo sacó de Ur de los Caldeos y le pusiste por nombre Avraham.

וּמָצָאתָ umatsata אֶת־ et לְבָבוֹ levavó נֶאֱמָן neemán לְפָנֶיךָ lefaneja

ס"ג מ"ה ב"ן וְכָרוֹת vejarot עִמּוֹ imó הַבְּרִית habrit לָתֵת latet אֶת־ et

אֶרֶץ érets הַכְּנַעֲנִי hacnaaní הַחִתִּי hajití הָאֱמֹרִי haemorí

וְהַפְּרִזִּי vehaprizí וְהַיְבוּסִי vehayevusí וְהַגִּרְגָּשִׁי vehaguirgashí לָתֵת latet

לְזַרְעוֹ lezaró וַתָּקֶם vatakem אֶת־ et דְּבָרֶיךָ devareja ראה כִּי qui

צַדִּיק tsadik אָתָּה Atá: וַתֵּרֶא vateré אֶת־ et עֳנִי oni ריבוע מ"ה

אֲבֹתֵינוּ avoteinu בְּמִצְרָיִם beMitsráyim מצר וְאֶת־ veet זַעֲקָתָם zaakatam

שָׁמַעְתָּ shamata עַל־ al יַם־ yam ילי סוּף Suf: וַתִּתֵּן vatitén ב"פ כהת

אֹתֹת otot וּמֹפְתִים umoftim בְּפַרְעֹה beFaró וּבְכָל־ uvejol ב"ן, לכב

עֲבָדָיו avadav וּבְכָל־ uvejol ב"ן, לכב עַם am אַרְצוֹ artsó כִּי qui יָדַעְתָּ yadata

כִּי qui הֵזִידוּ hezidu עֲלֵיהֶם aleihem וַתַּעַשׂ־ vataas לְךָ lejá שֵׁם shem

כְּהַיּוֹם quehayom ע"ה נגד, מזבח, זן, אל יהוה הַזֶּה hazé והו: וְהַיָּם vehayam ילי

בָּקַעְתָּ bakata לִפְנֵיהֶם lifneihem וַיַּעַבְרוּ vayaavrú בְתוֹךְ־ vetoj

הַיָּם hayam ילי בַּיַּבָּשָׁה bayabashá וְאֶת־ veet רֹדְפֵיהֶם rodfeihem

הִשְׁלַכְתָּ hishlajta בִמְצוֹלֹת vimtsolot ר"ת רהב (שרו של מצרים) כְמוֹ־ cmó

אֶבֶן even ר"ת = אהיה בְּמַיִם bemáyim עַזִּים azim ר"ת ע"ב, ריבוע יהוה:

Hallaste que su corazón Te era fiel e hiciste un Pacto con él para darle la tierra de los cananeos, los heteos, los amorreos, los ferezeos, los jebuseos y los gergeseos, cuyas tierras las diste a su descendencia, cumpliendo Tu palabra, porque Tú eres justo. Y viste la aflicción de nuestros padres en Egipto y escuchaste su llanto junto al Mar Rojo. Y realizaste señales y maravillas contra el Faraón y todos sus siervos, porque sabías que obraban con soberbia contra nuestros padres y así Te creaste fama hasta el día de hoy. Y partiste el mar delante de ellos, de modo que pasaron por el medio del mar en tierra seca, pero sus perseguidores fueron arrojados por Ti a las profundidades, como una piedra en aguas turbulentas" (Nehemías 9:5-11).

VAYOSHA

Cuando se recita con gran alegría, *Vayosha* tiene el poder de eliminar la negatividad y hacer nuestro proceso de *tikún* mucho más fácil. El proceso de *tikún* se refiere a las correcciones personales que cada individuo vino a hacer en este mundo. Las correcciones que debemos hacer están basadas en nuestros comportamientos negativos y reactivos de esta vida y de vidas anteriores. El *tikún* puede incluir aspectos económicos, de relaciones y de salud, entre otros. Podemos identificar nuestro *tikún* en todas las áreas de nuestra vida al observar dónde estamos experimentando más dificultades.

וַיּוֹשַׁע vayosha יְהֹוָהאדני יאהדונהי Adonai **(Segunda *Guevurá*)** בַּיּוֹם bayom

ע״ה נגד, מזבח, זן, אל יהוה ; ר״ת = וז״י הַהוּא hahú אֶת־ et יִשְׂרָאֵל Yisrael

מִיַּד miyad מִצְרָיִם Mitsráyim מצר ; ר״ת = אמן (יאהדונהי) וַיַּרְא vayar

יִשְׂרָאֵל Yisrael אֶת־ et מִצְרַיִם Mitsráyim מצר מֵת met עַל־ al

שְׂפַת sfat הַיָּם hayam ילי: וַיַּרְא vayar יִשְׂרָאֵל Yisrael אֶת־ et

הַיָּד hayad והו הַגְּדֹלָה hagdolá ר״ת אהיה אֲשֶׁר asher עָשָׂה asá

יְהֹוָהאדני יאהדונהי Adonai **(Tercera *Guevurá*)** בְּמִצְרָיִם beMitsráyim מצר

וַיִּירְאוּ vayirú הָעָם haam אֶת־ et יְהֹוָהאדני יאהדונהי Adonai **(Cuarta *Guevurá*)**

וַיַּאֲמִינוּ vayaaminu בַּיהֹוָהאדני יאהדונהי baAdonai **(Quinta *Guevurá*)** ; ר״ת איוב

וּבְמֹשֶׁה uveMoshé מהש, ע״ב בריבוע וקס״א, אל שדי, ד״פ אלהים ע״ה עַבְדּוֹ avdó:

LOS 72 NOMBRES DE DIOS

Esta tabla presenta los 72 Nombres de Dios. Moshé usó estas secuencias y fórmulas para conectar con las verdaderas leyes de la naturaleza —milagros y maravillas— y eliminar todos los obstáculos que evitan que la humanidad se conecte con éstas. Es así como el Mar Rojo fue dividido (Éxodo 14:19-21). La partición del Mar Rojo es una expresión de la conexión con la Realidad del 99%, donde los milagros son la norma. Simplemente con escanear esta configuración de letras, conectamos con nuestra verdadera naturaleza y poder. Nos volvemos más proactivos y nos acercamos más al verdadero propósito de nuestra alma.

VAYOSHA

"Y el Señor salvó ese día a Israel de la mano de Egipto, e Israel vio a los egipcios muertos a la orilla del mar. Y vio Israel la grandeza de la Mano de Señor contra los egipcios; y temió el pueblo al Señor y creyeron en Él y en Moshé, Su siervo" (Éxodo 14:30-31).

Para escanear: Comienza en la parte superior derecha (A-1) y escanea cada fila de derecha a izquierda, terminando en la parte inferior izquierda (I-8).

8	7	6	5	4	3	2	1	
כהת	אכא	ללה	מהש	עלם	סיט	ילי	והו	A
הקם	הרי	מבה	יזל	ההע	לאו	אלד	הזי	B
וזהו	מלה	ייי	נלך	פהל	לוו	כלי	לאו	C
ושר	לכב	אום	ריי	שאה	ירת	האא	נתה	D
ייז	רהע	וזעם	אני	מנד	כוק	להוז	יוזו	E
מיה	עשל	ערי	סאל	ילה	וול	מיכ	ההה	F
פוי	מבה	נית	ננא	עמם	הוזש	דני	והו	G
מוזי	ענו	יהה	ומב	מצר	הרוז	ייל	נמם	H
מום	היי	יבמ	ראה	וזבו	איע	מנק	דמב	I

AZ YASHIR MOSHÉ – CANCIÓN DEL MAR

Moshé y los israelitas cantaron esta canción después de la partición del Mar Rojo. Es la canción del alma. Lamentablemente, perdemos contacto con nuestra alma cuando estamos atrapados en el mundo material. Esta oración ayuda a despertar la memoria y el poder de la canción original que reside en las profundidades de nuestra alma; porque cuando estamos conectados con nuestra alma, podemos alcanzar cualquier cosa.

Dieciocho veces el Nombre de Dios (יהוה o אדני) por las dieciocho bendiciones de los Mundos de *Yetsirá*. Debes meditar en que estos dieciocho son el valor numérico de las dos letras *Tet* ט en Meta-trón (**no pronunciar**) que está en *Zeir Anpín* de *Yetsirá*, así como también debes meditar en los nueve *tikunim* de *Zeir Anpín* de *Yetsirá*, nueve de Luz Directa y nueve de Luz Retornante, (de la misma manera que meditamos en *Yehí Jevod* en la pág. 269). También debes imaginar que cruzaste el Mar Rojo ese día. Decirlo con felicidad limpiará todas nuestras transgresiones.

אָז az יָשִׁיר־ yashir מֹשֶׁה Moshé מהש, ע״ב בריבוע וקס״א, אל שדי, ד״פ אלהים ע״ה
וּבְנֵי uvnei יִשְׂרָאֵל Yisrael ר״ת ע״ה נגד, מזבוז, זן, אל יהוה אֶת־ et הַשִּׁירָה hashirá
הַזֹּאת hazot לַיהֹוָהאדניאהדונהי laAdonai (ארך) וַיֹּאמְרוּ vayomrú לֵאמֹר lemor
אָשִׁירָה ashira לַיהֹוָהאדניאהדונהי laAdonai (אפים) כִּי־ qui גָאֹה gaó גָּאָה gaá
סוּס sus ריבוע אדני, כוק וְרֹכְבוֹ verojvó רָמָה ramá בַיָּם vayam ילי:
עָזִּי azí אלהים ע״ה, אהיה אדני ע״ה וְזִמְרָת vezimrat יָהּ Yah וַיְהִי־ vayehí לִי li
לִישׁוּעָה lishuá זֶה ze אֵלִי Elí וְאַנְוֵהוּ veanvehu (Medita en el Nombre Sagrado: יְהֻוָאֵלו
יהואל, לכב) אֱלֹהֵי Elohei מילוי ע״ב, דמב ; ילה אָבִי aví וַאֲרֹמְמֶנְהוּ vaaromemenhu:

AZ YASHIR MOSHÉ – CANCIÓN DEL MAR

"Entonces entonaron Moshé y los Hijos de Israel este cántico al Señor: Cantaré al Señor, exaltando su grandeza. Al caballo y al jinete arrojó a la mar. Mi fortaleza y mi canto es Dios; Él es mi salvación. Él es mi Dios y como tal Lo alabaré. Es el Dios de mi padre y como tal Lo ensalzaré.

יְהֹוָה יאהדונהי Adonai (ורב וחסד) אִישׁ ish מִלְחָמָה miljamá

יְהֹוָה יאהדונהי Adonai (נֹשֵׂא עָוֹן) שְׁמוֹ Shmó מהש ע"ה, ע"ב בריבוע וקס"א ע"ה, אל שדי ע"ה:

מַרְכְּבֹת marquevot פַּרְעֹה Paró וְחֵילוֹ vejeiló יָרָה yará בַיָּם vayam יל"י

וּמִבְחַר umivjar שָׁלִשָׁיו shalishav טֻבְּעוּ tubú בְיַם־ veyam יל"י סוּף Suf:

תְּהֹמֹת tehomot יְכַסְיֻמוּ yejasyumu יָרְדוּ yardú בִמְצוֹלֹת vimtsolot

כְּמוֹ־ cmó אָבֶן áven ר"ת = אהיה: יְמִינְךָ yeminjá יְהֹוָה יאהדונהי Adonai

(ופשע) נֶאְדָּרִי needarí בַּכֹּחַ bacóaj ר"ת = ע"ב, ריבוע יהוה וס"ת = יגל

יְמִינְךָ yeminjá יְהֹוָה יאהדונהי Adonai (ונקה) תִּרְעַץ tirats אוֹיֵב oyev

צרעת איוב (בזמנא דמלכא משיחא): וּבְרֹב uverov י"פ אהיה גְּאוֹנְךָ gueonjá

תַּהֲרֹס taharós קָמֶיךָ kameja (בימי גוג ומגוג) תְּשַׁלַּח teshalaj

חֲרֹנְךָ jaronjá יֹאכְלֵמוֹ yojlemó כַּקַּשׁ cakash (בעת תחיית המתים):

וּבְרוּחַ uverúaj אַפֶּיךָ apeja נֶעֶרְמוּ neermú מַיִם máyim ר"ת אמן (יאהדונהי)

נִצְּבוּ nitsvú כְמוֹ־ jmó נֵד ned ר"ת ק"כ צירופי אלהים נֹזְלִים nozlim

קָפְאוּ kafú תְהֹמֹת tehomot בְּלֶב־ belev יָם yam יל"י: אָמַר amar אוֹיֵב oyev

אֶרְדֹּף erdof אַשִּׂיג asig אֲחַלֵּק ajalek שָׁלָל shalal תִּמְלָאֵמוֹ timlaemo

נַפְשִׁי nafshí אָרִיק arik חַרְבִּי jarbí רי"י תּוֹרִישֵׁמוֹ torishemo יָדִי yadí:

נָשַׁפְתָּ nashafta בְרוּחֲךָ vrujajá ר"ת כ"ן כִּסָּמוֹ quisamó יָם yam יל"י

צָלֲלוּ tsalelú כַּעוֹפֶרֶת caoféret בְּמַיִם bemáyim אַדִּירִים adirim הרי ; ר"ת קמ"ג:

El Señor es el Amo de la guerra. El Señor es Su Nombre. Precipitó en el mar los carros del Faraón y su ejército. Sus capitanes escogidos fueron hundidos en el Mar Rojo. Las aguas profundas los cubrieron y cual piedras bajaron hasta lo más hondo. Tu diestra, Señor, es inmensamente poderosa; Tu diestra, Señor, aniquila al enemigo. Con Tu gran ingenio destruyes a Tus adversarios. Les envías Tu furia y los consume como paja. Y con las alas de Tu ira se elevaron y se abrieron las aguas, deteniéndose como si fueran muros. Se congelaron los abismos en medio de la mar. Dijo el enemigo: Los perseguiré y los alcanzaré y repartiré sus despojos, con los que hartaré mi alma. Desenvainaré mi espada y los quebrantará mi mano. Pero Tú soplaste con Tu poderoso aliento y el mar los fue cubriendo hasta que se hundieron como plomo en las procelosas aguas.

מִי־ mi יכ"י כָמֹכָה jamoja בָּאֵלִם baelim יְהֹוָה Adonai (פוקד)

ר"ת = ע"ב, ריבוע יהוה ; ס"ת מ"ה מִי mi יכ"י כָּמֹכָה camoja נֶאְדָּר needar

בַּקֹּדֶשׁ bakódesh ר"ת = יבק, אלהים יהוה, אהיה אדני יהוה נוֹרָא norá תְהִלֹּת tehilot

עֹשֵׂה osé פֶלֶא fele: נָטִיתָ natita יְמִינְךָ yeminjá תִּבְלָעֵמוֹ tivlaemo

ר"ת נית (זו מות) אָרֶץ árets: נָחִיתָ najita בְחַסְדְּךָ vejasdeja ר"ת ב"ן עַם־ am

זוּ zu גָּאָלְתָּ gaalta נֵהַלְתָּ nehalta בְעָזְּךָ veazjá אֶל־ el נְוֵה nevé

קָדְשֶׁךָ kodshejá ר"ת קנ"א ב"ן, יהוה אלהים יהוה אדני, מילוי קס"א וס"ג, מ"ה ברבוע ע"ב ע"ה:

שָׁמְעוּ shamú עַמִּים amim יִרְגָּזוּן yirgazún חִיל jil ומב אָחַז ajaz

יֹשְׁבֵי yoshvei פְּלָשֶׁת peláshet (כוונות ישמעאל): אָז az נִבְהֲלוּ nivhalú

אַלּוּפֵי alufei אֱדוֹם edom (כוונות עשו) אֵילֵי eilei מוֹאָב moav

יֹאחֲזֵמוֹ yojazemo רָעַד raad (כוונות שאר כל השרים שהם נכנעים תחתיהם)

נָמֹגוּ namogu כֹּל col יכ"י יֹשְׁבֵי yoshvei כְנָעַן Jenaán:

תִּפֹּל tipol עֲלֵיהֶם aleihem אֵימָתָה eimatá וָפַחַד vafájad ר"ת שם קדוש תעא"ו

בִּגְדֹל bigdol זְרוֹעֲךָ zroajá יִדְּמוּ yidmú כָּאָבֶן caáven ר"ת = טל (יוד הא ואו)

עַד־ ad יַעֲבֹר yaavor עַמְּךָ amjá יְהֹוָה Adonai (על שלשים)

עַד־ ad יַעֲבֹר yaavor עַם־ am זוּ zu קָנִיתָ kanita: תְּבִאֵמוֹ teviemo

וְתִטָּעֵמוֹ vetitaemo בְּהַר behar נַחֲלָתְךָ najalatjá ר"ת ב"ן מָכוֹן majón

לְשִׁבְתְּךָ leshivtejá פָּעַלְתָּ paalta יְהֹוָה Adonai (ועל רבעים) ; ר"ת

ע"ה = קס"א מִקְּדָשׁ mikdash אֲדֹנָי Adonai (ארך) כּוֹנְנוּ conenú יָדֶיךָ yadeja:

¿Quién como Tú entre los dioses, Señor? ¿Quién como Tú inmenso en Santidad, el más digno de alabanzas y hacedor de milagros? Cuando extendiste Tu diestra se los tragó la tierra. Con Tu benevolencia gobernaste al pueblo que redimiste. Los condujiste con Tu fuerza a Tu Santo Santuario. Escucharon pueblos y se estremecieron. Se apoderó el terror de los filisteos. Se angustiaron los príncipes de Edom. Temblaron los valientes de Moab y el miedo dominó a todos los cananeos. Se abatieron espantados por el poderío de Tu brazo y enmudecieron como la piedra, hasta que pasó Tu pueblo, Señor, hasta que pasó el pueblo que Tú redimiste. Los llevarás para que arraiguen en el monte de Tu santidad, en el lugar de Tu morada, el cual Tú preparaste. Tus manos establecieron el Templo del Señor.

Uno de los 72 Nombres de Dios está codificado en esta conexión: *Yud, Yud, Lámed* ייל. Esta fórmula nos da el poder de la certeza y la capacidad de dejar ir, especialmente en medio de la adversidad. Cuando las cosas van bien, a la mayoría de nosotros nos es fácil aceptar la idea de un Creador y de un principio de causa y efecto en funcionamiento en nuestro universo. Pero tan pronto como enfrentamos un obstáculo repentino o una situación estresante, dudamos de la existencia del Creador y de las enseñanzas de la Kabbalah. Los kabbalistas nos enseñan que absolutamente todo es una prueba. Si podemos mantener la certeza en la Luz cuando las adversidades ataquen, superaremos la prueba y la Luz trabajará para nosotros 100% del tiempo. La misión de Satán es inundar nuestra mente con incertidumbre. El Nombre *Yud, Yud, Lámed* remueve todas las incertidumbres, esto nos da la fuerza de reconocer y superar nuestras pruebas. Una prueba producirá consecuencias negativas sólo si no reconocemos que la dificultad es una prueba y si dudamos de la existencia del Creador.

יְהֹוָה אדניאהדונהי Adonai (אפים) | יִמְלֹךְ yimloj לְעֹלָם leolam

ריבוע ס״ג וי׳ אותיות דס״ג ; ר״ת ייל וָעֶד vaed: יְהֹוָה אדניאהדונהי Adonai (ורב וחסד) |

יִמְלֹךְ yimloj לְעֹלָם leolam ריבוע ס״ג וי׳ אותיות דס״ג ; ר״ת ייל וָעֶד vaed:

יְהֹוָה אדניאהדונהי Adonai (נשא עון) מַלְכוּתֵיהּ maljutei קָאֵים kaeim

לְעָלַם lealam וּלְעָלְמֵי ulealmei עָלְמַיָּא almayá: כִּי qui בָא va סוּס sus ריבוע

אדני, כוק פַּרְעֹה Paró בְּרִכְבּוֹ berijbó וּבְפָרָשָׁיו uvefarashav בַּיָּם bayam ילי

וַיָּשֶׁב vayashev יְהֹוָה אדניאהדונהי Adonai (ופשע) עֲלֵהֶם aleihem אֶת־ et מֵי mei

ילי הַיָּם hayam ילי וּבְנֵי uvnei יִשְׂרָאֵל Yisrael הָלְכוּ haljú בַיַּבָּשָׁה vayabashá

בְּתוֹךְ betoj הַיָּם hayam ילי: כִּי qui לַיהֹוָה אדניאהדונהי laAdonai (ונקה)

הַמְּלוּכָה hamelujá ר״ת כלה (רמז למלכות שהיא הכלה) וּמֹשֵׁל umoshel

בַּגּוֹיִם bagoyim: וְעָלוּ vealú מוֹשִׁעִים moshiím בְּהַר behar צִיּוֹן Tsiyón

יוסף, ו׳ הויות, קנאה לִשְׁפֹּט lishpot אֶת־ et הַר har עֵשָׂו Esav וְהָיְתָה vehaytá

לַיהֹוָה אדניאהדונהי laAdonai (פוקד) הַמְּלוּכָה hamelujá: וְהָיָה vehayá יהוה ; יהה

יְהֹוָה אדניאהדונהי Adonai (על שלשים) לְמֶלֶךְ leMélej עַל־ al כָּל col ילי ; עמם

הָאָרֶץ haárets אלהים דההין ע״ה בַּיּוֹם bayom ע״ה נגד, מזבח, זן, אל יהוה הַהוּא hahú

יִהְיֶה yihyé ייי יְהֹוָה אדניאהדונהי Adonai (ועל רבעים) אֶחָד Ejad אהבה, דאגה

וּשְׁמוֹ uShmó מהש ע״ה, ע״ב בריבוע וקס״א ע״ה, אל שדי ע״ה אֶחָד Ejad אהבה, דאגה:

Y reinará el Señor eternamente y para siempre. Y reinará el Señor eternamente y para siempre" (Éxodo 15:1-18). *Señor, Tu Reino reinará por siempre y eternamente. "Porque cuando penetró el caballo del faraón con su carro y sus jinetes en el mar, el Señor hizo tornar sobre ellos las aguas, en tanto que los Hijos de Israel habían cruzado el mar en seco"* (Éxodo 15:19). *"Porque el Reino pertenece al Señor y Él gobierna sobre las naciones"* (Salmos 22:29). *"Y los salvadores ascenderán al Monte Sión para buscar el castigo del Monte Esaú, y luego todo el universo reconocerá el reinado del Señor"* (Abdías 1:21). *"Y el Señor será entonces Rey sobre toda la Tierra, y en ese día el Señor será Uno y su Nombre Uno"* (Zacarías 14:9).

NISHMAT COL JAI

Siempre hay energía adicional que es liberada en nuestro mundo físico durante una festividad o en *Shabat*. Esta conexión en particular construye nuestra Vasija interna para que tengamos la capacidad de atraer esta fuerza adicional y la capacidad de manejar aquello que atraemos.

Esta alabanza es preciosa y exaltada, y debes recitarla de forma placentera. Los kabbalistas dicen que cuando una persona pasa por una dificultad, problema o peligro, hacer una promesa de recitar "*Nishmat Col Jai*" le proporciona gran ayuda.

Si se te olvidó y omitiste "*Nishmat Col Jai*" y ya recitaste la bendición de "*Yishtabaj*", mientras no hayas comenzado la siguiente bendición "*Yotser Or*", puedes regresar y decir "*Nishmat Col Jai*". Pero si comienzas "*Yotser Or*", debes completarla luego de terminar la oración sin decir la bendición de "*Yishtabaj*".

נִשְׁמַת nishmat כָּל col ילי חַי jai

ר"ת נכוז כמס' ג' הויות יהוה יהוה יהוה

En *Shabat*, medita en recibir el alma adicional llamada: *Néfesh*

del aspecto del día de *Shabat* y escanea la siguiente meditación:

Los tres יהוה que se mencionaron anteriormente son los tres *Mojín* —*Jojmá*, *Biná*, *Dáat*— que están en el Entorno de la letra *Mem* (מ) del *Tsélem* (צל"ם) de *Aba*, puesto que los *Mojín* de *Ima* ya entraron en *Zeir Anpín*. Así que ahora *Zeir Anpín* tiene todo su Entorno para *Aba* e *Ima* [de la letra *Mem* (מ) del *Tsélem* (צל"ם)] y es por ello que ahora podemos recibir el alma adicional de *Shabat*.

כָּל וָזַי = וזיים, אהיה אהיה יהוה

תמורת תפילין הנקרא וזיי המלך, והוא נשמה, כי בינה הוא בוזינת נשמה.

אטמון = ק"ו, ב"פ ב"ן (יוד הה וו הה) עם ב' כוללים.

קוֹל = ר"ת ועשה לו כתנת פסים (להתיר הקול).

אלף הי יוד הי

אלף הא יוד הא

אלף הה יוד הה

ס"ת ועשה לו כתנת פסים עולה למנין קס"א קמ"ג קנ"א (עם ד' תיבות ועשה לו כתנת פסים).

גם יכוין: פסי"ם נוטריקון פסקו"ן סגרו"ן יהוא"ל מטטרו"ן

פֲּסְקוֹן (בניקוד ה' שפתי תפתח)

סָגָרִוֹן (יכוין ס"ג ורנו כנפי הוויות וניקו' ניקו' רָנוּ שָׁמַיִם)

יְהַוְאֵל (según el Rashash) לכב (יוצא מפסוק זה אלי וְאַנְוֵהוּ הוא וניקודו)

מִטָטְרַוְן (בניקוד ר"ת הִנֵּה אָנֹכִי שֹׁלֵחַ מַלְאָךְ לְפָנֶיךָ)

תְּבָרֵךְ tevarej אֶת et שִׁמְךָ Shimjá יְהֹוָהאדניאהדונהי Adonai אֱלֹהֵינוּ Eloheinu ילה

וְרוּחַ verúaj כָּל col ילי בָּשָׂר basar תְּפָאֵר tefaer וּתְרוֹמֵם uteromem

זִכְרְךָ zijrejá מַלְכֵּנוּ malquenu תָּמִיד tamid ע"ה קס"א קנ"א קמ"ג (מילואי אהיה).

NISHMAT COL JAI

El alma de cada ser viviente bendecirá Tu Nombre, Señor, nuestro Dios,
y el espíritu de toda criatura siempre glorificará y exaltará Tu remembranza, nuestro Rey.

מן min העולם haolam ועד vead העולם haolam אתה Atá
אל El ייא״י (מילוי דס״ג)• ומבלעדיך umibaladeja אין ein לנו lanu אלהים, אהיה אדני
מלך mélej גואל goel ומושיע umoshía• פודה podé ומציל umatsil•
ועונה veoné ומרחם umerajem אברהם, וח״פ אל, רי״ו ול״ב נתיבות החכמה, רמ״ח (אברים),
עסמ״ב וט״ז אותיות פשוטות• בכל bejol ב״ן, לכב עת et צרה tsará אלהים דההין
וצוקה vetsuká• אין ein לנו lanu אלהים, אהיה אדני מלך mélej
עוזר ozer וסומך vesomej ריבוע אדני, כוק אלא ela אתה Atá:
אלהי Elohei מילוי דע״ב, דמב ; ילה הראשונים harishonim
והאחרונים vehaajaronim• אלוה Elohá מ״ב כל col ילי בריות briyot•
אדון Adón אני כל col ילי תולדות toladot• המהלל hamehulal
בכל bejol ב״ן, לכב התשבחות hatishbajot• המנהג hamenaheg
עולמו olamó בחסד bejésed ע״ב, ריבוע יהוה ובריותיו uvriyotav
ברחמים berajamim מצפצ, אלהים דיודין, י״פ ייי• ויהוה יאהדונהי vaAdonai
אלהים Elohim אהיה אדני ; ילה אמת emet אהיה פעמים אהיה, ז״פ ס״ג
לא lo ינום yanum ולא veló יישן yishán ש״ע נהורין רא״א•
המעורר hameorer ישנים yeshenim והמקיץ vehamekits נרדמים nirdamim•
מחיה mejayé ס״ג מתים metim• ורופא verofé חולים jolim חולה =
מ״ה עם ד׳ אותיות• פוקח pokéaj עורים ivrim• וזוקף vezokef כפופים cfufim•
המשיח hamesíaj אלמים ilmim• והמפענח vehamfaanéaj
נעלמים neelamim• ולך uLejá לבדך levadjá אנחנו anajnu
מודים modim כנגד מאה ברכות שתיקן דוד לאמרם כל יום:

Desde este mundo al Mundo por Venir, Tú eres Dios. Y aparte de Ti, no tenemos rey, redentor o salvador. Él Quien libera, rescata, sostiene, responde y es misericordioso en cada momento de ansiedad y angustia; no tenemos otro rey, ayudante o apoyo que no seas Tú. Dios del primero y del último, Dios de todas las criaturas, Señor de todas las generaciones, Quien es exaltado a través de multitud de alabanzas y Quien guía Su mundo con benevolencia y a Sus criaturas con misericordia. Y el Señor, Dios, es verdad y Él ni dormita ni duerme. Él Quien levanta a los que duermen y despierta a los adormilados. Él Quien resucita los muertos y cura a los enfermos. Él, que otorga vista a los ciegos y endereza a los torcidos. Él hace a los mudos hablar y descubre lo oculto. Y a Ti solamente, te damos gracias.

וְאִלּוּ veílu פִינוּ finu מָלֵא malé שִׁירָה shirá כַּיָּם cayam יל״י•

וּלְשׁוֹנֵנוּ ulshonenu רִנָּה riná כַּהֲמוֹן cahamón גַּלָּיו galav•

וְשִׂפְתוֹתֵינוּ vesiftoteinu שֶׁבַח shévaj כְּמֶרְחֲבֵי quemerjavei רָקִיעַ rakía•

וְעֵינֵינוּ veeineinu ריבוע מ״ה מְאִירוֹת meirot כַּשֶּׁמֶשׁ cashémesh

וְכַיָּרֵחַ vejayaréaj• וְיָדֵינוּ veyadeinu פְרוּשׂוֹת frusot כְּנִשְׁרֵי quenishrei

שָׁמָיִם shamáyim י״פ טל, י״פ כוזו• וְרַגְלֵינוּ veragleinu קַלּוֹת calot

כָּאַיָּלוֹת caayalot• אֵין ein אֲנַחְנוּ anajnu מַסְפִּיקִין maspikin

לְהוֹדוֹת lehodot לְךָ Lejá יְהֹוָה יאהדונהי Adonai אֱלֹהֵינוּ Eloheinu ילה•

וּלְבָרֵךְ ulevarej אֶת et שְׁמְךָ Shimjá מַלְכֵּנוּ malquenu• עַל al

אַחַת ajat מֵאֶלֶף meélef מספר אֶלֶף = אלף למד שין דלת יוד ע״ה אַלְפֵי alfei

אֲלָפִים alafim וְרוֹב verov רִבֵּי ribei רְבָבוֹת revavot פְּעָמִים peamim•

הַטּוֹבוֹת hatovot נִסִּים nisim וְנִפְלָאוֹת veniflaot שֶׁעָשִׂיתָ sheasita

עִמָּנוּ imanu ריבוע ס״ג, קס״א ע״ה וד׳ אותיות וְעִם veím אֲבוֹתֵינוּ avoteinu•

מִלְּפָנִים milfanim מִמִּצְרַיִם miMitsráyim מצר גְּאַלְתָּנוּ guealtanu

יְהֹוָה יאהדונהי Adonai אֱלֹהֵינוּ Eloheinu ילה• מִבֵּית mibeit ב״פ ראה

עֲבָדִים avadim פְּדִיתָנוּ peditanu• בְּרָעָב beráav זַנְתָּנוּ zantanu•

וּבְשָׂבָע uvesavá כִּלְכַּלְתָּנוּ quilcaltanu• מֵחֶרֶב mejérev הִצַּלְתָּנוּ hitsaltanu•

מִדֶּבֶר midéver מִלַּטְתָּנוּ milatetanu• וּמֵחֳלָאִים umejolaím רָעִים raím

וְרַבִּים verabim דִּלִּיתָנוּ dilitanu: עַד ad הֵנָּה hena עֲזָרוּנוּ azarunu

רַחֲמֶיךָ rajameja וְלֹא veló עֲזָבוּנוּ azavunu חֲסָדֶיךָ jasadeja•

Y si fuese nuestra boca llena de canciones como el mar y nuestra lengua tan llena de cánticos alegres como su multitud de olas, y nuestros labios tan llenos de alabanza como la amplitud del firmamento, y nuestros ojos tan brillantes como el Sol y la Luna, y nuestras manos tan extendidas como águilas de los cielos y nuestras piernas tan ágiles como ciervos, todavía no podemos agradecer lo suficiente, Señor, nuestro Dios, y bendecir Tu Nombre, nuestro Rey, así sea por uno de los miles entre los miles de miles y de las miríadas entre miríadas de miríadas de favores, milagros y maravillas que Tú hiciste para nuestros ancestros y para nosotros. Desde el interior de Egipto, Tú nos has redimido, Señor, nuestro Dios, y nos has liberado de la casa de cautiverio. En momentos de hambre, Tú nos nutriste en abundancia, Tú nos sostuviste. De la espada, Tú nos salvaste y de la plaga, Tú nos dejaste escapar y de severas, numerosas y largas enfermedades, Tú nos eximiste. Hasta ahora Tu misericordia nos ha ayudado y Tu benevolencia no nos ha defraudado.

עַל al כֵּן quen אֵבָרִים evarim שֶׁפִּלַּגְתָּ shepilagta בָּנוּ banu•

וְרוּחַ verúaj וּנְשָׁמָה unshamá שֶׁנָּפַחְתָּ shenafajta בְּאַפֵּינוּ beapenu•

וְלָשׁוֹן velashón אֲשֶׁר asher שַׂמְתָּ samta בְּפִינוּ befinu•

הֵן hen הֵם hem, יוֹדוּ yodú וִיבָרְכוּ vivarjú יהוה ריבוע יהוה ריבוע מ"ה•

וִישַׁבְּחוּ vishabjú• וִיפָאֲרוּ vifaarú• אֶת et שִׁמְךָ Shimjá מַלְכֵּנוּ malquenu

תָּמִיד tamid ע"ה קס"א קנ"א קמ"ג• כִּי qui כָּל jol ילי פֶּה pe מילה ; וע"ה אלהים, אהיה אדני

לְךָ lejá יוֹדֶה yodé• וְכָל vejol ילי לָשׁוֹן lashón לְךָ lejá

תְשַׁבֵּחַ teshabéaj• וְכָל vejol ילי עַיִן ayin ריבוע מ"ה לְךָ lejá תְצַפֶּה tetsapé•

וְכָל vejol ילי בֶּרֶךְ bérej לְךָ lejá תִכְרַע tijrá•

וְכָל vejol ילי קוֹמָה komá לְפָנֶיךָ lefaneja ס"ג מ"ה ב"ן תִשְׁתַּחֲוֶה tishtajavé•

וְהַלְּבָבוֹת vehalevavot יִירָאוּךָ yiraúja וְהַקֶּרֶב vehakérev

וְהַכְּלָיוֹת vehaclayot יְזַמְּרוּ yezamrú לִשְׁמֶךָ lishmeja• כַּדָּבָר cadavar ראה

שֶׁנֶּאֱמַר sheneemar: כָּל col ילי עַצְמוֹתַי atsmotai תֹּאמַרְנָה tomarna

יְהֹוָהאדניאהדונהי Adonai מִי mi ילי כָמוֹךָ jamoja מַצִּיל matsil עָנִי aní ריבוע מ"ה

מֵחָזָק mejazak פהל מִמֶּנּוּ mimenu וְעָנִי veaní ריבוע מ"ה וְאֶבְיוֹן veevyón

מִגֹּזְלוֹ migozló: שַׁוְעַת shavat עֲנִיִּים aniyim עין = ריבוע מ"ה אַתָּה atá

תִּשְׁמַע tishmá• צַעֲקַת tsaakat הַדַּל hadal תַּקְשִׁיב takshiv וְתוֹשִׁיעַ vetoshía•

וְכָתוּב vejatuv: רַנְּנוּ ranenú צַדִּיקִים tsadikim בַּיהֹוָהאדניאהדונהי baAdonai

לַיְשָׁרִים layesharim נָאוָה navá תְהִלָּה tehilá ע"ה אמות, אהיה פעמים אהיה, ו"פ ס"ג:

Por lo tanto, Tú has extendido órganos dentro de nosotros, y el espíritu y alma que Tú has soplado en nuestras narices y la lengua que Tú has colocado en nuestra boca, son ellos los que deberían agradecer, bendecir, alabar y glorificar Tu Nombre, nuestro Rey, para siempre. Porque cada boca deberá agradecerte y cada lengua deberá alabarte, y cada ojo deberá ver hacia Ti, y cada rodilla debe doblarse ante Ti, y toda forma erguida deberá postrarse ante Ti. Y los corazones Te temerán. Y los órganos internos y los riñones cantarán Tu Nombre, como está escrito: "Todos mis huesos dirán: Señor, ¿Quién es como Tú? Tú salvas al hombre débil del más fuerte que él, y al pobre y al indigente de quien quiere robarle" (Salmos 35:10). Tú escuchas el llamado del pobre y Tú escuchas los gritos del indigente y Tú salvas. Y está escrito: "Canten con alegría, oh justos, ante el Señor, porque la alabanza del hombre recto es conveniente" (Salmos 33:1).

YITSJAK Y RIVKÁ

Yitsjak el Patriarca rezó exitosamente para que su esposa Rivká tuviera un hijo. Todos nosotros, especialmente en este punto, debemos rezar por otras personas que tengan necesidad de sustento económico, personal, emocional o de salud. La única manera para que nuestras oraciones sean contestadas es que recemos por otros con un corazón genuino.

Los siguientes cuatro versículos corresponden a los cuatro pilares que llevan el Trono de *Briá*, donde están erigidas las Diez *Sefirot* de *Atsilut*. También, los cuatro versículos simbolizan el Trono de *Briá* como tal, el cual incluye a los tres Patriarcas (*Jésed, Guevurá, Tiféret*) y al Rey David (*Maljut*).

Derecha Avraham	מיכאל בְּפִי befí	קדמיאל יְשָׁרִים yesharim	פדאל תִּתְרוֹמָם titromam:
Izquierda Yitsjak	גבריאל וּבְשִׂפְתֵי uvesiftei	צדקיאל צַדִּיקִים tsadikim	חסדיאל תִּתְבָּרַךְ titbaraj:
Este Yaakov	רפאל וּבִלְשׁוֹן uvilshón	רזיאל וַחֲסִידִים jasidim	סטטריה תִּתְקַדָּשׁ titkadash:
Cuarta David	נוריאל וּבְקֶרֶב uvekérev	יופיאל קְדוֹשִׁים kdoshim	ענאל תִּתְהַלָּל tithalal:

בְּמִקְהֲלוֹת bemikhalot רִבְבוֹת rivevot עַמְּךָ amjá בֵּית beit ב"פ ראה
יִשְׂרָאֵל. Yisrael שֶׁכֵּן shequén חוֹבַת jovat כָּל col ילי הַיְצוּרִים hayetsurim
לְפָנֶיךָ lefaneja ס"ג מ"ה ב"ן יְהֹוָהאדניאהדונהי Adonai אֱלֹהֵינוּ Eloheinu ילה
וֵאלֹהֵי veElohei לכב ; מילוי דע"ב, דמ"ב ; ילה אֲבוֹתֵינוּ avoteinu
לְהוֹדוֹת lehodot. לְהַלֵּל lehalel אדני, ללה. לְשַׁבֵּחַ leshabéaj.
לְפָאֵר lefaer. לְרוֹמֵם leromem. לְהַדֵּר lehader. וּלְנַצֵּחַ ulenatséaj.
עַל al כָּל col ילי ; עמם דִּבְרֵי divrei ראה שִׁירוֹת shirot וְתִשְׁבָּחוֹת vetishbajot
דָּוִד David בֶּן ben יִשַׁי Yishai עַבְדְּךָ avdeja פוי, אל אדני מְשִׁיחֶךָ meshijeja:

YITSJAK Y RIVKÁ

Por las bocas de los rectos, Tú serás exaltado.
Y por los labios de los justos, Tú serás bendecido.
Y por las lenguas de los piadosos, Tú serás santificado. Y entre los santos, Tú serás loado.
Y en las asambleas de la miríada de Tu Nación, la Casa de Israel, porque esa es la obligación de todas las criaturas ante Ti, Señor, nuestro Dios y el Dios de nuestros padres, el agradecer y el loar, el alabar, glorificar, exaltar, adorar y triunfar inclusive más allá de todas las expresiones de las canciones y alabanzas de David, el hijo de Yishai, Tu siervo, Tu ungido.

YISHTABAJ

Ahora que hemos dividido el Mar Rojo, nuestro próximo nivel de conexión es el Mundo de Creación (*Briá*). La primera palabra, *Yishtabaj* ישתבח tiene el valor numérico de 720 o diez veces los 72 Nombres de Dios (10 x 72). Al recitar *Yishtabaj*, recibimos el poder del Rey Shlomó, el de la sabiduría. Shlomó שלמה está codificado en el grupo de palabras y letras presentado a continuación. Además de ello, las primeras letras de cada una de las últimas cinco líneas de esta oración forman el nombre de Avraham. Avraham denota el poder de compartir. Usamos el poder de Shlomó y Avraham —sabiduría y compartir— para ayudarnos a saltar al Mundo de Creación.

La alabanza de *Yishtabaj* es inmensa y grandiosa. Consiste de 13 alabanzas por los 13 Atributos de *Briá* y las 13 *Sefirot* de *Yetsirá*. Debes decir las palabras lenta y gentilmente, y contarlas con los dedos de tu mano derecha. Procura no detener el conteo de 13 bajo ningún motivo. Y si te has detenido por alguna razón, debes regresar y contarlas nuevamente desde el principio ("*Qui lejá naé*") para decirlas en una sola respiración, como se menciona en el *Zóhar*.

וּבְכֵן uvjén ע"ב, ריבוע יהוה

יִשְׁתַּבַּח yishtabaj י"פ ע"ב שִׁמְךָ Shimjá לָעַד laad ב"פ ב"ן מַלְכֵּנוּ malquenu

הָאֵל haEl לאה ; יא"י (מילוי דס"ג) הַמֶּלֶךְ haMélej (**Rey Shlomó**)

הַגָּדוֹל hagadol להח ; עם ד' אותיות = מבה, יזל, אום וְהַקָּדוֹשׁ vehakadosh

בַּשָּׁמַיִם bashamáyim י"פ טל, י"פ כוזו וּבָאָרֶץ uvaárets: כִּי qui לְךָ lejá נָאֶה naé

יְהֹוָ־אדהנויאהדונהי Adonai אֱלֹהֵינוּ Eloheinu ילה וֵאלֹהֵי veElohei לכב ; מילוי ע"ב, דמב ; ילה

אֲבוֹתֵינוּ avoteinu לְעוֹלָם leolam ריבוע ס"ג וי' אותיות דס"ג וָעֶד vaed:

1) שִׁיר shir (אל) 2) וּשְׁבָחָה ushvajá (רחום). 3) הַלֵּל halel (וחנון) ללה, אדני

4) וְזִמְרָה vezimrá (ארך). 5) עֹז oz (אפים) 6) וּמֶמְשָׁלָה umemshalá (ורב חסד).

7) נֶצַח Nétsaj (ואמת). 8) גְּדֻלָּה gdulá (נצר חסד). 9) גְּבוּרָה Gvurá

(לאלפים) רי"ו. 10) תְּהִלָּה tehilá (נשא עון) ע"ה אמת, אהיה פעמים אהיה, ז"פ ס"ג.

11) וְתִפְאֶרֶת veTiféret (ופשע). 12) קְדֻשָּׁה kedushá (וחטאה).

13) וּמַלְכוּת uMaljut (ונקה). בְּרָכוֹת brajot וְהוֹדָאוֹת vehodaot

---

YISHTABAJ

Que Tu Nombre sea alabado para siempre, nuestro Rey, el Dios, el gran y Santo Rey, Quien está en los Cielos y en la Tierra. Porque Tú eres digno, Señor, nuestro Dios y el Dios de nuestros padres, de: 1) canción 2) y alabanza 3) regocijo 4) y melodía 5) poder 6) y dominio 7) eternidad 8) grandeza 9) valor 10) alabanza 11) y gloria 12) santidad 13) y soberanía. Bendiciones y agradecimientos

לְשִׁמְךָ leShimjá הַגָּדוֹל hagadol להוו ; עם ד' אותיות = מבה, יזל, אום

וְהַקָּדוֹשׁ vehakadosh• וּמֵעוֹלָם umeolam וְעַד־ vead עוֹלָם olam

אַתָּה Atá אֵל El ייא״י (מילוי דס״ג) • בָּרוּךְ Baruj אַתָּה Atá

יהו׳ה (יְהֹוָה/אדני) Adonai מֶלֶךְ Mélej גָּדוֹל gadol להוו ; עם ד' אותיות =

מבה, יזל, אום וּמְהֻלָּל umehulal בַּתִּשְׁבָּחוֹת batishbajot• אֵל El ייא״י (מילוי דס״ג)

הַהוֹדָאוֹת hahodaot• אֲדוֹן Adón אני הַנִּפְלָאוֹת haniflaot• בּוֹרֵא boré

כָּל־ col ילי הַנְּשָׁמוֹת haneshamot• רִבּוֹן ribón יהוה ע״ב ס״ג מ״ה ב״ן כָּל־ col ילי

הַמַּעֲשִׂים hamaasim• הַבּוֹחֵר habojer בְּשִׁירֵי beshirei זִמְרָה zimrá•

מֶלֶךְ Mélej ר״ת (*Avraham*) אֵל El ייא״י (מילוי דס״ג)

חֵי jei (לפי האריז״ל חַי לפי הרש״ש) הָעוֹלָמִים haolamim: אָמֵן Amén יאהדונהי•

SHIR HAMAALOT

Entre *Rosh Hashaná* y *Yom Kipur*, recitamos estos ocho versículos para ayudarnos a penetrar en las profundidades de nuestra alma. Así como hay Diez *Sefirot* en nuestro universo, el alma contiene diez niveles. Cada uno de los diez días entre *Rosh Hashaná* y *Yom Kipur* nos eleva a otro nivel. El poder de diez conecta nuestra alma con todo el universo.

En cada uno de los días entre *Rosh Hashaná* y *Yom Kipur*, una de las diez profundidades (*Ómek* עֹומֶק) que son mencionadas en el *Libro de la formación* (*Séfer Yetsirá*) es despertada. *Ómek* significa *Guevurá* porque *Ómek* tiene el mismo valor numérico de 216, que es el número de letras en los 72 Nombres de Dios. [**En el primer día**, *Ómek Reshit* (Comienzo) es despertado; **en el segundo día**, *Ómek Reshit* es despertado nuevamente. **En el tercer día**, *Ómek Ajarit* (Fin) es despertado; **en el cuarto día**, *Ómek Tov veRá* (Bueno y Malo) es despertado; **en el quinto día**, *Ómek Darom* (Sur) es despertado; **en el sexto día**, *Ómek Tsafón* (Norte) es despertado; **en el séptimo día**, *Ómek Mizraj* (Este) es despertado; **y en el octavo día**, *Ómek Rom veÓmek Tájat* (Superior e Inferior) son despertados. **En el noveno día**, *Ómek Maarav* (Oeste) es despertado, y **en el décimo día**, *Ómek Maarav* es despertado nuevamente].

---

a Tu gran y Santo Nombre desde este mundo al Mundo por Venir. Tú eres Dios. Bendito eres Tú, Señor, Rey, Quien es grande y loado con alabanza. Dios de agradecimiento. Señor de Maravillas. Creador de las almas. Señor de todos los hechos. Quien escoge melodiosas canciones de alabanza. El Rey, el Dios Quien da vida a todos los mundos, Amén.

Biná בינה

שִׁיר shir הַמַּעֲלוֹת hamaalot

מִמַּעֲמַקִּים mimaamakim קְרָאתִיךָ keratija יְה� וָ ה יאהדונהי Adonai:

Jésed חסד

אֲדֹנָי Adonai ללה שִׁמְעָה shimá בְקוֹלִי vekolí תִּהְיֶינָה tihyena

אָזְנֶיךָ ozneja יוד הי ואו הה קַשֻּׁבוֹת kashuvot לְקוֹל lekol תַּחֲנוּנָי tajanunai:

Guevurá גבורה

אִם־ im יהך, מ"א אותיות דפשוט, דמילוי ודמילוי דמילוי דאהיה ע"ה עֲוֹנוֹת avonot

תִּשְׁמָר־ tishmor יָהּ Yah אֲדֹנָי Adonai ללה מִי mi ילי יַעֲמֹד yaamod:

Tiféret תפארת

כִּי־ qui עִמְּךָ imjá הַסְּלִיחָה haslija לְמַעַן lemaan תִּוָּרֵא tivaré:

Nétsaj נצח

קִוִּיתִי kiviti יְהֹוָה יאהדונהי Adonai קִוְּתָה kivtá נַפְשִׁי nafshí

וְלִדְבָרוֹ velidvaró הוֹחָלְתִּי hojalti:

Hod הוד

נַפְשִׁי nafshí לַאדֹנָי laAdonai ללה מִשֹּׁמְרִים mishomrim לַבֹּקֶר labóker

שֹׁמְרִים shomrim לַבֹּקֶר labóker:

Yesod יסוד

יַחֵל yajel יִשְׂרָאֵל Yisrael אֶל־ el יְהֹוָה יאהדונהי Adonai

כִּי־ qui עִם־ im יְהֹוָה יאהדונהי Adonai הַחֶסֶד hajésed ע"ב, ריבוע יהוה

וְהַרְבֵּה veharbé עִמּוֹ imó פְדוּת fedut:

Maljut מלכות

וְהוּא veHú יִפְדֶּה yifdé אֶת־ et יִשְׂרָאֵל Yisrael

מִכֹּל micol ילי עֲוֹנֹתָיו avonotav:

SHIR HAMAALOT

"Un cántico de las Ascensiones. Desde las profundidades Te he llamado, Señor. Señor, escucha mi voz. Presten Tus oídos atención a mis súplicas. Si Tú marcaras las iniquidades, Señor Todopoderoso ¿quién podría mantenerse de pie? Pero contigo hay perdón, para que seas temido. Espero al Señor, mi alma le ansía y en Su palabra confío. Mi alma anhela al Señor, más que los guardianes a la mañana. Israel confía en el Señor, porque con el Señor hay misericordia y con Él hay redención en grado sumo. Y Él redimirá a Israel de todas sus trasgresiones" (Salmos 130).

MEDIO KADISH

El secreto de este medio *Kadish* es que nos eleva desde *Yetsirá* (מ"ה) a *Briá* (ס"ג).

יִתְגַּדַּל yitgadal וְיִתְקַדַּשׁ veyitkadash שׁדי ומילוי שׁדי ; י"א אותיות כמנין ו"ה

שְׁמֵיהּ Shmei (שׁם י"ה דע"ב) רַבָּא rabá קנ"א ב"ן, יהוה אלהים יהוה אדני,

מילוי קס"א וס"ג, מ"ה ברבוע וע"ב ע"ה ; ר"ת = ו"פ אלהים ; ס"ת = ג"פ יב"ק: אָמֵן Amén אידהנויה.

בְּעָלְמָא bealmá דִּי di בְרָא verá כִּרְעוּתֵיהּ quirutei.

וְיַמְלִיךְ veyamlij מַלְכוּתֵיהּ maljutei. וְיַצְמַח veyatsmaj

פּוּרְקָנֵיהּ purkanei. וִיקָרֵב vikarev מְשִׁיחֵיהּ Meshijei: אָמֵן Amén אידהנויה.

בְּחַיֵּיכוֹן bejayeijón וּבְיוֹמֵיכוֹן uveyomeijón וּבְחַיֵּי uvejayei

דְכָל dejol ילי בֵּית beit ב"פ ראה יִשְׂרָאֵל Yisrael בַּעֲגָלָא baagalá

וּבִזְמַן uvizmán קָרִיב kariv וְאִמְרוּ veimrú אָמֵן Amén: אָמֵן Amén אידהנויה.

La congregación y el *jazán* dicen lo siguiente:

28 palabras (hasta *bealmá*) medita en: מילוי דמילוי דע"ב (יוד ויו דלת הי יוד ויו יוד ויו הי יוד)
28 letras (hasta *almayá*) medita en: מילוי דמילוי דס"ג (יוד ויו דלת הי יוד ואו אלף ואו הי יוד)

יְהֵא yehé שְׁמֵיהּ Shmei (שׁם י"ה דס"ג) רַבָּא rabá קנ"א ב"ן,

יהוה אלהים יהוה אדני, מילוי קס"א וס"ג, מ"ה ברבוע וע"ב ע"ה מְבָרַךְ mevaraj,

לְעָלַם lealam לְעָלְמֵי lealmei עָלְמַיָּא almayá. יִתְבָּרַךְ yitbaraj.

Siete palabras con seis letras cada una (שׁם בן מ"ב) medita en:
(יהוה - יוד הי ויו הי - מילוי דמילוי דע"ב (יוד ויו דלת הי יוד ויו יוד ויו הי יוד
También siete veces la letra Vav (שׁם בן מ"ב) medita en:
יהוה - יוד הי ואו הי - מילוי דמילוי דס"ג (יוד ויו דלת הי יוד ואו אלף ואו הי יוד).

וְיִשְׁתַּבַּח veyishtabaj י"פ ע"ב יהוה אל אבג יתץ.

וְיִתְפָּאַר veyitpaar הי גו יה קרע שׂטן. וְיִתְרוֹמַם veyitromam וה כוזו נגד יכשׁ.

וְיִתְנַשֵּׂא veyitnasé במוכסז בטר צתג. וְיִתְהַדָּר veyithadar כוזו יה חקב טנע.

וְיִתְעַלֶּה veyitalé וה יוד ה יגל פזק. וְיִתְהַלָּל veyithalal א ואו הא שׁקו צית.

שְׁמֵיהּ Shmei (שׁם י"ה דמ"ה) דְּקוּדְשָׁא deKudshá בְּרִיךְ Verij הוּא Hu:

אָמֵן Amén אידהנויה.

MEDIO KADISH

¡Glorificado y santificado sea su Gran Nombre! (Amén). En el mundo que Él creó de acuerdo a Su voluntad y pueda Su Reino reinar. Y pueda Él hacer que su Redención florezca y pueda Él acercar el Mesías (Amén). En tus vidas y en tus días y en la vida de la Casa de Israel, prontamente y en el futuro cercano, y dígase: Amén (Amén). Que Su gran Nombre sea bendito por siempre y para toda la eternidad, y bendito y alabado, y glorificado y exaltado, y ensalzado y honrado, y adorado y loado, sea el Nombre del Santo Bendito Sea (Amén).

לְעֵלָּא leelá מִן min כָּל col ילי בִּרְכָתָא birjatá• שִׁירָתָא shiratá•
תֻּשְׁבְּחָתָא tishbejatá וְנֶחָמָתָא venejamatá• דַּאֲמִירָן daamirán
בְּעָלְמָא bealmá וְאִמְרוּ veimrú אָמֵן Amén: אָמֵן Amén אידהנויה.

BARJÚ

Cuando entramos en el Mundo de Creación (*Briá*), recitamos el *Barjú* (bendigan). Esta conexión poderosa devuelve la parte de nuestra alma que nos abandonó mientras dormíamos. Incluso si alguien permanece despierto, una parte de su alma lo abandona durante la noche. Hay cinco palabras en el *Barjú* que nos conectan con las cinco partes de nuestra alma. Cada parte del alma está conectada a uno de los cinco mundos.

El *jazán* dice:

בָּרְכוּ barjú יהוה ריבוע יהוה ריבוע מ״ה את et אֶת יְהֹוָהאדניאהדונהי Adonai

הַמְבֹרָךְ hamevoraj ס״ת כהת, משיח בן דוד ע״ה:

Mientras el *jazán* dice el verso "*barjú*", la congregación dice "*yishtabaj*" de la siguiente manera (El *jazán* dirá "*yishtabaj*" mientras la congregación responde "*baruj*" como está a continuación):

יִשְׁתַּבַּח yishtabaj י״פ ע״ב וְיִתְפָּאַר veyitpaar שְׁמוֹ Shmó מהש ע״ה, ע״ב בריבוע וקס״א ע״ה,
אל שדי ע״ה שֶׁל shel מֶלֶךְ Mélej מַלְכֵי maljei הַמְּלָכִים hamelajim
הַקָּדוֹשׁ haKadosh בָּרוּךְ Baruj הוּא Hu שֶׁהוּא sheHú רִאשׁוֹן rishón וְהוּא veHú
אַחֲרוֹן ajarón וּמִבַּלְעָדָיו umibaladav אֵין ein אֱלֹהִים Elohim אהיה אדני ; ילה•
יְהִי yehí שֵׁם Shem יְהֹוָהאדניאהדונהי Adonai מְבֹרָךְ mevoraj ר״ת = ריבוע ע״ב ריבוע ס״ג
יהוה מברך = רפ״ח (להעלות רפ״ח ניצוצות שנפלו לקליפה דמשם באים התולואים)
מֵעַתָּה meatá וְעַד vead עוֹלָם olam ילי: וּמְרוֹמַם umeromam עַל al
כָּל col ילי ; עמם בְּרָכָה brajá וּתְהִלָּה utehilá ע״ה אמת, אהיה פעמים אהיה, ז״פ ס״ג:

Cuando contestamos "*Baruj Adonai hamevoraj leolam vaed*" recibimos las cinco partes del alma (*Néfesh*, *Rúaj*, *Neshamá*, *Jayá* y *Yejidá*) que nos abandonaron durante el sueño de anoche.

Primero la congregación responde lo siguiente, y luego el *jazán* lo repite:

Néfesh *Rúaj* *Neshamá*

בָּרוּךְ Baruj יְהֹוָהאדניאהדונהי Adonai הַמְבֹרָךְ hamevoraj

Jayá *Yejidá*

לְעוֹלָם leolam ריבוע ס״ג וי׳ אותיות דס״ג וָעֶד vaed:

Más allá de todas las bendiciones, himnos, alabanzas y palabras de consolación que pueden decirse en el mundo, y dirán: Amén (Amén).

BARJÚ

Bendigan al Señor, el Bendito. Alabado y exaltado es el Nombre del Rey de todos los Reyes, El Santo Bendito sea, Quien es primero y Quien es último y sin el cual no hay Dios. Que el Nombre del Señor sea bendecido desde ahora y hasta toda la eternidad, por encima de todas las bendiciones y alabanzas. Bendito es el Señor, el Bendito, eternamente y para siempre.

EL MUNDO DE CREACIÓN – *BRIÁ*

El versículo inicial dice: *yotser or uvoré jóshej* (forma la luz y crea la oscuridad). Esto se refiere al concepto de Luz y oscuridad, el bien y el mal. Una división 50/50 entre el bien y el mal nos da el libre albedrío de escoger Luz u oscuridad.

Desde aquí ("*yotser or*") hasta "*gaal Yisrael*" (pág. 386) te encuentras en el Mundo de *Briá*.

Heijal Livnat HaSapir (La Cámara de Zafiro): *Yesod* de *Zeir Anpín* en *Briá*.

En el siguiente párrafo hay sesenta palabras que corresponden con los sesenta poderosos (ellos protegen la *Maljut* de *Atsilut* cuando asciende a *Briá*). El ministro en el *Heijal* es el ángel *Adarhani-el*-אדרהניאל **(no pronunciar este nombre)** y el espíritu de este *Heijal* es יאהדונהי.

בָּרוּךְ Baruj אַתָּה Atá יְהֹוָהאדניהיאהדונהי Adonai אֱלֹהֵינוּ Eloheinu ילה

מֶלֶךְ Mélej הָעוֹלָם haolam יוֹצֵר yotser אוֹר or רז, אין סוף

וּבוֹרֵא uvoré חֹשֶׁךְ jóshej שך נצוצות של וז מלכים. עֹשֶׂה osé שָׁלוֹם shalom

וּבוֹרֵא uvoré אֶת et הַכֹּל hacol ילי: הַכֹּל hacol ילי יוֹדוּךָ yoduja

וְהַכֹּל vehacol ילי יְשַׁבְּחוּךָ yeshabejuja וְהַכֹּל vehacol ילי יֹאמְרוּ yomrú

אֵין ein קָדוֹשׁ kadosh כַּיהֹוָהאדניהיאהדונהי caAdonai הַכֹּל hacol ילי

יְרוֹמְמוּךָ yeromemuja סֶּלָה sela יוֹצֵר yotser הַכֹּל hacol ילי.

הָאֵל haEl לאה ; אל (ייא״י מילוי דס״ג) הַפּוֹתֵחַ hapotéaj בְּכָל bejol ב״ן, לכב יוֹם yom ע״ה

נג״ד, מזבח, זן, אל יהוה דַּלְתוֹת daltot שַׁעֲרֵי shaarei מִזְרָח mizraj.

וּבוֹקֵעַ uvokea חַלּוֹנֵי jalonei רָקִיעַ rakía. מוֹצִיא motsí חַמָּה jamá

מִמְּקוֹמָהּ mimkomá וּלְבָנָה ulevaná מִמְּכוֹן mimejón שִׁבְתָּהּ shivtá.

וּמֵאִיר umeir לְעוֹלָם leolam ריבוע ס״ג י׳ אותיות דס״ג כֻּלּוֹ culó וּלְיוֹשְׁבָיו uleyoshvav

שֶׁבָּרָא shebará קנ״א ב״ן, יהוה אלהים יהוה אדני, מילוי קס״א וס״ג, מ״ה ברבוע ע״ב ע״ה

בְּמִדַּת bemidat הָרַחֲמִים harajamim:

EL MUNDO DE CREACIÓN

Bendito eres Tú, Señor, nuestro Dios, Rey del Universo,

"Quien forma Luz y crea la oscuridad, hace la paz y lo crea todo" (*Isaías 45:7*). *Todo Te da las gracias. Todo Te alaba. Todos dicen que no hay nadie tan Santo como el Señor. ¡Todos te exaltan, Sela! Él, Quien forma todo. El Dios Quien abre diariamente las puertas de las pasarelas del este y Quien abre las ventanas del firmamento, y Quien retira al Sol de su sitio y a la Luna del lugar de su descanso. Quien ilumina a todo el mundo y sus habitantes, Que Él creó con Su atributo de misericordia.*

הַמֵּאִיר hameir לָאָרֶץ laárets וְלַדָּרִים veladarim עָלֶיהָ aleha פהל

בְּרַחֲמִים berajamim מצפצ, אלהים דיודין, י״פ ייי. וּבְטוּבוֹ uvetuvó (שהוא החסד אור גנוז בו)

מְחַדֵּשׁ mejadesh י״ב הויות, קס״א קנ״א בְּכָל bejol ב״ן, לכב יוֹם yom ע״ה נגד, מזבח, זן,

אל יהוה תָּמִיד tamid ע״ה קס״א קנ״א קמ״ג מַעֲשֵׂה maasé בְרֵאשִׁית vereshit ר״ת מ״ב:

מָה ma מ״ה רַבּוּ rabu מַעֲשֶׂיךָ maaseja יְהֹוָהאדני Adonai

כֻּלָּם culam בְּחָכְמָה bejojmá במילוי = תרי״ג (מצוות) עָשִׂיתָ asita

Todas las acciones provienen (como potencial de potencial) desde *Aba*, quien rodea a la Luz Infinita, y son realizadas (como hecho de potencial) por *Ima*, quien rodea a *Aba*. *Aba* dice e *Ima* hace.

מָלְאָה malá הָאָרֶץ haárets אלהים דההין ע״ה קִנְיָנֶךָ kinyaneja

Los Animales Sagrados y los *Ofanim* de "*Heijal Livnat Hasapir*".

הַמֶּלֶךְ hamélej הַמְּרוֹמָם hameromam

לְבַדּוֹ levadó מ״ב מֵאָז meaz ומב ; לבדו מאז ע״ה = אמן (יאהדונהי)

Maljut de Briá (donde *Asiyá* y *Yetsirá* están incluidas en Ella ahora) sube desde "*Heijal Kódesh HaKodashim*" de *Yetsirá* a "*Heijal Livnat Hasapir*" de *Briá*. **Medita** en conectar *Maljut* y *Yesod* de *Briá*, y atraer la *Neshamá* desde el *Dáat* Superior de *Briá* para Ellos.

הַמְשֻׁבָּח hameshubaj וְהַמְפֹאָר vehamefoar

וְהַמִּתְנַשֵּׂא vehamitnasé מִימוֹת mimot עוֹלָם olam:

אֱלֹהֵי Elohei מילוי דע״ב, דמב ; ילה עוֹלָם olam בְּרַחֲמֶיךָ berajameja

הָרַבִּים harabim רַחֵם rajem אברהם, ח״פ אל, רי״ו ול״ב נתיבות החכמה,

רמ״ח (אברים), עסמ״ב וט״ז אותיות פשוטות עָלֵינוּ aleinu. אֲדוֹן Adón אני עֻזֵּנוּ uzenu.

צוּר tsur אלהים דההין ע״ה מִשְׂגַּבֵּנוּ misgabenu.

מָגֵן maguén ג״פ אל (ייא״י מילוי דס״ג) ; ר״ת מיכאל גבריאל נוריאל יִשְׁעֵנוּ yishenu.

מִשְׂגָּב misgav מושה, מהש, ע״ב בריבוע קס״א, אל שדי, ד״פ אלהים ע״ה בַּעֲדֵנוּ baadenu:

En Shabat: *Heijal Ratsón* (la Cámara del Deseo) – *Tiféret* de *Zeir Anpín* en *Briá*.

Y, con Su bondad, Él renueva, cada día y siempre, las obras de Creación. Qué diversas son Tus obras, Señor. Has hecho todo con sabiduría y el mundo está lleno con Tus posesiones. El Rey, Quien fue exaltado solo desde el comienzo. El que es alabado, glorificado y loado desde el comienzo del tiempo. Dios del mundo, ten piedad de nosotros con Tus abundantes misericordias. Amo de nuestra fuerza, escudo de nuestra redención y Quien es fortaleza para nosotros.

אֵין ein עֲרוֹךְ aroj לְךָ lejá וְאֵין veéin זוּלָתְךָ zulataj• אֶפֶס éfes
בִּלְתְּךָ biltaj וּמִי umí ילי דּוֹמֶה domé לָךְ laj: אֵין ein עֲרוֹךְ aroj לְךָ lejá
יְהֹוָהאדני Adonai אֱלֹהֵינוּ Eloheinu ילה בָּעוֹלָם baolam הַזֶּה hazé והו•
וְאֵין veéin זוּלָתְךָ zulataj מַלְכֵּנוּ malquenu לְחַיֵּי lejayei
הָעוֹלָם haolam הַבָּא habá: אֶפֶס éfes בִּלְתְּךָ biltaj גּוֹאֲלֵנוּ goalenu
לִימוֹת limot הַמָּשִׁיחַ haMashíaj• וּמִי umí ילי דּוֹמֶה domé
לָךְ laj מוֹשִׁיעֵנוּ moshienu לִתְחִיַּת litjiyat הַמֵּתִים hametim:

EL ADÓN

Encontramos las 22 letras del alfabeto arameo codificadas en esta oración. La primera letra en cada una de las primeras 22 frases está en el orden alfabético correcto. Debido a que las letras arameas son los verdaderos instrumentos de la Creación, esta oración ayuda a inyectar orden y el poder de la Creación en nuestra vida.

En Shabat: *Heijal Ahavá* (la Cámara del Amor) – *Jésed* de *Zeir Anpín* en *Briá*.
Medita en atraer la Santidad adicional de *Shabat* (desde el aspecto del día; masculino) hacia *Nukvá* de *Zeir Anpín* de *Briá* para que Ella tenga un nuevo Nombre: אל אלף דלת נון יוד (702=*Shabat*). También **medita** en elevar "*Heijal Ahavá*" (*Jésed*) de *Zeir Anpín* de *Briá* hacia el "*Heijal Ahavá*" Superior (*Jésed*) de *Aba* e *Ima* de *Briá*, para atraer la Santidad adicional de *Shabat*.

Heijal Étsem Hashamáyim (La Cámara de la Personificación del Cielo) – *Hod* de *Zeir Anpín* en *Briá*.

א אֵל El ייא"י (מילוי דס"ג) ב אָדוֹן adón אני
ג עַל al ד כָּל col ילי ; עמם ה הַמַּעֲשִׂים hamaasim•
ו בָּרוּךְ baruj ז וּמְבוֹרָךְ umevoraj
ח בְּפִי befí ט כָּל jol ילי ; עמם י הַנְּשָׁמָה haneshamá•

No hay comparación contigo, Señor, nuestro Dios, en este mundo y no habrá nada a excepción de Ti, nuestro Rey, en la vida del Mundo por Venir. No habrá nada sin Ti, nuestro Redentor en los días del Mesías. ¿Y quién será como Tú, nuestro Salvador, en la resurrección de los muertos?

EL ADÓN

א *Dios, Señor sobre todas las obras.* ב *Bendito Quien es bendecido por la boca de cada alma.*

והו ילי סיט עלם

גָּדְלוֹ godló וְטוּבוֹ vetuvó מָלֵא malé עוֹלָם olam ◆

מהש ללה אכא כהת

דַּעַת dáat וּתְבוּנָה utvuná סוֹבְבִים sovevim הוֹדוֹ hodó אהיה :

הזי אלד לאו ההע

הַמִּתְגָּאֶה hamitgaé עַל al וְחַיּוֹת jayot הַקֹּדֶשׁ hakódesh ◆

יזל מבה הרי הקם

וְנֶהְדָּר venehedar בְּכָבוֹד bejavod בוכו עַל al הַמֶּרְכָּבָה hamercavá ◆

לאו כלי לוו פהל

זְכוּת zjut וּמִישׁוֹר umishor לִפְנֵי lifnei כִסְאוֹ jisó ◆

נלך ייי מלה חהו

חֶסֶד jésed ע״ב, ריבוע יהוה וְרַחֲמִים verajamim מָלֵא malé כְּבוֹדוֹ jevodó :

נתה האא ירת שאה

טוֹבִים tovim מְאוֹרוֹת meorot שֶׁבְּרָאָם sheberaam אֱלֹהֵינוּ Eloheinu ילה ◆

ריי אום

יְצָרָם yetsaram בְּדַעַת bedáat

לכב ושר

בְּבִינָה beviná ע״ה אהיה אהיה יהוה, ווים וּבְהַשְׂכֵּל uvehasquel ◆

יחו להח כוק מנד

כֹּחַ cóaj וּגְבוּרָה ugvurá רי״ו נָתַן natán בָּהֶם bahem ◆

אני חעם רהע ייז

לִהְיוֹת lihyot מוֹשְׁלִים moshlim בְּקֶרֶב bekérev תֵּבֵל tevel ב״פ רי״ו :

ההה מיכ וול ילה

מְלֵאִים meleim זִיו ziv וּמְפִיקִים umefikim נֹגַהּ noga דנ״י ◆

ג *Su grandeza y Su bondad llenan el mundo.* ד *Sabiduría y entendimiento rodean Su gloria.* ה *Él Quien es exaltado por sobre las Bestias sagradas.* ו *Y sus esplendores en gloria sobre la Carroza.* ז *Mérito y justicia están ante Su Trono.* ח *Benevolencia y misericordia llenan Su gloria.* ט *Buenas son las luminarias que nuestro Dios ha creado.* י *Las creó conentendimiento, discernimiento y sabiduría.* כ *Él les concedió fortaleza y poder,* ל *para ser dominante en el mundo.* מ *Están llenas de brillo e irradian luminosidad.*

סאל ערי עשל מיה

נָאֶה naé זִיוָם zivam בְּכָל bejol ב"ן, לכב הָעוֹלָם haolam.

והו דני הזוש עמם

שְׂמֵחִים smejim בְּצֵאתָם betsetam שָׂשִׂים sasim בְּבוֹאָם bevoam.

ננא נית

עוֹשִׂים osim בְּאֵימָה beeimá ר"ת ע"ב (יוד הי ויו הי), ריבוע יהוה (י יה יהו יהוה)

מבה פוי

רְצוֹן retsón מהש ע"ה, ע"ב בריבוע וקס"א ע"ה, אל שדי ע"ה קוֹנֵיהֶם koneihem:

נמם ייל הרו מצר

פְּאֵר peer וְכָבוֹד vejavod נוֹתְנִים notnim לִשְׁמוֹ liShmó

מהש ע"ה, ע"ב בריבוע וקס"א ע"ה, אל שדי ע"ה

ומב יהה ענו מחי

צָהֳלָה tsahalá וְרִנָּה veriná לְזֵכֶר lezéjer מַלְכוּתוֹ maljutó.

דמב מנק איע חבו

קָרָא kará לַשֶּׁמֶשׁ lashémesh וַיִּזְרַח vayizraj אוֹר or רז, אין סוף.

ראה יבם היי מום

רָאָה raá ראה וְהִתְקִין vehitkín צוּרַת tsurat הַלְּבָנָה halevaná:

י"א י"ב י"ג י"ד ט"ו ט"ז

שֶׁבַח shévaj נוֹתְנִים notnim לוֹ lo כָּל col יכי צְבָא tsvá מָרוֹם marom.

י"ז י"ח י"ט

תִּפְאֶרֶת tiféret וּגְדוּלָּה ugdulá **(*Briá*)** שְׂרָפִים serafim

כ' כ"א כ"ב

(*Yetsirá*) וְחַיּוֹת vejayot **(*Asiyá*)** וְאוֹפַנֵּי veofanei הַקֹּדֶשׁ hakódesh:

נ *Su brillantez es hermosa alrededor del mundo.* ס *Alegres mientras avanzan y rebosantes mientras regresan.* ע *Ellas hacen con admiración la voluntad de su Creador.* פ *Todos los ejércitos arriba conceden alabanza a Él.* צ *Júbilo y canciones alegres ante la mención de Su Reino.* ק *Él llamó al Sol y éste brilló con luz.* ר *Él vio y creó la forma de la Luna.* ש *Todos los ejércitos del cielo lo alaban.* ת *Esplendor y grandeza le atribuyen los Serafines, Bestias y los santos Ofanim.*

En *Shabat* agregamos:

LAEL ASHER

Cada uno de nosotros está imbuido del ADN del Creador. Este versículo nos ayuda a despertar todas las características divinas dentro de nosotros para que podamos alcanzar la realización y obtener control sobre nuestra vida.

לָאֵל laEl ייא״ (מילוי דס״ג) אֲשֶׁר asher שָׁבַת shavat מִכָּל micol הַמַּעֲשִׂים hamaasim.

וּבַיּוֹם uvayom ע״ה נגד, מזבח, זן, אל יהוה הַשְּׁבִיעִי hashvií נִתְעַלָּה nitalá

Medita en que *Zeir Anpín*, que estaba "sentado" en *Yetsirá*, ahora se está elevando a *Briá*.

Hasta ahora, los cinco *Tsélem* (de *Nétsaj, Hod, Yesod* de *Yisrael Saba* y *Tevuná*), que son llamados צ, los cinco *Tsélem* (de *Jésed, Guevurá, Tiféret* de *Yisrael Saba* y *Tevuná*), que son llamados ל, y los cinco *Tsélem* (de *Jojmá, Biná, Dáat* de *Yisrael Saba* y *Tevuná*), que son llamados ם, (y también son llamados: *Néfesh, Rúaj, Neshamá, Jayá, Yejidá*, de *Neshamá*), ya han entrado a los cinco *Partsufim* de *Nétsaj, Hod, Yesod*, y a los cinco *Partsufim* de *Jésed, Guevurá, Tiféret* y a los cinco *Partsufim* de *Jojmá, Biná, Dáat* de *Biná* de *Zeir Anpín*, que es llamado *Gadlut Álef* (Primera Adultez, que no es considerada como una elevación para *Zeir Anpín*). **También medita** por *Yaakov* y *Rajel*, Quienes ahora están rodeando a *Nétsaj, Hod, Yesod* de *Biná* de *Zeir Anpín* (que es *Nétsaj, Hod, Yesod* de *Yisrael Saba* y *Tevuná*).

וַיָּשַׁב veyashav עַל al כִּסֵּא quisé כְבוֹדוֹ jevodó. תִּפְאֶרֶת tiféret

עָטָה atá לְיוֹם leyom ע״ה נגד, מזבח, זן, אל יהוה הַמְּנוּחָה hamenujá.

עֹנֶג óneg ר״ת עֵדֶן נהר גן קָרָא kará לְיוֹם leyom ע״ה נגד, מזבח, זן, אל יהוה

הַשַּׁבָּת haShabat: זֶה ze שִׁיר shir שֶׁבַח shévaj שֶׁל shel

יוֹם yom ע״ה נגד, מזבח, זן, אל יהוה הַשְּׁבִיעִי hashvií שֶׁבּוֹ shebó שָׁבַת shavat

אֵל El ייא״ (מילוי דס״ג) מִכָּל micol ילי מְלַאכְתּוֹ melajtó.

וְיוֹם veyom ע״ה נגד, מזבח, זן, אל יהוה הַשְּׁבִיעִי hashvií מְשַׁבֵּחַ meshabéaj

וְאוֹמֵר veomer: מִזְמוֹר mizmor שִׁיר shir לְיוֹם leyom ע״ה נגד, מזבח, זן, אל יהוה

הַשַּׁבָּת haShabat ר״ת למשה: לְפִיכָךְ lefijaj יְפָאֲרוּ yefaarú

לָאֵל laEl ייא״ (מילוי דס״ג) כָּל col ילי יְצוּרָיו yetsurav שֶׁבַח shévaj וִיקָר vikar

וּגְדֻלָּה ugdulá וְכָבוֹד vejavod יִתְּנוּ yitnú לַמֶּלֶךְ laMélej יוֹצֵר yotser

כֹּל col ילי. הַמַּנְחִיל hamanjil מְנוּחָה menujá לְעַמּוֹ leamó יִשְׂרָאֵל Yisrael

בְּיוֹם beyom ע״ה נגד, מזבח, זן, אל יהוה שַׁבַּת Shabat קֹדֶשׁ kódesh.

LAEL ASHER

Al Dios Quien descansó de todas las obras y Quien, en el Séptimo Día, fue elevado y se sentó en el Trono de Su gloria. Con esplendor Él envolvió el Día de Descanso. Él declaró el Día de Shabat una delicia. Esta es la canción de alabanza del Día de Shabat en el que Dios descansó de todo Su trabajo. Y el Séptimo Día alaba y dice: Un salmo, una canción para el Día de Shabat. Es bueno dar gracias al Señor. Por lo tanto, que todo lo que Él ha creado glorifique y bendiga a Dios Alabanza, honor, grandeza y gloria, que se rindan a Dios, el Rey, Quien creó todo. Él Quien da una herencia de alegría a Su Pueblo, Israel, en Su santidad, en el Día de Shabat.

שִׁמְךָ Shimjá יְהֹוָהאדהנויהי Adonai אֱלֹהֵינוּ Eloheinu ילה יִתְקַדַּשׁ yitkadash

שין דלת יוד. וְזִכְרְךָ vezijrejá יִתְפָּאַר yitpaar מַלְכֵּנוּ malquenu

בַּשָּׁמַיִם bashamáyim י״פ טל, י״פ כוזו מִמַּעַל mimáal עלם וְעַל veal הָאָרֶץ haárets

אלהים דההין ע״ה מִתָּחַת mitájat. עַל al כָּל col ילי ; עמם שֶׁבַח shévaj

מַעֲשֵׂה maasé יָדֶיךָ yadeja. וְעַל veal מְאוֹרֵי meorei אוֹר or רז, אין סוף

שֶׁיָּצַרְתָּ sheyatsarta הֵמָּה hema יְפָאֲרוּךָ yefaaruja סֶלָה sela:

TITBARAJ LANÉTSAJ

El último Nombre de los 72 Nombres de Dios —*Mem, Vav, Mem* final מום— aparece en esta conexión. Este Nombre significa "mancha" o "imperfección". Si estamos en este planeta, todavía tenemos al menos una imperfección, si no es que tenemos innumerables imperfecciones más. Esta conexión nos ayuda a corregir estas fallas.

תִּתְבָּרַךְ titbaraj לָנֶצַח lanétsaj צוּרֵנוּ tsurenu מַלְכֵּנוּ malquenu

וְגוֹאֲלֵנוּ vegoalenu בּוֹרֵא boré קְדוֹשִׁים kedoshim יִשְׁתַּבַּח yishtabaj

י״פ ע״ב ; ר״ת יב״ק, אלהים יהוה, אהיה אדני יהוה שִׁמְךָ Shimjá לָעַד laad ב״פ בן

מַלְכֵּנוּ malquenu יוֹצֵר yotser מְשָׁרְתִים meshartim וַאֲשֶׁר vaasher

מְשָׁרְתָיו meshartav ר״ת מום, אלהים כֻּלָּם culam עוֹמְדִים omdim

כלם עומדים = י׳ הויות בְּרוּם berum עוֹלָם olam ר״ת ע״ב, ריבוע יהוה ;

ברום עולם ע״ה = קס״א קנ״א קמ״ג עם ג׳ כוללים (לא כולל האהיה עצמם) וּמַשְׁמִיעִים umashmiím

בְּיִרְאָה beyirá רי״ו יַחַד yájad בְּקוֹל bekol, דִּבְרֵי divrei ראה

אֱלֹהִים Elohim אהיה אדני ; ילה וְחַיִּים jayim אהיה אהיה יהוה, בינה ע״ה וּמֶלֶךְ uMélej:

עוֹלָם olam. כֻּלָּם culam אֲהוּבִים ahuvim. כֻּלָּם culam בְּרוּרִים brurim.

כֻּלָּם culam גִּבּוֹרִים guiborim ר״ת אבג. כֻּלָּם culam קְדוֹשִׁים kedoshim.

Que Tu Nombre, Señor, nuestro Dios, sea santificado y que Tu recuerdo, nuestro Rey, sea glorificada en el Cielo arriba y sobre la Tierra abajo. Que Tú seas bendecido, nuestro Salvador, más allá de todas las alabanzas de Tu obra. Y más allá de las luminarias brillantes que Tú has creado, ¡que te glorifiquen, Sela!

TITBARAJ LANÉTSAJ

Que Tú seas eternamente bendecido, nuestra Fortaleza, nuestro Rey y nuestro Redentor, Creador de los Santos ángeles. Que Tu Nombre sea alabado por siempre, nuestro Rey, Quien forma ángeles asistentes. Y Cuyos ángeles asistentes están de pie en las alturas del mundo y fuertemente proclaman, con reverencia y al unísono, las palabras del Dios Viviente y Rey del Universo. Todos son amados. Todos son puros. Todos son poderosos. Todos son Santos.

כֻּלָּם culam עוֹשִׂים osim בְּאֵימָה beeimá ר"ת ע"ב, ריבוע יהוה

וּבְיִרְאָה uveyirá רי"ו רְצוֹן retsón מהש ע"ה, ע"ב בריבוע וקס"א ע"ה, אל שדי ע"ה

קוֹנֵיהֶם koneihem וְכֻלָּם vejulam פּוֹתְחִים potjim אֶת et

פִּיהֶם pihem בִּקְדוּשָּׁה bikdushá וּבְטָהֳרָה uvetahorá בְּשִׁירָה beshirá

וּבְזִמְרָה uvezimrá וּמְבָרְכִין umevarjín• וּמְשַׁבְּחִין umeshabjín•

וּמְפָאֲרִין umefaarín• וּמַקְדִּישִׁין umakdishín• וּמַעֲרִיצִין umaaritsín•

וּמַמְלִיכִין umamlijín ר"ת ו' ווין בסוד שם בן מ"ב ; ס"ת = מצפצ, אלהים דיודין, י"פ ייי•

ET SHEM

La palabra *reshut* רשות se encuentra dentro de esta conexión. *Reshut* tiene el mismo valor numérico (906) que las iniciales de las palabras que componen la última frase del *Aná Bejóaj* (*shavateinu kabel, ushmá tsaakateinu, yodea taalumot*), שקו צית. Esta secuencia específica está relacionada con nuestro mundo físico, *Maljut*.

אֶת־ et שֵׁם Shem הָאֵל haEl לאה ; אל (ייא" מילוי דס"ג) הַמֶּלֶךְ haMélej

הַגָּדוֹל hagadol להח ; עם ד' אותיות = מבה, יזל, אום הַגִּבּוֹר haguibor

וְהַנּוֹרָא vehanorá ר"ת = יהוה קָדוֹשׁ kadosh הוּא Hu•

וְכֻלָּם vejulam מְקַבְּלִים mekablim עֲלֵיהֶם aleihem עוֹל ol

מַלְכוּת maljut שָׁמַיִם shamáyim י"פ טל, י"פ כוזו זֶה ze מִזֶּה mizé•

וְנוֹתְנִים venotnim רְשׁוּת reshut שקו צית זֶה ze לָזֶה lazé•

לְהַקְדִּישׁ lehakdish לְיוֹצְרָם leyotsram בְּנַחַת benájat רוּחַ rúaj•

בְּשָׂפָה besafá בְרוּרָה vrurá בשפה ברורה ע"ה = לשון הקודש וּבִנְעִימָה uvineimá•

קְדוּשָּׁה kedushá כֻּלָּם culam כְּאֶחָד queejad אהבה, דאגה

עוֹנִים onim בְּאֵימָה beeimá• וְאוֹמְרִים veomrim בְּיִרְאָה beyirá רי"ו•

Todos ejecutan, con reverencia y con asombro,

la voluntad de su Hacedor. Todos abren sus bocas con Santidad y con pureza, con canciones y melodías. Ellos bendicen, alaban, glorifican, santifican, reverencian y entronan.

ET SHEM

El Nombre de Dios, el Rey, el grande, poderoso y reverenciado, porque Él es Santo.Todos aceptan sobre sí el yugo del Reino Celestial, uno del otro. Y se dan permiso uno al otro y ellos dan su consentimiento para santificar a su Creador. Con un espíritu calmo y con una expresión clara, y placentera, ellos proclaman santidad, con reverencia. Y todos ellos dicen al unísono y en asombro:

KADOSH, KADOSH, KADOSH

Esta frase se traduce como "Santo, Santo, Santo", pero no se refiere al significado convencional de la palabra "santo" (sagrado, bendecido o santificado). En lugar de ello, se refiere al concepto de completitud o "totalidad", como en la completitud cuántica de la realidad que está unificada e interconectada. Repetir la palabra "santo" tres veces también nos conecta con las Columnas Derecha (positiva), Izquierda (negativa) y Central (neutral). Esta oración nos infunde con la conciencia de que, a pesar de que tengamos imperfecciones, aún tenemos la Chispa Divina de Luz dentro de nosotros. Nuestra alma es parte de Dios.

Es bueno recitar este versículo siguiendo sus entonaciones (*teamim*).

קָדוֹשׁ kadosh | **(Derecha)** קָדוֹשׁ kadosh **(Izquierda)** קָדוֹשׁ kadosh **(Central)**

יְהֹוָהאדניאהדונהי Adonai צְבָאוֹת Tsvaot פני שכינה

מְלֹא meló כָּל־ jol ילי הָאָרֶץ haárets אלהים דההין ע״ה כְּבוֹדוֹ quevodó:

וְהָאוֹפַנִּים vehaofanim וְחַיּוֹת vejayot הַקֹּדֶשׁ hakódesh

בְּרַעַשׁ beráash גָּדוֹל gadol להח ; עם ד׳ אותיות = מבה, יזל, אום

מִתְנַשְּׂאִים mitnaseím לְעֻמַּת leumat הַשְּׂרָפִים haserafim

לְעֻמָּתָם leumatam מְשַׁבְּחִים meshabjim וְאוֹמְרִים veomrim:

בָּרוּךְ Baruj כְּבוֹד Quevod יְהֹוָהאדניאהדונהי Adonai ; כבוד יהוה = יוד הי ואו הה

מִמְּקוֹמוֹ mimkomó עסמ״ב, הברכה (למתק את ו׳ המלכים שמתו)

ר״ת = ע״ב, ריבוע יהוה ; ר״ת מיכ, י״פ האא:

LAEL BARUJ

לָאֵל laEl יא״י (מילוי דס״ג) בָּרוּךְ baruj• נְעִימוֹת neimot יִתֵּנוּ yitenu•

לַמֶּלֶךְ laMélej אֵל El יא״י (מילוי דס״ג) חַי jai וְקַיָּם vekayam•

זְמִירוֹת zemirot יֹאמֵרוּ yomrú• וְתִשְׁבָּחוֹת vetishbajot יַשְׁמִיעוּ yashmíu•

KADOSH, KADOSH, KADOSH

"Santo, Santo, Santo Es el Señor de los Ejércitos. El mundo está lleno con Su gloria" (Isaías 6:3). *"Los Ofanim y todas las Bestias Sagradas rugen con voz estruendosa hacía los Serafines que están de pie enfrente de ellos, y alaban y dicen: Bendita es la gloria del Señor desde Su lugar"* (Ezequiel 3:12).

LAEL BARUJ

Al Dios bendito, ellos le dan melodías.
Al Rey, al Dios viviente y eterno, ellos le cantarán himnos y proclamarán alabanzas.

SIETE VERSÍCULOS

Cada uno de estos siete versículos conecta con un cuerpo celeste diferente. Hace cuatro mil años, Avraham el Patriarca reveló que había siete cuerpos celestes claves que podían verse con los ojos: El Sol, la Luna, Marte, Mercurio, Saturno, Venus y Júpiter. Estos son los que tienen una influencia directa en nuestro mundo físico y ellos corresponden a las Siete *Sefirot* Inferiores. Según Avraham, las Tres Dimensiones Superiores (*Sefirot*) no influyen directamente en nuestro mundo.

כִּי qui הוּא Hu לְבַדּוֹ levadó מ"ב

(*Kéter*) מָרוֹם marom (*Jojmá*) וְקָדוֹשׁ vekadosh.

כְּנֶגֶד ז׳ כוכבי לכת – correspondiendo a los siete planetas:

(Sol)	gvurot גְּבוּרוֹת	poel פּוֹעֵל	(***Biná***)
(Luna)	jadashot חֲדָשׁוֹת	osé עוֹשֶׂה	(***Jésed***)
(Marte)	miljamot מִלְחָמוֹת	báal בַּעַל	(***Guevurá***)
(Mercurio)	tsedakot צְדָקוֹת	zorea זוֹרֵעַ	(***Tiféret***)
(Saturno)	yeshuot יְשׁוּעוֹת	matsmíaj מַצְמִיחַ	(***Nétsaj***)
(Venus)	refuot רְפוּאוֹת	boré בּוֹרֵא	(***Hod***)
	(*Pei Resh Tav Bet Guímel Dálet Caf*) פ ר ת ב ג ד כ		
(Júpiter)	tehilot תְהִלּוֹת	norá נוֹרָא	(***Yesod***)
	haniflaot. הַנִּפְלָאוֹת	אני Adón אֲדוֹן	(***Maljut***)

MAASÉ BERESHIT

Heijal Zejut (la Cámara del Mérito) – *Guevurá* de *Zeir Anpín* en *Briá*.

Ten en cuenta en todo momento que cada nuevo día es una renovación para toda la Creación. Con frecuencia, vivimos la vida ya sea en el pasado o en el futuro, dejando que el presente se nos escape. El verdadero crecimiento espiritual ocurre en el presente. Esta oración ayuda a infundir esta conciencia en nosotros. En el presente, lidiamos proactivamente con los efectos que hemos creado en el pasado y, a través de nuestras acciones, sembramos las semillas para nuestro futuro. Si nos perdemos las oportunidades que nos ofrece el presente, estaremos en un círculo reactivo, sin control sobre nuestra vida.

SIETE VERSÍCULOS

(Kéter) *Porque solamente Él es elevado* (Jojmá) *y Santo.*

(Biná)	*Él realiza hechos poderosos.*	(Sol)	(Jésed)	*Hace cosas nuevas.*	(Luna)
(Guevurá)	*El Señor de las guerras.*	(Marte)	(Tiféret)	*Siembra rectitud.*	(Mercurio)
(Nétsaj)	*Hace brotar salvación.*	(Saturno)	(Hod)	*Crea remedios.*	(Venus)
(Yesod)	*Magnífico en alabanzas.*	(Júpiter)	(Maljut)	*Señor de los prodigios.*	

הַמְחַדֵּשׁ hamejadesh י"ב הויות, קס"א קנ"א בְּטוּבוֹ betuvó בְּכָל־ bejol ב"ן, לכב
יוֹם yom ע"ה נגד, מזבח, זן, אל יהוה תָּמִיד tamid ע"ה קס"א קנ"א קמ"ג.
מַעֲשֵׂה maasé בְרֵאשִׁית vereshit ר"ת מ"ב. כְּאָמוּר caamur:
לְעֹשֵׂה leosé אוֹרִים orim רז, אין סוף גְּדֹלִים gdolim כִּי qui
לְעוֹלָם leolam ריבוע ס"ג וי' אותיות דס"ג וְחַסְדּוֹ jasdó ג' הויות, מזלא ; ר"ת = נגה:
בָּרוּךְ Baruj אַתָּה Atá יְהֹוָהאדניאהדונהי Adonai יוֹצֵר yotser הַמְּאוֹרוֹת hameorot:

AHAVAT OLAM

Heijal Ahavá (la Cámara del Amor) – *Jésed* de *Zeir Anpín* en *Briá*.

El propósito de esta oración es infundirnos con amor por el mundo y por las demás personas.

אַהֲבַת ahavat עוֹלָם olam (en **Shabat** decimos "*Ahavá Rabá*" en vez de "*Ahavat Olam*")
אַהֲבָה ahavá אחד, דאגה רַבָּה rabá) אֲהַבְתָּנוּ ahavtanu ר"ת ע"ב, ריבוע יהוה
יְהֹוָהאדניאהדונהי Adonai אֱלֹהֵינוּ Eloheinu ילה וְחֶמְלָה jemlá גְּדוֹלָה gdolá
וִיתֵרָה viterá חָמַלְתָּ jamalta עָלֵינוּ aleinu. אָבִינוּ avinu מַלְכֵּנוּ malquenu
בַּעֲבוּר baavur שִׁמְךָ Shimjá הַגָּדוֹל hagadol להוו ; עם ד' אותיות = מבה, יזל, אום
וּבַעֲבוּר uvaavur אֲבוֹתֵינוּ avoteinu שֶׁבָּטְחוּ shebatjú בָךְ vaj:
וַתְּלַמְּדֵמוֹ vatelamdemo חֻקֵּי jukei חַיִּים jayim אהיה אהיה יהוה, בינה ע"ה
לַעֲשׂוֹת laasot רְצוֹנְךָ retsonjá בְּלֵבָב belevav בוכו שָׁלֵם shalem.
כֵּן quen תְּחָנֵּנוּ tejanenú אָבִינוּ avinu אָב av הָרַחֲמָן harajamán.

MAASÉ BERESHIT

Renueva, cada día y para siempre, el trabajo de Creación como está dicho: "Al que hace las grandes luminarias, porque Su benevolencia es para siempre" (Salmos 136:7).

Bendito eres Tú, Señor, Hacedor de luminarias.

AHAVAT OLAM (AHAVÁ RABÁ)

*Tú nos has amado con amor eterno (***en Shabat:** *gran amor), Señor, nuestro Dios. Tú has concedido sobre nosotros grande y abundante compasión, nuestro Padre, nuestro Rey, por Tu Gran Nombre y por nuestros antepasados que confiaron en Ti. Enseña preceptos de entrega de vida para que podamos cumplir Tu voluntad, con todo el corazón, para que seas amable a nosotros, nuestro Padre, Padre misericordioso.*

הַמְרַחֵם hamerajem אברהם, וז"פ אל, רי"ו ול"ב נתיבות החכמה, רמ"ח (אברים),

עסמ"ב וט"ז אותיות פשוטות רַחֵם rajem אברהם, וז"פ אל, רי"ו ול"ב נתיבות החכמה, רמ"ח (אברים),

עסמ"ב וט"ז אותיות פשוטות נָא na עָלֵינוּ aleinu וְתֵן vetén בְּלִבֵּנוּ belibenu

בִּינָה viná ע"ה אהיה אהיה יהוה, וזיים לְהָבִין lehavín. לְהַשְׂכִּיל lehasquil.

לִשְׁמוֹעַ lishmoa. לִלְמוֹד lilmod וּלְלַמֵּד ulelamed. לִשְׁמוֹר lishmor

וְלַעֲשׂוֹת velaasot וּלְקַיֵּם ulekayem אֶת־ et כָּל־ col ילי דִּבְרֵי divrei ראה

תַלְמוּד talmud תּוֹרָתֶךָ toratjá בְּאַהֲבָה beahavá אחד, דאגה. וְהָאֵר vehaer

עֵינֵינוּ eineinu ריבוע מ"ה בְּתוֹרָתֶךָ betorateja. וְדַבֵּק vedabek

לִבֵּנוּ libenu בְּמִצְוֹתֶיךָ vemitsvoteja. וְיַחֵד veyajed לְבָבֵנוּ levavenu

לְאַהֲבָה leahavá אחד, דאגה וּלְיִרְאָה uleyirá רי"ו אֶת־ et שְׁמֶךָ Shemeja.

וְלֹא veló נֵבוֹשׁ nevosh וְלֹא veló נִכָּלֵם nicalem וְלֹא veló נִכָּשֵׁל nicashel

לְעוֹלָם leolam ריבוע ס"ג וי' אותיות דס"ג וָעֶד vaed. כִּי qui בְשֵׁם veShem

קָדְשְׁךָ kodshejá הַגָּדוֹל hagadol להח ; עם ד' אותיות = מבה, יזל, אום

וְהַנּוֹרָא vehanorá בָּטָחְנוּ vatajnu. נָגִילָה naguilá וְנִשְׂמְחָה venismejá

בִּישׁוּעָתֶךָ vishuateja. וְרַחֲמֶיךָ verajameja יְהֹוָהאדניאהדונהי Adonai

אֱלֹהֵינוּ Eloheinu ילה וַחֲסָדֶיךָ vajasadeja הָרַבִּים harabim

אַל al יַעַזְבוּנוּ yaazvunu נֶצַח nétsaj סֶלָה sela וָעֶד vaed.

Sostén las cuatro esquinas del *Talit* con tu mano izquierda y llévalas a tu pecho hasta que termines de recitar las palabras "*laad uleolmei olamim*" en la pág. 392.

מַהֵר maher וְהָבֵא vehavé עָלֵינוּ aleinu בְּרָכָה brajá

וְשָׁלוֹם veshalom מְהֵרָה meherá מֵאַרְבַּע mearbá כַּנְפוֹת canfot

הָאָרֶץ haárets אלהים ההין ע"ה ; ר"ת = אדני.

Sé misericordioso con nosotros, Oh El misericordioso. Coloca comprensión en nuestros corazones para que podamos entender, discernir, oír, estudiar, enseñar, mantener, hacer y cumplir todas las palabras de enseñanza de Tu Torá en amor. Ilumina nuestros ojos con Tu Torá. Enlaza nuestros corazones con Tus mandamientos. Unifica nuestros corazones para amar y temer a Tu Nombre; entonces no estaremos ni avergonzados ni humillados; ni fallaremos nunca y por toda la eternidad. Porque hemos colocado nuestra confianza en Tu gran y reverentemente temido Nombre. Que nos regocijemos y seamos felices en Tu Salvación. Que Tu compasión nunca nos abandone, Señor, nuestro Dios, ni Tus muchas benevolencias, Sela, por siempre. Apúrate y trae sobre nosotros bendición y paz, rápidamente, de los cuatro confines de la Tierra.

tsavarenu צַוָּארֵנוּ עלם meal מֵעַל hagoyim הַגּוֹיִם ol עוֹל ushvor וּשְׁבוֹר

•leartsenu לְאַרְצֵנוּ komemiyut קוֹמְמִיּוּת meherá מְהֵרָה veholijenu וְהוֹלִיכֵנוּ

ר״ת פאי, אמן Atá אַתָּה yeshuot יְשׁוּעוֹת poel פּוֹעֵל (מילוי דס״ג) ייא״י El אֵל qui כִּי

•velashón וְלָשׁוֹן am עַם ילי micol מִכָּל־ vajarta בָחַרְתָּ uvanu וּבָנוּ (יאהדונהי)

VEKERAVTANU MALQUENU

Recitar *Vekeravtanu Malquenu* nos hace recordar el Monte Sinaí y nos proporciona una conexión directa con éste y con la energía de inmortalidad.

malquenu מַלְכֵּנוּ vekeravtanu וְקֵרַבְתָּנוּ

LESHIMJÁ HAGADOL

Esta frase nos da el poder de eliminar toda duda e incertidumbre de nuestra vida.

Sin el poder de la certeza, todas nuestras oraciones son ineficientes. Los kabbalistas explican que la incertidumbre es la semilla de todo mal en el mundo: incertidumbre sobre nosotros, sobre la existencia de Dios, sobre nuestro destino y sobre nuestra capacidad de superar desafíos. Debido a que nuestra conciencia crea nuestra realidad, nuestra incertidumbre inevitablemente conllevará al caos. Cuando destruimos nuestra duda, todo lo que queda es positividad y certeza en la Luz. La palabra *Amalek* עמלק tiene el mismo valor numérico que la palabra aramea para "incertidumbre" y "duda" ספק (240). *Amalek* se refiere a las dudas e incertidumbres que nos infectan, provocando desunión y odio entre los pueblos. Una historia en la Biblia relata cómo Dios ordenó a los israelitas a salir y matar a todos los hombres, mujeres y niños de la nación de *Amalek*. El *Zóhar* explica que en este pasaje hay un código para destruir nuestra duda. En realidad, Dios les estaba diciendo a los israelitas que mataran a la incertidumbre dentro de ellos.

מבה, יזל, אום = עם ד׳ אותיות ; לההו hagadol הַגָּדוֹל leShimjá לְשִׁמְךָ

BEAHAVÁ LEHODOT LAJ

Ahora estamos obteniendo la fuerza para abstenernos de cualquier tipo de habla maliciosa o chisme acerca de otras personas.

Espiritualmente, el habla maliciosa es considerada como una de las acciones negativas más graves que una persona puede realizar; es incluso más grave que el asesinato. Dicen los sabios que con el asesinato una persona muere una vez. Cuando hablamos chismes de otra persona, a nivel espiritual, tres personas mueren: el hablante, el oyente y el individuo de quien se está hablando. Y no sólo eso, cada vez que el chisme pasa de una persona a otra, matamos a ese individuo nuevamente. El habla tiene un poder enorme. Cuando hablamos mal de los demás, no sólo herimos y dañamos sus vidas, sino que el daño también se extiende a la vida de la persona que está escuchando el chisme, así como a nuestra propia vida. El *Talmud* enseña que la destrucción del Templo ocurrió debido al habla maliciosa y al odio entre la gente. Si no nos abstenemos de hablar negativamente de nuestro prójimo, los demás tampoco podrán abstenerse de hablar mal de nosotros. Los kabbalistas nos enseñan que el habla maliciosa es una de las causas espirituales de la mayor fuerza negativa en nuestro mundo físico: *El odio gratuito.*

laj לָךְ lehodot לְהוֹדוֹת אחד, דאגה beahavá בְּאַהֲבָה

Rompe el yugo de las naciones de nuestros cuellos y rápidamente guíanos, orgullosamente erguidos, a nuestra tierra. Porque Tú eres Dios, Quien obra la salvación. Tú nos escogiste entre todas las naciones y lenguas.

VEKERAVTANU MALQUENU	*Y nos acercaste, nuestro Rey,*
LESHIMJÁ HAGADOL	*A Tu gran Nombre*
BEAHAVÁ LEHODOT LAJ	*Para expresar amorosamente nuestra gratitud,*

וּלְיַחֶדְךָ uleyajedjá וּלְאַהֲבָה uleahavá אחד, דאגה אֶת־ et שִׁמְךָ Shimjá:

ר"ת הברכה עולה למנין ל"ב נתיבות החכמה

בָּרוּךְ Baruj אַתָּה Atá יְהֹוָֹאדה Adonai יאהדונהי

הַבּוֹחֵר habojer בְּעַמּוֹ beamó יִשְׂרָאֵל Yisrael בְּאַהֲבָה beahavá אחד, דאגה

ר"ת שם קדוש ב"ב (באתב"ש שמש):

EL SHMÁ

El *Shmá* es una de las herramientas más poderosas para atraer energía sanadora a nuestra vida. El verdadero poder del *Shmá* es liberado cuando recitamos esta oración mientras meditamos en otras personas que necesiten energía de sanación.

El primer verso del *Shmá* canaliza la energía de *Zeir Anpín* o los Mundos Superiores.
El segundo verso se refiere a nuestro mundo, el Mundo de *Maljut*.

Hay un total de 248 palabras en esta oración, y estas 248 palabras transmiten energía de sanación a las 248 partes del cuerpo humano y su alma. El primer párrafo del *Shmá* está compuesto de 42 palabras que nos conectan con el Nombre de Dios de 42 Letras en el *Aná Bejóaj*. El segundo párrafo está compuesto de 72 palabras que nos conecta con los 72 Nombres de Dios. El tercer párrafo contiene 50 palabras que nos vinculan con las 50 Puertas de *Biná*, que nos ayudan a elevarnos sobre las 50 Puertas de la Negatividad. El párrafo final del *Shmá* tiene 72 palabras, que también nos conectan con los 72 Nombres de Dios, pero a través de una combinación diferente de letras que la que se usa en el segundo párrafo.

1) Para poder recibir la Luz del *Shmá*, debes aceptar el precepto de: "Ama a tu prójimo como a ti mismo", y verte a ti mismo unido con todas las almas que componen el Adam Original.
2) Necesitas meditar en conectarte al precepto de Recitar el *Shmá* dos veces al día.
3) Antes de recitar el *Shmá*, debes cubrir tus ojos con la mano derecha y decir las palabras "*Shmá Yisrael … leolam vaed*", y sostener los cuatro *tsitsiot* con la mano izquierda y colocarlos sobre tu corazón.
4) Debes leer el *Shmá* con meditación profunda, recitándolo con las entonaciones. Es necesario ser cuidadoso con la pronunciación de todas las letras. Cada palabra que termine en la misma letra que inicia la palabra siguiente debe pronunciarse por separado y no como una continuación de la siguiente palabra. Ej.: *bejol levavjá*. *Bejol* termina con una *Lámed* y *levavjá* comienza con una *Lámed*. Cada una de estas palabras debe pronunciarse por separado de forma que las dos *Lámed* sean escuchadas. Por lo tanto, hemos añadido un símbolo especial (•) sobre cada lugar donde esto ocurra.

Primero, medita en general, en el primer *Yijud* de los cuatro *Yijudim* del Nombre: יהוה y, en particular, para despertar a la letra ה, y luego para conectarla con la letra ו. Después conecta a la letra י y a la letra ה juntas en el orden siguiente: *Hei* (ה), *Hei-Vav* (ה"ו), luego *Yud-Hei* (י"ה), lo que suma 31, el secreto de "יא" del Nombre ס"ג. Es bueno meditar en este *Yijud* antes de recitar cualquier *Shmá* porque actúa como un reemplazo por las veces que quizás no hayas recitado el *Shmá*. Este *Yijud* tiene la misma capacidad de crear una conexión Celestial como la lectura del *Shmá*: elevar a *Zeir* y a *Nukvá* juntos para el *Zivug* de *Aba* e *Ima*.

---

para unificarte y amar Tu Nombre.
Bendito eres Tú, Señor, Quien ha escogido a Su Nación, Israel, con amor.

(Según el Ramjal, la elevación de los *Mojín* durante este *Shmá* es el mismo que durante el *Shmá* de *Shajarit* de los días de la semana, excepto que *la Nukvá* es elevada en *Ima*).

Shmá – שְׁמַע

La razón para decir aquí el *Shmá* es para despertar los *Mojín* (cerebros/energía) para *Zeir Anpín*. Tenemos que hacer esto en *Briá*, porque en *Atsilut* no tenemos la capacidad de hacerlo. **Meditación general**: שם ע – para atraer la energía desde las siete *Sefirot* inferiores de *Ima* hacia la *Nukvá*, la cual permite a la *Nukvá* elevar las *Máyin Nukvín* (despertar desde Abajo). **Meditación particular**: שם = יהוה + שדי y cinco veces las letras י y ד de ב"ן = ע [La letra *Hei* (ה) es formada por las letras *Dálet* (ד) y *Yud* (י), por lo tanto en ב"ן tenemos cuatro veces la letra ה más otra vez las letras י y ד de יוד de ב"ן]. También las tres letras ו (18) que quedan de ב"ן, más ב"ן mismo (52) equivale a ע (70).

Yisrael – יִשְׂרָאֵל

Meditación general: שי"ר אל; para atraer energía desde *Jésed* y *Guevurá* de *Aba* hacia *Zeir Anpín*, para hacer su acción en el secreto de *Máyin Dujrín* (despertar desde Arriba).

Meditación particular: (las letras reordenadas de la palabra *Yisrael*): שר אלי

י"ה דאלהים דמוח חכמה בהכאה (יו"ד פעמים ה"י) = ש',

י"ה דאלהים דמוח בינה בהכאה (יו"ד פעמים ה"ה) = ר',

י"ה דאלהים דמוח דחסדים דדעת (יו"ד ה"א), וי"ה דאלהים דמוח דגבורות דדעת (י"ה) = אל"י.

También meditar en atraer la Luz Circundante de *Aba* de *Katnut* hacia *Zeir Anpín*.

Adonai Eloheinu Adonai – יהוה אֱלֹהֵינוּ יהוה

Meditación general: para atraer energía hacia *Aba*, *Ima* y *Dáat* desde *Arij Anpín*.

Meditación particular: ע"ב (יוד הי ויו הי) קס"א (אלף הי יוד הי) ע"ב (יוד הי וי הי)

Ejad – אֶחָד

(El secreto de la completa *Yijud-Unificación*)

Las letras *Álef* א y *Jet* ח de *Ejad* אחד son *Zeir Anpín* y la letra *Dálet* ד es *Nukvá*. **Debes meditar** en dedicar tu alma a la santificación del Nombre Sagrado, elevando de este modo a tu *Néfesh*, *Rúaj*, *Neshamá* y *Neshamá* de *Neshamá* con *Zeir Anpín* y *Nukvá* (usando los Nombres: ע"ב y ס"ג) hacia *Aba* e *Ima* como en el secreto de *Máyin Nukvín*, y por esa energía, *Aba* e *Ima* serán unificados en el secreto del Nombre: יאהדוה"ה. **También meditar** en atraer los Seis Bordes Internos de *Gadlut* de *Ima* hacia *Zeir Anpín*. La Gota, que es ע"ב, es sacada desde lo externo de *Arij Anpín* y desciende hacia *Yesod* de *Ima*, donde se convierte en: ע"ב ס"ג מ"ה ב"ן, y las cuatro אהיה deletreadas (אלף הי יוד הי, אלף הי יוד הי, אלף הא יוד הא, אלף הה יוד הה) se convierten en Su vestimenta. <u>Como resultado</u>, *Zeir Anpín* tiene cuatro יה"ו deletreadas (יוד הי ויו, יוד הי ואו, יוד הא ואו, יוד הה וו), cuatro אה"י deletreadas (אלף הי יוד, אלף הי יוד, אלף הא יוד, אלף הה יוד) y los Seis Bordes Internos de *Gadlut* de *Ima*. **También meditar en el Nombre:** אל"ף ה"י וי"ו ה"י, que es los *Mojín* enteros en el secreto de *Dáat*. **Y también meditar** (según el Ramjal) en las cuatro *Álef* deletreadas (אלף = 111) del Nombre: אהי"ה que es igual a la palabra *Midat* (444), haciendo el *Kéter* para *Leá*.

Baruj Shem – בָּרוּךְ שֵׁם כְּבוֹד מַלְכוּתוֹ לְעוֹלָם וָעֶד

Baruj Shem Quevod – *Jojmá*, *Biná*, *Dáat* de *Leá*;

Maljutó – Su *Kéter*; **Leolam** – el resto de Su *Partsuf*;

Vaed – los cuatro הי"ה (4 veces 20 es igual a *Vaed* = 80) harán el *Kéter* para *Rajel*.

Y las cuatro הי"ה deletreadas (הי יוד הי, הי יוד הי, הא יוד הא, הה יוד הה) harán el resto de Su cuerpo.

שְׁמַע Shmá ע' רבתי יִשְׂרָאֵל Yisrael יְהֹוָהאדניאהדונהי Adonai

אֱלֹהֵינוּ Eloheinu ילה יְהֹוָהאדניאהדונהי Adonai | אֶחָד Ejad ד' רבתי ; אהבה, דאגה:

יוזו אותיות בָּרוּךְ Baruj שֵׁם Shem כְּבוֹד quevod מַלְכוּתוֹ maljutó,

לְעוֹלָם leolam ריבוע ס"ג וי' אותיות דס"ג וָעֶד vaed:

***Yud, Jojmá,* cabeza** – 42 palabras que corresponden al Santo Nombre de Dios de 42 Letras.

א ב

וְאָהַבְתָּ veahavtá ב"פ אור, ב"פ רז, ב"פ אין סוף ; (יכוין לקיים מ"ע של אהבת ה') אֵת et

ג י

יְהֹוָהאדניאהדונהי Adonai אֱלֹהֶיךָ Eloheja ילה ; ס"ת כהת, משיח בן דוד ע"ה

ת צ ק ר

בְּכָל־ bejol ב"ן, לכב לְבָבְךָ levavjá וּבְכָל־ uvejol ב"ן, לכב נַפְשְׁךָ nafshejá

ע ש ט ג

וּבְכָל־ uvejol ב"ן, לכב מְאֹדֶךָ meodeja: וְהָיוּ vehayú הַדְּבָרִים hadvarim

ג ג ד י כ

הָאֵלֶּה haéle אֲשֶׁר asher אָנֹכִי anojí מְצַוְּךָ metsavjá הַיּוֹם hayom

ש ב ט

ע"ה נגד, מזבח, זן, אל יהוה (pausa aquí) עַל־ al לְבָבֶךָ levaveja: וְשִׁנַּנְתָּם veshinantam

ר צ ת ג

לְבָנֶיךָ levaneja וְדִבַּרְתָּ vedibarta בָּם bam מ"ב בְּשִׁבְתְּךָ beshivtejá

וז ק ב

בְּבֵיתֶךָ beveiteja ב"פ ראה וּבְלֶכְתְּךָ uvelejtejá בַדֶּרֶךְ vadérej

ט נ

ב"פ יב"ק, ס"ג קס"א וּבְשָׁכְבְּךָ uveshojbejá וּבְקוּמֶךָ uvkumeja:

ע י ג ל

וּקְשַׁרְתָּם ukshartam לְאוֹת leot עַל־ al יָדֶךָ yadeja

EL SHMÁ

"Escucha, Israel, el Señor nuestro Dios. El Señor es Uno" (Deuteronomio 6:4). "Bendito es el glorioso Nombre, Su Reino es por siempre y para la eternidad" (Pesajim 56a). "Y amarás al Señor, tu Dios, con todo tu corazón y con toda tu alma y con todo lo que posees. Deja que estas palabras que te ordeno hoy descansen sobre tu corazón. Y las enseñarás a tus hijos y hablarás de ellas mientras estés sentado en tu hogar y mientras caminas por el sendero y cuando te acuestas y cuando te levantas. Las atarás como una señal sobre tu mano

פ ו ק ש
וְהָיוּ vehayú לְטֹטָפֹת letotafot בֵּין bein עֵינֶיךָ eineja

ק ו
ע״ה קס״א ; ריבוע מ״ה: וּכְתַבְתָּם ujtavtam עַל־ al

צ י ת
מְזֻזוֹת mezuzot נ״ת (זו מות) בֵּיתֶךָ beiteja ב״פ ראה וּבִשְׁעָרֶיךָ uvisheareja:

VEHAYÁ IM SHAMOA

***Hei, Biná,* brazos y cuerpo** – 72 palabras que corresponden a los 72 Nombres de Dios.

והו יכי
וְהָיָה vehayá יהוה ; יהה אִם־ im יוה״ך, מ״א אותיות דפשוט, דמילוי ודמילוי דמילוי דאהיה ע״ה

סיט עלם מהש ללה אכא
שָׁמֹעַ shamoa תִּשְׁמְעוּ tishmeú אֶל־ el מִצְוֹתַי mitsvotai אֲשֶׁר asher

כהת הזי אלד לאו
אָנֹכִי anojí מְצַוֶּה metsavé אֶתְכֶם etjem הַיּוֹם hayom ע״ה נגד, מזבח, זן, אל יהוה

ההע יזל מבה
(haz una pausa aquí) לְאַהֲבָה leahavá אוזד, דאגה אֶת־ et יְהֹוָהאדנייאהדונהי Adonai

הרי הקם
אֱלֹהֵיכֶם Eloheijem ילה (pronuncia la letra *Ayin* en la palabra "*uleavdó*") וּלְעָבְדוֹ uleavdó

לאו כלי לוו
בְּכָל bejol ב״ן, לכב לְבַבְכֶם levavjem וּבְכָל־ uvejol ב״ן, לכב

פהל נלך ייי מלה
נַפְשְׁכֶם nafshejem: וְנָתַתִּי venatati מְטַר־ metar אַרְצְכֶם artsejem

חהו נתה האא ירת שאה
בְּעִתּוֹ beitó יוֹרֶה yoré וּמַלְקוֹשׁ umalkosh וְאָסַפְתָּ veasafta דְגָנֶךָ deganeja

ריי אום לכב ושר
וְתִירֹשְׁךָ vetiroshjá וְיִצְהָרֶךָ veyitsareja: וְנָתַתִּי venatati עֵשֶׂב ésev ע״ב שמות

---

y serán como filacterias entre tus ojos.
Y las escribirás en los umbrales de tu casa y en tus puertas" (*Deuteronomio 6:5-9*).

VEHAYÁ IM SHAMOA

"Y sucederá que si escuchan Mis mandamientos que les estoy ordenando hoy de amar al Señor, su Dios, y servirle con todo su corazón y con toda su alma. Entonces enviaré lluvias sobre su tierra en el momento apropiado, tanto lluvias tempranas como lluvias tardías. Y recogerás tus granos y tu vino y tu aceite. Y te daré hierba

יוזו להחו כוק מנד

בְּשָׂדְךָ besadjá לִבְהֶמְתֶּךָ livhemteja וְאָכַלְתָּ veajalta וְשָׂבָעְתָּ vesavata:

אני וזעם רהע ייי ההה

הִשָּׁמְרוּ hishamrú לָכֶם lajem פֶּן pen יִפְתֶּה yifté לְבַבְכֶם levavjem

מיכ וול ילה סאל

וְסַרְתֶּם vesartem וַעֲבַדְתֶּם vaavadtem אֱלֹהִים elohim אֲחֵרִים ajerim

ערי עשל

משה (העומד נגד הקליפות) וְהִשְׁתַּחֲוִיתֶם vehishtajavitem לָהֶם lahem:

מיה והו דני הוש

וְחָרָה vejará (haz una pausa aquí) אַף af יְהֹוָאדהי"אהדונהי Adonai בָּכֶם bajem

עמם ננא נית מבה

וְעָצַר veatsar אֶת et הַשָּׁמַיִם hashamáyim י"פ טל, י"פ כוזו וְלֹא veló

פוי נמם ייל הרח מצר

יִהְיֶה yihyé ייי מָטָר matar וְהָאֲדָמָה vehaadamá לֹא lo תִתֵּן titén ב"פ כהת

ומב יהה ענו מחי דמב

אֶת et יְבוּלָהּ yevulá וַאֲבַדְתֶּם vaavadtem מְהֵרָה meherá מֵעַל meal עלם

מנק איע חבו

הָאָרֶץ haárets אלהים דההין ע"ה הַטֹּבָה hatová אֲשֶׁר asher

ראה יבמ היי

יְהֹוָאדהי"אהדונהי Adonai נֹתֵן notén אבג יתץ, ושר לָכֶם lajem: *Vav, Zeir Anpín*

מום א

וְשַׂמְתֶּם vesamtem **estómago** — 50 palabras que corresponden a las 50 Puertas de *Biná* אֶת et

ה י ה א ה

דְּבָרַי dvarai ראה אֵלֶּה ele עַל al לְבַבְכֶם levavjem וְעַל veal

י ה א ה

נַפְשְׁכֶם nafshejem וּקְשַׁרְתֶּם ukshartem אֹתָם otam לְאוֹת leot ר"ת לאו

---

en tu campo para tu ganado. Y comerás y quedarás saciado. Pero cuiden que su corazón no sea seducido y se alejen para servir a deidades foráneas y se postren ante ellas. Y la ira del Señor caerá sobre ustedes y Él detendrá los Cielos y no habrá más lluvia y la tierra no brindará su cosecha. Y rápidamente perecerán de la buena tierra que el Señor les ha dado. Y pondrán estas palabras Mías sobre su corazón y sobre su alma y las atarán como una señal

י ה א

עַל־ al יֶדְכֶם yedjem וְהָיוּ vehayú

ה י ה

לְטוֹטָפֹת letotafot בֵּין bein עֵינֵיכֶם eineijem ריבוע מ"ה:

א ה י ה

וְלִמַּדְתֶּם velimadtem אֹתָם otam אֶת־ et בְּנֵיכֶם bneijem

א ה י

לְדַבֵּר ledaber ראה בָּם bam שם בן מ"ב בְּשִׁבְתְּךָ beshivtejá

ה א ה

בְּבֵיתֶךָ beveiteja ב"פ ראה וּבְלֶכְתְּךָ uvelejtejá בַדֶּרֶךְ vadérej ב"פ יב"ק, ס"ג קס"א

י ה א ה

וּבְשָׁכְבְּךָ uveshojbejá וּבְקוּמֶךָ uvkumeja: וּכְתַבְתָּם ujtavtam עַל־ al

י ה א ה

מְזוּזוֹת mezuzot בֵּיתֶךָ beiteja ב"פ ראה וּבִשְׁעָרֶיךָ uvisheareja: לְמַעַן lemaan

י ה א ה

יִרְבּוּ yirbú יְמֵיכֶם yemeijem ר"ת יי"ל וִימֵי vimei בְנֵיכֶם vneijem

י ה אהיה

עַל al הָאֲדָמָה haadamá אֲשֶׁר asher (pronuncia la letra *Ayin* en la palabra "*nishbá*")

אהיה אהיה

נִשְׁבַּע nishbá יכוין לשבועת המבול יְהֹוָהאדניאהדונהי Adonai

אהיה אהיה אהיה אהיה

לַאֲבֹתֵיכֶם laavoteijem לָתֵת latet לָהֶם lahem כִּימֵי quimei

אהיה אהיה אהיה

הַשָּׁמַיִם hashamáyim י"פ טל, י"פ כוזו עַל־ al הָאָרֶץ haárets אלהים דההין ע"ה:

---

sobre sus manos y serán como filacterias entre sus ojos. Y las enseñarán a sus hijos hablando de ellas mientras estés sentado en tu hogar y mientras caminas por el sendero y cuando te acuestas y cuando te levantas. Y las escribirás en los umbrales de tu casa y sobre tus puertas. Esto es para que sus días sean numerosos y también los días de sus hijos sobre la Tierra que el Señor ha prometido a sus padres darles como los días de los Cielos sobre la Tierra" (Deuteronomio 11:13-21).

VAYÓMER

Hei, Maljut, piernas y órganos reproductores,

72 palabras que corresponden a los 72 Nombres de Dios en orden directo (según el Ramjal).

ווו ייי סבט עאם

וַיֹּאמֶר vayómer יְהֹוָהאדניאהדונהי Adonai אֶל־ el מֹשֶׁה Moshé

מבש ליה אנא

מהש, ע"ב בריבוע וקס"א, אל שדי, ד"פ אלהים ע"ה לֵּאמֹר lemor: דַּבֵּר daber ראה אֶל־ el

כמות הוזי אנד להו המע

בְּנֵי bnei יִשְׂרָאֵל Yisrael וְאָמַרְתָּ veamarta אֲלֵהֶם alehem וְעָשׂוּ veasú

יצל מרה היי המם לוו

לָהֶם lahem צִיצִת tsitsit עַל־ al כַּנְפֵי canfei בִגְדֵיהֶם vigdeihem

כבי ליו פנל נמך

לְדֹרֹתָם ledorotam וְנָתְנוּ venatnú עַל־ al צִיצִת tsitsit

יוזי מנה וזהו

הַכָּנָף hacanaf ע"ה קנ"א, אדני אלהים פְּתִיל ptil י"פ ב"ן תְּכֵלֶת tejélet:

ניה השא ירת שאה רלי

וְהָיָה vehayá יהוה ; יהה לָכֶם lajem לְצִיצִת letsitsit וּרְאִיתֶם ureitem אֹתוֹ otó

Debes pasar los *tsitsiot* sobre tus ojos y besarlos, luego repite el procedimiento.

אום ליב והר ייו להוז

וּזְכַרְתֶּם uzjartem אֶת־ et כָּל־ col ילי מִצְוֹת mitsvot יְהֹוָהאדניאהדונהי Adonai

כעק מנד אני וזום רהע

וַעֲשִׂיתֶם vaasitem אֹתָם otam וְלֹא־ veló תָתוּרוּ taturu אַחֲרֵי ajarei

יוזז השה מכב

לְבַבְכֶם levavjem וְאַחֲרֵי veajarei עֵינֵיכֶם eineijem ריבוע מ"ה

Debes pasar los *tsitsiot* sobre tus ojos y después besarlos.

Hacer esto (besar los *tsitsiot* y pasarlos sobre tus ojos), es de gran apoyo y asistencia para que el alma esté protegida de cualquier transgresión. Debes meditar en el precepto: "No seguirás los pensamientos sexuales negativos del corazón ni a las miradas de los ojos que buscan prostitución".

VAYÓMER

"Y el Señor le habló a Moshé y dijo: habla a los Hijos de Israel y diles que deben hacer para sí mismos Tsitsit, en las esquinas de sus vestimentas, a lo largo de todas sus generaciones. Y deben colocar sobre el Tsitsit de cada esquina un filamento azul. Y esto será para ustedes como un Tsitsit; lo verán y recordarán los mandamientos del Señor y los cumplirán. Y no se dejen llevar en pos de su corazón y de sus ojos.

Está atento de completar este párrafo junto con el *jazán* y la congregación, y de decir la palabra "*emet*" en voz alta. El *jazán* debe decir la palabra "*emet*" susurrando.

יוד הי ויו אֱמֶת emet אהיה פעמים אהיה, ז"פ ס"ג.

La congregación debe estar en silencio, escuchar y oír las palabras "*Adonai Eloheijem emet*" dichas por el *jazán*. Si no completaste el párrafo junto al *jazán*, debes repetir las últimas tres palabras por cuenta propia. Con estas tres palabras el *Shmá* es concluido.

יְהֹוָה Adonai אֱלֹהֵיכֶם Eloheijem ילה:

אֱמֶת emet אהיה פעמים אהיה, ז"פ ס"ג.

VEYATSIV

Antes de la *Amidá*, que significa el Mundo de Emanación (*Atsilut*), nos encontramos con varias conexiones. La palabra aramea *Emet* אמת aparece cuatro veces en dos ocasiones. El Arí dice que las cuatro apariciones de la palabra *Emet*, que aparecen en dos ocasiones para un total de ocho veces, se refieren a los cuatro Exilios y a las cuatro Redenciones de los israelitas que han ocurrido a lo largo de la historia. Esta palabra significa "verdad". Cuando hay un poco de falsedad en nuestro corazón, es difícil tener éxito en el trabajo espiritual. Esta oración tiene el poder de remover toda falsedad y abrir nuestro corazón a la verdad.

---

porque de acuerdo con ellos irás por mal camino. Para que se acuerden y hagan todos Mis mandamientos y de este modo serán santos ante su Dios. Yo soy el Señor, su Dios, quien los sacó de la tierra de Egipto para ser su Dios. Yo, el Señor, su Dios, Es verdad" (Números 15:37-41). El Señor, su Dios, ¡es verdad!

Encontramos otro código en la palabra *Emet* אמת:

En arameo, esta palabra comienza con la letra *Álef* א, la primera letra del alfabeto. La segunda letra en *Emet* es *Mem* מ, la letra del medio del alfabeto. La última letra en *Emet* es *Tav* ת, la última letra del alfabeto. Una persona con el atributo de la verdad tiene el poder de todo el alfabeto que, en esencia, es el poder de todo el universo.

Heijal Ratsón (la Cámara del Deseo) — *Tiféret* de *Zeir Anpin* en *Briá*.

א של אבות וי"ה וחין = אבן (יאהדונהי) וְיַצִּיב veyatsiv • וְנָכוֹן venajón • וְקַיָּם vekayam •

וְיָשָׁר veyashar • וְנֶאֱמָן veneemán • וְאָהוּב veahuv • וְחָבִיב vejaviv הוי •

וְנֶחְמָד venejmad • וְנָעִים venaím • וְנוֹרָא venorá • וְאַדִּיר veadir הרי •

וּמְתוּקָּן umetukán • וּמְקֻבָּל umekubal • וְטוֹב vetov והו • וְיָפֶה veyafé •

יכוין ט"ו ווין ג"מ יה, הווין עצמן ו, ור"ת הדבר הרי יהוה הַדָּבָר hadavar ראה

הַזֶּה hazé והו עָלֵינוּ aleinu לְעוֹלָם leolam ריבוע ס"ג וי' אותיות דס"ג וָעֶד vaed:

יוד הי ואו אֱמֶת emet אהיה פעמים אהיה, ז"פ ס"ג אֱלֹהֵי Elohei מילוי ע"ב, דמב ; ילה

עוֹלָם olam מַלְכֵּנוּ malquenu • צוּר tsur אלהים דההין ע"ה יַעֲקֹב Yaakov

ז' הויות, יאהדונהי אידהנויה מָגֵן maguén ג"פ אל (ייא"י מילוי דס"ג) ; ר"ת מיכאל גבריאל נוריאל

יִשְׁעֵנוּ yishenu • לְדוֹר ledor וָדוֹר vador רי"ו הוּא hu קַיָּם kayam

וּשְׁמוֹ uShmó מהש ע"ה, ע"ב בריבוע וקס"א ע"ה, אל שדי ע"ה קַיָּם kayam וְכִסְאוֹ vejisó

נָכוֹן najón וּמַלְכוּתוֹ umaljutó וֶאֱמוּנָתוֹ veemunató לָעַד laad ב"פ כ"ן ; ר"ת לוו

קַיֶּמֶת kayémet: וּדְבָרָיו udvarav וְחָיִים jayim אהיה אהיה יהוה, בינה ע"ה

וְקַיָּמִים vekayamim וְנֶאֱמָנִים veneemanim וְנֶחֱמָדִים venejemadim לָעַד laad

ב"פ כ"ן (besa los *tsitsiot*, pásalos sobre tus ojos y luego suéltalos) וּלְעוֹלְמֵי uleolmei עוֹלָמִים olamim

---

VEYATSIV

Y Él es establecido, y correcto, y duradero, y directo, y digno de verdad, y amado, y querido, y deseable, y agradable, y reverentemente temido, y poderoso, y aceptado, y bueno, y hermoso. Esto es para nosotros, por siempre y para siempre. Es cierto que el Dios del Mundo es nuestro Rey, la Fortaleza de Yaakov y el Escudo de nuestra Salvación. Para cada generación Él perdura y Su Nombre perdura. Su Trono es establecido; Su soberanía y Su lealtad existen para siempre. Sus palabras están vivas, duraderas, leales y agradables para toda la eternidad.

עַל al אֲבוֹתֵינוּ avoteinu. עָלֵינוּ aleinu וְעַל veal בָּנֵינוּ baneinu וְעַל veal
דּוֹרוֹתֵינוּ doroteinu וְעַל veal כָּל־ col ילי ; עמם דּוֹרוֹת dorot זֶרַע zera
יִשְׂרָאֵל Yisrael עֲבָדֶיךָ avadeja: עַל al הָרִאשׁוֹנִים harishonim וְעַל veal
הָאַחֲרוֹנִים haajaronim דָּבָר davar ראה טוֹב tov והו וְקַיָּם vekayam.
יוד הא ואו בֶּאֱמֶת beemet אהיה פעמים אהיה, ז״פ ס״ג וּבֶאֱמוּנָה uveemuná חוֹק jok
וְלֹא veló יַעֲבוֹר yaavor רפ״ח (להעלות רפ״ח ניצוצות שנפלו לקליפה דמשם באים התחלואים).
יוד הה וו אֱמֶת emet אהיה פעמים אהיה, ז״פ ס״ג שָׁאַתָּה sheAtá
הוּא Hu יְהֹוָהאדניאהדונהי Adonai אֱלֹהֵינוּ Eloheinu ילה
וֵאלֹהֵי veElohei לכב ; מילוי ע״ב, דמב ; ילה אֲבוֹתֵינוּ avoteinu.
מַלְכֵּנוּ malquenu מֶלֶךְ Mélej אֲבוֹתֵינוּ avoteinu גּוֹאֲלֵנוּ goalenu
גּוֹאֵל goel אֲבוֹתֵינוּ avoteinu. יוֹצְרֵנוּ yotsrenu צוּר tsur אלהים דההין ע״ה
יְשׁוּעָתֵנוּ yeshuatenu. פּוֹדֵנוּ podenu וּמַצִּילֵנוּ umatsilenu ר״ת = אלהים, אהיה אדני

MEM, HEI, SHIN

Las letras *Mem* מ, *Hei* ה y *Shin* ש liberan la fuerza de sanación.

Cuando cerramos nuestros ojos y visualizamos a estas letras emitiendo rayos de Luz, despertamos energía de sanación desde los Mundos Superiores y desde nuestro interior. Podemos meditar en inundar nuestro cuerpo en una riada de Luz blanca y en enviar esta energía a otras personas que necesiten sanación. Estas letras, reordenadas, forman el nombre de Moshé מהש = משה, quien alcanzó el nivel más alto de conexión con la Luz del Creador.

מֵעוֹלָם meolam הוּא Hu שִׁמְךָ Shemeja
ר״ת מהש, משה, ע״ב בריבוע וקס״א, אל שדי
וְאֵין veéin לָנוּ lanu אלהים, אהיה אדני עוֹד od
אֱלֹהִים Elohim אהיה אדני ; ילה זוּלָתְךָ zulatjá סֶלָה sela:

Esto está sobre nuestros padres, sobre nosotros y sobre nuestros hijos y sobre nuestras generaciones futuras y sobre todas las generaciones futuras de los descendientes de Israel, Tus siervos. Sobre los primeros y sobre los últimos, esto es una cosa buena y eterna. Con verdad y con fe, este es un decreto inquebrantable. Es cierto que Tú eres el Señor, nuestro Dios y Dios de nuestros padres, nuestro Rey y Rey de nuestros padres, nuestro Redentor y Redentor de nuestros padres, nuestro Hacedor y la Fortaleza de nuestra Salvación. Nuestro Redentor y Salvador.

MEM HEI SHIN

Tu Nombre es de la eternidad, y no tenemos otro Dios sino Tú, Sela.

EZRAT

Ayin, *Álef* y *Álef*, עאא, las primeras letras de las primeras tres palabras de esta oración, tienen el valor numérico de 72. El número 72 también es un código para el concepto de misericordia y la *Sefirá* de *Jésed*. De esta conexión aprendemos que estamos destinados a vivir nuestra vida con misericordia genuina por los demás para activar el poder de los 72 Nombres de Dios. Si por alguna razón no estamos obteniendo resultados de nuestras oraciones, es sólo por una razón: No estamos tratando a las personas en nuestra vida con verdadera misericordia. La Kabbalah nos enseña que, incluso si nuestra ira o falta de perdón están justificadas, debemos tener misericordia en nuestro corazón y en nuestras acciones, tanto para nuestros amigos como nuestros enemigos.

עֶזְרַת ezrat מיכאל מלכיאל שנדיאל, יהוה פעמים יהוה ע"ה אֲבוֹתֵינוּ avoteinu אַתָּה Atá

ר"ת = ע"ב, ריבוע יהוה הוּא Hu מֵעוֹלָם meolam. מָגֵן maguén ג"פ אל (ייא" מילוי דס"ג) ;

ר"ת מיכאל גבריאל נוריאל וּמוֹשִׁיעַ umoshía לָהֶם lahem וְלִבְנֵיהֶם velivneihem

אַחֲרֵיהֶם ajareihem בְּכָל bejol ב"ן, לכב דּוֹר dor וָדוֹר vador רי"ו.

בְּרוּם berum עוֹלָם olam ר"ת ע"ב, ריבוע יהוה; ברום עולם ע"ה = קס"א קנ"א קמ"ג

עם ג' כוללים (לא כולל האהיה עצמם) מוֹשָׁבֶךָ moshaveja. וּמִשְׁפָּטֶיךָ umishpateja

וְצִדְקָתְךָ vetsidkatjá עַד ad אַפְסֵי afsei אָרֶץ árets:

אהיה אֱמֶת emet אהיה פעמים אהיה, ז"פ ס"ג אַשְׁרֵי ashrei

אִישׁ ish שֶׁיִּשְׁמַע sheyishmá לְמִצְוֹתֶיךָ lemitsvoteja.

וְתוֹרָתְךָ vetoratjá וּדְבָרְךָ udevarjá יָשִׂים yasim עַל al לִבּוֹ libó:

אהיה אֱמֶת emet אהיה פעמים אהיה, ז"פ ס"ג שָׁאַתָּה sheAtá הוּא Hu

אָדוֹן Adón אני לְעַמֶּךָ leameja. וּמֶלֶךְ uMélej גִּבּוֹר guibor

לָרִיב lariv רִיבָם rivam לְאָבוֹת leavot וּבָנִים uvanim:

EZRAT

Tú siempre has sido la ayuda de nuestros antepasados, un escudo y un salvador para ellos y para sus hijos después de ellos, en cada generación. En las alturas del mundo está Tu morada y Tus leyes y justicia se extienden a los confines de la Tierra. Es cierto que un hombre que cumple con Tus mandamientos es gozoso, mientras pone Tu Torá y Tus enseñanzas en su corazón. Es cierto que Tú eres un Señor de Tu pueblo y un Rey valeroso, Quien lucha por su causa, sea por los padres o por los hijos.

אהיה אֱמֶת emet אהיה פעמים אהיה, ו"פ ס"ג אַתָּה Atá הוּא Hu רִאשׁוֹן rishón
וְאַתָּה veAtá הוּא Hu אַחֲרוֹן ajarón. וּמִבַּלְעָדֶיךָ umibaladeja אֵין ein
לָנוּ lanu אלהים, אהיה אדני מֶלֶךְ Mélej גּוֹאֵל goel וּמוֹשִׁיעַ umoshía:
אהיה אֱמֶת emet אהיה פעמים אהיה, ו"פ ס"ג מִמִּצְרַיִם miMitsráyim מצר
גְּאַלְתָּנוּ guealtanu יְהֹוָואֲדֹנָיאהדונהי Adonai אֱלֹהֵינוּ Eloheinu ילה. מִבֵּית mibeit
ב"פ ראה עֲבָדִים avadim פְּדִיתָנוּ pditanu. כָּל־ col ילי בְּכוֹרֵיהֶם bejoreihem
הָרַגְתָּ haragta וּבְכוֹרְךָ uvejorjá יִשְׂרָאֵל Yisrael גָּאַלְתָּ gaalta.
וְיַם־ veyam ילי סוּף Suf לָהֶם lahem בָּקַעְתָּ bakata. וְזֵדִים vezedim
טִבַּעְתָּ tibata. וִידִידִים vididim עָבְרוּ avrú יָם yam ילי. וַיְכַסּוּ vayjasú
מַיִם máyim צָרֵיהֶם tsareihem אֶחָד ejad אהבה, דאגה מֵהֶם mehem לֹא lo
נוֹתָר notar: עַל al זֹאת zot שִׁבְּחוּ shibjú אֲהוּבִים ahuvim
וְרוֹמְמוּ veromemú לָאֵל laEl ייא"י (מילוי דס"ג) וְנָתְנוּ venatnú יְדִידִים yedidim
זְמִירוֹת zemirot שִׁירוֹת shirot וְתִשְׁבָּחוֹת vetishbajot בְּרָכוֹת brajot
וְהוֹדָאוֹת vehodaot לַמֶּלֶךְ laMélej אֵל el ייא"י (מילוי דס"ג) וְחַי jai וְקַיָּם vekayam.
רָם ram וְנִשָּׂא venisá גָּדוֹל gadol להחו ; עם ד' אותיות = מבה, יזל, אום וְנוֹרָא venorá.
מַשְׁפִּיל mashpil גֵּאִים gueím עֲדֵי adei אָרֶץ árets. מַגְבִּיהַּ magbiha
שְׁפָלִים shfalim עַד ad מָרוֹם marom. מוֹצִיא motsí אֲסִירִים asirim.
פּוֹדֶה podé עֲנָוִים anavim. עוֹזֵר ozer דַּלִּים dalim הָעוֹנֶה haoné
לְעַמּוֹ leamó יִשְׂרָאֵל Yisrael בְּעֵת beet שַׁוְּעָם shavam אֵלָיו elav.

Ozer Dalim: La pobreza elimina las transgresiones de un individuo y, a través de ésta, el Creador da misericordia a Su creación. Y, por lo tanto, debes meditar en hacerte pobre ante los ojos de la *Shejiná,* y estar preocupado porque la *Shejiná* está en el exilio junto a los hijos de Israel.

Es cierto que Tú eres primero y Tú eres último y aparte de Ti, no tenemos otro Rey que redima y salve. Es cierto que Tú nos redimiste de Egipto, Señor, nuestro Dios, y nos liberaste de la casa de esclavos. Tú mataste a todos sus primogénitos y Tú salvaste a Tu primogénito Israel. Tú partiste el Mar Rojo para ellos y Tú ahogaste a los tiranos mientras Tus amados cruzaban el mar. Luego las aguas cubrieron a sus enemigos y ninguno de ellos fue salvado. Por esto, los amados alaban y exaltan a Dios. Y los queridos ofrecieron melodías, canciones, líricas y alabanzas, bendiciones y agradecimientos al Rey, al Dios viviente y duradero, Quien es Excelso y elevado, poderoso y reverentemente temido y Quien degrada a los soberbios en el suelo; Quien eleva a los sumisos a grandes alturas; Quien libera a los prisioneros, redime a los humildes y ayuda a los necesitados. Él, que responde a su Pueblo Israel, cuando ellos Le claman.

TEHILOT

Ahora comenzamos a elevarnos al Mundo de Emanación (*Atsilut*). Por consiguiente, nos ponemos de pie para encender los motores de nuestra alma. Para prepararnos para este despegue, debemos eliminar cualquier odio o sentimiento negativo hacia otras personas que albergamos en nuestra mente.

Heijal Kódesh HaKodashim (La Cámara del Santo Sanctórum) – de *Zeir Anpín* en *Briá*.

תְּהִלּוֹת tehilot לָאֵל laEl ייא״י (מילוי דס״ג) עֶלְיוֹן elyón גּוֹאֲלָם goalam

בָּרוּךְ Baruj הוּא Hu וּמְבוֹרָךְ umevoraj. מֹשֶׁה Moshé מהש, ע״ב בריבוע וקס״א,

אל שדי, ד״פ אלהים ע״ה וּבְנֵי uvnei יִשְׂרָאֵל Yisrael ר״ת ע״ה נגד, מזבח, זן, אל יהוה

לְךָ lejá עָנוּ anú שִׁירָה shirá בְּשִׂמְחָה besimjá רַבָּה rabá וְאָמְרוּ veamrú

כֻלָּם julam: מִי־ mi ילי כָמֹכָה jamoja בָּאֵלִם baelim

יְהֹוָהאדניאהדונהי Adonai ; ר״ת = ע״ב, ריבוע יהוה ; ס״ת מ״ה מִי mi ילי כָּמֹכָה camoja

נֶאְדָּר needar בַּקֹּדֶשׁ bakódesh ר״ת = יב״ק, אלהים יהוה, אהיה אדני יהוה נוֹרָא norá

תְהִלֹּת tehilot עֹשֵׂה osé פֶלֶא fele: שִׁירָה shirá חֲדָשָׁה jadashá

שִׁבְּחוּ shibjú גְאוּלִים gueulim לְשִׁמְךָ leShimjá הַגָּדוֹל hagadol להח ; עם ד

אותיות = מבה, יזל, הום עַל al שְׂפַת־ sfat הַיָּם hayam ילי יַחַד yájad כֻּלָּם culam

הוֹדוּ hodú אהיה וְהִמְלִיכוּ vehimliju וְאָמְרוּ veamrú יְהֹוָהאדניאהדונהי Adonai |

יִמְלֹךְ yimloj לְעֹלָם leolam ריבוע ס״ג וי׳ אותיות דס״ג ; ר״ת ייל וָעֶד vaed:

וְנֶאֱמַר veneemar גֹּאֲלֵנוּ goalenu יְהֹוָהאדניאהדונהי Adonai צְבָאוֹת Tsvaot פני שכינה

שְׁמוֹ She-mó מהש ע״ה, ע״ב בריבוע וקס״א ע״ה, אל שדי ע״ה קְדוֹשׁ kedosh יִשְׂרָאֵל Yisrael:

בָּרוּךְ Baruj אַתָּה Atá יְהֹוָהאדניאהדונהי Adonai גָּאַל gaal יִשְׂרָאֵל Yisrael:

Comienza la *Amidá* inmediatamente sin ninguna interrupción, ni siquiera una respiración. Hacer esto evita la separación entre *Yesod* (despertada por las palabras "*gaal Yisrael*") y *Maljut* (despertada por la palabra "*Adonai*"). Tu recompensa es grande. Recibes protección contra la negatividad y para no cometer errores. Esta acción también ayuda a corregir la transgresión del derramamiento de nuestra simiente.

TEHILOT

Alabanzas al Dios Supremo, Quien es su redentor. Bendito es Él Quien es bendecido. Moshé y los Hijos de Israel elevaron sus voces en canción a Ti, con gran alegría y todos dijeron: "¿Quién es como Tú entre las deidades, Señor? ¿Quién es como Tú, poderoso en Santidad, magnífico en alabanzas, y Quién realiza maravillas?" (Éxodo 15:11). *Con una nueva canción los redimidos alabaron Tu gran Nombre en la orilla del mar. Todos ellos al unísono le dieron gracias y aceptaron Tu soberanía y dijeron: "El Señor reinará por siempre y para la eternidad"* (Éxodo 15:18). *Y está dicho: "Nuestro redentor, el Señor de los Ejércitos es Su Nombre, El Santo de Israel"* (Isaías 47:4). *Bendito eres Tú, Señor, Quien redimió a Israel.*

Maljut de *Atsilut* ahora está incluida en *Heijal Kódesh HaKodashim* de *Briá*.

Cuando *Yom Kipur* cae en *Shabat* debes escanear lo siguiente:

El formato de la Ascensión en *Shajarit* de *Shabat*

En la conexión silenciosa de *Shajarit* de *Shabat*, los *Mojín* de *Aba* e *Ima* Celestiales están comenzando a entrar en *Zeir Anpín*. **Medita** en que la letra *Tsadi* צ del *Tsélem* entre en los cinco *Partsufim* de *Nétsaj*, *Hod*, *Yesod* de *Jojmá* de *Zeir Anpín* (que es llamado *Néfesh*, *Rúaj*, *Neshamá*, *Jayá*, *Yejidá* de *Néfesh* de *Jayá*). **Así que ahora**, *Kéter*, *Jojmá*, *Biná*, *Dáat* de *Zeir Anpín* son elevadas a *Nétsaj*, *Hod*, *Yesod* de *Aba* e *Ima* Celestiales, y *Jésed*, *Guevurá*, *Tiféret* de *Zeir Anpín* son elevadas a *Jojmá*, *Biná*, *Dáat* de *Yisrael Saba* y *Tevuná*, y *Nétsaj*, *Hod*, *Yesod* de *Zeir Anpín* son elevadas a *Jésed*, *Guevurá*, *Tiféret* de *Yisrael Saba* y *Tevuná*, y *Yaakov* y *Rajel* (Quienes están de pie en *Nétsaj*, *Hod*, *Yesod* de *Biná* de *Zeir Anpín*, que significa *Nétsaj*, *Hod*, *Yesod* de *Yisrael Saba* y *Tevuná*) son elevados a *Jésed*, *Guevurá*, *Tiféret* de *Biná* de *Zeir Anpín* (que significa *Jésed*, *Guevurá*, *Tiféret* de *Yisrael Saba* y *Tevuná*). **Así que ahora**, *Nétsaj*, *Hod*, *Yesod* de *Zeir Anpín* se convierten en *Mojín* (*Kéter*, *Jojmá*, *Biná*, *Dáat*) para *Yaakov* y *Rajel*.

En la conexión silenciosa, cuando digas "*Baruj*" medita en atraer los Seis Bordes (*Jésed*, *Guevurá*, *Tiféret*, *Nétsaj*, *Hod*, *Yesod* de *Kéter*, *Jojmá*, *Biná*, *Dáat* de *Nétsaj*, *Hod*, *Yesod* de lo Interno de *Ima* Celestial) que fueron atraídos por el *Shmá* (hacia *Kéter*, *Jojmá*, *Biná*, *Dáat*, *Jésed*, *Guevurá*, *Tiféret* de *Zeir Anpín*); **a** *Jésed*, *Guevurá*, *Tiféret*, *Nétsaj*, *Hod*, *Yesod* de *Kéter*, *Jojmá*, *Biná*, *Dáat* de *Nétsaj*, *Hod*, *Yesod* de *Jojmá* de lo Interno de *Zeir Anpín*.

Cuando digas "*Atá*", medita en atraer a *Kéter*, *Jojmá*, *Biná*, *Dáat* de *Kéter*, *Jojmá*, *Biná*, *Dáat* hacia las Tres *Sefirot* Superiores de *Zeir Anpín* y empujar hacia abajo los Seis Bordes (*Tevuná*) hacia los Seis Bordes de *Zeir Anpín*.

Cuando digas "*Adonai*", medita en atraer a *Jojmá*, *Jésed*, *Nétsaj*, *Biná*, *Guevurá*, *Hod*, *Dáat*, *Tiféret*, *Yesod* (en tres columnas) de *Kéter*, *Jojmá*, *Biná*, *Dáat* de *Nétsaj*, *Hod*, *Yesod* de lo Interno de *Aba* Celestial a *Zeir Anpín* mediante las dos etapas en las que estás de pie.

En la repetición de *Shajarit* de *Shabat*, *Zeir Anpín* y *Leá* se elevan en *Jésed*, *Guevurá*, *Tiféret* de *Aba* e *Ima* Celestiales. **Medita** en que la letra *Lámed* ל del *Tsélem* (cinco *Tselamim* de *Jésed*, *Guevurá*, *Tiféret* de *Aba* e *Ima* Celestiales) entra en los cinco *Partsufim* de *Jésed*, *Guevurá*, *Tiféret* de *Jojmá* de *Zeir Anpín* (que es llamado: *Néfesh*, *Rúaj*, *Neshamá*, *Jayá*, *Yejidá* de *Rúaj* de *Jayá*).

Así que ahora, *Kéter*, *Jojmá*, *Biná*, *Dáat* de *Zeir Anpín* son elevadas hacia *Jésed*, *Guevurá*, *Tiféret* de *Aba* e *Ima* Celestiales, y *Jésed*, *Guevurá*, *Tiféret* de *Zeir Anpín* son elevadas a *Nétsaj*, *Hod*, *Yesod* de *Aba* e *Ima* Celestiales, y *Nétsaj*, *Hod*, *Yesod* de *Zeir Anpín* son elevadas a *Kéter*, *Jojmá*, *Biná*, *Dáat* de *Yisrael Saba* y *Tevuná*, y *Yaakov* y *Rajel* (que están de pie en *Jésed*, *Guevurá*, *Tiféret* de *Biná* de *Zeir Anpín*, que significa *Jésed*, *Guevurá*, *Tiféret* de *Yisrael Saba* y *Tevuná*) son elevados a *Kéter*, *Jojmá*, *Biná*, *Dáat* de *Biná* de *Zeir Anpín* (que significa *Kéter*, *Jojmá*, *Biná*, *Dáat* de *Yisrael Saba* y *Tevuná*). **Así que ahora**, *Nétsaj*, *Hod*, *Yesod* de *Biná* de *Zeir Anpín* se convierten en *Mojín* (*Kéter*, *Jojmá*, *Biná*, *Dáat*) para *Yaakov* y *Rajel*.

En la repetición, cuando digas "*Baruj*", medita en traer a los Seis Bordes (*Jésed*, *Guevurá*, *Tiféret*, *Nétsaj*, *Hod*, *Yesod* de *Kéter*, *Jojmá*, *Biná*, *Dáat* de *Jésed*, *Guevurá*, *Tiféret* de lo Interno de *Ima* Celestial) que fueron atraídos por el *Shmá* (hacia *Kéter*, *Jojmá*, *Biná*, *Dáat*, *Jésed*, *Guevurá*, *Tiféret* de *Zeir Anpín*); a *Jésed*, *Guevurá*, *Tiféret*, *Nétsaj*, *Hod*, *Yesod* de *Kéter*, *Jojmá*, *Biná*, *Dáat* de *Jésed*, *Guevurá*, *Tiféret* de *Jojmá* de lo Interno de *Zeir Anpín*.

Cuando digas "*Atá*", medita en atraer a *Kéter*, *Jojmá*, *Biná*, *Dáat* de *Kéter*, *Jojmá*, *Biná*, *Dáat* hacia las Tres *Sefirot* Superiores de *Zeir Anpín* y empujar hacia abajo los Seis Bordes (de *Tevuná*) hacia los Seis Bordes de *Zeir Anpín*. **Cuando digas "*Adonai*", medita en atraer** a *Jojmá*, *Jésed*, *Nétsaj*, y *Biná*, *Guevurá*, *Hod*, y *Dáat*, *Tiféret*, *Yesod* (en tres columnas) de *Kéter*, *Jojmá*, *Biná*, *Dáat* de *Jésed*, *Guevurá*, *Tiféret* de lo Interno de *Aba* Celestial hacia *Zeir Anpín* mediante las dos etapas en las que estás de pie.

Medita para recibir el alma adicional llamada: *Rúaj*

del aspecto del día de *Shabat*.

En la *Amidá* silenciosa *Nukvá* es elevada a *Jésed* y *Guevurá* de *Ima*,
En la repetición *Nukvá* es elevada a *Dáat* de *Ima*.

אֲדֹנָי Adonai ללה (pausa aquí) שְׂפָתַי sfatai תִּפְתָּח tiftaj וּפִי ufí יַגִּיד yaguid

יוד (כ״ב אותיות פשוטות [=אכא] וה׳ אותיות סופיות מנצפך) תְּהִלָּתֶךָ tehilateja ס״ת = בוכו:

LA PRIMERA BENDICIÓN – INVOCA AL ESCUDO DE AVRAHAM

Avraham es el canal de la energía de la Columna Derecha de positividad, compartir y misericordia. Las acciones dadoras pueden protegernos de todas las formas de negatividad

Jésed que se convierte en *Jojmá*

En esta sección hay 42 palabras, el secreto del Nombre de Dios de 42 letras y, por lo tanto, comienza con la letra *Bet* (2) y termina con la letra *Mem* (40).

Flexiona tus rodillas en "*Baruj*", inclínate en "*Atá*" y enderézate en "*Adonai*".

א ב

בָּרוּךְ Baruj אַתָּה Atá א-ת (אותיות הא״ב המסמלות את השפע המגיע) לה׳ המלכות

ג י

יְהֹוָאדהנהי Adonai (י״א) אֱלֹהֵינוּ Eloheinu ילה

ת צ

וֵאלֹהֵי veElohei לכב ; מילוי ע״ב, דמב ; ילה אֲבוֹתֵינוּ avoteinu.

ק ר

אֱלֹהֵי Elohei מילוי ע״ב, דמב ; ילה אַבְרָהָם Avraham (*Jojmá*)

וז״פ אל, רי״ו ול״ב נתיבות החכמה, רמ״ח (אברים), עסמ״ב וט״ז אותיות פשוטות.

ע ש

אֱלֹהֵי Elohei מילוי ע״ב, דמב ; ילה יִצְחָק Yitsjak (*Biná*) ד״פ ב״ן

ט נ

וֵאלֹהֵי veElohei לכב ;מילוי ע״ב, דמב ; ילה יַעֲקֹב Yaakov (*Dáat*) ו׳ הויות, יאהדונהי אידהנויה

נ ג

הָאֵל haEl לאה ; ייא״י (מילוי דס״ג) הַגָּדוֹל hagadol האל הגדול = סיט ; גדול = להח

ד י

הַגִּבּוֹר haguibor עם ד׳ אותיות = מבה, יזל, אום ר״ת ההה וְהַנּוֹרָא vehanorá.

LA AMIDÁ

"Mi Señor, abre mis labios y mi boca declarará Tu alabanza" (*Salmos 51:17*).

LA PRIMERA BENDICIÓN

Bendito eres, Señor, nuestro Dios y Dios de nuestros padres:
el Dios de Avraham, el Dios de Yitsjak y el Dios de Yaakov. El Dios grande, poderoso y reverenciado.

כ ש

אֵל El ייא״י (מילוי דס״ג) ; ר״ת ע״ב, ריבוע יהוה עֶלְיוֹן elyón.

ב ט ר צ ת

גּוֹמֵל gomel חֲסָדִים jasadim טוֹבִים tovim. קוֹנֵה koné הַכֹּל hacol ילי

ג וז ק ב

וְזוֹכֵר vezojer חַסְדֵי jasdei אָבוֹת avot. וּמֵבִיא umeví

ט נ ע י

גּוֹאֵל goel לִבְנֵי livnei בְנֵיהֶם vneihem לְמַעַן lemaan

ג ל

שְׁמוֹ Shemó מהש ע״ה, ע״ב בריבוע וקס״א ע״ה, אל שדי ע״ה בְּאַהֲבָה beahavá אחד, דאגה:

Cuando digas la palabra "*beahavá*" debes meditar en dedicar tu alma a santificar el Santo Nombre y aceptar sobre ti mismo las cuatro formas de muerte.

Durante la repetición el *jazán* agrega::

מִסּוֹד misod מ״כ, י״פ האא חֲכָמִים jajamim וּנְבוֹנִים unevonim

וּמִלֶּמֶד umilémed דַּעַת dáat מְבִינִים mevinim אֶפְתְּחָה eftejá פִּי pi

בִּתְפִלָּה bitfilá א״ת ב״ש אֻכְּצֻ = ב״ן + אדני וניקודה ע״ה = יוד הי וו הה

וּבְתַחֲנוּנִים uvetajanunim לְחַלּוֹת lejalot וּלְחַנֵּן ulejanén פְּנֵי pnei מֶלֶךְ mélej

מַלְכֵי maljei הַמְּלָכִים hamelajim וַאֲדוֹנֵי vaadonei הָאֲדוֹנִים haadonim.

ZOJRENU

Cuarenta y ocho letras como el valor numérico de אהיה יהוה ע״ה.

Recitamos la oración de "*zojrenu*" por el secreto de la *Nesirá* (aserrado) y es por ello que mencionamos que seremos recordados para la Vida y no para la muerte.

Aquí tenemos 11 palabras que corresponden a las Diez *Sefirot* que están siendo aserradas y una superior. También corresponde a las 11 especias que, al igual que el *Któret*, dan vida a todo. Esta sección ayuda a dar vida (heb. *Jayim* = אהיה אהיה יהוה, los *Mojín*) y construir los *Tefilín* en el *Kéter* de *Zeir Anpín*. Los *Mojín* son atraídos hacia la Cabeza de *Zeir Anpín* desde la unificación de *Aba* (72 = ע״ב) e *Ima* (161=קס״א) (72+161=זכרנו) a través de las 50 Puertas de *Biná*. Debemos meditar en que los *Tefilín* son el entorno en el secreto del *Hével* (Aliento) del Nombre ס״ג.

El Dios grande, poderoso y reverenciado. El Dios Celestial. El que otorga benevolencia y crea todas las cosas. El que recuerda las buenas acciones de nuestros ancestros y El que trae un redentor a los hijos de sus hijos por el bien de Su Nombre, con amor.

Con los secretos de los maestros que poseen sabiduría y discernimiento, y la enseñanza que deriva del conocimiento de estos entendidos. Yo abro mi boca en oración y súplica para implorar y rogar ante el Rey de los Reyes y Señor de los Señores.

זָכְרֵנוּ zojrenu לְחַיִּים lejayim אהיה אהיה יהוה, בינה ע"ה ; ר"ת מילוי דס"ג וס"ת מילוי דע"ב.

(*Kéter* de *Zeir Anpín*)

מֶלֶךְ Mélej חָפֵץ jafets בַּחַיִּים bajayim אהיה אהיה יהוה, בינה ע"ה.

(*Jojmá, Biná* y *Dáat* de *Zeir Anpín*)

כָּתְבֵנוּ cotvenu בְּסֵפֶר beséfer חַיִּים jayim אהיה אהיה יהוה, בינה ע"ה.

(*Jésed, Guevurá* y *Tiféret* de *Zeir Anpín*)

לְמַעַנְךָ lemaanaj אֱלֹהִים Elohim אהיה אדני ; ילה חַיִּים jayim אהיה אהיה יהוה, בינה ע"ה

.(*Nétsaj, Hod* y *Yesod* de *Zeir Anpín* y *Nukvá están a la espalda* de *Zeir Anpín*)

Si olvidas decir "*zojrenu*" y te das cuenta de esto antes de terminar la bendición "*Baruj Atá Adonai*", debes regresar y decir "*zojrenu*" y continuar normalmente. Pero si te das cuenta de esto después del final de la bendición, debes continuar.

פ ז ק ש

מֶלֶךְ Mélej עוֹזֵר ozer וּמוֹשִׁיעַ umoshía וּמָגֵן umaguén

ג"פ אל (ייא" מילוי דס"ג) ; ר"ת מיכאל גבריאל נוריאל:

Flexiona tus rodillas en "*Baruj*", inclínate en "*Atá*" y enderézate en "*Adonai*".

ק ו צ

בָּרוּךְ Baruj אַתָּה Atá יְהֹוָהאדניאהדונהי (יְהֹוָהאֱהִיָּה) Adonai

י ת

מָגֵן maguén ג"פ אל (ייא" מילוי דס"ג) ; ר"ת מיכאל גבריאל נוריאל אַבְרָהָם Avraham

וז"פ אל, רי"ו ול"ב נתיבות החכמה, רמ"ח (אברים), עסמ"ב וט"ז אותיות פשוטות:

LA SEGUNDA BENDICIÓN

LA ENERGÍA DE YITSJAK ENCIENDE EL PODER DE LA RESURRECCIÓN DE LOS MUERTOS

Mientras que Avraham representa el poder de compartir, Yitsjak representa a la Columna Izquierda, energía de Juicio. El Juicio acorta el proceso de *tikún* y prepara la vía para nuestra resurrección final.

Guevurá que se convierte en _Biná_

En esta sección hay 49 palabras que corresponden a las 49 Puertas del Sistema Puro en *Biná*.

אַתָּה Atá גִּבּוֹר guibor לְעוֹלָם leolam ריבוע ס"ג וי' אותיות דס"ג אֲדֹנָי Adonai ללה

(ר"ת אַגְלָא והוא שם גדול ואמיץ, ובו היה יהודה מתגבר על אויביו. ע"ה אלד, בוכו).

מְחַיֶּה mejayé ס"ג מֵתִים metim .אַתָּה Atá רַב rav לְהוֹשִׁיעַ lehoshía.

ZOJRENU

Recuérdanos en vida, Rey, Quien desea la vida, e inscríbenos en el Libro de la Vida, por Ti, Dios Vivo. Rey, Asistente, Salvador y Escudo. Bendito seas Tú, Señor, Escudo de Avraham.

LA SEGUNDA BENDICIÓN

Tú, Señor, eres poderoso por siempre. Tú revives a los muertos y eres muy capaz de redimir.

מוֹרִיד morid הַטָּל hatal יוד הא ואו, כוזו, מספר אותיות דמילואי עסמ"ב ; ר"ת מ"ה:

Si por error dices "*Mashiv harúaj*" y te das cuenta de ello antes del final de la bendición "*Baruj Atá Adonai*", debes regresar al comienzo de la bendición "*Atá guibor*" y continuar normalmente. Pero si sólo te das cuenta de ello después del final de la bendición, debes iniciar la *Amidá* desde el principio.

מְכַלְכֵּל mejalquel חַיִּים jayim אהיה אהיה יהוה, בינה ע"ה

בְּחֶסֶד bejésed ע"ב, ריבוע יהוה. מְחַיֵּה mejayé ס"ג מֵתִים metim

בְּרַחֲמִים berajamim (במוכסז) מצפצ, אלהים דההין, י"פ ייי

רַבִּים rabim (טלא דעתיק). סוֹמֵךְ somej (אכדטם) כוק, ריבוע אדני

נוֹפְלִים noflim (זו"ן). וְרוֹפֵא verofé חוֹלִים jolim חולה = מ"ה וד' אותיות.

וּמַתִּיר umatir אֲסוּרִים asurim. וּמְקַיֵּם umekayem אֱמוּנָתוֹ emunató

לִישֵׁנֵי lishenei עָפָר afar. מִי mi ילי כָמוֹךָ jamoja

בַּעַל báal גְּבוּרוֹת gvurot (debes pronunciar la letra *Ayin* en la palabra "*Báal*")

וּמִי umí ילי דּוֹמֶה domé לָּךְ laj. מֶלֶךְ mélej מֵמִית memit

וּמְחַיֶּה umjayé ס"ג (יוד הי ואו הי) וּמַצְמִיחַ umatsmíaj יְשׁוּעָה yeshuá:

MI CAMOJA

Ocho palabras que corresponden a las ocho prendas del Sumo Sacerdote.

Aquí debemos meditar en conectar con el proceso de reencarnación, pues *Yom Kipur* es el momento en el que las almas son juzgadas y encarnadas. Y como esta bendición es llamada *Guevurot* (Juicios) debemos meditar en endulzarlos con las palabras "*Av HaRajamán*" (el Padre Misericordioso), cuya suma es el mismo valor numérico de las letras *Shin* y *Vav* (=306, de la palabra *Shofar*).

מִי mi ילי כָמוֹךָ jamoja אָב av הָרַחֲמָן harajmán (***Zeir Anpín***)

זוֹכֵר zojer יְצוּרָיו yetsurav בְּרַחֲמִים berajamim מצפצ, אלהים דיודין, י"פ ייי

לְחַיִּים lejayim אהיה אהיה יהוה, בינה ע"ה ; ר"ת זיב"ל = מ"ט שערי בינה ; ר"ת יב"ל = מ"ב ;

ר"ת ל"ב נתיבות החכמה.

Si olvidas decir "*mi camoja*" y te das cuenta de esto antes del final de la bendición "*Baruj Atá Adonai*", debes regresar y decir "*mi camoja*" y continuar normalmente. Pero si sólo te das cuenta de esto al final de la bendición, debes continuar normalmente

וְנֶאֱמָן veneemán אַתָּה Atá לְהַחֲיוֹת lehajayot מֵתִים metim:

El que hace caer el rocío. Tú sostienes a los vivientes con bondad y revives a los muertos con gran compasión. Tú sostienes a los caídos, curas a los enfermos, pones en libertad a los cautivos y cumples Tu promesa con los que duermen en el polvo. ¿Quién es como Tú, Señor de fortaleza, y quién puede compararse contigo, Rey, que causas la muerte, das vida y haces crecer la salvación?

MI CAMOJA

¿Quién es como Tú, Padre Misericordioso, Quién llama a Sus criaturas con misericordia para la vida? Y eres fiel para resucitar a los muertos.

בָּרוּךְ Baruj אַתָּה Atá יְהֹוָאדֹנָי(יְהֹוָאדֹנָי)יאהדונהי Adonai

מְחַיֵּה mejayé ס"ג (יוד הי ואו הי) הַמֵּתִים hametim ר"ת מ"ה וס"ת מ"ה:

Durante la repetición, abrimos el Arca y recitamos lo siguiente:

ATÁ HU ELOHEINU

Encontramos las 22 letras del alfabeto arameo codificadas en esta oración. La primera letra de cada una de las primeras 22 frases están en su correcto orden alfabético. Debido a que las letras arameas son los verdaderos instrumentos de la Creación, esta oración ayuda a inyectar orden y poder de Creación en nuestra vida. Obtenemos control sobre nuestro mundo al acceder a las fuerzas que lo crearon.

אַתָּה Atá הוּא Hu אֱלֹהֵינוּ Eloheinu: בַּשָּׁמַיִם bashamáyim וּבָאָרֶץ uvaárets:

גִּבּוֹר guibor וְנַעֲרָץ venaarats: דָּגוּל dagul מֵרְבָבָה mervavá:

הוּא Hu שָׂח saj וַיֶּהִי vayehí: וְצִוָּה vetsivá וְנִבְרָאוּ venivraú:

זִכְרוֹ zijró לָנֶצַח lanétsaj: חַי jai עוֹלָמִים olamim:

טְהוֹר tehor עֵינַיִם eináyim: יוֹשֵׁב yoshev סֵתֶר séter:

כִּתְרוֹ quitró יְשׁוּעָה yeshuá: לְבוּשׁוֹ levushó צְדָקָה tsedaká:

מַעֲטֵהוּ maatehú קִנְאָה kiná: נֶאְפָּד nepad נְקָמָה nekamá:

סִתְרוֹ sitró יֹשֶׁר yósher: עֲצָתוֹ atsató אֱמוּנָה emuná:

פְּעֻלָּתוֹ peulató אֱמֶת emet: צַדִּיק tsadik וְיָשָׁר veyashar:

קָרוֹב karov לְקוֹרְאָיו lekorav בֶּאֱמֶת beemet: רָם ram וּמִתְנַשֵּׂא umitnasé:

שׁוֹכֵן shojén שְׁחָקִים shjakim: תּוֹלֶה tolé אֶרֶץ érets עַל al בְּלִימָה blimá:

חַי jai וְקַיָּם vekayam נוֹרָא norá וּמָרוֹם umarom וְקָדוֹשׁ vekadosh:

וּבְכֵן uvjén לְךָ lejá הַכֹּל hacol יַכְתִּירוּ yajtiru:

Bendito eres Tú, Señor, que resucitas a los muertos.

ATA HU ELOHEINU

Tú eres nuestro Dios; En los Cielos y en la Tierra; Poderoso y Temido; Anunciado por miríadas; Él habló y el mundo comenzó; Él ordenó y todo fue creado; Su recuerdo es eterno; Él vive por siempre; Él es de ojos puros; Él mora en lo oculto; Su corona es la salvación; Su vestidura es la caridad; Su capa es la severidad; Su atuendo es venganza; Su escondite es equidad; Su consejo es cierto; Su obra es verdad; Él es correcto y justo; Él está cerca de los que Lo llaman sinceramente; Alto y exaltado; Él habita en los Cielos; Él suspende la Tierra sobre la nada; El que vive y perdura, reverentemente temido, enaltecido y Santo. Y entonces, es para Ti que todos están coronados.

NAKDISHAJ – LA KEDUSHÁ

La congregación recita esta oración juntos

Mientras decimos la *Kedushá* (Santidad) meditamos en traer la Santidad del Creador entre nosotros. Como está escrito: "*Venikdashti betoj Bnei Yisrael*" (Dios es santificado entre los hijos de Israel).

נַקְדִּישָׁךְ nakdishaj וְנַעֲרִיצָךְ venaaritsaj.

כְּנֹעַם quenóam שִׂיחַ síaj סוֹד sod מיכ, י"פ האא שַׂרְפֵי sarfei

קֹדֶשׁ kódesh הַמְשַׁלְּשִׁים hameshalshim לְךָ Lejá קְדֻשָּׁה kedushá.

וְכֵן vején כָּתוּב catuv עַל al יַד yad נְבִיאָךְ neviaj. וְקָרָא vekará

זֶה ze אֶל־ el זֶה ze י"ב פרקין דיעקב מאירים ל"ב פרקין דרוז"ל וְאָמַר veamar:

קָדוֹשׁ Kadosh | קָדוֹשׁ Kadosh קָדוֹשׁ Kadosh (סוד ג' רישין דעתיקא קדישא)

יְהֹוָה Adonai צְבָאוֹת Tsvaot פני שכינה מְלֹא meló כָל־ jol ילי

הָאָרֶץ haárets אלהים דההין ע"ה כְּבוֹדוֹ quevodó:

לְעֻמָּתָם leumatam מְשַׁבְּחִים meshabjim וְאוֹמְרִים veomrim:

(או"א) בָּרוּךְ Baruj כְּבוֹד־ Quevod יְהֹוָה Adonai ; כבוד ה' = יוד הי ואו הה

מִמְּקוֹמוֹ mimkomó עסמ"ב, הברכה (למתק את ז' המלכים שמתו); ר"ת ע"ב, ריבוע יהוה ; ר"ת מיכ:

וּבְדִבְרֵי uvedivrei קָדְשָׁךְ kodshaj כָּתוּב catuv לֵאמֹר lemor:

(זו"ן) יִמְלֹךְ yimloj קדוש ברוך ימלך ר"ת יב"ק, אלהים יהוה, אהיה אדני יהוה

יְהֹוָה Adonai לְעוֹלָם leolam ריבוע ס"ג וי' אותיות דס"ג אֱלֹהַיִךְ Eloháyij ילה

צִיּוֹן Tsiyón יוסף, ו' הויות, קנאה לְדֹר ledor וָדֹר vador ר"י ר"ת אצלו (מלכות אצל ז"א – ו)

הַלְלוּיָהּ haleluyá אלהים, אהיה אדני ; ללה:

NAKDISHAJ

Te santificamos y Te honramos, como la agradable charla de la reunión de los Santos Serafines, que recitan la Santidad ante Ti tres veces, como está escrito por Tu Profeta: "Y cada uno llamó al otro y dijo: Santo, Santo, Santo es el Señor de los Ejércitos, todo el mundo está lleno de Su gloria" (Isaías 6:3). *Frente a ellos alaban y dicen: "Bendita sea la gloria del Señor desde Su Lugar"* (Ezequiel 3:12). *Y en Tus santas Palabras, está escrito como sigue: "El Señor, tu Dios, reinará por siempre, para toda y cada generación, Oh Sión, ¡Aleluya!"* (Salmos 146:10).

LA TERCERA BENDICIÓN

Esta bendición nos conecta con Yaakov, la Columna Central, el poder de la restricción. Yaakov es nuestro canal para conectar la Misericordia con el Juicio. Al restringir nuestro comportamiento reactivo, estamos deteniendo nuestro Deseo de Recibir para Nosotros Mismos. Yaakov también nos da el poder para equilibrar nuestros actos de Misericordia y Juicio hacia otras personas en nuestra vida.

***Tiféret* que se convierte en *Dáat*.**

אַתָּה Atá קָדוֹשׁ Kadosh וְשִׁמְךָ veShimjá קָדוֹשׁ Kadosh ר״ת = אור, רז, אין סוף

וּקְדוֹשִׁים ukdoshim בְּכָל־ bejol ב״ן, לכב יוֹם yom ע״ה נגד, מזבח, זן, אל יהוה

יְהַלְלוּךָ yehaleluja סֶּלָה sela:

Nueve palabras que corresponden a dos letras *Dálet* (una por *Rajel* y una por *Leá*) más una.

לְדֹר ledor וָדֹר vador רי״ו הַמְלִיכוּ hamliju לָאֵל laEl ייא״י (מילוי דס״ג)

כִּי qui הוּא hu לְבַדּוֹ levadó מ״ב מָרוֹם marom וְקָדוֹשׁ vekadosh:

CUATRO UVJÉN

El valor numérico de la palabra *Uvjén* וּבְכֵן es igual a 72. Esto indica un enlace importante con los 72 Nombres de Dios y el poder de superar las leyes de la naturaleza y las leyes de la naturaleza humana.

El Kabbalista Rav Yitsjak Luria (el Arí) nos enseña que estos cuatro patrones de letras provienen de tres versículos en Éxodo. Cada uno de estos tres versículos contiene 72 letras.

Las primeras tres configuraciones de letras representan las partes o los aspectos diferentes de energía, mientras que la configuración final de los 72 Nombres representa el todo, culminando en el poder absoluto de la Luz.

Las cuatro tablas que se presentan a continuación también corresponden a Avraham (*Jésed*), Yitsjak (*Guevurá*), Yaakov (*Tiféret*) y David (*Maljut*) quienes representan las fuerzas energéticas básicas que apoyan y sustentan nuestro mundo espiritual y físico.

LA TERCERA BENDICIÓN

Tú eres Santo y Santo es Tu Nombre, y los Seres Santos Te alaban día a día, Sela.
De generación en generación, ellos proclaman a Dios como Rey, porque solo Él es y es Santo.

Toda la Torá es un código, afirma el *Zóhar*. No puede ser entendida en un nivel literal. Cada palabra, cada letra contiene muchas capas de significados que describen las distintas fuerzas espirituales que dan vida a la Madre Naturaleza y a la naturaleza humana. Por ejemplo, los sabios ancestrales revelaron que tres fuerzas de energía claves constituyen el tejido del universo: Columna Derecha (positiva – protón), Columna Izquierda (negativa – electrón) y Columna Central (neutral – neutrón). En la Torá, los nombres de Avraham, Yitsjak y Yaakov son las palabras clave utilizadas para describir estas tres fuerzas. Avraham se refiere a la energía positiva de compartir, Yitsjak a la energía negativa de recibir, y Yaakov a la energía neutral del equilibrio. El *Zóhar* dice que el Rey David representa la totalidad de estas tres fuerzas: nuestro mundo físico de *Maljut*.

¿Por qué esto es importante? Podemos cambiar al mundo sólo cuando podemos acceder y manipular las verdaderas fuerzas de la Creación. El beneficio de esta oración es que nos conecta con esas fuerzas primarias. Acceder a ellas nos da el poder emocional y la fortaleza espiritual para superar nuestra naturaleza reactiva durante el año entrante.

AVRAHAM (JÉSED) (חסד) אברהם

Ocho palabras que corresponden a dos letras *Dálet* (una por *Rajel* y una por *Leá*).

וּבְכֵן uvjén

ע"ב (יוד הי ויו הי, ריבוע יהוה), מזלא (להוריד ג' הויות דיקנא שבמזלא עילאה) וכנגד ע"ב אותיות שבפסוק "ויסע" וכנגד אברהם שקידש שמו יתברך בעולם.

מ	מ	ע	א	ש	ל	א	ו
ד	פ	ע	ח	ר	פ	ל	י
מ	נ	מ	ר	א	נ	ה	ס
א	י	ו	י	ל	י	י	ע
ח	ה	ד	ה	ו	מ	ם	מ
ר	ם	ה	ם	י	ח	ה	ל
י	ו	ע	ו	ל	נ	ה	א
ה	י	נ	י	ך	ה	ל	ך
ם	ע	ז	ס	מ	י	ך	ה

יִתְקַדַּשׁ yitkadash שדי - ין לת וד (מילוי שדי) שִׁמְךָ Shimjá יְהֹוָהאדניאהדונהי Adonai

ר"ת = ש"ך דינים וס"ת שכ"ה (ה"פ אדני - למתק הש"ך דינים בה' אלפין) אֱלֹהֵינוּ Eloheinu ילה

עַל al יִשְׂרָאֵל Yisrael עַמֶּךָ ameja ר"ת = קנ"א וס"ת = אלהים:

LOS CUATRO UVJÉN
AVRAHAM (JÉSED)

Por lo tanto, sea Tu Nombre santificado, Oh Señor, nuestro Dios, sobre Israel, Tu nación.

YITSJAK (GUEVURÁ) (גבורה) יצחק

וּבְכֵן uvjén

ע"ב (יוד הי ויו הי, ריבוע יהוה), כנגד ע"ב אותיות שבפסוק "ויבא"
וכנגד פחד יצחק שהוא עתיק יומין.

ה	כ	ל	ה	ל	י	ל	ה
ק	ר	ב	ז	ה	א	ל	ז
ה	ל	י	ל	ה	ו	ל	א
ש	ך	ו	י	א	ר	א	ת
י	ה	ע	נ	ז	ו	ה	ח
י	ש	ר	א	ל	ו	י	ה
ו	ב	י	ז	מ	ח	נ	ה
ח	נ	ה	מ	צ	ר	י	ם
ו	י	ב	א	ב	י	ז	מ

א ב

תֵּן ten פַּחְדְּךָ pajdeja תן פחדך עב"כ = ב"פ סןזףך המומתקים ע"י יב"ק (בג"י פחדך וכן למנין

ג י ת

ב"פ נ"ו - ב' כוונות הדין שב-סןזףך) יְהֹוָה יאהדונהי Adonai אֱלֹהֵינוּ Eloheinu ילה עַל al

צ ק ר ע ש

כָּל col ילי ; עמם מַעֲשֶׂיךָ •maaseja וְאֵימָתְךָ veeimatjá עַל al כָּל col ילי ; עמם

ט ג ג ג

מַה ma מ"ה שֶׁבָּרָאתָ •shebarata וְיִירָאוּךָ veyiraúja כָּל col ילי

ד י כ

הַמַּעֲשִׂים •hamaasim וְיִשְׁתַּחֲווּ veyishtajavú לְפָנֶיךָ lefaneja ס"ג מ"ה ב"ן

ש ב ט ר צ

כָּל col ילי הַבְּרוּאִים •habruím וְיֵעָשׂוּ veyeasú כֻלָּם julam אֲגֻדָּה agudá

ת ג ח ק ב

אֶחָת •ejat לַעֲשׂוֹת laasot רְצוֹנְךָ retsonjá בְּלֵבָב belevav בוכו שָׁלֵם •shalem

בסוד בירור העולם להמשיכו אל היחוד בסוד "כי אז אהפוך אל עמים שפה ברורה"

YITSJAK (GUEVURÁ)

Por lo tanto, impón reverente temor a Ti, Oh Señor, nuestro Dios, en todas Tus obras y el temor de Dios en todo lo que has creado. Y permite que todas las obras Te reverencien y todas las criaturas se postren ante Ti. Y que todas ellas se unan en una sola hermandad para hacer Tu voluntad con todo el corazón.

ט ג ע

שֶׁיָּדַעְנוּ sheyadanu יְהֹוָ‍אדנ‍יאהדונהי Adonai אֱלֹהֵינוּ Eloheinu ילה

י ג ל

שֶׁהַשִּׁלְטוֹן shehashiltón (שֶׁהַשָּׁלְטָן) לְפָנֶיךָ lefaneja ס״ג מ״ה ב״ן. עֹז oz

פ ז ק ש

בְּיָדְךָ beyadjá. וּגְבוּרָה ugvurá רי״ו בִּימִינֶךָ bimineja. וְשִׁמְךָ veShimjá

ק ו צ י ת

נוֹרָא nora עַל al כָּל col ילי עמם מַה ma מ״ה שֶׁבָּרָאתָ shebarata:

YAAKOV (TIFÉRET) (תפארת) יַעֲקֹב

Veintiocho palabras que corresponden al *Milui* de *Milui* del Nombre: יהוה

וּבְכֵן uvjén

ע״ב (יוד הי ויו הי, ריבוע יהוה), כנגד ע״ב אותיות שבפסוק "ויט" וכנגד יעקב שאמר בשכמל״ו (מ״ה יהוה ע״ה).

י	ה	י	י	ה	ו	ד	ו	↓
ב	י	ל	ם	י	ל	ו	י	
ק	ם	ה	ע	ם	ך	ע	ט	
ע	ל	ו	ז	ב	י	ל	מ	
ו	ח	י	ה	ר	ה	ה	ש	
ה	ר	ש	כ	ו	ו	י	ה	
מ	ב	ם	ל	ח	ה	ם	א	
י	ה	א	ה	ק	א	ו	ת	
ם	ו	ת	ל	ד	ת	י	י	

תֵּן ten כָּבוֹד cavod

(En el secreto de la corrección de *Yisrael* para atraer sobre ésta *Cavod* (Honor) desde *Ima*).

לְעַמֶּךָ leameja תְּהִלָּה tehilá ע״ה אמת, אהיה פעמים אהיה, ז״פ ס״ג לִירֵאֶיךָ lireeja.

וְתִקְוָה vetikvá

La palabra *tikvá* (esperanza) puede ser dividida en dos palabras: *tik* (bolsa) y *va* (las letras *Vav* y *Hei*), porque *Yetsirá* y *Asiyá* de Santidad son la cobertura (*tik*) de las letras *Vav* (ו) y *Hei* (ה). Aquí debemos meditar en pedir "*tikvá tová*" (buena esperanza y futuro) de parte de la Santidad.

טוֹבָה tová אכא לְדוֹרְשֶׁיךָ ledorsheja.

Porque sabemos, Señor, nuestro Dios, que el dominio es Tuyo, el poder está en Tu Mano y la Fuerza está en Tu Diestra y Tu nombre inspira reverencia y temor sobre todo lo que Tú has creado.

YAAKOV (TIFÉRET)

Por lo tanto, Oh Señor, otorga honor a Tu pueblo, gloria a aquellos que Te temen y reverencian, buena esperanza a los que Te buscan

וּפִתְחוֹן ufitjón פֶּה pe מילה וע"ה אלהים, אהיה אדני לַמְיַחֲלִים lameyajalim לָךְ: laj.
שִׂמְחָה simjá לְאַרְצָךְ: leartsaj. שָׂשׂוֹן sasón לְעִירָךְ: leiraj.
וּצְמִיחַת utsmijat קֶרֶן keren לְדָוִד leDavid עַבְדָּךְ: avdaj פוי, אל אדני
(*Rajel* que crece desde Abajo hacia Arriba y tiene dentro de Sí los Nombres: יהוה אלהים יהוה אדני)

וַעֲרִיכַת vaarijat נֵר ner יהוה אהיה יהוה אלהים יהוה אדני

(*Leá* donde Ella está en la espalda de *Dáat* y Ella tiene dentro de Sí los Nombres: יהוה אהיה)

לְבֶן levén יִשַׁי Yishai (לאה שממנה משיח בן דוד)

מְשִׁיחֶךָ meshijeja בִּמְהֵרָה bimherá בְּיָמֵינוּ beyameinu:

DAVID (MALJUT) (מלכות) דוד

22 palabras que corresponden a las 22 letras y al Nombre אכא, y su secreto es para corregir a los planetas.

וּבְכֵן uvjén

ע"ב (יוד הי ויו הי, ריבוע יהוה), כנגד ע"ב שמות היוצאים מג' פסוקים הנ"ל וכנגד דוד המלך ע"ה.

←							
כהת	אכא	ללה	מהש	עלם	סיט	ילי	והו
הקם	הרי	מבה	יזל	ההע	לאו	אלד	הזי
וזהו	מלה	ייי	נלך	פהל	לוו	כלי	לאו
ושר	לכב	אום	ריי	שאה	ירת	האא	נתה
ייז	רהע	וזעם	אני	מנד	כוק	להוז	יוזו
מיה	עשל	ערי	סאל	ילה	וול	מיכ	ההה
פוי	מבה	נית	ננא	עמם	הוזש	דני	והו
מוזי	ענו	יהה	ומב	מצר	הרוז	ייל	נמם
מום	היי	יבמ	ראה	וזבו	איע	מנק	דמב

צַדִּיקִים tsadikim (*Tsédek-Maljut* y *Tsadik-Yesod*) יִרְאוּ yirú וְיִשְׂמָחוּ veyismajú
וִישָׁרִים visharim (Ellos estarán felices por la eliminación del otro lado del mundo)
יַעֲלֹזוּ yaalozu. וַחֲסִידִים vajasidim בְּרִנָּה beriná יָגִילוּ yaguilu.
וְעוֹלָתָה veolatá תִּקְפָּץ tikpots פִּיהָ piha ר"ת = לילית (*Nukvá* de *Klipá*).

---

y elocuencia a los que confían en Ti, júbilo a Tu tierra y alegría a Tu ciudad y fuerza floreciente a tu siervo David, Tu servidor, y resplandezca la antorcha del hijo de Yishai, Tu ungido, prontamente en nuestros días.

DAVID (MALJUT)

Por lo tanto, los justos contemplarán y se regocijarán,
los rectos se alegrarán y los devotos se conmoverán con alegre canción. La iniquidad callará.

וְהָרִשְׁעָה veharishá כֻּלָּה julá בֶּעָשָׁן beashán (סמאל) תִּכְלֶה tijlé

(La fortaleza del otro lado es el secreto de *Amalek* [Amalequitas = duda], y cuando sea removido del cosmos, entonces todos los poderes del otro lado se evaporarán como humo).

כִּי qui תַעֲבִיר taavir מֶמְשֶׁלֶת memshélet זָדוֹן zadón

מִן min הָאָרֶץ haárets אלהים דההין ע״ה:

Veintisiete palabras que corresponden al *Milui* de *Milui* del Nombre: אהיה

(El secreto de la revelación de la Iluminación de *Ima*)

וְתִמְלוֹךְ vetimloj אַתָּה Atá הוּא Hu יְהֹוָהאדניאהדונהי Adonai

אֱלֹהֵינוּ ילה Eloheinu מְהֵרָה meherá עַל al כָּל col ילי ; עמם מַעֲשֶׂיךָ maaseja•

בְּהַר behar צִיּוֹן Tsiyón יוסף, ו׳ הויות, קנאה מִשְׁכַּן mishcán

כְּבוֹדֶךָ quevodeja ב״ן, לכב• וּבִירוּשָׁלַיִם uvirushaláyim עִיר ir בוזוך, סנדלפון, ערי

מִקְדָּשֶׁךָ mikdasheja• כַּכָּתוּב cacatuv בְּדִבְרֵי bedivrei קָדְשֶׁךָ kodshejá:

יִמְלֹךְ yimloj יְהֹוָהאדניאהדונהי Adonai לְעוֹלָם leolam ריבוע ס״ג וי׳ אותיות דס״ג

אֱלֹהַיִךְ Eloháyij ילה צִיּוֹן Tsiyón יוסף, ו׳ הויות, קנאה לְדֹר ledor

וָדֹר vador רי״ו ; ר״ת אצלו (מלכות אצל ז״א – ו) הַלְלוּיָהּ haleluyá אלהים, אהיה אדני ; ללה:

Veintiún palabras que corresponden al Nombre: אהיה

קָדוֹשׁ kadosh אַתָּה Atá וְנוֹרָא venorá שְׁמֶךָ shmeja• וְאֵין veéin

אֱלוֹהַּ Elohá מִבַּלְעָדֶיךָ mibaladeja• כַּכָּתוּב cacatuv: וַיִּגְבַּהּ vayigbá

יְהֹוָהאדניאהדונהי Adonai צְבָאוֹת Tsvaot פני שכינה בַּמִּשְׁפָּט bamishpat ע״ה ה״פ אלהים

(נה״י דאימא הנגבהים למעלה בלאה) וְהָאֵל vehaEl לאה ; יי״א הַקָּדוֹשׁ hakadosh

נִקְדַּשׁ nikdash בִּצְדָקָה bitsdaká ע״ה ריבוע אלהים: בָּרוּךְ baruj

אַתָּה Atá יְהֹוָהאדניאהדונהי (יְהֹוָהאדני) Adonai הַמֶּלֶךְ haMélej הַקָּדוֹשׁ hakadosh

(***Leá* – ya que Ella está junto a los Santos *Mojín***) ר״ת איההה

Aqui medita en el Nombre: יאהדונהי, ya que puede ayudar a eliminar la ira.

Si por error dijiste "*haEl haKadosh*" y te das cuenta de esto en tres segundos, debes decir inmediatamente "*haMélej haKadosh*" y continuar normalmente. Pero si ya has comenzado la bendición siguiente, debes hacer la *Amidá* desde el principio.

---

y todo el mal se evaporará como humo. Porque Tú eliminarás el reino malvado de la Tierra, y entonces Tú, que eres el Señor, nuestro Dios, reinarás rápidamente, sobre todas Tus obras en el Monte Sión, el lugar de descanso para Tu Gloria, y en Jerusalén, Tu ciudad Santa. Como está escrito en Tus Sagradas Escrituras: "¡El Señor reinará por siempre, tu Dios, Oh Sión, de generación en generación. Aleluya!". Tú eres Santo y Tu Nombre inspira temor y no hay ningún otro Dios aparte de Ti, como está escrito: 'El Señor de los Ejércitos, será exaltado en justicia y el Santo Dios será santificado en equidad" (Isaías 5:16)*. Bendito eres Tú, Señor, el Rey Santo.*

Los cuatro *Uvjén* son dados, dos para *Leá* y dos para *Rajel*.

LA BENDICIÓN DEL MEDIO

La cuarta bendición nos conecta con el verdadero poder de *Yom kipur* la semilla de todo el año. Así como la semilla de una manzana engendra un manzano, una semilla negativa engendra un año negativo. De la misma manera, una semilla positiva genera un año positivo. *Yom Kipur* es nuestra oportunidad de escoger la semilla que deseamos sembrar para nuestro próximo año. El poder de las letras en esta bendición radica en su capacidad de ayudarnos a escoger automáticamente la semilla correcta que necesitamos y no necesariamente la semilla que queremos.

אַתָּה Atá בְּחַרְתָּנוּ vejartanu מִכָּל micol ילי הָעַמִּים haamim•

אָהַבְתָּ ahavta אוֹתָנוּ otanu וְרָצִיתָ veratsita בָּנוּ banu•

וְרוֹמַמְתָּנוּ veromamtanu מִכָּל micol ילי הַלְּשׁוֹנוֹת haleshonot•

וְקִדַּשְׁתָּנוּ vekidashtanu בְּמִצְוֹתֶיךָ bemitsvoteja• וְקֵרַבְתָּנוּ vekeravtanu

מַלְכֵּנוּ malquenu לַעֲבוֹדָתֶךָ laavodateja• וְשִׁמְךָ veShimjá הַגָּדוֹל hagadol

להח ; ועם ד' אותיות = מבה, יזל, אום וְהַקָּדוֹשׁ vehakadosh עָלֵינוּ aleinu קָרָאתָ karata:

וַתִּתֶּן vatitén ב"פ כהת לָנוּ lanu אלהים, אהיה אדני יְהֹוָהאדניאהדונהי Adonai

אֱלֹהֵינוּ Eloheinu ילה בְּאַהֲבָה beahavá אחד, דאגה אֶת et

יוֹם yom ע"ה נגד, מזבח, זן, אל יהוה (En *Shabat* agregar: הַשַּׁבָּת haShabat הַזֶּה hazé והו•

וְאֶת veet יוֹם Yom ע"ה נגד, מזבח, זן, אל יהוה) הַכִּפּוּרִים HaKipurim הַזֶּה hazé והו•

אֶת et יוֹם yom ע"ה נגד, מזבח, זן, אל יהוה סְלִיחַת slijat הֶעָוֹן heavón

הַזֶּה hazé והו• אֶת et יוֹם yom ע"ה נגד, מזבח, זן, אל יהוה מִקְרָא mikrá

קֹדֶשׁ kódesh הַזֶּה hazé והו• לִמְחִילָה limjilá וְלִסְלִיחָה velislijá

וּלְכַפָּרָה ulejapará• וְלִמְחוֹל velimjol בּוֹ bo אֶת et כָּל col ילי

עֲוֹנוֹתֵינוּ avonoteinu• בְּאַהֲבָה beahavá אחד, דאגה מִקְרָא mikrá

קֹדֶשׁ kódesh• זֵכֶר zéjer לִיצִיאַת litsiat מִצְרָיִם Mitsráyim מצר•

LA BENDICIÓN DEL MEDIO

*Tú nos has elegido entre todas las naciones. Tú nos has amado y has encontrado favor entre nosotros. Tú nos has exaltado sobre todas las lenguas y Tú nos has santificado con tus preceptos. Tú nos acercaste, Rey nuestro, a Tu servicio y proclamaste sobre nosotros Tu gran y Santo Nombre. Y puedas darnos Tú, Señor, nuestro Dios con amor este día (***en Shabat añade:** *de Shabat y este Día) de Expiación, este día de Perdón de las iniquidades, este día de Santa Convocatoria, para perdón, absolución y expiación, y absolver todas nuestras iniquidades en amor, una Convocatoria Santa, un recuerdo de la salida del Egipto.*

אֱלֹהֵינוּ Eloheinu ילה וֵאלֹהֵי veElohei לכב ; מילוי ע״ב, דמב ; ילה אֲבוֹתֵינוּ avoteinu•
מְחוֹל mejol לַעֲוֹנוֹתֵינוּ laavonoteinu בְּיוֹם beyom ע״ה נגד, מזבח, זן, אל יהוה
(En *Shabat* agregar: הַשַּׁבָּת haShabat הַזֶּה hazé והו• וּבְיוֹם veveyom ע״ה נגד, מזבח, זן, אל
יהוה) הַכִּפּוּרִים HaKipurim הַזֶּה hazé והו• וּבְיוֹם veveyom ע״ה נגד, מזבח, זן, אל יהוה
סְלִיחַת slijat הֶעָוֹן heavón הַזֶּה hazé והו• בְּיוֹם beyom ע״ה נגד, מזבח, זן, אל יהוה
מִקְרָא mikrá קֹדֶשׁ kódesh הַזֶּה hazé והו• מְחֵה mejé וְהַעֲבֵר vehaaver
פְּשָׁעֵינוּ peshaeinu מִנֶּגֶד minégued מזבח, זן, אל יהוה עֵינֶיךָ eineja ע״ה קס״א ; ריבוע מ״ה•
כָּאָמוּר: caamur אָנֹכִי anojí אָנֹכִי anojí הוּא hu מוֹחֶה mojé
פְשָׁעֶיךָ feshaeja לְמַעֲנִי lemaaní וְחַטֹּאתֶיךָ vejatoteja לֹא lo
אֶזְכֹּר: ezcor וְנֶאֱמַר: veneemar מָחִיתִי majiti כָעָב jaav
פְּשָׁעֶיךָ peshaeja וְכֶעָנָן vejeanán חַטֹּאותֶיךָ jatoteja שׁוּבָה shuva הו״ש
אֵלַי elai כִּי qui גְאַלְתִּיךָ: guealtija וְנֶאֱמַר: veneemar כִּי qui
בַיּוֹם vayom ע״ה נגד, מזבח, זן, אל יהוה הַזֶּה hazé והו יְכַפֵּר yejaper
עֲלֵיכֶם aleijem לְטַהֵר letaher אֶתְכֶם etjem מִכֹּל micol ילי
חַטֹּאתֵיכֶם jatoteijem לִפְנֵי lifnei יְהֹוָהאדניאהדונהי Adonai תִּטְהָרוּ: titharú

En la ***Amidá*** **silenciosa** omitimos lo que sigue y continuamos con "*Eloheinu veElohei avoteinu*" en la página 412.

En la repetición continuamos con el *Vidui* en la página 402.

Dios nuestro y Dios de nuestros padres,

*perdona nuestras iniquidades (***en Shabat agregar:** *en este día de descanso y) en este Día de Expiación, este día de absolución de iniquidad, este día de Santa Convocatoria. Elimina y remueve nuestras transgresiones de Tu vista, como está dicho: "Yo, Yo soy quien borro tus rebeliones por amor de Mí mismo, y no me acordaré de tus pecados" (Isaías 43:25). Y está dicho: "Yo deshice como a una nube tus rebeliones y como a una niebla tus pecados; vuélvete a Mí, porque Yo te redimí" (Isaías 44:25). Y está dicho: "Porque en este día se hará expiación por ustedes, y serán limpios de todos sus pecados delante del Señor" (Levítico 16:30).*

Según el orden del *At-Bash*.

אֱלֹהֵינוּ Eloheinu (יכה) וֵאלֹהֵי veElohei (לכב ; מילוי ע"ב, דמב ; יכה) אֲבוֹתֵינוּ avoteinu.

אַל al תַּעַשׂ taás עִמָּנוּ imanu כָּלָה jalá. תֹּאחֵז tojez יָדְךָ yadjá

בַּמִּשְׁפָּט bamishpat: בְּבֹא bevó תוֹכֵחָה tojejá נֶגְדְּךָ negdeja (מזבח, זן, אל יהוה).

שְׁמֵנוּ shmenu מִסִּפְרְךָ misifreja אַל al תֶּמַח temaj: גִּשְׁתְּךָ gishteja

לַחֲקֹר lajakor מוּסָר musar. רַחֲמֶיךָ rajameja יְקַדְּמוּ yekadmú

רָגְזֶךָ ragzeja: דַּלּוּת dalut מַעֲשִׂים maasim בְּשׁוּרֶךָ beshureja.

קָרֵב karev צֶדֶק tsédek מֵאֵלֶיךָ meeleja: הוֹרֵנוּ horenu.

בְּזַעֲקֵנוּ bezaakenu לָךְ laj. צַו tsav (פוי, אל אדני) יְשׁוּעָתֵנוּ yeshuatenu

בְּמַפְגִּיעַ bemafguía: וְתָשִׁיב vetashiv שְׁבוּת shvut אָהֳלֵי aholei תָם tam.

פְּתָחָיו ptajav רְאֵה reé (ראה) כִּי qui שָׁמֵמוּ shamemú: זְכֹר zjor (ע"ב קס"א, יהי אור)

נָאַמְתָּ naamta. עֵדוּת edut לֹא lo תִשָּׁכַח tishajaj מִפִּי mipí זַרְעוֹ zaró:

וְחוֹתָם jotam תְּעוּדָה teudá תַּתִּיר tatir. סוֹדְךָ sodjá (מיכ, י"פ ההא) שִׂים sim

בְּלִמּוּדֶךָ belimudeja: טַבּוּר tabur אַגַּן agán הַסַּהַר hasáhar. נָא na

אַל al יֶחְסַר yejsar הַמָּזֶג hamazeg: יָהּ Yah דַּע da אֶת et

יִשְׂרָאֵל Yisrael אֲשֶׁר asher יְדָעוּךָ yedaúja. מַגֵּר maguer אֶת et

הַגּוֹיִם hagoyim אֲשֶׁר asher לֹא lo יְדָעוּךָ yedaúja: כִּי qui תָשִׁיב tashiv

לְבִצָּרוֹן levitsarón לְכוּדִים lejudim אֲסִירֵי asirei הַתִּקְוָה hatikvá:

Dios nuestro y Dios de nuestros padres, no envíes destrucción sobre nosotros. Que Tu mano se aferre a la justicia. Y cuando presenten acusación ante Ti, no elimines nuestros nombres de Tu libro. Y cuando sea el momento de determinar nuestro castigo, deja que Tu compasión esté antes de Tu ira. Observa la irrelevancia de nuestras acciones y atrae a la justicia más cerca de Ti. Instrúyenos y, cuando clamemos a Ti, envíanos nuestra salvación del acusador. Reinstaura la habitación del perfecto. He aquí que sus puertas están vacías. Recuerda lo que Tú has prometido y que este testimonio no sea olvidado por sus descendientes. Libera el ocultamiento de Tu documento y que Tu secreto siempre sea evidente en Tus enseñanzas. Desde el centro de la Luna llena, por favor, que siempre haya abundancia de bendiciones. Dios, está con Israel porque Te reconoce. Destruye a aquellas naciones que no Te reconocen. Tú regresaras a los turbados y desesperanzados a sus fortificaciones.

ASHAMNU (VIDUI) (encontrarás la explicación y traducción del *Vidui* en las páginas 56-68)

Mientras recitas el *Vidui*, debes golpear tu pecho con la mano derecha para sacudir los *Jasadim* (misericordia) y las *Guevurot* (juicio) de modo que puedan crecer en aras del *Ziguv* (unificación). Incluso si sabes que no cometiste ninguna de las acciones negativas mencionadas a continuación, aun así debes recitar el *Vidui*. Debido a que todos somos garantes uno de otro, el *Vidui* se recita en plural; porque el *Vidui* se trata sobre vidas pasadas y las demás personas que están conectadas a la raíz de tu alma.

Las 22 letras son el valor numérico del Nombre Sagrado: אכא

אָנָּא aná ב"ן יְהֹוָהאדניהאהדונהי Adonai אֱלֹהֵינוּ Eloheinu ילה

וֵאלֹהֵי veElohei לכב ; מילוי ע"ב, דמב ; ילה אֲבוֹתֵינוּ avoteinu. תָּבֹא tavó

לְפָנֶיךָ lefaneja ס"ג מ"ה ב"ן תְּפִלָּתֵנוּ tfilatenu וְאַל veal תִּתְעַלַּם titalam

מַלְכֵּנוּ malquenu מִתְּחִנָּתֵנוּ mitjinatenu. שֶׁאֵין sheéin אֲנַחְנוּ anajnu

עַזֵּי azei אלהים ע"ה, אהיה אדני ע"ה פָנִים fanim וּקְשֵׁי ukshei עֹרֶף óref

לוֹמַר lomar לְפָנֶיךָ lefaneja ס"ג מ"ה ב"ן יְהֹוָהאדניהאהדונהי Adonai

אֱלֹהֵינוּ Eloheinu ילה וֵאלֹהֵי veElohei לכב ; מילוי ע"ב, דמב ; ילה

אֲבוֹתֵינוּ avoteinu צַדִּיקִים tsadikim אֲנַחְנוּ anajnu וְלֹא־ veló

וְחָטָאנוּ jatanu. אֲבָל aval וְחָטָאנוּ jatanu. עָוִינוּ avinu. פָּשַׁעְנוּ pashanu.

אֲנַחְנוּ anajnu וַאֲבוֹתֵינוּ vaavoteinu וְאַנְשֵׁי veanshei בֵיתֵנוּ veitenu ב"פ ראה:

אָשַׁמְנוּ ashamnu. בָּגַדְנוּ bagadnu. גָּזַלְנוּ gazalnu. דִּבַּרְנוּ dibarnu דּוֹפִי dofi

וְלָשׁוֹן velashón הָרָע hará. הֶעֱוִינוּ heevinu. וְהִרְשַׁעְנוּ vehirshanu. זַדְנוּ zadnu.

וְחָמַסְנוּ jamasnu. טָפַלְנוּ tafalnu שֶׁקֶר shéker וּמִרְמָה umirmá. יָעַצְנוּ yaatsnu

עֵצוֹת etsot רָעוֹת raot. כִּזַּבְנוּ quizavnu. כָּעַסְנוּ caasnu. לַצְנוּ latsnu.

מָרַדְנוּ maradnu. מָרִינוּ marinu דְּבָרֶיךָ devareja. נִאַצְנוּ niatsnu.

נִאַפְנוּ niafnu. סָרַרְנוּ sararnu. עָוִינוּ avinu. פָּשַׁעְנוּ pashanu.

פָּגַמְנוּ pagamnu. צָרַרְנוּ tsararnu. צִעַרְנוּ tsiarnu אָב av וָאֵם vaem.

קִשִּׁינוּ kishinu עֹרֶף óref. רָשַׁעְנוּ rashanu. שִׁחַתְנוּ shijatnu. תִּעַבְנוּ tiavnu.

תָּעִינוּ taínu. וְתִעְתָּעְנוּ vetiatanu וְסַרְנוּ vesarnu מִמִּצְוֹתֶיךָ mimitsvoteja

וּמִמִּשְׁפָּטֶיךָ umimishpateja הַטּוֹבִים hatovim וְלֹא veló שָׁוָה shavá

לָנוּ lanu אלהים, אהיה אדני. וְאַתָּה veAtá צַדִּיק tsadik

עַל al כָּל col ילי ; עמם הַבָּא habá עָלֵינוּ aleinu כִּי־ qui

אֱמֶת emet אהיה פעמים אהיה, ד"פ ס"ג עָשִׂיתָ asita וַאֲנַחְנוּ vaanajnu הִרְשָׁעְנוּ hirshanu:

Medita para garantizar que tus acciones negativas sean parte del pasado y ya no sean parte de tu presente.

MA NOMAR

El secreto del Nombre: יוד הא ואו הא (מ"ה=45) que revive a los Siete Reyes Quebrantados. La capacidad de revertir todo y corregir toda clase de corrupción depende de este Nombre, y también la *Teshuvá* (arrepentimiento) depende y se nutre de Éste.

מַה ma מ"ה נֹאמַר nomar לְפָנֶיךָ lefaneja ס"ג מ"ה ב"ן (*Ima*)
יוֹשֵׁב yoshev מָרוֹם marom (*Atik Yomín*). וּמַה uma מ"ה נְסַפֵּר nesaper
(*Nukvá*—el libro de *Yesod*) לְפָנֶיךָ lefaneja ס"ג מ"ה ב"ן שׁוֹכֵן shojén
שְׁחָקִים shjakim **(*Ima*—que se extiende en *Yesod* mediante *Nétsaj* y *Hod*)**
הֲלֹא haló (*Ima*) כָּל jol ילי **(50 Puertas de *Biná*)** הַנִּסְתָּרוֹת hanistarot (י"ה)
וְהַנִּגְלוֹת vehaniglot (ו"ה) אַתָּה Atá (סןזהך) יוֹדֵעַ yodea (*Mazal Venaké*).
אַתָּה Atá (*Mazal Venaké*) יוֹדֵעַ yodea רָזֵי razei עוֹלָם olam (*Aba* e *Ima*).
וְתַעֲלוּמוֹת vetaalumot **(desde el aspecto de *Aba* e *Ima*)**
סִתְרֵי sitrei ב"פ מצר **(desde el aspecto de *Mazal*)** כָּל- col ילי
חָי jai כל חי = אהיה אהיה יהוה, בינה ע"ה, חיים (*Yesod* **de** *Zeir Anpín*).
אַתָּה Atá חוֹפֵשׂ jofés כָּל col ילי חַדְרֵי- jadrei בָטֶן vaten (*Shóresh Yisrael*).
רֹאֶה roé ראה כְּלָיוֹת jelayot וָלֵב valev. אֵין ein
דָּבָר davar ראה נֶעְלָם neelam מִמָּךְ mimaj **(en *Nukvá*)**
וְאֵין veéin נִסְתָּר nistar ב"פ מצר **(en *Briá, Yetsirá* y *Asiyá*)**
מִנֶּגֶד minégued מזבח, זן, אל יהוה עֵינֶיךָ eineja ע"ה קס"א ; ריבוע מ"ה
(*Nukvá*—de Su providencia sobre *Briá, Yetsirá* y *Asiyá*):

YEHÍ RATSÓN

יְהִי yehí רָצוֹן ratsón מהש ע"ה, ע"ב בריבוע וקס"א ע"ה, אל שדי ע"ה
מִלְּפָנֶיךָ milfaneja ס"ג מ"ה ב"ן יְהֹוָהאדהנויאהדונהי Adonai אֱלֹהֵינוּ Eloheinu ילה
וֵאלֹהֵי veElohei לכב ; מילוי ע"ב, דמב ; ילה אֲבוֹתֵינוּ avoteinu
שֶׁתִּמְחוֹל shetimjol **(con el poder del Nombre: אלף הא יוד הא)**
לָנוּ lanu אלהים, אהיה אדני אֶת- et כָּל- col ילי
חַטֹּאתֵינוּ jatoteinu **(las manchas del *Néfesh*)**
וּתְכַפֵּר utejaper **(con el poder del Nombre: אלף הה יוד הה)**
לָנוּ lanu אלהים, אהיה אדני אֶת et כָּל col ילי
עֲוֹנוֹתֵינוּ avonoteinu **(las manchas del *Rúaj*)** וְתִמְחוֹל vetimjol
וְתִסְלַח vetislaj יהוה ע"ב **(con el poder del Nombre: אלף הי יוד הי)**
לְכָל- lejol יה אדני פְּשָׁעֵינוּ peshaeinu **(las manchas de la *Neshamá*)**:

AL JET - OR YASHAR

Según el orden del alfabeto hebreo en el secreto de *Or Yashar* (Luz Directa) el cual, al recitarlo en este orden, ayuda a corregir (en el secreto de la *Teshuvá*) todos los daños en los órganos.

עַל al חֵטְא jet שֶׁחָטָאנוּ shejatanu לְפָנֶיךָ lefaneja ס״ג מ״ה ב״ן

בְּאוֹנֶס beónes:

עַל al חֵטְא jet שֶׁחָטָאנוּ shejatanu לְפָנֶיךָ lefaneja ס״ג מ״ה ב״ן

בִּבְלִי bivlí דָּעַת dáat:

עַל al חֵטְא jet שֶׁחָטָאנוּ shejatanu לְפָנֶיךָ lefaneja ס״ג מ״ה ב״ן

בְּגִלּוּי beguilui עֲרָיוֹת arayot:

עַל al חֵטְא jet שֶׁחָטָאנוּ shejatanu לְפָנֶיךָ lefaneja ס״ג מ״ה ב״ן

בְּדַעַת bedáat וּבְמִרְמָה uvemirmá:

עַל al חֵטְא jet שֶׁחָטָאנוּ shejatanu לְפָנֶיךָ lefaneja ס״ג מ״ה ב״ן

בְּהִרְהוּר behirhur הַלֵּב halev:

עַל al חֵטְא jet שֶׁחָטָאנוּ shejatanu לְפָנֶיךָ lefaneja ס״ג מ״ה ב״ן

בְּוִדּוּי bevidui פֶּה pe ע״ה מום:

עַל al חֵטְא jet שֶׁחָטָאנוּ shejatanu לְפָנֶיךָ lefaneja ס״ג מ״ה ב״ן

בְּזָדוֹן bezadón:

עַל al חֵטְא jet שֶׁחָטָאנוּ shejatanu לְפָנֶיךָ lefaneja ס״ג מ״ה ב״ן

בְּחוֹזֶק bejózek פהל יָד yad:

עַל al חֵטְא jet שֶׁחָטָאנוּ shejatanu לְפָנֶיךָ lefaneja ס״ג מ״ה ב״ן

בְּטוּמְאַת betumat שְׂפָתַיִם sfatáyim:

עַל al חֵטְא jet שֶׁחָטָאנוּ shejatanu לְפָנֶיךָ lefaneja ס״ג מ״ה ב״ן

בְּיֵצֶר beyétser הָרָע hará:

עַל al חֵטְא jet שֶׁחָטָאנוּ shejatanu לְפָנֶיךָ lefaneja ס״ג מ״ה ב״ן

בְּיוֹדְעִים beyodim וּבְלֹא uveló יוֹדְעִים yodim:

עַל al חֵטְא jet שֶׁחָטָאנוּ shejatanu לְפָנֶיךָ lefaneja ס״ג מ״ה ב״ן

בְּכַחַשׁ bejajash וּבְכָזָב uvejazav:

עַל al חֵטְא jet שֶׁחָטָאנוּ shejatanu לְפָנֶיךָ lefaneja ס״ג מ״ה ב״ן

בְּלָשׁוֹן belashón הָרָע hará:

עַל al חֵטְא jet שֶׁחָטָאנוּ shejatanu לְפָנֶיךָ lefaneja ס"ג מ"ה ב"ן
בְּמַרְאִית bemarit הָעַיִן haayin ריבוע מ"ה:

עַל al חֵטְא jet שֶׁחָטָאנוּ shejatanu לְפָנֶיךָ lefaneja ס"ג מ"ה ב"ן
בְּנֶשֶׁךְ benéshej וּבְמַרְבִּית uvemarbit:

עַל al חֵטְא jet שֶׁחָטָאנוּ shejatanu לְפָנֶיךָ lefaneja ס"ג מ"ה ב"ן
בְּשִׂיחַ besíaj שִׂפְתוֹתֵינוּ siftoteinu:

עַל al חֵטְא jet שֶׁחָטָאנוּ shejatanu לְפָנֶיךָ lefaneja ס"ג מ"ה ב"ן
בַּסֵּתֶר baséter ב"פ מצר:

עַל al חֵטְא jet שֶׁחָטָאנוּ shejatanu לְפָנֶיךָ lefaneja ס"ג מ"ה ב"ן
בְּעֵינַיִם beeináyim ריבוע מ"ה רָמוֹת ramot:

עַל al חֵטְא jet שֶׁחָטָאנוּ shejatanu לְפָנֶיךָ lefaneja ס"ג מ"ה ב"ן
בְּפִתְחוֹן befitjón פֶּה pe ע"ה מום:

עַל al חֵטְא jet שֶׁחָטָאנוּ shejatanu לְפָנֶיךָ lefaneja ס"ג מ"ה ב"ן
בְּצַעֲדֵי betsaadei רַגְלַיִם ragláyim לְהָרַע lehará:

עַל al חֵטְא jet שֶׁחָטָאנוּ shejatanu לְפָנֶיךָ lefaneja ס"ג מ"ה ב"ן
בִּקְפִיצַת bikfitsat יָד yad:

עַל al חֵטְא jet שֶׁחָטָאנוּ shejatnu לְפָנֶיךָ lefaneja ס"ג מ"ה ב"ן
בְּרָצוֹן beratsón מהש:

עַל al חֵטְא jet שֶׁחָטָאנוּ shejatanu לְפָנֶיךָ lefaneja ס"ג מ"ה ב"ן
בִּשְׁגָגָה bishgagá:

עַל al חֵטְא jet שֶׁחָטָאנוּ shejatanu לְפָנֶיךָ lefaneja ס"ג מ"ה ב"ן
בִּתְשׂוּמֶת bitsúmet יָד yad:

AL JET - OR JOZER

עַל al חֵטְא jet שֶׁחָטָאנוּ shejatanu לְפָנֶיךָ lefaneja ס"ג מ"ה ב"ן
בְּתִמְהוֹן betimhón לֵבָב levav בוכו:

עַל al חֵטְא jet שֶׁחָטָאנוּ shejatanu לְפָנֶיךָ lefaneja ס"ג מ"ה ב"ן
בְּשִׂנְאַת besinat חִנָּם jinam:

עַל al וְחֵטְא jet שֶׁחָטָאנוּ shejatanu לְפָנֶיךָ lefaneja ס״ג מ״ה ב״ן

בְּרַגְלַיִם beraglayim מְמַהֲרוֹת memaharot לָרוּץ laruts לְרָעָה leraá רה״ע:

עַל al וְחֵטְא jet שֶׁחָטָאנוּ shejatanu לְפָנֶיךָ lefaneja ס״ג מ״ה ב״ן

בִּרְכִילוּת birejilut:

עַל al וְחֵטְא jet שֶׁחָטָאנוּ shejatanu לְפָנֶיךָ lefaneja ס״ג מ״ה ב״ן

בְּקִשּׁוּי bekishui עֹרֶף óref:

עַל al וְחֵטְא jet שֶׁחָטָאנוּ shejatanu לְפָנֶיךָ lefaneja ס״ג מ״ה ב״ן

בְּצַוָּאר betsavar עָתָק atak:

עַל al וְחֵטְא jet שֶׁחָטָאנוּ shejatanu לְפָנֶיךָ lefaneja ס״ג מ״ה ב״ן

בִּפְרִיקַת bifrikat עֹל ol:

עַל al וְחֵטְא jet שֶׁחָטָאנוּ shejatanu לְפָנֶיךָ lefaneja ס״ג מ״ה ב״ן

בְּעַזּוּת beazut מֶצַח métsaj:

עַל al וְחֵטְא jet שֶׁחָטָאנוּ shejatanu לְפָנֶיךָ lefaneja ס״ג מ״ה ב״ן

בְּסִיקּוּר besikur עָיִן ayin ריבוע מ״ה:

עַל al וְחֵטְא jet שֶׁחָטָאנוּ shejatanu לְפָנֶיךָ lefaneja ס״ג מ״ה ב״ן

בִּנְטִיַּת binetiyat גָּרוֹן garón:

עַל al וְחֵטְא jet שֶׁחָטָאנוּ shejatanu לְפָנֶיךָ lefaneja ס״ג מ״ה ב״ן

בְּמַשָּׂא bemasá וּמַתָּן umatán:

עַל al וְחֵטְא jet שֶׁחָטָאנוּ shejatanu לְפָנֶיךָ lefaneja ס״ג מ״ה ב״ן

בִּלְשׁוֹן bilshón תַּרְמִית tarmit:

עַל al וְחֵטְא jet שֶׁחָטָאנוּ shejatanu לְפָנֶיךָ lefaneja ס״ג מ״ה ב״ן

בִּכְנִסִיָּה bijnesiyá שֶׁלֹּא sheló לְשֵׁם leShem שָׁמַיִם shamáyim י״פ טל, י״פ כוזו:

עַל al וְחֵטְא jet שֶׁחָטָאנוּ shejatanu לְפָנֶיךָ lefaneja ס״ג מ״ה ב״ן

בְּיוֹהֲרָא beyuhará:

עַל al וְחֵטְא jet שֶׁחָטָאנוּ shejatanu לְפָנֶיךָ lefaneja ס״ג מ״ה ב״ן

בְּטֻמְאַת betumat רַעְיוֹן rayón:

עַל al וְחֵטְא jet שֶׁחָטָאנוּ shejatanu לְפָנֶיךָ lefaneja ס״ג מ״ה ב״ן

בְּחִלּוּל bejilul הַשֵּׁם haShem:

עַל al וְחֵטְא jet שֶׁחָטָאנוּ shejatanu לְפָנֶיךָ lefaneja ס״ג מ״ה ב״ן
בְּזִלְזוּל bezilzul הוֹרִים horim וּמוֹרִים umorim:

עַל al וְחֵטְא jet שֶׁחָטָאנוּ shejatanu לְפָנֶיךָ lefaneja ס״ג מ״ה ב״ן
בְּוִעוּד beviud עֲבֵירָה aveirá:

עַל al וְחֵטְא jet שֶׁחָטָאנוּ shejatanu לְפָנֶיךָ lefaneja ס״ג מ״ה ב״ן
בְּהוֹצָאַת behotsaat דִּבָּה dibá:

עַל al וְחֵטְא jet שֶׁחָטָאנוּ shejatanu לְפָנֶיךָ lefaneja ס״ג מ״ה ב״ן
בִּדְבָרִים bidvarim בְּטֵלִים betelim:

עַל al וְחֵטְא jet שֶׁחָטָאנוּ shejatanu לְפָנֶיךָ lefaneja ס״ג מ״ה ב״ן
בְּגַאֲוָה begaavá וָבוּז vavuz:

עַל al וְחֵטְא jet שֶׁחָטָאנוּ shejatanu לְפָנֶיךָ lefaneja ס״ג מ״ה ב״ן
בְּגִלְגּוּל beguilgul זֶה ze וּבְגִלְגּוּלִים uveguilgulim אֲחֵרִים ajerim:

עַל al וְחֵטְא jet שֶׁחָטָאנוּ shejatanu לְפָנֶיךָ lefaneja ס״ג מ״ה ב״ן
בְּבִטּוּי bevitui שְׂפָתַיִם sfatáyim:

עַל al וְחֵטְא jet שֶׁחָטָאנוּ shejatanu לְפָנֶיךָ lefaneja ס״ג מ״ה ב״ן
בַּאֲכִילַת beajilat אִסּוּר isur:

עַל al וְחֵטְא jet שֶׁחָטָאנוּ shejatanu לְפָנֶיךָ lefaneja ס״ג מ״ה ב״ן
בְּמָאתַיִם bematáyim וְאַרְבָּעִים vearbaím וּשְׁמוֹנָה ushmoná אֵבָרִים evarim.
וּשְׁלֹשׁ ushlosh מֵאוֹת meot המספר = ש׳ = אלהים דיודין
וְשִׁשִּׁים veshishim המספר = מילוי הש׳ (יו) וַחֲמִשָּׁה vajamishá
גִּידִים guidim. שֶׁל shel גּוּפֵנוּ gufenu וְנַפְשֵׁנוּ venafshenu
וְרוּחֵנוּ verujenu וְנִשְׁמָתֵנוּ venishmatenu וּנְשָׁמָה unshamá לִנְשְׁמָתֵנוּ lenishmatenu.
וְעַל veal וְחֵטְא jet שֶׁחָטָאנוּ shejatanu לְפָנֶיךָ lefaneja ס״ג מ״ה ב״ן
שֶׁגָּרַמְנוּ shegaramnu פְּגָם pgam וּמוּם umum בְּמָאתַיִם bematáyim
וְאַרְבָּעִים vearbaím וּשְׁמוֹנָה ushmoná אֵבָרִים evarim. וּשְׁלֹשׁ ushlosh מֵאוֹת meot
המספר = ש׳ = אלהים דיודין וְשִׁשִּׁים veshishim המספר = מילוי הש׳ (יו) וַחֲמִשָּׁה vajamishá
גִּידִים guidim שֶׁל shel אֲחֵרִים ajerim.
וּבְגוּפָם uvegufam וְנַפְשָׁם venafsham וְרוּחָם verujam
וְנִשְׁמָתָם venishmatam וּנְשָׁמָה unshamá לִנְשְׁמָתָם lenishmatam:

עַל al חֲטָאִים jataím שֶׁאֲנַחְנוּ sheanajnu חַיָּבִים jayavim

עֲלֵיהֶם aleihem עַל al בִּטּוּל bitul מִצְוֹת mitsvot עֲשֵׂה asé:

עַל al חֲטָאִים jataím שֶׁאֲנַחְנוּ sheanajnu חַיָּבִים jayavim

עֲלֵיהֶם aleihem עַל al לָאו lav הַנִּתָּק hanitak לַעֲשֵׂה laasé:

עַל al חֲטָאִים jataím שֶׁאֲנַחְנוּ sheanajnu חַיָּבִים jayavim

עֲלֵיהֶם aleihem עַל al לָאו lav שֶׁאֵין sheéin בּוֹ bo מַעֲשֶׂה maasé:

עַל al חֲטָאִים jataím שֶׁאֲנַחְנוּ sheanajnu חַיָּבִים jayavim

עֲלֵיהֶם aleihem עוֹלָה olá:

עַל al חֲטָאִים jataím שֶׁאֲנַחְנוּ sheanajnu חַיָּבִים jayavim

עֲלֵיהֶם aleihem חַטָּאת jatat:

עַל al חֲטָאִים jataím שֶׁאֲנַחְנוּ sheanajnu חַיָּבִים jayavim

עֲלֵיהֶם aleihem קָרְבַּן korbán עוֹלֶה olé וְיוֹרֵד veyored:

עַל al חֲטָאִים jataím שֶׁאֲנַחְנוּ sheanajnu חַיָּבִים jayavim

עֲלֵיהֶם aleihem אָשָׁם asham תָּלוּי talui וְאָשָׁם veasham וַדַּאי vadai:

עַל al חֲטָאִים jataím שֶׁאֲנַחְנוּ sheanajnu חַיָּבִים jayavim

עֲלֵיהֶם aleihem מַכַּת macat מַרְדּוּת mardut:

עַל al חֲטָאִים jataím שֶׁאֲנַחְנוּ sheanajnu חַיָּבִים jayavim

עֲלֵיהֶם aleihem מַלְקוּת malkot אַרְבָּעִים arbaím:

עַל al חֲטָאִים jataím שֶׁאֲנַחְנוּ sheanajnu חַיָּבִים jayavim

עֲלֵיהֶם aleihem מִיתָה mitá בִּידֵי bidei שָׁמַיִם shamáyim י״פ טל, י״פ כוזו:

עַל al חֲטָאִים jataím שֶׁאֲנַחְנוּ sheanajnu חַיָּבִים jayavim

עֲלֵיהֶם aleihem מִיתוֹת mitot מְשֻׁנּוֹת meshunot:

עַל al חֲטָאִים jataím שֶׁאֲנַחְנוּ sheanajnu חַיָּבִים jayavim

עֲלֵיהֶם aleihem כָּרֵת caret וַעֲרִירִי vaarirí:

עַל al חֲטָאִים jataím שֶׁאֲנַחְנוּ sheanajnu חַיָּבִים jayavim

עֲלֵיהֶם aleihem גִּלְגּוּל guilgul בְּדוֹמֵם bedomem. וְצוֹמֵחַ vetsoméaj. וְחַי vejai

בִּלְתִּי biltí מְדַבֵּר medaber ראה. וְחַי vejai מְדַבֵּר medaber ראה:

עַל al חֲטָאִים jataím שֶׁאֲנַחְנוּ sheanajnu חַיָּבִים jayavim

עֲלֵיהֶם aleihem כָּל col ילי מִינֵי minei יְסוּרִים yisurim:

עַל al חֲטָאִים jataím שֶׁאֲנַחְנוּ sheanajnu חַיָּבִים jayavim

עֲלֵיהֶם aleihem כָּל col ילי מִינֵי minei עוֹנָשִׁים onashim:

עַל al חֲטָאִים jataím שֶׁאֲנַחְנוּ sheanajnu חַיָּבִים jayavim עֲלֵיהֶם aleihem

אַרְבַּע arbá מִיתוֹת mitot בֵּית beit ב"פ ראה דִּין din. סְקִילָה skilá. שְׂרֵיפָה sreifá.

הֶרֶג héreg. וְחֶנֶק vejének. עַל al מִצְוֹת mitsvot עֲשֵׂה asé. וְעַל veal

מִצְוֹת mitsvot לֹא lo תַעֲשֶׂה taasé. בֵּין bein שֶׁיֵּשׁ sheyesh בָּם bam מ"ב קוּם kum

עֲשֵׂה asé. וּבֵין uvein שֶׁאֵין sheéin בָּם bam מ"ב קוּם kum עֲשֵׂה asé.

בֵּין bein שֶׁגְּלוּיִם shegluyim לָנוּ lanu אלהים, אהיה אדני.

וּבֵין uvein שֶׁאֵינָן sheeinán גְּלוּיִם gluyim לָנוּ lanu אלהים, אהיה אדני.

אֶת et שֶׁגְּלוּיִם shegluyim לָנוּ lanu אלהים, אהיה אדני כְּבָר cvar אֲמַרְנוּם amarnum

לְפָנֶיךָ lefaneja ס"ג מ"ה ב"ן יְהֹוָהאדניאהדונהי Adonai אֱלֹהֵינוּ Eloheinu ילה

וֵאלֹהֵי veElohei לכב ; מילוי ע"ב, דמב ; ילה אֲבוֹתֵינוּ avoteinu וְהוֹדִינוּ vehodinu

לְךָ lejá עֲלֵיהֶם aleihem. וְאֶת veet שֶׁאֵינָן sheeinán גְּלוּיִם gluyim

לָנוּ lanu אלהים, אהיה אדני הֵם hem גְּלוּיִם gluyim וִידוּעִים viyeduím

לְפָנֶיךָ lefaneja ס"ג מ"ה ב"ן. כִּי qui הַכֹּל hacol גָּלוּי galui וְצָפוּי vetsafui

לְפָנֶיךָ lefaneja ס"ג מ"ה ב"ן יְהֹוָהאדניאהדונהי Adonai אֱלֹהֵינוּ Eloheinu ילה.

כְּמוֹ cmó שֶׁנֶּאֱמַר sheneemar: הַנִּסְתָּרֹת hanistarot לַיהֹוָהאדניאהדונהי laAdonai

אֱלֹהֵינוּ Eloheinu ילה וְהַנִּגְלֹת vehaniglot **(Los once puntos)**

לָנוּ lanu אלהים, אהיה אדני וּלְבָנֵינוּ ulevaneinu עַד ad עוֹלָם olam לַעֲשׂוֹת laasot

אֶת et כָּל col ילי דִּבְרֵי divrei ראה הַתּוֹרָה haTorá הַזֹּאת hazot:

כִּי qui אַתָּה Atá סוֹלְחָן soljān לְיִשְׂרָאֵל leYisrael וּמוֹחֲלָן umojalán

לְשִׁבְטֵי leshivtei יְשֻׁרוּן Yeshurún. וּמִבַּלְעָדֶיךָ umibaladeja אֵין ein

לָנוּ lanu אלהים, אהיה אדני מֶלֶךְ mélej מוֹחֵל mojel וְסוֹלֵחַ vesoléaj:

אַדִּיר adir הרי וְנָאוֹר venaor. בּוֹרֵא boré דּוֹק dok וָחֹלֶד vajéled.

מִי mi יכי אֵל El כָּמוֹךָ camoja:

גּוֹלֶה golé עֲמוּקוֹת amukot. דּוֹבֵר dover צְדָקוֹת tsedakot.

מִי mi יכי אֵל El כָּמוֹךָ camoja:

הָדוּר hadur בִּלְבוּשׁוֹ bilvushó. וְאֵין veéin זוּלָתוֹ zulató.

מִי mi יכי אֵל El כָּמוֹךָ camoja:

זוֹכֵר zojer הַבְּרִית habrit. וְחוֹנֵן jonén שְׁאֵרִית sheerit.

מִי mi יכי אֵל El כָּמוֹךָ camoja:

טְהוֹר tehor י״פ אכא עֵינַיִם eináyim. יוֹשֵׁב yoshev שָׁמַיִם shamáyim י״פ טל.

מִי mi יכי אֵל El כָּמוֹךָ camoja:

כּוֹבֵשׁ covesh עֲוֹנוֹת avonot. לוֹבֵשׁ lovesh צְדָקוֹת tsedakot.

מִי mi יכי אֵל El כָּמוֹךָ camoja:

מֶלֶךְ mélej מְלָכִים melajim. נוֹרָא norá וְנִשְׂגָּב venisgav.

מִי mi יכי אֵל El כָּמוֹךָ camoja:

סוֹמֵךְ somej כוק נוֹפְלִים noflim. עוֹנֶה oné עֲשׁוּקִים ashukim.

מִי mi יכי אֵל El כָּמוֹךָ camoja:

פּוֹדֶה podé וּמַצִּיל umatsil. צוֹעֶה tsoé בְּרֹב verov כֹּחַ cóaj.

מִי mi יכי אֵל El כָּמוֹךָ camoja:

קָרוֹב karov לְקוֹרְאָיו lekorav. רַחוּם rajum וְחַנּוּן vejanún.

מִי mi יכי אֵל El כָּמוֹךָ camoja:

שׁוֹכֵן shojén שְׁחָקִים shejakim. תּוֹמֵךְ tomej תְּמִימִים temimim.

מִי mi יכי אֵל El כָּמוֹךָ camoja:

(1) אל מִי־ mi יכי אֵל El ייא״י (מילוי דס״ג) כָּמוֹךָ camoja (2) רחום נֹשֵׂא nosé עָוֹן avón
(3) וחנון וְעֹבֵר veover עַל־ al פֶּשַׁע pesha (4) ארך לִשְׁאֵרִית lisheerit נַחֲלָתוֹ najalató
(5) אפים לֹא־ lo הֶחֱזִיק hejezik לָעַד laad ב״פ ב״ן אַפּוֹ apó (6) ורב חסד כִּי־ qui חָפֵץ jafets
חֶסֶד jésed ע״ב, ריבוע יהוה הוּא hu: (7) ואמת יָשׁוּב yashuv יְרַחֲמֵנוּ yerajamenu
(8) נצר חסד (וו) יִכְבֹּשׁ yijbosh עֲוֹנֹתֵינוּ avonoteinu (9) לאלפים וְתַשְׁלִיךְ vetashlij
בִּמְצֻלוֹת bimtsulot יָם yam יכי כָּל־ col יכי חַטֹּאתָם jatotam:
(10) נשא עון תִּתֵּן titén ב״פ כהת אֱמֶת emet אהיה פעמים אהיה, י״פ ס״ג לְיַעֲקֹב leYaakov
י׳ הויות, אידהנויה (11) ופשע חֶסֶד jésed ע״ב, ריבוע יהוה לְאַבְרָהָם leAvraham וו״פ אל, רי״ו ול״ב
נתיבות החכמה, רמ״ח (אברים), עסמ״ב וט״ז אותיות פשוטות (12) וחטאה אֲשֶׁר־ asher
נִשְׁבַּעְתָּ nishbata לַאֲבֹתֵינוּ laavoteinu (13) ונקה מִימֵי mimei קֶדֶם kédem:

אֱלֹהֵינוּ Eloheinu ילה וֵאלֹהֵי veElohei לכב ; מילוי ע"ב, דמב ; ילה אֲבוֹתֵינוּ avoteinu

יַעֲלֶה yaalé וְיָבֹא veyavó וְיַגִּיעַ veyaguía וְיֵרָאֶה veyeraé רי"ו וְיֵרָצֶה veyeratsé

וְיִשָּׁמַע veyishamá וְיִפָּקֵד veyipaked וְיִזָּכֵר veyizajer ר"ת = מ"ב

זִכְרוֹנֵנוּ zijronenu וְזִכְרוֹן vezijrón ע"ב קס"א ונש"ב אֲבוֹתֵינוּ avoteinu.

זִכְרוֹן zijrón ע"ב קס"א ונש"ב יְרוּשָׁלַיִם Yerushaláyim עִירָךְ iraj.

וְזִכְרוֹן vezijrón ע"ב קס"א ונש"ב מָשִׁיחַ Mashíaj בֶּן ben דָּוִד David ע"ה כהת ;

בן דוד = אדני ע"ה עַבְדָּךְ avdaj פוי, אל אדני . וְזִכְרוֹן vezijrón ע"ב קס"א ונש"ב כָּל col

עַמְּךָ amjá ילי בֵּית beit ב"פ ראה יִשְׂרָאֵל Yisrael לְפָנֶיךָ lefaneja ס"ג מ"ה ב"ן

לִפְלֵיטָה lifletá לְטוֹבָה letová אכא. לְחֵן lején מילוי דמ"ה בריבוע ; מוחי

לְחֶסֶד lejésed ע"ב, ריבוע יהוה וּלְרַחֲמִים ulerajamim.

לְחַיִּים lejayim אהיה אהיה יהוה, בינה ע"ה. טוֹבִים tovim וּלְשָׁלוֹם uleshalom.

בְּיוֹם beyom ע"ה נגד, מזבח, זן, אל יהוה (En *Shabat* agregar: הַשַּׁבָּת haShabat הַזֶּה hazé והו.

וּבְיוֹם uveyom ע"ה נגד, מזבח, זן, אל יהוה) הַכִּפּוּרִים HaKipurim הַזֶּה hazé והו.

וּבְיוֹם veveyom ע"ה נגד, מזבח, זן, אל יהוה סְלִיחַת slijat הֶעָוֹן heavón הַזֶּה hazé והו.

בְּיוֹם beyom ע"ה נגד, מזבח, זן, אל יהוה טוֹב tov והו מִקְרָא mikrá קֹדֶשׁ kódesh

הַזֶּה hazé והו. לְרַחֵם lerajem אברהם, ח"פ אל, רי"ו ול"ב נתיבות החכמה, רמ"ח (אברים,

עסמ"ב וט"ז אותיות פשוטות בּוֹ bo עָלֵינוּ aleinu וּלְהוֹשִׁיעֵנוּ ulehoshienu.

זָכְרֵנוּ zojrenu **(desde *Zeir Anpín*)** יְהֹוָהאדניאהדונהי Adonai אֱלֹהֵינוּ Eloheinu ילה

בּוֹ bo לְטוֹבָה letová אכא. וּפָקְדֵנוּ ufakdenu **(desde *Nukvá*)**

בּוֹ vo לִבְרָכָה livrajá. וְהוֹשִׁיעֵנוּ vehoshienu **(desde *Dáat*)** בּוֹ vo

לְחַיִּים lejayim אהיה אהיה יהוה, בינה ע"ה טוֹבִים tovim.

Nuestro Dios y el Dios de nuestros padres, pueda levantarse y venir y llegar y aparecer y encontrar el favor y ser oído y ser considerado y ser recordado, nuestra remembranza y la remembranza de nuestros padres, la remembranza de Jerusalén, Tu ciudad, y la remembranza del Mesías Ben David, Tu sirviente, y la remembranza de toda Tu Nación, la Casa de Israel, ante Ti, para aceptación, para bien, para gracia, amabilidad y compasión, para una buena vida y para paz en este Día de (**en *Shabat* decimos:** *Shabat y en este día de) Expiación y en día del perdón de la iniquidad, en este buen día de Convocación Santa, para tener misericordia de nosotros y para salvarnos. Recuérdanos, Señor, nuestro Dios, para bien y considéranos en ello para la bendición y entréganosla para una buena vida*

בִּדְבַר bidvar ראה יְשׁוּעָה yeshuá וְרַחֲמִים verajamim.

חוּס jus וְחָנֵּנוּ vejanenu וַחֲמוֹל vajamol וְרַחֵם verajem אברהם, וז"פ אל,

רי"ו ול"ב נתיבות החכמה, רמ"ח (אברים), עסמ"ב וט"ז אותיות פשוטות עָלֵינוּ aleinu.

וְהוֹשִׁיעֵנוּ vehoshienu כִּי qui אֵלֶיךָ eleja עֵינֵינוּ eineinu ריבוע מ"ה.

כִּי qui אֵל El יי"א מֶלֶךְ Mélej חַנּוּן janún וְרַחוּם verajum אָתָּה Atá:

אֱלֹהֵינוּ Eloheinu ילה וֵאלֹהֵי veElohei לכב ; מילוי ע"ב, דמב ; ילה אֲבוֹתֵינוּ avoteinu.

מְלוֹךְ meloj (El secreto de la revelación del Honor del Santo Rey de los Mundos)

עַל al כָּל col ילי עמם הָעוֹלָם haolam כֻּלּוֹ culó בִּכְבוֹדֶךָ bijvodaj ב"ן, לכב.

וְהִנָּשֵׂא vehinasé עַל al כָּל col ילי עמם הָאָרֶץ haárets אלהים דההין ע"ה

בִּיקָרֶךָ bikaraj

(La elevación de la dominación desde *Vav-Hei* hacia *Yud* y *Hei*, que es el secreto de *Yekar*-Gloria)

וְהוֹפַע vehofá בַּהֲדַר bahadar גְּאוֹן gueón עֻזָּךְ uzaj

(La relevación de *Arij Anpín* —desde Su aspecto del Cabello, el cual está debajo de la Garganta, que es llamada *Hadar Gueón*— sobre los Mundos Inferiores)

עַל al כָּל col ילי עמם יוֹשְׁבֵי yoshvei תֵבֵל tevel ב"פ רי"ו אַרְצָךְ artsaj.

וְיֵדַע veyedá כָּל col ילי פָּעוּל paúl (*Asiyá*) כִּי qui אַתָּה Atá פְּעַלְתּוֹ pealtó.

וְיָבִין veyavín כָּל col ילי יְצוּר yetsur (*Yetsirá*) כִּי qui אַתָּה Atá יְצַרְתּוֹ yetsartó.

וְיֹאמַר veyomar כָּל col ילי אֲשֶׁר asher נְשָׁמָה neshamá (*Briá*) בְּאַפּוֹ veapó.

(Todos reconoceremos el hecho de que la Luz está en control, incluso cuando parezca que la *klipá* lo esté)

יְהֹוָהאדניאהדונהי Adonai אֱלֹהֵי Elohei מילוי ע"ב, דמב ; ילה יִשְׂרָאֵל Yisrael תרי"ג (מצוות)

מָלַךְ malaj (מֶלֶךְ). וּמַלְכוּתוֹ umaljutó בַּכֹּל vacol לכב, ב"ן מָשָׁלָה mashalá

:(El secreto del Santo *Maljut* que entra y se viste de la *klipá* para poder doblegarla)

---

con las palabras de entrega y misericordia. Ten piedad y sé amable con nosotros y ten misericordia y sé compasivo con nosotros y sálvanos, porque nuestros ojos van hacia Ti, porque Tú eres Dios, Rey que es amable y compasivo. Nuestro Dios y Dios de nuestros antepasados, reina sobre todo el mundo con gloria y sé exaltado sobre toda la Tierra en Tu esplendor y revélate a Ti mismo en la grandeza majestuosa de Tu fortaleza sobre todos los moradores del mundo habitado, que es Tu tierra. Entonces todo lo que se ha hecho sabrá que Tú lo creaste y todo lo que se ha formado entenderá que Tú lo has formado y todo lo que tiene alma en su nariz proclamará que el Señor, el Dios de Israel, ha reinado y Su Reino rige sobre todo.

MEKADESH ISRAEL VE YOM HAKIPURIM

(En *Shabat* agregar: אֱלֹהֵינוּ Eloheinu ילה וֵאלֹהֵי veElohei לכב ; מילוי ע״ב, דמב ; ילה
אֲבוֹתֵינוּ avoteinu רְצֵה retsé נָא na בִמְנוּחָתֵינוּ vimnujateinu)
קַדְּשֵׁנוּ kadshenu בְּמִצְוֹתֶיךָ •vemitsvoteja תֵּן ten וְחֶלְקֵנוּ jelkenu
בְּתוֹרָתָךְ •vetorataj שַׂבְּעֵנוּ sabenu מִטּוּבָךְ mituvaj •לאו שַׂמֵּחַ saméaj
נַפְשֵׁנוּ nafshenu בִּישׁוּעָתָךְ •bishuataj וְטַהֵר vetaher לִבֵּנוּ libenu
לְעָבְדְּךָ leovdejá פוי, אל יהוה בֶּאֱמֶת veemet אהיה פעמים אהיה, ז״פ ס״ג•
כִּי qui אַתָּה Atá יְהֹוָהאדניאהדונהי Adonai אֱלֹהִים Elohim ילה
אֱמֶת emet אהיה פעמים אהיה, ז״פ ס״ג• וּדְבָרְךָ udvarjá ראה מַלְכֵּנוּ malquenu
אֱמֶת emet אהיה פעמים אהיה, ז״פ ס״ג וְקַיָּם vekayam לָעַד laad ב״פ ב״ן• בָּרוּךְ Baruj
אַתָּה Atá יְהֹוָהאדניאהדונהי Adonai מֶלֶךְ Mélej מוֹחֵל mojel וְסוֹלֵחַ vesoléaj
לַעֲוֹנוֹתֵינוּ laavonoteinu וְלַעֲוֹנוֹת velaavonot עַמּוֹ amó יִשְׂרָאֵל •Yisrael
וּמַעֲבִיר umaavir אַשְׁמוֹתֵינוּ ashmoteinu בְּכָל bejol לכב, ב״ן שָׁנָה shaná
וְשָׁנָה •veshaná מֶלֶךְ Mélej עַל al כָּל col ילי עמם הָאָרֶץ haárets אלהים דההין ע״ה
מְקַדֵּשׁ mekadesh (En *Shabat* agregar: הַשַּׁבָּת haShabat וְ ve) יִשְׂרָאֵל Yisrael
וְיוֹם veYom ע״ה נגד, מזבח, זן, אל יהוה הַכִּפּוּרִים :HaKipurim

LAS TRES BENDICIONES FINALES

A través del mérito de Moshé, Aharón y Yosef, quienes son nuestros canales para las últimas tres bendiciones, somos capaces de hacer descender toda la energía espiritual que despertamos con nuestras oraciones y bendiciones.

LA QUINTA BENDICIÓN

Durante esta bendición, que se refiere a Moshé, siempre debemos meditar en tratar de saber exactamente qué quiere Dios de nosotros en nuestra vida, como lo indica la frase: "Que sea la voluntad de Dios". Estamos pidiéndole a Dios que nos guíe hacia el trabajo que vinimos a hacer en la Tierra. El Creador no puede aceptar sólo el trabajo que queremos hacer, debemos llevar a cabo el trabajo que estamos destinados a hacer.

MEKADESH ISRAEL VE YOM HAKIPURIM

(**En *Shabat*:** *Dios nuestro y Dios de nuestros antepasados, que Te plazca nuestro descanso).*
*Santifícanos con Tus preceptos y otórganos participación en Tu Torá y sácianos de Tu bondad y alegra nuestros espíritus con Tu salvación y purifica nuestro corazón para que te sirvamos con verdad. Porque Tú, Señor, eres el verdadero Dios y Tu palabra es verdadera y perenne por siempre. Bendito eres Tú Señor, Rey que perdonas nuestras iniquidades y las iniquidades de Tu nación Israel, y dejas pasar nuestras ofensas cada año, Rey sobre toda la Tierra, Que santificas (***en Shabat:** *el Shabat,) Israel y el Día de Expiación.*

Nétsaj

Meditar por el Deseo Celestial (*Kéter*), que es llamado *Métsaj HaRatsón* (la Frente del Deseo).

רְצֵה retsé אלף למד הה יוד מם

Aquí meditar en transformar el infortunio y la tragedia (צרה) en deseo y aceptación (רצה).

יְהֹוָהאדניאהדונהי Adonai אֱלֹהֵינוּ Eloheinu ילה בְּעַמְּךָ beamjá יִשְׂרָאֵל Yisrael

וְלִתְפִלָּתָם velitfilatam שְׁעֵה sheé• וְהָשֵׁב vehashev הָעֲבוֹדָה haavodá

לִדְבִיר lidvir רי"ו בֵּיתֶךָ beiteja ב"פ ראה• וְאִשֵּׁי veishei יִשְׂרָאֵל Yisrael

וּתְפִלָּתָם utfilatam מְהֵרָה meherá בְּאַהֲבָה beahavá אוזה, דאגה

תְקַבֵּל tekabel בְּרָצוֹן beratsón מהש ע"ה, ע"ב בריבוע וקס"א ע"ה, אל שדי ע"ה•

וּתְהִי utehí לְרָצוֹן leratsón מהש ע"ה, ע"ב בריבוע וקס"א ע"ה, אל שדי ע"ה

תָּמִיד tamid ע"ה קס"א קנ"א קמ"ג עֲבוֹדַת avodat יִשְׂרָאֵל Yisrael עַמֶּךָ ameja:

וְאַתָּה veAtá בְּרַחֲמֶיךָ verajameja הָרַבִּים harabim• תַּחְפֹּץ tajpots

בָּנוּ banu וְתִרְצֵנוּ vetirtsenu וְתֶחֱזֶינָה vetejezena עֵינֵינוּ eineinu ריבוע מ"ה

בְּשׁוּבְךָ beshuvjá לְצִיּוֹן leTsiyón יוסף, ו' הויות, קנאה

בְּרַחֲמִים berajamim מצפצ, אלהים דיודין, י"פ ייי:

בָּרוּךְ Baruj אַתָּה Atá יְהֹוָהאדניאהדונהי Adonai

הַמַּחֲזִיר hamajazir שְׁכִינָתוֹ Shjinató לְצִיּוֹן leTsiyón יוסף, ו' הויות, קנאה:

LAS TRES BENDICIONES FINALES
LA QUINTA BENDICIÓN

Encuentra gracia, Señor, nuestro Dios, en tu Pueblo, Israel y oye su oración. Restaura el culto en el santuario interno de Tu Templo. Acepta las ofrendas de Israel y sus oraciones con complacencia, prontamente y con amor. Que siempre sea agradable a Ti, el servicio de Israel, Tu Nación. Y Tú en Tu gran compasión, te deleites en nosotros y estés complacido con nosotros. Puedan nuestros ojos contemplar Tu retorno a Sión con compasión. ¡Bendito eres Tú, Señor, que devuelve Su Shejiná a Sión!

LA SEXTA BENDICIÓN

Esta bendición es nuestro agradecimiento. Kabbalísticamente, el mayor "agradecimiento" que le podemos dar a nuestro Creador es hacer exactamente lo que estamos destinados a hacer en términos de nuestro trabajo espiritual.

Hod

Inclina todo tu cuerpo en "*modim*" y enderézate en "*Adonai*".

מוֹדִים modim מאה ברכות שתיקן דוד לאמרם כל יום אֲנַחְנוּ anajnu לָךְ laj

שָׁאַתָּה sheAtá הוּא Hu יְהֹוָהאדניאהדונהי Adonai (וְ) אֱלֹהֵינוּ Eloheinu ילה

וֵאלֹהֵי veElohei לכב ; מילוי ע"ב, דמב ; ילה אֲבוֹתֵינוּ avoteinu לְעוֹלָם leolam

ריבוע ס"ג וי' אותיות דס"ג וָעֶד vaed. צוּרֵנוּ tsurenu צוּר tsur אלהים דההין ע"ה

וַחַיֵּינוּ jayeinu וּמָגֵן umaguén ג"פ אל (ייא" מילוי דס"ג) ; ר"ת מיכאל גבריאל נוריאל

יִשְׁעֵנוּ yishenu אַתָּה Atá הוּא Hu. לְדוֹר ledor וָדוֹר vador רי"ו נוֹדֶה nodé

לְךָ lejá וּנְסַפֵּר unesaper תְּהִלָּתֶךָ tehilateja. עַל־ al חַיֵּינוּ jayeinu

הַמְּסוּרִים hamesurim בְּיָדֶךָ beyadeja. וְעַל veal נִשְׁמוֹתֵינוּ nishmoteinu

הַפְּקוּדוֹת hapkudot לָךְ laj. וְעַל־ veal נִסֶּיךָ niseja שֶׁבְּכָל shebejol

ב"ן, לכב יוֹם yom ע"ה נגד, מזבח, זן, אל יהוה עִמָּנוּ imanu ריבוע ס"ג, קס"א ע"ה וד' אותיות

וְעַל veal נִפְלְאוֹתֶיךָ nifleoteja וְטוֹבוֹתֶיךָ vetovoteja שֶׁבְּכָל shebejol

ב"ן, לכב עֵת et. עֶרֶב érev וָבֹקֶר vavóker וְצָהֳרָיִם vetsahoráyim. הַטּוֹב hatov

והו כִּי־ qui לֹא־ lo כָלוּ jalú רַחֲמֶיךָ rajameja. הַמְרַחֵם hamerajem

אברהם, וז"פ אל, רי"ו ול"ב נתיבות החכמה, רמ"ח (אברים), עסמ"ב וט"ז אותיות פשוטות כִּי־ qui לֹא lo

תַמּוּ tamu חֲסָדֶיךָ jasadeja כִּי qui מֵעוֹלָם meolam קִוִּינוּ kivinu לָךְ: laj

---

LA SEXTA BENDICIÓN

Nosotros te damos gracias a Ti, porque eres Tú, Señor, quien es nuestro Dios y el Dios de nuestros padres, por siempre y por toda la eternidad. Tú eres nuestra Fortaleza, la Fortaleza de nuestras vidas y el Escudo de nuestra salvación. De una generación a otra, te daremos gracias a Ti y cantaremos Tu alabanza. Porque nuestras vidas que están en Tus Manos, por nuestras almas que están a Tu cuidado, por Tus milagros que están con nosotros todos los días y por Tus maravillas y Tus favores que están con nosotros en todo momento: de noche, de mañana y de tarde. Tú eres bueno, porque Tu compasión nunca se ha acabado. Tú eres el Misericordioso, porque Tu bondad nunca ha cesado, porque siempre hemos puesto nuestras esperanzas en Ti.

MODIM DERABANÁN

Esta oración es recitada por la congregación en la repetición cuando el *jazán* dice "*modim*".

En esta sección hay 44 palabras, que es el mismo valor numérico del Nombre:
(א אה אהי אהיה) ריבוע אהי

מוֹדִים modim מאה ברכות שתיקן דוד לאמרם כל יום אֲנַחְנוּ anajnu לָךְ laj
שָׁאַתָּה sheAtá הוּא hu יְהֹוָה יאהדונהי Adonai אֱלֹהֵינוּ Eloheinu ילה
וֵאלֹהֵי veElohei לכב ; מילוי ע"ב, דמב ; ילה אֲבוֹתֵינוּ avoteinu
אֱלֹהֵי Elohei מילוי ע"ב, דמב ; ילה כָּל jol ילי בָּשָׂר basar. יוֹצְרֵנוּ yotsrenu
יוֹצֵר yotser בְּרֵאשִׁית bereshit. בְּרָכוֹת brajot וְהוֹדָאוֹת vehodaot
לְשִׁמְךָ leShimjá הַגָּדוֹל hagadol להוח ; עם ד' אותיות = מבה, יזל, אום
וְהַקָּדוֹשׁ vehakadosh עַל al שֶׁהֶחֱיִיתָנוּ shehejeyitanu וְקִיַּמְתָּנוּ vekiyamtanu.
כֵּן quen תְּחַיֵּינוּ tejayeinu וּתְחָנֵּנוּ utejonenu. וְתֶאֱסוֹף veteesof
גָּלֻיּוֹתֵינוּ galuyoteinu לְחַצְרוֹת lejatsrot קָדְשֶׁךָ kodshejá. לִשְׁמוֹר lishmor
חֻקֶּיךָ jukeja וְלַעֲשׂוֹת velaasot רְצוֹנֶךָ retsoneja. וּלְעָבְדְךָ uleovdejá
פוי, אל אדני בְּלֵבָב belevav בוכו שָׁלֵם shalem. עַל al שֶׁאֲנַחְנוּ sheanajnu
מוֹדִים modim לָךְ laj. בָּרוּךְ Baruj אֵל El ייא"י (מילוי דס"ג) הַהוֹדָאוֹת hahodaot:

וְעַל veal כֻּלָּם culam יִתְבָּרַךְ yitbaraj וְיִתְרוֹמָם veyitromam
וְיִתְנַשֵּׂא veyitnasé תָּמִיד tamid ע"ה קס"א קנ"א קמ"ג שִׁמְךָ Shimjá
מַלְכֵּנוּ malquenu לְעוֹלָם leolam ריבוע ס"ג וי' אותיות דס"ג וָעֶד vaed.
וְכָל־ vejol ילי הַחַיִּים hajayim אהיה אהיה יהוה, בינה ע"ה יוֹדוּךָ yoduja סֶּלָה sela:
וּכְתוֹב ujtov לְחַיִּים lejayim אהיה אהיה יהוה, בינה ע"ה טוֹבִים tovim

Nétsaj y *Hod* de *Zeir Anpín* se convierten en *Mojín* para *Nukvá* y es por ello que son buenos (*tovim*) ya que ellos están en el lugar de la revelación de los *Jasadim* como se conoce.

כָּל־ col ילי בְּנֵי bnei בְּרִיתֶךָ vriteja:

Si olvidas decir "*ujtov*" y te das cuenta de esto antes del final de la bendición "*Baruj Atá Adonai*", debes regresar y decir "*ujtov*" y continuar normalmente. Pero si te das cuenta de esto sólo después del final de la bendición, debes continuar.

MODIM DERABANÁN

Nosotros te damos gracias a Ti, porque eres Tú quien es nuestro Dios y el Dios de nuestros padres, el Dios de toda la humanidad, nuestro Hacedor y el Creador de toda la Creación. Bendiciones y gracias a Tu gran y Santo Nombre por darnos vida y por preservarnos. Que puedas Tú continuar dándonos vida, sé amable con nosotros y reúne nuestros exiliados en las Cortes de Tu Santuario, para que podamos cumplir Tus leyes, hacer Tu voluntad y servir a Ti con todo el corazón. Por esto Te agradecemos. ¡Bendito sea el Dios de los agradecimientos!

Y por todas estas cosas, que Tu Nombre sea siempre bendecido, exaltado y ensalzado, por siempre, nuestro Rey, por siempre y para siempre, y todos los vivientes Te agradecen, Sela.

E inscribe a todos los miembros de Tu alianza para una vida feliz.

וִיהַלְלוּ vihalelú וִיבָרְכוּ vivarjú יהוה ריבוע יהוה ריבוע מ"ה אֶת־ et

שִׁמְךָ Shimjá הַגָּדוֹל hagadol להח ; עם ד' אותיות = מבה, יזל, אום בֶּאֱמֶת beemet אהיה

פעמים אהיה, ז"פ ס"ג לְעוֹלָם leolam ריבוע ס"ג ו"י אותיות דס"ג כִּי qui טוֹב tov והו ;

כי טוב = יהוה אהיה, אום, מבה, יזל. הָאֵל haEl לאה ; ייא"י (מילוי דס"ג) יְשׁוּעָתֵנוּ yeshuatenu

וְעֶזְרָתֵנוּ veezratenu סֶלָה sela. הָאֵל haEl לאה ; ייא"י (מילוי דס"ג) הַטּוֹב hatov והו:

Flexiona tus rodillas en "*Baruj*", inclínate en "*Atá*" y endérezate en "*Adonai*".

בָּרוּךְ Baruj אַתָּה Atá יְהֹוָהאדניאהדונהי Adonai (הי) הַטּוֹב hatov והו

שִׁמְךָ Shimjá וּלְךָ uLejá נָאֶה naé לְהוֹדוֹת lehodot ס"ת כהת, משיח בן דוד ע"ה:

BENDICIÓN DE LOS COHANIM

Durante la repetición decimos la bendición de los *Cohanim*. El *Cohén* es un canal de la energía dadora de la Columna Derecha y, por lo tanto, también de sanación. Debido a que la Luz revelada a través de esta bendición es más poderosa de lo que podemos manejar, cubrimos nuestros ojos para evitar ver directamente a esta asombrosa Luz de sanación.

Si no hay *Cohén* presente, el *jazán* debe decir:

אֱלֹהֵינוּ Eloheinu ילה וֵאלֹהֵי veElohei לכב ; מילוי ע"ב, דמב ; ילה אֲבוֹתֵינוּ avoteinu,

בָּרְכֵנוּ barjenu בַּבְּרָכָה babrajá הַמְשֻׁלֶּשֶׁת hameshuléshet בַּתּוֹרָה batorá

הַכְּתוּבָה hactuvá עַל al יְדֵי yedei מֹשֶׁה Moshé מהש, ע"ב בריבוע וקס"א, אל שדי,

ד"פ אלהים ע"ה עַבְדֶּךָ avdeja פוי, אל אדני הָאֲמוּרָה haamurá מִפִּי mipí אַהֲרֹן Aharón

וּבָנָיו uvanav כֹּהֲנִים cohanim עַם am קְדוֹשֶׁךָ kedosheja, כָּאָמוּר caamur:

Entonces el *jazán* continuará desde "*yevarejejá Adonai...*" hasta "*vesayem lejá Shalom*" (en la página siguiente).

Después de que la congregación responda *Amén*, el *jazán* dirá "*Cohanim*". Luego los *Cohanim* recitarán lo siguiente en silencio:

יְהִי yehí רָצוֹן ratsón מהש ע"ה, ע"ב בריבוע וקס"א ע"ה, אל שדי ע"ה מִלְּפָנֶיךָ milfaneja

ס"ג מ"ה ב"ן יְהֹוָהאדניאהדונהי Adonai אֱלֹהֵינוּ Eloheinu ילה וֵאלֹהֵי veElohei

לכב ; מילוי ע"ב, דמב ; ילה אֲבוֹתֵינוּ avoteinu, שֶׁתְּהִיֶּה shetihyé בְּרָכָה brajá זוֹ zo

שֶׁצִּוִּיתָנוּ shetsivitanu לְבָרֵךְ levarej אֶת et עַמְּךָ amjá יִשְׂרָאֵל Yisrael

בְּרָכָה brajá שְׁלֵמָה shlemá וְלֹא veló יִהְיֶה yihyé ייי בָּהּ ba

מִכְשׁוֹל mijshol וְעָוֹן veavón מֵעַתָּה meatá וְעַד vead עוֹלָם olam:

Y ellos te alabarán y bendecirán Tu gran Nombre, sinceramente y para siempre, porque es bueno, el Dios de nuestra salvación y nuestra ayuda, Sela, el buen Dios. Bendito eres Tú, Señor, cuyo Nombre es bueno. Y a Ti es propio dar gracias.

BENDICIÓN DE LOS COHANIM

Nuestro Dios y el Dios de nuestros antepasados,

bendícenos con la triple de bendición escrita en la Torá por Moshé, Tu siervo, y dicha por Aharón y sus hijos, los Cohanim, Tu Pueblo Santo, como está dicho: Que sea tu voluntad, Señor, nuestro Dios y el Dios de nuestros antepasados, que esta bendición con la que Tú nos ordenaste que bendecir a Tu pueblo, Israel, sea una bendición perfecta, y que no contenga ningún impedimento o iniquidad desde ahora y para siempre.

Los *Cohanim* dicen la siguiente bendición de cara al Arca y cuando llegan a la palabra "*vetsivanu*", deben girar en dirección de las manecillas del reloj y dar la cara a la congregación y continuar la bendición. Si sólo hay un *Cohén*, el *jazán* no debe llamarlo, sino que, en lugar de ello, el *Cohén* debe decir la siguiente bendición inmediatamente:

בָּרוּךְ Baruj אַתָּה Atá יְהֹוָהאדניאהדונהי Adonai אֱלֹהֵינוּ Eloheinu ילה
מֶלֶךְ Mélej הָעוֹלָם haolam אֲשֶׁר asher קִדְּשָׁנוּ kidshanu
בִּקְדֻשָּׁתוֹ bikdusható שֶׁל shel אַהֲרֹן Aharón וְצִוָּנוּ vetsivanu
לְבָרֵךְ levarej אֶת et עַמּוֹ amó יִשְׂרָאֵל Yisrael בְּאַהֲבָה beahavá אוזד, דאגה:

El *jazán* orienta a los *Cohanim* recitando una palabra a la vez (incluso si sólo hay un *Cohén* presente).
Y la congregación responde "*Amén*" (o "*quen yehí ratsón*" en caso de que el *jazán* sea quien lo recite) después de cada verso.

Las iniciales de los tres versos nos dan el Nombre Sagrado: ייי.
En esta sección hay 15 palabras, que es el valor numérico del Nombre Sagrado: ההה.

(Derecha – *Jésed*)

יְבָרֶכְךָ yevarejejá יְהֹוָהאדניאהדונהי Adonai וְיִשְׁמְרֶךָ veyishmereja
ר"ת = יהוה ; וס"ת = מ"ה:

(Izquierda - *Guevurá*)

יָאֵר yaer כק ויו זין ויו יְהֹוָהאדניאהדונהי Adonai | פָּנָיו panav אֵלֶיךָ eleja
וִיחֻנֶּךָּ vijuneca מנד ; יהה אותיות בפסוק:

(Central – *Tiféret*)

יִשָּׂא yisá יְהֹוָהאדניאהדונהי Adonai | פָּנָיו panav אֵלֶיךָ eleja
וְיָשֵׂם veyasem לְךָ lejá שָׁלוֹם shalom האא תיבות בפסוק:

(*Maljut*)

(וְשָׂמוּ vesamu אֶת־ et שְׁמִי Shmí עַל־ al בְּנֵי bnei יִשְׂרָאֵל Yisrael
וַאֲנִי vaAní אני אֲבָרְכֵם avarjem:)

Los *Cohanim* añaden en silencio:

רִבּוֹן ribón יהוה ע"ב ס"ג מ"ה ב"ן הָעוֹלָמִים haolamim,
עָשִׂינוּ asinu מַה ma מ"ה שֶׁגָּזַרְתָּ shegazarta עָלֵינוּ aleinu, עֲשֵׂה asé אַתָּה Atá
מַה ma מ"ה שֶׁהִבְטַחְתָּנוּ shehivtajtanu: הַשְׁקִיפָה hashkifá מִמְּעוֹן mimeón
קָדְשְׁךָ kodshejá מִן־ min הַשָּׁמַיִם hashamáyim י"פ טל, י"פ כוזו ; ר"ת מ"ה
וּבָרֵךְ uvarej אֶת־ et עַמְּךָ amjá אֶת־ et יִשְׂרָאֵל Yisrael:

Bendito eres Tú, Señor, nuestro Dios, Rey del universo, Quien nos
ha santificado con la santidad de Aharón y nos ha ordenado bendecir a Su Pueblo, Israel, con amor.
(Derecha) *Que el Señor te bendiga y te proteja (Amén).*
(Izquierda) *Que el Señor haga brillar Su rostro sobre ti y te dé gracia (Amén).*
(Central) *Que el Señor eleve Su rostro hacia Ti y te conceda paz (Amén).*
("Y ellos pondrán Mi nombre sobre los Hijos de Israel y Yo los bendeciré") (Números 6:24-27).
Señor del mundo, hemos hecho lo que Tú has decretado sobre nosotros. Ahora, haz Tú como prometiste: "Mira hacia abajo desde Tu Santa Morada, desde los Cielos, y bendice a tu pueblo, Israel" (Deuteronomio 26:15).

En esta sección hay 22 palabras, que es el valor numérico del Nombre Sagrado: **אכא**. Debes meditar en lo siguiente cuando el *jazán* diga la primera palabra de cada verso:

Yevarejejá (primer verso): **אֵל נָא קְרַב תְּשׁוּעַת מְצַפֶּיךָ** (ר"ת אנקתם)

Yaer (segundo verso): **פּוֹדֶךָ סַר תּוֹצִיאֵם מִמַּאֲסָר** (ר"ת פסתם)

Yisá (tercer verso): **פְּדֵה סוֹעִים פְּתוֹחַ סוּמִים יִשְׁעָךְ מְצַפִּים** (ר"ת פספסים)

דַּלֵּה יוֹקְשִׁים וְקַבֵּץ נְפוּצִים סָמוּךְ יָהּ מִפַּלְטֵנוּ (ר"ת דיונסים)

(susurra:) יוזו אותיות בפסוק **בָּרוּךְ** Baruj **שֵׁם** Shem **כְּבוֹד** quevod

מַלְכוּתוֹ maljutó, **לְעוֹלָם** leolam ריבוע ס"ג וי' אותיות דס"ג **וָעֶד** vaed:

Si tuviste un mal sueño que te esté causando angustia, di lo siguiente mientras los *Cohanim* dicen su bendición:

רִבּוֹנוֹ Ribonó שֶׁל shel עוֹלָם Olam אֲנִי aní אני שֶׁלָּךְ sheljá וַחֲלוֹמוֹתַי vejalomotai
שֶׁלָּךְ. sheljá חֲלוֹם jalom חָלַמְתִּי jalamti וְאֵינִי veeiní יוֹדֵעַ yodea מַה ma מ"ה
הוּא. hu בֵּין bein שֶׁחָלַמְתִּי shejalamti אֲנִי aní אני לְעַצְמִי leatsmí וּבֵין uvein
שֶׁחָלְמוּ shejalmú לִי li אֲחֵרִים, ajerim וּבֵין uvein שֶׁאֲנִי sheaní אני חָלַמְתִּי jalamti
עַל al אֲחֵרִים, ajerim אִם im יוהך, מ"א אותיות אהיה בפשוטו במילואו ובמילוי דמילואו ע"ה
טוֹבִים tovim הֵם hem חַזְּקֵם jazkem וְאַמְּצֵם veamtsem כַּחֲלוֹמוֹתָיו cajalomotav
שֶׁל shel יוֹסֵף Yosef קנאה, ו הויות, ציון הַצַּדִּיק Hatsadik, וְאִם veím יוהך, מ"א אותיות אהיה
בפשוטו במילואו ובמילוי דמילואו ע"ה צְרִיכִים tsrijim רְפוּאָה refuá רְפָאֵם refaem
כְּמֵי quemei ילי מָרָה mará עַל al יְדֵי yedei מֹשֶׁה Moshé מהש, ע"ב בריבוע וקס"א, אל שדי,
ד"פ אלהים ע"ה רַבֵּינוּ rabeinu עָלָיו alav הַשָּׁלוֹם hashalom, וּכְמֵי ujmei ילי
יְרִיחוֹ Yerijó עַל al יְדֵי yedei אֱלִישָׁע Elishá, וּכְמִרְיָם ujeMiryam
מִצָּרַעְתָּהּ mitsaratá, וּכְנַעֲמָן ujeNaamán מִצָּרַעְתּוֹ mitsarató, וּכְחִזְקִיָּהוּ ujeJizkiyahu
מֵחָלְיוֹ. mejolyó וּכְשֵׁם ujeshem שֶׁהָפַכְתָּ shehafajta קִלְלַת kilelat בִּלְעָם Bilam
הָרָשָׁע harashá לִבְרָכָה livrajá, כֵּן quen הֲפוֹךְ hafoj כָּל col ילי חֲלוֹמוֹתַי jalomotai
עָלַי alai וְעַל veal כָּל col ילי ; עמם יִשְׂרָאֵל Yisrael לְטוֹבָה letová אכא
וְלִבְרָכָה velivrajá וְתִרְצֵנִי vetirtseni בְּרַחֲמֶיךָ berajameja הָרַבִּים harabim.
מ"ב אותיות בפסוק יִהְיוּ yihyú אל (ייא"י מילוי דס"ג) **לְרָצוֹן** leratsón מהש ע"ה, ע"ב בריבוע וקס"א
ע"ה, אל שדי ע"ה **אִמְרֵי** imrei **פִי** fi ר"ת אֶלֶף = אלף למד שין דלת יוד ע"ה וְהֶגְיוֹן veyihyú
לִבִּי libí לְפָנֶיךָ lefaneja ס"ג מ"ה ב"ן יְהֹוָה יאהדונהי Adonai צוּרִי tsurí וְגוֹאֲלִי vegoalí.

¡Señor del Mundo! Yo soy Tuyo y mis sueños son Tuyos. Yo tuve un sueño pero no conozco su significado; ya sea que haya soñado sobre mí mismo, o que otros soñaron conmigo, o sea que yo he soñado con otros. Si ellos [mis sueños] son buenos entonces refuérzalos y vigorízalos, como los sueños de Yosef, el justo. Si requieren sanación, entonces remédialos como a las aguas de Mará en las manos de Moshé, nuestro señor, que la paz esté con él; como a las aguas de Jericó en las manos de Elishá y como a Miriam de su lepra, como a Naamán de su lepra, y como a Jizkiyahu de su enfermedad. Y así como Tú has convertido la maldición del malvado Bilam en bendiciones, así también cambia mis sueños, por mi bien y por el bien de Israel, en cosas buenas y en bendiciones. Favoréceme con Tu generosa compasión. "Sean gratos ante Ti, Señor, mi Fortaleza y mi Redentor, los dichos de mi boca y los pensamientos de mi corazón" (Salmos 19:15)

LA BENDICIÓN FINAL

Estamos emanando la energía de paz para el mundo entero. También nos proponemos utilizar nuestras bocas sólo para el bien. Kabbalísticamente, el poder de las palabras y del habla es inimaginable. Esperamos usar este poder sabiamente, lo que tal vez es una de las tareas más difíciles de llevar a cabo.

Yesod

שִׂים sim שָׁלוֹם shalom

טוֹבָה tová אכא וּבְרָכָה uvrajá חַיִּים jayim אהיה אהיה יהוה, בינה ע״ה חֵן jen במילוי

דמ״ה בריבוע, מוחין וָחֶסֶד vajésed ע״ב, ריבוע יהוה צְדָקָה tsdaká ע״ה ריבוע אלהים

וְרַחֲמִים verajamim עָלֵינוּ aleinu וְעַל־ veal כָּל־ col ילי ; עמם

יִשְׂרָאֵל Yisrael עַמֶּךָ ameja וּבָרְכֵנוּ uvarjenu אָבִינוּ avinu כֻּלָּנוּ culanu

כְּאֶחָד queejad אהבה, דאגה בְּאוֹר beor רז, א״ס פָּנֶיךָ paneja ס״ג מ״ה ב״ן כִּי qui

בְאוֹר veor רז, א״ס פָּנֶיךָ paneja ס״ג מ״ה ב״ן נָתַתָּ natata לָנוּ lanu אלהים, אהיה אדני

יְהֹוָהאדניאהדונהי Adonai אֱלֹהֵינוּ Eloheinu ילה תּוֹרָה Torá וְחַיִּים vejayim אהיה

אהיה יהוה, בינה ע״ה. אַהֲבָה ahavá אחד, דאגה וָחֶסֶד vajésed ע״ב, ריבוע יהוה.

צְדָקָה tsdaká ע״ה ריבוע אלהים וְרַחֲמִים verajamim. בְּרָכָה brajá

וְשָׁלוֹם veshalom. וְטוֹב vetov והו בְּעֵינֶיךָ beeineja ע״ה קס״א ; ריבוע מ״ה

לְבָרְכֵנוּ levarjenu וּלְבָרֵךְ ulevarej אֶת et כָּל־ col ילי עַמְּךָ amjá

יִשְׂרָאֵל Yisrael בְּרוֹב־ berov י״פ אהיה עֹז oz וְשָׁלוֹם veshalom:

LA BENDICIÓN FINAL

Otorga paz, bondad, bendiciones, vida, gracia, amabilidad, justicia y misericordia a nosotros y a todo Israel, Tu Pueblo. Bendícenos a todos como uno solo, Padre nuestro, con la Luz de Tu Rostro, porque es con la Luz de Tu rostro que Tú, Señor, nuestro Dios, nos has dado la Torá y vida, amor y amabilidad, justicia y misericordia, bendición y paz. Que sea grato a Tus Ojos bendecirnos y bendecir a tu Nación, Israel, con abundante poder y con paz.

וּבְסֵפֶר uveséfer וְחַיִּים jayim אהיה אהיה יהוה, בינה ע״ה
בְּרָכָה brajá וְשָׁלוֹם veshalom וּפַרְנָסָה ufarnasá טוֹבָה tová אכא
וִישׁוּעָה vishuá וְנֶחָמָה venejamá וּגְזֵרוֹת ugzerot טוֹבוֹת tovot.
נִזָּכֵר nizajer וְנִכָּתֵב venicatev לְפָנֶיךָ lefaneja ס״ג מ״ה ב״ן
אֲנַחְנוּ anajnu וְכָל vejol ילי עַמְּךָ amjá יִשְׂרָאֵל Yisrael
לְחַיִּים lejayim אהיה אהיה יהוה, בינה ע״ה טוֹבִים tovim וּלְשָׁלוֹם uleshalom:

Si olvidaste decir “*uveséfer jayim*” y te das cuenta de esto antes del final de la bendición “*Baruj Atá Adonai*”, debes regresar y decir “*uveséfer jayim*” y continuar normalmente. Pero si te das cuenta de esto sólo al final de la bendición, debes continuar.

בָּרוּךְ Baruj אַתָּה Atá יְהֹוָהאדניאהדונהי Adonai

הַמְבָרֵךְ hamevarej אֶת et עַמּוֹ amó יִשְׂרָאֵל Yisrael
בַּשָּׁלוֹם bashalom. ר״ת = אלהים (אילההויהם = יב״ק) אָמֵן Amén יאהדונהי.

YIHYÚ LERATSÓN

Hay 42 letras en el versículo en el secreto del *Aná Bejóaj*.

יִהְיוּ yihyú אל (ייא״י מילוי דס״ג) לְרָצוֹן leratsón מהש ע״ה, ע״ב בריבוע וקס״א ע״ה, אל שדי ע״ה

אִמְרֵי imrei פִי fi ר״ת אֶלֶף = אלף למד שין דלת יוד ע״ה וְהֶגְיוֹן vehegyón לִבִּי libí

לְפָנֶיךָ lefaneja ס״ג מ״ה ב״ן יְהֹוָהאדניאהדונהי Adonai צוּרִי tsurí וְגֹאֲלִי vegoalí:

En la repetición el *jazán* omite lo que sigue y continúa con “*Avinu Malquenu*” en la pág. 433.

En la *Amidá* silenciosa continuamos con el *Vidui* en la página 423.

Y que en el Libro de la Vida, todos seamos recordados e inscritos ante Ti; para bendición, paz, buen sustento, salvación, consuelo, y buenos decretos. Nosotros y toda Tu Nación, Israel, para una buena vida y para paz. ¡Bendito eres Tú, Señor, que bendice a Su Pueblo, Israel, con paz, Amén!

YIHYÚ LERATSÓN

“Sean gratos ante Ti, Señor, mi Fortaleza y mi Redentor,
los dichos de mi boca y los pensamientos de mi corazón” (*Salmos 19:15*).

ASHAMNU (VIDUI) (encontrarás la explicación y traducción del *Vidui* en las páginas 56-69)

Mientras recitas el *Vidui*, debes golpear tu pecho con la mano derecha para sacudir los *Jasadim* (misericordia) y las *Guevurot* (juicio) de modo que puedan crecer en aras del *Ziguv* (unificación). Incluso si sabes que no cometiste ninguna de las acciones negativas mencionadas a continuación, aun así debes recitar el *Vidui*. Debido a que todos somos garantes uno de otro, el *Vidui* se recita en plural; porque el *Vidui* se trata sobre vidas pasadas y las demás personas que están conectadas a la raíz de tu alma.

Las 22 letras son el valor numérico del Nombre Sagrado: אכא

אָנָּא aná ב"ן יְהֹוָה Adonai אֱלֹהֵינוּ Eloheinu ילה
וֵאלֹהֵי veElohei לכב ; מילוי ע"ב, דמב ; ילה אֲבוֹתֵינוּ avoteinu. תָּבֹא tavó
לְפָנֶיךָ lefaneja ס"ג מ"ה ב"ן תְּפִלָּתֵנוּ tfilatenu וְאַל veal תִּתְעַלַּם titalam
מַלְכֵּנוּ malquenu מִתְּחִנָּתֵנוּ mitjinatenu. שֶׁאֵין sheéin אֲנַחְנוּ anajnu
עַזֵּי azei אלהים ע"ה, אהיה אדני ע"ה פָנִים fanim וּקְשֵׁי ukshei עֹרֶף óref
לוֹמַר lomar לְפָנֶיךָ lefaneja ס"ג מ"ה ב"ן יְהֹוָה Adonai
אֱלֹהֵינוּ Eloheinu ילה וֵאלֹהֵי veElohei לכב ; מילוי ע"ב, דמב ; ילה
אֲבוֹתֵינוּ avoteinu צַדִּיקִים tsadikim אֲנַחְנוּ anajnu וְלֹא veló
חָטָאנוּ jatanu. אֲבָל aval חָטָאנוּ jatanu. עָוִינוּ avinu. פָּשַׁעְנוּ pashanu.
אֲנַחְנוּ anajnu וַאֲבוֹתֵינוּ vaavoteinu וְאַנְשֵׁי veanshei בֵיתֵנוּ veitenu ב"פ ראה:

אָשַׁמְנוּ ashamnu. בָּגַדְנוּ bagadnu. גָּזַלְנוּ gazalnu. דִּבַּרְנוּ dibarnu דֹּפִי dofi
וְלָשׁוֹן velashón הָרָע hará. הֶעֱוִינוּ heevinu. וְהִרְשַׁעְנוּ vehirshanu. זַדְנוּ zadnu.
חָמַסְנוּ jamasnu. טָפַלְנוּ tafalnu שֶׁקֶר shéker וּמִרְמָה umirmá. יָעַצְנוּ yaatsnu
עֵצוֹת etsot רָעוֹת raot. כִּזַּבְנוּ quizavnu. כָּעַסְנוּ caasnu. לַצְנוּ latsnu.
מָרַדְנוּ maradnu. מָרִינוּ marinu דְּבָרֶיךָ devareja. נִאַצְנוּ niatsnu.
נִאַפְנוּ niafnu. סָרַרְנוּ sararnu. עָוִינוּ avinu. פָּשַׁעְנוּ pashanu.
פָּגַמְנוּ pagamnu. צָרַרְנוּ tsararnu. צִעַרְנוּ tsiarnu אָב av וָאֵם vaem.
קִשִּׁינוּ kishinu עֹרֶף óref. רָשַׁעְנוּ rashanu. שִׁחַתְנוּ shijatnu. תִּעַבְנוּ tiavnu.
תָּעִינוּ taínu. וְתִעְתַּעְנוּ vetiatanu וְסַרְנוּ vesarnu מִמִּצְוֹתֶיךָ mimitsvoteja
וּמִמִּשְׁפָּטֶיךָ umimishpateja הַטּוֹבִים hatovim וְלֹא veló שָׁוָה shavá
לָנוּ lanu אלהים, אהיה אדני. וְאַתָּה veAtá צַדִּיק tsadik
עַל al כָּל col ילי ; עמם הַבָּא habá עָלֵינוּ aleinu כִּי qui
אֱמֶת emet אהיה פעמים אהיה, ז"פ ס"ג עָשִׂיתָ asita וַאֲנַחְנוּ vaanajnu הִרְשָׁעְנוּ hirshanu:

Medita para garantizar que tus acciones negativas sean parte del pasado y ya no sean parte de tu presente.

MA NOMAR

El secreto del Nombre: יוד הא ואו הא (מ"ה=45)
que revive a los Siete Reyes Quebrantados. La capacidad de revertir todo y corregir toda clase de corrupción depende de este Nombre, y también la *Teshuvá* (arrepentimiento) depende y se nutre de Éste.

(*Ima*) ב"ן מ"ה ס"ג lefaneja לְפָנֶיךָ nomar נֹּאמַר מ"ה ma מַה
nesaper נְּסַפֵּר מ"ה uma וּמַה .(*Atik Yomín*) marom מָרוֹם yoshev יוֹשֵׁב
shojén שׁוֹכֵן ב"ן מ"ה ס"ג lefaneja לְפָנֶיךָ (*Nukvá*—el libro de *Yesod*)
(*Ima*—que se extiende en *Yesod* mediante *Nétsaj* y *Hod*) shjakim שְׁחָקִים
(י"ה) hanistarot הַנִּסְתָּרוֹת (50 Puertas de *Biná*) ילי jol כָּל (*Ima*) haló הֲלֹא
.(*Mazal Venaké*) yodea יוֹדֵעַ (סןץהך) Atá אַתָּה (ו"ה) vehaniglot וְהַנִּגְלוֹת
.(*Aba* e *Ima*) olam עוֹלָם razei רָזֵי yodea יוֹדֵעַ (*Mazal Venaké*) Atá אַתָּה
(desde el aspecto de *Aba* e *Ima*) vetaalumot וְתַעֲלוּמוֹת
ילי col כָּל־ (desde el aspecto de *Mazal*) מצר ב"פ sitrei סִתְרֵי
.(*Yesod* de *Zeir Anpín*) וחיים ,ע"ה ,בינה ,יהוה אהיה אהיה = וחי כל jai חָי
.(*Shóresh Yisrael*) vaten בָטֶן jadrei וַחַדְרֵי־ ילי col כָּל jofés חוֹפֵשׂ Atá אַתָּה
ein אֵין .valev וָלֵב jelayot כְּלָיוֹת ראה roé רֹאֶה
(en *Nukvá*) mimaj מִמָּךְ neelam נֶעְלָם ראה davar דָּבָר
(en *Briá*, *Yetsirá* y *Asiyá*) מצר ב"פ nistar נִסְתָּר veéin וְאֵין
מ"ה ריבוע ; קס"א ע"ה eineja עֵינֶיךָ יהוה אל ,זן ,מזבח minégued מִנֶּגֶד
:(*Nukvá*—de Su providencia sobre *Briá*, *Yetsirá* y *Asiyá*)

YEHÍ RATSÓN

ע"ה שדי אל ,ע"ה וקס"א בריבוע ע"ב ,ע"ה מהש ratsón רָצוֹן yehí יְהִי
ילה Eloheinu אֱלֹהֵינוּ Adonai יְהֹוָהאדניאהדונהי ב"ן מ"ה ס"ג milfaneja מִלְּפָנֶיךָ
avoteinu אֲבוֹתֵינוּ ילה ; דמב ,ע"ב מילוי ; לכב veElohei וֵאלֹהֵי
(con el poder del Nombre: הא יוד הא אלף) shetimjol שֶׁתִּמְחוֹל
ילי col כָּל־ et אֶת־ אדני אהיה ,אלהים lanu לָנוּ
(las manchas del *Néfesh*) jatoteinu וַחַטֹּאתֵינוּ
(con el poder del Nombre: הה יוד הה אלף) utejaper וּתְכַפֵּר
ילי col כָּל et אֶת אדני אהיה ,אלהים lanu לָנוּ
vetimjol וְתִמְחוֹל (las manchas del *Rúaj*) avonoteinu עֲוֹנוֹתֵינוּ
(con el poder del Nombre: הי יוד הי אלף) ע"ב יהוה vetislaj וְתִסְלַח
:(las manchas de la *Neshamá*) peshaeinu פְּשָׁעֵינוּ אדני יה lejol לְכָל־

Al Jet - Or Yashar

Según el orden del alfabeto hebreo en el secreto de *Or Yashar* (Luz Directa) el cual, al recitarlo en este orden, ayuda a corregir (en el secreto de la *Teshuvá*) todos los daños en los órganos.

עַל al חֵטְא jet שֶׁחָטָאנוּ shejatanu לְפָנֶיךָ lefaneja ב"ן מ"ה ס"ג

בְּאוֹנֶס beónes׃

עַל al חֵטְא jet שֶׁחָטָאנוּ shejatanu לְפָנֶיךָ lefaneja ב"ן מ"ה ס"ג

בִּבְלִי bivlí דַעַת dáat׃

עַל al חֵטְא jet שֶׁחָטָאנוּ shejatanu לְפָנֶיךָ lefaneja ב"ן מ"ה ס"ג

בְּגִלּוּי beguilui עֲרָיוֹת arayot׃

עַל al חֵטְא jet שֶׁחָטָאנוּ shejatanu לְפָנֶיךָ lefaneja ב"ן מ"ה ס"ג

בְּדַעַת bedáat וּבְמִרְמָה uvemirmá׃

עַל al חֵטְא jet שֶׁחָטָאנוּ shejatanu לְפָנֶיךָ lefaneja ב"ן מ"ה ס"ג

בְּהִרְהוּר behirhur הַלֵּב halev׃

עַל al חֵטְא jet שֶׁחָטָאנוּ shejatanu לְפָנֶיךָ lefaneja ב"ן מ"ה ס"ג

בְּוִדּוּי bevidui פֶּה pe ע"ה מום׃

עַל al חֵטְא jet שֶׁחָטָאנוּ shejatanu לְפָנֶיךָ lefaneja ב"ן מ"ה ס"ג

בְּזָדוֹן bezadón׃

עַל al חֵטְא jet שֶׁחָטָאנוּ shejatanu לְפָנֶיךָ lefaneja ב"ן מ"ה ס"ג

בְּחוֹזֶק bejózek פהל יָד yad׃

עַל al חֵטְא jet שֶׁחָטָאנוּ shejatanu לְפָנֶיךָ lefaneja ב"ן מ"ה ס"ג

בְּטוּמְאַת betumat שְׂפָתַיִם sfatáyim׃

עַל al חֵטְא jet שֶׁחָטָאנוּ shejatanu לְפָנֶיךָ lefaneja ב"ן מ"ה ס"ג

בְּיֵצֶר beyétser הָרָע hará׃

עַל al חֵטְא jet שֶׁחָטָאנוּ shejatanu לְפָנֶיךָ lefaneja ב"ן מ"ה ס"ג

בְּיוֹדְעִים beyodim וּבְלֹא uveló יוֹדְעִים yodim׃

עַל al חֵטְא jet שֶׁחָטָאנוּ shejatanu לְפָנֶיךָ lefaneja ב"ן מ"ה ס"ג

בְּכַחַשׁ bejajash וּבְכָזָב uvejazav׃

עַל al חֵטְא jet שֶׁחָטָאנוּ shejatanu לְפָנֶיךָ lefaneja ב"ן מ"ה ס"ג

בְּלָשׁוֹן belashón הָרָע hará׃

עַל al חֵטְא jet שֶׁחָטָאנוּ shejatanu לְפָנֶיךָ lefaneja ב"ן מ"ה ס"ג

בְּמַרְאִית bemarit הָעַיִן haayin ריבוע מ"ה׃

עַל al חֵטְא jet שֶׁחָטָאנוּ shejatanu לְפָנֶיךָ lefaneja ס"ג מ"ה ב"ן

בְּנֶשֶׁךְ benéshej וּבְמַרְבִּית uvemarbit:

עַל al חֵטְא jet שֶׁחָטָאנוּ shejatanu לְפָנֶיךָ lefaneja ס"ג מ"ה ב"ן

בְּשִׂיחַ besíaj שִׂפְתוֹתֵינוּ siftoteinu:

עַל al חֵטְא jet שֶׁחָטָאנוּ shejatanu לְפָנֶיךָ lefaneja ס"ג מ"ה ב"ן

בַּסֵּתֶר baséter ב"פ מצר:

עַל al חֵטְא jet שֶׁחָטָאנוּ shejatanu לְפָנֶיךָ lefaneja ס"ג מ"ה ב"ן

בְּעֵינַיִם beeináyim ריבוע מ"ה רָמוֹת ramot:

עַל al חֵטְא jet שֶׁחָטָאנוּ shejatanu לְפָנֶיךָ lefaneja ס"ג מ"ה ב"ן

בְּפִתְחוֹן befitjón פֶּה pe ע"ה מום:

עַל al חֵטְא jet שֶׁחָטָאנוּ shejatanu לְפָנֶיךָ lefaneja ס"ג מ"ה ב"ן

בְּצַעֲדֵי betsaadei רַגְלַיִם ragláyim לְהָרַע lehará:

עַל al חֵטְא jet שֶׁחָטָאנוּ shejatanu לְפָנֶיךָ lefaneja ס"ג מ"ה ב"ן

בִּקְפִיצַת bikfitsat יָד yad:

עַל al חֵטְא jet שֶׁחָטָאנוּ shejatanu לְפָנֶיךָ lefaneja ס"ג מ"ה ב"ן

בְּרָצוֹן beratsón מהש:

עַל al חֵטְא jet שֶׁחָטָאנוּ shejatanu לְפָנֶיךָ lefaneja ס"ג מ"ה ב"ן

בִּשְׁגָגָה bishgagá:

עַל al חֵטְא jet שֶׁחָטָאנוּ shejatanu לְפָנֶיךָ lefaneja ס"ג מ"ה ב"ן

בִּתְשׂוּמֶת bitsúmet יָד yad:

AL JET - OR JOZER

עַל al חֵטְא jet שֶׁחָטָאנוּ shejatanu לְפָנֶיךָ lefaneja ס"ג מ"ה ב"ן

בְּתִמְהוֹן betimhón לֵבָב levav בוכו:

עַל al חֵטְא jet שֶׁחָטָאנוּ shejatanu לְפָנֶיךָ lefaneja ס"ג מ"ה ב"ן

בְּשִׂנְאַת besinat חִנָּם jinam:

עַל al חֵטְא jet שֶׁחָטָאנוּ shejatanu לְפָנֶיךָ lefaneja ס"ג מ"ה ב"ן

בְּרַגְלַיִם beragláyim מְמַהֲרוֹת memaharot לָרוּץ laruts לְרָעָה leraá רהע:

עַל al חֵטְא jet שֶׁחָטָאנוּ shejatanu לְפָנֶיךָ lefaneja ס"ג מ"ה ב"ן

בִּרְכִילוּת birejilut:

עַל al חֵטְא jet שֶׁחָטָאנוּ shejatanu לְפָנֶיךָ lefaneja ס"ג מ"ה ב"ן

בְּקִשּׁוּי bekishui עֹרֶף óref:

עַל al וְחֵטְא jet שֶׁחָטָאנוּ shejatanu לְפָנֶיךָ lefaneja ס"ג מ"ה ב"ן

בְּצַוָּאר betsavar עָתָק atak:

עַל al וְחֵטְא jet שֶׁחָטָאנוּ shejatanu לְפָנֶיךָ lefaneja ס"ג מ"ה ב"ן

בִּפְרִיקַת bifrikat עוֹל ol:

עַל al וְחֵטְא jet שֶׁחָטָאנוּ shejatanu לְפָנֶיךָ lefaneja ס"ג מ"ה ב"ן

בְּעַזּוּת beazut מֶצַח métsaj:

עַל al וְחֵטְא jet שֶׁחָטָאנוּ shejatanu לְפָנֶיךָ lefaneja ס"ג מ"ה ב"ן

בְּסִיקּוּר besikur עָיִן ayin ריבוע מ"ה:

עַל al וְחֵטְא jet שֶׁחָטָאנוּ shejatanu לְפָנֶיךָ lefaneja ס"ג מ"ה ב"ן

בִּנְטִיַּת binetiyat גָּרוֹן garón:

עַל al וְחֵטְא jet שֶׁחָטָאנוּ shejatanu לְפָנֶיךָ lefaneja ס"ג מ"ה ב"ן

בְּמַשָּׂא bemasá וּמַתָּן umatán:

עַל al וְחֵטְא jet שֶׁחָטָאנוּ shejatanu לְפָנֶיךָ lefaneja ס"ג מ"ה ב"ן

בִּלְשׁוֹן bilshón תַּרְמִית tarmit:

עַל al וְחֵטְא jet שֶׁחָטָאנוּ shejatanu לְפָנֶיךָ lefaneja ס"ג מ"ה ב"ן

בִּכְנִסִיָּה bijnesiyá שֶׁלֹּא sheló לְשֵׁם leShem שָׁמַיִם shamáyim י"פ טל, י"פ כוזו:

עַל al וְחֵטְא jet שֶׁחָטָאנוּ shejatanu לְפָנֶיךָ lefaneja ס"ג מ"ה ב"ן

בְּיוּהֲרָא beyuhará:

עַל al וְחֵטְא jet שֶׁחָטָאנוּ shejatanu לְפָנֶיךָ lefaneja ס"ג מ"ה ב"ן

בְּטֻמְאַת betumat רַעְיוֹן rayón:

עַל al וְחֵטְא jet שֶׁחָטָאנוּ shejatanu לְפָנֶיךָ lefaneja ס"ג מ"ה ב"ן

בְּחִלּוּל bejilul הַשֵּׁם haShem:

עַל al וְחֵטְא jet שֶׁחָטָאנוּ shejatanu לְפָנֶיךָ lefaneja ס"ג מ"ה ב"ן

בְּזִלְזוּל bezilzul הוֹרִים horim וּמוֹרִים umorim:

עַל al וְחֵטְא jet שֶׁחָטָאנוּ shejatanu לְפָנֶיךָ lefaneja ס"ג מ"ה ב"ן

בְּוִעוּד beviud עֲבֵירָה aveirá:

עַל al וְחֵטְא jet שֶׁחָטָאנוּ shejatanu לְפָנֶיךָ lefaneja ס"ג מ"ה ב"ן

בְּהוֹצָאַת behotsaat דִּבָּה dibá:

עַל al וְחֵטְא jet שֶׁחָטָאנוּ shejatanu לְפָנֶיךָ lefaneja ס"ג מ"ה ב"ן

בִּדְבָרִים bidvarim בְּטֵלִים betelim:

עַל al וְחֵטְא jet שֶׁחָטָאנוּ shejatanu לְפָנֶיךָ lefaneja ס״ג מ״ה ב״ן

בְּגַאֲוָה begaavá וָבוּז vavuz:

עַל al וְחֵטְא jet שֶׁחָטָאנוּ shejatanu לְפָנֶיךָ lefaneja ס״ג מ״ה ב״ן

בְּגִלְגּוּל beguilgul זֶה ze וּבְגִלְגּוּלִים uveguilgulim אֲחֵרִים ajerim:

עַל al וְחֵטְא jet שֶׁחָטָאנוּ shejatanu לְפָנֶיךָ lefaneja ס״ג מ״ה ב״ן

בְּבִטּוּי bevitui שְׂפָתַיִם sfatáyim:

עַל al וְחֵטְא jet שֶׁחָטָאנוּ shejatanu לְפָנֶיךָ lefaneja ס״ג מ״ה ב״ן

בַּאֲכִילַת beajilat אִסּוּר isur:

עַל al וְחֵטְא jet שֶׁחָטָאנוּ shejatanu לְפָנֶיךָ lefaneja ס״ג מ״ה ב״ן
בְּמָאתַיִם bematáyim וְאַרְבָּעִים vearbaím וּשְׁמוֹנָה ushmoná אֵבָרִים evarim.
וּשְׁלֹשׁ ushlosh מֵאוֹת meot המספר = ש = אלהים דיודין
וְשִׁשִּׁים veshishim המספר = מילוי הש׳ (יון) וַחֲמִשָּׁה vajamishá
גִּידִים guidim. שֶׁל shel גּוּפֵנוּ gufenu וְנַפְשֵׁנוּ venafshenu
וְרוּחֵנוּ verujenu וְנִשְׁמָתֵנוּ venishmatenu וּנְשָׁמָה unshamá לִנְשְׁמָתֵנוּ lenishmatenu.
וְעַל veal וְחֵטְא jet שֶׁחָטָאנוּ shejatanu לְפָנֶיךָ lefaneja ס״ג מ״ה ב״ן
שֶׁגָּרַמְנוּ shegaramnu פְּגַם pgam וּמוּם umum בְּמָאתַיִם bematáyim
וְאַרְבָּעִים vearbaím וּשְׁמוֹנָה ushmoná אֵבָרִים evarim. וּשְׁלֹשׁ ushlosh מֵאוֹת meot
המספר = ש = אלהים דיודין וְשִׁשִּׁים veshishim המספר = מילוי הש׳ (יון) וַחֲמִשָּׁה vajamishá
גִּידִים guidim שֶׁל shel אֲחֵרִים ajerim.
וּבְגוּפָם uvegufam וְנַפְשָׁם venafsham וְרוּחָם verujam
וְנִשְׁמָתָם venishmatam וּנְשָׁמָה unshamá לִנְשְׁמָתָם lenishmatam:

עַל al חֲטָאִים jataím שֶׁאֲנַחְנוּ sheanajnu חַיָּבִים jayavim

עֲלֵיהֶם aleihem עַל al בִּטּוּל bitul מִצְוַת mitsvot עֲשֵׂה asé:

עַל al חֲטָאִים jataím שֶׁאֲנַחְנוּ sheanajnu חַיָּבִים jayavim

עֲלֵיהֶם aleihem עַל al לַאו lav הַנִּתָּק hanitak לַעֲשֵׂה laasé:

עַל al חֲטָאִים jataím שֶׁאֲנַחְנוּ sheanajnu חַיָּבִים jayavim

עֲלֵיהֶם aleihem עַל al לַאו lav שֶׁאֵין sheéin בּוֹ bo מַעֲשֶׂה maasé:

עַל al חֲטָאִים jataím שֶׁאֲנַחְנוּ sheanajnu חַיָּבִים jayavim

עֲלֵיהֶם aleihem עוֹלָה olá:

עַל al חֲטָאִים jataím שֶׁאֲנַחְנוּ sheanajnu חַיָּבִים jayavim

עֲלֵיהֶם aleihem חַטָּאת jatat:

עַל al חֲטָאִים jataím שֶׁאֲנַחְנוּ sheanajnu חַיָּבִים jayavim

עֲלֵיהֶם aleihem קָרְבַּן korbán עוֹלֶה olé וְיוֹרֵד veyored:

עַל al חֲטָאִים jataím שֶׁאֲנַחְנוּ sheanajnu חַיָּבִים jayavim

עֲלֵיהֶם aleihem אָשָׁם asham תָּלוּי talui וְאָשָׁם veasham וַדַּאי vadai:

עַל al חֲטָאִים jataím שֶׁאֲנַחְנוּ sheanajnu חַיָּבִים jayavim

עֲלֵיהֶם aleihem מַכַּת macat מַרְדּוּת mardut:

עַל al חֲטָאִים jataím שֶׁאֲנַחְנוּ sheanajnu חַיָּבִים jayavim

עֲלֵיהֶם aleihem מַלְקוּת malkot אַרְבָּעִים arbaím:

עַל al חֲטָאִים jataím שֶׁאֲנַחְנוּ sheanajnu חַיָּבִים jayavim

עֲלֵיהֶם aleihem מִיתָה mitá בִּידֵי bidei שָׁמַיִם shamáyim י״פ טל, י״פ כוזו:

עַל al חֲטָאִים jataím שֶׁאֲנַחְנוּ sheanajnu חַיָּבִים jayavim

עֲלֵיהֶם aleihem מִיתוֹת mitot מְשֻׁנּוֹת meshunot:

עַל al חֲטָאִים jataím שֶׁאֲנַחְנוּ sheanajnu חַיָּבִים jayavim

עֲלֵיהֶם aleihem כָּרֵת caret וַעֲרִירִי vaarirí:

עַל al חֲטָאִים jataím שֶׁאֲנַחְנוּ sheanajnu חַיָּבִים jayavim

עֲלֵיהֶם aleihem גִּלְגּוּל guilgul בְּדוֹמֵם bedomem. וְצוֹמֵחַ vetsoméaj. וְחַי vejai

בִּלְתִּי biltí מְדַבֵּר medaber ראה. וְחַי vejai מְדַבֵּר medaber ראה:

ל al חֲטָאִים jataím שֶׁאֲנַחְנוּ sheanajnu חַיָּבִים jayavim

עֲלֵיהֶם aleihem כָּל col ילי מִינֵי minei יִסּוּרִים yisurim:

עַל al חֲטָאִים jataím שֶׁאֲנַחְנוּ sheanajnu חַיָּבִים jayavim

עֲלֵיהֶם aleihem כָּל col ילי מִינֵי minei עוֹנָשִׁים onashim:

עַל al חֲטָאִים jataím שֶׁאֲנַחְנוּ sheanajnu חַיָּבִים jayavim עֲלֵיהֶם aleihem

אַרְבַּע arbá מִיתוֹת mitot בֵּית beit ב״פ ראה דִּין din. סְקִילָה skilá. שְׂרֵיפָה sreifá.

הֶרֶג héreg. וְחֶנֶק vejének. עַל al מִצְוֹת mitsvot עֲשֵׂה asé. וְעַל veal

מִצְוֹת mitsvot לֹא lo תַעֲשֶׂה taasé. בֵּין bein שֶׁיֵּשׁ sheyesh בָּם bam מ״ב קוּם kum

עֲשֵׂה asé. וּבֵין uvein שֶׁאֵין sheéin בָּם bam מ״ב קוּם kum עֲשֵׂה asé.

בֵּין bein שֶׁגְּלוּיִם shegluyim לָנוּ lanu אלהים, אהיה אדני.

וּבֵין uvein שֶׁאֵינָן sheeinán גְּלוּיִם gluyim לָנוּ lanu אלהים, אהיה אדני.

אֶת et שֶׁגְּלוּיִם shegluyim לָנוּ lanu אלהים, אהיה אדני כְּבָר cvar אֲמַרְנוּם amarnum
לְפָנֶיךָ lefaneja ס"ג מ"ה ב"ן יְהֹוָה יאהדונהי Adonai אֱלֹהֵינוּ Eloheinu ילה
וֵאלֹהֵי veElohei לכב ; מילוי ע"ב, דמב ; ילה אֲבוֹתֵינוּ avoteinu וְהוֹדִינוּ vehodinu
לְךָ lejá עֲלֵיהֶם aleihem. וְאֶת veet שֶׁאֵינָן sheeinán גְּלוּיִם gluyim
לָנוּ lanu אלהים, אהיה אדני הֵם hem גְּלוּיִם gluyim וִידוּעִים viyeduím
לְפָנֶיךָ lefaneja ס"ג מ"ה ב"ן. כִּי qui הַכֹּל hacol גָּלוּי galui וְצָפוּי vetsafui
לְפָנֶיךָ lefaneja ס"ג מ"ה ב"ן יְהֹוָה יאהדונהי Adonai אֱלֹהֵינוּ Eloheinu ילה.
כְּמוֹ cmó שֶׁנֶּאֱמַר sheneemar: הַנִּסְתָּרֹת hanistarot לַיהֹוָה יאהדונהי laAdonai
אֱלֹהֵינוּ Eloheinu ילה וְהַנִּגְלֹת vehaniglot (Los once puntos)
לָנוּ lanu אלהים, אהיה אדני וּלְבָנֵינוּ ulevaneinu עַד ad עוֹלָם olam לַעֲשׂוֹת laasot
אֶת et כָּל col ילי דִּבְרֵי divrei ראה הַתּוֹרָה haTorá הַזֹּאת hazot:
כִּי qui אַתָּה Atá סוֹלְחָן solján לְיִשְׂרָאֵל leYisrael וּמָחֳלָן umojalán
לְשִׁבְטֵי leshivtei יְשֻׁרוּן Yeshurún. וּמִבַּלְעָדֶיךָ umibaladeja אֵין ein
לָנוּ lanu אלהים, אהיה אדני מֶלֶךְ mélej מוֹחֵל mojel וְסוֹלֵחַ vesoléaj:

ELOHAI

אֱלֹהַי Elohai מילוי ע"ב, דמב ; ילה עַד ad שֶׁלֹּא sheló נוֹצַרְתִּי notsarti
אֵינִי einí כְּדַאי jedai. וְעַכְשָׁיו veajshav שֶׁנּוֹצַרְתִּי shenotsarti
כְּאִלּוּ queílu לֹא lo נוֹצַרְתִּי notsarti. עָפָר afar אֲנִי aní אני בְּחַיָּי bejayai
קַל kal נמם, ה' גבורות וָחוֹמֶר vajómer בְּמִיתָתִי bemitatí. הֲרֵי harei
אֲנִי aní אני לְפָנֶיךָ lefaneja ס"ג מ"ה ב"ן יְהֹוָה יאהדונהי Adonai
אֱלֹהַי Elohai מילוי ע"ב, דמב ; ילה וֵאלֹהֵי veElohei לכב ; מילוי ע"ב, דמב ; ילה
אֲבוֹתַי avotai כִּכְלִי quijlí מָלֵא malé בוּשָׁה vushá וּכְלִמָּה ujlimá:
יְהִי yehí רָצוֹן ratsón מהש ע"ה, ע"ב בריבוע וקס"א ע"ה, אל שדי ע"ה
מִלְּפָנֶיךָ milfaneja ס"ג מ"ה ב"ן יְהֹוָה יאהדונהי Adonai אֱלֹהַי Elohai מילוי ע"ב, דמב ; ילה
וֵאלֹהֵי veElohei לכב ; מילוי ע"ב, דמב ; ילה אֲבוֹתַי avotai שֶׁלֹּא sheló אֶחֱטָא ejetá
עוֹד od. וּמַה umá מ"ה שֶּׁחָטָאתִי shejatati לְפָנֶיךָ lefaneja ס"ג מ"ה ב"ן
מְחוֹק mejok בְּרַחֲמֶיךָ berajameja הָרַבִּים harabim. אֲבָל aval
לֹא lo עַל al יְדֵי yedei יִסּוּרִין yisurín וָחֳלָאִים vejolaím רָעִים raím:

ELOHAI NETSOR

אֱלֹהַי Elohai מילוי ע״ב, דמב ; ילה נְצוֹר netsor לְשׁוֹנִי leshoní מֵרָע merá.
וּשְׂפָתוֹתַי vesiftotai מִדַּבֵּר midaber ראה מִרְמָה mirmá. וְלִמְקַלְלַי velimkalelai
נַפְשִׁי nafshí תִדּוֹם tidom. וְנַפְשִׁי venafshí כֶּעָפָר queafar
לַכֹּל lacol יה אדני תִּהְיֶה tihyé. פְּתַח ptaj לִבִּי libí בְּתוֹרָתֶךָ betorateja.
וְאַחֲרֵי veajarei מִצְוֹתֶיךָ mitsvoteja תִּרְדּוֹף tirdof נַפְשִׁי nafshí.
וְכָל־ vejol ילי הַקָּמִים hakamim עָלַי alai לְרָעָה leraá רהע. מְהֵרָה meherá
הָפֵר hafer עֲצָתָם atsatam וְקַלְקֵל vekalkel מַחְשְׁבוֹתָם majshevotam.
עֲשֵׂה asé לְמַעַן lemaan שְׁמָךְ Shmaj. עֲשֵׂה asé לְמַעַן lemaan
יְמִינָךְ yeminaj. עֲשֵׂה asé לְמַעַן lemaan תּוֹרָתָךְ torataj. עֲשֵׂה asé
לְמַעַן lemaan קְדֻשָּׁתָךְ kedushataj. ר״ת הפסוק = מ״ה יהוה לְמַעַן lemaan
יֵחָלְצוּן yejaltsún יְדִידֶיךָ yedideja ר״ת ילי הוֹשִׁיעָה hoshía יהוה וש״ע נהורין
יְמִינְךָ yeminjá וַעֲנֵנִי vaaneni (כתיב: ועננו) ר״ת אל (יא״י מילוי דס״ג):

Antes de que recitemos el próximo verso (“*Yihyú leratsón*”) tenemos una oportunidad para fortalecer la conexión con nuestra alma usando nuestro nombre. Cada persona tiene un versículo en la Torá que lo conecta con su nombre. O bien su nombre está en el versículo, o la primera y última letra del nombre corresponden a la primera y última letra de un versículo. Por ejemplo, el nombre Yehuda comienza con una *Yud* y termina con una *Hei*. Antes de terminar la *Amidá*, declaramos que nuestro nombre sea siempre recordado cuando nuestra alma abandone este mundo.

YIHYÚ LERATSÓN (EL SEGUNDO)

Hay 42 letras en el versículo en el secreto del *Aná Bejóaj*.

יִהְיוּ yihyú אל (יא״י מילוי דס״ג) לְרָצוֹן leratsón מהש ע״ה, ע״ב בריבוע וקס״א ע״ה, אל שדי ע״ה
אִמְרֵי־ imrei פִי fi ר״ת אֱלֶף = אלף למד שין דלת יוד ע״ה וְהֶגְיוֹן vehegyón לִבִּי libí
לְפָנֶיךָ lefaneja ס״ג מ״ה ב״ן יְהֹוָהאדניאהדונהי Adonai צוּרִי tsurí וְגֹאֲלִי vegoalí:

ELOHAI NETSOR

Mi Dios, cuida mi lengua del mal y mis labios de decir falsedad. Que mi alma permanezca en silencio ante aquellos que me maldicen y permite que mi espíritu sea humilde ante todos, como el polvo. Abre mi corazón a Tu Torá y permite que mi corazón siga Tus mandamientos. Prontamente frustra los planes y daña los pensamientos de todos aquellos que se levantan contra mí para hacerme daño. Hazlo por la gloria de Tu Nombre. Haz esto por el bien de Tu Diestra. Haz esto por el mérito de Tu Torá. Haz esto por Tu Santidad, “Que Tus amados sean rescatados. Sálvalos con Tu Diestra y contéstame” (Salmos 60:7).

YIHYÚ LERATSÓN (EL SEGUNDO)

“Que los dichos de mi boca y los pensamientos de mi corazón sean gratos ante Ti, Señor, mi Fortaleza y mi Redentor” (Salmos 19:15).

OSÉ SHALOM

Ahora damos tres pasos hacia atrás para atraer la Luz de los Mundos Superiores a nuestra vida. Nos inclinamos a la derecha, a la izquierda y al centro, y debemos meditar en que, al dar estos tres pasos hacia atrás, se construya nuevamente el Templo Sagrado que fue destruido.

Da tres pasos hacia atrás;

Izquierda
Te vuelves a la izquierda y dices:

עֹשֶׂה osé הַשָּׁלוֹם hashalom ספריאל המלאך הזותם לוזיים
בִּמְרוֹמָיו bimromav ר״ת ע״ב, ריבוע יהוה

Derecha
Te vuelves a la derecha y dices:

הוּא Hu בְּרַחֲמָיו verajamav יַעֲשֶׂה yaasé
שָׁלוֹם shalom עָלֵינוּ aleinu ר״ת ש״ע נהורין

Centro
Te alineas al centro y dices:

וְעַל veal כָּל־ col ילי ; עמם עַמּוֹ amó יִשְׂרָאֵל Yisrael
וְאִמְרוּ veimrú אָמֵן Amén יאהדונהי:

יְהִי yehí רָצוֹן ratsón מהש ע״ה, ע״ב בריבוע וקס״א ע״ה, אל שדי ע״ה
מִלְּפָנֶיךָ milfaneja ס״ג מ״ה ב״ן יְהֹוָהאדנייאהדונהי Adonai אֱלֹהֵינוּ Eloheinu ילה
וֵאלֹהֵי veElohei לכב ; מילוי ע״ב, דמב ; ילה אֲבוֹתֵינוּ avoteinu, שֶׁתִּבְנֶה shetivné
בֵּית beit ב״פ ראה הַמִּקְדָּשׁ hamikdash בִּמְהֵרָה bimherá בְּיָמֵינוּ veyameinu
וְתֵן vetén חֶלְקֵנוּ jelkenu בְּתוֹרָתֶךָ vetorataj לַעֲשׂוֹת laasot חֻקֵּי jukei
רְצוֹנָךְ retsonaj וּלְעָבְדָךְ uleavdaj פוי, אל אדני בְּלֵבָב belevav בוכו שָׁלֵם shalem.

Da tres pasos hacia delante.

OSÉ SHALOM

Él, que establece la Paz en Sus altos lugares,
Él, en Su compasión, hará que la paz esté entre nosotros y sobre Su pueblo entero, Israel, y dirán: Amén.

Sea agradable ante Ti, Señor, nuestro Dios y Dios de nuestros antepasados, que puedas reconstruir rápidamente el santo Templo, en nuestros días, y otórganos participación en Tu Torá, para que podamos cumplir las leyes de Tu deseo y servirte con todo el corazón.

AVINU MALQUENU

Pedimos cosas específicas de parte del Creador porque si no pedimos, no podemos recibir incluso aquello que merecemos.

אָבִינוּ Avinu (יהוה) מַלְכֵּנוּ Malquenu (יהוה)

וְחָטָאנוּ jatanu לְפָנֶיךָ lefaneja ס"ג מ"ה ב"ן רַחֵם rajem

אברהם, ח"פ אל, רי"ו ול"ב נתיבות החכמה, רמ"ח (אברים), עסמ"ב וט"ז אותיות פשוטות עָלֵינוּ aleinu:

אָבִינוּ Avinu (יהוה) מַלְכֵּנוּ Malquenu (יהוה)

אֵין ein לָנוּ lanu אלהים, אהיה אדני מֶלֶךְ mélej אֶלָּא ela אָתָּה Atá:

אָבִינוּ Avinu (יהוה) מַלְכֵּנוּ Malquenu (יהוה) עֲשֵׂה ase

עִמָּנוּ imanu ריבוע ס"ג, קס"א ע"ה וד' אותיות לְמַעַן lemaan שְׁמֶךָ shemeja:

אָבִינוּ Avinu (יהוה) מַלְכֵּנוּ Malquenu (יהוה)

חַדֵּשׁ jadesh י"ב הויות, קס"א קנ"א עָלֵינוּ aleinu שָׁנָה shaná טוֹבָה tová אכא:

אָבִינוּ Avinu (יהוה) מַלְכֵּנוּ Malquenu (יהוה) בַּטֵּל batel

מֵעָלֵינוּ mealeinu כָּל־ col ילי גְּזֵרוֹת gzerot קָשׁוֹת kashot וְרָעוֹת veraot:

אָבִינוּ Avinu (יהוה) מַלְכֵּנוּ Malquenu (יהוה)

בַּטֵּל batel מַחְשְׁבוֹת majshevot שׂוֹנְאֵינוּ soneinu:

אָבִינוּ Avinu (יהוה) מַלְכֵּנוּ Malquenu (יהוה)

הָפֵר hafer עֲצַת atsat אוֹיְבֵינוּ oyveinu:

אָבִינוּ Avinu (יהוה) מַלְכֵּנוּ Malquenu (יהוה)

כַּלֵּה calé כָּל־ col ילי צַר tsar וּמַשְׂטִין umastín מֵעָלֵינוּ mealeinu:

AVINU MALQUENU

Nuestro Padre, nuestro Rey, hemos pecado ante Ti, ten merced de nosotros.
Nuestro Padre, nuestro Rey, no tenemos otro Rey sino Tú.
Nuestro Padre, nuestro Rey, ocúpate de nosotros por el bien de Tu Nombre.
Nuestro Padre, nuestro Rey, renueva un buen año para nosotros.
Nuestro Padre, nuestro Rey, anula de nosotros todos los decretos severos y malvados. Nuestro Padre, nuestro Rey, anula los pensamientos de los que nos odian. Nuestro Padre, nuestro Rey, frustra los planes de nuestros enemigos. Nuestro Padre, nuestro Rey, aniquila cualquier opresor o acusador de sobre nosotros.

אָבִינוּ Avinu (יהוה) מַלְכֵּנוּ Malquenu (יְהֹוָה)

כַּלֵּה calé דֶּבֶר déver וְחֶרֶב vejérev רי"ו וְרָעָה veraá רהע וְרָעָב veraav

וּשְׁבִי ushví וּבִזָּה uvizá וּמַשְׁחִית umashjit וּמַגֵּפָה umaguefá (נגף) וְיֵצֶר veyétser

הָרַע hará וְחוֹלָאִים vejolaím רָעִים raím מִבְּנֵי mibnei בְּרִיתֶךָ vriteja:

אָבִינוּ Avinu (יהוה) מַלְכֵּנוּ Malquenu (יְהֹוָה)

שְׁלַח shlaj רְפוּאָה refuá שְׁלֵמָה shlemá לְכָל־ lejol יה אדני

חוֹלֵי jolei חולה = מ"ה וד' אותיות השם עַמֶּךָ ameja:

אָבִינוּ Avinu (יהוה) מַלְכֵּנוּ Malquenu (יְהֹוָה)

מְנַע mená מַגֵּפָה maguefá (נגף) מִנַּחֲלָתֶךָ minajalateja:

אָבִינוּ Avinu (יהוה) מַלְכֵּנוּ Malquenu (יְהֹוָה)

זָכוּר zajur ע"ב קס"א, יהי אור ע"ה כִּי qui עָפָר afar אֲנָחְנוּ anajnu:

אָבִינוּ Avinu (יהוה) מַלְכֵּנוּ Malquenu (יְהֹוָה)

מְחוֹל mejol וּסְלַח uslaj יהוה ע"ב לְכָל־ lejol יה אדני עֲוֹנוֹתֵינוּ avonoteinu:

אָבִינוּ Avinu (יהוה) מַלְכֵּנוּ Malquenu (יְהֹוָה)

קְרַע kra יכוין בשם קרע שטן רוֹעַ roa גְּזַר gzar דִּינֵנוּ dinenu:

אָבִינוּ Avinu (יהוה) מַלְכֵּנוּ Malquenu (יְהֹוָה)

מְחוֹק mejok בְּרַחֲמֶיךָ berajameja הָרַבִּים harabim

כָּל־ col ילי שִׁטְרֵי shitrei חוֹבוֹתֵינוּ jovoteinu:

אָבִינוּ Avinu (יהוה) מַלְכֵּנוּ Malquenu (יְהֹוָה)

מְחֵה mejé וְהַעֲבֵר vehaaver פְּשָׁעֵינוּ peshaeinu

מִנֶּגֶד minégued זן, מזבח, אל יהוה עֵינֶיךָ eineja ע"ה קס"א ; ריבוע מ"ה:

Nuestro Padre, nuestro Rey, aniquila pestilencia, espada, mal, hambre, cautiverio, saqueo, ruina, plaga, inclinación al mal y enfermedades terribles de los miembros de Tu Alianza. Nuestro Padre, nuestro Rey, envía sanación completa a todos los enfermos de Tu Nación. Nuestro Padre, nuestro Rey, previene epidemias de Tu Heredad. Nuestro Padre, nuestro Rey, recuerda que somos polvo.

Nuestro Padre, nuestro Rey, perdona y absuelve todos nuestros pecados.
Nuestro Padre, nuestro Rey, rompe todos los edictos malvados de nuestras sentencias.
Nuestro Padre, nuestro Rey, borra, con Tus muchas compasiones, nuestras notas de deuda.
Nuestro Padre, nuestro Rey, elimina y borra nuestros pecados de ante Tus ojos.

אָבִינוּ Avinu (יְהֹוָה) מַלְכֵּנוּ Malquenu (יְהֹוָה)

כָּתְבֵנוּ cotvenu בְּסֵפֶר beséfer חַיִּים jayim אהיה אהיה יהוה, בינה ע"ה טוֹבִים tovim:

אָבִינוּ Avinu (יְהֹוָה) מַלְכֵּנוּ Malquenu (יְהֹוָה)

כָּתְבֵנוּ cotvenu בְּסֵפֶר beséfer צַדִּיקִים tsadikim וַחֲסִידִים vajasidim:

אָבִינוּ Avinu (יְהֹוָה) מַלְכֵּנוּ Malquenu (יְהֹוָה)

כָּתְבֵנוּ cotvenu בְּסֵפֶר beséfer יְשָׁרִים yesharim וּתְמִימִים utemimim:

אָבִינוּ Avinu (יְהֹוָה) מַלְכֵּנוּ Malquenu (יְהֹוָה) כָּתְבֵנוּ cotvenu

בְּסֵפֶר beséfer פַּרְנָסָה parnasá וְכַלְכָּלָה vejalcalá טוֹבָה tová אכא:

יְהִי yehí רָצוֹן ratsón מהש ע"ה, ע"ב בריבוע וקס"א ע"ה, אל שדי ע"ה
מִלְּפָנֶיךָ milfaneja ס"ג מ"ה ב"ן יהוהאדנהיאהדונהי Adonai אֱלֹהֵינוּ Eloheinu ילה
וֵאלֹהֵי veElohei לכב ; מילוי ע"ב, דמב ; ילה אֲבוֹתֵינוּ avoteinu שֶׁתִּתֵּן shetitén ב"פ כהת
לָנוּ lanu אלהים, אהיה אדני וּלְכָל ulejol יה אדני בְּנֵי bnei בֵּיתֵנוּ beitenu
וּלְכָל ulejol יה אדני הַסְּמוּכִים hasmujim עַל al שֻׁלְחָנֵנוּ shuljanenu
הַיּוֹם hayom ע"ה נגד, זן, מזבח, אל יהוה וּבְכָל uvejol ב"ן, לכב
יוֹם yom ע"ה נגד, זן, מזבח, אל יהוה וְיוֹם veyom ע"ה נגד, זן, מזבח, אל יהוה
מְזוֹנוֹתֵינוּ mezonoteinu בְּכָבוֹד bejavod בוכו בִּזְכוּת bizjut שִׁמְךָ Shimjá הַגָּדוֹל hagadol
להח ; עם ד' אותיות = מבה, יזל, אום pronunciar) No דִּיקַרְנוֹסָא
וחתך עם ג' אותיות ובאתב"ש סאל, אמן, יאהדונהי) הַמְמוּנֶּה hamemuné עַל al הַפַּרְנָסָה haparnasá:

אָבִינוּ Avinu (יְהֹוָה) מַלְכֵּנוּ Malquenu (יְהֹוָה)

כָּתְבֵנוּ cotvenu בְּסֵפֶר beséfer גְּאֻלָּה gueulá וִישׁוּעָה vishuá:

אָבִינוּ Avinu (יְהֹוָה) מַלְכֵּנוּ Malquenu (יְהֹוָה) זָכְרֵנוּ zojrenu

בְּזִכָּרוֹן bezijrón ע"ב קס"א ונש"ב טוֹב tov והו מִלְּפָנֶיךָ milfaneja ס"ג מ"ה ב"ן:

Nuestro Padre, nuestro Rey, inscríbenos en el Libro de la buena Vida.
Nuestro Padre, nuestro Rey, inscríbenos en el libro de los justos y los piadosos.
Nuestro Padre, nuestro Rey, inscríbenos en el libro de los rectos y los perfectos.
Nuestro Padre, nuestro Rey, inscríbenos en el libro del sustento y las buenas ganancias. Que sea agradable ante Ti, Señor, nuestro Dios y Dios de nuestros padres, que Tú nos des, a los miembros de nuestra casa y a todos aquellos que dependen de nuestra mesa, hoy y todos y cada día, nuestra nutrición, con gracia y por virtud de Tu gran Nombre, que es el responsable del sustento.
Nuestro Padre, nuestro Rey, inscríbenos en el libro de redención y salvación.
Nuestro Padre, recuérdanos favorablemente ante Ti.

אָבִינוּ Avinu (יהוה) מַלְכֵּנוּ Malquenu (יְהוָה)

הַצְמַח hatsmaj לָנוּ lanu אלהים, אהיה אדני יְשׁוּעָה yeshuá בְּקָרוֹב bekarov:

אָבִינוּ Avinu (יהוה) מַלְכֵּנוּ Malquenu (יְהוָה)

הָרֵם harem קֶרֶן keren יִשְׂרָאֵל Yisrael עַמֶּךָ ameja:

אָבִינוּ Avinu (יהוה) מַלְכֵּנוּ Malquenu (יְהוָה)

וְהָרֵם veharem קֶרֶן keren מְשִׁיחֶךָ meshijeja:

אָבִינוּ Avinu (יהוה) מַלְכֵּנוּ Malquenu (יְהוָה) חָנֵּנוּ jonenu וַעֲנֵנוּ vaanenu:

אָבִינוּ Avinu (יהוה) מַלְכֵּנוּ Malquenu (יְהוָה) הַחֲזִירֵנוּ hajazirenu

בִּתְשׁוּבָה bitshuvá שְׁלֵמָה shlemá לְפָנֶיךָ lefaneja ס״ג מ״ה ב״ן:

אָבִינוּ Avinu (יהוה) מַלְכֵּנוּ Malquenu (יְהוָה)

שְׁמַע shmá קוֹלֵנוּ kolenu חוּס jus וְרַחֵם verajem אברהם, וז״פ אל,

עָלֵינוּ aleinu ר״ו ול״ב נתיבות החכמה, רמ״ח (אברים), עסמ״ב וט״ז אותיות פשוטות:

אָבִינוּ Avinu (יהוה) מַלְכֵּנוּ Malquenu (יְהוָה)

עֲשֵׂה asé לְמַעֲנָךְ lemaanaj אִם־ im יוהך,

מ״א אותיות אהיה בפשוטו, במילואו ובמילוי דמילואו ע״ה לֹא lo לְמַעֲנֵנוּ lemaanenu:

אָבִינוּ Avinu (יהוה) מַלְכֵּנוּ Malquenu (יְהוָה)

קַבֵּל kabel בְּרַחֲמִים berajamim מצפצ, אלהים דיודין, י״פ ייי וּבְרָצוֹן uveratsón

מהש ע״ה, ע״ב בריבוע וקס״א ע״ה, אל שדי ע״ה אֶת et תְּפִלָּתֵנוּ tefilatenu:

אָבִינוּ Avinu (יהוה) מַלְכֵּנוּ Malquenu (יְהוָה)

אַל־ al תְּשִׁיבֵנוּ teshivenu רֵיקָם reikam מִלְּפָנֶיךָ milfaneja ס״ג מ״ה ב״ן:

Nuestro Padre, nuestro Rey, haz brotar pronto para nosotros la salvación.
Nuestro Padre, nuestro Rey, eleva la valía de Israel, Tu Nación.
Nuestro Padre, nuestro Rey, eleva la valía de Tu Mesías.
Nuestro Padre, nuestro Rey, sé amable con nosotros y sálvanos.
Nuestro Padre, nuestro Rey, haz que regresemos con total redención ante Ti.
Nuestro Padre, nuestro Rey, escucha nuestra voz. Ten piedad y sé compasivo con nosotros.
Nuestro Padre, nuestro Rey, hazlo por Ti, si no es por nosotros.
Nuestro Padre, nuestro Rey, compasivamente y deseosamente acepta nuestra oración.
Nuestro Padre, nuestro Rey, no nos alejes de Tí con las manos vacías.

YEHÍ SHEM

יְהִי yehí שֵׁם Shem יְהֹוָהאדניאהדונהי Adonai מְבֹרָךְ mevoraj ר"ת ריבוע ע"ב וריבוע ס"ג

יהוה מברך = רפ"ח (להעלות רפ"ח ניצוצות שנפלו לקליפה דמשם באים התולואים) מֵעַתָּה meatá

וְעַד־ vead עוֹלָם olam ילי: מִמִּזְרַח־ mimizraj שֶׁמֶשׁ shémesh עַד־ ad

ר"ת קדוש מְבוֹאוֹ mevoó מְהֻלָּל mehulal שֵׁם shem יְהֹוָהאדניאהדונהי Adonai: רָם ram

עַל־ al כָּל־ col ילי ; עמם גּוֹיִם goyim יְהֹוָהאדניאהדונהי Adonai עַל al

הַשָּׁמַיִם hashamáyim י"פ טל, י"פ כוזו ; ר"ת וזשמל כְּבוֹדוֹ quevodó:

יְהֹוָהאדניאהדונהי Adonai אֲדֹנֵינוּ adoneinu מָה־ ma מ"ה אַדִּיר adir הרי

שִׁמְךָ Shimjá בְּכָל־ bejol ב"ן, לכב ; ומב הָאָרֶץ haárets אלהים דההין ע"ה:

KADISH TITKABAL

יִתְגַּדַּל yitgadal וְיִתְקַדַּשׁ veyitkadash שדי ומילוי שדי ; י"א אותיות כמנין ו"ה

שְׁמֵיהּ Shmei (שם י"ה דע"ב) רַבָּא rabá קנ"א ב"ן, יהוה אלהים יהוה אדני,

מילוי קס"א וס"ג, מ"ה ברבוע וע"ב ע"ה ; ר"ת = ו"פ אלהים ; ס"ת = ג"פ יב"ק: אָמֵן Amén אידהנויה.

בְּעָלְמָא bealmá דִּי di בְרָא verá כִּרְעוּתֵיהּ quirutei.

וְיַמְלִיךְ veyamlij מַלְכוּתֵיהּ maljutei. וְיַצְמַח veyatsmaj

פֻּרְקָנֵיהּ purkanei. וִיקָרֵב vikarev מְשִׁיחֵיהּ Meshijei: אָמֵן Amén אידהנויה.

YEHÍ SHEM

"Que el Nombre del Señor sea bendecido desde ahora hasta toda la eternidad. Desde la salida del Sol hasta su caída, que el Nombre del Señor sea alabado y elevado. Sobre todas las naciones está el Señor. Su gloria está sobre los Cielos" (Salmos 113:2-4).

"Dios, nuestro Señor, cuán tremendo es Tu Nombre en toda la Tierra" (Salmos 8:10).

KADISH TITKABAL

Glorificado y santificado sea Su gran Nombre (Amén).

En el mundo que Él creó de acuerdo a Su voluntad, y pueda Su Reino reinar. Y pueda Él hacer que Su redención florezca y pueda Él acercar al Mesías (Amén).

בְּחַיֵּיכוֹן bejayeijón וּבְיוֹמֵיכוֹן uveyomeijón וּבְחַיֵּי uvejayei

דְכָל dejol ילי בֵּית beit ב״פ ראה יִשְׂרָאֵל Yisrael בַּעֲגָלָא baagalá

וּבִזְמַן uvizmán קָרִיב kariv וְאִמְרוּ veimrú אָמֵן Amén: אָמֵן Amén אידהנויה.

La congregación y el *jazán* dicen lo siguiente:

28 palabras (hasta *bealmá*) – meditar en:

מילוי דמילוי דע״ב (יוד ויו דלת הי יוד ויו יוד ויו הי יוד)

28 letras (hasta *almayá*) - meditar en:

מילוי דמילוי דע״ב (יוד ויו דלת הי יוד ויו יוד ויו הי יוד)

יְהֵא yehé שְׁמֵיהּ Shmei (שם י״ה דס״ג) רַבָּא rabá קנ״א ב״ן,

יהוה אלהים יהוה אדני, מילוי קס״א וס״ג, מ״ה ברבוע וע״ב ע״ה מְבָרַךְ mevaraj,

לְעָלַם lealam לְעָלְמֵי lealmei עָלְמַיָּא almayá. יִתְבָּרַךְ yitbaraj.

Siete palabras con seis letras cada una (שם בן מ״ב) – meditar en:

יהוה - יוד הי ויו הי - מילוי דמילוי דע״ב (יוד ויו דלת הי יוד ויו יוד ויו הי יוד)

También, siete veces la letra Vav (שם בן מ״ב) – meditar en:

יהוה - יוד הי ויו הי - מילוי דמילוי דע״ב (יוד ויו דלת הי יוד ויו יוד ויו הי יוד).

וְיִשְׁתַּבַּח veyishtabaj י״פ ע״ב יהוה אל אבג יתץ.

וְיִתְפָּאַר veyitpaar הי נו יה קרע שטן. וְיִתְרוֹמַם veyitromam וה כוזו נגד יכש.

וְיִתְנַשֵּׂא veyitnasé במוכסז בטר צתג. וְיִתְהַדָּר veyithadar כוזו יה וזקב טנע.

וְיִתְעַלֶּה veyitalé וה יוד ה יגל פזק. וְיִתְהַלָּל veyithalal א ואו הא שקו צית.

שְׁמֵיהּ Shmei (שם י״ה דמ״ה) דְּקוּדְשָׁא deKudshá בְּרִיךְ Verij הוּא Hu:

אָמֵן Amén אידהנויה.

לְעֵלָּא leelá מִן min כָּל col ילי בִּרְכָתָא birjatá. שִׁירָתָא shiratá.

תִּשְׁבְּחָתָא tishbejatá וְנֶחָמָתָא venejamatá. דַּאֲמִירָן daamirán

בְּעָלְמָא bealmá וְאִמְרוּ veimrú אָמֵן Amén: אָמֵן Amén אידהנויה.

En tus vidas y en tus días y en la vida de toda la Casa de Israel, prontamente y en el futuro cercano, y dígase: Amén (Amén). Que Su gran Nombre sea bendito por siempre y por toda la eternidad. Bendito y alabado, y glorificado y exaltado, y ensalzado y honrado, y adorado y loado, sea el Nombre del Santo Bendito sea (Amén). Más allá de todas las bendiciones, himnos, alabanzas y palabras de consolación que jamás se dijeran en el mundo, y dígase: Amén (Amén).

תִּתְקַבַּל titkabal צְלוֹתָנָא tslotaná וּבָעוּתָנָא uvautaná

עִם im צְלוֹתְהוֹן tslothón וּבָעוּתְהוֹן uvauthón דְּכָל dejol ילי

בֵּית beit ב״פ ראה יִשְׂרָאֵל Yisrael קֳדָם kadam אֲבוּנָא avuná

דְּבִשְׁמַיָּא devishmayá וְאִמְרוּ veimrú אָמֵן Amén: אָמֵן Amén אידהנויה.

יְהֵא yehé שְׁלָמָא shlamá רַבָּא rabá קנ״א ב״ן, יהוה אלהים יהוה אדני, מילוי קס״א וס״ג,

מ״ה ברבוע וע״ב ע״ה מִן min שְׁמַיָּא shmayá. וְחַיִּים jayim אהיה אהיה יהוה, בינה ע״ה

וְשָׂבָע vesavá וִישׁוּעָה vishuá וְנֶחָמָה venejamá וְשֵׁיזָבָא vesheizavá

וּרְפוּאָה urefuá וּגְאֻלָּה ugueulá וּסְלִיחָה uslijá וְכַפָּרָה vejapará

וְרֵיוַח vereivaj וְהַצָּלָה vehatsalá. לָנוּ lanu אלהים, אהיה אדני וּלְכָל ulejol יה אדני

עַמּוֹ amó יִשְׂרָאֵל Yisrael וְאִמְרוּ veimrú אָמֵן Amén: אָמֵן Amén אידהנויה.

Da tres pasos para atrás y di:

עוֹשֶׂה osé הַשָּׁלוֹם hashalom ספריאל המלאך הממונה לחיים

בִּמְרוֹמָיו bimromav ע״ב, ריבוע יהוה. הוּא Hu בְּרַחֲמָיו berajamav

יַעֲשֶׂה yaasé שָׁלוֹם shalom עָלֵינוּ aleinu ר״ת ש״ע נהורין.

וְעַל veal כָּל col ילי ; עמם עַמּוֹ amó יִשְׂרָאֵל Yisrael וְאִמְרוּ veimrú אָמֵן Amén:

אָמֵן Amén אידהנויה.

Sean aceptadas nuestras oraciones y súplicas, junto con las oraciones y las súplicas de toda la Casa de Israel, ante nuestro Padre en los Cielos, y dígase: Amén (Amén). Que haya paz abundante del Cielo; Vida, satisfacción, salvación, consuelo, entrega, sanación, redención, perdón, expiación, comodidad y alivio para nosotros y para toda Su nación, Israel y dígase: Amén (Amén). Él, que establece la paz en Sus Alturas, Él, en Su compasión, hará la paz sobre nosotros y sobre toda Su nación, Israel. Y dígase: Amén (Amén).

Antes de abrir el Arca, decimos:
(Cuando *Yom Kipur* cae en *Shabat*, comenzamos aquí:)

אַתָּה Atá הָרְאֵתָ hareta לָדַעַת ladáat כִּי qui יְהֹוָהאדניאהדונהי Adonai הוּא Hu
הָאֱלֹהִים haElohim אהיה אדני ; ילה ; ה' הוא האלקים = ענו עג"כ ; ר"ת יהה אֵין ein עוֹד od
מִלְּבַדּוֹ milvadó מ"ב: אֵין־ ein כָּמוֹךָ camoja בָאֱלֹהִים vaElohim אהיה אדני ; ילה
אֲדֹנָי Adonai ללה וְאֵין veéin כְּמַעֲשֶׂיךָ quemaaseja:

(Cuando *Yom Kipur* cae en día de semana, comenzamos aquí:)

יְהִי yehí יְהֹוָהאדניאהדונהי Adonai אֱלֹהֵינוּ Eloheinu ילה עִמָּנוּ imanu ריבוע ס"ג, קס"א
ע"ה וד' אותיות כַּאֲשֶׁר caasher הָיָה hayá יהה עִם־ im אֲבֹתֵינוּ avoteinu אַל־ al
יַעַזְבֵנוּ yaazvenu וְאַל־ veal יִטְּשֵׁנוּ yitshenu: הוֹשִׁיעָה hoshía יהוה וש"ע נהורין
אֶת־ et עַמֶּךָ ameja ס"ת כהת, משיוז בן דוד ע"ה וּבָרֵךְ uvarej אֶת־ et
נַחֲלָתֶךָ najalateja וּרְעֵם ureem וְנַשְּׂאֵם venasem עַד־ ad הָעוֹלָם haolam:
וַיְהִי vayehí בִּנְסֹעַ binsoa הָאָרֹן haarón וַיֹּאמֶר vayómer מֹשֶׁה Moshé מהש,
ע"ב בריבוע וקס"א, אל שדי, ד"פ אלהים ע"ה קוּמָה kumá קנ"א (מקוה) | יְהֹוָהאדניאהדונהי Adonai
וְיָפֻצוּ veyafutsu אֹיְבֶיךָ oyveja וְיָנֻסוּ veyanusu מְשַׂנְאֶיךָ mesaneja
מִפָּנֶיךָ mipaneja ס"ג מ"ה ב"ן: קוּמָה kumá קנ"א (מקוה) יְהֹוָהאדניאהדונהי Adonai
לִמְנוּחָתֶךָ limnujateja אַתָּה Atá וַאֲרוֹן vaarón עֻזֶּךָ uzeja:
כֹּהֲנֶיךָ cohaneja יִלְבְּשׁוּ־ yilbeshú צֶדֶק tsédek וַחֲסִידֶיךָ vajasideja
יְרַנֵּנוּ yeranenú: בַּעֲבוּר baavur דָּוִד David עַבְדֶּךָ avdeja פוי, אל אדני
אַל־ al תָּשֵׁב tashev פְּנֵי pnei וחכמה בינה מְשִׁיחֶךָ meshijeja:

"Tú has demostrado para que se conozca que el Señor es el Dios y no hay nadie aparte de Él" (Deuteronomio 4:35). *"No hay ninguno como Tú entre las deidades, Señor, y no hay nada como Tus obras"* (Salmos 86:8). *"Que el Señor, nuestro Dios, esté con nosotros como estuvo con nuestros padres, y no nos desampare ni nos deje"* (Reyes 1 8:57). *"Salva a Tu Pueblo y bendice Tu heredad. Guíalos y elévalos para siempre"* (Salmos 28:9). *"Cuando el Arca viajaba, Moshé decía: Levántate, Señor. Que tus enemigos sean esparcidos y que aquellos que te odian huyan ante Ti"* (Números 10:35). *"Levántate, Señor, a Tu lugar de descanso, Tú y el Arca de Tu fortaleza. Tus sacerdotes imparten justicia y Tus piadosos cantarán. Por David, Tu siervo, no abandones a Tus ungidos"* (Salmos 132:8-10).

APERTURA DEL ARCA

Atraer la Luz de *Jojmá*.

Rabí Shimón Bar Yojái dice: "Mientras el Arca está abierta, debemos prepararnos con temor reverencial. Todos deben despertar un sentido interno de asombro, como si realmente estuviéramos parados en el Monte Sinaí, temblando mientras contemplamos la abrumadora manifestación de Luz. Permanecemos parados en silencio, enfocados solamente en la oportunidad de escuchar cada palabra sagrada del pergamino. Cuando sacamos la Torá para leerla en público, todas las Puertas de la Misericordia en el Cielo están abiertas, y despertamos un amor desde Arriba".

וַיְהִי vayehí בִּנְסֹעַ binsoa הָאָרֹן haarón וַיֹּאמֶר vayómer מֹשֶׁה Moshé

מהש, ע״ב בריבוע וקס״א, אל שדי, ד״פ אלהים ע״ה קוּמָה kumá קנ״א (מקוה) |

יְהֹוָה יאהדונהי Adonai וְיָפֻצוּ veyafutsu אֹיְבֶיךָ oyveja וְיָנֻסוּ veyanusu

מְשַׂנְאֶיךָ mesaneja מִפָּנֶיךָ mipaneja ס״ג מ״ה ב״ן: כִּי qui

מִצִּיּוֹן miTsiyón יוסף, ו׳ הויות, קנאה תֵּצֵא tetsé תוֹרָה Torá וּדְבַר udvar ראה

יְהֹוָה יאהדונהי Adonai מִירוּשָׁלָיִם mirushaláyim: בָּרוּךְ Baruj שֶׁנָּתַן shenatán

תּוֹרָה Torá לְעַמּוֹ leamó יִשְׂרָאֵל Yisrael בִּקְדֻשָּׁתוֹ bikdusható.

LA ORACIÓN DEL RASHASH

El Kabbalista Rav Shalom Sharabi dice: "Mientras recitamos el siguiente verso doce veces (*Leolam HaShem*), debemos concentrarnos en la palabra '*devarjá*' (la raíz de esta palabra en hebreo significa 'hablar con fuerza', como dando una orden) y meditar en demorar los decretos negativos para que permanezcan en un nivel inmaterial (en el Cielo, *shamáyim*) y no se manifiesten (en la Tierra)".

לְעוֹלָם leolam רבוע דס״ג וי׳ אותיות דס״ג יְהֹוָה יאהדונהי Adonai

דְּבָרְךָ devarjá ראה נִצָּב nitsav בַּשָּׁמָיִם bashamáyim י״פ טל, י״פ כוזו : 12 x

יְהִי yehí רָצוֹן ratsón מהש ע״ה, ע״ב בריבוע וקס״א ע״ה, אל שדי ע״ה

מִלְּפָנֶיךָ milfaneja ס״ג מ״ה ב״ן יְהֹוָה יאהדונהי Adonai אֱלֹהֵינוּ Eloheinu ילה

וֵאלֹהֵי veElohei לכב ; מילוי ע״ב, דמב ; ילה אֲבוֹתֵינוּ avoteinu,

שֶׁתַּעֲשֶׂה shetaasé לְמַעַן lemaan רַחֲמֶיךָ rajameja וּלְמַעַן ulemaan

שִׁמְךָ Shimjá הַגָּדוֹל hagadol להח ; עם ד׳ אותיות = מבה, יזל, אום

הַנִּכְתָּב hanijtav וְאֵינוֹ veeinó נִקְרָא nikrá שֶׁנִּתְכַּוַּנְתִּי shenitcavanti בוֹ vo.

APERTURA DEL ARCA

"Cuando el Arca viajaba, Moshé decía: Levántate, Señor. Que tus enemigos sean esparcidos y que aquellos que te odian huyan ante Ti" (Números 10:35). *"Porque de Sión emergerá la Torá y la Palabra del Señor desde Jerusalén"* (Isaías 2:3). *Bendito es Él Quien dio la Torá a Su Nación, Israel, por Su Santidad.*

LA ORACIÓN DEL RASHASH

"Tu palabra, Señor, es eterna, y está firme en los cielos" (Salmos 119:89).

Que sea Tu voluntad, Señor, nuestro Dios, Dios de nuestros antepasados, que Tu actúes por Tu compasión y por Tu gran Nombre, que puede ser escrito mas no pronunciado, el cual he contemplado,

שֶׁתַּצִּילֵנוּ shetatsilenu לָנוּ lanu אלהים, אהיה אדני וְלִנְשׁוֹתֵינוּ velinshoteinu
וּלְבָנֵינוּ ulevaneinu וְלִבְנוֹתֵינוּ velivnoteinu וּלְכָל ulejol יה אדני הַנִּלְוִים hanilvim
אֵלֵינוּ. eleinu מִכָּל micol ילי רַע ra וּמַשְׁחִית umashjit וּמַגֵּפָה umaguefá.
וּמִכָּל umicol ילי צָרָה tsará אלהים דההין וְצוּקָה vetsuká וְיָגוֹן veyagón וַאֲנָחָה vaanajá
וּמִכָּל umicol ילי וָחֳלִי joli וּמַחֲלָה umajalá. וּלְמַעַן ulemaan הַשֵּׁם hashem
הַקָּדוֹשׁ hakadosh הַמִּתְפַּשֵּׁט hamitpashet מִמְּאוֹר mimeor הַמֶּרְכָּבָה hamercavá
הַתַּחְתּוֹנָה hatajtoná (אָדָךְ) וּכְשֶׁהוּא ujeshehú כָּלוּל calul עִם im מְקוֹרוֹ mekoró
(אֶהְיֶה אֶאֱהַלְיֶדָה). שֶׁתְּבַטֵּל shetevatel בְּרַחֲמֶיךָ berajameja הַמְרֻבִּים hamerubim
וּבַחֲסָדֶיךָ uvajasadeja הַפְּשׁוּטִים hapshutim מֵעָלֵינוּ mealeinu וּמֵעַל umeal עלם
כָּל col ילי בְּנֵי bnei בֵּיתֵינוּ veiteinu ב״פ ראה כָּל col ילי גְּזֵרוֹת gzerot קָשׁוֹת kashot
וְרָעוֹת veraot וְיִסָּכְרוּ veyisajrú פִּיּוֹת piyot כָּל col ילי הַמְקַטְרְגִים hamkatreguim
וְהַמַּשְׂטִינִים vehamastinim עָלֵינוּ: aleinu אָנָּא aná ב״ן בְּכֹחַ bejóaj הַשֵּׁם hashem
הַקָּדוֹשׁ hakadosh הַמִּתְפַּשֵּׁט hamitpashet מִמְּאוֹר mimeor הַמֶּרְכָּבָה hamercavá
הָעֶלְיוֹנָה haelyoná (קָרַע). וּכְשֶׁהוּא ujshehú כָּלוּל calul בִּמְקוֹרוֹ bimkoró
(יְהוָה יְקָהְרוּעָה). שֶׁתְּבַטֵּל shetevatel בְּרַחֲמֶיךָ berajameja הָרַבִּים harabim
וּבַחֲסָדֶיךָ uvajasadeja הַפְּשׁוּטִים hapshutim מֵעָלֵינוּ mealeinu וּמֵעַל umeal עלם
כָּל col ילי בְּנֵי bnei בֵּיתֵינוּ veiteinu ב״פ ראה כָּל col ילי הַמְקַטְרְגִים hamkatreguim
וְהַמַּשְׂטִינִים. vehamastinim וְכָל vejol ילי גְּזֵרוֹת gzerot קָשׁוֹת kashot
וְרָעוֹת veraot וְשִׂנְאַת vesinat חִנָּם. jinam וְחַדֵּשׁ vejadesh י״ב הוויות, קס״א קנ״א
עָלֵינוּ aleinu שָׁנָה shaná טוֹבָה tová אכא וּמְבֹרֶכֶת umevoréjet וְתַפַרְנְסֵנוּ utfarnesenu
בְּשֶׁפַע beshefa י״פ יכה גָּדוֹל gadol להוו ; עם ד׳ אותיות = מבה, יזל, אום וּבְהֶתֵּר uveheter.
וְלֹא veló יִשְׁלֹט yishlot בָּנוּ banu עַיִן ayin ריבוע מ״ה הָרָע hará הרע.
וְתַצְלִיחֵנוּ vetatslijenu בְּלִמּוּדֵינוּ velimudeinu וּבְכָל uvejol יה אדני
מַעֲשֵׂי maasei יָדֵינוּ yadeinu אָמֵן Amén יאהדונהי נֶצַח nétsaj סֶלָה sela וָעֶד vaed:

---

que Tú nos rescates, a nosotros, nuestras esposas, nuestros hijos, nuestras hijas y a todos los que están conectados con nosotros, de todo mal, ruina, plaga y de toda forma de angustia y tribulación, duelo y lamentación, y de toda forma de dolencia y enfermedad. Y por el Santo Nombre que emana de la Luz de la Carroza Inferior, cuando está unido a su fuente, [que sea Tu voluntad] que Tú, en Tu abundante misericordia y en Tu amorosa y pura benevolencia, de nosotros y de todos los miembros de nuestro hogar, anules todos los decretos severos y malvados; y que sean detenidas las bocas de todos los acusadores y de aquellos que nos denuncian. Por favor, por la fuerza del Santo Nombre que emana de la Luz de la Carroza Superior, cuando está unido a su fuente, [que sea Tu voluntad] que Tú, en Tu compasión abundante y en Tus amorosa y absoluta benevolencia, de nosotros y de todos los miembros de nuestro hogar, anules a todos los acusadores y denunciantes, y todos los decretos severos y malvados, y todo rencor infundado. Renueva para nosotros un año bueno y bendecido; provéenos sustento en gran abundancia y recursos permisibles. Y que el mal de ojo no nos gobierne. Y otórganos éxito en nuestros estudios y en nuestro trabajo. Amén para la eternidad; Sela por siempre.

LOS TRECE ATRIBUTOS

Los Trece Atributos son 13 virtudes o propiedades que reflejan 13 aspectos de nuestra relación con el Creador. Estos Trece Atributos son la forma en la que interactuamos con Dios en nuestra vida diaria, bien sea que lo sepamos o no. Funcionan como un espejo. Cuando nos vemos en un espejo y sonreímos, la imagen sonríe de vuelta. Cuando nos vemos en un espejo y maldecimos, la imagen maldice de vuelta. Si realizamos una acción negativa en nuestro mundo, el espejo nos refleja energía negativa. A medida que intentamos transformar nuestra naturaleza reactiva en una proactiva, esta retroalimentación directa nos guía y corrige. El número 13 también representa uno por encima de los 12 signos del Zodíaco. Estos 12 signos controlan nuestra naturaleza instintiva y reactiva. El número 13 nos da el control sobre los 12 signos, lo que a su vez nos da el control sobre nuestro comportamiento.

יְהֹוָה‎יאהדונהי Adonai | יְהֹוָה‎יאהדונהי Adonai

(1 אֵל El ייא״י מילוי דס״ג (*Kéter*) (2 רַחוּם rajum (*Jojmá*) (3 וְחַנּוּן vejanún

(4 אֶרֶךְ érej (5 אַפַּיִם apáyim (6 וְרַב־ verav וְחֶסֶד jésed ע״ב, ריבוע יהוה

(7 וֶאֱמֶת veemet אהיה פעמים אהיה, ז״פ ס״ג: (8 נֹצֵר notser וְחֶסֶד jésed ע״ב, ריבוע יהוה

(9 לָאֲלָפִים laalafim ר״ת שם נוזל (10 נֹשֵׂא nosé עָוֹן avón (11 וָפֶשַׁע vafesha

(12 וְחַטָּאָה vejatáa (13 וְנַקֵּה venaké קס״א (אלף הי יוד הי)

וע״י שם זה יכוין לברר ולנקות את נצוצי הקדושה שנפלו עם הקיטרוגים, להעלותם לשורשם:

LA ORACIÓN DEL ARÍ (UN DESEO PERSONAL)

Es a través del mérito del Kabbalista Rav Yitsjak Luria (El Arí) que tenemos la oportunidad de pedir un deseo personal en *Yom Kipur* para efectuar un cambio para todo el año. Con mucha frecuencia, pedimos lo que queremos en lugar de pedir lo que realmente necesitamos para ayudarnos a crecer espiritualmente. Sólo mediante el crecimiento y la transformación interior podemos alcanzar la realización duradera en vez de la gratificación instantánea y momentánea.

רִבּוֹנוֹ Ribonó שֶׁל shel עוֹלָם Olam, מַלֵּא malé מִשְׁאֲלוֹתַי mishalotai

לְטוֹבָה letová אכא, וְהָפֵק vehafek רְצוֹנִי retsoní, וְתֵן vetén שְׁאֵלָתִי sheelatí

וּמְחוֹל umejol כָּל col ילי עֲוֹנוֹתַי avonotai וַעֲוֹנוֹת vaavonot בְּנֵי bnei

בֵּיתִי beití ב״פ ראה, מְחִילָה mejilá בְּחֶסֶד bejésed ע״ב, ריבוע יהוה,

מְחִילָה mejilá בְּרַחֲמִים berajamim מצפץ, אלהים דיודין, י״פ ייי,

וְטַהֲרֵנִי vetahareni מֵהַפְּשָׁעִים mehapshaím וְהַחֲטָאִים vehajataím.

LOS TRECE ATRIBUTOS

"Señor, Señor, 1) Dios (Kéter) 2) Compasivo (Jojmá) 3) Amable 4) Grande 5) Paciente 6) Abundante con benevolencia 7) y verdad 8) Él conserva la benevolencia 9) para los miles 10) Él dispensa las iniquidades 11) y el pecado 12) y la trasgresión 13) y purifica" (Éxodo 34:6-7).

LA ORACIÓN DEL ARÍ (UN DESEO PERSONAL)

Señor del mundo, satisface favorablemente mis peticiones y exhorta mi deseo y concédeme mi petición y perdona todos mis pecados y los pecados de los miembros de mi casa y el perdón a través del favor, un perdón a través de la misericordia. Purifícame de pecados y crímenes.

וְזָכְרֵנִי vezojreni בִּרְצוֹן beratsón מהש ע"ה, ע"ב בריבוע וקס"א ע"ה, אל שדי ע"ה טוֹב tov והו

מִלְּפָנֶיךָ milfaneja ס"ג מ"ה ב"ן וּפָקְדֵנִי ufakdeni בִּפְקֻדַּת bifkudat יְשׁוּעָה yeshuá

וְרַחֲמִים verajamim, וְזָכְרֵנִי vezojreni לְחַיִּים lejayim אהיה אהיה יהוה, בינה ע"ה

טוֹבִים tovim וַאֲרוּכִים vearuquim, וּפַרְנָסָה ufarnasá טוֹבָה tová אכא

וְכַלְכָּלָה vejalcalá, וְלֶחֶם veléjem ג"פ יהוה לֶאֱכוֹל leejol וּבֶגֶד uvégued

לִלְבּוֹשׁ lilbosh, וְעוֹשֶׁר veósher וְכָבוֹד vejavod וַאֲרִיכוּת vearijut

יָמִים yamim נלך בְּתוֹרָתֶךָ betorateja וּבְמִצְוֹתֶיךָ vevemitsvoteja, וְהָפֵק vehafek

תְּעָלָה teala וּרְפוּאָה urefuá לְכָל lejol יה אדני מַכְאוֹבֵי majovei לִבֵּנוּ libenu,

וּתְבָרֵךְ utevarej מַעֲשֵׂי maasei יָדֵינוּ yadeinu, וּגְזוֹר ugzor עָלֵינוּ aleinu

גְּזֵרוֹת gzerot טוֹבוֹת tovot וּבַטֵּל uvatel מֵעָלֵינוּ mealeinu כָּל col ילי

גְּזֵרוֹת gzerot קָשׁוֹת kashot וְרָעוֹת veraot. אָמֵן Amén יאהדונהי כֵּן quen יְהִי yehí

רָצוֹן ratsón מהש ע"ה, ע"ב בריבוע וקס"א ע"ה, אל שדי ע"ה. יִהְיוּ yihyú אל (ייא"י מילוי דס"ג)

לְרָצוֹן leratsón מהש ע"ה, ע"ב בריבוע וקס"א ע"ה, אל שדי ע"ה אִמְרֵי imrei

פִּי fi ר"ת אֶלֶף = אלף למד - שין דלת יוד ע"ה וְהֶגְיוֹן vehegyón לִבִּי libí

לְפָנֶיךָ lefaneja ס"ג מ"ה ב"ן יְהֹוָהאדניאהדונהי Adonai צוּרִי tsurí וְגֹאֲלִי vegoalí:

BERIJ SHMEI

Esta sección es tomada directamente del *Zóhar* y aparece en su arameo original. El *Berij Shmei* funciona como una máquina del tiempo que, literalmente, transporta nuestra alma de regreso al evento de revelación en el Monte Sinaí, cuando Moshé recibió las tablas. Al volver a visitar el momento y lugar exacto de la revelación, podemos atraer hacia nosotros los aspectos de la Luz original mediante la lectura de la Torá. El *Berij Shmei* contiene 130 palabras. Adam fue separado de su esposa, Javá, por 130 años; tiempo en el que él pecó. Cada palabra en esta oración ayuda a corregir uno de esos años. Cada uno de nosotros estaba incluido en el alma de Adam. Nosotros somos Adam. Adam es simplemente el código para el alma unificada que incluye a cada ser humano que alguna vez transitó o transitará por este planeta.

בְּרִיךְ Berij שְׁמֵיהּ Shmei דְּמָארֵי demarei עָלְמָא almá

בְּרִיךְ Berij כִּתְרָךְ quitraj וְאַתְרָךְ veatraj. יְהֵא yehé

רְעוּתָךְ reutaj עִם im עַמָּךְ amaj יִשְׂרָאֵל Yisrael לְעָלַם lealam.

Y recuérdame favorablemente ante Ti y visítame con redención y misericordia. Recuérdame para una vida larga y buena y con buen sustento y con ganancias y con pan para comer y con vestidos para vestir y con abundancia, honor y largos días en el estudio de Tu Torá y en el cumplir de Tus mandamientos. Envía cura y sanación a todos los dolores de nuestros corazones y bendice nuestras obras, Amén, que sea Tu voluntad. Senténcianos con veredictos buenos y cancela por nosotros todos los veredictos negativos y difíciles. "Sean gratos ante Ti, Señor, mi Fortaleza y mi Redentor, los dichos de mi boca y los pensamientos de mi corazón" (Salmos 19:15).

BERIJ SHMEI

Bendito es el Nombre del Señor del Mundo.

Bendita es Tu corona y Tu lugar. Que Tu deseo esté con Tu Nación, Israel, para siempre.

וּפוּרְקַן ufurkán יְמִינָךְ yeminaj אַחֲזֵי ajzei לְעַמָּךְ leamaj

בְּבֵית beveit ב״פ ראה מַקְדְּשָׁךְ ♦mikdashaj לְאַמְטוּיֵי leamtuyei לָנָא laná

מִטּוּב mituv נְהוֹרָךְ ♦nehoraj וּלְקַבֵּל ulekabel צְלוֹתָנָא tslotaná

בְּרַחֲמִין ♦berajamín יְהֵא yehé רַעֲוָא raavá קֳדָמָךְ kodamaj

דְּתוֹרִיךְ detorij לָן lan חַיִּין jayín בְּטִיבוּ ♦betivu וְלֶהֱוֵי velehevei אֲנָא aná ב״ן

עַבְדָּךְ avdaj פוי, אל אדני פְּקִידָא pekidá בְּגוֹ begó צַדִּיקַיָּא ♦tsadikaya

לְמִרְחַם lemirjam אברהם, וו״פ אל, רי״ו ול״ב נתיבות החכמה, רמ״ח (אברים), עסמ״ב וט״ז אותיות

פשוטות עֲלַי alai וּלְמִנְטַר ulemintar יָתִי yatí וְיַת veyat כָּל col ילי

דִּלִי dili וְדִי vedí לְעַמָּךְ leamaj יִשְׂרָאֵל ♦Yisrael אַנְתְּ ant הוּא Hu

זָן zan נגד, מזבח, אל יהוה לְכֹלָּא lejolá וּמְפַרְנֵס umfarnés לְכֹלָּא ♦lejolá

אַנְתְּ ant הוּא Hu שַׁלִּיט shalit עַל al כֹּלָּא ♦colá אַנְתְּ ant הוּא Hu

דְּשַׁלִּיט deshalit עַל al מַלְכַיָּא maljayá וּמַלְכוּתָא umaljutá דִּילָךְ dilaj

הִיא ♦hi אֲנָא aná ב״ן עַבְדָּא avdá דְּקוּדְשָׁא deKudshá בְּרִיךְ berij

הוּא Hu דְּסָגִידְנָא desaguidná קַמֵּהּ kamé וּמִן umín קַמֵּהּ kamé דִּיקַר dikar

אוֹרַיְתֵהּ orayté בְּכָל־ bejol ב״ן, לכב עִדָּן idán וְעִדָּן ♦veidán

לָא la עַל al אֱנָשׁ enash רָחִיצְנָא ♦rajitsná וְלָא velá עַל al בַּר bar

אֱלָהִין elahín ילה סָמִיכְנָא ♦samijná אֶלָּא ela בֶּאֱלָהָא beelahá

דִּשְׁמַיָּא ♦dishmayá דְּהוּא dehú אֱלָהָא elahá קְשׁוֹט ♦keshot

וְאוֹרַיְתֵהּ veorayté קְשׁוֹט keshot וּנְבִיאוֹהִי uneviohí קְשׁוֹט ♦keshot

וּמַסְגֵּי umasguei לְמֶעְבַּד lemebad טַבְוָן taveván וּקְשׁוֹט ♦ukeshot

---

Que puedas mostrar la redención de Tu Diestra a Tu Nación en Tu Templo Sagrado. Que nos puedas llenar con lo mejor de Tu iluminación y que puedas recibir nuestras oraciones con misericordia. Que sea agradable ante Ti el alargar nuestras vidas con bien. Y yo, Tu siervo, seré recordado junto a los justos. Ten misericordia de mí y protégeme, y todo lo que poseo y todo lo que pertenece a Tu Nación, Israel. Tú eres el que nutre todo y provee a todo con sustento. Tú eres el que gobierna todo. Tú tienes control sobre reyes y sus reinos son Tuyos. Yo soy el siervo del Santo Bendito Sea, mientras me postro ante Él y ante la gloria de Su Torá, en cada y todo momento. Yo no coloco mi confianza en ningún hombre y no tengo fe en los hijos de los dioses. Mi confianza y fe están sólo en el Dios en el Cielo, Quien es el verdadero Dios; Su Torá es verdadera; Sus profetas son verdaderos; y Él ejecuta abundante compasión y verdad.

ביה bei אנא aná ב"ן רחיץ rajits ולשמה veliShmei יקירא yakirá
קדישא kadishá אנא aná ב"ן אמר emar תשבחן .tushbeján יהא yehé
רעוא raavá קדמך kodamaj דתפתח detiftaj לבאי libaí
באוריתך .beoraytaj ותיהב) vetihav לי li בנין benín דכרין dijrín
דעבדין deavdín רעותך .(reutaj ותשלים vetashlim משאלין mishalín
דלבאי delibai ולבא velibá דכל dejol ילי עמך amaj ישראל Yisrael
לטב letav ולחיין ulejayín ולשלם velishlam אמן Amén יאהדונהי:

SACAR LA TORÁ DEL ARCA

Cuando la Torá es sacada del Arca, hay una oportunidad de hacer una conexión especial con ella, bien sea besándola o tocándola. A veces, las personas se apresuran en hacer su conexión, empujando, aglomerándose y apartando a la gente a un lado mientras intentan tocar el pergamino. Espiritualmente hablando, estas acciones reflejan una energía opuesta a la de la Torá. La conexión con la Torá no sólo es física. Las conexiones con la Torá se realizan a través de un estado mental espiritual, el cual incluye tolerancia y ocupación por los demás. No podemos estar en el marco mental espiritual adecuado si somos descorteses con otro individuo.

ברוך Baruj המקום hamakom שנתן shenatán תורה Torá לעמו leamó
ישראל Yisrael ברוך Baruj הוא Hu: אשרי ashrei העם haam
שככה shecaja משה, מהש, ע"ב בריבוע קס"א, אל שדי, ד"פ אלהים ע"ה כו lo אשרי ashrei
העם haam ר"ת לאה שיהוה sheAdonai יאהדונהי אלהיו Elohav ילה:

Antes de que la Torá sea llevada a la *bimá* (podio), el *jazán* dice:

גדלו gadlú ליהוה laAdonai יאהדונהי אתי ití ונרוממה uneromemá
שמו Shemó מהש ע"ה, ע"ב בריבוע וקס"א ע"ה, אל שדי ע"ה יחדו yajdav:

En Él, yo confío y digo alabanzas a Su Santo y precioso Nombre. Que sea agradable ante Ti y Tú abrirás mi corazón con Tu Torá (y que Tú me concedas hijos varones, que puedan satisfacer Tu deseo). Y que Tú puedas satisfacer las solicitudes de mi corazón y el corazón de toda tu Nación, Israel, para bien, para vida y para paz. Amén.

SACAR LA TORÁ DEL ARCA

Bendita es la Providencia Quien ha dado la Torá a su Nación, Israel, Bendito es Él. "Bienaventurada es la Nación a la que le pertenece esto, bienaventurada es la Nación de la que el Señor es su Dios" (Salmos 114:15). "Glorifiquen conmigo al Señor, alabemos Su Nombre todos juntos" (Salmos 34:4).

Entonces la congregación dice lo siguiente mientras la Torá es llevada a la *bimá*:

לְךָ lejá יְהֹוָה יאהדונהי Adonai הַגְּדֻלָּה hagdulá וְהַגְּבוּרָה vehaGvurá ר״י
וְהַתִּפְאֶרֶת vehaTiféret וְהַנֵּצַח vehaNétsaj וְהַהוֹד vehaHod ההה כִּי־ qui
כֹל jol ילי בַּשָּׁמַיִם bashamáyim י״פ טל, י״פ כוזו וּבָאָרֶץ uvaárets לְךָ lejá
יְהֹוָה יאהדונהי Adonai הַמַּמְלָכָה hamamlajá וְהַמִּתְנַשֵּׂא vehamitnasé
לְכֹל lejol יה אדני לְרֹאשׁ lerosh ריבוע אלהים ואלהים דיודין ע״ה: רוֹמְמוּ romemú
יְהֹוָה יאהדונהי Adonai אֱלֹהֵינוּ Eloheinu ילה וְהִשְׁתַּחֲווּ vehishtajavú
לַהֲדֹם lahadom רַגְלָיו raglav קָדוֹשׁ kadosh הוּא Hu: רוֹמְמוּ romemú
יְהֹוָה יאהדונהי Adonai אֱלֹהֵינוּ Eloheinu ילה וְהִשְׁתַּחֲווּ vehishtajavú לְהַר lehar
קָדְשׁוֹ kodshó כִּי־ qui קָדוֹשׁ kadosh יְהֹוָה יאהדונהי Adonai אֱלֹהֵינוּ Eloheinu ילה:

Algunos añaden esta sección:

אֵין־ ein קָדוֹשׁ kadosh כַּיהֹוָה יאהדונהי caAdonai כִּי qui אֵין ein בִּלְתֶּךָ bilteja
וְאֵין veéin צוּר tsur אלהים דההין ע״ה כֵּאלֹהֵינוּ queEloheinu ילה: כִּי qui מִי mi ילי
אֱלוֹהַּ Elohá מ״ב מִבַּלְעֲדֵי mibaladei יְהֹוָה יאהדונהי Adonai וּמִי umí ילי צוּר tsur
אלהים דההין ע״ה זוּלָתִי zulatí אֱלֹהֵינוּ Eloheinu ילה: תּוֹרָה Torá צִוָּה־ tsivá לָנוּ lanu
אלהים, אהיה אדני מֹשֶׁה Moshé מהש, ע״ב בריבוע וקס״א, אל שדי, ד״פ אלהים ע״ה
מוֹרָשָׁה morashá קְהִלַּת kehilat יַעֲקֹב Yaakov ו׳ הויות, יאהדונהי אידהנויה:
עֵץ־ ets חַיִּים jayim אהיה אהיה יהוה, בינה ע״ה הִיא hi
לַמַּחֲזִיקִים lamajazikim ר״ת להח בָּהּ ba וְתֹמְכֶיהָ vetomjeha מְאֻשָּׁר meushar:
דְּרָכֶיהָ derajeha דַרְכֵי־ darjei נֹעַם nóam וְכָל־ vejol ילי
נְתִיבוֹתֶיהָ netivoteha שָׁלוֹם shalom: שָׁלוֹם shalom רָב rav
לְאֹהֲבֵי leohavei תוֹרָתֶךָ torateja וְאֵין־ veéin לָמוֹ lamó מִכְשׁוֹל mijshol:

"Tuyos, Señor, son la grandeza, la fortaleza, el esplendor, el triunfo y la gloria, incluso todo lo que hay en los Cielos y en la Tierra. Tuyos, Señor, son el Reino y la soberanía sobre cada líder" (Crónicas 1, 29:11). *Exalten al Señor, nuestro Dios, y póstrense ante Su estrado, porque es Santo. "Exalten al Señor, nuestro Dios, y póstrense ante Su Santa Montaña porque el Señor, nuestro Dios, es Santo"* (Salmos 99:9).

"No hay nadie tan Santo como el Señor, porque no hay nadie más aparte de Ti. No hay Fortaleza como nuestro Dios" (Samuel 1 2:2). *"Porque ¿quién es Dios además del Señor? ¿Quién es Fortaleza como no sea nuestro Dios?"* (Salmos 18:32). *"La Torá que Moshé nos encomendó es una herencia para la congregación de Yaakov"* (Deuteronomio 33:4). *"Es un árbol de vida para aquellos que se aferran a él y los que lo apoyan son felices"* (Proverbios 3:18). *"Sus caminos son el camino de lo agradable y todos sus senderos llevan a la paz"* (Proverbios 3:17). *"Abundancia de paz para aquellos que aman Tu Torá y para ellos no hay obstáculos"* (Salmos 119:165).

יְהֹוָהאדניאהדונהי Adonai עֹז oz לְעַמּוֹ leamó יִתֵּן yitén יְהֹוָהאדניאהדונהי Adonai
יְבָרֵךְ yevarej ע"ב ס"ג מ"ה ב"ן, הברכה (למתק את ז' המלכים שמתו) אֶת־ et עַמּוֹ amó
בַשָּׁלוֹם vashalom ר"ת ע"ב, ריבוע יהוה: כִּי qui שֵׁם shem יְהֹוָהאדניאהדונהי Adonai
אֶקְרָא ekrá הָבוּ havú אחד, אהבה, דאגה גֹדֶל godel לֵאלֹהֵינוּ leEloheinu ילה:
הַכֹּל hacol ילי תְּנוּ tnú עֹז oz לֵאלֹהִים leElohim אהיה אדני ; ילה
וּתְנוּ utnú כָבוֹד javod לַתּוֹרָה laTorá:

LA ELEVACIÓN DE LA TORÁ

Después de que el pergamino es colocado en la *bimá* (podio), se llama a una persona para alzar la Torá para que la congregación vea la sección específica que se leerá de la Torá. Mientras elevamos la Torá, también meditamos en elevar nuestro nivel de conciencia. Debemos observar el pergamino para intentar ver la primera letra de la lectura de esa semana. También debemos tratar de encontrar la primera letra de nuestro nombre hebreo en el texto. Puedes usar el *Talit* para ayudarte a enfocar (Si no tienes un *Talit*, puedes usar tu dedo).

וְזֹאת vezot הַתּוֹרָה haTorá אֲשֶׁר־ asher שָׂם sam מֹשֶׁה Moshé
מהש, ע"ב בריבוע וקס"א, אל שדי, ד"פ אלהים ע"ה לִפְנֵי lifnei בְּנֵי bnei יִשְׂרָאֵל Yisrael:
אֵל El ייא"י (מילוי דס"ג) שַׁדַּי Shadai אל שדי = משה, מהש, ע"ב בריבוע וקס"א, ד"פ אלהים ע"ה
אֱמֶת emet אהיה פעמים אהיה, ז"פ ס"ג וּמֹשֶׁה uMoshé מהש, ע"ב בריבוע וקס"א, אל שדי,
ד"פ אלהים ע"ה אֱמֶת emet אהיה פעמים אהיה, ז"פ ס"ג וְתוֹרָתוֹ veTorató
אֱמֶת emet אהיה פעמים אהיה, ז"פ ס"ג: תּוֹרָה Torá צִוָּה־ tsivá
לָנוּ lanu אלהים, אהיה אדני מֹשֶׁה Moshé מהש, ע"ב בריבוע וקס"א, אל שדי, ד"פ אלהים ע"ה
מוֹרָשָׁה morashá קְהִלַּת kehilat יַעֲקֹב Yaakov ז' הויות, יאהדונהי אידהנויה:
הָאֵל haEl ייא"י (מילוי דס"ג) תָּמִים tamim דַּרְכּוֹ darcó אִמְרַת imrat
יְהֹוָהאדניאהדונהי Adonai צְרוּפָה tsrufá מָגֵן maguén ג"פ אל (ייא"י מילוי דס"ג)
ר"ת מיכאל גבריאל נוריאל הוּא hu לְכֹל lejol יה אדני הַחוֹסִים hajosim בּוֹ bo:

"El Señor da fuerza a Su gente. El Señor bendice a Su nación con paz" (Salmos 29:11). "Cuando yo llamo al Nombre del Señor, proclamo grandeza a nuestro Dios" (Deuteronomio 32:3). "Todos reconozcan el poder de Dios" (Salmos 68:35). Y muestren respeto a la Torá.

LA ELEVACIÓN DE LA TORÁ

"Y esta es la Torá que Moshé colocó ante los Hijos de Israel" (Deuteronomio 4:44). Dios es verdad y Moshé es verdad y Su Torá es verdad. "La Torá que Moshé nos encomendó es una herencia para la congregación de Yaakov" (Deuteronomio 33:4). "¡Dios! Sus caminos son perfectos. La declaración del Señor es pura. Él es el Escudo para todos aquellos que se refugian en Él" (Samuel 2 22:31)

El ***jazán*** dice:

בֵּית beit ב"פ ראה אַהֲרֹן Aharón בָּרְכוּ barjú יהוה ריבוע יהוה ריבוע מ"ה אֶת et

ה' Hashem הַמְבֹרָךְ hamevoraj, כֹּהֵן Cohén מלה קְרַב krav וְכַהֵן vejahén מלה.

La persona que sube a la Torá ("el *olé*"), sostiene el Pergamino con ambas manos y dice:

יְהֹוָאדֹנָיאהדונהי Adonai עִמָּכֶם imajem:

La congregación responde:

יְבָרֶכְךָ yevarjejá ה' Hashem:

El *olé* continúa:

(ויכוין "ברכו את ה' המבורך" - מ"ב ור"ך שהם שמאל וימין):

רַבָּנָן rabanán: בָּרְכוּ Barjú יהוה ריבוע יהוה ריבוע מ"ה אֶת et

יְהֹוָאדֹנָיאהדונהי Adonai הַמְבֹרָךְ hamevoraj ס"ת כהת, משיח בן דוד ע"ה.

La congregación responde:

Néfesh	*Rúaj*	*Neshamá*
בָּרוּךְ Baruj	יְהֹוָאדֹנָיאהדונהי Adonai	הַמְבוֹרָךְ hamevoraj

Jayá						*Yejidá*
לְעוֹלָם leolam	ריבוע	ס"ג	וי'	אותיות	דס"ג	וָעֶד vaed:

El *olé* repite esta línea después de la congregación:

Néfesh	*Rúaj*	*Neshamá*
בָּרוּךְ Baruj	יְהֹוָאדֹנָיאהדונהי Adonai	הַמְבוֹרָךְ hamevoraj

Jayá						*Yejidá*
לְעוֹלָם leolam	ריבוע	ס"ג	וי'	אותיות	דס"ג	וָעֶד vaed:

BENDICIONES PARA LA LECTURA

(La Casa de Aharón, bendigan al Señor, el Bendito.
Cohén, acércate y ponte de pie y realiza tu responsabilidad sacerdotal).
Que el Señor esté con ustedes. Que el Señor te bendiga. Señores: Bendigan al Señor que es Bendito.
Bendito es el Señor que es Bendito, por siempre y para la eternidad.

Entonces el *olé* dice la siguiente bendición

בָּרוּךְ Baruj אַתָּה Atá יְהֹוָה יאהדונהי Adonai אֱלֹהֵינוּ Eloheinu ילה
מֶלֶךְ Mélej הָעוֹלָם haolam אֲשֶׁר asher בָּחַר־ bajar בָּנוּ banu מִכָּל־ micol
ילי הָעַמִּים haamim וְנָתַן־ venatán לָנוּ lanu אלהים, אהיה אדני אֶת et
תּוֹרָתוֹ Torató. בָּרוּךְ Baruj אַתָּה Atá יְהֹוָה יאהדונהי Adonai
נוֹתֵן notén אבג יתץ, ושר הַתּוֹרָה haTorá.

Después de la lectura, el *olé* dice la siguiente bendición:

בָּרוּךְ Baruj אַתָּה Atá יְהֹוָה יאהדונהי Adonai אֱלֹהֵינוּ Eloheinu ילה
מֶלֶךְ Mélej הָעוֹלָם haolam אֲשֶׁר asher נָתַן natán לָנוּ lanu אלהים, אהיה אדני
אֶת et תּוֹרָתוֹ Torató תּוֹרַת־ torat אֱמֶת emet אהיה פעמים אהיה, ז"פ ס"ג
וְחַיֵּי vejayei עוֹלָם olam נָטַע natán בְּתוֹכֵנוּ betojenu. בָּרוּךְ Baruj אַתָּה Atá
יְהֹוָה יאהדונהי Adonai נוֹתֵן notén אבג יתץ, ושר הַתּוֹרָה haTorá.

BENDICIÓN DE HAGOMEL

אוֹדֶה odé יְהֹוָה יאהדונהי Adonai בְּכָל־ bejol ב"ן, לכב לֵבָב levav בוכו
בְּסוֹד besod מיכ, י"פ האא יְשָׁרִים yesharim וְעֵדָה veedá סיט:
בָּרוּךְ Baruj אַתָּה Atá יְהֹוָה יאהדונהי Adonai אֱלֹהֵינוּ Eloheinu ילה
מֶלֶךְ Mélej הָעוֹלָם haolam הַגּוֹמֵל hagomel לְחַיָּבִים lejayavim
טוֹבוֹת tovot, שֶׁגְּמָלַנִי shegmalani כָּל col ילי טוֹב tuv והו.

La congregación responde: אָמֵן Amén יאהדונהי Y luego la congregación recita:

הָאֵל haEl לאה ; ייא"י (מילוי דס"ג) שֶׁגְּמָלְךָ shegmalaj כָּל col ילי טוֹב tuv והו.
הוּא hu יִגְמָלְךָ yigmaljá כָּל col ילי טוֹב tuv והו סֶלָה sela.

La persona que dijo "*HaGomel*" recita silenciosamente:

אָמֵן Amén יאהדונהי כֵּן quen יְהִי yehí רָצוֹן ratsón מהש ע"ה, ע"ב בריבוע וקס"א ע"ה, אל שדי ע"ה.

Bendito eres Tú, Señor, nuestro Dios, el Rey del Universo,
Quien nos escogió entre las naciones y nos otorgó Su Torá. Bendito eres Tú, Señor, Quien otorga la Torá.
Bendito eres Tú, Señor, nuestro Dios, Rey del Universo, Quien nos otorgó Su Torá, la Torá de verdad e implantó dentro de nosotros la vida eterna. Bendito eres Tú, Señor, Quien otorga la Torá.

BENDICIÓN DE HAGOMEL

"Doy gracias al Señor de todo corazón, en la congregación y en la asamblea de los justos" (Salmos 111:1). *Bendito eres Tú, Señor, nuestro Dios, Rey del Universo, Quien concede bienes al culpable, Quien me concede todo lo que es bueno. El Dios, Quien te concedió todo lo mejor, te concederá todo lo mejor, Sela. Amén, que así sea.*

LA LECTURA DE LA TORÁ PARA YOM KIPUR

וַיְדַבֵּר ראה יְהֹוָהאדניאהדונהי אֶל־מֹשֶׁה מהש, אל שדי אַחֲרֵי מוֹת שְׁנֵי בְּנֵי
אַהֲרֹן ע״ב ורבוע ע״ב בְּקָרְבָתָם לִפְנֵי־ וחכמה בינה יְהֹוָהאדניאהדונהי וַיָּמֻתוּ: וַיֹּאמֶר
יְהֹוָהאדניאהדונהי אֶל־מֹשֶׁה מהש, אל שדי דַּבֵּר ראה אֶל־אַהֲרֹן ע״ב ורבוע ע״ב אָחִיךָ
וְאַל־יָבֹא בְכָל־ ב״ן, לכב, יבמ עֵת י״פ אהיה י׳ הויות אֶל־הַקֹּדֶשׁ מִבֵּית ב״פ ראה
לַפָּרֹכֶת אֶל־פְּנֵי וחכמה בינה הַכַּפֹּרֶת אֲשֶׁר עַל־הָאָרֹן ע״ב ורבוע ע״ב וְלֹא יָמוּת כִּי
בֶּעָנָן אֵרָאֶה עַל־הַכַּפֹּרֶת: בְּזֹאת יָבֹא אַהֲרֹן ע״ב ורבוע ע״ב אֶל־הַקֹּדֶשׁ
בְּפַר בוזוחר, ערי, סנדלפון בֶּן־בָּקָר לְחַטָּאת וְאַיִל לְעֹלָה: (*Leví en Shabat*)
כְּתֹנֶת־בַּד קֹדֶשׁ יִלְבָּשׁ וּמִכְנְסֵי־בַד יִהְיוּ אל עַל־בְּשָׂרוֹ וּבְאַבְנֵט בַּד יַחְגֹּר
וּבְמִצְנֶפֶת בַּד יִצְנֹף בִּגְדֵי־קֹדֶשׁ הֵם וְרָחַץ בַּמַּיִם אֶת־בְּשָׂרוֹ וּלְבֵשָׁם: וּמֵאֵת
עֲדַת בְּנֵי יִשְׂרָאֵל יִקַּח וזעם שְׁנֵי־שְׂעִירֵי עִזִּים לְחַטָּאת וְאַיִל אֶחָד אהבה, דאגה
לְעֹלָה: וְהִקְרִיב אַהֲרֹן ע״ב ורבוע ע״ב אֶת־פַּר בוזוחר, ערי, סנדלפון הַחַטָּאת אֲשֶׁר־לוֹ
וְכִפֶּר מצפצ בַּעֲדוֹ וּבְעַד בֵּיתוֹ: *Leví (Israel en Shabat)* וְלָקַח יהוה אהיה יהוה אדני
אֶת־שְׁנֵי הַשְּׂעִירִם וְהֶעֱמִיד אֹתָם לִפְנֵי וחכמה בינה יְהֹוָהאדניאהדונהי פֶּתַח אֹהֶל לאה
מוֹעֵד: וְנָתַן אבגית״ץ, ושר, אהבת חנם אַהֲרֹן ע״ב ורבוע ע״ב עַל־שְׁנֵי הַשְּׂעִירִם גֹּרָלוֹת
גּוֹרָל אֶחָד אהבה, דאגה לַיהֹוָהאדניאהדונהי וְגוֹרָל אֶחָד אהבה, דאגה לַעֲזָאזֵל: וְהִקְרִיב
אַהֲרֹן ע״ב ורבוע ע״ב אֶת־הַשָּׂעִיר אֲשֶׁר עָלָה עָלָיו הַגּוֹרָל לַיהֹוָהאדניאהדונהי
וְעָשָׂהוּ חַטָּאת: וְהַשָּׂעִיר אֲשֶׁר עָלָה עָלָיו הַגּוֹרָל לַעֲזָאזֵל יָעֳמַד־חַי לִפְנֵי
וחכמה בינה יְהֹוָהאדניאהדונהי לְכַפֵּר מצפצ עָלָיו לְשַׁלַּח אֹתוֹ לַעֲזָאזֵל הַמִּדְבָּרָה:

LA LECTURA DE LA TORÁ PARA YOM KIPUR

"Y le dijo el Señor a Moshé después de la muerte de los dos hijos de Aharón, los cuales habían muerto al acercarse a hacer una ofrenda al Señor: 'Dile a Aharón, tu hermano, que no entre en cualquier momento al santuario, detrás del velo, delante del propiciatorio que está sobre el Arca, para que no muera; por cuanto Yo apareceré en la nube sobre el propiciatorio. Con esto vendrá Aharón al santuario: con un novillo por expiación y un carnero por holocausto. **(LEVÍ EN SHABAT)** *Se revestirá de la túnica sagrada de lino y pondrá sobre sus carnes un calzón de lino; se ceñirá un cinturón de lino y se cubrirá con un turbante de lino. Son vestidos sagrados. Por lo tanto, bañará su cuerpo en agua y luego se pondrá esas vestiduras. Y de la congregación de los hijos de Israel tomará los dos machos cabríos como ofrenda de expiación y un carnero como ofrenda quemada. Y ofrecerá Aharón el novillo de la expiación, que es suyo, y hará expiación por sí mismo y su linaje.* **LEVÍ (ISRAEL EN SHABAT)** *Y él tomará los dos machos cabríos y los presentará ante el Señor a la entrada del tabernáculo. Y echará suertes sobre ellos, pues uno será para el Señor y otro para Azazel. Y ofrecerá Aharón el macho cabrío que le haya tocado en suerte al Señor y lo traerá por ofrenda expiatoria. Pero el macho cabrío que le toque en suerte a Azazel será presentado vivo al Señor para expiar con él y enviarlo a Azazel en el desierto.*

וְהִקְרִיב אַהֲרֹן ע״ב ורבוע ע״ב אֶת־פַּר מנצפך, ערי, סנדלפון הַחַטָּאת אֲשֶׁר־לוֹ
וְכִפֶּר מצפצ בַּעֲדוֹ וּבְעַד בֵּיתוֹ ב״פ ראה וְשָׁחַט אֶת־פַּר מנצפך, ערי, סנדלפון הַחַטָּאת
אֲשֶׁר־לוֹ׃ *Israel (Cuarta en Shabat)* וְלָקַח יהוה אהיה יהוה אדני מְלֹא־הַמַּחְתָּה
גַּחֲלֵי־אֵשׁ אלהים דיודין ע״ה מֵעַל עלם הַמִּזְבֵּחַ זן, נגד מִלִּפְנֵי חכמה בינה יְהֹוָהאדנהיאהדונהי
וּמְלֹא חָפְנָיו קְטֹרֶת י״א אדני סַמִּים ע״ה קנ״א, אלהים אדני דַּקָּה וְהֵבִיא מִבֵּית ב״פ ראה
לַפָּרֹכֶת׃ וְנָתַן אבגית״ץ, ושר, אהבת חנם אֶת־הַקְּטֹרֶת י״א אדני עַל־הָאֵשׁ שאה
לִפְנֵי חכמה בינה יְהֹוָהאדנהיאהדונהי וְכִסָּה ׀ עֲנַן הַקְּטֹרֶת י״א אדני אֶת־הַכַּפֹּרֶת
אֲשֶׁר עַל־הָעֵדוּת וְלֹא יָמוּת׃ וְלָקַח יהוה אהיה יהוה אדני מִדַּם רבוע אהיה
הַפָּר מנצפך, ערי, סנדלפון וְהִזָּה והו בְאֶצְבָּעוֹ עַל־פְּנֵי חכמה בינה הַכַּפֹּרֶת קֵדְמָה
וְלִפְנֵי הַכַּפֹּרֶת יַזֶּה שֶׁבַע־ ע״ב ואלהים דיודין פְּעָמִים מִן־הַדָּם רבוע אהיה בְּאֶצְבָּעוֹ׃
וְשָׁחַט אֶת־שְׂעִיר הַחַטָּאת אֲשֶׁר לָעָם עלם וְהֵבִיא אֶת־דָּמוֹ אֶל־מִבֵּית ב״פ ראה
לַפָּרֹכֶת וְעָשָׂה אֶת־דָּמוֹ כַּאֲשֶׁר עָשָׂה לְדַם רבוע אהיה הַפָּר מנצפך, ערי, סנדלפון
וְהִזָּה והו אֹתוֹ עַל־הַכַּפֹּרֶת וְלִפְנֵי חכמה בינה הַכַּפֹּרֶת׃ וְכִפֶּר מצפצ עַל־הַקֹּדֶשׁ
מִטֻּמְאֹת בְּנֵי יִשְׂרָאֵל וּמִפִּשְׁעֵיהֶם לְכָל־ יה אדני חַטֹּאתָם וְכֵן יַעֲשֶׂה לְאֹהֶל לאה
מוֹעֵד הַשֹּׁכֵן ש״ע אִתָּם בְּתוֹךְ טֻמְאֹתָם׃ וְכָל־ ילי אָדָם מ״ה לֹא־יִהְיֶה ייי ׀ בְּאֹהֶל
לאה מוֹעֵד בְּבֹאוֹ לְכַפֵּר מצפצ בַּקֹּדֶשׁ עַד־צֵאתוֹ וְכִפֶּר מצפצ בַּעֲדוֹ וּבְעַד
בֵּיתוֹ ב״פ ראה וּבְעַד כָּל־ ילי קְהַל ע״ב ס״ג יִשְׂרָאֵל׃ *Cuarta (Quinta en Shabat)*
וְיָצָא אֶל־הַמִּזְבֵּחַ זן, נגד אֲשֶׁר לִפְנֵי־ חכמה בינה יְהֹוָהאדנהיאהדונהי וְכִפֶּר מצפצ עָלָיו
וְלָקַח יהוה אהיה יהוה אדני מִדַּם רבוע אהיה הַפָּר מנצפך, ערי, סנדלפון וּמִדַּם רבוע אהיה
הַשָּׂעִיר וְנָתַן אבגית״ץ, ושר, אהבת חנם עַל־קַרְנוֹת הַמִּזְבֵּחַ זן, נגד סָבִיב׃

Y ofrecerá Aharón el ovillo expiatorio suyo y hará expiación por él y su linaje, y lo inmolará. **Israel (Cuarta en Shabat)** *Y tomará un incensario lleno de brasas ardientes del altar ante el Señor y colmará sus puños con incienso aromático bien desmenuzado y lo llevará detrás del velo, y pondrá el incienso sobre el fuego ante el Señor para que la nube cubra el propiciatorio que está sobre el Arca del Testimonio, para que no muera. Y de la sangre del novillo tomará un poco que rociará con su dedo índice el frente del propiciatorio siete veces. Luego sacrificará al macho cabrío de la expiación, que es del pueblo, y traerá su sangre detrás del velo y hará aspersiones como hizo con la sangre del novillo y rociará el propiciatorio y delante de él. Y purificará el lugar santo de las impurezas de los hijos de Israel y de sus pecados. Y así hará al tabernáculo, que está con ellos en medio de sus impurezas. Y no habrá nadie en el tabernáculo cuando entre para hacer expiación en el lugar santo hasta que salga, y hará expiación por sí mismo, por su linaje y por toda la congregación de Israel.* **Cuarta (Quinta en Shabat)** *Y saldrá al altar que está ante el Señor y hará expiación por el altar, y tomará sangre del novillo y del macho cabrío y rociará con ella los cuernos del altar.*

וְהִזָּה והו עָלָיו מִן־הַדָּם רבוע אהיה בְּאֶצְבָּעוֹ שֶׁבַע ע"ב ואלהים דיודין פְּעָמִים וְטִהֲרוֹ
וְקִדְּשׁוֹ מִטֻּמְאֹת בְּנֵי יִשְׂרָאֵל׃ וְכִלָּה מִכַּפֵּר מצפצ אֶת־הַקֹּדֶשׁ וְאֶת־אֹהֶל לאה
מוֹעֵד וְאֶת־הַמִּזְבֵּחַ זן, נגד וְהִקְרִיב אֶת־הַשָּׂעִיר הֶחָי׃ וְסָמַךְ אַהֲרֹן ע"ב ורבוע ע"ב
אֶת־שְׁתֵּי יָדָו עַל רֹאשׁ ריבוע אלהים ואלהים דיודין ע"ה הַשָּׂעִיר הַחַי וְהִתְוַדָּה עָלָיו
אֶת־כָּל־ ילי עֲוֹנֹת בְּנֵי יִשְׂרָאֵל וְאֶת־כָּל־ ילי פִּשְׁעֵיהֶם לְכָל־ יה אדני חַטֹּאתָם
וְנָתַן אבגית"ץ, ושר, אהבת חנם אֹתָם עַל־רֹאשׁ ריבוע אלהים ואלהים דיודין ע"ה
הַשָּׂעִיר וְשִׁלַּח בְּיַד־אִישׁ ע"ה קנ"א קס"א עִתִּי הַמִּדְבָּרָה׃ וְנָשָׂא הַשָּׂעִיר עָלָיו
אֶת־כָּל־ ילי עֲוֹנֹתָם אֶל־אֶרֶץ אלהים דאלפין גְּזֵרָה וְשִׁלַּח אֶת־הַשָּׂעִיר
בַּמִּדְבָּר אברהם, רמ"ח, וז"פ אל׃ וּבָא אַהֲרֹן ע"ב ורבוע ע"ב אֶל־אֹהֶל לאה מוֹעֵד וּפָשַׁט
אֶת־בִּגְדֵי הַבָּד אֲשֶׁר לָבַשׁ בְּבֹאוֹ אֶל־הַקֹּדֶשׁ וְהִנִּיחָם שָׁם יהוה שדי׃
וְרָחַץ אֶת־בְּשָׂרוֹ בַמַּיִם בְּמָקוֹם יהוה ברבוע, ו"פ אל קָדוֹשׁ וְלָבַשׁ
אֶת־בְּגָדָיו וְיָצָא וְעָשָׂה אֶת־עֹלָתוֹ וְאֶת־עֹלַת אבגית"ץ, ושר, אהבת חנם הָעָם
וְכִפֶּר מצפצ בַּעֲדוֹ וּבְעַד הָעָם׃ *Quinta (Sexta en Shabat)* וְאֵת חֵלֶב
הַחַטָּאת יַקְטִיר הַמִּזְבֵּחָה׃ וְהַמְשַׁלֵּחַ אֶת־הַשָּׂעִיר לַעֲזָאזֵל יְכַבֵּס
בְּגָדָיו וְרָחַץ אֶת־בְּשָׂרוֹ בַּמַּיִם וְאַחֲרֵי־כֵן יָבוֹא אֶל־הַמַּחֲנֶה׃
וְאֵת פַּר סוזפר, ערי, סנדלפו"ן הַחַטָּאת וְאֵת | שְׂעִיר הַחַטָּאת אֲשֶׁר הוּבָא
אֶת־דָּמָם לְכַפֵּר מצפצ בַּקֹּדֶשׁ יוֹצִיא אֶל־מִחוּץ לַמַּחֲנֶה וְשָׂרְפוּ
בָאֵשׁ אלהים דיודין ע"ה אֶת־עֹרֹתָם וְאֶת־בְּשָׂרָם וְאֶת־פִּרְשָׁם׃ וְהַשֹּׂרֵף אֹתָם
יְכַבֵּס בְּגָדָיו וְרָחַץ אֶת־בְּשָׂרוֹ בַּמַּיִם וְאַחֲרֵי־כֵן יָבוֹא אֶל־הַמַּחֲנֶה׃

Y rociará la sangre con su dedo índice siete veces y así quedará el altar purificado de las impurezas de los hijos de Israel. Y cuando haya terminado la expiación por el lugar santo, el tabernáculo y el altar, traerá al macho cabrío vivo. Y apoyará Aharón sus dos manos en la cabeza del animal y confesará todas las iniquidades de los hijos de Israel y todos sus pecados, poniéndolos así sobre la cabeza de la víctima. Entonces, por medio de un emisario, enviará al animal al desierto. Y el macho cabrío conllevará todos los pecados a una tierra desolada, pues será llevado al desierto. Y entrará Aharón al tabernáculo y se sacará las vestiduras de lino que se puso cuando fue al lugar santo y las pondrá allí. Y lavará sus carnes con agua en el lugar santo y se pondrá sus vestidos y saldrá para ofrecer su holocausto y el holocausto del pueblo y hacer expiación por él mismo y por el pueblo. **QUINTA (SEXTA EN SHABAT)** *Y hará quemar la grasa de la ofrenda expiatoria sobre el altar. Y el que llevó al macho cabrío a Azazel lavará sus ropas y se bañará en agua y volverá al campamento. Y el novillo de la expiación y el macho cabrío expiatorio, cuya sangre fue empleada para hacer expiación en el lugar santo, serán sacados fuera del campamento y serán quemados su cuero, su carne y sus excrementos. Y el que los queme lavará sus ropas y se bañará en agua y después volverá al campamento.*

וְהָיְתָה לָכֶם לְחֻקַּת עוֹלָם אהיה דההין בַּחֹדֶשׁ י״ב הוויות הַשְּׁבִיעִי בֶּעָשׂוֹר
לַחֹדֶשׁ י״ב הוויות תְּעַנּוּ אֶת־נַפְשֹׁתֵיכֶם וְכָל־ ילי מְלָאכָה אל אדני לֹא תַעֲשׂוּ
הָאֶזְרָח וְהַגֵּר ד״פ ב״ן הַגָּר ד״פ ב״ן בְּתוֹכְכֶם׃ כִּי־בַיּוֹם ע״ה = נגד, זן, מזבח הַזֶּה והו
יְכַפֵּר מצפ״ץ עֲלֵיכֶם לְטַהֵר י״פ אכא אֶתְכֶם מִכֹּל ילי חַטֹּאתֵיכֶם לִפְנֵי חכמה בינה
יְהֹוָאדהנויאהדונהי תִּטְהָרוּ׃ *Sexta (Séptima en Shabat)* שַׁבַּת שַׁבָּתוֹן הִיא לָכֶם
וְעִנִּיתֶם אֶת־נַפְשֹׁתֵיכֶם חֻקַּת עוֹלָם אהיה דההין׃ וְכִפֶּר מצפ״ץ הַכֹּהֵן מלה אֲשֶׁר־
יִמְשַׁח אֹתוֹ וַאֲשֶׁר יְמַלֵּא אֶת־יָדוֹ לְכַהֵן מלה תַּחַת אָבִיו וְלָבַשׁ אֶת־בִּגְדֵי
הַבָּד בִּגְדֵי הַקֹּדֶשׁ׃ וְכִפֶּר מצפ״ץ אֶת־מִקְדַּשׁ הַקֹּדֶשׁ וְאֶת־אֹהֶל לאה מוֹעֵד
וְאֶת־הַמִּזְבֵּחַ זן, נגד יְכַפֵּר מצפ״ץ וְעַל הַכֹּהֲנִים מלה וְעַל־כָּל־ ילי עַם הַקָּהָל ע״ב ס״ג
יְכַפֵּר מצפ״ץ׃ וְהָיְתָה־זֹּאת לָכֶם לְחֻקַּת עוֹלָם אהיה דההין לְכַפֵּר מצפ״ץ עַל־בְּנֵי
יִשְׂרָאֵל מִכָּל־ ילי חַטֹּאתָם אַחַת בַּשָּׁנָה וַיַּעַשׂ כַּאֲשֶׁר צִוָּה פוי יְהֹוָאדהנויאהדונהי
אֶת־מֹשֶׁה מהש, אל שדי׃

Después de la lectura, recita Medio *Kadish* (a continuación), después lee el *Maftir* (pág. 455).

MEDIO KADISH

יִתְגַּדַּל yitgadal וְיִתְקַדַּשׁ veyitkadash שדי ומילוי שדי ; י״א אותיות כמנין ו״ה

שְׁמֵיהּ Shmei (שם י״ה דע״ב) רַבָּא rabá קנ״א ב״ן, יהוה אלהים יהוה אדני,

מילוי קס״א וס״ג, מ״ה ברבוע וע״ב ע״ה ; ר״ת = ו״פ אלהים ; ס״ת = ג״פ יב״ק׃ אָמֵן Amén אידהנויה.

בְּעָלְמָא bealmá דִּי di בְּרָא verá כִּרְעוּתֵיהּ quirutei.

וְיַמְלִיךְ veyamlij מַלְכוּתֵיהּ maljutei. וְיַצְמַח veyatsmaj

פּוּרְקָנֵיהּ purkanei. וִיקָרֵב vikarev מְשִׁיחֵיהּ Meshijei׃ אָמֵן Amén אידהנויה.

Y esta será ley eterna para ustedes: el día diez del mes séptimo afligirán sus almas y no harán labor alguna, ni el nativo ni el extranjero que more entre ustedes, por cuanto ese día el sacerdote hará expiación por ustedes, para purificarlos de todos sus pecados ante el Señor. **SEXTA (SÉPTIMA EN SHABAT)** *Será un Shabat de descanso para ustedes y afligirán sus almas por como ley perpetua. Y el sacerdote que será ungido y consagrado para oficial en lugar de su padre hará expiación con las vestiduras sagradas de lino prescritas. Y hará expiación por el santuario sagrado, por el tabernáculo y por el altar, como asimismo por los sacerdotes y por todo el pueblo. Será estatuto eterno la expiación por todos los pecados de los hijos de Israel una vez al año'. Y se hizo como el Señor había ordenado a Moshé" (Levítico 16:1-34).*

MEDIO KADISH

Glorificado y santificado sea Su Gran Nombre (Amén).
En el mundo que Él creó de acuerdo a Su voluntad y pueda Su Reino reinar.
Y pueda hacer que Su redención florezca y pueda Él acercar al Mesías (Amén).

בְּחַיֵּיכוֹן bejayeijón וּבְיוֹמֵיכוֹן uveyomeijón וּבְחַיֵּי uvejayei
דְכָל dejol יל״י בֵּית beit ב״פ ראה יִשְׂרָאֵל Yisrael בַּעֲגָלָא baagalá
וּבִזְמַן uvizmán קָרִיב kariv וְאִמְרוּ veimrú אָמֵן Amén: Amén אָמֵן Amén אידהנויה.

La congregación y el *jazán* dicen lo siguiente:

28 palabras (hasta *bealmá*) – y 28 letras (hasta *almayá*)

יְהֵא yehé שְׁמֵיהּ Shmei (שם י״ה דס״ג) רַבָּא rabá קנ״א ב״ן,
יהוה אלהים יהוה אדני, מילוי קס״א וס״ג, מ״ה ברבוע וע״ב ע״ה מְבָרַךְ mevaraj,
לְעָלַם lealam לְעָלְמֵי lealmei עָלְמַיָּא almayá. יִתְבָּרַךְ yitbaraj.

Siete palabras con seis letras cada una (שם בן מ״ב). También, siete veces la letra Vav (שם בן מ״ב).

וְיִשְׁתַּבַּח veyishtabaj י״פ ע״ב יהוה אל אבג יתץ.
וְיִתְפָּאַר veyitpaar הי גו יה קרע שטן. וְיִתְרוֹמַם veyitromam וה כוזו נגד יכש.
וְיִתְנַשֵּׂא veyitnasé במוכסז בטר צתג. וְיִתְהַדָּר veyithadar כוזו יה חקב טנע.
וְיִתְעַלֶּה veyitalé וה יוד ה יגל פזק. וְיִתְהַלָּל veyithalal א ואו הא שקו צית.
שְׁמֵיהּ Shmei (שם י״ה דמ״ה) דְּקוּדְשָׁא deKudshá בְּרִיךְ Verij הוּא Hu:
אָמֵן Amén אידהנויה.
לְעֵלָּא leelá מִן min כָּל col יל״י בִּרְכָתָא birjatá. שִׁירָתָא shiratá.
תֻּשְׁבְּחָתָא tishbejatá וְנֶחָמָתָא venejamatá. דַּאֲמִירָן daamirán
בְּעָלְמָא bealmá וְאִמְרוּ veimrú אָמֵן Amén: אָמֵן Amén אידהנויה.

MAFTIR

וּבֶעָשׂוֹר לַחֹדֶשׁ י״ב הויות הַשְּׁבִיעִי הַזֶּה והו מִקְרָא־ שם ע״ה, יהוה שדי קֹדֶשׁ
יִהְיֶה ייי לָכֶם וְעִנִּיתֶם אֶת־נַפְשֹׁתֵיכֶם כָּל־ יל״י מְלָאכָה אל אדני
לֹא תַעֲשׂוּ: וְהִקְרַבְתֶּם עֹלָה לַיהֹוָה אהדונהי רֵיחַ נִיחֹחַ

En tus vidas y en tus días y en la vida de toda la Casa de Israel, prontamente y en el futuro cercano, y dígase: Amén (Amén). Que Su gran Nombre sea bendito por siempre y por toda la eternidad, bendito, y alabado, y glorificado y exaltado, y ensalzado y honrado, y adorado y loado sea el Nombre del Santo Bendito Sea (Amén). Más allá de todas las bendiciones, himnos, alabanzas y palabras de consolación que pueden decirse en el mundo, y dirán: Amén (Amén).

MAFTIR

"Y en el décimo día de este séptimo mes será de Santa Convocatoria.
Afligirán sus almas y no harán trabajo servil, y ofrecerán holocausto de olor grato al Señor

פַּר סוזוהך, ערי, סנדלפון בֶּן־בָּקָר אֶחָד אהבה, דאגה אַיִל אֶחָד אהבה, דאגה כְּבָשִׂים
בְּנֵי־שָׁנָה שִׁבְעָה תְּמִימִם יִהְיוּ אל לָכֶם: וּמִנְחָתָם סֹלֶת בְּלוּלָה בַשָּׁמֶן
י״פ טל, י״פ כוז״ו, ביט שְׁלֹשָׁה עֶשְׂרֹנִים לַפָּר סוזוהך, ערי, סנדלפון שְׁנֵי עֶשְׂרֹנִים לָאָיִל
הָאֶחָד אהבה, דאגה: עִשָּׂרוֹן עִשָּׂרוֹן לַכֶּבֶשׂ ב״פ קס״א הָאֶחָד אהבה, דאגה לְשִׁבְעַת
הַכְּבָשִׂים: שְׂעִיר־עִזִּים אֶחָד אהבה, דאגה חַטָּאת מִלְּבַד חַטַּאת הַכִּפֻּרִים
וְעֹלַת אבגית״ץ, ושר, אהבת חנם הַתָּמִיד ע״ה נתה, קס״א קנ״א קמ״ג וּמִנְחָתָהּ וְנִסְכֵּיהֶם:

BENDICIÓN DE LA HAFTARÁ

El *Maftir* (el *olé* del *Maftir*) recita esta bendición antes de la lectura de la *Haftará*. Se recomienda seguir y leer individualmente la *Haftará* (mientras ésta es recitada), ya que simplemente escucharla mientras la lee el lector no es una conexión completa.

Hay un nivel mucho más elevado que la Inspiración Divina llamado profecía. Muchos grandes personajes a lo largo de la historia han recibido Inspiración Divina. Esto se refiere a la recepción de conocimiento o mensajes ocultos de la vida que, normalmente, están fuera del alcance del individuo promedio. Más aún, el receptor de este mensaje lo entiende perfectamente, sin imprecisión alguna. En la profecía, la persona logra una unión absoluta y un vínculo con el Creador. El Kabbalista Rav Moshé Jayim Luzzatto explica que incluso la profecía debe llegar a través de un intermediario, el cual actúa como un lente a través del cual ver la visión. Alcanzar este nivel es un proceso de elevación gradual, progresiva. Las palabras en esta bendición nos preparan a nosotros, la Vasija, para una poderosa conexión con la sabiduría de los profetas en la *Haftará*, la lectura que viene después de la Torá. El hacer esta conexión nos ayuda a convertirnos en profetas.

בָּרוּךְ Baruj אַתָּה Atá יְהֹוָה יאהדונהי Adonai אֱלֹהֵינוּ Eloheinu ילה
מֶלֶךְ Mélej הָעוֹלָם haolam אֲשֶׁר asher בָּחַר bajar
בִּנְבִיאִים bineviím טוֹבִים tovim וְרָצָה veratsá בְדִבְרֵיהֶם vedivreihem
הַנֶּאֱמָרִים haneemarim בֶּאֱמֶת beemet אהיה פעמים אהיה, ז״פ ס״ג
בָּרוּךְ Baruj אַתָּה Atá יְהֹוָה יאהדונהי Adonai הַבּוֹחֵר habojer
בַּתּוֹרָה baTorá וּבְמֹשֶׁה uveMoshé מהש, ע״ב בריבוע וקס״א, אל שדי, ד״פ אלהים ע״ה
עַבְדּוֹ avdó וּבְיִשְׂרָאֵל uveYisrael עַמּוֹ amó וּבִנְבִיאֵי uvineviéi
הָאֱמֶת haemet אהיה פעמים אהיה, ז״פ ס״ג וְהַצֶּדֶק vehatsédek:

---

de un novillo, un carnero y siete corderos de un año, sin defecto alguno. Y su oblación vegetal será de harina de sémola amasada con aceite, tres diezmos por el novillo, dos diezmos por el carnero y un diezmo por cada uno de los siete corderos. Un macho cabrío por expiación aparte de la ofrenda expiatoria ordinaria, el holocausto cotidiano, su oblación y sus libaciones" (Números 29:7-11).

BENDICIÓN DE LA HAFTARÁ

Bendito eres Tú, Señor, nuestro Dios, el Rey del mundo, Quien ha escogido buenos profetas y Quien se complació con sus palabras que fueron proferidas con verdad. Bendito eres Tú, Señor, Quien escogió la Torá y a Moshé, Su siervo, e Israel, Su Nación, y los profetas de verdad y justicia.

HAFTARÁ PARA YOM KIPUR

וְאָמַר סֹלּוּ־סֹלּוּ פַּנּוּ־דָרֶךְ הָרִימוּ מִכְשׁוֹל מִדֶּרֶךְ עַמִּי׃ כִּי כֹה אָמַר רָם
וְנִשָּׂא שֹׁכֵן עַד וְקָדוֹשׁ שְׁמוֹ מָרוֹם וְקָדוֹשׁ אֶשְׁכּוֹן וְאֶת־דַּכָּא וּשְׁפַל־רוּחַ
לְהַחֲיוֹת רוּחַ שְׁפָלִים וּלְהַחֲיוֹת לֵב נִדְכָּאִים׃ כִּי לֹא לְעוֹלָם אָרִיב וְלֹא
לָנֶצַח אֶקְּצוֹף כִּי־רוּחַ מִלְּפָנַי יַעֲטוֹף וּנְשָׁמוֹת אֲנִי עָשִׂיתִי׃ בַּעֲוֺן בִּצְעוֹ
קָצַפְתִּי וְאַכֵּהוּ הַסְתֵּר וְאֶקְצֹף וַיֵּלֶךְ שׁוֹבָב בְּדֶרֶךְ לִבּוֹ׃ דְּרָכָיו רָאִיתִי
וְאֶרְפָּאֵהוּ וְאַנְחֵהוּ וַאֲשַׁלֵּם נִחֻמִים לוֹ וְלַאֲבֵלָיו׃ בּוֹרֵא נִיב (כתיב: נוב) שְׂפָתָיִם
שָׁלוֹם | שָׁלוֹם לָרָחוֹק וְלַקָּרוֹב אָמַר יְהֹוָה וּרְפָאתִיו׃ וְהָרְשָׁעִים
כַּיָּם נִגְרָשׁ כִּי הַשְׁקֵט לֹא יוּכָל וַיִּגְרְשׁוּ מֵימָיו רֶפֶשׁ וָטִיט׃ אֵין שָׁלוֹם
אָמַר אֱלֹהַי לָרְשָׁעִים׃ קְרָא בְגָרוֹן אַל־תַּחְשֹׂךְ כַּשּׁוֹפָר הָרֵם קוֹלֶךָ וְהַגֵּד
לְעַמִּי פִּשְׁעָם וּלְבֵית יַעֲקֹב חַטֹּאתָם׃ וְאוֹתִי יוֹם יוֹם יִדְרֹשׁוּן וְדַעַת דְּרָכַי
יֶחְפָּצוּן כְּגוֹי אֲשֶׁר־צְדָקָה עָשָׂה וּמִשְׁפַּט אֱלֹהָיו לֹא עָזָב יִשְׁאָלוּנִי מִשְׁפְּטֵי־
צֶדֶק קִרְבַת אֱלֹהִים יֶחְפָּצוּן׃ לָמָּה צַּמְנוּ וְלֹא רָאִיתָ עִנִּינוּ נַפְשֵׁנוּ וְלֹא תֵדָע
הֵן בְּיוֹם צֹמְכֶם תִּמְצְאוּ־חֵפֶץ וְכָל־עַצְּבֵיכֶם תִּנְגֹּשׂוּ׃ הֵן לְרִיב וּמַצָּה תָּצוּמוּ
וּלְהַכּוֹת בְּאֶגְרֹף רֶשַׁע לֹא־תָצוּמוּ כַיּוֹם לְהַשְׁמִיעַ בַּמָּרוֹם קוֹלְכֶם׃

HAFTARÁ PARA YOM KIPUR

"Y Él dirá: 'Abran paso, abran paso, despejen el camino. Quiten los obstáculos del camino de mi pueblo'. Porque así dice el Altísimo que habita la eternidad, cuyo nombre es sagrado: Vivo en el lugar más alto y más santo. Conmigo habita aquél que es de espíritu contrito y humilde, para vivificar el espíritu de los humildes y vivificar el espíritu de los contritos. En verdad no contenderé por siempre, ni estaré airado, porque sucumbirá ante Mí todo espíritu y las almas que he hecho. Por la iniquidad de su codicia me indigné y lo castigué. Me oculté airado y él siguió perversamente en el camino de su corazón. Yo he visto sus caminos y lo sanaré. También lo conduciré y lo consolaré a él y a sus dolientes. Paz, paz al que está lejos y al que está cerca, dice el Señor que crea el fruto de los labios. Y yo lo curaré. Pero los malvados son como el mar agitado, porque no tienen reposo y sus aguas arrastran lodo y miseria. No hay paz, dice mi Dios, con respecto a los impíos. ¡Grita en voz alta! ¡Alza tu voz como una trompeta y declara a Mi pueblo su transgresión, y a la casa de Yaakov sus pecados! Me buscarán todos los días y se deleitarán en el conocimiento de Mis caminos, como una nación que hace justicia y no abandona el mandato de su Dios. Me piden estatutos justos. Les agrada acercarse a Dios. '¿Para qué hemos ayunado si Tú no nos ves? ¿Para qué hemos afligido nuestra alma si Tú no te enteras de ello?', he aquí que en el día de su ayuno se van tras sus negocios y exigen todos sus trabajos. He aquí que ayunan para reñir y discutir, y herir con el puño de la maldad. No ayunen de esta manera si quieren que su voz sea oída en lo alto.

הֲכָזֶה יִהְיֶה צוֹם אֶבְחָרֵהוּ יוֹם עַנּוֹת אָדָם נַפְשׁוֹ הֲלָכֹף כְּאַגְמֹן רֹאשׁוֹ וְשַׂק
וָאֵפֶר יַצִּיעַ הֲלָזֶה תִּקְרָא־צוֹם וְיוֹם רָצוֹן לַיהֹוָה אהדונהי: הֲלוֹא זֶה צוֹם
אֶבְחָרֵהוּ פַּתֵּחַ חַרְצֻבּוֹת רֶשַׁע הַתֵּר אֲגֻדּוֹת מוֹטָה וְשַׁלַּח רְצוּצִים חָפְשִׁים
וְכָל־מוֹטָה תְּנַתֵּקוּ: הֲלוֹא פָרֹס לָרָעֵב לַחְמֶךָ וַעֲנִיִּים מְרוּדִים תָּבִיא בָיִת
כִּי־תִרְאֶה עָרֹם וְכִסִּיתוֹ וּמִבְּשָׂרְךָ לֹא תִתְעַלָּם: אָז יִבָּקַע כַּשַּׁחַר אוֹרֶךָ
וַאֲרֻכָתְךָ מְהֵרָה תִצְמָח וְהָלַךְ לְפָנֶיךָ צִדְקֶךָ כְּבוֹד יְהֹוָה אהדונהי יַאַסְפֶךָ:
אָז תִּקְרָא וַיהֹוָה אהדונהי יַעֲנֶה תְּשַׁוַּע וְיֹאמַר הִנֵּנִי אִם־תָּסִיר מִתּוֹכְךָ מוֹטָה
שְׁלַח אֶצְבַּע וְדַבֶּר־אָוֶן: וְתָפֵק לָרָעֵב נַפְשֶׁךָ וְנֶפֶשׁ נַעֲנָה תַּשְׂבִּיעַ וְזָרַח
בַּחֹשֶׁךְ אוֹרֶךָ וַאֲפֵלָתְךָ כַּצָּהֳרָיִם: וְנָחֲךָ יְהֹוָה אהדונהי תָּמִיד וְהִשְׂבִּיעַ
בְּצַחְצָחוֹת נַפְשֶׁךָ וְעַצְמֹתֶיךָ יַחֲלִיץ וְהָיִיתָ כְּגַן רָוֶה וּכְמוֹצָא מַיִם אֲשֶׁר לֹא־
יְכַזְּבוּ מֵימָיו: וּבָנוּ מִמְּךָ חָרְבוֹת עוֹלָם מוֹסְדֵי דוֹר־וָדוֹר תְּקוֹמֵם וְקֹרָא לְךָ
גֹּדֵר פֶּרֶץ מְשֹׁבֵב נְתִיבוֹת לָשָׁבֶת: אִם־תָּשִׁיב מִשַּׁבָּת רַגְלֶךָ עֲשׂוֹת חֲפָצֶךָ
בְּיוֹם קָדְשִׁי וְקָרָאתָ לַשַּׁבָּת עֹנֶג לִקְדוֹשׁ יְהֹוָה אהדונהי מְכֻבָּד וְכִבַּדְתּוֹ
מֵעֲשׂוֹת דְּרָכֶיךָ מִמְּצוֹא חֶפְצְךָ וְדַבֵּר דָּבָר: אָז תִּתְעַנַּג עַל־יְהֹוָה אהדונהי
וְהִרְכַּבְתִּיךָ עַל־בָּמֳתֵי (כתיב: במותי) אָרֶץ וְהַאֲכַלְתִּיךָ נַחֲלַת יַעֲקֹב אָבִיךָ
כִּי פִּי יְהֹוָה אהדונהי דִּבֵּר:

¿Es este el ayuno que Yo he escogido? ¿Es así el día para que un hombre aflija su alma? ¿Es para inclinar la cabeza como un junco y para esparcir saco y ceniza? ¿A esto llaman ayuno, día acepto al Señor? No es este el ayuno que Yo he elegido para soltar las ligaduras de la maldad, y para desatar las coyundas del yugo, y para que se liberen los oprimidos, y para que rompan todo yugo. Es para compartir tu pan con el hambriento, y para que traigas a los pobres que rechazaste a tu casa, y para que, cuando veas al desnudo, lo cubras de ropas, y para que no te ocultes de tu propia carne. Entonces brillará tu luz como la mañana, y brotará rápidamente el remedio de tu mal, e irá tu justicia delante de ti, y la gloria del Señor será tu retaguardia. Y llamarás y el Señor responderá. Clamarás y Él contestará: 'Heme aquí'. Si sacas de en medio de ti el yugo, el dedo amenazador y las palabras arrogantes, y si abres tu alma a los hambrientos y satisfaces al alma afligida, tu luz se levantará sobre las tinieblas y tu melancolía será como el mediodía. Y el Señor te guiará continuamente, y satisfará tu alma en tiempos de sequía, y reforzará tus huesos, y serás como un huerto regado, y como una fuente de agua cuyas aguas no dejan de caer. Y tus descendientes reedificarán los lugares antiguos que fueron desolados. Levantarás los basamentos de muchas generaciones y serás llamado reparador de brechas, restaurador de sendas donde vivir. Si apartas tu pie por causa del Shabat, si te abstienes de dedicarte a tu negocio en Mi día sagrado y consideras el Shabat como un deleite, y honroso el día sagrado del Señor, y lo honras no andando durante él en tus propios caminos ni ejerciendo tu negocio ni hablado de él, entonces de deleitarás en el Señor y te haré cabalgar sobre los lugares elevados de la Tierra, y te alimentaré con la herencia de Yaakov, tu padre, porque la boca del Señor así lo ha dicho" (Isaías 57:14-58:14).

BENDICIONES PARA DESPUÉS DE LA HAFTARÁ

El lector recita estas bendiciones después de la lectura de la *Haftará*:

בָּרוּךְ Baruj אַתָּה Atá יְהֹוָהאדניאהדונהי Adonai אֱלֹהֵינוּ Eloheinu ילה

מֶלֶךְ Mélej הָעוֹלָם, haolam צוּר tsur אלהים דההין ע״ה כָּל col ילי

הָעוֹלָמִים, haolamim צַדִּיק tsadik בְּכָל bejol ב״ן, לכב הַדּוֹרוֹת, hadorot

הָאֵל haEl לאה ; ״יא״ (מילוי ד״ס״ג) הַנֶּאֱמָן haneemán הָאוֹמֵר haomer

וְעוֹשֶׂה, veosé הַמְדַבֵּר hamedaber ראה וּמְקַיֵּם, umekayem כִּי qui כָּל jol ילי

דְּבָרָיו devarav ראה אֱמֶת emet אהיה פעמים אהיה, ז״פ ס״ג וָצֶדֶק: vatsédek

נֶאֱמָן neemán אַתָּה Atá הוּא Hu יְהֹוָהאדניאהדונהי Adonai אֱלֹהֵינוּ Eloheinu ילה

וְנֶאֱמָנִים veneemanim דְּבָרֶיךָ devarej ראה וְדָבָר vedavar ראה אֶחָד ejad

אהבה, דאגה מִדְּבָרֶיךָ midvareja ראה אָחוֹר ajor לֹא lo יָשׁוּב yashuv

רֵיקָם, reikam כִּי qui אֵל El ״יא״ (מילוי ד״ס״ג) מֶלֶךְ Mélej נֶאֱמָן neemán

וְרַחֲמָן verajamán אָתָּה. Atá בָּרוּךְ Baruj אַתָּה Atá יְהֹוָהאדניאהדונהי Adonai

הָאֵל haEl לאה ; ״יא״ הַנֶּאֱמָן haneemán בְּכָל bejol ב״ן, לכב דְּבָרָיו devarav ראה:

רַחֵם rajem אברהם, ח״פ אל, רי״ו ול״ב נתיבות החכמה, רמ״ח (אברים), עסמ״ב וט״ז אותיות פשוטות

עַל al צִיּוֹן Tsiyón יוסף, ו׳ הויות, קנאה כִּי qui הִיא hi בֵּית beit ב״פ ראה חַיֵּינוּ, jayeinu

וְלַעֲלוּבַת velaaluvat נֶפֶשׁ néfesh תּוֹשִׁיעַ toshía בִּמְהֵרָה bimherá

בְּיָמֵינוּ. beyameinu בָּרוּךְ Baruj אַתָּה Atá יְהֹוָהאדניאהדונהי Adonai

מְשַׂמֵּחַ mesaméaj צִיּוֹן Tsiyón יוסף, ו׳ הויות, קנאה בְּבָנֶיהָ: bevaneha

---

BENDICIONES PARA DESPUÉS DE LA HAFTARÁ

Bendito eres Tú, señor, nuestro Dios, Rey del mundo, roca de todas las eternidades, justo en todas las generaciones. El Dios confiable Quien dice y hace, Quien habla y cumple, porque todas Sus palabras son verdad y justas. Confiable eres Tú, Señor, nuestro Dios, y confiables son Tus palabras, y ni una de Tus palabras regresa a su origen insatisfecha, porque Tú, Dios, eres un Rey confiable y compasivo. Bendito eres Tú, Señor, el Dios Quien es confiable en todas Sus palabras. Ten misericordia de Sión, porque es la casa de nuestro sustento, y para aquel cuyo espíritu es humillado trae rápidamente salvación en nuestros días. Bendito eres Tú, Señor, que alegras a Sión con sus hijos.

שַׂמְּחֵנוּ samjenu יְהֹוָה Adonai אֱלֹהֵינוּ Eloheinu ילה
בְּאֵלִיָּהוּ beEliyahu לכב הַנָּבִיא Hanaví עַבְדֶּךָ avdeja פוי, אל אדני
וּבְמַלְכוּת uvemaljut בֵּית beit ב״פ ראה דָּוִד David מְשִׁיחֶךָ meshijeja,
בִּמְהֵרָה bimherá יָבֹא yavó וְיָגֵל veyaguel להח לִבֵּנוּ libenu,
עַל al כִּסְאוֹ quisó לֹא lo יֵשֵׁב yeshev זָר zar, וְלֹא veló
יִנְחֲלוּ yinjalú עוֹד od אֲחֵרִים ajerim אֶת et כְּבוֹדוֹ quevodó,
כִּי qui בְשֵׁם veShem קָדְשְׁךָ kodshejá נִשְׁבַּעְתָּ nishbata לּוֹ lo,
שֶׁלֹּא sheló יִכְבֶּה yijbé נֵרוֹ neró לְעוֹלָם leolam ריבוע ס״ג וי׳ אותיות דס״ג
וָעֶד vaed. בָּרוּךְ Baruj אַתָּה Atá יְהֹוָה Adonai
מָגֵן maguén ג״פ אל (ייא״י מילוי דס״ג) ; ר״ת מיכאל גבריאל נוריאל דָּוִד David:

עַל al הַתּוֹרָה haTorá וְעַל veal הָעֲבוֹדָה haavodá
וְעַל veal הַנְּבִיאִים haneviím וְעַל veal יוֹם yom ע״ה נגד, מזבח, זן, אל יהוה
(**en** ***Shabat*** **agregar:** הַשַּׁבָּת haShabat הַזֶּה hazé והו וְעַל veal יוֹם Yom ע״ה נגד, מזבח, זן,
אל יהוה) הַכִּפּוּרִים HaKipurim הַזֶּה hazé והו. וְעַל veal יוֹם yom ע״ה נגד, מזבח, זן,
אל יהוה סְלִיחַת slijat הֶעָוֹן heavón הַזֶּה hazé והו. וְעַל veal
יוֹם yom ע״ה נגד, מזבח, זן, אל יהוה טוֹב tov והו מִקְרָא mikrá קֹדֶשׁ kódesh
הַזֶּה hazé והו. שֶׁנָּתַתָּ shenatata לָּנוּ lanu אלהים, אהיה אדני יְהֹוָה Adonai
אֱלֹהֵינוּ Eloheinu ילה (**en** ***Shabat*** **agregar:** לִקְדֻשָּׁה likdushá וְלִמְנוּחָה velimnujá)
לִמְחִילָה limjilá וְלִסְלִיחָה velislijá וּלְכַפָּרָה ulejapará.
וְלִמְחוֹל velimjol בּוֹ bo אֶת et כָּל col ילי עֲוֹנוֹתֵינוּ avonoteinu:

Alégranos, Señor, nuestro Dios, a través de Eliyahu el Profeta, Tu siervo, y con el Reino de la Casa de David, Tu ungido, que pueda él venir rápidamente y hacer que nuestros corazones se regocijen. No dejes que en su trono se siente ningún extraño, ni dejes que nunca otros más hereden su honor, porque por Tu santo Nombre, Tú le juraste que la luz de su vela nunca se extinguiría por la eternidad. Bendito eres Tú, Señor, el escudo de David. Por la Torá y por los Profetas y por este día de (**En** ***Shabat*:** *Shabat y en este Día de*) *Expiación y por este día del perdón de la iniquitad. Y en este buen día de Santa Convocatoria, que Tú, Señor nuestro Dios, nos ha otorgado* (**En** ***Shabat*** **agregar:** *para santidad y descanso*), *para perdón, absolución y expiación, para la expiación de todos nuestros pecados.*

עַל al הַכֹּל hacol ילי יְהֹוָהאדניאהדונהי Adonai אֱלֹהֵינוּ Eloheinu ילה אֲנַחְנוּ anajnu

מוֹדִים modim כנגד מאה ברכות שתיקן דוד לאמרם כל יום לָךְ: laj

וּמְבָרְכִים umevarjim אוֹתָךְ: otaj יִתְבָּרַךְ: yitbaraj שִׁמְךָ shimjá בְּפִי befí

כָּל col ילי וַחַי jai כל וחי = אהיה אהיה יהוה, בינה ע"ה, וחיים תָּמִיד tamid ע"ה קס"א קנ"א קמ"ג

לְעוֹלָם leolam ריבוע ס"ג וי' אותיות דס"ג וָעֶד vaed. וּדְבָרְךָ udevarjá ראה

מַלְכֵּנוּ malquenu אֱמֶת emet אהיה פעמים אהיה, ז"פ ס"ג וְקַיָּם vekayam

לָעַד laad ב"פ ב"ן. בָּרוּךְ: Baruj אַתָּה Atá יְהֹוָהאדניאהדונהי Adonai

מֶלֶךְ: Mélej מוֹחֵל mojel וְסוֹלֵחַ vesoléaj לַעֲוֹנוֹתֵינוּ laavonoteinu

וְלַעֲוֹנוֹת velaavonot עַמּוֹ amó יִשְׂרָאֵל Yisrael. וּמַעֲבִיר umaavir

אַשְׁמוֹתֵינוּ ashmoteinu בְּכָל bejol לכב, ב"ן שָׁנָה shaná וְשָׁנָה veshaná.

מֶלֶךְ: Mélej עַל al כָּל col ילי ; עמם הָאָרֶץ haárets אלהים דההין ע"ה

מְקַדֵּשׁ mekadesh (En *Shabat* agregar: הַשַּׁבָּת haShabat וְ ve) יִשְׂרָאֵל Yisrael

וְיוֹם veYom ע"ה נגד, מזבח, זן, אל יהוה הַכִּפּוּרִים HaKipurim:

El "Amén" lo dice la persona que recitó la bendición junto con toda la congregación:

אָמֵן יאהדונהי Amén.

Y por todo esto, Te agradecemos, Señor nuestro Dios, y nosotros Te bendecimos. Sea Tu Nombre bendecido por la boca de todo ser vivo siempre y por toda la eternidad. y Tu palabra es verdadera y perenne por siempre. Bendito eres Tú, Señor, Rey que perdona y absuelve nuestras iniquidades y las iniquidades de Su pueblo, Israel, y deja pasar nuestras ofensas cada año, Rey sobre toda la Tierra, que santifica (**en *Shabat* agregar:** *el Shabat e) Israel y el Día de Expiación.*

¡Amén!

YIZCOR - ORACIÓN PARA LOS FALLECIDOS

Pocas veces al año tenemos la oportunidad de ayudar a elevar las almas de los seres queridos que han partido. *Yom Kipur* es uno de esos momentos. Podemos tomar la Luz que estamos recibiendo y usarla para ayudar a que el alma de un ser querido se eleve más alto y con más facilidad hacia los Mundos Superiores. También hay un vacío metafísico en nuestra vida cuando un ser querido fallece. Parte de la Luz que ellos automáticamente compartían con nosotros ahora no está. *Yizcor* ayuda a llenar este vacío con su energía espiritual al hacer una conexión con el alma en los Mundos Superiores.

El Arí usaba la versión corta de esta "Oración para los fallecidos". Él solía decir que a veces las palabras en la versión larga en realidad no ayudan a elevar el alma del fallecido, sino que perturban el proceso de elevación.

hamerajem הַמְרַחֵם

אברהם, וח"פ אל, רי"ו ול"ב נתיבות החכמה, רמ"ח (אברים), עסמ"ב וט"ז אותיות פשוטות

briyotav בְּרִיּוֹתָיו עמם ; ילי col כָּל al עַל

virajem וִירַחֵם veyajamol וִיַחֲמוֹל yajús יָחוּס hu הוּא

אברהם, וח"פ אל, רי"ו ול"ב נתיבות החכמה, רמ"ח (אברים), עסמ"ב וט"ז אותיות פשוטות

uNeshamá וּנְשָׁמָה Rúaj רוּחַ Néfesh נֶפֶשׁ al עַל

(el nombre del fallecido y el nombre de su padre) shel שֶׁל

רוח ה' = י"פ יהו Adonai יְהֹוָהאדניאהדונהי rúaj רוּחַ

:Éden עֵדֶן beGan בְּגַן (tenijena תְּנִיחֶנָּה :para mujer) tenijenu תְּנִיחֶנּוּ

YIZCOR - ORACIÓN PARA LOS FALLECIDOS

Que Aquel que es misericordioso con todo lo que Él ha creado tenga piedad y consideración, y sea misericordioso con el Néfesh, Rúaj y Neshamá de (Nombre) *el hijo/la hija de* (el nombre del padre). *Que el Espíritu de Dios lo sitúe en el Jardín de Edén*

EL ASHREI

De las veintidós letras del alfabeto arameo, veintiuna de ellas están codificadas en el *Ashrei* en el orden correcto, de la *Álef* a la *Tav*. El Rey David, el autor, dejó a la letra aramea *Nun* fuera de esta oración, ya que la *Nun* es la primera letra de la palabra aramea *Nefilá*, que significa "caída". Caída se refiere a un descenso espiritual, caer en la *klipá*. Los sentimientos de duda, depresión, preocupación e incertidumbre son consecuencias de la caída espiritual. Debido a que las letras arameas son los verdaderos instrumentos de la Creación, esta oración ayuda a inyectar el orden y la fuerza de la Creación en nuestra vida, sin la energía de la caída.

En este Salmo está escrito diez veces el Nombre: יהוה por las Diez *Sefirot*. Este Salmo está escrito según el orden del *Álef Bet*, pero la letra *Nun* es omitida para evitar la caída.

אַשְׁרֵי ashrei (סוד הכתר) יוֹשְׁבֵי yoshvei בֵיתֶךָ veiteja ב"פ ראה

עוֹד od יְהַלְלוּךָ yehaleluja סֶּלָה sela: אַשְׁרֵי ashrei הָעָם haam

שֶׁכָּכָה shecaja מהש, משה, ע"ב בריבוע וקס"א, אל שדי, ד"פ אלהים ע"ה לוֹ lo

אַשְׁרֵי ashrei הָעָם haam ר"ת לאה שֶׁיְהֹוָהאדהינהי sheAdonai **(*Kéter*)**

אֱלֹהָיו Elohav ילה: תְּהִלָּה tehilá ע"ה אמת, אהיה פעמים אהיה, ז"פ ס"ג לְדָוִד leDavid

אֲרוֹמִמְךָ aromimjá אֱלוֹהַי Elohai הַמֶּלֶךְ haMélej וַאֲבָרְכָה vaavarjá

שִׁמְךָ Shimjá לְעוֹלָם leolam ריבוע דס"ג וי' אותיות דס"ג וָעֶד vaed:

בְּכָל־ bejol ב"ן, לכב יוֹם yom ע"ה נגד, מזבח, זן, אל יהוה

אֲבָרְכֶךָּ avarjeca וַאֲהַלְלָה vaahalela מ"ה יהוה שִׁמְךָ Shimjá

לְעוֹלָם leolam ריבוע דס"ג וי' אותיות דס"ג וָעֶד vaed:

גָּדוֹל gadol להח ; עם ד' אותיות = מבה, יזל, אום

יְהֹוָהאדהינהי Adonai **(*Jojmá*)** וּמְהֻלָּל umehulal אדני, ללה

מְאֹד meod וְלִגְדֻלָּתוֹ veligdulató והו אֵין ein חֵקֶר jéker:

EL ASHREI

"Dichosos aquellos que moran en Tu casa, ellos Te alabarán, Sela" (Salmos 84:5).

"Dichosa es la nación que así es para ella y dichosa la nación de la que El Señor es su Dios" (Salmos 145:15).

"Una alabanza de David:

א *Yo te exaltaré a Ti, mi Dios, el Rey, y yo bendeciré Tu Nombre por siempre y por la eternidad.*

ב *Te bendeciré cada día y alabaré Tu Nombre por siempre y por la eternidad.*

ג *El Señor es grande y extremadamente alabado. Su grandeza es inescrutable.*

דּוֹר dor לְדוֹר ledor יְשַׁבַּח yeshabaj מַעֲשֶׂיךָ maaseja ר״ת דלים

וּגְבוּרֹתֶיךָ ugvuroteja יַגִּידוּ yaguidu ייז, כ״ב אותיות פשוטות (=אכא) וה׳ אותיות סופיות םןץףך:

הֲדַר hadar כְּבוֹד quevod הוֹדֶךָ hodeja וְדִבְרֵי vedivrei

נִפְלְאֹתֶיךָ nifleoteja ר״ת אלהים, אהיה אדני

אָשִׂיחָה asija ר״ת הפסוק = פ״ז (בסוד כתם טהור פז):

וֶעֱזוּז veezuz נוֹרְאֹתֶיךָ noroteja יֹאמֵרוּ yomeru וּגְדוּלָּתְךָ ugdulatjá

(כתיב: וגדלותיך) ר״ת = ע״ב, ריבוע יהוה אֲסַפְּרֶנָּה asaprena ס״ת = ייא״י (מילוי דס״ג):

זֵכֶר zéjer רַב־ rav טוּבְךָ tuvjá לאו יַבִּיעוּ yabíu

וְצִדְקָתְךָ vetsidkatjá יְרַנֵּנוּ yeranenú ס״ת = ב״ן, יבמ, לכב ; ר״ת הפסוק = רי״ו יהוה:

חַנּוּן janún וְרַחוּם verajum יְהֹוָהאדניאהדונהי Adonai **(*Biná*)**

חנון ורחום יהוה = עשל אֶרֶךְ érej ס״ת = ס״ג ב״ן אַפַּיִם apáyim ר״ת = יהוה

וּגְדָל־ ugdal (כתיב: וגדול) וָחֶסֶד jásed ע״ב, ריבוע יהוה:

טוֹב־ tov והו יְהֹוָהאדניאהדונהי Adonai **(*Jésed*)** לַכֹּל lacol

יה אדני ; ס״ת ל״ז (מילוי דס״ג) וְרַחֲמָיו verajamav עַל־ al

כָּל col ילי ; עמם ; ר״ת ריבוע ב״ן ע״ה מַעֲשָׂיו maasav ס״ת ע״ב, ריבוע יהוה:

ד *Una generación y la próxima alabarán Tus obras y narrarán Tus proezas.*
ה *Yo hablaré de la luminosidad de Tu espléndida gloria y de la maravilla de Tus actos.*
ו *Ellos proclamarán el asombroso poder de tus actos y yo hablaré de Tu grandeza.*
ז *Ellos expresarán el recuerdo de Tu abundante bondad y proclamarán dichosos Tu justicia.*
ח *El Señor es misericordioso y compasivo, lento para la ira y grande en misericordia.*
ט *El Señor es bueno para con todos, Su compasión se extiende sobre todos Sus actos.*

יוֹדוּךָ yoduja יְהֹוָהאדניאהדונהי Adonai (*Guevurá*) כָּל־ col ילי מַעֲשֶׂיךָ maaseja

וַחֲסִידֶיךָ vajasideja ר״ת אלהים, אהיה אדני יְבָרְכוּכָה yevarjuja ס״ת = מ״ה:

כְּבוֹד quevod מַלְכוּתְךָ maljutjá יֹאמֵרוּ yomeru וּגְבוּרָתְךָ ugvuratjá

יְדַבֵּרוּ yedaberu ר״ת הפסוק = אלהים, אהיה אדני ; ס״ת = ב״ן, יבמ, לכב:

לְהוֹדִיעַ lehodía לִבְנֵי livnei הָאָדָם haadam ר״ת ללה, אדני

גְּבוּרֹתָיו gvurotav וּכְבוֹד ujvod הֲדַר hadar

מַלְכוּתוֹ maljutó ר״ת מ״ה וס״ת = רי״ו ; ר״ת הפסוק ע״ה = ק״כ צירופי אלהים:

מַלְכוּתְךָ maljutjá מַלְכוּת maljut כָּל־ col ילי עֹלָמִים olamim

וּמֶמְשַׁלְתְּךָ umemshaltejá בְּכָל־ bejol ב״ן, לכב דּוֹר dor וָדֹר vador רי״ו:

סוֹמֵךְ somej ריבוע אדני יְהֹוָהאדניאהדונהי Adonai (*Tiféret*)

לְכָל־ lejol יה אדני ; סומך אדני לכל ר״ת סאל, אמן (יאהדונהי) הַנֹּפְלִים hanoflim

וְזוֹקֵף vezokef לְכָל־ lejol יה אדני הַכְּפוּפִים hacfufim נמם:

עֵינֵי־ einei ריבוע דמ״ה כֹל jol ילי אֵלֶיךָ eleja יְשַׂבֵּרוּ yesaberu וְאַתָּה veAtá

נוֹתֵן־ notén אבגית״ץ, ושר לָהֶם lahem אֶת־ et אָכְלָם ojlam בְּעִתּוֹ beitó:

י *Todas tus obras Te agradecerán, Señor, y Tus fieles devotos te bendicen.*
כ *Ellos dirán de la gloria de Tu Reino y hablarán de Tus poderosos actos.*
ל *Él hace que el hombre conozca Sus proezas y la gloria de Su espléndido Reino.*
מ *Tuyo es el Reino de todos los mundos y Tu dominio se extiende a toda y cada generación.*
ס *El Señor sostiene a todos aquellos que caen y endereza a los doblegados.*
ע *Los ojos de todos ven con esperanza hacia Ti, y Tú les das su alimento al momento apropiado.*

POTÉAJ ET YADEJA

Conectamos con las letras *Pei*, *Álef* y *Yud* al abrir nuestras manos con las palmas hacia arriba. Nuestra conciencia está enfocada en recibir el sustento y la prosperidad financiera de parte de la Luz a través de nuestras acciones del diezmo y compartir; nuestro *Deseo de Recibir para Dar y Compartir*. Al hacer esto, también reconocemos que el sustento que recibimos proviene de una Fuente Superior y no de nuestras acciones. Según los sabios, si no meditamos en esta idea en este punto, debemos repetir la oración.

פתח (שע"ח נהורין למ"ה ולס"ה)

יוד הי ויו הי יוד הי ויו הי (ח' וזיוורתי) — פותח את ידך ר"ת פאי
אלף למד אלף למד (ש"ע) — גימ' יאהדונהי ז"ן
יוד הא ואו הא (לז"א) — וחכמה דז"א ו"ק
אדני (ולנוקבא) — יסוד דנוק'

פּוֹתֵחַ potéaj אֶת et יָדֶךָ yadeja ר"ת פאי וס"ת חתך עם ג' אותיות = דִּיקַרְנוֹסָא

ובאתב"ש הוא סאל, פאי, אמן, יאהדונהי ; ועוד יכוין שם חתך בשילוב יהוה – יחהתוכה

Atrayendo abundancia y sustento desde *Jojmá* de *Zeir Anpín*.

יוד הי ויו הי יוד ויו דלת הי יוד ויו יוד ויו הי יוד

חתך סאל יאהדונהי

וּמַשְׂבִּיעַ umasbía חתך עם ג' אותיות = דִּיקַרְנוֹסָא

ובא"ת ב"ש הוא סאל, אמן, יאהדונהי ; ועוד יכוין שם חתך בשילוב יהוה – יחהתוכה

Atrayendo abundancia y sustento desde *Jojmá* de *Zeir Anpín*.

יוד הי ויו הי יוד ויו דלת הי יוד ויו יוד ויו הי יוד

לְכָל־ lejol יה אדני (להמשיך מוחין ד-יה אל הנוקבא שהיא אדני)

חַי jai כל חי = אהיה אהיה יהוה, בינה ע"ה, חיים

רָצוֹן ratsón מהש ע"ה, ע"ב בריבוע וקס"א ע"ה, אל שדי ע"ה
ר"ת רחל שהיא המלכות הצריכה לשפע

יוד יוד הי יוד הי ויו יוד הי ויו הי יסוד דאבא
אלף הי יוד הי יסוד דאימא
להמתיק רחל וב' דמעין שך פר

También debemos meditar en atraer abundancia, sustento y bendiciones a todos los mundos desde el *ratsón* mencionado anteriormente. Debemos meditar y enfocarnos en este versículo porque es la esencia de la prosperidad, y meditar en que Dios esté interviniendo, sustentando y apoyando a toda la Creación.

POTÉAJ ET YADEJA

פ *Abre Tus Manos y satisface el deseo de todo ser viviente.*

צַדִּיק tsadik יְהוָֹה יאהדונהי Adonai (Yesod) בְּכָל bejol ב"ן, לכב
דְּרָכָיו derajav וְחָסִיד vejasid בְּכָל bejol ב"ן, לכב מַעֲשָׂיו maasav יבמ, ב"ן:

קָרוֹב karov יְהוָֹה יאהדונהי Adonai (Maljut) לְכָל־ lejol יה אדני
קֹרְאָיו korav לְכֹל lejol יה אדני אֲשֶׁר asher
יִקְרָאֻהוּ yikraúhu בֶאֱמֶת veemet אהיה פעמים אהיה, ז"פ ס"ג:

רְצוֹן retsón מהש ע"ה, ע"ב בריבוע וקס"א ע"ה, אל שדי ע"ה יְרֵאָיו yereav יַעֲשֶׂה yaasé
וְאֶת־ veet ר"ת רי"ו שַׁוְעָתָם shavatam יִשְׁמַע yishmá וְיוֹשִׁיעֵם veyoshiem:

שׁוֹמֵר shomer כ"א הויות שבתפילין יְהוָֹה יאהדונהי Adonai (Nétsaj)
אֶת־ et כָּל־ col ילי אֹהֲבָיו ohavav ר"ת אכא
וְאֵת veet כָּל־ col ילי הָרְשָׁעִים hareshaím יַשְׁמִיד yashmid:

תְּהִלַּת tehilat יְהוָֹה יאהדונהי Adonai (Hod) יְדַבֶּר yedaber ראה פִּי pi
וִיבָרֵךְ vivarej ע"ב ס"ג מ"ה ב"ן, הברכה (למתק את ז' המלכים שמתו) כָּל col ילי
בָּשָׂר basar שֵׁם Shem קָדְשׁוֹ kodshó לְעוֹלָם leolam ריבוע ס"ג וי' אותיות דס"ג
וָעֶד vaed: וַאֲנַחְנוּ vaanajnu נְבָרֵךְ nevarej יָהּ Yah מֵעַתָּה meatá
וְעַד־ vead עוֹלָם olam הַלְלוּיָהּ haleluyá אלהים, אהיה אדני ; ללה:

REGRESO DE LA TORÁ AL ARCA

Antes de regresar la Torá al Arca, recitamos el siguiente versículo dos veces:

יִמְלֹךְ yimloj יְהוָֹה יאהדונהי Adonai | לְעוֹלָם leolam ריבוע ס"ג וי' אותיות דס"ג
אֱלֹהַיִךְ Elohayij ילה צִיּוֹן Tsiyón יוסף, ו' הויות, קנאה לְדֹר ledor
וָדֹר vador רי"ו ; ר"ת אצלו (רמז שמלכות אצל ז"א) הַלְלוּיָהּ haleluyá אלהים = אהיה אדני ; ללה:

צ *El Señor es justo en todos Sus caminos y virtuoso en todas Sus obras.*
ק *El Señor está cerca de todos los que Lo llaman, de todos aquellos que Lo llaman sinceramente.*
ר *Él cumplirá la voluntad de aquellos que Le temen; Él escucha sus clamores y los salva.*
ש *El Señor protege a todos los que Lo aman y destruye a los impíos.*
ת *"Mis labios proclamarán la alabanza al Señor y toda criatura bendecirá Su Santo Nombre, por siempre y por la eternidad"* (Salmos 145:21). *"Y bendeciremos a Dios por siempre y por la eternidad. ¡Aleluya!"* (Salmos 115:18).

REGRESO DE LA TORÁ AL ARCA

"El Señor reinará por siempre, tu Dios, Sión, para todas las generaciones, ¡Aleluya!" (Salmos 146:10).

En este Salmo aparece 18 veces יהוה = 72 letras, que es el valor numérico de *Jésed*, por la Misericordia que desciende del Mundo Superior. Hay 11 versículos que es mismo valor numérico de ו"ה y 91 palabras, que es el valor numérico de *Amén* אמן.

מִזְמוֹר mizmor לְדָוִד leDavid הָבוּ havú אוזה, אהבה, דאגה

לַיהֹוָהאדניאהדונהי laAdonai בְּנֵי bnei ר"ת הבל אֵלִים elim הבו יהוה בני אלים = יעקב

הָבוּ havú אוזה, אהבה, דאגה לַיהֹוָהאדניאהדונהי laAdonai כָּבוֹד cavod וָעֹז vaoz:

הָבוּ havú אוזה, אהבה, דאגה לַיהֹוָהאדניאהדונהי laAdonai כְּבוֹד quevod שְׁמוֹ Shemó

מהש ע"ה, ע"ב בריבוע וקס"א ע"ה, אל שדי ע"ה ; הבו יהוה כבוד שמו = אדם דוד משיח

הִשְׁתַּחֲווּ hishtajavú לַיהֹוָהאדניאהדונהי laAdonai בְּהַדְרַת behadrat ר"ת הבל

קֹדֶשׁ kódesh ר"ת למפרע קבלה (שביום שבת צריך ללמוד קבלה):

יְהֹוָהאדניאהדונהי Adonai עַל־ al הַמָּיִם hamáyim ר"ת = אלף למד (חסד - ואל ב' רמוז

במילה בהמשך) אֵל־ El יאי (מילוי דס"ג) הַכָּבוֹד haCavod לאו הִרְעִים hirim ה"פ אדני

(להמתיק שכ"ה דינים) יְהֹוָהאדניאהדונהי Adonai עַל־ al מַיִם máyim רַבִּים rabim

ר"ת הרעים (שכ"ה דינים - ושני השכ"ה דינים נמתקים ע"י שני שמות א"ל הרמוזים לעיל):

קוֹל־ kol יְהֹוָהאדניאהדונהי Adonai בַּכֹּחַ bacóaj ר"ת יב"ק, אלהים יהוה, אהיה אדני יהוה

קוֹל kol יְהֹוָהאדניאהדונהי Adonai בֶּהָדָר behadar ר"ת יב"ק, אלהים יהוה, אהיה אדני יהוה:

קוֹל kol יְהֹוָהאדניאהדונהי Adonai שֹׁבֵר shover אֲרָזִים arazim וַיְשַׁבֵּר vayshaber

יְהֹוָהאדניאהדונהי Adonai אֶת־ et אַרְזֵי arzei הַלְּבָנוֹן haLevanón ר"ת האא:

וַיַּרְקִידֵם vayarkidem כְּמוֹ־ quemó עֵגֶל éguel לְבָנוֹן Levanón

וְשִׂרְיוֹן veSiryón כְּמוֹ quemó בֶן־ ven רְאֵמִים reemim: קוֹל־ kol

יְהֹוָהאדניאהדונהי Adonai חֹצֵב jotsev ס"ת הב"ל לַהֲבוֹת lahavot אֵשׁ esh:

"Salmo de David: Atribuyan al Señor, oh hijos de los poderosos, atribuyan al Señor gloria y fuerza. Atribuyan al Señor la honra debida a Su Nombre. Adoren al Señor en la belleza de Su Santidad. La Voz del Señor está sobre las aguas, truena el Dios de gloria, el Señor está sobre muchas aguas. La Voz del Señor es poderosa. La Voz del Señor es majestuosa. La Voz del Señor rompe los cedros, la Voz del Señor rompe los cedros del Líbano. Él los hace saltar como becerros, y a Líbano y a Sirión como un antílope joven. La Voz del Señor levanta llamas de fuego.

קוֹל kol יְהֹוָה יאהדונהי Adonai יָחִיל yajil ס"ת ללה, אדני מִדְבָּר midbar

יָחִיל yajil יְהֹוָה יאהדונהי Adonai מִדְבַּר midbar קָדֵשׁ Kadesh ר"ת = קין:

קוֹל kol יְהֹוָה יאהדונהי Adonai יְחוֹלֵל yejolel אַיָּלוֹת ayalot

וַיֶּחֱשֹׂף vayejesof יְעָרוֹת yearot וּבְהֵיכָלוֹ uveheijaló כֻּלּוֹ culó אֹמֵר omer

כָּבוֹד: cavod יְהֹוָה יאהדונהי Adonai לַמַּבּוּל lamabul יָשָׁב yashav

ר"ת ילי וס"ת הב"ל וַיֵּשֶׁב vayéshev יְהֹוָה יאהדונהי Adonai מֶלֶךְ Mélej

לְעוֹלָם leolam ריבוע ס"ג וי' אותיות דס"ג: יְהֹוָה יאהדונהי Adonai עֹז oz

לְעַמּוֹ leamó יִתֵּן yitén יְהֹוָה יאהדונהי Adonai יְבָרֵךְ yevarej עסמ"ב, הברכה

(למתק את ז' המלכים שמתו) אֶת־ et עַמּוֹ amó בַשָּׁלוֹם vashalom ר"ת ע"ב, ריבוע יהוה:

שׁוּבָה shuva הוש לִמְעוֹנָךְ limeonaj וּשְׁכוֹן ushjón בְּבֵית beveit ב"פ ראה

מַאֲוַיָּךְ. maavayaj כִּי qui כָל jol ילי פֶּה pe מילה ע"ה, אלהים, אהיה אדני

וְכָל vejol ילי לָשׁוֹן lashón יִתְּנוּ yitnú הוֹד hod ההה וְהָדָר vehadar

לְמַלְכוּתָךְ: lemaljutaj וּבְנֻחֹה uvenujó יֹאמַר yomar שׁוּבָה shuva הוש

יְהֹוָה יאהדונהי Adonai רִבְבוֹת rivevot אַלְפֵי alfei יִשְׂרָאֵל: Yisrael

הֲשִׁיבֵנוּ hashivenu יְהֹוָה יאהדונהי Adonai אֵלֶיךָ eleja | וְנָשׁוּבָה venashuva

(כתיב: ונשוב) חַדֵּשׁ jadesh י"ב הויות, קס"א קנ"א יָמֵינוּ yameinu כְּקֶדֶם: quekédem

---

La Voz del Señor estremece el desierto,

el Señor sacude el desierto de Kadesh. La Voz del Señor asusta a las ciervas y desnuda los bosques, y en Su Templo todo proclama Su Gloria. El Señor se sentó en el diluvio, y el Señor se sienta como Rey por siempre. El Señor da fuerza a Su pueblo. El Señor bendice a Su pueblo con la paz" (Salmos 29).

"Regresa a Tu Sitio de morada y reside en Tu Casa deseada,

porque cada boca y cada lengua proclaman la majestad y esplendor de Tu reino. Y cuando descansó, él diría: Vuélvete, Señor, hacia las miríadas de millares de Israel" (Números 10:36). "Regrésanos a Ti, Señor, y nosotros volveremos. Renueva nuestros días como en los primeros tiempos" (Lamentaciones 5:21).

UNETANÉ TÓKEF

Decimos "*Unetané Tókef*" antes de *Musaf*.

Este relato de Rav Amnón ha tocado el corazón y el alma de innumerables personas a lo largo de la historia:

Hace unos mil años, el líder de un pueblo llamado Mainz instó al Kabbalista Rav Amnón, su consejero, a que cambiara su camino espiritual. Rav Amnón pidió tres días para meditar respecto a la solicitud. Cuando regresó a casa, Rav Amnón estaba profundamente contrariado y avergonzado por haber dado la impresión de que, de algún modo, él había considerado abandonar su Luz. Pasó tres días ayunando y rezando solicitando perdón, sin molestarse en regresar con su líder. El líder finalmente lo hizo traer ya que esperaba una respuesta de Rav Amnón. Rav Amnón simplemente dijo que su lengua debía ser cortada como castigo por haber dado a entender que consideraría la solicitud del líder. El líder contestó con ira que el verdadero pecado estaba en sus piernas por no haber regresado como Rav Amnón había prometido, y mandó a que le cortaran los pies. Después le preguntó a Rav Amnón si cambiaría de parecer, pero Rav Amnón se negó. El líder entonces le cortó las manos una por una. Luego de cada amputación, el líder le preguntaba nuevamente a Rav Amnón si cambiaría de parecer. Rav Amnón se negó. El líder lo envió a casa, cercenado y mutilado de por vida, junto con los miembros corporales que le cortaron.

Unos días después, cuando llegó *Rosh Hashaná*, Rav Amnón pidió que lo llevaran al Arca, donde solicitó bendecir el Nombre de Dios ante la congregación. Él recitó *Unetané Tókef*, y luego murió. Tres días después, apareció en un sueño a Rav Klónimos ben Meshulam, un gran kabbalista que vivía en Mainz. Rav Amnón le enseñó el texto de *Unetané Tókef* y le pidió que se asegurara que todas las personas del mundo incorporaran esta oración en sus vidas, y desde entonces se convirtió en una parte integral de las conexiones de *Rosh Hashaná* y *Yom Kipur*.

El poder de la *Kedushá* (Santidad) es atraer la Iluminación de los *Mojín* para poder santificar a lo externo, que es el cuerpo, de su negatividad. Nosotros (los seres humanos) no tenemos la capacidad de atraerla, sólo los ángeles pueden hacerlo. Por lo tanto, mencionamos a los ángeles para que ellos puedan ayudarnos a eliminar la negatividad de nuestro cuerpo. También, mencionar la *Kedushá* en el Mundo Inferior ayuda a despertar y a atraer la *Kedushá* del Mundo Superior, por lo que recitamos el siguiente verso. También decimos "*Eloheinu Mélej*" (Tú eres nuestro Dios, Rey) ya que esto ayuda a despertar el aspecto del día (*Eloheinu Mélej* es un código para la Madre Celestial, para que seamos juzgados por Ella el día de hoy).

וּבְכֵן uvjén ע"ב, ריבוע יהוה וּלְךָ ulejá תַעֲלֶה taalé קְדֻשָּׁה kedushá

כִּי qui אַתָּה Atá הוּא Hu אֱלֹהֵינוּ Eloheinu ילה מֶלֶךְ Mélej:

וּנְתַנֶּה unetané קס"א קנ"א קמ"ג, נתה תֹּקֶף tókef (despertando *Dikná* e *Ima*)

קְדֻשַּׁת kedushat (la Santidad que viene de *Dikná* e *Ima*) הַיּוֹם hayom נגד, זן, מזבח,

אל יהוה. כִּי qui הוּא Hu נוֹרָא norá וְאָיֹם veayom (*Ima*). וּבוֹ uvó תִנָּשֵׂא tinasé

מַלְכוּתֶךָ maljuteja (*Maljut*). וְיִכּוֹן veyicón בְּחֶסֶד bejésed ע"ב, ריבוע יהוה

כִּסְאֶךָ quiseja (endulzando los Juicios mediante el *Shofar*). וְתֵשֵׁב veteshev עָלָיו alav

בֶּאֱמֶת beemet אהיה פעמים אהיה, ז"פ ס"ג (el secreto de *Ima* gobernando *Zeir* y *Nukvá*):

UNETANÉ TÓKEF

De esta manera, que la santificación ascienda a Ti, porque Tú eres nuestro Dios, Rey. Permítenos describir la importancia de la Santidad de este día, porque es día de pavor y temor reverencial. En él, Tu dominio es exaltado; Tu trono es establecido firmemente en misericordia y Tú te sientas en él en verdad.

אֱמֶת emet אהיה פעמים אהיה, ז"פ ס"ג כִּי qui אַתָּה Atá הוּא Hu

דַּיָּן dayán וּמוֹכִיחַ umojíaj וְיוֹדֵעַ veyodea וָעֵד vaed• וְכוֹתֵב vejotev

וְחוֹתֵם vejotem וְסוֹפֵר vesofer וּמוֹנֶה umoné• (el secreto de los Juicios)•

(para contar nuestras acciones, porque el Juicio es determinado por la mayoría de nuestras acciones)

וְתִזְכֹּר vetizcor כָּל col ילי הַנִּשְׁכָּחוֹת hanishcajot• וְתִפְתַּח vetiftaj אֶת et

סֵפֶר séfer הַזִּכְרוֹנוֹת hazijronot• (*Nukvá* – así todas nuestras acciones están escritas en Ella).

וּמֵאֵלָיו umeelav יִקָּרֵא yikaré• וְחוֹתָם vejotam יַד yad

(nuestras acciones son como una firma en Ella, *Nukvá*) כָּל col ילי אָדָם adam בּוֹ bo•

וּבְשׁוֹפָר uveshofar (*Dikná*) גָּדוֹל gadol להח ; ועם ד' אותיות מבה, יזל, אום

יִתָּקַע yitaká• וְקוֹל vekol דְּמָמָה demamá (silencio mientras el Rey es revelado)

דַּקָּה daká יִשָּׁמַע yishamá• וּמַלְאָכִים umalajim יֵחָפֵזוּן yejafezún•

(los sirvientes estarán apresurados dado que todo ahora está en Juicio)

וְחִיל vejil וּרְעָדָה ureadá יֹאחֵזוּן yojezún• וְיֹאמְרוּ veyomrú

הִנֵּה hiné יוֹם Yom נגד, זן, מזבח, אל יהוה הַדִּין haDín• לִפְקֹד lifkod עַל al

צְבָא tsva מָרוֹם marom בַּדִּין badín• כִּי qui לֹא lo יִזְכּוּ yizcú

בְּעֵינֶיךָ veeineja ע"ה קס"א ; ריבוע מ"ה בַּדִּין badín• וְכָל vejol בָּאֵי baéi

עוֹלָם olam יַעַבְרוּן yaavrún לְפָנֶיךָ lefaneja ס"ג מ"ה בין כִּבְנֵי quivnei מָרוֹן marón•:

(*Yesod* —la Fundación— que cuenta nuestras acciones que están en el *Maljut* y con ello nos examina, basado en quienes somos, para que la estructura sea construida apropiadamente)

Es cierto que Tú eres Quien juzgará,
probará, conocerá y será testigo; y escribirá y pondrá el sello; Tú cuentas y calculas; y recuerdas todo lo que ha sido olvidado. Tú abres el registro y lees de éste, porque el sello de cada hombre está en él.
Y un gran Shofar es tocado, y una voz queda
es escuchada; los ángeles se apresuran, y la angustia y el tremor se apoderan de ellos, en tanto proclaman: He aquí el Día de Juicio, para procesar a las huestes del Cielo en juicio, porque ante Tus ojos, ni siquiera ellos son libres de culpa. Tú haces que todas las criaturas pasen ante Ti como un rebaño de ovejas.

כְּבַקָּרַת quevakarat רוֹעֶה roé עֶדְרוֹ edró• מַעֲבִיר maavir

צֹאנוֹ tsonó תַּחַת tájat שִׁבְטוֹ shivtó •(*Yesod*) כֵּן quen תַּעֲבִיר taavir

וְתִסְפֹּר vetispor וְתִמְנֶה vetimné וְתִפְקֹד vetifkod נֶפֶשׁ néfesh

כָּל col ילי וָחַי jai וחי כל = אהיה אהיה יהוה, וזיים, בינה ע״ה•

וְתַחְתֹּךְ vetajtoj וח״ך (el Nombre para el Aserrado, con el Cual se realiza el Juicio)

קִצְבָה kitsvá לְכָל lejol יה אדני בְּרִיּוֹתֶיךָ briyoteja•

וְתִכְתֹּב vetijtov (para estar escrito en *Nukvá*) אֶת et גְּזַר guezar דִּינָם dinam:

בְּרֹאשׁ beRosh ריבוע אלהים אלהים דיודין ע״ה הַשָּׁנָה haShaná יִכָּתֵבוּן yicatevún•

וּבְיוֹם uveyom נגד, זן, מזבח, אל יהוה צוֹם tsom כִּפּוּר Kipur

יֵחָתֵמוּן yejatemún• (para ser firmado por *Guevurot* de *Ima*)•

כַּמָּה camá יַעַבְרוּן yaavrún• וְכַמָּה vejamá יִבָּרֵאוּן yibareún•

(tipos de Juicios y muerte, y tipos de Misericordia) מִי mi ילי יִחְיֶה yijyé• וּמִי umí ילי

יָמוּת yamut• מִי mi ילי בְקִצּוֹ vekitsó וּמִי umí ילי לֹא lo בְקִצּוֹ vekitsó•

מִי mi ילי בַמַּיִם vamáyim וּמִי umí ילי בָאֵשׁ vaésh• מִי mi ילי בַחֶרֶב vajérev

וּמִי umí ילי בַחַיָּה vajayá• מִי mi ילי בָרָעָב varáav וּמִי umí ילי

בַצָּמָא vatsamá• מִי mi ילי בָרַעַשׁ varáash וּמִי umí ילי בַמַּגֵּפָה vamaguefá•

מִי mi ילי בַחֲנִיקָה vajaniká וּמִי umí ילי בַסְּקִילָה vaskilá•

מִי mi ילי יָנוּחַ yanúaj וּמִי umí ילי יָנוּעַ yanúa• מִי mi ילי יִשָּׁקֵט yishaket

וּמִי umí ילי יִטָּרֵף yitaref• מִי mi ילי יִשָּׁלֵו yishalev וּמִי umí ילי יִתְיַסָּר yityasar•

מִי mi ילי יֵעָנִי yeaní וּמִי umí ילי יֵעָשֵׁר yeasher• מִי mi ילי יִשָּׁפֵל yishafel

וּמִי umí ילי יָרוּם yarum:

Así como un pastor cuida a sus ovejas y hace que pasen bajo su bastón, así Tú haces andar, cuentas, calculas y recuerdas a cada alma viviente; decides la sentencia de cada ser y grabas su decreto.

En el Día de Año Nuevo es inscrito, y en el Día de ayuno de Expiación es sellado:

Cuántos fallecerán y cuántos nacerán; quiénes morirán y quiénes vivirán; quiénes están en el fin de sus días y quiénes no están en el fin de sus días; quiénes perecerán por agua y quiénes por fuego; quiénes por espada y quiénes por bestias salvajes; quiénes por hambre y quiénes por sed; quiénes por sismo y quiénes por plaga; quiénes por estrangulación y quiénes por lapidación; quiénes descansarán y quiénes deambularán; quiénes estarán tranquilos y quiénes estarán agitados; quiénes estarán cómodos y quiénes estarán afligidos; quiénes serán pobres y quiénes serán ricos; quiénes serán inclinados y quiénes serán elevados.

TESHUVÁ, TEFILÁ UTSEDAKÁ

Se nos ha dicho que el arrepentimiento (*teshuvá*), la oración (*tefilá*) y la caridad (*tsedaká*) eliminan todos los decretos negativos en nuestra contra, incluyendo la muerte. Dentro de estas tres acciones encontramos los secretos de la vida, todo lo demás no es más que comentario.

ARREPENTIMIENTO: El arrepentimiento no significa decir "Lo siento". Significa aprender de nuestras acciones negativas del pasado, trabajando arduamente en nuestro interior para cambiar y remover de forma permanente nuestras características negativas con el propósito de transformarnos en personas más dadoras y con mayor ocupación por los demás. Este es el verdadero propósito de nuestra existencia en este planeta.

ORACIÓN: La oración es el reconocimiento de que existen leyes universales de vida obrando en nuestro universo. Estas leyes pueden aprenderse y dominarse con el propósito de enriquecer y mejorar nuestra vida. Al pedirle ayuda al Creador mediante la oración, estamos venciendo al ego, que es Satán. Doblega a Satán y recibirás más Luz en tu vida, esto te proporcionará todos los beneficios prácticos que se presentan en este libro de oraciones. Cuando experimentamos resultados genuinos y cambios prácticos a partir de la oración, nos abrimos y nos motivamos a continuar nuestro trabajo espiritual.

CARIDAD: La caridad es un acto de compartir que implica salir de nosotros mismos e ir más allá de nuestra zona de confort. Dar caridad para recibir una placa con tu nombre en un edificio no es verdadera caridad. Según la Kabbalah, la verdadera caridad es anónima, incondicional y sin esperar nada a cambio.

(*Ima*–צוֹם) וּתְשׁוּבָה uTeshuvá

(*Nukvá*–קוֹל) וּתְפִלָּה uTefilá

א״ת ב״ש אֻוכַצַ = ב״ן + אדני ונקודה ע״ה = יוד הי וו הה

(*Zeir Anpín*–מָמוֹן) וּצְדָקָה uTsedaká ריבוע אלהים

מַעֲבִירִין maavirín אֶת et רֹעַ roa הַגְּזֵרָה hagzerá:

כִּי qui כְּשִׁמְךָ queShimjá כֵּן quen תְּהִלָּתֶךָ tehilateja. קָשֶׁה kashé לִכְעֹס lijós

וְנוֹחַ venóaj לִרְצוֹת lirtsot. כִּי qui לֹא lo תַחְפֹּץ tajpots בְּמוֹת bemot

הַמֵּת hamet. כִּי qui אִם im יוהך, מ״א אותיות דפשוט, דמילוי ודמילוי דמילוי דאהיה ע״ה

בְּשׁוּבוֹ beshuvó מִדַּרְכּוֹ midarcó וְחָיָה vejayá. וְעַד vead

יוֹם yom נגד, זן, מזבח, אל יהוה מוֹתוֹ motó תְּחַכֶּה tejaqué לּוֹ lo. אִם im יוהך, מ״א

אותיות דפשוט, דמילוי ודמילוי דמילוי דאהיה ע״ה יָשׁוּב yashuv מִיָּד miyad תְּקַבְּלוֹ tekabló:

TESHUVÁ, TEFILÁ UTSEDAKÁ

Pero el arrepentimiento, la oración y la caridad desviarán la severidad del decreto. Porque de acuerdo a Tu Nombre, así es Tu alabanza. Tú eres lento en enojar y fácil de aplacar; porque Tú no deseas la muerte del pecador, sino más bien que se aleje de su costumbre y viva; y hasta el día de su muerte, Tú esperas por él. Si se arrepiente, Tú inmediatamente los aceptas.

אֱמֶת emet אהיה פעמים אהיה, ז"פ ס"ג כִּי qui אַתָּה Atá הוּא Hu יוֹצְרָם yotsram•
וְאַתָּה veAtá יוֹדֵעַ yodea יִצְרָם yitsram• כִּי qui הֵם hem בָּשָׂר basar
וָדָם vadam: אָדָם adam יְסוֹדוֹ yesodó ההע מֵעָפָר meafar•
וְסוֹפוֹ vesofó לֶעָפָר leafar• בְּנַפְשׁוֹ benafshó יָבִיא yaví לַחְמוֹ lajmó•
מָשׁוּל mashul כְּחֶרֶס quejeres הַנִּשְׁבָּר hanishbar• כְּחָצִיר quejatsir
יָבֵשׁ yavesh• וּכְצִיץ ujetsits נוֹבֵל novel• כְּצֵל quetsel עוֹבֵר over•
וּכְעָנָן ujeanán כָּלָה calá• וּכְרוּחַ ujerúaj נוֹשָׁבֶת noshávet•
וּכְאָבָק ujeavak פּוֹרֵחַ poréaj• וְכַחֲלוֹם vejajalom יָעוּף yaúf:

וְאַתָּה veAtá הוּא Hu מֶלֶךְ Mélej
אֵל El ייא"י (מילוי דס"ג) וְחַי jai וְקַיָּם vekayam:

EIN KITSVÁ

Estas palabras hablan de la grandeza y el asombroso poder del Creador, una fuerza que está por encima y que va más allá de todas las fuerzas universales. Y a pesar de que esto pueda lastimar al ego, no tenemos la capacidad para comprender o concebir remotamente la totalidad, el poder y la fuerza de Dios. Al considerar estas afirmaciones con un corazón abierto y despertando estos sentimientos dentro de nosotros, nos hacemos humildes y más abiertos para seguir el camino de la Luz.

Dios no quiere que nosotros seamos Sus amigos, sino que entendamos *qué es la Luz*, porque el conocimiento y la sabiduría relacionados con estos atributos y naturaleza es el mecanismo mediante el cual nos acercamos a la Luz del Creador. Cuando hacemos esto, en realidad estamos sometiendo a Satán, quien se manifiesta como el ego. Es nuestro ego quien nos dice que nosotros somos los arquitectos de nuestro éxito, y cuando le entregamos tal cantidad de control a Satán, le damos el poder y el permiso de arrebatárnoslo cuando así le parezca. Cuando perdemos nuestro éxito, el ego entonces culpa a los demás o a las circunstancias que están "más allá de nuestro control". Ahora somos la víctima. En ambas situaciones, en realidad nunca tuvimos el control y estuvimos simplemente reaccionando a nuestro ego.

Cuando reconocemos y sentimos el asombroso e inspirador poder del Creador, estamos anulando a nuestro ego y reclamando todo el control que le hemos entregado a Satán. Nos volvemos proactivos, una característica de la Luz. En la Kabbalah aprendemos que la similitud de naturaleza es lo que propicia cercanía en el Ámbito Espiritual. Toda buena fortuna, salud y prosperidad están destinadas a venir a nosotros según nuestras vidas pasadas y nuestras acciones en esta vida. Lo que no está determinado es *cómo* vamos a recibirlo. Puede venir de Satán o de la Luz. De cualquier manera, vendrá en la medida adecuada para nosotros.

Es cierto que Tú eres su Creador y Tú conoces su naturaleza, porque sólo son carne y sangre. Sus orígenes son el polvo y sus finales son el polvo. Ellos se ganan el pan arriesgando sus vidas. Son como un frágil tiesto, como hierba seca, como una flor marchita, como una sombra evasiva, como una nube pasajera, como un viento leve, como polvo flotante, como un sueño que se desvanece. Pero Tú eres Rey, un Dios vivo y eterno.

Si proviene de nuestro ego, no tenemos control sobre ello. Finalmente lo perderemos y posteriormente tendremos que pagar por nuestro comportamiento reactivo. Si proviene de la Luz, habremos obtenido el control y alcanzado la realización duradera. Una vez más, todos los caminos llevan a un concepto: reactividad versus proactividad.

אֵין ein קִצְבָה kitsvá לִשְׁנוֹתֶיךָ lishnoteja• וְאֵין veéin קֵץ kets מנק

לְאֹרֶךְ leórej יָמֶיךָ yameja: וְאֵין veéin לְשַׁעֵר leshaer

מַרְכְּבוֹת marquevot כְּבוֹדֶךָ quevodeja לכב, ב״ן• וְאֵין veéin לְפָרֵשׁ lefaresh

עֵלוּם elum שְׁמֶךָ Shmejá• שִׁמְךָ Shimjá נָאֶה naé לְךָ Lejá•

וְאַתָּה veAtá נָאֶה naé לִשְׁמֶךָ liShmejá• וּשְׁמֵנוּ ushmenu קָרָאתָ karata

בִּשְׁמֶךָ biShmeja: עֲשֵׂה asé לְמַעַן lemaan שְׁמֶךָ Shmeja•

וְקַדֵּשׁ vekadesh אֶת et שִׁמְךָ Shimjá עַל al מַקְדִּישֵׁי makdishei

שְׁמֶךָ Shmeja• בַּעֲבוּר baavur כְּבוֹד quevod שִׁמְךָ Shimjá

הַנַּעֲרָץ hanaarats וְהַנִּקְדָּשׁ vehanikdash• כְּסוֹד quesod מ״כ, י״פ האא שִׂיחַ síaj

שַׂרְפֵי sarfei קֹדֶשׁ kódesh• הַמַּקְדִּישִׁים hamakdishim שִׁמְךָ Shimjá

בַּקֹּדֶשׁ bakódesh• דָּרֵי darei מַעְלָה mala עִם im דָּרֵי darei מַטָּה mata•

MEDIO KADISH

יִתְגַּדַּל yitgadal וְיִתְקַדַּשׁ veyitkadash ש״די ומילוי ש״די ; י״א אותיות כמנין ו״ה

שְׁמֵיהּ Shmei (שם י״ה דע״ב) רַבָּא rabá קנ״א ב״ן, יהוה אלהים יהוה אדני,

מילוי קס״א וס״ג, מ״ה ברבוע וע״ב ע״ה ; ר״ת = ו״פ אלהים ; ס״ת = ג״פ יב״ק: אָמֵן Amén אידהנויה•

EIN KITSVÁ

No hay medida para Tus años, y no hay final para Tus días. Nadie puede estimar las carrozas de Tu gloria, y nadie puede explicar el misterio de Tu Nombre. Tu Nombre es agradable para Ti y Tú eres agradable para Tu Nombre, y nosotros somos llamados por Tu Nombre.

Actúa en aras de Tu Nombre

y santifica Tu Nombre a través de aquellos que santifican Tu Nombre, por el honor de Tu Nombre que es reverenciado y santificado en las palabras del consejo de Santos Serafines, que Lo veneran en el santuario; aquellos que moran en los Cielos junto con aquellos que moran en la Tierra.

MEDIO KADISH

Glorificado y santificado sea Su gran Nombre (Amén).

בְּעָלְמָא bealmá דִּי di בְרָא verá כִרְעוּתֵיהּ quirutei.
וְיַמְלִיךְ veyamlij מַלְכוּתֵיהּ maljutei. וְיַצְמַח veyatsmaj
פּוּרְקָנֵיהּ purkanei. וִיקָרֵב vikarev מְשִׁיחֵיהּ Meshijei: אָמֵן Amén אידהנויה.
בְּחַיֵּיכוֹן bejayeijón וּבְיוֹמֵיכוֹן uveyomeijón וּבְחַיֵּי uvejayei
דְּכָל dejol יל״י בֵּית beit ב״פ ראה יִשְׂרָאֵל Yisrael בַּעֲגָלָא baagalá
וּבִזְמַן uvizmán קָרִיב kariv וְאִמְרוּ veimrú אָמֵן Amén: אָמֵן Amén אידהנויה.

La congregación y el *jazán* dicen lo siguiente:

28 palabras (hasta *bealmá*) – y 28 letras (hasta *almayá*)

יְהֵא yehé שְׁמֵיהּ Shmei (שם י״ה דס״ג) רַבָּא rabá קנ״א ב״ן,
יהוה אלהים יהוה אדנ״י, מילוי קס״א וס״ג, מ״ה ברבוע וע״ב ע״ה מְבָרַךְ mevaraj,
לְעָלַם lealam לְעָלְמֵי lealmei עָלְמַיָּא almayá. יִתְבָּרַךְ yitbaraj.

Siete palabras con seis letras cada una (שם בן מ״ב) y siete veces la letra Vav (שם בן מ״ב).

וְיִשְׁתַּבַּח veyishtabaj י״פ ע״ב יהוה אל אבג יתץ.
וְיִתְפָּאַר veyitpaar הי גו יה קרע שטן. וְיִתְרוֹמַם veyitromam וה כוזו נגד יכש.
וְיִתְנַשֵּׂא veyitnasé במוכסז בטר צתג. וְיִתְהַדָּר veyithadar כוזו יה וזקב טנע.
וְיִתְעַלֶּה veyitalé וה יוד ה יגל פזק. וְיִתְהַלָּל veyithalal א ואו הא שקו צית.
שְׁמֵיהּ Shmei (שם י״ה דמ״ה) דְּקוּדְשָׁא deKudshá בְּרִיךְ Verij הוּא Hu:
אָמֵן Amén אידהנויה.
לְעֵלָּא leelá מִן min כָּל col יל״י בִּרְכָתָא birjatá. שִׁירָתָא shiratá.
תֻּשְׁבְּחָתָא tishbejatá וְנֶחָמָתָא venejamatá. דַּאֲמִירָן daamirán
בְּעָלְמָא bealmá וְאִמְרוּ veimrú אָמֵן Amén: אָמֵן Amén אידהנויה.

En la *Amidá* silenciosa *Nukvá* es elevada *a Jojmá y Biná de Ima,*
En la repetición *Nukvá* es elevada a *Kéter* de *Ima*.

En el mundo que Él creó de acuerdo a Su voluntad y pueda Su Reino reinar. Y pueda Él hacer que su Redención florezca y pueda Él acercar al Mesías (Amén). En tus vidas y en tus días y en la vida de la Casa de Israel, prontamente y en el futuro cercano, y dígase: Amén (Amén). Que Su gran Nombre sea bendito por siempre y para toda la eternidad, y bendito y alabado, y glorificado y exaltado, y ensalzado y honrado, y adorado y loado, sea el Nombre del Santo Bendito Sea (Amén). Más allá de todas las bendiciones, himnos, alabanzas y palabras de consolación que deben decirse en el mundo, y dígase: Amén (Amén).

MUSAF DE YOM KIPUR - LA AMIDÁ

אֲדֹנָי Adonai לכה (pausa aquí) שְׂפָתַי sfatai תִּפְתָּח tiftaj וּפִי ufí יַגִּיד yaguid

ייז (כ"ב אותיות פשוטות [=אכא] וה' אותיות סופיות מנצפך) תְּהִלָּתֶךָ tehilateja ס"ת = בוכו:

LA PRIMERA BENDICIÓN – INVOCA AL ESCUDO DE AVRAHAM

Avraham es el canal de la energía de la Columna Derecha de positividad, compartir y misericordia. Las acciones dadoras pueden protegernos de todas las formas de negatividad

Jésed que se convierte en *Jojmá*

En esta sección hay 42 palabras, el secreto del Nombre de Dios de 42 letras y, por lo tanto, comienza con la letra *Bet* (2) y termina con la letra *Mem* (40).

Flexiona tus rodillas en "*Baruj*", inclínate en "*Atá*" y enderézate en "*Adonai*".

א ב

בָּרוּךְ Baruj אַתָּה Atá א-ת (אותיות הא"ב המסמלות את השפע המגיע) לה המלכות

ג י

יְהֹוָהאדניאהדונהי Adonai (יא') אֱלֹהֵינוּ Eloheinu ילה

ת צ

וֵאלֹהֵי veElohei לכב ; מילוי ע"ב, דמב ; ילה אֲבוֹתֵינוּ avoteinu.

ק ר

אֱלֹהֵי Elohei מילוי ע"ב, דמב ; ילה אַבְרָהָם Avraham (*Jojmá*)

וז"פ אל, רי"ו ול"ב נתיבות החכמה, רמ"ח (אברים), עסמ"ב וט"ז אותיות פשוטות

ע ש

אֱלֹהֵי Elohei מילוי ע"ב, דמב ; ילה יִצְחָק Yitsjak (*Biná*) ד"פ בן

ט נ

וֵאלֹהֵי veElohei לכב ; מילוי ע"ב, דמב ; ילה יַעֲקֹב Yaakov (*Dáat*) ד' הויות, יאהדונהי אידהנויה

ג ג

הָאֵל haEl לאה ; ייא" (מילוי דס"ג) הַגָּדוֹל hagadol האל הגדול = סיט ; גדול = להח

ד י

עם ד' אותיות = מבה, יזל, אום הַגִּבּוֹר haguibor ר"ת ההה וְהַנּוֹרָא vehanorá.

MUSAF DE YOM KIPUR - LA AMIDÁ

"Mi Señor, abre mis labios y mi boca declarará Tu alabanza" (*Salmos 51:17*).

LA PRIMERA BENDICIÓN

Bendito eres, Señor, nuestro Dios y Dios de nuestros padres:
el Dios de Avraham, el Dios de Yitsjak y el Dios de Yaakov. El Dios grande, poderoso y reverenciado.

אֵל El ייא״י (מילוי ד״ס״ג) ; ר״ת ע״ב, ריבוע יהוה עֶלְיוֹן elyón.
גּוֹמֵל gomel חֲסָדִים jasadim טוֹבִים tovim. קוֹנֵה koné הַכֹּל hacol ילי
וְזוֹכֵר vezojer חַסְדֵי jasdei אָבוֹת avot. וּמֵבִיא umeví
גּוֹאֵל goel לִבְנֵי livnei בְנֵיהֶם veneihem לְמַעַן lemaan
שְׁמוֹ Shemó מהש ע״ה, ע״ב בריבוע וקס״א ע״ה, אל שדי ע״ה בְּאַהֲבָה beahavá אחד, דאגה:

Cuando digas la palabra "*beahavá*" debes meditar en dedicar tu alma a santificar el Santo Nombre y aceptar sobre ti mismo las cuatro formas de muerte.

Durante la repetición el *jazán* agrega::

מִסּוֹד misod מיכ, י״פ האא חֲכָמִים jajamim וּנְבוֹנִים unevonim
וּמִלֶּמֶד umilémed דַּעַת dáat מְבִינִים mevinim אֶפְתְּחָה efteja פִּי pi
בִּתְפִלָּה bitfilá א״ת ב״ש אִכְצִ = ב״ן + אדני וניקודה ע״ה = יוד הי וו הה
וּבְתַחֲנוּנִים uvetajanunim לְחַלּוֹת lejalot וּלְחַנֵּן ulejanén פְּנֵי pnei מֶלֶךְ mélej
מַלְכֵי maljei הַמְּלָכִים hamlajim וַאֲדוֹנֵי vaadonei הָאֲדוֹנִים haadonim.

ZOJRENU

Cuarenta y ocho letras como el valor numérico de אהיה יהוה ע״ה.
Recitamos la oración de "*zojrenu*" por el secreto de la *Nesirá* (aserrado)
y es por ello que mencionamos que seremos recordados para la Vida y no para la muerte.
Aquí tenemos 11 palabras que corresponden a las Diez *Sefirot* que están siendo aserradas y una superior. También corresponde a las 11 especias que, al igual que el *Któret*, dan vida a todo. Esta sección ayuda a dar vida (heb. *Jayim* = אהיה אהיה יהוה, los *Mojín*) y construir los *Tefilín* en el *Kéter* de *Zeir Anpín*. Los *Mojín* son atraídos hacia la Cabeza de *Zeir Anpín* desde la unificación de *Aba* (72=ע״ב) e *Ima* (161=קס״א) (72+161=זכרנו) a través de las 50 Puertas de *Biná*. Debemos meditar en que los *Tefilín* son el entorno en el secreto del *Hével* (Aliento) del Nombre ס״ג.

El Dios grande, poderoso y reverenciado. El Dios Celestial. El que otorga benevolencia y crea todas las cosas. El que recuerda las buenas acciones de nuestros ancestros y El que trae un redentor a los hijos de sus hijos por el bien de Su Nombre, con amor.

Con los secretos de los maestros que poseen sabiduría y discernimiento, y la enseñanza que deriva del conocimiento de estos entendidos. Yo abro mi boca en oración y súplica para implorar y rogar ante el Rey de los Reyes y Señor de los Señores.

זָכְרֵנוּ zojrenu לְחַיִּים lejayim אהיה אהיה יהוה, בינה ע״ה ; ר״ת מילוי דס״ג וס״ת מילוי דע״ב.

(Kéter de *Zeir Anpín)*

מֶלֶךְ Mélej חָפֵץ jafets בַּחַיִּים bajayim אהיה אהיה יהוה, בינה ע״ה.

(Jojmá, Biná y *Dáat* de *Zeir Anpín)*

כָּתְבֵנוּ cotvenu בְּסֵפֶר beséfer חַיִּים jayim אהיה אהיה יהוה, בינה ע״ה.

(Jésed, Guevurá y *Tiféret* de *Zeir Anpín)*

לְמַעַנְךָ lemaanaj אֱלֹהִים Elohim אהיה אדני ; ילה חַיִּים jayim אהיה אהיה יהוה, בינה ע״ה

(Nétsaj, Hod y *Yesod* de *Zeir Anpín* y *Nukvá están a la espalda* de *Zeir Anpín).*

Si olvidas decir "*zojrenu*" y te das cuenta de esto antes de terminar la bendición "*Baruj Atá Adonai*", debes regresar y decir "*zojrenu*" y continuar normalmente. Pero si te das cuenta de esto después del final de la bendición, debes continuar.

פ ז ק ע

מֶלֶךְ Mélej עוֹזֵר ozer וּמוֹשִׁיעַ umoshía וּמָגֵן umaguén

ג״פ אל (ייא״י מילוי דס״ג) ; ר״ת מיכאל גבריאל נוריאל :

Flexiona tus rodillas en "*Baruj*", inclínate en "*Atá*" y enderézate en "*Adonai*".

ק ו צ

בָּרוּךְ Baruj אַתָּה Atá יְהֹוָהאדהינהי (יְהֹוָאֲדֹנָי) אהדונהי Adonai

י ת

מָגֵן maguén ג״פ אל (ייא״י מילוי דס״ג) ; ר״ת מיכאל גבריאל נוריאל אַבְרָהָם Avraham

וז״פ אל, רי״ו ול״ב נתיבות החכמה, רמ״ח (אברים), עסמ״ב וט״ז אותיות פשוטות:

LA SEGUNDA BENDICIÓN

LA ENERGÍA DE YITSJAK ENCIENDE EL PODER DE LA RESURRECCIÓN DE LOS MUERTOS

Mientras que Avraham representa el poder de compartir, Yitsjak representa a la Columna Izquierda, energía de Juicio. El Juicio acorta el proceso de *tikún* y prepara la vía para nuestra resurrección final.

Guevurá que se convierte en *Biná*

En esta sección hay 49 palabras que corresponden a las 49 Puertas del Sistema Puro en *Biná*.

אַתָּה Atá גִּבּוֹר guibor לְעוֹלָם leolam ריבוע ס״ג ו״י אותיות דס״ג אֲדֹנָי Adonai ללה

(ר״ת אַגְלָא והוא שם גדול ואמיץ, ובו היה יהודה מתגבר על אויביו. ע״ה אלד, בוכו).

מְחַיֵּה mejayé ס״ג מֵתִים metim אַתָּה Atá. רַב rav לְהוֹשִׁיעַ lehoshía.

ZOJRENU

Recuérdanos de por vida, Oh Rey, que desea la vida, e inscríbenos en el Libro de la Vida, por Ti, Dios viviente. Rey, Sostén, Salvador y Escudo. Bendito eres Tú, Señor, escudo de Avraham.

LA SEGUNDA BENDICIÓN

Tú, Señor, eres poderoso por siempre. Tú revives a los muertos y eres muy capaz de redimir.

מוֹרִיד morid הַטָּל hatal יוד הא ואו, כוזו, מספר אותיות דמילואי עסמ"ב ; ר"ת מ"ה:

Si por error dices "*Mashiv harúaj*" y te das cuenta de ello antes del final de la bendición "*Baruj Atá Adonai*", debes regresar al comienzo de la bendición "*Atá guibor*" y continuar normalmente. Pero si sólo te das cuenta de ello después del final de la bendición, debes iniciar la *Amidá* desde el principio.

מְכַלְכֵּל mejalquel חַיִּים jayim אהיה אהיה יהוה, בינה ע"ה

בְּחֶסֶד bejésed ע"ב, ריבוע יהוה. מְחַיֵּה mejayé ס"ג מֵתִים metim

בְּרַחֲמִים berajamim (במוכסז) מצפצ, אלהים דההין, י"פ ייי

רַבִּים rabim (טלא דעתיק). סוֹמֵךְ somej (אכדטם) כוק, ריבוע אדני

נוֹפְלִים noflim (זו"ן). וְרוֹפֵא verofé חוֹלִים jolim חולה = מ"ה וד' אותיות.

וּמַתִּיר umatir אֲסוּרִים asurim. וּמְקַיֵּם umekayem אֱמוּנָתוֹ emunató

לִישֵׁנֵי lishenei עָפָר afar. מִי mi ילי כָמוֹךָ jamoja

בַּעַל báal גְּבוּרוֹת gvurot (debes pronunciar la letra *Ayin* en la palabra "*Báal*")

וּמִי umí ילי דּוֹמֶה domé לָךְ laj. מֶלֶךְ mélej מֵמִית memit

וּמְחַיֶּה umejayé ס"ג (יוד הי ואו הי) וּמַצְמִיחַ umatsmíaj יְשׁוּעָה yeshuá:

MI CAMOJA

Aquí meditamos en el proceso de reencarnación. En este día de *Yom Kipur*, hay almas que residen en una dimensión llamada *Guehinom* (Infierno). En este momento se juzga a quiénes se les permitirá encarnar en nuestro mundo físico y continuar con sus correcciones personales y transformación. Esta oración ayuda a endulzar el juicio de ellas para que sean liberadas de la prisión del Infierno.

Ocho palabras que corresponden a las ocho prendas del Sumo Sacerdote.
Aquí debemos meditar en conectar con el proceso de reencarnación, pues *Yom Kipur* es el momento en el que las almas son juzgadas y encarnadas. Y como esta bendición es llamada *Guevurot* (Juicios) debemos meditar en endulzarlos con las palabras "*Av HaRajamán*" (el Padre Misericordioso), cuya suma es el mismo valor numérico de las letras *Shin* y *Vav* (=306, de la palabra *Shofar*).

מִי mi ילי כָמוֹךָ jamoja אָב av הָרַחֲמָן harajmán (*Aba*) זוֹכֵר zojer

יְצוּרָיו yetsurav בְּרַחֲמִים berajamim מצפצ, אלהים דיודין, י"פ ייי לְחַיִּים lejayim

אהיה אהיה יהוה, בינה ע"ה ; ר"ת זוב"ל = מ"ט שערי בינה ; ר"ת יב"ל = מ"ב ; ר"ת ל"ב נתיבות החכמה.

Si olvidas decir "*mi camoja*" y te das cuenta de esto antes del final de la bendición "*Baruj Atá Adonai*", debes regresar y decir "*mi camoja*" y continuar normalmente. Pero si sólo te das cuenta de esto al final de la bendición, debes continuar.

El que hace caer el rocío. Tú sostienes a los vivientes con bondad y revives a los muertos con gran misericordia. Tú sostienes a los caídos, curas a los enfermos, pones en libertad a los cautivos y cumples Tu promesa con los que duermen en el polvo. ¿Quién es como Tú, Señor de fortaleza, y quién puede compararse contigo, Oh Rey, que causas la muerte, das vida y haces crecer la salvación?

MI CAMOJA

¿Quién es como Tú, Padre misericordioso, Quien recuerdas a Tus criaturas con misericordia para la vida?

:metim מֵתִים lehajayot לְהַחֲיוֹת Atá אַתָּה veneemán וְנֶאֱמָן.

Adonai יְהֹוָהאדני(יְהֹוָאֲדֹנָי)יאהדונהי Atá אַתָּה Baruj בָּרוּךְ

:מ״ה וס״ת מ״ה ר״ת hametim הַמֵּתִים (יוד הי ואו הי) ס״ג mejayé מְחַיֵּה

Durante la repetición abrimos el Arca y recitamos lo siguiente:

LEEL OREJ DIN

En esta oración encontramos codificadas las 22 letras del alfabeto arameo. La primera letra de la primera palabra de cada una de estas 22 frases está en el orden alfabético correcto. Debido a que las letras arameas son los verdaderos instrumentos de la Creación, esta oración nos ayuda a inyectar orden y el poder de la Creación en nuestra vida. Ganamos control sobre nuestro mundo cuando conectamos con las fuerzas que lo crearon.

:din דִּין orej עוֹרֵךְ leEl לְאֵל

:din דִּין beyom בְּיוֹם levavot לְבָבוֹת levojén לְבוֹחֵן

:badín בַּדִּין amukot עֲמוּקוֹת legolé לְגוֹלֶה

:din דִּין beyom בְּיוֹם meisharim מֵישָׁרִים ledover לְדוֹבֵר

:badín בַּדִּין deot דֵּעוֹת lehogué לְהוֹגֶה

:din דִּין beyom בְּיוֹם jésed חֶסֶד veosé וְעֹשֶׂה levatik לְוָתִיק

:badín בַּדִּין britó בְּרִיתוֹ lezojer לְזוֹכֵר

:din דִּין beyom בְּיוֹם maasav מַעֲשָׂיו lejomel לְחוֹמֵל

:badín בַּדִּין josav חוֹסָיו letaher לְטַהֵר

:din דִּין beyom בְּיוֹם majashavot מַחֲשָׁבוֹת leyodea לְיוֹדֵעַ

:badín בַּדִּין caasó כַּעְסוֹ lejovesh לְכוֹבֵשׁ

:din דִּין beyom בְּיוֹם tsedakot צְדָקוֹת lelovesh לְלוֹבֵשׁ

Y eres fiel para resucitar a los muertos. Bendito eres Tú, Señor, que resucitas a los muertos.

LEEL OREJ DIN

A Dios que prepara al hombre para juicio; a Quien prueba los corazones en el Día de Juicio; a Quien revela las profundidades en juicio; a Quien habla rectitud en el Día de Juicio; a Quien analiza las ideas en juicio; a Quien es pío y ejerce benevolencia en el Día de Juicio; a Quien recuerda Su pacto en juicio; a Quien es compasivo con Su obra en el Día de Juicio; a Quien purifica a aquellos que confían en Él en juicio; a Quien conoce los pensamientos en el Día de Juicio; a Quien reprime Su ira en juicio; a Quien viste rectitud en el Día de Juicio.

לְמוֹחֵל lemojel עֲוֹנוֹת avonot בַּדִּין badín:

לְנוֹרָא lenorá תְהִלּוֹת tehilot בְּיוֹם beyom דִּין din:

לְסוֹלֵחַ lesoléaj לַעֲמוּסָיו laamusav בַּדִּין badín:

לְעוֹנֶה leoné לְקוֹרְאָיו lekorav בְּיוֹם beyom דִּין din:

לְפוֹעֵל lefoel רַחֲמָיו rajamav בַּדִּין badín:

לְצוֹפֶה letsofé נִסְתָּרוֹת nistarot בְּיוֹם beyom דִּין din:

לְקוֹנֶה lekoné עֲבָדָיו avadav בַּדִּין badín:

לְרַחֵם lerajem עַמּוֹ amó בְּיוֹם beyom דִּין din:

לְשׁוֹמֵר leshomer אוֹהֲבָיו ohavav בַּדִּין badín:

לְתוֹמֵךְ letomej תְּמִימָיו temimav בְּיוֹם beyom דִּין din:

וּבְכֵן uvjén לְךָ lejá הַכֹּל hacol יַכְתִּירוּ yajtiru:

LA KEDUSHÁ DE KÉTER

La congregación recita junta esta oración.

Kéter es el nivel más alto en la atmósfera espiritual. A medida que alcanzamos este punto elevado en nuestras conexiones, nos ponemos de pie con las piernas juntas. Esta es también una de las oraciones más poderosas para ayudarnos a conectar con la semilla de la vida antes de que existiera alguna diferenciación entre las células del cuerpo. Nuestras meditaciones durante este momento aumentan la producción de células madres en nuestro cuerpo.

Alzar un cofre pesado lleno de tesoros es imposible si sólo usas un hilo: el hilo se romperá porque es demasiado débil. Sin embargo, si unimos y combinamos numerosas hilos, finalmente formaremos una soga. Una soga puede levantar fácilmente el cofre del tesoro. Al combinar y unir las oraciones de la congregación, nos convertimos en una fuerza unida, capaz de halar los tesoros espirituales más valiosos. Además de ello, esta unidad ayuda a las personas que no son muy versadas o conocedoras de las conexiones. Al unirnos y meditar como una sola alma, todos recibiremos el beneficio gracias al poder de la unidad, indiferentemente de nuestro conocimiento y entendimiento. Esta oración tiene lugar entre la segunda y la tercera bendición. Simboliza la Columna Central que une a la Columna Izquierda y a la Columna Derecha.

A Quien perdona pecados en juicio; a Quien es muy magnánimo para alabanza en el Día de Juicio; a Quien perdona al pueblo que Él juzga; a Quien responde a aquellos que Le llaman en el Día de Juicio; a Quien trabaja Sus misericordias en juicio; a Quien indaga lo oculto en el Día de Juicio; a Quien adquiere a Sus siervos en el Día de Juicio; a Quien es misericordioso con Su pueblo en el Día de Juicio; a Quien resguarda a Sus amados en juicio; a Quien sostiene a Sus íntegros en el Día de Juicio.

Y entonces, es para Ti que todos están coronados.

En esta oración los ángeles hablan entre sí, diciendo: "*Kadosh, Kadosh, Kadosh*" ("Santo, Santo, Santo"). Cuando recitamos estas tres palabras, estamos parados con nuestros pies juntos como si fueran uno solo. Con cada pronunciación de la palabra *Kadosh*, saltamos un poco más alto. Saltar es un acto de restricción y desafía a la fuerza de gravedad. En términos espirituales, la gravedad tiene la energía del Deseo de Recibir para Sí Mismo. Ésta es la fuerza reactiva de nuestro planeta, siempre atrayendo todo hacia sí mismo.

El secreto de la *Kedushá* de parte del Ramjal:

Nosotros (los humanos) decimos *Kedushá* (Santidad) sólo desde el poder de la Santidad de los ángeles. Porque nuestra forma de lograr la Unificación es recitando el *Shemá* y los ángeles lo hacen mediante la *Kedushá*. Pero incluso la corrección de los ángeles es hecha por nosotros. Porque la Santidad de los ángeles se originó de *Aba* e *Ima*, ellos están protegidos de la negatividad, ya que *Aba* e *Ima* no permiten que la negatividad se acerque siquiera al aspecto externo de los ángeles.

Para nosotros, la negatividad puede aferrarse al aspecto externo, que es el cuerpo. Todo esto es temporal, durante el proceso de *tikún*. Pero al final del proceso de *tikún*, incluso el cuerpo será corregido y santo, e incluso los ángeles obtendrán su *Kedushá* de nosotros. Pero por ahora, decimos la *Kedushá* desde el poder de los ángeles, ya que no tenemos el poder de hacerlo nosotros mismos y necesitamos obtenerla de la corrección de los ángeles y, de esta manera, recibimos una pequeña iluminación, hasta para el cuerpo. Esta iluminación no es lo suficientemente fuerte para eliminar completamente las fuerzas negativas, pero sólo podemos recibir la Santidad que está disponible ahora.

Para la oración de la congregación, debemos meditar en ser como *Maljut* (tú), que ahora se está uniendo con *Jésed*, *Guevurá* y *Tiféret* (la congregación). Entonces el despertar se elevará hacia *Arij Anpín* para atraer la abundancia de Santidad a *Maljut* y desde *Ella* a nosotros.

Mientras decimos la *Kedushá* (Santidad) meditamos en traer la Santidad del Creador entre nosotros. Ya que dice: "*Venikdashti betoj Bnei Yisrael*" (Dios es santificado entre los hijos de Israel).

כֶּתֶר Kéter ה׳ מלך ה׳ מלך ה׳ ימלוך לעולם ועד ובאתב״ש גאל יִתְּנוּ yitnú לְךָ lejá

יְהֹוָה יאהדונהי Adonai אֱלֹהֵינוּ Eloheinu ילה (*Zeir de Nukvá*) מַלְאָכִים malajim

הֲמוֹנֵי hamonei מַעְלָה malá (*Aba* e *Ima*) עִם im עַמְּךָ amjá יִשְׂרָאֵל Yisrael

קְבוּצֵי kevutsei מַטָּה matá .(por los Justos) יַחַד yájad כֻּלָּם culam

קְדֻשָּׁה kedushá לְךָ lejá יְשַׁלֵּשׁוּ yeshaleshu כַּדָּבָר cadavar ראה

הָאָמוּר haamur עַל al יַד yad נְבִיאֶךָ neviáj וְקָרָא vekará

זֶה ze אֶל־ el זֶה ze י״ב פרקין דיעקב מאירין אל י״ב פרקין דרוז״ל וְאָמַר veamar:

KEDUSHÁ DE KÉTER

Te darán una corona, Señor, nuestro Dios,

los ángeles de las multitudes arriba, junto con Tu Nación, Israel, que está reunida abajo. Juntos todos te recitarán la Santidad tres veces, como la palabra hablada por Tu profeta: "Y llamó uno al otro y dijo:

(Jésed) קָדוֹשׁ kadosh | (Guevurá) קָדוֹשׁ kadosh (Tiféret) קָדוֹשׁ kadosh
יְהֹוָאדהֹנָהי Adonai צְבָאוֹת Tsvaot פני שכינה מְלֹא meló כָל־ jol ילי
הָאָרֶץ haárets אלהים דההין ע"ה כְּבוֹדוֹ quevodó:
כְּבוֹדוֹ quevodó מָלֵא malé עוֹלָם olam וּמְשָׁרְתָיו umeshartav שׁוֹאֲלִים shoalim

En *Shabat*: Medita en recibir el alma adicional llamada: *Neshamá*
desde el aspecto del día de *Shabat*.

Biná	***Jojmá***	***Dáat***
Ima	***Aba***	**Decimotercer *Mazal* (ונקה)**
ayé ה	יֵ	אַ

DESEO PERSONAL

Durante el *Kéter*, llegamos a un punto en el que podemos pedir un deseo personal. El Arí dice que tenemos la oportunidad de pedir por uno de estos tres: sustento, Inspiración Divina e hijos espirituales. Rav Berg nos enseña que si alguien no tiene una necesidad evidente de hijos justos o sustento, debería pedir Inspiración Divina porque ésta incluye las otras dos opciones.

יְהִי yehí רָצוֹן ratsón מהש ע"ה, ע"ב בריבוע וקס"א ע"ה, אל שדי ע"ה
מִלְּפָנֶיךָ milfaneja ס"ג מ"ה ב"ן יְהֹוָאדהֹנָהי Adonai אֱלֹהֵינוּ Eloheinu ילה
וֵאלֹהֵי veElohei לכב; דמב, מילוי ע"ב ; ילה אֲבוֹתֵינוּ avoteinu שֶׁתִּתֶּן shetitén ב"פ כהת לִי li
הַיּוֹם hayom נגד, זן, מזבח, אל יהוה מַתָּנָה matana קס"א קנ"א קמ"ג, נתה טוֹבָה tová אכא
מֵאוֹצְרוֹת meotsrot מַתְּנַת matnat וְחִנָּם jinam אַף af עַל al פִּי pi שֶׁאֵינִי sheeiní
כְּדַאי jedai כְּדִכְתִיב quedijtiv: וְחַנֹּתִי vejanotí אֶת et אֲשֶׁר asher אָחֹן ajón.

PARA SUSTENTO

וְתִתֶּן vetitén ב"פ כהת לִי li וּלְכָל ulejol יה אדני בְּנֵי bnei בֵּיתִי veití ב"פ ראה
וּלְכָל ulejol יה אדני הַסְּמוּכִים hasmujim עַל al שֻׁלְחָנִי shuljaní
בַּיּוֹם bayom נגד, זן, מזבח, אל יהוה הַזֶּה hazé והו וּבְכָל uvejol לכב, ב"ן
יוֹם yom נגד, זן, מזבח, אל יהוה וָיוֹם vayom נגד, זן, מזבח, אל יהוה

Santo, Santo, Santo es el Señor de los Ejércitos, la Tierra entera está llena con Su gloria" (Isaías 6:3).
Su gloria llena el mundo y Sus siervos preguntan: ¿Dónde?

DESEO PERSONAL

Sea Tu voluntad, Señor, nuestro Dios
y el Dios de nuestros padres, que me concedas hoy un buen regalo de tus tesoros, un regalo gratuito, aunque yo no sea digno, como está escrito: "Y Yo mostraré compasión en quienes tengo compasión" (Éxodo 33:19).

PARA SUSTENTO

Y que Tú me proveas, a mi casa, y a todos los que dependen de mi mesa, en este día y en cada día,

מְזוֹנוֹתֵינוּ mezonoteinu בְּכָבוֹד bejavod בוכו וּבְרֶוַח uverévaj בִּזְכוּת bizjut
שִׁמְךָ Shimjá הַגָּדוֹל hagadol להוז ; עִם ד׳ אותיות = מבה, יזל, אום
(No pronunciar los Nombres: דִּיקַרְנוֹסָא וזהך עִם ג׳ אותיות ובאתב״ש הוא סאל, פאי, אמן)
הַמְמֻנֶּה hamemuné עַל al הַפַּרְנָסָה haparnasá. וְאַל veal תַּצְרִיכֵנוּ tatsrijenu
לִידֵי lidei מַתְּנַת matnat בָּשָׂר basar וָדָם vadam כִּי qui אִם im יוהך,
מ״א אותיות דפשוט, דמילוי ודמילוי דמילוי דאהיה ע״ה בְּשִׁמְךָ beShimjá וְחָנֵּנוּ jonenu
וּמֵאוֹצַר umeotsar מַתְּנַת matnat חִנָּם jinam תְּכַלְכְּלֵנוּ tejalquelenu
וְתַשְׁפִּיעֵנוּ vetashpiénu, אָמֵן Amén יאהדונהי אָמֵן Amén יאהדונהי אָמֵן Amén יאהדונהי
סֶלָה sela סֶלָה sela סֶלָה sela:

PARA INSPIRACIÓN DIVINA

וְתִגְזֹר vetigzor עָלַי alai (inserta aquí tu nombre y el nombre de tu padre) גְּזֵרוֹת guezerot
טוֹבוֹת tovot מִלְּפְנֵי milifnei כִּסֵּא jisé כְבוֹדֶךָ jevodeja לכב, ב״ן וְתִתֶּן vetitén
ב״פ כהת לִי li לֵב lev מֵבִין mevín וּלְהַשִּׂיג ulehashig רוּחַ rúaj הַקֹּדֶשׁ hakódesh:

PARA HIJOS ESPIRITUALES

וְתִתֶּן vetitén ב״פ כהת לִי li בָּנִים banim טוֹבִים tovim וּכְשֵׁרִים ujsherim
וַהֲגוּנִים vahagunim לַעֲסֹק laasok בְּתוֹרָתֶךָ betorateja וּבְמִצְוֹתֶיךָ uvemitsvoteja:
יְהִי yehí רָצוֹן ratsón מהש ע״ה, ע״ב בריבוע וקס״א ע״ה, אל שדי ע״ה
מִלְּפָנֶיךָ milfaneja ס״ג מ״ה ב״ן יְהֹוָהאדניאהדונהי Adonai אֱלֹהֵינוּ Eloheinu ילה
וֵאלֹהֵי veElohei לכב; דמב, מילוי ע״ב ; ילה אֲבוֹתֵינוּ avoteinu אָבִינוּ avinu
שֶׁבַּשָּׁמַיִם shebashamáyim י״פ טל, י״פ כוזו שֶׁתְּמַלֵּא shetemalé שְׁאֵלָתִי sheelatí
וּבַקָּשָׁתִי uvakashatí הַיּוֹם hayom נגד, זן, מזבח, אל יהוה הַזֶּה hazé והו

---

nuestra nutrición en dignidad y con hartura, en el Nombre de Tu gran Nombre que está encargado del sustento. Que Tú no me fuerces a necesitar los regalos de carne y sangre; más bien que Tú seas afable con nosotros a través de Tu Nombre y que puedas Tú nutrirnos y enviarnos Tu torrente de bendiciones del tesoro de regalos gratuitos, Amén, Amén, Amén, Sela, Sela, Sela.

PARA INSPIRACIÓN DIVINA

Que Tú decretes sobre mí (inserta aquí tu nombre y el nombre de tu padre) *decretos favorables desde el Trono de Tu Gloria, y me des un corazón comprensivo para entender la Inspiración Divina.*

PARA HIJOS ESPIRITUALES

Que Tú me des hijos buenos, adecuados y dignos, para comprometerse con Tu Torá y Tus preceptos.

Que sea Tu voluntad, Señor, nuestro Dios y Dios de nuestros antepasados, nuestro Padre Quien está en el Cielo, que Tu satisfagas mi solicitud y mi petición en este día,

בְּשֵׁם bashem (יָהּ הנקוד עולה למנין מ"ו - מילוי ע"ב - והב' אותיות י"ה דאיה)
וְתַמְשִׁיךְ vetamshij לִי li שֶׁפַע shefa י"פ ילה טוֹב tov והו מִן min סוֹד sod מיכ, י"פ ההא
הַכֶּתֶר hakéter (יוד הי ואו הי) הַנִּרְמָז hanirmaz בָּאוֹת baot א' Álef שֶׁל shel
אֵיֶה ayé לְאַבָּא leÁba וְאִמָּא veÍma סוֹד sod מיכ, י"פ ההא י"ה Yud Kei שֶׁל shel
אֵיֶה ayé וּמִשָּׁם umisham לִדְוֹכְרָא leDujrá וְנוּקְבָא veNukvá, וּמִשָּׁם umisham
לְעַבְדְּךָ leavdeja פוי, אל אדני (inserta aquí tu nombre y el nombre de tu padre) הָעוֹמֵד haomed
וּמְבַקֵּשׁ umevakesh מִלִּפְנֵי milifnei כִּסֵּא jisé כְּבוֹדֶךָ jevodeja לכב, ב"ן.
וְאַל veal תְּשִׁיבֵנִי teshiveni רֵיקָם reikam מִלְּפָנֶיךָ milfaneja ס"ג מ"ה ב"ן,
אָמֵן Amén יאהדונהי כֵּן quen יְהִי yehí רָצוֹן ratsón מהש ע"ה, ע"ב בריבוע וקס"א ע"ה, אל שדי ע"ה:

Medita en los 24 Adornos de la Novia, y luego sigue con "*mekom quevodó*" a continuación:

יְפָ עֲנָ הֲתָ הֲתָ הֲדָ דְיָ מְיָ הֲדָ אֲמָ אֲתָ בְנָ הֲםָ
שְׁםָ אֲתָ וֲוָ אֲתָ שְׁהָ לְבָ הֲהָ אֲבָ לֲהָ לְךָ אֲרָ הֲםָ:

מְקוֹם mekom כְּבוֹדוֹ quevodó

לְהַעֲרִיצוֹ lehaaritsó איה מקום כבודו להעריצו ר"ת = אמן (יאהדונהי)

לְעֻמָּתָם leumatam מְשַׁבְּחִים meshabjim וְאוֹמְרִים veomrim:

(או"א) בָּרוּךְ Baruj כְּבוֹד Quevod יְהֹוָאדהנָי־יאהדונהי Adonai ; כבוד ה' = יוד הי ואו הה

מִמְּקוֹמוֹ mimkomó עסמ"ב, הברכה (למתק את ז' המלכים שמתו) ; ר"ת ע"ב, ריבוע יהוה ; ר"ת מיכ:

מִמְּקוֹמוֹ mimkomó עסמ"ב, הברכה (למתק את ז' המלכים שמתו) הוּא Hu יִפֶן yifén
בְּרַחֲמָיו berajamav לְעַמּוֹ leamó הַמְיַחֲדִים hameyajadim שְׁמוֹ Shmó מהש ע"ה, ע"ב
בריבוע וקס"א ע"ה, אל שדי ע"ה עֶרֶב érev וָבֹקֶר vavóker בְּכָל bejol ב"ן, לכב יוֹם yom ע"ה
נגד, מזבח, זן, אל יהוה ע"ה תָּמִיד tamid ע"ה קס"א קנ"א קמ"ג
אוֹמְרִים omrim פַּעֲמַיִם paamáyim בְּאַהֲבָה beahavá אחד, דאגה:

---

en el Nombre de Dios, y concédeme buena nutrición del secreto de Kéter que está sugerido en Tu Nombre Ayé, al Padre y a la Madre el secreto de Yud-Hei de Ayé, y de allí a Ducrá y Nukvá, y de ahí a tu siervo (inserta aquí tu nombre y el nombre de tu padre) *el que está de pie y pidiendo ante Tu Honorable Silla. Por favor no me respondas en vano. Amén, para que así sea deseado.*

¿En el lugar de Su Gloria para adorarlo? Uno frente al otro lo alaban y dicen: "Bendita es la Gloria del Señor desde Su Lugar" (Ezequiel 3:12). *Desde Su lugar, Él se puede voltear con compasión a Su Nación, que, de noche y de mañana, dos veces cada día, proclama con constancia la Unicidad de Su Nombre, diciendo con amor:*

Medita en dedicar tu alma para la santificación del Santo Nombre y aceptar sobre ti mismo las cuatro formas de muerte para que *Zeir Anpín* y *Nukvá* puedan conectarse en *Biná* de *Ima* (esta no es una Unificación completa, sólo una conexión, ya que Ellos no pueden unificarse hasta que *Nukvá* esté completa). Pero a partir del poder de Su conexión Arriba, *Yaakov* y *Leá* (Quienes están Abajo) pueden ser unificados y Su Unificación es en lugar de la Unificación de *Zeir Anpín* y *Nukvá*.

שְׁמַע Shmá ע' רבתי יִשְׂרָאֵל Yisrael יְהֹוָהאדנהיאהדונהי Adonai אֱלֹהֵינוּ Eloheinu ילה

יְהֹוָהאדנהיאהדונהי Adonai | אֶחָד Ejad ד' רבתי ; אהבה, דאגה:

הוּא Hu אֱלֹהֵינוּ Eloheinu ילה . הוּא Hu אָבִינוּ avinu. הוּא Hu מַלְכֵּנוּ malquenu.

הוּא Hu מוֹשִׁיעֵנוּ moshienu. הוּא Hu יוֹשִׁיעֵנוּ yoshienu וְיִגְאָלֵנוּ veyigalenu

שֵׁנִית shenit. וְיַשְׁמִיעֵנוּ veyashmienu בְּרַחֲמָיו berajamav לְעֵינֵי leeinei ריבוע מ"ה

כָּל col ילי וְחָי jai כל וחי = אהיה אהיה יהוה, בינה ע"ה, חיים לֵאמֹר lemor.

הֵן hen גָּאַלְתִּי gaalti אֶתְכֶם etjem אַחֲרִית ajarit כְּרֵאשִׁית quereshit

לִהְיוֹת lihyot לָכֶם lajem לֵאלֹהִים leElohim אהיה אדני ; ילה.

אֲנִי Aní אני יְהֹוָהאדנהיאהדונהי Adonai אֱלֹהֵיכֶם Eloheijem ילה:

וּבְדִבְרֵי uvedivrei קָדְשְׁךָ kodshaj כָּתוּב catuv לֵאמֹר lemor:

(זו"ן) יִמְלֹךְ yimloj קדוש ברוך ימלך ר"ת יב"ק, אלהים יהוה, אהיה אדני יהוה

יְהֹוָהאדנהיאהדונהי Adonai | לְעוֹלָם leolam ריבוע ס"ג וי' אותיות דס"ג אֱלֹהַיִךְ Eloháyij ילה

צִיּוֹן Tsiyón יוסף, ו' הויות, קנאה לְדֹר ledor וָדֹר vador רי"ו ר"ת אצלו (מלכות אצל זעיר אנפין – ו)

הַלְלוּיָהּ haleluyá אלהים, אהיה אדני ; ללה:

LA TERCERA BENDICIÓN

Esta bendición nos conecta con Yaakov, la Columna Central y el poder de la restricción. Yaakov es nuestro canal para conectar la Misericordia con el Juicio. Al restringir nuestro comportamiento reactivo, estamos deteniendo nuestro Deseo de Recibir para Nosotros Mismos. Yaakov también nos da el poder para equilibrar nuestros actos de Misericordia y Juicio hacia otras personas en nuestra vida.

"Escucha, Israel, el Señor es nuestro Dios, el Señor es Uno" (Deuteronomio 6:4).
Él es nuestro Dios. Él es nuestro Padre. Él es nuestro Rey. Él es nuestro Salvador. Él nos salvará y nos redimirá de nuevo y nos dejará escuchar, a través de Su compasión a los ojos de todos los vivientes, y dirá: He aquí que Yo los he redimido tanto en tiempos posteriores como en tiempos anteriores, para ser un Dios para ustedes. Yo soy el Señor, su Dios. Y en Tus Sagradas Escrituras, lo siguiente está escrito: "El Señor reinará por siempre, tu Dios, Sión, de una generación a la otra, ¡Aleluya!" (Salmos 146:10).

Tiféret **que se convierte en** *Dáat*.

אַתָּה Atá קָדוֹשׁ kadosh וְשִׁמְךָ veShimjá קָדוֹשׁ kadosh ר"ת = אור, רז, אין סוף.

וּקְדוֹשִׁים ukdoshim בְּכָל־ bejol ב"ן, לכב יוֹם yom ע"ה נגד, מזבח, זן, אל יהוה

יְהַלְלוּךָ yehaleluja סֶּלָה sela:

Nueve palabras que corresponden a dos letras *Dálet* (una por *Rajel* y una por *Leá*) más una.

לְדֹר ledor וָדֹר vador רי"ו הַמְלִיכוּ hamliju לָאֵל laEl ייא"י (מילוי דס"ג)

כִּי qui הוּא Hu לְבַדּוֹ levadó מ"ב מָרוֹם marom וְקָדוֹשׁ vekadosh:

Durante la repetición, el *jazán* agrega:

וַחֲמוֹל jamol עַל al מַעֲשֶׂיךָ maaseja. וְתִשְׂמַח vetismaj בְּמַעֲשֶׂיךָ bemaaseja.

וְיֹאמְרוּ veyomrú לְךָ lejá חוֹסֶיךָ joseja. בְּצַדֶּקְךָ betsadekjá

עֲמוּסֶיךָ amuseja. תֻּקְדַּשׁ tukdash אָדוֹן adón אני עַל al כָּל col ילי; עמם

מַעֲשֶׂיךָ maaseja: כִּי qui מַקְדִּישֶׁיךָ makdisheja כִּקְדֻשָּׁתְךָ quikedushatjá

קִדַּשְׁתָּ kidashta. נָאֶה naé לְקָדוֹשׁ lekadosh פְּאֵר peer מִקְּדוֹשִׁים mikdoshim:

CUATRO UVJÉN

El valor numérico de la palabra *Uvjén* וּבְכֵן es igual a 72. Esto indica un enlace importante con los 72 Nombres de Dios y el poder de superar las leyes de la naturaleza y las leyes de la naturaleza humana.

El Kabbalista Rav Yitsjak Luria (el Arí) nos enseña que estos cuatro patrones de letras provienen de tres versículos en Éxodo. Cada uno de estos tres versículos contiene 72 letras.

Las primeras tres configuraciones de letras representan las partes o los aspectos diferentes de energía, mientras que la configuración final de los 72 Nombres representa el todo, culminando en el poder absoluto de la Luz.

Las cuatro tablas que se presentan a continuación también corresponden a Avraham (*Jésed*), Yitsjak (*Guevurá*), Yaakov (*Tiféret*) y David (*Maljut*) quienes representan las fuerzas energéticas básicas que apoyan y sustentan nuestro mundo espiritual y físico.

LA TERCERA BENDICIÓN

Tú eres Santo y Santo es Tu Nombre, y los Seres Santos Te alaban día a día, Sela.
De generación en generación, ellos proclaman a Dios como Rey, porque solo Él es y es Santo.

Ten compasión con Tu obra y conténtate con Tu obra. Que aquellos que buscan refugio en Ti digan —cuando Tú vindiques a aquellos que Tú guardas— "Señor, que puedas Tú ser santificado por toda Tu obra". Por cuanto a Tu propia Santidad. Tú has santificado a aquellos que te santifican. Es apropiado que el Santísimo sea glorificado por los Santos.

Toda la Torá es un código, afirma el *Zóhar*. No puede ser entendida en un nivel literal. Cada palabra, cada letra contiene muchas capas de significados que describen las distintas fuerzas espirituales que dan vida a la Madre Naturaleza y a la naturaleza humana. Por ejemplo, los sabios ancestrales revelaron que tres fuerzas de energía claves constituyen el tejido del universo: Columna Derecha (positiva – protón), Columna Izquierda (negativa – electrón) y Columna Central (neutral – neutrón). En la Torá, los nombres de Avraham, Yitsjak y Yaakov son las palabras clave utilizadas para describir estas tres fuerzas. Avraham se refiere a la energía positiva de compartir, Yitsjak a la energía negativa de recibir, y Yaakov a la energía neutral del equilibrio. El *Zóhar* dice que el Rey David representa la totalidad de estas tres fuerzas: nuestro mundo físico de *Maljut*.

¿Por qué esto es importante? Podemos cambiar al mundo sólo cuando podemos acceder y manipular las verdaderas fuerzas de la Creación. El beneficio de esta oración es que nos conecta con esas fuerzas primarias. Acceder a ellas nos da el poder emocional y la fortaleza espiritual para superar nuestra naturaleza reactiva durante el año entrante.

AVRAHAM (JÉSED) (חסד) אברהם

Ocho palabras que corresponden a dos letras *Dálet* (una por *Rajel* y una por *Leá*).

uvjén וּבְכֵן

ע״ב (יוד הי ויו הי, ריבוע יהוה), מזלא (להוריד ג׳ הויות דיקנא שבמזלא עילאה)

וכנגד ע״ב אותיות שבפסוק ״ויסע״ וכנגד אברהם שקידש שמו יתברך בעולם.

מ	מ	ע	א	ש	ל	א	ו	↓
ד	פ	ע	ח	ר	פ	ל	י	
מ	נ	מ	ר	א	נ	ה	ס	
א	י	ו	י	ל	י	י	ע	
ח	ה	ד	ה	ו	מ	ם	מ	
ר	ם	ה	ם	י	ח	ה	ל	
י	ו	ע	ו	ל	נ	ה	א	
ה	י	נ	י	ך	ה	ל	ך	
ם	ע	ז	ס	מ	י	ך	ה	

יִתְקַדַּשׁ yitkadash שדי - ין לת וד (מילוי שדי) שִׁמְךָ Shimjá

יְהֹוָה(אדני)אהדונהי Adonai ר״ת = ש״ך דינים וס״ת שכ״ה (ה״פ אדני - למתק הש״ך דינים בה׳ אלפין)

אֱלֹהֵינוּ Eloheinu ילה עַל al יִשְׂרָאֵל Yisrael עַמֶּךָ ameja ר״ת = קנ״א וס״ת = אלהים:

LOS CUATRO UVJÉN
AVRAHAM (JÉSED)
Por lo tanto, sea Tu Nombre santificado, Oh Señor, nuestro Dios, sobre Israel, Tu nación.

Durante la repetición, el *jazán* agrega:

עוֹד od יִזְכּוֹר yizcor לָנוּ lanu אַהֲבַת ahavat אֵיתָן eitán (pausa) אֲדוֹנֵינוּ adoneinu.
וּבַבֵּן uvabén הַנֶּעֱקָד haneekad יַשְׁבִּית yashbit מְדַיְּנֵנוּ medaynenu.
וּבִזְכוּת uvizjut הַתָּם hatam יוֹצִיא yotsí אָיוֹם ayom (הַיּוֹם hayom נגד, זן, מזבח, אל יהוה)
לְצֶדֶק letsédek דִּינֵנוּ dinenu. כִּי qui קָדוֹשׁ kadosh הַיּוֹם hayom נגד, זן, מזבח, אל יהוה
לַאֲדוֹנֵינוּ laadoneinu: בְּאֵין beéin מֵלִיץ melits יֹשֶׁר yósher מוּל mul
מַגִּיד maguid פֶּשַׁע pesha. תַּגִּיד taguid לְיַעֲקֹב leYaakov ד"פ יהוה, אידהנויה
דְּבַר dvar ראה חוֹק jok וּמִשְׁפָּט umishpat. וְצַדְּקֵנוּ vetsadkenu
בַּמִּשְׁפָּט bamishpat ה"פ אלהים הַמֶּלֶךְ haMélej הַמִּשְׁפָּט hamishpat ה"פ אלהים:

VEJOL MAAMINIM

Esta conexión significa "todos creemos". Despierta nuestra certeza y fe en el concepto de un Creador. En otras palabras, detrás de los eventos aparentemente fortuitos y el caos en nuestra vida, existe un orden invisible, un principio de causa y efecto en funcionamiento. Esta oración nos ayuda a aceptar todo lo que nos ofrece la vida y a comprender que todo es para nuestro crecimiento espiritual, corrección y limpieza.

Durante la repetición, abrimos el Arca y recitamos juntos:

הָאוֹחֵז haojez בְּיַד beyad מִדַּת midat מִשְׁפָּט mishpat:
וְכֹל vejol מַאֲמִינִים maaminim שֶׁהוּא shehú אֵל El אֱמוּנָה emuná:
הַבּוֹחֵן habojén וּבוֹדֵק uvodek גִּנְזֵי guinzei נִסְתָּרוֹת nistarot:
וְכֹל vejol מַאֲמִינִים maaminim שֶׁהוּא shehú בּוֹחֵן bojén כְּלָיוֹת clayot:
הַגּוֹאֵל hagoel מִמָּוֶת mimávet וּפוֹדֶה ufodé מִשַּׁחַת misájat:
וְכֹל vejol מַאֲמִינִים maaminim שֶׁהוּא shehú גּוֹאֵל goel חָזָק jazak:
הַדָּן hadán יְחִידִי yejidí לְבָאֵי levaéi עוֹלָם olam:

Que Él —nuestro Señor— todavía recuerde para nuestro beneficio el amor del poderoso [Avraham], y por el bien del hijo [Yitsjak] que fue atado, pueda Él anular a nuestro adversario, y en el mérito del perfecto [Yaakov], pueda El Temido traer [algunos sustituyen: pueda Él traer hoy] nuestro juicio en rectitud, porque este día es sagrado para nuestro Señor. En la ausencia de un abogado en contra del que reporta trasgresión, puedas Tú testificar por [los descendientes de] Yaakov con relación a [su cumplimiento de Tus] decretos y ordenanzas, por lo tanto puedas Tú vindicarnos en el juicio, Rey de juicio.

VEJOL MAAMINIM

Quien toma en sus manos el atributo de justicia.
Todos creemos que Él es el Dios de la fidelidad. Quien pone a prueba y examina archivos ocultos. Todos creemos que Él examina pensamientos. Quien redime de la muerte y libera de Guehinom. Todos creemos que Él es el gran Liberador. Quien es el único Juez de todo lo que camina en el mundo.

וְכֹל vejol מַאֲמִינִים maaminim שֶׁהוּא shehú דַּיָּן dayán אֱמֶת emet:

הַהֶגוּי hehaguy, בְּאֶהְיֶה beehyé אֲשֶׁר asher אֶהְיֶה ehyé:

וְכֹל vejol מַאֲמִינִים maaminim שֶׁהוּא shehú הָיָה hayá הֹוֶה hové וְיִהְיֶה veyihyé:

הַוַּדַּאי havadai שְׁמוֹ shemó כֵּן quen תְּהִלָּתוֹ tehilató:

וְכֹל vejol מַאֲמִינִים maaminim שֶׁהוּא shehú וְאֵין veéin בִּלְתּוֹ biltó:

הַזּוֹכֵר hazojer לְמַזְכִּירָיו lemazquirav טוֹבוֹת tovot זִכְרוֹנוֹת zijronot:

וְכֹל vejol מַאֲמִינִים maaminim שֶׁהוּא shehú זוֹכֵר zojer הַבְּרִית habrit:

הַחוֹתֵךְ hajotej חַיִּים jayim לְכָל lejol חָי jai:

וְכֹל vejol מַאֲמִינִים maaminim שֶׁהוּא shehú חַי jai וְקַיָּם vekayam:

הַטּוֹב hatov, וּמֵטִיב umetiv לָרָעִים laraím וְלַטּוֹבִים velatovim:

וְכֹל vejol מַאֲמִינִים maaminim שֶׁהוּא shehú טוֹב tov לַכֹּל lacol:

הַיּוֹדֵעַ hayodé יֵצֶר yétser כָּל col יְצוּרִים yetsurim:

וְכֹל vejol מַאֲמִינִים maaminim שֶׁהוּא shehú יוֹצְרָם yotsram בַּבָּטֶן babaten:

הַכֹּל hacol יָכוֹל yajol וְכוֹלְלָם vejolelam יָחַד yájad:

וְכֹל vejol מַאֲמִינִים maaminim שֶׁהוּא shehú כֹּל col יָכוֹל yajol:

הַלָּן halán בְּסֵתֶר beséter בְּצֵל betsel, שַׁדַּי Shadai:

וְכֹל vejol מַאֲמִינִים maaminim שֶׁהוּא shehú לְבַדּוֹ levadó הוּא hu:

הַמַּמְלִיךְ hamamlij מְלָכִים melajim וְלוֹ veló הַמְּלוּכָה hamelujá:

Todos creemos que Él es Juez verdadero. Cuyo Nombre es expresado como "Yo seré como Yo seré". Todos creemos que Él fue, Él es y Él será. Cuyo Nombre es Certeza; así es Su alabanza. Todos creemos que no hay ninguno como Él. Quien recuerda memorias favorables de aquellos que Lo recuerdan. Todos creemos que Él recuerda la Alianza. Quien reparte vida a todos los vivientes. Todos creemos que Él vive y es eterno. Quien es bueno y beneficia a los malvados y a los buenos. Todos creemos que Él es bueno con todos. Quien conoce la inclinación de todas las criaturas. Todos creemos que Él nos creó desde la matriz. Quien puede hacer todo y combina todo junto. Todos creemos que Él puede hacer todo. Quien se aloja escondido, en la sombra; el Todopoderoso. Todos creemos que Él es el Solitario. Quien da soberanía a reyes pero retiene el Reinado.

וְכֹל vejol מַאֲמִינִים maaminim שֶׁהוּא shehú מֶלֶךְ mélej עוֹלָם olam:

הַנּוֹהֵג hanoheg בְּחַסְדּוֹ bejasdó כָּל col דּוֹר dor:

וְכֹל vejol מַאֲמִינִים maaminim שֶׁהוּא shehú נוֹצֵר notser חֶסֶד jésed:

הַסּוֹבֵל, hasovel וּמַעְלִים umaalim עַיִן ayin מִסּוֹרְרִים misorerim:

וְכֹל vejol מַאֲמִינִים maaminim שֶׁהוּא shehú סוֹלֵחַ soléaj סֶלָה sela:

הָעֶלְיוֹן, haelyón וְעֵינוֹ veeinó אֶל el יְרֵאָיו yereav:

וְכֹל vejol מַאֲמִינִים maaminim שֶׁהוּא shehú עוֹנֶה oné לָחַשׁ lájash:

הַפּוֹתֵחַ hapotéaj שַׁעַר sháar לְדוֹפְקֵי ledofkei בִּתְשׁוּבָה vitshuvá:

וְכֹל vejol מַאֲמִינִים maaminim שֶׁהוּא shehú פְּתוּחָה ftujá יָדוֹ yadó:

הַצּוֹפֶה hatsofé לָרָשָׁע larashá וְחָפֵץ vejafets בְּהִצָּדְקוֹ behitsadkó:

וְכֹל vejol מַאֲמִינִים maaminim שֶׁהוּא shehú צַדִּיק tsadik וְיָשָׁר veyashar:

הַקְּצַר haktsar בְּזַעַם bezáam וּמַאֲרִיךְ umaarij אַף af:

וְכֹל vejol מַאֲמִינִים maaminim שֶׁהוּא shehú קָשֶׁה kashé לִכְעֹס lijós:

הָרַחוּם, harajum וּמַקְדִּים umakdim רַחֲמִים rajamim לְרֹגֶז leróguez:

וְכֹל vejol מַאֲמִינִים maaminim שֶׁהוּא shehú רַךְ raj לִרְצוֹת lirtsot:

הַשָּׁוֶה, hashavé וּמַשְׁוֶה umashvé קָטֹן katón וְגָדוֹל vegadol:

וְכֹל vejol מַאֲמִינִים maaminim שֶׁהוּא shehú שׁוֹפֵט shofet צֶדֶק tsédek:

הַתָּם hatam וּמִתַּמֵּם umitamem עִם im תְּמִימִים temimim:

וְכֹל vejol מַאֲמִינִים maaminim שֶׁהוּא shehú תָּמִים tamim פָּעֳלוֹ paoló:

Cerramos el Arca.

Todos creemos que Él es el Rey eterno. Quien guía a cada generación con Su benevolencia. Todos creemos que Él preserva la benevolencia. Quien es paciente y retira Su mirada de los rebeldes. Todos creemos que Él olvida; ¡Sela! Quien es Supremo y atiende a aquellos que Le temen. Todos creemos que Él responde a la oración. Quien abre una puerta a aquellos que la tocan en arrepentimiento. Todos creemos que Su mano está abierta. Quien espera a los malvados y desea su vindicación. Todos creemos que Él es justo y recto. Quien es breve en la furia y Quien es paciente. Todos creemos que Él es difícil de enfurecer. Quien es misericordioso y prefiere la misericordia a la ira. Todos creemos que Él fácil de apaciguar. Quien es inmutable, y trata igual a los grandes y a los pequeños. Todos creemos que Él es un juez justo. Quien es perfecto y se entiende perfectamente con los que son íntegros. Todos creemos que Su obra es perfecta.

YISJAK (GUEVURÁ) (גְּבוּרָה) יִצְחָק

וּבְכֵן uvjén

ע״ב (יוד הי ויו הי, ריבוע יהוה), כנגד ע״ב אותיות שבפסוק ״ויבא״
וכנגד פחד יצחק שהוא עתיק יומין.

ה	כ	ל	ה	ל	י	ל	ה
ק	ר	ב	ו	ה	א	ל	ו
ה	ל	י	ל	ה	ו	ל	א
ש	ך	ו	י	א	ר	א	ת
י	ה	ע	נ	ז	ו	ה	וו
י	ש	ר	א	ל	ו	י	ה
ו	ב	י	ז	מ	וו	נ	ה
וו	נ	ה	מ	צ	ר	י	ם
ו	י	ב	א	ב	י	ז	מ

א ב

תֵּן ten פַּחְדְּךָ pajdeja תן פחדך עב״כ = ב״פ סןזחף הממותקים ע״י יב״ק (בג״י פחדך וכן למנין

ג י ת

ב״פ נ״ו - ב׳ כוונות הדין שב-סןזחף) יְהֹוָאדנָיאהדונהי Adonai אֱלֹהֵינוּ Eloheinu ילה עַל al

צ ק ר ע ש

כָּל col ילי ; עמם מַעֲשֶׂיךָ maaseja• וְאֵימָתְךָ veeimatjá עַל al כָּל col ילי ; עמם

ט נ נ ג

מַה ma מ״ה שֶׁבָּרָאתָ shebarata• וְיִירָאוּךָ veyiraúja כָּל col ילי

ד י כ

הַמַּעֲשִׂים hamaasim• וְיִשְׁתַּחֲווּ veyishtajavú לְפָנֶיךָ lefaneja ס״ג מ״ה ב״ן

ש ב ט ר צ

כָּל col ילי הַבְּרוּאִים habruím• וְיֵעָשׂוּ veyeasú כֻלָּם julam אֲגֻדָּה agudá

ת ג וו ק ב

אֶחָת ejat• לַעֲשׂוֹת laasot רְצוֹנְךָ retsonjá בְּלֵבָב belevav בוכו שָׁלֵם shalem•

בסוד בירור העולם להמשיכו אל היחוד בסוד ״כי אז אהפוך אל עמים שפה ברורה״

YITSJAK (GUEVURÁ)

Por lo tanto, impón reverente temor a Ti, Oh Señor, nuestro Dios, en todas Tus obras y el temor de Dios en todo lo que has creado. Y permite que todas las obras Te reverencien y todas las criaturas se postren ante Ti. Y que todas ellas se unan en una sola hermandad para hacer Tu voluntad con todo el corazón.

ט ג ע

שֶׁיָּדַעְנוּ sheyadanu יְהֹוָהאדניאהדונהי Adonai אֱלֹהֵינוּ Eloheinu ילה

י ג ל

שֶׁהַשִּׁלְטוֹן shehashiltón (שֶׁהַשָּׁלְטָן) לְפָנֶיךָ lefaneja ס״ג מ״ה ב״ן. עֹז oz

פ ז ק ש

בְּיָדְךָ beyadjá. וּגְבוּרָה ugvurá רי״ו בִּימִינֶךָ bimineja. וְשִׁמְךָ veShimjá

ק ו צ י ת

נוֹרָא norá עַל al כָּל col ילי עמם מַה ma מ״ה שֶׁבָּרָאתָ shebarata:

YAAKOV (TIFÉRET) (תפארת) יַעֲקֹב

Veintiocho palabras que corresponden al *Milui* de *Milui* del Nombre: יהוה

וּבְכֵן uvjén

ע״ב (יוד הי ויו הי, ריבוע יהוה), כנגד ע״ב אותיות שבפסוק "ויט" וכנגד יעקב שאמר בשכמל״ו (מ״ה יהוה ע״ה).

י	ה	י	י	ה	ו	ד	ו	↓
ב	י	ל	ם	י	ל	ו	י	
ק	ם	ה	ע	ם	ך	ע	ט	
ע	ל	ו	ז	ב	י	ל	מ	
ו	ח	י	ה	ר	ה	ה	ש	
ה	ר	ש	כ	ו	ו	י	ה	
מ	ב	ם	ל	ח	ה	ם	א	
י	ה	א	ה	ק	א	ו	ת	
ם	ו	ת	ל	ד	ת	י	י	

תֵּן ten כָּבוֹד cavod

[En el secreto de la corrección de *Yisrael* para atraer sobre ésta *Cavod* (Honor) desde *Ima*].

לְעַמֶּךָ leameja תְּהִלָּה tehilá ע״ה אמת, אהיה פעמים אהיה, ז״פ ס״ג לִירֵאֶיךָ lireeja.

וְתִקְוָה vetikvá

La palabra *tikvá* (esperanza) puede ser dividida en dos palabras: *tik* (bolsa) y *va* (las letras *Vav* y *Hei*), porque *Yetsirá* y *Asiyá* de Santidad son la cobertura (*tik*) de las letras *Vav* (ו) y *Hei* (ה). Aquí debemos meditar en pedir "*tikvá tová*" (buena esperanza y futuro) de parte de la Santidad.

טוֹבָה tová אכא לְדוֹרְשֶׁיךָ ledorsheja.

Porque sabemos, Señor, nuestro Dios, que el dominio es Tuyo, el poder está en Tu Mano y la Fuerza está en Tu Diestra y Tu nombre inspira reverencia y temor sobre todo lo que Tú has creado.

YAAKOV (TIFÉRET)

Por lo tanto, Oh Señor, otorga honor a Tu pueblo,

gloria a aquellos que Te temen y reverencian, buena esperanza a los que Te buscan

וּפִתְחוֹן ufitjón פֶּה pe מילה וע"ה אלהים, אהיה אדני לַמְיַחֲלִים lameyajalim לָךְ laj.

שִׂמְחָה simjá לְאַרְצָךְ leartsaj. שָׂשׂוֹן sasón לְעִירָךְ leiraj.

וּצְמִיחַת utsmijat קֶרֶן keren לְדָוִד leDavid עַבְדָּךְ avdaj. פוי, אל אדני

(*Rajel* que crece desde Abajo hacia Arriba y tiene dentro de Sí los Nombres: יהוה אלהים יהוה אדני)

וַעֲרִיכַת vaarijat נֵר ner יהוה אהיה יהוה אלהים יהוה אדני

(*Leá* donde Ella está en la espalda de *Dáat* y Ella tiene dentro de Sí los Nombres: יהוה אהיה)

לְבֶן levén יִשַׁי Yishai (לאה שממנה משיח בן דוד)

מְשִׁיחֶךָ meshijeja בִּמְהֵרָה bimherá בְּיָמֵינוּ beyameinu:

DAVID (MALJUT) (מלכות) דוד

22 palabras que corresponden a las 22 letras y al Nombre אכא, y su secreto es para corregir a los planetas.

וּבְכֵן uvjén

ע"ב (יוד הי ויו הי, ריבוע יהוה), כנגד ע"ב שמות היוצאים מג' פסוקים הנ"ל וכנגד דוד המלך ע"ה.

←							
כהת	אכא	ללה	מהש	עלם	סיט	ילי	והו
הקם	הרי	מבה	יזל	ההע	לאו	אלד	הזי
חהו	מלה	ייי	נלך	פהל	לוו	כלי	לאו
ושר	לכב	אום	ריי	שאה	ירת	האא	נתה
ייז	רהע	חעם	אני	מנד	כוק	להח	יחו
מיה	עשל	ערי	סאל	ילה	וול	מיכ	ההה
פוי	מבה	נית	ננא	עמם	החש	דני	והו
מחי	ענו	יהה	ומב	מצר	הרח	ייל	נמם
מום	היי	יבמ	ראה	חבו	איע	מנק	דמב

צַדִּיקִים tsadikim (*Tsédek-Maljut* y *Tsadik-Yesod*) יִרְאוּ yirú וְיִשְׂמָחוּ veyismajú

וִישָׁרִים visharim (Ellos estarán felices por la eliminación del otro lado del mundo)

יַעֲלֹזוּ yaalozu. וַחֲסִידִים vajasidim בְּרִנָּה beriná יָגִילוּ yaguilu.

וְעוֹלָתָה veolatá תִּקְפָּץ tikpots פִּיהָ piha ר"ת = לילית (***Nukvá* de *Klipá***).

---

y elocuencia a los que confían en Ti, júbilo a Tu tierra y alegría a Tu ciudad y fuerza floreciente a tu siervo David, Tu servidor, y resplandezca la antorcha del hijo de Yishái, Tu ungido, prontamente en nuestros días.

DAVID (MALJUT)

Por lo tanto, los justos contemplarán y se regocijarán,
los rectos se alegrarán y los devotos se conmoverán con alegre canción. La iniquidad callará.

tijlé תִּכְלֶה (סמאל) beashán בְּעָשָׁן julá כֻּלָּה veharishá וְהָרִשְׁעָה

[La fortaleza del otro lado es el secreto de *Amalek* (duda), y cuando sea removido del cosmos, entonces todos los poderes del otro lado se evaporarán como humo].

zadón זָדוֹן memshélet מֶמְשֶׁלֶת taavir תַעֲבִיר qui כִּי

min מִן haárets הָאָרֶץ אלהים דההין ע״ה:

Veintisiete palabras que corresponden al *Milui* de *Milui* del Nombre: אהיה
(El secreto de la revelación de la Iluminación de *Ima*)

Adonai יְהֹוָואדניאהדונהי Hu הוּא Atá אַתָּה vetimloj וְתִמְלוֹךְ

•maaseja מַעֲשֶׂיךָ עמם ; ילי col כָּל al עַל meherá מְהֵרָה ילה Eloheinu אֱלֹהֵינוּ

mishcán מִשְׁכַּן קנאה ,הויות ,ו׳ ,יוסף Tsiyón צִיּוֹן behar בְּהַר

ערי ,סנדלפון ,ב״ן ק״ך ir עִיר uvirushaláyim וּבִירוּשָׁלַיִם • לכב ,ב״ן quevodeja כְּבוֹדֶךָ

:kodshejá קָדְשֶׁךָ bedivrei בְּדִבְרֵי cacatuv כַּכָּתוּב •mikdasheja מִקְדָּשֶׁךָ

דס״ג אותיות וי׳ ס״ג ריבוע leolam לְעוֹלָם Adonai יְהֹוָואדניאהדונהי yimloj יִמְלֹךְ

ledor לְדֹר קנאה ,הויות ,ו׳ ,יוסף Tsiyón צִיּוֹן ילה Eloháyij אֱלֹהַיִךְ

:ללה ; אהיה אדני ,אלהים haleluyá הַלְלוּיָהּ (מלכות אצל ז״א – ו) ר״ת אצלו ; רי״ו vador וָדֹר

Veintiún palabras que corresponden al Nombre: אהיה

veéin וְאֵין •shemeja שְׁמֶךָ venorá וְנוֹרָא Atá אַתָּה kadosh קָדוֹשׁ

vayigbá וַיִּגְבַּהּ :cacatuv כַּכָּתוּב •mibaladeja מִבַּלְעָדֶיךָ Elohá אֱלוֹהַּ

אלהים ע״ה ה״פ bamishpat בַּמִּשְׁפָּט פני שכינה Tsvaot צְבָאוֹת Adonai יְהֹוָואדניאהדונהי

hakadosh הַקָּדוֹשׁ ייא״י ; לאה vehaEl וְהָאֵל (נה״י דאימא הנגבהים למעלה בלאה)

baruj בָּרוּךְ :אלהים ריבוע ע״ה bitsdaká בִּצְדָקָה nikdash נִקְדַּשׁ

hakadosh הַקָּדוֹשׁ haMélej הַמֶּלֶךְ Adonai (יְהֹוָואדניאהדונהי) Atá אַתָּה

(*Leá* – **mientras Ella está junto a los Santos** ***Mojín***) ר״ת איהה

Aqui medita en el Nombre : יאהדונהי, ya que puede ayudar a eliminar la ira.

Si por error dijiste "*haEl haKadosh*" y te das cuenta de esto en tres segundos, debes decir inmediatamente "*haMélej haKadosh*" y continuar normalmente. Pero si ya has comenzado la bendición siguiente, debes hacer la *Amidá* desde el principio.

---

y todo el mal se evaporará como humo. Porque Tú eliminarás el reino malvado de la Tierra, y entonces Tú, que eres el Señor, nuestro Dios, reinarás rápidamente, sobre todas Tus obras en el Monte Sión, el lugar de descanso para Tu Gloria, y en Jerusalén, Tu ciudad Santa. Como está escrito en Tus Sagradas Escrituras: "¡El Señor reinará por siempre, tu Dios, Oh Sión, de generación en generación. Aleluya!". Tú eres Santo y Tu Nombre inspira temor y no hay ningún otro Dios aparte de Ti, como está escrito: "El Señor de los Ejércitos, será exaltado en justicia y el Santo Dios será santificado en equidad" (Isaías 5:16).
Bendito eres Tú, Señor, el Rey Santo.

Los cuatro *Uvjén* son dados, dos para *Leá* y dos para *Rajel*.

LA BENDICIÓN DEL MEDIO

La cuarta bendición nos conecta con el verdadero poder de *Yom Kipur*, la semilla de todo el año. Así como la semilla de una manzana engendra un manzano, una semilla negativa engendra un año negativo. De la misma manera, una semilla positiva genera un año positivo. *Yom Kipur* es nuestra oportunidad de escoger la semilla que deseamos sembrar para nuestro próximo año. El poder de las letras en esta bendición radica en su capacidad de ayudarnos a escoger automáticamente la semilla correcta que necesitamos y no necesariamente la semilla que queremos.

אַתָּה Atá בְחַרְתָּנוּ vejartanu מִכָּל micol ילי הָעַמִּים haamim.

אָהַבְתָּ ahavta אוֹתָנוּ otanu וְרָצִיתָ veratsita בָּנוּ banu.

וְרוֹמַמְתָּנוּ veromamtanu מִכָּל micol ילי הַלְּשׁוֹנוֹת haleshonot.

וְקִדַּשְׁתָּנוּ vekidashtanu בְּמִצְוֹתֶיךָ bemitsvoteja. וְקֵרַבְתָּנוּ vekeravtanu

מַלְכֵּנוּ malquenu לַעֲבוֹדָתֶךָ laavodateja. וְשִׁמְךָ veShimjá הַגָּדוֹל hagadol

להוו ; ועם ד' אותיות = מבה, יזל, אום וְהַקָּדוֹשׁ vehakadosh עָלֵינוּ aleinu קָרָאתָ karata:

וַתִּתֶּן vatitén ב״פ כהת לָנוּ lanu אלהים, אהיה אדני יְהֹוָה‍ֽאדני‍אהדונהי Adonai

אֱלֹהֵינוּ Eloheinu ילה בְּאַהֲבָה beahavá אחד, דאגה אֶת et

יוֹם yom ע״ה נגד, מזבח, זן, אל יהוה (En *Shabat* agregar: הַשַּׁבָּת haShabat הַזֶּה hazé והו.

וְאֶת veet יוֹם yom ע״ה נגד, מזבח, זן, אל יהוה) הַכִּפּוּרִים HaKipurim הַזֶּה hazé והו.

אֶת et יוֹם yom ע״ה נגד, מזבח, זן, אל יהוה סְלִיחַת slijat הֶעָוֹן heavón

הַזֶּה hazé והו. אֶת et יוֹם yom ע״ה נגד, מזבח, זן, אל יהוה מִקְרָא mikrá

קֹדֶשׁ kódesh הַזֶּה hazé והו. לִמְחִילָה limejilá וְלִסְלִיחָה velislijá

וּלְכַפָּרָה ulejapará. וְלִמְחוֹל velimjol בּוֹ bo אֶת et כָּל col ילי

עֲוֹנוֹתֵינוּ avonoteinu. בְּאַהֲבָה beahavá אחד, דאגה מִקְרָא mikrá

קֹדֶשׁ kódesh. זֵכֶר zéjer לִיצִיאַת litsiat מִצְרָיִם Mitsráyim מצר.

LA BENDICIÓN DEL MEDIO

Tú nos has elegido entre todas las naciones. Tú nos has amado y has encontrado favor entre nosotros. Tú nos has exaltado sobre todas las lenguas y Tú nos has santificado con tus preceptos. Tú nos acercaste, Rey nuestro, a Tu servicio y proclamaste sobre nosotros Tu gran y Santo Nombre. Y puedas darnos Tú, Señor, nuestro Dios con amor este día (**en *Shabat* añade:** *de Shabat y este Día*) *de Expiación, este día de absolución de iniquidad, este día de Santa Convocatoria, de perdón, absolución y de expiación, y así perdonar todas nuestras iniquidades, con amor, una convocatoria Santa, un recuerdo de la salida del Egipto.*

Durante la repetición, mientras el *jazán* recita la siguiente sección, los hombres dicen la oración especial en el recuadro a continuación:

אֱלֹהֵינוּ Eloheinu ילה וֵאלֹהֵי veElohei לכב ; מילוי ע״ב, דמב ; ילה אֲבוֹתֵינוּ avoteinu.
מִפְּנֵי mipnei וַחֲטָאֵינוּ jataeinu גָּלִינוּ galinu מֵאַרְצֵנוּ meartsenu.
וְנִתְרַחַקְנוּ venitrajaknu מֵעַל meal עלם אַדְמָתֵנוּ admatenu.
וְאֵין veéin אֲנַחְנוּ anajnu יְכוֹלִים yejolim לַעֲשׂוֹת laasot
קָרְבְּנוֹת korbenot וחוֹבוֹתֵינוּ jovoteinu לְפָנֶיךָ lefaneja ס״ג מ״ה ב״ן:

Medita en unir el dolor de la *Shejiná*; Ella está en exilio y Su Luz es reducida (en el secreto de la reducción de la luz de la Luna). Y debido a nuestras acciones negativas, en especial aquellas relacionadas con nuestra conducta sexual deficiente, la duración del exilio es extendida. Porque sin nuestras acciones negativas, la Luna (*Maljut – Shejiná*) estaría tan brillante como el Sol (*Zeir Anpín*), como está escrito: *"La luz de la Luna será como la luz del Sol"* (Isaías 39:26).

רִבּוֹנוֹ Ribonó שֶׁל shel עוֹלָם Olam, בֹּשְׁנוּ boshnú מְאֹד meod וְנָמַס venamás
לִבֵּנוּ libenu עַל al אֲשֶׁר asher פָּגַמְנוּ pagamnu בְּאוֹת beot בְּרִית brit
קֹדֶשׁ kódesh בְּכַמָּה bejamá מִינֵי minei פְּגָם pgam, וּבִפְרָט uvifrat
בְּכַמָּה bejamá מִינֵי minei קֶרִי kerí וְטִיפּוֹת vetipot זֶרַע zera לְבַטָּלָה levatalá
שֶׁיָּצְאוּ sheyatsú מִמֶּנִּי mimeni וּמִכָּל umicol ילי יִשְׂרָאֵל Yisrael בִּכְלָל bijlal
וּבִפְרָט ubifrat שֶׁלֹּא sheló בִּמְקוֹם bimkom מִצְוָה mitsvá, בְּאוֹנֶס beónes
וּבְרָצוֹן uveratsón מהש ע״ה, ע״ב בריבוע וקס״א ע״ה, אל שדי ע״ה, בְּגִלְגּוּל beguilgul זֶה ze
וּבְגִלְגּוּלִים uveguilgulim אֲחֵרִים ajerim. וְגַם vegam הַנְּשָׁמוֹת haneshamot
הָעֲשׁוּקוֹת haashukot בַּקְּלִפּוֹת baklipot הַנְּפוּצוֹת hanefutsot בְּאַרְבַּע bearbá
כַּנְפוֹת canfot הָאָרֶץ haárets אלהים דההין ע״ה וּנְשָׁמוֹת uneshamot
עַרְטִילָאִיּוֹת artilaiyot הַנִּפְזָרוֹת hanifzarot בֵּין bein הַגּוֹיִם hagoyim,
וְעַל veal יְדֵי yedei זֶה ze נִתְאָרֵךְ nitarej גָּלוּתֵנוּ galutenu וְשָׁמֵם veshamam
בֵּית beit ב״פ ראה מִקְדָּשֵׁנוּ mikdashenu וְגָלָה vegalá יְקָרֵנוּ yekarenu.

Nuestro Dios, Dios de nuestros padres, por motivo de nuestros pecados, fuimos exiliados de nuestra tierra y fuimos distanciados de nuestro suelo. Y no somos capaces de realizar nuestros sacrificios obligatorios ante Ti.

Señor de los Mundos, estamos muy avergonzados y nuestro corazón está deshecho por (nuestras acciones) que dañaron la Marca del Santo Pacto, tantos defectos, en especial las gotas de kerí y semen que salieron de mí en vano, y de toda Israel en general y en particular, y especialmente no como causa de cumplimiento de un precepto, si fue obligado o voluntario, en esta vida o en vidas anteriores. Y por las almas que son capturadas por la klipá y que son diseminadas a las cuatro esquinas de la Tierra. Y por las almas indefinidas que son esparcidas entre las naciones y, como consecuencia, el tiempo de nuestro exilio es alargado, el Templo está desolado y nuestra Gloria está expatriada.

vajaratá וַחֲרָטָה néfesh נֶפֶשׁ bimerirut בִּמְרִירוּת יהוה ריבוע ,ע"ב uvjén וּבְכֵן
.uslijot וּסְלִיחוֹת rajamim רַחֲמִים levakesh לְבַקֵּשׁ banu בָּאנוּ gmurá גְּמוּרָה
ע"ה שדי אל ,ע"ה וקס"א בריבוע ע"ב ,ע"ה מהש ratsón רָצוֹן vihí וִיהִי
ילה Eloheinu אֱלֹהֵינוּ Adonai יְהֹוָהאדני אהדונהי ב"ן מ"ה ס"ג milfaneja מִלְּפָנֶיךָ
av אָב avoteinu אֲבוֹתֵינוּ ילה ; ע"ב מילוי ,דמב ;לכב veElohei וֵאלֹהֵי
הָרַחֲמִים harajamim שֶׁתְּרַחֵם sheterajem ג"פ רי"ו ; אברהם, וז"פ אל, רי"ו ול"ב נתיבות
החכמה, רמ"ח (אברים), עסמ"ב וט"ז אותיות פשוטות aleinu עָלֵינוּ haaniyim הָעֲנִיִּים ריבוע מ"ה
veatá וְעַתָּה .veneenajim וְנֶאֱנָחִים marim מָרִים vehaevyonim וְהָאֶבְיוֹנִים
vetaflit וְתַפְלִיט לכה Adonai אֲדֹנָי cóaj כֹּחַ na נָא אום ,מבה ,יזל yigdal יִגְדַּל
hakdoshot הַקְּדוֹשׁוֹת hanitsotsot הַנִּיצוֹצוֹת ילי col כָּל haklipot הַקְּלִפּוֹת
sheyatsú שֶׁיָּצְאוּ levatalá לְבַטָּלָה vezera וְזֶרַע kerí קֶרִי vetipot וְטִיפּוֹת
ze זֶה beguilgul בְּגִלְגּוּל Yisrael יִשְׂרָאֵל ילי umicol וּמִכָּל mimeni מִמֶּנִּי
lekabetsam לְקַבְּצָם vetajazor וְתַחֲזוֹר ajerim אֲחֵרִים uveguilgulim וּבְגִלְגּוּלִים
bejóaj בְּכֹחַ limeorot לִמְאוֹרוֹת vehayú וְהָיוּ shenit שֵׁנִית bikdushá בִּקְדוּשָּׁה
(אהיה = ב"ט :No pronunciar este nombre) haKadosh הַקָּדוֹשׁ haShem הַשֵּׁם
.tlaím טְלָאִים yekabets יְקַבֵּץ bizeroó בִּזְרוֹעוֹ :mipasuk מִפָּסוּק sheyotsé שֶׁיּוֹצֵא
,vaafaltehu וַאֲפַלְּטֵהוּ jashak חָשַׁק מ"ב vi בִי qui כִּי :upasuk וּפָסוּק
(וזב"ו :No pronunciar este nombre) haKadosh הַקָּדוֹשׁ veShem וְשֵׁם
vaykienu וַיְקִאֶנּוּ balá בָּלַע ומב jáyil חַיִל :mipasuk מִפָּסוּק hayotsé הַיּוֹצֵא
וול ס"ת ; (מילוי דס"ג) ייא" El אֵל yorishenu יֹרִשֶׁנּוּ mibitnó מִבִּטְנוֹ ר"ת וזבו ויכי
unfutsoteinu וּנְפוּצוֹתֵינוּ hagoyim הַגּוֹיִם mibein מִבֵּין pzureinu פְּזוּרֵינוּ utekarev וּתְקָרֵב
.ע"ה דההין אלהים haárets הָאָרֶץ miyarquetei מִיַּרְכְּתֵי אדני מ"ה canés כַּנֵּס

Y así, con un alma amarga y arrepentimiento absoluto, venimos a pedir misericordia y perdón. Que sea agradable para Ti, Señor, nuestro Dios y Dios de nuestros antepasados, Padre Misericordioso, que Tú tengas Misericordia de nosotros: los pobres y menesterosos, llenos de remordimiento y lamento. "Y ahora, (yo rezo para que) el poder del Señor sea grande, para que la klipá vomite todas las Chispas Sagradas de kerí y semen que vinieron de mí en vano y de toda Israel, en esta vida o en vidas anteriores, y las regrese y reúna en Santidad nuevamente, para que Brillen de nuevo, por el poder de Tu Santo Nombre que viene del versículo: "Como un pastor que reunió a las ovejas en su brazo" (Isaías 40:11), y en el versículo: "Porque él ha puesto su amor en Mí, por lo tanto le cumpliré" (Salmos 91:14), y por el Santo Nombre que viene del versículo: "Él engulló la riqueza y la vomitó, y de su estómago Dios la rescatará" (Job 20:15). Acerca a nuestros esparcidos de entre las naciones, y reúne a nuestros dispersos desde los confines de la Tierra.

וִיקֻיַּם vikuyam בָּנוּ banu מִקְרָא mikrá שֶׁכָּתוּב :shecatuv וְשָׁב veshav

יְהֹוָהאדניאהדונהי Adonai אֱלֹהֶיךָ Eloheja ילה אֶת et שְׁבוּתְךָ shvutjá

וְרִחֲמֶךָ verijameja וְשָׁב veshav וְקִבֶּצְךָ vekibetsjá מִכָּל micol

הָעַמִּים haamim אֲשֶׁר asher הֱפִיצְךָ hefitsjá יְהֹוָהאדניאהדונהי Adonai

אֱלֹהֶיךָ Eloheja ילה שָׁמָּה shama. וְתִגְאָלֵנוּ vetigalenu גְּאוּלַּת gueulat עוֹלָם olam.

עֲשֵׂה asé לְמַעַן lemaan שְׁמָךְ Shmaj. עֲשֵׂה asé לְמַעַן lemaan

יְמִינָךְ yeminaj. עֲשֵׂה asé לְמַעַן lemaan תּוֹרָתָךְ torataj. עֲשֵׂה asé

לְמַעַן lemaan קְדוּשָּׁתָךְ kedushataj. עֲשֵׂה asé לְמַעַן lemaan אַבְרָהָם Avraham

וה"פ אל, רי"ו ול"ב נתיבות החכמה, רמ"ח (אברים), עסמ"ב וט"ז אותיות פשוטות יִצְחָק Yitsjak ד"פ ב"ן

וְיַעֲקֹב veYaakov ז' הויות, אידהנויה מֹשֶׁה Moshé מהש, ריבוע ע"ב וקס"א, אל שדי, ד"פ אלהים

ע"ה וְאַהֲרֹן veAharón יוֹסֵף Yosef וְדָוִד veDavid הַחֲתוּמִים hajatumim

וְנֶאֱחָזִים veneejazim בַּמִּדּוֹת bamidot הָעֶלְיוֹנוֹת haelyonot הַגְּדֻלָּה hagdulá

וְהַגְּבוּרָה vehaGvurá רי"ו וְהַתִּפְאֶרֶת vehaTiféret וְהַנֵּצַח vehaNétsaj

הַהוֹד vehaHod ההה יְסוֹד Yesod ההע וּמַלְכוּת uMaljut. וּתְתַקֵּן utetakén

אֲשֶׁר asher פָּגַמְנוּ pagamnu וּתְיַחֵד uteyajed אֲשֶׁר asher הִפְרַדְנוּ hifradnu

וּתְלַקֵּט utelaket אֲשֶׁר asher פִּזַּרְנוּ pizarnu. וּבְרַחֲמֶיךָ uverajameja

הָרַבִּים harabim תִּשְׁמְרֵנוּ tishmerenu מִכָּל micol ילי רָע ra מֵעַתָּה meatá

וְעַד vead עוֹלָם olam. וְתַשְׁפִּיעַ vetashpía עָלֵינוּ aleinu שֶׁפַע shefa י"פ ילה

קְדוּשָּׁה kedushá וְטָהֳרָה vetahorá לְעָבְדְךָ leavdejá פוי, אל אדני בֶּאֱמֶת beemet

אהיה פעמים אהיה, ו"פ ס"ג אֲנוּ anu וְזַרְעֵנוּ vezarenu וְזֶרַע vezera זַרְעֵנוּ zarenu.

רַחוּם rajum וְחַנּוּן janún שׁוֹמֵר shomer תּוֹמֵךְ tomej מַצִּיל matsil

יָשָׁר yashar פּוֹדֶה podé (No pronunciar este nombre: רוז"ש תמי"ך)

Y que sea cumplido en nosotros el versículo que está escrito:

"Dios cambiará tu cautiverio, y tendrá compasión por ti, y te regresará y te sacará de entre los pueblos donde el Señor, tu Dios, te ha dispersado" (Deuteronomio 30:3). Y que nos redima eternamente. Hazlo en aras de Tu Nombre. Hazlo por Tu Diestra. Hazlo por Tu Torá. Hazlo por Tu Santidad. Hazlo por Avraham, Yitsjak y Yaakov, Moshé y Aharón, Yosef y David, quienes están inscritos y retenidos en los Atributos Celestiales de Jésed, Guevurá y Tiféret, Nétsaj y Hod, Yesod y Maljut. Y corrijas todo lo que dañamos, y unifiques todo lo que hemos separado, y reúnas todo lo que hemos esparcido. Y con Tu gran compasión nos protejas de todo mal desde ahora y para siempre. Y nos inundes de abundancia de santidad y pureza para que podamos adorarte verdaderamente, nosotros, nuestros hijos y su semilla. Misericordioso, Compasivo, Protector, Sustentador, Salvador, Verdadero, Redentor,

וְחוּס jus וְרַחֵם verajem אברהם, וה"פ אל, רי"ו ול"ב נתיבות החכמה, רמ"ח (אברים), עסמ"ב וט"ז
אותיות פשוטות עָלֵינוּ aleinu וְקַבֵּל vekabel תְּפִלָּתֵנוּ tfilatenu כְּדִכְתִיב quedijtiv:
לֵב lev נִשְׁבָּר nishbar וְנִדְכֶּה venidqué ר"ת = אלהים אֱלֹהִים Elohim אהיה אדני ; ילה
לֹא lo תִבְזֶה tivzé ר"ת = ה"פ אלהים וס"ת = דמב, מילוי ע"ב . וּכְתִיב ujtiv:
כִּי qui לֹא lo בָזָה vazá וְלֹא veló שִׁקַּץ shikats עֱנוּת enut עָנִי aní ריבוע מ"ה
וְלֹא veló הִסְתִּיר histir פָּנָיו panav מִמֶּנּוּ mimenu וּבְשַׁוְּעוֹ uveshavó
אֵלָיו elav שָׁמֵעַ shaméa. מ"ב אותיות בפסוק כנגד שם בן מ"ב יִהְיוּ yihyú אל (ייא"י)
לְרָצוֹן leratsón מהש ע"ה, ע"ב בריבוע וקס"א ע"ה, אל שדי ע"ה אִמְרֵי imrei
פִי fi ר"ת אֱלֶף = אלף למד - שין דלת יוד ע"ה וְהֶגְיוֹן vehegyón לִבִּי libí
לְפָנֶיךָ lefaneja ס"ג מ"ה ב"ן יְהֹוָהאדניאהדונהי Adonai צוּרִי tsurí וְגֹאֲלִי vegoalí:

יְהִי yehí רָצוֹן ratsón מהש ע"ה, ע"ב בריבוע וקס"א ע"ה, אל שדי ע"ה
מִלְּפָנֶיךָ milfaneja ס"ג מ"ה ב"ן יְהֹוָהאדניאהדונהי Adonai אֱלֹהֵינוּ Eloheinu ילה
וֵאלֹהֵי veElohei לכב; דמב, מילוי ע"ב ; ילה אֲבוֹתֵינוּ avoteinu.
מֶלֶךְ Mélej רַחֲמָן rajamán. שֶׁתָּשׁוּב shetashuv וּתְרַחֵם uterajem ג"פ רי"ו ;
אברהם, וה"פ אל, רי"ו ול"ב נתיבות החכמה, רמ"ח (אברים), עסמ"ב וט"ז אותיות פשוטות עָלֵינוּ aleinu.
וְעַל veal מִקְדָּשְׁךָ mikdashjá בְּרַחֲמֶיךָ berajameja הָרַבִּים harabim.
וְתִבְנֵהוּ vetivnehu מְהֵרָה meherá. וּתְגַדֵּל utegadel כְּבוֹדוֹ quevodó.
אָבִינוּ avinu. מַלְכֵּנוּ malquenu. אֱלֹהֵינוּ Eloheinu ילה. גַּלֵּה galé
כְּבוֹד quevod מַלְכוּתְךָ maljutjá עָלֵינוּ aleinu מְהֵרָה meherá.
וְהוֹפַע vehofá וְהִנָּשֵׂא vehinasé עָלֵינוּ aleinu לְעֵינֵי leeinei ריבוע מ"ה
כָּל col ילי חַי jai = כל חי = אהיה אהיה יהוה, חיים, בינה ע"ה.

---

ten piedad y misericordia de nosotros y acepta nuestras oraciones, como está escrito: "Al corazón contrito y humillado, oh Dios, Tú no despreciarás" (Salmos 51:19) *y como está escrito: "Porque Él no ha despreciado ni aborrecido la bajeza del pobre; tampoco ha ocultado Su rostro de él; por cuanto él lloró a Dios, Él le escuchó"* (Salmos 22:25). *"Sean gratos ante Ti, Señor, mi Fortaleza y mi Redentor, los dichos de mi boca y los pensamientos de mi corazón"* (Salmos 19:15)

Que sea Tu voluntad,

Señor, nuestro Dios, Dios de nuestros antepasados, Rey compasivo, que Tú nuevamente tengas misericordia de nosotros y de Tu Santuario, en Tu abundante compasión, y puedas Tú reconstruirlo prontamente y lo glorifiques grandemente. Nuestro Padre, nuestro Rey, nuestro Dios, revela la gloria de Tu Reino sobre nosotros con prontitud, y aparece y sé exaltado sobre nosotros, ante los ojos de todo ser viviente.

וְקָרֵב vekarev פְּזוּרֵינוּ pezureinu מִבֵּין mibein הַגּוֹיִם hagoyim
וּנְפוּצוֹתֵינוּ unefutsoteinu כַּנֵּס canés מ"ה אדני מִיַּרְכְּתֵי miyarquetei אָרֶץ árets.
וַהֲבִיאֵנוּ vahavienu יְהֹוָ(אדני)ה יאהדונהי Adonai אֱלֹהֵינוּ Eloheinu ילה לְצִיּוֹן leTsiyón
יוסף, ו' הויות, קנאה עִירְךָ iraj בְּרִנָּה beriná. וְלִירוּשָׁלַיִם velirushaláyim
עִיר ir בן דוך, סנדלפון, ערי מִקְדָּשְׁךָ mikdashjá בְּשִׂמְחַת besimjat עוֹלָם olam.

אָנָּא aná ב"ן אֱלֹהֵינוּ Eloheinu ילה וְשָׁם vesham נַעֲשֶׂה naasé
לְפָנֶיךָ lefaneja ס"ג מ"ה ב"ן אֶת et קָרְבְּנוֹת korbenot חוֹבוֹתֵינוּ jovoteinu.
תְּמִידִים tmidim כְּסִדְרָם quesidram. וּמוּסָפִים umusafim כְּהִלְכָתָם quehiljatam
אֶת et מוּסַף musaf (en *Shabat* di "*musfei*" en lugar de "*musaf*": מוּסְפֵי musfei)
יוֹם yom ע"ה נגד, מזבח, זן, אל יהוה (en *Shabat* agrega: הַשַּׁבָּת haShabat הַזֶּה hazé והו.
וְאֶת veet יוֹם yom ע"ה נגד, מזבח, זן, אל יהוה) הַכִּפּוּרִים HaKipurim הַזֶּה hazé והו.
אֶת et יוֹם yom ע"ה נגד, מזבח, זן, אל יהוה סְלִיחַת slijat הֶעָוֹן heavón
הַזֶּה hazé והו. אֶת et יוֹם yom ע"ה נגד, מזבח, זן, אל יהוה
מִקְרָא mikrá קֹדֶשׁ kódesh הַזֶּה hazé והו. נַעֲשֶׂה naasé וְנַקְרִיב venakriv
לְפָנֶיךָ lefaneja ס"ג מ"ה ב"ן בְּאַהֲבָה beahavá אחד, דאגה
כְּמִצְוַת quemitsvat רְצוֹנָךְ retsonaj כְּמוֹ cmó שֶׁכָּתַבְתָּ shecatavta
עָלֵינוּ aleinu בְּתוֹרָתָךְ beTorataj עַל al יְדֵי yedei
מֹשֶׁה Moshé מהש, ריבוע ע"ב וקס"א, אל שדי, ד"פ אלהים ע"ה עַבְדֶּךָ avdejá פוי, אל אדני:

Acerca a nuestros disipados de entre las naciones,
*y reúne a nuestros dispersos desde los confines de a Tierra. Y llévanos, Señor, nuestro Dios, a Sión, Tu ciudad, con canto de júbilo, y a Jerusalén, ciudad de Tu Santuario, en dicha eterna. Te rogamos, nuestro Dios; y ahí realizaremos las ofrendas de Musaf según los estatutos. Las ofrendas de Musaf de este Día (***en Shabat**: este día de Shabat y) de Expiación, este día de absolución de iniquidad, este día de Santa Convocatoria, prepararemos y ofrendaremos ante Ti, con amor, según el mandamiento de Tu voluntad, como Tú lo has escrito para nosotros en Tu Torá a través de Moshé, Tu siervo.*

ALEINU

Durante la repetición, abrimos el Arca.

עָלֵינוּ aleinu ריבוע דס״ג לְשַׁבֵּחַ leshabéaj עלינו לשבח = אבג יתץ, ושר

לַאֲדוֹן laAdón אני ; ס״ת = ס״ג ע״ה הַכֹּל hacol ר״ת ללה, אדני לָתֵת latet

גְּדֻלָּה guedulá לְיוֹצֵר leyotser בְּרֵאשִׁית bereshit ר״ת גלב (כאך ב״י יג״ל)

שֶׁלֹּא sheló עָשָׂנוּ asanu כְּגוֹיֵי quegoyei הָאֲרָצוֹת haaratsot וְלֹא veló

שָׂמָנוּ samanu כְּמִשְׁפְּחוֹת quemishpejot הָאֲדָמָה •haadamá שֶׁלֹּא sheló

שָׂם sam חֶלְקֵנוּ jelkenu כָּהֶם cahem וְגוֹרָלֵנוּ vegoralenu כְּכָל quejol

הֲמוֹנָם •hamonam שֶׁהֵם shehem מִשְׁתַּחֲוִים mishtajavim לְהֶבֶל lahével

וָרִיק varik וּמִתְפַּלְּלִים umitpalelim אֶל el אֵל el לֹא lo יוֹשִׁיעַ •yoshía

(**Durante la repetición** nos inclinamos aquí para llevar a la tierra toda nuestra negatividad y luego levantarnos sin ella).

וַאֲנַחְנוּ vaanajnu מִשְׁתַּחֲוִים mishtajavim לִפְנֵי lifnei מֶלֶךְ Mélej

מַלְכֵי maljei הַמְּלָכִים hamlajim הַקָּדוֹשׁ haKadosh בָּרוּךְ Baruj הוּא •Hu

שֶׁהוּא shehú נוֹטֶה noté שָׁמַיִם shamáyim י״פ טל, י״פ כוזו ;

ר״ת = י״פ אדני שבי׳ ספירות של נוקבא דז״א וְיוֹסֵד veyosed אָרֶץ ••árets

וּמוֹשַׁב umoshav יְקָרוֹ yekaró בַּשָּׁמַיִם bashamáyim י״פ טל, י״פ כוזו

מִמַּעַל mimáal עלם• וּשְׁכִינַת ushjinat עֻזּוֹ uzó בְּגָבְהֵי begavhei

מְרוֹמִים •meromim הוּא Hu אֱלֹהֵינוּ Eloheinu ילה וְאֵין veéin עוֹד od

אַחֵר •ajer אֱמֶת emet אהיה פעמים אהיה, ז״פ ס״ג מַלְכֵּנוּ malquenu

וְאֶפֶס veéfes זוּלָתוֹ •zulató כַּכָּתוּב cacatuv בַּתּוֹרָה :baTorá

ALEINU

Es nuestro deber alabar al Soberano de todo y atribuir grandeza al Moldeador de la Creación, ya que Él no nos ha hecho como los pueblos del mundo. Él no nos colocó como las familias de la Tierra. Él no hizo nuestro lote como el de ellos ni nuestro destino como el de sus multitudes, ya que ellos se inclinan ante la futilidad y el vacío y ellos le rezan a una deidad que no ayuda. Pero nosotros nos postramos ante el Rey de todos los Reyes, el Santo, Bendito Sea. Es Él Quien extiende los Cielos y funda la Tierra. El Trono de Su gloria está Arriba en los Cielos y la Presencia Divina de Su poder está en las Alturas Excelsas. Él es nuestro Dios y no hay ningún otro. Nuestro Rey es verdad y no hay ninguno excepto Él. Como está escrito en la Torá:

וְיָדַעְתָּ veyadata הַיּוֹם hayom ע״ה נגד, מזבח, זן, אל יהוה וַהֲשֵׁבֹתָ vahashevota
אֶל־ el לְבָבֶךָ levaveja ר״ת לאו כִּי qui יְהֹוָהאדניאהדונהי Adonai הוּא Hu
הָאֱלֹהִים haElohim אהיה אדני ; ילה ; ר״ת יהה וכן עולה למנין ענו ע״ג״כ
בַּשָּׁמַיִם bashamáyim י״פ טל, י״פ כוזו מִמַּעַל mimáal עלם ;
רמז לאור פנימי המתווזיל מלמעלה וְעַל־ veal הָאָרֶץ haárets אלהים דההין ע״ה
מִתָּחַת mitájat רמז לאור מקיף המתווזיל מלמטה אֵין ein עוֹד od: Cerramos el Arca.

En la *Amidá* silenciosa omitimos lo que sigue y continuamos con
"*Eloheinu veElohei avoteinu*" en la página 545.

En la repetición el *jazán* prosigue con "*Ojilá laEl*" a continuación.

OJILÁ LAEL

Durante la repetición, abrimos el Arca y el *jazán* recita lo siguiente:

אוֹחִילָה ojilá לָאֵל laEl ייא״י (מילוי ד״ס״ג) אֲחַלֶּה ajalé פָנָיו fanav.
אֶשְׁאֲלָה eshalá מִמֶּנּוּ mimenu מַעֲנֵה maané לָשׁוֹן lashón: אֲשֶׁר asher
בִּקְהַל bikhal עָם am אָשִׁירָה ashira עֻזּוֹ uzó. אַבִּיעָה abía רְנָנוֹת renanot
בְּעַד bead מִפְעָלָיו mifalav: לְאָדָם leadam מַעַרְכֵי maarjei לֵב lev.
וּמֵיְהֹוָהאדניאהדונהי umeAdonai מַעֲנֵה maané לָשׁוֹן lashón: אֲדֹנָי Adonai ללה
שְׂפָתַי sfatai (pausa aquí) תִּפְתָּח tiftaj וּפִי ufí יַגִּיד yaguid ייז (כ״ב אותיות פשוטות [=אכא]
וה׳ אותיות סופיות במוצפך) תְּהִלָּתֶךָ tehilateja ס״ת = בוכו: יִהְיוּ yihyú אל (ייא״י מילוי דס״ג)
לְרָצוֹן leratsón מהש ע״ה, ע״ב בריבוע וקס״א ע״ה, אל שדי ע״ה אִמְרֵי־ imrei פִי fi ר״ת אֶלֶף =
אלף למד ‑ שין דלת יוד ע״ה וְהֶגְיוֹן vehegyón לִבִּי libí לְפָנֶיךָ lefaneja ס״ג מ״ה ב״ן
יְהֹוָהאדניאהדונהי Adonai צוּרִי tsurí וְגֹאֲלִי vegoalí: **Cerramos el Arca.**

"Aprende hoy y grábalo en tu corazón
que el Señor es Dios, Arriba en los Cielos y Abajo sobre la Tierra, y que no hay otro" (Deuteronomio 4:39).

OJILÁ LAEL

Yo pondré mi fe en Dios, yo suplicaré Su Presencia;
yo solicitaré de Él la expresión apropiada. Para que, en la congregación de personas, yo cante acerca de Su fortaleza, que yo pueda expresar canciones gozosas por Sus obras. Es de las personas el componer sus sentimientos, pero del Señor viene la expresión apropiada. Señor, abre mis labios y mi boca recitará tu alabanza. "Sean gratos ante Ti, Señor, mi Fortaleza y mi Redentor, los dichos de mi boca y los pensamientos de mi corazón" (Salmos 19:15)

EL SERVICIO DE AVODÁ

Según la Kabbalah, todo el universo es una estructura de poder espiritual. La Tierra de Israel es el centro de energía del planeta. La ciudad de Jerusalén es la fuente de energía de Israel. El lugar del antiguo Templo es la fuente de energía de Jerusalén. Y el *Kódesh Hakodashim* (Santo Sanctórum) es la fuente de energía suprema del Templo. Esta estructura de poder también existe en el tiempo. De acuerdo con la Kabbalah, *Yom Kipur* es el punto de energía más elevado de los 12 meses del año. Cuando estos dos centros de poder (*Yom Kipur* y el Santo Sanctórum) se intersectan, generan la fuente de energía espiritual más asombrosa que está disponible para la humanidad. El Sumo Sacerdote entra al Santo Sanctórum en *Yom Kipur* y accede a esta energía en nombre de todo el planeta usando un instrumento conocido como el alfabeto arameo. Era obligatorio que el Sumo Sacerdote estuviera completamente purificado, en un estado de compartir absoluto. Esto le permitiría ser un canal puro para el mundo. Si él contenía al menos una chispa de deseo de recibir, la energía espiritual que fluía a través de él lo mataría en un instante.

En esta sección leemos sobre los procedimientos reales que realizaba el *Cohén Gadol* (el Sumo Sacerdote) en el Santo Sanctórum del antiguo Templo. Ya no contamos con el Sumo Sacerdote canalizando para nosotros en el Templo Sagrado, por ende nos corresponde a nosotros asumir la responsabilidad de ser nuestro Sumo Sacerdote. Las letras en esta conexión nos otorgan ese increíble poder.

אַתָּה Atá כּוֹנַנְתָּ conanta עוֹלָם olam מֵרֹאשׁ merosh ריבוע אלהים אלהים דיודין

ע"ה• יָסַדְתָּ yasadta תֵּבֵל tevel ב"פ רי"ו וְהַכֹּל vehacol ילי פָּעַלְתָּ paalta•

וּבְרִיּוֹת uvriyot בּוֹ bo יָצַרְתָּ yatsarta: בְּשׁוּרְךָ beshurjá עוֹלָם olam

תֹּהוּ tohu וָבֹהוּ vavohu• וְחֹשֶׁךְ vejóshej ש"ך ניצוצות של ז"ו מלכים עַל al

פְּנֵי pnei וחכמה בינה תְהוֹם tehom• גֵּרַשְׁתָּ guerashta אֹפֶל ófel

וְהִצַּבְתָּ vehitsavta נֹגַהּ noga מוחי: גֹּלֶם golem תַּבְנִית tavnit מִן min

הָאֲדָמָה haadamá יָצַרְתָּ yatsarta• וְעַל veal עֵץ ets הַדַּעַת hadáat אוֹתוֹ otó

פָּקַדְתָּ fakadta: דְּבָרְךָ devarjá ראה זָנַח zanaj וְנִזְנַח veniznaj

מֵעֵדֶן meéden• וְלֹא veló כִלִּיתוֹ jilitó לְמַעַן lemaan אֶרֶךְ érej

אַפֶּךָ apej: הִגְדַּלְתָּ higdalta פִּרְיוֹ piryó וּבֵרַכְתָּ uverajta זַרְעוֹ zaró•

EL SERVICIO DE AVODÁ

Tú has preparado al mundo desde el principio.

Tú has establecido la Tierra y has creado todo. Tú has corregido un mundo de caos y desorden, y donde la oscuridad estaba esparcida en el abismo. Tú has alejado la oscuridad y has revelado la Luz. Tú hiciste la figura del hombre a partir del polvo y Tú lo has puesto a cargo del árbol del conocimiento. Él hizo caso omiso a Tu instrucción y fue exiliado del Jardín de Edén. Pero Tú no lo has destruido debido a Tu paciencia. Tú has hecho que su fruto floreciera y Tú has bendecido su simiente.

וְהִפְרֵיתָם vehifritam בְּטוּבְךָ betuvjá לאו וְהוֹשַׁבְתָּם vehoshavtam

שָׁקֵט shaket: וַיִּפְרְקוּ vayifrekú עֹל ol וַיֹּאמְרוּ vayomrú

לָאֵל laEl ייא"י (מילוי דס"ג) סוּר sur מִמֶּנּוּ mimenu. וַהֲסִירוֹתָ vahasirota יָד yad

כְּרֶגַע querega ג"פ אלהים וט"ו אותיות אֻמְלְלוּ umlalú כֶּחָצִיר quejatsir:

זָכַרְתָּ zajarta בְּרִית brit לִתְמִים letamim בְּדוֹרוֹ bedoró. וּבִזְכוּתוֹ uvizjutó

שַׂמְתָּ samta לְעוֹלָם leolam ריבוע ס"ג וי' אותיות דס"ג שְׁאֵרִית sheerit: וְחֹק jok

בְּרִית brit קֶשֶׁת késhet לְמַעֲנוֹ lemaanó כָּרַתָּ carata. וּבְאַהֲבַת uveahavat

נִיחוֹחוֹ nijojó בָּנָיו banav בֵּרַכְתָּ berajta: טָעוּ taú בְּעָשְׁרָם beashram

וּבָנוּ uvanú מִגְדָּל migdal. וַיֹּאמְרוּ vayomrú לְכוּ leju וְנַעֲלֶה venaalé

וְנִבְקִיעַ venavkía הָרָקִיעַ harakía לְהִלָּחֵם lehilajem בּוֹ bo: יָחִיד yajid

אָב av הֲמוֹן hamón פִּתְאֹם pitom כְּכוֹכָב quejojav זָרַח zaraj. מֵאוּר meUr

כַּשְׂדִּים Casdim לְהָאִיר lehair בַּחֹשֶׁךְ bajóshej ש"ך ניצוצות של ז' מלכים:

כַּעַסְךָ caasjá הֵפַרְתָּ hefarta בְּשׁוּרְךָ beshurjá פָּעֳלוֹ paoló. וּלְעֵת uleet

שֵׂיבָתוֹ sevató לְבָבוֹ levavó וְחָקַרְתָּ jakarta: לִוְיַת livyat וְחֵן jen מוחי

מִמֶּנּוּ mimenu הוֹצֵאתָ hotseta. טָלֶה talé טָהוֹר tahor י"פ אכא

מִכֶּבֶשׂ miqueves נִבְחָר nivjar: מִגִּזְעוֹ miguizó אִישׁ ish תָּם tam

הוֹצֵאתָ hotseta. וְחָתוּם jatum בִּבְרִיתְךָ bivritjá מֵרֶחֶם meréjem לֻקָּח lukaj:

Tú la aumentaste en virtud de Tu benevolencia y Tú les permitiste estar en quietud. Ellos se rebelaron y dijeron a Dios: "Aléjate de nuestra presencia". Tú te apartaste y en un instante estaban desolados como el heno. Pero Tú recordaste Tu pacto con el perfecto de su generación, y sólo por su nombre Tú mantuviste los remanentes de este mundo. Tú hiciste el pacto del arcoíris como ley por amor a él. Y en virtud de su fragancia Tú has bendecido a su progenie. Ellos fueron desviados por su fortuna y construyeron una torre. Y ellos dijeron: "Vengan, ascendamos y abramos los Cielos para luchar contra Él". El Único, el padre de las multitudes brilló de pronto como una estrella. Él vino de Ur Casdim para iluminar la oscuridad. Tú contuviste Tu ira cuando presenciaste sus acciones. Tú probaste sus inclinaciones en su avanzada edad. Tú has traído para él una diadema de gracia, como una oveja pura de un rebaño especial. Tú lo has diferenciado de los demás como un hombre perfecto. Él salió del vientre con la señal de Tu pacto.

נָתַתָּ natata לּוֹ lo שְׁנֵים shnéim עָשָׂר asar שְׁבָטִים shvatim אֲהוּבַי ahuvei

עֶלְיוֹן elyón. עֲמוּסִים amusim מִבֶּטֶן mibeten נִקְרָאוּ nikraú: שַׂמְתָּ samta

עַל al לֵוִי Leví לִוְיַת livyat חֵן jen מוזי וָחֶסֶד vajésed ע"ב, ריבוע יהוה.

וּמִכָּל umicol ילי אֶחָיו ejav כֶּתֶר kéter ה' מלך ה' מלך ה' ימלוך לעולם ועד

לוֹ lo עִטַּרְתָּ itarta: עַמְרָם Amram נִבְחַר nivjar מִגֶּזַע migueza

לֵוִי Leví. וְאַהֲרֹן veAharón קְדוֹשׁ kedosh יְהֹוָה אדניאהדונהי Adonai

מִשָּׁרָשָׁיו mishorashav קִדַּשְׁתָּ kidashta: פְּאֵרְתוֹ peartó בְּבִגְדֵי bevigdei

שְׂרָד serad. וּבְקָרְבְּנוֹתָיו uvekorbenotav הֵפֵר hefar כַּעַסֶךָ caaseja:

LA VESTIMENTA DEL SUMO SACERDOTE

Hay siete prendas de vestir que el Sumo Sacerdote usa. Cada prenda funciona como una antena que atrae una mezcla específica de fuerzas espirituales que limpian las diferentes características y aspectos negativos en nuestra naturaleza.

La primera prenda de vestir es el *tsits*, la escarapela. Ésta elimina el rasgo negativo de la audacia, la insolencia y el descaro.

El *meíl*, el abrigo, elimina la característica negativa del habla maliciosa y chismorreo sobre los demás, dado que es uno de los peores pecados que alguien puede cometer. La mala lengua es una situación donde nadie gana. Cuando hablamos mal de los demás, les hacemos daño y, a su vez, esta energía negativa es reflejada de vuelta a nosotros. Otro peligro relacionado con la mala lengua es el uso de las palabras soeces. Cada vez que decimos groserías o empleamos palabras soeces, creamos entidades negativas reales que se aferran a nosotros diariamente.

El *joshén*, el peto, elimina el rasgo negativo de juzgar a los demás. El cosmos está estructurado como un espejo. Todas nuestras acciones espirituales y emociones que proyectamos al mundo son reflejadas de regreso a nosotros en algún punto de nuestra vida. Si juzgamos a los demás de forma muy severa, tarde o temprano la vida nos juzgará severamente. Debemos aprender a juzgar a los demás con amor y compasión.

El *efod*, el chaleco, elimina el rasgo negativo de la idolatría. La idolatría no se refiere a las estatuas hechas por el hombre ante las cuales nos postramos. La idolatría es un código que trata sobre cualquier objeto o situación externa que permitimos voluntariamente que controle o gobierne nuestra vida. Algunos de nosotros somos discípulos del dinero, otros somos esclavos de la percepción que los demás tienen de nosotros. Nunca podemos esperar alcanzar la realización verdadera hasta que nos liberemos de las influencias controladoras del mundo exterior.

La *quetónet*, la toga, elimina la característica negativa del asesinato. El concepto de asesinato no está limitado a quitarle la vida a alguien. Los actos de asesinato también incluyen el asesinato de la personalidad, destruir la relación de otra persona o arruinar el negocio de otro individuo.

Tú le diste doce amadas tribus celestiales. Ellas fueron llamadas las satisfechas. Tú colocaste sobre Leví una diadema de gracia y dignidad. De entre todos sus hermanos, Tú lo adornaste con una corona. Amram fue escogido del linaje de Leví y Tú, de entre sus raíces, habías santificado a Aharón como el sagrado del Señor. Tú lo habías adornado con un uniforme oficial. Él contuvo Tu ira a través de sus sacrificios.

Los *mijneséi bad*, la túnica de lino, elimina la característica negativa del adulterio. El concepto de adulterio no está limitado a las relaciones extramaritales. Cada vez que codiciamos las pertenencias y posesiones de otra persona, estamos cometiendo adulterio. La raíz de todo adulterio es la ausencia de conexión espiritual y apreciación por aquello que ya tenemos.

La *mitsnéfet*, el turbante, elimina el rasgo negativo del ego y el orgullo. El ego es la influencia más poderosa de todas y activa nuestro comportamiento reactivo. A medida que disminuimos y eliminamos nuestro ego, elevamos y fortalecemos a nuestra alma. El ego, literalmente, desactiva nuestra capacidad de oír y escuchar cuando la Luz nos está enviando mensajes a través de otras personas.

El *avnet*, el cinturón, elimina la característica negativa de los pensamientos negativos. La conciencia es un determinante vital en la creación de la realidad de nuestra vida. Todos enfrentamos continuamente una avalancha de pensamientos negativos que incluyen duda, incertidumbre, preocupación, ansiedad y desesperanza. Otros pensamientos negativos incluyen celos, envidia, lujuria, codicia y pensamientos obsesivos fuera de control. Nuestros pensamientos son los que crean nuestra conciencia. Si perdemos el control de nuestros pensamientos, perdemos el control de nuestra vida.

צִיץ tsits מנק• וּמְעִיל umeíl• וְחֹשֶׁן jóshen• וְאֵפוֹד veefod• כְּתֹנֶת quetónet•

וּמִכְנְסֵי umijnesei בַּד vad• מִצְנֶפֶת mitsnéfet• וְאַבְנֵט veavnet:

קָרְבְּנוֹת korbenot פָּרִים parim וְעוֹלוֹת veolot כְּבָשִׂים quevasim•

וּשְׁחִיטַת ushjitat שְׂעִירִים seirim וְנִתּוּחַ venitúaj אֵלִים elim: רֵיחַ réaj

קְטֹרֶת któret י״א פעמים אדני (הנבררים מהקליפות ע״י י״א סממני הקטורת) ; קטרת - הק׳ באתב״ש ד׳

רֹקַח rókaj מֶרְקַחַת merkájat וּבִעוּר uviur גֶּחָלִים guejalim• (מצוות) תרי״ג =

וּזְרִיקַת uzrikat דָּם dam וּסְפִירַת usfirat יֹשֶׁר yósher: שׁוּעַת shuat

קְטֹרֶת któret י״א פעמים אדני (הנבררים מהקליפות ע״י י״א סממני הקטורת) ; קטרת - הק׳ באתב״ש ד׳

(מצוות) תרי״ג = וּתְפִלַּת utfilat אֱמֶת emet אהיה פעמים אהיה, ו״פ ס״ג•

וּקְדֻשָּׁתוֹ ukdusható מְכַפֶּרֶת mejapéret עֲוֹנוֹתֵינוּ avonoteinu:

תֹּכֶן tojen בּוּץ buts וַעֲרִיכַת vaarijat אֶבֶן even•

וְחָגוּר jagur בְּכֻלָּם bejulam כְּמַלְאַךְ quemalaj מְשָׁרֵת mesharet:

Y con la escarapela (que expía la insolencia), el abrigo (expía la calumnia), el peto (expía el juicio a los demás), el chaleco (expía la idolatría), la toga (expía el derramamiento de sangre), la túnica de lino (expía las transgresiones sexuales), el turbante (expía el orgullo) y el cinturón (expía los pensamientos negativos). Y con su sacrificio del novillo, sus sacrificios de Olá del cordero, el sacrificio de las cabras, la disección de las ovejas, el aroma del incienso, el uso de hierbas medicinales, la quema de ámbar reluciente, la aspersión de sangre, la cuenta de los niveles correctos, el lamento del incienso y sus oraciones sinceras. Su santidad expía los pecados. Él está vestido de lino fino y porta piedras sobre sí mismo, se ve como un ángel servil.

TICANTA

Las letras arameas están codificadas en estos versos (en orden inverso) para ayudarnos a atraer el poder de la creación, el orden y el rejuvenecimiento a nuestra vida.

תִּכַּנְתָּ ticanta כֹּל col ילי אֵלֶּה ele לִכְבוֹד lijvod אַהֲרֹן •Aharón כְּלִי cli כלי
כַּפָּרָה japará לְיִשְׂרָאֵל leYisrael שַׂמְתּוֹ •samtó וְעַל veal יָדוֹ yadó
סְלִיחוֹת slijat הֶעָוֹן heavón נָתַתָּ :natata תַּחַת tájat אַהֲרֹן Aharón
מִגִּזְעוֹ miguizó יַעֲמֹד •yaamod לְשָׁרֵת lesharet לְפָנֶיךָ lefaneja ס"ג מ"ה ב"ן
בְּיוֹם beyom ע"ה נגד, מזבח, זן, אל יהוה הַסְּלִיחָה :haslijá תּוֹרַת torat
מַעֲשֵׂה maasé עֲבוֹדַת avodat הַיּוֹם hayom ע"ה נגד, מזבח, זן, אל יהוה
שִׁבְעַת shivat יָמִים yamim נלך בִּזְבוּלֵנוּ bizvulenu יִלְמֹד •yilmod
וּמַזִּין umazín עָלָיו alav שְׁלִישִׁי shlishí וּשְׁבִיעִי :ushvií שְׁלוּמֵי shlumei
זִקְנֵי ziknei עַם am וַחֲכָמֵי vejajmei אֶחָיו ejav הַכֹּהֲנִים •hacohanim
תָּמִיד tamid ע"ה קס"א קנ"א קמ"ג, נתה יְסוֹבְבוּהוּ •yesovevuhu
עַד ad בֹּא bo יוֹם yom ע"ה נגד, מזבח, זן, אל יהוה הֶעָשׂוֹר •heasor וְעֶרֶב veérev
יוֹם yom ע"ה נגד, מזבח, זן, אל יהוה הַכִּפּוּרִים HaKipurim שַׁחֲרִית •shajarit
מַשְׁבִּיעִין mashbiín אוֹתוֹ otó בְּמִי bemí שֶׁשִּׁכֵּן shesiquén
שְׁמוֹ Shmó מהש ע"ה, ע"ב בריבוע וקס"א ע"ה, אל שדי ע"ה בַּבַּיִת babáyit ב"פ ראה
הַזֶּה hazé והו• שֶׁלֹּא sheló יְשַׁנֶּה yeshané דָּבָר davar ראה מִכָּל micol ילי
מַה ma מ"ה שֶׁאָמְרוּ sheamrú לוֹ •lo שֶׁמָּא shema יֵשׁ yesh בְּלִבּוֹ belibó
צַד tsad מִינוּת •minut הוּא hu פּוֹרֵשׁ poresh וּבוֹכֶה uvojé עַל al
שֶׁחֲשָׁדוּהוּ •shejashaduhu וְהֵם vehem פּוֹרְשִׁים porshim וּבוֹכִים uvojim
שֶׁחָשְׁדוּ shejashdú לְמִי lemí ילי שֶׁמַּעֲשָׂיו shemaasav סְתוּמִים •stumim

TICANTA

Tú preparaste todo eso en honor a Aharón, y lo preparaste como una herramienta de expiación para Israel, y a través de él diste perdón por los pecados. En lugar de Aharón, debe presentarse uno de su linaje para servir ante Ti en el día del perdón. Él debe estudiar la ley práctica de la labor del día por siete días. Él se alimenta en el tercero y en el séptimo, mientras los ancianos piadosos de la nación y los sabios de su nación lo acompañan siempre hasta la llegada del décimo día. En la mañana de la víspera de Yom HaKipurim, él jura por el Uno cuyo nombre mora en esta casa, para que no cambie nada de lo que le hayan dicho. ¿Tendría él en su corazón algún pensamiento hereje? Él se aleja y llora, porque han dudado de él. Ellos se alejan y lloran porque dudaron de las acciones ocultas de él.

שֶׁמָּא shema אֵין ein בְּלִבּוֹ belibó כְּלוּם clum. וְאוֹמְרִים veomrim לוֹ lo:

רְאֵה reé ראה לִפְנֵי lifnei מִי mi ילי אַתָּה atá נִכְנָס nijnás. לִמְקוֹם limkom

אֵשׁ esh לַהֶבֶת lahévet שַׁלְהֶבֶת shalhévet: קְהַל kehal עֲדָתֵנוּ adatenu

עָלֶיךָ aleja יִסְמוֹכוּ yismojú. וְעַל veal יָדְךָ yadjá תְּהֵא tehé

סְלִיחָתֵנוּ slijatenu: צִוּוּהוּ tsivuhu וְהִרְגִּילוּהוּ vehirguiluhu עַד ad בֹּא bo

יוֹם yom ע"ה נגד, מזבח, זן, אל יהוה הֶעָשׂוֹר heasor. וְעֶרֶב veérev

יוֹם yom ע"ה נגד, מזבח, זן, אל יהוה הַכִּפּוּרִים HaKipurim שַׁחֲרִית shajarit.

מַעֲמִידִים maamidim אוֹתוֹ otó בְּשַׁעַר veshaar הַמִּזְרָח hamizraj.

וּמַעֲבִירִים umaavirim לְפָנָיו lefanav פָּרִים parim וְאֵלִים veelim

וּכְבָשִׂים ujvasim. כְּדֵי quedei שֶׁיְּהֵא sheyhé מַכִּיר maquir וְרָגִיל veraguil

בְּסֵדֶר beséder הָעֲבוֹדָה haavodá: פָּרְשׂוּ parsú לוֹ lo סָדִין sadín שֶׁל shel

בּוּץ buts בְּהַגִּיעַ behaguía עֵת et שְׁחִיטַת shjitat כֶּבֶשׂ queves

הַתָּמִיד hatamid ע"ה קס"א קנ"א קמ"ג, נתה. לַעֲשׂוֹת laasot מְחִיצָה mejitsá

בֵּינוֹ beinó וּבֵין uvein הָעָם haam: עוֹשֶׂה osé מִצְוָה mitsvá בְּאֵימָה beimá

וְיִרְאָה veyirá רי"ו. וּבוֹדֵק uvodek עַצְמוֹ atsmó מֵחוֹצְצֵי mejotsetséi

טְבִילָה tevilá: שָׂשׂ sas עַל al מִצְוָה mitsvá לְקַיֵּם lekayem דָּתוֹ dató.

וּפָשַׁט ufashat בִּגְדֵי bigdei חוֹל jol. וְיָרַד veyarad רי"ו וְטָבַל vetaval.

וְעָלָה vealá וְנִסְתַּפַּג venistapag כְּמוֹ cmó שֶׁהֻזְהַר shehuzhar:

No sea que de verdad su corazón esté vacío. Le decían: "Observa ante quién estás entrando, a un lugar de fuego y flamas altísimas. La congregación de tu nación depende de ti, y a través de ti vendrá nuestro perdón". Ellos ordenaron y lo instruyeron hasta la llegada del décimo día. En la mañana de la víspera del día de expiación, ellos lo llevaban a la puerta este y le mostraban novillos, ovejas y corderos para que se familiarizara con el orden del trabajo. Ellos extendían ante él una cortina de lino fino cuando era el momento de sacrificar al cordero común, de modo que haya una división entre él y el pueblo. Entonces él buscaba cualquier cosa en su cuerpo que pudiera interferir con su baño ritual. Él era cuidadoso con los detalles de seguir su fe. Se quitaba sus ropas mundanas y sumergía su cuerpo en agua. Luego salía y se secaba como le fue enseñado.

נָתְנוּ natnú לוֹ lo בִּגְדֵי bigdei זָהָב zahav וְלָבַשׁ velavash• וְקִדֵּשׁ vekidesh
יָדָיו yadav וְרַגְלָיו veraglav: מִיַּד miyad מְקַבֵּל mekabel אֶת et כֶּבֶשׂ queves
הַתָּמִיד hatamid ע"ה קס"א קנ"א קמ"ג, נתה• וְשׁוֹחֵט veshojet בּוֹ bo רֹב rov
שְׁנַיִם shnáyim• וּמַנִּיחַ umaníaj כֹּהֵן Cohén מלה אַחֵר ajer לִגְמֹר ligmor
הַשְּׁחִיטָה hashjitá• וּמְקַבֵּל umekabel אֶת et הַדָּם hadam• וְזוֹרְקוֹ vezorkó
עַל al הַמִּזְבֵּחַ hamizbéaj נגד, זן, אל יהוה כְּמִצְוָתוֹ quemitsvató: לִפְנִים lifnim
לַהֵיכָל laheijal אדני, ללה יִכָּנֵס yicanés לְהֵיטִיב leheitiv וְחָמֵשׁ jamesh
נֵרוֹת nerot• וּלְהַקְטִיר ulehaktir קְטֹרֶת któret הַבֹּקֶר habóker:
וּלְהֵיטִיב uleheitiv אֶת et שְׁתֵּי shtei הַנֵּרוֹת hanerot הַנִּשְׁאָרוֹת hanisharot•
וְיָצָא veyatsá וְהִקְרִיב vehikriv אֶת et הָרֹאשׁ harosh ריבוע אלהים אלהים דיודין ע"ה
וְאֶת veet הָאֵבָרִים haevarim כְּמִצְוָתָן quemitsvatán: כְּכָל quejol יוֹם yom
ע"ה נגד, מזבח, זן, אל יהוה יַעֲשֶׂה yaasé מִנְחַת minjat הַתָּמִיד hatamid ע"ה קס"א קנ"א
קמ"ג, נתה וַחֲבִיתִין vajavitín• וְיִנַּסֵּךְ vinasej אֶת et הַיַּיִן hayáyin מיכ, י"פ האא•
בְּכָל bejol לכב, ב"ן כְּלֵי clei כלי שִׁיר shir (בִּכְלִי יוֹשֶׁר):
(**en *Shabat* agregamos:** וּבְיוֹם uveyom ע"ה נגד, מזבח, זן, אל יהוה הַשַּׁבָּת haShabat
מַקְרִיב makriv שְׁנֵי shnei כִּבְשֵׂי jivsei מוּסַף musaf יוסף
שַׁבָּת Shabat וּמִנְחָתָם uminjatam וְעוֹרְכִין veorjín לֶחֶם léjem ג' הויות
הַפָּנִים hapanim• וּמַקְטִיר umaktir הַבָּזִיכִין habazijín כְּמִשְׁפָּטָם: quemishpatam)
וְאַחַר veajar כַּךְ caj מַקְרִיב makriv פַּר par הָעוֹלָה haolá
וְשִׁבְעַת veshivat הַכְּבָשִׂים hacvasim שֶׁל shel מוּסַף musaf יוסף

---

*Ellos le daban la vestimenta dorada y él la vestía, y luego santificaba sus manos y pies. Después, tomaba inmediatamente el cordero común y lo diseccionaba, y se dejaba que otro sacerdote terminara el sacrificio ritual. Luego tomaba la sangre y la esparcía en el altar, como le fue ordenado. Después entraba en el salón para encender las cinco velas y quemar el incienso de la mañana, y luego encendía las dos velas restantes. Seguidamente salía de nuevo para ofrendar la cabeza y los órganos internos, como le fue ordenado. De modo que él ofrecía la ofrenda regular cada día y vertía el vino en cada vasija de la verdad. (***En Shabat añadimos:** y en el día de Shabat él ofrecía dos corderos para el Musaf de Shabat y luego ordenaba el pan de la presencia y quemaba incienso en las vasijas, como le fue ordenado). Posteriormente, él ofrecía el novillo de Olá y los sietes corderos de la ofrenda de Musaf*

הַיּוֹם hayom ע״ה נגד, מזבח, זן, אל יהוה. וּמִנְחָתָם uminjatam

וְנִסְכֵּיהֶם venisqueihem כְּמִשְׁפָּטָם: quemishpatam יָבֹא yavó מִיָּד miyad

לְבֵית leveit ב״פ ראה הַפַּרְוָה haparvá וּבַקֹּדֶשׁ uvakódesh הָיְתָה. haytá

וְיִפְרְשׂוּ veyifresu לוֹ lo סָדִין sadín שֶׁל shel בּוּץ buts

בֵּינוֹ beinó לְבֵין levein הָעָם haam כְּבָרִאשׁוֹנָה: quevarishoná

טֶרֶם terem יִפְשׁוֹט yifshot בִּגְדֵי bigdei זָהָב. zahav מְקַדֵּשׁ mekadesh

בִּנְקִיּוּת binekiyut יָדָיו yadav וְרַגְלָיו: veraglav וְחָל jal וּפָשַׁט ufashat

בִּגְדֵי bigdei זָהָב. zahav וְיָרַד veyarad ר״י וְטָבַל vetaval וְעָלָה vealá

וְנִסְתַּפָּג: venistapag זְהָבִים zehavim מַעֲבִיר maavir וּלְבָנִים ulevanim

לוֹבֵשׁ. lovesh שֶׁעֲבוֹדַת sheavodat הַיּוֹם hayom ע״ה נגד, מזבח, זן, אל יהוה

בְּבִגְדֵי bevigdei לָבָן: laván וּמִהֵר umiher וְקִדֵּשׁ vekidesh יָדָיו yadav

וְרַגְלָיו. veraglav וּבָא uvá לוֹ lo תְּחִלָּה tejilá אֵצֶל etsel פָּרוֹ. paró

וּפָרוֹ ufaró הָיָה hayá יהה עוֹמֵד omed בַּצָּפוֹן batsafón כְּנֶגֶד quenégued מזבח, זן,

אל יהוה בֵּין bein הָאוּלָם haulam וְלַמִּזְבֵּחַ velamizbéaj נגד, זן, אל יהוה.

רֹאשׁוֹ roshó לַדָּרוֹם ladarom וּפָנָיו ufanav לַמַּעֲרָב. lamaarav

וְהַכֹּהֵן vehaCohén מלה עוֹמֵד omed בַּמִּזְרָח bamizraj וּפָנָיו ufanav

לַמַּעֲרָב: lamaarav הוּא hu עוֹמֵד omed בְּאֵימָה beeimá לִפְנֵי lifnei אֵל El

ייא״י עֶלְיוֹן. elyón וְאוֹמֵר veomer עָלָיו alav דִּבְרֵי divrei ראה וִדּוּי. vidui

וְסָמַךְ vesamaj שְׁתֵּי shtei יָדָיו yadav עָלָיו alav וְהִתְוַדָּה. vehitvadá

del día y sus ofrendas y sus libaciones, como le fue ordenado. Luego él entraba a la cámara de las pieles, y ahí ellos extenderían ante él una cortina de lino fino para separarlo de la gente. Antes de quitarse las vestiduras doradas, santificaba sus manos y sus pies en pureza. Después se quitaba las vestiduras doradas y sumergía su cuerpo en agua, y luego se secaba. Hacía a un lado las vestiduras doradas y usaba las blancas, puesto que el servicio diario se realiza en vestimenta blanca. Después se apuraba en santificar sus manos y pies. Para comenzar, se volvía hacia su novillo y su novillo estaba ante él en el Norte, entre el salón y el altar, mientras su cabeza daba al Sur y su rostro daba al Oeste. Y el Sacerdote estaba de pie en dirección al Oeste. Se presenta con temor reverencial ante el Dios supremo y recita sus palabras de confesión. Colocaba sus manos sobre el novillo y confesaba.

VEJAJ HAYÁ OMER

Aprendemos que el Sumo Sacerdote primero debe admitir y confesar su propia negatividad antes de siquiera poder comenzar a ayudar a otras personas a eliminar la de ellas. Espiritualmente hablando, la lección es que veamos introspectivamente y nos corrijamos a nosotros mismos antes de pensar en corregir a los demás. Una persona sólo puede compartir aquello que posee. Si todavía conservamos nuestra negatividad, no podemos compartir Luz con otras personas. Por lo tanto, nuestra propia negatividad debe ser la primera en irse.

וְכַךְ vejaj הָיָה haya יהה אוֹמֵר omer:

אָנָּא aná לכב, ב״ן הַשֵּׁם HaShem (יְהֹוָאדֹנָי *Nétsaj*). וְחָטָאתִי jatati.
עָוִיתִי aviti. פָּשַׁעְתִּי pashati לְפָנֶיךָ lefaneja סג מ״ה ב״ן אֲנִי aní אני
וּבֵיתִי uveití. אָנָּא aná לכב, ב״ן בַּשֵּׁם bashem (יְהֹוָאדֹנָי *Hod*). כַּפֶּר caper נָא na
לַחֲטָאִים lajataím. וְלַעֲוֹנוֹת velaavonot. וְלַפְּשָׁעִים velapeshaím.
שֶׁחָטָאתִי shejatati. וְשֶׁעָוִיתִי vesheaviti. וְשֶׁפָּשַׁעְתִּי veshepashati
לְפָנֶיךָ lefaneja סג מ״ה ב״ן אֲנִי aní אני וּבֵיתִי uveití ב״פ ראה. כַּכָּתוּב cacatuv
בְּתוֹרַת betorat מֹשֶׁה Moshé מהש, ריבוע ע״ב וקס״א, אל שדי, ד״פ אלהים ע״ה
עַבְדֶּךָ avdeja פוי, אל אדני: כִּי qui בַּיּוֹם vayom ע״ה נגד, מזבח, זן, אל יהוה הַזֶּה hazé והו
יְכַפֵּר yejaper עֲלֵיכֶם aleijem לְטַהֵר letaher אֶתְכֶם etjem מִכֹּל micol ילי
חַטֹּאתֵיכֶם jatoteijem לִפְנֵי lifnei יְהֹוָהאדניאהדונהי Adonai (*Yesod*).

VEHACOHANIM

Durante esta oración, los hombres se postran al suelo para poner a tierra su negatividad. El cuerpo humano es como un cableado espiritual. Tenemos tres cables: el deseo de compartir positivo y el deseo de recibir negativo. Cuando nos conectamos a un tomacorriente de alto voltaje como *Yom Kipur*, necesitamos un cable de tierra para evitar un cortocircuito. La acción de postrarnos al piso es nuestro cable de tierra espiritual.

וְהַכֹּהֲנִים vehacohanim וְהָעָם vehaam הָעוֹמְדִים haomdim בָּעֲזָרָה baazará.
כְּשֶׁהָיוּ queeshehayú שׁוֹמְעִים shomim אֶת et שֵׁם shem הַמְּפוֹרָשׁ hameforash

---

VEJAJ HAYÁ OMER

Él decía: "Por favor, Señor (Nétsaj), he pecado, he cometido iniquidad, he transgredido ante Ti junto con mi casa. Por favor, con el Nombre (Hod) expía los pecados e iniquidades y transgresiones que he pecado, cometido y transgredido junto con mi casa, puesto que está escrito en la Torá de Moshé, Tu siervo: "Porque en este día él te expiará y te purificará de todos tus pecados ante el Señor (Yesod)".

VEHACOHANIM

Los Sacerdotes y la gente que se presentó en el recinto, cuando oyeron el Nombre explícito

יוֹצֵא yotsé מִפִּי mipí כֹּהֵן Cohén מלה גָּדוֹל Gadol להוז ; ועם ד' אותיות = מבה, יזל, אום

בִּקְדֻשָּׁה bikdushá וּבְטָהֳרָה uvetahorá• הָיוּ hayú כּוֹרְעִים corim

וּמִשְׁתַּחֲוִים umishtajavim וְנוֹפְלִים venoflim עַל al פְּנֵיהֶם pneihem

וְאוֹמְרִים veomrim: בָּרוּךְ Baruj שֵׁם Shem כְּבוֹד quevod

מַלְכוּתוֹ maljutó לְעוֹלָם leolam ריבוע ס"ג וי' אותיות דס"ג וָעֶד vaed:

EL CHIVO EXPIATORIO

Los antiguos sabios nos dicen que, en tiempos remotos, todo el mundo estaba en un nivel de conciencia y espiritualidad mucho más elevado. Incluso los animales estaban en mayor sintonía con las fuerzas espirituales ocultas de nuestro mundo. De hecho, ellos se alineaban fuera del Templo antes de un sacrificio con el propósito de ser escogidos para esa acción espiritual. El sacrificio no sólo limpiaba a las personas, sino que también elevaba el alma del animal a un nivel mucho más alto en el Mundo Superior, la realidad verdadera. Este sacrificio ayudaba a atraer las fuerzas espirituales de purificación a nuestra vida. En *Yom Kipur* se requería sacrificar dos animales en el Templo Sagrado. Un animal representaba el sacrificio que conectaba con el Santo Sanctórum, el nivel más elevado de energía, y el segundo animal era un sacrificio más bajo. El animal tomaba sobre sí mismo toda la negatividad del pueblo. Esta conexión también nos imbuye de sabiduría espiritual para escoger constantemente el bien en lugar del mal en nuestra vida, incluso cuando la distinción entre ambos se vuelve borrosa.

אָז az הוּא hu הָיָה hayá יהה מִתְכַּוֵּן mitcavén לִגְמוֹר ligmor אֶת et

הַשֵּׁם hashem כְּנֶגֶד quenégued מזבח, זן, אל יהוה הַמְבָרְכִים hamevarjim

וְאוֹמֵר veomer לָהֶם lahem תִּטְהָרוּ titharú: וְאַתָּה veAtá

בְּטוּבְךָ vetuvjá לאו מְעוֹרֵר meorer רַחֲמֶיךָ rajameja וְסוֹלֵחַ vesoléaj

לְאִישׁ leish חֲסִידֶךָ jasideja: דָּרַךְ daraj ב"פ יב"ק וּבָא uvá אֶל el

שַׁעַר shaar נִיקָנוֹר nikanor• וְהוּא vehú לְמִזְרָח lemizraj הָעֲזָרָה haazará

לִצְפוֹן litsfón הַמִּזְבֵּחַ hamizbéaj נגד, זן, אל יהוה• הַסְּגָן hasgán מִימִינוֹ miminó•

וְרֹאשׁ verosh ריבוע אלהים אלהים דיודין ע"ה בֵּית beit ב"פ ראה אָב av

מִשְּׂמֹאלוֹ mismoló• וְשָׁם vesham שְׁנֵי shnei שְׂעִירִים seirim•

---

salir de la boca del Sumo Sacerdote en santidad y pureza, se inclinaban y postraban y bajaban su rostro, y decían: "Bendito sea el Nombre de Su reino por siempre y para siempre".

EL CHIVO EXPIATORIO

Luego él se volvía hacia aquellos que recitaron la bendición y completaba el Nombre, y él les decía: "Purifíquense". Y Tú, en Tu benevolencia, despierta Tu compasión y perdona a Tu hombre piadoso. Luego él caminaba hacia la puerta de Niknor, la cual está al Este del recinto, al Norte del altar. El sustituto se paraba a su derecha y la cabeza de familia estaba a su izquierda; donde él encontraba dos cabras

פְּנֵיהֶם pneihem לַמַּעֲרָב lamaarav וַאֲחוֹרֵיהֶם vaajoreihem לַמִּזְרָח lamizraj.
אֶחָד ejad אהבה, דאגה לִימִינוֹ liyminó וְאֶחָד veejad אהבה, דאגה
לִשְׂמֹאלוֹ. lismoló טָרַף taraf בְּקַלְפִּי bekalpí בִּשְׁתֵּי bishtei יָדָיו yadav
וְהֶעֱלָה veheelá שְׁנֵי shnei גּוֹרָלוֹת goralot. אֶחָד ejad אהבה, דאגה
בַּיָּמִין bayamín וְאֶחָד veejad אהבה, דאגה בַּשְּׂמֹאל basmol.
אֶחָד ejad אהבה, דאגה כָּתוּב catuv עָלָיו alav לַשֵּׁם lashem.
וְאֶחָד veejad אהבה, דאגה כָּתוּב catuv עָלָיו alav לַעֲזָאזֵל laazazel.
וּנְתָנָם unetanam עַל al שְׁנֵי shnei הַשְּׂעִירִים haseirim: גּוֹרָל goral
שֶׁהוּא shehú שֶׁל shel שֵׁם shem יִתְּנֵהוּ yitnehu עַל al הַשָּׂעִיר hasair.
וְאוֹמֵר veomer לַשֵּׁם lashem (יְהֹוָהאדני) (*Maljut*) וְחַטָּאת jatáat:

No es necesario inclinarse aquí.

וְהַכֹּהֲנִים vehacohanim וְהָעָם vehaam הָעוֹמְדִים haomdim בָּעֲזָרָה baazará.
כְּשֶׁהָיוּ queshehayú שׁוֹמְעִים shomim אֶת et שֵׁם shem הַמְּפוֹרָשׁ hameforash
יוֹצֵא yotsé מִפִּי mipí כֹּהֵן Johén מלה גָּדוֹל Gadol להוי ; ועם ד' אותיות = מבה, יזל, אום
בִּקְדֻשָּׁה bikdushá וּבְטָהֳרָה uvetahorá. הָיוּ hayú כּוֹרְעִים corim
וּמִשְׁתַּחֲוִים umishtajavim וְנוֹפְלִים venoflim עַל al פְּנֵיהֶם pneihem
וְאוֹמְרִים veomrim: בָּרוּךְ Baruj שֵׁם Shem כְּבוֹד quevod
מַלְכוּתוֹ maljutó לְעוֹלָם leolam ריבוע ס"ג וי' אותיות דס"ג וָעֶד vaed:

BISEIR

Ahora realizamos una acción en nombre de los dos animales que son sacrificados espiritualmente. A pesar de que los animales pueden parecer idénticos, uno representa la energía negativa y el otro representa la energía espiritual positiva. La relevancia interna detrás de esta acción es enseñarnos que nunca podemos limitar nuestros juicios y opiniones sólo a la apariencia física. Es más importante la conciencia oculta y la intención detrás de una acción. Esto es lo que diferencia lo positivo de lo negativo y determina nuestro nivel de espiritualidad.

---

de cara al Oeste y sus partes posteriores al Este, una estaba a su derecha y otra a su izquierda. Él sorteaba con sus dos manos en la urna y sacaba dos destinos, uno con su mano derecha y otro con su mano izquierda. En uno estaba escrito "Para el Señor" y en otro estaba escrito "Para Azazel". Él colocaba esto sobre las dos cabras. El destino que estaba para el Señor lo colocaba sobre una cabra y decía: "Para que el Señor (Maljut) expíe las iniquidades". Y los Sacerdotes y las personas que estaban en el recinto, cuando escuchaban el Nombre explícito saliendo de la boca del Sumo Sacerdote en santidad y pureza, se inclinaban y postraban, y bajaban su rostro y decían: "Bendito sea el Nombre de Su reino por siempre y para siempre".

בִּשְׂעִיר biseir עֲזָאזֵל azazel לָשׁוֹן lashón שֶׁל shel זְהוֹרִית zehorit
מִשְׁקַל mishkal שְׁנֵי shnei סְלָעִים slaím בֵּין bein קַרְנָיו kranav
יִקְשׁוֹר yikshor. וְיַעֲמִידֵהוּ veyaamidehu בְּשַׁעַר vesháar הַמִּזְרָחוֹ hamizraj
נֶגֶד négued מזבח, זן, אל יהוה בֵּית beit ב"פ ראה שִׁלּוּחוֹ shilujó:
אַךְ aj אהיה בְּשָׂעִיר besair שֶׁהוּא shehú שֶׁל shel שֵׁם shem.
יִקְשׁוֹר yikshor לָשׁוֹן lashón שֶׁל shel זְהוֹרִית zehorit נֶגֶד négued מזבח, זן, אל יהוה
בֵּית beit ב"פ ראה שְׁחִיטָתוֹ shjitató. וּבָא uvá לוֹ lo שְׁנִיָּה shniyá
אֵצֶל etsel פָּרוֹ paró. וְאוֹמֵר veomer עָלָיו alav וִדּוּי vidui
בֵּיתוֹ beitó ב"פ ראה וּוִדּוּי uvidui אֶחָיו ejav הַכֹּהֲנִים hacohanim:
וְסָמַךְ vesamaj שְׁתֵּי shtei יָדָיו yadav עָלָיו alav וְהִתְוַדָּה vehitvadá.
וְכַךְ vejaj הָיָה hayá יהה אוֹמֵר omer:
אָנָּא aná לכב, ב"ן הַשֵּׁם HaShem (יְהֹוָאדֹנָהִי *Jésed*). וְחָטָאתִי jatati.
עָוִיתִי aviti. פָּשַׁעְתִּי pashati לְפָנֶיךָ lefaneja סג מ"ה ב"ן אֲנִי aní אני
וּבֵיתִי uveití. וּבְנֵי uvnei אַהֲרֹן Aharón עַם am קְדוֹשֶׁיךָ kedosheja.
אָנָּא aná לכב, ב"ן בַּשֵּׁם bashem (יְהֹוָאדֹנָהִי ***Guevurá***). כַּפֶּר caper נָא na
לַחֲטָאִים lajataím. וְלַעֲוֹנוֹת velaavonot. וְלַפְּשָׁעִים velapeshaím.
שֶׁחָטָאתִי shejatati. וְשֶׁעָוִיתִי vesheaviti. וְשֶׁפָּשַׁעְתִּי veshepashati
לְפָנֶיךָ lefaneja סג מ"ה ב"ן אֲנִי aní אני וּבֵיתִי uveití ב"פ ראה. וּבְנֵי uvnei
אַהֲרֹן Aharón עַם am קְדוֹשֶׁיךָ kedosheja כַּכָּתוּב cacatuv בְּתוֹרַת betorat
מֹשֶׁה Moshé מהש, ריבוע ע"ב וקס"א, אל שדי, ד"פ אלהים ע"ה עַבְדֶּךָ avdeja פוי, אל אדני:

BISEIR

En cuanto a la cabra para Azazel, él ataba una cinta color escarlata de dos selaím de peso entre sus cuernos, y la ubicaba en la puerta Este de cara a la casa a la cual sería enviada. En cuanto a la cabra para el Señor, él ataba una cinta color escarlata y la colocaba de cara a la casa donde sería sacrificada. Él regresaba a su novillo y decía sus confesiones por su casa y las confesiones de sus hermanos, los Sacerdotes. Él ponía sus dos manos sobre el novillo y recitaba sus confesiones. Él decía:

"Por favor, Señor (Jésed), he pecado, he cometido iniquidad,

he transgredido ante Ti junto con mi casa y la casa de Aharón, Tu pueblo santo. Por favor, con el Nombre (Guevurá) expía los pecados e iniquidades y transgresiones que he pecado, cometido y transgredido ante Ti junto con mi casa y la casa de Aharón, Tu pueblo santo, puesto que está escrito en la Torá de Moshé, Tu siervo:

כִּי qui בַּיּוֹם vayom ע״ה נגד, מזבח, זן, אל יהוה הַזֶּה hazé והו יְכַפֵּר yejaper
עֲלֵיכֶם aleijem לְטַהֵר letaher אֶתְכֶם etjem מִכֹּל micol ילי
וְחַטֹּאתֵיכֶם jatoteijem לִפְנֵי lifnei יְהֹוָאדֹנָיאהדונהי Adonai (*Tiféret*).

Los hombres se postran al suelo para poner a tierra la negatividad.

וְהַכֹּהֲנִים vehacohanim וְהָעָם vehaam הָעוֹמְדִים haomdim בָּעֲזָרָה baazará.
כְּשֶׁהָיוּ queshehayú שׁוֹמְעִים shomim אֶת et שֵׁם shem הַמְּפוֹרָשׁ hameforash
יוֹצֵא yotsé מִפִּי mipí כֹּהֵן Johén מלה גָּדוֹל Gadol להח ; ועם ד׳ אותיות = מבה, יזל, אום
בִּקְדֻשָּׁה bikdushá וּבְטָהֳרָה uvetahorá. הָיוּ hayú כּוֹרְעִים corim
וּמִשְׁתַּחֲוִים umishtajavim וְנוֹפְלִים venoflim עַל al פְּנֵיהֶם pneihem
וְאוֹמְרִים veomrim: בָּרוּךְ Baruj שֵׁם Shem כְּבוֹד quevod
מַלְכוּתוֹ maljutó לְעוֹלָם leolam ריבוע ס״ג וי׳ אותיות דס״ג וָעֶד vaed:
אָז az הוּא hu הָיָה hayá יהה מִתְכַּוֵּן mitcavén לִגְמוֹר ligmor
אֶת et הַשֵּׁם hashem כְּנֶגֶד quenégued מזבח, זן, אל יהוה
הַמְּבָרְכִים hamevarjim וְאוֹמֵר veomer לָהֶם lahem תִּטְהָרוּ titharú:
וְאַתָּה veAtá בְּטוּבְךָ vetuvjá לאו מְעוֹרֵר meorer רַחֲמֶיךָ rajameja
וְסוֹלֵחַ vesoléaj לְשֵׁבֶט leshévet מְשָׁרְתֶךָ mesharteja:

AJAR VIDUI

Ahora recibimos el poder de la creación mediante el orden de la secuencia de letras arameas que están codificadas en esta oración.

אַחַר ajar וִדּוּי vidui שָׁקַד shakad בְּעַצְמָה beotsmá.
לַעֲשׂוֹת laasot חַטָּאתוֹ jatató וְחַטַּאת vejatat הָעָם haam:

"Porque en este día Él te expiará y te purificará de todos tus pecados ante el Señor (Tiféret)". Y los Sacerdotes y la gente que estaba presente en el recinto, cuando oyeron el Nombre explícito saliendo de la boca del Sumo Sacerdote en santidad y pureza, se inclinaban y postraban, y bajaban su rostro y decían: "Bendito sea el Nombre de Su reino por siempre y para siempre". Luego él se volvía a aquellos que dijeron la bendición y completaba el Nombre, y les decía: "Purifíquense"
Y Tú, en Tu benevolencia, despierta Tu compasión y perdona a la tribu de tus siervos.

AJAR VIDUI

Después de la confesión,
él se dedicaba fervientemente a la tarea de sacrificar su ofrenda por pecado y la ofrenda por pecado de la nación.

בָּדַק badak סַכִּין saquín וְשָׁחַט veshajat פָּרוֹ paró רֹב rov שְׁנַיִם shnáyim.
וְקִבֵּל vekibel דָּמוֹ damó בְּמִזְרָק bemizrak טָהוֹר tahor י"פ אכא: גַּם gam
לַחֲבֵרוֹ lajaveró מִיָּד miyad יִתְּנֵהוּ yitnehu לְמָרֵס lemarés בְּדָמוֹ bedamó
עַל al הָרֹבֶד haroved הָרְבִיעִי harevií שֶׁל shel הֵיכָל heijal אדנ"י, ללה
מִבַּחוּץ mibajuts כְּדֵי quedei שֶׁלֹּא sheló יִקְרֹשׁ yikrosh: דָּם dam זֶה ze
הִנִּיחוֹ hinijó בְּיַד beyad מִי mi יל"י שֶׁמְּמָרֵס shememarés בּוֹ bo. וְנוֹטֵל venotel
מַחְתָּה majtá שֶׁל shel זָהָב zahav אָדֹם adom קַלָּה kalá. מַחֲזֶקֶת majazéket
שְׁלֹשָׁה shloshá קַבִּין kabín. וְיָדָהּ veyadá אֲרוּכָּה arujá. וְעָלָה vealá
לְרֹאשׁ lerosh ריבוע אלהים אלהים דיודין ע"ה הַמִּזְבֵּחַ hamizbéaj נגד, זן, אל יהוה
וּפִנָּה ufiná ע"ב ס"ג גֶּחָלִים guejalim שֶׁמַּחֲצִיתָן shemajatsitán גַּחֶלֶת gajélet
וּמַחֲצִיתָן umajatsitán שַׁלְהֶבֶת shalhévet אֵילָךְ ilaj וְאֵילָךְ veilaj
וְחָתָה vejatá מֵהַלּוֹחֲשׁוֹת mehalojashot מִצַּד mitsad מַעֲרָב maarav
הַמִּזְבֵּחַ hamizbéaj נגד, זן, אל יהוה: הוֹרִידָהּ horida מְלֵאָה meleá גַּחֲלֵי gajalei
אֵשׁ esh לוֹחֲשׁוֹת lojashot וֶהֱנִיחָהּ vehinijá עַל al הָרֹבֶד haroved
הָרְבִיעִי harevií שֶׁבָּעֲזָרָה shebaazará. וְהוֹצִיאוּ vehotsíu לוֹ lo כַּף caf
רֵיקָן reikán וּמַחְתָּה umajtá מְלֵאָה meleá קְטֹרֶת któret י"א פעמים אדני (הנבררים
מהקליפות ע"י י"א סממני הקטורת) ; קטרת - הק' באתב"ש ד' = תרי"ג (מצוות) דַּקָּה daká מִן min
הַדַּקָּה hadaká: וְחָפַן vejafán מִמֶּנָּה mimena מְלֹא meló חָפְנָיו jofnav. לֹא lo
מְחוּקוֹת mejukot וְלֹא veló גְּדוּשׁוֹת gdushot אֶלָּא ela טְפוּפוֹת tfufot.
הַגָּדוֹל hagadol להח ; ועם ד' אותיות = מבה, יזל, אום לְפִי lefí גָּדְלוֹ godló.

Él inspeccionaba su cuchillo y cortaba a su novillo en dos como máximo. El recibía su sangre y la esparcía en pureza. También se la daba inmediatamente a su compañero para que la agitara en la parte delantera del salón, para que no se coagulara. Esta sangre él la colocaba en las manos del que la agitaría, y tomaba una ligera pala de oro rojo que puede contener tres Kabín [medida para secos] y cuyo mango es largo. Luego él subía a la cabeza del altar y separaba el ámbar que estaba brillante del que estaba encendido. Él movía algunos de los ámbares encendidos y los colocaba en la parte delantera del salón. Ellos sacaban un cucharón vacío para él y una pala llena de incienso, el cual estaba molido muy finamente. De ahí llenaba sus dos manos, no un poco ni mucho, sino precisamente de acuerdo a su tamaño, ya fueran grandes o pequeñas.

וְהַקָּטֹן vehakatón לְפִי lefí קָטְנוֹ kotnó. וְנָתַן venatán לְתוֹךְ letoj הַכַּף hacaf.
וְנוֹטֵל venotel בִּימִינוֹ biminó מַחְתַּת majtat הַגֶּחָלִים haguejalim.
וּבִשְׂמֹאלוֹ uvismoló כַּף caf הַקְּטֹרֶת haktóret: זֵרֵז zirez עַצְמוֹ atsmó
וְנִכְנַס venijnás לְקֹדֶשׁ lekódesh הַקֳּדָשִׁים hakodashim. וְהִנִּיחַ vehiníaj
הַמַּחְתָּה hamajtá בֵּין bein בַּדֵּי badei הָאָרוֹן haarón. וּבְבַיִת uvevayit ב"פ ראה
שֵׁנִי shení מַנִּיחוֹ manijó עַל al אֶבֶן even הַשְּׁתִיָּה hashtiyá: וְחָפַן jafón
וְעֵרָה veirá הַקְּטֹרֶת haktóret בְּגוּדָלוֹ begudaló לְתוֹךְ letoj חָפְנָיו jofnav.
עַד ad שֶׁהֶחֱזִירָה shehejezira לִמְלֹא limló חָפְנָיו jofnav כְּמוֹ cmó
שֶׁהָיְתָה shehaytá. וְצָבַר vetsavar אֶת et הַקְּטֹרֶת haktóret י"א פעמים אדני
(הנבררים מהקליפות ע"י י"א סממני הקטורת) ; קטרת - הק' באתב"ש ד' = תרי"ג (מצוות) עַל al
גַּבֵּי gabei גֶּחָלִים guejalim לְצַד letsad מַעֲרָב maarav. וּמַמְתִּין umamtín
שָׁם sham עַד ad שֶׁיִּתְמַלֵּא sheyitmalé הַבַּיִת habáyit ב"פ ראה
כֻּלּוֹ culó עָשָׁן ashán: טָהוֹר tehor י"פ אכא לֵב lev פָּסַע pasá
וְשָׁב veshav לַאֲחוֹרָיו laajorav. פָּנָיו panav לַקֹּדֶשׁ lakódesh
וַאֲחוֹרָיו vaajorav לַהֵיכָל laheijal אדני, ללה. עַד ad שֶׁיֵּצֵא sheyatsá
מֵהַפָּרֹכֶת mehaparójet. וּמִתְפַּלֵּל umitpalel בַּהֵיכָל baheijal אדני, ללה
תְּפִלָּה tfilá א"ת ב"ש אֻכְּצָ = ב"ן + אדני וניקודה ע"ה = יוד הי וו הה קְצָרָה ktsará
סָמוּךְ samuj לַפָּרֹכֶת laparójet: וְכַךְ vejaj הָיְתָה haytá תְּפִלָּתוֹ tfilató
שֶׁל shel כֹּהֵן Johén מלה גָּדוֹל Gadol להח ; ועם ד' אותיות = מבה, יזל, אום
בִּהְיוֹתוֹ bihyotó בַּהֵיכָל baheijal אדני, ללה:

Luego él colocaba eso en el cucharón. Con su mano derecha tomaba la pala de ámbares y con su mano izquierda tomaba el cucharón de incienso. Luego corría al Santo Sanctórum y colocaba la pala entre las cortinas del arca. Y en el segundo Templo él lo colocaba sobre la piedra angular. Él llenaba sus manos con incienso y lo presionaba en sus palmas con sus pulgares, hasta que estuvieran llenas como antes. Luego amasaba el incienso sobre el ámbar al Oeste y esperaba ahí hasta que la casa estuviese llena de humo. Puro de corazón, se apartaba y se retraía mientras daba cara hacia la Cámara Santa y su espalda daba al santuario, hasta que salía de la cortina. Después él recitaba una oración corta para cerrar la cortina. Esta era la oración del Sumo Sacerdote mientras estaba dentro del santuario:

YEHÍ RATSÓN

Esta es la oración real que el Sumo Sacerdote recitaba mientras estaba presente en el Santo Sanctórum. Era obligatorio que el Sumo Sacerdote estuviera en un estado de compartir y positividad absolutos para poder ser un canal puro para el mundo. Si conservaba incluso un gramo de egoísmo, un poco de la energía espiritual que fluía a través de él se quedaba estancada en ese deseo egoísta; esto lo mataba en un instante. Debemos ver introspectivamente y desenterrar toda la negatividad y todo el comportamiento egoísta que aún está en nosotros para que podamos ser un contenedor puro para la Luz del Creador.

יְהִי yehí רָצוֹן ratsón מהש ע״ה, ע״ב בריבוע וקס״א ע״ה, אל שדי ע״ה
מִלְּפָנֶיךָ milfaneja ס״ג מ״ה ב״ן יְהֹוָהאדניאהדונהי Adonai אֱלֹהֵינוּ Eloheinu ילה
וֵאלֹהֵי veElohei לכב ; מילוי ע״ב, דמב ; ילה אֲבוֹתֵינוּ avoteinu. שֶׁתְּהֵא shetehé
שָׁנָה shaná זוֹ zo הַבָּאָה habaá עָלֵינוּ aleinu וְעַל veal כָּל col ילי ; עמם
עַמְּךָ amej יִשְׂרָאֵל Yisrael בְּכָל bejol לכב, ב״ן מָקוֹם makom שֶׁהֵם shehem.
אִם im יוהך, מ״א אותיות אהיה בפשוטו מילואו ומילוי דמילואו ע״ה שְׁחוּנָה shejuná תְּהֵא tehé
גְּשׁוּמָה gueshumá. וְאַל veal תִּכָּנֵס ticanés לְפָנֶיךָ lefaneja ס״ג מ״ה ב״ן
תְּפִלַּת tfilat עוֹבְרֵי ovrei דְרָכִים derajim לְעִנְיַן leinyán
הַגֶּשֶׁם haguéshem שביל ול״ב נתיבות החכמה ע״ה בִּלְבַד bilvad. בְּעֵת beet
שֶׁהָעוֹלָם shehaolam צָרִיךְ tsarij לוֹ lo. וְשֶׁלֹּא vesheló יִצְטָרְכוּ yitstarjú
עַמְּךָ ameja בֵּית beit ב״פ ראה יִשְׂרָאֵל Yisrael בְּפַרְנָסָה befarnasá זֶה ze
לָזֶה lazé וְלֹא veló לְעַם leam עלם אַחֵר ajer. שָׁנָה shaná שֶׁלֹּא sheló
תַּפִּיל tapil אִשָּׁה ishá אֶת et פְּרִי pri בִטְנָהּ vitná. וְשֶׁיִּתְּנוּ vesheyitnú
עֲצֵי atsei הַשָּׂדֶה hasadé אֶת et תְּנוּבָתָם tnuvatam. וְלֹא veló יָעֲדֵי yaadei
עֶבֶד áved שַׁלְטָן shultán מִדְּבֵית mideveit ב״פ ראה יְהוּדָה Yehudá:

YATSÁ

Las cuatro secciones de aspersión de sangre para purificarnos corresponden a los cuatro niveles del *Yud Hei Vav Hei.*

YEHÍ RATSÓN

Que sea agradable ante Ti, Señor, nuestro Dios y el Dios de nuestros antepasados, que este año que se nos aviene a nosotros y a toda tu nación, Israel, donde quiera que se encuentren, que sea lluvioso si llega a ser caluroso. En cuanto a la oración de los errantes en solicitud de lluvia sólo cuando el mundo la necesita, que no le sea permitido venir antes de que Tú y Tu nación, Israel, esté en necesidad de ésta y de su sustento, no según otra nación. Que sea un año en el cual ninguna mujer pierda el fruto de su vientre y en el cual los árboles del campo den su cosecha, y que ningún esclavo predominante provenga de la casa de Yehuda.

mimí מִמִּי hapar הַפָּר dam דַּם venatal וְנָטַל yatsá יָצָא

lemakom לְמָקוֹם venijnás וְנִכְנַס ◆bo בּוֹ shememarés שֶׁמְּמָרֵס

◆sheamad שֶׁעָמַד bemakom בִּמְקוֹם veamad וְעָמַד ◆shenijnás שֶׁנִּכְנַס

◆hazayá הַזָּיָה עמם ; ילי col כָּל al עַל etsbaó אֶצְבָּעוֹ מבה vetovel וְטוֹבֵל

shequevein שֶׁכְּבֵין baavir בָּאֲוִיר sham שָׁם mimenu מִמֶּנּוּ vehizá וְהִזָּה

◆hacafóret הַכַּפּוֹרֶת shelifnei שֶׁלִּפְנֵי haarón הָאָרוֹן badei בַּדֵּי

◆lemata לְמַטָּה vesheva וְשֶׁבַע lemala לְמַעְלָה ajat אַחַת

lo לֹא lehazot לְהַזּוֹת mitcavén מִתְכַּוֵּן ייהה hayá הָיָה veló וְלֹא

:quematslif כְּמַצְלִיף ela אֶלָּא ◆lemata לְמַטָּה veló וְלֹא lemala לְמַעְלָה

VEJAJ HAYÁ MONÉ

Ahora estamos conectando la *Sefirá* de *Biná-Ima* con todas las otras *Sefirot* (dimensiones espirituales) debajo de ella. *Biná-Ima* canaliza la Luz del Creador a todas estas otras dimensiones. Esta acción ayuda a llenar los espacios vacíos que existen en la estructura de las *Sefirot*. Estos espacios vacíos fueron creados por nuestro propio comportamiento reactivo el año pasado.

:moné מוֹנֶה ייהה hayá הָיָה vejaj וְכָךְ

◆(*Ima*) ajat אַחַת

◆(*Ima y Jésed*) veajat וְאַחַת ajat אַחַת

◆(*Ima, Jésed y Guevurá*) ushtáyim וּשְׁתַּיִם ajat אַחַת

◆(*Ima, Jésed, Guevurá y Tiferet*) veshalosh וְשָׁלֹשׁ ajat אַחַת

◆(*Ima, Jésed, Guevurá, Tiféret y Nétsaj*) vearbá וְאַרְבַּע ajat אַחַת

◆(*Ima, Jésed, Guevurá, Tiféret, Nétsaj y Hod*) vejamesh וְחָמֵשׁ ajat אַחַת

YATSÁ

Luego salía y tomaba la sangre del novillo del que la estaba agitando, y regresaba a donde estaba y se paraba donde estaba parado antes y sumergía su dedo cada vez que la esparcía en el aire hacia las cortinas del arca, las cuales están antes de la tapa que la cubre. Él esparcía sangre una vez hacia arriba y siete veces hacia abajo. Su intención no era esparcir sólo hacia arriba o hacia abajo, sino arrojar la sangre.

VEJAJ HAYÁ MONÉ

Entonces él contaba: Uno (Ima),

uno y uno (Ima y Jésed), uno y dos (Ima, Jésed y Guevurá), uno y tres (Ima, Jésed, Guevurá y Tiféret), uno y cuatro (Ima, Jésed, Guevurá, Tiféret y Nétsaj), uno y cinco (Ima, Jésed, Guevurá, Tiféret, Nétsaj y Hod),

אַחַת ajat וָשֵׁשׁ vashesh

♦*(Ima, Jésed, Guevurá, Tiféret, Nétsaj, Hod* y *Yesod)*

אַחַת ajat וָשֶׁבַע vasheva

:♦*(Ima, Jésed, Guevurá, Tiféret, Nétsaj, Hod, Yesod* y *Maljut)*

יָצָא yatsá מִקֹּדֶשׁ mikódesh הַקֳּדָשִׁים hakodashim וְהִנִּיחוֹ vehinijó עַל al
כַּן can הַזָּהָב hazahav והו שֶׁהָיָה shehayá יהה בַּהֵיכָל baheijal אדני, ללה:
כְּצֵאתוֹ quetsetó הֵבִיאוּ hevíu לוֹ lo שְׂעִיר seir וְחַטָּאת jatat שֶׁל shel
שֵׁם shem♦ שְׁחָטוֹ shjató וְקִבֵּל vekibel דָּמוֹ damó בְּמִזְרָק bemizrak
טָהוֹר tahor י״פ אכא: לִפְנִים lifnim יִכָּנֵס yicanés לְהַזּוֹת lehazot
מִדָּמוֹ midamó כְּסֵדֶר queséder שֶׁהִזָּה shehizá דַּם dam הַפָּר hapar♦
אַחַת ajat לְמַעְלָה lemala וְשֶׁבַע vesheva לְמַטָּה lemata♦
וְלֹא veló הָיָה hayá יהה מִתְכַּוֵּן mitcavén לְהַזּוֹת lehazot לֹא lo
לְמַעְלָה lemala וְלֹא veló לְמַטָּה lemata♦ אֶלָּא ela כְּמַצְלִיף quematslif:

וְכָךְ vejaj הָיָה hayá יהה מוֹנֶה moné:

אַחַת ajat *(Ima)*♦

אַחַת ajat וְאַחַת veajat *(Ima* y *Jésed)*♦

אַחַת ajat וּשְׁתַּיִם ushtáyim *(Ima, Jésed* y *Guevurá)*♦

אַחַת ajat וְשָׁלֹשׁ veshalosh *(Ima, Jésed, Guevurá* y *Tiféret)*♦

אַחַת ajat וְאַרְבַּע vearbá *(Ima, Jésed, Guevurá, Tiféret* y *Nétsaj)*♦

---

uno y seis (Ima, Jésed, Guevurá, Tiféret, Nétsaj, Hod y Yesod),
uno y siete (Ima, Jésed, Guevurá, Tiféret, Nétsaj, Hod, Yesod y Maljut).

Luego salía del Santo Sanctórum y la ubicaba en el pedestal dorado que estaba en el salón. Mientras salía, le llevaban la ofrenda por pecado para el Señor. Él la sacrificaba y recogía su sangre en un recipiente puro. Después entraba para esparcir su sangre de la misma manera que lo hizo con la sangre del novillo. La esparcía una vez hacia arriba y siete veces hacia abajo. Su intención no era esparcir sólo hacia arriba o hacia abajo, sino arrojar la sangre.

Entonces él contaba:

Uno (Ima), uno y uno (Ima y Jésed), uno y dos (Ima, Jésed y Guevurá),
uno y tres (Ima, Jésed, Guevurá y Tiféret), uno y cuatro (Ima, Jésed, Guevurá, Tiféret y Nétsaj),

אַחַת ajat וְחָמֵשׁ vejamesh *(Ima, Jésed, Guevurá, Tiféret, Nétsaj* y *Hod)*◆

אַחַת ajat וָשֵׁשׁ vashesh *(Ima, Jésed, Guevurá, Tiféret, Nétsaj, Hod* y *Yesod)*◆

אַחַת ajat וָשֶׁבַע vasheva

(Ima, Jésed, Guevurá, Tiféret, Nétsaj, Hod, Yesod y *Maljut)*:

יָצָא yatsá מִקֹּדֶשׁ mikódesh הַקֳּדָשִׁים hakodashim וְהִנִּיחוֹ vehinijó עַל al
כַּן can הַזָּהָב hazahav ווהו שֶׁהָיָה shehayá יהה בַּהֵיכָל baheijal אדני, ללה:
מַהֵר miher וְנָטַל venatal דַּם dam הַפָּר hapar מֵעַל meal עלם כַּן can
הַזָּהָב hazahav ווהו◆ וְעוֹמֵד veomed בֵּין bein מִזְבַּח mizbaj נגד, זן, אל יהוה
הַזָּהָב hazahav ווהו לַפָּרֹכֶת laparójet◆ וְטוֹבֵל vetovel מבה אֶצְבָּעוֹ etsbaó
עַל al כָּל col ילי ; עמם הַזָּיָה hazayá◆ וְהִזָּה vehizá מִמֶּנּוּ mimenu
לִפְנֵי lifnei הַפָּרֹכֶת haparójet◆ כְּנֶגֶד quenégued מזבח, זן, אל יהוה
אֲוִיר avir שֶׁכְּבֵין shequevein בַּדֵּי badei הָאָרוֹן haarón מִבַּחוּץ mibajuts◆
אַחַת ajat לְמַעְלָה lemala וְשֶׁבַע vesheva לְמַטָּה lemata◆
וְלֹא veló הָיָה hayá יהה מִתְכַּוֵּן mitcavén לְהַזּוֹת lehazot לֹא lo
לְמַעְלָה lemala וְלֹא veló לְמַטָּה lemata◆ אֶלָּא ela כְּמַצְלִיף quematslif:

וְכַךְ vejaj הָיָה hayá יהה מוֹנֶה moné:

אַחַת ajat *(Ima)*◆

אַחַת ajat וְאַחַת veajat *(Ima* y *Jésed)*◆

אַחַת ajat וּשְׁתַּיִם ushtáyim *(Ima, Jésed* y *Guevurá)*◆

---

uno y cinco (Ima, Jésed, Guevurá, Tiféret, Nétsaj y Hod),
uno y seis (Ima, Jésed, Guevurá, Tiféret, Nétsaj, Hod y Yesod),
uno y siete (Ima, Jésed, Guevurá, Tiféret, Nétsaj, Hod, Yesod y Maljut).

Luego salía del Santo Sanctórum y la ubicaba en el pedestal dorado que estaba en el salón. Se apuraba y tomaba la sangre del novillo en el pedestal de oro, y se paraba entre el Altar de Oro y la cortina del Arca. Sumergía su dedo para cada aspersión, y rociaba sangre en frente de la cortina del Arca, y en el aire entre los pilares del Arca. La esparcía una vez hacia arriba y siete veces hacia abajo. Su intención no era esparcir sólo hacia arriba o hacia abajo, sino arrojar la sangre.

Entonces él contaba: Uno (Ima),
uno y uno (Ima y Jésed), uno y dos (Ima, Jésed y Guevurá),

אַחַת ajat וְשָׁלֹשׁ veshalosh •(Ima, Jésed, Guevurá y Tiféret)

אַחַת ajat וְאַרְבַּע vearbá •(Ima, Jésed, Guevurá, Tiféret y Nétsaj)

אַחַת ajat וְחָמֵשׁ vejamesh •(Ima, Jésed, Guevurá, Tiféret, Nétsaj y Hod)

אַחַת ajat וָשֵׁשׁ vashesh •(Ima, Jésed, Guevurá, Tiféret, Nétsaj, Hod y Yesod)

אַחַת ajat וָשֶׁבַע vasheva

:(Ima, Jésed, Guevurá, Tiféret, Nétsaj, Hod, Yesod y Maljut)

נוֹצֵץ nijets וְהִנִּיחַ vehiníaj דַּם dam הַפָּר hapar• וְנָטַל venatal
דַּם dam הַשָּׂעִיר hasair וְעָשָׂה veasá לְדָמוֹ ledamó כַּאֲשֶׁר caasher
עָשָׂה asá לְדַם ledam הַפָּר hapar• וְהִזָּה vehizá מִמֶּנּוּ mimenu
לִפְנֵי lifnei הַפָּרֹכֶת haparójet• כְּנֶגֶד quenéged מזבח, זן, אל יהוה אֲוִיר avir
שֶׁכְּבֵין shequevein בַּדֵּי badei הָאָרוֹן haarón מִבַּחוּץ mibajuts•
אַחַת ajat לְמַעְלָה lemala וְשֶׁבַע vesheva לְמַטָּה lemata•
וְלֹא veló הָיָה hayá יהוה מִתְכַּוֵּן mitcavén לְהַזּוֹת lehazot לֹא lo
לְמַעְלָה lemala וְלֹא veló לְמַטָּה lemata• אֶלָּא ela כְּמַצְלִיף quematslif:

וְכַךְ vejaj הָיָה hayá יהוה מוֹנֶה moné:

אַחַת ajat •(Ima)

אַחַת ajat וְאַחַת veajat •(Ima y Jésed)

אַחַת ajat וּשְׁתַּיִם ushtáyim •(Ima, Jésed y Guevurá)

אַחַת ajat וְשָׁלֹשׁ veshalosh •(Ima, Jésed, Guevurá y Tiféret)

---

uno y tres (Ima, Jésed, Guevurá y Tiféret), uno y cuatro (Ima, Jésed, Guevurá, Tiféret y Nétsaj), uno y cinco (Ima, Jésed, Guevurá, Tiféret, Nétsaj y Hod), uno y seis (Ima, Jésed, Guevurá, Tiféret, Nétsaj, Hod y Yesod), uno y siete (Ima, Jésed, Guevurá, Tiféret, Nétsaj, Hod, Yesod y Maljut). Él se apresuraba, y colocaba la sangre del novillo. Luego tomaba la sangre de la cabra y hacía lo que había hecho con la sangre del novillo. Y rociaba sangre en frente de la cortina del Arca, y en el aire entre los pilares del Arca. La esparcía una vez hacia arriba y siete veces hacia abajo. Su intención no era esparcir sólo hacia arriba o hacia abajo, sino arrojar la sangre. Entonces él contaba: Uno (Ima), uno y uno (Ima y Jésed), uno y dos (Ima, Jésed y Guevurá), uno y tres (Ima, Jésed, Guevurá y Tiféret),

אַחַת ajat וְאַרְבַּע vearbá •*(Ima, Jésed, Guevurá, Tiféret y Nétsaj)*

אַחַת ajat וְחָמֵשׁ vejamesh *(Ima, Jésed, Guevurá, Tiféret, Nétsaj y Hod)*

אַחַת ajat וָשֵׁשׁ vashesh •*(Ima, Jésed, Guevurá, Tiféret, Nétsaj, Hod y Yesod)*

אַחַת ajat וָשֶׁבַע vasheva

:*(Ima, Jésed, Guevurá, Tiféret, Nétsaj, Hod, Yesod y Maljut)*

שָׂשׂ sas וְעִירָה veirá דַּם dam הַפָּר hapar לְתוֹךְ letoj הַמִּזְרָק hamizrak
שֶׁבּוֹ shebó דַּם dam הַשָּׂעִיר •hasair וְחָזַר vejazar וְנָתַן venatán אֶת et
הַמָּלֵא hamalé בָּרֵיקָן •bareikán כְּדֵי quedei שֶׁיִּתְעָרְבוּ sheyitarvú יָפֶה yafé
יָפֶה •yafé וּבָא uvá וְעָמַד veamad אֵצֶל étsel מִזְבַּח mizbaj נגד, זן, אל יהוה
הַזָּהָב hazahav •והו בֵּין bein הַמִּזְבֵּחַ hamizbéaj נגד, זן, אל יהוה
וְהַמְּנוֹרָה •vehamenorá וּמַתְחִיל umatjil לְהַזּוֹת lehazot מִדַּם midam
הַתַּעֲרֹבֶת :hataaróvet עַל al אַרְבַּע arba קַרְנוֹתָיו karnotav יִתֵּן yitén
כְּסִדְרָן •quesidrán מַתְחִיל matjil מִקֶּרֶן mikeren מִזְרָחִית mizrajit
צְפוֹנִית •tsfonit וּמְסַיֵּם umesayem בְּקֶרֶן bekeren דְּרוֹמִית dromit
מִזְרָחִית •mizrajit וְחוֹתֶה vejoté הַגֶּחָלִים haguejalim וְהָאֵפֶר vehaéfer
שֶׁבְּמִזְבַּח shebemizbaj נגד, זן, אל יהוה הַזָּהָב hazahav והו הֵילָךְ heilaj
וְהֵילָךְ veheilaj עַד ad שֶׁמְּגַלֶּה shemegalé זְהָבוֹ •zehavó וּמַזֶּה umaze
מִדַּם midam הַתַּעֲרֹבֶת hataaróvet עַל al טָהֳרוֹ tahoró שֶׁל shel מִזְבֵּחַ mizbéaj
נגד, זן, אל יהוה שֶׁבַע sheva פְּעָמִים peamim בְּצַד betsad דָּרוֹם •darom

---

uno y cuatro (Ima, Jésed, Guevurá, Tiféret y Nétsaj),
uno y cinco (Ima, Jésed, Guevurá, Tiféret, Nétsaj y Hod),
uno y seis (Ima, Jésed, Guevurá, Tiféret, Nétsaj, Hod y Yesod),
uno y siete (Ima, Jésed, Guevurá, Tiféret, Nétsaj, Hod, Yesod y Maljut).

Después se apuraba y vertía la sangre del novillo en el contenedor que tenía la sangre de la cabra. Luego vertía nuevamente el contenido en un contenedor vacío de modo que estuviera bien mezclado. Se paraba de nuevo ante el Altar de Oro, entre el Altar y el candelabro, y comenzaba a rociar la sangre mezclada hacia las cuatro esquinas en el orden siguiente: Comenzaba con la esquina noreste y terminaba con la esquina sureste. Luego movía los ámbares ardientes y las cenizas del altar hacia adelante y hacia atrás hasta que encontraba aquellos que tenían un brillo refulgente. Luego rociaba siete veces la sangre mezclada sobre el brillo de la parte sur del altar

במקום bimkom ששלמו sheshalmú מתנות matnot קרנותיו karnotav:

פסע pasá ויצא veyatsá לצד letsad דרום darom וחוץ juts לאולם laulam.

ושפך veshafaj את et השירים hashiráyim על al יסוד yesod ההע

מערבי maaraví של shel מזבח mizbéaj נגד, זן, אל יהוה החיצון hajitsón:

צעד tsáad ובא uvá לו lo אצל étsel שעיר sair המשתלח hamishtaléaj

לעזאזל laazazel. להתודות lehitvadot עליו alav אשמת ashmat קהלה kehilá:

VESAMAJ

Esta oración es el proceso real de transferencia al animal. Las letras que componen estos versos son los cables que transfieren la negatividad. El Sumo Sacerdote menciona solamente la negatividad de otras personas porque, en esta etapa del proceso de *Yom Kipur*, él se encuentra en un nivel en el que ha removido toda su propia negatividad. Su presencia en este momento sirve solamente para ayudar a otros. Ahora cada uno de nosotros debe esforzarse en alcanzar el nivel en el cual estemos lo suficientemente puros para estar aquí sólo para ayudar a los demás a enriquecer y mejorar su vida. Curiosamente, la tendencia natural de la mayoría de las personas es aferrarse a su sufrimiento. El Kabbalista Rav Berg explica que tratamos erróneamente a nuestro dolor, sufrimiento y caos como si fuese un bebé que sostenemos en los brazos. No queremos abandonarlo. Preferiríamos quedarnos en nuestro sufrimiento porque nos es familiar. Hemos acogido el caos por tanto tiempo que se ha convertido en un miembro de nuestra familia. Debemos liberarnos de esa clase de pensamiento habitual y, sencillamente, dejarlo ir.

וסמך vesamaj שתי shtei ידיו yadav עליו alav והתודה vehitvadá.

וכך vejaj היה hayá ההי אומר omer:

אנא aná לכב, ב״ן השם Hashem (יהואדהי) (*Jojmá*). חטאו jatáu. עוו avú.

פשעו pashú לפניך lefaneja סג מ״ה ב״ן עמך amej בית beit ב״פ ראה

ישראל Yisrael. אנא aná לכב, ב״ן בשם bashem (יהואדהי) (*Biná*).

כפר caper נא na לחטאים lajataím. ולעונות velaavonot.

ולפשעים velapeshaím. שחטאו shejatáu. ושעוו vesheavú.

---

donde había rociado anteriormente las esquinas. Luego salía del lugar por el Sur y vertía la sangre restante en la base oeste del altar exterior. Luego caminaba hacia la cabra que estaba cuyo destino era ser entregada a Azazel a fin de confesar sobre ésta las iniquidades de la asamblea.

VESAMAJ

Y colocaba sus dos manos sobre la cabra y recitaba sus confesiones. Él decía: "Por favor, Señor (Jojmá), ellos han pecado, han cometido iniquidad y han transgredido ante Ti, la casa de Israel. Por favor, con el Nombre (Biná) expía sus pecados, iniquidades y transgresiones que han pecado, cometido

וְשֶׁפָּשְׁעוּ veshepashú לְפָנֶיךָ lefaneja סג מ"ה ב"ן עַמְּךָ amej
בֵּית beit ב"פ ראה יִשְׂרָאֵל Yisrael• כַּכָּתוּב cacatuv בְּתוֹרַת betorat
מֹשֶׁה Moshé מהש, ריבוע ע"ב וקס"א, אל שדי, ד"פ אלהים ע"ה עַבְדֶּךָ avdejá פוי, אל אדני:
כִּי qui בַּיּוֹם vayom ע"ה נגד, מזבח, זן, אל יהוה הַזֶּה hazé והו יְכַפֵּר yejaper
עֲלֵיכֶם aleijem לְטַהֵר letaher אֶתְכֶם etjem מִכֹּל micol ילי
חַטֹּאתֵיכֶם jatoteijem לִפְנֵי lifnei יְהֹוָהאדניאהדונהי Adonai (*Dáat*)•

Los hombres se postran al suelo para poner a tierra su negatividad.

וְהַכֹּהֲנִים vehacohanim וְהָעָם vehaam הָעוֹמְדִים haomdim בָּעֲזָרָה baazará•
כְּשֶׁהָיוּ queshehayú שׁוֹמְעִים shomim אֶת et שֵׁם shem הַמְּפוֹרָשׁ hameforash
יוֹצֵא yotsé מִפִּי mipí כֹּהֵן Johén מלה גָּדוֹל Gadol להח ; ועם ד' אותיות = מבה, יזל, אום
בִּקְדֻשָּׁה bikdushá וּבְטָהֳרָה uvetahorá• הָיוּ hayú כּוֹרְעִים corim
וּמִשְׁתַּחֲוִים umishtajavim וְנוֹפְלִים venoflim עַל al פְּנֵיהֶם pneihem
וְאוֹמְרִים veomrim: בָּרוּךְ Baruj שֵׁם Shem כְּבוֹד Quevod
מַלְכוּתוֹ maljutó לְעוֹלָם leolam ריבוע ס"ג וי' אותיות דס"ג וָעֶד vaed:
אָז az הוּא hu הָיָה hayá יהה מִתְכַּוֵּן mitcavén לִגְמוֹר ligmor אֶת et
הַשֵּׁם hashem כְּנֶגֶד quenéged מזבח, זן, אל יהוה הַמְּבָרְכִים hamevarjim•
וְאוֹמֵר veomer לָהֶם lahem תִּטְהָרוּ titharú: וְאַתָּה veAtá
בְּטוּבְךָ vetuvjá לאו מְעוֹרֵר meorer רַחֲמֶיךָ rajameja וְסוֹלֵחַ vesoléaj
לַעֲדַת leadat יְשׁוּרוּן Yeshurún:

KARÁ

Ahora tenemos la oportunidad de eliminar toda la negatividad de todos, incluyendo los animales. Podemos alcanzar el poder de la inmortalidad y la eliminación final de los impulsos reactivos negativos de la naturaleza de la humanidad.

---

y transgredido ante Tu nación, la casa de Israel, como está escrito en la Torá de Moshé, Tu siervo: "Porque en este día él te expiará y te purificará de todos tus pecados ante el Señor (Dáat)". Y los Sacerdotes y la gente que estaba presente en el recinto, cuando oyeron el Nombre explícito saliendo de la boca del Sumo Sacerdote en santidad y pureza, se inclinaban y postraban, y bajaban su rostro y decían: "Bendito sea el Nombre de Su reino por siempre y para siempre". Luego él se volvía a aquellos que dijeron la bendición y completaba el Nombre, y les decía: "Purifíquense". Y Tú, en Tu benevolencia, despierta Tu compasión y perdona a la nación de Yeshurún.

קָרָא kará לְאֶחָד leejad אהבה, דאגה מִן min הַכֹּהֲנִים hacohanim

הַמְזֻמָּן hamezumán מֵאֶתְמוֹל meetmol. וּמְסָרוֹ umesaró לוֹ lo

לְהוֹלִיכוֹ leholijó לְאֶרֶץ leérets גְּזֵרָה gzerá לְמִדְבָּר lemidbar

שְׁמֵם shamem. וּכְשֶׁמַּגִּיעַ ujeshemaguía לַצּוּק latsuk חוֹלֵק jolek

לְשׁוֹן lashón שֶׁל shel זְהוֹרִית zehorit שֶׁבְּקַרְנָיו shebikranav. חֶצְיוֹ jetsyó

קוֹשֵׁר kósher בַּסֶּלַע basela. וְחֶצְיוֹ vejetsyó בֵּין bein קַרְנָיו keranav.

דּוֹחֲפוֹ dejafó בִּשְׁתֵּי bishtei יָדָיו yadav לַאֲחוֹרָיו laajorav. וְהוּא vehú

הָיָה hayá יהה מִתְגַּלְגֵּל mitgalguel וְיוֹרֵד veyored. וְלֹא veló הָיָה hayá יהה

מַגִּיעַ maguía לַחֲצִי lajatsí הָהָר hahar. עַד ad שֶׁנַּעֲשָׂה shenaasá

אֵבָרִים evarim אֵבָרִים evarim. וְאוֹמֵר veomer כַּךְ caj יִמָּחוּ yimajú

עֲוֹנוֹת avonot עַמְּךָ amej בֵּית beit ב״פ ראה יִשְׂרָאֵל Yisrael:

וְדַרְכִּיּוֹת vedarjiyot הָיוּ hayú עוֹשִׂין osín וּמְנִיפִין umenifín

בְּסוּדָרִין besudarín כְּדֵי quedei שֶׁיֵּדְעוּ sheyedú שֶׁהִגִּיעַ shehiguía

שָׂעִיר sair לַמִּדְבָּר lamidbar: רָץ rats וּבָא uvá לוֹ lo

אֵצֶל étsel הַפָּר hapar וְאֵצֶל veétsel הַשָּׂעִיר hasair

הַנִּשְׂרָפִים hanisrafim. וְקָרְעָן ukeraán וְהוֹצִיא vehotsí אֶת et

אֵמוּרֵיהֶם emureihem. וּנְתָנָם unetanam בְּמָגֵס bemegues

לְהַקְטִירָן lehaktirán עַל al גַּבֵּי gabei הַמִּזְבֵּחַ hamizbéaj נגה, זך, אל יהוה.

KARÁ

Luego él llamaba a uno de los Sacerdotes, el cual se preparó desde el día anterior, y le dio la orden de llevar a la cabra a una tierra inhóspita, al desierto solitario. Y cuando llegara a una pendiente, él desataría las hebras de rayón de sus cuernos. Un extremo lo ataría a una roca y el otro entre sus cuernos. Luego la empujaría hacia abajo. A la mitad del camino hacia abajo, ésta se desharía y él diría entonces: "Que sean abolidos los pecados de Tu nación, la casa de Israel". Ellos colocaban puntos de control y éstos ondeaban mantos para indicar que la cabra había llegado al desierto. Entonces el Sumo Sacerdote se acercaba al novillo y cabra ardientes y los cortaba en pedazos, y sacaba sus órganos y los colocaba en una sopera a fin de quemarlos como incienso sobre el altar.

וּבְשָׂרָן uvesarán קַלְעָן kelaán כְּמִקְלָעוֹת quemiklaot וּמְשַׁלְּכָן umeshalján

בְּיַד beyad אֲחֵרִים ajerim לְהוֹצִיאָם lehotsiam לְבֵית leveit ב״פ ראה

הַשְּׂרֵפָה hasrefá: שָׁב shav לְעֶזְרַת laazarat מיכאל מלכיאל שׂנדריאל, יהוה פעמים יהוה ע״ה

הַנָּשִׁים •hanashim אַחַר ajar שֶׁהִגִּיעַ shehiguía הַשָּׂעִיר hasair

לַמִּדְבָּר •lamidbar וּמְבָרֵךְ umevarej בִּרְכַּת bircat הַתּוֹרָה haTorá

שֶׁלְּפָנֶיהָ •shelefaneha וְקוֹרֵא vekoré בְּתוֹרַת beTorat כֹּהֲנִים Cohanim

בְּפָרָשַׁת befarashat אַחֲרֵי Ajarei מוֹת •Mot וּבְאַךְ uvaj בֶּעָשׂוֹר •beasor

וְגוֹלֵל vegolel אֶת et סֵפֶר séfer הַתּוֹרָה haTorá וּמַנִּיחוֹ umanijó

בְּחֵיקוֹ •bejeikó וְאוֹמֵר veomer: יוֹתֵר yoter מִמַּה mimá שֶּׁקָּרִיתִי shekariti

לִפְנֵיכֶם lifneijem כָּתוּב catuv כָּאן •can וּבֶעָשׂוֹר uveasor

שֶׁבְּחֻמַּשׁ shebejumash הַפְּקוּדִים hapkudim קוֹרֵא koré עַל al

פֶּה pe מילה ; וע״ה אלהים, אהיה אדני• וּמְבָרֵךְ umevarej אַחֲרֵיהֶם ajareihem

שְׁמוֹנֶה shmone בְּרָכוֹת •vrajot עַל al הַתּוֹרָה •haTorá

וְעַל veal הָעֲבוֹדָה •haavodá וְעַל veal הַהוֹדָאָה •hahodaá

וְעַל veal מְחִילַת mejilat הֶעָוֹן •heavón וְעַל veal הַמִּקְדָּשׁ •hamikdash

וְעַל veal יִשְׂרָאֵל •Yisrael וְעַל veal הַכֹּהֲנִים •hacohanim וְעַל veal

שְׁאָר shear הַתְּפִלָּה hatfilá א״ת ב״ש אֻכְּצָ = ב״ן + אדני וניקודה ע״ה = יוד הי וו הה:

תִּקֵּן tiquén צְעָדָיו tseadav לְבֵית leveit ב״פ ראה הַטְּבִילָה •hatvilá

וְקִדֵּשׁ vekidesh יָדָיו yadav וְרַגְלָיו •veraglav וּפָשַׁט ufashat בִּגְדֵי bigdei

לָבָן •laván וְיָרַד veyarad רי״י וְטָבַל vetaval וְעָלָה vealá וְנִסְתַּפֵּג •venistapag

Luego el arrojaba la carne de éstos con una honda y se la daba a los demás para el horno ardiente. Cuando la cabra llegaba al desierto, él regresaba al recinto de las mujeres y recitaba las bendiciones antes de leer la Torá. Él leía la sección de la Ley de los Sacerdotes (Torat Cohanim), de la porción Ajaréi-Mot y la sección que comenzaba con "En el décimo día…". Posteriormente, él enrollaba el pergamino de la Torá y lo presionaba contra su pecho mientras decía: "Hay más de lo que he leído ahora ante Ti". Recitaba de memoria la sección "En el décimo día…", luego decía las ocho bendiciones después de la lectura de la Torá: "por la Torá", "por el servicio", "por la confesión", "por el perdón de los pecados", "por el Santo Templo", "por Israel", "por los Sacerdotes" y "por la oración". Luego caminaba hacia el sector de inmersión ritual. Santificaba sus manos y pies, y se quitaba las vestiduras blancas. Después sumergía y bañaba su cuerpo, y seguidamente salía nuevamente y se secaba.

הֵבִיאוּ hevíu לוֹ lo בִּגְדֵי bigdei זָהָב zahav וְלָבַשׁ velavash• וְקִדֵּשׁ vekidesh
יָדָיו yadav וְרַגְלָיו veraglav• וְעָשָׂה veasá שְׂעִיר sair הַנַּעֲשָׂה hanaasá
בַּחוּץ bajuts שֶׁהוּא shehú מִמּוּסַף mimusaf יוסף הַיּוֹם hayom ע״ה נגד, מזבח, זן, אל
יהוה: וְאַחַר veajar כָּךְ caj מַקְרִיב makriv אֶת et אֵילוֹ eiló
וְאֶת veet אֵיל eil הָעָם haam• וְאַחַר veajar כָּךְ caj מַקְטִיר maktir
אֵמוּרֵי emurei הַחַטָּאוֹת hajataot• וְעוֹשֶׂה veosé מִנְחַת minjat
שְׁנֵי shnei הָאֵילִים haeilim כְּמִשְׁפָּטָן quemishpatán• וְאַחַר veajar כָּךְ caj
הָיָה hayá יההה עוֹשֶׂה osé נִסְכֵּי nisquei כָּל col ילי הַמּוּסָפִין hamusafín
כְּמִשְׁפָּטָן quemishpatán• וְאַחַר veajar כָּךְ caj מַקְרִיב makriv
תָּמִיד tamid ע״ה קס״א קנ״א קמ״ג, נתה שֶׁל shel בֵּין bein הָעַרְבַּיִם haarbáyim•
וְעָשָׂה veasá אוֹתוֹ otó כְּהִלְכָתוֹ quehiljató: אַחַר ajar כַּלּוֹתוֹ calotó
מֵעֲשׂוֹת measot כָּל col ילי אֵלֶּה ele• עוֹד od בָּא ba לוֹ lo
לְבֵית leveit ב״פ ראה הַטְּבִילָה hatvilá• וְקִדֵּשׁ vekidesh יָדָיו yadav
וְרַגְלָיו veraglav• וּפָשַׁט ufashat בִּגְדֵי bigdei זָהָב zahav• וְיָרַד veyarad רי״ו
וְטָבַל vetaval וְעָלָה vealá וְנִסְתַּפַּג venistapag• הֵבִיאוּ hevíu לוֹ lo
בִּגְדֵי bigdei לָבָן laván• וְלָבַשׁ velavash וְקִדֵּשׁ vekidesh יָדָיו yadav
וְרַגְלָיו veraglav• נִכְנַס nijnás לְבֵית leveit ב״פ ראה קֹדֶשׁ kódesh
הַקֳּדָשִׁים hakodashim• לְהוֹצִיא lehotsí אֶת et הַכַּף hacaf וְאֶת veet
הַמַּחְתָּה hamajtá שֶׁהִכְנִיס shehijnís בְּשַׁחֲרִית beshajrit• וְעוֹד veod
בָּא ba לוֹ lo לְבֵית leveit ב״פ ראה הַטְּבִילָה hatevilá• וְקִדֵּשׁ vekidesh
יָדָיו yadav וְרַגְלָיו veraglav• וּפָשַׁט ufashat בִּגְדֵי bigdei לָבָן laván•

Después le llevaban las vestiduras doradas y él las vestía y santificaba sus manos y pies. Luego él procesaba a la cabra que era procesada afuera, la cual concernía al Musaf del día. Después sacrificaba a su oveja y la del pueblo. Quemaba incienso en las porciones de las ofrendas por pecado y él procesaba la ofrenda de las dos ovejas, como le fue ordenado. Luego sacrificaba la ofrenda regular de la tarde y la procesaba, como le fue ordenado. Cuando había terminado de procesar todo aquello, regresaba al sector del baño ritual y santificaba sus manos y pies, y se despojaba de las vestiduras doradas, se sumergía en agua y después se secaba. Cuando regresaba, le entregaban las vestiduras blancas, las cuales vestía y seguidamente santificaba sus manos y pies. Luego entraba al Santo Sanctórum a fin de sacar el cucharón y la pala que había colocado allí en la mañana. Después regresaba al sector del baño ritual y se despojaba de las vestiduras blancas,

וְיָרַד veyarad ר"י וְטָבַל vetaval וְעָלָה vealá וְנִסְתַּפֵּג venistapag. הֵבִיאוּ hevíu
לוֹ lo בִּגְדֵי bigdei זָהָב zahav וְלָבַשׁ velavash וְקִדֵּשׁ vekidesh יָדָיו yadav
וְרַגְלָיו veraglav. נִכְנַס nijnás לַהֵיכָל laheijal אדני, ללה לְהַקְטִיר lehaktir
אֶת et הַקְּטֹרֶת haktóret י"א פעמים אדני (הנבררים מהקליפות ע"י י"א סממני הקטורת) ; קטרת -
הק' באתב"ש ד' = תרי"ג (מצוות) שֶׁל shel בֵּין bein הָעַרְבַּיִם haarbáyim: וְיָצָא veyatsá
וְהִקְרִיב vehikriv מִנְחַת minjat הַתָּמִיד hatamid ע"ה קס"א קנ"א קמ"ג, נתה.
וּמוֹתַר umotar מִנְחַת minjat וַחֲבִיתִין javitín וְהַנְּסָכִים vehanesajim
כְּמִשְׁפָּטָן quemishpatán. נִכְנַס nijnás לְהַדְלִיק lehadlik אֶת et
הַנֵּרוֹת hanerot. וְהִשְׁתַּחֲוָה vehishtajavá וְיָצָא veyatsá וְקִדֵּשׁ vekidesh
יָדָיו yadav וְרַגְלָיו veraglav. וּפָשַׁט ufashat בִּגְדֵי bigdei זָהָב zahav.
וְהֵבִיאוּ vehevíu לוֹ lo בִּגְדֵי bigdei עַצְמוֹ atsmó וְלָבַשׁ velavash.
וּמְלַוִּין umelavín אוֹתוֹ otó עַד ad בֵּיתוֹ beitó ב"פ ראה.
וְיוֹם veyom ע"ה נגד, מזבח, זן, אל יהוה טוֹב tov והו הָיָה hayá יהה עוֹשֶׂה osé
לְאוֹהֲבָיו leohavav בְּצֵאתוֹ betsetó בְּשָׁלוֹם veshalom מִן min הַקֹּדֶשׁ hakódesh:

אַשְׁרֵי ashrei הָעָם haam

שֶׁכָּכָה shecaja מהש (משה), ע"ב בריבוע קס"א, אל שדי, ד"פ אלהים ע"ה לוֹ lo
אַשְׁרֵי ashrei הָעָם haam ר"ת לאה שֶׁיְהֹוָה sheAdonai יאהדונהי אֱלֹהָיו Elohav ילה:
וּבְכֵן uvjén ע"ב, ריבוע יהוה כְּמוֹ cmó שֶׁשָּׁמַעְתָּ sheshamata תְּפִלַּת tfilat
כֹּהֵן Cohén מלה גָּדוֹל Gadol להח ; ועם ד' אותיות = מבה, יזל, אום בַּהֵיכָל baheijal
אדני, ללה. כְּמוֹ cmó כֵּן jen מִפִּינוּ mipinu תִּשְׁמַע tishmá וְתוֹשִׁיעַ vetoshía:

---

se sumergía en el agua y se bañaba. Luego salía nuevamente y se secaba. Le entregaban las vestiduras de oro, las vestía y santificaba sus manos y pies. Después iba al salón a fin de quemar el incienso de la tarde. Salía y santificaba la ofrenda regular y el resto de la ofrenda de harina y libaciones, como le fue ordenado. Luego entraba a encender las velas. Se postraba ahí, y después salía y santificaba sus manos y pies. Se despojaba de las vestiduras doradas y le entregaban su propia ropa, las cuales vestía. Después era acompañado hasta su casa, y para sus seres queridos había sido un día de dicha, dado que él había salido ileso del servicio. Dichosa es la nación cuya providencia es esta. Dichosa es la nación cuyo Dios es el Señor. Y también, como Tú has oído la oración del Sumo Sacerdote en el Templo, escúchala de nuestros labios y redímenos.

YEHÍ RATSÓN

De nuevo tenemos el poder del alfabeto hebreo en su orden secuencial correcto a nuestra disposición. Pero esta vez estamos inyectando su Luz a todo el año. Por lo tanto, ahora pedimos por todas las cosas que realmente necesitamos en nuestra vida. No obstante, hay un requisito para ello: nuestra actitud de "Lo creeré cuando lo vea" debe ser reemplazada por el poder de la certeza. El Kabbalista Rav Berg lo pone de la siguiente manera: "¡Lo veré cuando lo crea!".

יְהִי yehí רָצוֹן ratsón מהש ע״ה, ע״ב בריבוע וקס״א ע״ה, אל שדי ע״ה
מִלְּפָנֶיךָ milfaneja ס״ג מ״ה ב״ן יְהֹוָהאדניאהדונהי Adonai אֱלֹהֵינוּ Eloheinu ילה
וֵאלֹהֵי veElohei לכב ; מילוי ע״ב, דמב ; ילה אֲבוֹתֵינוּ •avoteinu שֶׁתְּהֵא shetehé
שָׁנָה shaná זוֹ zo הַבָּאָה habaá עָלֵינוּ aleinu וְעַל veal כָּל col ילי ; עמם
עַמְּךָ ameja יִשְׂרָאֵל Yisrael בְּכָל bejol לכב, ב״ן מָקוֹם makom
שֶׁהֵם •shehem שְׁנַת shnat אוֹרָה •orá שְׁנַת shnat בְּרָכָה •brajá
שְׁנַת shnat גִּילָה •guilá שְׁנַת shnat דִּיצָה •ditsá שְׁנַת shnat הוֹד hod •ההה
שְׁנַת shnat וַעַד váad טוֹב tov •והו שְׁנַת shnat זִמְרָה •zimrá שְׁנַת shnat
חֶדְוָה •jedvá שְׁנַת shnat טוֹבָה tová •אכא שְׁנַת shnat טְלוּלָה tlulá
וּגְשׁוּמָה ugshumá לִבְרָכָה •livrajá שְׁנַת shnat יְשׁוּעָה •yeshuá
שְׁנַת shnat כַּלְכָּלָה •calcalá שְׁנַת shnat לִמּוּד •limud שְׁנַת shnat
מְנוּחָה •menujá שְׁנַת shnat נֶחָמָה •nejamá שְׁנַת shnat שָׂשׂוֹן •sasón
שְׁנַת shnat עֶלְצוֹן •eltsón שְׁנַת shnat פְּדוּת •pedut
שְׁנַת shnat צָהֳלָה •tsahalá שְׁנַת shnat קוֹמְמִיּוּת •komemiyut שְׁנַת shnat
קִבּוּץ kibuts גָּלֻיּוֹת •galuyot שְׁנַת shnat קִבּוּל kibul תְּפִלּוֹת •tfilot
שְׁנַת shnat רָצוֹן ratsón מהש ע״ה, ע״ב בריבוע וקס״א ע״ה, אל שדי ע״ה•
שְׁנַת shnat שָׁלוֹם •shalom שְׁנַת shnat שָׂבָע •savá שָׁנָה shaná
שֶׁתּוֹלִיכֵנוּ shetolijenu בָהּ va קוֹמְמִיּוּת komemiyut לְאַרְצֵנוּ •leartsenu

---

YEHÍ RATSÓN

Que sea agradable ante Ti, Señor, nuestro Dios y el Dios de nuestros antepasados, que este año que se nos aviene a nosotros y a toda Tu nación, Israel, donde quiera que se encuentren, que sea un año de Luz, un año de bendiciones, un año de disfrute, un año de majestuosidad, un año de unidad verdadera, un año de cantos, un año de belleza, un año de benevolencia, un año lleno de rocío y lluvia de bendición, un año de redención, un año de buenas ganancias, un año de estudio, un año de descanso, un año de consolación, un año de felicidad, un año de alegría, un año de entrega, un año de júbilo, un año edificante, un año de asamblea de todos los exilios, un año de aceptación de oraciones, un año de buena voluntad, un año de paz, un año de saciedad, un año donde Tú nos lleves con la frente en alto a nuestra tierra,

שָׁנָה shaná שֶׁתְּדַבֵּר shetadber ראה בָּהּ ba עַמִּים amim תַּחְתֵּנוּ tajtenu.

שָׁנָה shaná שֶׁתִּכְתְּבֵנוּ shetijtevenu לְחַיִּים lejayim אהיה אהיה יהוה, בינה ע"ה

טוֹבִים tovim. שָׁנָה shaná שֶׁלֹּא sheló יִצְטָרְכוּ yitstarjú עַמְּךָ ameja

בֵּית beit ב"פ ראה יִשְׂרָאֵל Yisrael לְפַרְנָסָה lefarnasá זֶה ze לָזֶה lazé

וְלֹא veló לְעַם leam עלם אַחֵר ajer. שָׁנָה shaná שֶׁתִּמְנַע shetimná

בָּהּ ba הַמַּגֵּפָה hamaguefá וְהַמַּשְׁחִית vehamashjit מֵעָלֵינוּ mealeinu

וּמֵעַל umeal עלם עַמְּךָ ameja בֵּית beit ב"פ ראה יִשְׂרָאֵל Yisrael.

שָׁנָה shaná שֶׁלֹּא sheló תַפִּיל tapil אִשָּׁה ishá אֶת et פְּרִי pri בִּטְנָהּ vitná:

VEATA

Esta oración nos dice que Dios nos trata con misericordia infinita, y por ello debemos estar eternamente agradecidos. La mayoría de nosotros en realidad no merece una segunda oportunidad. Hemos creado tanto daño, dolor y aflicción a todas las personas en nuestra vida que es una tarea difícil limpiar y remediar el daño que hemos hecho. La mayoría de nosotros ni siquiera estamos al tanto de todo el sufrimiento que hemos infligido en otros porque estamos muy involucrados en nosotros mismos. Debemos despertar los sentimientos de vergüenza y humildad, y preguntarnos: ¿Quién soy yo para estar ante Dios? Aun así, Él, en su infinita misericordia, nos ha dado el poder purificador de *Yom Kipur* para una segunda oportunidad de tener una mejor vida.

וְעַתָּה veata יְהֹוָהאדניאהדונהי Adonai אֱלֹהֵינוּ Eloheinu ילה. עַל al

רַחֲמֶיךָ rajameja הָרַבִּים harabim אֲנַחְנוּ anajnu בְּטוּחִים betujim.

וְעַל veal חֲסָדֶיךָ jasadeja אֲנַחְנוּ anajnu נִשְׁעָנִים nishanim.

וְלִסְלִיחוֹתֶיךָ velislijatjá אֲנַחְנוּ anajnu מְקַוִּים mekavim.

כִּי qui אַתָּה Atá יְהֹוָהאדניאהדונהי Adonai אֵל El ייא"י רַחוּם rajum

וְחַנּוּן vejanún. אֶרֶךְ érej אַפַּיִם apáyim וְרַב verav

חֶסֶד Jésed ע"ב, ריבוע יהוה וּמַרְבֶּה umarbé לְהֵיטִיב leheitiv.

וּמַנְהִיג umanhig אֶת et הָעוֹלָם haolam כֻּלּוֹ culó בְּמִדַּת bemidat

---

un año en el cual Tú ubiques a las naciones debajo de nosotros, un año en el cual nos inscribas para una buena vida, un año donde Tu nación, Israel, no necesite de otras naciones para su sustento, un año en el cual alejes las epidemias de Tu nación, la casa de Israel, un año donde ninguna mujer pierda el fruto de su vientre.

VEATA

Y ahora, el Señor, nuestro Dios, confiamos en Tu abundante compasión y dependemos de Tu gracia y esperamos Tu perdón. Porque Tú, Señor, eres un Dios compasivo y misericordioso que es paciente, lleno de gracia y que provee mucho bienestar. Tú gobiernas el mundo entero con Tu atributo

הַחֶסֶד haJésed ע"ב, ריבוע יהוה וּבְמִדַּת uvemidat הָרַחֲמִים harajamim.

כַּכָּתוּב cacatuv בְּתוֹרַת beTorat מֹשֶׁה Moshé מהש, ריבוע ע"ב וקס"א, אל שדי,

ד"פ אלהים ע"ה עַבְדֶּךָ avdeja פוי, אל אדני: וַיֹּאמֶר vayómer אֲנִי aní אני

אַעֲבִיר aavir כָּל col ילי טוּבִי tuví עַל al פָּנֶיךָ paneja ס"ג מ"ה ב"ן.

וְקָרָאתִי vekarati בְשֵׁם veshem יְהֹוָה(אדני)אהדונהי Adonai לְפָנֶיךָ lefaneja

ס"ג מ"ה ב"ן. וְחַנֹּתִי vejanotí אֶת et אֲשֶׁר asher אָחֹן ajón.

וְרִחַמְתִּי verijamti אֶת et אֲשֶׁר asher אֲרַחֵם arajem:

Cerramos el Arca.

אֱלֹהֵינוּ Eloheinu ילה וֵאלֹהֵי veElohei לכב ; מילוי ע"ב, דמב ; ילה אֲבוֹתֵינוּ avoteinu.

מְחוֹל mejol לַעֲוֹנוֹתֵינוּ laavonoteinu בְּיוֹם beyom ע"ה נגד, מזבח, זן, אל יהוה

(En *Shabat* agregar: הַשַּׁבָּת haShabat הַזֶּה hazé והו. וּבְיוֹם veveyom ע"ה נגד, מזבח, זן,

אל יהוה) הַכִּפּוּרִים HaKipurim הַזֶּה hazé והו. וּבְיוֹם veveyom ע"ה נגד, מזבח, זן, אל יהוה

סְלִיחַת slijat הֶעָוֹן heavón הַזֶּה hazé והו. בְּיוֹם beyom ע"ה נגד, מזבח, זן, אל יהוה

מִקְרָא mikrá קֹדֶשׁ kódesh הַזֶּה hazé והו. מְחֵה mejé וְהַעֲבֵר vehaaver

פְּשָׁעֵינוּ peshaenu מִנֶּגֶד minégued מזבח, זן, אל יהוה עֵינֶיךָ eineja ע"ה קס"א ; ריבוע מ"ה.

כָּאָמוּר caamur: אָנֹכִי anojí אָנֹכִי anojí הוּא hu מֹחֶה mojé פְשָׁעֶיךָ feshaeja

לְמַעֲנִי lemaaní וְחַטֹּאתֶיךָ vejatoteja לֹא lo אֶזְכֹּר ezcor: וְנֶאֱמַר veneemar:

מָחִיתִי majiti כָעָב jáav פְּשָׁעֶיךָ peshaeja וְכֶעָנָן vejeanán

חַטֹּאותֶיךָ jatoteja שׁוּבָה shuva הוזש אֵלַי elai כִּי qui גְאַלְתִּיךָ guealtija:

וְנֶאֱמַר veneemar: כִּי qui בַיּוֹם vayom ע"ה נגד, מזבח, זן, אל יהוה הַזֶּה hazé והו

יְכַפֵּר yejaper עֲלֵיכֶם aleijem לְטַהֵר letaher אֶתְכֶם etjem מִכֹּל micol ילי

חַטֹּאתֵיכֶם jatoteijem לִפְנֵי lifnei יְהֹוָה(אדני)אהדונהי Adonai תִּטְהָרוּ titharú:

---

de gracia y con Tu atributo de misericordia, como está escrito en la Torá de Tu siervo Moshé: "Y Él dice: 'Yo irradiaré toda Mi benevolencia sobre tu rostro y proclamaré el Nombre del Señor ante ti. Tendré compasión de quien tendré compasión, y seré misericordioso con quien seré misericordioso'" (Éxodo 33:19).

*Nuestro Dios y el Dios de nuestros padres, perdona nuestras iniquidades (***en *Shabat* añadir:*** en este día de descanso y) en este Día de Expiación, este día de perdón de iniquidades, este día de Santa Convocatoria. Excluye y elimina nuestras transgresiones de Tu vista, como está dicho: "Yo soy, Yo soy, El que borra tus transgresiones por gracia Mía, y tus pecados no recordaré" (Isaías 43:25). Y está dicho: "Yo he borrado como con nube espesa tus transgresiones, y como una nube tus pecados. Vuelve a Mí, porque te he redimido" (Isaías 44:22). Y está dicho: "Por cuanto en ese día el Sumo Sacerdote hará expiación por ustedes, para purificarlos de todos sus pecados ante el Señor" (Levítico 16:30).*

Según el orden del *At-Bash*.

אֱלֹהֵינוּ Eloheinu ילה וֵאלֹהֵי veElohei לכב ; מילוי ע״ב, דמב ; ילה אֲבוֹתֵינוּ avoteinu.

אַל al תַּעַשׂ taás עִמָּנוּ imanu כָּלָה jalá. תֹּאחֵז tojez יָדְךָ yadjá

בַּמִּשְׁפָּט bamishpat: בְּבֹא bevó תוֹכֵחָה tojejá נֶגְדְּךָ negdeja מזבח, זן, אל יהוה.

שְׁמֵנוּ shmenu מִסִּפְרְךָ misifreja אַל al תֶּמַח temaj: גִּשְׁתְּךָ gishtejá

לַחֲקֹר lajakor מוּסָר musar. רַחֲמֶיךָ rajameja יְקַדְּמוּ yekadmú

רָגְזֶךָ ragzeja: דַּלּוּת dalut מַעֲשִׂים maasim בְּשׁוּרֶךָ beshureja.

קָרֵב karev צֶדֶק tsédek מֵאֵלֶיךָ meeleja: הוֹרֵנוּ horenu. בְּזַעֲקֵנוּ bezaakenu

לָךְ laj. צַו tsav פוי, אל אדני יְשׁוּעָתֵנוּ yeshuatenu בְּמַפְגִּיעַ bemafguía:

וְתָשִׁיב vetashiv שְׁבוּת shvut אָהֳלֵי ohalei תָּם tam. פְּתָחָיו petajav רְאֵה reé

ראה כִּי qui שָׁמֵמוּ shamemú: זְכֹר zejor ע״ב, קס״א, יהי אור נָאַמְתָּ naamta.

עֵדוּת edut לֹא lo תִשְׁכַּח tishajaj מִפִּי mipí זַרְעוֹ zaró: וְחוֹתָם jotam

תְּעוּדָה teudá תַּתִּיר tatir. סוֹדְךָ sodjá מיכ, י״פ ההא שִׂים sim

בְּלִמּוּדֶךָ belimudeja: טַבּוּר tabur אַגַּן agán הַסַּהַר hasáhar. נָא na

אַל al יֶחְסַר yejsar הַמָּזֶג hamazeg: יָהּ Yah דַּע da אֶת et

יִשְׂרָאֵל Yisrael אֲשֶׁר asher יְדָעוּךָ yedaúja. מָגֵר maguer אֶת et

הַגּוֹיִם hagoyim אֲשֶׁר asher לֹא lo יְדָעוּךָ yedaúja: כִּי qui תָשִׁיב tashiv

לְבִצָּרוֹן levitsarón לְכוּדִים lejudim אֲסִירֵי asirei הַתִּקְוָה hatikvá:

Nuestro Dios y Dios de nuestros antepasados, no invoques destrucción sobre nosotros. Que Tu mano se aferre a la justicia. Y cuando una acusación sea presentada ante Ti, no borres nuestros nombres de Tu libro. Y cuando Tú vayas a determinar nuestro castigo, que Tu compasión esté primero que Tu ira. Observa nuestras acciones exiguas y acerca la justicia a Ti. Enséñanos y, cuando clamemos a Ti, sálvanos del acusador. Reinstaura la habitación del perfecto. He aquí que sus puertas están vacías. Recuerda lo que Tú has prometido y que este testimonio no sea olvidado por sus descendientes. Libera el ocultamiento de Tu documento y que Tu secreto siempre sea evidente en Tus enseñanzas. Desde el centro de la Luna llena, por favor, que siempre haya abundancia de bendiciones. Dios, está con Israel, que te reconoce. Destruye a aquellas naciones que no te reconocen. Tú regresarás a los cautivos y desesperanzados a sus fortificaciones.

ASHAMNU (VIDUI) (encontrarás la explicación y traducción del *Vidui* en las páginas 56-68)

Mientras recitas el *Vidui*, debes golpear tu pecho con la mano derecha para sacudir los *Jasadim* (misericordia) y las *Guevurot* (juicio) de modo que puedan crecer en aras del *Ziguv* (unificación). Incluso si sabes que no cometiste ninguna de las acciones negativas mencionadas a continuación, aun así debes recitar el *Vidui*. Debido a que todos somos garantes uno de otro, el *Vidui* se recita en plural; porque el *Vidui* se trata sobre vidas pasadas y las demás personas que están conectadas a la raíz de tu alma.

Las 22 letras son el valor numérico del Nombre Sagrado: אכא

אָנָּא aná ב״ן יְהֹוָה‍ אדני‍ יאהדונהי Adonai אֱלֹהֵינוּ Eloheinu ילה

וֵאלֹהֵי veElohei לכב ; מילוי ע״ב, דמב ; ילה אֲבוֹתֵינוּ avoteinu• תָּבֹא tavó

לְפָנֶיךָ lefaneja ס״ג מ״ה ב״ן תְּפִלָּתֵנוּ tfilatenu וְאַל veal תִּתְעַלַּם titalam

מַלְכֵּנוּ malquenu מִתְּחִנָּתֵנוּ mitjinatenu• שֶׁאֵין sheéin אֲנַחְנוּ anajnu

עַזֵּי azei אלהים ע״ה, אהיה אדני ע״ה פָנִים fanim וּקְשֵׁי ukshei עֹרֶף óref

לוֹמַר lomar לְפָנֶיךָ lefaneja ס״ג מ״ה ב״ן יְהֹוָה‍ אדני‍ יאהדונהי Adonai

אֱלֹהֵינוּ Eloheinu ילה וֵאלֹהֵי veElohei לכב ; מילוי ע״ב, דמב ; ילה

אֲבוֹתֵינוּ avoteinu צַדִּיקִים tsadikim אֲנַחְנוּ anajnu וְלֹא־ veló

חָטָאנוּ jatanu• אֲבָל aval חָטָאנוּ jatanu• עָוִינוּ avinu• פָּשַׁעְנוּ pashanu•

אֲנַחְנוּ anajnu וַאֲבוֹתֵינוּ vaavoteinu וְאַנְשֵׁי veanshei בֵיתֵנוּ veitenu ב״פ ראה:

אָשַׁמְנוּ ashamnu• בָּגַדְנוּ bagadnu• גָּזַלְנוּ gazalnu• דִּבַּרְנוּ dibarnu דֹּפִי dofi

וְלָשׁוֹן velashón הָרָע hará• הֶעֱוִינוּ heevinu• וְהִרְשַׁעְנוּ vehirshanu• זַדְנוּ zadnu•

וְחָמַסְנוּ jamasnu• טָפַלְנוּ tafalnu שֶׁקֶר shéker וּמִרְמָה umirmá• יָעַצְנוּ yaatsnu

עֵצוֹת etsot רָעוֹת raot• כִּזַּבְנוּ quizavnu• כָּעַסְנוּ caasnu• לַצְנוּ latsnu•

מָרַדְנוּ maradnu• מָרִינוּ marinu דְּבָרֶיךָ devareja• נִאַצְנוּ niatsnu•

נִאַפְנוּ niafnu• סָרַרְנוּ sararnu• עָוִינוּ avinu• פָּשַׁעְנוּ pashanu•

פָּגַמְנוּ pagamnu• צָרַרְנוּ tsararnu• צִעַרְנוּ tsiarnu אָב av וָאֵם vaem•

קִשִּׁינוּ kishinu עֹרֶף óref• רָשַׁעְנוּ rashanu• שִׁחַתְנוּ shijatnu• תִּעַבְנוּ tiavnu•

תָּעִינוּ taínu• וְתִעְתַּעְנוּ vetiatanu וְסַרְנוּ vesarnu מִמִּצְוֹתֶיךָ mimitsvoteja

וּמִמִּשְׁפָּטֶיךָ umimishpateja הַטּוֹבִים hatovim וְלֹא veló שָׁוָה shavá

לָנוּ lanu אלהים, אהיה אדני• וְאַתָּה veAtá צַדִּיק tsadik

עַל al כָּל col ילי ; עמם הַבָּא habá עָלֵינוּ aleinu כִּי־ qui

אֱמֶת emet אהיה פעמים אהיה, ז״פ ס״ג עָשִׂיתָ asita וַאֲנַחְנוּ vaanajnu הִרְשָׁעְנוּ hirshanu:

Medita para garantizar que tus acciones negativas sean parte del pasado y ya no sean parte de tu presente.

MA NOMAR

El secreto del Nombre: יוד הא ואו הא (מ״ה=45) que revive a los Siete Reyes Quebrantados. La capacidad de revertir todo y corregir toda clase de corrupción depende de este Nombre, y también la *Teshuvá* (arrepentimiento) depende y se nutre de Éste.

(*Ima*) ב״ן מ״ה ס״ג lefaneja לְפָנֶיךָ nomar נֹּאמַר מ״ה ma מַה nesaper נְּסַפֵּר מ״ה umá וּמַה **.(*Atik Yomín*)** marom מָרוֹם yoshev יוֹשֵׁב shojén שׁוֹכֵן ב״ן מ״ה ס״ג lefaneja לְפָנֶיךָ **(*Nukvá*—el libro de *Yesod*)** **(*Ima*—que se extiende en *Yesod* mediante *Nétsaj* y *Hod*)** shjakim שְׁחָקִים (י״ה) hanistarot הַנִּסְתָּרוֹת **(50 Puertas de *Biná*)** ילי jol כֹּל **(*Ima*)** haló הֲלֹא **.(*Mazal Venaké*)** yodea יוֹדֵעַ (סו״ן ךָ״ף) Atá אַתָּה (ו״ה) vehaniglot וְהַנִּגְלוֹת **.(*Aba* e *Ima*)** olam עוֹלָם razei רָזֵי yodea יוֹדֵעַ **(*Mazal Venaké*)** Atá אַתָּה **(desde el aspecto de *Aba* e *Ima*)** vetaalumot וְתַעֲלוּמוֹת ילי col כָּל־ **(desde el aspecto de *Mazal*)** מצר ב״פ sitrei סִתְרֵי **.(*Yesod* de *Zeir Anpín*)** וחיים ,ע״ה בינה ,יהוה אהיה אהיה = וזי כל jai וְחַי **.(*Shóresh Yisrael*)** vaten בָּטֶן jadrei חַדְרֵי־ ילי col כָּל jofés חוֹפֵשׂ Atá אַתָּה ein אֵין .valev וָלֵב jelayot כְּלָיוֹת ראה roé רוֹאֶה **(en *Nukvá*)** mimaj מִמְּךָ neelam נֶעְלָם ראה davar דָּבָר **(en *Briá*, *Yetsirá* y *Asiyá*)** מצר ב״פ nistar נִסְתָּר veéin וְאֵין מ״ה ריבוע ; קס״א ע״ה eineja עֵינֶיךָ יהוה אל ,זן ,מזבח minégued מִנֶּגֶד **:(*Nukvá*—de Su providencia sobre *Briá*, *Yetsirá* y *Asiyá*)**

YEHÍ RATSÓN

ע״ה שדי אל ,ע״ה וקס״א בריבוע ע״ב ,ע״ה מהש ratsón רָצוֹן yehí יְהִי ילה Eloheinu אֱלֹהֵינוּ Adonai יְהֹוָהאדניאהדונהי ב״ן מ״ה ס״ג milfaneja מִלְּפָנֶיךָ avoteinu אֲבוֹתֵינוּ ילה ; דמב ,ע״ב מילוי ; לכב veElohei וֵאלֹהֵי **(con el poder del Nombre: אלף הא יוד הא)** shetimjol שֶׁתִּמְחוֹל ילי col כָּל־ et אֶת־ אדני אהיה ,אלהים lanu לָנוּ **(las manchas del *Néfesh*)** jatoteinu וְחַטֹּאתֵינוּ **(con el poder del Nombre: אלף הה יוד הה)** utejaper וּתְכַפֵּר ילי col כָּל et אֶת אדני אהיה ,אלהים lanu לָנוּ vetislaj וְתִסְלַח vetimjol וְתִמְחוֹל **(las manchas del *Rúaj*)** avonoteinu עֲוֹנוֹתֵינוּ **(con el poder del Nombre: אלף הי יוד הי)** ע״ב יהוה **:(las manchas de la *Neshamá*)** peshaeinu פְּשָׁעֵינוּ אדני יה lejol לְכָל־

AL JET - OR YASHAR

Según el orden del alfabeto hebreo en el secreto de *Or Yashar* (Luz Directa) el cual, al recitarlo en este orden, ayuda a corregir (en el secreto de la *Teshuvá*) todos los daños en los órganos.

עַל al חֵטְא jet שֶׁחָטָאנוּ shejatanu לְפָנֶיךָ lefaneja ס"ג מ"ה ב"ן

בְּאוֹנֶס beónes:

עַל al חֵטְא jet שֶׁחָטָאנוּ shejatanu לְפָנֶיךָ lefaneja ס"ג מ"ה ב"ן

בִּבְלִי bivlí דָעַת dáat:

עַל al חֵטְא jet שֶׁחָטָאנוּ shejatanu לְפָנֶיךָ lefaneja ס"ג מ"ה ב"ן

בְּגִלּוּי beguilui עֲרָיוֹת arayot:

עַל al חֵטְא jet שֶׁחָטָאנוּ shejatanu לְפָנֶיךָ lefaneja ס"ג מ"ה ב"ן

בְּדַעַת bedáat וּבְמִרְמָה uvemirmá:

עַל al חֵטְא jet שֶׁחָטָאנוּ shejatanu לְפָנֶיךָ lefaneja ס"ג מ"ה ב"ן

בְּהִרְהוּר behirhur הַלֵּב halev:

עַל al חֵטְא jet שֶׁחָטָאנוּ shejatanu לְפָנֶיךָ lefaneja ס"ג מ"ה ב"ן

בְּוִדּוּי bevidui פֶּה pe ע"ה מום:

עַל al חֵטְא jet שֶׁחָטָאנוּ shejatanu לְפָנֶיךָ lefaneja ס"ג מ"ה ב"ן

בְּזָדוֹן bezadón:

עַל al חֵטְא jet שֶׁחָטָאנוּ shejatanu לְפָנֶיךָ lefaneja ס"ג מ"ה ב"ן

בְּחוֹזֶק bejózek פה"ל יָד yad:

עַל al חֵטְא jet שֶׁחָטָאנוּ shejatanu לְפָנֶיךָ lefaneja ס"ג מ"ה ב"ן

בְּטוּמְאַת betumat שְׂפָתַיִם sfatáyim:

עַל al חֵטְא jet שֶׁחָטָאנוּ shejatanu לְפָנֶיךָ lefaneja ס"ג מ"ה ב"ן

בְּיֵצֶר beyétser הָרָע hará:

עַל al חֵטְא jet שֶׁחָטָאנוּ shejatanu לְפָנֶיךָ lefaneja ס"ג מ"ה ב"ן

בְּיוֹדְעִים beyodim וּבְלֹא uveló יוֹדְעִים yodim:

עַל al חֵטְא jet שֶׁחָטָאנוּ shejatanu לְפָנֶיךָ lefaneja ס"ג מ"ה ב"ן

בְּכַחַשׁ bejajash וּבְכָזָב uvejazav:

עַל al חֵטְא jet שֶׁחָטָאנוּ shejatanu לְפָנֶיךָ lefaneja ס"ג מ"ה ב"ן

בִּלְשׁוֹן belashón הָרָע hará:

עַל al חֵטְא jet שֶׁחָטָאנוּ shejatanu לְפָנֶיךָ lefaneja ס"ג מ"ה ב"ן

בְּמַרְאִית bemarit הָעַיִן haayin ריבוע מ"ה:

עַל al חֵטְא jet שֶׁחָטָאנוּ shejatanu לְפָנֶיךָ lefaneja ס"ג מ"ה ב"ן

בְּנֶשֶׁךְ benéshej וּבְמַרְבִּית uvemarbit:

עַל al חֵטְא jet שֶׁחָטָאנוּ shejatanu לְפָנֶיךָ lefaneja ס"ג מ"ה ב"ן

בְּשִׂיחַ besíaj שִׂפְתוֹתֵינוּ siftoteinu:

עַל al חֵטְא jet שֶׁחָטָאנוּ shejatanu לְפָנֶיךָ lefaneja ס"ג מ"ה ב"ן

בַּסֵּתֶר baséter ב"פ מצר:

עַל al חֵטְא jet שֶׁחָטָאנוּ shejatanu לְפָנֶיךָ lefaneja ס"ג מ"ה ב"ן

בְּעֵינַיִם beeináyim ריבוע מ"ה רָמוֹת ramot:

עַל al חֵטְא jet שֶׁחָטָאנוּ shejatanu לְפָנֶיךָ lefaneja ס"ג מ"ה ב"ן

בְּפִתְחוֹן befitjón פֶּה pe ע"ה מום:

עַל al חֵטְא jet שֶׁחָטָאנוּ shejatanu לְפָנֶיךָ lefaneja ס"ג מ"ה ב"ן

בְּצַעֲדֵי betsaadei רַגְלַיִם ragláyim לְהָרַע lehará:

עַל al חֵטְא jet שֶׁחָטָאנוּ shejatanu לְפָנֶיךָ lefaneja ס"ג מ"ה ב"ן

בִּקְפִיצַת bikfitsat יָד yad:

עַל al חֵטְא jet שֶׁחָטָאנוּ shejatnu לְפָנֶיךָ lefaneja ס"ג מ"ה ב"ן

בְּרָצוֹן beratsón מהש:

עַל al חֵטְא jet שֶׁחָטָאנוּ shejatanu לְפָנֶיךָ lefaneja ס"ג מ"ה ב"ן

בִּשְׁגָגָה bishgagá:

עַל al חֵטְא jet שֶׁחָטָאנוּ shejatanu לְפָנֶיךָ lefaneja ס"ג מ"ה ב"ן

בִּתְשׂוּמֶת bitsúmet יָד yad:

AL JET - OR JOZER

עַל al חֵטְא jet שֶׁחָטָאנוּ shejatanu לְפָנֶיךָ lefaneja ס"ג מ"ה ב"ן

בְּתִמְהוֹן betimhón לֵבָב levav בוכו:

עַל al חֵטְא jet שֶׁחָטָאנוּ shejatanu לְפָנֶיךָ lefaneja ס"ג מ"ה ב"ן

בְּשִׂנְאַת besinat חִנָּם jinam:

עַל al חֵטְא jet שֶׁחָטָאנוּ shejatanu לְפָנֶיךָ lefaneja ס״ג מ״ה ב״ן

בְּרַגְלַיִם beragláyim מְמַהֲרוֹת memaharot לָרוּץ laruts לְרָעָה leraá רהע:

עַל al חֵטְא jet שֶׁחָטָאנוּ shejatanu לְפָנֶיךָ lefaneja ס״ג מ״ה ב״ן

בִּרְכִילוּת birejilut:

עַל al חֵטְא jet שֶׁחָטָאנוּ shejatanu לְפָנֶיךָ lefaneja ס״ג מ״ה ב״ן

בְּקִשּׁוּי bekishui עֹרֶף óref:

עַל al חֵטְא jet שֶׁחָטָאנוּ shejatanu לְפָנֶיךָ lefaneja ס״ג מ״ה ב״ן

בְּצַוָּאר betsavar עָתָק atak:

עַל al חֵטְא jet שֶׁחָטָאנוּ shejatanu לְפָנֶיךָ lefaneja ס״ג מ״ה ב״ן

בִּפְרִיקַת bifrikat עֹל ol:

עַל al חֵטְא jet שֶׁחָטָאנוּ shejatanu לְפָנֶיךָ lefaneja ס״ג מ״ה ב״ן

בְּעַזּוּת beazut מֵצַח métsaj:

עַל al חֵטְא jet שֶׁחָטָאנוּ shejatanu לְפָנֶיךָ lefaneja ס״ג מ״ה ב״ן

בְּסִקּוּר besikur עָיִן ayin ריבוע מ״ה:

עַל al חֵטְא jet שֶׁחָטָאנוּ shejatanu לְפָנֶיךָ lefaneja ס״ג מ״ה ב״ן

בִּנְטִיַּת binetiyat גָּרוֹן garón:

עַל al חֵטְא jet שֶׁחָטָאנוּ shejatanu לְפָנֶיךָ lefaneja ס״ג מ״ה ב״ן

בְּמַשָּׂא bemasá וּמַתָּן umatán:

עַל al חֵטְא jet שֶׁחָטָאנוּ shejatanu לְפָנֶיךָ lefaneja ס״ג מ״ה ב״ן

בִּלְשׁוֹן bilshón תַּרְמִית tarmit:

עַל al חֵטְא jet שֶׁחָטָאנוּ shejatanu לְפָנֶיךָ lefaneja ס״ג מ״ה ב״ן

בִּכְנֵסִיָּה bijnesiyá שֶׁלֹּא sheló לְשֵׁם leShem שָׁמַיִם shamáyim י״פ טל, י״פ כוזו:

עַל al חֵטְא jet שֶׁחָטָאנוּ shejatanu לְפָנֶיךָ lefaneja ס״ג מ״ה ב״ן

בְּיוֹהֲרָא beyuhará:

עַל al חֵטְא jet שֶׁחָטָאנוּ shejatanu לְפָנֶיךָ lefaneja ס״ג מ״ה ב״ן

בְּטֻמְאַת betumat רַעְיוֹן rayón:

עַל al חֵטְא jet שֶׁחָטָאנוּ shejatanu לְפָנֶיךָ lefaneja ס״ג מ״ה ב״ן

בְּחִלּוּל bejilul הַשֵּׁם haShem:

עַל al וְחֵטְא jet שֶׁחָטָאנוּ shejatanu לְפָנֶיךָ lefaneja ס"ג מ"ה ב"ן
בְּזִלְזוּל bezilzul הוֹרִים horim וּמוֹרִים umorim:

עַל al וְחֵטְא jet שֶׁחָטָאנוּ shejatanu לְפָנֶיךָ lefaneja ס"ג מ"ה ב"ן
בְּוִעוּד beviud עֲבֵירָה aveirá:

עַל al וְחֵטְא jet שֶׁחָטָאנוּ shejatanu לְפָנֶיךָ lefaneja ס"ג מ"ה ב"ן
בְּהוֹצָאַת behotsaat דִּבָּה dibá:

עַל al וְחֵטְא jet שֶׁחָטָאנוּ shejatanu לְפָנֶיךָ lefaneja ס"ג מ"ה ב"ן
בִּדְבָרִים bidvarim בְּטֵלִים betelim:

עַל al וְחֵטְא jet שֶׁחָטָאנוּ shejatanu לְפָנֶיךָ lefaneja ס"ג מ"ה ב"ן
בְּגַאֲוָה begaavá וָבוּז vavuz:

עַל al וְחֵטְא jet שֶׁחָטָאנוּ shejatanu לְפָנֶיךָ lefaneja ס"ג מ"ה ב"ן
בְּגִלְגּוּל beguilgul זֶה ze וּבְגִלְגּוּלִים uveguilgulim אֲחֵרִים ajerim:

עַל al וְחֵטְא jet שֶׁחָטָאנוּ shejatanu לְפָנֶיךָ lefaneja ס"ג מ"ה ב"ן
בְּבִטּוּי bevitui שְׂפָתַיִם sfatáyim:

עַל al וְחֵטְא jet שֶׁחָטָאנוּ shejatanu לְפָנֶיךָ lefaneja ס"ג מ"ה ב"ן
בַּאֲכִילַת beajilat אִסּוּר isur:

עַל al וְחֵטְא jet שֶׁחָטָאנוּ shejatanu לְפָנֶיךָ lefaneja ס"ג מ"ה ב"ן
בְּמָאתַיִם bematáyim וְאַרְבָּעִים vearbaím וּשְׁמוֹנָה ushmoná אֵבָרִים evarim.
וּשְׁלֹשׁ ushlosh מֵאוֹת meot המספר = ש = אלהים דיודין
וְשִׁשִּׁים veshishim המספר = מילוי הש' (יו) וַחֲמִשָּׁה vajamishá
גִּידִים guidim. שֶׁל shel גּוּפֵנוּ gufenu וְנַפְשֵׁנוּ venafshenu
וְרוּחֵנוּ verujenu וְנִשְׁמָתֵנוּ venishmatenu וּנְשָׁמָה unshamá לִנְשְׁמָתֵנוּ lenishmatenu.
וְעַל veal וְחֵטְא jet שֶׁחָטָאנוּ shejatanu לְפָנֶיךָ lefaneja ס"ג מ"ה ב"ן
שֶׁגָּרַמְנוּ shegaramnu פְּגָם pgam וּמוּם umum בְּמָאתַיִם bematáyim
וְאַרְבָּעִים vearbaím וּשְׁמוֹנָה ushmoná אֵבָרִים evarim. וּשְׁלֹשׁ ushlosh מֵאוֹת meot
המספר = ש = אלהים דיודין וְשִׁשִּׁים veshishim המספר = מילוי הש' (יו) וַחֲמִשָּׁה vajamishá
גִּידִים guidim שֶׁל shel אֲחֵרִים ajerim.
וּבְגוּפָם uvegufam וְנַפְשָׁם venafsham וְרוּחָם verujam
וְנִשְׁמָתָם venishmatam וּנְשָׁמָה unshamá לִנְשְׁמָתָם lenishmatam:

עַל al חֲטָאִים jataím שֶׁאֲנַחְנוּ sheanajnu חַיָּבִים jayavim

עֲלֵיהֶם aleihem עַל al בִּטּוּל bitul מִצְוַת mitsvot עֲשֵׂה asé:

עַל al חֲטָאִים jataím שֶׁאֲנַחְנוּ sheanajnu חַיָּבִים jayavim

עֲלֵיהֶם aleihem עַל al לָאו lav הַנִּתָּק hanitak לַעֲשֵׂה laasé:

עַל al חֲטָאִים jataím שֶׁאֲנַחְנוּ sheanajnu חַיָּבִים jayavim

עֲלֵיהֶם aleihem עַל al לָאו lav שֶׁאֵין sheéin בּוֹ bo מַעֲשֶׂה maasé:

עַל al חֲטָאִים jataím שֶׁאֲנַחְנוּ sheanajnu חַיָּבִים jayavim

עֲלֵיהֶם aleihem עוֹלָה olá:

עַל al חֲטָאִים jataím שֶׁאֲנַחְנוּ sheanajnu חַיָּבִים jayavim

עֲלֵיהֶם aleihem חַטָּאת jatat:

עַל al חֲטָאִים jataím שֶׁאֲנַחְנוּ sheanajnu חַיָּבִים jayavim

עֲלֵיהֶם aleihem קָרְבָּן korbán עוֹלֶה olé וְיוֹרֵד veyored:

עַל al חֲטָאִים jataím שֶׁאֲנַחְנוּ sheanajnu חַיָּבִים jayavim

עֲלֵיהֶם aleihem אָשָׁם asham תָּלוּי talui וְאָשָׁם veasham וַדָּאי vadai:

עַל al חֲטָאִים jataím שֶׁאֲנַחְנוּ sheanajnu חַיָּבִים jayavim

עֲלֵיהֶם aleihem מַכַּת macat מַרְדּוּת mardut:

עַל al חֲטָאִים jataím שֶׁאֲנַחְנוּ sheanajnu חַיָּבִים jayavim

עֲלֵיהֶם aleihem מַלְקוּת malkot אַרְבָּעִים arbaím:

עַל al חֲטָאִים jataím שֶׁאֲנַחְנוּ sheanajnu חַיָּבִים jayavim

עֲלֵיהֶם aleihem מִיתָה mitá בִּידֵי bidei שָׁמַיִם shamáyim י״פ טל, י״פ כוזו:

עַל al חֲטָאִים jataím שֶׁאֲנַחְנוּ sheanajnu חַיָּבִים jayavim

עֲלֵיהֶם aleihem מִיתוֹת mitot מְשֻׁנּוֹת meshunot:

עַל al חֲטָאִים jataím שֶׁאֲנַחְנוּ sheanajnu חַיָּבִים jayavim

עֲלֵיהֶם aleihem כָּרֵת caret וַעֲרִירִי vaarirí:

עַל al חֲטָאִים jataím שֶׁאֲנַחְנוּ sheanajnu חַיָּבִים jayavim

עֲלֵיהֶם aleihem גִּלְגּוּל guilgul בְּדוֹמֵם bedomem. וְצוֹמֵחַ vetsoméaj. וְחַי vejai

בִּלְתִּי biltí מְדַבֵּר medaber ראה. וְחַי vejai מְדַבֵּר medaber ראה:

עַל al וְחֲטָאִים jataím שֶׁאֲנַחְנוּ sheanajnu חַיָּבִים jayavim
עֲלֵיהֶם aleihem כָּל col ילי מִינֵי minei יְסוּרִים yisurim:
עַל al וְחֲטָאִים jataím שֶׁאֲנַחְנוּ sheanajnu חַיָּבִים jayavim
עֲלֵיהֶם aleihem כָּל col ילי מִינֵי minei עוֹנָשִׁים onashim:
עַל al וְחֲטָאִים jataím שֶׁאֲנַחְנוּ sheanajnu חַיָּבִים jayavim עֲלֵיהֶם aleihem
אַרְבַּע arba מִיתוֹת mitot בֵּית beit ב"פ ראה דִּין din. סְקִילָה skilá. שְׂרֵיפָה sreifá.
הֶרֶג héreg. וְחֶנֶק vejének. עַל al מִצְוֹת mitsvot עֲשֵׂה asé. וְעַל veal
מִצְוֹת mitsvot לֹא lo תַעֲשֶׂה taasé. בֵּין bein שֶׁיֵּשׁ sheyesh בָּם bam מ"ב קוּם kum
עֲשֵׂה asé. וּבֵין uvein שֶׁאֵין sheéin בָּם bam מ"ב קוּם kum עֲשֵׂה asé.
בֵּין bein שֶׁגְּלוּיִם shegluyim לָנוּ lanu אלהים, אהיה אדני.
וּבֵין uvein שֶׁאֵינָן sheeinán גְּלוּיִם gluyim לָנוּ lanu אלהים, אהיה אדני.
אֶת et שֶׁגְּלוּיִם shegluyim לָנוּ lanu אלהים, אהיה אדני כְּבָר cvar אֲמַרְנוּם amarnum
לְפָנֶיךָ lefaneja ס"ג מ"ה ב"ן יְהֹוָהאדניאהדונהי Adonai אֱלֹהֵינוּ Eloheinu ילה
וֵאלֹהֵי veElohei לכב ; מילוי ע"ב, דמב ; ילה אֲבוֹתֵינוּ avoteinu וְהוֹדִינוּ vehodinu
לְךָ lejá עֲלֵיהֶם aleihem. וְאֶת veet שֶׁאֵינָן sheeinán גְּלוּיִם gluyim
לָנוּ lanu אלהים, אהיה אדני הֵם hem גְּלוּיִם gluyim וִידוּעִים viyeduím
לְפָנֶיךָ lefaneja ס"ג מ"ה ב"ן. כִּי qui הַכֹּל hacol גָּלוּי galui וְצָפוּי vetsafui
לְפָנֶיךָ lefaneja ס"ג מ"ה ב"ן יְהֹוָהאדניאהדונהי Adonai אֱלֹהֵינוּ Eloheinu ילה.
כְּמוֹ cmó שֶׁנֶּאֱמַר sheneemar: הַנִּסְתָּרֹת hanistarot לַיהֹוָהאדניאהדונהי laAdonai
אֱלֹהֵינוּ Eloheinu ילה וְהַנִּגְלֹת vehaniglot **(Los once puntos)**
לָנוּ lanu אלהים, אהיה אדני וּלְבָנֵינוּ ulevaneinu עַד ad עוֹלָם olam לַעֲשׂוֹת laasot
אֶת et כָּל col ילי דִּבְרֵי divrei ראה הַתּוֹרָה haTorá הַזֹּאת hazot:
כִּי qui אַתָּה Atá סוֹלְחָן soljan לְיִשְׂרָאֵל leYisrael וּמוֹחֳלָן umojalán
לְשִׁבְטֵי leshivtei יְשֻׁרוּן Yeshurún. וּמִבַּלְעָדֶיךָ umibaladeja אֵין ein
לָנוּ lanu אלהים, אהיה אדני מֶלֶךְ mélej מוֹחֵל mojel וְסוֹלֵחַ vesoléaj:

אַדִּיר adir הרי וְנָאוֹר venaor• בּוֹרֵא boré דּוֹק dok וְיוֹלֵד vajéled•
מִי mi ילי אֵל El כָּמוֹךָ camoja:
גּוֹלֶה golé עֲמוּקוֹת amukot• דּוֹבֵר dover צְדָקוֹת tsedakot•
מִי mi ילי אֵל El כָּמוֹךָ camoja:
הָדוּר hadur בִּלְבוּשׁוֹ bilvushó• וְאֵין veéin זוּלָתוֹ zulató•
מִי mi ילי אֵל El כָּמוֹךָ camoja:
זוֹכֵר zojer הַבְּרִית habrit• חוֹנֵן jonén שְׁאֵרִית sheerit•
מִי mi ילי אֵל El כָּמוֹךָ camoja:
טְהוֹר tehor י״פ אכא עֵינַיִם eináyim• יוֹשֵׁב yoshev שָׁמַיִם shamáyim י״פ טל•
מִי mi ילי אֵל El כָּמוֹךָ camoja:
כּוֹבֵשׁ covesh עֲוֹנוֹת avonot• לוֹבֵשׁ lovesh צְדָקוֹת tsedakot•
מִי mi ילי אֵל El כָּמוֹךָ camoja:
מֶלֶךְ mélej מְלָכִים melajim• נוֹרָא norá וְנִשְׂגָּב venisgav•
מִי mi ילי אֵל El כָּמוֹךָ camoja:
סוֹמֵךְ somej כוק נוֹפְלִים noflim• עוֹנֶה oné עֲשׁוּקִים ashukim•
מִי mi ילי אֵל El כָּמוֹךָ camoja:
פּוֹדֶה podé וּמַצִּיל umatsil• צוֹעֶה tsoé בְּרֹב verov כֹּחַ cóaj•
מִי mi ילי אֵל El כָּמוֹךָ camoja:
קָרוֹב karov לְקוֹרְאָיו lekorav• רַחוּם rajum וְחַנּוּן vejanún•
מִי mi ילי אֵל El כָּמוֹךָ camoja:
שׁוֹכֵן shojén שְׁחָקִים shjakim• תּוֹמֵךְ tomej תְּמִימִים temimim•
מִי mi ילי אֵל El כָּמוֹךָ camoja:

(1) אל מִי־ mi ילי אֵל El יא״י (מילוי דס״ג) כָּמוֹךָ camoja (2) רחום נֹשֵׂא nosé עָוֹן avón
(3) וחנון וְעֹבֵר veover עַל־ al פֶּשַׁע pesha (4) ארך לִשְׁאֵרִית lisheerit נַחֲלָתוֹ najalató
(5) אפים לֹא־ lo הֶחֱזִיק hejezik לָעַד laad ב״פ ב״ן אַפּוֹ apó (6) ורב חסד כִּי־ qui חָפֵץ jafets
חֶסֶד jésed ע״ב, ריבוע יהוה הוּא hu: (7) ואמת יָשׁוּב yashuv יְרַחֲמֵנוּ yerajamenu
(8) נצר חסד (ח״) יִכְבֹּשׁ yijbosh עֲוֹנֹתֵינוּ avonoteinu (9) לאלפים וְתַשְׁלִיךְ vetashlij
בִּמְצֻלוֹת bimtsulot יָם yam ילי כָּל־ col ילי חַטֹּאותָם jatotam:
(10) נשא עון תִּתֵּן titén ב״פ כהת אֱמֶת emet אהיה פעמים אהיה, ז״פ ס״ג לְיַעֲקֹב leYaakov
ז׳ הויות, אידהנויה (11) ופשע חֶסֶד jésed ע״ב, ריבוע יהוה לְאַבְרָהָם leAvraham וז״פ אל, רי״ו ול״ב
נתיבות החכמה, רמ״ח (אברים), עסמ״ב וט״ז אותיות פשוטות (12) וחטאה אֲשֶׁר־ asher
נִשְׁבַּעְתָּ nishbata לַאֲבֹתֵינוּ laavoteinu (13) ונקה מִימֵי mimei קֶדֶם kédem:

En la ***Amidá*** **silenciosa** continuamos aquí con "*Eloheinu veElohei avoteinu*".

En la repetición el *jazán* omite esta página y continúa en la página 546.

אֱלֹהֵינוּ Eloheinu ילה וֵאלֹהֵי veElohei לכב ; מילוי ע"ב, דמב ; ילה אֲבוֹתֵינוּ avoteinu.

מְחוֹל mejol לַעֲוֹנוֹתֵינוּ laavonoteinu בְּיוֹם beyom ע"ה נגד, מזבח, זן, אל יהוה

(En *Shabat* agregar: הַשַּׁבָּת haShabat הַזֶּה hazé והו. וּבְיוֹם veveyom ע"ה נגד, מזבח, זן, אל יהוה)

הַכִּפּוּרִים HaKipurim הַזֶּה hazé והו. וּבְיוֹם veveyom ע"ה נגד, מזבח, זן, אל יהוה

סְלִיחַת slijat הֶעָוֹן heavón הַזֶּה hazé והו. בְּיוֹם beyom ע"ה נגד, מזבח, זן, אל יהוה

מִקְרָא mikrá קֹדֶשׁ kódesh הַזֶּה hazé והו. מְחֵה mejé וְהַעֲבֵר vehaaver

פְּשָׁעֵינוּ peshaeinu מִנֶּגֶד minégued מזבח, זן, אל יהוה עֵינֶיךָ eineja ע"ה קס"א ; ריבוע מ"ה.

כָּאָמוּר: caamur אָנֹכִי anojí אָנֹכִי anojí הוּא hu מוֹחֶה mojé

פְּשָׁעֶיךָ feshaeja לְמַעֲנִי lemaaní וְחַטֹּאתֶיךָ vejatoteja לֹא lo

אֶזְכֹּר: ezcor וְנֶאֱמַר: veneemar מָחִיתִי majiti כָעָב jaav

פְּשָׁעֶיךָ peshaeja וְכֶעָנָן vejeanán חַטֹּאותֶיךָ jatoteja שׁוּבָה shuva הוזש

אֵלַי elai כִּי qui גְאַלְתִּיךָ: guealtija וְנֶאֱמַר: veneemar כִּי qui

בַּיּוֹם vayom ע"ה נגד, מזבח, זן, אל יהוה הַזֶּה hazé והו יְכַפֵּר yejaper

עֲלֵיכֶם aleijem לְטַהֵר letaher אֶתְכֶם etjem מִכֹּל micol ילי

חַטֹּאתֵיכֶם jatoteijem לִפְנֵי lifnei יְהֹוָהאדניאהדונהי Adonai תִּטְהָרוּ: titharú

Dios nuestro y Dios de nuestros padres,

*perdona nuestras iniquidades (***en** ***Shabat*** **agregar:** *en este día de descanso y) en este Día de Expiación, este día de absolución de iniquidad, este día de Santa Convocatoria. Elimina y remueve nuestras transgresiones de Tu vista, como está dicho: "Yo, Yo soy quien borro tus rebeliones por amor de Mí mismo, y no me acordaré de tus pecados" (Isaías 43:25). Y está dicho: "Yo deshice como a una nube tus rebeliones y como a una niebla tus pecados; vuélvete a Mí, porque Yo te redimí" (Isaías 44:25). Y está dicho: "Porque en este día se hará expiación por ustedes, y serán limpios de todos sus pecados delante del Señor" (Levítico 16:30).*

אֱלֹהֵינוּ Eloheinu ילה וֵאלֹהֵי veElohei לכב ; מילוי ע״ב, דמב ; ילה אֲבוֹתֵינוּ avoteinu

יַעֲלֶה yaalé וְיָבֹא veyavó וְיַגִּיעַ veyaguía וְיֵרָאֶה veyeraé ר״ץ וְיֵרָצֶה veyeratsé

וְיִשָּׁמַע veyishamá וְיִפָּקֵד veyipaked וְיִזָּכֵר veyizajer ר״ת = מ״ב

זִכְרוֹנֵנוּ zijronenu וְזִכְרוֹן vezijrón ע״ב קס״א ונש״ב אֲבוֹתֵינוּ avoteinu.

זִכְרוֹן zijrón ע״ב קס״א ונש״ב יְרוּשָׁלַיִם Yerushaláyim עִירָךְ iraj.

וְזִכְרוֹן vezijrón ע״ב קס״א ונש״ב מָשִׁיחַ Mashíaj בֶּן ben דָּוִד David ע״ה כהת ;

בן דוד = אדני ע״ה עַבְדָּךְ avdaj פוי, אל אדני. וְזִכְרוֹן vezijrón ע״ב קס״א ונש״ב

כָּל col ילי עַמְּךָ amjá בֵּית beit ב״פ ראה יִשְׂרָאֵל Yisrael

לְפָנֶיךָ lefaneja ס״ג מ״ה ב״ן לִפְלֵיטָה lifletá לְטוֹבָה letová אכא. לְחֵן lején

מילוי דמ״ה בריבוע ; מוחי לְחֶסֶד lejésed ע״ב, ריבוע יהוה וּלְרַחֲמִים ulerajamim.

לְחַיִּים lejayim אהיה אהיה יהוה, בינה ע״ה טוֹבִים tovim וּלְשָׁלוֹם uleshalom.

בְּיוֹם beyom ע״ה נגד, מזבח, זן, אל יהוה (En *Shabat* agregar: הַשַּׁבָּת haShabat הַזֶּה hazé והו.

וּבְיוֹם uveyom ע״ה נגד, מזבח, זן, אל יהוה) הַכִּפּוּרִים HaKipurim הַזֶּה hazé והו.

וּבְיוֹם veveyom ע״ה נגד, מזבח, זן, אל יהוה סְלִיחַת slijat הֶעָוֹן heavón הַזֶּה hazé והו.

בְּיוֹם beyom ע״ה נגד, מזבח, זן, אל יהוה טוֹב tov והו מִקְרָא mikrá קֹדֶשׁ kódesh

הַזֶּה hazé והו. לְרַחֵם lerajem אברהם, ח״פ אל, ר״ו ול״ב נתיבות החכמה, רמ״ח (אברים),

עסמ״ב וט״ז אותיות פשוטות בּוֹ bo עָלֵינוּ aleinu וּלְהוֹשִׁיעֵנוּ ulehoshienu.

זָכְרֵנוּ zojrenu (desde *Zeir Anpín*) יְהֹוָהאדהניאהדונהי Adonai אֱלֹהֵינוּ Eloheinu ילה

בּוֹ bo לְטוֹבָה letová אכא. וּפָקְדֵנוּ ufakdenu (desde *Nukvá*)

בּוֹ vo לִבְרָכָה livrajá. וְהוֹשִׁיעֵנוּ vehoshienu (desde *Dáat*) בּוֹ vo

לְחַיִּים lejayim אהיה אהיה יהוה, בינה ע״ה טוֹבִים tovim.

Nuestro Dios y el Dios de nuestros padres, pueda levantarse y venir y llegar y aparecer y encontrar el favor y ser oído y ser considerado y ser recordado, nuestra remembranza y la remembranza de nuestros padres, la remembranza de Jerusalén, Tu ciudad, y la remembranza del Mesías Ben David, Tu sirviente, y la remembranza de toda Tu Nación, la Casa de Israel, ante Ti, para aceptación, para bien, para gracia, amabilidad y compasión, para una buena vida y para paz en este Día de (**en *Shabat* decimos:** *Shabat y en este día de) Expiación y en día del perdón de la iniquidad, en este buen día de Santa Convocatoria, para tener misericordia de nosotros y para salvarnos. Recuérdanos, Señor, nuestro Dios, para bien y considéranos en ello para la bendición y entréganosla para una buena vida*

בִּדְבַר bidvar ראה יְשׁוּעָה yeshuá וְרַחֲמִים verajamim.
חוּס jus וְחָנֵּנוּ vejanenu וַחֲמוֹל vajamol וְרַחֵם verajem אברהם, ו"פ אל,
ר"ו ול"ב נתיבות החכמה, רמ"ח (אברים), עסמ"ב וט"ז אותיות פשוטות עָלֵינוּ aleinu.
וְהוֹשִׁיעֵנוּ vehoshienu כִּי qui אֵלֶיךָ eleja עֵינֵינוּ eineinu ריבוע מ"ה.
כִּי qui אֵל El ייא" מֶלֶךְ Mélej חַנּוּן janún וְרַחוּם verajum אָתָּה Atá:

אֱלֹהֵינוּ Eloheinu ילה וֵאלֹהֵי veElohei לכב ; מילוי ע"ב, דמב ; ילה אֲבוֹתֵינוּ avoteinu.
מְלוֹךְ meloj (El secreto de la revelación del Honor del Santo Rey de los Mundos)
עַל al כָּל col ילי עמם הָעוֹלָם haolam כֻּלּוֹ culó בִּכְבוֹדֶךָ bijvodaj ב"ן, לכב.
וְהִנָּשֵׂא vehinasé עַל al כָּל col ילי עמם הָאָרֶץ haárets אלהים דההין ע"ה
בִּיקָרֶךָ bikaraj
(La elevación de la dominación desde *Vav-Hei* hacia *Yud* y *Hei*, que es el secreto de *Yekar*-Gloria)
וְהוֹפַע vehofá בַּהֲדַר bahadar גְּאוֹן gueón עֻזֶּךָ uzaj
(La relevación de *Arij Anpín* —desde Su aspecto del Cabello,
el cual está debajo de la Garganta, que es llamada *Hadar Gueón*— sobre los Mundos Inferiores)
עַל al כָּל col ילי עמם יוֹשְׁבֵי yoshvei תֵבֵל tevel ב"פ ריו אַרְצֶךָ artsaj.
וְיֵדַע veyedá כָּל col ילי פָּעוּל paúl (*Asiyá*) כִּי qui אַתָּה Atá פְּעַלְתּוֹ pealtó.
וְיָבִין veyavín כָּל col ילי יְצוּר yetsur (*Yetsirá*) כִּי qui אַתָּה Atá יְצַרְתּוֹ yetsartó.
וְיֹאמַר veyomar כֹּל col ילי אֲשֶׁר asher נְשָׁמָה neshama (*Briá*) בְּאַפּוֹ veapó.
(Todos reconoceremos el hecho de que la Luz está en control, incluso cuando parezca que la *klipá* lo esté)
יְהֹוָהאדהנויאהדונהי Adonai אֱלֹהֵי Elohei מילוי ע"ב, דמב ; ילה יִשְׂרָאֵל Yisrael תרי"ג (מצוות)
מָלַךְ malaj (מֶלֶךְ). וּמַלְכוּתוֹ umaljutó בַּכֹּל vacol לכב, ב"ן מָשָׁלָה mashalá
:(El secreto del Santo *Maljut* que entra y se viste de la *klipá* para poder doblegarla)

---

con las palabras de entrega y misericordia. Ten piedad y sé amable con nosotros y ten misericordia y sé compasivo con nosotros y sálvanos, porque nuestros ojos van hacia Ti, porque Tú eres Dios, Rey que es amable y compasivo. Nuestro Dios y Dios de nuestros antepasados, reina sobre todo el mundo con gloria y sé exaltado sobre toda la Tierra en Tu esplendor y revélate a Ti mismo en la grandeza majestuosa de Tu fortaleza sobre todos los moradores del mundo habitado, que es Tu tierra. Entonces todo lo que se ha hecho sabrá que Tú lo creaste y todo lo que se ha formado entenderá que Tú lo has formado y todo lo que tiene alma en su nariz proclamará que el Señor, el Dios de Israel, ha reinado y Su Reino rige sobre todo.

MEKADESH ISRAEL VE YOM HAKIPURIM

(En *Shabat* agregar: אֱלֹהֵינוּ Eloheinu ילה וֵאלֹהֵי veElohei לכב ; מילוי ע"ב, דמב ; ילה

אֲבוֹתֵינוּ avoteinu רְצֵה retsé נָא na בִמְנוּחָתֵינוּ vimnujateinu)

קַדְּשֵׁנוּ kadshenu בְּמִצְוֹתֶיךָ vemitsvoteja• תֵּן ten וְחֶלְקֵנוּ jelkenu

בְּתוֹרָתֶךָ vetorataj• שַׂבְּעֵנוּ sabenu מִטּוּבָךְ mituvaj לאו• שַׂמֵּחַ saméaj

נַפְשֵׁנוּ nafshenu בִּישׁוּעָתָךְ bishuataj• וְטַהֵר vetaher לִבֵּנוּ libenu

לְעָבְדְּךָ leovdejá פוי, אל יהוה בֶּאֱמֶת veemet אהיה פעמים אהיה, ז"פ ס"ג•

כִּי qui אַתָּה Atá יְהֹוָאדהנויאהדונהי Adonai אֱלֹהִים Elohim ילה

אֱמֶת emet אהיה פעמים אהיה, ז"פ ס"ג• וּדְבָרְךָ udvarjá ראה מַלְכֵּנוּ malquenu

אֱמֶת emet אהיה פעמים אהיה, ז"פ ס"ג וְקַיָּם vekayam לָעַד laad ב"פ ב"ן• בָּרוּךְ Baruj

אַתָּה Atá יְהֹוָאדהנויאהדונהי Adonai מֶלֶךְ Mélej מוֹחֵל mojel וְסוֹלֵחַ vesoléaj

לַעֲוֹנוֹתֵינוּ laavonoteinu וְלַעֲוֹנוֹת velaavonot עַמּוֹ amó יִשְׂרָאֵל Yisrael•

וּמַעֲבִיר umaavir אַשְׁמוֹתֵינוּ ashmoteinu בְּכָל bejol לכב, ב"ן שָׁנָה shaná

וְשָׁנָה veshaná• מֶלֶךְ Mélej עַל al כָּל col ילי ; עמם הָאָרֶץ haárets אלהים דההין ע"ה

מְקַדֵּשׁ mekadesh (En *Shabat* agregar: הַשַּׁבָּת haShabat וְ ve) יִשְׂרָאֵל Yisrael

וְיוֹם veYom ע"ה נגד, מזבח, זן, אל יהוה הַכִּפּוּרִים HaKipurim:

LAS TRES BENDICIONES FINALES

A través del mérito de Moshé, Aharón y Yosef, quienes son nuestros canales para las últimas tres bendiciones, somos capaces de hacer descender toda la energía espiritual que despertamos con nuestras oraciones y bendiciones.

LA QUINTA BENDICIÓN

Durante esta bendición, que se refiere a Moshé, siempre debemos meditar en tratar de saber exactamente qué quiere Dios de nosotros en nuestra vida, como lo indica la frase: "Que sea la voluntad de Dios". Estamos pidiéndole a Dios que nos guíe hacia el trabajo que vinimos a hacer en la Tierra. El Creador no puede aceptar sólo el trabajo que queremos hacer, debemos llevar a cabo el trabajo que estamos destinados a hacer.

MEKADESH ISRAEL VE YOM HAKIPURIM

*(En **Shabat**: Dios nuestro y Dios de nuestros antepasados, que Te plazca nuestro descanso). Santifícanos con Tus preceptos y otórganos participación en Tu Torá y sácianos de Tu bondad y alegra nuestros espíritus con Tu salvación y purifica nuestro corazón para que te sirvamos con verdad. Porque Tú, Señor, eres el verdadero Dios y Tu palabra es verdadera y perenne por siempre. Bendito eres Tú, Señor, un Rey que perdona y absuelve nuestras iniquidades y las iniquidades de Su nación Israel, y deja pasar nuestras ofensas cada año, Rey sobre toda la Tierra, Que santificas (en **Shabat**: el Shabat,) Israel y el Día de Expiación.*

Nétsaj

Meditar por el Deseo Celestial (*Kéter*), que es llamado *Métsaj HaRatsón* (la Frente del Deseo).

רְצֵה retsé אלף למד הה יוד מם

Aquí meditar en transformar el infortunio y la tragedia (צרה) en deseo y aceptación (רצה).

יְהֹוָהאדניאהדונהי Adonai אֱלֹהֵינוּ Eloheinu ילה בְּעַמְּךָ beamjá יִשְׂרָאֵל Yisrael

וְלִתְפִלָּתָם velitfilatam שְׁעֵה sheé. וְהָשֵׁב vehashev הָעֲבוֹדָה haavodá

לִדְבִיר lidvir רי״ו בֵּיתֶךָ beiteja ב״פ ראה. וְאִשֵּׁי veishei יִשְׂרָאֵל Yisrael

וּתְפִלָּתָם utfilatam מְהֵרָה meherá בְּאַהֲבָה beahavá אוזד, דאגה

תְּקַבֵּל tekabel בְּרָצוֹן beratsón מהש ע״ה, ע״ב בריבוע וקס״א ע״ה, אל שדי ע״ה.

וּתְהִי utehí לְרָצוֹן leratsón מהש ע״ה, ע״ב בריבוע וקס״א ע״ה, אל שדי ע״ה

תָּמִיד tamid ע״ה קס״א קנ״א קמ״ג עֲבוֹדַת avodat יִשְׂרָאֵל Yisrael עַמֶּךָ ameja:

וְאַתָּה veAtá בְּרַחֲמֶיךָ verajameja הָרַבִּים harabim. תַּחְפֹּץ tajpots

בָּנוּ banu וְתִרְצֵנוּ vetirtsenu וְתֶחֱזֶינָה vetejezena עֵינֵינוּ eineinu ריבוע מ״ה

בְּשׁוּבְךָ beshuvjá לְצִיּוֹן leTsiyón יוסף, ו׳ הויות, קנאה

בְּרַחֲמִים berajamim מצפצ, אלהים דיודין, י״פ ייי:

בָּרוּךְ Baruj אַתָּה Atá יְהֹוָהאדניאהדונהי Adonai

הַמַּחֲזִיר hamajazir שְׁכִינָתוֹ Shjinató לְצִיּוֹן leTsiyón יוסף, ו׳ הויות, קנאה:

LAS TRES BENDICIONES FINALES
LA QUINTA BENDICIÓN

Encuentra gracia, Señor, nuestro Dios, en Tu Pueblo, Israel y oye su oración. Restaura el culto en el santuario interno de Tu Templo. Acepta las ofrendas de Israel y sus oraciones con complacencia, prontamente y con amor. Que siempre sea agradable a Ti, el servicio de Israel, Tu Nación. Y Tú en Tu gran compasión, te deleites en nosotros y estés complacido con nosotros. Puedan nuestros ojos contemplar Tu retorno a Sión con compasión. ¡Bendito eres Tú, Señor, que devuelve Su Shejiná a Sión!

LA SEXTA BENDICIÓN

Esta bendición es nuestro agradecimiento. Kabbalísticamente, el mayor "agradecimiento" que le podemos dar a nuestro Creador es hacer exactamente lo que estamos destinados a hacer en términos de nuestro trabajo espiritual.

Hod

Inclina todo tu cuerpo en "*modim*" y enderézate en "*Adonai*".

מוֹדִים modim מאה ברכות שתיקן דוד לאמרם כל יום אֲנַחְנוּ anajnu לָךְ laj

שָׁאַתָּה sheAtá הוּא Hu יְהֹוָהאדניאהדונהי Adonai (ונ) אֱלֹהֵינוּ Eloheinu ילה

וֵאלֹהֵי veElohei לכב ; מילוי ע״ב, דמב ; ילה אֲבוֹתֵינוּ avoteinu לְעוֹלָם leolam

ריבוע ס״ג וי׳ אותיות דס״ג וָעֶד vaed. צוּרֵנוּ tsurenu צוּר tsur אלהים דההין ע״ה

חַיֵּינוּ jayeinu וּמָגֵן umaguén ג״פ אל (ייא״י מילוי דס״ג) ; ר״ת מיכאל גבריאל נוריאל

יִשְׁעֵנוּ yishenu אַתָּה Atá הוּא Hu. לְדוֹר ledor וָדוֹר vador רי״ו נוֹדֶה nodé

לְךָ lejá וּנְסַפֵּר unesaper תְּהִלָּתֶךָ tehilateja. עַל al חַיֵּינוּ jayeinu

הַמְּסוּרִים hamesurim בְּיָדֶךָ beyadeja. וְעַל veal נִשְׁמוֹתֵינוּ nishmoteinu

הַפְּקוּדוֹת hapkudot לָךְ laj. וְעַל veal נִסֶּיךָ niseja שֶׁבְּכָל shebejol

ב״ן, לכב יוֹם yom ע״ה נגד, מזבח, זן, אל יהוה עִמָּנוּ imanu ריבוע ס״ג, קס״א ע״ה וד׳ אותיות

וְעַל veal נִפְלְאוֹתֶיךָ nifleoteja וְטוֹבוֹתֶיךָ vetovoteja שֶׁבְּכָל shebejol

ב״ן, לכב עֵת et. עֶרֶב érev וָבֹקֶר vavóker וְצָהֳרָיִם vetsahoráyim. הַטּוֹב hatov

והו כִּי qui לֹא lo כָלוּ jalú רַחֲמֶיךָ rajameja. הַמְרַחֵם hamerajem

אברהם, ו״פ אל, רי״ו ול״ב נתיבות החכמה, רמ״ח (אברים), עסמ״ב וט״ז אותיות פשוטות כִּי qui לֹא lo

תַמּוּ tamu חֲסָדֶיךָ jasadeja כִּי qui מֵעוֹלָם meolam קִוִּינוּ kivinu לָךְ laj:

LA SEXTA BENDICIÓN

Nosotros te damos gracias a Ti, porque eres Tú, Señor, quien es nuestro Dios y el Dios de nuestros padres, por siempre y por toda la eternidad. Tú eres nuestra Fortaleza, la Fortaleza de nuestras vidas y el Escudo de nuestra salvación. De una generación a otra, te daremos gracias a Ti y cantaremos Tu alabanza. Porque nuestras vidas que están en Tus Manos, por nuestras almas que están a Tu cuidado, por Tus milagros que están con nosotros todos los días y por Tus maravillas y Tus favores que están con nosotros en todo momento: de noche, de mañana y de tarde. Tú eres bueno, porque Tu compasión nunca se ha acabado. Tú eres el Misericordioso, porque Tu bondad nunca ha cesado, porque siempre hemos puesto nuestras esperanzas en Ti.

MODIM DERABANÁN

Esta oración es recitada por la congregación en la repetición cuando el *jazán* dice "*modim*".

En esta sección hay 44 palabras, que es el mismo valor numérico del Nombre:

(א אה אהי אהיה) ריבוע אהי

מוֹדִים modim מאה ברכות שתיקן דוד לאמרם כל יום אֲנַחְנוּ anajnu לָךְ laj
שָׁאַתָּה sheAtá הוּא hu יְהֹוָהאדניאהדונהי Adonai אֱלֹהֵינוּ Eloheinu ילה
וֵאלֹהֵי veElohei לכב ; מילוי ע״ב, דמב ; ילה אֲבוֹתֵינוּ avoteinu
אֱלֹהֵי Elohei מילוי ע״ב, דמב ; ילה כָל jol ילי בָּשָׂר basar. יוֹצְרֵנוּ yotsrenu
יוֹצֵר yotser בְּרֵאשִׁית bereshit. בְּרָכוֹת brajot וְהוֹדָאוֹת vehodaot
לְשִׁמְךָ leShimjá הַגָּדוֹל hagadol להוו ; עם ד׳ אותיות = מבה, יזל, אום
וְהַקָּדוֹשׁ vehakadosh עַל al שֶׁהֶחֱיִיתָנוּ shehejeyitanu וְקִיַּמְתָּנוּ vekiyamtanu.
כֵּן quen תְּחַיֵּינוּ tejayeinu וּתְחָנֵּנוּ utejonenu. וְתֶאֱסוֹף veteesof
גָּלֻיּוֹתֵינוּ galuyoteinu לְחַצְרוֹת lejatsrot קָדְשֶׁךָ kodshejá. לִשְׁמוֹר lishmor
חֻקֶּיךָ jukeja וְלַעֲשׂוֹת velaasot רְצוֹנֶךָ retsoneja. וּלְעָבְדְךָ uleovdejá
פוי, אל אדני בְּלֵבָב belevav בוכו שָׁלֵם shalem. עַל al שֶׁאֲנַחְנוּ sheanajnu
מוֹדִים modim לָךְ laj. בָּרוּךְ Baruj אֵל El ייא״י (מילוי דס״ג) הַהוֹדָאוֹת hahodaot:

וְעַל veal כֻּלָּם culam יִתְבָּרַךְ yitbaraj וְיִתְרוֹמַם veyitromam
וְיִתְנַשֵּׂא veyitnasé תָּמִיד tamid ע״ה קס״א קנ״א קמ״ג שִׁמְךָ Shimjá
מַלְכֵּנוּ malquenu לְעוֹלָם leolam ריבוע ס״ג וי׳ אותיות דס״ג וָעֶד vaed.
וְכָל־ vejol ילי הַחַיִּים hajayim אהיה אהיה יהוה, בינה ע״ה יוֹדוּךָ yoduja סֶּלָה sela:

וּכְתוֹב ujtov לְחַיִּים lejayim אהיה אהיה יהוה, בינה ע״ה טוֹבִים tovim

Nétsaj y *Hod* de *Zeir Anpín* se convierten en *Mojín* para *Nukvá* y es por ello que son buenos (*tovim*) ya que ellos están en el lugar de la revelación de los *Jasadim* como se conoce.

כָּל־ col ילי בְּנֵי bnei בְרִיתֶךָ vriteja:

Si olvidas decir "*ujtov*" y te das cuenta de esto antes del final de la bendición "*Baruj Atá Adonai*", debes regresar y decir "*ujtov*" y continuar normalmente. Pero si te das cuenta de esto sólo después del final de la bendición, debes continuar.

MODIM DERABANÁN

Nosotros te damos gracias a Ti, porque eres Tú quien es nuestro Dios y el Dios de nuestros padres, el Dios de toda la humanidad, nuestro Hacedor y el Creador de toda la Creación. Bendiciones y gracias a Tu gran y Santo Nombre por darnos vida y por preservarnos. Que puedas Tú continuar dándonos vida, sé amable con nosotros y reúne nuestros exiliados en las Cortes de Tu Santuario, para que podamos cumplir Tus leyes, hacer Tu voluntad y servir a Ti con todo el corazón. Por esto Te agradecemos. ¡Bendito sea el Dios de los agradecimientos!

Y por todas estas cosas, que Tu Nombre sea siempre bendecido, exaltado y ensalzado, por siempre, nuestro Rey, por siempre y para siempre, y todos los vivientes Te agradecen, Sela. E inscribe a todo los miembros de Tu alianza para una vida feliz.

וִיהַלְלוּ vihalelú וִיבָרְכוּ vivarjú יהוה ריבוע יהוה ריבוע מ"ה אֶת־ et

שִׁמְךָ Shimjá הַגָּדוֹל hagadol להח ; עם ד' אותיות = מבה, יזל, אום בֶּאֱמֶת beemet אהיה

פעמים אהיה, ז"פ ס"ג לְעוֹלָם leolam ריבוע ס"ג ו' אותיות דס"ג כִּי qui טוֹב tov והו ;

כי טוב = יהוה אהיה, אום, מבה, יזל. הָאֵל haEl לאה ; ייא"י (מילוי דס"ג) יְשׁוּעָתֵנוּ yeshuatenu

וְעֶזְרָתֵנוּ veezratenu סֶלָה sela. הָאֵל haEl לאה ; ייא"י (מילוי דס"ג) הַטּוֹב hatov והו:

Flexiona tus rodillas en "*Baruj*", inclínate en "*Atá*" y enderézate en "*Adonai*".

בָּרוּךְ Baruj אַתָּה Atá יְהֹוָהאדניאהדונהי Adonai (הי) הַטּוֹב hatov והו

שִׁמְךָ Shimjá וּלְךָ uLejá נָאֶה naé לְהוֹדוֹת lehodot ס"ת כהת, משיח בן דוד ע"ה:

Para la Bendición de los *Cohanim* ver página 418.

LA BENDICIÓN FINAL

Estamos emanando la energía de paz para el mundo entero. También nos proponemos utilizar nuestras bocas sólo para el bien. Kabbalísticamente, el poder de las palabras y del habla es inimaginable. Esperamos usar este poder sabiamente, lo que tal vez es una de las tareas más difíciles de llevar a cabo.

Yesod

שִׂים sim שָׁלוֹם shalom

טוֹבָה tová אכא וּבְרָכָה uvrajá וְחַיִּים jayim אהיה אהיה יהוה, בינה ע"ה חֵן jen מילוי

דמ"ה בריבוע, מוזי וָחֶסֶד vajésed ע"ב, ריבוע יהוה צְדָקָה tsdaká ע"ה ריבוע אלהים

וְרַחֲמִים verajamim עָלֵינוּ aleinu וְעַל־ veal כָּל־ col ילי ; עמם

יִשְׂרָאֵל Yisrael עַמֶּךָ ameja וּבָרְכֵנוּ uvarjenu אָבִינוּ avinu כֻּלָּנוּ culanu

כְּאֶחָד queejad אהבה, דאגה בְּאוֹר beor רז, א"ס פָּנֶיךָ paneja ס"ג מ"ה ב"ן כִּי qui

בְּאוֹר veor רז, א"ס פָּנֶיךָ paneja ס"ג מ"ה ב"ן נָתַתָּ natata לָּנוּ lanu אלהים, אהיה אדני

יְהֹוָהאדניאהדונהי Adonai אֱלֹהֵינוּ Eloheinu ילה תּוֹרָה Torá וְחַיִּים vejayim אהיה

אהיה יהוה, בינה ע"ה. אַהֲבָה ahavá אחד, דאגה וָחֶסֶד vajésed ע"ב, ריבוע יהוה.

Y ellos te alabarán y bendecirán Tu gran Nombre, sinceramente y para siempre, porque es bueno, el Dios de nuestra salvación y nuestra ayuda, Sela, el buen Dios. Bendito eres Tú, Señor, cuyo Nombre es bueno. Y a Ti es propio dar gracias.

LA BENDICIÓN FINAL

Otorga paz, bondad, bendiciones, vida, gracia, amabilidad, justicia y misericordia a nosotros y a todo Israel, Tu Pueblo. Bendícenos a todos como uno solo, Padre nuestro, con la Luz de Tu Rostro, porque es con la Luz de Tu rostro que Tú, Señor, nuestro Dios, nos has dado la Torá y vida, amor y amabilidad,

צְדָקָה tsdaká ע"ה ריבוע אלהים וְרַחֲמִים verajamim• בְּרָכָה brajá
וְשָׁלוֹם veshalom• וְטוֹב vetov והו בְּעֵינֶיךָ beeineja ע"ה קס"א ; ריבוע מ"ה
לְבָרְכֵנוּ levarjenu וּלְבָרֵךְ ulevarej אֶת et כָּל col ילי עַמְּךָ amjá
יִשְׂרָאֵל Yisrael בְּרוֹב berov י"פ אהיה עֹז oz וְשָׁלוֹם veshalom:
וּבְסֵפֶר uvesefer חַיִּים jayim אהיה אהיה יהוה, בינה ע"ה
בְּרָכָה brajá וְשָׁלוֹם veshalom וּפַרְנָסָה ufarnasá טוֹבָה tová אכא
וִישׁוּעָה vishuá וְנֶחָמָה venejamá וּגְזֵרוֹת ugzerot טוֹבוֹת tovot•
נִזָּכֵר nizajer וְנִכָּתֵב venicatev לְפָנֶיךָ lefaneja ס"ג מ"ה ב"ן
אֲנַחְנוּ anajnu וְכָל vejol ילי עַמְּךָ amjá יִשְׂרָאֵל Yisrael
לְחַיִּים lejayim אהיה אהיה יהוה, בינה ע"ה טוֹבִים tovim וּלְשָׁלוֹם uleshalom:

Si olvidaste decir "*uveséfer jayim*" y te das cuenta de esto antes del final de la bendición "*Baruj Atá Adonai*", debes regresar y decir "*uveséfer jayim*" y continuar normalmente. Pero si te das cuenta de esto sólo al final de la bendición, debes continuar.

בָּרוּךְ Baruj אַתָּה Atá יְהֹוָהאדניאהדונהי Adonai
הַמְבָרֵךְ hamevarej אֶת et עַמּוֹ amó יִשְׂרָאֵל Yisrael
ר"ת = אלהים = (אילההויהם = יב"ק) בַּשָּׁלוֹם bashalom• אָמֵן Amén יאהדונהי•

YIHYÚ LERATSÓN

Hay 42 letras en el versículo en el secreto del *Aná Bejóaj*.

יִהְיוּ yihyú אל (ייא" מילוי דס"ג) לְרָצוֹן leratsón מהש ע"ה, ע"ב בריבוע וקס"א ע"ה, אל שדי ע"ה
אִמְרֵי imrei פִי fi ר"ת אֱלֶף = אלף למד שין דלת יוד ע"ה וְהֶגְיוֹן vehegyón לִבִּי libí
לְפָנֶיךָ lefaneja ס"ג מ"ה ב"ן יְהֹוָהאדניאהדונהי Adonai צוּרִי tsurí וְגֹאֲלִי vegoalí:

En la repetición el *jazán* omite lo que sigue y continúa con "*Yehí Shem*" en la página 564.

En la *Amidá* silenciosa continuamos con el *Vidui* en la página 554.

---

justicia y misericordia, bendición y paz. Que sea grato a Tus Ojos bendecirnos y bendecir a Tu Nación, Israel, con abundante poder y con paz. Y que en el Libro de la Vida, todos seamos recordados e inscritos ante Ti; para bendición, paz, buen sustento, salvación, consuelo, y buenos decretos. Nosotros y toda Tu Nación, Israel, para una buena vida y para paz. ¡Bendito eres Tú, Señor, que bendice a Su Pueblo, Israel, con paz, Amén!

YIHYÚ LERATSÓN

"Sean gratos ante Ti, Señor, mi Fortaleza y mi Redentor, los dichos de mi boca y los pensamientos de mi corazón" (Salmos 19:15).

ASHAMNU (VIDUI) (encontrarás la explicación y traducción del *Vidui* en las páginas 56-69)

Mientras recitas el *Vidui*, debes golpear tu pecho con la mano derecha para sacudir los *Jasadim* (misericordia) y las *Guevurot* (juicio) de modo que puedan crecer en aras del *Ziguv* (unificación). Incluso si sabes que no cometiste ninguna de las acciones negativas mencionadas a continuación, aun así debes recitar el *Vidui*. Debido a que todos somos garantes uno de otro, el *Vidui* se recita en plural; porque el *Vidui* se trata sobre vidas pasadas y las demás personas que están conectadas a la raíz de tu alma.

Las 22 letras son el valor numérico del Nombre Sagrado: אכא

אָנָּא aná ב״ן יְה�ֹוָהאדניאהדונהי Adonai אֱלֹהֵינוּ Eloheinu ילה
וֵאלֹהֵי veElohei לכב ; מילוי ע״ב, דמב ; ילה אֲבוֹתֵינוּ avoteinu. תָּבֹא tavó
לְפָנֶיךָ lefaneja ס״ג מ״ה ב״ן תְּפִלָּתֵנוּ tfilatenu וְאַל veal תִּתְעַלַּם titalam
מַלְכֵּנוּ malquenu מִתְּחִנָּתֵנוּ mitjinatenu. שֶׁאֵין sheéin אֲנַחְנוּ anajnu
עַזֵּי azei אלהים ע״ה, אהיה אדני ע״ה פָנִים fanim וּקְשֵׁי ukshei עֹרֶף óref
לוֹמַר lomar לְפָנֶיךָ lefaneja ס״ג מ״ה ב״ן יְהֹוָהאדניאהדונהי Adonai
אֱלֹהֵינוּ Eloheinu ילה וֵאלֹהֵי veElohei לכב ; מילוי ע״ב, דמב ; ילה
אֲבוֹתֵינוּ avoteinu צַדִּיקִים tsadikim אֲנַחְנוּ anajnu וְלֹא veló
וְחָטָאנוּ jatanu. אֲבָל aval וְחָטָאנוּ jatanu. עָוִינוּ avinu. פָּשַׁעְנוּ pashanu.
אֲנַחְנוּ anajnu וַאֲבוֹתֵינוּ vaavoteinu וְאַנְשֵׁי veanshei בֵיתֵנוּ veitenu ב״פ ראה:

אָשַׁמְנוּ ashamnu. בָּגַדְנוּ bagadnu. גָּזַלְנוּ gazalnu. דִּבַּרְנוּ dibarnu דּוֹפִי dofi
וְלָשׁוֹן velashón הָרָע hará. הֶעֱוִינוּ heevinu. וְהִרְשַׁעְנוּ vehirshanu. זַדְנוּ zadnu.
חָמַסְנוּ jamasnu. טָפַלְנוּ tafalnu שֶׁקֶר shéker וּמִרְמָה umirmá. יָעַצְנוּ yaatsnu
עֵצוֹת etsot רָעוֹת raot. כִּזַּבְנוּ quizavnu. כָּעַסְנוּ caasnu. לַצְנוּ latsnu.
מָרַדְנוּ maradnu. מָרִינוּ marinu דְּבָרֶיךָ devareja. נִאַצְנוּ niatsnu.
נִאַפְנוּ niafnu. סָרַרְנוּ sararnu. עָוִינוּ avinu. פָּשַׁעְנוּ pashanu.
פָּגַמְנוּ pagamnu. צָרַרְנוּ tsararnu. צִעַרְנוּ tsiarnu אָב av וָאֵם vaem.
קִשִּׁינוּ kishinu עֹרֶף óref. רָשַׁעְנוּ rashanu. שִׁחַתְנוּ shijatnu. תִּעַבְנוּ tiavnu.
תָּעִינוּ taínu. וְתִעְתַּעְנוּ vetiatanu וְסַרְנוּ vesarnu מִמִּצְוֹתֶיךָ mimitsvoteja
וּמִמִּשְׁפָּטֶיךָ umimishpateja הַטּוֹבִים hatovim וְלֹא veló שָׁוָה shavá
לָנוּ lanu אלהים, אהיה אדני. וְאַתָּה veAtá צַדִּיק tsadik
עַל al כָּל col ילי ; עמם הַבָּא habá עָלֵינוּ aleinu כִּי qui
אֱמֶת emet אהיה פעמים אהיה, ד״פ ס״ג עָשִׂיתָ asita וַאֲנַחְנוּ vaanajnu הִרְשָׁעְנוּ hirshanu:

Medita para garantizar que tus acciones negativas sean parte del pasado y ya no sean parte de tu presente.

MA NOMAR

El secreto del Nombre: יוד הא ואו הא (מ"ה=45)
que revive a los Siete Reyes Quebrantados. La capacidad de revertir todo y corregir toda clase de corrupción depende de este Nombre, y también la *Teshuvá* (arrepentimiento) depende y se nutre de Éste.

מָה ma מ"ה נֹּאמַר nomar לְפָנֶיךָ lefaneja ס"ג מ"ה ב"ן (***Ima***)
יוֹשֵׁב yoshev מָרוֹם marom (***Atik Yomín***). וּמַה uma מ"ה נְּסַפֵּר nesaper
(***Nukvá*—el libro de *Yesod***) לְפָנֶיךָ lefaneja ס"ג מ"ה ב"ן שׁוֹכֵן shojén
שְׁחָקִים shjakim (***Ima*—que se extiende en *Yesod* mediante *Nétsaj* y *Hod***)
הֲלֹא haló (***Ima***) כָּל jol ילי (**50 Puertas de *Biná***) הַנִּסְתָּרוֹת hanistarot (י"ה)
וְהַנִּגְלוֹת vehaniglot (ו"ה) אַתָּה Atá (סןןהך) יוֹדֵעַ yodea (***Mazal Venaké***).
אַתָּה Atá (***Mazal Venaké***) יוֹדֵעַ yodea רָזֵי razei עוֹלָם olam (***Aba* e *Ima***).
וְתַעֲלוּמוֹת vetaalumot (**desde el aspecto de *Aba* e *Ima***)
סִתְרֵי sitrei ב"פ מצר (**desde el aspecto de *Mazal***) כָּל־ col ילי
חָי jai חי כל = אהיה אהיה יהוה, בינה ע"ה, חיים (***Yesod* de *Zeir Anpín***).
אַתָּה Atá חוֹפֵשׂ jofés כָּל col ילי חַדְרֵי־ jadrei בָטֶן vaten (***Shóresh Yisrael***).
רֹאֶה roé ראה כְּלָיוֹת jelayot וָלֵב valev. אֵין ein
דָּבָר davar ראה נֶעְלָם neelam מִמָּךְ mimaj (**en *Nukvá***)
וְאֵין veéin נִסְתָּר nistar ב"פ מצר (**en *Briá, Yetsirá* y *Asiyá***)
מִנֶּגֶד minégued מזבח, זן, אל יהוה עֵינֶיךָ eineja ע"ה קס"א ; ריבוע מ"ה
(***Nukvá*—de Su providencia sobre *Briá, Yetsirá* y *Asiyá***):

YEHÍ RATSÓN

יְהִי yehí רָצוֹן ratsón מהש ע"ה, ע"ב בריבוע וקס"א ע"ה, אל שדי ע"ה
מִלְּפָנֶיךָ milfaneja ס"ג מ"ה ב"ן יְהֹוָהאדנ־יאהדונהי Adonai אֱלֹהֵינוּ Eloheinu ילה
וֵאלֹהֵי veElohei לכב ; מילוי ע"ב, דמב ; ילה אֲבוֹתֵינוּ avoteinu
שֶׁתִּמְחוֹל shetimjol (**con el poder del Nombre: אלף הא יוד הא**)
לָנוּ lanu אלהים, אהיה אדני אֶת־ et כָּל־ col ילי
וְחַטֹּאתֵינוּ jatoteinu (**las manchas del *Néfesh***)
וּתְכַפֵּר utejaper (**con el poder del Nombre: אלף הה יוד הה**)
לָנוּ lanu אלהים, אהיה אדני אֶת et כָּל col ילי
עֲוֹנוֹתֵינוּ avonoteinu (**las manchas del *Rúaj***) וְתִמְחוֹל vetimjol וְתִסְלַח vetislaj
יהוה ע"ב (**con el poder del Nombre: אלף הי יוד הי**)
לְכָל־ lejol יה אדני פְּשָׁעֵינוּ peshaeinu (**las manchas de la *Neshamá***):

AL JET - OR YASHAR

Según el orden del alfabeto hebreo en el secreto de *Or Yashar* (Luz Directa) el cual, al recitarlo en este orden, ayuda a corregir (en el secreto de la *Teshuvá*) todos los daños en los órganos.

עַל al חֵטְא jet שֶׁחָטָאנוּ shejatanu לְפָנֶיךָ lefaneja ס"ג מ"ה ב"ן

בְּאוֹנֶס beónes:

עַל al חֵטְא jet שֶׁחָטָאנוּ shejatanu לְפָנֶיךָ lefaneja ס"ג מ"ה ב"ן

בִּבְלִי bivlí דַעַת dáat:

עַל al חֵטְא jet שֶׁחָטָאנוּ shejatanu לְפָנֶיךָ lefaneja ס"ג מ"ה ב"ן

בְּגִלּוּי beguilui עֲרָיוֹת arayot:

עַל al חֵטְא jet שֶׁחָטָאנוּ shejatanu לְפָנֶיךָ lefaneja ס"ג מ"ה ב"ן

בְּדַעַת bedáat וּבְמִרְמָה uvemirmá:

עַל al חֵטְא jet שֶׁחָטָאנוּ shejatanu לְפָנֶיךָ lefaneja ס"ג מ"ה ב"ן

בְּהִרְהוּר behirhur הַלֵּב halev:

עַל al חֵטְא jet שֶׁחָטָאנוּ shejatanu לְפָנֶיךָ lefaneja ס"ג מ"ה ב"ן

בְּוִדּוּי bevidui פֶּה pe ע"ה מום:

עַל al חֵטְא jet שֶׁחָטָאנוּ shejatanu לְפָנֶיךָ lefaneja ס"ג מ"ה ב"ן

בְּזָדוֹן bezadón:

עַל al חֵטְא jet שֶׁחָטָאנוּ shejatanu לְפָנֶיךָ lefaneja ס"ג מ"ה ב"ן

בְּחוֹזֶק bejózek פהל יָד yad:

עַל al חֵטְא jet שֶׁחָטָאנוּ shejatanu לְפָנֶיךָ lefaneja ס"ג מ"ה ב"ן

בְּטוּמְאַת betumat שְׂפָתַיִם sfatáyim:

עַל al חֵטְא jet שֶׁחָטָאנוּ shejatanu לְפָנֶיךָ lefaneja ס"ג מ"ה ב"ן

בְּיֵצֶר beyétser הָרָע hará:

עַל al חֵטְא jet שֶׁחָטָאנוּ shejatanu לְפָנֶיךָ lefaneja ס"ג מ"ה ב"ן

בְּיוֹדְעִים beyodim וּבְלֹא uveló יוֹדְעִים yodim:

עַל al חֵטְא jet שֶׁחָטָאנוּ shejatanu לְפָנֶיךָ lefaneja ס"ג מ"ה ב"ן

בְּכַחַשׁ bejajash וּבְכָזָב uvejazav:

עַל al חֵטְא jet שֶׁחָטָאנוּ shejatanu לְפָנֶיךָ lefaneja ס"ג מ"ה ב"ן

בְּלָשׁוֹן belashón הָרָע hará:

עַל al חֵטְא jet שֶׁחָטָאנוּ shejatanu לְפָנֶיךָ lefaneja ס"ג מ"ה ב"ן

בְּמַרְאִית bemarit הָעַיִן haayin ריבוע מ"ה:

ס"ג מ"ה ב"ן lefaneja לְפָנֶיךָ shejatanu שֶׁחָטָאנוּ jet חֵטְא al עַל

:uvemarbit וּבְמַרְבִּית benéshej בְּנֶשֶׁךְ

ס"ג מ"ה ב"ן lefaneja לְפָנֶיךָ shejatanu שֶׁחָטָאנוּ jet חֵטְא al עַל

:siftoteinu שִׂפְתוֹתֵינוּ besíaj בְּשִׂיחַ

ס"ג מ"ה ב"ן lefaneja לְפָנֶיךָ shejatanu שֶׁחָטָאנוּ jet חֵטְא al עַל

:ב"פ מצר baséter בַּסֵּתֶר

ס"ג מ"ה ב"ן lefaneja לְפָנֶיךָ shejatanu שֶׁחָטָאנוּ jet חֵטְא al עַל

:ramot רָמוֹת ריבוע מ"ה beeináyim בְּעֵינַיִם

ס"ג מ"ה ב"ן lefaneja לְפָנֶיךָ shejatanu שֶׁחָטָאנוּ jet חֵטְא al עַל

:ע"ה מום pe פֶּה befitjón בְּפִתְחוֹן

ס"ג מ"ה ב"ן lefaneja לְפָנֶיךָ shejatanu שֶׁחָטָאנוּ jet חֵטְא al עַל

:lehará לְהָרַע ragláyim רַגְלַיִם betsaadei בְּצַעֲדֵי

ס"ג מ"ה ב"ן lefaneja לְפָנֶיךָ shejatanu שֶׁחָטָאנוּ jet חֵטְא al עַל

:yad יָד bikfitsat בִּקְפִיצַת

ס"ג מ"ה ב"ן lefaneja לְפָנֶיךָ shejatanu שֶׁחָטָאנוּ jet חֵטְא al עַל

:מהש beratsón בְּרָצוֹן

ס"ג מ"ה ב"ן lefaneja לְפָנֶיךָ shejatanu שֶׁחָטָאנוּ jet חֵטְא al עַל

:bishgagá בִּשְׁגָגָה

ס"ג מ"ה ב"ן lefaneja לְפָנֶיךָ shejatanu שֶׁחָטָאנוּ jet חֵטְא al עַל

:yad יָד bitsúmet בִּתְשׂוּמֶת

AL JET - OR JOZER

ס"ג מ"ה ב"ן lefaneja לְפָנֶיךָ shejatanu שֶׁחָטָאנוּ jet חֵטְא al עַל

:בוכו levav לֵבָב betimhón בְּתִמְהוֹן

ס"ג מ"ה ב"ן lefaneja לְפָנֶיךָ shejatanu שֶׁחָטָאנוּ jet חֵטְא al עַל

:jinam חִנָּם besinat בְּשִׂנְאַת

ס"ג מ"ה ב"ן lefaneja לְפָנֶיךָ shejatanu שֶׁחָטָאנוּ jet חֵטְא al עַל

:רהע leraá לְרָעָה laruts לָרוּץ memaharot מְמַהֲרוֹת beragláyim בְּרַגְלַיִם

ס"ג מ"ה ב"ן lefaneja לְפָנֶיךָ shejatanu שֶׁחָטָאנוּ jet חֵטְא al עַל

:birejilut בִּרְכִילוּת

ס"ג מ"ה ב"ן lefaneja לְפָנֶיךָ shejatanu שֶׁחָטָאנוּ jet חֵטְא al עַל

:óref עֹרֶף bekishui בְּקִשְׁוִי

עַל al חֵטְא jet שֶׁחָטָאנוּ shejatanu לְפָנֶיךָ lefaneja ס״ג מ״ה ב״ן
בְּצַוָּאר betsavar עָתָק atak:
עַל al חֵטְא jet שֶׁחָטָאנוּ shejatanu לְפָנֶיךָ lefaneja ס״ג מ״ה ב״ן
בִּפְרִיקַת bifrikat עֹל ol:
עַל al חֵטְא jet שֶׁחָטָאנוּ shejatanu לְפָנֶיךָ lefaneja ס״ג מ״ה ב״ן
בְּעַזּוּת beazut מֵצַח métsaj:
עַל al חֵטְא jet שֶׁחָטָאנוּ shejatanu לְפָנֶיךָ lefaneja ס״ג מ״ה ב״ן
בְּסִיקּוּר besikur עָיִן ayin ריבוע מ״ה:
עַל al חֵטְא jet שֶׁחָטָאנוּ shejatanu לְפָנֶיךָ lefaneja ס״ג מ״ה ב״ן
בִּנְטִיַּת binetiyat גָּרוֹן garón:
עַל al חֵטְא jet שֶׁחָטָאנוּ shejatanu לְפָנֶיךָ lefaneja ס״ג מ״ה ב״ן
בְּמַשָּׂא bemasá וּמַתָּן umatán:
עַל al חֵטְא jet שֶׁחָטָאנוּ shejatanu לְפָנֶיךָ lefaneja ס״ג מ״ה ב״ן
בִּלְשׁוֹן bilshón תַּרְמִית tarmit:
עַל al חֵטְא jet שֶׁחָטָאנוּ shejatanu לְפָנֶיךָ lefaneja ס״ג מ״ה ב״ן
בִּכְנִסִיָּה bijnesiyá שֶׁלֹּא sheló לְשֵׁם leShem שָׁמַיִם shamáyim י״פ טל, י״פ כוזו:
עַל al חֵטְא jet שֶׁחָטָאנוּ shejatanu לְפָנֶיךָ lefaneja ס״ג מ״ה ב״ן
בְּיוֹהֲרָא beyuhará:
עַל al חֵטְא jet שֶׁחָטָאנוּ shejatanu לְפָנֶיךָ lefaneja ס״ג מ״ה ב״ן
בְּטֻמְאַת betumat רַעְיוֹן rayón:
עַל al חֵטְא jet שֶׁחָטָאנוּ shejatanu לְפָנֶיךָ lefaneja ס״ג מ״ה ב״ן
בְּחִלּוּל bejilul הַשֵּׁם haShem:
עַל al חֵטְא jet שֶׁחָטָאנוּ shejatanu לְפָנֶיךָ lefaneja ס״ג מ״ה ב״ן
בְּזִלְזוּל bezilzul הוֹרִים horim וּמוֹרִים umorim:
עַל al חֵטְא jet שֶׁחָטָאנוּ shejatanu לְפָנֶיךָ lefaneja ס״ג מ״ה ב״ן
בְּוִעוּד beviud עֲבֵירָה aveirá:
עַל al חֵטְא jet שֶׁחָטָאנוּ shejatanu לְפָנֶיךָ lefaneja ס״ג מ״ה ב״ן
בְּהוֹצָאַת behotsaat דִּבָּה dibá:
עַל al חֵטְא jet שֶׁחָטָאנוּ shejatanu לְפָנֶיךָ lefaneja ס״ג מ״ה ב״ן
בִּדְבָרִים bidvarim בְּטֵלִים betelim:

עַל al וְחֵטְא jet שֶׁחָטָאנוּ shejatanu לְפָנֶיךָ lefaneja ס"ג מ"ה ב"ן
בְּגַאֲוָה begaavá וָבוּז vavuz:

עַל al וְחֵטְא jet שֶׁחָטָאנוּ shejatanu לְפָנֶיךָ lefaneja ס"ג מ"ה ב"ן
בְּגִלְגּוּל beguilgul זֶה ze וּבְגִלְגּוּלִים uveguilgulim אֲחֵרִים ajerim:

עַל al וְחֵטְא jet שֶׁחָטָאנוּ shejatanu לְפָנֶיךָ lefaneja ס"ג מ"ה ב"ן
בְּבִטּוּי bevitui שְׂפָתַיִם sfatáyim:

עַל al וְחֵטְא jet שֶׁחָטָאנוּ shejatanu לְפָנֶיךָ lefaneja ס"ג מ"ה ב"ן
בַּאֲכִילַת beajilat אִסּוּר isur:

עַל al וְחֵטְא jet שֶׁחָטָאנוּ shejatanu לְפָנֶיךָ lefaneja ס"ג מ"ה ב"ן
בְּמָאתַיִם bematáyim וְאַרְבָּעִים vearbaím וּשְׁמוֹנָה ushmoná אֵבָרִים evarim.
וּשְׁלֹשׁ ushlosh מֵאוֹת meot המספר = ש׳ = אלהים דיודין
וְשִׁשִּׁים veshishim המספר = מילוי הש׳ (יין) וַחֲמִשָּׁה vajamishá
גִּידִים guidim. שֶׁל shel גּוּפֵנוּ gufenu וְנַפְשֵׁנוּ venafshenu
וְרוּחֵנוּ verujenu וְנִשְׁמָתֵנוּ venishmatenu וּנְשָׁמָה unshamá לִנְשְׁמָתֵנוּ lenishmatenu.
וְעַל veal וְחֵטְא jet שֶׁחָטָאנוּ shejatanu לְפָנֶיךָ lefaneja ס"ג מ"ה ב"ן
שֶׁגָּרַמְנוּ shegaramnu פְּגַם pgam וּמוּם umum בְּמָאתַיִם bematáyim
וְאַרְבָּעִים vearbaím וּשְׁמוֹנָה ushmoná אֵבָרִים evarim. וּשְׁלֹשׁ ushlosh מֵאוֹת meot
המספר = ש׳ = אלהים דיודין וְשִׁשִּׁים veshishim המספר = מילוי הש׳ (יין) וַחֲמִשָּׁה vajamishá
גִּידִים guidim שֶׁל shel אֲחֵרִים ajerim.
וּבְגוּפָם uvegufam וְנַפְשָׁם venafsham וְרוּחָם verujam
וְנִשְׁמָתָם venishmatam וּנְשָׁמָה unshamá לִנְשְׁמָתָם lenishmatam:

עַל al חֲטָאִים jataím שֶׁאֲנַחְנוּ sheanajnu חַיָּבִים jayavim
עֲלֵיהֶם aleihem עַל al בִּטּוּל bitul מִצְוֹת mitsvot עֲשֵׂה asé:

עַל al חֲטָאִים jataím שֶׁאֲנַחְנוּ sheanajnu חַיָּבִים jayavim
עֲלֵיהֶם aleihem עַל al לָאו lav הַנִּתַּק hanitak לַעֲשֵׂה laasé:

עַל al חֲטָאִים jataím שֶׁאֲנַחְנוּ sheanajnu חַיָּבִים jayavim
עֲלֵיהֶם aleihem עַל al לָאו lav שֶׁאֵין sheéin בּוֹ bo מַעֲשֶׂה maasé:

עַל al חֲטָאִים jataím שֶׁאֲנַחְנוּ sheanajnu חַיָּבִים jayavim
עֲלֵיהֶם aleihem עוֹלָה olá:

עַל al וַחֲטָאִים jataím שֶׁאֲנַחְנוּ sheanajnu וַחַיָּבִים jayavim
עֲלֵיהֶם aleihem וַחַטָּאת jatat:
עַל al וַחֲטָאִים jataím שֶׁאֲנַחְנוּ sheanajnu וַחַיָּבִים jayavim
עֲלֵיהֶם aleihem קָרְבָּן korbán עוֹלֶה olé וְיוֹרֵד veyored:
עַל al וַחֲטָאִים jataím שֶׁאֲנַחְנוּ sheanajnu וַחַיָּבִים jayavim
עֲלֵיהֶם aleihem אָשָׁם asham תָּלוּי talui וְאָשָׁם veasham וַדַּאי vadai:
עַל al וַחֲטָאִים jataím שֶׁאֲנַחְנוּ sheanajnu וַחַיָּבִים jayavim
עֲלֵיהֶם aleihem מַכַּת macat מַרְדּוּת mardut:
עַל al וַחֲטָאִים jataím שֶׁאֲנַחְנוּ sheanajnu וַחַיָּבִים jayavim
עֲלֵיהֶם aleihem מַלְקוֹת malkot אַרְבָּעִים arbaím:
עַל al וַחֲטָאִים jataím שֶׁאֲנַחְנוּ sheanajnu וַחַיָּבִים jayavim
עֲלֵיהֶם aleihem מִיתָה mitá בִּידֵי bidei שָׁמַיִם shamáyim י״פ טל, י״פ כוזו:
עַל al וַחֲטָאִים jataím שֶׁאֲנַחְנוּ sheanajnu וַחַיָּבִים jayavim
עֲלֵיהֶם aleihem מִיתוֹת mitot מְשֻׁנּוֹת meshunot:
עַל al וַחֲטָאִים jataím שֶׁאֲנַחְנוּ sheanajnu וַחַיָּבִים jayavim
עֲלֵיהֶם aleihem כָּרֵת caret וַעֲרִירִי vaarirí:
עַל al וַחֲטָאִים jataím שֶׁאֲנַחְנוּ sheanajnu וַחַיָּבִים jayavim
עֲלֵיהֶם aleihem גִּלְגּוּל guilgul בְּדוֹמֵם bedomem. וְצוֹמֵחַ vetsoméaj. וְחַי vejai
בִּלְתִּי biltí מְדַבֵּר medaber ראה. וְחַי vejai מְדַבֵּר medaber ראה:
ל al וַחֲטָאִים jataím שֶׁאֲנַחְנוּ sheanajnu וַחַיָּבִים jayavim
עֲלֵיהֶם aleihem כָּל col יכ״י מִינֵי minei יִסּוּרִים yisurim:
עַל al וַחֲטָאִים jataím שֶׁאֲנַחְנוּ sheanajnu וַחַיָּבִים jayavim
עֲלֵיהֶם aleihem כָּל col יכ״י מִינֵי minei עֳנָשִׁים onashim:
עַל al וַחֲטָאִים jataím שֶׁאֲנַחְנוּ sheanajnu וַחַיָּבִים jayavim עֲלֵיהֶם aleihem
אַרְבַּע arba מִיתוֹת mitot בֵּית beit ב״פ ראה דִּין din. סְקִילָה skilá. שְׂרֵיפָה sreifá.
הֶרֶג héreg. וְחֶנֶק vejének. עַל al מִצְוֹת mitsvot עֲשֵׂה asé. וְעַל veal
מִצְוֹת mitsvot לֹא lo תַעֲשֶׂה taasé. בֵּין bein שֶׁיֵּשׁ sheyesh בָּם bam מ״ב קוּם kum
עֲשֵׂה asé. וּבֵין uvein שֶׁאֵין sheéin בָּם bam מ״ב קוּם kum עֲשֵׂה asé.
בֵּין bein שֶׁגְּלוּיִם shegluyim לָנוּ lanu אלהים, אהיה אדני.
וּבֵין uvein שֶׁאֵינָן sheeinán גְּלוּיִם gluyim לָנוּ lanu אלהים, אהיה אדני.

אֶת et שֶׁגְּלוּיִם shegluyim לָנוּ lanu אלהים, אהיה אדני כְּבָר cvar אֲמַרְנוּם amarnum
לְפָנֶיךָ lefaneja ס״ג מ״ה ב״ן יְהֹוָאדנייאהדונהי Adonai אֱלֹהֵינוּ Eloheinu ילה
וֵאלֹהֵי veElohei לכב ; מילוי ע״ב, דמב ; ילה אֲבוֹתֵינוּ avoteinu וְהוֹדִינוּ vehodinu
לְךָ lejá עֲלֵיהֶם aleihem. וְאֶת veet שֶׁאֵינָן sheeinán גְּלוּיִם gluyim
לָנוּ lanu אלהים, אהיה אדני הֵם hem גְּלוּיִם gluyim וִידוּעִים viyeduím
לְפָנֶיךָ lefaneja ס״ג מ״ה ב״ן. כִּי qui הַכֹּל hacol גָּלוּי galui וְצָפוּי vetsafui
לְפָנֶיךָ lefaneja ס״ג מ״ה ב״ן יְהֹוָאדנייאהדונהי Adonai אֱלֹהֵינוּ Eloheinu ילה.
כְּמוֹ cmó שֶׁנֶּאֱמַר sheneemar: הַנִּסְתָּרֹת hanistarot לַיהֹוָאדנייאהדונהי laAdonai
אֱלֹהֵינוּ Eloheinu ילה וְהַנִּגְלֹת vehaniglot (Los once puntos)
לָנוּ lanu אלהים, אהיה אדני וּלְבָנֵינוּ ulevaneinu עַד ad עוֹלָם olam לַעֲשׂוֹת laasot
אֶת et כָּל col ילי דִּבְרֵי divrei ראה הַתּוֹרָה haTorá הַזֹּאת hazot:
כִּי qui אַתָּה Atá סוֹלְחָן solján לְיִשְׂרָאֵל leYisrael וּמָחֳלָן umojalán
לְשִׁבְטֵי leshivtei יְשֻׁרוּן Yeshurún. וּמִבַּלְעָדֶיךָ umibaladeja אֵין ein
לָנוּ lanu אלהים, אהיה אדני מֶלֶךְ mélej מוֹחֵל mojel וְסוֹלֵחַ vesoléaj:

ELOHAI

אֱלֹהַי Elohai מילוי ע״ב, דמב ; ילה עַד ad שֶׁלֹּא sheló נוֹצַרְתִּי notsarti
אֵינִי einí כְּדַאי jedai. וְעַכְשָׁיו veajshav שֶׁנּוֹצַרְתִּי shenotsarti
כְּאִלּוּ queílu לֹא lo נוֹצַרְתִּי notsarti. עָפָר afar אֲנִי aní אני בְּחַיַּי bejayai
קַל kal נמם, ה׳ גבורות וָחוֹמֶר vajómer בְּמִיתָתִי bemitatí. הֲרֵי harei
אֲנִי aní אני לְפָנֶיךָ lefaneja ס״ג מ״ה ב״ן יְהֹוָאדנייאהדונהי Adonai
אֱלֹהַי Elohai מילוי ע״ב, דמב ; ילה וֵאלֹהֵי veElohei לכב ; מילוי ע״ב, דמב ; ילה
אֲבוֹתַי avotai כִּכְלִי quijlí מָלֵא malé בּוּשָׁה vushá וּכְלִמָּה ujlimá:
יְהִי yehí רָצוֹן ratsón מהש ע״ה, ע״ב בריבוע וקס״א ע״ה, אל שדי ע״ה
מִלְּפָנֶיךָ milfaneja ס״ג מ״ה ב״ן יְהֹוָאדנייאהדונהי Adonai אֱלֹהַי Elohai מילוי ע״ב, דמב ; ילה
וֵאלֹהֵי veElohei לכב ; מילוי ע״ב, דמב ; ילה אֲבוֹתַי avotai שֶׁלֹּא sheló אֶחֱטָא ejetá
עוֹד od. וּמַה umá מ״ה שֶׁחָטָאתִי shejatati לְפָנֶיךָ lefaneja ס״ג מ״ה ב״ן
מְחוֹק mejok בְּרַחֲמֶיךָ berajameja הָרַבִּים harabim. אֲבָל aval
לֹא lo עַל al יְדֵי yedei יִסּוּרִין yisurín וָחֳלָאִים vejolaím רָעִים raím:

ELOHAI NETSOR

אֱלֹהַי Elohai מילוי ע"ב, דמב ; ילה נְצוֹר netsor לְשׁוֹנִי leshoní מֵרָע merá.
וּשְׂפָתוֹתַי vesiftotai מִדַּבֵּר midaber ראה מִרְמָה mirmá. וְלִמְקַלְלַי velimkalelai
נַפְשִׁי nafshí תִדּוֹם tidom. וְנַפְשִׁי venafshí כֶּעָפָר queafar
לַכֹּל lacol יה אדני תִּהְיֶה tihyé. פְּתַח ptaj לִבִּי libí בְּתוֹרָתֶךָ betorateja.
וְאַחֲרֵי veajarei מִצְוֹתֶיךָ mitsvoteja תִּרְדּוֹף tirdof נַפְשִׁי nafshí.
וְכָל־ vejol ילי הַקָּמִים hakamim עָלַי alai לְרָעָה leraá רהע. מְהֵרָה meherá
הָפֵר hafer עֲצָתָם atsatam וְקַלְקֵל vekalkel מַחְשְׁבוֹתָם majshevotam.
עֲשֵׂה asé לְמַעַן lemaan שְׁמָךְ Shmaj. עֲשֵׂה asé לְמַעַן lemaan
יְמִינָךְ yeminaj. עֲשֵׂה asé לְמַעַן lemaan תּוֹרָתָךְ torataj. עֲשֵׂה asé
לְמַעַן lemaan קְדֻשָּׁתָךְ kedushataj. ר"ת הפסוק = מ"ה יהוה לְמַעַן lemaan
יֵחָלְצוּן yejaltsún יְדִידֶיךָ yedideja ר"ת ילי הוֹשִׁיעָה hoshía יהוה וש"ע נהורין
יְמִינְךָ yeminjá וַעֲנֵנִי vaaneni (כתיב: ועננו) ר"ת אל (ייא" מילוי דס"ג):

Antes de que recitemos el próximo verso ("*Yihyú leratsón*") tenemos una oportunidad para fortalecer la conexión con nuestra alma usando nuestro nombre. Cada persona tiene un versículo en la Torá que lo conecta con su nombre. O bien su nombre está en el versículo, o la primera y última letra del nombre corresponden a la primera y última letra de un versículo. Por ejemplo, el nombre Yehuda comienza con una *Yud* y termina con una *Hei*. Antes de terminar la *Amidá*, declaramos que nuestro nombre sea siempre recordado cuando nuestra alma abandone este mundo.

YIHYÚ LERATSÓN (EL SEGUNDO)

Hay 42 letras en el versículo en el secreto del *Aná Bejóaj*.

יִהְיוּ yihyú אל (ייא" מילוי דס"ג) לְרָצוֹן leratsón מהש ע"ה, ע"ב בריבוע וקס"א ע"ה, אל שדי ע"ה
אִמְרֵי־ imrei פִי fi ר"ת אלף = אלף למד שין דלת יוד ע"ה וְהֶגְיוֹן vehegyón לִבִּי libí
לְפָנֶיךָ lefaneja ס"ג מ"ה ב"ן יְהֹוָהאדניאהדונהי Adonai צוּרִי tsurí וְגֹאֲלִי vegoalí:

ELOHAI NETSOR

Mi Dios, cuida mi lengua del mal y mis labios de decir falsedad. Que mi alma permanezca en silencio ante aquellos que me maldicen y permite que mi espíritu sea humilde ante todos, como el polvo. Abre mi corazón a Tu Torá y permite que mi corazón siga Tus mandamientos. Prontamente frustra los planes y daña los pensamientos de todos aquellos que se levantan contra mí para hacerme daño. Hazlo por la gloria de Tu Nombre. Haz esto por el bien de Tu Diestra. Haz esto por el mérito de Tu Torá. Haz esto por Tu Santidad, "Que Tus amados sean rescatados. Sálvalos con Tu Diestra y contéstame" (Salmos 60:7).

YIHYÚ LERATSÓN (EL SEGUNDO)

"Que los dichos de mi boca y los pensamientos de mi corazón sean gratos ante Ti, Señor, mi Fortaleza y mi Redentor" (Salmos 19:15).

OSÉ SHALOM

Ahora damos tres pasos hacia atrás para atraer la Luz de los Mundos Superiores a nuestra vida. Nos inclinamos a la derecha, a la izquierda y al centro, y debemos meditar en que, al dar estos tres pasos hacia atrás, se construya nuevamente el Templo Sagrado que fue destruido.

Da tres pasos hacia atrás;

Izquierda
Te vuelves a la izquierda y dices:

עוֹשֶׂה osé הַשָּׁלוֹם hashalom ספריאל המלאך הזותם לוזיים
בִּמְרוֹמָיו bimromav ר״ת ע״ב, ריבוע יהוה

Derecha
Te vuelves a la derecha y dices:

הוּא Hu בְּרַחֲמָיו verajamav יַעֲשֶׂה yaasé
שָׁלוֹם shalom עָלֵינוּ aleinu ר״ת ש״ע נהורין

Centro
Te alineas al centro y dices:

וְעַל veal כָּל־ col ילי ; עמם עַמּוֹ amó יִשְׂרָאֵל Yisrael
וְאִמְרוּ veimrú אָמֵן Amén יאהדונהי:

יְהִי yehí רָצוֹן ratsón מהש ע״ה, ע״ב בריבוע וקס״א ע״ה, אל שדי ע״ה מִלְּפָנֶיךָ milfaneja ס״ג מ״ה ב״ן יְהֹוָהאדניאהדונהי Adonai אֱלֹהֵינוּ Eloheinu ילה וֵאלֹהֵי veElohei לכב ; מילוי ע״ב, דמב ; ילה אֲבוֹתֵינוּ avoteinu, שֶׁתִּבְנֶה shetivné בֵּית beit ב״פ ראה הַמִּקְדָּשׁ hamikdash בִּמְהֵרָה bimherá בְּיָמֵינוּ veyameinu וְתֵן vetén חֶלְקֵנוּ jelkenu בְּתוֹרָתֶךָ: vetorataj לַעֲשׂוֹת laasot חֻקֵּי jukei רְצוֹנָךְ: retsonaj וּלְעָבְדָךְ: uleavdaj פוי, אל אדני בְּלֵבָב belevav בוכו שָׁלֵם shalem.

Da tres pasos hacia delante.

OSÉ SHALOM

Él, que establece la Paz en Sus altos lugares,
Él, en Su compasión, hará que la paz esté entre nosotros y sobre Su pueblo entero, Israel, y dirán: Amén.

Sea agradable ante Ti, Señor, nuestro Dios y Dios de nuestros antepasados, que puedas reconstruir rápidamente el santo Templo, en nuestros días, y otórganos participación en Tu Torá, para que podamos cumplir las leyes de Tu deseo y servirte con todo el corazón.

YEHÍ SHEM

יְהִי yehí שֵׁם Shem יְהֹוָהאדנייאהדונהי Adonai מְבֹרָךְ: mevoraj ר״ת ריבוע ע״ב וריבוע ס״ג

יהוה מברך = רפ״ח (להעלות רפ״ח ניצוצות שנפלו לקליפה דמשם באים התוזלואים) מֵעַתָּה meatá

וְעַד־ vead עוֹלָם olam ילי: מִמִּזְרַח־ mimizraj שֶׁמֶשׁ shémesh עַד־ ad

ר״ת קדוש מְבוֹאוֹ mevoó מְהֻלָּל mehulal שֵׁם shem יְהֹוָהאדנייאהדונהי Adonai: רָם ram

עַל־ al כָּל־ col ילי ; עמם גּוֹיִם goyim יְהֹוָהאדנייאהדונהי Adonai עַל al

הַשָּׁמַיִם hashamáyim י״פ טל, י״פ כוזו ; ר״ת וזשמל כְּבוֹדוֹ quevodó:

יְהֹוָהאדנייאהדונהי Adonai אֲדֹנֵינוּ adoneinu מָה־ ma מ״ה אַדִּיר adir הרי

שִׁמְךָ Shimjá בְּכָל־ bejol ב״ן, לכב ; ומב הָאָרֶץ haárets אלהים דההין ע״ה:

KADISH TITKABAL

יִתְגַּדַּל yitgadal וְיִתְקַדַּשׁ veyitkadash שדי ומילוי שדי ; י״א אותיות כמנין ו״ה

שְׁמֵיהּ Shmei (שם י״ה דע״ב) רַבָּא rabá קנ״א ב״ן, יהוה אלהים יהוה אדני,

מילוי קס״א וס״ג, מ״ה ברבוע וע״ב ע״ה ; ר״ת = ו״פ אלהים ; ס״ת = ג״פ יב״ק: אָמֵן Amén אידהנויה.

בְּעָלְמָא bealmá דִּי di בְרָא verá כִרְעוּתֵיהּ quirutei.

וְיַמְלִיךְ veyamlij מַלְכוּתֵיהּ maljutei. וְיַצְמַח veyatsmaj

פּוּרְקָנֵיהּ purkanei. וִיקָרֵב vikarev מְשִׁיחֵיהּ Meshijei: אָמֵן Amén אידהנויה.

בְּחַיֵּיכוֹן bejayeijón וּבְיוֹמֵיכוֹן uveyomeijón וּבְחַיֵּי uvejayei

דְכָל dejol ילי בֵּית beit ב״פ ראה יִשְׂרָאֵל Yisrael בַּעֲגָלָא baagalá

וּבִזְמַן uvizmán קָרִיב kariv וְאִמְרוּ veimrú אָמֵן Amén: אָמֵן Amén אידהנויה.

YEHÍ SHEM

"Que el Nombre del Señor sea bendecido desde ahora hasta toda la eternidad. Desde la salida del Sol hasta su caída, que el Nombre del Señor sea alabado y elevado. Sobre todas las naciones está el Señor. Su gloria está sobre los Cielos" (Salmos 113:2-4).

"Dios, nuestro Señor, cuán tremendo es Tu Nombre en toda la Tierra" (Salmos 8:10).

KADISH TITKABAL

Glorificado y santificado sea Su gran Nombre (Amén).

En el mundo que Él creó de acuerdo a Su voluntad, y pueda Su Reino reinar. Y pueda Él hacer que Su redención florezca y pueda Él acercar al Mesías (Amén). En tus vidas y en tus días y en la vida de toda la Casa de Israel, prontamente y en el futuro cercano, y dígase: Amén (Amén).

La congregación y el *jazán* dicen lo siguiente:

28 palabras (hasta *bealmá*) – meditar en:
מילוי דמילוי דע״ב (יוד ויו דלת הי יוד ויו יוד ויו הי יוד)
28 letras (hasta *almayá*) - meditar en:
מילוי דמילוי דע״ב (יוד ויו דלת הי יוד ויו יוד ויו הי יוד)

יְהֵא yehé שְׁמֵיהּ Shmei (שׁם י״ה דס״ג) רַבָּא rabá קנ״א ב״ן,
יהוה אלהים יהוה אדני, מילוי קס״א וס״ג, מ״ה ברבוע וע״ב ע״ה מְבָרַךְ mevaraj,
לְעָלַם lealam לְעָלְמֵי lealmei עָלְמַיָּא almayá. יִתְבָּרַךְ yitbaraj.

Siete palabras con seis letras cada una (שׁם בן מ״ב) – meditar en:
יהוה ÷ יוד הי ויו הי ÷ מילוי דמילוי דע״ב (יוד ויו דלת הי יוד ויו יוד ויו הי יוד)
También, siete veces la letra Vav (שׁם בן מ״ב) – meditar en:
יהוה ÷ יוד הי ויו הי ÷ מילוי דמילוי דע״ב (יוד ויו דלת הי יוד ויו יוד ויו הי יוד).

וְיִשְׁתַּבַּח veyishtabaj י״פ ע״ב יהוה אל אבג יתץ.

וְיִתְפָּאַר veyitpaar הי נו יה קרע שטן. וְיִתְרוֹמַם veyitromam וה כוזו נגד יכש.

וְיִתְנַשֵּׂא veyitnasé במוכסז בטר צתג. וְיִתְהַדָּר veyithadar כוזו יה וקב טנע.

וְיִתְעַלֶּה veyitalé וה יוד ה יגל פזק. וְיִתְהַלָּל veyithalal א ואו הא שקו צית.

שְׁמֵיהּ Shmei (שׁם י״ה דמ״ה) דְּקוּדְשָׁא deKudshá בְּרִיךְ Verij הוּא Hu:

אָמֵן Amén אידהנויה.

לְעֵלָּא leelá מִן min כָּל col ילי בִּרְכָתָא birjatá. שִׁירָתָא shiratá.
תֻּשְׁבְּחָתָא tishbejatá וְנֶחֱמָתָא venejamatá. דַּאֲמִירָן daamirán
בְּעָלְמָא bealmá וְאִמְרוּ veimrú אָמֵן Amén: אָמֵן Amén אידהנויה.
תִּתְקַבַּל titkabal צְלוֹתָנָא tslotaná וּבָעוּתָנָא uvautaná
עִם im צְלוֹתְהוֹן tslothón וּבָעוּתְהוֹן uvauthón דְּכָל dejol ילי
בֵּית beit ב״פ ראה יִשְׂרָאֵל Yisrael קֳדָם kadam אֲבוּנָא avuná
דְּבִשְׁמַיָּא devishmayá וְאִמְרוּ veimrú אָמֵן Amén: אָמֵן Amén אידהנויה.

Que Su gran Nombre sea bendito por siempre y por toda la eternidad. Bendito y alabado, y glorificado y exaltado, y ensalzado y honrado, y adorado y loado, sea el Nombre del Santo Bendito sea (Amén). Más allá de todas las bendiciones, himnos, alabanzas y palabras de consolación que jamás se dijeran en el mundo, y dígase: Amén (Amén). Sean aceptadas nuestras oraciones y súplicas, junto con las oraciones y las súplicas de toda la Casa de Israel, ante nuestro Padre en los Cielos, y dígase: Amén (Amén).

יְהֵא yehé שְׁלָמָא shlamá רַבָּא rabá קנ"א ב"ן, יהוה אלהים יהוה אדני, מילוי קס"א וס"ג,

מ"ה ברבוע וע"ב ע"ה מִן min שְׁמַיָּא shmayá• וְחַיִּים jayim אהיה אהיה יהוה, בינה ע"ה

וְשָׂבָע vesavá וִישׁוּעָה vishuá וְנֶחָמָה venejamá וְשֵׁיזָבָא vesheizavá

וּרְפוּאָה urefuá וּגְאֻלָּה ugueulá וּסְלִיחָה uslijá וְכַפָּרָה vejapará

וְרֵיוַח vereivaj וְהַצָּלָה vehatsalá• לָנוּ lanu אלהים, אהיה אדני וּלְכָל ulejol יה אדני

עַמּוֹ amó יִשְׂרָאֵל Yisrael וְאִמְרוּ veimrú אָמֵן Amén: אָמֵן Amén אידהנויה.

Da tres pasos para atrás y dice:

עוֹשֶׂה osé הַשָּׁלוֹם hashalom ספריאל המלאך החותם לחיים

בִּמְרוֹמָיו bimromav ע"ב, ריבוע יהוה• הוּא Hu בְּרַחֲמָיו berajamav

יַעֲשֶׂה yaasé שָׁלוֹם shalom עָלֵינוּ aleinu ר"ת ש"ע נהורין•

וְעַל veal כָּל col ילי ; עמם עַמּוֹ amó יִשְׂרָאֵל Yisrael וְאִמְרוּ veimrú אָמֵן Amén:

אָמֵן Amén אידהנויה•

Que haya paz abundante del Cielo; vida, satisfacción, salvación, consuelo, entrega, sanación, redención, perdón, expiación, comodidad y alivio para nosotros y para toda Su nación, Israel y dígase: Amén (Amén). *Él, que establece la paz en Sus Alturas, Él, en Su compasión, hará la paz sobre nosotros y sobre toda Su nación, Israel. Y dígase: Amén* (Amén).

MINJÁ DE YOM KIPUR

Antes de empezar la oración de *Minjá* leemos aquí la porción de la "Atadura de Yitsjak" en las páginas 241 a 246.

Debemos ser muy cuidadosos con la oración de *Minjá* que fue establecida por Yitsjak nuestro padre, de bendita memoria. Debe ser recitada con mucha intención y sobre todo en el día de *Yom Kipur* que es cuando la "Atadura de Yitsjak" ocurrió. Es por esto que es bueno leer la porción de la atadura con gran intención ya que el mérito de un acto es mayor en el momento en que se llevó a cabo y así conectar con este mérito.

LESHEM YIJUD

לְשֵׁם leShem יִחוּד yijud קוּדְשָׁא Kudshá בְּרִיךְ Berij הוּא Hu

וּשְׁכִינְתֵּיהּ uShjintei (יאהדונהי) בִּדְחִילוּ bidjilu וּרְחִימוּ urjimu

(יאההויהה) וּרְחִימוּ urjimu וּדְחִילוּ udjilu (איההיוהה) לְיַחֲדָא leyajdá

שֵׁם Shem יו"ד Yud קֵי Kei בְּוָא"ו beVav קֵי Kei בְּיִחוּדָא beyijudá

שְׁלִים shlim (יהוה) בְּשֵׁם beShem כָּל col ילי יִשְׂרָאֵל Yisrael,

הִנֵּה hiné אֲנַחְנוּ anajnu בָּאִים baím לְהִתְפַּלֵּל lehitpalel תְּפִלַּת tfilat

מִנְחָה minjá ע"ה ב"פ ב"ן שֶׁל shel (**En *Shabat* agregar:** שַׁבָּת Shabat קֹדֶשׁ kódesh

וְ (ve יוֹם yom ע"ה נגד, מזבח, זן, אל יהוה הַכִּפּוּרִים HaKipurim שֶׁתִּקֵּן shetikén

יִצְחָק Yitsjak ד"פ ב"ן אָבִינוּ avinu עָלָיו alav הַשָּׁלוֹם hashalom עִם im

כָּל col ילי הַמִּצְוֹת hamitsvot הַכְּלוּלוֹת haclulot בָּהּ ba לְתַקֵּן letakén

אֶת et שָׁרְשָׁהּ shorshá בְּמָקוֹם bemakom עֶלְיוֹן elyón לַעֲשׂוֹת laasot

נַחַת nájat רוּחַ rúaj לְיוֹצְרֵנוּ leyotsrenu וְלַעֲשׂוֹת velaasot

רְצוֹן retsón מהש ע"ה, ע"ב בריבוע וקס"א ע"ה, אל שדי ע"ה בּוֹרְאֵינוּ boreinu.

וִיהִי vihí נֹעַם nóam אֲדֹנָי Adonai ללה אֱלֹהֵינוּ Eloheinu ילה

עָלֵינוּ aleinu וּמַעֲשֵׂה umaasé יָדֵינוּ yadeinu כּוֹנְנָה conená

עָלֵינוּ aleinu וּמַעֲשֵׂה umaasé יָדֵינוּ yadeinu כּוֹנְנֵהוּ conenehu:

Continúa *Minjá* en las páginas 15-28 y luego continúa con "*Uvá LeTsiyón*" en la página 568.

MINJÁ DE YOM KIPUR - LESHEM YIJUD

Para la unificación del Santísimo, bendito sea Él, y Su Shejiná, con temor y amor y con amor y temor, para unificar El Nombre Yud-Kei y Vav-Kei en perfecta unidad, y en el nombre de Israel, hemos venido por este medio a recitar la oración de Minjá (**en *Shabat* agregar:** *del Santo Shabat y) Yom Kipur, establecida por Yitsjak, nuestro ancestro, sea la paz con él, con todos sus preceptos, para corregir su raíz en el Lugar Celestial, para llevar satisfacción a nuestro Hacedor, y para satisfacer el deseo de nuestro Creador. "Y sea la gracia del Señor, nuestro Dios, sobre nosotros y pueda Él establecer en nosotros la obra de nuestras manos y que la obra de nuestras manos pueda establecerlo a Él"* (Salmos 90:17).

UVÁ LETSIYÓN

Esta oración es nuestra conexión con la redención. La oración comienza: "Y vendrá un redentor a *Sión*". El redentor es una referencia al *Mashíaj* (Mesías). Kabbalísticamente, el *Mashíaj* no es una persona justa que vendrá y nos salvará y traerá paz al mundo. *Mashíaj* es un estado de espiritualidad y conciencia que puede alcanzar todo individuo. Nadie viene a salvarnos ni a hacer el trabajo por nosotros. Cada uno de nosotros debe conseguir su propio nivel de crecimiento espiritual y realización, nuestro *Mashíaj* personal, y cuando una masa crítica de personas haya alcanzado este estado, el *Mashíaj* global aparecerá para la humanidad.

וּבָא uvá לְצִיּוֹן leTsiyón יוסף, ו' הויות, קנאה גּוֹאֵל goel וּלְשָׁבֵי uleshavei פֶשַׁע fesha

בְּיַעֲקֹב beYaakov ז' הויות, יאהדונהי אידהנויה נְאֻם neúm יְהֹוָהאדניאהדונהי Adonai:

וַאֲנִי vaaní אני ; ר"ת גוף בניו (שירדו לחיצונים בעון הוצאת ז"ל, ויחזרו לגוף אוצר הנשמות, ויבוא גואל)

זֹאת zot בְּרִיתִי brití אוֹתָם otam אָמַר amar יְהֹוָהאדניאהדונהי Adonai

רוּחִי rují אֲשֶׁר asher עָלֶיךָ aleja וּדְבָרַי udvarai אֲשֶׁר־ asher

שַׂמְתִּי samti בְּפִיךָ befija לֹא־ lo יָמוּשׁוּ yamushu מִפִּיךָ mipija

וּמִפִּי umipí זַרְעֲךָ zarajá וּמִפִּי umipí זֶרַע zera זַרְעֲךָ zarajá

אָמַר amar יְהֹוָהאדניאהדונהי Adonai מֵעַתָּה meatá וְעַד־ vead עוֹלָם olam:

וְאַתָּה veAtá קָדוֹשׁ kadosh יוֹשֵׁב yoshev תְּהִלּוֹת tehilot יִשְׂרָאֵל Yisrael:

וְקָרָא vekará זֶה ze אֶל־ el זֶה ze י"ב פרקין דיעקב מאירין לי"ב פרקין דרוז"ל וְאָמַר veamar:

> **En *Shabat*** medita en las letras *Tav* ת y *Tsadi* צ de: אבגית"ץ, que ayudan con la memoria espiritual.

קָדוֹשׁ kadosh | (*Jésed*) קָדוֹשׁ kadosh (*Guevurá*) קָדוֹשׁ kadosh (*Tiféret*)

יְהֹוָהאדניאהדונהי Adonai צְבָאוֹת Tsvaot פני שכינה מְלֹא meló

כָל־ jol ילי הָאָרֶץ haárets אלהים דההין ע"ה כְּבוֹדוֹ quevodó:

וּמְקַבְּלִין umekablín דֵּין dein מִן min דֵּין dein וְאָמְרִין veamrín.

קַדִּישׁ kadish ב"פ אור, ב"פ רז, ב"פ א"ס בִּשְׁמֵי bishmei מְרוֹמָא meromá

עִלָּאָה ilaá בֵּית beit ב"פ ראה שְׁכִינְתֵּהּ Shjintei.

UVÁ LETSIYÓN

"Y vendrá un redentor a Sión, a los que se vuelven de la transgresión de entre [la Casa de] Yaakov, dice el Señor. En cuanto a Mí, este es Mi pacto con ellos, dice el Señor. Mi espíritu que es sobre ti y Mis palabas que he puesto en tu boca, no se apartarán de tu boca ni de la boca de tus hijos ni de la boca de los hijos de tus hijos, dice el Señor, desde ahora y por siempre" (Isaías 59:20-21). "Y Tú eres Santo y esperas las alabanzas de Israel. Y uno llamó al otro diciendo: Santo, Santo, Santo es el Señor de los Ejércitos, toda la Tierra es llenada con Su gloria" (Isaías 6:3). Y ellos reciben consentimiento uno del otro y dicen: Santo en los Elevados Cielos es la morada de Su Shejiná.

קַדִּישׁ kadish ב"פ אור, ב"פ רז, ב"פ א"ס עַל־ al אַרְעָא ará עוֹבַד ovad
גְּבוּרְתֵּהּ guevurtei. קַדִּישׁ kadish ב"פ אור, ב"פ רז, ב"פ א"ס לְעָלַם lealam
וּלְעָלְמֵי ulealmei עָלְמַיָּא almayá: יְהֹוָהאדניאהדונהי Adonai צְבָאוֹת Tsvaot
פני שכינה מַלְיָא malyá כָל jol ילי אַרְעָא ará זִיו ziv יְקָרֵהּ yekaré
וַתִּשָּׂאֵנִי vatisaeni רוּחַ rúaj וָאֶשְׁמַע vaeshmá אַחֲרַי ajarai קוֹל kol
רַעַשׁ ráash גָּדוֹל gadol להחו ; עם ד' אותיות = מבה, יזל, אום בָּרוּךְ Baruj
כְּבוֹד Quevod יְהֹוָהאדניאהדונהי Adonai כבוד יהוה = יוד הי ואו הה מִמְּקוֹמוֹ mimkomó
עסמ"ב, הברכה (למתק את ז' המלכים שמתו) ; ר"ת = ע"ב, ריבוע יהוה ; ר"ת מ"כ, י"פ האא:
וּנְטָלַתְנִי unetalatni רוּחָא rujá. וּשְׁמָעִית ushmait בַּתְרַי batrai קָל kal
נמם (ה' גבורות) זִיעַ zia שַׂגִּיא saguí דִּמְשַׁבְּחִין dimeshabjín וְאָמְרִין veamrín
בְּרִיךְ berij יְקָרָא yekará דַּיהֹוָהאדניאהדונהי daAdonai מֵאֲתַר meatar
בֵּית beit ב"פ ראה שְׁכִינְתֵּהּ Shjintei. יְהֹוָהאדניאהדונהי Adonai | יִמְלֹךְ yimloj
לְעֹלָם leolam ריבוע ס"ג וי' אותיות דס"ג ; ר"ת ייל וָעֶד vaed: יְהֹוָהאדניאהדונהי Adonai
מַלְכוּתֵהּ maljutei קָאֵם kaím לְעָלַם lealam וּלְעָלְמֵי ulealmei
עָלְמַיָּא almayá: יְהֹוָהאדניאהדונהי Adonai אֱלֹהֵי Elohei מילוי ע"ב, דמב ; ילה
אַבְרָהָם Avraham וז"פ אל, רי"ו ול"ב נתיבות החכמה, רמ"ח (אברים), עסמ"ב וט"ז אותיות פשוטות
יִצְחָק Yitsjak ד"פ ב"ן וְיִשְׂרָאֵל veYisrael אֲבֹתֵינוּ avoteinu
שָׁמְרָה־ shomrá זֹּאת zot לְעוֹלָם leolam ריבוע ס"ג וי' אותיות דס"ג
לְיֵצֶר leyétser מַחְשְׁבוֹת majshevot לְבַב levav בוכו
עַמֶּךָ ameja וְהָכֵן vehajén לְבָבָם levavam אֵלֶיךָ eleja:

Santo, sobre la Tierra, es el trabajo de Su valor. Santo, para siempre y para toda la eternidad, es el Señor de los Ejércitos, toda la Tierra es llenada con el esplendor de Su gloria. "Y un viento me cargó y detrás de mí escuché una gran voz estruendosa dando alabanza: Bendita sea la gloria del Señor desde Su morada" (Ezequiel 3:12). Y diciendo: Bendita sea la gloria del Señor desde el lugar de residencia de Su Shejiná. "El Señor reinará por siempre jamás" (Éxodo 15:18). El Señor, Su Reino es establecido por siempre y para la eternidad. "El Señor, Dios de Avraham, Yitsjak e Yisrael (nuestros antepasados), ¡resguarda esto para siempre en honor a los pensamientos en los corazones de Tu Nación, y dirige sus corazones hacia Ti!" (1 Crónicas 29:18).

וְהוּא veHú רַחוּם rajum יְכַפֵּר yejaper ר״ת רי״ו עָוֺן avón (*Aba* de la *klipá*)

וְלֹא veló יַשְׁחִית yashjit (*Ima* de la *klipá*) וְהִרְבָּה vehirba לְהָשִׁיב lehashiv

אַפּוֹ apo (*Zeir* de la *klipá*) וְלֹא־ veló יָעִיר yair כָּל־ col ילי וַחֲמָתוֹ jamató

(*Nukvá* de la *klipá*): כִּי־ qui אַתָּה Atá אֲדֹנָי Adonai ללה טוֹב tov והו

וְסַלָּח vesalaj יהוה ע״ב וְרַב־ verav (*Yitsjak*) וְחֶסֶד jésed (*Avraham*) ע״ב, ריבוע יהוה

לְכָל־ lejol יה אדני קֹרְאֶיךָ koreja (*Yaakov*): צִדְקָתְךָ tsidkatjá צֶדֶק tsédek

לְעוֹלָם leolam ריבוע ס״ג וי׳ אותיות דס״ג וְתוֹרָתְךָ vetoratjá אֱמֶת emet

אהיה פעמים אהיה, ו״פ ס״ג: תִּתֵּן titén ב״פ כהת אֱמֶת emet אהיה פעמים אהיה, ו״פ ס״ג

לְיַעֲקֹב leYaakov ו׳ הויות, יאהדונהי אידהנויה וְחֶסֶד jésed ע״ב, ריבוע יהוה

לְאַבְרָהָם leAvraham וו״פ אל, רי״ו ול״ב נתיבות החכמה, רמ״ח (אברים), עסמ״ב וט״ז אותיות פשוטות

אֲשֶׁר־ asher נִשְׁבַּעְתָּ nishbata לַאֲבֹתֵינוּ laavoteinu מִימֵי mimei קֶדֶם kédem:

בָּרוּךְ Baruj אֲדֹנָי Adonai ללה יוֹם yom ע״ה נגד, מזבח, זן אל יהוה יוֹם yom

ע״ה נגד, מזבח, זן אל יהוה יַעֲמָס־ yaamós ר״ת ייי לָנוּ lanu אלהים, אהיה אדני ; ר״ת ייל

הָאֵל haEl לאה ; אל (״יא״ מילוי דס״ג) ; ר״ת ילה יְשׁוּעָתֵנוּ yeshuatenu סֶלָה sela:

יְהֹוָֽאדניהאהדונהי Adonai צְבָאוֹת Tsvaot פני שכינה עִמָּנוּ imanu

מִשְׂגָּב־ misgav אותיות מהש, ע״ב בריבוע וקס״א, אל שדי, ד״פ אלהים ע״ה ריבוע ס״ג, קס״א ע״ה וד׳

לָנוּ lanu אלהים, אהיה אדני אֱלֹהֵי Elohei מילוי ע״ב, דמב ; ילה יַעֲקֹב Yaakov

סֶלָה sela: יְהֹוָֽאדניהאהדונהי Adonai צְבָאוֹת Tsvaot פני שכינה ו׳ הויות, יאהדונהי אידהנויה

אַשְׁרֵי ashrei אָדָם adam מ״ה ; יהוה צבאות אשרי אדם = תפארת בֹּטֵחַ botéaj

בָּךְ baj אדם בוטח בך = אמן (יאהדונהי) ע״ה ; בוטח בך = מילוי ע״ב ע״ה:

"Y Él es misericordioso y perdona iniquidades, y no destruirá, y Él con frecuencia disminuye Su ira y nunca despertará todo Su enojo" (Salmos 78:38). *"Porque Tú, Señor, eres bueno y misericordioso, y abundante en benevolencia para todos los que Te claman"* (Salmos 86:5). *"Tu rectitud es una justicia eterna, y Tu Torá es verdadera"* (Salmos 119:42). *"Tú das la verdad a Yaakov y benevolencia a Avraham, como lo has acordado con nuestros antepasados desde el principio de los tiempos"* (Miqueas 7:20). *"Bendito es el Señor, Quien lleva nuestras cargas día tras día, el Dios de nuestra salvación, Sela"* (Salmos 68:20). *"El Señor de los Ejércitos está con nosotros; el Dios de Yaakov es nuestra fortaleza. Sela"* (Salmos 46:12). *"Señor de los Ejércitos, dichoso es el hombre que confía en Ti"* (Salmos 84:13).

יְהֹוָה יאהדונהי Adonai הוֹשִׁיעָה hoshía יהוה וש״ע נהורין הַמֶּלֶךְ haMélej ר״ת יהה

יַעֲנֵנוּ yaanenu בְיוֹם־ veyom ע״ה נגד, מזבח, זן, אל יהוה קָרְאֵנוּ korenu

ר״ת יב״ק, אלהים יהוה, אהיה אדני יהוה וס״ת ב״ן ועם אות כ׳ דהמלך = ע״ב:

BARUJ ELOHEINU

Recitar el siguiente verso "*Baruj Eloheinu*" con felicidad genuina y un corazón que confía generará Luz adicional para nuestra vida y nuestro proceso de *tikún* será mucho más fácil. Medita en dedicar tu alma a santificar el Santo Nombre (*Kedushat HaShem*).

בָּרוּךְ Baruj אֱלֹהֵינוּ Eloheinu ילה שֶׁבְּרָאָנוּ sheberaanu לִכְבוֹדוֹ lijvodó

וְהִבְדִּילָנוּ vehivdilanu מִן min הַתּוֹעִים hatoím (conectando con la información correcta)

וְנָתַן venatán לָנוּ lanu אלהים, אהיה אדני תּוֹרַת torat אֱמֶת emet אהיה פעמים אהיה, ז״פ ס״ג

וְחַיֵּי vejayei עוֹלָם olam נָטַע natá בְּתוֹכֵנוּ betojenu. הוּא Hu יִפְתַּח yiftaj

לִבֵּנוּ libenu בְּתוֹרָתוֹ betorató. וְיָשִׂים veyasim בְּלִבֵּנוּ belibenu אַהֲבָתוֹ ahavató

וְיִרְאָתוֹ veyirató לַעֲשׂוֹת laasot רְצוֹנוֹ retsonó וּלְעָבְדוֹ uleavdó

בְּלֵבָב belevav בוכו שָׁלֵם shalem. לֹא lo נִיגַע nigá לָרִיק larik

(Aquí medita en ser protegido de las emisiones nocturnas, para que el esfuerzo espiritual no se vaya a la negatividad [*Rik* y *Behalá*]. También medita en tener hijos justos que sigan la senda de la Luz).

וְלֹא veló נֵלֵד neled לַבֶּהָלָה labehalá. יְהִי yehí רָצוֹן ratsón מהש ע״ה,

ע״ב בריבוע וקס״א ע״ה, אל שדי ע״ה מִלְּפָנֶיךָ milfaneja ס״ג מ״ה ב״ן יְהֹוָה יאהדונהי Adonai

אֱלֹהֵינוּ Eloheinu ילה וֵאלֹהֵי veElohei לכב ; מילוי ע״ב, דמב ; ילה אֲבוֹתֵינוּ avoteinu

שֶׁנִּשְׁמוֹר shenishmor חֻקֶּיךָ jukeja וּמִצְוֹתֶיךָ umitsvoteja

בָּעוֹלָם baolam הַזֶּה hazé והו. וְנִזְכֶּה venizqué וְנִחְיֶה venijyé וְנִירַשׁ venirash

טוֹבָה tová אכא וּבְרָכָה uvrajá לְחַיֵּי lejayei הָעוֹלָם haolam הַבָּא habá:

"Señor, sálvanos. El Rey nos responderá en el día que nosotros le llamemos" (Salmos 20:10).

BARUJ ELOHEINU

Bendito es nuestro Dios, Quien nos creó por Su gloria, Quien nos separó de los que tomaron el mal camino, Quien nos dio la Torá de la verdad y Quien implantó en nosotros la vida eterna. Que abra nuestros corazones con Su Torá y coloque en nuestros corazones amor hacia Él y temor por Él, para satisfacer Su voluntad y servirlo con todo el corazón. Que nuestros esfuerzos no sean en vano y que no le demos cabida al pánico. Que sea Tu voluntad, Señor, nuestro Dios y Dios de nuestros antepasados, que mantengamos Tus estatutos y Tus mandamientos en este mundo, y que logremos mérito, vida, bondad y bendición para la vida en el Mundo por Venir.

לְמַעַן lemaan יְזַמֶּרְךָ yezamerja כָבוֹד javod וְלֹא veló יִדֹּם yidom

יְהֹוָ‍אדהיאהדונהי Adonai ר"ת = אלהים, אהיה אדני אֱלֹהַי Elohai מילוי ע"ב, דמב ; ילה

לְעוֹלָם leolam ריבוע ס"ג וי' אותיות דס"ג אוֹדֶךָּ odeca: יְהֹוָ‍אדהיאהדונהי Adonai

חָפֵץ jafets לְמַעַן lemaan צִדְקוֹ tsidkó יַגְדִּיל yagdil תּוֹרָה Torá ר"ת צ"ת

וְיַאְדִּיר veyaadir ר"ת = אבגיתץ, ושר: וְיִבְטְחוּ veyivtejú בְךָ vejá יוֹדְעֵי yodei

שְׁמֶךָ Shmeja כִּי qui ר"ת יכש לֹא lo עָזַבְתָּ azavtá דֹרְשֶׁיךָ dorsheja

יְהֹוָ‍אדהיאהדונהי Adonai ס"ת כהת, משיח בן דוד ע"ה: יְהֹוָ‍אדהיאהדונהי Adonai

אֲדֹנֵינוּ adoneinu מָה ma מ"ה אַדִּיר adir הרי שִׁמְךָ Shimjá בְּכָל bejol

הָאָרֶץ haárets אלהים דההין ע"ה: חִזְקוּ jizkú וְיַאֲמֵץ veyaamets ב"ן, לכב ; ומב

לְבַבְכֶם levavjem כָּל col ילי הַמְיַחֲלִים hameyajalim לַיהֹוָ‍אדהיאהדונהי laAdonai:

MEDIO KADISH

יִתְגַּדַּל yitgadal וְיִתְקַדַּשׁ veyitkadash שדי ומילוי שדי ; י"א אותיות כמנין ו"ה

שְׁמֵיהּ Shmei (שם י"ה דע"ב) רַבָּא rabá קנ"א ב"ן, יהוה אלהים יהוה אדני,

מילוי קס"א וס"ג, מ"ה ברבוע וע"ב ע"ה ; ר"ת = ו"פ אלהים ; ס"ת = ג"פ יב"ק: אָמֵן Amén אידהנויה.

בְּעָלְמָא bealmá דִּי di בְרָא verá כִּרְעוּתֵיהּ quirutei.

וְיַמְלִיךְ veyamlij מַלְכוּתֵיהּ maljutei. וְיַצְמַח veyatsmaj

פֻּרְקָנֵיהּ purkanei. וִיקָרֵב vikarev מְשִׁיחֵיהּ Meshijei: אָמֵן Amén אידהנויה.

"Para que mi gloria pueda cantarte alabanzas, y no quedarse callada. Señor, Dios mío, Te agradeceré por siempre" (Salmos 30:13). "El Señor desea rectitud: Él hace la Torá grandiosa y poderosa" (Isaías 42:21). "Y colocarán su confianza en Ti, todos aquellos que conocen Tu Nombre, porque Tú no has abandonado a los que Te buscan, Señor" (Salmos 9:11). "Señor, nuestro Señor, que poderoso es Tu Nombre a lo largo del mundo" (Salmos 8:2). Sean fuertes y sus corazones valientes, todos aquellos que colocan su esperanza en el Señor.

MEDIO KADISH

¡Glorificado y santificado sea su Gran Nombre! (Amén).
En el mundo que Él creó de acuerdo a Su voluntad y pueda Su Reino reinar.
Y pueda Él hacer que su Redención florezca y pueda Él acercar al Mesías (Amén).

בְּחַיֵּיכוֹן bejayeijón וּבְיוֹמֵיכוֹן uveyomeijón וּבְחַיֵּי uvejayei

דְּכָל dejol יל״י בֵּית beit ב״פ ראה יִשְׂרָאֵל Yisrael בַּעֲגָלָא baagalá

וּבִזְמַן uvizmán קָרִיב kariv וְאִמְרוּ veimrú אָמֵן Amén. אָמֵן Amén אידהנויה.

La congregación y el *jazán* dicen lo siguiente:

28 palabras (hasta *bealmá*) – y 28 letras (hasta *almayá*)

יְהֵא yehé שְׁמֵיהּ Shmei (שׁם י״ה דס״ג) רַבָּא rabá קנ״א ב״ן,

יהוה אלהים יהוה אדני, מילוי קס״א וס״ג, מ״ה ברבוע וע״ב ע״ה מְבָרַךְ mevaraj,

לְעָלַם lealam לְעָלְמֵי lealmei עָלְמַיָּא almayá. יִתְבָּרַךְ yitbaraj.

Siete palabras con seis letras cada una (שׁם בן מ״ב). También, siete veces la letra Vav (שׁם בן מ״ב).

וְיִשְׁתַּבַּח veyishtabaj י״פ ע״ב יהוה אל אבג יתץ.

וְיִתְפָּאַר veyitpaar הי נו יה קרע שטן. וְיִתְרוֹמַם veyitromam וה כוזו נגד יכש.

וְיִתְנַשֵּׂא veyitnasé במוכסז בטר צתג. וְיִתְהַדָּר veyithadar כוזו יה וזקב טנע.

וְיִתְעַלֶּה veyitalé וה יוד ה יגל פזק. וְיִתְהַלָּל veyithalal א ואו הא שקו צית.

שְׁמֵיהּ Shmei (שׁם י״ה דמ״ה) דְּקוּדְשָׁא deKudshá בְּרִיךְ Verij הוּא Hu:

אָמֵן Amén אידהנויה.

לְעֵלָּא leelá מִן min כָּל col יל״י בִּרְכָתָא birjatá. שִׁירָתָא shiratá.

תֻּשְׁבְּחָתָא tishbejatá וְנֶחָמָתָא venejamatá. דַּאֲמִירָן daamirán

בְּעָלְמָא bealmá וְאִמְרוּ veimrú אָמֵן Amén: אָמֵן Amén אידהנויה.

En tus vidas y en tus días y en la vida de toda la Casa de Israel, prontamente y en el futuro cercano, y dígase: Amén (Amén). Que Su gran Nombre sea bendito por siempre y por toda la eternidad. Bendito y alabado, y glorificado y exaltado, y ensalzado y honrado, y adorado y loado, sea el Nombre del Santísimo, Bendito sea Él (Amén). Más allá de todas las bendiciones, himnos, alabanzas y palabras de consolación que jamás se dijeran en el mundo, y dígase: Amén (Amén).

APERTURA DEL ARCA

Atraer la Luz de *Jojmá*.

Rabí Shimón Bar Yojái dice: “Mientras el Arca está abierta, debemos prepararnos con temor reverencial. Todos deben despertar un sentido interno de asombro, como si realmente estuviéramos parados en el Monte Sinaí, temblando mientras contemplamos la abrumadora manifestación de Luz. Permanecemos parados en silencio, enfocados solamente en la oportunidad de escuchar cada palabra sagrada del pergamino. Cuando sacamos la Torá para leerla en público, todas las Puertas de la Misericordia en el Cielo están abiertas y despertamos un amor desde Arriba”.

וַיְהִי vayehí   בִּנְסֹעַ binsoa   הָאָרֹן haarón   וַיֹּאמֶר vayómer   מֹשֶׁה Moshé

מהש, ע״ב ב״ן בריבוע וקס״א, אל שדי, ד״פ אלהים ע״ה   קוּמָה kumá   קנ״א (מקוה) |

יְהֹוָה אדני אהדונהי Adonai   וְיָפֻצוּ veyafutsu   אֹיְבֶיךָ oyveja   וְיָנֻסוּ veyanusu

מְשַׂנְאֶיךָ mesaneja   מִפָּנֶיךָ mipaneja   ס״ג   מ״ה   ב״ן: כִּי qui

מִצִּיּוֹן miTsiyón   יוסף, ו׳ הויות, קנאה   תֵּצֵא tetsé   תוֹרָה Torá   וּדְבַר udvar   ראה

יְהֹוָה אדני אהדונהי Adonai   מִירוּשָׁלָםִ: mirushaláim   בָּרוּךְ Baruj   שֶׁנָּתַן shenatán

תּוֹרָה Torá   לְעַמּוֹ leamó   יִשְׂרָאֵל Yisrael   בִּקְדֻשָּׁתוֹ ◆bikdusható

BERIJ SHMEI

Esta sección es tomada directamente del *Zóhar* y aparece en su arameo original. El *Berij Shmei* funciona como una máquina del tiempo que, literalmente, transporta nuestra alma de regreso al evento de revelación en el Monte Sinaí, cuando Moshé recibió las tablas. Al volver a visitar el momento y lugar exacto de la revelación, podemos atraer hacia nosotros los aspectos de la Luz original mediante la lectura de la Torá. El *Berij Shmei* contiene 130 palabras. Adam fue separado de su esposa, Javá, por 130 años; tiempo en el que él pecó. Cada palabra en esta oración ayuda a corregir uno de esos años. Cada uno de nosotros estaba incluido en el alma de Adam. Nosotros somos Adam. Adam es simplemente el código para el alma unificada que incluye a cada ser humano que alguna vez transitó o transitará por este planeta.

בְּרִיךְ Berij   שְׁמֵיהּ Shmei   דְּמָארֵי demarei   עָלְמָא almá   בְּרִיךְ Berij

כִּתְרָךְ quitraj   וְאַתְרָךְ ◆veatraj   יְהֵא yehé   רְעוּתָךְ ◆reutaj   עִם im

עַמָּךְ amaj   יִשְׂרָאֵל Yisrael   לְעָלַם ◆lealam   וּפוּרְקַן ufurkán   יְמִינָךְ yeminaj

אַחֲזֵי ajzei   לְעַמָּךְ leamaj   בְּבֵית beveit   ב״פ   ראה   מִקְדְּשָׁךְ ◆mikdashaj

---

APERTURA DEL ARCA

“Cuando el Arca viajaba, Moshé decía: Levántate, Señor. Haz que Tus enemigos sean esparcidos y que aquellos que Te odian huyan ante Ti” (Números 10:35). “Porque de Sión emergerá la Torá y la Palabra del Señor desde Jerusalén” (Isaías 2:3). Bendito es Él Quien dio la Torá a Su Nación, Israel, por Su Santidad.

BERIJ SHMEI

Bendito es el Nombre del Señor del Mundo.

Bendita es Tu corona y Tu lugar. Que Tu deseo esté con Tu Nación, Israel, para siempre.

Que puedas mostrar la redención de Tu Diestra a Tu Nación en Tu Templo Sagrado.

לְאַמְטוּיֵי leamtuyei לָנָא laná מִטּוּב mituv נְהוֹרָךְ •nehoraj וּלְקַבֵּל ulekabel
צְלוֹתָנָא tslotaná בְּרַחֲמִין •berajamín יְהֵא yehé רַעֲוָא raavá
קֳדָמָךְ kodamaj דְּתוֹרִיךְ detorij לָן lan וְחַיִּין jayín בְּטִיבוּ •betivu
וְלֶהֱוֵי velehevei אֲנָא aná ב״ן עַבְדָּךְ avdaj פוי, אל אדני פְּקִידָא pekidá
בְּגוֹ begó צַדִּיקַיָּא •tsadikaya לְמִרְחַם lemirjam אברהם, וז״פ אל, רי״ו ול״ב נתיבות
החכמה, רמ״ח (אברים), עסמ״ב וט״ז אותיות פשוטות עָלַי alai וּלְמִנְטַר ulemintar יָתִי yatí
וְיַת veyat כָּל col יכ״י דִּילִי dilí וְדִי vedí לְעַמָּךְ leamaj יִשְׂרָאֵל •Yisrael
אַנְתְּ ant הוּא Hu זָן zan נגד, מזבח, אל יהוה לְכֹלָּא lejolá וּמְפַרְנֵס umfarnés
לְכֹלָּא •lejolá אַנְתְּ ant הוּא Hu שַׁלִּיט shalit עַל al כֹּלָּא •cola אַנְתְּ ant
הוּא Hu דְּשַׁלִּיט deshalit עַל al מַלְכַיָּא maljayá וּמַלְכוּתָא umaljutá
דִּילָךְ dilaj הִיא •hi אֲנָא aná ב״ן עַבְדָּא avdá דְּקוּדְשָׁא deKudshá
בְּרִיךְ Berij הוּא Hu דְּסָגִידְנָא desaguidná קַמֵּיהּ kamé וּמִן umín קַמֵּיהּ kamé
דִּיקָר dikar אוֹרַיְתֵהּ orayté בְּכָל bejol ב״ן, לכב עִדָּן idán וְעִדָּן •veidán
לָא la עַל al אֱנָשׁ enash רָחִיצְנָא •rajitsná וְלָא velá עַל al
בַּר bar אֱלָהִין elahín יל״ה סָמִיכְנָא •samijná אֶלָּא ela בֶּאֱלָהָא beelahá
דִּשְׁמַיָּא •dishmayá דְּהוּא dehú אֱלָהָא elahá קְשׁוֹט •keshot
וְאוֹרַיְתֵהּ veorayté קְשׁוֹט keshot וּנְבִיאוֹהִי uneviohí קְשׁוֹט •keshot
וּמַסְגֵּא umasguei לְמֶעְבַּד lemeebad טַבְוָן taveván וּקְשׁוֹט •ukeshot
בֵּיהּ bei אֲנָא aná ב״ן רָחִיץ rajits וְלִשְׁמֵהּ veliShmei יַקִּירָא yakirá
קַדִּישָׁא kadishá אֲנָא aná ב״ן אֵמַר emar תֻּשְׁבְּחָן •tushbeján

---

Que nos puedas llenar con lo mejor de Tu iluminación y que puedas recibir nuestras oraciones con misericordia. Que sea agradable ante Ti el alargar nuestras vidas con bien. Y yo, Tu siervo, seré recordado junto a los justos. Ten misericordia de mí y protégeme, y todo lo que poseo y todo lo que pertenece a Tu Nación, Israel. Tú eres el que nutre todo y provee a todo con sustento. Tú eres el que gobierna todo. Tú tienes control sobre reyes y sus reinos son Tuyos. Yo soy el siervo del Santo Bendito Sea, mientras me postro ante Él y ante la gloria de Su Torá, en cada y todo momento. Yo no coloco mi confianza en ningún hombre y no tengo fe en los hijos de los dioses. Mi confianza y fe están sólo en el Dios en el Cielo, Quien es el verdadero Dios; Su Torá es verdadera; Sus profetas son verdaderos; y Él ejecuta abundante compasión y verdad. En Él, yo confío y digo alabanzas a Su Santo y precioso Nombre.

יְהֵא yehé רַעֲוָא raavá קֳדָמָךְ kodamaj דְּתִפְתַּח detiftaj לִבָּאִי libaí
בְּאוֹרַיְתָךְ beoraytaj. (וְתִיהַב vetihav לִי li בְּנִין benín דִּכְרִין dijrín
דְּעָבְדִין deavdín רְעוּתָךְ reutaj). וְתַשְׁלִים vetashlim מִשְׁאֲלִין mishalín
דְּלִבָּאִי delibaí וְלִבָּא velibá דְּכָל dejol ילי עַמָּךְ amaj יִשְׂרָאֵל Yisrael
לְטָב letav וּלְחַיִּין ulejayín וְלִשְׁלָם velishlam אָמֵן Amén יאהדונהי:

SACAR LA TORÁ DEL ARCA

Cuando la Torá es sacada del Arca, hay una oportunidad de hacer una conexión especial con ella, bien sea besándola o tocándola. A veces, las personas se apresuran en hacer su conexión, empujando, aglomerándose y apartando a la gente a un lado mientras intentan tocar el pergamino. Espiritualmente hablando, estas acciones reflejan una energía opuesta a la de la Torá. La conexión con la Torá no sólo es física. Las conexiones con la Torá se realizan a través de un estado mental espiritual, el cual incluye tolerancia y ocupación por los demás. No podemos estar en el marco mental espiritual adecuado si somos descorteses con otro individuo.

Antes de que la Torá sea llevada a la *bimá* (podio), el *jazán* dice:

גַּדְּלוּ gadlú לַיהֹוָהאדניאהדונהי laAdonai אִתִּי ití וּנְרוֹמְמָה uneromemá
שְׁמוֹ Shemó מהש ע"ה, ע"ב בריבוע וקס"א ע"ה, אל שדי ע"ה יַחְדָּו yajdav:

Entonces la congregación dice lo siguiente mientras la Torá es llevada a la *bimá:*

לְךָ lejá יְהֹוָהאדניאהדונהי Adonai הַגְּדֻלָּה hagdulá וְהַגְּבוּרָה vehaGvurá ר"י
וְהַתִּפְאֶרֶת vehaTiféret וְהַנֵּצַח vehaNétsaj וְהַהוֹד vehaHod ההה כִּי qui
כֹל jol ילי בַּשָּׁמַיִם bashamáyim י"פ טל, י"פ כוזו וּבָאָרֶץ uvaárets לְךָ lejá
יְהֹוָהאדניאהדונהי Adonai הַמַּמְלָכָה hamamlajá וְהַמִּתְנַשֵּׂא vehamitnasé
לְכֹל lejol יה אדני לְרֹאשׁ lerosh ריבוע אלהים אלהים דיודין ע"ה: רוֹמְמוּ romemú
יְהֹוָהאדניאהדונהי Adonai אֱלֹהֵינוּ Eloheinu ילה וְהִשְׁתַּחֲווּ vehishtajavú
לַהֲדֹם lahadom רַגְלָיו raglav קָדוֹשׁ Kadosh הוּא Hu: רוֹמְמוּ romemú
יְהֹוָהאדניאהדונהי Adonai אֱלֹהֵינוּ Eloheinu ילה וְהִשְׁתַּחֲווּ vehishtajavú לְהַר lehar
קָדְשׁוֹ kodshó כִּי qui קָדוֹשׁ Kadosh יְהֹוָהאדניאהדונהי Adonai אֱלֹהֵינוּ Eloheinu ילה:

Que sea agradable ante Ti y Tú abrirás mi corazón con Tu Torá (y que Tú me concedas hijos varones, que puedan satisfacer Tu deseo). Y que Tú puedas satisfacer las solicitudes de mi corazón y el corazón de toda Tu Nación, Israel, para bien, para vida y para paz. Amén.

SACAR LA TORÁ DEL ARCA

"Glorifiquen conmigo al Señor, alabemos Su Nombre todos juntos" (Salmos 34:4).

"Tuyos, Señor, son la grandeza, la fortaleza, el esplendor, el triunfo y la gloria, incluso todo lo que hay en los Cielos y en la Tierra. Tuyos, Señor, son el Reino y la soberanía sobre cada líder" (1 Crónicas, 29:11).

"Exalten al Señor, nuestro Dios, y póstrense ante Su estrado, porque es Santo. Exalten al Señor, nuestro Dios, y póstrense ante Su Santa Montaña porque el Señor, nuestro Dios, es Santo" (Salmos 99:9).

LA ELEVACIÓN DE LA TORÁ

Después de que el pergamino es colocado en la *bimá* (podio), se llama a una persona para alzar la Torá para que la congregación vea la sección específica que se leerá de la Torá. Mientras elevamos la Torá, también meditamos en elevar nuestro nivel de conciencia. Debemos observar el pergamino para intentar ver la primera letra de la lectura de esa semana. También debemos tratar de encontrar la primera letra de nuestro nombre hebreo en el texto. Puedes usar el *Talit* para ayudarte a enfocar (si no tienes un *Talit*, puedes usar tu dedo).

וְזֹאת vezot הַתּוֹרָה haTorá אֲשֶׁר־ asher שָׂם sam מֹשֶׁה Moshé
מהש, ע״ב בריבוע וקס״א, אל שדי, ד״פ אלהים ע״ה לִפְנֵי lifnei בְּנֵי bnei יִשְׂרָאֵל Yisrael:
אֵל el ייא״י (מילוי דס״ג) שַׁדַּי Shadai אל שדי = משה, מהש, ע״ב בריבוע וקס״א, ד״פ אלהים ע״ה
אֱמֶת emet אהיה פעמים אהיה, ז״פ ס״ג וּמֹשֶׁה uMoshé מהש, ע״ב בריבוע וקס״א, אל שדי,
ד״פ אלהים ע״ה אֱמֶת emet אהיה פעמים אהיה, ז״פ ס״ג וְתוֹרָתוֹ vetorató
אֱמֶת emet אהיה פעמים אהיה, ז״פ ס״ג: תּוֹרָה Torá צִוָּה־ tsivá
לָנוּ lanu אלהים, אהיה אדני מֹשֶׁה Moshé מהש, ע״ב בריבוע וקס״א, אל שדי, ד״פ אלהים ע״ה
מוֹרָשָׁה morashá קְהִלַּת kehilat יַעֲקֹב Yaakov ז׳ הויות, יאהדונהי אידהנויה:
הָאֵל haEl ייא״י (מילוי דס״ג) תָּמִים tamim דַּרְכּוֹ darcó אִמְרַת imrat
יְהֹוָהאדניאהדונהי Adonai צְרוּפָה tsrufá מָגֵן maguén ג״פ אל (ייא״י מילוי דס״ג)
ר״ת מיכאל גבריאל נוריאל הוּא Hu לְכֹל lejol יה אדני הַחֹסִים hajosim בּוֹ bo:

LA LECTURA DE LA TORÁ PARA MINJÁ DE YOM KIPUR

Ahora estamos leyendo versículos que tratan con las transgresiones sexuales. Según la Kabbalah, las relaciones sexuales son la conexión más potente y poderosa con la Luz del Creador. El placer generado por ellas *es* la Luz. Debido a que nuestro universo está estructuralmente equilibrado física y espiritualmente, donde se encuentra una abertura para el mayor bien, el lado oscuro está ahí para equilibrarlo. Por lo tanto, aprendemos que las relaciones sexuales también pueden ser la forma más baja de energía negativa si se abusa de ella y se contamina con deseos humanos inmorales y lascivos.

Las bendiciones para antes y después de la lectura de la Torá se encuentran en las páginas 449-450.

וַיְדַבֵּר ראה יְהֹוָהאדניאהדונהי אֶל־מֹשֶׁה מהש, אל שדי לֵּאמֹר: דַּבֵּר ראה אֶל־בְּנֵי
יִשְׂרָאֵל וְאָמַרְתָּ אֲלֵהֶם אֲנִי אני, טדה״ד כוז״ו יְהֹוָהאדניאהדונהי אֱלֹהֵיכֶם ילה:

LA ELEVACIÓN DE LA TORÁ

"Y esta es la Torá que Moshé colocó ante los Hijos de Israel" (Deuteronomio 4:44). *Dios es verdad y Moshé es verdad y Su Torá es verdad. "La Torá que Moshé nos encomendó es una herencia para la congregación de Yaakov"* (Deuteronomio 33:4). *"¡Dios! Sus caminos son perfectos. La declaración del Señor es pura. Él es el Escudo para todos aquellos que se refugian en Él"* (2 Samuel 22:31)

LECTURA DE LA TORÁ PARA MINJÁ DE YOM KIPUR

"Habló Dios a Moshé y le dijo: 'Habla a los hijos de Israel y diles: Yo soy el Señor, su Dios.

כמעשה ארץ־ אלהים דאלפין מצרים מצר אשר ישבתם־בה לא תעשו
וכמעשה ארץ־ אלהים דאלפין כנען אשר אני אני, טדה״ד כוו״ו מביא אתכם
שמה מהש, משה, אל שדי לא תעשו ובחקתיהם לא תלכו: את־משפטי תעשו
ואת־חקתי תשמרו ללכת בהם אני אני, טדה״ד כוו״ו יהוהאדניאהדונהי
אלהיכם ילה: ושמרתם את־חקתי ואת־משפטי אשר יעשה אתם
האדם מ״ה וחי בהם אני אני, טדה״ד כוו״ו יהוהאדניאהדונהי: **Leví** איש ע״ה קנ״א קס״א
איש ע״ה קנ״א קס״א אל־כל־ ילי שאר בשרו לא תקרבו לגלות ערוה
אני אני, טדה״ד כוו״ו יהוהאדניאהדונהי: ערות אביך וערות אמך לא תגלה אמך
הוא לא תגלה ערותה: ערות אשת־אביך לא תגלה ערות אביך הוא:
ערות אחותך בת־אביך או בת־אמך מולדת בית ב״פ ראה או מולדת חוץ
לא תגלה ערותן: ערות בת־בנך או בת־בתך לא תגלה ערותן כי
ערותך הנה מ״ה יה: ערות בת־אשת אביך מולדת אביך אחותך הוא לא
תגלה ערותה: ערות אחות־אביך לא תגלה שאר אביך הוא:
ערות אחות־אמך לא תגלה כי־שאר אמך הוא: ערות אחי־אביך
לא תגלה אל־אשתו לא תקרב דדתך הוא: ערות כלתך
לא תגלה אשת בנך הוא לא תגלה ערותה: ערות אשת־אחיך
לא תגלה ערות אחיך הוא: ערות אשה ובתה לא תגלה את־בת־בנה
ואת־בת־בתה לא תקח לגלות ערותה שארה הנה מ״ה יה זמה הוא:

No harán como hacen en la tierra de Egipto, en la cual habitaron. No harán como hacen en la tierra de Canaán, a la cual Yo los conduzco, ni seguirán sus estatutos. Mis ordenanzas pondrán por obra, y Mis estatutos guardarán, andando en ellos. Yo soy el Señor, su Dios. Por tanto, guardarán Mis estatutos y Mis ordenanzas, porque el hombre que los cumpla, gracias a ellos vivirá. Yo soy el Señor. **Leví** *Ningún hombre se llegue a parienta próxima alguna para descubrir su desnudez. Yo soy el Señor. La desnudez de tu padre, o la desnudez de tu madre, no descubrirás; porque tu madre es, no descubrirás su desnudez. La desnudez de la mujer de tu padre no descubrirás; es la desnudez de tu padre. No descubrirás la desnudez de tu hermana, hija de tu padre o hija de tu madre, nacida en casa o nacida fuera. La desnudez de la hija de tu hijo, o de la hija de tu hija, su desnudez no descubrirás, pues es tu propia desnudez. No descubrirás la desnudez de la hija de la mujer de tu padre, engendrada de tu padre, que es tu hermana. La desnudez de la hermana de tu padre no descubrirás; es parienta de tu padre. La desnudez de la hermana de tu madre no descubrirás, porque parienta de tu madre es. La desnudez del hermano de tu padre no descubrirás; no te acercarás a su mujer; es mujer del hermano de tu padre. La desnudez de tu nuera no descubrirás; mujer es de tu hijo: no descubrirás su desnudez. La desnudez de la mujer de tu hermano no descubrirás: es la desnudez de tu hermano. La desnudez de la mujer y de su hija no descubrirás, ni tomarás la hija de su hijo, ni la hija de su hija para descubrir su desnudez; son parientas, y es lascivia.*

וְאִשָּׁה אֶל־אֲחֹתָהּ לֹא תִקָּח לִצְרֹר לְגַלּוֹת עֶרְוָתָהּ עָלֶיהָ פהל בְּחַיֶּיהָ: וְאֶל־
אִשָּׁה בְּנִדַּת טֻמְאָתָהּ לֹא תִקְרַב לְגַלּוֹת עֶרְוָתָהּ: וְאֶל־אֵשֶׁת עֲמִיתְךָ לֹא־
תִתֵּן ב״פ כהת שְׁכָבְתְּךָ לְזָרַע לְטָמְאָה־בָהּ: וּמִזַּרְעֲךָ לֹא־תִתֵּן ב״פ כהת לְהַעֲבִיר
לַמֹּלֶךְ וְלֹא תְחַלֵּל אֶת־שֵׁם יהוה שדי אֱלֹהֶיךָ ילה אֲנִי אני, טדה״ד כוז״ו יְהֹוָהאדניאהדונהי:
וְאֶת־זָכָר לֹא תִשְׁכַּב מִשְׁכְּבֵי אִשָּׁה תּוֹעֵבָה הִוא: וּבְכָל־ ב״ן, לכב, יבמ
בְּהֵמָה ב״ן, לכב, יבמ לֹא־תִתֵּן ב״פ כהת שְׁכָבְתְּךָ לְטָמְאָה־בָהּ וְאִשָּׁה לֹא־תַעֲמֹד
לִפְנֵי חכמה בינה בְהֵמָה ב״ן, לכב, יבמ לְרִבְעָהּ תֶּבֶל ב״פ רי״ו, ב״פ גבורה הוּא:
אַל־תִּטַּמְּאוּ בְּכָל־ ב״ן, לכב, יבמ אֵלֶּה כִּי בְכָל־ ב״ן, לכב, יבמ אֵלֶּה נִטְמְאוּ הַגּוֹיִם
אֲשֶׁר־אֲנִי אני, טדה״ד כוז״ו מְשַׁלֵּחַ מִפְּנֵיכֶם: וַתִּטְמָא הָאָרֶץ אלהים דההין ע״ה וָאֶפְקֹד
עֲוֺנָהּ עָלֶיהָ פהל וַתָּקִא הָאָרֶץ אלהים דההין ע״ה אֶת־יֹשְׁבֶיהָ: וּשְׁמַרְתֶּם אַתֶּם
אֶת־חֻקֹּתַי וְאֶת־מִשְׁפָּטַי וְלֹא תַעֲשׂוּ מִכֹּל ילי הַתּוֹעֵבֹת הָאֵלֶּה הָאֶזְרָח
וְהַגֵּר ד״פ ב״ן הַגָּר ד״פ ב״ן בְּתוֹכְכֶם: **Israel** כִּי אֶת־כָּל־ ילי הַתּוֹעֵבֹת
הָאֵל לאה (אלד ע״ה) עָשׂוּ אַנְשֵׁי־הָאָרֶץ אלהים דההין ע״ה אֲשֶׁר לִפְנֵיכֶם וַתִּטְמָא
הָאָרֶץ אלהים דההין ע״ה: וְלֹא־תָקִיא הָאָרֶץ אלהים דההין ע״ה אֶתְכֶם בְּטַמַּאֲכֶם
אֹתָהּ כַּאֲשֶׁר קָאָה אֶת־הַגּוֹי אֲשֶׁר לִפְנֵיכֶם: כִּי כָּל־ ילי אֲשֶׁר יַעֲשֶׂה
מִכֹּל ילי הַתּוֹעֵבֹת הָאֵלֶּה וְנִכְרְתוּ הַנְּפָשׁוֹת הָעֹשֹׂת מִקֶּרֶב עַמָּם: וּשְׁמַרְתֶּם
אֶת־מִשְׁמַרְתִּי לְבִלְתִּי עֲשׂוֹת מֵחֻקּוֹת הַתּוֹעֵבֹת אֲשֶׁר נַעֲשׂוּ לִפְנֵיכֶם וְלֹא
תִטַּמְּאוּ בָּהֶם אֲנִי אני, טדה״ד כוז״ו יְהֹוָהאדניאהדונהי אֱלֹהֵיכֶם ילה:

No tomarás una mujer juntamente con su hermana, haciéndola su rival y descubriendo su desnudez mientras la primera viva. Tampoco te acercarás a la mujer para descubrir su desnudez mientras esté con su impureza menstrual. Además, no tendrás acto carnal con la mujer de tu prójimo, contaminándote con ella. No darás un hijo tuyo para ofrecerlo por fuego a Molej; no profanarás así el nombre de tu Dios, porque Yo soy el Señor. No te acostarás con varón como con mujer; es abominación. Con ningún animal tendrás unión, haciéndote impuro con él, ni mujer alguna se pondrá delante de animal para unirse con él; es perversión. En ninguna de estas cosas se harán impuros, pues en todas estas cosas se han corrompido las naciones que Yo expulso de delante de ustedes, y también la tierra fue contaminada. Pero Yo visité su maldad, y la tierra vomitó a sus habitantes. Guarden, pues, Mis estatutos y Mis ordenanzas, y no cometan ninguna de estas abominaciones, ni el natural ni el extranjero que habita entre ustedes. **Israel** *Porque todas estas abominaciones hicieron los hombres de aquella tierra que fueron antes de ustedes, y la tierra fue contaminada, no sea que la tierra los vomite por haberla contaminado, como vomitó a la nación que la habitó antes que ustedes. Cualquiera que haga alguna de todas estas abominaciones, las personas que las hagan, serán eliminadas de su pueblo. Guarden, pues, Mi ordenanza, y no sigan ninguna de estas costumbres abominables que practicaron antes de ustedes, para que no se contaminen en ellas. Yo soy el Señor, su Dios'"* (Levítico 18:1-30).

LA HAFTARÁ DE YONÁ

La bendición para antes de la *Haftará* se encuentra en la página 456.

Una persona nunca puede escapar de su responsabilidad, no importa cuánto lo intente. Los sabios nos enseñan que en el momento que intentamos huir de nuestra responsabilidad, nuestra responsabilidad corre tras nosotros.

וַיְהִי֙ דְּבַר־יְהֹוָ֔ה יאהדונהי אֶל־יוֹנָ֥ה בֶן־אֲמִתַּ֖י לֵאמֹֽר׃ ק֠וּם לֵ֧ךְ אֶל־נִֽינְוֵ֛ה
הָעִ֥יר הַגְּדוֹלָ֖ה וּקְרָ֣א עָלֶ֑יהָ כִּֽי־עָלְתָ֥ה רָעָתָ֖ם לְפָנָֽי׃ וַיָּ֣קָם יוֹנָה֙ לִבְרֹ֣חַ
תַּרְשִׁ֔ישָׁה מִלִּפְנֵ֖י יְהֹוָ֑ה יאהדונהי וַיֵּ֨רֶד יָפ֜וֹ וַיִּמְצָ֥א אָנִיָּ֣ה ׀ בָּאָ֣ה תַרְשִׁ֗ישׁ וַיִּתֵּ֨ן
שְׂכָרָ֜הּ וַיֵּ֤רֶד בָּהּ֙ לָב֤וֹא עִמָּהֶם֙ תַּרְשִׁ֔ישָׁה מִלִּפְנֵ֖י יְהֹוָֽה יאהדונהי׃
וַֽיהֹוָ֗ה יאהדונהי הֵטִ֤יל רֽוּחַ־גְּדוֹלָה֙ אֶל־הַיָּ֔ם וַיְהִ֥י סַֽעַר־גָּד֖וֹל בַּיָּ֑ם
וְהָ֣אֳנִיָּ֔ה חִשְּׁבָ֖ה לְהִשָּׁבֵֽר׃ וַיִּֽירְא֣וּ הַמַּלָּחִ֗ים וַֽיִּזְעֲקוּ֮ אִ֣ישׁ אֶל־אֱלֹהָיו֒
וַיָּטִ֨לוּ אֶת־הַכֵּלִ֜ים אֲשֶׁ֤ר בָּֽאֳנִיָּה֙ אֶל־הַיָּ֔ם לְהָקֵ֖ל מֵעֲלֵיהֶ֑ם וְיוֹנָ֗ה יָרַד֙
אֶל־יַרְכְּתֵ֣י הַסְּפִינָ֔ה וַיִּשְׁכַּ֖ב וַיֵּרָדַֽם׃ וַיִּקְרַ֤ב אֵלָיו֙ רַ֣ב הַחֹבֵ֔ל וַיֹּ֥אמֶר ל֖וֹ
מַה־לְּךָ֣ נִרְדָּ֑ם ק֚וּם קְרָ֣א אֶל־אֱלֹהֶ֔יךָ אוּלַ֞י יִתְעַשֵּׁ֧ת הָאֱלֹהִ֛ים לָ֖נוּ
וְלֹ֥א נֹאבֵֽד׃ וַיֹּאמְר֞וּ אִ֣ישׁ אֶל־רֵעֵ֗הוּ לְכוּ֙ וְנַפִּ֣ילָה גוֹרָל֔וֹת וְנֵ֣דְעָ֔ה
בְּשֶׁלְּמִ֛י הָרָעָ֥ה הַזֹּ֖את לָ֑נוּ וַיַּפִּ֙לוּ֙ גּֽוֹרָל֔וֹת וַיִּפֹּ֥ל הַגּוֹרָ֖ל עַל־יוֹנָֽה׃ וַיֹּאמְר֣וּ אֵלָ֔יו
הַגִּֽידָה־נָּ֣א לָ֔נוּ בַּאֲשֶׁ֛ר לְמִי־הָרָעָ֥ה הַזֹּ֖את לָ֑נוּ מַה־מְּלַאכְתְּךָ֙ וּמֵאַ֣יִן תָּב֔וֹא
מָ֣ה אַרְצֶ֔ךָ וְאֵֽי־מִזֶּ֥ה עַ֖ם אָֽתָּה׃ וַיֹּ֥אמֶר אֲלֵיהֶ֖ם עִבְרִ֣י אָנֹ֑כִי
וְאֶת־יְהֹוָ֞ה יאהדונהי אֱלֹהֵ֤י הַשָּׁמַ֙יִם֙ אֲנִ֣י יָרֵ֔א אֲשֶׁר־עָשָׂ֥ה אֶת־הַיָּ֖ם
וְאֶת־הַיַּבָּשָֽׁה׃ וַיִּֽירְא֤וּ הָֽאֲנָשִׁים֙ יִרְאָ֣ה גְדוֹלָ֔ה וַיֹּאמְר֥וּ אֵלָ֖יו מַה־זֹּ֣את עָשִׂ֑יתָ
כִּֽי־יָדְע֣וּ הָֽאֲנָשִׁ֗ים כִּֽי־מִלִּפְנֵ֤י יְהֹוָה֙ יאהדונהי ה֣וּא בֹרֵ֔חַ כִּ֥י הִגִּ֖יד לָהֶֽם׃

LA HAFTARÁ DE YONÁ

"El Señor dirigió Su palabra a Yoná, hijo de Amitai, y le dijo: 'Levántate y ve a Nínive, aquella gran ciudad, y clama contra ella, porque su maldad ha subido hasta Mí'. Y Yoná se levantó para huir de la presencia del Señor a Tarsís, y descendió a Yafo, donde encontró una nave que partía para Tarsís; pagó su pasaje y se embarcó para irse con ellos a Tarsís, lejos de la presencia del Señor. Y el Señor hizo soplar un gran viento en el mar, y hubo en el mar una tempestad tan grande que se pensó que se partiría la nave. Los marineros tuvieron miedo y cada uno clamaba a su dios. Luego echaron al mar los enseres que había en la nave, para descargarla de ellos. Mientras tanto, Yoná había bajado al interior de la nave y se había echado a dormir. Entonces el patrón de la nave se le acercó y le dijo: '¿Por qué duermes? Levántate y clama a tu Dios. Quizá tenga compasión de nosotros y no perezcamos'. Entre tanto, cada uno decía a su compañero: 'Vengan y echemos suertes, para que sepamos quién es el culpable de que nos haya venido este mal'. Echaron, pues, suertes, y la suerte cayó sobre Yoná. Entonces ellos le dijeron: 'Explícanos ahora por qué nos ha venido este mal. ¿Qué oficio tienes y de dónde vienes? ¿Cuál es tu tierra y de qué pueblo eres?'. Él les respondió: 'Soy hebreo y temo al Señor, Dios de los Cielos, que hizo el mar y la tierra'. Aquellos hombres sintieron un gran temor y le dijeron: '¿Por qué has hecho esto?', pues ellos supieron que huía de la presencia del Señor por lo que él les había contado.

וַיֹּאמְרוּ אֵלָיו מַה־נַּעֲשֶׂה לָּךְ וְיִשְׁתֹּק הַיָּם מֵעָלֵינוּ כִּי הַיָּם הוֹלֵךְ וְסֹעֵר:
וַיֹּאמֶר אֲלֵיהֶם שָׂאוּנִי וַהֲטִילֻנִי אֶל־הַיָּם וְיִשְׁתֹּק הַיָּם מֵעֲלֵיכֶם כִּי יוֹדֵעַ אָנִי
כִּי בְשֶׁלִּי הַסַּעַר הַגָּדוֹל הַזֶּה עֲלֵיכֶם: וַיַּחְתְּרוּ הָאֲנָשִׁים לְהָשִׁיב אֶל־הַיַּבָּשָׁה
וְלֹא יָכֹלוּ כִּי הַיָּם הוֹלֵךְ וְסֹעֵר עֲלֵיהֶם: וַיִּקְרְאוּ אֶל־יְהֹוָה יאהדונהי וַיֹּאמְרוּ
אָנָּה יְהֹוָה יאהדונהי אַל־נָא נֹאבְדָה בְּנֶפֶשׁ הָאִישׁ הַזֶּה וְאַל־תִּתֵּן עָלֵינוּ דָּם
נָקִיא כִּי־אַתָּה יְהֹוָה יאהדונהי כַּאֲשֶׁר חָפַצְתָּ עָשִׂיתָ: וַיִּשְׂאוּ אֶת־יוֹנָה וַיְטִלֻהוּ
אֶל־הַיָּם וַיַּעֲמֹד הַיָּם מִזַּעְפּוֹ: וַיִּירְאוּ הָאֲנָשִׁים יִרְאָה גְדוֹלָה אֶת־
יְהֹוָה יאהדונהי וַיִּזְבְּחוּ־זֶבַח לַיהֹוָה יאהדונהי וַיִּדְּרוּ נְדָרִים: וַיְמַן יְהֹוָה יאהדונהי
דָּג גָּדוֹל לִבְלֹעַ אֶת־יוֹנָה וַיְהִי יוֹנָה בִּמְעֵי הַדָּג שְׁלֹשָׁה יָמִים וּשְׁלֹשָׁה לֵילוֹת:
וַיִּתְפַּלֵּל יוֹנָה אֶל־יְהֹוָה יאהדונהי אֱלֹהָיו מִמְּעֵי הַדָּגָה: וַיֹּאמֶר קָרָאתִי מִצָּרָה
לִי אֶל־יְהֹוָה יאהדונהי וַיַּעֲנֵנִי מִבֶּטֶן שְׁאוֹל שִׁוַּעְתִּי שָׁמַעְתָּ קוֹלִי: וַתַּשְׁלִיכֵנִי
מְצוּלָה בִּלְבַב יַמִּים וְנָהָר יְסֹבְבֵנִי כָּל־מִשְׁבָּרֶיךָ וְגַלֶּיךָ עָלַי עָבָרוּ: וַאֲנִי
אָמַרְתִּי נִגְרַשְׁתִּי מִנֶּגֶד עֵינֶיךָ אַךְ אוֹסִיף לְהַבִּיט אֶל־הֵיכַל קָדְשֶׁךָ: אֲפָפוּנִי
מַיִם עַד־נֶפֶשׁ תְּהוֹם יְסֹבְבֵנִי סוּף חָבוּשׁ לְרֹאשִׁי: לְקִצְבֵי הָרִים יָרַדְתִּי
הָאָרֶץ בְּרִחֶיהָ בַעֲדִי לְעוֹלָם וַתַּעַל מִשַּׁחַת חַיַּי יְהֹוָה יאהדונהי אֱלֹהָי:
בְּהִתְעַטֵּף עָלַי נַפְשִׁי אֶת־יְהֹוָה יאהדונהי זָכָרְתִּי וַתָּבוֹא אֵלֶיךָ תְּפִלָּתִי
אֶל־הֵיכַל קָדְשֶׁךָ: מְשַׁמְּרִים הַבְלֵי־שָׁוְא חַסְדָּם יַעֲזֹבוּ: וַאֲנִי בְּקוֹל
תּוֹדָה אֶזְבְּחָה־לָּךְ אֲשֶׁר נָדַרְתִּי אֲשַׁלֵּמָה יְשׁוּעָתָה לַיהֹוָה יאהדונהי:

Como el mar se embravecía cada vez más, le preguntaron: '¿Qué haremos contigo para que el mar se nos aquiete?'. Él les respondió: 'Tómenme y échenme al mar, y el mar se les aquietará, pues sé que por mi causa les ha sobrevenido esta gran tempestad'. Aquellos hombres se esforzaron por hacer volver la nave a tierra, pero no pudieron, porque el mar se embravecía cada vez más contra ellos. Entonces clamaron al Señor y dijeron: 'Te rogamos ahora, Señor, que no perezcamos nosotros por la vida de este hombre, ni nos hagas responsables de la sangre de un inocente; porque tú, Señor, has obrado como has querido'. Tomaron luego a Yoná y lo echaron al mar; y se aquietó el furor del mar. Sintieron aquellos hombres gran temor por el Señor, le ofrecieron un sacrificio y le hicieron votos. Y el Señor tenía dispuesto un gran pez para que se tragara a Yoná, y Yoná estuvo en el vientre del pez tres días y tres noches. Entonces oró Yoná al Señor, su Dios, desde el vientre del pez, y dijo: 'Invoqué en mi angustia al Señor y Él me oyó; desde el seno del infierno clamé, y mi voz oíste. Me echaste a lo profundo, en medio de los mares; me envolvió la corriente. Todas Tus ondas y Tus olas pasaron sobre mí. Entonces dije: Desechado soy de delante de Tus ojos, mas aún veré Tu santo Templo. Las aguas me envolvieron hasta el alma, me cercó el abismo, el alga se enredó en mi cabeza. Descendí a los cimientos de los montes. La tierra echó sus cerrojos sobre mí para siempre; mas Tú sacaste mi vida de la sepultura, Señor, Dios mío. Cuando mi alma desfallecía en mí, me acordé del Señor, y mi oración llegó hasta Ti, hasta Tu santo Templo. Los que siguen vanidades ilusorias, su fidelidad abandonan. Mas yo, con voz de alabanza, Te ofreceré sacrificios; cumpliré lo que Te prometí. ¡La salvación viene del Señor!'.

וַיֹּאמֶר יְהֹוָה יאהדונהי לַדָּג וַיָּקֵא אֶת־יוֹנָה אֶל־הַיַּבָּשָׁה׃ וַיְהִי דְבַר־
יְהֹוָה יאהדונהי אֶל־יוֹנָה שֵׁנִית לֵאמֹר׃ קוּם לֵךְ אֶל־נִינְוֵה הָעִיר הַגְּדוֹלָה
וּקְרָא אֵלֶיהָ אֶת־הַקְּרִיאָה אֲשֶׁר אָנֹכִי דֹּבֵר אֵלֶיךָ׃ וַיָּקָם יוֹנָה וַיֵּלֶךְ אֶל־
נִינְוֵה כִּדְבַר יְהֹוָה יאהדונהי וְנִינְוֵה הָיְתָה עִיר־גְּדוֹלָה לֵאלֹהִים מַהֲלַךְ שְׁלֹשֶׁת
יָמִים׃ וַיָּחֶל יוֹנָה לָבוֹא בָעִיר מַהֲלַךְ יוֹם אֶחָד וַיִּקְרָא וַיֹּאמַר עוֹד אַרְבָּעִים
יוֹם וְנִינְוֵה נֶהְפָּכֶת׃ וַיַּאֲמִינוּ אַנְשֵׁי נִינְוֵה בֵּאלֹהִים וַיִּקְרְאוּ־צוֹם וַיִּלְבְּשׁוּ
שַׂקִּים מִגְּדוֹלָם וְעַד־קְטַנָּם׃ וַיִּגַּע הַדָּבָר אֶל־מֶלֶךְ נִינְוֵה וַיָּקָם מִכִּסְאוֹ
וַיַּעֲבֵר אַדַּרְתּוֹ מֵעָלָיו וַיְכַס שַׂק וַיֵּשֶׁב עַל־הָאֵפֶר׃ וַיַּזְעֵק וַיֹּאמֶר בְּנִינְוֵה
מִטַּעַם הַמֶּלֶךְ וּגְדֹלָיו לֵאמֹר הָאָדָם וְהַבְּהֵמָה הַבָּקָר וְהַצֹּאן אַל־יִטְעֲמוּ
מְאוּמָה אַל־יִרְעוּ וּמַיִם אַל־יִשְׁתּוּ׃ וְיִתְכַּסּוּ שַׂקִּים הָאָדָם וְהַבְּהֵמָה וְיִקְרְאוּ
אֶל־אֱלֹהִים בְּחָזְקָה וְיָשֻׁבוּ אִישׁ מִדַּרְכּוֹ הָרָעָה וּמִן־הֶחָמָס אֲשֶׁר בְּכַפֵּיהֶם׃
מִי־יוֹדֵעַ יָשׁוּב וְנִחַם הָאֱלֹהִים וְשָׁב מֵחֲרוֹן אַפּוֹ וְלֹא נֹאבֵד׃ וַיַּרְא הָאֱלֹהִים
אֶת־מַעֲשֵׂיהֶם כִּי־שָׁבוּ מִדַּרְכָּם הָרָעָה וַיִּנָּחֶם הָאֱלֹהִים עַל־הָרָעָה אֲשֶׁר־
דִּבֶּר לַעֲשׂוֹת־לָהֶם וְלֹא עָשָׂה׃ וַיֵּרַע אֶל־יוֹנָה רָעָה גְדוֹלָה וַיִּחַר לוֹ׃ וַיִּתְפַּלֵּל
אֶל־יְהֹוָה יאהדונהי וַיֹּאמַר אָנָּה יְהֹוָה יאהדונהי הֲלוֹא־זֶה דְבָרִי עַד־הֱיוֹתִי עַל־
אַדְמָתִי עַל־כֵּן קִדַּמְתִּי לִבְרֹחַ תַּרְשִׁישָׁה כִּי יָדַעְתִּי כִּי אַתָּה אֵל־חַנּוּן
וְרַחוּם אֶרֶךְ אַפַּיִם וְרַב־חֶסֶד וְנִחָם עַל־הָרָעָה׃ וְעַתָּה יְהֹוָה יאהדונהי קַח־נָא
אֶת־נַפְשִׁי מִמֶּנִּי כִּי טוֹב מוֹתִי מֵחַיָּי׃ וַיֹּאמֶר יְהֹוָה יאהדונהי הַהֵיטֵב חָרָה לָךְ׃

Entonces el Señor dio orden al pez, el cual vomitó a Yoná en tierra. El Señor se dirigió por segunda vez a Yoná y le dijo: 'Levántate y ve a Nínive, aquella gran ciudad, y proclama en ella el mensaje que Yo te diré'. Yoná se levantó y fue a Nínive, conforme a la palabra del Señor. Nínive era una ciudad tan grande, tanto que eran necesarios tres días para recorrerla. Comenzó Yoná a adentrarse en la ciudad, y caminó todo un día predicando y diciendo: '¡Dentro de cuarenta días Nínive será destruida!'. Los hombres de Nínive creyeron a Dios, proclamaron ayuno y, desde el mayor hasta el más pequeño, se vistieron con ropas ásperas. Cuando la noticia llegó al rey de Nínive, éste se levantó de su silla, se despojó de su vestido, se cubrió con ropas ásperas y se sentó sobre ceniza. Luego hizo anunciar en Nínive, por mandato del rey y de sus grandes, una proclama que decía: 'Hombres y animales, bueyes y ovejas, no prueben cosa alguna; no se les dé alimento ni beban agua, sino cúbranse hombres y animales con ropas ásperas, y clamen a Dios con fuerza. Que cada uno se convierta de su mal camino y de la violencia que hay en sus manos. ¡Quizá Dios se detenga y se arrepienta, se calme el ardor de Su ira y no perezcamos!'. Y vio Dios lo que hicieron, que se convirtieron de su mal camino, y se arrepintió del mal que había anunciado hacerles, y no lo hizo. Pero Yoná se disgustó en extremo, y se enojó. Así que oró al Señor y le dijo: '¡Ah, Señor!, ¿no es esto lo que yo decía cuando aún estaba en mi tierra? Por eso me apresuré a huir a Tarsís, porque yo sabía que Tú eres un Dios clemente y piadoso, tardo en enojarte y de gran misericordia, que Te arrepientes del mal. Ahora, pues, Señor, Te ruego que me quites mi espíritu, porque mejor me es la muerte que la vida'. Y el Señor le respondió: '¿Haces bien en enojarte tanto?'.

וַיֵּצֵא יוֹנָה מִן־הָעִיר וַיֵּשֶׁב מִקֶּדֶם לָעִיר וַיַּעַשׂ לוֹ שָׁם סֻכָּה וַיֵּשֶׁב תַּחְתֶּיהָ
בַּצֵּל עַד אֲשֶׁר יִרְאֶה מַה־יִּהְיֶה בָּעִיר: וַיְמַן יְהֹוָה יאהדונהי־אֱלֹהִים קִיקָיוֹן
וַיַּעַל | מֵעַל לְיוֹנָה לִהְיוֹת צֵל עַל־רֹאשׁוֹ לְהַצִּיל לוֹ מֵרָעָתוֹ וַיִּשְׂמַח יוֹנָה עַל־
הַקִּיקָיוֹן שִׂמְחָה גְדוֹלָה: וַיְמַן הָאֱלֹהִים תּוֹלַעַת בַּעֲלוֹת הַשַּׁחַר לַמָּחֳרָת וַתַּךְ
אֶת־הַקִּיקָיוֹן וַיִּיבָשׁ: וַיְהִי | כִּזְרֹחַ הַשֶּׁמֶשׁ וַיְמַן אֱלֹהִים רוּחַ קָדִים חֲרִישִׁית
וַתַּךְ הַשֶּׁמֶשׁ עַל־רֹאשׁ יוֹנָה וַיִּתְעַלָּף וַיִּשְׁאַל אֶת־נַפְשׁוֹ לָמוּת וַיֹּאמֶר טוֹב
מוֹתִי מֵחַיָּי: וַיֹּאמֶר אֱלֹהִים אֶל־יוֹנָה הַהֵיטֵב חָרָה־לְךָ עַל־הַקִּיקָיוֹן וַיֹּאמֶר
הֵיטֵב חָרָה־לִי עַד־מָוֶת: וַיֹּאמֶר יְהֹוָה יאהדונהי אַתָּה חַסְתָּ עַל־הַקִּיקָיוֹן
אֲשֶׁר לֹא־עָמַלְתָּ בּוֹ וְלֹא גִדַּלְתּוֹ שֶׁבִּן־לַיְלָה הָיָה וּבִן־לַיְלָה אָבָד: וַאֲנִי לֹא
אָחוּס עַל־נִינְוֵה הָעִיר הַגְּדוֹלָה אֲשֶׁר יֶשׁ־בָּהּ הַרְבֵּה מִשְׁתֵּים־עֶשְׂרֵה רִבּוֹ
אָדָם אֲשֶׁר לֹא־יָדַע בֵּין־יְמִינוֹ לִשְׂמֹאלוֹ וּבְהֵמָה רַבָּה: מִי־אֵל כָּמוֹךָ נֹשֵׂא
עָוֹן וְעֹבֵר עַל־פֶּשַׁע לִשְׁאֵרִית נַחֲלָתוֹ לֹא־הֶחֱזִיק לָעַד אַפּוֹ כִּי־חָפֵץ חֶסֶד
הוּא: יָשׁוּב יְרַחֲמֵנוּ יִכְבֹּשׁ עֲוֺנֹתֵינוּ וְתַשְׁלִיךְ בִּמְצֻלוֹת יָם כָּל־חַטֹּאותָם: תִּתֵּן
אֱמֶת לְיַעֲקֹב חֶסֶד לְאַבְרָהָם אֲשֶׁר־נִשְׁבַּעְתָּ לַאֲבֹתֵינוּ מִימֵי קֶדֶם:

La bendición para después de la lectura de la *Haftará* se encuentra en las páginas 459-461

REGRESO DE LA TORÁ AL ARCA

Antes de regresar la Torá al Arca, el *jazán* dice:

יְהַלְלוּ yehalelú אֶת־ et שֵׁם Shem יְהֹוָה יאהדונהי Adonai כִּי־ qui
נִשְׂגָּב nisgav שְׁמוֹ Shmó מהש ע"ה, ע"ב בריבוע וקס"א ע"ה, אל שדי ע"ה לְבַדּוֹ levadó מ"ב

Y Yoná salió de la ciudad y acampó hacia el oriente de ella; allí se hizo una enramada y se sentó a su sombra, para ver qué sucedería en la ciudad. Entonces el Señor, Dios, dispuso que una calabacera creciera sobre Yoná para que su sombra le cubriera la cabeza y lo librara de su malestar. Yoná se alegró mucho por la calabacera. Pero, al amanecer del día siguiente, Dios dispuso que un gusano dañara la calabacera, y ésta se secó. Y aconteció que, al salir el Sol, envió Dios un fuerte viento del Este. El Sol hirió a Yoná en la cabeza, y sintió que se desmayaba. Entonces, deseando la muerte, decía: 'Mejor sería para mí la muerte que la vida'. Pero Dios dijo a Yoná: '¿Tanto te enojas por la calabacera?'. 'Mucho me enojo, hasta la muerte', respondió él. Entonces el Señor le dijo: 'Tú tienes lástima de una calabacera por la que no trabajaste, ni a la cual has hecho crecer, que en espacio de una noche nació y en espacio de otra noche pereció, ¿y no tendré Yo piedad de Nínive, aquella gran ciudad donde hay más de ciento veinte mil personas que no saben discernir entre su mano derecha y su mano izquierda, y muchos animales?'" (Jonás 1-4). "¿Qué Dios hay como Tú, que perdona la maldad y olvida el pecado del remanente de Su heredad? No retuvo para siempre Su enojo, porque se deleita en la misericordia. Él volverá a tener misericordia de nosotros; sepultará nuestras iniquidades y echará a lo profundo del mar todos nuestros pecados. Mantendrás Tu fidelidad a Yaakov, y a Avraham Tu misericordia, tal como lo juraste a nuestros padres desde tiempos antiguos" (Miqueas 7:18-20).

REGRESO DE LA TORÁ AL ARCA

"Alaben todos el Nombre del Señor, porque sólo Su Nombre es sublime.

Luego la congregación dice lo siguiente mientras la Torá es llevada de regreso al Arca:

הוֹדוֹ hodú אהיה עַל־ al אֶרֶץ érets וְשָׁמָיִם veshamáyim י"פ טל, י"פ כוזו:
וַיָּרֶם vayarem קֶרֶן keren לְעַמּוֹ leamó תְּהִלָּה tehilá ע"ה אמת, אהיה פעמים אהיה,
ז"פ ס"ג לְכָל־ lejol יה אדני וַחֲסִידָיו jasidav לִבְנֵי livnei יִשְׂרָאֵל Yisrael
עַם־ am קְרֹבוֹ krovó הַלְלוּיָהּ haleluyá אלהים, אהיה אדני ; ללה:

Luego el *jazán* dice:

יְהֹוָהאדניאהדונהי Adonai הוּא Hu הָאֱלֹהִים haElohim

אהיה אדני ; ילה ; ר"ת יהה ועולה למנין ענו עם ג' כוללים:

יְהֹוָהאדניאהדונהי Adonai הוּא Hu הָאֱלֹהִים haElohim

אהיה אדני ; ילה ; ר"ת יהה ועולה למנין ענו עם ג' כוללים:

בַּשָּׁמַיִם bashamáyim י"פ טל, י"פ כוזו מִמַּעַל mimáal עלם וְעַל־ veal
הָאָרֶץ haárets אלהים דההין ע"ה מִתָּחַת mitájat אֵין ein עוֹד od:
אֵין ein כָּמוֹךָ camoja בָאֱלֹהִים vaElohim אהיה אדני ; ילה אֲדֹנָי Adonai ללה
וְאֵין veein כְּמַעֲשֶׂיךָ quemaaseja: וּבְנֻחֹה uvenujó יֹאמַר yomar שׁוּבָה shuva
הרוש יְהֹוָהאדניאהדונהי Adonai רִבְבוֹת rivevot אַלְפֵי alfei יִשְׂרָאֵל Yisrael:
הֲשִׁיבֵנוּ hashivenu יְהֹוָהאדניאהדונהי Adonai | אֵלֶיךָ eleja וְנָשׁוּבָה venashuva
(כתיב : ונשוב) חַדֵּשׁ jadesh י"ב הויות, קס"א קנ"א יָמֵינוּ yameinu כְּקֶדֶם quekédem:

ר"ת הפסוק = נפש רוח נשמה חיה יחידה ע"ה

תִּכּוֹן ticón תְּפִלָּתִי tfilatí קְטֹרֶת któret י"א פעמים אדני לְפָנֶיךָ lefaneja ס"ג מ"ה ב"ן
מַשְׂאַת masat כַּפַּי capai מִנְחַת־ minjat עָרֶב árev: הַקְשִׁיבָה hakshiva
לְקוֹל lekol שַׁוְעִי shaví מַלְכִּי malquí וֵאלֹהָי veElohai לכב ; מילוי ע"ב, דמ"ב ; ילה
כִּי־ qui אֵלֶיךָ eleja אֶתְפַּלָּל etpalal:

Su majestad está sobre el Cielo y la Tierra. Él exalta la fuerza de Su pueblo, alaba a todos Sus fieles, los hijos de Israel, pueblo cercano a Él. ¡Aleluya!" (Salmos 148:13-14). *"¡El Señor es el Dios! ¡El Señor es el Dios! En los Cielos arriba y en la Tierra debajo, no hay nadie como Él"* (Deuteronomio 4:39) *"No hay nadie como Tú entre los dioses, Oh Señor, y no hay obras como las Tuyas"* (Salmos 86:8)

TICÓN TFILATÍ

"Que mi oración se pose ante Ti como la ofrenda de incienso,
la elevación de mi mano como la ofrenda de harina de la tarde" (Salmos 141:2).
"Escucha el sonido de mi clamor, mi Rey, mi Dios, porque es a Ti a quien yo oro" (Salmos 5:3).

MEDIO KADISH

יִתְגַּדַּל yitgadal וְיִתְקַדַּשׁ veyitkadash שדי ומילוי שדי ; י״א אותיות כמנין ו״ה

שְׁמֵיהּ Shmei (שם י״ה דע״ב) רַבָּא rabá קנ״א ב״ן, יהוה אלהים יהוה אדני,

מילוי קס״א וס״ג, מ״ה ברבוע וע״ב ע״ה ; ר״ת = ו״פ אלהים ; ס״ת = ג״פ יב״ק: אָמֵן Amén אידהנויה •

בְּעָלְמָא bealmá דִּי di בְרָא verá כִרְעוּתֵיהּ quirutei•

וְיַמְלִיךְ veyamlij מַלְכוּתֵיהּ maljutei• וְיַצְמַח veyatsmaj

פּוּרְקָנֵיהּ purkanei• וִיקָרֵב vikarev מְשִׁיחֵיהּ Meshijei: אָמֵן Amén אידהנויה•

בְּחַיֵּיכוֹן bejayeijón וּבְיוֹמֵיכוֹן uveyomeijón וּבְחַיֵּי uvejayei

דְכָל dejol ילי בֵּית beit ב״פ ראה יִשְׂרָאֵל Yisrael בַּעֲגָלָא baagalá

וּבִזְמַן uvizmán קָרִיב kariv וְאִמְרוּ veimrú אָמֵן Amén: אָמֵן Amén אידהנויה•

La congregación y el *jazán* dicen lo siguiente:

28 palabras (hasta *bealmá*) – y 28 letras (hasta *almayá*)

יְהֵא yehé שְׁמֵיהּ Shmei (שם י״ה דס״ג) רַבָּא rabá קנ״א ב״ן,

יהוה אלהים יהוה אדני, מילוי קס״א וס״ג, מ״ה ברבוע וע״ב ע״ה מְבָרַךְ mevaraj,

לְעָלַם lealam לְעָלְמֵי lealmei עָלְמַיָּא almayá• יִתְבָּרַךְ yitbaraj•

Siete palabras con seis letras cada una (שם בן מ״ב). También, siete veces la letra Vav (שם בן מ״ב).

וְיִשְׁתַּבַּח veyishtabaj י״פ ע״ב יהוה אל אבג יתץ•

יִתְפָּאַר veyitpaar הי נו יה קרע שטן• וְיִתְרוֹמַם veyitromam וה כוזו נגד יכש•

וְיִתְנַשֵּׂא veyitnasé במוכסז בטר צתג• וְיִתְהַדָּר veyithadar כוזו יה וזקב טנע•

וְיִתְעַלֶּה veyitalé וה יוד ה יגל פזק• וְיִתְהַלָּל veyithalal א ואו הא שקו צית•

שְׁמֵיהּ Shmei (שם י״ה דמ״ה) דְּקֻדְשָׁא deKudshá בְּרִיךְ Verij הוּא Hu:

אָמֵן Amén אידהנויה•

MEDIO KADISH

¡Glorificado y santificado sea su Gran Nombre! (Amén). *En el mundo que Él creó de acuerdo a Su voluntad y pueda Su Reino reinar. Y pueda Él hacer que su Redención florezca y pueda Él acercar al Mesías* (Amén). *En tus vidas y en tus días y en la vida de la Casa de Israel, prontamente y en el futuro cercano, y dígase: Amén* (Amén). *Que Su gran Nombre sea bendito por siempre y para toda la eternidad, y bendito y alabado, y glorificado y exaltado, y ensalzado y honrado, y adorado y loado, sea el Nombre del Santo Bendito Sea* (Amén).

לְעֵלָּא leelá מִן min כָּל col יכי בִּרְכָתָא birjatá• שִׁירָתָא shiratá•

תִּשְׁבְּחָתָא tishbejatá וְנֶחָמָתָא venejamatá• דַּאֲמִירָן daamirán

בְּעָלְמָא bealmá וְאִמְרוּ veimrú אָמֵן Amén: אָמֵן Amén אידהנויה.

LA AMIDÁ

El formato de la Ascensión en *Minjá* de *Shabat*

En la *Amidá* silenciosa, *Zeir Anpín* (significando *Yisrael* y *Leá*) se eleva a *Nétsaj, Hod, Yesod* de *Dikná* en sus tres *tikunim* (correcciones, las cuales son el decimotercer *tikún*, el duodécimo *tikún* y el undécimo *tikún*), significando que los cinco *Tselamim* de *Nétsaj, Hod, Yesod* de *Dikná* (que es la letra צ del *Tsélem*) se expanden en los cinco *Partsufim* de *Nétsaj, Hod, Yesod* de *Kéter* de *Zeir Anpín* (y es llamado *Néfesh, Rúaj, Neshamá, Jayá, Yejidá* de *Néfesh* de *Yejidá*). **Así que ahora**, *Kéter, Jojmá, Biná* de *Zeir Anpín* son elevadas a *Nétsaj, Hod, Yesod* de *Dikná*, y *Jésed, Guevurá, Tiféret* de *Zeir Anpín* son elevadas a *Kéter, Jojmá, Biná* de *Aba* e *Ima* Celestiales, y *Nétsaj, Hod, Yesod* de *Zeir Anpín* son elevadas a *Jésed, Guevurá, Tiféret* de *Aba* e *Ima* Celestiales. Y *Yaakov* y *Rajel* (Quienes están de pie en *Nétsaj, Hod, Yesod* de *Jojmá* de *Zeir Anpín*, significando *Nétsaj, Hod, Yesod* de *Aba* e *Ima* Celestiales) son elevados a *Jésed, Guevurá, Tiféret* de *Jojmá* de *Zeir Anpín* (significando a *Jésed, Guevurá, Tiféret* de *Aba* e *Ima* Celestiales, y a donde *Nétsaj, Hod, Yesod* de *Zeir Anpín* son elevados ahora en *Minjá*). Y *Nétsaj, Hod, Yesod* de *Zeir Anpín* se convierten en *Mojín* para *Jojmá, Biná, Dáat* de *Yaakov* y *Rajel*.

En la repetición, *Zeir Anpín* (significando *Yisrael* y *Leá*), se eleva a *Jésed, Guevurá, Tiféret* de *Dikná* en sus tres *tikunim* (correcciones, las cuales son el décimo *tikún*, el noveno *tikún* y el octavo *tikún*), significando que los cinco *Tselamim* de *Jésed, Guevurá, Tiféret* de *Dikná* de *Arij Anpín* (que es la letra ל del *Tsélem*) se expanden en los cinco *Partsufim* de *Jésed, Guevurá, Tiféret* de *Kéter* de *Zeir Anpín* (y son llamados *Néfesh, Rúaj, Neshamá, Jayá, Yejidá* de *Rúaj* de *Yejidá*). **Así que ahora**, *Kéter, Jojmá, Biná* de *Zeir Anpín* son elevadas a *Jésed, Guevurá, Tiféret* de *Dikná*, y *Jésed, Guevurá, Tiféret* de *Zeir Anpín* son elevadas a *Nétsaj, Hod, Yesod* de *Dikná*, y *Nétsaj, Hod, Yesod* de *Zeir Anpín* son elevadas a *Jojmá, Biná, Dáat* de *Aba* e *Ima* Celestiales. Y *Yaakov* y *Rajel* (Quienes están de pie en *Jésed, Guevurá, Tiféret* de *Jojmá* de *Zeir Anpín*, significando *Jésed, Guevurá, Tiféret* de *Aba* e *Ima* Celestiales) son elevados a *Kéter, Jojmá, Biná* de *Jojmá* de *Zeir Anpín* (significando a *Kéter, Jojmá, Biná* de *Aba* e *Ima* Celestiales, y a donde *Nétsaj, Hod, Yesod* de *Zeir Anpín* son elevadas ahora en la repetición de *Minjá*). Y *Nétsaj, Hod, Yesod* de *Zeir Anpín* se convierten en *Mojín* para *Jojmá, Biná, Dáat* de *Yaakov* y *Rajel*.

En la *Amidá* silenciosa *Zeir* y *Leá* son elevados a la Cabeza de *Tevuná*.

En la repetición *Zeir* y *Leá* son elevados al Pecho de *Biná*.

Más allá de todas las bendiciones,
himnos, alabanzas y palabras de consolación que deben decirse en el mundo, y dígase: Amén (Amén).

אֲדֹנָי Adonai ללה (pausa aquí) שְׂפָתַי sfatai תִּפְתָּח tiftaj וּפִי ufí יַגִּיד yaguid

ייז (כ״ב אותיות פשוטות [=אכא] וה׳ אותיות סופיות מנצפך) תְּהִלָּתֶךָ tehilateja ס״ת = בוכו׃

LA PRIMERA BENDICIÓN – INVOCA AL ESCUDO DE AVRAHAM

Avraham es el canal de la energía de la Columna Derecha de positividad, compartir y misericordia. Las acciones dadoras pueden protegernos de todas las formas de negatividad.

Jésed que se convierte en *Jojmá*

En esta sección hay 42 palabras, el secreto del Nombre de Dios de 42 letras y, por lo tanto, comienza con la letra *Bet* (2) y termina con la letra *Mem* (40).

Flexiona tus rodillas en "*Baruj*", inclínate en "*Atá*" y enderézate en "*Adonai*".

א ב

בָּרוּךְ Baruj אַתָּה Atá א-ת (אותיות הא״ב המסמלות את השפע המגיע) לה׳ המלכות

ג י

יְהֹוָהאדניאהדונהי Adonai (יא״) אֱלֹהֵינוּ Eloheinu ילה

ת צ

וֵאלֹהֵי veElohei לכב ; מילוי ע״ב, דמב ; ילה אֲבוֹתֵינוּ avoteinu.

ק ר

אֱלֹהֵי Elohei מילוי ע״ב, דמב ; ילה אַבְרָהָם Avraham (*Jojmá*)

ו״פ אל, רי״ו ול״ב נתיבות החכמה, רמ״ח (אברים), עסמ״ב וט״ז אותיות פשוטות.

ע ש

אֱלֹהֵי Elohei מילוי ע״ב, דמב ; ילה יִצְחָק Yitsjak (*Biná*) ד״פ ב״ן

ט נ

וֵאלֹהֵי veElohei לכב ;מילוי ע״ב, דמב ; ילה יַעֲקֹב Yaakov (*Dáat*) ו׳ הויות, יאהדונהי אידהנויה

נ ג

הָאֵל haEl לאה ; ייא״י (מילוי דס״ג) הַגָּדוֹל hagadol האל הגדול = סיט ;גדול = להח

י ד

עם ד׳ אותיות = מבה, יזל, אום הַגִּבּוֹר haguibor ר״ת ההה וְהַנּוֹרָא vehanorá.

LA AMIDÁ

"Mi Señor, abre mis labios y mi boca declarará Tu alabanza" (Salmos 51:17).

LA PRIMERA BENDICIÓN

Bendito eres, Señor, nuestro Dios y Dios de nuestros padres:
el Dios de Avraham, el Dios de Yitsjak y el Dios de Yaakov. El Dios grande, poderoso y reverenciado.

אֵל El ייא״י (מילוי דס״ג) ; ר״ת ע״ב, ריבוע יהוה עֶלְיוֹן elyón.

גּוֹמֵל gomel חֲסָדִים jasadim טוֹבִים tovim. קוֹנֵה koné הַכֹּל hacol ילי

וְזוֹכֵר vezojer חַסְדֵי jasdei אָבוֹת avot. וּמֵבִיא umeví

גּוֹאֵל goel לִבְנֵי livnei בְנֵיהֶם vneihem לְמַעַן lemaan

שְׁמוֹ Shemó מהש ע״ה, ע״ב בריבוע וקס״א ע״ה, אל שדי ע״ה בְּאַהֲבָה beahavá אחד, דאגה:

Cuando digas la palabra *"beahavá"* debes meditar en dedicar tu alma a santificar el Santo Nombre y aceptar sobre ti mismo las cuatro formas de muerte.

Durante la repetición el *jazán* agrega:

מִסּוֹד misod מיכ, י״פ האא וַחֲכָמִים jajamim וּנְבוֹנִים unevonim

וּמִלֶּמֶד umilémed דַּעַת dáat מְבִינִים mevinim אֶפְתְּחָה eftejá פִּי pi

בִּתְפִלָּה bitfilá א״ת ב״ש אֻכְּצַ = ב״ן + אדני וניקודה ע״ה = יוד הי וו הה

וּבְתַחֲנוּנִים uvetajanunim לְחַלּוֹת lejalot וּלְחַנֵּן ulejanén פְּנֵי pnei

מֶלֶךְ mélej מוֹחֵל mojel וְסוֹלֵחַ vesoléaj לַעֲוֹנִים laavonim.

ZOJRENU

Cuarenta y ocho letras como el valor numérico de אהיה יהוה ע״ה.
Recitamos la oración de *"zojrenu"* por el secreto de la *Nesirá* (aserrado)
y es por ello que mencionamos que seremos recordados para la vida y no para la muerte.
Aquí tenemos 11 palabras que corresponden a las Diez *Sefirot* que están siendo aserradas y una superior. También corresponde a las 11 especias que, al igual que el *Któret*, dan vida a todo. Esta sección ayuda a dar vida (heb. *Jayim* = אהיה אהיה יהוה, los *Mojín*) y construir los *Tefilín* en el *Kéter* de *Zeir Anpín*. Los *Mojín* son atraídos hacia la Cabeza de *Zeir Anpín* desde la unificación de *Aba* (72 = ע״ב) e *Ima* (161=קס״א) (72+161=זכרנו) a través de las 50 Puertas de *Biná*. Debemos meditar en que los *Tefilín* son el entorno en el secreto de el *Hével* (Aliento) del Nombre ס״ג.

El Dios sublime. El que otorga favores. Amo de todas las cosas. El que recuerda las buenas acciones de nuestros antepasados y El que trae un redentor a los hijos de sus hijos por el bien de Su nombre, con amor.

Con los secretos de los maestros que poseen sabiduría y discernimiento, y la enseñanza que deriva del conocimiento de estos entendidos. Yo abro mi boca en oración y súplica para implorar y rogar ante el Rey que absuelve y perdona iniquidades.

זָכְרֵנוּ zojrenu לְחַיִּים lejayim אהיה אהיה יהוה, בינה ע״ה ; ר״ת מילוי דס״ג וס״ת מילוי דע״ב.

(*Kéter* de *Zeir Anpín*)

מֶלֶךְ Mélej חָפֵץ jafets בַּחַיִּים bajayim אהיה אהיה יהוה, בינה ע״ה.

(*Jojmá, Biná* y *Dáat* de *Zeir Anpín*)

כָּתְבֵנוּ cotvenu בְּסֵפֶר beséfer חַיִּים jayim אהיה אהיה יהוה, בינה ע״ה.

(*Jésed, Guevurá* y *Tiféret* de *Zeir Anpín*)

לְמַעַנְךָ lemaanaj אֱלֹהִים Elohim אהיה אדני ; ילה חַיִּים jayim אהיה אהיה יהוה, בינה ע״ה

(*Nétsaj, Hod* y *Yesod* de *Zeir Anpín* y *Nukvá* está en la espalda de *Zeir Anpín*)

Si olvidas decir "*zojrenu*" y te das cuenta de esto antes de terminar la bendición "*Baruj Atá Adonai*", debes regresar y decir "*zojrenu*" y continuar normalmente. Pero si te das cuenta de esto después del final de la bendición, debes continuar.

פ ז ק ש

מֶלֶךְ Mélej עוֹזֵר ozer וּמוֹשִׁיעַ umoshía וּמָגֵן umaguén

ג״פ אל (ייא״י מילוי דס״ג) ; ר״ת מיכאל גבריאל נוריאל :

Flexiona tus rodillas en "*Baruj*", inclínate en "*Atá*" y enderézate en "*Adonai*".

ק ו צ

בָּרוּךְ Baruj אַתָּה Atá יְהֹוָהאדני(יהואדני)יאהדונהי Adonai

י ת

מָגֵן maguén ג״פ אל (ייא״י מילוי דס״ג) ; ר״ת מיכאל גבריאל נוריאל אַבְרָהָם Avraham

וז״פ אל, רי״ו ול״ב נתיבות החכמה, רמ״ח (אברים), עסמ״ב וט״ז אותיות פשוטות:

LA SEGUNDA BENDICIÓN

LA ENERGÍA DE YITSJAK ENCIENDE EL PODER DE LA RESURRECCIÓN DE LOS MUERTOS

Mientras que Avraham representa el poder de compartir, Yitsjak representa a la Columna Izquierda, energía de Juicio. El Juicio acorta el proceso de *tikún* y prepara la vía para nuestra resurrección final.

Guevurá que se convierte en _Biná_

En esta sección hay 49 palabras que corresponden a las 49 Puertas del Sistema Puro en *Biná*.

אַתָּה Atá גִּבּוֹר guibor לְעוֹלָם leolam ריבוע ס״ג י׳ אותיות דס״ג אֲדֹנָי Adonai ללה

(ר״ת אַגְלָא והוא שם גדול ואמיץ, ובו היה יהודה מתגבר על אויביו. ע״ה אלד, בוכו.)

מְחַיֵּה mejayé ס״ג מֵתִים metim אַתָּה Atá. רַב rav לְהוֹשִׁיעַ lehoshía.

ZOJRENU

Recuérdanos en vida, Rey, Quien desea la vida, e inscríbenos en el Libro de la Vida, por Ti, Dios Vivo. Rey, Asistente, Salvador y Escudo. Bendito seas Tú, Señor, Escudo de Avraham.

LA SEGUNDA BENDICIÓN

Tú, Señor, eres poderoso por siempre. Tú revives a los muertos y eres muy capaz de redimir.

מוֹרִיד morid הַטָּל hatal יוד הא וא, כוזו, מספר אותיות דמילואי עסמ"ב ; ר"ת מ"ה:

Si por error dices "*Mashiv harúaj*" y te das cuenta de ello antes del final de la bendición "*Baruj Atá Adonai*", debes regresar al comienzo de la bendición "*Atá guibor*" y continuar normalmente. Pero si sólo te das cuenta de ello después del final de la bendición, debes iniciar la *Amidá* desde el principio.

מְכַלְכֵּל mejalquel חַיִּים jayim אהיה אהיה יהוה, בינה ע"ה

בְּחֶסֶד bejésed ע"ב, ריבוע יהוה. מְחַיֵּה mejayé ס"ג מֵתִים metim

בְּרַחֲמִים berajamim (במוכסז) מצפצ, אלהים דההין, י"פ ייי רַבִּים rabim (טלא דעתיק).

סוֹמֵךְ somej (אכדטם) כוק, ריבוע אדני נוֹפְלִים noflim (זו"ן).

וְרוֹפֵא verofé חוֹלִים jolim חולה = מ"ה וד' אותיות.

וּמַתִּיר umatir אֲסוּרִים asurim. וּמְקַיֵּם umekayem

אֱמוּנָתוֹ emunató לִישֵׁנֵי lishenei עָפָר afar. מִי mi ילי כָּמוֹךָ jamoja

(debes pronunciar la letra *Ayin* en la palabra "*Báal*") בַּעַל báal גְּבוּרוֹת gvurot

וּמִי umí ילי דּוֹמֶה domé לָּךְ laj. מֶלֶךְ Mélej מֵמִית memit

וּמְחַיֶּה umejayé ס"ג (יוד הי ואו הי) וּמַצְמִיחַ umatsmíaj יְשׁוּעָה yeshuá:

MI CAMOJA

Ocho palabras que corresponden a las ocho prendas del Sumo Sacerdote.
Aquí debemos meditar en conectar con el proceso de reencarnación, pues *Yom Kipur* es el momento en el que las almas son juzgadas y encarnadas. Y como esta bendición es llamada *Guevurot* (Juicios) debemos meditar en endulzarlos con las palabras "*Av HaRajamán*" (el Padre Misericordioso), cuya suma es el mismo valor numérico de las letras *Shin* y *Vav* (=306, de la palabra *Shofar*).

מִי mi ילי כָּמוֹךָ jamoja אָב av הָרַחֲמָן harajmán (***Zeir Anpín***)

זוֹכֵר zojer יְצוּרָיו yetsurav בְּרַחֲמִים berajamim מצפצ, אלהים דיודין, י"פ ייי

לְחַיִּים lejayim אהיה אהיה יהוה, בינה ע"ה ; ר"ת זיב"ל = מ"ט שערי בינה ; ר"ת יב"ל = מ"ב ;

ר"ת ל"ב נתיבות חכמה

Si olvidas decir "*mi camoja*" y te das cuenta de esto antes del final de la bendición "*Baruj Atá Adonai*", debes regresar y decir "*mi camoja*" y continuar normalmente. Pero si sólo te das cuenta de esto al final de la bendición, debes continuar normalmente.

וְנֶאֱמָן veneemán אַתָּה Atá לְהַחֲיוֹת lehajayot מֵתִים metim:

El que hace caer el rocío. Tú sostienes a los vivientes con bondad y revives a los muertos con gran misericordia. Tú sostienes a los caídos, curas a los enfermos, pones en libertad a los cautivos y cumples Tu promesa con los que duermen en el polvo. ¿Quién es como Tú, Señor de fortaleza, y quién puede compararse contigo, Oh Rey, que causas la muerte, das vida y haces crecer la salvación?

MI CAMOJA

¿Quién es como Tú, Padre Misericordioso, Quién llama a Sus criaturas con misericordia para la vida? Y eres fiel para resucitar a los muertos.

בָּרוּךְ Baruj אַתָּה Atá יְהֹוָהאדהי(יְהֹוָהאדהי) Adonai

מְחַיֵּה mejayé ס"ג (יוד הי ואו הי) הַמֵּתִים hametim ר"ת מ"ה וס"ת מ"ה:

NAKDISHAJ – LA KEDUSHÁ

Toda la congregación recita esta oración.

Mientras decimos la *Kedushá* (Santidad) meditamos en traer la Santidad del Creador entre nosotros. Ya que ésta dice: "*Venikdashti betoj Bnei Yisrael*" (Dios es santificado entre los hijos de Israel).

נַקְדִּישָׁךְ nakdishaj וְנַעֲרִיצָךְ venaaritsaj.

כְּנֹעַם quenóam שִׂיחַ síaj סוֹד sod מ"כ, י"פ האא שַׂרְפֵי sarfei

קֹדֶשׁ kódesh הַמְשַׁלְּשִׁים hameshalshim לְךָ lejá קְדֻשָּׁה kedushá.

וְכֵן vején כַּתּוּב catuv עַל al יַד yad נְבִיאָךְ neviaj. וְקָרָא vekará

זֶה ze אֶל־ el זֶה ze י"ב פרקין דיעקב מאירים ל"ב פרקין דרוזל וְאָמַר veamar:

קָדוֹשׁ Kadosh | קָדוֹשׁ Kadosh קָדוֹשׁ Kadosh (סוד ג' רישין דעתיקא קדישא)

יְהֹוָהאדהיאהדונהי Adonai צְבָאוֹת Tsvaot פני שכינה מְלֹא meló כָל־ jol ילי

הָאָרֶץ haárets אלהים דההין ע"ה כְּבוֹדוֹ quevodó:

לְעֻמָּתָם leumatam מְשַׁבְּחִים meshabjim וְאוֹמְרִים veomrim:

(אר"א) בָּרוּךְ Baruj כְּבוֹד־ Quevod יְהֹוָהאדהיאהדונהי Adonai ; כבוד ה' = יוד הי ואו הה

מִמְּקוֹמוֹ mimkomó עסמ"ב, הברכה (למתק את ז' המלכים שמתו); ר"ת ע"ב, ריבוע יהוה ; ר"ת מ"כ:

וּבְדִבְרֵי uvedivrei קָדְשָׁךְ kodshaj כָּתוּב catuv לֵאמֹר lemor:

(זו"ן) יִמְלֹךְ yimloj קדוש ברוך ימלך ר"ת יב"ק, אלהים יהוה, אהיה אדני יהוה

יְהֹוָהאדהיאהדונהי Adonai לְעוֹלָם leolam ריבוע ס"ג וי' אותיות דס"ג אֱלֹהַיִךְ Eloháyij ילה

צִיּוֹן Tsiyón יוסף, ו' הויות, קנאה לְדֹר ledor וָדֹר vador רי"ו ר"ת אצלו (מלכות אצל ז"א – ו)

הַלְלוּיָהּ haleluyá אלהים, אהיה אדני ; ללה:

Bendito eres Tú, Señor, que resucitas a los muertos.

NAKDISHAJ

Te santificamos y Te honramos,

como la agradable charla de la reunión de los Santos Serafines, que recitan la Santidad ante Ti tres veces, como está escrito por Tu Profeta: "Y cada uno llamó al otro y dijo: Santo, Santo, Santo es el Señor de los Ejércitos, todo el mundo está lleno de Su gloria" (Isaías 6:3). Frente a ellos alaban y dicen: "Bendita sea la gloria del Señor desde Su Lugar" (Ezequiel 3:12). Y en Tus santas Palabras, está escrito como sigue: "El Señor, tu Dios, reinará por siempre, para toda y cada generación, Oh Sión, ¡Aleluya!" (Salmos 146:10).

LA TERCERA BENDICIÓN

Esta bendición nos conecta con Yaakov, la Columna Central, el poder de la restricción. Yaakov es nuestro canal para conectar la Misericordia con el Juicio. Al restringir nuestro comportamiento reactivo, estamos deteniendo nuestro Deseo de Recibir para Nosotros Mismos. Yaakov también nos da el poder para equilibrar nuestros actos de Misericordia y Juicio hacia otras personas en nuestra vida.

Tiféret que se convierte en _Dáat_.

אַתָּה Atá קָדוֹשׁ Kadosh וְשִׁמְךָ veShimjá קָדוֹשׁ Kadosh ר״ת = אור, רז, אין סוף

וּקְדוֹשִׁים ukdoshim בְּכָל־ bejol ב״ן, לכב יוֹם yom ע״ה נגד, מזבח, זן, אל יהוה

יְהַלְלוּךָ yehaleluja סֶּלָה sela:

Nueve palabras que corresponden a dos letras *Dálet* (una por *Rajel* y una por *Leá*) más una.

לְדֹר ledor וָדֹר vador רי״ו הַמְלִיכוּ hamliju לָאֵל laEl ייא״י (מילוי דס״ג)

כִּי qui הוּא Hu לְבַדּוֹ levadó מ״ב מָרוֹם marom וְקָדוֹשׁ veKadosh:

CUATRO UVJÉN

El valor numérico de la palabra *Uvjén* וּבְכֵן es igual a 72. Esto indica un enlace importante con los 72 Nombres de Dios y el poder de superar las leyes de la naturaleza y las leyes de la naturaleza humana.

El Kabbalista Rav Yitsjak Luria (el Arí) nos enseña que estos cuatro patrones letras provienen de tres versículos en Éxodo. Cada uno de estos tres versículos contiene 72 letras.

Las primeras tres configuraciones de letras representan las partes o los aspectos diferentes de energía, mientras que la configuración final de los 72 Nombres representa el todo, culminando en el poder absoluto de la Luz.

Las cuatro tablas que se presentan a continuación también corresponden a Avraham (*Jésed*), Yitsjak (*Guevurá*), Yaakov (*Tiféret*) y David (*Maljut*) quienes representan las fuerzas energéticas básicas que apoyan y sustentan nuestro mundo espiritual y físico.

LA TERCERA BENDICIÓN

Tú eres Santo y Santo es Tu Nombre, y los Seres Santos Te alaban día a día, Sela.
De generación en generación, ellos proclaman a Dios como Rey, porque solo Él es y es Santo.

Toda la Torá es un código, afirma el *Zóhar.* No puede ser entendida en un nivel literal. Cada palabra, cada letra contiene muchas capas de significados que describen las distintas fuerzas espirituales que dan vida a la Madre Naturaleza y a la naturaleza humana. Por ejemplo, los sabios ancestrales revelaron que tres fuerzas de energía claves constituyen el tejido del universo: Columna Derecha (positiva – protón), Columna Izquierda (negativa – electrón) y Columna Central (neutral – neutrón). En la Torá, los nombres de Avraham, Yitsjak y Yaakov son las palabras clave utilizadas para describir estas tres fuerzas. Avraham se refiere a la energía positiva de compartir, Yitsjak a la energía negativa de recibir, y Yaakov a la energía neutral del equilibrio. El *Zóhar* dice que el Rey David representa la totalidad de estas tres fuerzas: nuestro mundo físico de *Maljut.*

¿Por qué esto es importante? Podemos cambiar al mundo sólo cuando podemos acceder y manipular las verdaderas fuerzas de la Creación. El beneficio de esta oración es que nos conecta con esas fuerzas primarias. Acceder a ellas nos da el poder emocional y la fortaleza espiritual para superar nuestra naturaleza reactiva durante el año entrante.

AVRAHAM (JÉSED) (חסד) אברהם

Ocho palabras que corresponden a dos letras *Dálet* (una por *Rajel* y una por *Leá*).

uvjén וּבְכֵן

ע"ב (יוד הי ויו הי, ריבוע יהוה), מזלא (להוריד ג' הויות דיקנא שבמזלא עילאה)
וכנגד ע"ב אותיות שבפסוק "ויסע" וכנגד אברהם שקידש שמו יתברך בעולם.

מ	מ	ע	א	ש	ל	א	ו
ד	פ	ע	וז	ר	פ	ל	י
מ	נ	מ	ר	א	נ	ה	ס
א	י	ו	י	ל	י	י	ע
וז	ה	ד	ה	ו	מ	ם	מ
ר	ם	ה	ם	י	וז	ה	ל
י	ו	ע	ו	ל	נ	ה	א
ה	י	נ	י	ר	ה	ל	ר
ם	ע	ז	ס	מ	י	ר	ה

Shimjá שְׁמְךָ (מילוי שדי) וד לת ין - שדי yitkadash יִתְקַדַּשׁ

יְהֹוָהאדני יאהדונהי Adonai ר"ת = ש"ך דינים וס"ת שכ"ה (ה"פ אדני - למתק הש"ך דינים בה' אלפין)

אֱלֹהֵינוּ Eloheinu ילה עַל al יִשְׂרָאֵל Yisrael עַמֶּךָ ameja ר"ת = קנ"א וס"ת = אלהים:

LOS CUATRO UVJÉN
AVRAHAM (JÉSED)

Por lo tanto, sea Tu Nombre santificado, Oh Señor, nuestro Dios, sobre Israel, Tu nación.

YITSJAK (GUEVURÁ) (גְּבוּרָה) יִצְחָק

וּבְכֵן uvjén

ע"ב (יוד הי ויו הי, ריבוע יהוה), כנגד ע"ב אותיות שבפסוק "ויבא"
וכנגד פחד יצחק שהוא עתיק יומין.

ה	כ	ל	ה	ל	י	ל	ה
ק	ר	ב	ז	ה	א	ל	ז
ה	ל	י	ל	ה	ו	ל	א
ש	ך	ו	י	א	ר	א	ת
י	ה	ע	נ	ז	ו	ה	ח
י	ש	ר	א	ל	ו	י	ה
ו	ב	י	ז	מ	ח	נ	ה
ח	נ	ה	מ	צ	ר	י	ם
ו	י	ב	א	ב	י	ז	מ

א ב

תֵּן ten פַּחְדְּךָ pajdeja תן פחדך עב"כ = ב"פ סנדלפון הממותקים ע"י יב"ק (בג"י פחדך וכן למנין

ג י ת

ב"פ נ"ו – ב' כוזות הדין שב-סנדלפון) יְהֹוָהאדניאהדונהי Adonai אֱלֹהֵינוּ Eloheinu ילה עַל al

צ ק ר ע ש

כָּל col ילי ; עמם מַעֲשֶׂיךָ maaseja. וְאֵימָתְךָ veeimatjá עַל al כָּל col ילי ; עמם

ט נ נ ג

מַה ma מ"ה שֶׁבָּרָאתָ shebarata. וְיִירָאוּךָ veyiraúja כָּל col ילי

ד י כ

הַמַּעֲשִׂים hamaasim. וְיִשְׁתַּחֲווּ veyishtajavú לְפָנֶיךָ lefaneja ס"ג מ"ה ב"ן

ש ב ט ר צ

כָּל col ילי הַבְּרוּאִים habruím. וְיֵעָשׂוּ veyeasú כֻלָּם julam אֲגֻדָּה agudá

ת ג ח ק ב

אֲגֻדָּה אַחַת ejat. לַעֲשׂוֹת laasot רְצוֹנְךָ retsonjá בְּלֵבָב belevav בוכו שָׁלֵם shalem.

בסוד בירור העולם להמשיכו אל היחוד בסוד "כי אז אהפוך אל עמים שפה ברורה"

YITSJAK (GUEVURÁ)

Por lo tanto, impón reverente temor a Ti, Oh Señor, nuestro Dios, en todas Tus obras y el temor de Dios en todo lo que has creado. Y permite que todas las obras Te reverencien y todas las criaturas se postren ante Ti. Y que todas ellas se unan en una sola hermandad para hacer Tu voluntad con todo el corazón.

ט ג ע

שֶׁיָּדַעְנוּ sheyadanu יְהֹוָאדנהיאהדונהי Adonai אֱלֹהֵינוּ Eloheinu ילה

י ג ל

שֶׁהַשָּׁלְטוֹן shehashiltón (שֶׁהַשָּׁלְטָן) לְפָנֶיךָ lefaneja ס"ג מ"ה ב"ן. עוֹז oz

פ ז ק ש

בְּיָדְךָ beyadjá. וּגְבוּרָה ugvurá רי"ו בִּימִינֶךָ bimineja. וְשִׁמְךָ veShimjá

ק ו צ י ת

נוֹרָא norá עַל al כָּל col ילי עמם מַה ma מ"ה שֶׁבָּרָאתָ shebarata:

YAAKOV (TIFÉRET) (תפארת) יַעֲקֹב

Veintiocho palabras que corresponden al *Milui* de *Milui* del Nombre: יהוה

וּבְכֵן uvjén

ע"ב (יוד הי ויו הי, ריבוע יהוה), כנגד ע"ב אותיות שבפסוק "ויט" וכנגד יעקב שאמר בשכמל"ו (מ"ה יהוה ע"ה).

י	ה	י	י	ה	ו	ד	ו	↓
ב	י	ל	ם	י	ל	ו	י	
ק	ם	ה	ע	ם	ך	ע	ט	
ע	ל	ו	ז	ב	י	ל	מ	
ו	וז	י	ה	ר	ה	ה	ש	
ה	ר	ש	כ	ו	ו	י	ה	
מ	ב	ם	ל	וז	ה	ם	א	
י	ה	א	ה	ק	א	ו	ת	
ם	ו	ת	ל	ד	ת	י	י	

תֵּן ten כָּבוֹד cavod

[En el secreto de la corrección de *Yisrael* para atraer sobre ésta *Cavod* (Honor) desde Ima].

לְעַמֶּךָ leameja תְּהִלָּה tehilá ע"ה אמת, אהיה פעמים אהיה, ו"פ ס"ג לִירֵאֶיךָ lireeja.

וְתִקְוָה vetikvá

La palabra *tikvá* (esperanza) puede ser dividida en dos palabras: *tik* (bolsa) y *va* (las letras *Vav* y *Hei*), porque *Yetsirá* y *Asiyá* de Santidad son la cobertura (*tik*) de las letras *Vav* (ו) y *Hei* (ה). Aquí debemos meditar en pedir "*tikvá tová*" (buena esperanza y futuro) de parte de la Santidad.

טוֹבָה tová אכא לְדוֹרְשֶׁיךָ ledorsheja.

Porque sabemos, Señor, nuestro Dios, que el dominio es Tuyo, el poder está en Tu Mano y la Fuerza está en Tu Diestra y Tu nombre inspira reverencia y temor sobre todo lo que Tú has creado.

YAAKOV (TIFÉRET)

Por lo tanto, Oh Señor, otorga honor a Tu pueblo, gloria a aquellos que Te temen y reverencian, buena esperanza a los que Te buscan

וּפִתְחוֹן ufitjón פֶּה pe מילוי ע״ה אלהים, אהיה אדני לַמְיַחֲלִים lameyajalim לָךְ laj.

שִׂמְחָה simjá לְאַרְצֶךָ leartsaj. שָׂשׂוֹן sasón לְעִירֶךָ leiraj.

וּצְמִיחַת utsmijat קֶרֶן keren לְדָוִד leDavid עַבְדֶּךָ avdaj פוי, אל אדני

(*Rajel* que crece desde Abajo hacia Arriba y tiene dentro de Sí los Nombres: יהוה אלהים יהוה אדני)

וַעֲרִיכַת vaarijat נֵר ner יהוה אהיה יהוה אלהים יהוה אדני

(*Leá* donde Ella está en la espalda de *Dáat* y Ella tiene dentro de Sí los Nombres: יהוה אהיה)

לְבֶן levén יִשַׁי Yishai (לאה שממנה משיח בן דוד)

מְשִׁיחֶךָ meshijeja בִּמְהֵרָה bimherá בְּיָמֵינוּ beyameinu:

DAVID (MALJUT) (מלכות) דוד

22 palabras que corresponden a las 22 letras y al Nombre אכא, y su secreto es para corregir a los planetas.

וּבְכֵן uvjén

ע״ב (יוד הי ויו הי, ריבוע יהוה), כנגד ע״ב שמות היוצאים מג׳ פסוקים הנ״ל וכנגד דוד המלך ע״ה.

←							
והו	ילי	סיט	עלם	מהש	ללה	אכא	כהת
הזי	אלד	לאו	ההע	יזל	מבה	הרי	הקם
לאו	כלי	לוו	פהל	נלך	ייי	מלה	חהו
נתה	האא	ירת	שאה	ריי	אום	לכב	ושר
יחו	להח	כוק	מנד	אני	חעם	רהע	ייז
ההה	מיך	וול	ילה	סאל	ערי	עשל	מיה
והו	דני	החש	עמם	ננא	נית	מבה	פוי
נמם	ייל	הרח	מצר	ומב	יהה	ענו	מחי
דמב	מנק	איע	חבו	ראה	יבמ	היי	מום

צַדִּיקִים tsadikim (*Tsédek-Maljut* y *Tsadik-Yesod*) יִרְאוּ yirú וְיִשְׂמָחוּ veyismajú

וִישָׁרִים visharim (Ellos estarán felices por la eliminación del otro lado del mundo)

יַעֲלֹזוּ yaalozu. וַחֲסִידִים vajasidim בְּרִנָּה beriná יָגִילוּ yaguilu.

וְעוֹלָתָה veolatá תִּקְפָּץ tikpots פִּיהָ piha ר״ת= לילית (**Nukvá de Klipá**).

---

y elocuencia a los que confían en Ti, júbilo a Tu tierra y alegría a Tu ciudad y fuerza floreciente a tu siervo David, Tu servidor, y resplandezca la antorcha del hijo de Yishai, Tu ungido, prontamente en nuestros días.

DAVID (MALJUT)

Por lo tanto, los justos contemplarán y se regocijarán,

los rectos se alegrarán y los devotos se conmoverán con alegre canción. La iniquidad callará

הָרִשְׁעָה veharishá כֻּלָּהּ julá בְּעָשָׁן beashán (סמאל) תִּכְלֶה tijlé

(La fortaleza del otro lado es el secreto de *Amalek* [Amalequitas = duda], y cuando sea removido del cosmos, entonces todos los poderes del otro lado se evaporarán como humo).

כִּי qui תַעֲבִיר taavir מֶמְשֶׁלֶת memshélet זָדוֹן zadón

מִן min הָאָרֶץ haárets אלהים דההין ע״ה :

Veintisiete palabras que corresponden al *Milui* de *Milui* del Nombre: אהיה
(El secreto de la revelación de la Iluminación de *Ima*).

וְתִמְלוֹךְ vetimloj אַתָּה Atá הוּא Hu יְהֹוָאדהי״אהדונהי Adonai

אֱלֹהֵינוּ Eloheinu ילה מְהֵרָה meherá עַל al כָּל col ילי ; עמם מַעֲשֶׂיךָ maaseja.

בְּהַר behar צִיּוֹן Tsiyón יוסף, ו׳ הויות, קנאה מִשְׁכַּן mishcán

כְּבוֹדֶךָ quevodeja ב״ן, לכב. וּבִירוּשָׁלַיִם uvirushaláyim עִיר ir בוזוקף, סנדלפון, ער״י

מִקְדָּשֶׁךָ mikdasheja. כַּכָּתוּב cacatuv בְּדִבְרֵי bedivrei קָדְשֶׁךָ kodshejá:

יִמְלֹךְ yimloj יְהֹוָאדהי״אהדונהי Adonai לְעוֹלָם leolam ריבוע ס״ג ו״י אותיות דס״ג

אֱלֹהַיִךְ Eloháyij ילה צִיּוֹן Tsiyón יוסף, ו׳ הויות, קנאה לְדֹר ledor

וָדֹר vador רי״ו ; ר״ת אצלו (מלכות אצל ז״א - ו) הַלְלוּיָהּ haleluyá אלהים, אהיה אדני ; ללה :

Veintiún palabras que corresponden al Nombre: אהיה

קָדוֹשׁ Kadosh אַתָּה Atá וְנוֹרָא venorá שְׁמֶךָ Shmeja. וְאֵין veéin

אֱלוֹהַּ Elohá מִבַּלְעָדֶיךָ mibaladeja. כַּכָּתוּב cacatuv: וַיִּגְבַּהּ vayigbá

יְהֹוָאדהי״אהדונהי Adonai צְבָאוֹת Tsvaot פני שכינה בַּמִּשְׁפָּט bamishpat ע״ה ה״פ אלהים

(נה״י דאימא הנגבהים למעלה בלאה) וְהָאֵל vehaEl לאה ; יא״י הַקָּדוֹשׁ haKadosh

נִקְדָּשׁ nikdash בִּצְדָקָה bitsdaká ע״ה ריבוע אלהים: בָּרוּךְ Baruj

אַתָּה Atá יְהֹוָאדנָי(יְהֹוָאדנָי) Adonai הַמֶּלֶךְ haMélej הַקָּדוֹשׁ haKadosh

(*Leá* – ya que Ella está junto a los Santos *Mojín*) ר״ת איהה

Aquí medita en el Nombre: יאהדונהי, ya que puede ayudar a eliminar la ira.

Si por error dijiste "*haEl haKadosh*" y te das cuenta de esto en tres segundos, debes decir inmediatamente "*haMélej haKadosh*" y continuar normalmente. Pero si ya has comenzado la bendición siguiente, debes hacer la *Amidá* desde el principio.

---

y todo el mal se evaporará como humo. Porque Tú eliminarás el reino malvado de la Tierra, y entonces Tú, que eres el Señor, nuestro Dios, reinarás rápidamente, sobre todas Tus obras en el Monte Sión, el lugar de descanso para Tu Gloria, y en Jerusalén, Tu ciudad Santa. Como está escrito en Tus Sagradas Escrituras: "¡El Señor reinará por siempre, tu Dios, Oh Sión, de generación en generación! ¡Aleluya!". Tú eres Santo y Tu Nombre inspira temor y no hay ningún otro Dios aparte de Ti, como está escrito: "El Señor de los Ejércitos, será exaltado en justicia y el Santo Dios será santificado en equidad" (Isaías 5:16). Bendito eres Tú, Señor, el Rey Santo.

Los cuatro *Uvjén* son dados, dos para *Leá* y dos para *Rajel*.

LA BENDICIÓN DEL MEDIO

La cuarta bendición nos conecta con el verdadero poder de *Yom Kipur* la semilla de todo el año. Así como la semilla de una manzana engendra un manzano, una semilla negativa engendra un año negativo. De la misma manera, una semilla positiva genera un año positivo. *Yom Kipur* es nuestra oportunidad de escoger la semilla que deseamos sembrar para nuestro próximo año. El poder de las letras en esta bendición radica en su capacidad de ayudarnos a escoger automáticamente la semilla correcta que necesitamos y no necesariamente la semilla que queremos.

אַתָּה Atá בְּחַרְתָּנוּ vejartanu מִכָּל micol ילי הָעַמִּים haamim•
אָהַבְתָּ ahavta אוֹתָנוּ otanu וְרָצִיתָ veratsita בָּנוּ banu•
וְרוֹמַמְתָּנוּ veromamtanu מִכָּל micol ילי הַלְּשׁוֹנוֹת haleshonot•
וְקִדַּשְׁתָּנוּ vekidashtanu בְּמִצְוֹתֶיךָ bemitsvoteja• וְקֵרַבְתָּנוּ vekeravtanu
מַלְכֵּנוּ malquenu לַעֲבוֹדָתֶךָ laavodateja• וְשִׁמְךָ veShimjá הַגָּדוֹל hagadol
להחו ; ועם ד' אותיות = מבה, יזל, אום וְהַקָּדוֹשׁ vehakadosh עָלֵינוּ aleinu קָרָאתָ karata:

וַתִּתֶּן vatitén ב"פ כהת לָנוּ lanu אלהים, אהיה אדני יְהֹוָהאדניאהדונהי Adonai
אֱלֹהֵינוּ Eloheinu ילה בְּאַהֲבָה beahavá אחד, דאגה אֶת et
יוֹם yom ע"ה נגד, מזבח, זן, אל יהוה (**En *Shabat* agregar:** הַשַׁבָּת haShabat הַזֶּה hazé והו•
וְאֶת veet יוֹם Yom ע"ה נגד, מזבח, זן, אל יהוה) הַכִּפּוּרִים HaKipurim הַזֶּה hazé והו•
אֶת et יוֹם yom ע"ה נגד, מזבח, זן, אל יהוה סְלִיחַת slijat הֶעָוֹן heavón
הַזֶּה hazé והו• אֶת et יוֹם Yom ע"ה נגד, מזבח, זן, אל יהוה• מִקְרָא mikrá
קֹדֶשׁ kódesh הַזֶּה hazé והו• לִמְחִילָה limjilá וְלִסְלִיחָה velislijá
וּלְכַפָּרָה ulejapará• וְלִמְחוֹל velimjol בּוֹ bo אֶת et כָּל col ילי
עֲוֹנוֹתֵינוּ avonoteinu• בְּאַהֲבָה beahavá אחד, דאגה מִקְרָא mikrá
קֹדֶשׁ kódesh• זֵכֶר zéjer לִיצִיאַת litsiat מִצְרָיִם Mitsráyim מצר•

LA BENDICIÓN DEL MEDIO

*Tú nos has elegido entre todas las naciones. Tú nos has amado y has encontrado favor entre nosotros. Tú nos has exaltado sobre todas las lenguas y Tú nos has santificado con Tus preceptos. Tú nos acercaste, Rey nuestro, a Tu servicio y proclamaste sobre nosotros Tu gran y Santo Nombre. Y puedas darnos Tú, Señor, nuestro Dios con amor este día (***en *Shabat* añade:** *de Shabat y este Día) de Expiación, este día de Perdón de las iniquidades, este día de Santa Convocatoria, para perdón, absolución y expiación, y absolver todas nuestras iniquidades en amor, una Convocatoria Santa, un recuerdo de la salida del Egipto.*

אֱלֹהֵינוּ Eloheinu ילה וֵאלֹהֵי veElohei לכב ; מילוי ע״ב, דמב ; ילה אֲבוֹתֵינוּ avoteinu.
מְחוֹל mejol לַעֲוֹנוֹתֵינוּ laavonoteinu בְּיוֹם beyom ע״ה נגד, מזבח, זן, אל יהוה
(En *Shabat* agregar: הַשַּׁבָּת haShabat הַזֶּה hazé והו. וּבְיוֹם veveyom ע״ה נגד, מזבח, זן, אל
יהוה) הַכִּפּוּרִים HaKipurim הַזֶּה hazé והו. וּבְיוֹם veveyom ע״ה נגד, מזבח, זן, אל יהוה
סְלִיחַת slijat הֶעָוֹן heavón הַזֶּה hazé והו. בְּיוֹם beyom ע״ה נגד, מזבח, זן, אל יהוה
מִקְרָא mikrá קֹדֶשׁ kódesh הַזֶּה hazé והו. מְחֵה mejé וְהַעֲבֵר vehaaver
פְּשָׁעֵינוּ peshaeinu מִנֶּגֶד minégued מזבח, זן, אל יהוה עֵינֶיךָ eineja ע״ה קס״א ; ריבוע מ״ה.
כָּאָמוּר caamur: אָנֹכִי anojí אָנֹכִי anojí הוּא hu מֹחֶה mojé
פְשָׁעֶיךָ feshaeja לְמַעֲנִי lemaaní וְחַטֹּאתֶיךָ vejatoteja לֹא lo
אֶזְכֹּר ezcor: וְנֶאֱמַר veneemar: מָחִיתִי majiti כָעָב jaav
פְּשָׁעֶיךָ peshaeja וְכֶעָנָן vejeanán חַטֹּאותֶיךָ jatoteja שׁוּבָה shuva הויש
אֵלַי elai כִּי qui גְאַלְתִּיךָ guealtija: וְנֶאֱמַר veneemar: כִּי qui
בַּיּוֹם vayom ע״ה נגד, מזבח, זן, אל יהוה הַזֶּה hazé והו יְכַפֵּר yejaper
עֲלֵיכֶם aleijem לְטַהֵר letaher אֶתְכֶם etjem מִכֹּל micol ילי
חַטֹּאתֵיכֶם jatoteijem לִפְנֵי lifnei יְהֹוָ֘ה אדני אהדונהי Adonai תִּטְהָרוּ titharú:

En la *Amidá* silenciosa omitimos lo que sigue y continuamos con "*Eloheinu veElohei avoteinu*" en la página 610.

En la repetición continuamos con el *Vidui* en la página 600.

Dios nuestro y Dios de nuestros padres,

perdona nuestras iniquidades (**en *Shabat* agregar:** *en este día de descanso y) en este Día de Expiación, este día de absolución de iniquidad, este día de Santa Convocatoria. Elimina y remueve nuestras transgresiones de Tu vista, como está dicho: "Yo, Yo soy quien borro tus rebeliones por amor de Mí mismo, y no me acordaré de tus pecados"* (Isaías 43:25)*. Y está dicho: "Yo deshice como a una nube tus rebeliones y como a una niebla tus pecados; vuélvete a Mí, porque Yo te redimí"* (Isaías 44:25)*. Y está dicho: "Porque en este día se hará expiación por ustedes, y serán limpios de todos sus pecados delante del Señor"* (Levítico 16:30).

Según el orden del *At-Bash*.

אלהינו Eloheinu יכה ואלהי veElohei לכב ; מילוי ע"ב, דמב ; יכה אבותינו avoteinu.

אל al תעש taás עמנו imanu כלה jalá. תאחז tojez ידך yadjá

במשפט bamishpat: בבא bevó תוכחה tojejá נגדך negdeja מזבח, זן, אל יהוה.

שמנו shmenu מספרך misifreja אל al תמח temaj: גשתך gishteja

לחקר lajakor מוסר musar. רחמיך rajameja יקדמו yekadmú

רגזך ragzeja: דלות dalut מעשים maasim בשורך beshureja.

קרב karev צדק tsédek מאליך meeleja: הורנו horenu.

בזעקנו bezaakenu לך laj. צו tsav פוי, אל אדני ישועתנו yeshuatenu

במפגיע bemafguía: ותשיב vetashiv שבות shvut אהלי aholei תם tam.

פתחיו ptajav ראה reé ראה כי qui שממו shamemú: זכר zjor ע"ב קס"א, יהי אור

נאמת naamta. עדות edut לא lo תשכח tishajaj מפי mipí זרעו zaró:

וחתם jotam תעודה teudá תתיר tatir. סודך sodjá מיכ, י"פ ההא שים sim

בלמודך belimudeja: טבור tabur אגן agán הסהר hasáhar. נא na

אל al יחסר yejsar המזג hamazeg: יה Yah דע da את et

ישראל Yisrael אשר asher ידעוך yedaúja. מגר maguer את et

הגוים hagoyim אשר asher לא lo ידעוך yedaúja: כי qui תשיב tashiv

לבצרון levitsarón לכודים lejudim אסירי asirei התקוה hatikvá:

Dios nuestro y Dios de nuestros padres, no envíes destrucción sobre nosotros. Que Tu mano se aferre a la justicia. Y cuando presenten acusación ante Ti, no elimines nuestros nombres de Tu libro. Y cuando sea el momento de determinar nuestro castigo, deja que Tu compasión esté antes de Tu ira. Observa la irrelevancia de nuestras acciones y atrae a la justicia más cerca de Ti. Instrúyenos y, cuando clamemos a Ti, envíanos nuestra salvación del acusador. Reinstaura la habitación del perfecto. He aquí que sus puertas están vacías. Recuerda lo que Tú has prometido y que este testimonio no sea olvidado por sus descendientes. Libera el ocultamiento de Tu documento y que Tu secreto siempre sea evidente en Tus enseñanzas. Desde el centro de la Luna llena, por favor, que siempre haya abundancia de bendiciones. Dios, está con Israel porque Te reconoce. Destruye a aquellas naciones que no Te reconocen. Tú regresaras a los turbados y desesperanzados a sus fortificaciones.

ASHAMNU (VIDUI) (encontrarás la explicación y traducción del *Vidui* en las páginas 56-68)

Mientras recitas el *Vidui*, debes golpear tu pecho con la mano derecha para agitar los *Jasadim* (Misericordias) y las *Guevurot* (Juicios) para que puedan crecer por el bien del *Zivug* (Unificación). Incluso si sabes que no has cometido una de las acciones negativas mencionadas a continuación, debes decir el *Vidui* de todos modos, porque todos actuamos como garantes uno del otro. El *Vidui* es dicho en forma plural porque el *Vidui* es acerca de otras vidas y otras personas que están conectadas a la raíz de nuestra alma.

Las 22 letras son el valor numérico del Santo Nombre אכא.

אָנָּא aná ב"ן יְהֹוָה Adonai אֱלֹהֵינוּ Eloheinu ילה

וֵאלֹהֵי veElohei לכב ; מילוי ע"ב, דמב ; ילה אֲבוֹתֵינוּ •avoteinu תָּבֹא tavó

לְפָנֶיךָ lefaneja ס"ג מ"ה ב"ן תְּפִלָּתֵנוּ tfilatenu וְאַל veal תִּתְעַלַּם titalam

מַלְכֵּנוּ malquenu מִתְּחִנָּתֵנוּ •mitjinatenu שֶׁאֵין sheéin אֲנַחְנוּ anajnu

עַזֵּי azei אלהים ע"ה, אהיה אדני ע"ה פָנִים fanim וּקְשֵׁי ukshei עֹרֶף óref

לוֹמַר lomar לְפָנֶיךָ lefaneja ס"ג מ"ה ב"ן יְהֹוָה Adonai

אֱלֹהֵינוּ Eloheinu ילה וֵאלֹהֵי veElohei לכב ; מילוי ע"ב, דמב ; ילה

אֲבוֹתֵינוּ avoteinu צַדִּיקִים tsadikim אֲנַחְנוּ anajnu וְלֹא־ veló

חָטָאנוּ •jatanu אֲבָל aval חָטָאנוּ •jatanu עָוִינוּ •avinu פָּשַׁעְנוּ •pashanu

אֲנַחְנוּ anajnu וַאֲבוֹתֵינוּ vaavoteinu וְאַנְשֵׁי veanshei בֵיתֵנוּ veitenu ב"פ ראה:

אָשַׁמְנוּ •ashamnu בָּגַדְנוּ •bagadnu גָּזַלְנוּ •gazalnu דִּבַּרְנוּ dibarnu דוֹפִי dofi

וְלָשׁוֹן velashón הָרָע •hará הֶעֱוִינוּ •heevinu וְהִרְשַׁעְנוּ •vehirshanu זַדְנוּ •zadnu

חָמַסְנוּ •jamasnu טָפַלְנוּ tafalnu שֶׁקֶר shéker וּמִרְמָה •umirmá יָעַצְנוּ yaatsnu

עֵצוֹת etsot רָעוֹת •raot כִּזַּבְנוּ •quizavnu כָּעַסְנוּ •caasnu לַצְנוּ •latsnu

מָרַדְנוּ •maradnu מָרִינוּ marinu דְּבָרֶיךָ •devareja נִאַצְנוּ •niatsnu

נִאַפְנוּ •niafnu סָרַרְנוּ •sararnu עָוִינוּ •avinu פָּשַׁעְנוּ •pashanu

פָּגַמְנוּ •pagamnu צָרַרְנוּ •tsararnu צִעַרְנוּ tsiarnu אָב av וָאֵם •vaem

קִשִּׁינוּ kishinu עֹרֶף •óref רָשַׁעְנוּ •rashanu שִׁחַתְנוּ •shijatnu תִּעַבְנוּ •tiavnu

תָּעִינוּ •tainu וְתִעְתָּעְנוּ vetiatanu וְסַרְנוּ vesarnu מִמִּצְוֹתֶיךָ mimitsvoteja

וּמִמִּשְׁפָּטֶיךָ umimishpateja הַטּוֹבִים hatovim וְלֹא veló שָׁוָה shavá

לָנוּ lanu אלהים, אהיה אדני וְאַתָּה veAtá צַדִּיק tsadik

עַל al כָּל col ילי ; עמם הַבָּא habá עָלֵינוּ aleinu כִּי־ qui

אֱמֶת emet אהיה פעמים אהיה, ז"פ ס"ג עָשִׂיתָ asita וַאֲנַחְנוּ vaanajnu הִרְשָׁעְנוּ hirshanu:

Medita para asegurar que tus acciones negativas son parte del pasado y ya no son parte de tu presente.

MA NOMAR

El secreto del Nombre: יוד הא ואו הא (מ"ה=45)
que revive a los Siete Reyes Quebrantados. La capacidad de revertir todo y corregir toda clase de corrupción depende de este Nombre, y también la *Teshuvá* (arrepentimiento) depende y se nutre de Éste.

(*Ima*) ב"ן מ"ה ס"ג lefaneja לְפָנֶיךָ nomar נֹאמַר מ"ה ma מַה
nesaper נְסַפֵּר מ"ה umá וּמַה .(*Atik Yomín*) marom מָרוֹם yoshev יוֹשֵׁב
shojén שׁוֹכֵן ב"ן מ"ה ס"ג lefaneja לְפָנֶיךָ (**Nukvá—el libro de Yesod**)
(**Ima—que se extiende en Yesod mediante Nétsaj y Hod**) shjakim שְׁחָקִים
(י"ה) hanistarot הַנִּסְתָּרוֹת (**50 Puertas de Biná**) ילי jol כֹּל (*Ima*) haló הֲלֹא
.(*Mazal Venaké*) yodea יוֹדֵעַ (סןזןףך) Atá אַתָּה (ו"ה) vehaniglot וְהַנִּגְלוֹת
.(*Aba e Ima*) olam עוֹלָם razei רָזֵי yodea יוֹדֵעַ (*Mazal Venaké*) Atá אַתָּה
(**desde el aspecto de Aba e Ima**) vetaalumot וְתַעֲלוּמוֹת
ילי col כָּל־ (**desde el aspecto de Mazal**) מצר ב"פ sitrei סִתְרֵי
.(**Yesod de Zeir Anpín**) חיים ,ע"ה ,בינה ,יהוה אהיה אהיה = חי כל jai חָי
.(**Shóresh Yisrael**) vaten בָטֶן jadrei חַדְרֵי־ ילי col כָּל jofés חוֹפֵשׂ Atá אַתָּה
ein אֵין .valev וָלֵב jelayot כְּלָיוֹת ראה roé רֹאֶה
(**en Nukvá**) mimaj מִמְּךָ neelam נֶעְלָם ראה davar דָּבָר
(**en Briá, Yetsirá y Asiyá**) מצר ב"פ nistar נִסְתָּר veéin וְאֵין
מ"ה ריבוע ; קס"א ע"ה eineja עֵינֶיךָ יהוה אל ,זן ,מזבח minégued מִנֶּגֶד
:(**Nukvá—de Su providencia sobre Briá, Yetsirá y Asiyá**)

YEHÍ RATSÓN

ע"ה שדי אל ,ע"ה וקס"א בריבוע ע"ב ,ע"ה מהש ratsón רָצוֹן yehí יְהִי
ילה Eloheinu אֱלֹהֵינוּ Adonai יְהֹוָהאדניאהדונהי ב"ן מ"ה ס"ג milfaneja מִלְּפָנֶיךָ
avoteinu אֲבוֹתֵינוּ ילה ; דמב ,ע"ב מילוי ; לכב veElohei וֵאלֹהֵי
(**con el poder del Nombre: הא יוד הא אלף**) shetimjol שֶׁתִּמְחוֹל
ילי col כָּל־ et אֶת־ אדני אהיה ,אלהים lanu לָנוּ
(**las manchas del Néfesh**) jatoteinu חַטֹּאתֵינוּ
(**con el poder del Nombre: הה יוד הה אלף**) utejaper וּתְכַפֵּר
ילי col כָּל et אֶת אדני אהיה ,אלהים lanu לָנוּ
vetimjol וְתִמְחוֹל (**las manchas del Rúaj**) avonoteinu עֲוֹנוֹתֵינוּ
(**con el poder del Nombre: הי יוד הי אלף**) ע"ב יהוה vetislaj וְתִסְלַח
:(**las manchas de la Neshamá**) peshaeinu פְּשָׁעֵינוּ אדני יה lejol לְכָל־

AL JET - OR YASHAR

Según el orden del alfabeto hebreo en el secreto de *Or Yashar* (Luz Directa) el cual, al recitarlo en este orden, ayuda a corregir (en el secreto de la *Teshuvá*) todos los daños en los órganos.

עַל al חֵטְא jet שֶׁחָטָאנוּ shejatanu לְפָנֶיךָ lefaneja ס"ג מ"ה ב"ן
בְּאוֹנֶס beónes:

עַל al חֵטְא jet שֶׁחָטָאנוּ shejatanu לְפָנֶיךָ lefaneja ס"ג מ"ה ב"ן
בִּבְלִי bivlí דָעַת dáat:

עַל al חֵטְא jet שֶׁחָטָאנוּ shejatanu לְפָנֶיךָ lefaneja ס"ג מ"ה ב"ן
בְּגִלּוּי beguilui עֲרָיוֹת arayot:

עַל al חֵטְא jet שֶׁחָטָאנוּ shejatanu לְפָנֶיךָ lefaneja ס"ג מ"ה ב"ן
בְּדַעַת bedáat וּבְמִרְמָה uvemirmá:

עַל al חֵטְא jet שֶׁחָטָאנוּ shejatanu לְפָנֶיךָ lefaneja ס"ג מ"ה ב"ן
בְּהִרְהוּר behirhur הַלֵּב halev:

עַל al חֵטְא jet שֶׁחָטָאנוּ shejatanu לְפָנֶיךָ lefaneja ס"ג מ"ה ב"ן
בְּוִדּוּי bevidui פֶּה pe ע"ה מום:

עַל al חֵטְא jet שֶׁחָטָאנוּ shejatanu לְפָנֶיךָ lefaneja ס"ג מ"ה ב"ן
בְּזָדוֹן bezadón:

עַל al חֵטְא jet שֶׁחָטָאנוּ shejatanu לְפָנֶיךָ lefaneja ס"ג מ"ה ב"ן
בְּחוֹזֶק bejózek פהל יָד yad:

עַל al חֵטְא jet שֶׁחָטָאנוּ shejatanu לְפָנֶיךָ lefaneja ס"ג מ"ה ב"ן
בְּטוּמְאַת betumat שְׂפָתָיִם sfatáyim:

עַל al חֵטְא jet שֶׁחָטָאנוּ shejatanu לְפָנֶיךָ lefaneja ס"ג מ"ה ב"ן
בְּיֵצֶר beyétser הָרָע hará:

עַל al חֵטְא jet שֶׁחָטָאנוּ shejatanu לְפָנֶיךָ lefaneja ס"ג מ"ה ב"ן
בְּיוֹדְעִים beyodim וּבְלֹא uveló יוֹדְעִים yodim:

עַל al חֵטְא jet שֶׁחָטָאנוּ shejatanu לְפָנֶיךָ lefaneja ס"ג מ"ה ב"ן
בְּכַחַשׁ bejajash וּבְכָזָב uvejazav:

עַל al חֵטְא jet שֶׁחָטָאנוּ shejatanu לְפָנֶיךָ lefaneja ס"ג מ"ה ב"ן
בְּלָשׁוֹן belashón הָרָע hará:

עַל al חֵטְא jet שֶׁחָטָאנוּ shejatanu לְפָנֶיךָ lefaneja ס״ג מ״ה ב״ן

בְּמַרְאִית bemarit הָעַיִן haayin ריבוע מ״ה:

עַל al חֵטְא jet שֶׁחָטָאנוּ shejatanu לְפָנֶיךָ lefaneja ס״ג מ״ה ב״ן

בְּנֶשֶׁךְ beneshej וּבְמַרְבִּית uvemarbit:

עַל al חֵטְא jet שֶׁחָטָאנוּ shejatanu לְפָנֶיךָ lefaneja ס״ג מ״ה ב״ן

בְּשִׂיחַ besíaj שִׂפְתוֹתֵינוּ siftoteinu:

עַל al חֵטְא jet שֶׁחָטָאנוּ shejatanu לְפָנֶיךָ lefaneja ס״ג מ״ה ב״ן

בַּסֵּתֶר baséter ב״פ מצר:

עַל al חֵטְא jet שֶׁחָטָאנוּ shejatanu לְפָנֶיךָ lefaneja ס״ג מ״ה ב״ן

בְּעֵינַיִם beeináyim ריבוע מ״ה רָמוֹת ramot:

עַל al חֵטְא jet שֶׁחָטָאנוּ shejatanu לְפָנֶיךָ lefaneja ס״ג מ״ה ב״ן

בְּפִתְחוֹן befitjón פֶּה pe ע״ה מום:

עַל al חֵטְא jet שֶׁחָטָאנוּ shejatanu לְפָנֶיךָ lefaneja ס״ג מ״ה ב״ן

בִּצְעֲדֵי betsaadei רַגְלַיִם ragláyim לְהָרַע leharà:

עַל al חֵטְא jet שֶׁחָטָאנוּ shejatanu לְפָנֶיךָ lefaneja ס״ג מ״ה ב״ן

בִּקְפִיצַת bikfitsat יָד yad:

עַל al חֵטְא jet שֶׁחָטָאנוּ shejatanu לְפָנֶיךָ lefaneja ס״ג מ״ה ב״ן

בְּרָצוֹן beratsón מהש״:

עַל al חֵטְא jet שֶׁחָטָאנוּ shejatanu לְפָנֶיךָ lefaneja ס״ג מ״ה ב״ן

בִּשְׁגָגָה bishgagá:

עַל al חֵטְא jet שֶׁחָטָאנוּ shejatanu לְפָנֶיךָ lefaneja ס״ג מ״ה ב״ן

בִּתְשׂוּמֶת bitsúmet יָד yad:

AL JET—OR JOZER

עַל al חֵטְא jet שֶׁחָטָאנוּ shejatanu לְפָנֶיךָ lefaneja ס״ג מ״ה ב״ן

בְּתִמְהוֹן betimhón לֵבָב levav בוכו:

עַל al חֵטְא jet שֶׁחָטָאנוּ shejatanu לְפָנֶיךָ lefaneja ס״ג מ״ה ב״ן

בְּשִׂנְאַת besinat חִנָּם jinam:

עַל al חֵטְא jet שֶׁחָטָאנוּ shejatanu לְפָנֶיךָ lefaneja ס״ג מ״ה ב״ן

בְּרַגְלַיִם beragláyim מְמַהֲרוֹת memaharot לָרוּץ laruts לְרָעָה leraá רהע:

עַל al חֵטְא jet שֶׁחָטָאנוּ shejatanu לְפָנֶיךָ lefaneja ס״ג מ״ה ב״ן

בִּרְכִילוּת birejilut:

עַל al חֵטְא jet שֶׁחָטָאנוּ shejatanu לְפָנֶיךָ lefaneja ס״ג מ״ה ב״ן

בְּקִשּׁוּי bekishui עֹרֶף óref:

עַל al חֵטְא jet שֶׁחָטָאנוּ shejatanu לְפָנֶיךָ lefaneja ס״ג מ״ה ב״ן

בְּצַוָּאר betsavar עָתָק atak:

עַל al חֵטְא jet שֶׁחָטָאנוּ shejatanu לְפָנֶיךָ lefaneja ס״ג מ״ה ב״ן

בִּפְרִיקַת bifrikat עֹל ol:

עַל al חֵטְא jet שֶׁחָטָאנוּ shejatanu לְפָנֶיךָ lefaneja ס״ג מ״ה ב״ן

בְּעַזּוּת beazut מֶצַח métsaj:

עַל al חֵטְא jet שֶׁחָטָאנוּ shejatanu לְפָנֶיךָ lefaneja ס״ג מ״ה ב״ן

בְּסִיקּוּר besikur עָיִן ayin ריבוע מ״ה:

עַל al חֵטְא jet שֶׁחָטָאנוּ shejatanu לְפָנֶיךָ lefaneja ס״ג מ״ה ב״ן

בִּנְטִיַּת binetiyat גָּרוֹן garón:

עַל al חֵטְא jet שֶׁחָטָאנוּ shejatanu לְפָנֶיךָ lefaneja ס״ג מ״ה ב״ן

בְּמַשָּׂא bemasá וּמַתָּן umatán:

עַל al חֵטְא jet שֶׁחָטָאנוּ shejatanu לְפָנֶיךָ lefaneja ס״ג מ״ה ב״ן

בִּלְשׁוֹן bilshón תַּרְמִית tarmit:

עַל al חֵטְא jet שֶׁחָטָאנוּ shejatanu לְפָנֶיךָ lefaneja ס״ג מ״ה ב״ן

בְּכַנֵּסִיָּה bijnesiyá שֶׁלֹּא sheló לְשֵׁם leShem שָׁמַיִם shamáyim י״פ טל, י״פ כוזו:

עַל al חֵטְא jet שֶׁחָטָאנוּ shejatanu לְפָנֶיךָ lefaneja ס״ג מ״ה ב״ן

בְּיוּהֲרָא beyuhará:

עַל al חֵטְא jet שֶׁחָטָאנוּ shejatanu לְפָנֶיךָ lefaneja ס״ג מ״ה ב״ן

בְּטֻמְאַת betumat רַעְיוֹן rayón:

עַל al חֵטְא jet שֶׁחָטָאנוּ shejatanu לְפָנֶיךָ lefaneja ס״ג מ״ה ב״ן

בְּחִלּוּל bejilul הַשֵּׁם haShem:

עַל al וְחֵטְא jet שֶׁחָטָאנוּ shejatanu לְפָנֶיךָ lefaneja ס"ג מ"ה ב"ן
בְּזִלְזוּל bezilzul הוֹרִים horim וּמוֹרִים umorim:
עַל al וְחֵטְא jet שֶׁחָטָאנוּ shejatanu לְפָנֶיךָ lefaneja ס"ג מ"ה ב"ן
בְּוִעוּד beviud עֲבֵירָה aveirá:
עַל al וְחֵטְא jet שֶׁחָטָאנוּ shejatanu לְפָנֶיךָ lefaneja ס"ג מ"ה ב"ן
בְּהוֹצָאַת behotsaat דִּבָּה dibá:
עַל al וְחֵטְא jet שֶׁחָטָאנוּ shejatanu לְפָנֶיךָ lefaneja ס"ג מ"ה ב"ן
בִּדְבָרִים bidvarim בְּטֵלִים betelim:
עַל al וְחֵטְא jet שֶׁחָטָאנוּ shejatanu לְפָנֶיךָ lefaneja ס"ג מ"ה ב"ן
בְּגַאֲוָה begaavá וָבוּז vavuz:
עַל al וְחֵטְא jet שֶׁחָטָאנוּ shejatanu לְפָנֶיךָ lefaneja ס"ג מ"ה ב"ן
בְּגִלְגּוּל beguilgul זֶה ze וּבְגִלְגּוּלִים uveguilgulim אֲחֵרִים ajerim:
עַל al וְחֵטְא jet שֶׁחָטָאנוּ shejatanu לְפָנֶיךָ lefaneja ס"ג מ"ה ב"ן
בְּבִטּוּי bevitui שְׂפָתַיִם sfatáyim:
עַל al וְחֵטְא jet שֶׁחָטָאנוּ shejatanu לְפָנֶיךָ lefaneja ס"ג מ"ה ב"ן
בַּאֲכִילַת beajilat אִסּוּר isur:

ל al וְחֵטְא jet שֶׁחָטָאנוּ shejatanu לְפָנֶיךָ lefaneja ס"ג מ"ה ב"ן
בְּמָאתַיִם bematáyim וְאַרְבָּעִים vearbaím וּשְׁמוֹנָה ushmoná אֵבָרִים evarim.
וּשְׁלֹשׁ ushlosh מֵאוֹת meot המספר = ש' = אלהים דיודין
וְשִׁשִּׁים veshishim המספר = מילוי הש' (יו) וַחֲמִשָּׁה vajamishá גִּידִים guidim.
שֶׁל shel גּוּפֵנוּ gufenu וְנַפְשֵׁנוּ venafshenu וְרוּחֵנוּ verujenu
וְנִשְׁמָתֵנוּ venishmatenu וּנְשָׁמָה uneshamá לִנְשְׁמָתֵנוּ lenishmatenu.
וְעַל veal וְחֵטְא jet שֶׁחָטָאנוּ shejatanu לְפָנֶיךָ lefaneja ס"ג מ"ה ב"ן
שֶׁגָּרַמְנוּ shegaramnu פְּגַם pgam וּמוּם umum בְּמָאתַיִם bematáyim
וְאַרְבָּעִים vearbaím וּשְׁמוֹנָה ushmoná אֵבָרִים evarim. וּשְׁלֹשׁ ushlosh
מֵאוֹת meot המספר = ש' = אלהים דיודין וְשִׁשִּׁים veshishim המספר = מילוי הש' (יו)
וַחֲמִשָּׁה vajamishá גִּידִים guidim שֶׁל shel אֲחֵרִים ajerim.
וּבְגוּפָם uvegufam וְנַפְשָׁם venafsham וְרוּחָם verujam
וְנִשְׁמָתָם venishmatam וּנְשָׁמָה uneshamá לִנְשְׁמָתָם lenishmatam:

עַל al וְחַטָּאִים jataím שֶׁאֲנַחְנוּ sheanajnu וְחַיָּבִים jayavim
עֲלֵיהֶם aleihem עַל al בִּטּוּל bitul מִצְוֹת mitsvot עֲשֵׂה asé:
עַל al וְחַטָּאִים jataím שֶׁאֲנַחְנוּ sheanajnu וְחַיָּבִים jayavim
עֲלֵיהֶם aleihem עַל al לָאו lav הַנִּתָּק hanitak לַעֲשֵׂה laasé:
עַל al וְחַטָּאִים jataím שֶׁאֲנַחְנוּ sheanajnu וְחַיָּבִים jayavim
עֲלֵיהֶם aleihem עַל al לָאו lav שֶׁאֵין sheéin בּוֹ bo מַעֲשֶׂה maasé:
עַל al וְחַטָּאִים jataím שֶׁאֲנַחְנוּ sheanajnu וְחַיָּבִים jayavim
עֲלֵיהֶם aleihem עוֹלָה olá:
עַל al וְחַטָּאִים jataím שֶׁאֲנַחְנוּ sheanajnu וְחַיָּבִים jayavim
עֲלֵיהֶם aleihem חַטָּאת jatat:
עַל al וְחַטָּאִים jataím שֶׁאֲנַחְנוּ sheanajnu וְחַיָּבִים jayavim
עֲלֵיהֶם aleihem קָרְבָּן korbán עוֹלֶה olé וְיוֹרֵד veyored:
עַל al וְחַטָּאִים jataím שֶׁאֲנַחְנוּ sheanajnu וְחַיָּבִים jayavim
עֲלֵיהֶם aleihem אָשָׁם asham תָּלוּי talui וְאָשָׁם veasham וַדַּאי vadai:
עַל al וְחַטָּאִים jataím שֶׁאֲנַחְנוּ sheanajnu וְחַיָּבִים jayavim
עֲלֵיהֶם aleihem מַכַּת macat מַרְדּוּת mardut:
עַל al וְחַטָּאִים jataím שֶׁאֲנַחְנוּ sheanajnu וְחַיָּבִים jayavim
עֲלֵיהֶם aleihem מַלְקוּת malkot אַרְבָּעִים arbaím:
עַל al וְחַטָּאִים jataím שֶׁאֲנַחְנוּ sheanajnu וְחַיָּבִים jayavim
עֲלֵיהֶם aleihem מִיתָה mitá בִּידֵי bidei שָׁמַיִם shamáyim י״פ טל, י״פ כוזו:
עַל al וְחַטָּאִים jataím שֶׁאֲנַחְנוּ sheanajnu וְחַיָּבִים jayavim
עֲלֵיהֶם aleihem מִיתוֹת mitot מְשֻׁנּוֹת meshunot:
עַל al וְחַטָּאִים jataím שֶׁאֲנַחְנוּ sheanajnu וְחַיָּבִים jayavim
עֲלֵיהֶם aleihem כָּרֵת caret וַעֲרִירִי vaarirí:
עַל al וְחַטָּאִים jataím שֶׁאֲנַחְנוּ sheanajnu וְחַיָּבִים jayavim
עֲלֵיהֶם aleihem גִּלְגּוּל guilgul בְּדוֹמֵם bedomem. וְצוֹמֵחַ vetsoméaj. וְחַי vejai
בִּלְתִּי biltí מְדַבֵּר medaber רֹאֶה. וְחַי vejai מְדַבֵּר medaber רֹאֶה:

עַל al וַחֲטָאִים jataím שֶׁאֲנַחְנוּ sheanajnu חַיָּבִים jayavim
עֲלֵיהֶם aleihem כָּל col ילי מִינֵי minei יִסּוּרִים yisurim:
עַל al וַחֲטָאִים jataím שֶׁאֲנַחְנוּ sheanajnu חַיָּבִים jayavim
עֲלֵיהֶם aleihem כָּל col ילי מִינֵי minei עֳנָשִׁים onashim:
עַל al וַחֲטָאִים jataím שֶׁאֲנַחְנוּ sheanajnu חַיָּבִים jayavim עֲלֵיהֶם aleihem
אַרְבַּע arbá מִיתוֹת mitot בֵּית beit ב"פ ראה דִּין din. סְקִילָה skilá.
שְׂרֵיפָה sreifá. הֶרֶג héreg. וְחֶנֶק vejének. עַל al מִצְוֹת mitsvot עֲשֵׂה asé.
וְעַל veal מִצְוֹת mitsvot לֹא lo תַעֲשֶׂה taasé. בֵּין bein שֶׁיֵּשׁ sheyesh
בָּם bam מ"ב קוּם kum עֲשֵׂה asé. וּבֵין uvein שֶׁאֵין sheéin בָּם bam מ"ב
קוּם kum עֲשֵׂה asé. בֵּין bein שֶׁגְּלוּיִם shegluyim לָנוּ lanu אלהים, אהיה אדני.
וּבֵין uvein שֶׁאֵינָן sheeinán גְּלוּיִם gluyim לָנוּ lanu אלהים, אהיה אדני. אֶת et
שֶׁגְּלוּיִם shegluyim לָנוּ lanu אלהים, אהיה אדני כְּבָר cvar אֲמַרְנוּם amarnum
לְפָנֶיךָ lefaneja ס"ג מ"ה ב"ן יְהֹוָהאדניאהדונהי Adonai אֱלֹהֵינוּ Eloheinu ילה
וֵאלֹהֵי veElohei לכב ; מילוי ע"ב, דמב ; ילה אֲבוֹתֵינוּ avoteinu וְהוֹדִינוּ vehodinu
לְךָ lejá עֲלֵיהֶם aleihem. וְאֶת veet שֶׁאֵינָן sheeinán גְּלוּיִם gluyim
לָנוּ lanu אלהים, אהיה אדני הֵם hem גְּלוּיִם gluyim וִידוּעִים viyeduím
לְפָנֶיךָ lefaneja ס"ג מ"ה ב"ן. כִּי qui הַכֹּל hacol גָּלוּי galui וְצָפוּי vetsafui
לְפָנֶיךָ lefaneja ס"ג מ"ה ב"ן יְהֹוָהאדניאהדונהי Adonai אֱלֹהֵינוּ Eloheinu ילה. כְּמוֹ cmó
שֶׁנֶּאֱמַר sheneemar: הַנִּסְתָּרֹת hanistarot לַיהֹוָהאדניאהדונהי laAdonai
אֱלֹהֵינוּ Eloheinu ילה וְהַנִּגְלֹת vehaniglot **(Los once puntos)**
לָנוּ lanu אלהים, אהיה אדני וּלְבָנֵינוּ ulevaneinu עַד ad עוֹלָם olam לַעֲשׂוֹת laasot
אֶת et כָּל col ילי דִּבְרֵי divrei ראה הַתּוֹרָה haTorá הַזֹּאת hazot:
כִּי qui אַתָּה Atá סָלְחָן solján לְיִשְׂרָאֵל leYisrael וּמָחֳלָן umojalán
לְשִׁבְטֵי leshivtei יְשֻׁרוּן Yeshurún. וּמִבַּלְעָדֶיךָ umibaladeja אֵין ein
לָנוּ lanu אלהים, אהיה אדני מֶלֶךְ mélej מוֹחֵל mojel וְסוֹלֵחַ vesoléaj:

אַדִּיר הרי adir וְנָאוֹר venaor. בּוֹרֵא boré דּוֹק dok וָחֶלֶד vajéled.
מִי mi ילי אֵל El כָּמוֹךָ camoja:
גּוֹלֶה golé עֲמוּקוֹת amukot. דּוֹבֵר dover צְדָקוֹת tsedakot.
מִי mi ילי אֵל El כָּמוֹךָ camoja:
הָדוּר hadur בִּלְבוּשׁוֹ bilvushó. וְאֵין veéin זוּלָתוֹ zulató.
מִי mi ילי אֵל El כָּמוֹךָ camoja:
זוֹכֵר zojer הַבְּרִית habrit. חוֹנֵן jonén שְׁאֵרִית sheerit.
מִי mi ילי אֵל El כָּמוֹךָ camoja:
טְהוֹר tehor י"פ אכא עֵינַיִם eináyim. יוֹשֵׁב yoshev שָׁמַיִם shamáyim י"פ טל.
מִי mi ילי אֵל El כָּמוֹךָ camoja:
כּוֹבֵשׁ covesh עֲוֹנוֹת avonot. לוֹבֵשׁ lovesh צְדָקוֹת tsedakot.
מִי mi ילי אֵל El כָּמוֹךָ camoja:
מֶלֶךְ Mélej מְלָכִים melajim. נוֹרָא norá וְנִשְׂגָּב venisgav.
מִי mi ילי אֵל El כָּמוֹךָ camoja:
סוֹמֵךְ somej כוק נוֹפְלִים noflim. עוֹנֶה oné עֲשׁוּקִים ashukim.
מִי mi ילי אֵל El כָּמוֹךָ camoja:
פּוֹדֶה podé וּמַצִּיל umatsil. צוֹעֶה tsoé בְּרֹב verov כֹּחַ cóaj.
מִי mi ילי אֵל El כָּמוֹךָ camoja:
קָרוֹב karov לְקוֹרְאָיו lekorav. רַחוּם rajum וְחַנּוּן vejanún.
מִי mi ילי אֵל El כָּמוֹךָ camoja:
שׁוֹכֵן shojén שְׁחָקִים shjakim. תּוֹמֵךְ tomej תְּמִימִים temimim.
מִי mi ילי אֵל El כָּמוֹךָ camoja:

(1) אל מִי־ mi ילי אֵל El ייא"י (מילוי דס"ג) כָּמוֹךָ camoja (2) רחום נֹשֵׂא nosé עָוֹן avón
(3) וחנון וְעֹבֵר veover עַל־ al פֶּשַׁע pesha (4) ארך לִשְׁאֵרִית lisherit נַחֲלָתוֹ najalató (5)
אפים לֹא־ lo הֶחֱזִיק hejezik לָעַד laad ב"פ ב"ן אַפּוֹ apó (6) ורב חסד כִּי־ qui חָפֵץ jafets
חֶסֶד jésed ע"ב, ריבוע יהוה הוּא hu: (7) ואמת יָשׁוּב yashuv יְרַחֲמֵנוּ yerajamenu
(8) נצר חסד (וו) יִכְבֹּשׁ yijbosh עֲוֹנֹתֵינוּ avonoteinu (9) לאלפים וְתַשְׁלִיךְ vetashlij
בִּמְצֻלוֹת bimtsulot יָם yam ילי כָּל־ col ילי חַטֹּאותָם jatotam:
(10) נשא עון תִּתֵּן titén ב"פ כהת אֱמֶת emet אהיה פעמים אהיה, ז"פ ס"ג לְיַעֲקֹב leYaakov
ז' הויות, אידהנויה (11) ופשע חֶסֶד jésed ע"ב, ריבוע יהוה לְאַבְרָהָם leAvraham וח"פ אל, רי"ו ול"ב
נתיבות החכמה, רמ"ח (אברים), עסמ"ב וט"ז אותיות פשוטות (12) וחטאה אֲשֶׁר־ asher
נִשְׁבַּעְתָּ nishbata לַאֲבֹתֵינוּ laavoteinu (13) ונקה מִימֵי mimei קֶדֶם kédem:

אֱלֹהֵינוּ Eloheinu ילה וֵאלֹהֵי veElohei לכב ; מילוי ע״ב, דמב ; ילה אֲבוֹתֵינוּ avoteinu

יַעֲלֶה yaalé וְיָבֹא veyavó וְיַגִּיעַ veyaguía וְיֵרָאֶה veyeraé ר״ו וְיֵרָצֶה veyeratsé

וְיִשָּׁמַע veyishamá וְיִפָּקֵד veyipaked וְיִזָּכֵר veyizajer ר״ת = מ״ב

זִכְרוֹנֵנוּ zijronenu וְזִכְרוֹן vezijrón ע״ב קס״א ונש״ב אֲבוֹתֵינוּ avoteinu.

זִכְרוֹן zijrón ע״ב קס״א ונש״ב יְרוּשָׁלַיִם Yerushaláyim עִירָךְ iraj.

וְזִכְרוֹן vezijrón ע״ב קס״א ונש״ב מָשִׁיחַ Mashíaj בֶּן ben דָּוִד David ע״ה כהת ;

בן דוד = אדני ע״ה עַבְדָּךְ avdaj פוי, אל אדני. וְזִכְרוֹן vezijrón ע״ב קס״א ונש״ב

כָּל col ילי עַמְּךָ amjá בֵּית beit ב״פ ראה יִשְׂרָאֵל Yisrael

לְפָנֶיךָ lefaneja ס״ג מ״ה ב״ן לִפְלֵיטָה lifletá לְטוֹבָה letová אכא. לְחֵן lején מילוי

דמ״ה בריבוע ; מוחי לְחֶסֶד lejésed ע״ב, ריבוע יהוה וּלְרַחֲמִים ulerajamim.

לְחַיִּים lejayim אהיה אהיה יהוה, בינה ע״ה. טוֹבִים tovim וּלְשָׁלוֹם uleshalom.

בְּיוֹם beyom ע״ה נגד, מזבח, זן, אל יהוה (**En *Shabat* agrega:** הַשַּׁבָּת haShabat הַזֶּה hazé והו.

וּבְיוֹם uveyom ע״ה נגד, מזבח, זן, אל יהוה) הַכִּפּוּרִים HaKipurim הַזֶּה hazé והו.

וּבְיוֹם veveyom ע״ה נגד, מזבח, זן, אל יהוה סְלִיחַת slijat הֶעָוֹן heavón הַזֶּה hazé והו.

בְּיוֹם beyom ע״ה נגד, מזבח, זן, אל יהוה טוֹב tov והו מִקְרָא mikrá קֹדֶשׁ kódesh

הַזֶּה hazé והו. לְרַחֵם lerajem אברהם, וח״פ אל, רי״ו ול״ב נתיבות החכמה, רמ״ח (אברים),

עסמ״ב וט״ז אותיות פשוטות בּוֹ bo עָלֵינוּ aleinu וּלְהוֹשִׁיעֵנוּ ulehoshienu.

זָכְרֵנוּ zojrenu **(desde *Zeir Anpín*)** יְהֹוָהאדניאהדונהי Adonai אֱלֹהֵינוּ Eloheinu ילה

בּוֹ bo לְטוֹבָה letová אכא. וּפָקְדֵנוּ ufakdenu **(desde *Nukvá*)**

בּוֹ vo לִבְרָכָה livrajá. וְהוֹשִׁיעֵנוּ vehoshienu **(desde *Dáat*)** בּוֹ vo

לְחַיִּים lejayim אהיה אהיה יהוה, בינה ע״ה טוֹבִים tovim.

Nuestro Dios y el Dios de nuestros padres,

*pueda levantarse y venir y llegar y aparecer y encontrar el favor y ser oído y ser considerado y ser recordado, nuestra remembranza y la remembranza de nuestros padres, las remembranza de Jerusalén, Tu ciudad, y la remembranza del Mesías Ben David, Tu sirviente, y la remembranza de toda Tu Nación, la Casa de Israel, ante Ti, para aceptación, para bien, para gracia, amabilidad y compasión, para una buena vida y para paz en este Día de (***en Shabat di:** *Shabat y en este Día de) Expiación; este día del perdón de los pecados, en este buen Día de Santa Convocatoria, para tener misericordia de nosotros y para salvarnos. Recuérdanos, Señor, nuestro Dios, para bien y considéranos en ello para la bendición y entréganosla para una buena vida*

בִּדְבַר bidvar ראה יְשׁוּעָה yeshuá וְרַחֲמִים verajamim.

וְחוּס jus וְחָנֵּנוּ vejanenu וַחֲמוֹל vajamol וְרַחֵם verajem אברהם, וז"פ אל,

רי"ו ול"ב נתיבות החכמה, רמ"ח (אברים), עסמ"ב וט"ז אותיות פשוטות עָלֵינוּ aleinu.

וְהוֹשִׁיעֵנוּ vehoshienu כִּי qui אֵלֶיךָ eleja עֵינֵינוּ eineinu ריבוע מ"ה.

כִּי qui אֵל El ייא" מֶלֶךְ Mélej חַנּוּן janún וְרַחוּם verajum אָתָּה Atá:

אֱלֹהֵינוּ Eloheinu ילה וֵאלֹהֵי veElohei לכב ; מילוי ע"ב, דמב ; ילה אֲבוֹתֵינוּ avoteinu.

מְלוֹךְ meloj (El secreto de la revelación del Honor del Santo Rey de los Mundos)

עַל al כָּל col ילי עסמב הָעוֹלָם haolam כֻּלּוֹ culó בִּכְבוֹדֶךָ bijvodaj ב"ן, לכב.

וְהִנָּשֵׂא vehinasé עַל al כָּל col ילי עסמב הָאָרֶץ haárets אלהים דההין ע"ה

בִּיקָרֶךָ bikaraj

(La elevación de la dominación desde *Vav-Hei* hacia *Yud* y *Hei*, que es el secreto de *Yekar*-Gloria)

וְהוֹפַע vehofá בַּהֲדַר bahadar גְּאוֹן gueón עֻזֶּךָ uzaj

(La relevación de *Arij Anpín* —desde Su aspecto del Cabello, el cual está debajo de la Garganta, que es llamada *Hadar Gueón*— sobre los Mundos Inferiores)

עַל al כָּל col ילי עסמב יוֹשְׁבֵי yoshvei תֵבֵל tevel ב"פ ריו אַרְצֶךָ artsaj.

וְיֵדַע veyedá כָּל col ילי פָּעוּל paúl (*Asiyá*) כִּי qui אַתָּה Atá פְעַלְתּוֹ pealtó.

וְיָבִין veyavín כָּל col ילי יָצוּר yetsur (*Yetsirá*) כִּי qui אַתָּה Atá יְצַרְתּוֹ yetsartó.

וְיֹאמַר veyomar כֹּל col ילי אֲשֶׁר asher נְשָׁמָה neshama (*Briá*) בְּאַפּוֹ veapó.

(Todos reconoceremos el hecho de que la Luz está en control, incluso cuando parezca que la *klipá* lo esté)

יְהֹוָהאדניאהדונהי Adonai אֱלֹהֵי Elohei מילוי ע"ב, דמב ; ילה יִשְׂרָאֵל Yisrael תרי"ג (מצוות)

מָלָךְ malaj (מֶלֶךְ). וּמַלְכוּתוֹ umaljutó בַּכֹּל vacol לכב, ב"ן מָשָׁלָה mashala

:(El secreto de la Santa *Maljut* que entra y se viste de la *klipá* para poder doblegarla)

---

con las palabras de entrega y misericordia. Ten piedad y sé amable con nosotros y ten misericordia y sé compasivo con nosotros y sálvanos, porque nuestros ojos van hacia Ti, porque Tú eres Dios, Rey que es amable y compasivo. Nuestro Dios y Dios de nuestros antepasados, reina sobre todo el mundo con gloria y sé exaltado sobre toda la Tierra en Tu esplendor y revélate a Ti mismo en la grandeza majestuosa de Tu fortaleza sobre todos los moradores del mundo habitado, que es Tu tierra. Entonces todo lo que se ha hecho sabrá que Tú lo creaste y todo lo que se ha formado entenderá que Tú lo has formado y todo lo que tiene alma en su nariz proclamará que el Señor, el Dios de Israel, ha reinado y Su Reino rige sobre todo.

MEKADESH ISRAEL VE YOM HAKIPURIM

(En *Shabat* agregar: אֱלֹהֵינוּ Eloheinu ילה veElohei וֵאלֹהֵי לכב ; מילוי ע"ב, דמב ; ילה
אֲבוֹתֵינוּ avoteinu רְצֵה retsé נָא na בִמְנוּחָתֵינוּ vimnujateinu)
קַדְּשֵׁנוּ kadshenu בְּמִצְוֹתֶיךָ vemitsvoteja. תֵּן ten וְחֶלְקֵנוּ jelkenu
בְּתוֹרָתָךְ vetorataj. שַׂבְּעֵנוּ sabenu מִטּוּבָךְ mituvaj לאו. שַׂמֵּחַ saméaj
נַפְשֵׁנוּ nafshenu בִּישׁוּעָתָךְ bishuataj. וְטַהֵר vetaher לִבֵּנוּ libenu
לְעָבְדְךָ leovdejá פוי, אל יהוה בֶּאֱמֶת veemet אהיה פעמים אהיה, ז"פ ס"ג.
כִּי qui אַתָּה Atá יְהֹוָואדהויאהדונהי Adonai אֱלֹהִים Elohim ילה
אֱמֶת emet אהיה פעמים אהיה, ז"פ ס"ג. וּדְבָרְךָ udvarjá ראה מַלְכֵּנוּ malquenu
אֱמֶת emet אהיה פעמים אהיה, ז"פ ס"ג וְקַיָּם vekayam לָעַד laad ב"פ ב"ן. בָּרוּךְ Baruj
אַתָּה Atá יְהֹוָואדהויאהדונהי Adonai מֶלֶךְ Mélej מוֹחֵל mojel וְסוֹלֵחַ vesoléaj
לַעֲוֹנוֹתֵינוּ laavonoteinu וְלַעֲוֹנוֹת velaavonot עַמּוֹ amó יִשְׂרָאֵל Yisrael.
וּמַעֲבִיר umaavir אַשְׁמוֹתֵינוּ ashmoteinu בְּכָל bejol לכב, ב"ן שָׁנָה shaná
וְשָׁנָה veshaná. מֶלֶךְ Mélej עַל al כָּל col ילי ; עמם הָאָרֶץ haárets אלהים דההין ע"ה
מְקַדֵּשׁ mekadesh (En *Shabat* agregar: הַשַּׁבָּת haShabat וְ ve) יִשְׂרָאֵל Yisrael
וְיוֹם veYom ע"ה נגד, מזבח, זן, אל יהוה הַכִּפּוּרִים HaKipurim:

LAS TRES BENDICIONES FINALES

A través del mérito de Moshé, Aharón y Yosef, quienes son nuestros canales para las últimas tres bendiciones, somos capaces de hacer descender toda la energía espiritual que despertamos con nuestras oraciones y bendiciones.

LA QUINTA BENDICIÓN

Durante esta bendición, que se refiere a Moshé, siempre debemos meditar en tratar de saber exactamente qué quiere Dios de nosotros en nuestra vida, como lo indica la frase: "Que sea la voluntad de Dios". Estamos pidiéndole a Dios que nos guíe hacia el trabajo que vinimos a hacer en la Tierra. El Creador no puede aceptar sólo el trabajo que queremos hacer, debemos llevar a cabo el trabajo que estamos destinados a hacer.

MEKADESH YISRAEL VE YOM HAKIPURIM

(**En *Shabat*:** *Dios nuestro y Dios de nuestros antepasados, que Te plazca nuestro descanso).*

*Santifícanos con Tus preceptos y otórganos participación en Tu Torá y sácianos de Tu bondad y alegra nuestros espíritus con Tu salvación y purifica nuestro corazón para que te sirvamos con verdad. Porque Tú, Señor, eres el verdadero Dios y Tu palabra es verdadera y perenne por siempre. Bendito eres Tú, Señor, Rey que perdona y absuelve nuestras iniquidades y las iniquidades de Su pueblo, Israel, y deja pasar nuestras ofensas cada año, Rey sobre toda la Tierra, que santifica (***en Shabat agregar:** *el Shabat e) Israel y el Día de Expiación.*

Nétsaj

Meditar por el Deseo Celestial (*Kéter*), que es llamado *Métsaj HaRatsón* (la Frente del Deseo).

רְצֵה retsé אלף למד הה יוד מם

Aquí meditar en transformar el infortunio y la tragedia (צרה) en deseo y aceptación (רצה).

יְהֹוָהאדניאהדונהי Adonai אֱלֹהֵינוּ Eloheinu ילה בְּעַמְּךָ beamjá יִשְׂרָאֵל Yisrael

וְלִתְפִלָּתָם velitfilatam שְׁעֵה sheé. וְהָשֵׁב vehashev הָעֲבוֹדָה haavodá

לִדְבִיר lidvir רי"ו בֵּיתֶךָ beiteja ב"פ ראה. וְאִשֵּׁי veishei יִשְׂרָאֵל Yisrael

וּתְפִלָּתָם utfilatam מְהֵרָה meherá בְּאַהֲבָה beahavá אחד, דאגה

תְקַבֵּל tekabel בְּרָצוֹן beratsón מהש ע"ה, ע"ב בריבוע וקס"א ע"ה, אל שדי ע"ה.

וּתְהִי utehí לְרָצוֹן leratsón מהש ע"ה, ע"ב בריבוע וקס"א ע"ה, אל שדי ע"ה

תָּמִיד tamid ע"ה קס"א קנ"א קמ"ג עֲבוֹדַת avodat יִשְׂרָאֵל Yisrael עַמֶּךָ ameja:

וְאַתָּה veAtá בְּרַחֲמֶיךָ verajameja הָרַבִּים harabim. תַּחְפֹּץ tajpots

בָּנוּ banu וְתִרְצֵנוּ vetirtsenu וְתֶחֱזֶינָה vetejezena עֵינֵינוּ eineinu ריבוע מ"ה

בְּשׁוּבְךָ beshuvjá לְצִיּוֹן leTsiyón יוסף, ו' הויות, קנאה

בְּרַחֲמִים berajamim מצפצ, אלהים דיודין, י"פ ייי:

בָּרוּךְ Baruj אַתָּה Atá יְהֹוָהאדניאהדונהי Adonai

הַמַּחֲזִיר hamajazir שְׁכִינָתוֹ Shjinató לְצִיּוֹן leTsiyón יוסף, ו' הויות, קנאה:

LAS TRES BENDICIONES FINALES
LA QUINTA BENDICIÓN

Encuentra gracia, Señor, nuestro Dios, en Tu Pueblo, Israel y oye su oración. Restaura el culto en el santuario interno de Tu Templo. Acepta las ofrendas de Israel y sus oraciones con complacencia, prontamente y con amor. Que siempre sea agradable a Ti, el servicio de Israel, Tu Nación. Y Tú en Tu gran compasión, te deleites en nosotros y estés complacido con nosotros. Puedan nuestros ojos contemplar Tu retorno a Sión con compasión. ¡Bendito eres Tú, Señor, que devuelve Su Shejiná a Sión.

LA SEXTA BENDICIÓN

Esta bendición es nuestro agradecimiento. Kabbalísticamente, el mayor "agradecimiento" que le podemos dar a nuestro Creador es hacer exactamente lo que estamos destinados a hacer en términos de nuestro trabajo espiritual.

Hod

Inclina todo tu cuerpo en "*modim*" y enderézate en "*Adonai*".

מוֹדִים modim מאה ברכות שתיקן דוד לאמרם כל יום אֲנַחְנוּ anajnu לָךְ laj

שָׁאַתָּה sheAtá הוּא Hu יְהֹוָאדהנהיאהדונהי Adonai (ונ) אֱלֹהֵינוּ Eloheinu ילה

וֵאלֹהֵי veElohei לכב ; מילוי ע״ב, דמב ; ילה אֲבוֹתֵינוּ avoteinu לְעוֹלָם leolam

ריבוע ס״ג וי׳ אותיות דס״ג וָעֶד vaed. צוּרֵנוּ tsurenu צוּר tsur אלהים דההין ע״ה

חַיֵּינוּ jayeinu וּמָגֵן umaguén ג״פ אל (ייא״י מילוי דס״ג) ; ר״ת מיכאל גבריאל נוריאל

יִשְׁעֵנוּ yishenu אַתָּה Atá הוּא Hu. לְדֹר ledor וָדֹר vador ר״ו נוֹדֶה nodé

לְּךָ lejá וּנְסַפֵּר unesaper תְּהִלָּתֶךָ tehilateja. עַל־ al חַיֵּינוּ jayeinu

הַמְּסוּרִים hamesurim בְּיָדֶךָ beyadeja. וְעַל veal נִשְׁמוֹתֵינוּ nishmoteinu

הַפְּקוּדוֹת hapkudot לָךְ laj. וְעַל־ veal נִסֶּיךָ niseja שֶׁבְּכָל shebejol

ב״ן, לכב יוֹם yom ע״ה נגד, מזבח, זן, אל יהוה עִמָּנוּ imanu ריבוע ס״ג, קס״א ע״ה וד׳ אותיות

וְעַל veal נִפְלְאוֹתֶיךָ nifleoteja וְטוֹבוֹתֶיךָ vetovoteja שֶׁבְּכָל shebejol

ב״ן, לכב עֵת et. עֶרֶב érev וָבֹקֶר vavóker וְצָהֳרָיִם vetsahoráyim. הַטּוֹב hatov

והו כִּי־ qui לֹא־ lo כָלוּ jalú רַחֲמֶיךָ rajameja. הַמְרַחֵם hamerajem

אברהם, וז״פ אל, ר״ו ול״ב נתיבות החכמה, רמ״ח (אברים), עסמ״ב וט״ז אותיות פשוטות כִּי־ qui לֹא lo

תַמּוּ tamu חֲסָדֶיךָ jasadeja כִּי qui מֵעוֹלָם meolam קִוִּינוּ kivinu לָךְ laj:

LA SEXTA BENDICIÓN

Nosotros te damos gracias a Ti, porque eres Tú, Señor, quien es nuestro Dios y el Dios de nuestros padres, por siempre y por toda la eternidad. Tú eres nuestra Fortaleza, la Fortaleza de nuestras vidas y el Escudo de nuestra salvación. De una generación a otra, te daremos gracias a Ti y cantaremos Tu alabanza. Porque nuestras vidas que están en Tus Manos, por nuestras almas que están a Tu cuidado, por Tus milagros que están con nosotros todos los días y por Tus maravillas y Tus favores que están con nosotros en todo momento: de noche, de mañana y de tarde. Tú eres bueno, porque Tu compasión nunca se ha acabado. Tú eres el Misericordioso, porque Tu bondad nunca ha cesado, porque siempre hemos puesto nuestras esperanzas en Ti.

MODIM DERABANÁN

Esta oración es recitada por la congregación en la repetición cuando el *jazán* dice "*modim*".

En esta sección hay 44 palabras, que es el mismo valor numérico del Nombre:

(א אה אהי אהיה) ריבוע אהי

מוֹדִים modim מאה ברכות שתיקן דוד לאמרם כל יום אֲנַחְנוּ anajnu לָךְ laj
שָׁאַתָּה sheAtá הוּא hu יְהֹוָאדנָיאהדונהי Adonai אֱלֹהֵינוּ Eloheinu ילה
וֵאלֹהֵי veElohei לכב ; מילוי ע"ב, דמב ; ילה אֲבוֹתֵינוּ avoteinu
אֱלֹהֵי Elohei מילוי ע"ב, דמב ; ילה כָל jol ילי בָּשָׂר basar• יוֹצְרֵנוּ yotsrenu
יוֹצֵר yotser בְּרֵאשִׁית bereshit• בְּרָכוֹת brajot וְהוֹדָאוֹת vehodaot
לְשִׁמְךָ leShimjá הַגָּדוֹל hagadol להח ; עם ד' אותיות = מבה, יזל, אום
וְהַקָּדוֹשׁ vehakadosh עַל al שֶׁהֶחֱיִיתָנוּ shehejeyitanu וְקִיַּמְתָּנוּ vekiyamtanu•
כֵּן quen תְּחַיֵּינוּ tejayeinu וּתְחָנֵּנוּ utejonenu• וְתֶאֱסוֹף veteesof
גָּלֻיּוֹתֵינוּ galuyoteinu לְחַצְרוֹת lejatsrot קָדְשֶׁךָ kodshejá• לִשְׁמוֹר lishmor
חֻקֶּיךָ jukeja וְלַעֲשׂוֹת velaasot רְצוֹנֶךָ retsoneja• וּלְעָבְדְךָ uleovdejá
פוי, אל אדני בְּלֵבָב belevav בוכו שָׁלֵם shalem• עַל al שֶׁאֲנַחְנוּ sheanajnu
מוֹדִים modim לָךְ laj• בָּרוּךְ Baruj אֵל El ייא" (מילוי דס"ג) הַהוֹדָאוֹת hahodaot:

וְעַל veal כֻּלָּם culam יִתְבָּרַךְ yitbaraj וְיִתְרוֹמָם veyitromam
וְיִתְנַשֵּׂא veyitnasé תָּמִיד tamid ע"ה קס"א קנ"א קמ"ג שִׁמְךָ Shimjá
מַלְכֵּנוּ malquenu לְעוֹלָם leolam ריבוע ס"ג וי' אותיות דס"ג וָעֶד vaed•
וְכָל־ vejol ילי הַחַיִּים hajayim אהיה אהיה יהוה, בינה ע"ה יוֹדוּךָ yoduja סֶּלָה sela:

וּכְתוֹב ujtov לְחַיִּים lejayim אהיה אהיה יהוה, בינה ע"ה טוֹבִים tovim

Nétsaj y *Hod* de *Zeir Anpín* se convierten en *Mojín* para *Nukvá* y es por ello que son buenos (*tovim*) ya que ellos están en el lugar de la revelación de los *Jasadim* como se conoce.

כָּל־ col ילי בְּנֵי bnei בְרִיתֶךָ vriteja:

Si olvidas decir "*ujtov*" y te das cuenta de esto antes del final de la bendición "*Baruj Atá Adonai*", debes regresar y decir "*ujtov*" y continuar normalmente. Pero si te das cuenta de esto sólo después del final de la bendición, debes continuar.

MODIM DERABANÁN

Nosotros te damos gracias a Ti, porque eres Tú quien es nuestro Dios y el Dios de nuestros padres, el Dios de toda la humanidad, nuestro Hacedor y el Creador de toda la Creación. Bendiciones y gracias a Tu gran y Santo Nombre por darnos vida y por preservarnos. Que puedas Tú continuar dándonos vida, sé amable con nosotros y reúne nuestros exiliados en las Cortes de Tu Santuario, para que podamos cumplir Tus leyes, hacer Tu voluntad y servir a Ti con todo el corazón. Por esto Te agradecemos. ¡Bendito sea el Dios de los agradecimientos!

Y por todas estas cosas, que Tu Nombre sea siempre bendecido, exaltado y ensalzado, por siempre, nuestro Rey, por siempre y para siempre, y todos los vivientes Te agradecen, Sela. E inscribe a todo los miembros de Tu alianza para una vida feliz.

וִיהַלְלוּ vihalelú וִיבָרְכוּ vivarjú יהוה ריבוע יהוה ריבוע מ״ה אֶת־ et

שִׁמְךָ Shimjá הַגָּדוֹל hagadol להוז ; עם ד׳ אותיות = מבה, יזל, אום בֶּאֱמֶת beemet אהיה

פעמים אהיה, ז״פ ס״ג לְעוֹלָם leolam ריבוע ס״ג ו׳ אותיות דס״ג כִּי qui טוֹב tov והו ;

כי טוב = יהוה אהיה, אום, מבה, יזל. הָאֵל haEl לאה ; ייא״י (מילוי דס״ג) יְשׁוּעָתֵנוּ yeshuatenu

וְעֶזְרָתֵנוּ veezratenu סֶלָה sela. הָאֵל haEl לאה ; ייא״י (מילוי דס״ג) הַטּוֹב hatov והו:

Flexiona tus rodillas en “*Baruj*”, inclínate en “*Atá*” y enderézate en “*Adonai*”.

בָּרוּךְ Baruj אַתָּה Atá יְהֹוָהּאדהנויאהדונהי Adonai (הי) הַטּוֹב hatov והו

שִׁמְךָ Shimjá וּלְךָ uLejá נָאֶה naé לְהוֹדוֹת lehodot ס״ת כהת, משיח בן דוד ע״ה:

LA BENDICIÓN FINAL

Estamos emanando la energía de paz para el mundo entero. También nos proponemos utilizar nuestras bocas sólo para el bien. Kabbalísticamente, el poder de las palabras y del habla es inimaginable. Esperamos usar este poder sabiamente, lo que tal vez es una de las tareas más difíciles de llevar a cabo.

Yesod

שִׂים sim שָׁלוֹם shalom

טוֹבָה tová אכא וּבְרָכָה uvrajá וְחַיִּים jayim אהיה אהיה יהוה, בינה ע״ה וְחֵן jen מילוי

דמ״ה בריבוע, מוזי וָחֶסֶד vajésed ע״ב, ריבוע יהוה צְדָקָה tsdaká ע״ה ריבוע אלהים

וְרַחֲמִים verajamim עָלֵינוּ aleinu וְעַל־ veal כָּל־ col ילי ; עמם

יִשְׂרָאֵל Yisrael עַמֶּךָ ameja וּבָרְכֵנוּ uvarjenu אָבִינוּ avinu כֻּלָּנוּ culanu

כְּאֶחָד queejad אהבה, דאגה בְּאוֹר beor רז, א״ס פָּנֶיךָ paneja ס״ג מ״ה ב״ן כִּי qui

בְאוֹר veor רז, א״ס פָּנֶיךָ paneja ס״ג מ״ה ב״ן נָתַתָּ natata לָּנוּ lanu אלהים, אהיה אדני

יְהֹוָהּאדהנויאהדונהי Adonai אֱלֹהֵינוּ Eloheinu ילה תּוֹרָה Torá וְחַיִּים vejayim אהיה

אהיה יהוה, בינה ע״ה. אַהֲבָה ahavá אחד, דאגה וָחֶסֶד vajésed ע״ב, ריבוע יהוה.

Y ellos te alabarán y bendecirán Tu gran Nombre, sinceramente y para siempre, porque es bueno, el Dios de nuestra salvación y nuestra ayuda, Sela, el buen Dios. Bendito eres Tú, Señor, cuyo Nombre es bueno. Y a Ti es propio dar gracias.

LA BENDICIÓN FINAL

Otorga paz, bondad, bendiciones, vida, gracia, amabilidad, justicia y misericordia a nosotros y a todo Israel, Tu Pueblo. Bendícenos a todos como uno solo, Padre nuestro, con la Luz de Tu Rostro, porque es con la Luz de Tu rostro que Tú, Señor, nuestro Dios, nos has dado la Torá y vida, amor y amabilidad, justicia y misericordia, bendición y paz. Que sea grato a

צְדָקָה tsdaká ע"ה ריבוע אלהים וְרַחֲמִים verajamim. בְּרָכָה brajá
וְשָׁלוֹם veshalom. וְטוֹב vetov והו בְּעֵינֶיךָ־ beeineja ע"ה קס"א ; ריבוע מ"ה
לְבָרְכֵנוּ levarjenu וּלְבָרֵךְ ulevarej אֶת et כָּל־ col ילי עַמְּךָ amjá
יִשְׂרָאֵל Yisrael בְּרוֹב־ berov י"פ אהיה עֹז oz וְשָׁלוֹם veshalom:
וּבְסֵפֶר uveséfer חַיִּים jayim אהיה אהיה יהוה, בינה ע"ה
בְּרָכָה brajá וְשָׁלוֹם veshalom וּפַרְנָסָה ufarnasá טוֹבָה tová אכא
וִישׁוּעָה vishuá וְנֶחָמָה venejamá וּגְזֵרוֹת ugzerot טוֹבוֹת tovot.
נִזָּכֵר nizajer וְנִכָּתֵב venicatev לְפָנֶיךָ lefaneja ס"ג מ"ה ב"ן
אֲנַחְנוּ anajnu וְכָל vejol ילי עַמְּךָ amjá יִשְׂרָאֵל Yisrael
לְחַיִּים lejayim אהיה אהיה יהוה, בינה ע"ה טוֹבִים tovim וּלְשָׁלוֹם uleshalom:

Si olvidaste decir "*uveséfer jayim*" y te das cuenta de esto antes del final de la bendición "*Baruj Atá Adonai*", debes regresar y decir "*uveséfer jayim*" y continuar normalmente. Pero si te das cuenta de esto sólo al final de la bendición, debes continuar.

בָּרוּךְ Baruj אַתָּה Atá יְהֹוָהאדניאהדונהי Adonai
הַמְבָרֵךְ hamevarej אֶת et עַמּוֹ amó יִשְׂרָאֵל Yisrael
ר"ת = אלהים = (אילהויהם = יב"ק) בַּשָּׁלוֹם bashalom. אָמֵן Amén יאהדונהי.

YIHYÚ LERATSÓN

Hay 42 letras en el versículo en el secreto del *Aná Bejóaj*.

יִהְיוּ yihyú אל (ייא" מילוי דס"ג) לְרָצוֹן leratsón מהש ע"ה, ע"ב בריבוע וקס"א ע"ה, אל שדי ע"ה
אִמְרֵי־ imrei פִי fi ר"ת אֶלֶף = אלף למד שין דלת יוד ע"ה וְהֶגְיוֹן vehegyón לִבִּי libí
לְפָנֶיךָ lefaneja ס"ג מ"ה ב"ן יְהֹוָהאדניאהדונהי Adonai צוּרִי tsurí וְגֹאֲלִי vegoalí:

En la repetición el *jazán* omite lo que sigue y continúa con "*Avinu Malquenu*" en la página 628.
En la *Amidá* silenciosa continuamos con el *Vidui* en la página siguiente (618).

Tus Ojos bendecirnos y bendecir a Tu Nación, Israel, con abundante poder y con paz. Y que en el Libro de la Vida, todos seamos recordados e inscritos ante Ti; para bendición, paz, buen sustento, salvación, consuelo, y buenos decretos. Nosotros y toda Tu Nación, Israel, para una buena vida y para paz. ¡Bendito eres Tú, Señor, que bendice a Su Pueblo, Israel, con paz, Amén!

YIHYÚ LERATSÓN

"Sean gratos ante Ti, Señor, mi Fortaleza y mi Redentor, los dichos de mi boca y los pensamientos de mi corazón" (Salmos 19:15).

ASHAMNU (VIDUI) (encontrarás la explicación y traducción del *Vidui* en las páginas 56-69)

Mientras recitas el *Vidui*, debes golpear tu pecho con la mano derecha para agitar los *Jasadim* (Misericordias) y las *Guevurot* (Juicios) para que puedan crecer por el bien del *Zivug* (Unificación). Incluso si sabes que no has cometido una de las acciones negativas mencionadas a continuación, debes decir el *Vidui* de todos modos, porque todos actuamos como garantes uno del otro. El *Vidui* es dicho en forma plural porque el *Vidui* es acerca de otras vidas y otras personas que están conectadas a la raíz de nuestra alma.

Las 22 letras son el valor numérico del Santo Nombre אכא.

אָנָּא aná ב"ן יְהֹוָ(אדני)אהדונהי Adonai אֱלֹהֵינוּ Eloheinu ילה

וֵאלֹהֵי veElohei לכב ; מילוי ע"ב, דמב ; ילה אֲבוֹתֵינוּ avoteinu. תָּבֹא tavó

לְפָנֶיךָ lefaneja ס"ג מ"ה ב"ן תְּפִלָּתֵנוּ tfilatenu וְאַל veal תִּתְעַלַּם titalam

מַלְכֵּנוּ malquenu מִתְּחִנָּתֵנוּ mitjinatenu. שֶׁאֵין sheéin אֲנַחְנוּ anajnu

עַזֵּי azei אלהים ע"ה, אהיה אדני ע"ה פָּנִים panim וּקְשֵׁי ukshei עֹרֶף óref

לוֹמַר lomar לְפָנֶיךָ lefaneja ס"ג מ"ה ב"ן יְהֹוָ(אדני)אהדונהי Adonai

אֱלֹהֵינוּ Eloheinu ילה וֵאלֹהֵי veElohei לכב ; מילוי ע"ב, דמב ; ילה

אֲבוֹתֵינוּ avoteinu צַדִּיקִים tsadikim אֲנַחְנוּ anajnu וְלֹא־ veló

וְחָטָאנוּ jatanu. אֲבָל aval וְחָטָאנוּ jatanu. עָוִינוּ avinu. פָּשַׁעְנוּ pashanu.

אֲנַחְנוּ anajnu וַאֲבוֹתֵינוּ vaavoteinu וְאַנְשֵׁי veanshei בֵיתֵנוּ veitenu ב"פ ראה:

אָשַׁמְנוּ ashamnu. בָּגַדְנוּ bagadnu. גָּזַלְנוּ gazalnu. דִּבַּרְנוּ dibarnu דֹפִי dofi

וְלָשׁוֹן velashón הָרָע hará. הֶעֱוִינוּ heevinu. וְהִרְשַׁעְנוּ vehirshanu. זַדְנוּ zadnu.

וְחָמַסְנוּ jamasnu. טָפַלְנוּ tafalnu שֶׁקֶר shéker וּמִרְמָה umirmá. יָעַצְנוּ yaatsnu

עֵצוֹת etsot רָעוֹת raot. כִּזַּבְנוּ quizavnu. כָּעַסְנוּ caasnu. לַצְנוּ latsnu.

מָרַדְנוּ maradnu. מָרִינוּ marinu דְּבָרֶיךָ devareja. נִאַצְנוּ niatsnu.

נִאַפְנוּ niafnu. סָרַרְנוּ sararnu. עָוִינוּ avinu. פָּשַׁעְנוּ pashanu.

פָּגַמְנוּ pagamnu. צָרַרְנוּ tsararnu. צִעַרְנוּ tsiarnu אָב av וָאֵם vaem.

קִשִּׁינוּ kishinu עֹרֶף óref. רָשַׁעְנוּ rashanu. שִׁחַתְנוּ shijatnu. תִּעַבְנוּ tiavnu.

תָּעִינוּ taínu. וְתִעְתָּעְנוּ vetiatanu וְסַרְנוּ vesarnu מִמִּצְוֹתֶיךָ mimitsvoteja

וּמִמִּשְׁפָּטֶיךָ umimishpateja הַטּוֹבִים hatovim וְלֹא veló שָׁוָה shavá

לָנוּ lanu אלהים, אהיה אדני. וְאַתָּה veAtá צַדִּיק tsadik

עַל al כָּל col ילי ; עמם הַבָּא habá עָלֵינוּ aleinu כִּי־ qui

אֱמֶת emet אהיה פעמים אהיה, ד"פ ס"ג עָשִׂיתָ asita וַאֲנַחְנוּ vaanajnu הִרְשָׁעְנוּ hirshanu:

Medita para garantizar que tus acciones negativas sean parte del pasado y ya no sean parte de tu presente.

MA NOMAR

El secreto del Nombre: יוד הא ואו הא (מ"ה=45) que revive a los Siete Reyes Quebrantados. La capacidad de revertir todo y corregir toda clase de corrupción depende de este Nombre, y también la *Teshuvá* (arrepentimiento) depende y se nutre de Éste.

מַה ma מ"ה נֹּאמַר nomar מ"ה לְפָנֶיךָ lefaneja ס"ג מ"ה ב"ן (*Ima*)
יוֹשֵׁב yoshev מָרוֹם marom (*Atik Yomín*)• וּמַה umá מ"ה נְּסַפֵּר nesaper
לְפָנֶיךָ lefaneja ס"ג מ"ה ב"ן שׁוֹכֵן shojén (*Nukvá*—el libro de *Yesod*)
שְׁחָקִים shjakim (*Ima*—que se extiende en *Yesod* mediante *Nétsaj* y *Hod*)
הֲלֹא haló (*Ima*) כָּל jol ילי (50 Puertas de *Biná*) הַנִּסְתָּרוֹת hanistarot (י"ה)
וְהַנִּגְלוֹת vehaniglot (ו"ה) אַתָּה Atá (סוחר) יוֹדֵעַ yodea (*Mazal Venaké*)•
אַתָּה Atá (*Mazal Venaké*) יוֹדֵעַ yodea רָזֵי razei עוֹלָם olam (*Aba* e *Ima*)•
וְתַעֲלוּמוֹת vetaalumot (desde el aspecto de *Aba* e *Ima*)
סִתְרֵי sitrei ב"פ מצר (desde el aspecto de *Mazal*) כָּל־ col ילי
חָי jai כל חי = אהיה אהיה יהוה, בינה ע"ה, חיים (*Yesod* de *Zeir Anpín*)•
אַתָּה Atá חוֹפֵשׂ jofés כָּל col ילי חַדְרֵי־ jadrei בָטֶן vaten (*Shóresh Yisrael*)•
רֹאֶה roé ראה כְּלָיוֹת jelayot וָלֵב valev• אֵין ein
דָּבָר davar ראה נֶעְלָם neelam מִמָּךְ mimaj (en *Nukvá*)
וְאֵין veéin נִסְתָּר nistar ב"פ מצר (en *Briá*, *Yetsirá* y *Asiyá*)
מִנֶּגֶד minégued מזבח, זן, אל יהוה עֵינֶיךָ eineja ע"ה קס"א ; ריבוע מ"ה
(*Nukvá*—de Su providencia sobre *Briá*, *Yetsirá* y *Asiyá*):

YEHÍ RATSÓN

יְהִי yehí רָצוֹן ratsón מהש ע"ה, ע"ב בריבוע וקס"א ע"ה, אל שדי ע"ה
מִלְּפָנֶיךָ milfaneja ס"ג מ"ה ב"ן יְהֹוָאדהֹנָי Adonai אֱלֹהֵינוּ Eloheinu ילה
וֵאלֹהֵי veElohei לכב ; מילוי ע"ב, דמב ; ילה אֲבוֹתֵינוּ avoteinu
שֶׁתִּמְחוֹל shetimjol (con el poder del Nombre: אלף הא יוד הא)
לָנוּ lanu אלהים, אהיה אדני אֶת־ et כָּל־ col ילי
חַטֹּאתֵינוּ jatoteinu (las manchas del *Néfesh*)
וּתְכַפֵּר utejaper (con el poder del Nombre: אלף הה יוד הה)
לָנוּ lanu אלהים, אהיה אדני אֶת et כָּל col ילי
עֲוֹנוֹתֵינוּ avonoteinu (las manchas del *Rúaj*) וְתִמְחוֹל vetimjol
וְתִסְלַח vetislaj יהוה ע"ב (con el poder del Nombre: אלף הי יוד הי)
לְכָל־ lejol יה אדני פְּשָׁעֵינוּ peshaenu (las manchas de la *Neshamá*):

AL JET - OR YASHAR

Según el orden del alfabeto hebreo en el secreto de *Or Yashar* (Luz Directa) el cual, al recitarlo en este orden, ayuda a corregir (en el secreto de la *Teshuvá*) todos los daños en los órganos.

עַל al חֵטְא jet שֶׁחָטָאנוּ shejatanu לְפָנֶיךָ lefaneja ס״ג מ״ה ב״ן

בְּאוֹנֶס beónes:

עַל al חֵטְא jet שֶׁחָטָאנוּ shejatanu לְפָנֶיךָ lefaneja ס״ג מ״ה ב״ן

בִּבְלִי bivlí דָעַת dáat:

עַל al חֵטְא jet שֶׁחָטָאנוּ shejatanu לְפָנֶיךָ lefaneja ס״ג מ״ה ב״ן

בְּגִלּוּי beguilui עֲרָיוֹת arayot:

עַל al חֵטְא jet שֶׁחָטָאנוּ shejatanu לְפָנֶיךָ lefaneja ס״ג מ״ה ב״ן

בְּדַעַת bedáat וּבְמִרְמָה uvemirmá:

עַל al חֵטְא jet שֶׁחָטָאנוּ shejatanu לְפָנֶיךָ lefaneja ס״ג מ״ה ב״ן

בְּהִרְהוּר behirhur הַלֵּב halev:

עַל al חֵטְא jet שֶׁחָטָאנוּ shejatanu לְפָנֶיךָ lefaneja ס״ג מ״ה ב״ן

בְּוִדּוּי bevidui פֶּה pe ע״ה מום:

עַל al חֵטְא jet שֶׁחָטָאנוּ shejatanu לְפָנֶיךָ lefaneja ס״ג מ״ה ב״ן

בְּזָדוֹן bezadón:

עַל al חֵטְא jet שֶׁחָטָאנוּ shejatanu לְפָנֶיךָ lefaneja ס״ג מ״ה ב״ן

בְּחוֹזֶק bejózek פה״ל יָד yad:

עַל al חֵטְא jet שֶׁחָטָאנוּ shejatanu לְפָנֶיךָ lefaneja ס״ג מ״ה ב״ן

בְּטוּמְאַת betumat שְׂפָתַיִם sfatáyim:

עַל al חֵטְא jet שֶׁחָטָאנוּ shejatanu לְפָנֶיךָ lefaneja ס״ג מ״ה ב״ן

בְּיֵצֶר beyétser הָרָע hará:

עַל al חֵטְא jet שֶׁחָטָאנוּ shejatanu לְפָנֶיךָ lefaneja ס״ג מ״ה ב״ן

בְּיוֹדְעִים beyodim וּבְלֹא uveló יוֹדְעִים yodim:

עַל al חֵטְא jet שֶׁחָטָאנוּ shejatanu לְפָנֶיךָ lefaneja ס״ג מ״ה ב״ן

בְּכַחַשׁ bejajash וּבְכָזָב uvejazav:

עַל al חֵטְא jet שֶׁחָטָאנוּ shejatanu לְפָנֶיךָ lefaneja ס״ג מ״ה ב״ן

בְּלָשׁוֹן belashón הָרָע hará:

עַל al חֵטְא jet שֶׁחָטָאנוּ shejatanu לְפָנֶיךָ lefaneja ס״ג מ״ה ב״ן

בְּמַרְאִית bemarit הָעַיִן haayin ריבוע מ״ה:

עַל al חֵטְא jet שֶׁחָטָאנוּ shejatanu לְפָנֶיךָ lefaneja ס"ג מ"ה ב"ן
בְּנֶשֶׁךְ benéshej וּבְמַרְבִּית uvemarbit:
עַל al חֵטְא jet שֶׁחָטָאנוּ shejatanu לְפָנֶיךָ lefaneja ס"ג מ"ה ב"ן
בְּשִׂיחַ besíaj שִׂפְתוֹתֵינוּ siftoteinu:
עַל al חֵטְא jet שֶׁחָטָאנוּ shejatanu לְפָנֶיךָ lefaneja ס"ג מ"ה ב"ן
בַּסֵּתֶר baséter ב"פ מצר:
עַל al חֵטְא jet שֶׁחָטָאנוּ shejatanu לְפָנֶיךָ lefaneja ס"ג מ"ה ב"ן
בְּעֵינַיִם beeináyim ריבוע מ"ה רָמוֹת ramot:
עַל al חֵטְא jet שֶׁחָטָאנוּ shejatanu לְפָנֶיךָ lefaneja ס"ג מ"ה ב"ן
בְּפִתְחוֹן befitjón פֶּה pe ע"ה מום:
עַל al חֵטְא jet שֶׁחָטָאנוּ shejatanu לְפָנֶיךָ lefaneja ס"ג מ"ה ב"ן
בִּצְעֲדֵי betsaadei רַגְלַיִם ragláyim לְהָרַע lehará:
עַל al חֵטְא jet שֶׁחָטָאנוּ shejatanu לְפָנֶיךָ lefaneja ס"ג מ"ה ב"ן
בִּקְפִיצַת bikfitsat יָד yad:
עַל al חֵטְא jet שֶׁחָטָאנוּ shejatanu לְפָנֶיךָ lefaneja ס"ג מ"ה ב"ן
בְּרָצוֹן beratsón מהש:
עַל al חֵטְא jet שֶׁחָטָאנוּ shejatanu לְפָנֶיךָ lefaneja ס"ג מ"ה ב"ן
בִּשְׁגָגָה bishgagá:
עַל al חֵטְא jet שֶׁחָטָאנוּ shejatanu לְפָנֶיךָ lefaneja ס"ג מ"ה ב"ן
בִּתְשׂוּמֶת bitsúmet יָד yad:

AL JET - OR JOZER

עַל al חֵטְא jet שֶׁחָטָאנוּ shejatanu לְפָנֶיךָ lefaneja ס"ג מ"ה ב"ן
בְּתִמְהוֹן betimhón לֵבָב levav בוכו:
עַל al חֵטְא jet שֶׁחָטָאנוּ shejatanu לְפָנֶיךָ lefaneja ס"ג מ"ה ב"ן
בְּשִׂנְאַת besinat חִנָּם jinam:
עַל al חֵטְא jet שֶׁחָטָאנוּ shejatanu לְפָנֶיךָ lefaneja ס"ג מ"ה ב"ן
בְּרַגְלַיִם beragláyim מְמַהֲרוֹת memaharot לָרוּץ laruts לְהָרָעָה leraá רהע:
עַל al חֵטְא jet שֶׁחָטָאנוּ shejatanu לְפָנֶיךָ lefaneja ס"ג מ"ה ב"ן
בִּרְכִילוּת birejilut:
עַל al חֵטְא jet שֶׁחָטָאנוּ shejatanu לְפָנֶיךָ lefaneja ס"ג מ"ה ב"ן
בְּקִשּׁוּי bekishui עֹרֶף óref:

עַל al חֵטְא jet שֶׁחָטָאנוּ shejatanu לְפָנֶיךָ lefaneja ס"ג מ"ה ב"ן

בְּצַוָּאר betsavar עָתָק atak:

עַל al חֵטְא jet שֶׁחָטָאנוּ shejatanu לְפָנֶיךָ lefaneja ס"ג מ"ה ב"ן

בִּפְרִיקַת bifrikat עוֹל ol:

עַל al חֵטְא jet שֶׁחָטָאנוּ shejatanu לְפָנֶיךָ lefaneja ס"ג מ"ה ב"ן

בְּעַזּוּת beazut מֵצַח métsaj:

עַל al חֵטְא jet שֶׁחָטָאנוּ shejatanu לְפָנֶיךָ lefaneja ס"ג מ"ה ב"ן

בְּסִקּוּר besikur עָיִן ayin ריבוע מ"ה:

עַל al חֵטְא jet שֶׁחָטָאנוּ shejatanu לְפָנֶיךָ lefaneja ס"ג מ"ה ב"ן

בִּנְטִיַּת binetiyat גָּרוֹן garón:

עַל al חֵטְא jet שֶׁחָטָאנוּ shejatanu לְפָנֶיךָ lefaneja ס"ג מ"ה ב"ן

בְּמַשָּׂא bemasá וּבְמַתָּן umatán:

עַל al חֵטְא jet שֶׁחָטָאנוּ shejatanu לְפָנֶיךָ lefaneja ס"ג מ"ה ב"ן

בִּלְשׁוֹן bilshón תַּרְמִית tarmit:

עַל al חֵטְא jet שֶׁחָטָאנוּ shejatanu לְפָנֶיךָ lefaneja ס"ג מ"ה ב"ן

בִּכְנִיסִיָּה bijnesiyá שֶׁלֹּא sheló לְשֵׁם leShem שָׁמַיִם shamáyim י"פ טל, י"פ כוזו:

עַל al חֵטְא jet שֶׁחָטָאנוּ shejatanu לְפָנֶיךָ lefaneja ס"ג מ"ה ב"ן

בְּיוֹהֲרָא beyuhará:

עַל al חֵטְא jet שֶׁחָטָאנוּ shejatanu לְפָנֶיךָ lefaneja ס"ג מ"ה ב"ן

בְּטֻמְאַת betumat רַעְיוֹן rayón:

עַל al חֵטְא jet שֶׁחָטָאנוּ shejatanu לְפָנֶיךָ lefaneja ס"ג מ"ה ב"ן

בְּחִלּוּל bejilul הַשֵּׁם haShem:

עַל al חֵטְא jet שֶׁחָטָאנוּ shejatanu לְפָנֶיךָ lefaneja ס"ג מ"ה ב"ן

בְּזִלְזוּל bezilzul הוֹרִים horim וּמוֹרִים umorim:

עַל al חֵטְא jet שֶׁחָטָאנוּ shejatanu לְפָנֶיךָ lefaneja ס"ג מ"ה ב"ן

בְּוִעוּד beviud עֲבֵירָה aveirá:

עַל al חֵטְא jet שֶׁחָטָאנוּ shejatanu לְפָנֶיךָ lefaneja ס"ג מ"ה ב"ן

בְּהוֹצָאַת behotsaat דִּבָּה dibá:

עַל al חֵטְא jet שֶׁחָטָאנוּ shejatanu לְפָנֶיךָ lefaneja ס"ג מ"ה ב"ן

בִּדְבָרִים bidvarim בְּטֵלִים betelim:

עַל al וְחֵטְא jet שֶׁחָטָאנוּ shejatanu לְפָנֶיךָ lefaneja ס"ג מ"ה ב"ן
בְּגַאֲוָה begaavá וָבוּז vavuz:
עַל al וְחֵטְא jet שֶׁחָטָאנוּ shejatanu לְפָנֶיךָ lefaneja ס"ג מ"ה ב"ן
בְּגִלְגּוּל beguilgul זֶה ze וּבְגִלְגּוּלִים uveguilgulim אֲחֵרִים ajerim:
עַל al וְחֵטְא jet שֶׁחָטָאנוּ shejatanu לְפָנֶיךָ lefaneja ס"ג מ"ה ב"ן
בְּבִטּוּי bevitui שְׂפָתַיִם sfatáyim:
עַל al וְחֵטְא jet שֶׁחָטָאנוּ shejatanu לְפָנֶיךָ lefaneja ס"ג מ"ה ב"ן
בַּאֲכִילַת beajilat אִסּוּר isur:

עַל al וְחֵטְא jet שֶׁחָטָאנוּ shejatanu לְפָנֶיךָ lefaneja ס"ג מ"ה ב"ן
בְּמָאתַיִם bematáyim וְאַרְבָּעִים vearbaím וּשְׁמוֹנָה ushmoná אֵבָרִים evarim.
וּשְׁלֹשׁ ushlosh מֵאוֹת meot המספר = ש' = אלהים דיודין
וְשִׁשִּׁים veshishim המספר = מילוי הש' (יו"ן) וַחֲמִשָּׁה vajamishá
גִּידִים guidim. שֶׁל shel גּוּפֵנוּ gufenu וְנַפְשֵׁנוּ venafshenu וְרוּחֵנוּ verujenu
וְנִשְׁמָתֵנוּ venishmatenu וּנְשָׁמָה uneshamá לְנִשְׁמָתֵנוּ lenishmatenu.
וְעַל veal וְחֵטְא jet שֶׁחָטָאנוּ shejatanu לְפָנֶיךָ lefaneja ס"ג מ"ה ב"ן
שֶׁגָּרַמְנוּ shegaramnu פְּגַם pgam וּמוּם umum בְּמָאתַיִם bematáyim
וְאַרְבָּעִים vearbaím וּשְׁמוֹנָה ushmoná אֵבָרִים evarim. וּשְׁלֹשׁ ushlosh
מֵאוֹת meot המספר = ש' = אלהים דיודין וְשִׁשִּׁים veshishim המספר = מילוי הש' (יו"ן)
וַחֲמִשָּׁה vajamishá גִּידִים guidim שֶׁל shel אֲחֵרִים ajerim.
וּבְגוּפָם uvegufam וְנַפְשָׁם venafsham וְרוּחָם verujam
וְנִשְׁמָתָם venishmatam וּנְשָׁמָה uneshamá לְנִשְׁמָתָם lenishmatam:
עַל al חֲטָאִים jataím שֶׁאֲנַחְנוּ sheanajnu חַיָּבִים jayavim
עֲלֵיהֶם aleihem עַל al בִּטּוּל bitul מִצְוֹת mitsvot עֲשֵׂה asé:
עַל al חֲטָאִים jataím שֶׁאֲנַחְנוּ sheanajnu חַיָּבִים jayavim
עֲלֵיהֶם aleihem עַל al לָאו lav הַנִּתָּק hanitak לַעֲשֵׂה laasé:
עַל al חֲטָאִים jataím שֶׁאֲנַחְנוּ sheanajnu חַיָּבִים jayavim
עֲלֵיהֶם aleihem עַל al לָאו lav שֶׁאֵין sheéin בּוֹ bo מַעֲשֶׂה maasé:
עַל al חֲטָאִים jataím שֶׁאֲנַחְנוּ sheanajnu חַיָּבִים jayavim
עֲלֵיהֶם aleihem עוֹלָה olá:

עַל al חֲטָאִים jataím שֶׁאֲנַחְנוּ sheanajnu חַיָּבִים jayavim

עֲלֵיהֶם aleihem חַטָּאת jatat:

עַל al חֲטָאִים jataím שֶׁאֲנַחְנוּ sheanajnu חַיָּבִים jayavim

עֲלֵיהֶם aleihem קָרְבָּן korbán עוֹלֶה olé וְיוֹרֵד veyored:

עַל al חֲטָאִים jataím שֶׁאֲנַחְנוּ sheanajnu חַיָּבִים jayavim

עֲלֵיהֶם aleihem אָשָׁם asham תָּלוּי talui וְאָשָׁם veasham וַדַּאי vadai:

עַל al חֲטָאִים jataím שֶׁאֲנַחְנוּ sheanajnu חַיָּבִים jayavim

עֲלֵיהֶם aleihem מַכַּת macat מַרְדּוּת mardut:

עַל al חֲטָאִים jataím שֶׁאֲנַחְנוּ sheanajnu חַיָּבִים jayavim

עֲלֵיהֶם aleihem מַלְקוּת malkot אַרְבָּעִים arbaím:

עַל al חֲטָאִים jataím שֶׁאֲנַחְנוּ sheanajnu חַיָּבִים jayavim

עֲלֵיהֶם aleihem מִיתָה mitá בִּידֵי bidei שָׁמַיִם shamáyim י״פ טל, י״פ כוזו:

עַל al חֲטָאִים jataím שֶׁאֲנַחְנוּ sheanajnu חַיָּבִים jayavim

עֲלֵיהֶם aleihem מִיתוֹת mitot מְשֻׁנּוֹת meshunot:

עַל al חֲטָאִים jataím שֶׁאֲנַחְנוּ sheanajnu חַיָּבִים jayavim

עֲלֵיהֶם aleihem כָּרֵת caret וַעֲרִירִי vaarirí:

עַל al חֲטָאִים jataím שֶׁאֲנַחְנוּ sheanajnu חַיָּבִים jayavim

עֲלֵיהֶם aleihem גִּלְגּוּל guilgul בְּדוֹמֵם bedomem ◆ וְצוֹמֵחַ vetsoméaj ◆ וְחַי vejai
בִּלְתִּי biltí מְדַבֵּר medaber ראה◆ וְחַי vejai מְדַבֵּר medaber ראה:

עַל al חֲטָאִים jataím שֶׁאֲנַחְנוּ sheanajnu חַיָּבִים jayavim

עֲלֵיהֶם aleihem כָּל יל״י col מִינֵי minei יִסּוּרִים yisurim:

עַל al חֲטָאִים jataím שֶׁאֲנַחְנוּ sheanajnu חַיָּבִים jayavim

עֲלֵיהֶם aleihem כָּל יל״י col מִינֵי minei עוֹנָשִׁים onashim:

עַל al חֲטָאִים jataím שֶׁאֲנַחְנוּ sheanajnu חַיָּבִים jayavim עֲלֵיהֶם aleihem
אַרְבַּע arbá מִיתוֹת mitot בֵּית beit ב״פ ראה דִּין din ◆ סְקִילָה skilá ◆
שְׂרֵפָה sreifá ◆ הֶרֶג héreg ◆ וְחֶנֶק vejének ◆ עַל al מִצְוֹת mitsvot עֲשֵׂה asé ◆
וְעַל veal מִצְוֹת mitsvot לֹא lo תַעֲשֶׂה taasé ◆ בֵּין bein שֶׁיֵּשׁ sheyesh
בָּם bam מ״ב קוּם kum עֲשֵׂה asé ◆ וּבֵין uvein שֶׁאֵין sheéin בָּם bam מ״ב
קוּם kum עֲשֵׂה asé ◆ בֵּין bein שֶׁגְּלוּיִם shegluyim לָנוּ lanu אלהים, אהיה אדנ״י ◆
וּבֵין uvein שֶׁאֵינָן sheeinán גְּלוּיִם gluyim לָנוּ lanu אלהים, אהיה אדנ״י ◆

אֶת et שֶׁגְּלוּיִם shegluyim לָנוּ lanu אלהים, אהיה אדני כְּבָר cvar אֲמַרְנוּם amarnum
לְפָנֶיךָ lefaneja ס"ג מ"ה ב"ן יְהֹוָהאדניאהדונהי Adonai אֱלֹהֵינוּ Eloheinu ילה
וֵאלֹהֵי veElohei לכב ; מילוי ע"ב, דמב ; ילה אֲבוֹתֵינוּ avoteinu וְהוֹדִינוּ vehodinu
לְךָ lejá עֲלֵיהֶם aleihem. וְאֶת veet שֶׁאֵינָן sheeinán גְּלוּיִם gluyim
לָנוּ lanu אלהים, אהיה אדני הֵם hem גְּלוּיִם gluyim וִידוּעִים viyeduím
לְפָנֶיךָ lefaneja ס"ג מ"ה ב"ן. כִּי qui הַכֹּל hacol גָּלוּי galui וְצָפוּי vetsafui
לְפָנֶיךָ lefaneja ס"ג מ"ה ב"ן יְהֹוָהאדניאהדונהי Adonai אֱלֹהֵינוּ Eloheinu ילה.
כְּמוֹ cmó שֶׁנֶּאֱמַר sheneemar: הַנִּסְתָּרֹת hanistarot לַיהֹוָהאדניאהדונהי laAdonai
אֱלֹהֵינוּ Eloheinu ילה וְהַנִּגְלֹת vehaniglot **(Los Once Puntos)**
לָנוּ lanu אלהים, אהיה אדני וּלְבָנֵינוּ ulevaneinu עַד ad עוֹלָם olam לַעֲשׂוֹת laasot
אֶת et כָּל col ילי דִּבְרֵי divrei ראה הַתּוֹרָה haTorá הַזֹּאת hazot:
כִּי qui אַתָּה Atá סוֹלְחָן solján לְיִשְׂרָאֵל leYisrael וּמָחֳלָן umojalán
לְשִׁבְטֵי leshivtei יְשֻׁרוּן Yeshurún. וּמִבַּלְעָדֶיךָ umibaladeja אֵין ein
לָנוּ lanu אלהים, אהיה אדני מֶלֶךְ mélej מוֹחֵל mojel וְסוֹלֵחַ vesoléaj:

ELOHAI

אֱלֹהַי Elohai מילוי ע"ב, דמב ; ילה עַד ad שֶׁלֹּא sheló נוֹצַרְתִּי notsarti
אֵינִי einí כְּדַאי jedai. וְעַכְשָׁיו veajshav שֶׁנּוֹצַרְתִּי shenotsarti
כְּאִלּוּ queílu לֹא lo נוֹצַרְתִּי notsarti. עָפָר afar אֲנִי aní אני בְּחַיַּי bejayai
קַל kal נמם, ה' גבורות וָחוֹמֶר vajómer בְּמִיתָתִי bemitatí. הֲרֵי harei
אֲנִי aní אני לְפָנֶיךָ lefaneja ס"ג מ"ה ב"ן יְהֹוָהאדניאהדונהי Adonai
אֱלֹהַי Elohai מילוי ע"ב, דמב ; ילה וֵאלֹהֵי veElohei לכב ; מילוי ע"ב, דמב ; ילה
אֲבוֹתַי avotai כִּכְלִי quijlí מָלֵא malé בוּשָׁה vushá וּכְלִמָּה ujlimá:
יְהִי yehí רָצוֹן ratsón מהש ע"ה, ע"ב בריבוע וקס"א ע"ה, אל שדי ע"ה
מִלְּפָנֶיךָ milfaneja ס"ג מ"ה ב"ן יְהֹוָהאדניאהדונהי Adonai אֱלֹהַי Elohai מילוי ע"ב, דמב ; ילה
וֵאלֹהֵי veElohei לכב ; מילוי ע"ב, דמב ; ילה אֲבוֹתַי avotai שֶׁלֹּא sheló אֶחֱטָא ejetá
עוֹד od. וּמַה umá מ"ה שֶׁחָטָאתִי shejatati לְפָנֶיךָ lefaneja ס"ג מ"ה ב"ן
מְחוֹק mejok בְּרַחֲמֶיךָ berajameja הָרַבִּים harabim. אֲבָל aval
לֹא lo עַל al יְדֵי yedei יִסּוּרִין yisurín וָחֳלָאִים vejolaím רָעִים raím:

ELOHAI NETSOR

אֱלֹהַי Elohai מילוי ע״ב, דמב ; ילה נְצוֹר netsor לְשׁוֹנִי leshoní מֵרָע merá.

וּשְׂפָתוֹתַי vesiftotai מִדַּבֵּר midaber ראה מִרְמָה mirmá. וְלִמְקַלְלַי velimkalelai

נַפְשִׁי nafshí תִדּוֹם tidom. וְנַפְשִׁי venafshí כֶּעָפָר queafar

לַכֹּל lacol יה אדני תִּהְיֶה tihyé. פְּתַח ptaj לִבִּי libí בְּתוֹרָתֶךָ betorateja.

וְאַחֲרֵי veajarei מִצְוֹתֶיךָ mitsvoteja תִּרְדּוֹף tirdof נַפְשִׁי nafshí.

וְכָל־ vejol ילי הַקָּמִים hakamim עָלַי alai לְרָעָה leraá רהע. מְהֵרָה meherá

הָפֵר hafer עֲצָתָם atsatam וְקַלְקֵל vekalkel מַחְשְׁבוֹתָם majshevotam.

עֲשֵׂה asé לְמַעַן lemaan שְׁמָךְ Shmaj. עֲשֵׂה asé לְמַעַן lemaan

יְמִינָךְ yeminaj. עֲשֵׂה asé לְמַעַן lemaan תּוֹרָתָךְ torataj. עֲשֵׂה asé

לְמַעַן lemaan קְדֻשָּׁתָךְ kedushataj. ר״ת הפסוק = מ״ה יהוה לְמַעַן lemaan

יֵחָלְצוּן yejaltsún יְדִידֶיךָ yedideja ר״ת ילי הוֹשִׁיעָה hoshía יהוה וש״ע נהורין

יְמִינְךָ yeminjá וַעֲנֵנִי vaaneni (כתיב: ועננו) ר״ת אל (ייא״י מילוי דס״ג):

Antes de que recitemos el próximo verso ("*Yihyú leratsón*") tenemos una oportunidad de fortalecer la conexión con nuestra alma usando nuestro nombre. Cada persona tiene un versículo en la Torá que lo conecta con su nombre. O bien su nombre está en el versículo o la primera letra y última letra del nombre corresponden a la primera y última letra del versículo. Por ejemplo, el nombre Yehuda comienza con una *Yud* y termina con una *Hei*. Antes de terminar la *Amidá*, declaramos que nuestro nombre sea siempre recordado cuando nuestra alma abandone este mundo.

YIHYÚ LERATSON (EL SEGUNDO)

Hay 42 letras en el versículo en el secreto del *Aná Bejóaj*.

יִהְיוּ yihyú אל (ייא״י מילוי דס״ג) לְרָצוֹן leratsón מהש ע״ה, ע״ב בריבוע וקס״א ע״ה, אל שדי ע״ה

אִמְרֵי־ imrei פִי fi ר״ת אֶלֶף = אלף למד שין דלת יוד ע״ה וְהֶגְיוֹן vehegyón לִבִּי libí

לְפָנֶיךָ lefaneja ס״ג מ״ה ב״ן יְהֹוָה (יאהדונהי) Adonai צוּרִי tsurí וְגֹאֲלִי vegoalí:

ELOHAI NETSOR

Mi Dios, cuida mi lengua del mal y mis labios de decir falsedad. Que mi alma permanezca en silencio ante aquellos que me maldicen y permite que mi espíritu sea humilde ante todos, como el polvo. Abre mi corazón a Tu Torá y permite que mi corazón siga Tus mandamientos. Prontamente frustra los planes y daña los pensamientos de todos aquellos que se levantan contra mí para hacerme daño. Hazlo por la gloria de Tu Nombre. Haz esto por el bien de Tu Diestra. Haz esto por el mérito de Tu Torá. Haz esto por Tu santidad, "Que Tus amados sean rescatados. Sálvalos con Tu Diestra y contéstame" (Salmos 60:7).

YIHYÚ LERATSÓN (EL SEGUNDO)

"Sean gratos ante Ti, Señor, mi Fortaleza y mi Redentor,
los dichos de mi boca y los pensamientos de mi corazón" (Salmos 19:15).

OSÉ SHALOM

Ahora damos tres pasos hacia atrás para atraer la Luz de los Mundos Superiores a nuestra vida. Nos inclinamos a la derecha, a la izquierda y al centro, y debemos meditar en que, al dar estos tres pasos hacia atrás, se construya nuevamente el Templo Sagrado que fue destruido.

Da tres pasos hacia atrás;

Izquierda
Te vuelves a la izquierda y dices:

עוֹשֶׂה osé הַשָּׁלוֹם hashalom ספריאל המלאך הזותם לוזיים
בִּמְרוֹמָיו bimromav ר״ת ע״ב, ריבוע יהוה

Derecha
Te vuelves a la derecha y dices:

הוּא Hu בְּרַחֲמָיו verajamav יַעֲשֶׂה yaasé
שָׁלוֹם shalom עָלֵינוּ aleinu ר״ת ש״ע נהורין

Centro
Te alineas al centro y dices:

וְעַל veal כָּל־ col ילי ; עמם עַמּוֹ amó יִשְׂרָאֵל Yisrael
וְאִמְרוּ veimrú אָמֵן Amén יאהדונהי:

יְהִי yehí רָצוֹן ratsón מהש ע״ה, ע״ב בריבוע וקס״א ע״ה, אל שדי ע״ה
מִלְּפָנֶיךָ milfaneja ס״ג מ״ה ב״ן יְהֹוָאדניאהדונהי Adonai אֱלֹהֵינוּ Eloheinu ילה
וֵאלֹהֵי veElohei לכב ; מילוי ע״ב, דמב ; ילה אֲבוֹתֵינוּ avoteinu, שֶׁתִּבְנֶה shetivné
בֵּית beit ב״פ ראה הַמִּקְדָּשׁ hamikdash בִּמְהֵרָה bimherá בְיָמֵינוּ veyameinu
וְתֵן vetén חֶלְקֵנוּ jelkenu בְּתוֹרָתֶךָ vetorataj לַעֲשׂוֹת laasot חֻקֵּי jukei
רְצוֹנֶךָ retsonaj וּלְעָבְדָךְ uleavdaj פוי, אל אדני בְּלֵבָב belevav בוכו שָׁלֵם shalem.

Da tres pasos hacia delante.

OSÉ SHALOM

Él, que establece la Paz en Sus altos lugares,
Él, en Su compasión, hará que la paz esté entre nosotros y sobre Su pueblo entero, Israel, y dirán: Amén.

Sea agradable ante Ti, Señor, nuestro Dios y Dios de nuestros antepasados, que puedas reconstruir rápidamente el santo Templo, en nuestros días, y otórganos participación en Tu Torá, para que podamos cumplir las leyes de Tu deseo y servirte con todo el corazón.

AVINU MALQUENU

Pedimos cosas específicas de parte del Creador porque si no pedimos, no podemos recibir incluso aquello que merecemos.

אָבִינוּ Avinu (יְהֹוָה) מַלְכֵּנוּ Malquenu (יְהֹוָה)

וְחָטָאנוּ jatanu לְפָנֶיךָ lefaneja ס״ג מ״ה ב״ן רַחֵם rajem

עָלֵינוּ אברהם, וז״פ אל, רי״ו ול״ב נתיבות החכמה, רמ״ח (אברים), עסמ״ב וט״ז אותיות פשוטות aleinu:

אָבִינוּ Avinu (יְהֹוָה) מַלְכֵּנוּ Malquenu (יְהֹוָה)

אֵין ein לָנוּ lanu אלהים, אהיה אדני מֶלֶךְ mélej אֶלָּא ela אָתָּה Atá:

אָבִינוּ Avinu (יְהֹוָה) מַלְכֵּנוּ Malquenu (יְהֹוָה) עֲשֵׂה asé

עִמָּנוּ imanu ריבוע ס״ג, קס״א ע״ה וד׳ אותיות לְמַעַן lemaan שְׁמֶךָ shemeja:

אָבִינוּ Avinu (יְהֹוָה) מַלְכֵּנוּ Malquenu (יְהֹוָה)

חַדֵּשׁ jadesh י״ב הויות, קס״א קנ״א עָלֵינוּ aleinu שָׁנָה shaná טוֹבָה tová אכא:

אָבִינוּ Avinu (יְהֹוָה) מַלְכֵּנוּ Malquenu (יְהֹוָה) בַּטֵּל batel

מֵעָלֵינוּ mealeinu כָּל־ col ילי גְּזֵרוֹת gzerot קָשׁוֹת kashot וְרָעוֹת veraot:

אָבִינוּ Avinu (יְהֹוָה) מַלְכֵּנוּ Malquenu (יְהֹוָה)

בַּטֵּל batel מַחְשְׁבוֹת majshevot שׂוֹנְאֵינוּ soneinu:

אָבִינוּ Avinu (יְהֹוָה) מַלְכֵּנוּ Malquenu (יְהֹוָה)

הָפֵר hafer עֲצַת atsat אוֹיְבֵינוּ oyveinu:

אָבִינוּ Avinu (יְהֹוָה) מַלְכֵּנוּ Malquenu (יְהֹוָה)

כַּלֵּה calé כָּל־ col ילי צַר tsar וּמַשְׂטִין umastín מֵעָלֵינוּ mealeinu:

AVINU MALQUENU

Nuestro Padre, nuestro Rey, hemos pecado ante Ti, ten merced de nosotros. Nuestro Padre, nuestro Rey, no tenemos otro Rey sino Tú. Nuestro Padre, nuestro Rey, ocúpate de nosotros por el bien de Tu Nombre. Nuestro Padre, nuestro Rey, renueva un buen año para nosotros. Nuestro Padre, nuestro Rey, anula de nosotros todos los decretos severos y malvados. Nuestro Padre, nuestro Rey, anula los pensamientos de los que nos odian. Nuestro Padre, nuestro Rey, frustra los planes de nuestros enemigos. Nuestro Padre, nuestro Rey, aniquila cualquier opresor o acusador de sobre nosotros.

אָבִינוּ Avinu (יהוה) מַלְכֵּנוּ Malquenu (יְהֹוָה)

כַּלֵּה calé דֶּבֶר déver וְחֶרֶב vejérev רי״ו וְרָעָה veraá רהע וְרָעָב veraav
וּשְׁבִי ushevi וּבִזָּה uvizá וּמַשְׁחִית umashjit וּמַגֵּפָה umaguefá (נגף) וְיֵצֶר veyétser
הָרָע hará וְחֳלָאִים vejolaím רָעִים raím מִבְּנֵי mibnei בְרִיתֶךָ vriteja:

אָבִינוּ Avinu (יהוה) מַלְכֵּנוּ Malquenu (יְהֹוָה)

שְׁלַח shlaj רְפוּאָה refuá שְׁלֵמָה shlemá לְכָל־ lejol יה אדני
וְחוֹלֵי jolei וחולה = מ״ה וד׳ אותיות השם עַמֶּךָ ameja:

אָבִינוּ Avinu (יהוה) מַלְכֵּנוּ Malquenu (יְהֹוָה)

מְנַע mená מַגֵּפָה maguefá (נגף) מִנַּחֲלָתֶךָ minajalateja:

אָבִינוּ Avinu (יהוה) מַלְכֵּנוּ Malquenu (יְהֹוָה)

זָכוּר zajur ע״ב קס״א, יהי אור ע״ה כִּי qui עָפָר afar אֲנָחְנוּ anajnu:

אָבִינוּ Avinu (יהוה) מַלְכֵּנוּ Malquenu (יְהֹוָה)

מְחוֹל mejol וּסְלַח uslaj יהוה ע״ב לְכָל־ lejol יה אדני עֲוֹנוֹתֵינוּ avonoteinu:

אָבִינוּ Avinu (יהוה) מַלְכֵּנוּ Malquenu (יְהֹוָה)

קְרַע kra יכוין בשם קרע שטן רוֹעַ roa גְּזַר gzar דִּינֵנוּ dinenu:

אָבִינוּ Avinu (יהוה) מַלְכֵּנוּ Malquenu (יְהֹוָה)

מְחוֹק mejok בְּרַחֲמֶיךָ berajameja הָרַבִּים harabim
כָּל־ col ילי שִׁטְרֵי shitrei חוֹבוֹתֵינוּ jovoteinu:

אָבִינוּ Avinu (יהוה) מַלְכֵּנוּ Malquenu (יְהֹוָה)

מְחֵה mejé וְהַעֲבֵר vehaaver פְּשָׁעֵינוּ peshaeinu
מִנֶּגֶד minégued זן, מזבח, אל יהוה ע״ה עֵינֶיךָ eineja ע״ה קס״א ; ריבוע מ״ה:

Nuestro Padre, nuestro Rey, aniquila pestilencia, espada, mal, hambre, cautiverio, saqueo, ruina, plaga, inclinación al mal y enfermedades terribles de los miembros de Tu Alianza. Nuestro Padre, nuestro Rey, envía sanación completa a todos los enfermos de Tu Nación. Nuestro Padre, nuestro Rey, previene epidemias de Tu Heredad. Nuestro Padre, nuestro Rey, recuerda que somos polvo.

Nuestro Padre, nuestro Rey, perdona y absuelve todos nuestros pecados.
Nuestro Padre, nuestro Rey, rompe todos los edictos malvados de nuestras sentencias.
Nuestro Padre, nuestro Rey, borra, con Tus muchas compasiones, nuestras notas de deuda.
Nuestro Padre, nuestro Rey, elimina y borra nuestros pecados de ante Tus ojos.

אָבִינוּ Avinu (יְהוָה) מַלְכֵּנוּ Malquenu (יְהוָה)

כָּתְבֵנוּ cotvenu בְּסֵפֶר beséfer וְחַיִּים jayim אהיה אהיה יהוה, בינה ע״ה טוֹבִים tovim:

אָבִינוּ Avinu (יְהוָה) מַלְכֵּנוּ Malquenu (יְהוָה)

כָּתְבֵנוּ cotvenu בְּסֵפֶר beséfer צַדִּיקִים tsadikim וַחֲסִידִים vajasidim:

אָבִינוּ Avinu (יְהוָה) מַלְכֵּנוּ Malquenu (יְהוָה)

כָּתְבֵנוּ cotvenu בְּסֵפֶר beséfer יְשָׁרִים yesharim וּתְמִימִים utemimim:

אָבִינוּ Avinu (יְהוָה) מַלְכֵּנוּ Malquenu (יְהוָה) כָּתְבֵנוּ cotvenu

בְּסֵפֶר beséfer פַּרְנָסָה parnasá וְכַלְכָּלָה vejalcalá טוֹבָה tová אכא:

יְהִי yehí רָצוֹן ratsón מהש ע״ה, ע״ב בריבוע וקס״א ע״ה, אל שדי ע״ה מִלְּפָנֶיךָ milfaneja ס״ג מ״ה ב״ן יהוהאדניאהדונהי Adonai אֱלֹהֵינוּ Eloheinu ילה וֵאלֹהֵי veElohei לכב ; מילוי ע״ב, דמב ; ילה אֲבוֹתֵינוּ avoteinu שֶׁתִּתֵּן shetitén ב״פ כהת לָנוּ lanu אלהים, אהיה אדני וּלְכָל ulejol יה אדני בְּנֵי bnei בֵּיתֵנוּ beitenu וּלְכָל ulejol יה אדני הַסְּמוּכִים hasmujim עַל al שֻׁלְחָנֵנוּ shuljanenu הַיּוֹם hayom ע״ה נגד, זן, מזבח, אל יהוה וּבְכָל uvejol ב״ן, לכב יוֹם yom ע״ה נגד, זן, מזבח, אל יהוה וְיוֹם veyom ע״ה נגד, זן, מזבח, אל יהוה מְזוֹנוֹתֵינוּ mezonoteinu בְּכָבוֹד bejavod בוכו בִּזְכוּת bizjut שִׁמְךָ shimjá הַגָּדוֹל hagadol להוו ; עם ד׳ אותיות = מבה, יזל, אום (No pronunciar) דִיקַרְנוֹסָא וחתך עם ג׳ אותיות ובאתב״ש סאל, אמן, יאהדונהי) הַמְּמוּנֶּה hamemuné עַל al הַפַּרְנָסָה haparnasá:

אָבִינוּ Avinu (יְהוָה) מַלְכֵּנוּ Malquenu (יְהוָה)

כָּתְבֵנוּ cotvenu בְּסֵפֶר beséfer גְּאוּלָּה gueulá וִישׁוּעָה vishuá:

אָבִינוּ Avinu (יְהוָה) מַלְכֵּנוּ Malquenu (יְהוָה) זָכְרֵנוּ zojrenu

בְּזִכְרוֹן bezijrón ע״ב קס״א ונש״ב טוֹב tov והו מִלְּפָנֶיךָ milfaneja ס״ג מ״ה ב״ן:

Nuestro Padre, nuestro Rey, inscríbenos en el Libro de la buena Vida.
Nuestro Padre, nuestro Rey, inscríbenos en el libro de los justos y los piadosos.
Nuestro Padre, nuestro Rey, inscríbenos en el libro de los rectos y los perfectos.
Nuestro Padre, nuestro Rey, inscríbenos en el libro del sustento y las buenas ganancias. *Que sea agradable ante Ti, Señor, nuestro Dios y Dios de nuestros padres, que Tú nos des, a los miembros de nuestra casa y a todos aquellos que dependen de nuestra mesa, hoy y todos y cada día, nuestra nutrición, con gracia y por virtud de Tu gran Nombre, que es el responsable del sustento.*
Nuestro Padre, nuestro Rey, inscríbenos en el libro de redención y salvación.
Nuestro Padre, recuérdanos favorablemente ante Ti.

אָבִינוּ Avinu (יהוה) מַלְכֵּנוּ Malquenu (יהוה)

הַצְמַח hatsmaj לָנוּ lanu אלהים, אהיה אדני יְשׁוּעָה yeshuá בְּקָרוֹב bekarov:

אָבִינוּ Avinu (יהוה) מַלְכֵּנוּ Malquenu (יהוה)

הָרֵם harem קֶרֶן keren יִשְׂרָאֵל Yisrael עַמֶּךָ ameja:

אָבִינוּ Avinu (יהוה) מַלְכֵּנוּ Malquenu (יהוה)

וְהָרֵם veharem קֶרֶן keren מְשִׁיחֶךָ meshijeja:

אָבִינוּ Avinu (יהוה) מַלְכֵּנוּ Malquenu (יהוה) חָנֵּנוּ jonenu וַעֲנֵנוּ vaanenu:

אָבִינוּ Avinu (יהוה) מַלְכֵּנוּ Malquenu (יהוה) הַחֲזִירֵנוּ hajazirenu

בִּתְשׁוּבָה bitshuvá שְׁלֵמָה shlemá לְפָנֶיךָ lefaneja ס"ג מ"ה ב"ן:

אָבִינוּ Avinu (יהוה) מַלְכֵּנוּ Malquenu (יהוה)

שְׁמַע shmá קוֹלֵנוּ kolenu חוּס jus וְרַחֵם verajem אברהם, ח"פ אל,

רי"ו ול"ב נתיבות החכמה, רמ"ח (אברים), עסמ"ב וט"ז אותיות פשוטות עָלֵינוּ aleinu:

אָבִינוּ Avinu (יהוה) מַלְכֵּנוּ Malquenu (יהוה)

עֲשֵׂה asé לְמַעֲנָךְ lemaanaj אִם־ im יוהך,

מ"א אותיות אהיה בפשוטו, במילואו ובמילוי דמילואו ע"ה לֹא lo לְמַעֲנֵנוּ lemaanenu:

אָבִינוּ Avinu (יהוה) מַלְכֵּנוּ Malquenu (יהוה)

קַבֵּל kabel בְּרַחֲמִים berajamim מצפצ, אלהים דיודין, י"פ ייי וּבְרָצוֹן uveratsón

מהש ע"ה, ע"ב בריבוע וקס"א ע"ה, אל שדי ע"ה אֶת et תְּפִלָּתֵנוּ tfilatenu:

אָבִינוּ Avinu (יהוה) מַלְכֵּנוּ Malquenu (יהוה)

אַל־ al תְּשִׁיבֵנוּ teshivenu רֵיקָם reikam מִלְּפָנֶיךָ milfaneja ס"ג מ"ה ב"ן:

Nuestro Padre, nuestro Rey, haz brotar pronto para nosotros la salvación.
Nuestro Padre, nuestro Rey, eleva la valía de Israel, Tu Nación.
Nuestro Padre, nuestro Rey, eleva la valía de Tu Mesías.
Nuestro Padre, nuestro Rey, sé amable con nosotros y sálvanos.
Nuestro Padre, nuestro Rey, haz que regresemos con total redención ante Ti.
Nuestro Padre, nuestro Rey, escucha nuestra voz. Ten piedad y sé compasivo con nosotros.
Nuestro Padre, nuestro Rey, hazlo por Ti, si no es por nosotros.
Nuestro Padre, nuestro Rey, compasivamente y deseosamente acepta nuestra oración.
Nuestro Padre, nuestro Rey, no nos alejes de Ti con las manos vacías.

YEHÍ SHEM

יְהִי yehí שֵׁם Shem יְהֹוָה יאהדונהי Adonai מְבֹרָךְ mevoraj ר"ת ריבוע ע"ב וריבוע ס"ג

יהוה מברך = רפ"ח (להעלות רפ"ח ניצוצות שנפלו לקליפה דמשם באים התולואים) מֵעַתָּה meatá

וְעַד־ vead עוֹלָם olam ילי: מִמִּזְרַח־ mimizraj שֶׁמֶשׁ shémesh עַד־ ad

ר"ת קדוש מְבוֹאוֹ mevoó מְהֻלָּל mehulal שֵׁם shem יְהֹוָה יאהדונהי Adonai: רָם ram

עַל־ al כָּל־ col ילי ; עמם גּוֹיִם goyim יְהֹוָה יאהדונהי Adonai עַל al

הַשָּׁמַיִם hashamáyim י"פ טל, י"פ כוזו ; ר"ת ושמל כְּבוֹדוֹ quevodó:

יְהֹוָה יאהדונהי Adonai אֲדֹנֵינוּ adoneinu מָה־ ma מ"ה אַדִּיר adir הרי

שִׁמְךָ Shimjá בְּכָל־ bejol ב"ן, לכב ; ומב הָאָרֶץ haárets אלהים דההין ע"ה:

KADISH TITKABAL

יִתְגַּדַּל yitgadal וְיִתְקַדַּשׁ veyitkadash שדי ומילוי שדי ; י"א אותיות כמנין ו"ה

שְׁמֵיהּ Shmei (שם י"ה דע"ב) רַבָּא rabá קנ"א ב"ן, יהוה אלהים יהוה אדני,

מילוי קס"א וס"ג, מ"ה ברבוע וע"ב ע"ה ; ר"ת = ו"פ אלהים ; ס"ת = ג"פ יב"ק: אָמֵן Amén אידהנויה.

בְּעָלְמָא bealmá דִּי di בְרָא verá כִּרְעוּתֵיהּ quirutei.

וְיַמְלִיךְ veyamlij מַלְכוּתֵיהּ maljutei. וְיַצְמַח veyatsmaj

פּוּרְקָנֵיהּ purkanei. וִיקָרֵב vikarev מְשִׁיחֵיהּ Meshijei: אָמֵן Amén אידהנויה.

בְּחַיֵּיכוֹן bejayeijón וּבְיוֹמֵיכוֹן uveyomeijón וּבְחַיֵּי uvejayei

דְכָל dejol ילי בֵּית beit ב"פ ראה יִשְׂרָאֵל Yisrael בַּעֲגָלָא baagalá

וּבִזְמַן uvizmán קָרִיב kariv וְאִמְרוּ veimrú אָמֵן Amén: אָמֵן Amén אידהנויה.

YEHÍ SHEM

"Que el Nombre del Señor sea bendecido desde ahora hasta toda la eternidad. Desde la salida del Sol hasta su caída, que el Nombre del Señor sea alabado y elevado. Sobre todas las naciones está el Señor. Su gloria está sobre los Cielos" (Salmos 113:2-4).

"Dios, nuestro Señor, cuán tremendo es Tu Nombre en toda la Tierra" (Salmos 8:10).

KADISH TITKABAL

Glorificado y santificado sea Su gran Nombre (Amén).

En el mundo que Él creó de acuerdo a Su voluntad, y pueda Su Reino reinar. Y pueda Él hacer que Su redención florezca y pueda Él acercar al Mesías (Amén). En tus vidas y en tus días y en la vida de toda la Casa de Israel, prontamente y en el futuro cercano, y dígase: Amén (Amén)

La congregación y el *jazán* dicen lo siguiente:

28 palabras (hasta *bealmá*) – meditar en: (מילוי דמילוי דע״ב (יוד ויו דלת הי יוד ויו יוד ויו הי יוד

28 letras (hasta *almayá*) - meditar en: (מילוי דמילוי דע״ב (יוד ויו דלת הי יוד ויו יוד ויו הי יוד

יְהֵא yehé שְׁמֵיהּ Shmei (שם י״ה דס״ג) רַבָּא rabá קנ״א ב״ן,

מְבָרַךְ mevaraj, ע״ה וע״ב ברבוע מ״ה וס״ג, מילוי קס״א אדנ״י, יהוה אלהים יהוה

לְעָלַם lealam לְעָלְמֵי lealmei עָלְמַיָּא almayá. יִתְבָּרַךְ yitbaraj.

Siete palabras con seis letras cada una (שם בן מ״ב) – meditar en:
יהוה + יוד הי ויו הי + מילוי דמילוי דע״ב (יוד ויו דלת הי יוד ויו יוד ויו הי יוד)
También, siete veces la letra Vav (שם בן מ״ב) – meditar en:
יהוה + יוד הי ויו הי + מילוי דמילוי דע״ב (יוד ויו דלת הי יוד ויו יוד ויו הי יוד).

וְיִשְׁתַּבַּח veyishtabaj י״פ ע״ב יהוה אל אבג יתץ.

וְיִתְפָּאַר veyitpaar הי נו יה קרע שטן. וְיִתְרוֹמַם veyitromam וה כוזו נגד יכש.

וְיִתְנַשֵּׂא veyitnasé במוכסז בטר צתג. וְיִתְהַדָּר veyithadar כוזו יה וזקב טנע.

וְיִתְעַלֶּה veyitalé וה יוד ה יגל פזק. וְיִתְהַלָּל veyithalal א ואו הא שקו צית.

שְׁמֵיהּ Shmei (שם י״ה דמ״ה) דְּקוּדְשָׁא deKudshá בְּרִיךְ Verij הוּא Hu:

אָמֵן Amén אידהנויה.

לְעֵלָּא leelá מִן min כָּל col ילי בִּרְכָתָא birjatá. שִׁירָתָא shiratá.

תֻּשְׁבְּחָתָא tishbejatá וְנֶחָמָתָא venejamatá. דַּאֲמִירָן daamirán

בְּעָלְמָא bealmá וְאִמְרוּ veimrú אָמֵן Amén: אָמֵן Amén אידהנויה.

תִּתְקַבַּל titkabal צְלוֹתָנָא tslotaná וּבָעוּתָנָא uvautaná

עִם im צְלוֹתְהוֹן tslothón וּבָעוּתְהוֹן uvauthón דְּכָל dejol ילי

בֵּית beit ב״פ ראה יִשְׂרָאֵל Yisrael קֳדָם kadam אֲבוּנָא avuná

דְּבִשְׁמַיָּא devishmayá וְאִמְרוּ veimrú אָמֵן Amén: אָמֵן Amén אידהנויה.

Que Su gran Nombre sea bendito por siempre y por toda la eternidad. Bendito y alabado, y glorificado y exaltado, y ensalzado y honrado, y adorado y loado, sea el Nombre del Santo Bendito sea (Amén). Más allá de todas las bendiciones, himnos, alabanzas y palabras de consolación que jamás se dijeran en el mundo, y dígase: Amén (Amén). Sean aceptadas nuestras oraciones y súplicas, junto con las oraciones y las súplicas de toda la Casa de Israel, ante nuestro Padre en los Cielos, y dígase: Amén (Amén).

יְהֵא yehé שְׁלָמָא shlamá רַבָּא rabá קנ"א ב"ן, יהוה אלהים יהוה אדני, מילוי קס"א וס"ג,
מ"ה ברבוע וע"ב ע"ה מִן min שְׁמַיָּא shmayá. וְחַיִּים jayim אהיה אהיה יהוה, בינה ע"ה
וְשָׂבָע vesavá וִישׁוּעָה vishuá וְנֶחָמָה venejamá וְשֵׁיזָבָא vesheizavá
וּרְפוּאָה urefuá וּגְאֻלָּה ugueulá וּסְלִיחָה uslijá וְכַפָּרָה vejapará
וְרֵיוַח vereivaj וְהַצָּלָה vehatsalá. לָנוּ lanu אלהים, אהיה אדני וּלְכָל ulejol יה אדני
עַמּוֹ amó יִשְׂרָאֵל Yisrael וְאִמְרוּ veimrú אָמֵן Amén: אָמֵן Amén אידהנויה.

Da tres pasos para atrás y di:

עוֹשֶׂה osé הַשָּׁלוֹם hashalom ספריאל המלאך החותם לחיים

בִּמְרוֹמָיו bimromav ע"ב, ריבוע יהוה. הוּא Hu בְּרַחֲמָיו berajamav
יַעֲשֶׂה yaasé שָׁלוֹם shalom עָלֵינוּ aleinu ר"ת ש"ע נהורין.
וְעַל veal כָּל col ילי ; עמם עַמּוֹ amó יִשְׂרָאֵל Yisrael וְאִמְרוּ veimrú אָמֵן Amén:
אָמֵן Amén אידהנויה.

ALEINU

Atraer Luz Circundante para ser protegido de las *klipot* (la inclinación negativa).

עָלֵינוּ aleinu ריבוע דס"ג לְשַׁבֵּחַ leshabéaj עלינו לשבח = אבג יתץ, ושר
לַאֲדוֹן laAdón אני ; ס"ת = ס"ג ע"ה הַכֹּל hacol ר"ת ללה, אדני.
לָתֵת latet גְּדֻלָּה guedulá לְיוֹצֵר leyotser בְּרֵאשִׁית bereshit ר"ת גל"ב (כאך ב"י יג"ל).
שֶׁלֹּא sheló עָשָׂנוּ asanu כְּגוֹיֵי quegoyei הָאֲרָצוֹת haaratsot וְלֹא veló
שָׂמָנוּ samanu כְּמִשְׁפְּחוֹת quemishpejot הָאֲדָמָה haadamá שֶׁלֹּא sheló
שָׂם sam חֶלְקֵנוּ jelkenu כָּהֶם cahem וְגוֹרָלֵנוּ vegoralenu כְּכָל quejol
הֲמוֹנָם hamonam. שֶׁהֵם shehem מִשְׁתַּחֲוִים mishtajavim לְהֶבֶל lahével

---

Que haya paz abundante del Cielo. Vida, satisfacción, salvación, consuelo, entrega, sanación, redención, perdón, expiación, comodidad y alivio para nosotros y para toda Su nación, Israel, y dirán: Amén (Amén). Él, que establece la paz en Sus Alturas, Él, en Su compasión, hará la paz sobre nosotros y sobre toda Su nación, Israel. Y dirán: Amén (Amén).

ALEINU

Es nuestro deber alabar al Soberano de todo

y atribuir grandeza al Moldeador de la Creación, que no nos ha hecho como los pueblos del mundo. Él no nos colocó como las familias de la Tierra. Él no hizo nuestra suerte como a de ellos ni nuestro destino como el de sus multitudes, ya que ellos se inclinan ante la futilidad

וָרִיק varik וּמִתְפַּלְּלִים umitpalelim אֶל el אֵל el לֹא lo יוֹשִׁיעַ Yoshía.

וַאֲנַחְנוּ vaanajnu (haz una pausa aquí, y cuando digas "*vaanajnu mishtajavim*" inclina todo tu cuerpo)

מִשְׁתַּחֲוִים mishtajavim לִפְנֵי lifnei מֶלֶךְ Mélej מַלְכֵי maljei

הַמְּלָכִים hamlajim הַקָּדוֹשׁ haKadosh בָּרוּךְ Baruj הוּא Hu.

שֶׁהוּא sheHú נוֹטֶה noté שָׁמַיִם shamáyim י"פ טל, י"פ כוזו ; ר"ת = י"פ אדני עבי ספירות

של נוקבא דז"א וְיוֹסֵד veyosed אָרֶץ árets. וּמוֹשַׁב umoshav יְקָרוֹ yekaró

בַּשָּׁמַיִם bashamáyim י"פ טל, י"פ כוזו מִמַּעַל mimáal עלם. וּשְׁכִינַת ushjinat

עֻזּוֹ uzó בְּגָבְהֵי begavhei מְרוֹמִים meromim. הוּא Hu אֱלֹהֵינוּ Eloheinu ילה

וְאֵין veéin עוֹד od אַחֵר ajer. אֱמֶת emet אהיה פעמים אהיה, ז"פ ס"ג מַלְכֵּנוּ malquenu

וְאֶפֶס veéfes זוּלָתוֹ zulató. כַּכָּתוּב cacatuv בַּתּוֹרָה baTorá:

וְיָדַעְתָּ veyadata הַיּוֹם hayom ע"ה נגד, מזבח, זן, אל יהוה וַהֲשֵׁבֹתָ vahashevota

אֶל־ el לְבָבֶךָ levaveja ר"ת לאו כִּי qui יְהֹוָהאדניאהדונהי Adonai הוּא Hu

הָאֱלֹהִים haElohim אהיה אדני ; ילה ; ר"ת יהה וכן עולה למנין ענו עג"כ

בַּשָּׁמַיִם bashamáyim י"פ טל, י"פ כוזו מִמַּעַל mimáal עלם ;

רמז לאור פנימי המתוזיל מלמעלה וְעַל־ veal הָאָרֶץ haárets אלהים דההין ע"ה

מִתָּחַת mitájat רמז לאור מקיף המתוזיל מלמטה אֵין ein עוֹד od:

עַל al כֵּן quen נְקַוֶּה nekavé לְךָ laj יְהֹוָהאדניאהדונהי Adonai

אֱלֹהֵינוּ Eloheinu ילה לִרְאוֹת lirot מְהֵרָה meherá

בְּתִפְאֶרֶת betiféret עֻזֶּךָ uzaj ס"ת כהת, משיוז בן דוד ע"ה

לְהַעֲבִיר lehaavir גִּלּוּלִים guilulim מִן min הָאָרֶץ haárets אלהים דההין ע"ה

---

y el vacío, y rezan a una deidad que no ayuda. Nosotros nos inclinamos ante el Supremo Rey de Reyes, el Santísimo, Bendito sea Él. Él es quien extiende los Cielos y funda la Tierra. La Sede de Su gloria está arriba en el Cielo y la Presencia Divina de Su poder está en las alturas excelsas. Él es nuestro Dios y no hay ningún otro. Nuestro Rey es verdadero y no hay nadie excepto Él. Como está escrito en la Torá: "Aprende hoy y grábalo en tu corazón que el Señor es Dios arriba en los Cielos y abajo sobre la Tierra, y no hay otro" (Deuteronomio 4:39).

Por eso, Señor, nuestro Dios,

esperamos contemplar pronto la gloria majestuosa de Tu poder, cuando elimines los ídolos de la Tierra

וְהָאֱלִילִים vehaelilim כָּרוֹת carot יִכָּרֵתוּן •yicaretún לְתַקֵּן letakén

עוֹלָם olam בְּמַלְכוּת bemaljut שַׁדַּי •Shadai וְכָל vejol ילי בְּנֵי bnei

בָשָׂר vasar יִקְרְאוּ yikreú בִשְׁמֶךָ vishmeja לְהַפְנוֹת lehafnot אֵלֶיךָ eleja

כָּל col ילי רִשְׁעֵי rishei אָרֶץ •árets יַכִּירוּ yaquiru וְיֵדְעוּ veyedú כָּל col ילי

יוֹשְׁבֵי yoshvei תֵבֵל tevel ב"פ רי"ו• כִּי qui לְךָ lejá תִּכְרַע tijrá כָּל־ col ילי

בֶּרֶךְ bérej תִּשָּׁבַע tishavá כָּל col ילי לָשׁוֹן •lashón לְפָנֶיךָ lefaneja ס"ג מ"ה ב"ן

יְהֹוָה יאהדונהי Adonai אֱלֹהֵינוּ Eloheinu ילה יִכְרְעוּ yijreú וְיִפֹּלוּ veyipolu

וְלִכְבוֹד velijvod שִׁמְךָ shimjá יְקָר yekar יִתֵּנוּ •yitenu וִיקַבְּלוּ vikablú

כֻלָּם julam אֶת et עוֹל־ ol מַלְכוּתֶךָ •maljuteja וְתִמְלוֹךְ vetimloj

עֲלֵיהֶם aleihem מְהֵרָה meherá לְעוֹלָם leolam ריבוע ס"ג וי' אותיות דס"ג וָעֶד •vaed

כִּי qui הַמַּלְכוּת hamaljut שֶׁלְּךָ sheljá הִיא •hi וּלְעוֹלְמֵי uleolmei

עַד ad תִּמְלוֹךְ timloj בְּכָבוֹד bejavod בוכו• כַּכָּתוּב :cacatuv

בְּתוֹרָתָךְ beTorataj יְהֹוָה יאהדונהי Adonai | יִמְלֹךְ yimloj לְעֹלָם leolam

ריבוע ס"ג וי' אותיות דס"ג ; ר"ת ייל וָעֶד :vaed וְנֶאֱמַר :veneemar וְהָיָה vehayá יהוה ; יהה

יְהֹוָה יאהדונהי Adonai לְמֶלֶךְ leMélej עַל־ al כָּל־ col ילי ; עמם

הָאָרֶץ haárets אלהים דההין ע"ה בַּיּוֹם bayom ע"ה נגד, מזבח, זן, אל יהוה

הַהוּא hahú יִהְיֶה yihyé ייי יְהֹוָה יאהדונהי Adonai אֶחָד Ejad אהבה, דאגה

וּשְׁמוֹ uShmó מהש ע"ה, ע"ב בריבוע וקס"א ע"ה, אל שדי ע"ה אֶחָד Ejad אהבה, דאגה:•

Por eso, Señor, nuestro Dios, esperamos contemplar pronto la gloria majestuosa de Tu poder, cuando elimines los ídolos de la Tierra y los falsos dioses hayan sido completamente destruidos, para perfeccionar al mundo con el Reino del Todopoderoso. Y la humanidad entera invocará Tu Nombre y todos los malvados de la Tierra se dirigirán a Ti. Entonces todos los habitantes del mundo reconocerán y sabrán que, por Ti, toda rodilla se dobla y toda lengua se colma. Que ante Ti, Señor, nuestro Dios, se arrodillen y se prosternen y honren Tu glorioso Nombre. Y todos aceptarán el yugo de Tu Reino y Tú reinarás sobre ellos para siempre jamás. Pues el Reino es Tuyo. Y para siempre y por la eternidad, Tú reinarás en gloria. Como está escrito en la Torá: "El Señor reinará por los siglos de los siglos" (Éxodo15:18) y también está dicho: "El Señor será Rey sobre toda la Tierra y, en aquél día, el Señor será Uno y Uno su Nombre" (Zacarías 14:9).

NEILÁ DE YOM KIPUR

EL NORA ALILÁ

Hemos llegado al pináculo de *Yom Kipur*. Se canta esta canción antes de la conexión con la *Neilá*, donde se revelará la mayor cantidad de Luz. Así como una vela y una bombilla exhiben el rayo de luz más brillante al final, cuando están por apagarse, la mayor Luz de *Yom Kipur* adviene al final de toda la conexión.

אֵל El ייא״י (מילוי דס״ג) נוֹרָא nora עֲלִילָה alilá•

הַמְצִיא hamtsí לָנוּ lanu אלהים, אהיה אדני מְחִילָה mejilá•

בְּשָׁעַת beshaat הַנְּעִילָה haneilá:

מְתֵי metei מִסְפָּר mispar קְרוּאִים kruím•

לְךָ lejá עַיִן ayin ריבוע מ״ה נוֹשְׂאִים nosim•

וּמְסַלְדִּים umesaldim בְּחִילָה bejilá• בְּשָׁעַת beshaat הַנְּעִילָה haneilá:

אֵל El ייא״י (מילוי דס״ג) נוֹרָא nora עֲלִילָה alilá•

הַמְצִיא hamtsí לָנוּ lanu אלהים, אהיה אדני מְחִילָה mejilá•

בְּשָׁעַת beshaat הַנְּעִילָה haneilá:

שׁוֹפְכִים shofjim לְךָ lejá נַפְשָׁם nafsham•

מְחֵה mejé פִשְׁעָם fisham וְכַחְשָׁם vejajsham•

וְהַמְצִיאֵם vehamtsiem מְחִילָה mejilá• בְּשָׁעַת beshaat הַנְּעִילָה haneilá:

אֵל El ייא״י (מילוי דס״ג) נוֹרָא nora עֲלִילָה alilá•

הַמְצִיא hamtsí לָנוּ lanu אלהים, אהיה אדני מְחִילָה mejilá•

בְּשָׁעַת beshaat הַנְּעִילָה haneilá:

NEILÁ OF YOM KIPPUR

EL NORA ALILÁ

Dios que realiza obras maravillosas. Otórganos perdón. En el tiempo de Neilá (Las puertas están cerradas).
Los pocos que fueron instados. Elevan su mirada a Ti. Y pronuncian alabanzas con temblor.
En el tiempo de Neilá (Las puertas están cerradas).
Dios que realiza obras maravillosas. Otórganos perdón. En el tiempo de Neilá (Las puertas están cerradas).
Ellos entregan su alma a Ti. Borra sus pecados y rebeldía. Y otórgales perdón.
En el tiempo de Neilá (Las puertas están cerradas).
Dios que realiza obras maravillosas. Otórganos perdón. En el tiempo de Neilá (Las puertas están cerradas).

הֱיֵה heyé יהה לָהֶם lahem לְסִתְרָה lesitrá◆

וְחַלְּצֵם vejaltsem מִמְּאֵרָה mimeerá◆ וְחָתְמֵם vejotmem

לְהוֹד lehod ההה וּלְגִילָה uleguilá◆ בְּשָׁעַת beshaat הַנְּעִילָה haneilá:

אֵל El ייא״י (מילוי דס״ג) נוֹרָא nora עֲלִילָה alilá◆

הַמְצִיא hamtsí לָנוּ lanu אלהים, אהיה אדני מְחִילָה mejilá◆

בְּשָׁעַת beshaat הַנְּעִילָה haneilá:

חוֹן jon אוֹתָם otam וְרַחֵם verajem

אברהם, וה״פ אל, רי״ו ול״ב נתיבות החכמה, רמ״ח (אברים), עסמ״ב וט״ז אותיות פשוטות◆

וְכָל vejol ילי לוֹחֵץ lojets וְלוֹחֵם velojem◆

עֲשֵׂה asé בָּהֶם bahem פְּלִילָה pelilá◆ בְּשָׁעַת beshaat הַנְּעִילָה haneilá:

אֵל El ייא״י (מילוי דס״ג) נוֹרָא nora עֲלִילָה alilá◆

הַמְצִיא hamtsí לָנוּ lanu אלהים, אהיה אדני מְחִילָה mejilá◆

בְּשָׁעַת beshaat הַנְּעִילָה haneilá:

זְכֹר zejor ע״ב קס״א, יהי אור ע״ה צִדְקַת tsidkat אֲבִיהֶם avihem◆

וְחַדֵּשׁ vejadesh י״ב הוויות, קס״א קנ״א אֶת et יְמֵיהֶם yemeihem◆

כְּקֶדֶם quekédem וְתוֹחִלָה utjilá◆ בְּשָׁעַת beshaat הַנְּעִילָה haneilá:

אֵל El ייא״י (מילוי דס״ג) נוֹרָא nora עֲלִילָה alilá◆

הַמְצִיא hamtsí לָנוּ lanu אלהים, אהיה אדני מְחִילָה mejilá◆

בְּשָׁעַת beshaat הַנְּעִילָה haneilá:

Sé refugio para ellos. Sálvalos de condenas. Séllalos para dicha y gloria.
En el tiempo de Neilá (Las puertas están cerradas).
Dios que realiza obras maravillosas. Otórganos perdón. En el tiempo de Neilá (Las puertas están cerradas).
Sé piadoso y misericordioso con ellos. Ejerce juicio contra todos los opresores y antagonistas.
En el tiempo de Neilá (Las puertas están cerradas).
Dios que realiza obras maravillosas. Otórganos perdón. En el tiempo de Neilá (Las puertas están cerradas).
Recuerda la rectitud de sus padres. Renueva sus días. Como en días de antaño.
En el tiempo de Neilá (Las puertas están cerradas).
Dios que realiza obras maravillosas. Otórganos perdón. En el tiempo de Neilá (Las puertas están cerradas).

קְרָא krá נָא na שְׁנַת shnat רָצוֹן ratsón

מהש ע"ה, ע"ב בריבוע וקס"א ע"ה, אל שדי ע"ה.

וְהָשֵׁב vehashev שְׁאֵרִית sheerit הַצֹּאן hatsón.

לְאָהֳלִיבָה leAholiva וְאָהֳלָה veaholá. בְּשָׁעַת beshaat הַנְּעִילָה haneilá:

אֵל El ייא"י (מילוי דס"ג) נוֹרָא nora עֲלִילָה alilá.

הַמְצִיא hamtsí לָנוּ lanu אלהים, אהיה אדני מְחִילָה mejilá.

בְּשָׁעַת beshaat הַנְּעִילָה haneilá:

מְחֵה mejé כָעָב jaav פְּשָׁעִים peshaím.

וַעֲשֵׂה vaasé נָא na וָחֶסֶד jésed ע"ב, ריבוע יהוה עִם im.

מְקוֹרָאִים mekoraím סְגֻלָּה segulá. בְּשָׁעַת beshaat הַנְּעִילָה haneilá:

אֵל El ייא"י (מילוי דס"ג) נוֹרָא nora עֲלִילָה alilá.

הַמְצִיא hamtsí לָנוּ lanu אלהים, אהיה אדני מְחִילָה mejilá.

בְּשָׁעַת beshaat הַנְּעִילָה haneilá:

תִּזְכּוּ tizcú לְשָׁנִים leshanim רַבּוֹת rabot.

הַבָּנִים habanim וְהָאָבוֹת vehaavot.

בְּדִיצָה beditsá וּבְצָהֳלָה uvetsaholá. בְּשָׁעַת beshaat הַנְּעִילָה haneilá:

אֵל El ייא"י (מילוי דס"ג) נוֹרָא nora עֲלִילָה alilá.

הַמְצִיא hamtsí לָנוּ lanu אלהים, אהיה אדני מְחִילָה mejilá.

בְּשָׁעַת beshaat הַנְּעִילָה haneilá:

Por favor, declara este año uno de buena voluntad. Haz regresar a los exiliados del rebaño.
A Aholivá (Jerusalén).
En el tiempo de Neilá (Las puertas están cerradas).
Dios que realiza obras maravillosas. Otórganos perdón. En el tiempo de Neilá (Las puertas están cerradas).
Esfuma las transgresiones como a una nube. Ten gracia con aquellos escogidos como (Tu) tesoro.
En el tiempo de Neilá (Las puertas están cerradas).
Dios que realiza obras maravillosas. Otórganos perdón. En el tiempo de Neilá (Las puertas están cerradas).
Merecerán largura de años. Los hijos y los padres. Con felicidad y regocijo.
En el tiempo de Neilá (Las puertas están cerradas).
Dios que realiza obras maravillosas. Otórganos perdón. En el tiempo de Neilá (Las puertas están cerradas).

מִיכָאֵל Mijael נ״א שַׂר sar יִשְׂרָאֵל Yisrael.

אֵלִיָּהוּ Eliyahu לכב וְגַבְרִיאֵל veGavriel.

בַּשְּׂרוּ basrú נָא na הַגְּאֻלָּה hagueulá. בִּשְׁעַת beshaat הַנְּעִילָה haneilá:

EL ASHREI

De las veintidós letras del alfabeto arameo, veintiuna de ellas están codificadas en el *Ashrei* en el orden correcto, de la *Álef* a la *Tav*. El Rey David, el autor, dejó a la letra aramea *Nun* fuera de esta oración, ya que la *Nun* es la primera letra de la palabra aramea *Nefilá*, que significa "caída". Caída se refiere a un descenso espiritual, caer en la *klipá*. Los sentimientos de duda, depresión, preocupación e incertidumbre son consecuencias de la caída espiritual. Debido a que las letras arameas son los verdaderos instrumentos de la Creación, esta oración ayuda a inyectar el orden y la fuerza de la Creación en nuestra vida, sin la energía de la caída.

En este Salmo está escrito diez veces el Nombre: יהוה por las Diez *Sefirot*. Este Salmo está escrito según el orden del *Álef Bet*, pero la letra *Nun* es omitida para evitar la caída.

אַשְׁרֵי ashrei (סוד הכתר) יוֹשְׁבֵי yoshvei בֵיתֶךָ veiteja ב״פ ראה

עוֹד od יְהַלְלוּךָ yehaleluja סֶּלָה sela: אַשְׁרֵי ashrei הָעָם haam

שֶׁכָּכָה shecaja מהש, משה, ע״ב בריבוע וקס״א, אל שדי, ד״פ אלהים ע״ה לוֹ lo

אַשְׁרֵי ashrei הָעָם haam ר״ת לאה שֶׁיְהֹוָהאדני איהדונהי sheAdonai (*Kéter*)

אֱלֹהָיו Elohav ילה: תְּהִלָּה tehilá ע״ה אמת, אהיה פעמים אהיה, ז״פ ס״ג לְדָוִד leDavid

אֲרוֹמִמְךָ aromimjá אֱלוֹהַי Elohai הַמֶּלֶךְ haMélej וַאֲבָרְכָה vaavarjá

שִׁמְךָ Shimjá לְעוֹלָם leolam ריבוע דס״ג ו״י אותיות דס״ג וָעֶד vaed:

בְּכָל־ bejol ב״ן, לכב יוֹם yom ע״ה נגד, מזבח, זן, אל יהוה

אֲבָרְכֶךָּ avarjecá וַאֲהַלְלָה vaahalelá מ״ה יהוה שִׁמְךָ Shimjá

לְעוֹלָם leolam ריבוע דס״ג ו״י אותיות דס״ג וָעֶד vaed:

Mijael, ministro de Israel, Eliyahu y Gavriel proclaman la redención.
En el tiempo de Neilá (Las puertas están cerradas).

EL ASHREI

"Dichosos aquellos que moran en Tu casa, ellos Te alabarán, Sela" (Salmos 84:5). *"Dichosa es la nación que así es para ella y dichosa la nación de la que El Señor es su Dios"* (Salmos 145:15). *"Una alabanza de David:*

א *Yo te exaltaré a Ti, mi Dios, el Rey, y yo bendeciré Tu Nombre por siempre y por la eternidad.*

ב *Te bendeciré cada día y alabaré Tu Nombre por siempre y por la eternidad.*

גָּדוֹל gadol ; להח עִם ד' אותיות = מבה, יזל, אום

יְהֹוָהאֲדֹנָיאהדונהי Adonai (*Jojmá*) וּמְהֻלָּל umehulal אדני, ללה

מְאֹד meod וְלִגְדֻלָּתוֹ veligdulató והו אֵין ein וְחֵקֶר jéker:

דּוֹר dor לְדוֹר ledor יְשַׁבַּח yeshabaj מַעֲשֶׂיךָ maaseja ר"ת דלים

וּגְבוּרֹתֶיךָ ugvuroteja יַגִּידוּ yaguidu ייז, כ"ב אותיות פשוטות (=אכא) וה' אותיות סופיות מןץףך:

הֲדַר hadar כְּבוֹד quevod הוֹדֶךָ hodeja וְדִבְרֵי vedivrei

נִפְלְאוֹתֶיךָ nifleoteja ר"ת אלהים, אהיה אדני

אָשִׂיחָה asija ר"ת הפסוק = פ"ז (בסוד כתם טהור פז):

וֶעֱזוּז veezuz נוֹרְאוֹתֶיךָ noroteja יֹאמֵרוּ yomeru וּגְדוּלָּתְךָ ugdulatjá

(כתיב: וגדלותיך) ר"ת = ע"ב, ריבוע יהוה אֲסַפְּרֶנָּה asaprena ס"ת = ייאי (מילוי דס"ג):

זֵכֶר zéjer רַב־ rav טוּבְךָ tuvjá לאו יַבִּיעוּ yabíu

וְצִדְקָתְךָ vetsidkatjá יְרַנֵּנוּ yeranenú ס"ת = ב"ן, יבמ, לכב ; ר"ת הפסוק = רי"ו יהוה:

חַנּוּן janún וְרַחוּם verajum יְהֹוָהאֲדֹנָיאהדונהי Adonai (**Biná**)

חנון ורחום יהוה = עשל אֶרֶךְ érej ס"ת = ס"ג ב"ן אַפַּיִם apáyim ר"ת = יהוה

וּגְדָל־ ugdal (כתיב: וגדול) וָחֶסֶד jásed ע"ב, ריבוע יהוה:

טוֹב־ tov והו יְהֹוָהאֲדֹנָיאהדונהי Adonai (*Jésed*) לַכֹּל lacol

יה אדני ; ס"ת ל"ו (מילוי דס"ג) וְרַחֲמָיו verajamav עַל־ al

כָּל col ילי ; עמם ; ר"ת ריבוע ב"ן ע"ה מַעֲשָׂיו maasav ס"ת ע"ב, ריבוע יהוה:

ג *El Señor es grande y extremadamente alabado. Su grandeza es inescrutable.*

ד *Una generación y la próxima alabarán Tus obras y narrarán Tus proezas.*

ה *Yo hablaré de la luminosidad de Tu espléndida gloria y de la maravilla de Tus actos.*

ו *Ellos proclamarán el asombroso poder de Tus actos y yo hablaré de Tu grandeza.*

ז *Ellos expresarán el recuerdo de Tu abundante bondad y proclamarán dichosos Tu justicia.*

ח *El Señor es misericordioso y compasivo, lento para la ira y grande en misericordia.*

ט *El Señor es bueno para con todos, Su compasión se extiende sobre todos Sus actos.*

יוֹדוּךָ yoduja יְהֹוָאֲדֹנָיאהדונהי Adonai (*Guevurá*) כָּל־ col ילי מַעֲשֶׂיךָ maaseja

וַחֲסִידֶיךָ vajasideja ר״ת אלהים, אהיה אדני יְבָרְכוּכָה yevarjuja ס״ת = מ״ה:

כְּבוֹד quevod מַלְכוּתְךָ maljutjá יֹאמֵרוּ yomeru וּגְבוּרָתְךָ ugvuratjá

יְדַבֵּרוּ yedaberu ר״ת הפסוק = אלהים, אהיה אדני ; ס״ת = ב״ן, יבמ, לכב:

לְהוֹדִיעַ lehodía לִבְנֵי livnei הָאָדָם haadam ר״ת ללה, אדני

גְּבוּרֹתָיו gvurotav וּכְבוֹד ujvod הֲדַר hadar

מַלְכוּתוֹ maljutó ר״ת מ״ה וס״ת = רי״ו ; ר״ת הפסוק ע״ה = ק״כ צירופי אלהים:

מַלְכוּתְךָ maljutjá מַלְכוּת maljut כָּל־ col ילי עֹלָמִים olamim

וּמֶמְשַׁלְתְּךָ umemshaltejá בְּכָל־ bejol ב״ן, לכב דּוֹר dor וָדֹר vador רי״ו:

סוֹמֵךְ somej ריבוע אדני יְהֹוָאֲדֹנָיאהדונהי Adonai (*Tiféret*)

לְכָל־ lejol יה אדני ; סומך אדני לכל ר״ת סאל, אמן (יאהדונהי) הַנֹּפְלִים hanoflim

וְזוֹקֵף vezokef לְכָל־ lejol יה אדני הַכְּפוּפִים hacfufim נמם:

עֵינֵי־ einei ריבוע דמ״ה כֹל jol ילי אֵלֶיךָ eleja יְשַׂבֵּרוּ yesaberu וְאַתָּה veAtá

נוֹתֵן־ notén אבגיתץ, ושר לָהֶם lahem אֶת־ et אָכְלָם ajlam בְּעִתּוֹ beitó:

י *Todas Tus obras Te agradecerán, Señor, y Tus fieles devotos te bendicen.*
כ *Ellos dirán de la gloria de Tu Reino y hablarán de Tus poderosos actos.*
ל *Él hace que el hombre conozca Sus proezas y la gloria de Su espléndido Reino.*
מ *Tuyo es el Reino de todos los mundos y Tu dominio se extiende a toda y cada generación.*
ס *El Señor sostiene a todos aquellos que caen y endereza a los doblegados.*
ע *Los ojos de todos ven con esperanza hacia Ti, y Tú les das su alimento al momento apropiado.*

POTÉAJ ET YADEJA

Conectamos con las letras *Pei*, *Álef* y *Yud* al abrir nuestras manos con las palmas hacia arriba. Nuestra conciencia está enfocada en recibir el sustento y la prosperidad financiera de parte de la Luz a través de nuestras acciones del diezmo y compartir; nuestro *Deseo de Recibir para Dar y Compartir*. Al hacer esto, también reconocemos que el sustento que recibimos proviene de una fuente superior y no de nuestras acciones. Según los sabios, si no meditamos en esta idea en este punto, debemos repetir la oración.

פּוֹתֵחַ potéaj אֶת et יָדֶךָ yadeja ר"ת פאי וס"ת וחתך עם ג' אותיות = דִיקַרְנוֹסָא

ובאתב"ש הוא סאל, פאי, אמן, יאהדונהי ; ועוד יכוין שם וחתך בשילוב יהוה – יְוָחָהָתָוכָהָ

וּמַשְׂבִּיעַ umasbía וחתך עם ג' אותיות = דִיקַרְנוֹסָא

ובא"ת ב"ש הוא סאל, אמן, יאהדונהי ; ועוד יכוין שם וחתך בשילוב יהוה – יְוָחָהָתָוכָהָ

לְכָל־ lejol יה אדני (להמשיך מוחין ד־יה אל הנוקבא שהיא אדני)

חַי jai כל חי = אהיה אהיה יהוה, בינה ע"ה, חיים

רָצוֹן ratsón מהש ע"ה, ע"ב בריבוע וקס"א ע"ה, אל שדי ע"ה ;

ר"ת רחל שהיא המלכות הצריכה לשפע.

Debemos meditar en atraer abundancia, sustento y bendiciones a todos los mundos desde el *ratsón* mencionado anteriormente. Debemos meditar y enfocarnos en este versículo porque es la esencia de la prosperidad, y meditar en que Dios esté interviniendo, sustentando y apoyando a toda la Creación.

צַדִּיק tsadik יְהֹוָהאדניאהדונהי Adonai (*Yesod*) בְּכָל bejol ב"ן, לכב

דְּרָכָיו derajav וְחָסִיד vejasid בְּכָל bejol ב"ן, לכב מַעֲשָׂיו maasav יבמ, ב"ן:

קָרוֹב karov יְהֹוָהאדניאהדונהי Adonai (*Maljut*) לְכָל־ lejol יה אדני

קֹרְאָיו korav לְכֹל lejol יה אדני אֲשֶׁר asher

יִקְרָאֻהוּ yikraúhu בֶאֱמֶת veemet אהיה פעמים אהיה, ז"פ ס"ג:

רְצוֹן retsón מהש ע"ה, ע"ב בריבוע וקס"א ע"ה, אל שדי ע"ה יְרֵאָיו yereav יַעֲשֶׂה yaasé

ר"ת רי"י וְאֶת־ veet שַׁוְעָתָם shavatam יִשְׁמַע yishmá וְיוֹשִׁיעֵם veyoshiem:

POTÉAJ ET YADEJA

פ *Abre Tus Manos y satisface el deseo de todo ser viviente.*

צ *El Señor es justo en todos Sus caminos y virtuoso en todas Sus obras.*

ק *El Señor está cerca de todos los que Lo llaman, de todos aquellos que Lo llaman sinceramente.*

ר *Él cumplirá la voluntad de aquellos que Le temen; Él escucha sus clamores y los salva.*

שׁוֹמֵר shomer כ״א הויות שׁבתפילין יְהֹוָהאדניאהדונהי Adonai (*Nétsaj*)

אֶת־ et כָּל־ col ילי אֹהֲבָיו ohavav ר״ת אכא

וְאֵת veet כָּל־ col ילי הָרְשָׁעִים harshaim יַשְׁמִיד yashmid:

תְּהִלַּת tehilat יְהֹוָהאדניאהדונהי Adonai (*Hod*) יְדַבֶּר yedaber ראה פִּי pi

וִיבָרֵךְ vivarej ע״ב ס״ג מ״ה ב״ן, הברכה (למתק את ז׳ המלכים שׁמתו) כָּל col ילי

בָּשָׂר basar שֵׁם Shem קָדְשׁוֹ kodshó לְעוֹלָם leolam ריבוע ס״ג וי׳ אותיות דס״ג

וָעֶד vaed: וַאֲנַחְנוּ vaanajnu נְבָרֵךְ nevarej יָהּ Yah מֵעַתָּה meatá

וְעַד־ vead עוֹלָם olam הַלְלוּיָהּ haleluyá אלהים, אהיה אדני ; ללה:

MEDIO KADISH

יִתְגַּדַּל yitgadal וְיִתְקַדַּשׁ veyitkadash ש״די ומילוי ש״די ; י״א אותיות ו״ה

שְׁמֵיהּ Shmei (שׁם י״ה דע״ב) רַבָּא rabá קנ״א ב״ן, יהוה אלהים יהוה אדני,

מילוי קס״א וס״ג, מ״ה ברבוע וע״ב ע״ה ; ר״ת = ו״פ אלהים ; ס״ת = ג״פ יב״ק: אָמֵן Amén אידהנויה.

בְּעָלְמָא bealmá דִּי di בְרָא verá כִרְעוּתֵיהּ quirutei.

וְיַמְלִיךְ veyamlij מַלְכוּתֵיהּ maljutei. וְיַצְמַח veyatsmaj

פּוּרְקָנֵיהּ purkanei. וִיקָרֵב vikarev מְשִׁיחֵיהּ Meshijei: אָמֵן Amén אידהנויה.

ש *El Señor protege a todos los que Lo aman y destruye a los impíos.*

ת *"Mis labios proclamarán la alabanza al Señor y toda criatura bendecirá Su Santo Nombre, por siempre y por la eternidad"* (Salmos 145:21). *"Y bendeciremos a Dios por siempre y por la eternidad. ¡Aleluya!"* (Salmos 115:18).

MEDIO KADISH

¡Glorificado y santificado sea su Gran Nombre! (Amén).

En el mundo que Él creó de acuerdo a Su voluntad y pueda Su Reino reinar. Y pueda Él hacer que Su Redención florezca y pueda Él acercar el Mesías (Amén).

בְּחַיֵּיכוֹן bejayeijón וּבְיוֹמֵיכוֹן uveyomeijón וּבְחַיֵּי uvejayei

דְּכָל dejol ילי בֵּית beit ב"פ ראה יִשְׂרָאֵל Yisrael בַּעֲגָלָא baagalá

וּבִזְמַן uvizmán קָרִיב kariv וְאִמְרוּ veimrú אָמֵן Amén. אָמֵן Amén אידהנויה.

La congregación y el *jazán* dicen lo siguiente:

28 palabras (hasta *bealmá*) – y 28 letras (hasta *almayá*)

יְהֵא yehé שְׁמֵיהּ Shmei (שם י"ה דס"ג) רַבָּא rabá קנ"א ב"ן,

יהוה אלהים יהוה אדני, מילוי קס"א וס"ג, מ"ה ברבוע וע"ב ע"ה מְבָרַךְ mevaraj,

לְעָלַם lealam לְעָלְמֵי lealmei עָלְמַיָּא almayá. יִתְבָּרַךְ yitbaraj.

Siete palabras con seis letras cada una (שם בן מ"ב). También, 7 veces la letra Vav (שם בן מ"ב).

וְיִשְׁתַּבַּח veyishtabaj י"פ ע"ב יהוה אל אבג יתץ.

וְיִתְפָּאַר veyitpaar הי נו יה קרע שטן. וְיִתְרוֹמַם veyitromam וה כוזו נגד יכש.

וְיִתְנַשֵּׂא veyitnasé במוכסז בטר צתג. וְיִתְהַדָּר veyithadar כוזו יה וקב טנע.

וְיִתְעַלֶּה veyitalé וה יוד ה יגל פזק. וְיִתְהַלָּל veyithalal א ואו הא שקו צית.

שְׁמֵיהּ Shmei (שם י"ה דמ"ה) דְּקוּדְשָׁא deKudshá בְּרִיךְ Verij הוּא Hu:

אָמֵן Amén אידהנויה.

לְעֵלָּא leelá מִן min כָּל col ילי בִּרְכָתָא birjatá. שִׁירָתָא shiratá.

תֻּשְׁבְּחָתָא tishbejatá וְנֶחָמָתָא venejamatá. דַּאֲמִירָן daamirán

בְּעָלְמָא bealmá וְאִמְרוּ veimrú אָמֵן Amén: אָמֵן Amén אידהנויה.

LA AMIDÁ

En la *Amidá* silenciosa *Zeir* y *Leá* son elevados a la Cabeza de *Biná*.

En la repetición *Nukvá* (*Rajel*), *Zeir* y *Leá* son elevados a *Biná*, que está en *Dikná* de *Arij Anpín*.

En tus vidas y en tus días y en la vida de la Casa de Israel, prontamente y en el futuro cercano, y dígase: Amén (Amén). Que Su gran Nombre sea bendito por siempre y para toda la eternidad, y bendito y alabado, y glorificado y exaltado, y ensalzado y honrado, y adorado y loado, sea el Nombre del Santísimo, Bendito sea Él (Amén). Más allá de todas las bendiciones, himnos, alabanzas y palabras de consolación que deben decirse en el mundo, y dígase: Amén (Amén).

אֲדֹנָי Adonai ללה (pausa aquí) שְׂפָתַי sfatai תִּפְתָּח tiftaj וּפִי ufí יַגִּיד yaguid

ייז (כ"ב אותיות פשוטות [=אכא] וה' אותיות סופיות מנצפך) תְּהִלָּתֶךָ tehilateja ס"ת = בוכו:

LA PRIMERA BENDICIÓN – INVOCA AL ESCUDO DE AVRAHAM

Avraham es el canal de la energía de la Columna Derecha de positividad, compartir y misericordia. Las acciones dadoras pueden protegernos de todas las formas de negatividad.

Jésed que se convierte en *Jojmá*

En esta sección hay 42 palabras, el secreto del Nombre de Dios de 42 letras y, por lo tanto, comienza con la letra *Bet* (2) y termina con la letra *Mem* (40).

Flexiona tus rodillas en "*Baruj*", inclínate en "*Atá*" y enderézate en "*Adonai*".

א ב

בָּרוּךְ Baruj אַתָּה Atá א-ת (אותיות הא"ב המסמלות את השפע המגיע) לה' המלכות

ג י

יְהֹוָהאדנייאהדונהי Adonai (יא") אֱלֹהֵינוּ Eloheinu ילה

ת צ

וֵאלֹהֵי veElohei לכב ; מילוי ע"ב, דמב ; ילה אֲבוֹתֵינוּ avoteinu.

ק ר

אֱלֹהֵי Elohei מילוי ע"ב, דמב ; ילה אַבְרָהָם Avraham (*Jojmá*)

וז"פ אל, רי"ו ול"ב נתיבות החכמה, רמ"ח (אברים), עסמ"ב וט"ז אותיות פשוטות.

ע ש

אֱלֹהֵי Elohei מילוי ע"ב, דמב ; ילה יִצְחָק Yitsjak (*Biná*) ד"פ ב"ן

ט נ

וֵאלֹהֵי veElohei לכב ; מילוי ע"ב, דמב ; ילה יַעֲקֹב Yaakov (*Dáat*) ד' הויות, יאהדונהי אידהנויה

נ ג

הָאֵל haEl לאה ; ייא" (מילוי דס"ג) הַגָּדוֹל hagadol האל הגדול = סיט ; גדול = להח

ד י

עם ד' אותיות = מבה, יזל, אום הַגִּבּוֹר haguibor ר"ת ההה וְהַנּוֹרָא vehanorá.

NEILÁ DE YOM KIPUR - LA AMIDÁ

"Mi Señor, abre mis labios y mi boca declarará Tu alabanza" (Salmos 51:17).

LA PRIMERA BENDICIÓN

Bendito eres, Señor, nuestro Dios y Dios de nuestros padres:
el Dios de Avraham, el Dios de Yitsjak y el Dios de Yaakov. El Dios grande, poderoso y reverenciado.

כ ש

אֵל El ייא״י (מילוי דס״ג) ; ר״ת ע״ב, ריבוע יהוה עֶלְיוֹן elyón•

ב ט ר צ ת

גּוֹמֵל gomel חֲסָדִים jasadim טוֹבִים tovim• קוֹנֵה koné הַכֹּל hacol ילי

ג וו ק ב

וְזוֹכֵר vezojer חַסְדֵי jasdei אָבוֹת avot• וּמֵבִיא umeví

ט נ ע י

גּוֹאֵל goel לִבְנֵי livnei בְנֵיהֶם vneihem לְמַעַן lemaan

ג ל

שְׁמוֹ Shemó מהש ע״ה, ע״ב בריבוע וקס״א ע״ה, אל שדי ע״ה בְּאַהֲבָה beahavá אחד, דאגה:

Cuando digas la palabra "*beahavá*" debes meditar en dedicar tu alma a santificar el Santo Nombre y aceptar sobre ti mismo las cuatro formas de muerte.

Durante la repetición el *jazán* agrega::

מִסּוֹד misod מיכ, י״פ האא וַחֲכָמִים jajamim וּנְבוֹנִים unevonim

וּמִלֶּמֶד umilémed דַּעַת dáat מְבִינִים mevinim אֶפְתְּחָה eftejá פִּי pi

בִּתְפִלָּה bitfilá א״ת ב״ש אִוְכַצַ = ב״ן + אדני וניקודה ע״ה = יוד הי וו הה

וּבְתַחֲנוּנִים uvetajanunim לְחַלּוֹת lejalot וּלְחַנֵּן ulejanén פְּנֵי pnei

מֶלֶךְ mélej מוֹחֵל mojel וְסוֹלֵחַ vesoléaj לַעֲוֹנִים laavonim•

ZOJRENU

Cuarenta y ocho letras como el valor numérico de אהיה יהוה ע״ה.
Recitamos la oración de "*zojrenu*" por el secreto de la *Nesirá* (aserrado)
y es por ello que mencionamos que seremos recordados para la vida y no para la muerte.
Aquí tenemos 11 palabras que corresponden a las Diez *Sefirot* que están siendo aserradas y una superior. También corresponde a las 11 especias que, al igual que el *Któret*, dan vida a todo. Esta sección ayuda a dar vida (heb. *Jayim* = אהיה אהיה יהוה, los *Mojín*) y construir los *Tefilín* en el *Kéter* de *Zeir Anpín*. Los *Mojín* son atraídos hacia la Cabeza de *Zeir Anpín* desde la unificación de *Aba* (72=ע״ב) e *Ima* (161=קס״א) (72+161=זכרנו) a través de las 50 Puertas de *Biná*. Debemos meditar en que los *Tefilín* son el entorno en el secreto de el *Hével* (Aliento) del Nombre ס״ג.

El Dios sublime. El que otorga favores. Amo de todas las cosas. El que recuerda las buenas acciones de nuestros antepasados y El que trae un redentor a los hijos de sus hijos por el bien de Su nombre, con amor.

Con los secretos de los maestros que poseen sabiduría y discernimiento, y la enseñanza que deriva del conocimiento de estos entendidos. Yo abro mi boca en oración y súplica para implorar y rogar ante el Rey que absuelve y perdona iniquidades.

זָכְרֵנוּ zojrenu לְחַיִּים lejayim אהיה אהיה יהוה, בינה ע״ה ; ר״ת מילוי ע״ב וס״ת מילוי דס״ג וס״ת מילוי דע״ב.

(*Kéter* de *Zeir Anpín*)

מֶלֶךְ Mélej חָפֵץ jafets בַּחַיִּים bajayim אהיה אהיה יהוה, בינה ע״ה.

(*Jojmá, Biná* y *Dáat* de *Zeir Anpín*)

כָּתְבֵנוּ cotvenu בְּסֵפֶר beséfer חַיִּים jayim אהיה אהיה יהוה, בינה ע״ה.

(*Jésed, Guevurá* y *Tiféret* de *Zeir Anpín*)

לְמַעַנְךָ lemaanaj אֱלֹהִים Elohim אהיה אדני ; ילה ; חַיִּים jayim אהיה אהיה יהוה, בינה ע״ה.

(*Nétsaj, Hod* y *Yesod* de *Zeir Anpín* y *Nukvá* está en la espalda de *Zeir Anpín*)

Si olvidas decir "*zojrenu*" y te das cuenta de esto antes de terminar la bendición "*Baruj Atá Adonai*", debes regresar y decir "*zojrenu*" y continuar normalmente. Pero si te das cuenta de esto después del final de la bendición, debes continuar.

פ ז ק ש

מֶלֶךְ Mélej עוֹזֵר ozer וּמוֹשִׁיעַ umoshía וּמָגֵן umaguén

ג״פ אל (ייא״י מילוי דס״ג) ; ר״ת מיכאל גבריאל נוריאל :

Flexiona tus rodillas en "*Baruj*", inclínate en "*Atá*" y enderézate en "*Adonai*".

ק ו צ

בָּרוּךְ Baruj אַתָּה Atá יְהֹוָהאדניהאהדונהי Adonai

י ת

מָגֵן maguén ג״פ אל (ייא״י מילוי דס״ג) ; ר״ת מיכאל גבריאל נוריאל אַבְרָהָם Avraham

וז״פ אל, רי״ו ול״ב נתיבות החכמה, רמ״ח (אברים), עסמ״ב וט״ז אותיות פשוטות:

LA SEGUNDA BENDICIÓN

LA ENERGÍA DE YITSJAK ENCIENDE EL PODER DE LA RESURRECCIÓN DE LOS MUERTOS

Mientras que Avraham representa el poder de compartir, Yitsjak representa a la Columna Izquierda, energía de Juicio. El Juicio acorta el proceso de *tikún* y prepara la vía para nuestra resurrección final.

Guevurá* que se convierte en *Biná

En esta sección hay 49 palabras que corresponden a las 49 Puertas del Sistema Puro en *Biná*.

אַתָּה Atá גִּבּוֹר guibor לְעוֹלָם leolam ריבוע ס״ג י׳ אותיות דס״ג אֲדֹנָי Adonai ללה

(ר״ת אַגְלָא והוא שם גדול ואמיץ, ובו היה יהודה מתגבר על אויביו. ע״ה אלד, בוכו).

מְחַיֶּה mejayé ס״ג מֵתִים metim אַתָּה Atá. רַב rav לְהוֹשִׁיעַ lehoshía.

ZOJRENU

Recuérdanos en vida, Rey, Quien desea la vida, e inscríbenos en el Libro de la Vida, por Ti, Dios Vivo. Rey, Asistente, Salvador y Escudo. Bendito seas Tú, Señor, Escudo de Avraham.

LA SEGUNDA BENDICIÓN

Tú, Señor, eres poderoso por siempre. Tú revives a los muertos y eres muy capaz de redimir.

מוֹרִיד morid הַטָּל hatal יוד הא וא, כוזו, מספר אותיות דמילואי עסמ"ב ; ר"ת מ"ה:

Si por error dices "*Mashiv harúaj*" y te das cuenta de ello antes del final de la bendición "*Baruj Atá Adonai*", debes regresar al comienzo de la bendición "*Atá guibor*" y continuar normalmente. Pero si sólo te das cuenta de ello después del final de la bendición, debes iniciar la *Amidá* desde el principio.

מְכַלְכֵּל mejalquel חַיִּים jayim אהיה אהיה יהוה, בינה ע"ה

בְּחֶסֶד bejésed ע"ב, ריבוע יהוה. מְחַיֵּה mejayé ס"ג מֵתִים metim

בְּרַחֲמִים berajamim (במוכסז) מצפצ, אלהים דההין, י"פ ייי רַבִּים rabim (טלא דעתיק).

סוֹמֵךְ somej (אכדטם) כוק, ריבוע אדני נוֹפְלִים noflim (זו"ן).

וְרוֹפֵא verofé חוֹלִים jolim חולה = מ"ה וד' אותיות.

וּמַתִּיר umatir אֲסוּרִים asurim. וּמְקַיֵּם umekayem

אֱמוּנָתוֹ emunató לִישֵׁנֵי lishenei עָפָר afar. מִי mi ילי כָּמוֹךָ jamoja

בַּעַל báal (debes pronunciar la letra *Ayin* en la palabra "*Báal*") גְּבוּרוֹת gvurot

וּמִי umí ילי דּוֹמֶה domé לָּךְ laj. מֶלֶךְ Mélej מֵמִית memit

וּמְחַיֶּה umejayé ס"ג (יוד הי ואו הי) וּמַצְמִיחַ umatsmíaj יְשׁוּעָה yeshuá:

MI CAMOJA

Aquí meditamos en el proceso de reencarnación. En este día de *Yom Kipur*, hay almas que residen en una dimensión llamada *Guehinom* (Infierno). En este momento se juzga a quiénes se les permitirá encarnar en nuestro mundo físico y continuar con sus correcciones personales y transformación. Esta oración ayuda a endulzar el juicio de ellas para que sean liberadas de la prisión del Infierno.

Ocho palabras que corresponden a las ocho prendas del Sumo Sacerdote.
Aquí debemos meditar en conectar con el proceso de reencarnación, pues *Yom Kipur* es el momento en el que las almas son juzgadas y encarnadas. Y como esta bendición es llamada *Guevurot* (Juicios) debemos meditar en endulzarlos con las palabras "*Av HaRajamán*" (el Padre Misericordioso), cuya suma es el mismo valor numérico de las letras *Shin* y *Vav* (=306, de la palabra *Shofar*).

מִי mi ילי כָּמוֹךָ jamoja אָב av הָרַחֲמָן harajmán (*Aba*) זוֹכֵר zojer

יְצוּרָיו yetsurav בְּרַחֲמִים berajamim מצפצ, אלהים דיודין, י"פ ייי לְחַיִּים lejayim

אהיה אהיה יהוה, בינה ע"ה ; ר"ת זיב"ל = מ"ט שערי בינה ; ר"ת יב"ל = מ"ב ; ר"ת ל"ב נתיבות החכמה.

Si olvidas decir "*mi camoja*" y te das cuenta de esto antes del final de la bendición "*Baruj Atá Adonai*", debes regresar y decir "*mi camoja*" y continuar normalmente. Pero si sólo te das cuenta de esto al final de la bendición, debes continuar.

El que hace caer el rocío. Tú sostienes a los vivientes con bondad y revives a los muertos con gran misericordia. Tú sostienes a los caídos, curas a los enfermos, pones en libertad a los cautivos y cumples Tu promesa con los que duermen en el polvo. ¿Quién es como Tú, Señor de fortaleza, y quién puede compararse contigo, Oh Rey, que causas la muerte, das vida y haces crecer la salvación?

MI CAMOJA

¿Quién es como Tú, Padre Misericordioso, que llama a Sus criaturas con misericordia para la vida?

וְנֶאֱמָן veneemán אַתָּה Atá לְהַחֲיוֹת lehajayot מֵתִים metim:

בָּרוּךְ Baruj אַתָּה Atá יְהֹוָהאדהנויה(יְהֹוָהאדֹנָי)יאהדונהי Adonai

מְחַיֵּה mejayé ס״ג (יוד הי ואו הי) הַמֵּתִים hametim ר״ת מ״ה וס״ת מ״ה:

LA KEDUSHÁ DE KÉTER (para saber mas sobre la *Kedushá* de *Kéter* ve a las páginas 482-483).

La congregación recita junta esta oración.

כֶּתֶר Kéter ה׳ מלך ה׳ מלך ה׳ ימלוך לעולם ועד ובאתב״ש גאל יִתְּנוּ yitnú לְךָ lejá

יְהֹוָהאדניאהדונהי Adonai אֱלֹהֵינוּ Eloheinu ילה (*Zeir de Nukvá*) מַלְאָכִים malajim

הֲמוֹנֵי hamonei מַעְלָה malá (*Aba e Ima*) עִם im עַמְּךָ amjá יִשְׂרָאֵל Yisrael

קְבוּצֵי kevutsei מַטָּה matá (por los Justos). יַחַד yájad כֻּלָּם culam

קְדֻשָּׁה kedushá לְךָ lejá יְשַׁלֵּשׁוּ yeshaleshu כַּדָּבָר cadavar ראה

הָאָמוּר haamur עַל al יַד yad נְבִיאָךְ neviáj וְקָרָא vekará

זֶה ze אֶל־ el זֶה ze י״ב פרקין דרוזל י״ב פרקין דיעקב מאירין אל וְאָמַר veamar:

(*Jésed*) קָדוֹשׁ kadosh | (*Guevurá*) קָדוֹשׁ kadosh (*Tiféret*) קָדוֹשׁ kadosh

יְהֹוָהאדניאהדונהי Adonai צְבָאוֹת Tsvaot פני שכינה מְלֹא meló כָל־ jol ילי

הָאָרֶץ haárets אלהים דההין ע״ה כְּבוֹדוֹ quevodó:

כְּבוֹדוֹ quevodó מָלֵא malé עוֹלָם olam וּמְשָׁרְתָיו umeshartav שׁוֹאֲלִים shoalim

Dáat Decimotercer *Mazal* (ונקה)	Jojmá Aba	Biná Ima
אַ	יֵ	ה ayé

DESEO PERSONAL

Durante el *Kéter*, llegamos a un punto en el que podemos pedir un deseo personal. El Arí dice que tenemos la oportunidad de pedir por uno de estos tres: sustento, Inspiración Divina e hijos espirituales. Rav Berg nos enseña que si alguien no tiene una necesidad evidente de hijos justos o sustento, debería pedir Inspiración Divina porque ésta incluye las otras dos opciones.

Y eres fiel para resucitar a los muertos. Bendito eres Tú, Señor, que resucitas a los muertos.

KEDUSHÁ DE KÉTER

Te darán una corona, Señor, nuestro Dios,

los ángeles de las multitudes arriba, junto con Tu Nación, Israel, que está reunida abajo. Juntos todos te recitarán la Santidad tres veces, como la palabra hablada por Tu profeta: "Y llamó uno al otro y dijo: Santo, Santo, Santo es el Señor de los Ejércitos, la Tierra entera está llena con Su gloria" (Isaías 6:3).

Su gloria llena el mundo y Sus siervos preguntan: ¿Dónde?

יְהִי yehí רָצוֹן ratsón מהש ע"ה, ע"ב בריבוע וקס"א ע"ה, אל שדי ע"ה
מִלְּפָנֶיךָ milfaneja ס"ג מ"ה ב"ן יְהֹוָהאדניאהדונהי Adonai אֱלֹהֵינוּ Eloheinu ילה
וֵאלֹהֵי veElohei לכב; דמב, מילוי ע"ב ; ילה אֲבוֹתֵינוּ avoteinu שֶׁתִּתֶּן shetitén ב"פ כהת לִי li
הַיּוֹם hayom נגד, זן, מזבח, אל יהוה מַתָּנָה matana קס"א קנ"א קמ"ג, נתה טוֹבָה tová אכא
מֵאוֹצְרוֹת meotsrot מַתְּנַת matnat חִנָּם jinam אַף af עַל al פִּי pi שֶׁאֵינִי sheeiní
כְּדַאי jedai כְּדִכְתִיב quedijtiv: וְחַנֹּתִי vejanotí אֶת et אֲשֶׁר asher אָחֹן ajón.

PARA SUSTENTO

וְתִתֶּן vetitén ב"פ כהת לִי li וּלְכָל ulejol יה אדני בְּנֵי bnei בֵיתִי veití ב"פ ראה
וּלְכָל ulejol יה אדני הַסְּמוּכִים hasmujim עַל al שֻׁלְחָנִי shuljaní
בַּיּוֹם bayom נגד, זן, מזבח, אל יהוה הַזֶּה hazé והו וּבְכָל uvejol לכב, ב"ן
יוֹם yom נגד, זן, מזבח, אל יהוה וָיוֹם vayom נגד, זן, מזבח, אל יהוה
מְזוֹנוֹתֵינוּ mezonoteinu בְּכָבוֹד bejavod בוכו וּבְרֶוַח uverévaj בִּזְכוּת bizjut
שִׁמְךָ Shimjá הַגָּדוֹל hagadol להח ; עם ד' אותיות = מבה, יזל, אום
(No pronunciar los Nombres: דִּיקַרְנוֹסָא וזתך עם ג' אותיות ובאתב"ש הוא סאל, פאי, אמן)
הַמְמֻנֶּה hamemuné עַל al הַפַּרְנָסָה haparnasá. וְאַל veal תַּצְרִיכֵנוּ tatsrijenu
לִידֵי lidei מַתְּנַת matnat בָּשָׂר basar וָדָם vadam כִּי qui אִם im יוהך,
מ"א אותיות דפשוט, דמילוי ודמילוי דמילוי דאהיה ע"ה בְּשִׁמְךָ beShimjá וְחָנֵּנוּ jonenu
וּמֵאוֹצַר umeotsar מַתְּנַת matnat חִנָּם jinam תְּכַלְכְּלֵנוּ tejalquelenu
וְתַשְׁפִּיעֵנוּ vetashpiénu, אָמֵן Amén יאהדונהי אָמֵן Amén יאהדונהי אָמֵן Amén יאהדונהי
סֶלָה sela סֶלָה sela סֶלָה sela:

DESEO PERSONAL

Sea Tu voluntad, Señor, nuestro Dios
y el Dios de nuestros padres, que me concedas hoy un buen regalo de Tus tesoros, un regalo gratuito, aunque yo no sea digno, como está escrito: "Y Yo mostraré compasión en quienes tengo compasión" (Éxodo 33:19).

PARA SUSTENTO

Y que Tú me proveas, a mi casa, y a todos los que dependen de mi mesa, en este día y en cada día, nuestra nutrición en dignidad y con hartura, en el Nombre de Tu gran Nombre que está encargado del sustento. Que Tú no me fuerces a necesitar los regalos de carne y sangre; más bien que Tú seas afable con nosotros a través de Tu Nombre y que puedas Tú nutrirnos y enviarnos Tu torrente de bendiciones del tesoro de regalos gratuitos, Amén, Amén, Amén, Sela, Sela, Sela.

PARA INSPIRACIÓN DIVINA

וְתִגְזֹר vetigzor עָלַי alai (inserta aquí tu nombre y el nombre de tu padre) גְּזֵרוֹת gzerot
טוֹבוֹת tovot מִלְּפָנֵי milifnei כִּסֵּא jisé כְּבוֹדֶךָ jevodeja לכב, ב״ן וְתִתֶּן vetitén
ב״פ כהת לִי li לֵב lev מֵבִין mevín וּלְהַשִּׂיג ulehashig רוּחַ rúaj הַקֹּדֶשׁ hakódesh:

PARA HIJOS ESPIRITUALES

וְתִתֶּן vetitén ב״פ כהת לִי li בָּנִים banim טוֹבִים tovim וּכְשֵׁרִים ujsherim
וַהֲגוּנִים vahagunim לַעֲסֹק laasok בְּתוֹרָתֶךָ betorateja וּבְמִצְוֹתֶיךָ uvemitsvoteja:

יְהִי yehí רָצוֹן ratsón מהש ע״ה, ע״ב בריבוע וקס״א ע״ה, אל שדי ע״ה
מִלְּפָנֶיךָ milfaneja ס״ג מ״ה ב״ן יְהֹוָהאדניאהדונהי Adonai אֱלֹהֵינוּ Eloheinu ילה
וֵאלֹהֵי veElohei לכב; דמב, מילוי ע״ב ; ילה אֲבוֹתֵינוּ avoteinu אָבִינוּ avinu
שֶׁבַּשָּׁמַיִם shebashamáyim י״פ טל, י״פ כוזו שֶׁתְּמַלֵּא shetemalé שְׁאֵלָתִי sheelatí
וּבַקָּשָׁתִי uvakashatí הַיּוֹם hayom נגד, זן, מזבח, אל יהוה הַזֶּה hazé והו
בְּשֵׁם bashem (יָהּ הנקוד עולה למנין מ״ו - מילוי ע״ב - והב׳ אותיות י״ה ראיה)
וְתַמְשִׁיךְ vetamshij לִי li שֶׁפַע shefa י״פ ילה טוֹב tov והו מִן min סוֹד sod מיכ, י״פ ההא
הַכֶּתֶר hakéter (יוד הי ואו הי) הַנִּרְמָז hanirmaz בְּאוֹת baot א׳ Álef שֶׁל shel
אַיֵּה ayé לְאַבָּא leÁba וְאִמָּא veÍma סוֹד sod מיכ, י״פ ההא י״ה Yud Kei שֶׁל shel
אַיֵּה ayé וּמִשָּׁם umisham לְדוּכְרָא leDujrá וְנוּקְבָא veNukvá, וּמִשָּׁם umisham
לְעַבְדְּךָ leavdeja פוי, אל אדני (inserta aquí tu nombre y el nombre de tu padre) הָעוֹמֵד haomed
וּמְבַקֵּשׁ umevakesh מִלְּפָנֵי milifnei כִּסֵּא jisé כְּבוֹדֶךָ jevodeja לכב, ב״ן.
וְאַל veal תְּשִׁיבֵנִי teshiveni רֵיקָם reikam מִלְּפָנֶיךָ milfaneja ס״ג מ״ה ב״ן,
אָמֵן Amén יאהדונהי כֵּן quen יְהִי yehí רָצוֹן ratsón מהש ע״ה, ע״ב בריבוע וקס״א ע״ה, אל שדי ע״ה:

Medita en los 24 Adornos de la Novia, y luego sigue con "*mekom quevodó*" a continuación:

יְפֶ עֲנָ הֶתְ הֶתְ הֶדְ דֶיְ מֶיְ הֶדְ אֶמְ אֶתְ בֶנְ הֶם
שֶׁם אֶתְ וֶו אֶתְ שֶׁהְ לֶבְ הֶהְ אֶבְ לֶהְ לֶךְ אֶרְ הֶם:

PARA INSPIRACIÓN DIVINA

Que Tú decretes sobre mí (inserta aquí tu nombre y el nombre de tu padre) *decretos favorables desde el Trono de Tu Gloria, y me des un corazón comprensivo para entender la Inspiración Divina.*

PARA HIJOS ESPIRITUALES

Que Tú me des hijos buenos, adecuados y dignos, para comprometerse con Tu Torá y Tus preceptos.

Que sea Tu voluntad, Señor, nuestro Dios y Dios de nuestros antepasados, nuestro Padre Quien está en el Cielo, que Tú satisfagas mi solicitud y mi petición en este día, en el Nombre de Dios, y concédeme buena nutrición del secreto de Kéter que está sugerido en Tu Nombre Ayé, al Padre y a la Madre el secreto de Yud-Hei de Ayé, y de allí a Ducrá y Nukvá, y de ahí a Tu siervo (inserta aquí tu nombre y el nombre de tu padre) *el que está de pie y pidiendo ante Tu Honorable Silla. Por favor no me respondas en vano. Amén, para que así sea deseado.*

מְקוֹם mekom כְּבוֹדוֹ quevodó

לְהַעֲרִיצוֹ lehaaritsó איה מקום כבודו להעריצו ר"ת = אמן (יאהדונהי)

לְעֻמָּתָם leumatam מְשַׁבְּחִים meshabjim וְאוֹמְרִים veomrim:

(או"א) בָּרוּךְ Baruj כְּבוֹד Quevod יְהֹוָהאדניאהדונהי Adonai ; כבוד ה' = יוד הי ואו הה

מִמְּקוֹמוֹ mimkomó עסמ"ב, הברכה (למתק את ז' המלכים שמתו) ; ר"ת ע"ב, ריבוע יהוה ; ר"ת מיכ:

מִמְּקוֹמוֹ mimkomó עסמ"ב, הברכה (למתק את ז' המלכים שמתו) הוּא Hu יִפֶן yifén

בְּרַחֲמָיו berajamav לְעַמּוֹ leamó הַמְיַחֲדִים hameyajadim שְׁמוֹ Shemó מהש ע"ה, ע"ב

בריבוע וקס"א ע"ה, אל שדי ע"ה עֶרֶב érev וָבֹקֶר vavóker בְּכָל bejol ב"ן, לכב יוֹם yom ע"ה

נגד, מזבח, זן, אל יהוה ע"ה תָּמִיד tamid קס"א קנ"א קמ"ג

אוֹמְרִים omrim פַּעֲמַיִם paamáyim בְּאַהֲבָה beahavá אחד, דאגה:

Medita en dedicar tu alma para la santificación del Santo Nombre y aceptar sobre ti mismo las cuatro formas de muerte para que *Zeir Anpín* y *Nukvá* puedan conectarse en *Biná* de *Ima* (esta no es una Unificación completa, sólo una conexión, ya que Ellos no pueden unificarse hasta que *Nukvá* esté completa). Pero a partir del poder de Su conexión Arriba, *Yaakov* y *Leá* (Quienes están Abajo) pueden ser unificados y Su Unificación es en lugar de la Unificación de *Zeir Anpín* y *Nukvá*.

שְׁמַע Shmá ע' רבתי יִשְׂרָאֵל Yisrael יְהֹוָהאדניאהדונהי Adonai אֱלֹהֵינוּ Eloheinu ילה

יְהֹוָהאדניאהדונהי Adonai | אֶחָד Ejad ד' רבתי ; אהבה, דאגה:

הוּא Hu אֱלֹהֵינוּ Eloheinu ילה. הוּא Hu אָבִינוּ avinu. הוּא Hu מַלְכֵּנוּ malquenu.

הוּא Hu מוֹשִׁיעֵנוּ moshienu. הוּא Hu יוֹשִׁיעֵנוּ yoshienu וְיִגְאָלֵנוּ veyigalenu

שֵׁנִית shenit. וְיַשְׁמִיעֵנוּ veyashmienu בְּרַחֲמָיו berajamav לְעֵינֵי leeinei ריבוע מ"ה

כָּל col ילי וָחַי jai כל וחי = אהיה אהיה יהוה, בינה ע"ה, חיים לֵאמֹר lemor.

הֵן hen גָּאַלְתִּי gaalti אֶתְכֶם etjem אַחֲרִית ajarit כְּבְרֵאשִׁית quereshit

לִהְיוֹת lihyot לָכֶם lajem לֵאלֹהִים leElohim אהיה אדני ; ילה

אֲנִי Aní אני יְהֹוָהאדניאהדונהי Adonai אֱלֹהֵיכֶם Eloheijem ילה:

¿En el lugar de Su Gloria para adorarlo? Uno frente al otro lo alaban y dicen: "Bendita es la Gloria del Señor desde Su Lugar" (Ezequiel 3:12). Desde Su lugar, Él se puede voltear con compasión a Su Nación, que, de noche y de mañana, dos veces cada día, proclama con constancia la Unicidad de Su Nombre, diciendo con amor:

"Escucha, Israel, el Señor es nuestro Dios, el Señor es Uno" (Deuteronomio 6:4).

Él es nuestro Dios. Él es nuestro Padre. Él es nuestro Rey. Él es nuestro Salvador. Él nos salvará y nos redimirá de nuevo y nos dejará escuchar, a través de Su compasión a los ojos de todos los vivientes, y dirá: He aquí que Yo los he redimido tanto en tiempos posteriores como en tiempos anteriores, para ser un Dios para ustedes. Yo soy el Señor, su Dios.

וּבְדִבְרֵי uvedivrei קָדְשְׁךָ kodshaj כָּתוּב catuv לֵאמֹר lemor:
(ז"ן) יִמְלֹךְ yimloj קדוש ברוך ימלך ר"ת יב"ק, אלהים יהוה, אהיה אדני יהוה
יְהֹוָהאדניאהדונהי Adonai | לְעוֹלָם leolam ריבוע ס"ג וי' אותיות דס"ג אֱלֹהַיִךְ Eloháyij ילה
צִיּוֹן Tsiyón יוסף, ו' הויות, קנאה לְדֹר ledor וָדֹר vador רי"ו ר"ת אצלו (מלכות אצל זעיר אנפין – ו)
הַלְלוּיָהּ haleluyá אלהים, אהיה אדני ; ללה:

LA TERCERA BENDICIÓN

Esta bendición nos conecta con Yaakov, la Columna Central y el poder de la restricción. Yaakov es nuestro canal para conectar la Misericordia con el Juicio. Al restringir nuestro comportamiento reactivo, estamos deteniendo nuestro Deseo de Recibir para Nosotros Mismos. Yaakov también nos da el poder para equilibrar nuestros actos de Misericordia y Juicio hacia otras personas en nuestra vida.

Tiféret que se convierte en *Dáat*.

אַתָּה Atá קָדוֹשׁ kadosh וְשִׁמְךָ veShimjá קָדוֹשׁ kadosh ר"ת = אור, רז, אין סוף
וּקְדוֹשִׁים ukdoshim בְּכָל־ bejol ב"ן, לכב יוֹם yom ע"ה נגד, מזבח, זן, אל יהוה
יְהַלְלוּךָ yehaleluja סֶּלָה sela:

Nueve palabras que corresponden a dos letras *Dálet* (una por *Rajel* y una por *Leá*) más una.

לְדֹר ledor וָדֹר vador רי"ו הַמְלִיכוּ hamliju לָאֵל laEl ייא"י (מילוי דס"ג)
כִּי qui הוּא Hu לְבַדּוֹ levadó מ"ב מָרוֹם marom וְקָדוֹשׁ vekadosh:

CUATRO UVJÉN

El valor numérico de la palabra *Uvjén* וּבְכֵן es igual a 72. Esto indica un enlace importante con los 72 Nombres de Dios y el poder de superar las leyes de la naturaleza y las leyes de la naturaleza humana.

El Kabbalista Rav Yitsjak Luria (el Arí) nos enseña que estos cuatro patrones de letras provienen de tres versículos en Éxodo. Cada uno de estos tres versículos contiene 72 letras.

Las primeras tres configuraciones de letras representan las partes o los aspectos diferentes de energía, mientras que la configuración final de los 72 Nombres representa el todo, culminando en el poder absoluto de la Luz.

Las cuatro tablas que se presentan a continuación también corresponden a Avraham (*Jésed*), Yitsjak (*Guevurá*), Yaakov (*Tiféret*) y David (*Maljut*) quienes representan las fuerzas energéticas básicas que apoyan y sustentan nuestro mundo espiritual y físico.

Y en Tus Sagradas Escrituras, lo siguiente está escrito:
"El Señor reinará por siempre, tu Dios, Sión, de una generación a la otra, ¡Aleluya!" (Salmos 146:10).

LA TERCERA BENDICIÓN

Tú eres Santo y Santo es Tu Nombre, y los Seres Santos Te alaban día a día, Sela.
De generación en generación, ellos proclaman a Dios como Rey, porque solo Él es y es Santo.

Toda la Torá es un código, afirma el *Zóhar*. No puede ser entendida en un nivel literal. Cada palabra, cada letra contiene muchas capas de significados que describen las distintas fuerzas espirituales que dan vida a la Madre Naturaleza y a la naturaleza humana. Por ejemplo, los sabios ancestrales revelaron que tres fuerzas de energía claves constituyen el tejido del universo: Columna Derecha (positiva – protón), Columna Izquierda (negativa – electrón) y Columna Central (neutral – neutrón). En la Torá, los nombres de Avraham, Yitsjak y Yaakov son las palabras clave utilizadas para describir estas tres fuerzas. Avraham se refiere a la energía positiva de compartir, Yitsjak a la energía negativa de recibir, y Yaakov a la energía neutral del equilibrio. El *Zóhar* dice que el Rey David representa la totalidad de estas tres fuerzas: nuestro mundo físico de *Maljut*.

¿Por qué esto es importante? Podemos cambiar al mundo sólo cuando podemos acceder y manipular las verdaderas fuerzas de la Creación. El beneficio de esta oración es que nos conecta con esas fuerzas primarias. Acceder a ellas nos da el poder emocional y la fortaleza espiritual para superar nuestra naturaleza reactiva durante el año entrante.

AVRAHAM (JÉSED) (חסד) אברהם

Ocho palabras que corresponden a dos letras *Dálet* (una por *Rajel* y una por *Leá*).

uvjén וּבְכֵן

ע״ב (יוד הי ויו הי, ריבוע יהוה), מזלא (להוריד ג׳ הויות דיקנא שבמזלא עילאה)
וכנגד ע״ב אותיות שבפסוק ״ויסע״ וכנגד אברהם שקידש שמו יתברך בעולם.

מ	מ	ע	א	ש	ל	א	ו	
ד	פ	ע	ח	ר	פ	ל	י	↓
מ	נ	מ	ר	א	נ	ה	ס	
א	י	ו	י	ל	י	י	ע	
ח	ה	ד	ה	ו	מ	ם	מ	
ר	ם	ה	ם	י	ח	ה	ל	
י	ו	ע	ו	ל	נ	ה	א	
ה	י	נ	י	ך	ה	ל	ך	
ם	ע	ן	ס	מ	י	ך	ה	

יִתְקַדַּשׁ yitkadash שדי ‑ ין לת וד (מילוי שדי) שִׁמְךָ Shimjá

יְהֹוָאדהויאהדונהי Adonai ר״ת = ש״ך דינים וס״ת שכ״ה (ה״פ אדני – למתק הש״ך דינים בה׳ אלפין)

אֱלֹהֵינוּ Eloheinu ילה עַל al יִשְׂרָאֵל Yisrael עַמֶּךָ ameja ר״ת = קנ״א וס״ת = אלהים:

LOS CUATRO UVJÉN
AVRAHAM (JÉSED)

Por lo tanto, sea Tu Nombre santificado, Oh Señor, nuestro Dios, sobre Israel, Tu nación.

YISJAK (GUEVURÁ) (גבורה) יצחק

וּבְכֵן uvjén

ע"ב (יוד הי ויו הי, ריבוע יהוה), כנגד ע"ב אותיות שבפסוק "ויבא"
וכנגד פחד יצחק שהוא עתיק יומין.

ה	כ	ל	ה	ל	י	ל	ה
ק	ר	ב	ו	ה	א	ל	ו
ה	ל	י	ל	ה	ו	ל	א
ש	ר	ו	י	א	ר	א	ת
י	ה	ע	נ	ז	ו	ה	ח
י	ש	ר	א	ל	ו	י	ה
ו	ב	י	ז	מ	ח	נ	ה
ח	נ	ה	מ	צ	ר	י	ם
ו	י	ב	א	ב	י	ז	מ
⟶							

א ב
תֵּן ten **פַּחְדְּךָ** pajdeja תן פחדך עב"כ = ב"פ סנדלפון הממותקים ע"י יב"ק (בגי' פחדך וכן למנין

ג י ת
ב"פ נ"ו – ב' כוונות הדין שב-סנדלפון) **יְהֹוָה** יאהדונהי Adonai **אֱלֹהֵינוּ** Eloheinu ילה **עַל** al

צ ק ר ע ש
כָּל col ילי ; עמם **מַעֲשֶׂיךָ** maaseja. **וְאֵימָתְךָ** veeimatjá **עַל** al **כָּל** col ילי ; עמם

ט נ נ ג
מַה ma מ"ה **שֶׁבָּרָאתָ** shebarata. **וְיִירָאוּךָ** veyiraúja **כָּל** col ילי

ד י כ
הַמַּעֲשִׂים hamaasim. **וְיִשְׁתַּחֲווּ** veyishtajavú **לְפָנֶיךָ** lefaneja ס"ג מ"ה ב"ן

ש ב ט ר צ
כָּל col ילי **הַבְּרוּאִים** habruím. **וְיֵעָשׂוּ** veyeasú **כֻלָּם** julam **אֲגֻדָּה** agudá

ת ג ח ק ב
אֶחָת ejat. **לַעֲשׂוֹת** laasot **רְצוֹנְךָ** retsonjá **בְּלֵבָב** belevav בוכו **שָׁלֵם** shalem.
בסוד בירור העולם להמשיכו אל היחוד בסוד "כי אז אהפוך אל עמים שפה ברורה"

YITSJAK (GUEVURÁ)

Por lo tanto, impón reverente temor a Ti, Oh Señor, nuestro Dios, en todas Tus obras y el temor de Dios en todo lo que has creado. Y permite que todas las obras Te reverencien y todas las criaturas se postren ante Ti. Y que todas ellas se unan en una sola hermandad para hacer Tu voluntad con todo el corazón.

ע ג ט

ילה Eloheinu אֱלֹהֵינוּ Adonai יְהֹוָה(אדני-אהדונהי) sheyadanu שֶׁיָּדַעְנוּ

ל ג י

oz עֹז • ב"ן מ"ה ס"ג lefaneja לְפָנֶיךָ (שֶׁהַשָּׁלְטָן) shehashiltón שֶׁהַשִּׁלְטוֹן

ש ק ז פ

veShimjá וְשִׁמְךָ •bimineja בִּימִינֶךָ רי"ו ugvurá וּגְבוּרָה •beyadjá בְּיָדֶךָ

ת י צ ו ק

:shebarata שֶׁבָּרָאתָ מ"ה ma מַה עסמ"ב ילי col כָּל al עַל norá נוֹרָא

YAAKOV (TIFÉRET) (תפארת) יעקב

Veintiocho palabras que corresponden al *Milui* de *Milui* del Nombre: יהוה

uvjén וּבְכֵן

ע"ב (יוד הי ויו הי, ריבוע יהוה), כנגד ע"ב אותיות שבפסוק "ויט" וכנגד יעקב שאמר בשכמל"ו (מ"ה יהוה ע"ה).

י	ה	י	י	ה	ו	ד	ו	↓
ב	י	ל	ם	י	ל	ו	י	
ק	ם	ה	ע	ם	ך	ע	ט	
ע	ל	ו	ז	ב	י	ל	מ	
ו	וז	י	ה	ר	ה	ה	ש	
ה	ר	ש	כ	ו	ו	י	ה	
מ	ב	ם	ל	וז	ה	ם	א	
י	ה	א	ה	ק	א	ו	ת	
ם	ו	ת	ל	ד	ת	י	י	

cavod כָּבוֹד ten תֵּן

[En el secreto de la corrección de *Yisrael* para atraer sobre ésta *Cavod* (Honor) desde *Ima*].

•lireeja לִירֵאֶיךָ ע"ה אמת, אהיה פעמים אהיה, ו"פ ס"ג tehilá תְּהִלָּה leameja לְעַמְּךָ

vetikvá וְתִקְוָה

La palabra *tikvá* (esperanza) puede ser dividida en dos palabras: *tik* (bolsa) y *va* (las letras *Vav* y *Hei*), porque *Yetsirá* y *Asiyá* de Santidad son la cobertura (*tik*) de las letras *Vav* (ו) y *Hei* (ה). Aquí debemos meditar en pedir "*tikvá tová*" (buena esperanza y futuro) de parte de la Santidad.

•ledorsheja לְדוֹרְשֶׁיךָ אכא tová טוֹבָה

Porque sabemos, Señor, nuestro Dios, que el dominio es Tuyo, el poder está en Tu Mano y la Fuerza está en Tu Diestra y Tu nombre inspira reverencia y temor sobre todo lo que Tú has creado.

YAAKOV (TIFÉRET)

Por lo tanto, Oh Señor, otorga honor a Tu pueblo,

gloria a aquellos que Te temen y reverencian, buena esperanza a los que Te buscan

וּפִתְּחוֹן ufitjón פֶּה pe מילה וע"ה אלהים, אהיה אדני לַמְיַחֲלִים lameyajalim לָךְ laj.

שִׂמְחָה simjá לְאַרְצָךְ leartsaj. שָׂשׂוֹן sasón לְעִירָךְ leiraj.

וּצְמִיחַת utsmijat קֶרֶן keren לְדָוִד leDavid עַבְדָּךְ avdaj פוי, אל אדני

(*Rajel* que crece desde Abajo hacia Arriba y tiene dentro de Sí los Nombres: יהוה אלהים יהוה אדני)

וַעֲרִיכַת vaarijat נֵר ner יהוה אהיה יהוה אלהים יהוה אדני

(*Leá* donde Ella está en la espalda de *Dáat* y Ella tiene dentro de Sí los Nombres: יהוה אהיה)

לְבֶן levén יִשַׁי Yishai (לאה שמגנה משיח בן דוד)

מְשִׁיחָךְ meshijeja בִּמְהֵרָה bimherá בְּיָמֵינוּ beyameinu:

DAVID (MALJUT) (מלכות) דוד

22 palabras que corresponden a las 22 letras y al Nombre **אכא**, y su secreto es para corregir a los planetas.

וּבְכֵן uvjén

ע"ב (יוד הי ויו הי, ריבוע יהוה), כנגד ע"ב שמות היוצאים מג' פסוקים הנ"ל וכנגד דוד המלך ע"ה.

←

כהת	אכא	ללה	מהש	עלם	סיט	ילי	והו
הקם	הרי	מבה	יזל	ההע	לאו	אלד	הזי
חהו	מלה	ייי	נלך	פהל	לוו	כלי	לאו
ושר	לכב	אום	ריי	שאה	ירת	האא	נתה
ייז	רהע	חעם	אני	מנד	כוק	להח	יחו
מיה	עשל	ערי	סאל	ילה	וול	מיכ	ההה
פוי	מבה	נית	ננא	עמם	החש	דני	והו
מחי	ענו	יהה	ומב	מצר	הרח	ייל	נמם
מום	היי	יבמ	ראה	חבו	איע	מנק	דמב

צַדִּיקִים tsadikim (*Tsédek-Maljut* y *Tsadik-Yesod*) יִרְאוּ yirú וְיִשְׂמָחוּ veyismajú

וִישָׁרִים visharim (Ellos estarán felices por la eliminación del otro lado del mundo)

יַעֲלֹזוּ yaalozu. וַחֲסִידִים vajasidim בְּרִנָּה beriná יָגִילוּ yaguilu.

וְעוֹלָתָה veolatá תִּקְפָּץ tikpots פִּיהָ piha ר"ת = לילית (***Nukvá* de *Klipá***).

---

y elocuencia a los que confían en Ti, júbilo a Tu tierra y alegría a Tu ciudad y fuerza floreciente a Tu siervo David, Tu servidor, y resplandezca la antorcha del hijo de Yishái, Tu ungido, prontamente en nuestros días.

DAVID (MALJUT)

Por lo tanto, los justos contemplarán y se regocijarán,

los rectos se alegrarán y los devotos se conmoverán con alegre canción. La iniquidad callará.

וְהָרִשְׁעָה veharishá כֻּלָּהּ julá בְּעָשָׁן beashán (סמאל) תִּכְלֶה tijlé

(La fortaleza del otro lado es el secreto de *Amalek* (duda), y cuando sea removido del cosmos, entonces todos los poderes del otro lado se evaporarán como humo).

כִּי qui תַעֲבִיר taavir מֶמְשֶׁלֶת memshélet זָדוֹן zadón

מִן min הָאָרֶץ haárets אלהים דההין ע״ה:

Veintisiete palabras que corresponden al *Milui* de *Milui* del Nombre: אהיה
(El secreto de la revelación de la Iluminación de *Ima*)

וְתִמְלוֹךְ vetimloj אַתָּה Atá הוּא Hu יְהֹוָהאדניאהדונהי Adonai

אֱלֹהֵינוּ Eloheinu ילה מְהֵרָה meherá עַל al כָּל col ילי ; עמם מַעֲשֶׂיךָ maaseja•

בְּהַר behar צִיּוֹן Tsiyón יוסף, ו׳ הויות, קנאה מִשְׁכַּן mishcán

כְּבוֹדֶךָ quevodeja ב״ן, לכב• וּבִירוּשָׁלַיִם uvirushaláyim עִיר ir מוזחך, סנדלפון, ער״י

מִקְדָּשֶׁךָ mikdasheja• כַּכָּתוּב cacatuv בְּדִבְרֵי bedivrei קָדְשֶׁךָ kodshejá:

יִמְלֹךְ yimloj יְהֹוָהאדניאהדונהי Adonai לְעוֹלָם leolam ריבוע ס״ג וי׳ אותיות דס״ג

אֱלֹהַיִךְ Eloháyij ילה צִיּוֹן Tsiyón יוסף, ו׳ הויות, קנאה לְדֹר ledor

וָדֹר vador רי״ו ; ר״ת אצלו (מלכות אצל ז״א – ו) הַלְלוּיָהּ haleluyá אלהים, אהיה אדני ; ללה:

Veintiún palabras que corresponden al Nombre: אהיה

קָדוֹשׁ kadosh אַתָּה Atá וְנוֹרָא venorá שְׁמֶךָ Shmeja• וְאֵין veéin

אֱלוֹהַּ Eloha מִבַּלְעָדֶיךָ mibaladeja• כַּכָּתוּב cacatuv: וַיִּגְבַּהּ vayigbá

יְהֹוָהאדניאהדונהי Adonai צְבָאוֹת Tsvaot פני שכינה בַּמִּשְׁפָּט bamishpat ע״ה ה״פ אלהים

(נה״י דאימא הנגבהים למעלה בלאה) וְהָאֵל vehaEl לאה ; יי״א הַקָּדוֹשׁ hakadosh

נִקְדַּשׁ nikdash בִּצְדָקָה bitsdaká ע״ה ריבוע אלהים: בָּרוּךְ Baruj

אַתָּה Atá יְהֹוָהאדניה(יְהֹוָהאדניה) Adonai הַמֶּלֶךְ haMélej הַקָּדוֹשׁ hakadosh

(*Leá* – mientras Ella está junto a los Santos *Mojín*) ר״ת איהה

Aqui medita en el Nombre: יאהדונהי, ya que puede ayudar a eliminar la ira.

Si por error dijiste "*haEl haKadosh*" y te das cuenta de esto en tres segundos, debes decir inmediatamente "*haMélej haKadosh*" y continuar normalmente. Pero si ya has comenzado la bendición siguiente, debes hacer la *Amidá* desde el principio.

---

y todo el mal se evaporará como humo. Porque Tú eliminarás el reino malvado de la Tierra, y entonces Tú, que eres el Señor, nuestro Dios, reinarás rápidamente, sobre todas Tus obras en el Monte Sión, el lugar de descanso para Tu Gloria, y en Jerusalén, Tu ciudad Santa. Como está escrito en Tus Sagradas Escrituras: "¡El Señor reinará por siempre, tu Dios, Oh Sión, de generación en generación. Aleluya!". Tú eres Santo y Tu Nombre inspira temor y no hay ningún otro Dios aparte de Ti, como está escrito: "El Señor de los Ejércitos, será exaltado en justicia y el Santo Dios será santificado en equidad" (Isaías 5:16). Bendito eres Tú, Señor, el Rey Santo.

Los cuatro *Uvjén* son dados, dos para *Leá* y dos para *Rajel*.

LA BENDICIÓN DEL MEDIO

La cuarta bendición nos conecta con el verdadero poder de *Yom Kipur*, la semilla de todo el año. Así como la semilla de una manzana engendra un manzano, una semilla negativa engendra un año negativo. De la misma manera, una semilla positiva genera un año positivo. *Yom Kipur* es nuestra oportunidad de escoger la semilla que deseamos sembrar para nuestro próximo año. El poder de las letras en esta bendición radica en su capacidad de ayudarnos a escoger automáticamente la semilla correcta que necesitamos y no necesariamente la semilla que queremos.

אַתָּה Atá בְּחַרְתָּנוּ vejartanu מִכָּל micol ילי הָעַמִּים haamim.

אָהַבְתָּ ahavta אוֹתָנוּ otanu וְרָצִיתָ veratsita בָּנוּ banu.

וְרוֹמַמְתָּנוּ veromamtanu מִכָּל micol ילי הַלְּשׁוֹנוֹת haleshonot.

וְקִדַּשְׁתָּנוּ vekidashtanu בְּמִצְוֹתֶיךָ bemitsvoteja. וְקֵרַבְתָּנוּ vekeravtanu

מַלְכֵּנוּ malquenu לַעֲבוֹדָתֶךָ laavodateja. וְשִׁמְךָ veShimjá הַגָּדוֹל hagadol

לכהו ; ועם ד׳ אותיות = מבה, יזל, אום וְהַקָּדוֹשׁ vehakadosh עָלֵינוּ aleinu קָרָאתָ karata:

וַתִּתֶּן vatitén ב״פ כהת לָנוּ lanu אלהים, אהיה אדני יְהֹוָהאדניאהדונהי Adonai

אֱלֹהֵינוּ Eloheinu ילה בְּאַהֲבָה beahavá אחד, דאגה אֶת et

יוֹם yom ע״ה נגד, מזבח, זן, אל יהוה (En *Shabat* agregar: הַשַּׁבָּת haShabat הַזֶּה hazé והו.

וְאֶת veet יוֹם yom ע״ה נגד, מזבח, זן, אל יהוה) הַכִּפּוּרִים HaKipurim הַזֶּה hazé והו.

אֶת et יוֹם yom ע״ה נגד, מזבח, זן, אל יהוה סְלִיחַת slijat הֶעָוֹן heavón

הַזֶּה hazé והו. אֶת et יוֹם yom ע״ה נגד, מזבח, זן, אל יהוה מִקְרָא mikrá

קֹדֶשׁ kódesh הַזֶּה hazé והו. לִמְחִילָה limejilá וְלִסְלִיחָה velislijá

וּלְכַפָּרָה ulejapará. וְלִמְחוֹל velimjol בּוֹ bo אֶת et כָּל col ילי

עֲוֹנוֹתֵינוּ avonoteinu. בְּאַהֲבָה beahavá אחד, דאגה מִקְרָא mikrá

קֹדֶשׁ kódesh. זֵכֶר zéjer לִיצִיאַת litsiat מִצְרָיִם Mitsráyim מצר.

LA BENDICIÓN DEL MEDIO

Tú nos has elegido entre todas las naciones. Tú nos has amado y has encontrado favor entre nosotros. Tú nos has exaltado sobre todas las lenguas y Tú nos has santificado con tus preceptos. Tú nos acercaste, Rey nuestro, a Tu servicio y proclamaste sobre nosotros Tu gran y Santo Nombre. Y puedas darnos Tú, Señor, nuestro Dios con amor este día (**en *Shabat* añade:** *de Shabat y este Día*) *de Expiación, este día de absolución de iniquidad, este día de Santa Convocatoria, de perdón, absolución y de expiación, y así perdonar todas nuestras iniquidades, con amor, una convocatoria Santa, un recuerdo de la salida del Egipto.*

אֱלֹהֵינוּ Eloheinu ילה וֵאלֹהֵי veElohei לכב ; מילוי ע״ב, דמב ; ילה אֲבוֹתֵינוּ avoteinu.
מְחוֹל mejol לַעֲוֹנוֹתֵינוּ laavonoteinu בְּיוֹם beyom ע״ה נגד, מזבח, זן, אל יהוה
(En *Shabat* agregar: הַשַּׁבָּת haShabat הַזֶּה hazé והו. וּבְיוֹם veveyom ע״ה נגד, מזבח, זן, אל
יהוה) הַכִּפּוּרִים HaKipurim הַזֶּה hazé והו. וּבְיוֹם veveyom ע״ה נגד, מזבח, זן, אל יהוה
סְלִיחַת slijat הֶעָוֹן heavón הַזֶּה hazé והו. בְּיוֹם beyom ע״ה נגד, מזבח, זן, אל יהוה
מִקְרָא mikrá קֹדֶשׁ kódesh הַזֶּה hazé והו. מְחֵה mejé וְהַעֲבֵר vehaaver
פְּשָׁעֵינוּ peshaeinu מִנֶּגֶד minégued מזבח, זן, אל יהוה עֵינֶיךָ eineja ע״ה קס״א ; ריבוע מ״ה.
כָּאָמוּר: caamur אָנֹכִי anojí אָנֹכִי anojí הוּא hu מוֹחֶה mojé
פְשָׁעֶיךָ feshaeja לְמַעֲנִי lemaaní וְחַטֹּאתֶיךָ vejatoteja לֹא lo
אֶזְכֹּר: ezcor וְנֶאֱמַר: veneemar מָחִיתִי majiti כָעָב jaav
פְּשָׁעֶיךָ peshaeja וְכֶעָנָן vejeanán חַטֹּאותֶיךָ jatoteja שׁוּבָה shuva הוש
אֵלַי elai כִּי qui גְאַלְתִּיךָ: guealtija וְנֶאֱמַר: veneemar כִּי qui
בַּיּוֹם vayom ע״ה נגד, מזבח, זן, אל יהוה הַזֶּה hazé והו יְכַפֵּר yejaper
עֲלֵיכֶם aleijem לְטַהֵר letaher אֶתְכֶם etjem מִכֹּל micol ילי
חַטֹּאתֵיכֶם jatoteijem לִפְנֵי lifnei יְהֹוָאדהיאהדונהי Adonai תִּטְהָרוּ: titharú

En la *Amidá* silenciosa omitimos lo que sigue y continuamos con "*Eloheinu veElohei avoteinu*" en la página 671.

En la repetición continuamos con el *Vidui* en la página siguiente (662).

Dios nuestro y Dios de nuestros padres,
*perdona nuestras iniquidades (***en Shabat agregar:** *en este día de descanso y) en este Día de Expiación, este día de absolución de iniquidad, este día de Santa Convocatoria. Elimina y remueve nuestras transgresiones de Tu vista, como está dicho: "Yo, Yo soy quien borro tus rebeliones por amor de Mí mismo, y no me acordaré de tus pecados" (Isaías 43:25). Y está dicho: "Yo deshice como a una nube tus rebeliones y como a una niebla tus pecados; vuélvete a Mí, porque Yo te redimí" (Isaías 44:25). Y está dicho: "Porque en este día se hará expiación por ustedes, y serán limpios de todos sus pecados delante del Señor" (Levítico 16:30).*

Según el orden del *At-Bash*.

אֱלֹהֵינוּ Eloheinu ילה וֵאלֹהֵי veElohei לכב ; מילוי ע"ב, דמב ; ילה אֲבוֹתֵינוּ avoteinu.

אַל al תַּעַשׂ taás עִמָּנוּ imanu כָּלָה jalá. תְּאוֹחֵז tojez יָדְךָ yadjá

בַּמִּשְׁפָּט bamishpat: בְּבֹא bevó תּוֹכֵחָה tojejá נֶגְדְּךָ negdeja מזבח, זן, אל יהוה.

שְׁמֵנוּ shmenu מִסִּפְרְךָ misifreja אַל al תֶּמַח temaj: גִּשְׁתְּךָ guishteja

לַחֲקֹר lajakor מוּסָר musar. רַחֲמֶיךָ rajameja יְקַדְּמוּ yekadmú

רָגְזֶךָ ragzeja: דַּלּוּת dalut מַעֲשִׂים maasim בְּשׁוּרֶךָ beshureja.

קָרֵב karev צֶדֶק tsédek מֵאֵלֶיךָ meeleja: הוֹרֵנוּ horenu.

בְּזַעֲקֵנוּ bezaakenu לָךְ laj. צַו tsav פוי, אל אדני יְשׁוּעָתֵנוּ yeshuatenu

בְּמַפְגִּיעַ bemafguía: וְתָשִׁיב vetashiv שְׁבוּת shvut אָהֳלֵי aholei תָם tam.

פְּתָחָיו petajav רְאֵה reé ראה כִּי qui שֹׁמֵמוּ shamemú: זְכֹר zjor ע"ב קס"א, יהי אור

נֶאֱמַתְּ naamta. עֵדוּת edut לֹא lo תִשָּׁכַח tishajaj מִפִּי mipí זַרְעוֹ zaró:

וְחוֹתָם jotam תְּעוּדָה teudá תַּתִּיר tatir. סוֹדְךָ sodjá מיכ, י"פ ההא שִׂים sim

בְּלִמּוּדֶךָ belimudeja: טַבּוּר tabur אַגָּן agán הַסַּהַר hasáhar. נָא na

אַל al יֶחְסַר yejsar הַמָּזֶג hamazeg: יָהּ Yah דַּע da אֶת et

יִשְׂרָאֵל Yisrael אֲשֶׁר asher יְדָעוּךָ yedaúja. מָגֵר maguer אֶת et

הַגּוֹיִם hagoyim אֲשֶׁר asher לֹא lo יְדָעוּךָ yedaúja: כִּי qui תָּשִׁיב tashiv

לְבִצָּרוֹן levitsarón לְכוּדִים lejudim אֲסִירֵי asirei הַתִּקְוָה hatikvá:

Dios nuestro y Dios de nuestros padres, no envíes destrucción sobre nosotros. Que Tu mano se aferre a la justicia. Y cuando presenten acusación ante Ti, no elimines nuestros nombres de Tu libro. Y cuando sea el momento de determinar nuestro castigo, deja que Tu compasión esté antes de Tu ira. Observa la irrelevancia de nuestras acciones y atrae a la justicia más cerca de Ti. Instrúyenos y, cuando clamemos a Ti, envíanos nuestra salvación del acusador. Reinstaura la habitación del perfecto. He aquí que sus puertas están vacías. Recuerda lo que Tú has prometido y que este testimonio no sea olvidado por sus descendientes. Libera el ocultamiento de Tu documento y que Tu secreto siempre sea evidente en Tus enseñanzas. Desde el centro de la Luna llena, por favor, que siempre haya abundancia de bendiciones. Dios, está con Israel porque Te reconoce. Destruye a aquellas naciones que no Te reconocen. Tú regresaras a los turbados y desesperanzados a sus fortificaciones.

ASHAMNU (VIDUI) (encontrarás la explicación y traducción del *Vidui* en las páginas 56-68)

Mientras recitas el *Vidui*, debes golpear tu pecho con la mano derecha para sacudir los *Jasadim* (misericordia) y las *Guevurot* (juicio) de modo que puedan crecer en aras del *Ziguv* (unificación). Incluso si sabes que no cometiste ninguna de las acciones negativas mencionadas a continuación, aun así debes recitar el *Vidui*. Debido a que todos somos garantes uno de otro, el *Vidui* se recita en plural; porque el *Vidui* se trata sobre vidas pasadas y las demás personas que están conectadas a la raíz de tu alma.

Las 22 letras son el valor numérico del Nombre Sagrado: אכא

אָנָּא aná ב"ן יְהֹוָה(אדני אהדונהי) Adonai אֱלֹהֵינוּ Eloheinu ילה

וֵאלֹהֵי veElohei לכב ; מילוי ע"ב, דמב ; ילה אֲבוֹתֵינוּ avoteinu. תָּבֹא tavó

לְפָנֶיךָ lefaneja ס"ג מ"ה ב"ן תְּפִלָּתֵנוּ tfilatenu וְאַל veal תִּתְעַלַּם titalam

מַלְכֵּנוּ malquenu מִתְּחִנָּתֵנוּ .mitjinatenu שֶׁאֵין sheéin אֲנַחְנוּ anajnu

עַזֵּי azei אלהים ע"ה, אהיה אדני ע"ה פָנִים fanim וּקְשֵׁי ukshei עֹרֶף óref

לוֹמַר lomar לְפָנֶיךָ lefaneja ס"ג מ"ה ב"ן יְהֹוָה(אדני אהדונהי) Adonai

אֱלֹהֵינוּ Eloheinu ילה וֵאלֹהֵי veElohei לכב ; מילוי ע"ב, דמב ; ילה

אֲבוֹתֵינוּ avoteinu צַדִּיקִים tsadikim אֲנַחְנוּ anajnu וְלֹא veló

חָטָאנוּ .jatanu אֲבָל aval חָטָאנוּ .jatanu עָוִינוּ .avinu פָּשַׁעְנוּ .pashanu

אֲנַחְנוּ anajnu וַאֲבוֹתֵינוּ vaavoteinu וְאַנְשֵׁי veanshei בֵיתֵנוּ veitenu ב"פ ראה:

אָשַׁמְנוּ .ashamnu בָּגַדְנוּ .bagadnu גָּזַלְנוּ .gazalnu דִּבַּרְנוּ dibarnu דֹּפִי dofi

וְלָשׁוֹן velashón הָרָע .hará הֶעֱוִינוּ .heevinu וְהִרְשַׁעְנוּ .vehirshanu זַדְנוּ .zadnu

חָמַסְנוּ .jamasnu טָפַלְנוּ tafalnu שֶׁקֶר shéker וּמִרְמָה .umirmá יָעַצְנוּ yaatsnu

עֵצוֹת etsot רָעוֹת .raot כִּזַּבְנוּ .quizavnu כָּעַסְנוּ .caasnu לַצְנוּ .latsnu

מָרַדְנוּ .maradnu מָרִינוּ marinu דְבָרֶיךָ .devareja נִאַצְנוּ .niatsnu

נִאַפְנוּ .niafnu סָרַרְנוּ .sararnu עָוִינוּ .avinu פָּשַׁעְנוּ .pashanu

פָּגַמְנוּ .pagamnu צָרַרְנוּ .tsararnu צִעַרְנוּ tsiarnu אָב av וָאֵם .vaem

קִשִּׁינוּ kishinu עֹרֶף .óref רָשַׁעְנוּ .rashanu שִׁחַתְנוּ .shijatnu תִּעַבְנוּ .tiavnu

תָּעִינוּ .taínu וְתִעְתָּעְנוּ vetiatanu וְסַרְנוּ vesarnu מִמִּצְוֹתֶיךָ mimitsvoteja

וּמִמִּשְׁפָּטֶיךָ umimishpateja הַטּוֹבִים hatovim וְלֹא veló שָׁוָה shavá

לָנוּ lanu אלהים, אהיה אדני. וְאַתָּה veAtá צַדִּיק tsadik

עַל al כָּל col ילי ; עמם הַבָּא habá עָלֵינוּ aleinu כִּי qui

אֱמֶת emet אהיה פעמים אהיה, ז"פ ס"ג עָשִׂיתָ asita וַאֲנַחְנוּ vaanajnu הִרְשָׁעְנוּ :hirshanu

Medita para garantizar que tus acciones negativas sean parte del pasado y ya no sean parte de tu presente.

RIBÓN HAOLAMIM

En la *Neilá* estábamos sellando todo para el próximo año. Ahora estamos reforzando ese sello para garantizar un año maravilloso y agregarle el poder de la certeza a nuestra conciencia.

רִבּוֹן ribón יהוה עסמ"ב הָעוֹלָמִים haolamim. וְחָתְמֵנוּ jotmenu
לְחַיִּים lejayim אהיה אהיה יהוה, בינה ע"ה. וְתֵן vetén לָנוּ lanu אלהים, אהיה אדני
אֵל El ייא"י (מילוי דס"ג) עוֹלָם olam. הַחַיִּים hajayim אהיה אהיה יהוה, בינה ע"ה
וְהַשָּׁלוֹם vehashalom: וַחֲתֹם vajatom לְחַיִּים lejayim אהיה אהיה יהוה, בינה ע"ה
כָּל col ילי בְּנֵי bnei בְּרִיתֶךָ vriteja כֻּלָּם culam. אֱלֹהִים Elohim ילה
חַיִּים jayim אהיה אהיה יהוה, בינה ע"ה וּמֶלֶךְ uMélej עוֹלָם olam: וּבְסֵפֶר uveséfer
חַיִּים jayim אהיה אהיה יהוה, בינה ע"ה נִזָּכֵר nizajer וְנֵחָתֵם venejatem עִם im
בָּרִים barim וּרְצוּיִים uretsuyim. כָּל col ילי הַכָּתוּב hacatuv
לְחַיִּים lejayim אהיה אהיה יהוה, בינה ע"ה: הַיּוֹם hayom ע"ה נגד, מזבח, זן, אל יהוה
תַּחְתְּמֵנוּ tajtemenu לְחַיִּים lejayim אהיה אהיה יהוה, בינה ע"ה טוֹבִים tovim
אַדִּיר adir הרי וְנָאוֹר venaor. כִּי qui עִמְּךָ imjá מְקוֹר mekor
חַיִּים jayim אהיה אהיה יהוה, בינה ע"ה בְּאוֹרְךָ beorjá נִרְאֶה niré אוֹר or רז, א"ס:
בְּעֵת beet נְעִילַת neilat שַׁעֲרֵי shaarei הֵיכַל heijal אדני, ללה
שׁוֹכֵן shojén מְעוֹנָה meoná. יְבֻקַּשׁ yevukash אֶת et עָוֹן avón
יִשְׂרָאֵל Yisrael וְאֵינֶנּוּ veeinenu. וְאֶת veet חַטֹּאת jatot
יְהוּדָה Yehudá וְלֹא veló תִמָּצֶאנָה timatsena: וּבִשְׁעַת uvisheat
נְעִילַת neilat שַׁעֲרֵי shaarei שָׁמַיִם shamáyim י"פ טל, י"פ כוזו
תִּסְלַח tislaj יהוה ע"ב עֲוֹנוֹתָם avonotam. וְתַשְׁלִיךְ vetashlij
בִּמְצֻלוֹת bimtsulot יָם yam ילי כָּל col ילי חַטֹּאתָם jatotam:

RIBÓN HAOLAMIM

Señor del mundo, sella nuestro destino para la vida y danos acceso al mundo de vida y paz. Y sella para la vida el destino de todos los que guardan Tu pacto, Dios viviente y Rey eterno. Y que seamos recordados y grabados en el Libro de la Vida junto con los puros y deseables y todos aquellos que están inscritos para la vida. Hoy Tú sellarás nuestro destino para una buena vida, oh Asombroso y Refulgente. Porque la fuente de la vida proviene de Ti y con Tu luz veremos luz. Con la cerradura de las Puertas del morador de la Residencia Suprema, buscarán los pecados de Israel y no los encontrarán, y las transgresiones de Yehuda no serán encontradas. Y cuando las Puertas del Cielo sean cerradas, perdona sus pecados y arroja todas sus transgresiones a las profundidades del mar.

וְהוֹדַע vehodá לַמִּתְוַדִּים lamitvadim בִּנְעִילָה bineilá לְפָנֶיךָ lefaneja ס"ג מ"ה ב"ן
אֹרֶךְ óraj וְחַיִּים jayim אהיה אהיה יהוה, בינה ע"ה שֹׂבַע sova שְׂמָחוֹת smajot
אֶת et פָּנֶיךָ paneja ס"ג מ"ה ב"ן: וְעַל veal הַמִּתְוַדִּים hamitvadim
לְפָנֶיךָ lefaneja ס"ג מ"ה ב"ן בָּעֵת baet הַזֹּאת hazot
תִּתְנֶחָם titnejam. וּמוֹדֶה umodé וְעֹזֵב veozev יְרוּחָם yerujam:

Según el orden del alfabeto arameo.

אָשַׁמְנוּ ashamnu מִכָּל micol יל"י עָם am. בּוֹשְׁנוּ boshnu מִכָּל micol יל"י
גּוֹי goy. גָּלָה galá מִמֶּנּוּ mimenu מָשׂוֹשׂ masós. דָּוֶה davé לִבֵּנוּ libenu
בְּחַטָּאֵינוּ bajataeinu. הָחְבַּל hajbal אִוְיֵנוּ evyenu. וְנִפְרַע venifrá
פְּאֵרֵנוּ peerenu. זְבוּל zevul מִקְדָּשֵׁנוּ mikdashenu. וְחָרֵב jarev
בַּעֲוֹנֵינוּ baavoneinu. טִירָתֵנוּ tiratenu הָיְתָה haytá לְשַׁמָּה leshamá. יוֹפִי yofi
אַדְמָתֵנוּ admatenu לְזָרִים lezarim. כֹּחֵנוּ cojenu לְנָכְרִים lenajrim:
לְעֵינֵינוּ leeineinu ריבוע מ"ה עָשְׁקוּ ashkú עֲמָלֵנוּ amalenu. מְמֻשָּׁךְ memushaj
וּמוֹרָט umorat מִמֶּנּוּ mimenu. נָתְנוּ natnú עֻלָּם ulam עָלֵינוּ aleinu.
סָבַלְנוּ savalnu עַל al שִׁכְמֵנוּ shijmenu. עֲבָדִים avadim מָשְׁלוּ mashlú
בָּנוּ vanu. פּוֹרֵק porek אֵין ein מִיָּדָם miyadam. צָרוֹת tsarot
רַבּוֹת rabot סְבָבוּנוּ sevavunu. קְרָאנוּךָ keranuja יְהֹוָה יאהדונהי Adonai
אֱלֹהֵינוּ Eloheinu ילה. רִחַקְתָּ rijakta מִמֶּנּוּ mimenu בַּעֲוֹנֵינוּ baavoneinu.

Y proclama sobre aquellos que confiesan ante Ti,
en el tiempo de sellado, una larga vida y su porción de dicha proveniente de Ti.
Consuélate por aquellos que confiesan ante Ti y aquél que confiese sus actos y percances hallará misericordia.

Somos más culpables que cualquier otro pueblo. Hemos tenido más desgracias que cualquier otra nación. La dicha es ajena a nosotros ahora. Nuestro corazón lamenta nuestros pecados. Nuestros deseos han sido abatidos. Nuestra gloria ha sido derrotada. Nuestro Santo Templo ha sido destruido por nuestros pecados. Nuestro castillo está desolado. La belleza de nuestra tierra y nuestra fuerza está en manos de extraños. Ante nuestros ojos nos han quitado todo por lo que hemos trabajado. Nos fue arrebatado. Ellos han puesto su yugo sobre nosotros y lo hemos cargado a cuestas. Los esclavos nos gobernaron y nada nos salvó de ellos. Sufrimos muchas desdichas. Clamamos a Ti, Señor, nuestro Dios, pero estabas alejado debido a nuestros pecados.

שבנו shavnu מאחריך meajareja• תעינו taínu כצאן catsón

ואבדנו veavadnu• ועדין vaadayin לא lo שבנו shavnu מתעיתנו mitiyatenu•

והיאך veheiaj נעיז naíz פנינו paneinu• ונקשה venakshé ערפנו orpenu•

לומר lomar לפניך lefaneja ס"ג מ"ה ב"ן יהוהאדניאהדונהי Adonai אלהינו Eloheinu

ילה ואלהי veElohei לכב ; מילוי ע"ב, דמב ; ילה אבותינו avoteinu• צדיקים tsadikim

אנחנו anajnu ולא veló חטאנו jatanu (אבל חטאנו אנחנו ואבותינו):

MA NOMAR

Estos versos declaran que Dios conoce todo y que nada está oculto de Él; por lo tanto, debemos admitir nuestro comportamiento errado. Este entendimiento superficial sugiere que el propósito de la oración es confesar nuestros pecados al Creador. Por el contrario: no estamos aquí para "orar" a Dios. La Kabbalah penetra en la profunda verdad espiritual: cada uno de nosotros debe escudriñar profundamente dentro de sí y admitir para nosotros mismos nuestros rasgos negativos. Debemos rasgar los velos de la autonegación. Cada uno conoce la verdad dentro de su alma. Debemos vencer a nuestro propio ego y comenzar a admitir para nosotros mismos todas nuestras malas acciones y nuestros defectos. Usualmente, esta es la confesión más dolorosa y difícil de todas.

El secreto del Nombre: יוד הא ואו הא (מ"ה=45)
que revive a los Siete Reyes Quebrantados. La capacidad de revertir todo y corregir toda clase de corrupción depende de este Nombre, y también la *Teshuvá* (arrepentimiento) depende y se nutre de Éste.

מה ma מ"ה נאמר nomar לפניך lefaneja ס"ג מ"ה ב"ן (***Ima***)

יושב yoshev מרום marom (***Atik Yomín***)• ומה umá מ"ה נספר nesaper

(***Nukvá*—el libro de *Yesod***) לפניך lefaneja ס"ג מ"ה ב"ן שוכן shojén

שחקים shjakim (***Ima*—que se extiende en *Yesod* mediante *Nétsaj* y *Hod***)

הלא haló (***Ima***) כל jol ילי (**50 Puertas de *Biná***) הנסתרות hanistarot (י"ה)

והנגלות vehaniglot (ו"ה) אתה Atá (סןזףך) יודע yodea (***Mazal Venaké***)•

מה ma מ"ה אנחנו anajnu מה ma מ"ה וחיינו jayeinu•

No te seguimos y estábamos confundidos, como ovejas perdidas. Aún no hemos enmendado nuestro error. ¿Cómo podemos tener el atrevimiento y la audacia para decirte, Señor, nuestro Dios y Dios de nuestros padres, que somos justos y que no pecamos? (Pero hemos pecado, nosotros y nuestros padres).

MA NOMAR

¿Qué diremos ante Ti, que moras en lo alto?

¿Y qué recontaremos ante Ti, cuya estancia es en las alturas excelsas? Como si no supieras todos los asuntos ocultos y revelados. ¿Qué somos nosotros y qué son nuestras vidas?

מַה ma מ"ה וְחַסְדֵּנוּ jasdenu מַה ma מ"ה צִדְקוֹתֵינוּ tsidkoteinu. מַה ma מ"ה
כֹּחֵנוּ cojenu מַה ma מ"ה גְּבוּרָתֵנוּ gvuratenu. מַה ma מ"ה נֹּאמַר nomar
לְפָנֶיךָ lefaneja ס"ג מ"ה ב"ן יְהֹוָואדהנויאהדונהי Adonai אֱלֹהֵינוּ Eloheinu ילה
וֵאלֹהֵי veElohei לכב ; מילוי ע"ב, דמב ; ילה אֲבוֹתֵינוּ avoteinu הֲלֹא haló כָּל col ילי
הַגִּבּוֹרִים haguiborim כְּאַיִן queayin לְפָנֶיךָ lefaneja ס"ג מ"ה ב"ן. וְאַנְשֵׁי veanshei
הַשֵּׁם hashem כְּלֹא queló הָיוּ hayú. וַחֲכָמִים vajajamim כִּבְלִי quivlí
מַדָּע madá וּנְבוֹנִים unevonim כִּבְלִי quivlí הַשְׂכֵּל hasquel. כִּי qui כָּל jol ילי
מַעֲשֵׂינוּ maaseinu תֹּהוּ tohu וִימֵי vimei חַיֵּינוּ jayeinu הֶבֶל hével
לְפָנֶיךָ lefaneja ס"ג מ"ה ב"ן: וּמוֹתַר umotar הָאָדָם haadam
מִן min הַבְּהֵמָה habehemá לכב אָיִן ayin כִּי qui הַכֹּל hacol הָבֶל hável:

ATÁ HIVDALTA

Todos nosotros tenemos el poder de ser como Dios, pero muchos nos sentimos insignificantes en comparación con la Luz infinita del Creador; como una vela ante el Sol radiante. Sin embargo, debemos entender que, en nuestro mundo oscuro, una vela tiene una importancia enorme. Podemos obtener grandes logros espirituales en este mundo, porque todos tenemos la Luz de Dios dentro de nosotros.

אַתָּה Atá הִבְדַּלְתָּ hivdalta
אֱנוֹשׁ enosh מֵרֹאשׁ merosh ריבוע אלהים ואלהים דיודין ע"ה.
וַתַּכִּירֵהוּ vataquirehu לַעֲמֹד laamod לְפָנֶיךָ lefaneja ס"ג מ"ה ב"ן.
כִּי qui מִי mi ילי יֹאמַר yomar לְךָ laj מַה ma מ"ה תִּפְעַל tifal.
וְאִם veím יוהך יִצְדַּק yitsdak מַה ma מ"ה יִתֵּן yitén לָךְ laj.

¿Cuán buena es nuestra gracia y para qué sirve nuestra integridad? ¿Cuánto valen nuestra fuerza y nuestro poder? ¿Qué podemos decir ante Ti, Señor, nuestro Dios y Dios de nuestros antepasados, pues todos los poderosos no son nada en comparación contigo y todos los reconocidos son como si nunca hubieran existido y todos los sabios son como si no tuviera conocimiento y todos los inteligentes son como si no tuvieran inteligencia? Pues todas nuestras acciones suman nada y los días de nuestras vidas son en vano ante Ti. Y la diferencia entre el hombre y la bestia no es nada porque todo es en vano.

ATÁ HIVDALTA

Tú has apartado a la humanidad desde el principio y Tú reconoces que ésta debe estar ante Ti. Porque, ¿quién puede decirte qué hacer? Si ellos actúan con rectitud, ¿cómo Te beneficiaría?

וַתִּתֶּן vatitén ב"פ כהת לָנוּ lanu אלהים, אהיה אדני יְהֹוָהאדניאהדונהי Adonai
אֱלֹהֵינוּ Eloheinu ילה בְּאַהֲבָה beahavá אחד, דאגה אֶת et
יוֹם yom ע"ה נגד, מזבח, זן, אל יהוה הַכִּפּוּרִים HaKipurim הַזֶּה hazé והו.
אֶת et יוֹם yom ע"ה נגד, מזבח, זן, אל יהוה סְלִיחַת slijat הֶעָוֹן heavón הַזֶּה hazé
והו. אֶת et יוֹם yom ע"ה נגד, מזבח, זן, אל יהוה מִקְרָא mikrá קֹדֶשׁ kódesh
הַזֶּה hazé והו. לִמְחִילָה limjilá. וְלִסְלִיחָה velislijá. וּלְכַפָּרָה ulejapará.
וְלִמְחָל velimjol בּוֹ bo אֶת et כָּל col ילי עֲוֹנוֹתֵינוּ avonoteinu. לְמַעַן lemaan
נֶחְדַּל nejdal מֵעֹשֶׁק meóshek יָדֵינוּ yadeinu. וְנָשׁוּב venashuv
לַעֲשׂוֹת laasot חֻקֵּי jukei רְצוֹנְךָ retsonjá בְּלֵבָב belevav בוכו
שָׁלֵם shalem. וְאַתָּה veAtá בְּרַחֲמֶיךָ verajameja הָרַבִּים harabim
רַחֵם rajem אברהם, וז"פ אל, רי"ו ול"ב נתיבות החכמה, רמ"ח (אברים), עסמ"ב וט"ז אותיות פשוטות
עָלֵינוּ aleinu. כִּי qui לֹא lo תַחְפֹּץ tajpots בְּהַשְׁחָתַת behashjatat
עוֹלָם olam. שֶׁנֶּאֱמַר sheneemar: דִּרְשׁוּ dirshú יְהֹוָהאדניאהדונהי Adonai
בְּהִמָּצְאוֹ behimatsó קְרָאֻהוּ keraúhu בִּהְיוֹתוֹ bihyotó קָרוֹב karov:
וְנֶאֱמַר veneemar: יַעֲזֹב yaazov רָשָׁע rashá דַּרְכּוֹ darcó
וְאִישׁ veísh אָוֶן avén מַחְשְׁבֹתָיו majshevotav וְיָשֹׁב veyashov אֶל el
יְהֹוָהאדניאהדונהי Adonai וִירַחֲמֵהוּ virajamehu וְאֶל veel אֱלֹהֵינוּ Eloheinu ילה
כִּי qui יַרְבֶּה yarbé לִסְלוֹחַ lislóaj:

Y que Tú nos otorgues, Señor, Dios nuestro, este Día de Expiación, este día de expiación de pecados, este día de Santa Convocatoria para perdón y que seamos perdonados, absueltos y expiados. Para que Tú nos perdones por todos nuestros pecados, de modo que restrinjamos nuestras manos de su compulsión y podamos cumplir nuevamente los estatutos de Tu voluntad con todo el corazón. Y que Tú, con la abundancia de Tu misericordia, seas misericordioso con nosotros y no desees la destrucción del mundo. Como está dicho: "Busquen al Señor mientras puede ser hallado, llámenlo en tanto que está cercano" (Isaías 55:6). También está dicho "Deje el impío su camino y el hombre inicuo sus pensamientos, y vuélvase a Dios, el cual tendrá de él misericordia, al Dios nuestro, el cual será amplio en perdonar" (Isaías 55:7).

וְאַתָּה veAtá אֱלוֹהַּ Eloha מ״ב סְלִיחוֹת slijot וְחַנּוּן janún וְרַחוּם verajum

אֶרֶךְ érej אַפַּיִם apáyim וְרַב verav וְחֶסֶד jésed ע״ב, ריבוע יהוה

וּמַרְבֶּה umarbé לְהֵטִיב lehetiv. וְרוֹצֶה verotsé אַתָּה Atá

בִּתְשׁוּבָתָן bitshuvatán שֶׁל shel רְשָׁעִים reshaím. וְאֵין veéin אַתָּה Atá

חָפֵץ jafets בְּמִיתָתָן bemitatán. שֶׁנֶּאֱמַר sheneemar: אֱמֹר emor

אֲלֵיהֶם aleihem חַי jai אָנִי aní אני נְאֻם neúm אֲדֹנָי Adonai

יֱהֹוִה יאהדונהי Elohim אִם im יוהך אֶחְפֹּץ ejpots בְּמוֹת bemot

הָרָשָׁע harashá כִּי qui אִם im יוהך בְּשׁוּב beshuv רָשָׁע rashá מִדַּרְכּוֹ midarcó

וְחָיָה vejayá שׁוּבוּ shuvu שׁוּבוּ shuvu מִדַּרְכֵיכֶם midarjeijem

הָרָעִים haraím וְלָמָּה velama תָמוּתוּ tamutu בֵּית beit כ״פ ראה

יִשְׂרָאֵל Yisrael: וְנֶאֱמַר veneemar: הֶחָפֹץ hejafots אֶחְפֹּץ ejpots

מוֹת mot רָשָׁע rashá נְאֻם neúm אֲדֹנָי Adonai יֱהֹוִה יאהדונהי Elohim

הֲלוֹא haló בְּשׁוּבוֹ beshuvó מִדְּרָכָיו midrajav וְחָיָה vejayá:

וְנֶאֱמַר veneemar: כִּי qui לֹא lo אֶחְפֹּץ ejpots בְּמוֹת bemot הַמֵּת hamet

נְאֻם neúm אֲדֹנָי Adonai יֱהֹוִה יאהדונהי Elohim וְהָשִׁיבוּ vehashivu

וִחְיוּ vijyú: כִּי qui אַתָּה Atá סָלְחָן soljan לְיִשְׂרָאֵל leYisrael

וּמָחֳלָן umojalán לְשִׁבְטֵי leshivtei יְשֻׁרוּן Yeshurún. וּמִבַּלְעָדֶיךָ umibaladeja

אֵין ein לָנוּ lanu אלהים, אהיה אדני מֶלֶךְ mélej מוֹחֵל mojel וְסוֹלֵחַ vesoléaj:

Porque Tú eres un Dios de perdón, compasivo y misericordioso, lleno de paciencia y abundante en gracia, y que hace mucho bien. Tú deseas el arrepentimiento del inicuo y no Te deleitas en su muerte, como está dicho: "Diles: Vivo Yo, dice el Señor, Dios, que no quiero la muerte del impío, sino que se vuelva el impío de su camino y que viva. ¡Vuelvan, vuelvan de sus malos caminos! ¿Por qué han de morir, casa de Israel?" (Ezequiel 33:11). Y está dicho: "¿Acaso quiero Yo la muerte del impío? dice el Señor, Dios. ¿Y no que viva y se aparte de sus malos caminos?" (Ezequiel 18:23). También está dicho: "Yo no quiero la muerte del que muere, dice el Señor, Dios. ¡Arrepiéntanse, pues, y vivirán!" (Ezequiel 18:32). Porque Tú eres el perdonador de Israel y el perdonador de las tribus de Jerusalén en cada generación. Y además de Ti no hay nadie que pueda perdonarnos y absolvernos.

אַדִּיר adir הרי וְנָאוֹר venaor. בּוֹרֵא boré דּוֹק dok וָחֹלֶד vajéled.

מִי mi ילי אֵל El כָּמוֹךָ camoja:

גּוֹלֶה golé עֲמוּקוֹת amukot. דּוֹבֵר dover צְדָקוֹת tsedakot.

מִי mi ילי אֵל El כָּמוֹךָ camoja:

הָדוּר hadur בִּלְבוּשׁוֹ bilvushó. וְאֵין veeín זוּלָתוֹ zulató.

מִי mi ילי אֵל El כָּמוֹךָ camoja:

זוֹכֵר zojer הַבְּרִית habrit. חוֹנֵן jonén שְׁאֵרִית sheerit.

מִי mi ילי אֵל El כָּמוֹךָ camoja:

טְהוֹר tehor י"פ אכא עֵינַיִם einàyim. יוֹשֵׁב yoshev שָׁמַיִם shamáyim י"פ טל.

מִי mi ילי אֵל El כָּמוֹךָ camoja:

כּוֹבֵשׁ covesh עֲוֹנוֹת avonot. לוֹבֵשׁ lovesh צְדָקוֹת tsedakot.

מִי mi ילי אֵל El כָּמוֹךָ camoja:

מֶלֶךְ mélej מְלָכִים melajim. נוֹרָא norá וְנִשְׂגָּב venisgav.

מִי mi ילי אֵל El כָּמוֹךָ camoja:

סוֹמֵךְ somej כוק נוֹפְלִים noflim. עוֹנֶה oné עֲשׁוּקִים ashukim.

מִי mi ילי אֵל El כָּמוֹךָ camoja:

פּוֹדֶה podé וּמַצִּיל umatsil. צוֹעֶה tsoé בְּרֹב verov כֹּחַ cóaj.

מִי mi ילי אֵל El כָּמוֹךָ camoja:

קָרוֹב karov לְקוֹרְאָיו lekorav. רַחוּם rajum וְחַנּוּן vejanún.

מִי mi ילי אֵל El כָּמוֹךָ camoja:

שׁוֹכֵן shojén שְׁחָקִים shjakim. תּוֹמֵךְ tomej תְּמִימִים temimim.

מִי mi ילי אֵל El כָּמוֹךָ camoja:

(1) אל מִי־ mi ילי אֵל El י"א" (מילוי דס"ג) כָּמוֹךָ camoja (2) רחום נֹשֵׂא nosé עָוֹן avón
(3) וחנון וְעֹבֵר veover עַל־ al פֶּשַׁע pesha (4) ארך לִשְׁאֵרִית lisheerit נַחֲלָתוֹ najalató
(5) אפים לֹא־ lo הֶחֱזִיק hejezik לָעַד laad ב"פ ב"ן אַפּוֹ apó (6) ורב חסד כִּי־ qui חָפֵץ jafets
חֶסֶד jésed ע"ב, ריבוע יהוה הוּא hu: (7) ואמת יָשׁוּב yashuv יְרַחֲמֵנוּ yerajamenu
(8) נצר חסד (חו) יִכְבֹּשׁ yijbosh עֲוֹנֹתֵינוּ avonoteinu (9) לאלפים וְתַשְׁלִיךְ vetashlij
בִּמְצֻלוֹת bimtsulot יָם yam ילי כָּל־ col ילי חַטֹּאותָם jatotam:
(10) נשא עון תִּתֵּן titén ב"פ כהת אֱמֶת emet אהיה פעמים אהיה, ד"פ ס"ג לְיַעֲקֹב leYaakov
(11) ופשע חֶסֶד jésed ע"ב, ריבוע יהוה לְאַבְרָהָם leAvraham ח"פ אל, רי"ו ול"ב
נתיבות החכמה, רמ"ח (אברים), עסמ"ב וט"ז אותיות פשוטות (12) וחטאה אֲשֶׁר־ asher
נִשְׁבַּעְתָּ nishbata לַאֲבֹתֵינוּ laavoteinu (13) ונקה מִימֵי mimei קֶדֶם kédem:

אֱלֹהֵינוּ Eloheinu ילה וֵאלֹהֵי veElohei לכב ; מילוי ע"ב, דמב ; ילה אֲבוֹתֵינוּ avoteinu

יַעֲלֶה yaalé וְיָבֹא veyavó וְיַגִּיעַ veyaguía וְיֵרָאֶה veyeraé ר"ו וְיֵרָצֶה veyeratsé

וְיִשָּׁמַע veyishamá וְיִפָּקֵד veyipaked וְיִזָּכֵר veyizajer ר"ת = מ"ב

זִכְרוֹנֵנוּ zijronenu וְזִכְרוֹן vezijrón ע"ב קס"א ונש"ב אֲבוֹתֵינוּ avoteinu.

זִכְרוֹן zijrón ע"ב קס"א ונש"ב יְרוּשָׁלַיִם Yerushaláyim עִירָךְ iraj.

וְזִכְרוֹן vezijrón ע"ב קס"א ונש"ב מָשִׁיחַ Mashíaj בֶּן ben דָּוִד David ע"ה כהת ;

בן דוד = אדני ע"ה עַבְדָּךְ avdaj פוי, אל אדני. וְזִכְרוֹן vezijrón ע"ב קס"א ונש"ב

כָּל col ילי עַמְּךָ amjá בֵּית beit ב"פ ראה יִשְׂרָאֵל Yisrael

לְפָנֶיךָ lefaneja ס"ג מ"ה ב"ן לִפְלֵיטָה lifletá לְטוֹבָה letová אכא. לְחֵן lején

מילוי דמ"ה בריבוע ; מוחי לְחֶסֶד lejésed ע"ב, ריבוע יהוה וּלְרַחֲמִים ulerajamim.

לְחַיִּים lejayim אהיה אהיה יהוה, בינה ע"ה טוֹבִים tovim וּלְשָׁלוֹם uleshalom.

בְּיוֹם beyom ע"ה נגד, מזבח, זן, אל יהוה (En *Shabat* agregar: הַשַּׁבָּת haShabat הַזֶּה hazé והו.

וּבְיוֹם uveyom ע"ה נגד, מזבח, זן, אל יהוה) הַכִּפּוּרִים HaKipurim הַזֶּה hazé והו.

וּבְיוֹם veveyom ע"ה נגד, מזבח, זן, אל יהוה סְלִיחַת slijat הֶעָוֹן heavón הַזֶּה hazé והו.

בְּיוֹם beyom ע"ה נגד, מזבח, זן, אל יהוה טוֹב tov והו מִקְרָא mikrá קֹדֶשׁ kódesh

הַזֶּה hazé והו. לְרַחֵם lerajem אברהם, וז"פ אל, ר"ו ול"ב נתיבות החכמה, רמ"ח (אברים),

עסמ"ב וט"ז אותיות פשוטות בּוֹ bo עָלֵינוּ aleinu וּלְהוֹשִׁיעֵנוּ ulehoshienu.

זָכְרֵנוּ zojrenu **(desde *Zeir Anpín*)** יְהֹוָהאדניאהדונהי Adonai אֱלֹהֵינוּ Eloheinu ילה

בּוֹ bo לְטוֹבָה letová אכא. וּפָקְדֵנוּ ufakdenu **(desde *Nukvá*)**

בּוֹ vo לִבְרָכָה livrajá. וְהוֹשִׁיעֵנוּ vehoshienu **(desde *Dáat*)** בּוֹ vo

לְחַיִּים lejayim אהיה אהיה יהוה, בינה ע"ה טוֹבִים tovim.

Nuestro Dios y el Dios de nuestros padres, pueda levantarse y venir y llegar y aparecer y encontrar el favor y ser oído y ser considerado y ser recordado, nuestra remembranza y la remembranza de nuestros padres, la remembranza de Jerusalén, Tu ciudad, y la remembranza del Mesías Ben David, Tu sirviente, y la remembranza de toda Tu Nación, la Casa de Israel, ante Ti, para aceptación, para bien, para gracia, amabilidad y compasión, para una buena vida y para paz en este Día de (**en *Shabat* decimos:** *Shabat y en este día de) Expiación y en día del perdón de la iniquidad, en este buen día de Convocación Santa, para tener misericordia de nosotros y para salvarnos. Recuérdanos, Señor, nuestro Dios, para bien y considéranos en ello para la bendición y entréganosla para una buena vida*

בִּדְבַר bidvar ראה יְשׁוּעָה yeshuá וְרַחֲמִים verajamim♦

וְחוּס jus וְחָנֵּנוּ vejanenu וַחֲמוֹל vajamol וְרַחֵם verajem אברהם, וז"פ אל,

ר"ו וכ"ב נתיבות החכמה, רמ"ח (אברים), עסמ"ב וט"ז אותיות פשוטות עָלֵינוּ aleinu♦

וְהוֹשִׁיעֵנוּ vehoshienu כִּי qui אֵלֶיךָ eleja עֵינֵינוּ eineinu ריבוע מ"ה♦

כִּי qui אֵל El ייא"י מֶלֶךְ Mélej חַנּוּן janún וְרַחוּם verajum אָתָּה Atá:

אֱלֹהֵינוּ Eloheinu ילה וֵאלֹהֵי veElohei לכב ; מילוי ע"ב, דמב ; ילה אֲבוֹתֵינוּ avoteinu♦

מְלוֹךְ meloj (El secreto de la revelación del Honor del Santo Rey de los Mundos)

עַל al כָּל col ילי עמם הָעוֹלָם haolam כֻּלּוֹ culó בִּכְבוֹדָךְ bijvodaj ב"ן, לכב♦

וְהִנָּשֵׂא vehinasé עַל al כָּל col ילי עמם הָאָרֶץ haárets אלהים דההין ע"ה

בִּיקָרָךְ: bikaraj

(La elevación de la dominación desde *Vav-Hei* hacia *Yud* y *Hei*, que es el secreto de *Yekar*-Gloria)

וְהוֹפַע vehofá בַּהֲדַר bahadar גְּאוֹן gueón עֻזָּךְ: uzaj

(La relevación de *Arij Anpín* —desde Su aspecto del Cabello, el cual está debajo de la Garganta, que es llamada *Hadar Gueón*— sobre los Mundos Inferiores)

עַל al כָּל col ילי עמם יוֹשְׁבֵי yoshvei ריו ב"פ תֵּבֵל tevel אַרְצָךְ: artsaj♦

וְיֵדַע veyedá כָּל col ילי פָּעוּל paúl (*Asiyá*) כִּי qui אַתָּה Atá פְּעַלְתּוֹ pealtó♦

וְיָבִין veyavín כָּל col ילי יָצוּר yetsur (*Yetsirá*) כִּי qui אַתָּה Atá יְצַרְתּוֹ yetsartó♦

וְיֹאמַר veyomar כָּל col ילי אֲשֶׁר asher נְשָׁמָה neshamá (*Briá*) בְּאַפּוֹ veapó♦

(Todos reconoceremos el hecho de que la Luz está en control, incluso cuando parezca que la *klipá* lo esté)

יְהֹוָהאדניאהדונהי Adonai אֱלֹהֵי Elohei מילוי ע"ב, דמב ; ילה יִשְׂרָאֵל Yisrael תרי"ג (מצוות)

מָלָךְ malaj (מֶלֶךְ)♦ וּמַלְכוּתוֹ umaljutó בַּכֹּל vacol לכב, ב"ן מָשָׁלָה mashalá

: (El secreto del Santo *Maljut* que entra y se viste de la *klipá* para poder doblegarla)

---

con las palabras de entrega y misericordia. Ten piedad y sé amable con nosotros y ten misericordia y sé compasivo con nosotros y sálvanos, porque nuestros ojos van hacia Ti, porque Tú eres Dios, Rey que es amable y compasivo. Nuestro Dios y Dios de nuestros antepasados, reina sobre todo el mundo con gloria y sé exaltado sobre toda la Tierra en Tu esplendor y revélate a Ti mismo en la grandeza majestuosa de Tu fortaleza sobre todos los moradores del mundo habitado, que es Tu tierra. Entonces todo lo que se ha hecho sabrá que Tú lo creaste y todo lo que se ha formado entenderá que Tú lo has formado y todo lo que tiene alma en su nariz proclamará que el Señor, el Dios de Israel, ha reinado y Su Reino rige sobre todo.

MEKADESH ISRAEL VE YOM HAKIPURIM

(En *Shabat* agregar: אֱלֹהֵינוּ Eloheinu ילה וֵאלֹהֵי veElohei לכב ; מילוי ע״ב, דמב ; ילה
אֲבוֹתֵינוּ avoteinu רְצֵה retsé נָא na בִמְנוּחָתֵנוּ (vimnujateinu
קַדְּשֵׁנוּ kadshenu בְּמִצְוֹתֶיךָ •vemitsvoteja תֵּן ten וְחֶלְקֵנוּ jelkenu
בְּתוֹרָתָךְ •vetorataj שַׂבְּעֵנוּ sabenu מִטּוּבָךְ mituvaj לאו• שַׂמֵּחַ saméaj
נַפְשֵׁנוּ nafshenu בִּישׁוּעָתָךְ •bishuataj וְטַהֵר vetaher לִבֵּנוּ libenu
לְעָבְדְּךָ leovdejá פוי, אל יהוה בֶּאֱמֶת veemet אהיה אהיה פעמים אהיה, ז״פ ס״ג•
כִּי qui אַתָּה Atá יְהֹוָהאדניאהדונהי Adonai אֱלֹהִים Elohim ילה
אֱמֶת emet אהיה פעמים אהיה, ז״פ ס״ג• וּדְבָרְךָ udvarjá ראה מַלְכֵּנוּ malquenu
אֱמֶת emet אהיה פעמים אהיה, ז״פ ס״ג וְקַיָּם vekayam לָעַד laad ב״פ ב״ן• בָּרוּךְ Baruj
אַתָּה Atá יְהֹוָהאדניאהדונהי Adonai מֶלֶךְ Mélej מוֹחֵל mojel וְסוֹלֵחַ vesoléaj
לַעֲוֹנוֹתֵינוּ laavonoteinu וְלַעֲוֹנוֹת velaavonot עַמּוֹ amó יִשְׂרָאֵל •Yisrael
וּמַעֲבִיר umaavir אַשְׁמוֹתֵינוּ ashmoteinu בְּכָל bejol לכב, ב״ן שָׁנָה shaná
וְשָׁנָה •veshaná מֶלֶךְ Mélej עַל al כָּל col ילי עמם הָאָרֶץ haárets אלהים דההין ע״ה
מְקַדֵּשׁ mekadesh (En *Shabat* agregar: הַשַּׁבָּת haShabat וְ (ve יִשְׂרָאֵל Yisrael
וְיוֹם veYom ע״ה נגד, מזבח, זן, אל יהוה הַכִּפּוּרִים :HaKipurim

LAS TRES BENDICIONES FINALES

A través del mérito de Moshé, Aharón y Yosef, quienes son nuestros canales para las últimas tres bendiciones, somos capaces de hacer descender toda la energía espiritual que despertamos con nuestras oraciones y bendiciones.

LA QUINTA BENDICIÓN

Durante esta bendición, que se refiere a Moshé, siempre debemos meditar en tratar de saber exactamente qué quiere Dios de nosotros en nuestra vida, como lo indica la frase: "Que sea la voluntad de Dios". Estamos pidiéndole a Dios que nos guíe hacia el trabajo que vinimos a hacer en la Tierra. El Creador no puede aceptar sólo el trabajo que queremos hacer, debemos llevar a cabo el trabajo que estamos destinados a hacer

---

MEKADESH ISRAEL VE YOM HAKIPURIM

(En **Shabat**: *Dios nuestro y Dios de nuestros antepasados, que Te plazca nuestro descanso).*
Santifícanos con Tus preceptos y otórganos participación en Tu Torá y sácianos de Tu bondad y alegra nuestros espíritus con Tu salvación y purifica nuestro corazón para que te sirvamos con verdad. Porque Tú, Señor, eres el verdadero Dios y Tu palabra es verdadera y perenne por siempre. Bendito eres Tú, Señor, que es Rey que perdonas y absuelves nuestras iniquidades y las iniquidades de Tu pueblo Israel, y dejas pasar nuestras ofensas cada año, Rey sobre toda la Tierra, Que santificas (en **Shabat** agregar: *el Shabat,) Israel y el Día de Expiación.*

Nétsaj

Meditar por el Deseo Celestial (*Kéter*), que es llamado *Métsaj HaRatsón* (la Frente del Deseo).

רְצֵה retsé אלף למד הה יוד מם

Aquí meditar en transformar el infortunio y la tragedia (צרה) en deseo y aceptación (רצה).

יְהֹוָהאדניאהדונהי Adonai אֱלֹהֵינוּ Eloheinu ילה בְּעַמְּךָ beamjá יִשְׂרָאֵל Yisrael

וְלִתְפִלָּתָם velitfilatam שְׁעֵה ◆sheé וְהָשֵׁב vehashev הָעֲבוֹדָה haavodá

לִדְבִיר lidvir רי"ו בֵּיתֶךָ beiteja ב"פ ראה◆ וְאִשֵּׁי veishei יִשְׂרָאֵל Yisrael

וּתְפִלָּתָם utfilatam מְהֵרָה meherá בְּאַהֲבָה beahavá אחד, דאגה

תְּקַבֵּל tekabel בְּרָצוֹן beratsón מהש ע"ה, ע"ב בריבוע וקס"א ע"ה, אל שדי ע"ה◆

וּתְהִי utehí לְרָצוֹן leratsón מהש ע"ה, ע"ב בריבוע וקס"א ע"ה, אל שדי ע"ה

תָּמִיד tamid ע"ה קס"א קנ"א קמ"ג עֲבוֹדַת avodat יִשְׂרָאֵל Yisrael עַמֶּךָ ameja:

וְאַתָּה veAtá בְּרַחֲמֶיךָ verajameja הָרַבִּים ◆harabim תַּחְפֹּץ tajpots

בָּנוּ banu וְתִרְצֵנוּ vetirtsenu וְתֶחֱזֶינָה vetejezena עֵינֵינוּ eineinu ריבוע מ"ה

בְּשׁוּבְךָ beshuvjá לְצִיּוֹן leTsiyón יוסף, ו' הויות, קנאה

בְּרַחֲמִים berajamim מצפצ, אלהים דיודין, י"פ ייי:

בָּרוּךְ Baruj אַתָּה Atá יְהֹוָהאדניאהדונהי Adonai

הַמַּחֲזִיר hamajazir שְׁכִינָתוֹ Shjinató לְצִיּוֹן leTsiyón יוסף, ו' הויות, קנאה:

LAS TRES BENDICIONES FINALES

LA QUINTA BENDICIÓN

Encuentra gracia, Señor, nuestro Dios, en Tu Pueblo, Israel y oye su oración. Restaura el culto en el santuario interno de Tu Templo. Acepta las ofrendas de Israel y sus oraciones con complacencia, prontamente y con amor. Que siempre sea agradable a Ti el servicio de Israel, Tu Nación. Y Tú en Tu gran compasión, te deleites en nosotros y estés complacido con nosotros. Puedan nuestros ojos contemplar Tu retorno a Sión con compasión. ¡Bendito eres Tú, Señor, que devuelve Su Shejiná a Sión!

LA SEXTA BENDICIÓN

Esta bendición es nuestro agradecimiento. Kabbalísticamente, el mayor "agradecimiento" que le podemos dar a nuestro Creador es hacer exactamente lo que estamos destinados a hacer en términos de nuestro trabajo espiritual.

Hod

Inclina todo tu cuerpo en "*modim*" y enderézate en "*Adonai*".

מוֹדִים modim מאה ברכות שתיקן דוד לאמרם כל יום אֲנַחְנוּ anajnu לָךְ laj

שָׁאַתָּה sheAtá הוּא Hu יְהֹוָהאדניאהדונהי Adonai (ונ) אֱלֹהֵינוּ Eloheinu ילה

וֵאלֹהֵי veElohei לכב ; מילוי ע״ב, דמב ; ילה אֲבוֹתֵינוּ avoteinu לְעוֹלָם leolam

ריבוע ס״ג וי׳ אותיות דס״ג וָעֶד vaed• צוּרֵנוּ tsurenu צוּר tsur אלהים דההין ע״ה

וְחַיֵּינוּ jayeinu וּמָגֵן umaguén ג״פ אל (ייא״ מילוי דס״ג) ; ר״ת מיכאל גבריאל נוריאל

יִשְׁעֵנוּ yishenu אַתָּה Atá הוּא Hu• לְדֹר ledor וָדֹר vador רי״ו נוֹדֶה nodé

לְךָ lejá וּנְסַפֵּר unesaper תְּהִלָּתֶךָ tehilateja• עַל־ al וְחַיֵּינוּ jayeinu

הַמְּסוּרִים hamesurim בְּיָדֶךָ beyadeja• וְעַל veal נִשְׁמוֹתֵינוּ nishmoteinu

הַפְּקוּדוֹת hapkudot לָךְ laj• וְעַל־ veal נִסֶּיךָ niseja שֶׁבְּכָל shebejol

ב״ן, לכב יוֹם yom ע״ה נגד, מזבח, זן, אל יהוה עִמָּנוּ imanu ריבוע ס״ג, קס״א ע״ה וד׳ אותיות

וְעַל veal נִפְלְאוֹתֶיךָ nifleoteja וְטוֹבוֹתֶיךָ vetovoteja שֶׁבְּכָל shebejol

ב״ן, לכב עֵת et• עֶרֶב érev וָבֹקֶר vavóker וְצָהֳרָיִם vetsahoráyim• הַטּוֹב hatov

והו כִּי־ qui לֹא־ lo כָלוּ jalú רַחֲמֶיךָ rajameja• הַמְרַחֵם hamerajem

אברהם, וז״פ אל, רי״ו ול״ב נתיבות החכמה, רמ״ח (אברים), עסמ״ב וט״ז אותיות פשוטות כִּי־ qui לֹא lo

תַמּוּ tamu חֲסָדֶיךָ jasadeja כִּי qui מֵעוֹלָם meolam קִוִּינוּ kivinu לָךְ laj:

LA SEXTA BENDICIÓN

Nosotros te damos gracias a Ti, porque eres Tú, Señor, quien es nuestro Dios y el Dios de nuestros padres, por siempre y por toda la eternidad. Tú eres nuestra Fortaleza, la Fortaleza de nuestras vidas y el Escudo de nuestra salvación. De una generación a otra, te daremos gracias a Ti y cantaremos Tu alabanza. Porque nuestras vidas que están en Tus Manos, por nuestras almas que están a Tu cuidado, por Tus milagros que están con nosotros todos los días y por Tus maravillas y Tus favores que están con nosotros en todo momento: de noche, de mañana y de tarde. Tú eres bueno, porque Tu compasión nunca se ha acabado. Tú eres el Misericordioso, porque Tu bondad nunca ha cesado, porque siempre hemos puesto nuestras esperanzas en Ti.

MODIM DERABANÁN

Esta oración es recitada por la congregación en la repetición cuando el *jazán* dice "*modim*".

En esta sección hay 44 palabras, que es el mismo valor numérico del Nombre:

(א אה אהי אהיה) ריבוע אהי

מוֹדִים modim מאה ברכות שתיקן דוד לאמרם כל יום אֲנַחְנוּ anajnu לָךְ laj
שָׁאַתָּה sheAtá הוּא hu יְהֹוָהאדניאהדונהי Adonai אֱלֹהֵינוּ Eloheinu ילה
וֵאלֹהֵי veElohei לכב ; מילוי ע"ב, דמב ; ילה אֲבוֹתֵינוּ avoteinu
אֱלֹהֵי Elohei מילוי ע"ב, דמב ; ילה כָּל jol ילי בָּשָׂר basar• יוֹצְרֵנוּ yotsrenu
יוֹצֵר yotser בְּרֵאשִׁית bereshit• בְּרָכוֹת brajot וְהוֹדָאוֹת vehodaot
לְשִׁמְךָ leShimjá הַגָּדוֹל hagadol להחו ; עם ד' אותיות = מבה, יזל, אום
וְהַקָּדוֹשׁ vehakadosh עַל al שֶׁהֶחֱיִיתָנוּ shehejeyitanu וְקִיַּמְתָּנוּ vekiyamtanu•
כֵּן quen תְּחַיֵּינוּ tejayeinu וּתְחָנֵּנוּ utejonenu• וְתֶאֱסוֹף veteesof
גָּלֻיּוֹתֵינוּ galuyoteinu לְחַצְרוֹת lejatsrot קָדְשֶׁךָ kodshejá• לִשְׁמוֹר lishmor
חֻקֶּיךָ jukeja וְלַעֲשׂוֹת velaasot רְצוֹנֶךָ retsoneja• וּלְעָבְדְּךָ uleovdejá
פוי, אל אדני בְּלֵבָב belevav בוכו שָׁלֵם shalem• עַל al שֶׁאֲנַחְנוּ sheanajnu
מוֹדִים modim לָךְ laj• בָּרוּךְ Baruj אֵל El ייא"י (מילוי דס"ג) הַהוֹדָאוֹת hahodaot:

וְעַל veal כֻּלָּם culam יִתְבָּרַךְ yitbaraj וְיִתְרוֹמָם veyitromam
וְיִתְנַשֵּׂא veyitnasé תָּמִיד tamid ע"ה קס"א קנ"א קמ"ג שִׁמְךָ Shimjá
מַלְכֵּנוּ malquenu לְעוֹלָם leolam ריבוע ס"ג וי' אותיות דס"ג וָעֶד vaed•
וְכָל־ vejol ילי הַחַיִּים hajayim אהיה אהיה יהוה, בינה ע"ה יוֹדוּךָ yoduja סֶּלָה sela:

וַחֲתוֹם vajatom לְחַיִּים lejayim אהיה אהיה יהוה, בינה ע"ה טוֹבִים tovim

Nétsaj y *Hod* de *Zeir Anpín* se convierten en *Mojín* para *Nukvá* y es por ello que son buenos (*tovim*) ya que ellos están en el lugar de la revelación de los *Jasadim* como se conoce.

כָּל־ col ילי בְּנֵי bnei בְרִיתֶךָ vriteja:

Si olvidas decir "*vajatom*" y te das cuenta de esto antes del final de la bendición "*Baruj Atá Adonai*", debes regresar y decir "*vajatom*" y continuar normalmente. Pero si te das cuenta de esto sólo después del final de la bendición, debes continuar.

MODIM DERABANÁN

Nosotros te damos gracias a Ti, porque eres Tú quien es nuestro Dios y el Dios de nuestros padres, el Dios de toda la humanidad, nuestro Hacedor y el Creador de toda la Creación. Bendiciones y gracias a Tu gran y Santo Nombre por darnos vida y por preservarnos. Que puedas Tú continuar dándonos vida, sé amable con nosotros y reúne nuestros exiliados en las Cortes de Tu Santuario, para que podamos cumplir Tus leyes, hacer Tu voluntad y servir a Ti con todo el corazón. Por esto Te agradecemos. ¡Bendito sea el Dios de los agradecimientos

Y por todas estas cosas, que Tu Nombre sea siempre bendecido, exaltado y ensalzado, por siempre, nuestro Rey, por siempre y para siempre, y todos los vivientes Te agradecen, Sela.

Y sella a todos los miembros de Tu alianza para una vida feliz.

וִיהַלְלוּ vihalelú וִיבָרְכוּ vivarjú יהוה ריבוע יהוה ריבוע מ״ה אֶת־ et
שִׁמְךָ Shimjá הַגָּדוֹל hagadol להח ; עם ד׳ אותיות = מבה, יזל, אום בֶּאֱמֶת beemet אהיה
פעמים אהיה, ז״פ ס״ג לְעוֹלָם leolam ריבוע ס״ג וי׳ אותיות דס״ג כִּי qui טוֹב tov והו ;
כי טוב = יהוה אהיה, אום, מבה, יזל. הָאֵל haEl לאה ; ייא״י (מילוי דס״ג) יְשׁוּעָתֵנוּ yeshuatenu
וְעֶזְרָתֵנוּ veezratenu סֶלָה sela. הָאֵל haEl לאה ; ייא״י (מילוי דס״ג) הַטּוֹב hatov והו:

Flexiona tus rodillas en "*Baruj*", inclínate en "*Atá*" y enderézate en "*Adonai*".

בָּרוּךְ Baruj אַתָּה Atá יְהֹוָהאדניאהדונהי Adonai (ה׳) הַטּוֹב hatov והו
שִׁמְךָ Shimjá וּלְךָ uLejá נָאֶה naé לְהוֹדוֹת lehodot ס״ת כהת, משיח בן דוד ע״ה:

Para la bendición de los *Cohanim* ir a la página 418.

LA BENDICIÓN FINAL

Estamos emanando la energía de paz para el mundo entero. También nos proponemos utilizar nuestras bocas sólo para el bien. Kabbalísticamente, el poder de las palabras y del habla es inimaginable. Esperamos usar este poder sabiamente, lo que tal vez es una de las tareas más difíciles de llevar a cabo.

Yesod

שִׂים sim שָׁלוֹם shalom

טוֹבָה tová אכא וּבְרָכָה uvrajá וְחַיִּים jayim אהיה אהיה יהוה, בינה ע״ה וְחֵן jen מילוי
דמ״ה בריבוע, מוחי וָחֶסֶד vajésed ע״ב, ריבוע יהוה צְדָקָה tsdaká ע״ה ריבוע אלהים
וְרַחֲמִים verajamim עָלֵינוּ aleinu וְעַל־ veal כָּל־ col ילי ; עמם
יִשְׂרָאֵל Yisrael עַמֶּךָ ameja וּבָרְכֵנוּ uvarjenu אָבִינוּ avinu כֻּלָּנוּ culanu
כְּאֶחָד queejad אהבה, דאגה בְּאוֹר beor רז, א״ס פָּנֶיךָ paneja ס״ג מ״ה ב״ן כִּי qui
בְאוֹר veor רז, א״ס פָּנֶיךָ paneja ס״ג מ״ה ב״ן נָתַתָּ natata לָנוּ lanu אלהים, אהיה אדני
יְהֹוָהאדניאהדונהי Adonai אֱלֹהֵינוּ Eloheinu ילה תּוֹרָה Torá וְחַיִּים vejayim
אהיה אהיה יהוה, בינה ע״ה. אַהֲבָה ahavá אחד, דאגה וָחֶסֶד vajésed ע״ב, ריבוע יהוה.

Y ellos te alabarán y bendecirán Tu gran Nombre, sinceramente y para siempre, porque es bueno, el Dios de nuestra salvación y nuestra ayuda, Sela, el buen Dios. Bendito eres Tú, Señor, cuyo Nombre es bueno. Y a Ti es propio dar gracias.

LA BENDICIÓN FINAL

Otorga paz, bondad, bendiciones, vida, gracia, amabilidad, justicia y misericordia a nosotros y a todo Israel, Tu Pueblo. Bendícenos a todos como uno solo, Padre nuestro, con la Luz de Tu Rostro, porque es con la Luz de Tu rostro que Tú, Señor, nuestro Dios, nos has dado la Torá y vida, amor y amabilidad,

צְדָקָה tsdaká ע"ה ריבוע אלהים וְרַחֲמִים •verajamim בְּרָכָה brajá
וְשָׁלוֹם •veshalom וְטוֹב vetov והו בְּעֵינֶיךָ beeineja ע"ה קס"א ; ריבוע מ"ה
לְבָרְכֵנוּ levarjenu וּלְבָרֵךְ ulevarej אֶת et כָּל־ col ילי עַמְּךָ amjá
יִשְׂרָאֵל Yisrael בְּרוֹב־ berov י"פ אהיה עֹז oz וְשָׁלוֹם :veshalom
וּבְסֵפֶר uveséfer חַיִּים jayim אהיה אהיה יהוה, בינה ע"ה
בְּרָכָה brajá וְשָׁלוֹם veshalom וּפַרְנָסָה ufarnasá טוֹבָה tová אכא
וִישׁוּעָה vishuá וְנֶחָמָה venejamá וּגְזֵרוֹת ugzerot טוֹבוֹת •tovot
נִזָּכֵר nizajer וְנִכָּתֵב venicatev לְפָנֶיךָ lefaneja ס"ג מ"ה ב"ן
אֲנַחְנוּ anajnu וְכָל vejol ילי עַמְּךָ amjá יִשְׂרָאֵל Yisrael
לְחַיִּים lejayim אהיה אהיה יהוה, בינה ע"ה טוֹבִים tovim וּלְשָׁלוֹם :uleshalom

Si olvidaste decir "*uveséfer jayim*" y te das cuenta de esto antes del final de la bendición "*Baruj Atá Adonai*", debes regresar y decir "*uveséfer jayim*" y continuar normalmente. Pero si te das cuenta de esto sólo al final de la bendición, debes continuar.

בָּרוּךְ Baruj אַתָּה Atá יהוהאדניאהדונהי Adonai
הַמְבָרֵךְ hamevarej אֶת et עַמּוֹ amó יִשְׂרָאֵל Yisrael
ר"ת = אלהים (אילהויהם = יב"ק) בַּשָּׁלוֹם •bashalom אָמֵן Amén יאהדונהי.

YIHYÚ LERATSÓN

Hay 42 letras en el versículo en el secreto del *Aná Bejóaj*.

יִהְיוּ yihyú אל (ייא"י מילוי דס"ג) לְרָצוֹן leratsón מהש ע"ה, ע"ב בריבוע וקס"א ע"ה, אל שדי ע"ה
אִמְרֵי־ imrei פִי fi ר"ת אֶלֶף = אלף למד שין דלת יוד ע"ה וְהֶגְיוֹן vehegyón לִבִּי libí
לְפָנֶיךָ lefaneja ס"ג מ"ה ב"ן יְהֹוָהאדניאהדונהי Adonai צוּרִי tsurí וְגֹאֲלִי :vegoalí

En la repetición el *jazán* omite lo que sigue y continúa con "*Avinu Malquenu*" en la página 686.

En la *Amidá* silenciosa continuamos con el *Vidui* en la página siguiente (679).

---

justicia y misericordia, bendición y paz, y que encuentres bueno bendecirnos a nosotros y a todo Israel, Tu Pueblo, con abundante poder y con paz. Y que en el Libro de la Vida, todos seamos recordados e inscritos ante Ti; para bendición, paz, buen sustento, salvación, consuelo, y buenos decretos. Nosotros y toda Tu Nación, Israel, para una buena vida y para paz. ¡Bendito eres Tú, Señor, que bendice a Su Pueblo, Israel, con paz! Amén.

YIHYÚ LERATSÓN

"Sean gratos ante Ti, Señor, mi Fortaleza y mi Redentor,
los dichos de mi boca y los pensamientos de mi corazón" (Salmos 19:15).

ASHAMNU (VIDUI) (encontrarás la explicación y traducción del *Vidui* en las páginas 56-57)

Mientras recitas el *Vidui*, debes golpear tu pecho con la mano derecha para sacudir los *Jasadim* (misericordia) y las *Guevurot* (juicio) de modo que puedan crecer en aras del *Ziguv* (unificación). Incluso si sabes que no cometiste ninguna de las acciones negativas mencionadas a continuación, aun así debes recitar el *Vidui*. Debido a que todos somos garantes uno de otro, el *Vidui* se recita en plural; porque el *Vidui* se trata sobre vidas pasadas y las demás personas que están conectadas a la raíz de tu alma.

Las 22 letras son el valor numérico del Nombre Sagrado: אכא

אָנָּא aná ב"ן יְהֹוָאדְנָיאהדונהי Adonai אֱלֹהֵינוּ Eloheinu ילה

וֵאלֹהֵי veElohei לכב ; מילוי ע"ב, דמב ; ילה אֲבוֹתֵינוּ avoteinu. תָּבֹא tavó

לְפָנֶיךָ lefaneja ס"ג מ"ה ב"ן תְּפִלָּתֵנוּ tfilatenu וְאַל veal תִּתְעַלַּם titalam

מַלְכֵּנוּ malquenu מִתְּחִנָּתֵנוּ mitjinatenu. שֶׁאֵין sheéin אֲנַחְנוּ anajnu

עַזֵּי azei אלהים ע"ה, אהיה אדני ע"ה פָנִים fanim וּקְשֵׁי ukshei עֹרֶף óref

לוֹמַר lomar לְפָנֶיךָ lefaneja ס"ג מ"ה ב"ן יְהֹוָאדְנָיאהדונהי Adonai

אֱלֹהֵינוּ Eloheinu ילה וֵאלֹהֵי veElohei לכב ; מילוי ע"ב, דמב ; ילה

אֲבוֹתֵינוּ avoteinu צַדִּיקִים tsadikim אֲנַחְנוּ anajnu וְלֹא־ veló

וְחָטָאנוּ jatanu. אֲבָל aval וְחָטָאנוּ jatanu. עָוִינוּ avinu. פָּשַׁעְנוּ pashanu.

אֲנַחְנוּ anajnu וַאֲבוֹתֵינוּ vaavoteinu וְאַנְשֵׁי veanshei בֵיתֵנוּ veitenu ב"פ ראה:

אָשַׁמְנוּ ashamnu. בָּגַדְנוּ bagadnu. גָּזַלְנוּ gazalnu. דִּבַּרְנוּ dibarnu דֹּפִי dofi

וְלָשׁוֹן velashón הָרָע hará. הֶעֱוִינוּ heevinu. וְהִרְשַׁעְנוּ vehirshanu. זַדְנוּ zadnu.

וְחָמַסְנוּ jamasnu. טָפַלְנוּ tafalnu שֶׁקֶר shéker וּמִרְמָה umirmá. יָעַצְנוּ yaatsnu

עֵצוֹת etsot רָעוֹת raot. כִּזַּבְנוּ quizavnu. כָּעַסְנוּ caasnu. לַצְנוּ latsnu.

מָרַדְנוּ maradnu. מָרִינוּ marinu דְּבָרֶיךָ devareja. נִאַצְנוּ niatsnu.

נִאַפְנוּ niafnu. סָרַרְנוּ sararnu. עָוִינוּ avinu. פָּשַׁעְנוּ pashanu.

פָּגַמְנוּ pagamnu. צָרַרְנוּ tsararnu. צִעַרְנוּ tsiarnu אָב av וָאֵם vaem.

קִשִּׁינוּ kishinu עֹרֶף óref. רָשַׁעְנוּ rashanu. שִׁחַתְנוּ shijatnu. תִּעַבְנוּ tiavnu.

תָּעִינוּ taínu. וְתִעְתָּעְנוּ vetiatanu וְסַרְנוּ vesarnu מִמִּצְוֹתֶיךָ mimitsvoteja

וּמִמִּשְׁפָּטֶיךָ umimishpateja הַטּוֹבִים hatovim וְלֹא veló שָׁוָה shavá

לָנוּ lanu אלהים, אהיה אדני. וְאַתָּה veAtá צַדִּיק tsadik

עַל al כָּל col ילי ; עמם הַבָּא habá עָלֵינוּ aleinu כִּי־ qui

אֱמֶת emet אהיה פעמים אהיה, ז"פ ס"ג עָשִׂיתָ asita וַאֲנַחְנוּ vaanajnu הִרְשָׁעְנוּ hirshanu:

Medita para garantizar que tus acciones negativas sean parte del pasado y ya no sean parte de tu presente.

MA NOMAR

Estos versos declaran que Dios conoce todo y que nada está oculto de Él; por lo tanto, debemos admitir nuestro comportamiento errado. Este entendimiento superficial sugiere que el propósito de la oración es confesar nuestros pecados al Creador. Por el contrario: no estamos aquí para "orar" a Dios. La Kabbalah penetra en la profunda verdad espiritual: cada uno de nosotros debe escudriñar profundamente dentro de sí y admitir para nosotros mismos nuestros rasgos negativos. Debemos rasgar los velos de la autonegación. Cada uno conoce la verdad dentro de su alma. Debemos vencer a nuestro propio ego y comenzar a admitir para nosotros mismos todas nuestras malas acciones y nuestros defectos. Usualmente, esta es la confesión más dolorosa y difícil de todas.

El secreto del Nombre: יוד הא ואו הא (מ"ה=45)
que revive a los Siete Reyes Quebrantados. La capacidad de revertir todo y corregir toda clase de corrupción depende de este Nombre, y también la *Teshuvá* (arrepentimiento) depende y se nutre de Éste.

מַה ma מ"ה נֹאמַר nomar לְפָנֶיךָ lefaneja ס"ג מ"ה ב"ן (*Ima*)
יוֹשֵׁב yoshev מָרוֹם marom (*Atik Yomín*). וּמַה umá מ"ה נְסַפֵּר nesaper
(***Nukvá*—el libro de *Yesod***) לְפָנֶיךָ lefaneja ס"ג מ"ה ב"ן שׁוֹכֵן shojén
שְׁחָקִים shjakim (***Ima*—que se extiende en *Yesod* mediante *Nétsaj* y *Hod***)
הֲלֹא haló (*Ima*) כָּל jol ילי (**50 Puertas de *Biná***) הַנִּסְתָּרוֹת hanistarot (י"ה)
וְהַנִּגְלוֹת vehaniglot (ו"ה) אַתָּה Atá (סוזפך) יוֹדֵעַ yodea (*Mazal Venaké*).
מַה ma מ"ה אֲנַחְנוּ anajnu מַה ma מ"ה וְחַיֵּינוּ jayeinu.
מַה ma מ"ה וְחַסְדֵּנוּ jasdenu מַה ma מ"ה צִדְקוֹתֵינוּ tsidkoteinu. מַה ma מ"ה
כֹּחֵנוּ cojenu מַה ma מ"ה גְּבוּרָתֵנוּ gvuratenu. מַה ma מ"ה נֹאמַר nomar
לְפָנֶיךָ lefaneja ס"ג מ"ה ב"ן יְהֹוָאדניאהדונהי Adonai אֱלֹהֵינוּ Eloheinu ילה
וֵאלֹהֵי veElohei לכב ; מילוי ע"ב, דמב ; ילה אֲבוֹתֵינוּ avoteinu הֲלֹא haló
כָּל col ילי הַגִּבּוֹרִים haguiborim כְּאַיִן queayin לְפָנֶיךָ lefaneja ס"ג מ"ה ב"ן.
וְאַנְשֵׁי veanshei הַשֵּׁם hashem כְּלֹא queló הָיוּ hayú. וַחֲכָמִים vajajamim
כִּבְלִי quivlí מַדָּע madá וּנְבוֹנִים unevonim כִּבְלִי quivlí הַשְׂכֵּל hasquel.

MA NOMAR

¿Qué diremos ante Ti, que moras en lo alto?

¿Y qué recontaremos ante Ti, cuya estancia es en las alturas excelsas? Como si no supieras todos los asuntos ocultos y revelados. ¿Qué somos nosotros y qué son nuestras vidas? ¿Cuán buena es nuestra gracia y para qué sirve nuestra integridad? ¿Cuánto valen nuestra fuerza y nuestro poder? ¿Qué podemos decir ante Ti, Señor, nuestro Dios y Dios de nuestros antepasados, pues todos los poderosos no son nada en comparación contigo y todos los reconocidos son como si nunca hubieran existido y todos los sabios son como si no tuviera conocimiento y todos los inteligentes son como si no tuvieran inteligencia?

כִּי qui כָל jol ילי מַעֲשֵׂינוּ maaseinu תֹהוּ tohu וִימֵי vimei חַיֵּינוּ jayeinu

הֶבֶל hével לְפָנֶיךָ lefaneja ס״ג מ״ה ב״ן: וּמוֹתַר umotar הָאָדָם haadam

מִן min הַבְּהֵמָה habehemá לכב אָיִן ayin כִּי qui הַכֹּל hacol הָבֶל hável:

ATÁ HIVDALTA

Todos nosotros tenemos el poder de ser como Dios, pero muchos nos sentimos insignificantes en comparación con la Luz infinita del Creador; como una vela ante el Sol radiante. Sin embargo, debemos entender que, en nuestro mundo oscuro, una vela tiene una importancia enorme. Podemos obtener grandes logros espirituales en este mundo, porque todos tenemos la Luz de Dios dentro de nosotros.

אַתָּה Atá הִבְדַּלְתָּ hivdalta

אֱנוֹשׁ enosh מֵרֹאשׁ merosh ריבוע אלהים ואלהים דיודין ע״ה.

וַתַּכִּירֵהוּ vataquirehu לַעֲמֹד laamod לְפָנֶיךָ lefaneja ס״ג מ״ה ב״ן.

כִּי qui מִי mi ילי יֹאמַר yomar לְךָ laj מַה ma מ״ה תִּפְעָל tifal.

וְאִם veím יוהך יִצְדַּק yitsdak מַה ma מ״ה יִתֶּן yitén לָךְ laj.

וַתִּתֶּן vatitén ב״פ כהת לָנוּ lanu אלהים, אהיה אדני יְהֹוָה Adonai

אֱלֹהֵינוּ Eloheinu ילה בְּאַהֲבָה beahavá אחד, דאגה אֶת et

יוֹם yom ע״ה נגד, מזבח, זן, אל יהוה הַכִּפּוּרִים HaKipurim הַזֶּה hazé והו.

אֶת et יוֹם yom ע״ה נגד, מזבח, זן, אל יהוה סְלִיחַת slijat הֶעָוֹן heavón הַזֶּה hazé והו.

אֶת et יוֹם yom ע״ה נגד, מזבח, זן, אל יהוה מִקְרָא mikrá קֹדֶשׁ kódesh הַזֶּה hazé והו.

לִמְחִילָה limjilá. וְלִסְלִיחָה velislijá. וּלְכַפָּרָה ulejapará.

וְלִמְחָל velimjol בּוֹ bo אֶת et כָּל col ילי עֲוֹנוֹתֵינוּ avonoteinu.

לְמַעַן lemaan נֶחְדַּל nejdal מֵעֹשֶׁק meóshek יָדֵינוּ yadeinu.

Pues todas nuestras acciones suman nada y los días de nuestras vidas son en vano ante Ti. Y la diferencia entre el hombre y la bestia no es nada porque todo es en vano.

ATÁ HIVDALTA

Tú has apartado a la humanidad desde el principio y Tú reconoces que ésta debe estar ante Ti. Porque, ¿quién puede decirte qué hacer? Si ellos actúan con rectitud, ¿cómo Te beneficiaría? Y que Tú nos otorgues, Señor, Dios nuestro, este Día de Expiación, este día de expiación de pecados, este día de Santa Convocatoria para perdón y que seamos perdonados, absueltos y expiados. Para que Tú nos perdones por todos nuestros pecados, de modo que restrinjamos nuestras manos de su compulsión

וְנָשׁוּב venashuv לַעֲשׂוֹת laasot חֻקֵּי jukei רְצוֹנְךָ retsonjá בְּלֵבָב belevav בוכו
שָׁלֵם shalem. וְאַתָּה veAtá בְּרַחֲמֶיךָ verajameja הָרַבִּים harabim
רַחֵם rajem אברהם, ח"פ אל, רי"ו ול"ב נתיבות החכמה, רמ"ח (אברים), עסמ"ב וט"ז אותיות פשוטות
עָלֵינוּ aleinu. כִּי qui לֹא lo תַחְפֹּץ tajpots בְּהַשְׁחָתַת behashjatat
עוֹלָם olam. שֶׁנֶּאֱמַר sheneemar: דִּרְשׁוּ dirshú יְהוָה יאהדונהי Adonai
בְּהִמָּצְאוֹ behimatsó קְרָאֻהוּ keraúhu בִּהְיוֹתוֹ bihyotó קָרוֹב karov:
וְנֶאֱמַר veneemar: יַעֲזֹב yaazov רָשָׁע rashá דַּרְכּוֹ darcó
וְאִישׁ veísh אָוֶן avén מַחְשְׁבֹתָיו majshevotav וְיָשֹׁב veyashov אֶל el
יְהוָה יאהדונהי Adonai וִירַחֲמֵהוּ virajamehu וְאֶל veel אֱלֹהֵינוּ Eloheinu ילה
כִּי qui יַרְבֶּה yarbé לִסְלוֹחַ lislóaj: וְאַתָּה veatá אֱלוֹהַּ Eloha מ"ב
סְלִיחוֹת slijot חַנּוּן janún וְרַחוּם verajum אֶרֶךְ érej אַפַּיִם apáyim
וְרַב verav חֶסֶד jésed ע"ב, ריבוע יהוה וּמַרְבֶּה umarbé לְהֵטִיב lehetiv.
וְרוֹצֶה verotsé אַתָּה Atá בִּתְשׁוּבָתָן bitshuvatán שֶׁל shel רְשָׁעִים reshaím.
וְאֵין veéin אַתָּה Atá חָפֵץ jafets בְּמִיתָתָן bemitatán. שֶׁנֶּאֱמַר sheneemar:
אֱמֹר emor אֲלֵיהֶם aleihem חַי jai אָנִי aní אני נְאֻם neúm אֲדֹנָי Adonai
יֱהֹוִה יאהדונהי Elohim אִם im יוהך אֶחְפֹּץ ejpots בְּמוֹת bemot הָרָשָׁע harashá
כִּי qui אִם im יוהך בְּשׁוּב beshuv רָשָׁע rashá מִדַּרְכּוֹ midarcó וְחָיָה vejayá
שׁוּבוּ shuvu שׁוּבוּ shuvu מִדַּרְכֵיכֶם midarjeijem הָרָעִים haraím
וְלָמָּה velama תָמוּתוּ tamutu בֵּית beit ב"פ ראה יִשְׂרָאֵל Yisrael:

---

y podamos cumplir nuevamente los estatutos de Tu voluntad con todo el corazón. Y que Tú, con la abundancia de Tu misericordia, seas misericordioso con nosotros y no desees la destrucción del mundo. Como está dicho: "Busquen al Señor mientras puede ser hallado, llámenlo en tanto que está cercano" (Isaías 55:6). También está dicho "Deje el impío su camino y el hombre inicuo sus pensamientos, y vuélvase a Dios, el cual tendrá de él misericordia, al Dios nuestro, el cual será amplio en perdonar" (Isaías 55:7). Porque Tú eres un Dios de perdón, compasivo y misericordioso, lleno de paciencia y abundante en gracia, y que hace mucho bien. Tú deseas el arrepentimiento del inicuo y no Te deleitas en su muerte, como está dicho: "Diles: Vivo Yo, dice el Señor, Dios, que no quiero la muerte del impío, sino que se vuelva el impío de su camino y que viva. ¡Vuelvan, vuelvan de sus malos caminos! ¿Por qué han de morir, casa de Israel?" (Ezequiel 33:11).

וְנֶאֱמַר veneemar: הֶחָפֹץ hejafots אֶחְפֹּץ ejpots מוֹת mot רָשָׁע rashá
נְאֻם neúm אֲדֹנָי Adonai יֱהֹוִה אדניאהדונהי Elohim הֲלוֹא haló
בְּשׁוּבוֹ beshuvó מִדְּרָכָיו midrajav וְחָיָה vejayá: וְנֶאֱמַר veneemar:
כִּי qui לֹא lo אֶחְפֹּץ ejpots בְּמוֹת bemot הַמֵּת hamet נְאֻם neúm
אֲדֹנָי Adonai יֱהֹוִה אדניאהדונהי Elohim וְהָשִׁיבוּ vehashivu וִחְיוּ vijyú: כִּי qui
אַתָּה Atá סָלְחָן soljián לְיִשְׂרָאֵל leYisrael וּמָחֳלָן umojalán
לְשִׁבְטֵי leshivtei יְשֻׁרוּן Yeshurún. וּמִבַּלְעָדֶיךָ umibaladeja אֵין ein
לָנוּ lanu אלהים, אהיה אדני מֶלֶךְ mélej מוֹחֵל mojel וְסוֹלֵחַ vesoléaj:

ELOHAI (para explicación y traducción ve al *Vidui* en la página 69)

אֱלֹהַי Elohai מילוי ע"ב, דמב ; ילה עַד ad שֶׁלֹּא sheló נוֹצַרְתִּי notsarti
אֵינִי einí כְדַאי jedai. וְעַכְשָׁיו veajshav שֶׁנּוֹצַרְתִּי shenotsarti
כְּאִלּוּ queílu לֹא lo נוֹצַרְתִּי notsarti. עָפָר afar אֲנִי aní אני בְּחַיַּי bejayai
קַל kal נמם, ה' גבורות וָחוֹמֶר vajómer בְּמִיתָתִי bemitatí. הֲרֵי harei
אֲנִי aní אני לְפָנֶיךָ lefaneja ס"ג מ"ה ב"ן יְהֹוָה אדניאהדונהי Adonai
אֱלֹהַי Elohai מילוי ע"ב, דמב ; ילה וֵאלֹהֵי veElohei לכב ; מילוי ע"ב, דמב ; ילה
אֲבוֹתַי avotai כִּכְלִי quijlí מָלֵא malé בוּשָׁה vushá וּכְלִמָּה ujlimá:
יְהִי yehí רָצוֹן ratsón מהש ע"ה, ע"ב בריבוע וקס"א ע"ה, אל שדי ע"ה
מִלְּפָנֶיךָ milfaneja ס"ג מ"ה ב"ן יְהֹוָה אדניאהדונהי Adonai אֱלֹהַי Elohai מילוי ע"ב, דמב ; ילה
וֵאלֹהֵי veElohei לכב ; מילוי ע"ב, דמב ; ילה אֲבוֹתַי avotai שֶׁלֹּא sheló אֶחֱטָא ejetá
עוֹד od. וּמַה umá מ"ה שֶׁחָטָאתִי shejatati לְפָנֶיךָ lefaneja ס"ג מ"ה ב"ן
מְחוֹק mejok בְּרַחֲמֶיךָ berajameja הָרַבִּים harabim. אֲבָל aval
לֹא lo עַל al יְדֵי yedei יִסּוּרִין yisurín וָחֳלָאִים vejolaím רָעִים raím:

Y está dicho: "¿Acaso quiero Yo la muerte del impío? dice el Señor, Dios. ¿Y no que viva y se aparte de sus malos caminos?" (Ezequiel 18:23). También está dicho: "Yo no quiero la muerte del que muere, dice el Señor, Dios. ¡Arrepiéntanse, pues, y vivirán!" (Ezequiel 18:32). Porque Tú eres el perdonador de Israel y el perdonador de las tribus de Jerusalén en cada generación. Y además de Ti no hay nadie que pueda perdonarnos y absolvernos.

ELOHAI NETSOR

אֱלֹהַי Elohai מילוי ע״ב, דמב ; ילה נְצוֹר netsor לְשׁוֹנִי leshoní מֵרָע merá•
וְשִׂפְתוֹתַי vesiftotai מִדַּבֵּר midaber ראה מִרְמָה mirmá• וְלִמְקַלְלַי velimkalelai
נַפְשִׁי nafshí תִדּוֹם tidom• וְנַפְשִׁי venafshí כֶּעָפָר queafar
לַכֹּל lacol יה אדני תִּהְיֶה tihyé• פְּתַח ptaj לִבִּי libí בְּתוֹרָתֶךָ betorateja•
וְאַחֲרֵי veajarei מִצְוֹתֶיךָ mitsvoteja תִּרְדּוֹף tirdof נַפְשִׁי nafshí•
וְכָל־ vejol ילי הַקָּמִים hakamim עָלַי alai לְרָעָה leraá רהע• מְהֵרָה meherá
הָפֵר hafer עֲצָתָם atsatam וְקַלְקֵל vekalkel מַחְשְׁבוֹתָם majshevotam•
עֲשֵׂה asé לְמַעַן lemaan שְׁמָךְ Shmaj• עֲשֵׂה asé לְמַעַן lemaan
יְמִינָךְ yeminaj• עֲשֵׂה asé לְמַעַן lemaan תּוֹרָתָךְ torataj• עֲשֵׂה asé
לְמַעַן lemaan קְדֻשָּׁתָךְ kedushataj• ר״ת הפסוק = מ״ה יהוה לְמַעַן lemaan
יֵחָלְצוּן yejaltsún יְדִידֶיךָ yedideja ר״ת ילי הוֹשִׁיעָה hoshía יהוה ושׂ״ע נהורין
יְמִינְךָ yeminjá וַעֲנֵנִי vaaneni (כתיב: ועננו) ר״ת אל (ייא״י מילוי דס״ג):

Antes de que recitemos el próximo verso ("*Yihyú leratsón*") tenemos una oportunidad para fortalecer la conexión con nuestra alma usando nuestro nombre. Cada persona tiene un versículo en la Torá que lo conecta con su nombre. O bien su nombre está en el versículo, o la primera y última letra del nombre corresponden a la primera y última letra de un versículo. Por ejemplo, el nombre Yehuda comienza con una *Yud* y termina con una *Hei*. Antes de terminar la *Amidá*, declaramos que nuestro nombre sea siempre recordado cuando nuestra alma abandone este mundo.

YIHYÚ LERATSÓN (EL SEGUNDO)

Hay 42 letras en el versículo en el secreto del *Aná Bejóaj*.

יִהְיוּ yihyú אל (ייא״י מילוי דס״ג) לְרָצוֹן leratsón מהש ע״ה, ע״ב בריבוע וקס״א ע״ה, אל שדי ע״ה
אִמְרֵי־ imrei פִי fi ר״ת אֱלֶף = אלף למד שין דלת יוד ע״ה וְהֶגְיוֹן vehegyón לִבִּי libí
לְפָנֶיךָ lefaneja ס״ג מ״ה ב״ן יְהֹוָאדהנויאהדונהי Adonai צוּרִי tsurí וְגֹאֲלִי vegoalí:

ELOHAI NETSOR

Mi Dios, cuida mi lengua del mal y mis labios de decir falsedad. Que mi alma permanezca en silencio ante aquellos que me maldicen y permite que mi espíritu sea humilde ante todos, como el polvo. Abre mi corazón a Tu Torá y permite que mi corazón siga Tus mandamientos. Prontamente frustra los planes y daña los pensamientos de todos aquellos que se levantan contra mí para hacerme daño. Hazlo por la gloria de Tu Nombre. Haz esto por el bien de Tu Diestra. Haz esto por el mérito de Tu Torá. Haz esto por Tu Santidad, "Que Tus amados sean rescatados. Sálvalos con Tu Diestra y contéstame" (Salmos 60:7).

YIHYÚ LERATSÓN (EL SEGUNDO)

"Que los dichos de mi boca y los pensamientos de mi corazón sean gratos ante Ti, Señor, mi Fortaleza y mi Redentor" (Salmos 19:15).

OSÉ SHALOM

Ahora damos tres pasos hacia atrás para atraer la Luz de los Mundos Superiores a nuestra vida. Nos inclinamos a la derecha, a la izquierda y al centro, y debemos meditar en que, al dar estos tres pasos hacia atrás, se construya nuevamente el Templo Sagrado que fue destruido.

Da tres pasos hacia atrás;

Izquierda
Te vuelves a la izquierda y dices:

עֹשֶׂה osé הַשָּׁלוֹם hashalom ספריאל המלאך החותם לחיים
בִּמְרוֹמָיו bimromav ר״ת ע״ב, ריבוע יהוה

Derecha
Te vuelves a la derecha y dices:

הוּא Hu בְּרַחֲמָיו verajamav יַעֲשֶׂה yaasé
שָׁלוֹם shalom עָלֵינוּ aleinu ר״ת ש״ע נהורין

Centro
Te alineas al centro y dices:

וְעַל veal כָּל־ col ילי ; עמם עַמּוֹ amó יִשְׂרָאֵל Yisrael
וְאִמְרוּ veimrú אָמֵן Amén יאהדונהי:

יְהִי yehí רָצוֹן ratsón מהש ע״ה, ע״ב בריבוע וקס״א ע״ה, אל שדי ע״ה מִלְּפָנֶיךָ milfaneja ס״ג מ״ה ב״ן יְהֹוָהאדניאהדונהי Adonai אֱלֹהֵינוּ Eloheinu ילה וֵאלֹהֵי veElohei לכב ; מילוי ע״ב, דמב ; ילה אֲבוֹתֵינוּ avoteinu, שֶׁתִּבְנֶה shetivné בֵּית beit ב״פ ראה הַמִּקְדָּשׁ hamikdash בִּמְהֵרָה bimherá בְיָמֵינוּ veyameinu וְתֵן vetén חֶלְקֵנוּ jelkenu בְּתוֹרָתָךְ vetorataj לַעֲשׂוֹת laasot חֻקֵּי jukei רְצוֹנָךְ retsonaj וּלְעָבְדָךְ uleavdaj פוי, אל אדני בְּלֵבָב belevav בוכו שָׁלֵם shalem.

Da tres pasos hacia delante.

OSÉ SHALOM

Él, que establece la Paz en Sus altos lugares,
Él, en Su compasión, hará que la paz esté entre nosotros y sobre Su pueblo entero, Israel, y dirán: Amén.

Sea agradable ante Ti, Señor, nuestro Dios y Dios de nuestros antepasados, que puedas reconstruir rápidamente el santo Templo, en nuestros días, y otórganos participación en Tu Torá, para que podamos cumplir las leyes de Tu deseo y servirte con todo el corazón.

MEDIO KADISH

יִתְגַּדַּל yitgadal וְיִתְקַדַּשׁ veyitkadash שד״י ומילוי שד״י ; י״א אותיות כמנין ו״ה
שְׁמֵיהּ Shmei (שם י״ה דע״ב) רַבָּא rabá קנ״א ב״ן, יהוה אלהים יהוה אדני,
מילוי קס״א וס״ג, מ״ה ברבוע וע״ב ע״ה ; ר״ת = ו״פ אלהים ; ס״ת = ג״פ יב״ק: אָמֵן Amén אידהנויה.
בְּעָלְמָא bealmá דִּי di בְרָא verá כִּרְעוּתֵיהּ quirutei.
וְיַמְלִיךְ veyamlij מַלְכוּתֵיהּ maljutei. וְיַצְמַח veyatsmaj
פּוּרְקָנֵיהּ purkanei. וִיקָרֵב vikarev מְשִׁיחֵיהּ Meshijei: אָמֵן Amén אידהנויה.
בְּחַיֵּיכוֹן bejayeijón וּבְיוֹמֵיכוֹן uveyomeijón וּבְחַיֵּי uvejayei
דְכָל dejol ילי בֵּית beit ב״פ ראה יִשְׂרָאֵל Yisrael בַּעֲגָלָא baagalá
וּבִזְמַן uvizmán קָרִיב kariv וְאִמְרוּ veimrú אָמֵן Amén: אָמֵן Amén אידהנויה.

La congregación y el *jazán* dicen lo siguiente:

Veintiocho palabras (hasta *bealmá*) – y veintiocho letras (hasta *almayá*)

יְהֵא yehé שְׁמֵיהּ Shmei (שם י״ה דס״ג) רַבָּא rabá קנ״א ב״ן,
יהוה אלהים יהוה אדני, מילוי קס״א וס״ג, מ״ה ברבוע וע״ב ע״ה מְבָרַךְ mevaraj,
לְעָלַם lealam לְעָלְמֵי lealmei עָלְמַיָּא almayá. יִתְבָּרַךְ yitbaraj.

Siete palabras con seis letras cada una (שם בן מ״ב). También, siete veces la letra Vav (שם בן מ״ב).

וְיִשְׁתַּבַּח veyishtabaj י״פ ע״ב יהוה אל אבג יתץ.

יִתְפָּאַר veyitpaar הי נו יה קרע שטן. וְיִתְרוֹמַם veyitromam וה כוזו נגד יכש.
וְיִתְנַשֵּׂא veyitnasé במוכסז בטר צתג. וְיִתְהַדָּר veyithadar כוזו יה וזקב טנע.
וְיִתְעַלֶּה veyitalé וה יוד ה יגל פזק. וְיִתְהַלָּל veyithalal א ואו הא שקו צית.
שְׁמֵיהּ Shmei (שם י״ה דמ״ה) דְּקוּדְשָׁא deKudshá בְּרִיךְ Verij הוּא Hu:
אָמֵן Amén אידהנויה.

לְעֵלָּא leelá מִן min כָּל col ילי בִּרְכָתָא birjatá. שִׁירָתָא shiratá.
תִּשְׁבְּחָתָא tishbejatá וְנֶחָמָתָא venejamatá. דַּאֲמִירָן daamirán
בְּעָלְמָא bealmá וְאִמְרוּ veimrú אָמֵן Amén: אָמֵן Amén אידהנויה.

MEDIO KADISH

¡Glorificado y santificado sea su Gran Nombre! (Amén).

En el mundo que Él creó de acuerdo a Su voluntad y pueda Su Reino reinar. Y pueda Él hacer que su Redención florezca y pueda Él acercar al Mesías (Amén). En tus vidas y en tus días y en la vida de la Casa de Israel, prontamente y en el futuro cercano, y dígase: Amén (Amén). Que Su gran Nombre sea bendito por siempre y para toda la eternidad, y bendito y alabado, y glorificado y exaltado, y ensalzado y honrado, y adorado y loado, sea el Nombre del Santo Bendito Sea (Amén). Más allá de todas las bendiciones, himnos, alabanzas y palabras de consolación que deben decirse en el mundo, y dígase: Amén (Amén).

SLIJOT PARA LA NEILÁ DE YOM KIPUR

Después de *Arvit*, tenemos una conexión especial llamada *Slijot*. El propósito detrás de esta oración es ayudar en el proceso de purificación de nuestra alma. El objetivo es limpiar todas las energías y residuos negativos que hemos acumulado durante el año.

זְכוֹר zejor ע״ב קס״א, יהי אור ע״ה (סוד המשכת השפע מן ד׳ שמות ליסוד הנקרא זכור)

בָּנֶיךָ baneja בְּאֶרֶץ beérets לֹא lo לָהֶם lahem. וְזָר vezar לֹא lo

יִקְרַב yikrav אֲלֵיהֶם aleihem: קֵץ kets מנק הַנֶּחְתָּם hanejtam גַּלֵּה galé

לְגַלְמוּדָה legalmudá. יִשְׂמַח yismaj הַר har צִיּוֹן Tsiyón יוסף, ו׳ הויות, קנאה

תָּגֵלְנָה tagelna בְּנוֹת bnot יְהוּדָה Yehudá: שַׁוְעָתֵנוּ shavatenu

תַּעֲלֶה taalé לִשְׁמֵי lishmei מְרוֹמִים meromim. אֵל El ייא״י (מילוי דס״ג)

מֶלֶךְ mélej יוֹשֵׁב yoshev עַל al כִּסֵּא quisé רַחֲמִים rajamim.

LOS TRECE ATRIBUTOS

Los Trece Atributos son trece virtudes o propiedades que reflejan trece aspectos de nuestra relación con el Creador. Estos Trece Atributos son la forma en que interactuamos con Dios en nuestra vida diaria, estemos conscientes de ello o no. Ellos funcionan como un espejo. Cuando sonreímos ante un espejo, la imagen sonríe de regreso. Cuando nos vemos en un espejo y maldecimos, la imagen nos maldice de vuelta. Si realizamos una acción negativa en nuestro mundo, el espejo nos refleja la energía negativa. En la medida que intentamos transformar nuestra naturaleza reactiva en una proactiva, esta retroalimentación directa nos orienta y corrige. El número trece también representa uno por encima de los doce signos del Zodíaco. Estos doce signos controlan nuestra naturaleza reactiva e instintiva. El número trece nos da el control sobre los doce signos del Zodíaco, lo cual, en esencia, nos da el control sobre nuestro comportamiento.

אֵל El ייא״י (מילוי דס״ג) מֶלֶךְ mélej יוֹשֵׁב yoshev עַל al

כִּסֵּא quisé רַחֲמִים rajamim וּמִתְנַהֵג umitnaheg בַּחֲסִידוּת bajasidut.

מוֹחֵל mojel עֲוֹנוֹת avonot עַמּוֹ amó מַעֲבִיר maavir

רִאשׁוֹן rishón רִאשׁוֹן rishón. מַרְבֶּה marbé מְחִילָה mejilá

לְחַטָּאִים lajataím. וּסְלִיחָה uslijá לַפּוֹשְׁעִים laposhim.

SLIJOT PARA LA NEILÁ DE YOM KIPUR

Recuerda a Tus hijos en una tierra que no es de ellos. Ningún extraño se les acercará. Revela al solitario el destino sellado. Alégrate, Monte Sión, y las hijas de Yehuda se regocijarán. Nuestra súplica ascenderá a los cielos excelsos. Dios, el Rey, que se sienta en el trono de misericordia.

LOS TRECE ATRIBUTOS

Rey Todopoderoso,

que se sienta el trono de misericordia, comportándose con gentileza, perdona las iniquidades de Su pueblo; Él elimina (sus pecados) uno a uno, extiende perdón a los pecadores y absolución a los transgresores.

עוֹשֶׂה osé צְדָקוֹת tsedakot עִם im כָּל col יל"י בָּשָׂר basar וְרוּחַ verúaj •

לֹא lo כְרָעָתָם jeraatam לָהֶם lahem גּוֹמֵל gomel • אֵל El יא"י (מילוי דס"ג)

הוֹרֵתָנוּ horetanu לוֹמַר lomar מִדּוֹת midot שְׁלֹשׁ shlosh עֶשְׂרֵה esré •

זְכוֹר zejor ע"ב קס"א, יהי אור ע"ה (סוד המשכת השפע מן ד' שמות ליסוד הנקרא זכור)

לָנוּ lanu אלהים, אהיה אדני הַיּוֹם hayom ע"ה נגד, מזבח, זן, אל יהוה בְּרִית brit

שְׁלֹשׁ shlosh עֶשְׂרֵה esré • כְּמוֹ cmó שֶׁהוֹדַעְתָּ shehodata

לֶעָנָו leanav (*Moshé*) מִקֶּדֶם mikédem • וְכֵן vején כָּתוּב catuv

בְּתוֹרָתָךְ betorataj: וַיֵּרֶד vayered רי"י יְהֹוָה אדני יאהדונהי Adonai בֶּעָנָן beanán

וַיִּתְיַצֵּב vayityatsev עִמּוֹ imó שָׁם sham וַיִּקְרָא vayikrá עם האותיות = ב"פ קס"א

בְשֵׁם veshem יְהֹוָה אדני יאהדונהי Adonai וְשָׁם vesham נֶאֱמַר neemar:

וַיַּעֲבֹר vayaavor רפ"ח להעלות רפ"ח ניצוצות שנפלו לקליפה דמשם באים התחלואים

יְהֹוָה אדני יאהדונהי Adonai עַל al ר"ת = אלהים, אהיה אדני פָּנָיו panav

וַיִּקְרָא vayikrá עם האותיות = ב"פ קס"א ; ר"ת = אלהים, אהיה אדני

יְהֹוָה אדני יאהדונהי Adonai | יְהֹוָה אדני יאהדונהי Adonai

1) אֵל El יא"י מילוי דס"ג (*Kéter*) 2) רַחוּם rajum (*Jojmá*) 3) וְחַנּוּן vejanún

4) אֶרֶךְ érej 5) אַפַּיִם apáyim 6) וְרַב verav חֶסֶד jésed ע"ב, ריבוע יהוה

7) וֶאֱמֶת veemet אהיה פעמים אהיה, ז"פ ס"ג: 8) נֹצֵר notser חֶסֶד jésed ע"ב, ריבוע יהוה

9) לָאֲלָפִים laalafim ר"ת שם נוזל 10) נֹשֵׂא nosé עָוֹן avón

11) וָפֶשַׁע vafesha 12) וְחַטָּאָה vejataa 13) וְנַקֵּה venaké קס"א (אלף הי יוד הי)

וע"י שם זה יכוין לברר ולנקות את נצוצי הקדושה שנפלו עם הקיטרוגים, להעלותם לשורשם:

Actúa caritativamente con todos los mortales, sin retaliación por su iniquidad. Dios, Quien nos enseñó a recitar los Trece (Atributos), recuerda por nosotros este día la alianza de los Trece (Atributos). Como Tú los revelaste al humilde (quien es Moshé) de largura de días. Como está escrito en tu Torá: "Descendió el Señor en la nube y permaneció allí junto a él; y él proclamó el nombre del Señor" (Éxodo 34:5). Como está dicho allí: "Y el Señor pasó por delante de él y exclamó: "Señor, Señor, 1) Dios (Kéter) 2) Compasivo (Jojmá) 3) Amable 4) Grande 5) Paciente 6) Abundante con benevolencia 7) y verdad 8) Él conserva la benevolencia 9) para los miles 10) Él dispensa las iniquidades 11) y el pecado 12) y la trasgresión 13) y purifica" (Éxodo 34:6-7).

וְסָלַחְתָּ vesalajta לַעֲוֺנֵנוּ laavonenu וּלְחַטָּאתֵנוּ ulejatatenu

וּנְחַלְתָּנוּ unejalatanu: כִּי qui בַיּוֹם vayom ע"ה נגד, מזבח, זן, אל יהוה הַזֶּה hazé והו

יְכַפֵּר yejaper עֲלֵיכֶם aleijem לְטַהֵר letaher אֶתְכֶם etjem מִכֹּל micol ילי

חַטֹּאתֵיכֶם jatoteijem לִפְנֵי lifnei יְהֹוָאדהֹנָהי יאהדונהי Adonai תִּטְהָרוּ titharú:

ANENU

Debemos ser cuidadosos en tener la intención y el significado correctos mientras decimos la palabra "*anenu*" que quiere decir "respóndenos", (puesto que en arameo, *anenu* tiene dos significados. El primero signifca "respóndenos" y el segundo "tortúranos") que debe ser "respóndenos".

עֲנֵנוּ anenu אֱלֹהֵי Elohei מילוי ע"ב, דמב ; ילה אַבְרָהָם Avraham וז"פ אל, רי"ו ול"ב נתיבות

החכמה, רמ"ח (אברים), עסמ"ב וט"ז אותיות פשוטות עֲנֵנוּ anenu:

עֲנֵנוּ anenu וּפַחַד ufájad יִצְחָק Yitsjak ד"פ ב"ן עֲנֵנוּ anenu:

עֲנֵנוּ anenu אֲבִיר avir הרוח יַעֲקֹב Yaakov ד' הויות, אידהנויה עֲנֵנוּ anenu:

עֲנֵנוּ anenu מָגֵן maguén ג"פ אל (יי"א" מילוי דס"ג) ; ר"ת מיכאל גבריאל נוריאל

דָּוִד David עֲנֵנוּ anenu: עֲנֵנוּ anenu הָעוֹנֶה haoné בְּעֵת beet י' יהוה וי' אהיה

רָצוֹן ratsón מהש ע"ה, ע"ב בריבוע וקס"א ע"ה, אל שדי ע"ה עֲנֵנוּ anenu:

עֲנֵנוּ anenu הָעוֹנֶה haoné בְּעֵת beet צָרָה tsará אלהים דההין עֲנֵנוּ anenu:

עֲנֵנוּ anenu הָעוֹנֶה haoné בְּעֵת beet רַחֲמִים rajamim עֲנֵנוּ anenu:

עֲנֵנוּ anenu אֱלֹהֵי Elohei מילוי ע"ב, דמב ; ילה הַמֶּרְכָּבָה hamercavá עֲנֵנוּ anenu:

עֲנֵנוּ anenu אֱלָהָא Elahá דְּרִבִּי deRibí מֵאִיר Meir עֲנֵנוּ anenu:

עֲנֵנוּ anenu בִּזְכוּתֵיהּ vizjutei דְּבַר deBar ראה יוֹחָאי Yojái עֲנֵנוּ anenu:

עֲנֵנוּ anenu רַחוּם rajum וְחַנּוּן vejanún עֲנֵנוּ anenu:

"Y perdona nuestra maldad y nuestro pecado, y acéptanos como Tu heredad" (Éxodo 34:9). *"Porque en este día se hará expiación por ustedes, y serán limpios de todos sus pecados delante del Señor"* (Levítico 16:30).

ANENU

Respóndenos, Dios de Avraham, respóndenos. Respóndenos, temor de Yitsjak, respóndenos. Respóndenos, Poderoso de Yaakov, respóndenos. Respóndenos, Escudo de David, respóndenos. Respóndenos, Tú que contestas en tiempo apropiado, respóndenos. Respóndenos, Tú que contestas en tiempos turbios, respóndenos. Respóndenos, Tú que contestas en tiempo de misericordia, respóndenos. Respóndenos, Dios de la Carroza Celestial, respóndenos. Respóndenos, Dios de Rabí Meir, respóndenos. Respóndenos por el mérito del hijo de Yojái, respóndenos. Respóndenos, Misericordioso y Piadoso.

LOS TRECE ATRIBUTOS

אֵל El ייא״ (במילוי ד״ס״ג) מֶלֶךְ mélej יוֹשֵׁב yoshev עַל al

כִּסֵּא quisé רַחֲמִים rajamim וּמִתְנַהֵג umitnaheg בַּחֲסִידוּת bajasidut.

מוֹחֵל mojel עֲוֹנוֹת avonot עַמּוֹ amó מַעֲבִיר maavir

רִאשׁוֹן rishón רִאשׁוֹן rishón. מַרְבֶּה marbé מְחִילָה mejilá

לַחַטָּאִים lajataím. וּסְלִיחָה uslijá לַפּוֹשְׁעִים laposhim.

עוֹשֶׂה osé צְדָקוֹת tsedakot עִם im כָּל col יכ״י בָּשָׂר basar וְרוּחַ verúaj.

לֹא lo כְרָעָתָם jeraatam לָהֶם lahem גּוֹמֵל gomel. אֵל El ייא״ (במילוי ד״ס״ג)

הוֹרֵתָנוּ horetanu לוֹמַר lomar מִדּוֹת midot שְׁלֹשׁ shlosh עֶשְׂרֵה esré.

זְכוֹר zejor ע״ב קס״א, יהי אור ע״ה (סוד המשכת השפע מן ד׳ שמות ליסוד הנקרא זכור)

לָנוּ lanu אלהים, אהיה אדני הַיּוֹם hayom ע״ה נגד, מזבח, זן, אל יהוה

בְּרִית brit שְׁלֹשׁ shlosh עֶשְׂרֵה esré. כְּמוֹ cmó שֶׁהוֹדַעְתָּ shehodata

לֶעָנָו leanav (*Moshé*) מִקֶּדֶם mikédem. וְכֵן vején כָּתוּב catuv

בְּתוֹרָתָךְ betorataj: וַיֵּרֶד vayered רי״י יְהוָה(אדני)אהדונהי Adonai בֶּעָנָן beanán

וַיִּתְיַצֵּב vayityatsev עִמּוֹ imó שָׁם sham וַיִּקְרָא vayikrá עם האותיות = ב״פ קס״א

בְּשֵׁם veshem יְהוָה(אדני)אהדונהי Adonai וְשָׁם vesham נֶאֱמַר neemar:

וַיַּעֲבֹר vayaavor רפ״ח להעלות רפ״ח ניצוצות שנפלו לקליפה דמשם באים התחלואים

יְהוָה(אדני)אהדונהי Adonai עַל al ר״ת = אלהים, אהיה אדני פָּנָיו panav

וַיִּקְרָא vayikrá עם האותיות = ב״פ קס״א ; ר״ת = אלהים, אהיה אדני

LOS TRECE ATRIBUTOS

Rey Todopoderoso, que se sienta el trono de misericordia, comportándose con gentileza, perdona las iniquidades de Su pueblo; Él elimina (sus pecados) uno a uno, extiende perdón a los pecadores y absolución a los transgresores. Actúa caritativamente con todos los mortales, sin retaliación por su iniquidad. Dios, Quien nos enseñó a recitar los Trece (Atributos), recuerda por nosotros este día la alianza de los Trece (Atributos). Como Tú los revelaste al humilde (quien es Moshé) de largura de días. Como está escrito en Tu Torá: "Descendió el Señor en la nube y permaneció allí junto a él; y él proclamó el Nombre del Señor" (Éxodo 34:5).

Como está dicho allí: "Y el Señor pasó por delante de él y exclamó:

יְהֹוָהאדניאהדונהי Adonai | יְהֹוָהאדניאהדונהי Adonai

(1 אֵל El ייא״י מילוי דס״ג (*Kéter*) (2 רַחוּם rajum (*Jojmá*) (3 וְחַנּוּן vejanún

(4 אֶרֶךְ érej (5 אַפַּיִם apáyim (6 וְרַב־ verav חֶסֶד jésed ע״ב, ריבוע יהוה

(7 וֶאֱמֶת veemet אהיה פעמים אהיה, ד״פ ס״ג: (8 נֹצֵר notser חֶסֶד jésed ע״ב, ריבוע יהוה

(9 לָאֲלָפִים laalafim ר״ת שם נוזל (10 נֹשֵׂא nosé עָוֹן avón

(11 וָפֶשַׁע vafesha (12 וְחַטָּאָה vejataa (13 וְנַקֵּה venaké קס״א (אלף הי יוד הי)

וע״י שם זה יכוין לברר ולנקות את נצוצי הקדושה שנפלו עם הקיטרוגים, להעלותם לשורשם:

וְסָלַחְתָּ vesalajta לַעֲוֹנֵנוּ laavonenu וּלְחַטָּאתֵנוּ ulejatatenu

וּנְחַלְתָּנוּ: unejaltanu כִּי qui בַּיּוֹם vayom ע״ה נגד, מזבח, זן, אל יהוה הַזֶּה hazé והו

יְכַפֵּר yejaper עֲלֵיכֶם aleijem לְטַהֵר letaher אֶתְכֶם etjem מִכֹּל micol ילי

חַטֹּאתֵיכֶם jatoteijem לִפְנֵי lifnei יְהֹוָהאדניאהדונהי Adonai תִּטְהָרוּ titharú:

זִכָּרוֹן zicarón ע״ב קס״א ונ׳ ש״ב לְפָנֶיךָ lefaneja ס״ג מ״ה ב״ן בַּשַּׁחַק basajak.

לָעַד laad ב״פ ב״ן בְּסֵפֶר beséfer יוּחַק yujak. בְּרִית brit עוֹלָם olam בַּל bal

יִמְחַק yumjak. אֶת et אַבְרָהָם Avraham וז״פ אל, רי״ו ול״ב נתיבות החכמה, רמ״ח (אברים),

עסמ״ב וט״ז אותיות פשוטות וְאֶת veet יִצְחָק Yitsjak ד״פ ב״ן: קוֹרְאֶיךָ koreja

בָּאִים baím לָקוֹד lakod. בְּצָרָה betsará אלהים דההין עֲקֵדָה akedá

תִּשְׁקֹד tishkod. וְצֹאנְךָ vetsonjá בְּרַחֲמִים berajamim מצפצ, אלהים דיודין, י״פ ייי

תִּפְקֹד tifkod. פְּנֵי pnei וחכמה בינה הַצֹּאן hatsón אֵל El עֲקוֹד akod:

¡Señor! ¡Señor!

(1) Dios (Kéter) (2) misericordioso (Jojmá) (3) y piadoso; (4) grande (5) en paciencia (6) y grande en misericordia (7) y verdad, (8) que guarda misericordia (9) a millares, (10) que perdona la iniquidad, (11) el pecado (12) y la transgresión, (13) y purifica'" (Éxodo 24:6-7). *"Y perdona nuestra maldad y nuestro pecado, y acéptanos como Tu heredad"* (Éxodo 34:9). *"Porque en este día se hará expiación por ustedes, y serán limpios de todos sus pecados delante del Señor"* (Levítico 16:30)

Una remembranza ante Ti en los cielos,

la cual está inscrita perpetuamente en Tu libro, es la alianza eterna con Avraham y con Yitsjak que no será borrada. Aquellos que Te claman vienen a postrarse. En tiempos de aflicción, mantén en mente la atadura. Y revisita a Tu rebaño con misericordia. Átate, Dios, a la presencia del rebaño.

עוֹרְרָה orerá גְּבוּרָתֶךָ gvurateja לְהָקִיץ lehakits נִרְדָּמִים nirdamim•

לְמַעַנְךָ lemaanjá תִּפְדֶּה tifdé וַחֲרֵדִים jaredim נִדְהָמִים nidhamim•

לְהַמְשִׁיךְ lehamshij רַחֲמֶיךָ rajameja וַחֲסָדֶיךָ vajasadeja

מִשְּׁמֵי mishmei מְרוֹמִים meromim• אֵל El ״יא״ (מילוי ד״ס״ג)

מֶלֶךְ mélej יוֹשֵׁב yoshev עַל al כִּסֵּא quisé רַחֲמִים rajamim•

LOS TRECE ATRIBUTOS

אֵל El ״יא״ (מילוי ד״ס״ג) מֶלֶךְ mélej יוֹשֵׁב yoshev עַל al

כִּסֵּא quisé רַחֲמִים rajamim וּמִתְנַהֵג umitnaheg בַּחֲסִידוּת bajasidut•

מוֹחֵל mojel עֲוֹנוֹת avonot עַמּוֹ amó מַעֲבִיר maavir

רִאשׁוֹן rishón רִאשׁוֹן rishón• מַרְבֶּה marbé מְחִילָה mejilá

לַחַטָּאִים lajataím• וּסְלִיחָה uslijá לַפּוֹשְׁעִים laposhim•

עוֹשֶׂה osé צְדָקוֹת tsedakot עִם im כָּל col ״ילי״ בָּשָׂר basar וְרוּחַ verúaj•

לֹא lo כְרָעָתָם jeraatam לָהֶם lahem גּוֹמֵל gomel• אֵל El ״יא״ (מילוי ד״ס״ג)

הוֹרֵתָנוּ horetanu לוֹמַר lomar מִדּוֹת midot שְׁלֹשׁ shlosh עֶשְׂרֵה esré•

זְכוֹר zejor ע״ב קס״א, יהי אור ע״ה (סוד המשכת השפע מן ד׳ שמות ליסוד הנקרא זכור)

לָנוּ lanu אלהים, אהיה אדני הַיּוֹם hayom ע״ה נגד, מזבח, זן, אל יהוה בְּרִית brit

שְׁלֹשׁ shlosh עֶשְׂרֵה esré• כְּמוֹ cmó שֶׁהוֹדַעְתָּ shehodata לֶעָנָו leanav

(*Moshé*) מִקֶּדֶם mikédem• וְכֵן vején כָּתוּב catuv בְּתוֹרָתְךָ betorataj:

Despierta Tu poder y despierta a aquellos que duermen. Por Tu nombre, salva a los piadosos desorientados y derrama Tu compasión y misericordia desde las Alturas Celestiales. Dios, que se sienta en el trono de misericordia.

LOS TRECE ATRIBUTOS

Rey Todopoderoso, que se sienta el trono de misericordia, comportándose con gentileza, perdona las iniquidades de Su pueblo; Él elimina (sus pecados) uno a uno, extiende perdón a los pecadores y absolución a los transgresores. Actúa caritativamente con todos los mortales, sin retaliación por su iniquidad. Dios, Quien nos enseñó a recitar los Trece (Atributos), recuerda por nosotros este día la alianza de los Trece (Atributos). Como Tú los revelaste al humilde (quien es Moshé) de largura de días. Como está escrito en Tu Torá:

וַיֵּרֶד vayered ר״י יְהֹוָֽאדִנָיאהדונהי Adonai בֶּעָנָן beanán וַיִּתְיַצֵּב vayityatsev

עִמּוֹ imó שָׁם sham וַיִּקְרָא vayikrá עם האותיות = ב״פ קס״א

בְשֵׁם veshem יְהֹוָֽאדִנָיאהדונהי Adonai וְשֵׁם vesham נֶאֱמַר neemar:

וַיַּעֲבֹר vayaavor רפ״ח להעלות רפ״ח ניצוצות שנפלו לקליפה דמשם באים התחלואים

יְהֹוָֽאדִנָיאהדונהי Adonai עַל al ר״ת = אלהים, אהיה אדני פָּנָיו panav

וַיִּקְרָא vayikrá עם האותיות = ב״פ קס״א ; ר״ת = אלהים, אהיה אדני

יְהֹוָֽאדִנָיאהדונהי Adonai | יְהֹוָֽאדִנָיאהדונהי Adonai

1) אֵל El יא״י מילוי דס״ג **(*Kéter*)** 2) רַחוּם rajum (*Jojmá*) 3) וְחַנּוּן vejanún

4) אֶרֶךְ érej 5) אַפַּיִם apáyim 6) וְרַב־ verav וָחֶסֶד jésed ע״ב, ריבוע יהוה

7) וֶאֱמֶת veemet אהיה פעמים אהיה, ד״פ ס״ג: 8) נֹצֵר notser חֶסֶד jésed ע״ב, ריבוע יהוה

9) לָאֲלָפִים laalafim ר״ת שם נו״ל 10) נֹשֵׂא nosé עָוֹן avón

11) וָפֶשַׁע vafesha 12) וְחַטָּאָה vejataa 13) וְנַקֵּה venaké קס״א (אלף הי יוד הי)

וע״י שם זה יכוין לברר ולנקות את נצוצי הקדושה שנפלו עם הקיטרוגים, להעלותם לשורשם:

וְסָלַחְתָּ vesalajta לַעֲוֹנֵנוּ laavonenu וּלְחַטָּאתֵנוּ ulejatatenu

וּנְחַלְתָּנוּ unejaltanu: כִּי qui בַּיּוֹם vayom ע״ה נגד, מזבח, זן, אל יהוה הַזֶּה hazé והו

יְכַפֵּר yejaper עֲלֵיכֶם aleijem לְטַהֵר letaher אֶתְכֶם etjem מִכֹּל micol ילי

חַטֹּאתֵיכֶם jatoteijem לִפְנֵי lifnei יְהֹוָֽאדִנָיאהדונהי Adonai תִּטְהָרוּ titharú:

"Descendió el Señor en la nube y permaneció allí junto a él; y él proclamó el nombre del Señor" (Éxodo 34:5). *Como está dicho allí: "Y el Señor pasó por delante de él y exclamó: "Señor, Señor, 1) Dios (Kéter) 2) Compasivo (Jojmá) 3) Amable 4) Grande 5) Paciente 6) Abundante con benevolencia 7) y verdad 8) Él conserva la benevolencia 9) para los miles 10) Él dispensa las iniquidades 11) y el pecado 12) y la trasgresión 13) y purifica"* (Éxodo 34:6-7). *"Y perdona nuestra maldad y nuestro pecado, y acéptanos como Tu heredad"* (Éxodo 34:9). *"Porque en este día se hará expiación por ustedes, y serán limpios de todos sus pecados delante del Señor"* (Levítico 16:30).

LOS 13 ATRIBUTOS

(1) אל מִי־ mi יכי אֵל El ייא"י (מילוי) דס"ג כָּמוֹךָ camoja

(2) רחום נֹשֵׂא nosé עָוֹן avón (3) וחנון וְעֹבֵר veover עַל־ al פֶּשַׁע pesha

(4) ארך לִשְׁאֵרִית lisheerit נַחֲלָתוֹ najalató (5) אפים לֹא־ lo הֶחֱזִיק hejezik

לָעַד laad ב"פ ב"ן אַפּוֹ apó (6) ורב וחסד כִּי־ qui חָפֵץ jafets

חֶסֶד jésed ע"ב, ריבוע יהוה הוּא hu: (7) ואמת יָשׁוּב yashuv יְרַחֲמֵנוּ yerajamenu

(8) נצר חסד (ח) יִכְבֹּשׁ yijbosh עֲוֹנֹתֵינוּ avonoteinu (9) לאלפים וְתַשְׁלִיךְ vetashlij

בִּמְצֻלוֹת bimtsulot יָם yam יכי כָּל־ col יכי חַטֹּאותָם jatotam:

(10) נשא עון תִּתֵּן titén ב"פ כהת אֱמֶת emet אהיה פעמים אהיה, ד"פ ס"ג לְיַעֲקֹב leYaakov

יהוה ריבוע ע"ב, jésed חֶסֶד ופשע (11) (חיבור ז"א ומלכות) אידהנויה הויות, ד'

לְאַבְרָהָם leAvraham ח"פ אל, רי"ו ול"ב נתיבות החכמה, רמ"ח (אברים), עסמ"ב וט"ז אותיות פשוטות

(12) וחטאה אֲשֶׁר־ asher נִשְׁבַּעְתָּ nishbata לַאֲבֹתֵינוּ laavoteinu

(13) ונקה מִימֵי mimei קֶדֶם kédem:

וְסָפַרְתָּ vesafarta לְךָ lejá שֶׁבַע sheva שַׁבְּתֹת shabetot שָׁנִים shanim

שֶׁבַע sheva שָׁנִים shanim שֶׁבַע sheva פְּעָמִים peamim וְהָיוּ vehayú

לְךָ lejá יְמֵי yemei שֶׁבַע sheva שַׁבְּתֹת shabetot הַשָּׁנִים hashanim

תֵּשַׁע teshá וְאַרְבָּעִים vearbaím שָׁנָה shaná: וְהַעֲבַרְתָּ vehaavarta

שׁוֹפַר shofar תְּרוּעָה teruá בַּחֹדֶשׁ bajódesh י"ב הוויות, קס"א קנ"א

הַשְּׁבִעִי hashvií בֶּעָשׂוֹר beasor לַחֹדֶשׁ lajódesh י"ב הוויות, קס"א קנ"א

בְּיוֹם beyom ע"ה נגד, מזבח, זן, אל יהוה הַכִּפֻּרִים HaKipurim

תַּעֲבִירוּ taaviru שׁוֹפָר shofar בְּכָל־ bejol לכב, ב"ן אַרְצְכֶם artsejem:

LOS TRECE ATRIBUTOS

"1) ¿Quién es un Dios como Tú? 2) Quien perdona la iniquidad, 3) y olvida el pecado 4) del remanente de Su heredad. 5) Él no retuvo para siempre Su enojo 6) porque Él se deleita en misericordia. 7) Él tendrá de nuevo misericordia sobre nosotros 8) y eliminará nuestras iniquidades. 9) Él echará en las profundidades del mar todos sus pecados. 10) Da la verdad a Yaakov 11) y benevolencia a Avraham 12) que prometiste nuestros padres, 13) desde el comienzo de los días" (Miqueas 7:18-20).

"Contarás siete Shabatot de años, siete veces siete años, de modo que los días de las siete semanas de años vendrán a sumar cuarenta y nueve años. Entonces harás tocar fuertemente el Shofar en el día diez del séptimo mes; en el Día de la Expiación harán tocar el Shofar por toda su tierra.

וְקִדַּשְׁתֶּם vekidashtem אֵת et שְׁנַת shnat הַחֲמִשִּׁים hajamishim שָׁנָה shaná

וּקְרָאתֶם ukratem דְּרוֹר dror בָּאָרֶץ baárets לְכָל־ lejol יה אדני

יֹשְׁבֶיהָ yoshveha יוֹבֵל yovel הִוא hi תִּהְיֶה tihyé לָכֶם lajem וְשַׁבְתֶּם veshavtem

אִישׁ ish אֶל־ el אֲחֻזָּתוֹ ajuzató וְאִישׁ veísh אֶל־ el מִשְׁפַּחְתּוֹ mishpajtó

תָּשֻׁבוּ: tashuvu יוֹבֵל yovel הִוא hi שְׁנַת shnat הַחֲמִשִּׁים hajamishim שָׁנָה shaná

תִּהְיֶה tihyé לָכֶם lajem לֹא lo תִזְרָעוּ tizraú וְלֹא veló תִקְצְרוּ tiktserú

אֶת־ et סְפִיחֶיהָ sefijeha וְלֹא veló תִבְצְרוּ tivtserú אֶת־ et נְזִרֶיהָ: nezireha

כִּי qui יוֹבֵל yovel הִוא hi קֹדֶשׁ kódesh תִּהְיֶה tihyé לָכֶם lajem מִן־ min

הַשָּׂדֶה hasadé תֹּאכְלוּ tojlú אֶת־ et תְּבוּאָתָהּ: tevuatá בִּשְׁנַת bishnat

הַיּוֹבֵל hayovel הַזֹּאת hazot תָּשֻׁבוּ tashuvu אִישׁ ish אֶל־ el אֲחֻזָּתוֹ: ajuzató

SHMÁ YISRAEL

Las dos letras en el *Shmá, Ayin* ע y *Dálet* ד forman la palabra "testigo" en arameo. Debemos darnos cuenta de que todas nuestras acciones son vistas y presenciadas por los ojos de Dios. Todos nosotros nos comportamos de cierta manera cuando estamos junto a un gran líder espiritual. Pero, ¿cómo nos comportamos cuando estamos solos o con nuestros amigos? Si nuestro comportamiento cambia, significa que no admitimos ni reconocemos la presencia de Dios. Nos falta certeza porque no podemos ver con nuestros propios ojos. Esta conexión nos ayuda a recibir sabiduría adicional para reconocer que Dios es nuestro testigo las 24 horas del día. Comenzamos a "ver" a Dios a través de los "ojos" de nuestra alma.

El pecado de Adam causa que *Arij Anpín* no Ilumine y también que todos los *Partsufim* dependan del Octavo *Mazal* (*Venaké*), el cual es *Dáat*. Al recitar los siguientes versos, estamos despertando el poder de *Arij Anpín* y revertimos todo a Su origen (*Tokef Hayijud*) de modo que no haya espacio para el otro lado. Debemos meditar mientras decimos el verso "*Shmá Yisrael*" de la siguiente manera:

שְׁמַע Shmá ע' רבתי **(*Nukvá*)** יִשְׂרָאֵל Yisrael **(*Zeir Anpín*)**

יְהֹוָה Adonai יאהדונהי אֱלֹהֵינוּ Eloheinu ילה **(*Aba* e *Ima*)**

יְהֹוָה Adonai יאהדונהי | **(*Mazalá* sobre *Aba* e *Ima*)**

אֶחָד Ejad ד' רבתי ; אהבה, דאגה **(para despertar el poder de *Arij Anpín*):**

Así santificarán el año cincuenta

y pregonarán libertad en la tierra a todos sus habitantes. Ese año les será de jubileo, y volverán cada uno a su posesión, y cada cual volverá a su familia. El año cincuenta les será jubileo; no sembrarán, ni segarán lo que nazca de por sí en la tierra, ni vendimiarán sus viñedos, porque es el jubileo: santo será para ustedes. Del producto de la tierra comerán. En este año de jubileo volverán cada uno a su posesión" (Levítico 25:8-13).

SHMÁ YISRAEL

"Escucha, Israel, el Señor es nuestro Dios. El Señor es Uno" (Deuteronomio 6:4).

Medita ahora en corregir todas las manchas:

1. Para eliminar la suciedad de la serpiente (el otro, אחר) por la palabra אחד (*ejad*, uno);
2. Para desterrar el prepucio del *Yesod* mediante la secuencia יא"אא (tiene el mismo valor numérico que la palabra Amor אהבה = 13). Dado que el Amor está cubierto por el poder del prepucio, y con la supresión del prepucio del *Yesod* el poder del Amor será despertado.

Luego medita en la palabra אחד para incluir a todos los aspectos masculinos en *Zeir Anpín* (אח) en el secreto de יה"ה que es la novena *Sefirot*. Medita en las tres cabezas de *Arij Anpín*, *Aba* e *Ima*, *Mázala* y *Jésed*, *Guevurá* y *Tiféret* de *Zeir Anpín*, y también en la novena *Sefirot* de *Arij Anpín* mientras Ellos son la raíz de todo el mundo de *Atsilut*. Después medita en la letra *Dálet* ד (de la palabra אחד), el secreto de *Reshá Delá Ityedá*, de modo que la corrección alcance también a la *Nukvá* (dado que el Femenino-*Nukvá* rodea al Masculino-*Zeir*) e incluya a todos los aspectos hasta el *Ein-Sof* (infinito). Todas las meditaciones mencionadas rejuvenecen la realidad que fue corrompida por Adam, de modo que lo que falta sea completado, todo lo que descienda ascenderá a su lugar y recibirá todo lo que necesita para que la construcción (espiritual) sea completada.

BARUJ SHEM

En nuestras oraciones durante todo el año, usualmente recitamos esta frase en voz baja porque nuestro mundo físico (*Maljut*) aún se está elevando a la dimensión superior. Debido a que *Maljut* todavía está en camino, de cierta forma queda vulnerable a las fuerzas negativas. En la fase de *Neilá*, estamos en el nivel más elevado en la atmósfera espiritual. Estamos en una realidad que es inaccesible a las fuerzas negativas, de modo que ahora recitamos esta frase en voz alta tres veces.

Medita en corregir a Adam desde el aspecto de los tres Patriarcas (Columna Derecha, Izquierda y Central de *Arij Anpín*, pasando por *Atsilut*, hasta llegar a *Nukvá* de *Asiyá*).

יוד אותיות בָּרוּךְ Baruj שֵׁם Shem כְּבוֹד Quevod מַלְכוּתוֹ maljutó,
לְעוֹלָם leolam ריבוע דס"ג וי' אותיות דס"ג וָעֶד vaed:

EL SEÑOR ES EL DIOS

La similitud de naturalezas crea cercanía en la realidad espiritual. Mediante el ayuno de *Yom Kipur* y a través del poder de todas las conexiones que hemos hecho hasta ahora, hemos apagado nuestra naturaleza reactiva. Nuestra conciencia es una de compartir. Estos son los mismos atributos de la Luz. En consecuencia, ahora podemos alcanzar una unidad genuina con la Luz y adherirnos a Dios. Cuando devuelves una roca a su lugar dentro de la montaña, se convierte en la montaña. No hay distinción notable entre las dos. Ahora vamos a fusionarnos con la Luz y a convertirnos en Dios por este momento. Recibimos todo en ese instante. Eso ocurre cuando la asombrosa energía que es el Creador llena nuestra esencia, todo nuestro ser, cuerpo y alma.

Para crear esta reunificación, recitamos las palabras *Adonai Hu HaElohim* siete veces. El significado espiritual detrás de esta frase es que nosotros, la vasija, ¡somos Dios! El proceso de purificación es completado.

Y ahora *Zeir Anpín* y *Nukvá* están en *Ima*, que está en *Dikná* de *Arij Anpín*, y Ellos son conectados allí con una gran fusión en el secreto del poder y la esencia de la Unificación.

BARUJ SHEM

Bendito sea el glorioso Nombre, Su Reino es para siempre y para la eternidad.

Y es por ello que decimos "El Señor es el Dios", significando: el Nombre יהוה (Misericordia) en *Arij Anpín* es ahora el Nombre אלהים (Juicio) en *Zeir Anpín*; y el Nombre יהוה (Misericordia) en *Zeir Anpín* es ahora el Nombre אלהים (Juicio) en *Nukvá*. Medita en corregir Las Siete *Sefirot* Inferiores de *Atik*, las cuales son la raíz de Las Siete *Sefirot* Inferiores de *Atsilut*, y en elevar a la *Shejiná* en los Siete Firmamentos de *Asiyá*, *Yetsirá* y *Briá*. Medita en corregir los Siete Adam (אדם = 45), que es igual a cinco veces (el secreto de las cinco letras del Nombre אלהים) el Nombre יוד הי ואו הי (=63), y también en los siete hacedores del Pacto: Avraham, Yitsjak, Yaakov, Moshé, Aharón, Pinjás y David.

יְהֹוָהאדניאהדונהי Adonai הוּא Hu הָאֱלֹהִים haElohim אהיה אדני ; ילה ;

יהוה הוא האלהים = ענו ע״ג״כ ; ר״ת יההה:

יְהֹוָהאדניאהדונהי Adonai הוּא Hu הָאֱלֹהִים haElohim אהיה אדני ; ילה ;

יהוה הוא האלהים = ענו ע״ג״כ ; ר״ת יההה:

קָרָאתִי karati בְכָל־ vejol לכב, ב״ן לֵב lev

עֲנֵנִי aneni יְהֹוָהאדניאהדונהי Adonai חֻקֶּיךָ jukeja אֶצֹּרָה etsorá:

כִּי qui בַיּוֹם vayom ע״ה נגד, מזבח, זן, אל יהוה הַזֶּה hazé והו יְכַפֵּר yejaper

עֲלֵיכֶם aleijem לְטַהֵר letaher אֶתְכֶם etjem מִכֹּל micol ילי

וְחַטֹּאתֵיכֶם jatoteijem לִפְנֵי lifnei יְהֹוָהאדניאהדונהי Adonai תִּטְהָרוּ titharú:

KADISH TITKABAL

יִתְגַּדַּל yitgadal וְיִתְקַדַּשׁ veyitkadash שדי ומילוי שדי ; י״א אותיות כמנין ו״ה

שְׁמֵיהּ Shmei (שם י״ה דע״ב) רַבָּא rabá קנ״א ב״ן, יהוה אלהים יהוה אדני,

מילוי קס״א וס״ג, מ״ה ברבוע וע״ב ע״ה ; ר״ת = ו״פ אלהים ; ס״ת = ג״פ יב״ק: אָמֵן Amén אידהנויה.

בְּעָלְמָא bealmá דִּי di בְרָא verá כִּרְעוּתֵיהּ quirutei.

וְיַמְלִיךְ veyamlij מַלְכוּתֵיהּ maljutei. וְיַצְמַח veyatsmaj

פּוּרְקָנֵיהּ purkanei. וִיקָרֵב vikarev מְשִׁיחֵיהּ Meshijei: אָמֵן Amén אידהנויה.

EL SEÑOR ES DIOS

"El Señor es Dios. El Señor es Dios" (1 Reyes 18:39).

"Clamé con todo mi corazón; respóndeme, Señor, y guardaré tus estatutos" (Salmos 119:145). *"Porque en este día se hará expiación por ustedes, y serán limpios de todos sus pecados delante del Señor"* (Levítico 16:30).

KADDISH TITKABAL

Glorificado y santificado sea Su gran Nombre (Amén).

En el mundo que Él creó de acuerdo a Su voluntad, y pueda Su Reino reinar. Y pueda Él hacer que Su redención florezca y pueda Él acercar al Mesías (Amén).

בְּחַיֵּיכוֹן bejayeijón וּבְיוֹמֵיכוֹן uveyomeijón וּבְחַיֵּי uvejayei
דְכָל dejol ילי בֵּית beit ב"פ ראה יִשְׂרָאֵל Yisrael בַּעֲגָלָא baagalá
וּבִזְמַן uvizmán קָרִיב kariv וְאִמְרוּ veimrú אָמֵן Amén: אָמֵן Amén אידהנויה.

La congregación y el *jazán* dicen lo siguiente:

Veintiocho palabras (hasta *bealmá*) y veintiocho letras (hasta *almayá*)

יְהֵא yehé שְׁמֵיהּ Shmei (שם י"ה דס"ג) רַבָּא rabá קנ"א ב"ן,
יהוה אלהים יהוה אדני, מילוי קס"א וס"ג, מ"ה ברבוע וע"ב ע"ה מְבָרַךְ mevaraj,
לְעָלַם lealam לְעָלְמֵי lealmei עָלְמַיָּא almayá. יִתְבָּרַךְ yitbaraj.

Siete palabras con seis letras cada una (שם בן מ"ב). También, siete veces la letra Vav (שם בן מ"ב).

וְיִשְׁתַּבַּח veyishtabaj י"פ ע"ב יהוה אל אבג יתץ.

וְיִתְפָּאַר veyitpaar הי נו יה קרע שטן. וְיִתְרוֹמַם veyitromam וה כוזו נגד יכש.
וְיִתְנַשֵּׂא veyitnasé במוכסז בטר צתג. וְיִתְהַדָּר veyithadar כוזו יה וקכב טנע.
וְיִתְעַלֶּה veyitalé וה יוד ה יגל פזק. וְיִתְהַלָּל veyithalal א ואו הא שקו צית.
שְׁמֵיהּ Shmei (שם י"ה דמ"ה) דְּקוּדְשָׁא deKudshá בְּרִיךְ Verij הוּא Hu.

אָמֵן Amén אידהנויה.

לְעֵלָּא leelá מִן min כָּל col ילי בִּרְכָתָא birjatá. שִׁירָתָא shiratá.
תֻּשְׁבְּחָתָא tishbejatá וְנֶחָמָתָא venejamatá. דַּאֲמִירָן daamirán
בְּעָלְמָא bealmá וְאִמְרוּ veimrú אָמֵן Amén: אָמֵן Amén אידהנויה.

Tocamos el *Shofar* con diez sonidos: T—Sh—R—T, T—Sh—T, T—R—T.

תִּתְקַבַּל titkabal צְלוֹתָנָא tslotaná וּבָעוּתָנָא uvautaná
עִם im צְלוֹתְהוֹן tslothón וּבָעוּתְהוֹן uvauthón דְּכָל dejol ילי
בֵּית beit ב"פ ראה יִשְׂרָאֵל Yisrael קֳדָם kadam אֲבוּנָא avuná
דְּבִשְׁמַיָּא devishmayá וְאִמְרוּ veimrú אָמֵן Amén: אָמֵן Amén אידהנויה.

En tus vidas y en tus días y en la vida de toda la Casa de Israel, prontamente y en el futuro cercano, y dígase: Amén (Amén). Que Su gran Nombre sea bendito por siempre y por toda la eternidad. Bendito y alabado, y glorificado y exaltado, y ensalzado y honrado, y adorado y loado, sea el Nombre del Santo Bendito sea (Amén). Más allá de todas las bendiciones, himnos, alabanzas y palabras de consolación que jamás se dijeran en el mundo, y dígase: Amén (Amén). Sean aceptadas nuestras oraciones y súplicas, junto con las oraciones y las súplicas de toda la Casa de Israel, ante nuestro Padre en los Cielos, y dígase: Amén (Amén).

יְהֵא yehé שְׁלָמָא shlamá רַבָּא rabá קנ"א ב"ן, יהוה אלהים יהוה אדני, מילוי קס"א וס"ג, מ"ה ברבוע וע"ב ע"ה מִן min שְׁמַיָּא shmayá. וְחַיִּים jayim אהיה אהיה יהוה, בינה ע"ה וְשָׂבָע vesavá וִישׁוּעָה vishuá וְנֶחָמָה venejamá וְשֵׁיזָבָא vesheizavá וּרְפוּאָה urefuá וּגְאֻלָּה ugueulá וּסְלִיחָה uslijá וְכַפָּרָה vejapará וְרֵיוַח vereivaj וְהַצָּלָה vehatsalá. לָנוּ lanu אלהים, אהיה אדני וּלְכָל ulejol יה אדני עַמּוֹ amó יִשְׂרָאֵל Yisrael וְאִמְרוּ veimrú אָמֵן Amén: אָמֵן Amén אידהנויה.

Da tres pasos para atrás y di:

עוֹשֶׂה osé הַשָּׁלוֹם hashalom ספריאל המלאך החותם לחיים

בִּמְרוֹמָיו bimromav ע"ב, ריבוע יהוה. הוּא Hu בְּרַחֲמָיו berajamav יַעֲשֶׂה yaasé שָׁלוֹם shalom עָלֵינוּ aleinu ר"ת ש"ע נהורין. וְעַל veal כָּל col ילי ; עמם עַמּוֹ amó יִשְׂרָאֵל Yisrael וְאִמְרוּ veimrú אָמֵן Amén: אָמֵן Amén אידהנויה.

Tocamos el *Shofar* con *Teruá Guedolá*.

Que haya paz abundante del Cielo; Vida, satisfacción, salvación, consuelo, entrega, sanación, redención, perdón, expiación, comodidad y alivio para nosotros y para toda Su nación, Israel y dígase: Amén (Amén). Él, que establece la paz en Sus Alturas, Él, en Su compasión, hará la paz sobre nosotros y sobre toda Su nación, Israel. Y dígase: Amén (Amén).

ARVIT DE MOTSAÉI YOM KIPUR

En la conexión vespertina de *Arvit*, conectamos con Yaakov el Patriarca, quien es el canal para la energía de la Columna Central. Él nos ayuda a conectar la energía de Juicio y la de Misericordia de forma equilibrada. Se dice que todo el mundo fue creado sólo para Yaakov, quien es la personificación de la verdad: "Dale verdad a Yaakov" (Miqueas 7:20). Para activar el poder de nuestra oración, y específicamente el poder de la oración de *Arvit*, debemos ser sinceros con los demás y, sobre todo, con nosotros mismos.

LESHEM YIJUD

לְשֵׁם leShem יִחוּד yijud קוּדְשָׁא Kudshá בְּרִיךְ Berij הוּא Hu

וּשְׁכִינְתֵּיהּ uShjintei (יאהדונהי), בִּדְחִילוּ bidjilu וּרְחִימוּ urjimu

(יאההויהה), וּרְחִימוּ urjimu וּדְחִילוּ udjilu (איההויהה), לְיַחֲדָא leyajdá

שֵׁם Shem יו"ד Yud קֵ"י Kei בְּוא"ו beVav קֵ"י Kei בְּיִחוּדָא beyijudá

שְׁלִים shlim (יהוה) בְּשֵׁם beshem כָּל col יל"י יִשְׂרָאֵל Yisrael,

הִנֵּה hiné אֲנַחְנוּ anajnu בָּאִים baim לְהִתְפַּלֵּל lehitpalel תְּפִלַּת tfilat

עַרְבִית arvit שֶׁתִּקֵּן shetikén יַעֲקֹב Yaakov ד' הויות, יאהדונהי אידהנויה אָבִינוּ avinu

עָלָיו alav הַשָּׁלוֹם hashalom עִם im כָּל col יל"י הַמִּצְווֹת hamitsvot

הַכְּלוּלוֹת haclulot בָּהּ ba לְתַקֵּן letakén אֶת et שָׁרְשָׁהּ shorshá

בִּמְקוֹם bemakom עֶלְיוֹן elyón לַעֲשׂוֹת laasot נַחַת־ nájat רוּחַ rúaj

לְיוֹצְרֵנוּ leyotsrenu, וְלַעֲשׂוֹת velaasot רְצוֹן retsón מהש ע"ה, ע"ב בריבוע וקס"א ע"ה,

אל שד"י ע"ה בּוֹרְאֵנוּ borenu. וִיהִי vihí נֹעַם nóam אֲדֹנָי Adonai

ללה אֱלֹהֵינוּ Eloheinu ילה עָלֵינוּ aleinu וּמַעֲשֵׂה umaasé יָדֵינוּ yadeinu

כּוֹנְנָה conená עָלֵינוּ aleinu וּמַעֲשֵׂה umaasé יָדֵינוּ yadeinu כּוֹנְנֵהוּ conenehu:

ARVIT DE MOTSAÉI YOM KIPUR– LESHEM YIJUD

Para la unificación del Santo, Bendito sea y Su Shejiná,

con temor y amor y con amor y temor, para unificar el Nombre Yud-Kei y Vav-Kei en perfecta unidad, y en el nombre de Israel, hemos venido aquí a recitar la oración del Arvit, establecido por Yaakov nuestro antepasado, sea la paz sobre él, con todos sus mandamientos, para corregir sus raíces en el Lugar Celestial, para llevar satisfacción a nuestro Hacedor, y para satisfacer el deseo de nuestro Creador. "Y sea la Gracia del Señor, nuestro Dios, sobre nosotros y Él establezca el trabajo de nuestras manos sobre nosotros y pueda el trabajo de nuestras manos establecerlo a Él" (Salmos 90:17).

Derecha

יְהֹוָ֨אדְנָ֨יאהדונהי Adonai צְבָאוֹת Tsvaot פני שכינה עִמָּנוּ imanu

ריבוע ס"ג, קס"א ע"ה וד' אותיות מִשְׂגָּב misgav משה, מהש, ריבוע ע"ב וקס"א, אל שדי,

ד"פ אלהים ע"ה לָנוּ lanu אלהים, אהיה אדני אֱלֹהֵי Elohei מילוי ע"ב, דמב ; ילה

יַעֲקֹב Yaakov ו' הויות, יאהדונהי אידהנויה סֶלָה sela:

Izquierda

יְהֹוָ֨אדְנָ֨יאהדונהי Adonai צְבָאוֹת Tsvaot פני שכינה אַשְׁרֵי ashrei

אָדָם adam מ"ה ; ה' צבאות אשרי אדם = תפארת בֹּטֵחַ botéaj

בָּךְ baj אדם בוטח בך = אמן (יאהדונהי) ע"ה ; בוטח בך = מילוי ע"ב ע"ה:

Central

יְהֹוָ֨אדְנָ֨יאהדונהי Adonai הוֹשִׁיעָה hoshía יהוה וש"ע נהורין הַמֶּלֶךְ haMélej ר"ת יהה

יַעֲנֵנוּ yaanenu בְיוֹם veyom ע"ה נגד, מזבח, זן, אל יהוה קָרְאֵנוּ korenu ר"ת יב"ק,

אלהים יהוה, אהיה אדני יהוה ; ס"ת = ב"ן ועם אות כ' דהמלך = ע"ב:

MEDIO KADISH

יִתְגַּדַּל yitgadal וְיִתְקַדַּשׁ veyitkadash שדי ומילוי שדי ; י"א אותיות כמנין ו"ה

שְׁמֵיהּ Shmei (שם י"ה דע"ב) רַבָּא rabá קנ"א ב"ן, יהוה אלהים יהוה אדני,

מילוי קס"א וס"ג, מ"ה ברבוע וע"ב ע"ה ; ר"ת = ו"פ אלהים ; ס"ת = ג"פ יב"ק: אָמֵן Amén אידהנויה.

בְּעָלְמָא bealmá דִּי di בְרָא verá כִרְעוּתֵיהּ quirutei.

וְיַמְלִיךְ veyamlij מַלְכוּתֵיהּ maljutei. וְיַצְמַח veyatsmaj

פּוּרְקָנֵיהּ purkanei. וִיקָרֵב vikarev מְשִׁיחֵיהּ Meshijei: אָמֵן Amén אידהנויה.

"El Señor de los Ejércitos, dichoso es aquél que confía en Ti" (Salmos 84:13).

"El Señor de los Ejércitos está con nosotros. El Dios de Yaakov es un refugio para nosotros, Sela. Dios, redímenos. El Rey nos contestará el día en que Le clamemos" (Salmos 20:10).

MEDIO KADISH

¡Glorificado y santificado sea Su Gran Nombre! (Amén).
En el mundo que Él creó de acuerdo a Su voluntad y pueda Su Reino reinar.
Y pueda Él hacer que su Redención florezca y pueda Él acercar al Mesías (Amén).

בְּחַיֵּיכוֹן bejayeijón וּבְיוֹמֵיכוֹן uveyomeijón וּבְחַיֵּי uvejayei

דְכָל dejol ילי בֵּית beit ב"פ ראה יִשְׂרָאֵל Yisrael בַּעֲגָלָא baagalá

וּבִזְמַן uvizmán קָרִיב kariv וְאִמְרוּ veimrú אָמֵן Amén: אָמֵן Amén אידהנויה.

La congregación y el *jazán* dicen lo siguiente:

28 palabras (hasta *bealmá*)– medita en:

מילוי דמילוי דע"ב (יוד ויו דלת הי יוד ויו יוד ויו הי יוד)

28 letras (hasta *almayá*) – medita en:

מילוי דמילוי דס"ג (יוד ויו דלת הי יוד ואו אלף ואו הי יוד)

יְהֵא yehé שְׁמֵיהּ Shmei (שם י"ה דס"ג) רַבָּא rabá קנ"א ב"ן,

יהוה אלהים יהוה אדני, מילוי קס"א וס"ג, מ"ה ברבוע וע"ב ע"ה מְבָרַךְ mevaraj,

לְעָלַם lealam לְעָלְמֵי lealmei עָלְמַיָּא almayá. יִתְבָּרַךְ yitbaraj.

Siete palabras con seis letras cada una (שם בן מ"ב) – medita en:

יהוה - יוד הי ויו הי - מילוי דמילוי דע"ב (יוד ויו דלת הי יוד ויו יוד ויו הי יוד)

También, siete veces la letra Vav (שם בן מ"ב) - medita en:

יהוה - יוד הי ואו הי - מילוי דמילוי דס"ג (יוד ויו דלת הי יוד ואו אלף ואו הי יוד).

וְיִשְׁתַּבַּח veyishtabaj י"פ ע"ב יהוה אל אבג יתץ.

וְיִתְפָּאַר veyitpaar הי גו יה קרע שטן. וְיִתְרוֹמַם veyitromam וה כוזו נגד יכש.

וְיִתְנַשֵּׂא veyitnasé במוכסז בטר צתג. וְיִתְהַדָּר veyithadar כוזו יה וקב טנע.

וְיִתְעַלֶּה veyitalé וה יוד ה יגל פזק. וְיִתְהַלָּל veyithalal א ואו הא שקו צית.

שְׁמֵיהּ Shmei (שם י"ה דמ"ה) דְּקוּדְשָׁא deKudshá בְּרִיךְ Verij הוּא Hu:

אָמֵן Amén אידהנויה.

לְעֵלָּא leelá מִן min כָּל col ילי בִּרְכָתָא birjatá. שִׁירָתָא shiratá.

תֻּשְׁבְּחָתָא tishbejatá וְנֶחָמָתָא venejamatá. דַּאֲמִירָן daamirán

בְּעָלְמָא bealmá וְאִמְרוּ veimrú אָמֵן Amén: אָמֵן Amén אידהנויה.

En tus vidas y en tus días y en la vida de la Casa de Israel, prontamente y en el futuro cercano, y dígase: Amén (Amén). Que Su gran Nombre sea bendito por siempre y para toda la eternidad, y bendito y alabado, y glorificado y exaltado, y ensalzado y honrado, y adorado y loado, sea el Nombre del Santo Bendito Sea (Amén). Más allá de todas las bendiciones, himnos, alabanzas y palabras de consolación que deben decirse en el mundo, y dígase: Amén (Amén).

Vehú Rajum

"*Vehú Rajum*" contiene 13 palabras. El número 13 denota los Trece Atributos de Misericordia, los cuales, en este caso, recitamos para enfriar los fuegos del infierno para todos los que allí habitan.

Hay 13 palabras que corresponden a los 13 Atributos de Misericordia de *Arij Anpín*.

וְהוּא vehú רַחוּם rajum יְכַפֵּר yejaper ר״ת רי״ו עָוֹן avón **(*Aba de la klipá*)**

וְלֹא־ veló יַשְׁחִית yashjit **(*Ima de la klipá*)** וְהִרְבָּה vehirbá לְהָשִׁיב lehashiv

אַפּוֹ apó **(*Zeir de la klipá*)** וְלֹא־ veló יָעִיר yair כָּל־ col ילי וַחֲמָתוֹ jamató

(*Nukvá de la klipá*): יְהֹוָהאדניאהדונהי Adonai הוֹשִׁיעָה hoshía יהוה וש״ע נהורין

הַמֶּלֶךְ haMélej ר״ת יהה יַעֲנֵנוּ yaanenu בְיוֹם veyom ע״ה נגד, מזבח, זן אל יהוה

קָרְאֵנוּ korenu ר״ת יב״ק, אלהים יהוה, אהיה אדני יהוה ; ס״ת ב״ן ועם כ׳ דהמלך = ע״ב:

Barjú

El *jazán* dice:

בָּרְכוּ barjú יהוה ריבוע יהוה ריבוע מ״ה אֶת et יְהֹוָהאדניאהדונהי Adonai

הַמְבוֹרָךְ: hamevoraj ס״ת כהת, משיח בן דוד ע״ה:

Primero la congregación responde con lo siguiente y después el *jazán* repite lo siguiente:

Néfesh / *Rúaj* / *Neshamá*

בָּרוּךְ Baruj יְהֹוָהאדניאהדונהי Adonai הַמְבוֹרָךְ hamevoraj

Jayá / *Yejidá*

לְעוֹלָם leolam ריבוע ס״ג וי׳ אותיות דס״ג וָעֶד vaed:

Vehú Rajum

"Y Él es misericordioso,
olvida iniquidades y no destruye; con frecuencia deja a un lado Su ira y no ejerce toda Su fuerza" (*Salmos 78:38*) *"Dios, redímenos. El Rey nos contestará el día en que Le clamemos"* (*Salmos 20:10*).

Barjú

Señores: ¡Bendigan a Dios, el Bendito!
Bendito es el Señor, el Bendito, por siempre y para siempre.

HAMAARIV ARAVIM – LA PRIMERA CÁMARA – LIVNAT HASAPIR

Al momento del *Arvit*, tenemos una oportunidad de conectar con cuatro “Cámaras” diferentes en la Casa del Rey: La Cámara de Zafiro (*Livnat Hasapir*), la Cámara del Amor (*Ahavá*), la Cámara del Deseo (*Ratsón*) y la Cámara del Santo Sanctorum (*Kódesh HaKadoshim*). Cada Cámara nos conecta con otro nivel en el plano espiritual. La bendición que nos conecta con la Primera Cámara, *Livnat Hasapir*, contiene 53 palabras, que también es la numerología de la palabra *gan* גַּן, que quiere decir “jardín”; por lo tanto, nos conecta con el Jardín de Edén de nuestro mundo.

Heijal Livnat Hasapir (la Cámara de Zafiro) de *Nukvá* en *Briá*.

בָּרוּךְ Baruj אַתָּה Atá יְהֹוָהאדניאהדונהי Adonai אֱלֹהֵינוּ Eloheinu ילה

מֶלֶךְ Mélej הָעוֹלָם haolam אֲשֶׁר asher בִּדְבָרוֹ bidvaró מַעֲרִיב maariv

עֲרָבִים aravim בְּחָכְמָה bejojmá **(*Atsilut*)** במילוי = תרי"ג (מצוות).

פּוֹתֵחַ potéaj שְׁעָרִים shearim כתר בִּתְבוּנָה bitvuná **(*Briá*)**.

מְשַׁנֶּה meshané עִתִּים itim **(*Yetsirá*)** וּמַחֲלִיף umajalif אֶת et

הַזְּמַנִּים hazmanim **(*Asiyá*)** וּמְסַדֵּר umesader אֶת et הַכּוֹכָבִים hacojavim

(Los siete planetas). בְּמִשְׁמְרוֹתֵיהֶם bemishmeroteihem בָּרָקִיעַ barakía

כִּרְצוֹנוֹ quirtsonó. בּוֹרֵא boré יוֹמָם yomam וָלָיְלָה valayla מלה. גּוֹלֵל golel

אוֹר or רז, אין סוף מִפְּנֵי mipnei חֹשֶׁךְ jóshej שך נצוצות של ז' המלכים

וְחֹשֶׁךְ vejóshej שך נצוצות של ז' המלכים מִפְּנֵי mipnei אוֹר or רז, אין סוף.

הַמַּעֲבִיר hamaavir יוֹם yom ע"ה נגד, מזבח, זן, אל יהוה וּמֵבִיא umeví לָיְלָה layla

מלה. וּמַבְדִּיל umavdil בֵּין bein יוֹם yom ע"ה נגד, מזבח, זן, אל יהוה וּבֵין uvein

לָיְלָה layla מלה. יְהֹוָהאדניאהדונהי Adonai צְבָאוֹת Tsvaot פני שכינה שְׁמוֹ Shmó

מהש ע"ה, ע"ב בריבוע וקס"א ע"ה, אל שדי ע"ה יְהֹוָהאדניאהדונהי Adonai. בָּרוּךְ Baruj

אַתָּה Atá יְהֹוָהאדניאהדונהי Adonai הַמַּעֲרִיב hamaariv עֲרָבִים aravim:

HAMAAVIR ARAVIM – PRIMERA CÁMARA – LIVNAT HASAPIR

Bendito eres Tú, Señor, nuestro Dios, Rey del universo, que con Sus palabras trae con sabiduría las noches. Él abre las puertas con discernimiento. Él cambia las estaciones y varía los tiempos y organiza las estrellas en sus constelaciones en el cielo, de acuerdo a Su voluntad. Él crea el día y la noche y aparta la Luz de la oscuridad, y la oscuridad de la Luz. Él es Quien causa que el día suceda y trae la noche, y separa el día de la noche. Señor de los Ejércitos, Su nombre es el Señor. Bendito eres Tú, Señor, quien trae las noches.

AHAVAT OLAM – LA SEGUNDA CÁMARA – AMOR

Esta bendición nos conecta con la Segunda Cámara, *Ahavá* (Amor), y su propósito es inspirarnos con un amor renovado por los demás y por el mundo.

Heijal Ahavá (la Cámara del Amor) de *Nukvá* en *Briá*.
El siguiente párrafo tiene 50 palabras que corresponden a las 50 Puertas de *Biná*.

אַהֲבַת ahavat עוֹלָם olam בֵּית beit ב"פ ראה יִשְׂרָאֵל Yisrael עַמְּךָ amjá

אָהָבְתָּ ♦ahavta תּוֹרָה Torá (*Atsilut*) וּמִצְוֹת umitsvot (*Briá*) וְחֻקִּים jukim

(*Yetsirá*) וּמִשְׁפָּטִים umishpatim (*Asiyá*) אוֹתָנוּ otanu לִמַּדְתָּ ♦limadta

עַל al כֵּן quen יְהֹוָהאדניאהדונהי Adonai אֱלֹהֵינוּ Eloheinu ילה

בְּשָׁכְבֵנוּ beshajvenu וּבְקוּמֵנוּ uvekumenu נָשִׂיחַ nasíaj בְּחֻקֶּיךָ bejukeja

וְנִשְׂמַח venismaj וְנַעֲלוֹז venaaloz בְּדִבְרֵי bedivrei תַלְמוּד talmud

תּוֹרָתֶךָ torateja וּמִצְוֹתֶיךָ umitsvoteja וְחֻקּוֹתֶיךָ vejukoteja

לְעוֹלָם leolam ריבוע דס"ג ו' אותיות דס"ג וָעֶד ♦vaed כִּי qui הֵם hem

וְחַיֵּינוּ jayeinu וְאֹרֶךְ veórej יָמֵינוּ yameinu וּבָהֶם uvahem נֶהְגֶּה nehgué

יוֹמָם yomam וָלָיְלָה valayla ♦מלה וְאַהֲבָתְךָ veahavatjá לֹא lo תָסוּר tasur

מִמֶּנּוּ mimenu לְעוֹלָמִים ♦leolamim בָּרוּךְ Baruj אַתָּה Atá

יְהֹוָהאדניאהדונהי Adonai אוֹהֵב ohev אֶת et עַמּוֹ amó יִשְׂרָאֵל ♦Yisrael:

EL SHMÁ (para saber más sobre el *Shmá*, ve a la pág. 374-375)

El *Shmá* es una de las herramientas más poderosas para atraer energía sanadora a nuestra vida. El verdadero poder del *Shmá* es liberado cuando recitamos esta oración mientras meditamos en otras personas que necesiten energía de sanación.

1) Para poder recibir la Luz del *Shmá*, debes aceptar el precepto de: "Ama a tu prójimo como a ti mismo", y verte a ti mismo unido con todas las almas que componen el Adam Original.

2) Necesitas meditar en conectarte al precepto de Recitar el *Shmá* dos veces al día.

3) Antes de recitar el *Shmá*, debes cubrir tus ojos con la mano derecha y luego decir las palabras "*Shmá Yisrael … leolam vaed*". Y debes decir el *Shmá* con una meditación profunda, cantándolo con las entonaciones. Es necesario ser cuidadoso con la pronunciación de todas las letras.

AHAVAT OLAM – SEGUNDA CÁMARA – AMOR

Con eterno amor Tú has amado a Tu Nación, la Casa de Israel. Tú nos has enseñado Torá, mandamientos, estatutos y leyes. Por lo tanto, Señor, nuestro Dios, cuando nos acostemos y cuando nos levantemos, discutiremos Tus estatutos y nos regocijaremos y exultaremos en las palabras de las enseñanzas de Tu Torá, Tus mandamientos y Tus estatutos, por siempre y para siempre. Ellos son nuestras vidas y la longitud de nuestros días; con ellos nos dirigiremos día y noche. Y Tu amor nunca apartarás de nosotros. Bendito eres Tú, Señor, que amas a Tu Nación, Israel.

Primero, medita en general, en el primer *Yijud* de los cuatro *Yijudim* del Nombre: יהוה y, en particular, para despertar a la letra ה, y luego para conectarla con la letra ו. Entonces conecta a la letra י y a la letra ה juntas en el orden siguiente: *Hei* (ה), *Hei-Vav* (ה"ו), luego *Yud-Hei* (י"ה), lo que suma 31, el secreto de יא"י (=31) del Nombre ס"ג. Es bueno meditar en este *Yijud* antes de recitar cualquier *Shmá* porque actúa como un reemplazo por las veces que quizás no hayas recitado el *Shmá*. Este *Yijud* tiene la capacidad de crear una conexión Celestial igual que la lectura del *Shmá*: elevar a *Zeir* y a *Nukvá* juntos para el *Zivug* de *Aba* e *Ima*.

Shmá – שְׁמַע

Meditación general: שם ע – para atraer la energía desde las siete *Sefirot* inferiores de *Ima* hacia la *Nukvá*, la cual permite a la *Nukvá* elevar las *Mayin Nukvín* (despertar desde Abajo). **Meditación particular**: שם = יהוה + שדי y cinco veces las letras י y ד de ב"ן = ע [La letra *Hei* (ה) es formada por las letras *Dálet* (ד) y *Yud* (י), por lo tanto en ב"ן tenemos cuatro veces la letra ה más otra vez las letras י y ד de יוד de ב"ן]. También las tres letras ו (18) que quedan de ב"ן, más ב"ן mismo (52) equivale a ע (70).

Yisrael – יִשְׂרָאֵל

Meditación general: שי"ר אל – para atraer energía desde *Jésed* y *Guevurá* de *Aba* hacia *Zeir Anpín*, para hacer su acción en el secreto de *Mayin Dujrín* (despertar desde Arriba).

Meditación particular: (las letras reordenadas de la palabra *Yisrael*): שר אלי

אלהים דיודין (אלף למד הי יוד מם) = ש',

רבוע אלהים (א אל אלה אלהי אלהים) = ר',

מ"א אותיות רבוע אלהים במילואו (אלף אלף למד אלף למד הי אלף למד הי יוד אלף למד הי יוד מם) = אל"י.

También meditar en atraer el *Mojín* Interno de *Aba* de *Katnut* hacia *Zeir Anpín*.

Adonai Eloheinu Adonai – יְהוָה אֱלֹהֵינוּ יְהוָה

Meditación general: para atraer energía hacia *Aba*, *Ima* y *Dáat* desde *Arij Anpín*.

Meditación particular: (יוד הי וי הי) ע"ב (יוד הי) קס"א (אלף הי יוד הי) ע"ב (יוד הי ויו הי).

Ejad – אֶחָד

(El secreto de la completa *Yijud-Unificación*)

Las letras *Álef* א y *Jet* ח de *Ejad* אחד son *Zeir Anpín* y la letra *Dálet* ד es *Nukvá*. **Debes meditar** en dedicar tu alma a la santificación del Nombre Sagrado, elevando de este modo a tu *Néfesh*, *Rúaj*, *Neshamá* y *Neshamá* de *Neshamá* con *Zeir Anpín* y *Nukvá* (usando los Nombres: ע"ב y ס"ג) hacia *Aba* e *Ima* como en el secreto de *Mayin Nukvín*, y por esa energía, *Aba* e *Ima* serán unificados en el secreto del Nombre: יאהדויה"ה. **También meditar** en atraer los Seis Bordes Internos de *Gadlut* de *Ima* hacia *Zeir Anpín*. La Gota, que es ע"ב, es sacada desde lo externo de *Arij Anpín*, y desciende hacia *Yesod* de *Ima*, donde se convierte en: ע"ב ס"ג מ"ה ב"ן, y las cuatro אהיה deletreadas (אלף הי יוד הי, אלף הי יוד הי, אלף הא יוד הא, אלף הה יוד הה) se convierten en Su vestimenta. Como resultado, *Zeir Anpín* tiene cuatro יה"ו deletreadas (יוד הי ויו, יוד הי ואו, יוד הא ואו, יוד הה וו), cuatro אה"י deletreadas (אלף הי יוד, אלף הי יוד, אלף הא יוד, אלף הה יוד) y los Seis Bordes Internos de *Gadlut* de *Ima*. **También meditar en el Nombre:** אל"ף ה"י וי"ו ה"י, que es el *Mojín* entero en el secreto de *Dáat*. **Y también meditar** (según el Ramjal) en las cuatro *Álef* deletreadas (אלף =111) del Nombre: אהי"ה que es igual a la palabra *Midat* (444), haciendo el *Kéter* para *Leá*.

Baruj Shem – בָּרוּךְ שֵׁם כְּבוֹד מַלְכוּתוֹ לְעוֹלָם וָעֶד

Baruj Shem Quevod – *Jojmá*, *Biná*, *Dáat* de *Leá*;

Maljutó – Su *Kéter*; **Leolam** – el resto de Su *Partsuf*;

Vaed – los cuatro היה (4 veces 20 es igual a *Vaed* = 80) harán el *Kéter* para *Rajel*.

Y las cuatro היה deletreadas (הי יוד הי, הי יוד הי, הא יוד הא, הה יוד הה) harán el resto de Su cuerpo.

שְׁמַע Shmá ע׳ רבתי יִשְׂרָאֵל Yisrael יְהֹוָה יאהדונהי Adonai

אֱלֹהֵינוּ Eloheinu ילה יְהֹוָה יאהדונהי Adonai | אֶחָד Ejad ד׳ רבתי ; אהבה, דאגה:

(susurrar): יוזו אותיות בָּרוּךְ Baruj שֵׁם Shem כְּבוֹד quevod מַלְכוּתוֹ maljutó,

לְעוֹלָם leolam ריבוע ס״ג וי׳ אותיות דס״ג וָעֶד vaed:

***Yud*, *Jojmá*, cabeza** – 42 palabras que corresponden al Santo Nombre de Dios de 42 Letras.

א ב

וְאָהַבְתָּ veahavtá ב״פ אור, ב״פ רז, ב״פ אין סוף ; (יכוין לקיים מ״ע של אהבת ה׳) אֵת et

ג י

יְהֹוָה יאהדונהי Adonai אֱלֹהֶיךָ Eloheja ילה ; ס״ת כהת, משיח בן דוד ע״ה

ת צ ק ר

בְּכָל־ bejol ב״ן, לכב לְבָבְךָ levavjá וּבְכָל־ uvejol ב״ן, לכב נַפְשְׁךָ nafshejá

ע ש ט נ

וּבְכָל־ uvejol ב״ן, לכב מְאֹדֶךָ meodeja: וְהָיוּ vehayú הַדְּבָרִים hadvarim

נ ג ד י כ

הָאֵלֶּה haéle אֲשֶׁר asher אָנֹכִי anojí מְצַוְּךָ metsavjá הַיּוֹם hayom

ש ב ט

ע״ה נגד, מזבח, זן, אל יהוה (pausa aquí) עַל־ al לְבָבֶךָ levaveja: וְשִׁנַּנְתָּם veshinantam

ר צ ת ג

לְבָנֶיךָ levaneja וְדִבַּרְתָּ vedibarta בָּם bam מ״ב בְּשִׁבְתְּךָ beshivtejá

ח ק ב

בְּבֵיתֶךָ beveiteja ב״פ ראה וּבְלֶכְתְּךָ uvelejtejá בַדֶּרֶךְ vadérej

ט נ

ב״פ יב״ק, ס״ג קס״א וּבְשָׁכְבְּךָ uveshojbejá וּבְקוּמֶךָ uvkumeja:

ע י ג ל

וּקְשַׁרְתָּם ukshartam לְאוֹת leot עַל־ al יָדֶךָ yadeja

EL SHMÁ

"Escucha, Israel, el Señor nuestro Dios. El Señor es Uno" (Deuteronomio 6:4).

"Bendito es el glorioso Nombre, Su Reino es por siempre y para la eternidad" (Pésajim 56a).

"Y amarás al Señor, tu Dios, con todo tu corazón y con toda tu alma y con todo lo que posees. Deja que estas palabras que te ordeno hoy descansen sobre tu corazón. Y las enseñarás a tus hijos y hablarás de ellas mientras estés sentado en tu hogar y mientras caminas por el sendero y cuando te acuestas y cuando te levantas. Las atarás como una señal sobre tu mano

פ ז ק ע
וְהָיוּ vehayú לְטֹטָפֹת letotafot בֵּין bein עֵינֶיךָ eineja

ק ו
ע"ה קס"א ; ריבוע מ"ה: וּכְתַבְתָּם ujtavtam עַל־ al

צ י ת
מְזֻזוֹת mezuzot ג"ת (זו מות) בֵּיתֶךָ beiteja ב"פ ראה וּבִשְׁעָרֶיךָ uvishareja:

VEHAYÁ IM SHAMOA

***Hei, Biná*, brazos y cuerpo** – 72 palabras que corresponden a los 72 Nombres de Dios.

והו ילי
וְהָיָה vehayá יהוה ; יהה אִם־ im יוה"ך, מ"א אותיות דפשוט, דמילוי ודמילוי דמילוי דאהיה ע"ה

סיט עלם מהש ללה אכא
שָׁמֹעַ shamoa תִּשְׁמְעוּ tishmeú אֶל־ el מִצְוֹתַי mitsvotai אֲשֶׁר asher

כהת הזי אלד לאו
אָנֹכִי anojí מְצַוֶּה metsavé אֶתְכֶם etjem הַיּוֹם hayom ע"ה נגד, מזבח, זן, אל יהוה

ההע יזל מבה
(haz una pausa aquí) לְאַהֲבָה leahavá אחד, דאגה אֶת־ et יְהֹוָהאדניאהדונהי Adonai

הרי הקם
אֱלֹהֵיכֶם Eloheijem ילה (pronuncia la letra *Ayin* en la palabra "*uleavdó*") וּלְעָבְדוֹ uleavdó

לאו כלי לוו
בְּכָל bejol ב"ן, לכב לְבַבְכֶם levavjem וּבְכָל־ uvejol ב"ן, לכב

פהל נלך ייי מלה
נַפְשְׁכֶם nafshejem: וְנָתַתִּי venatati מְטַר־ metar אַרְצְכֶם artsejem

והו נתה האא ירת שאה
בְּעִתּוֹ beitó יוֹרֶה yoré וּמַלְקוֹשׁ umalkosh וְאָסַפְתָּ veasafta דְגָנֶךָ deganeja

ריי אום לכב ושר
וְתִירֹשְׁךָ vetiroshjá וְיִצְהָרֶךָ veyitsareja: וְנָתַתִּי venatati עֵשֶׂב ésev ע"ב שמות

---

y serán como filacterias entre tus ojos.
Y las escribirás en los umbrales de tu casa y en tus puertas" (Deuteronomio 6:5-9).

VEHAYÁ IM SHAMOA

"Y sucederá que si escuchan Mis mandamientos que les estoy ordenando hoy de amar al Señor, su Dios, y servirle con todo su corazón y con toda su alma. Entonces enviaré lluvias sobre su tierra en el momento apropiado, tanto lluvias tempranas como lluvias tardías. Y recogerás tus granos y tu vino y tu aceite. Y te daré hierba

יוזו לההו כוק מנד

בְּשָׂדְךָ besadeja לִבְהֶמְתֶּךָ livhemteja וְאָכַלְתָּ veajalta וְשָׂבָעְתָּ vesavata:

אני וזעם רהע ייי ההה

הִשָּׁמְרוּ hishamrú לָכֶם lajem פֶּן־ pen יִפְתֶּה yifté לְבַבְכֶם levavjem

מיכ וול ילה סאל

וְסַרְתֶּם vesartem וַעֲבַדְתֶּם vaavadtem אֱלֹהִים elohim אֲחֵרִים ajerim

ערי עשל

משה (העומד נגד הקליפות) וְהִשְׁתַּחֲוִיתֶם vehishtajavitem לָהֶם lahem:

מיה והו דני הוזש

וְחָרָה vejará (haz una pausa aquí) אַף־ af יְהֹוָהאדניאהדונהי Adonai בָּכֶם bajem

עמם ננא נית מבה

וְעָצַר veatsar אֶת־ et הַשָּׁמַיִם hashamáyim י״פ טל, י״פ כוזו וְלֹא־ veló

פוי נמם ייל הרוז מצר

יִהְיֶה yihyé ייי מָטָר matar וְהָאֲדָמָה vehaadamá לֹא lo תִתֵּן titén ב״פ כהת

ומב יהה ענו מוזי דמב

אֶת־ et יְבוּלָהּ yevulá וַאֲבַדְתֶּם vaavadetem מְהֵרָה meherá מֵעַל meal עלם

מנק איע וזבו

הָאָרֶץ haárets אלהים דההין ע״ה הַטֹּבָה hatová אֲשֶׁר asher

ראה יבמ היי

יְהֹוָהאדניאהדונהי Adonai נֹתֵן notén אבג יתץ, ושר לָכֶם lajem: *Vav, Zeir Anpín*

מום

וְשַׂמְתֶּם vesamtem **estómago** – 50 palabras que corresponden a las 50 Puertas of *Biná*

א ה י ה א

אֶת־ et דְּבָרַי dvarai ראה אֵלֶּה ele עַל־ al לְבַבְכֶם levavjem

ה י ה א

וְעַל־ veal נַפְשְׁכֶם nafshejem וּקְשַׁרְתֶּם ukshartem אֹתָם otam

---

en tu campo para tu ganado. Y comerás y quedarás saciado. Pero cuiden que su corazón no sea seducido y se alejen para servir a deidades foráneas y se postren ante ellas. Y la ira del Señor caerá sobre ustedes y Él detendrá los Cielos y no habrá más lluvia y la tierra no brindará su cosecha. Y rápidamente perecerán de la buena tierra que el Señor les ha dado. Y pondrán estas palabras Mías sobre su corazón y sobre su alma y las atarán

ה י ה א

לְאוֹת leot ר"ת לאו עַל־ al יְדְכֶם yedjem וְהָיוּ vehayú

ה י ה

לְטוֹטָפֹת letotafot בֵּין bein עֵינֵיכֶם eineijem ריבוע מ"ה:

א ה י ה

וְלִמַּדְתֶּם velimadtem אֹתָם otam אֶת־ et בְּנֵיכֶם bneijem

א ה י

לְדַבֵּר ledaber ראה בָּם bam שם כן מ"ב בְּשִׁבְתְּךָ beshivtejá

ה א ה

בְּבֵיתֶךָ beveiteja ב"פ ראה וּבְלֶכְתְּךָ uvelejtejá בַדֶּרֶךְ vadérej ב"פ יב"ק, ס"ג קס"א

י ה א ה

וּבְשָׁכְבְּךָ uveshojbejá וּבְקוּמֶךָ uvkumeja: וּכְתַבְתָּם ujtavtam עַל־ al

י ה א ה

מְזוּזוֹת mezuzot בֵּיתֶךָ beiteja ב"פ ראה וּבִשְׁעָרֶיךָ uvisheareja: לְמַעַן lemaan

י ה א ה

יִרְבּוּ yirbú יְמֵיכֶם yemeijem ר"ת יי"ל וִימֵי vimei בְנֵיכֶם vneijem

י ה אהיה

עַל al הָאֲדָמָה haadamá אֲשֶׁר asher (pronuncia la letra *Ayin* en la palabra "*nishbá*")

אהיה אהיה

נִשְׁבַּע nishbá יכוין לשבועת המבול יְהֹוָאדניאהדונהי Adonai

אהיה אהיה אהיה אהיה

לַאֲבֹתֵיכֶם laavoteijem לָתֵת latet לָהֶם lahem כִּימֵי quimei

אהיה אהיה אהיה

הַשָּׁמַיִם hashamáyim י"פ טל, י"פ כוזו עַל־ al הָאָרֶץ haárets אלהים דההין ע"ה:

---

como una señal sobre sus manos y serán como filacterias entre sus ojos. Y las enseñarán a sus hijos hablando de ellas mientras estés sentado en tu hogar y mientras caminas por el sendero y cuando te acuestas y cuando te levantas. Y las escribirás en los umbrales de tu casa y sobre tus puertas. Esto es para que sus días sean numerosos y también los días de sus hijos sobre la Tierra que el Señor ha prometido a sus padres darles como los días de los Cielos sobre la Tierra" (Deuteronomio 11:13-21).

VAYÓMER

Hei, _Maljut_, piernas y órganos reproductores,

72 palabras que corresponden a los 72 Nombres de Dios en orden directo (según el Ramjal).

ווו ייי סבט עאם
וַיֹּאמֶר vayómer יְהֹוָאֱדֹנָהִי יאהדונהי Adonai אֶל־ el מֹשֶׁה Moshé

מבש ליה אנא
מהש, ע״ב בריבוע וקס״א, אל שדי, ד״פ אלהים ע״ה לֵּאמֹר lemor: דַּבֵּר daber ראה אֶל־ el

כמות הוזי אנד לכהו המע
בְּנֵי bnei יִשְׂרָאֵל Yisrael וְאָמַרְתָּ veamarta אֲלֵהֶם alehem וְעָשׂוּ veasú

יצל מרה היי המם לוו
לָהֶם lahem צִיצִת tsitsit עַל־ al כַּנְפֵי canfei בִגְדֵיהֶם vigdeihem

כבי ליו פנל נמך
לְדֹרֹתָם ledorotam וְנָתְנוּ venatnú עַל־ al צִיצִת tsitsit

יוזי מנה וזהו
הַכָּנָף hacanaf ע״ה קנ״א, אדני אלהים פְּתִיל ptil י״פ ב״ן תְּכֵלֶת tejélet:

ניה השא ירת שאה רלי
וְהָיָה vehayá יהוה ; יהה לָכֶם lajem לְצִיצִת letsitsit וּרְאִיתֶם ureitem אֹתוֹ otó

אום ליב והר ייו לההו
וּזְכַרְתֶּם uzjartem אֶת־ et כָּל־ col ילי מִצְוֹת mitsvot יְהֹוָאֱדֹנָהִי יאהדונהי Adonai

כעק מנד אני וזום רהע
וַעֲשִׂיתֶם vaasitem אֹתָם otam וְלֹא־ veló תָתוּרוּ taturu אַחֲרֵי ajarei

יוזז השה מככ
לְבַבְכֶם levavjem וְאַחֲרֵי veajarei עֵינֵיכֶם eineijem ריבוע מ״ה

Debes meditar en el precepto: "No seguirás los pensamientos sexuales negativos del corazón ni las miradas de los ojos que buscan prostitución".

VAYÓMER

"Y el Señor le habló a Moshé y dijo: Habla a los Hijos de Israel y diles que deben hacer para sí mismos Tsitsit, en las esquinas de sus vestimentas, a lo largo de todas sus generaciones. Y deben colocar sobre el Tsitsit de cada esquina un filamento azul. Y esto será para ustedes como un Tsitsit; lo verán y recordarán los mandamientos del Señor y los cumplirán. Y no se dejen llevar en pos de su corazón y de sus ojos,

Debes meditar en recordar el Éxodo de *Mitsráyim* (Egipto).

אֲנִי יְהוָה אֱלֹהֵיכֶם Aní Adonai Eloheijem

Está atento de completar este párrafo junto con el *jazán* y la congregación, y de decir la palabra "*emet*" en voz alta. El *jazán* debe decir la palabra "*emet*" susurrando.

אֱמֶת emet אהיה פעמים אהיה, ז"פ ס"ג.

La congregación debe estar en silencio, escuchar y oír las palabras "*Adonai Eloheijem emet*" dichas por el *jazán*. Si no completaste el párrafo junto al *jazán*, debes repetir las últimas tres palabras por cuenta propia. Con estas tres palabras el *Shmá* es concluido.

יְהוָה Adonai אֱלֹהֵיכֶם Eloheijem ילה:

אֱמֶת emet אהיה פעמים אהיה, ז"פ ס"ג.

---

porque de acuerdo con ellos irás por mal camino. Para que se acuerden y hagan todos Mis mandamientos y de este modo serán santos ante su Dios. Yo soy el Señor, su Dios, quien los sacó de la tierra de Egipto para ser su Dios. Yo, el Señor, su Dios, Es verdad" (Números 15:37-41).

El Señor, su Dios, ¡es verdad!

VEEMUNÁ – LA TERCERA CÁMARA – RATSÓN

Veemuná nos conecta con la Tercera Cámara en la Casa del Rey: *Ratsón*, o deseo. Antes de que podamos conectar con cualquier forma de energía espiritual, tenemos que sentir un anhelo o deseo. El deseo es la vasija que atrae a la Luz espiritual. Un deseo pequeño atrae poca cantidad de Luz. Un gran deseo atrae una gran cantidad.

Heijal Ratsón (la Cámara del Deseo) de *Nukvá* en *Briá*.

,aleinu עָלֵינוּ vekayam וְקַיָּם zot זֹאת ילי col כָּל (בוזינת לילה) veemuná וֶאֱמוּנָה

veéin וְאֵין ילה Eloheinu אֱלֹהֵינוּ Adonai יְהֹוָהאדניאהדונהי Hu הוּא qui כִּי

.amó עַמּוֹ Yisrael יִשְׂרָאֵל vaanajnu וַאֲנַחְנוּ .zulató זוּלָתוֹ

hagoalenu הַגּוֹאֲלֵנוּ .melajim מְלָכִים miyad מִיַּד hapodenu הַפּוֹדֵנוּ

.aritsim עָרִיצִים ילי col כָּל micaf מִכַּף Malquenu מַלְכֵּנוּ

אדני אהיה ,אלהים lanu לָנוּ hanifrá הַנִּפְרָע (מילוי דס"ג) ייא" ; לאה haEl הָאֵל

אדני יה lejol לְכָל gmul גְּמוּל hameshalem הַמְשַׁלֵּם .mitsareinu מִצָּרֵינוּ

nafshenu נַפְשֵׁנוּ hasam הַשָּׂם :nafshenu נַפְשֵׁנוּ oyvei אוֹיְבֵי

lamot לַמּוֹט natán נָתַן veló וְלֹא־ ע"ה בינה ,אהיה יהוה אהיה bajayim בַּחַיִּים

bamot בָּמוֹת al עַל hamadrijenu הַמַּדְרִיכֵנוּ .raglenu רַגְלֵנוּ

עמם ; ילי col כָּל al עַל karnenu קַרְנֵנוּ vayarem וַיָּרֶם .oyveinu אוֹיְבֵינוּ

haosé הָעוֹשֶׂה (מילוי דס"ג) ייא" ; לאה haEl הָאֵל .soneinu שׂוֹנְאֵינוּ

.beFaró בְּפַרְעֹה unekamá וּנְקָמָה nisim נִסִּים אדני אהיה ,אלהים lanu לָנוּ

bnei בְּנֵי beadmat בְּאַדְמַת uvemoftim וּבְמוֹפְתִים beotot בְּאוֹתוֹת

ילי col כָּל veevrató בְּעֶבְרָתוֹ hamaqué הַמַּכֶּה .jam וְחָם

et אֶת vayotsí וַיּוֹצֵא .מצר Mitsráyim מִצְרָיִם bejorei בְּכוֹרֵי

.olam עוֹלָם lejerut לְחֵרוּת mitojam מִתּוֹכָם Yisrael יִשְׂרָאֵל amó עַמּוֹ

VEEMUNÁ –TERCERA CÁMARA-RATSÓN

Y fidedigno. Todo eso y Él está sobre nosotros porque Él es el Señor, nuestro Dios, y no hay ningún otro. Y nosotros somos Israel, Su Nación. Él nos redime de las manos de reyes. Él es nuestro Rey, que nos libera del alcance de los tiranos; el Dios, que nos venga contra nuestros enemigos. Él paga a nuestros enemigos mortales su deuda. Él, que nos mantiene vivos y no permite que nuestros pies resbalen. Él, que nos ha guiado sobre las llanuras de nuestros enemigos y Él, que eleva nuestro poder sobre todos los que nos odian. Él es Dios, que hizo por nosotros milagros y acciones contra Faraón, con señales y maravillas, en la tierra de los hijos de Jam. Él que con Su ira cayó sobre los primogénitos de Egipto y sacó a Su Nación, Israel, de entre ellos a una libertad eterna.

הַמַּעֲבִיר hamaavir בָּנָיו banav

בֵּין bein גִּזְרֵי guizrei יַם yam ילי סוּף Suf. וְאֶת veet רוֹדְפֵיהֶם rodfeihem

וְאֶת veet שׂוֹנְאֵיהֶם soneihem בִּתְהוֹמוֹת bitehomot טִבַּע tibá. רָאוּ raú

בָנִים vanim אֶת et גְּבוּרָתוֹ gvurató שִׁבְּחוּ shibjú וְהוֹדוּ vehodú אהיה

לִשְׁמוֹ lishmó מהש ע"ה, ע"ב בריבוע וקס"א ע"ה, אל שדי ע"ה. וּמַלְכוּתוֹ umaljutó

בְּרָצוֹן beratsón מהש ע"ה, ע"ב בריבוע וקס"א ע"ה, אל שדי ע"ה קִבְּלוּ kiblú

עֲלֵיהֶם aleihem. מֹשֶׁה Moshé מהש, ע"ב בריבוע קס"א, אל שדי, ד"פ אלהים ע"ה

וּבְנֵי uvnei יִשְׂרָאֵל Yisrael ר"ת ע"ה נגד, מזבח, זן, אל יהוה לְךָ lejá עָנוּ anú

שִׁירָה shirá בְּשִׂמְחָה besimjá רַבָּה rabá וְאָמְרוּ veamrú כֻלָּם julam:

מִי mi ילי כָמֹכָה jamoja בָּאֵלִם baelim יְהֹוָהאדניאהדונהי Adonai

ר"ת ע"ב, ריבוע יהוה ; ס"ת מ"ה מִי mi ילי כָּמֹכָה camoja נֶאְדָּר needar

בַּקֹּדֶשׁ bakódesh ר"ת יב"ק, אלהים יהוה, אהיה אדני יהוה נוֹרָא norá תְהִלֹּת tehilot

עֹשֵׂה osé פֶלֶא fele: מַלְכוּתְךָ maljutjá יְהֹוָהאדניאהדונהי Adonai

אֱלֹהֵינוּ Eloheinu ילה רָאוּ raú בָנֶיךָ vaneja עַל al הַיָּם hayam ילי

יַחַד yájad כֻּלָּם culam הוֹדוּ hodú אהיה וְהִמְלִיכוּ vehimliju

וְאָמְרוּ veamrú: יְהֹוָהאדניאהדונהי Adonai | יִמְלֹךְ yimloj לְעֹלָם leolam

ריבוע ס"ג וי' אותיות דס"ג ; ר"ת ייל וָעֶד vaed. וְנֶאֱמַר veneemar: כִּי qui פָדָה fadá

יְהֹוָהאדניאהדונהי Adonai אֶת et יַעֲקֹב Yaakov ז' הויות, יאהדונהי אידהנויה

וּגְאָלוֹ uguealó מִיַּד miyad חָזָק jazak פהל מִמֶּנּוּ mimenu: בָּרוּךְ Baruj

אַתָּה Atá יְהֹוָהאדניאהדונהי Adonai גָּאַל gaal באתב"ש כתר יִשְׂרָאֵל Yisrael:

Él, que hizo pasar a Sus Hijos entre las secciones del Mar Rojo mientras ahogó en las profundidades a sus perseguidores y sus enemigos. Los Hijos contemplaron Su poder y lo alabaron y dieron gracias a Su Nombre; aceptaron Su soberanía sobre ellos con deseo. Moshé y los Hijos de Israel elevaron sus voces en canto a Él, con gran alegría y dijeron todos: "¿Quién es como Tú entre los dioses, Señor? ¿Quién es como Tú, poderoso en santidad, impresionante en alabanza y que hace maravillas?" (Éxodo 15:11). Nuestros Hijos vieron Tu Reino, Señor, nuestro Dios, sobre el mar y todos al unísono te dan las gracias y aceptan Tu soberanía y dicen: "El Señor reinará por siempre y para siempre" (Éxodo 15:18). Y está dicho: "Porque el Señor ha liberado a Yaakov y lo ha rescatado de la mano de uno más fuerte que él" (Jeremías 31:10). Bendito eres Tú, Señor, Quien redimió a Israel.

HASHKIVENU – LA CUARTA CÁMARA – EL SANTO SANCTÓRUM

La Cuarta Cámara es *Kódesh HaKadoshim*, el Santo Sanctórum, el cual es nuestro vínculo al siguiente nivel que alcanzamos mediante la *Amidá*.

Heijal Kódesh HaKadoshim (la Cámara del Santo Sanctórum) de *Nukvá* en *Briá*.

הַשְׁכִּיבֵנוּ hashquivenu אָבִינוּ avinu לְשָׁלוֹם leshalom ר"ת לאה

וְהַעֲמִידֵנוּ vehaamidenu מַלְכֵּנוּ Malquenu לְחַיִּים lejayim אהיה אהיה יהוה, בינה ע"ה

טוֹבִים tovim וּלְשָׁלוֹם uleshalom וּפְרוֹשׂ ufrós עָלֵינוּ aleinu

סֻכַּת sucat סוכה = סאל = אמן (יאהדונהי) שְׁלוֹמֶךָ shlomeja וְתַקְּנֵנוּ vetaknenu

מַלְכֵּנוּ Malquenu בְּעֵצָה beetsá טוֹבָה tová אכא מִלְּפָנֶיךָ milfaneja ס"ג מ"ה ב"ן

וְהוֹשִׁיעֵנוּ vehoshienu מְהֵרָה meherá לְמַעַן lemaan שְׁמֶךָ Shmeja

וְהָגֵן vehaguén בַּעֲדֵנוּ •baadenu וְהָסֵר vehaser מֵעָלֵינוּ mealeinu מַכַּת macat

אוֹיֵב •oyev דֶּבֶר •déver וְחֶרֶב •jérev וְחוֹלִי joli וחולה = מ"ה עם ד' אותיות•

צָרָה tsará אלהים דההין• רָעָה raá רהע• רָעָב •raav וְיָגוֹן •veyagón

וּמַשְׁחִית •umashjit וּמַגֵּפָה •umaguefá שְׁבוֹר shvor וְהָסֵר vehaser

הַשָּׂטָן haSatán מִלְּפָנֵינוּ milfaneinu וּמֵאַחֲרֵינוּ •umeajareinu וּבְצֵל uvetsel

כְּנָפֶיךָ cnafeja תַּסְתִּירֵנוּ •tastirenu וּשְׁמוֹר ushmor צֵאתֵנוּ tsetenu

וּבוֹאֵנוּ uvoenu לְחַיִּים lejayim אהיה אהיה יהוה, בינה ע"ה טוֹבִים tovim

וּלְשָׁלוֹם uleshalom מֵעַתָּה meatá וְעַד vead עוֹלָם olam: כִּי qui אֵל El יא"י

(במילוי דס"ג) שׁוֹמְרֵנוּ shomrenu כ"א הויות שבתפילין וּמַצִּילֵנוּ umatsilenu אָתָּה Atá

מִכָּל micol ילי דָּבָר davar ראה רָע ra וּמִפַּחַד umipájad לַיְלָה layla מלה•

בָּרוּךְ Baruj אַתָּה Atá יְהֹוָהאדניאהדונהי Adonai שׁוֹמֵר shomer כ"א הויות שבתפילין

אֶת et עַמּוֹ amó יִשְׂרָאֵל Yisrael לָעַד laad כ"פ ב"ן• אָמֵן Amén יאהדונהי:

HASHKIVENU – LA CUARTA CÁMARA – EL SANTO SANCTÓRUM

Otórganos, Oh Padre, que descansemos en paz y que nuevamente, Rey nuestro, nos levantemos a la buena vida y a la paz. Corrígenos con Tu buen consejo y sálvanos pronto por amor a Tu Nombre. Y elimina de nosotros el ataque de nuestro enemigo, pestilencia, sable, enfermedad, angustia, malicia, hambruna, tristeza, ruina y plaga. Destruye y elimina a Satán delante y detrás de nosotros. Ocúltanos en la sombra de Tus Alas y cuídanos en nuestro andar, para la buena vida y para la paz, desde ahora y hasta la eternidad. Porque Tú, Dios, eres nuestro Guardián y nuestro Salvador de todas las cosas malignas y del terror de la noche. Bendito eres Tú, Señor, Quien guarda a Su Nación, Israel, por siempre. ¡Amén!

MEDIO KADISH

יִתְגַּדַּל yitgadal וְיִתְקַדַּשׁ veyitkadash שׂדי ומילוי שׂדי ; י"א אותיות כמנין ו"ה

שְׁמֵיהּ Shmei (שׁם י"ה דע"ב) רַבָּא rabá קנ"א ב"ן, יהוה אלהים יהוה אדני,

מילוי קס"א וס"ג, מ"ה ברבוע וע"ב ע"ה ; ר"ת = ר"פ אלהים ; ס"ת = ג"פ יב"ק: אָמֵן Amén אידהנויה.

בְּעָלְמָא bealmá דִּי di בְרָא verá כִרְעוּתֵיהּ quirutei.

וְיַמְלִיךְ veyamlij מַלְכוּתֵיהּ maljutei. וְיַצְמַח veyatsmaj

פּוּרְקָנֵיהּ purkanei. וִיקָרֵב vikarev מְשִׁיחֵיהּ Meshijei: אָמֵן Amén אידהנויה.

בְּחַיֵּיכוֹן bejayeijón וּבְיוֹמֵיכוֹן uveyomeijón וּבְחַיֵּי uvejayei

דְכָל dejol ילי בֵּית beit ב"פ ראה יִשְׂרָאֵל Yisrael בַּעֲגָלָא baagalá

וּבִזְמַן uvizmán קָרִיב kariv וְאִמְרוּ veimrú אָמֵן Amén: אָמֵן Amén אידהנויה.

La congregación y el *jazán* dicen lo siguiente:

Veintiocho palabras (hasta *bealmá*) – meditar: מילוי דמילוי דע"ב (יוד ויו דלת הי יוד ויו יוד ויו הי יוד)
Veintiocho letras (hasta *almayá*) – meditar: מילוי דמילוי דע"ב (יוד ויו דלת הי יוד ויו יוד ויו הי יוד)

יְהֵא yehé שְׁמֵיהּ Shmei (שׁם י"ה דס"ג) רַבָּא rabá קנ"א ב"ן,

יהוה אלהים יהוה אדני, מילוי קס"א וס"ג, מ"ה ברבוע וע"ב ע"ה מְבָרַךְ mevaraj,

לְעָלַם lealam לְעָלְמֵי lealmei עָלְמַיָּא almayá. יִתְבָּרַךְ yitbaraj.

MEDIO KADISH

Glorificado y santificado sea su Gran Nombre (Amén).

En el mundo que Él creó de acuerdo a Su voluntad y pueda Su Reino reinar. Y pueda hacer que Su redención florezca y pueda Él acercar al Mesías (Amén). En tus vidas y en tus días y en la vida de toda la Casa de Israel, prontamente y en el futuro cercano, y dígase: Amén (Amén). Que Su gran Nombre sea bendito por siempre y por toda la eternidad, bendito,

Siete palabras con seis letras cada una (שם בן מ"ב) – meditar:
יהוה • יוד הי ויו הי • מילוי דמילוי דע"ב (יוד ויו דלת הי יוד ויו יוד ויו הי יוד)
También, siete veces la letra Vav (שם בן מ"ב) – meditar:
יהוה • יוד הי ויו הי • מילוי דמילוי דע"ב (יוד ויו דלת הי יוד ויו יוד ויו הי יוד).

וְיִשְׁתַּבַּח veyishtabaj י"פ ע"ב יהוה אל אבג יתץ.

וְיִתְפָּאַר veyitpaar הי נו יה קרע שטן. וְיִתְרוֹמַם veyitromam וה כוזו נגד יכש.

וְיִתְנַשֵּׂא veyitnasé במוכסז בטר צתג. וְיִתְהַדָּר veyithadar כוזו יה וזקב טנע.

וְיִתְעַלֶּה veyitalé וה יוד ה יגל פזק. וְיִתְהַלָּל veyithalal א ואו הא שקו צית.

שְׁמֵיהּ Shmei (שם י"ה דמ"ה) דְּקוּדְשָׁא deKudshá בְּרִיךְ Verij הוּא Hu:

אָמֵן Amén אידהנויה.

לְעֵלָּא leelá מִן min כָּל col ילי בִּרְכָתָא birjatá. שִׁירָתָא shiratá.

תֻּשְׁבְּחָתָא tishbejatá וְנֶחֱמָתָא venejamatá. דַּאֲמִירָן daamirán

בְּעָלְמָא bealmá וְאִמְרוּ veimrú אָמֵן Amén: אָמֵן Amén אידהנויה.

LA AMIDÁ

Cuando comenzamos la conexión, damos tres pasos hacia atrás que significan que estamos dejando este mundo físico. Después damos tres pasos hacia delante para comenzar la *Amidá*. Los tres pasos son:

1. Entrar a la tierra de Israel; para entrar en el primer círculo espiritual.
2. Entrar en la ciudad de Jerusalén; para entrar en el segundo círculo espiritual.
3. Entrar en el Santo Sanctórum; para entrar en el círculo más interno.

Antes de recitar el primer verso de la *Amidá*, pedimos: "*Dios, abre mis labios y permite que mi boca hable*", estamos pidiendo a la Luz que hable por nosotros para que podamos recibir lo que necesitamos y no sólo lo que queremos. Con mucha frecuencia, lo que queremos de la vida no es necesariamente el deseo del alma, que es lo que verdaderamente necesitamos para estar satisfechos. Al pedirle a la Luz que hable a través de nosotros, nos aseguramos de que nuestra conexión nos traiga realización genuina y oportunidades para el crecimiento espiritual y el cambio.

---

y alabado, y glorificado y exaltado, y ensalzado y honrado, y adorado y loado sea el Nombre del Santo Bendito Sea (Amén). Más allá de todas las bendiciones, himnos, alabanzas y palabras de consolación que deben decirse en el mundo, y dirán: Amén (Amén).

אֲדֹנָי Adonai ללה (pausa aquí) שְׂפָתַי sfatai תִּפְתָּח tiftaj וּפִי ufí יַגִּיד yaguid

ייז (כ״ב אותיות פשוטות [=אכא] וה׳ אותיות סופיות מנצפך) תְּהִלָּתֶךָ tehilateja ס״ת = בוכו:

La primera bendición – Invoca al escudo de Avraham

Avraham es el canal de la energía de la Columna Derecha de positividad, compartir y misericordia. Las acciones dadoras pueden protegernos de todas las formas de negatividad.

Jésed que se convierte en *Jojmá*

En esta sección hay 42 palabras, el secreto del Nombre de Dios de 42 letras y, por lo tanto, comienza con la letra *Bet* (2) y termina con la letra *Mem* (40).

Flexiona tus rodillas en "*Baruj*", inclínate en "*Atá*" y enderézate en "*Adonai*".

א ב

בָּרוּךְ Baruj אַתָּה Atá א-ת (אותיות הא״ב המסמלות את השפע המגיע) לה׳ המלכות

ג י

יְהֹוָאדהנהי Adonai (יא״) אֱלֹהֵינוּ Eloheinu ילה

ת צ

וֵאלֹהֵי veElohei לכב ; מילוי ע״ב, דמב ; ילה אֲבוֹתֵינוּ avoteinu.

ק ר

אֱלֹהֵי Elohei מילוי ע״ב, דמב ; ילה אַבְרָהָם Avraham (*Jojmá*)

וז״פ אל, רי״ו ול״ב נתיבות החכמה, רמ״ח (אברים), עסמ״ב וט״ז אותיות פשוטות.

ע ש

אֱלֹהֵי Elohei מילוי ע״ב, דמב ; ילה יִצְחָק Yitsjak (*Biná*) ד״פ ב״ן

ט ג

וֵאלֹהֵי veElohei לכב ; מילוי ע״ב, דמב ; ילה יַעֲקֹב Yaakov (*Dáat*) ו׳ הויות, יאהדונהי אידהנויה

La Amidá

"Mi Señor, abre mis labios y mi boca declarará Tu alabanza" (Salmos 51:17).

La primera bendición

Bendito eres, Señor, nuestro Dios y
Dios de nuestros padres: el Dios de Avraham, el Dios de Yitsjak y el Dios de Yaakov.

הָאֵל haEl לאה ; ייא״י (מילוי דס״ג) הַגָּדוֹל hagadol האל הגדול = סיט ; גדול = להח

עם ד׳ אותיות = מבה, יזל, אום הַגִּבּוֹר haguibor ר״ת ההה וְהַנּוֹרָא vehanorá.

אֵל El ייא״י (מילוי דס״ג) ; ר״ת ע״ב, ריבוע יהוה עֶלְיוֹן elyón.

גּוֹמֵל gomel חֲסָדִים jasadim טוֹבִים tovim. קוֹנֵה koné הַכֹּל hacol יכי

וְזוֹכֵר vezojer חַסְדֵי jasdei אָבוֹת avot. וּמֵבִיא umeví

גּוֹאֵל goel לִבְנֵי livnei בְנֵיהֶם vneihem לְמַעַן lemaan

שְׁמוֹ Shemó מהש ע״ה, ע״ב בריבוע וקס״א ע״ה, אל שדי ע״ה בְּאַהֲבָה beahavá אחד, דאגה:

Cuando digas la palabra "*beahavá*" debes meditar en dedicar tu alma a santificar el Santo Nombre y aceptar sobre ti mismo las cuatro formas de muerte.

מֶלֶךְ Mélej עוֹזֵר ozer וּמוֹשִׁיעַ umoshía וּמָגֵן umaguén

ג״פ אל (ייא״י מילוי דס״ג) ; ר״ת מיכאל גבריאל נוריאל:

Flexiona tus rodillas en "*Baruj*", inclínate en "*Atá*" y enderézate en "*Adonai*".

בָּרוּךְ Baruj אַתָּה Atá יְהֹוָהאֲדֹנָי(יְהֹוָהאֱדֹנָי)יאהדונהי Adonai

מָגֵן maguén ג״פ אל (ייא״י מילוי דס״ג) ; ר״ת מיכאל גבריאל נוריאל אַבְרָהָם Avraham

וז״פ אל, רי״ו ול״ב נתיבות החכמה, רמ״ח (אברים), עסמ״ב וט״ז אותיות פשוטות:

El Dios grande, poderoso y reverenciado.
El Dios sublime. El que otorga favores. Amo de todas las cosas. El que recuerda las buenas acciones de nuestros antepasados y El que trae un redentor a los hijos de sus hijos por el bien de Su nombre, con amor.
Rey, Sostén, Salvador y Escudo. Bendito eres Tú, Señor, escudo de Avraham.

LA SEGUNDA BENDICIÓN

LA ENERGÍA DE YITSJAK ENCIENDE EL PODER DE LA RESURRECCIÓN DE LOS MUERTOS

Mientras que Avraham representa el poder de compartir, Yitsjak representa a la Columna Izquierda, energía de Juicio. El Juicio acorta el proceso de *tikún* y prepara la vía para nuestra resurrección final.

Guevurá que se convierte en *Biná*

En esta sección hay 49 palabras que corresponden a las 49 Puertas del Sistema Puro en *Biná*.

אַתָּה Atá גִּבּוֹר guibor לְעוֹלָם leolam ריבוע ס"ג ו' אותיות דס"ג אֲדֹנָי Adonai ללה

(ר"ת אַגְלָא והוא שם גדול ואמיץ, ובו היה יהודה מתגבר על אויביו. ע"ה אלד, בוכו).

מְחַיֶּה mejayé ס"ג מֵתִים metim אַתָּה Atá. רַב rav לְהוֹשִׁיעַ lehoshía.

מוֹרִיד morid הַטָּל hatal יוד הא וא, כוזו, מספר אותיות דמילואי עסמ"ב ; ר"ת מ"ה:

Si por error dices "*Mashiv harúaj*" y te das cuenta de ello antes del final de la bendición "*Baruj Atá Adonai*", debes regresar al comienzo de la bendición "*Atá guibor*" y continuar normalmente. Pero si sólo te das cuenta de ello después del final de la bendición, debes iniciar la *Amidá* desde el principio.

מְכַלְכֵּל mejalquel חַיִּים jayim אהיה אהיה יהוה, בינה ע"ה בְּחֶסֶד bejésed

ע"ב, ריבוע יהוה. מְחַיֶּה mejayé ס"ג מֵתִים metim בְּרַחֲמִים berajamim

(במוכסז) מצפצ, אלהים דההין, י"פ ייי רַבִּים rabim (טלא דעתיק). סוֹמֵךְ somej

(אכדטם) כוק, ריבוע אדני נוֹפְלִים noflim (זו"ן). וְרוֹפֵא verofé חוֹלִים jolim

חולה = מ"ה וד' אותיות. וּמַתִּיר umatir אֲסוּרִים asurim. וּמְקַיֵּם umekayem

אֱמוּנָתוֹ emunató לִישֵׁנֵי lishenei עָפָר afar. מִי mi ילי כָּמוֹךָ jamoja

בַּעַל báal גְּבוּרוֹת gvurot (debes pronunciar la letra *Ayin* en la palabra "*Báal*")

וּמִי umí ילי דּוֹמֶה domé לָּךְ laj. מֶלֶךְ Mélej מֵמִית memit

וּמְחַיֶּה umejayé ס"ג (יוד הי ואו הי) וּמַצְמִיחַ umatsmíaj יְשׁוּעָה yeshuá:

וְנֶאֱמָן veneemán אַתָּה Atá לְהַחֲיוֹת lehajayot מֵתִים metim:

בָּרוּךְ Baruj אַתָּה Atá יְהֹוָהאדהנויה Adonai

מְחַיֶּה mejayé ס"ג (יוד הי ואו הי) הַמֵּתִים hametim ר"ת מ"ה וס"ת מ"ה:

LA SEGUNDA BENDICIÓN

Tú, Señor, eres poderoso por siempre. Tú revives a los muertos y eres muy capaz de redimir. El que hace caer el rocío. Tú sostienes a los vivientes con bondad y revives a los muertos con gran misericordia. Tú sostienes a los caídos, curas a los enfermos, pones en libertad a los cautivos y cumples Tu promesa con los que duermen en el polvo. ¿Quién es como Tú, Señor de fortaleza, y quién puede compararse Contigo, Oh Rey, que causas la muerte, restauras la vida y haces florecer la salvación? ¿Quién es como Tú, Padre misericordioso, Quien recuerdas a Tus criaturas con misericordia para la vida? Y Tú eres fiel para resucitar a los muertos. Bendito eres Tú, Señor, que revives a los muertos.

LA TERCERA BENDICIÓN

Esta bendición nos conecta con Yaakov, la Columna Central, el poder de la restricción. Yaakov es nuestro canal para conectar la Misericordia con el Juicio. Al restringir nuestro comportamiento reactivo, estamos deteniendo nuestro Deseo de Recibir para Nosotros Mismos. Yaakov también nos da el poder para equilibrar nuestros actos de Misericordia y Juicio hacia otras personas en nuestra vida.

Tiféret que se convierte en *Dáat* (14 palabras).

אַתָּה Atá קָדוֹשׁ Kadosh וְשִׁמְךָ veShimjá קָדוֹשׁ Kadosh ר״ת = אור, רז, אין סוף •

וּקְדוֹשִׁים ukdoshim בְּכָל־ bejol ב״ן, לכב יוֹם yom ע״ה נגד, מזבח, זן, אל יהוה

יְהַלְלוּךָ yehaleluja סֶּלָה sela:

בָּרוּךְ Baruj אַתָּה Atá יְהֹוָהאדהנויה (יאהדונהי) Adonai

הָאֵל haEl לאה ; ייא״י (מילוי דס״ג) הַקָּדוֹשׁ hakadosh י״פ מ״ה (יוד הא ואו הא):

Aqui medita en el Nombre: **יאהדונהי**, ya que puede ayudar a eliminar la ira.

LAS TRECE BENDICIONES DEL MEDIO

Hay trece bendiciones en el medio de la *Amidá* que nos conectan a los Trece Atributos.

LA PRIMERA (CUARTA) BENDICIÓN

Esta bendición nos ayuda a transformar la información en conocimiento al ayudarnos a internalizar todo lo que aprendemos.

Jojmá

En esta bendición hay 17 palabras, el mismo valor numérico de la palabra *Tov* (bueno) en el secreto de *Ets HaDáat Tov vaRá*, (Árbol de Conocimiento del Bien y el Mal), donde conectamos solamente con el *Tov*.

אַתָּה Atá חוֹנֵן jonén לְאָדָם leadam מ״ה דַּעַת dáat•

וּמְלַמֵּד umelamed לֶאֱנוֹשׁ leenosh בִּינָה biná ע״ה אהיה אהיה יהוה, חיים•

LA TERCERA BENDICIÓN

Tú eres Santo y Santo es Tu Nombre, y los Seres Santos Te alaban día a día, Sela.
De generación en generación, ellos proclaman a Dios como Rey, porque solo Él es y es Santo.

LAS TRECE BENDICIONES DEL MEDIO

LA PRIMERA (CUARTA) BENDICIÓN

Tú graciosamente le otorgas conocimiento al hombre y entendimiento a la humanidad.

ATÁ JONANTANU

Esta conexión nos ayuda a diferenciar lo bueno de lo malo durante la semana. Con demasiada frecuencia atraemos a las personas equivocadas y aprovechamos las oportunidades equivocadas en nuestra vida. Esta conexión nos da ese sexto sentido para percibir las consecuencias a largo plazo.

אַתָּה Atá חוֹנַנְתָּנוּ jonantanu יְהֹוָאדהיאהדונהי Adonai אֱלֹהֵינוּ Eloheinu ילה

מַדָּע madá וְהַשְׂכֵּל ,vehasquel אַתָּה Atá אָמַרְתָּ amarta לְהַבְדִּיל lehavdil

בֵּין bein קוֹדֶשׁ kódesh לְחוֹל lejol וּבֵין uvein אוֹר or רז, א"ס

לְחוֹשֶׁךְ lejóshej וּבֵין uvein יִשְׂרָאֵל Yisrael לָעַמִּים ,laamim

וּבֵין uvein יוֹם yom ע"ה נגד, מזבח, זן, אל יהוה הַשְּׁבִיעִי hashvií לְשֵׁשֶׁת leshéshet

יְמֵי yemei הַמַּעֲשֶׂה .hamaasé כְּשֵׁם queshem שֶׁהִבְדַּלְתָּנוּ shehivdaltanu

יְהֹוָאדהיאהדונהי Adonai אֱלֹהֵינוּ Eloheinu ילה מֵעַמֵּי meamei

הָאֲרָצוֹת haaratsot וּמִמִּשְׁפְּחוֹת umimishpejot הָאֲדָמָה ,haadamá

כָּךְ caj פְּדֵנוּ pedenu וְהַצִּילֵנוּ vehatsilenu מִשָּׂטָן miSatán רָע ra

וּמִפֶּגַע umipega רָע ,ra וּמִכָּל umicol ילי גְּזֵרוֹת gzerot קָשׁוֹת kashot

וְרָעוֹת veraot הַמִּתְרַגְּשׁוֹת hamitragshot לָבֹא lavó בָּעוֹלָם :baolam

וְחָנֵּנוּ vejonenu מֵאִתְּךָ meitjá חָכְמָה Jojmá במילוי = תרי"ג (מצוות)

בִּינָה Biná ע"ה אהיה אהיה יהוה, חיים וָדַעַת vaDáat ר"ת וחבו:

בָּרוּךְ Baruj אַתָּה Atá יְהֹוָאדהיאהדונהי Adonai חוֹנֵן jonén הַדָּעַת :haDáat

---

ATÁ JONANTANU

Tú nos has otorgado graciosamente, Señor, nuestro Dios, conocimiento e inteligencia. Tú nos ordenaste separar entre lo santo y lo no santo, entre la Luz y la oscuridad, entre Israel y las naciones y entre el Séptimo Día y los seis días de la Creación. Así como nos separaste, Señor, nuestro Dios, de las naciones de la Tierra y de las familias en la Tierra, que así puedas redimirnos y rescatarnos del adversario malvado, de cualquier deformidad, y de todo tipo de decretos severos y malvados que apasionadamente vienen al mundo. Concédenos con gracia, de Ti, sabiduría, comprensión y conocimiento.

¡Bendito eres Tú, Señor, que con gracia concedes conocimiento!

LA SEGUNDA (QUINTA) BENDICIÓN

Esta bendición nos mantiene en la Luz. Todos nosotros, en algún momento u otro, sucumbimos a las dudas y a la incertidumbre que el Satán constantemente nos implanta. Si cometemos el desafortunado error de retroceder y alejarnos de la Luz, no queremos que el Creador imite nuestras acciones y se aleje de nosotros. En lugar de eso, queremos que Él nos atrape. En el recuadro inferior hay algunas líneas que podemos recitar y en las cuales podemos meditar para el beneficio de otros que pudiesen estar alejándose. La guerra contra el Satán es la guerra más antigua que conoce el hombre. Y la única manera de vencer al Satán es uniéndonos, compartiendo, ayudando y meditando unos por otros.

Biná

En esta bendición hay 15 palabras, al igual que la poderosa acción de la *teshuvá* (arrepentimiento) que eleva 15 niveles en el camino hacia el *Quisé HaCavod* (el Trono de Honor). Éste pasa por siete *Rekiim* (Firmamentos), siete *Avirim* (Aires), y otro Firmamento en la parte superior de los Animales Santos (juntos suman 15). Además, hay 15 palabras en los dos versículos principales del Profeta Yeshayahu y del Rey David que hablan sobre la *teshuvá* (Isaías 55:7; Salmos 32:5). El número 15 también es el secreto del Nombre: יה.

הֲשִׁיבֵנוּ hashivenu אָבִינוּ avinu לְתוֹרָתֶךָ letorateja (וסד שבה – יְהֹוָאֲדֹנָי יאהדונהי)•

וְקָרְבֵנוּ vekarvenu מַלְכֵּנוּ malquenu לַעֲבוֹדָתֶךָ laavodateja•

וְהַחֲזִירֵנוּ vehajazirenu בִּתְשׁוּבָה bitshuvá שְׁלֵמָה shlemá

לְפָנֶיךָ lefaneja ס״ג מ״ה ב״ן:

Si quieres meditar por otra persona y ayudarla en su proceso espiritual, recita:

יְהִי yehí רָצוֹן ratsón מהש ע״ה, ע״ב בריבוע וקס״א ע״ה, אל שדי ע״ה

מִלְּפָנֶיךָ milfaneja ס״ג מ״ה ב״ן יְהֹוָאֲדֹנָי יאהדונהי Adonai אֱלֹהַי Elohai מילוי ע״ב, דמב ; ילה

וֵאלֹהֵי veElohei לכב ; מילוי ע״ב, דמב ; ילה אֲבוֹתַי avotai שֶׁתַּחְתּוֹר shetajtor

וַחֲתִירָה jatirá מִתַּחַת mitájat כִּסֵּא quisé כְּבוֹדֶךָ quevodeja וּתְקַבֵּל utekabel

בִּתְשׁוּבָה bitshuvá אֶת et (*el nombre de la persona y el nombre de su padre*) כִּי qui יְמִינְךָ yeminjá

יְהֹוָאֲדֹנָי יאהדונהי Adonai פְּשׁוּטָה pshutá לְקַבֵּל lekabel שָׁבִים shavim•

בָּרוּךְ Baruj אַתָּה Atá יְהֹוָאֲדֹנָי יאהדונהי Adonai

הָרוֹצֶה harotsé בִּתְשׁוּבָה bitshuvá:

LA SEGUNDA (QUINTA) BENDICIÓN

Regrésanos, Padre nuestro, a Tu Torá

y acércanos, Rey nuestro, a Tu servicio, y haznos retornar ante Ti en perfecto arrepentimiento.

Que sea agradable ante Ti, Señor, mi Dios y Dios de mis antepasados, que Tú seas generoso en el Trono de Tu Gloria y aceptes como arrepentido a (el nombre de la persona y el nombre su padre) *porque Tu Mano Derecha, Señor, se extiende hacia fuera para recibir a aquellos que se arrepienten.*

¡Bendito eres Tú, Señor, que desea arrepentimiento!

LA TERCERA (SEXTA) BENDICIÓN

Esta bendición nos ayuda a obtener el perdón verdadero. Tenemos el poder de limpiarnos a nosotros mismos de nuestro comportamiento negativo y acciones hirientes hacia los demás a través del perdón. Esta bendición no significa que al rogar por el perdón ya nuestra pizarra quedará limpia. El perdón se refiere a la metodología para eliminar los residuos que provienen de nuestras injusticias. Hay dos formas de eliminar los residuos: física y espiritual. Acumulamos residuo físico cuando no aceptamos nuestras faltas y las leyes de causa y efecto. Nos limpiamos a nosotros mismos cuando experimentamos cualquier tipo de dolor, bien sea financiero, emocional o físico. Si decidimos limpiarnos espiritualmente, prescindimos de la limpieza física. Hacemos esto generando en nosotros el dolor que les causamos a los demás. Sentimos a la otra persona y, con un corazón sincero, recitamos esta oración mientras experimentamos la herida y el dolor que infligimos a los demás. Esta forma de limpieza espiritual evita que tengamos que pasar por una limpieza física.

Jésed

En esta bendición hay 21 palabras, el cual es el valor numérico del Santo Nombre: אהיה.

סְלַח slaj יהוה ע"ב לָנוּ lanu אלהים, אהיה אדני אָבִינוּ avinu ר"ת סאל, אמן (יאהדונהי)

כִּי qui וְחָטָאנוּ jatanu. מְחוֹל mejol לָנוּ lanu אלהים, אהיה אדני ; מחול לנו ע"ה =

קס"א וי' אותיות מַלְכֵּנוּ malquenu כִּי qui פָּשָׁעְנוּ fashanu. כִּי qui אֵל El ייא"י (מילוי דס"ג)

טוֹב tov והו וְסַלָּח vesalaj יהוה ע"ב אָתָּה Atá: בָּרוּךְ Baruj אַתָּה Atá

יְהֹוָהאדניאהדונהי Adonai חַנּוּן janún הַמַּרְבֶּה hamarbé לִסְלוֹחַ lislóaj:

LA CUARTA (SÉPTIMA) BENDICIÓN

Esta bendición nos ayuda a alcanzar la redención después que somos limpiados espiritualmente.

Guevurá

רְאֵה reé ראה נָא na בְעָנְיֵנוּ veonyenu ר"ת רנ"ב (אברים באשה, כנגד הגבורה)

וְרִיבָה verivá רִיבֵנוּ rivenu. וּמַהֵר umaher לְגָאֳלֵנוּ legaolenu

גְּאֻלָּה gueulá מ"ה שְׁלֵמָה shlemá לְמַעַן lemaan שְׁמֶךָ Shmeja

כִּי qui אֵל El ייא"י (מילוי דס"ג) גּוֹאֵל goel וְחָזָק jazak פהל אָתָּה Atá:

בָּרוּךְ Baruj אַתָּה Atá יְהֹוָהאדניאהדונהי Adonai גּוֹאֵל goel יִשְׂרָאֵל Yisrael:

LA QUINTA (OCTAVA) BENDICIÓN

Esta bendición nos da el poder de sanar cada parte de nuestro cuerpo. Toda la sanación se origina en la Luz del Creador. El aceptar y entender esta verdad nos da la apertura para recibir esta Luz. También debemos pensar en compartir esta energía de sanación con otros.

LA TERCERA (SEXTA) BENDICIÓN

Perdónanos, Padre nuestro,
porque hemos transgredido. Perdónanos, Rey nuestro, porque hemos pecado, porque Tú eres un Dios bueno y que perdona. ¡Bendito eres Tú, Señor, que eres bondadoso y perdonas de manera magnánima!

LA CUARTA (SÉPTIMA) BENDICIÓN

Mira nuestra aflicción y defiende nuestra causa; por Tu Nombre redímenos prontamente, pues Tú eres un Dios poderoso y redentor. ¡Bendito eres Tú, Señor, que redimes a Israel!

Tiféret

רְפָאֵנוּ refaenu יְהֹוָה יאהדונהי Adonai וְנֵרָפֵא venerafé ר"ת רי"ו.

הוֹשִׁיעֵנוּ hoshienu וְנִוָּשֵׁעָה venivashea כִּי qui תְהִלָּתֵנוּ tehilatenu

אַתָּה Atá ר"ת = ב"פ רי"ו. וְהַעֲלֵה vehaalé אֲרוּכָה arujá וּמַרְפֵּא umarpé

לְכָל־ lejol יה אדני תַּחֲלוּאֵינוּ tajalueinu. וּלְכָל־ ulejol יה אדני

מַכְאוֹבֵינוּ majoveinu וּלְכָל־ ulejol יה אדני מַכּוֹתֵינוּ macoteinu.

> Para meditar por sanación para ti mismo u otras personas, agrega lo siguiente;
> y en los paréntesis a continuación, incluye los nombres:
>
> יְהִי yehí רָצוֹן ratsón מהש ע"ה, ע"ב בריבוע וקס"א ע"ה, אל שדי ע"ה
>
> מִלְּפָנֶיךָ milfaneja ס"ג מ"ה ב"ן יְהֹוָה יאהדונהי Adonai אֱלֹהַי Elohai מילוי ע"ב, דמב ; ילה
>
> וֵאלֹהֵי veElohei לכב ; מילוי ע"ב, דמב ; ילה אֲבוֹתַי avotai שֶׁתְּרַפְּאֵנִי shetirpaeni
>
> (וְתִרְפָּא vetirpá (incluye el nombre de la persona) בֶּן ben (Mujeres: בַּת bat) (incluye el nombre de su madre))
>
> רְפוּאָה refuá שְׁלֵמָה shlemá רְפוּאַת refuat הַנֶּפֶשׁ hanéfesh
>
> וּרְפוּאַת urefuat הַגּוּף haguf, כְּדֵי quedei שֶׁאֶהְיֶה sheehyé וְחָזָק jazak פהל
>
> (Mujeres: וַחֲזָקָה jazaká פהל) בִּבְרִיאוּת bivriut, וְאַמִּיץ veamits
>
> (Mujeres: וְאַמִּיצַת veamitsat) כֹּחַ cóaj, בְּמָאתַיִם bematáyim וְאַרְבָּעִים vearbaim
>
> וּשְׁמוֹנָה ushmoná רמ"ח (אברים), אברהם, ח"פ אל, רי"ו ול"ב נתיבות החכמה, עסמ"ב וט"ז אותיות
>
> פשוטות (Mujeres: בְּמָאתַיִם bematáyim וַחֲמִשִּׁים vejamishim וּשְׁנַיִם ushnáyim)
>
> אֵבָרִים evarim וּשְׁלֹשׁ ushlosh מֵאוֹת meot המספר = ש = אלהים דיודין
>
> וְשִׁשִּׁים veshishim המספר = מילוי הש' (ין) וַחֲמִשָּׁה vajamishá גִּידִים guidim שֶׁל shel
>
> נִשְׁמָתִי nishmatí וְגוּפִי vegufí, לְקִיּוּם lekiyum תּוֹרָתְךָ Toratjá הַקְּדוֹשָׁה hakdoshá.

כִּי qui אֵל El יא"י (מילוי דס"ג) רוֹפֵא rofé רַחֲמָן rajamán וְנֶאֱמָן veneemán

אָתָּה Atá: בָּרוּךְ Baruj אַתָּה Atá יְהֹוָה יאהדונהי Adonai רוֹפֵא rofé

חוֹלֵי jolei חולה = מ"ה (יוד הא ואו הא) וד' אותיות עַמּוֹ amó יִשְׂרָאֵל Yisrael

ר"ת רפ"ח (להעלות הניצוצות שנפלו לקליפה דמשם באים התחלואים):

LA QUINTA (OCTAVA) BENDICIÓN

Cúranos, Señor, y seremos curados. Sálvanos y seremos salvados. Porque Tú eres nuestro orgullo. Trae curación y sanación a todas nuestras dolencias, a todos nuestros dolores, a todas nuestras heridas.

> *Sea agradable ante Ti, Señor, mi Dios y Dios de mis antepasados, que Tú me sanes completamente* (y el nombre de la persona y el nombre de su madre) *con la sanación del espíritu y la sanación del cuerpo, para que sea fuerte en salud y vigoroso en mi fortaleza en todos mis 248* (la mujer dice: *252*) *órganos y los 365 tendones de mi alma y mi cuerpo, para que yo sea capaz de mantener Tu Santa Torá.*

Porque Tú eres un Dios sanador,
compasivo y leal. ¡Bendito eres Tú, Señor, que sanas a los enfermos de Tu Pueblo, Israel!

LA SEXTA (NOVENA) BENDICIÓN

Esta bendición trae sustento y prosperidad para todo el planeta y nos provee sustento personal. Quisiéramos que todos nuestros años estuviesen llenos de rocío y lluvia, que son la corriente vital que sostiene nuestro mundo.

Nétsaj

Si por error dices "*Barej alenu*" en lugar de "*Barjenu*" y te das cuenta de ello antes del final de la *Amidá* ("*yihyú leratsón*" – el segundo), entonces debes regresar y decir "*Barjenu*" y continuar normalmente. Si te das cuenta de ello después, debes comenzar la *Amidá* desde el principio.

בָּרְכֵנוּ barjenu יְהֹוָהאדני יאהדונהי Adonai אֱלֹהֵינוּ Eloheinu ילה בְּכָל־ bejol

מַעֲשֵׂי maasei לכב ,ב״ן יָדֵינוּ yadeinu. וּבָרֵךְ uvarej שְׁנָתֵנוּ shnatenu

בְּטַלְלֵי betalelei רָצוֹן ratsón מהש ע״ה, ע״ב בריבוע וקס״א ע״ה, אל שדי ע״ה

בְּרָכָה brajá וּנְדָבָה unedavá בינה (וע״ה אהיה אהיה יהוה, וחיים). וּתְהִי utehí

אַחֲרִיתָהּ ajaritá חַיִּים jayim אהיה אהיה יהוה, בינה ע״ה וְשָׂבָע vesavá

וְשָׁלוֹם veshalom כַּשָּׁנִים cashanim הַטּוֹבוֹת hatovot לִבְרָכָה livrajá.

Si quieres meditar por sustento, agrega lo siguiente:

יְהִי yehí רָצוֹן ratsón מהש ע״ה, ע״ב בריבוע וקס״א ע״ה, אל שדי ע״ה מִלְּפָנֶיךָ milfaneja

ס״ג מ״ה ב״ן יְהֹוָהאדני יאהדונהי Adonai אֱלֹהֵינוּ Eloheinu ילה וֵאלֹהֵי veElohei

לכב ; מילוי ע״ב, דמב ; ילה אֲבוֹתֵינוּ avoteinu שֶׁתִּתֵּן shetitén ב״פ כהת לִי li

וּלְכָל ulejol יה אדני הַסְּמוּכִים hasmujim עַל al שׁוּלְחָנִי shuljaní, הַיּוֹם hayom

ע״ה נגד, מזבח, זן, אל יהוה וּבְכָל uvejol ב״ן, לכב יוֹם yom ע״ה נגד, מזבח, זן, אל יהוה

מְזוֹנוֹתַי mezonotai וּמְזוֹנוֹתֵיהֶם umezonoteihem בְּכָבוֹד bejavod בוכו וְלֹא veló

בְּבִזּוּי bevizui בְּהֶיתֵּר beheiter וְלֹא veló בְּאִיסּוּר beisur בִּזְכוּת bizjut

שִׁמְךָ Shimjá הַגָּדוֹל hagadol להח ; עם ד׳ אותיות = מבה, יזל, אום

(No pronunciar este nombre: דִּיקַרְנוֹסָא וזהך עם ג׳ אותיות - ובאתב״ש סאל, אמן, יאהדונהי)

LA SEXTA (NOVENA) BENDICIÓN

Durante el verano:

Bendícenos, Señor, nuestro Dios, en todos nuestros esfuerzos, y bendice nuestros años con el rocío de la buena voluntad, bendiciones y benevolencia. Que su conclusión sea vida, satisfacción y paz, así como otros años de bendiciones,

Sea agradable ante Ti, Señor, mi Dios y Dios de mis antepasados, que Tú me proveas a mí y a mi hogar, hoy y todos los días, mi alimento y el de ellos, con dignidad y no con vergüenza, de forma permisible y no prohibida, en virtud de Tu gran Nombre.

הַיּוֹצֵא hayotsé מִפָּסוּק :mipasuk וַהֲרִיקֹתִי vaharikoti לָכֶם lajem
בְּרָכָה brajá עַד־ ad בְּלִי־ bli דָי dai וּמִפָּסוּק :umipasuk נְסָה nesá
עָלֵינוּ aleinu אוֹר or רז, אין סוף פָּנֶיךָ paneja ס"ג מ"ה ב"ן יְהֹוָהאהדונהי Adonai
וְאַל veal תַּצְרִיכֵנוּ tatsrijenu לִידֵי lidei מַתְּנוֹת matnot בָּשָׂר basar
וָדָם vadam, כִּי qui אִם im יוהך, מ"א אותיות אהיה בפשוטו מילואו ומילוי דמילואו ע"ה
מִיָּדְךָ miyadjá הַמְּלֵאָה hamleá וּמֵאוֹצַר umeotsar מַתְּנַת matnat וְחִנָּם jinam
תְּכַלְכְּלֵנִי tejalquelni וְתַשְׁפִּיעֵנִי vetashpieni, אָמֵן Amén יאהדונהי סֶלָה sela.

כִּי qui אֵל El ייא"י (מילוי ד"סג) טוֹב tov והו וּמֵטִיב umetiv
אַתָּה Atá וּמְבָרֵךְ umevarej הַשָּׁנִים :hashanim בָּרוּךְ Baruj
אַתָּה Atá יְהֹוָהאהדונהי Adonai מְבָרֵךְ mevarej הַשָּׁנִים :hashanim

LA SÉPTIMA (DÉCIMA) BENDICIÓN

Esta bendición nos da el poder de influir de manera positiva sobre toda la humanidad. La Kabbalah enseña que cada individuo afecta la totalidad. Nosotros tenemos un efecto sobre el mundo y el resto del mundo tiene un efecto sobre nosotros, aunque no podamos percibir esta relación con nuestros cinco sentidos. Llamamos a esta relación conciencia cuántica.

Hod

תְּקַע teká ב"פ סנדלפון וי' אותיות בְּשׁוֹפָר beshofar גָּדוֹל gadol להו ; עם ד' אותיות =
מבה, יזל, אום לְחֵרוּתֵנוּ .lejerutenu וְשָׂא vesá נֵס nes מ"ה אדני לְקַבֵּץ lekabets
גָּלֻיּוֹתֵינוּ .galuyoteinu וְקַבְּצֵנוּ vekabtsenu יַחַד yájad מֵאַרְבַּע mearbá
כַּנְפוֹת canfot וזבו (בסגולתו להוציא ניצוצות מן הקליפות) ויכוין וַזֶבֶן עם נקודותיו = ע"ב, ריבוע יהוה
הָאָרֶץ haárets אלהים דההין ע"ה ; ר"ת = אדני לְאַרְצֵנוּ :leartsenu

Lo siguiente es recitado a lo largo de todo el año:

La siguiente meditación nos ayuda a liberar y redimir todas las chispas restantes de Luz que hemos perdido mediante nuestras acciones irresponsables (especialmente el comportamiento sexual irresponsable):

---

que proviene del versículo: "derramar bendiciones sobre ti hasta que no haya espacio suficiente para éstas" (Malaquías 3:10) y del versículo: "Eleva sobre nosotros la Luz de Tu rostro, Señor" (Salmos 4:7), y no necesitaremos los regalos de carne y sangre, sino sólo de Tu mano, la cual está llena, y del tesoro del regalo gratuito Tú me sostendrás y me alimentarás. Amén. Sela.

Porque Tú eres un Dios bueno y benefactor y Tú bendices los años.
¡Bendito eres Tú, Oh Dios, que bendices los años!

LA SÉPTIMA (DÉCIMA) BENDICIÓN

Suena el gran Shofar para nuestra libertad y levanta un estandarte para reunir a nuestros exiliados.
Suena y reúnenos de los cuatro confines de la Tierra en nuestra tierra.

יְהִי yehí רָצוֹן ratsón מהש ע״ה, ע״ב בריבוע וקס״א ע״ה, אל שדי ע״ה מִלְּפָנֶיךָ milfaneja
ס״ג מ״ה ב״ן יְהֹוָה‎ Adonai אֱלֹהַי Elohai מילוי ע״ב, דמב ; ילה
וֵאלֹהֵי veElohei לכב ; מילוי ע״ב, דמב ; ילה אֲבוֹתַי avotai שֶׁכָּל shecol טִיפָּה tipá ילי
וְטִיפָּה vetipá שֶׁל shel קֶרִי kerí שֶׁיָּצָא sheyatsá מִמֶּנִּי mimeni לְבַטָּלָה levatalá
וּמִכָּל umicol ילי יִשְׂרָאֵל Yisrael בִּכְלָל bijlal וּבִפְרָט ubifrat שֶׁלֹּא sheló
בִּמְקוֹם bimkom מִצְוָה mitsvá בֵּין bein בְּאוֹנֶס beones בֵּין bein בְּרָצוֹן beratsón
מהש ע״ה, ע״ב בריבוע וקס״א ע״ה, אל שדי ע״ה בֵּין bein בְּשׁוֹגֵג beshogueg בֵּין bein
בְּמֵזִיד bemezid, בֵּין bein בְּהִרְהוּר behirhur וּבֵין uvein בְּמַעֲשֶׂה bemaasé,
בֵּין bein בְּגִלְגּוּל beguilgul זֶה ze בֵּין bein בְּגִלְגּוּל beguilgul אַחֵר ajer
וְנִבְלַע venivlá בַּקְּלִיפּוֹת baklipot, שֶׁתַּקִּיא shetakí הַקְּלִיפּוֹת haklipot
הַנִּיצוֹצוֹת hanitsotsot קֶרִי kerí שֶׁנִּבְלְעוּ shenivleú בָּהּ ba, בִּזְכוּת bizjut
שִׁמְךָ Shimjá הַגָּדוֹל hagadol להח ; עם ד׳ אותיות = מבה, יזל, אום הַיּוֹצֵא hayotsé
מִפָּסוּק mipasuk: חַיִל jáyil ומב בָּלַע balá וַיְקִאֶנּוּ vaykienu ר״ת חזבו ו-ילי
מִבִּטְנוֹ mibitnó יֹרִשֶׁנּוּ yorishenu אֵל El ייא״י (מילוי דס״ג) ; ס״ת וול וּבִזְכוּת uvizjut
שִׁמְךָ Shimjá הַגָּדוֹל hagadol להח ; עם ד׳ אותיות = מבה, יזל, אום יְוַהֲהֵוִיהַ
שֶׁתַּחֲזִירֵם shetajazirem לִמְקוֹם limkom קְדוּשָּׁה kedushá
וְהַטּוֹב vehatov והו בְּעֵינֶיךָ beeineja קס״א ע״ה ; ריבוע מ״ה עֲשֵׂה asé.

Debes meditar en corregir el pensamiento que provocó la pérdida de las chispas de Luz. También medita en los Nombres que controlan nuestros pensamientos para cada uno de los seis días de la semana como está a continuación:

Domingo	יְהֶוֶה	על צבא כף ואו זין ואו טפטפיה א מן אהיה דמרגלא ושם:	Briá.
Lunes	יְהֹוִה	על מגן כף ואו זין ואו טפטפיה ה מן אהיה דמרגלא ושם:	Yetsirá.
Martes	מצפץ	צוה פוזד כף ואו זין ואו טפטפיה י מן אהיה דמרגלא ושם:	Asiyá.
Miércoles	אל	צוה פוזד כף ואו זין ואו טפטפיה י מן יהו דמרגלא ושם:	Asiyá.
Jueves	אלהים	על מגן כף ואו זין ואו טפטפיה ה מן יהו דמרגלא ושם:	Yetsirá.
Viernes	מצפץ	על צבא כף ואו זין ואו טפטפיה ו מן יהו דמרגלא ושם:	Briá.

Cada uno de estos Nombres (**על צבא, כף ואו זין ואו, טפטפיה**) tienen una suma total de 193, que es el mismo valor numérico de la palabra *zokef* (elevar). Estos Nombres elevan la Chispa Sagrada de los *Jitsoniyim*. Asimismo, cuando digas las palabras "*mekabets nidjei*" (en la continuación de la bendición), que tiene una suma total de 304, el mismo valor numérico de *Shin*, *Dálet* (demonio), medita en reunir todas las chispas perdidas y anular el poder de las fuerzas negativas.

Sea agradable ante Ti, Señor, mi Dios y Dios de mis antepasados, que cada una de las gotas de kerí que salieron de mí en vano, y de todo Israel en general, y especialmente no a causa de un precepto, si fue obligado o voluntariamente, con o sin intención, debido a pensamiento o acción, en esta vida o en vidas anteriores, y si fue devorado por la klipá, que ésta vomite todas las chispas de kerí, en virtud de Tu gran nombre que proviene del versículo: "Él devoró riqueza y la vomitó, y desde su estómago Dios la extrajo" (Job 20:15), y en virtud de Tu gran Nombre las regresarás al Lugar Santo, y harás lo que es bueno ante Tus ojos.

בָּרוּךְ Baruj אַתָּה Atá יְהֹוָהאדניאהדונהי Adonai ; יכוין וזבו בשילוב יהוה כזה: יְוַהֲבֵוִיהָ
מְקַבֵּץ mekabets ע״ב ס״ג מ״ה ב״ן, הברכה (למתק את ז׳ המלכים שמתו)
נִדְחֵי nidjei ע״ב, ריבוע יהוה עַמּוֹ amó וזבו יִשְׂרָאֵל Yisrael:

LA OCTAVA (UNDÉCIMA) BENDICIÓN

Esta bendición nos ayuda a equilibrar el juicio con misericordia. Debido a que la misericordia es tiempo, podemos emplearlo en cambiarnos a nosotros mismos antes que el juicio ocurra.

Yesod

הָשִׁיבָה hashiva שׁוֹפְטֵינוּ shoftenu כְּבָרִאשׁוֹנָה quevarishoná.

וְיוֹעֲצֵינוּ veyoatsenu כְּבַתְּחִלָּה quevatjilá ר״ת שכ״ה (דינים דכרים שביסוד) ויהוה (המתקם).

וְהָסֵר vehaser מִמֶּנּוּ mimenu יָגוֹן yagón (סמאל) וַאֲנָחָה vaanajá (לילית).

וּמְלוֹךְ umloj עָלֵינוּ aleinu מְהֵרָה meherá אַתָּה Atá

יְהֹוָהאדניאהדונהי Adonai לְבַדְּךָ levadjá. בְּחֶסֶד bejésed ע״ב, ריבוע יהוה

וּבְרַחֲמִים uverajamim מצפצ, אלהים דיודין, י״פ ייי ; להמתיק ברחמים דיני צדק ומשפט

בְּצֶדֶק betsédek וּבְמִשְׁפָּט uvemishpat ע״ה = ה״פ אלהים: בָּרוּךְ Baruj אַתָּה Atá

יְהֹוָהאדניאהדונהי Adonai הַמֶּלֶךְ Mélej אוֹהֵב ohev ממתיק דיני

צְדָקָה tsdaká ע״ה ריבוע אלהים וּמִשְׁפָּט umishpat ע״ה ה״פ אלהים:

LA NOVENA (DUODÉCIMA) BENDICIÓN

Esta bendición nos ayuda eliminar todas las formas de negatividad, ya sea que provengan de personas, situaciones o, inclusive, de la energía negativa del Ángel de la Muerte [(**no pronunciar estos nombres**) *Sa-ma-el* (aspecto masculino) y *Li-lit* (aspecto femenino), los cuales están codificados aquí], al usar el Santo Nombre: *Shadai* שדי, el cual está codificado matemáticamente en las últimas cuatro palabras de esta bendición y también se encuentra dentro de la *Mezuzá* con el mismo propósito.

¡Bendito eres Tú, Señor, que reúnes a los dispersos de Su Nación, Israel!

LA OCTAVA (UNDÉCIMA) BENDICIÓN

Restaura nuestros jueces, como al principio, y a nuestros consejeros, como al principio. Aparta de nosotros el pesar y los lamentos. Reina sobre nosotros pronto, Tú solo, Señor, con bondad y compasión, con rectitud y justicia. ¡Bendito eres Tú, Dios, el Rey que ama la rectitud y la justicia!

Kéter

למינים laminim ולמלשינים velamalshinim אל al תהי tehí תקוה tikvá

וכל vejol ילי הזדים hazedim כרגע querega ג"פ אלהים עם ט"ו אותיות פשוטות

יאבדו yovedu• וכל־ vejol ילי אויביך oyveja (סמאל)

וכל־ vejol ילי שונאיך soneja (לילית) מהרה meherá יכרתו yicaretu•

ומלכות umaljut הרשעה harishá מהרה meherá תעקר teaker

ותשבר uteshaber ותכלם utejalem ותכניעם vetajniem במהרה bimherá

בימינו veyameinu: ברוך Baruj אתה Atá יהוה (יאהדונהי) Adonai

שובר shover אויבים oyvim ומכניע umajnía זדים zedim ר"ת = שדי:

LA DÉCIMA (DECIMOTERCERA) BENDICIÓN

Esta bendición nos rodea con absoluta positividad para ayudarnos a estar siempre en el lugar correcto en el momento correcto. También nos ayuda a atraer sólo personas positivas a nuestra vida.

Yesod

על al הצדיקים hatsadikim צדיק יסוד עולם ועל veal החסידים hajasidim

ועל veal שארית sheerit עמך amjá בית beit ב"פ ראה ישראל Yisrael•

ועל veal פליטת pleitat בית beit ב"פ ראה סופריהם sofreihem•

ועל veal גרי guerei הצדק hatsédek ועלינו vealeinu• יהמו yehemu

נא na רחמיך rajameja יהוה (יאהדונהי) Adonai אלהינו Eloheinu ילה

ותן vetén שכר sajar י"פ ב"ן טוב tov והו לכל־ lejol יה אדני

הבוטחים habotjim בשמך beShimjá באמת beemet אהיה פעמים אהיה, ז"פ ס"ג•

LA NOVENA (DUODÉCIMA) BENDICIÓN

Para los herejes y los difamadores, que no haya esperanza.

Y que todos Tus enemigos y los que Te odian sean pronto arrasados. Y en el caso del gobierno dañino, puedas Tú rápidamente desarraigarlo y aplastarlo y puedas Tú destruirlo y humillarlo, con rapidez en nuestros días. ¡Bendito eres Tú, Señor, que aplastas a los enemigos y humillas a los malvados!

LA DÉCIMA (DECIMOTERCERA) BENDICIÓN

Sobre los justos, sobre los piadosos, sobre los demás de la Casa de Israel, sobre los remanentes de las academias de sus escritores, sobre los conversos sinceros y sobre nosotros, que se encienda Tu compasión, Señor, nuestro Dios. Otorga buena recompensa a todos los que verdaderamente confían en Tu Nombre

וְשִׂים vesim וְחֶלְקֵנוּ jelkenu עִמָּהֶם imahem וּלְעוֹלָם uleolam ריבוע ס"ג וי' אותיות דס"ג
לֹא lo נֵבוֹשׁ nevosh כִּי qui בְךָ vejá בָּטָחְנוּ batajnu
וְעַל veal חַסְדְּךָ jasdejá הַגָּדוֹל hagadol להח ; עם ד' אותיות = מבה, יזל, אום
בֶּאֱמֶת beemet אהיה פעמים אהיה, ז"פ ס"ג נִשְׁעָנְנוּ nishanenu:
בָּרוּךְ Baruj אַתָּה Atá יְהֹוָהאדניאהדונהי Adonai מִשְׁעָן mishán
וּמִבְטָח umivtaj לַצַּדִּיקִים latsadikim ר"ת ימול (כל מי שנימול נקרא צדיק):

LA UNDÉCIMA (DECIMOCUARTA) BENDICIÓN

Esta bendición nos conecta con la energía de Jerusalén, con la construcción del Templo y con la preparación para el *Mashíaj*.

Hod

תִּשְׁכּוֹן tishcón בְּתוֹךְ betoj יְרוּשָׁלַיִם Yerushaláyim עִירְךָ irjá
כַּאֲשֶׁר caasher דִּבַּרְתָּ dibarta ראה וְכִסֵּא vejisé דָוִד David
עַבְדְּךָ avdejá פוי, אל אדני מְהֵרָה meherá בְּתוֹכָהּ vetojá תָּכִין tajín

Meditar aquí en que el *Mashíaj Ben Yosef* no sea asesinado por el malvado *Armilos* **(no pronunciar)**.

וּבְנֵה uvné אוֹתָהּ otá בִּנְיַן binyán עוֹלָם olam בִּמְהֵרָה bimherá
בְיָמֵינוּ veyameinu: בָּרוּךְ Baruj אַתָּה Atá יְהֹוָהאדניאהדונהי Adonai
בּוֹנֵה boné ס"ג יְרוּשָׁלָיִם Yerushaláyim:

LA DUODÉCIMA (DECIMOQUINTA) BENDICIÓN

Esta bendición nos ayuda a lograr un estado personal de *Mashíaj* al transformar nuestra naturaleza reactiva en proactiva. Así como hay un *Mashíaj* global, cada uno de nosotros tiene dentro un *Mashíaj* personal. Cuando suficientes personas alcancen su transformación, se preparará el camino para la aparición del *Mashíaj* global.

---

y coloca nuestra suerte junto a la de ellos. Que nunca nos avergoncemos, porque es en Ti en quien colocamos nuestra confianza; es en Tu gran compasión en la que nos apoyamos. ¡Bendito eres Tú, Señor, que eres sostén y refugio de los justos!

LA UNDÉCIMA (DECIMOCUARTA) BENDICIÓN

Puedas Tú morar en Jerusalén, Tu Ciudad, como lo has prometido. Y puedas Tú establecer el trono de David, Tu servidor, rápidamente dentro de ella y construirlo como una estructura eterna, pronto en nuestros días. ¡Bendito eres Tú, Señor, que construye Jerusalén!

Nétsaj

Esta bendición contiene 20 palabras, que es el mismo número de palabras en el versículo "*Qui nijam Adonai Tsiyón nijam col jorvotea...*" (Isaías 51:3), un versículo que habla sobre la Redención Final.

אֶת et צֶמַח tsémaj יהוה אהיה יהוה אדני דָּוִד David

עַבְדְּךָ avdeja פוי, אל אדני מְהֵרָה meherá תַצְמִיחַ tatsmíaj וְקַרְנוֹ vekarnó

תָּרוּם tarum בִּישׁוּעָתֶךָ bishuateja. כִּי qui לִישׁוּעָתְךָ lishuatjá

קִוִּינוּ kivinu כָּל־ col ילי הַיּוֹם hayom ע״ה, נגד, מזבח, זן, אל יהוה

Aquí debes meditar y pedir por que la Redención Final ocurra ahora mismo.

בָּרוּךְ Baruj אַתָּה Atá יְהֹוָהאדניאהדונהי Adonai

מַצְמִיחַ matsmíaj קֶרֶן keren יְשׁוּעָה yeshuá:

LA DECIMOTERCERA (DECIMOSEXTA) BENDICIÓN

Esta bendición es la más importante de todas las bendiciones, porque aquí reconocemos todos nuestros comportamientos reactivos. Hacemos referencia a comportamientos errados en general y también especificamos algún incidente en particular. La sección dentro del recuadro nos ofrece una oportunidad para pedirle a la Luz sustento personal. El Arí afirma que a través de esta oración, inclusive en los días de ayuno, tenemos un ángel personal acompañándonos. Si meditamos en este ángel, todas nuestras oraciones deberán ser respondidas. La decimotercera bendición es uno por encima de los doce signos del Zodíaco y nos eleva más allá de la influencia de las estrellas y los planetas.

Tiféret

שְׁמַע Shmá קוֹלֵנוּ kolenu יְהֹוָהאדניאהדונהי Adonai (יוד הה וו הה)

אֱלֹהֵינוּ Eloheinu ילה (אבג יתץ). אָב av הָרַחֲמָן harajamán רַחֵם rajem

עָלֵינוּ aleinu אברהם, וו״פ אל, רי״ו ול״ב נתיבות החכמה, רמ״ח (אברים), עסמ״ב וט״ז אותיות פשוטות

(קרע שטן). וְקַבֵּל vekabel בְּרַחֲמִים berajamim מצפצ, אלהים דיודין, י״פ ייי

וּבְרָצוֹן uveratsón מהש ע״ה, ע״ב בריבוע וקס״א ע״ה, אל שדי ע״ה אֶת et

תְּפִלָּתֵנוּ tfilatenu (נגד יכש). כִּי qui אֵל El ייא״י (מילוי דס״ג)

שׁוֹמֵעַ shomea תְּפִלּוֹת tfilot וְתַחֲנוּנִים vetajanunim אַתָּה Atá (בטר צתג).

LA DUODÉCIMA (DECIMOQUINTA) BENDICIÓN

La progenie de David, Tu servidor, puedas Tú rápidamente hacer florecer. Y puedas Tú exaltar su gloria con Tu salvación, porque es por Tu salvación que esperamos todo el día. ¡Bendito eres Tú, Señor, que haces florecer la salvación!

LA DECIMOTERCERA (DECIMOSEXTA) BENDICIÓN

Escucha nuestra voz, Señor, nuestro Dios, oh Padre misericordioso, ten piedad de nosotros. Acepta nuestra oración con compasión y favor, porque Tú eres Dios, que escuchas oraciones y súplicas.

Es bueno que estés al tanto, reconozcas y confieses tus acciones negativas del pasado y que pidas por tu sustento aquí:

רִבּוֹנוֹ Ribonó שֶׁל shel עוֹלָם ,Olam וְחָטָאתִי jatati עָוִיתִי aviti

וּפָשַׁעְתִּי ufashati לְפָנֶיךָ lefaneja ס״ג מ״ה ב״ן יְהִי yehí רָצוֹן ratsón מהש ע״ה,

ע״ב בריבוע וקס״א ע״ה, אל שדי ע״ה מִלְּפָנֶיךָ milfaneja ס״ג מ״ה ב״ן שֶׁתִּמְחוֹל shetimjol

וְתִסְלַח vetislaj יהוה ע״ב וּתְכַפֵּר utejaper לִי li עַל al כָּל col ילי ; עמם

מַה ma מ״ה שֶׁחָטָאתִי shejatati וְשֶׁעָוִיתִי vesheaviti וְשֶׁפָּשַׁעְתִּי veshepashati

לְפָנֶיךָ lefaneja ס״ג מ״ה ב״ן מִיּוֹם miyom ע״ה נגד, מזבח, זן, אל יהוה

שֶׁנִּבְרֵאתִי shenivreti עַד ad הַיּוֹם hayom ע״ה נגד, מזבח, זן, אל יהוה הַזֶּה hazé והו

וּבִפְרַט uvifrat (menciona aquí alguna acción negativa o comportamiento por el cual te gustaría pedir perdón)

וִיהִי viyhí רָצוֹן ratsón מהש ע״ה, ע״ב בריבוע וקס״א ע״ה, אל שדי ע״ה

מִלְּפָנֶיךָ milfaneja ס״ג מ״ה ב״ן יְהֹוָה(אדני)אהדונהי Adonai אֱלֹהֵינוּ Eloheinu ילה

וֵאלֹהֵי veElohei לכב ; מילוי ע״ב, דמב ; ילה אֲבוֹתֵינוּ avoteinu שֶׁתַּזְמִין shetazmín

פַּרְנָסָתֵנוּ parnasatenu וּמְזוֹנוֹתֵינוּ umezonoteinu לִי li וּלְכָל ulejol יה אדני

אַנְשֵׁי anshei בֵּיתִי veití ב״פ ראה הַיּוֹם hayom ע״ה נגד, מזבח, זן, אל יהוה

וּבְכָל uvejol ב״ן, לכב יוֹם yom ע״ה נגד, מזבח, זן, אל יהוה

וָיוֹם vayom ע״ה נגד, מזבח, זן, אל יהוה בְּרֵיוַח bereivaj וְלֹא veló

בְּצִמְצוּם ,vetsimtsum בְּכָבוֹד bejavod בוכו וְלֹא veló בְּבִזּוּי ,bevizui

בְּנַחַת benájat וְלֹא veló בְּצַעַר ,vetsáar וְלֹא veló אֶצְטָרֵךְ etstarej

לְמַתְּנוֹת lematnot בָּשָׂר basar וָדָם vadam וְלֹא veló לְהַלְוָאָתָם ,lehalvaatam

אֶלָּא ela מִיָּדְךָ miyadjá הָרְחָבָה harejavá וְהַפְּתוּחָה vehaptujá

וְהַמְּלֵאָה vehamleá וּבִזְכוּת ubizjut שִׁמְךָ Shimjá הַגָּדוֹל hagadol

להו; עם ד׳ אותיות = מבה, יזל, אום (No pronunciar este Nombre): דִּיקַרְנוֹסָא וזהך עם ג׳ אותיות

– ובאתב״ש = סאל = אמן = יאהדונהי) הַמְּמוּנֶּה hamemuné עַל al הַפַּרְנָסָה :haparnasá

¡Señor del mundo!

He transgredido. He cometido iniquidades y he pecado frente a Ti. Sea Tu voluntad que me perdones y olvides y expíes por todo aquello que he transgredido, y por todas las iniquidades que he cometido y por todo lo que he pecado ante Ti, desde el día en que he sido creado y hasta este día Sea agradable ante Ti, Señor, nuestro Dios y el Dios de mis antepasados, que Tú me proveas de vitalidad y sustento a mí y a toda mi familia, hoy y todos y cada día, con abundancia y no con escasez; con dignidad y no con vergüenza; con comodidad y no con sufrimiento; y que yo no requiera los regalos de la carne y la sangre, ni sus préstamos, sino sólo de Tu Mano que es generosa, abierta y llena y por virtud de Tu gran Nombre, que es responsable del sustento.

וּמִלְּפָנֶיךָ umilfaneja ס"ג מ"ה ב"ן מַלְכֵּנוּ malquenu רֵיקָם reikam

אַל־ al תְּשִׁיבֵנוּ teshivenu (וזקב טנע) חָנֵּנוּ jonenu וַעֲנֵנוּ vaanenu

וּשְׁמַע ushmá תְּפִלָּתֵנוּ: tfilatenu כִּי qui אַתָּה Atá שׁוֹמֵעַ shomea

תְּפִלַּת tefilat כָּל־ col ילי פֶּה pe (פה דו"א) מילה ; וע"ה אלהים, אהיה אדני (יג"ל פזק)

בָּרוּךְ Baruj אַתָּה Atá יְהֹוָה(יאהדונהי) Adonai

En este punto debes meditar en el Santo Nombre: ארארית"א

Rav Jayim Vital dice: "He encontrado en los libros de los kabbalistas que la oración de un individuo que medite en este Nombre, en la bendición *shomea tefilá*, siempre será respondida".

שׁוֹמֵעַ shomea תְּפִלָּה tefilá (שקו צית) אתב"ש אֻכְּצַ ב"ן אדני וניקודה ע"ה = יוד הי וו הה:

LAS TRES BENDICIONES FINALES

A través del mérito de Moshé, Aharón y Yosef, quienes son nuestros canales para las últimas tres bendiciones, somos capaces de hacer descender toda la energía espiritual que despertamos con nuestras oraciones y bendiciones.

LA DECIMOSÉPTIMA BENDICIÓN

Durante esta bendición, que se refiere a Moshé, siempre debemos meditar en tratar de saber exactamente qué quiere Dios de nosotros en nuestra vida, como lo indica la frase: "Que sea la voluntad de Dios". Estamos pidiéndole a Dios que nos guíe hacia el trabajo que vinimos a hacer en esta Tierra. El Creador no puede aceptar sólo el trabajo que queremos hacer, debemos llevar a cabo el trabajo que estamos destinados a hacer.

Nétsaj

Has hecho peticiones (de necesidades diarias) a Dios. Ahora, después de pedir que tus necesidades sean cubiertas, debes alabar al Creador en las últimas tres bendiciones. Como una persona que ha recibido lo que necesita de su Señor y se aparta de Él. Debes decir "*retsé*" y meditar en el Deseo Celestial (*Kéter*) que es llamado *Métsaj Haratsón* (la Frente del Deseo).

רְצֵה retsé אלף למד הה יוד מם

Aquí meditar en transformar el infortunio y la tragedia (צרה) en deseo y aceptación (רצה).

יְהֹוָהאדניאהדונהי Adonai אֱלֹהֵינוּ Eloheinu ילה בְּעַמְּךָ beamjá יִשְׂרָאֵל Yisrael

וְלִתְפִלָּתָם velitfilatam שְׁעֵה sheé. וְהָשֵׁב vehashev הָעֲבוֹדָה haavodá

לִדְבִיר lidvir רי"ו בֵּיתֶךָ beiteja ב"פ ראה. וְאִשֵּׁי veishei יִשְׂרָאֵל Yisrael

וּתְפִלָּתָם utfilatam מְהֵרָה meherá בְּאַהֲבָה beahavá אוּר, דאגה

תְקַבֵּל tekabel בְּרָצוֹן beratsón מהש ע"ה, ע"ב בריבוע וקס"א ע"ה, אל שדי ע"ה.

Y de Tu presencia, nuestro Rey,

no nos devuelvas con manos vacías, pero sé amable, responde y escucha nuestra oración. Porque Tú escuchas la oración de cada boca. Bendito eres Tú, Señor, que escuchas las oraciones.

LAS TRES BENDICIONES FINALES - LA DECIMOSÉPTIMA BENDICIÓN

Encuentra gracia, Señor, nuestro Dios, en Tu Pueblo, Israel y oye su oración. Restaura el culto en el santuario interno de Tu Templo. Acepta las ofrendas de Israel y sus oraciones con complacencia, prontamente y con amor.

וּתְהִי utehí לְרָצוֹן leratsón מהש ע״ה, ע״ב בריבוע וקס״א ע״ה, אל שדי ע״ה
תָּמִיד tamid ע״ה קס״א קנ״א קמ״ג עֲבוֹדַת avodat יִשְׂרָאֵל Yisrael עַמֶּךָ ameja:
וְאַתָּה veAtá בְּרַחֲמֶיךָ verajameja הָרַבִּים harabim. תַּחְפֹּץ tajpots
בָּנוּ banu וְתִרְצֵנוּ vetirtsenu וְתֶחֱזֶינָה vetejezena עֵינֵינוּ eineinu ריבוע מ״ה
בְּשׁוּבְךָ beshuvjá לְצִיּוֹן leTsiyón יוסף, ו׳ הויות, קנאה בְּרַחֲמִים berajamim
מצפצ, אלהים דיודין, י״פ ייי: בָּרוּךְ Baruj אַתָּה Atá יְהֹוָואדהנויאהדונהי Adonai
הַמַּחֲזִיר hamajazir שְׁכִינָתוֹ Shjinató לְצִיּוֹן leTsiyón יוסף, ו׳ הויות, קנאה:

LA DECIMOCTAVA BENDICIÓN

Esta bendición es nuestro agradecimiento. Kabbalísticamente, el mayor agradecimiento que le podemos dar a nuestro Creador es hacer exactamente lo que estamos destinados a hacer en términos de nuestro trabajo espiritual.

Hod

Inclina todo tu cuerpo en "*modim*" y enderézate en "*Adonai*".

מוֹדִים modim מאה ברכות שתיקן דוד לאמרם כל יום אֲנַחְנוּ anajnu לָךְ laj
שָׁאַתָּה sheAtá הוּא Hu יְהֹוָואדהנויאהדונהי Adonai (ונ) אֱלֹהֵינוּ Eloheinu ילה
וֵאלֹהֵי veElohei לכב ; מילוי ע״ב, דמב ; ילה אֲבוֹתֵינוּ avoteinu לְעוֹלָם leolam
ריבוע ס״ג וי׳ אותיות דס״ג וָעֶד vaed. צוּרֵנוּ tsurenu צוּר tsur אלהים דההין ע״ה
וְחַיֵּינוּ jayeinu וּמָגֵן umaguén ג״פ אל (ייא״י מילוי דס״ג) ; ר״ת מיכאל גבריאל נוריאל
יִשְׁעֵנוּ yishenu אַתָּה Atá הוּא Hu. לְדוֹר ledor וָדוֹר vador רי״ו נוֹדֶה nodé
לְךָ lejá וּנְסַפֵּר unesaper תְּהִלָּתֶךָ tehilateja. עַל־ al חַיֵּינוּ jayeinu
הַמְּסוּרִים hamesurim בְּיָדֶךָ beyadeja. וְעַל veal נִשְׁמוֹתֵינוּ nishmoteinu
הַפְּקוּדוֹת hapkudot לָךְ laj. וְעַל־ veal נִסֶּיךָ niseja שֶׁבְּכָל shebejol ב״ן, לכב
יוֹם yom ע״ה נגד, מזבח, זן, אל יהוה עִמָּנוּ imanu ריבוע ס״ג, קס״א ע״ה וד׳ אותיות

Que siempre sea agradable a Ti, el servicio de Israel, Tu Nación.

Y Tú en Tu gran compasión, te deleites en nosotros y estés complacido con nosotros. Puedan nuestros ojos contemplar Tu retorno a Sión con compasión. ¡Bendito eres Tú, Señor, que devuelve su Shejiná a Sión!

LA DECIMOCTAVA BENDICIÓN

Nosotros te damos gracias a Ti, porque eres Tú, Señor,

quien es nuestro Dios y el Dios de nuestros padres, por siempre y por toda la eternidad. Tú eres nuestra Fortaleza, la Fortaleza de nuestras vidas y el Escudo de nuestra salvación. De una generación a otra, te daremos gracias a Ti y cantaremos Tu alabanza. Por nuestras vidas que están en Tus Manos, por nuestras almas que están a Tu cuidado, por Tus milagros que están con nosotros todos los días

וְעַל veal נִפְלְאוֹתֶיךָ nifleoteja וְטוֹבוֹתֶיךָ vetovoteja שֶׁבְּכָל shebejol ב״ן, לכב
עֵת et. עֶרֶב érev וָבֹקֶר vavóker וְצָהֳרָיִם vetsahoráyim. הַטּוֹב hatov והו
כִּי־ qui לֹא־ lo כָלוּ jalu רַחֲמֶיךָ rajameja. הַמְרַחֵם hamrajem
אברהם, ו״פ אל, רי״ו ול״ב נתיבות החכמה, רמ״ח (אברים), עסמ״ב וט״ז אותיות פשוטות כִּי־ qui לֹא lo
תַמּוּ tamu חֲסָדֶיךָ jasadeja כִּי qui מֵעוֹלָם meolam קִוִּינוּ kivinu לָךְ laj:

וְעַל veal כֻּלָּם culam יִתְבָּרַךְ yitbaraj וְיִתְרוֹמָם veyitromam
וְיִתְנַשֵּׂא veyitnasé תָּמִיד tamid ע״ה קס״א קנ״א קמ״ג שִׁמְךָ Shimjá
מַלְכֵּנוּ malquenu לְעוֹלָם leolam ריבוע ס״ג וי׳ אותיות דס״ג וָעֶד vaed.
וְכָל־ vejol ילי הַחַיִּים hajayim אהיה אהיה יהוה, בינה ע״ה יוֹדוּךָ yoduja סֶּלָה sela:
וִיהַלְלוּ vihalelú וִיבָרְכוּ vivarjú יהוה ריבוע יהוה ריבוע מ״ה אֶת־ et
שִׁמְךָ Shimjá הַגָּדוֹל hagadol להח ; עם ד׳ אותיות = מבה, יזל, אום בֶּאֱמֶת beemet
אהיה פעמים אהיה, ז״פ ס״ג לְעוֹלָם leolam ריבוע ס״ג וי׳ אותיות דס״ג כִּי qui טוֹב tov והו ;
כי טוב = יהוה אהיה, אום, מבה, יזל. הָאֵל haEl לאה ; ייא״י (מילוי דס״ג) יְשׁוּעָתֵנוּ yeshuatenu
וְעֶזְרָתֵנוּ veezratenu סֶלָה sela. הָאֵל haEl לאה ; ייא״י (מילוי דס״ג) הַטּוֹב hatov והו:

Flexiona tus rodillas en "*Baruj*", inclínate en "*Atá*" y enderézate en "*Adonai*".

בָּרוּךְ Baruj אַתָּה Atá יְהֹוָהאדניאהדונהי Adonai (הי) הַטּוֹב hatov והו
שִׁמְךָ Shimjá וּלְךָ uLejá נָאֶה naé לְהוֹדוֹת lehodot ס״ת כהת, משיח בן דוד ע״ה:

LA BENDICIÓN FINAL

Estamos emanando la energía de paz para el mundo entero. También nos proponemos utilizar nuestras bocas sólo para el bien. Kabbalísticamente, el poder de las palabras y del habla es inimaginable. Esperamos usar este poder sabiamente, lo que tal vez es una de las tareas más difíciles de llevar a cabo.

---

y por Tus maravillas y Tus favores que están con nosotros en todo momento: de noche, de mañana y de tarde. Tú eres bueno, porque Tu compasión nunca se ha acabado. Tú eres El misericordioso, porque Tu bondad nunca ha cesado, porque siempre hemos puesto nuestras esperanzas en Ti.

Y por todas estas cosas, que Tu Nombre sea siempre bendecido, exaltado y ensalzado, por siempre, nuestro Rey, por siempre y para siempre, y todos los vivientes Te agradecen, Sela. E inscribe a todo los miembros de Tu alianza para una vida feliz. Y ellos te alabarán y bendecirán Tu Gran Nombre, sinceramente y para siempre, porque Es bueno, el Dios de nuestra salvación y nuestra ayuda, Sela, el buen Dios. Bendito eres Tú, Señor, cuyo Nombre es bueno, y a Ti es propio dar gracias.

Yesod

שִׂים sim שָׁלוֹם shalom

טוֹבָה tová אכא וּבְרָכָה uvrajá חַיִּים jayim אהיה אהיה יהוה, בינה ע״ה

וְחֵן jen מילוי דמ״ה בריבוע, מוזי וָחֶסֶד vajésed ע״ב, ריבוע יהוה

צְדָקָה tsdaká ע״ה ריבוע אלהים וְרַחֲמִים verajamim עָלֵינוּ aleinu

וְעַל־ veal כָּל־ col ילי ; עממ יִשְׂרָאֵל Yisrael עַמֶּךָ ameja

וּבָרְכֵנוּ uvarjenu אָבִינוּ avinu כֻּלָּנוּ culanu כְּאֶחָד queejad אהבה, דאגה

בְּאוֹר beor רז, א״ס פָּנֶיךָ paneja ס״ג מ״ה ב״ן כִּי qui בְּאוֹר veor רז, א״ס

פָּנֶיךָ paneja ס״ג מ״ה ב״ן נָתַתָּ natata לָנוּ lanu אלהים, אהיה אדני

יְהֹוָהאדניאהדונהי Adonai אֱלֹהֵינוּ Eloheinu ילה תּוֹרָה Torá וְחַיִּים vejayim

אהיה אהיה יהוה, בינה ע״ה• אַהֲבָה ahavá אחד, דאגה וָחֶסֶד vajésed ע״ב, ריבוע יהוה•

צְדָקָה tsdaká ע״ה ריבוע אלהים וְרַחֲמִים •verajamim בְּרָכָה brajá

וְשָׁלוֹם •veshalom וְטוֹב vetov והו בְּעֵינֶיךָ־ beeineja ע״ה קס״א ; ריבוע מ״ה

לְבָרְכֵנוּ levarjenu וּלְבָרֵךְ ulevarej אֶת et כָּל־ col ילי עַמְּךָ amjá

יִשְׂרָאֵל Yisrael בְּרוֹב־ berov י״פ אהיה עֹז oz וְשָׁלוֹם :veshalom

בָּרוּךְ Baruj אַתָּה Atá יְהֹוָהאדניאהדונהי Adonai

הַמְבָרֵךְ hamevarej אֶת et עַמּוֹ amó יִשְׂרָאֵל Yisrael

ר״ת = אלהים (אילהה־ויהם = יב״ק) בַּשָּׁלוֹם •bashalom אָמֵן Amén יאהדונהי•

LA BENDICIÓN FINAL

Otorga paz, bondad, bendiciones, vida, gracia, amabilidad, justicia y misericordia a nosotros y a todo Israel, Tu Pueblo. Bendícenos a todos como uno solo, Padre nuestro, con la Luz de Tu Rostro, porque es con la Luz de Tu rostro que Tú, Señor, nuestro Dios, nos has dado la Torá y vida, amor y amabilidad, justicia y misericordia, bendición y paz. Que sea grato a Tus Ojos bendecirnos y bendecir a Tu Nación, Israel, con abundante poder y con paz. Y que en el Libro de la Vida, todos seamos recordados e inscritos ante Ti; para bendición, paz, buen sustento, salvación, consuelo, y buenos decretos. Nosotros y toda Tu Nación, Israel, para una buena vida y para paz. ¡Bendito eres Tú, Señor, que bendice a Su Pueblo, Israel, con paz, Amén!

YIHYÚ LERATSÓN

Hay 42 letras en el versículo en el secreto del *Aná Bejóaj*.

יִהְיוּ yihyú אל (ייא״י מילוי דס״ג) לְרָצוֹן leratsón מהש ע״ה, ע״ב בריבוע וקס״א ע״ה, אל שדי ע״ה

אִמְרֵי־ imrei פִי fi ר״ת אֶלֶף = אלף למד שין דלת יוד ע״ה וְהֶגְיוֹן vehegyón לִבִּי libí

לְפָנֶיךָ lefaneja ס״ג מ״ה ב״ן יְהֹוָהאדניאהדונהי Adonai צוּרִי tsurí וְגֹאֲלִי vegoalí:

ELOHAI NETSOR

אֱלֹהַי Elohai מילוי ע״ב, דמב ; ילה נְצוֹר netsor לְשׁוֹנִי leshoní מֵרָע •merá

וּשְׂפָתוֹתַי vesiftotai מִדַּבֵּר midaber ראה מִרְמָה •mirmá וְלִמְקַלְלַי velimkalelai

נַפְשִׁי nafshí תִדּוֹם •tidom וְנַפְשִׁי venafshí כֶּעָפָר queafar

לַכֹּל lacol יה אדני תִּהְיֶה •tihyé פְּתַח ptaj לִבִּי libí בְּתוֹרָתֶךָ •betorateja

וְאַחֲרֵי veajarei מִצְוֹתֶיךָ mitsvoteja תִּרְדּוֹף tirdof נַפְשִׁי •nafshí

וְכָל־ vejol ילי הַקָּמִים hakamim עָלַי alai לְרָעָה leraá •רהע מְהֵרָה meherá

הָפֵר hafer עֲצָתָם atsatam וְקַלְקֵל vekalkel מַחְשְׁבוֹתָם •majshevotam

עֲשֵׂה asé לְמַעַן lemaan שְׁמָךְ •Shmaj עֲשֵׂה asé לְמַעַן lemaan

יְמִינָךְ •yeminaj עֲשֵׂה asé לְמַעַן lemaan תּוֹרָתָךְ •Torataj עֲשֵׂה asé

לְמַעַן lemaan קְדֻשָּׁתָךְ •kedushataj ר״ת הפסוק = מ״ה יהוה לְמַעַן lemaan

יֵחָלְצוּן yejaltsún יְדִידֶיךָ yedideja ר״ת ילי הוֹשִׁיעָה hoshía יהוה וש״ע נהורין

יְמִינְךָ yeminjá וַעֲנֵנִי vaaneni (כתיב : ועננו) ר״ת אל (ייא״י מילוי דס״ג):

Antes de recitar el próximo verso ("*Yihyú Leratsón*") tenemos una oportunidad de fortalecer la conexión con nuestra alma al usar nuestro nombre. Cada persona tiene un versículo en la Torá que lo conecta con su nombre. O bien su nombre está en el versículo o la primera y la última letra de su nombre corresponden a la primera o última letra de un versículo.

YIHYÚ LERATSÓN

"Sean gratos ante Ti,
Señor, mi Fortaleza y mi Redentor, los dichos de mi boca y los pensamientos de mi corazón" (Salmos 19:15).

ELOHAI NETSOR

Mi Dios, cuida mi lengua del mal y mis labios de decir falsedad. Que mi alma permanezca en silencio ante aquellos que me maldicen y permite que mi espíritu sea humilde ante todos, como el polvo. Abre mi corazón a Tu Torá y permite que mi corazón siga Tus mandamientos. Prontamente frustra los planes y daña los pensamientos de todos aquellos que se levantan contra mí para hacerme daño. Hazlo por la gloria de Tu Nombre. Haz esto por el bien de Tu Diestra. Haz esto por el mérito de Tu Torá. Haz esto por Tu santidad, "Que Tus amados sean rescatados. Sálvalos con Tu Diestra y contéstame" (Salmos 60:7).

YIHYÚ LERATSÓN (EL SEGUNDO)

Hay 42 letras en el versículo en el secreto del *Aná Bejóaj*.

יִהְיוּ yihyú אל (ייא״י מילוי דס״ג) לְרָצוֹן leratsón מהש ע״ה, ע״ב בריבוע וקס״א ע״ה, אל שד״י ע״ה

אִמְרֵי־ imrei פִי fi ר״ת אֱלֶף = אלף למד שין דלת יוד ע״ה וְהֶגְיוֹן vehegyón לִבִּי libí

לְפָנֶיךָ lefaneja ס״ג מ״ה ב״ן יְהֹוָהאדניאהדונהי Adonai צוּרִי tsurí וְגֹאֲלִי vegoalí:

OSÉ SHALOM

Da tres pasos hacia atrás;

Izquierda

Te vuelves a la izquierda y dices:

עֹשֶׂה osé שָׁלוֹם shalom

בִּמְרוֹמָיו bimromav ר״ת ע״ב, ריבוע יהוה

הוּא Hu בְּרַחֲמָיו verajamav יַעֲשֶׂה yaasé

Derecha

Te vuelves a la derecha y dices:

שָׁלוֹם shalom עָלֵינוּ aleinu ר״ת ש״ע נהורין

Centro

Te alineas al centro y dices:

וְעַל veal כָּל־ col ילי ; עמם עַמּוֹ amó יִשְׂרָאֵל Yisrael

וְאִמְרוּ veimrú אָמֵן Amén יאהדונהי:

יְהִי yehí רָצוֹן ratsón מהש ע״ה, ע״ב בריבוע וקס״א ע״ה, אל שד״י ע״ה

מִלְּפָנֶיךָ milfaneja ס״ג מ״ה ב״ן יְהֹוָהאדניאהדונהי Adonai אֱלֹהֵינוּ Eloheinu ילה

וֵאלֹהֵי veElohei לכב ; מילוי ע״ב, דמב ; ילה אֲבוֹתֵינוּ avoteinu, שֶׁתִּבָּנֶה shetivné

בֵּית beit ב״פ ראה הַמִּקְדָּשׁ hamikdash בִּמְהֵרָה bimherá בְיָמֵינוּ veyameinu

וְתֵן vetén חֶלְקֵנוּ jelkenu בְּתוֹרָתֶךָ vetorataj לַעֲשׂוֹת laasot חֻקֵּי jukei

רְצוֹנֶךָ retsonaj וּלְעָבְדָךְ uleavdaj פוי, אל אדני בְּלֵבָב belevav בוכו שָׁלֵם shalem.

Da tres pasos hacia delante.

YIHYÚ LERATSÓN (EL SEGUNDO)

"Sean gratos ante Ti, Señor,
mi Fortaleza y mi Redentor, los dichos de mi boca y los pensamientos de mi corazón" (Salmos 19:15).

OSÉ SHALOM

Él, que establece la Paz en Sus altos lugares, Él,
en Su compasión, hará que la paz esté entre nosotros y sobre Su pueblo entero, Israel, y dirán: Amén.
Sea agradable ante Ti, Señor, nuestro Dios y Dios
de nuestros antepasados, que puedas reconstruir rápidamente el Templo, en nuestros días, y otórganos participación en Tu Torá, para que podamos cumplir las leyes de Tu deseo y servirte con todo el corazón.

KADISH TITKABAL

יִתְגַּדַּל yitgadal וְיִתְקַדַּשׁ veyitkadash שדי ומילוי שדי ; י״א אותיות כמנין ו״ה

שְׁמֵיהּ Shmei (שם י״ה דע״ב) רַבָּא rabá קנ״א ב״ן, יהוה אלהים יהוה אדני,

מילוי קס״א וס״ג, מ״ה ברבוע וע״ב ע״ה ; ר״ת = ו״פ אלהים ; ס״ת = ג״פ יב״ק: אָמֵן Amén אידהנויה.

בְּעָלְמָא bealmá דִּי di בְרָא verá כִּרְעוּתֵיהּ quirutei.

וְיַמְלִיךְ veyamlij מַלְכוּתֵיהּ maljutei. וְיַצְמַח veyatsmaj

פּוּרְקָנֵיהּ purkanei. וִיקָרֵב vikarev מְשִׁיחֵיהּ Meshijei: אָמֵן Amén אידהנויה.

בְּחַיֵּיכוֹן bejayeijón וּבְיוֹמֵיכוֹן uveyomeijón וּבְחַיֵּי uvejayei

דְכָל dejol ילי בֵּית beit ב״פ ראה יִשְׂרָאֵל Yisrael בַּעֲגָלָא baagalá

וּבִזְמַן uvizmán קָרִיב kariv וְאִמְרוּ veimrú אָמֵן Amén: אָמֵן Amén אידהנויה.

La congregación y el *jazán* dicen lo siguiente:

28 palabras (hasta *bealmá*) – meditar en: מילוי דמילוי דע״ב (יוד ויו דלת הי יוד ויו יוד ויו הי יוד)
28 letras (hasta *almayá*) - meditar en: מילוי דמילוי דע״ב (יוד ויו דלת הי יוד ויו יוד ויו הי יוד)

יְהֵא yehé שְׁמֵיהּ Shmei (שם י״ה דס״ג) רַבָּא rabá קנ״א ב״ן,

יהוה אלהים יהוה אדני, מילוי קס״א וס״ג, מ״ה ברבוע וע״ב ע״ה מְבָרַךְ mevaraj,

לְעָלַם lealam לְעָלְמֵי lealmei עָלְמַיָּא almayá. יִתְבָּרַךְ yitbaraj.

Siete palabras con seis letras cada una (שם בן מ״ב) – meditar en:
יהוה + יוד הי ויו הי + מילוי דמילוי דע״ב (יוד ויו דלת הי יוד ויו יוד ויו הי יוד)
También, siete veces la letra Vav (שם בן מ״ב) – meditar en:
יהוה + יוד הי ויו הי + מילוי דמילוי דע״ב (יוד ויו דלת הי יוד ויו יוד ויו הי יוד).

וְיִשְׁתַּבַּח veyishtabaj י״פ ע״ב יהוה אל אבג יתץ.

וְיִתְפָּאַר veyitpaar הי נו יה קרע שטן. וְיִתְרוֹמַם veyitromam וה כוזו נגד יכש.

וְיִתְנַשֵּׂא veyitnasé במוכסז בטר צתג. וְיִתְהַדָּר veyihadar כוזו יה וזקב טנע.

וְיִתְעַלֶּה veyitalé וה יוד ה יגל פזק. וְיִתְהַלָּל veyithalal א ואו הא שקו צית.

שְׁמֵיהּ Shmei (שם י״ה דמ״ה) דְּקוּדְשָׁא deKudshá בְּרִיךְ Verij הוּא Hu:

אָמֵן Amén אידהנויה.

KADISH TITKABAL

Glorificado y santificado sea Su gran Nombre (Amén). En el mundo que Él creó de acuerdo a Su voluntad, y pueda Su Reino reinar. Y pueda Él hacer que Su redención florezca y pueda Él acercar al Mesías (Amén). En tus vidas y en tus días y en la vida de toda la Casa de Israel, prontamente y en el futuro cercano, y dígase: Amén (Amén). Que Su gran Nombre sea bendito por siempre y por toda la eternidad. Bendito y alabado, y glorificado y exaltado, y ensalzado y honrado, y adorado y loado, sea el Nombre del Santo Bendito sea (Amén).

לְעֵלָּא leelá מִן min כָּל col ילי בִּרְכָתָא birjatá. שִׁירָתָא shiratá.
תֻּשְׁבְּחָתָא tishbejatá וְנֶחֱמָתָא venejamatá. דַּאֲמִירָן daamirán
בְּעָלְמָא bealmá וְאִמְרוּ veimrú אָמֵן Amén: אָמֵן Amén אידהנויה.

תִּתְקַבַּל titkabal צְלוֹתָנָא tslotaná וּבָעוּתָנָא uvautaná
עִם im צְלוֹתְהוֹן tslothón וּבָעוּתְהוֹן uvauthón דְּכָל dejol ילי
בֵּית beit ב"פ ראה יִשְׂרָאֵל Yisrael קֳדָם kadam אֲבוּנָא avuná
דְּבִשְׁמַיָּא devishmayá וְאִמְרוּ veimrú אָמֵן Amén: אָמֵן Amén אידהנויה.

יְהֵא yehé שְׁלָמָא shlamá רַבָּא rabá קנ"א ב"ן, יהוה אלהים יהוה אדני, מילוי קס"א וס"ג,
מ"ה ברבוע וע"ב ע"ה מִן min שְׁמַיָּא shmayá. וְחַיִּים jayim אהיה אהיה יהוה, בינה ע"ה
וְשָׂבָע vesavá וִישׁוּעָה vishuá וְנֶחָמָה venejamá וְשֵׁיזָבָא vesheizavá
וּרְפוּאָה urefuá וּגְאֻלָּה ugueulá וּסְלִיחָה uslijá וְכַפָּרָה vejapará
וְרֵיוַח vereivaj וְהַצָּלָה vehatsalá. לָנוּ lanu אלהים, אהיה אדני וּלְכָל ulejol יה אדני
עַמּוֹ amó יִשְׂרָאֵל Yisrael וְאִמְרוּ veimrú אָמֵן Amén: אָמֵן Amén אידהנויה.

Da tres pasos para atrás y di:

עוֹשֶׂה osé שָׁלוֹם shalom

בִּמְרוֹמָיו bimromav ע"ב, ריבוע יהוה. הוּא Hu בְּרַחֲמָיו berajamav

יַעֲשֶׂה yaasé שָׁלוֹם shalom עָלֵינוּ aleinu ר"ת ש"ע נהורין.

וְעַל veal כָּל col ילי; עמם עַמּוֹ amó יִשְׂרָאֵל Yisrael וְאִמְרוּ veimrú אָמֵן Amén:

אָמֵן Amén אידהנויה.

Más allá de todas las bendiciones, himnos, alabanzas y palabras de consolación que jamás se dijeran en el mundo, y dígase: Amén (Amén). Sean aceptadas nuestras oraciones y súplicas, junto con las oraciones y las súplicas de toda la Casa de Israel, ante nuestro Padre en los Cielos, y dígase: Amén (Amén). Que haya paz abundante del Cielo; vida, satisfacción, salvación, consuelo, entrega, sanación, redención, perdón, expiación, comodidad y alivio para nosotros y para toda Su nación, Israel y dígase: Amén (Amén). Él, que establece la paz en Sus Alturas, Él, en Su compasión, hará la paz sobre nosotros y sobre toda Su nación, Israel. Y dígase: Amén (Amén).

SHIR LAMAALOT

שִׁיר shir לַמַּעֲלוֹת lamaalot אֶשָּׂא esá עֵינַי einai ריבוע מ"ה
אֶל־ el הֶהָרִים heharim מֵאַיִן meayin יָבֹא yavó עֶזְרִי ezrí:
עֶזְרִי ezrí מֵעִם meím יְהֹוָהאדניאהדונהי Adonai עֹשֵׂה osé שָׁמַיִם shamáyim
וָאָרֶץ vaárets: י"פ טל, י"פ כוזו אַל־ al יִתֵּן yitén לַמּוֹט lamot רַגְלֶךָ ragleja
אַל־ al יָנוּם yanum שֹׁמְרֶךָ shomreja: הִנֵּה hiné לֹא־ lo יָנוּם yanum
וְלֹא veló יִישָׁן yishán ש"ע נהורין דא"א שׁוֹמֵר shomer כ"א ההויות שבתפילין
יִשְׂרָאֵל Yisrael: יְהֹוָהאדניאהדונהי Adonai שֹׁמְרֶךָ shomreja
יְהֹוָהאדניאהדונהי Adonai צִלְּךָ tsiljá עַל־ al יַד yad יְמִינֶךָ yemineja הי"י:
יוֹמָם yomam הַשֶּׁמֶשׁ hashémesh לֹא־ lo יַכֶּכָּה yaqueca ר"ת ילה
וְיָרֵחַ veyaréaj בַּלָּיְלָה balayla מלה: יְהֹוָהאדניאהדונהי Adonai
יִשְׁמָרְךָ yishmorjá מִכָּל־ micol ילי רָע ra יִשְׁמֹר yishmor
אֶת־ et נַפְשֶׁךָ nafsheja מ"כ: יְהֹוָהאדניאהדונהי Adonai יִשְׁמָר yishmor
צֵאתְךָ tsetjá וּבוֹאֶךָ uvoeja מֵעַתָּה meatá וְעַד־ vead עוֹלָם olam וול:

KADISH YEHÉ SHLAMÁ

יִתְגַּדַּל yitgadal וְיִתְקַדַּשׁ veyitkadash שדי ומילוי שדי ; י"א אותיות כמנין ו"ה
שְׁמֵיהּ Shmei (שם י"ה דע"ב) רַבָּא rabá קנ"א ב"ן, יהוה אלהים יהוה אדני,
מילוי קס"א וס"ג, מ"ה ברבוע וע"ב ע"ה ; ר"ת = ו"פ אלהים ; ס"ת = ג"פ יב"ק: אָמֵן Amén אידהנויה.
בְּעָלְמָא bealmá דִּי di בְרָא verá כִּרְעוּתֵיהּ quirutei.
וְיַמְלִיךְ veyamlij מַלְכוּתֵיהּ maljutei. וְיַצְמַח veyatsmaj
פּוּרְקָנֵיהּ purkanei. וִיקָרֵב vikarev מְשִׁיחֵיהּ Meshijei: אָמֵן Amén אידהנויה.

SHIR LAMAALOT

"Un cántico de ascensión: Alzo mis ojos a las montañas; ¿de dónde vendrá mi ayuda? Mi ayuda proviene del Señor, Creador de los Cielos y la Tierra. Él no permitirá que tus pies resbalen. Tu Guardián no se dormirá. He aquí que el Guardián de Israel ni descansa ni duerme. El Señor es tu Guardián. El Señor es tu sombra protectora a tu diestra. Durante el día, el Sol no te fatigará, ni la Luna de noche. El Señor te protegerá de todo mal, Él guardará tu alma. Él te protegerá cuando salgas y cuando regreses, ahora y eternamente" (Salmos 121).

KADISH YEHÉ SHLAMÁ

Glorificado y santificado sea Su gran Nombre (Amén).
En el mundo que Él creó de acuerdo a Su voluntad, y pueda Su Reino reinar.
Y pueda Él hacer que Su redención florezca y acercar al Mesías (Amén).

בְּחַיֵּיכוֹן bejayeijón וּבְיוֹמֵיכוֹן uveyomeijón וּבְחַיֵּי uvejayei

דְּכָל dejol ילי בֵּית beit ב״פ ראה יִשְׂרָאֵל Yisrael בַּעֲגָלָא baagalá

וּבִזְמַן uvizmán קָרִיב kariv וְאִמְרוּ veimrú אָמֵן Amén: אָמֵן Amén אידהנויה.

La congregación y el *jazán* dicen lo siguiente:

28 palabras (hasta *bealmá*) – meditar en:
מילוי דמילוי דס״ג (יוד ויו דלת הי יוד ואו אלף ואו הי יוד)
28 letras (hasta *almayá*) - meditar en:
מילוי דמילוי דמ״ה (יוד ואו דלת הא אלף ואו אלף ואו הא אלף).

יְהֵא yehé שְׁמֵיהּ Shmei (שֵׁם י״ה דס״ג) רַבָּא rabá קנ״א ב״ן,

יהוה אלהים יהוה אדני, מילוי קס״א וס״ג, מ״ה ברבוע וע״ב ע״ה מְבָרַךְ mevaraj,

לְעָלַם lealam לְעָלְמֵי lealmei עָלְמַיָּא almayá. יִתְבָּרַךְ yitbaraj.

Siete palabras con seis letras cada una (שֵׁם בֶּן מ״ב) – meditar en:
יהוה - יוד הי ואו הי - מילוי דמילוי דס״ג (יוד ויו דלת הי יוד ואו אלף ואו הי יוד) ;
También, siete veces la letra Vav (שֵׁם בֶּן מ״ב) – meditar en:
יהוה - יוד הא ואו הא - מילוי דמילוי דמ״ה (יוד ואו דלת הא אלף ואו אלף ואו הא אלף).

וְיִשְׁתַּבַּח veyishtabaj י״פ ע״ב יהוה אל אבג יתץ.

וְיִתְפָּאַר veyitpaar הי נו יה קרע שטן. וְיִתְרוֹמַם veyitromam וה כוזו נגד יכש.

וְיִתְנַשֵּׂא veyitnasé במוכסז בטר צתג. וְיִתְהַדָּר veyihadar כוזו יה חקב טנע.

וְיִתְעַלֶּה veyitalé וה יוד ה יגל פזק. וְיִתְהַלָּל veyithalal א ואו הא שקו צית.

שְׁמֵיהּ Shmei (שֵׁם י״ה דמ״ה) דְּקוּדְשָׁא deKudshá בְּרִיךְ Verij הוּא Hu:

אָמֵן Amén אידהנויה.

לְעֵלָּא leelá מִן min כָּל col ילי בִּרְכָתָא birjatá. שִׁירָתָא shiratá.

תֻּשְׁבְּחָתָא tishbejatá וְנֶחָמָתָא venejamatá. דַּאֲמִירָן daamirán

בְּעָלְמָא bealmá וְאִמְרוּ veimrú אָמֵן Amén: אָמֵן Amén אידהנויה.

En tus vidas y en tus días y en la vida de toda la Casa de Israel, prontamente y en el futuro cercano, y dígase: Amén (Amén). Que Su gran Nombre sea bendito por siempre y por toda la eternidad. Bendito y alabado, y glorificado y exaltado, y ensalzado y honrado, y adorado y loado, sea el Nombre del Santo Bendito sea (Amén). Más allá de todas las bendiciones, himnos, alabanzas y palabras de consolación que jamás se dijeran en el mundo, y dígase: Amén (Amén).

יְהֵא yehé שְׁלָמָא shlamá רַבָּא rabá קנ"א ב"ן, יהוה אלהים יהוה אדני, מילוי קס"א וס"ג,
מ"ה ברבוע וע"ב ע"ה מִן min שְׁמַיָּא shmayá • וְחַיִּים jayim אהיה אהיה יהוה, בינה ע"ה
וְשָׂבָע vesavá וִישׁוּעָה vishuá וְנֶחָמָה venejamá וְשֵׁיזָבָא vesheizavá
וּרְפוּאָה urefuá וּגְאֻלָּה ugueulá וּסְלִיחָה uslijá וְכַפָּרָה vejapará
וְרֵיוַח vereivaj וְהַצָּלָה vehatsalá • לָנוּ lanu אלהים, אהיה אדני וּלְכָל ulejol יה אדני
עַמּוֹ amó יִשְׂרָאֵל Yisrael וְאִמְרוּ veimrú אָמֵן Amén: אָמֵן Amén אידהנויה.

Da tres pasos para atrás y dice:

עוֹשֶׂה osé שָׁלוֹם shalom בִּמְרוֹמָיו bimromav ע"ב, ריבוע יהוה• הוּא Hu
בְּרַחֲמָיו berajamav יַעֲשֶׂה yaasé שָׁלוֹם shalom עָלֵינוּ aleinu ר"ת ש"ע נהורין•
וְעַל veal כָּל col ילי ; עמם עַמּוֹ amó יִשְׂרָאֵל Yisrael וְאִמְרוּ veimrú אָמֵן Amén:
אָמֵן Amén אידהנויה•

BARJÚ

El *jazán* (o la persona que recitó el "*Kadish Yehé Shlamá*") dice:

רַבָּנָן rabanán: בָּרְכוּ barjú יהוה ריבוע יהוה ריבוע מ"ה אֶת et
יְהֹוָהאדנייאהדונהי Adonai הַמְבֹורָךְ: hamevoraj ס"ת כהת, משיח בן דוד ע"ה:

Primero la congregación responde lo siguiente, y luego el *jazán* (o la persona que recitó el "*Kadish Yehé Shlamá*") lo repite:

Néfesh בָּרוּךְ Baruj *Rúaj* יְהֹוָהאדנייאהדונהי Adonai *Neshamá* הַמְבֹורָךְ hamevoraj
Jayá לְעוֹלָם leolam ריבוע ס"ג וי' אותיות דס"ג *Yejidá* וָעֶד vaed:

Que haya paz abundante del Cielo;
vida, satisfacción, salvación, consuelo, entrega, sanación, redención, perdón, expiación, comodidad y alivio para nosotros y para toda Su nación, Israel, y dirán: Amén (Amén). Él, que establece la paz en Sus Alturas, Él, en Su compasión, hará la paz sobre nosotros y sobre toda Su nación, Israel. Y dirán: Amén (Amén).

BARJÚ

Maestros: Bendigan al Señor, el Bendito.
Bendito sea el Señor, el Bendito, por siempre y por la eternidad.

ALEINU

El *Aleinu* es un agente sellador cósmico. Cementa y asegura todas nuestras oraciones, protegiéndolas de cualquier fuerza negativa tales como las *klipot*. Todas las oraciones anteriores al *Aleinu* atrajeron lo que los kabbalistas llaman Luz Interna. Sin embargo, el *Aleinu* atrae Luz Circundante, la cual envuelve nuestras oraciones con un campo de fuerza protectora para bloquear a las *klipot*.

Atrayendo Luz Circundante para ser protegido de las *klipot* (la inclinación negativa).

עָלֵינוּ aleinu ריבוע ד"ס"ג לְשַׁבֵּחַ leshabéaj עלינו לשבח = אבג יתץ, ושר

לַאֲדוֹן laAdón אני ; ס"ת ס"ג ע"ה הַכֹּל hacol ר"ת ללה, אדני

לָתֵת latet גְּדֻלָּה guedulá לְיוֹצֵר leyotser בְּרֵאשִׁית bereshit ר"ת גל"ב (באך ב"י יג"ל)

שֶׁלֹּא sheló עָשָׂנוּ asanu כְּגוֹיֵי quegoyei הָאֲרָצוֹת haaratsot

וְלֹא veló שָׂמָנוּ samanu כְּמִשְׁפְּחוֹת quemishpejot הָאֲדָמָה haadamá

שֶׁלֹּא sheló שָׂם sam חֶלְקֵנוּ jelkenu כָּהֶם cahem וְגוֹרָלֵנוּ vegoralenu

כְּכָל quejol הֲמוֹנָם hamonam. שֶׁהֵם shehem מִשְׁתַּחֲוִים mishtajavim

לָהֶבֶל lahével וָרִיק varik וּמִתְפַּלְּלִים umitpalelim אֶל el אֵל el

לֹא lo יוֹשִׁיעַ yoshía. (haz una pausa aquí, y cuando digas "*vaanajnu mishtajavim*" inclina todo tu cuerpo)

וַאֲנַחְנוּ vaanajnu מִשְׁתַּחֲוִים mishtajavim לִפְנֵי lifnei מֶלֶךְ Mélej

מַלְכֵי maljei הַמְּלָכִים hamlajim הַקָּדוֹשׁ haKadosh בָּרוּךְ Baruj

הוּא Hu. שֶׁהוּא sheHú נוֹטֶה noté שָׁמַיִם shamáyim י"פ טל, י"פ כוזו ; ר"ת = י"פ אדני

שבי' ספירות של נוקבא דז"א וְיוֹסֵד veyosed אָרֶץ árets. וּמוֹשַׁב umoshav

יְקָרוֹ yekaró בַּשָּׁמַיִם bashamáyim י"פ טל, י"פ כוזו מִמַּעַל mimáal עלם.

וּשְׁכִינַת ushjinat עֻזּוֹ uzó בְּגָבְהֵי begavhei מְרוֹמִים meromim.

הוּא Hu אֱלֹהֵינוּ Eloheinu ילה וְאֵין veéin עוֹד od אַחֵר ajer.

ALEINU

Es nuestro deber alabar al Soberano de todo y atribuir grandeza al Moldeador de la Creación, que no nos ha hecho como los pueblos del mundo. Él no nos colocó como las familias de la Tierra. Él no hizo nuestro lote como el de ellos ni nuestro destino como el de sus multitudes, ya que ellos se inclinan ante la futilidad y el vacío, y rezan a una deidad que no ayuda. Nosotros nos inclinamos ante el Supremo Rey de Reyes, el Santo, Bendito Sea. Él es quien extiende los Cielos y funda la Tierra. La Sede de Su gloria está arriba en el Cielo y la Presencia Divina de Su poder está en las alturas excelsas. Él es nuestro Dios y no hay ningún otro.

אֱמֶת emet אהיה פעמים אהיה, ז"פ ס"ג מַלְכֵּנוּ malquenu וְאֶפֶס veéfes

זוּלָתוֹ .zulató כַּכָּתוּב cacatuv בַּתּוֹרָה :baTorá וְיָדַעְתָּ veyadata

הַיּוֹם hayom ע"ה נגד, מזבח, זן, אל יהוה וַהֲשֵׁבֹתָ vahashevota אֶל־ el

לְבָבֶךָ levaveja ר"ת לאו כִּי qui יְהֹוָה Adonai הוּא Hu

הָאֱלֹהִים haElohim אהיה אדני ; ילה ; ר"ת יהה וכן עולה למנין ענו ע"ג כ"

בַּשָּׁמַיִם bashamáyim י"פ טל, י"פ כוזו מִמַּעַל mimáal עלם ;

רמז לאור פנימי המתוזיל מלמעלה וְעַל־ veal הָאָרֶץ haárets אלהים דההין ע"ה

מִתָּחַת mitájat רמז לאור מקיף המתוזיל מלמטה אֵין ein עוֹד :od

עַל al כֵּן quen נְקַוֶּה nekavé לְךָ laj יְהֹוָה Adonai

אֱלֹהֵינוּ Eloheinu ילה לִרְאוֹת lirot מְהֵרָה meherá בְּתִפְאֶרֶת betiféret

עֻזָּךְ: uzaj ס"ת כהת, משיוז בן דוד ע"ה לְהַעֲבִיר lehaavir גִּלּוּלִים guilulim מִן min

הָאָרֶץ haárets אלהים דההין ע"ה וְהָאֱלִילִים vehaelilim כָּרוֹת carot

יִכָּרֵתוּן .yicaretún לְתַקֵּן letakén עוֹלָם olam בְּמַלְכוּת bemaljut

שַׁדַּי .Shadai וְכָל vejol ילי בְּנֵי bnei בָשָׂר vasar יִקְרְאוּ yikreú

בִשְׁמֶךָ vishmeja לְהַפְנוֹת lehafnot אֵלֶיךָ eleja כָּל col ילי רִשְׁעֵי rishei

אָרֶץ .árets יַכִּירוּ yaquiru וְיֵדְעוּ veyedú כָּל col ילי יוֹשְׁבֵי yoshvei

תֵבֵל tevel ב"פ רי"ו. כִּי qui לְךָ lejá תִּכְרַע tijrá כָּל־ col ילי בֶּרֶךְ: bérej

תִּשָּׁבַע tishavá כָּל col ילי לָשׁוֹן .lashón לְפָנֶיךָ lefaneja ס"ג מ"ה ב"ן

Nuestro Rey es verdadero y no hay nadie excepto Él. Como está escrito en la Torá: "Aprende hoy y grábalo en tu corazón que el Señor es Dios arriba en los Cielos y abajo sobre la Tierra, y no hay otro" (Deuteronomio 4:39). Por eso, Señor, nuestro Dios, esperamos contemplar pronto la gloria majestuosa de Tu poder, cuando elimines los ídolos de la Tierra y los falsos dioses hayan sido completamente destruidos, para perfeccionar al mundo con el Reino del Todopoderoso. Y la humanidad entera invocará Tu Nombre y todos los malvados de la Tierra se dirigirán a Ti. Entonces todos los habitantes del mundo reconocerán y sabrán que, por Ti, toda rodilla se dobla y toda lengua se colma. Que ante Ti,

יְהֹוָהאדניאהדונהי Adonai אֱלֹהֵינוּ Eloheinu ילה יִכְרְעוּ yijreú וְיִפְּלוּ veyipolu

וְלִכְבוֹד velijvod שִׁמְךָ Shimjá יְקָר yekar יִתֵּנוּ yitenu. וִיקַבְּלוּ vikablú

כֻלָּם julam אֶת et עוֹל ol מַלְכוּתֶךָ maljuteja. וְתִמְלוֹךְ vetimloj

עֲלֵיהֶם aleihem מְהֵרָה meherá לְעוֹלָם leolam ריבוע ס"ג וי' אותיות דס"ג וָעֶד vaed.

כִּי qui הַמַּלְכוּת hamaljut שֶׁלְּךָ sheljá הִיא hi. וּלְעוֹלְמֵי uleolmei

עַד ad תִּמְלוֹךְ timloj בְּכָבוֹד bejavod כוכו. כַּכָּתוּב cacatuv:

בְּתוֹרָתָךְ beTorataj יְהֹוָהאדניאהדונהי Adonai | יִמְלֹךְ yimloj לְעֹלָם leolam

ריבוע ס"ג וי' אותיות דס"ג ; ר"ת ייל וָעֶד vaed. וְנֶאֱמַר veneemar: וְהָיָה vehayá יהוה ; יהה

יְהֹוָהאדניאהדונהי Adonai לְמֶלֶךְ leMélej עַל al כָּל col ילי ; עמם

הָאָרֶץ haárets אלהים דההין ע"ה בַּיּוֹם bayom ע"ה נגד, מזבח, זן, אל יהוה הַהוּא hahú

יִהְיֶה yihyé ייי יְהֹוָהאדניאהדונהי Adonai אֶחָד Ejad אהבה, דאגה וּשְׁמוֹ uShmó מהש ע"ה,

ע"ב בריבוע וקס"א ע"ה, אל שדי ע"ה אֶחָד Ejad אהבה, דאגה:

Si rezaste solo, recita lo siguiente antes de comenzar *Arvit* y antes de "*Alenu*" en lugar de "*Barjú*":

אָמַר amar רַבִּי Rabí עֲקִיבָא Akiva וְחַיָּה jayá אַחַת ajat עוֹמֶדֶת omédet

בָּרָקִיעַ barakía וּשְׁמָהּ ushmá יִשְׂרָאֵל Yisrael וְחָקוּק vejakuk עַל al

מִצְחָהּ mitsjá יִשְׂרָאֵל Yisrael. עוֹמֶדֶת omédet בְּאֶמְצַע beemtsa

הָרָקִיעַ harakía וְאוֹמֶרֶת veoméret: בָּרְכוּ barjú יהוה ריבוע יהוה וריבוע מ"ה אֶת et

יְהֹוָהאדניאהדונהי Adonai הַמְבֹרָךְ hamevoraj ס"ת כהת, מש"ח בן דוד ע"ה וְכָל vejol ילי

גְּדוּדֵי gdudei מַעְלָה mala עוֹנִים onim: בָּרוּךְ Baruj יְהֹוָהאדניאהדונהי Adonai

הַמְבֹרָךְ hamevoraj לְעוֹלָם leolam ריבוע ס"ג וי' אותיות דס"ג וָעֶד vaed.

Señor, nuestro Dios, se arrodillen y se prosternen y honren Tu glorioso Nombre. Y todos aceptarán el yugo de Tu Reino y Tú reinarás sobre ellos para siempre jamás. Pues el Reino es Tuyo. Y para siempre y por la eternidad, Tú reinarás en gloria. Como está escrito en la Torá: "El Señor reinará por los siglos de los siglos" (Éxodo 15:18) y también está dicho: "El Señor será Rey sobre toda la Tierra y, en aquél día, el Señor será Uno y Uno su Nombre" (Zacarías 14:9).

Rabí Akivá dijo: Erguido en el Cielo hay un animal llamado Israel, e Israel está grabado en su frente, y ella está erguida en medio del Cielo diciendo: Bendigan al Señor, el Bendito, y todas las huestes del Cielo contestan: Bendito sea el Señor, el Bendito, por siempre y por la eternidad.

KIDUSH LEVANÁ

Kidush Levaná debe recitarse en un espacio abierto y bajo un cielo despejado. En el mes de *Tishrei* recítalo después de *Yom Kipur*.

LAMENATSÉAJ

En este Salmo hay: 13 versículos que corresponden a los 13 atributos de misericordia,
Y seis veces el Nombre: יהוה que corresponde a los Seis Bordes de *Zeir Anpín*.

(א-אל) לַמְנַצֵּחַ lamenatséaj מִזְמוֹר mizmor לְדָוִד leDavid:

(ב-רחום) הַשָּׁמַיִם hashamáyim י"פ טל, י"פ כוזו מְסַפְּרִים mesaprim כְּבוֹד quevod

אֵל El ייא"י (מילוי דס"ג) ; ר"ת מכאל (מיכאל = נ̃נא) ; כבוד אל = ס"ג (יוד הי ואו הי - דעת דנוקבא)

וּמַעֲשֵׂה umaasé יָדָיו yadav מַגִּיד maguid הָרָקִיעַ harakía: (ג-וחנון) יוֹם yom ע"ה נגד,

מזבח, זן, אל יהוה לְיוֹם leyom ע"ה נגד, מזבח, זן, אל יהוה יַבִּיעַ yabía אֹמֶר omer

וְלַיְלָה velayla מלה לְלַיְלָה lelayla מלה יְחַוֶּה־ yejavé דָּעַת dáat: (ד-ארך) אֵין־ ein

אֹמֶר omer וְאֵין veéin דְּבָרִים dvarim ראה בְּלִי blí נִשְׁמָע nishmá קוֹלָם kolam:

(ה-אפים) בְּכָל־ bejol ב"ן, לכב הָאָרֶץ haárets אלהים דההין ע"ה יָצָא yatsá קַוָּם kavam

וּבִקְצֵה uviktsé תֵבֵל tevel ב"פ רי"ו מִלֵּיהֶם mileihem לַשֶּׁמֶשׁ lashémesh שָׂם־ sam

אֹהֶל óhel בָּהֶם bahem: (ו-ורב וחסד) וְהוּא veHú כְּחָתָן quejatán יֹצֵא yotsé

מֵחֻפָּתוֹ mejupató יָשִׂישׂ yasís כְּגִבּוֹר queguibor לָרוּץ laruts אֹרַח óraj: (ז-ואמת)

מִקְצֵה miktsé הַשָּׁמַיִם hashamáyim י"פ טל, י"פ כוזו מוֹצָאוֹ motsaó וּתְקוּפָתוֹ utkufató

עַל־ al קְצוֹתָם ketsotam וְאֵין veéin נִסְתָּר nistar ב"פ מצר מֵחַמָּתוֹ mejamató:

Los kabbalistas escribieron: Este Salmo tiene una gran y magnífica capacidad de protección. A partir de aquí, tenemos seis versículos consecutivos con cinco palabras cada uno, y la segunda palabra de cada uno de ellos es: יהוה. Debes contar las palabras con los dedos de tu mano derecha de la siguiente manera: Dices la primera palabra y cierras el pulgar hacia la palma de tu mano, luego dices la segunda palabra que es יהוה y mantienes el dedo índice arriba, después dices la tercera palabra y cierras el dedo medio, dices la cuarta palabra y cierras el dedo anular, y cuando dices la quinta palabra cierras el meñique. Y mientras haces esto, medita en que el Creador enderezará a aquellos que están torcidos y, también, que todos tus enemigos espirituales se rindan y tú logres vencerlos.

(ח-נצר וחסד) תּוֹרַת torat יְהֹוָהאדהינהי Adonai (*Jésed*)

תְּמִימָה temimá מְשִׁיבַת meshivat נָפֶשׁ náfesh עֵדוּת edut

יְהֹוָהאדהינהי Adonai (*Guevurá*) נֶאֱמָנָה neemaná מַחְכִּימַת majquimat פֶּתִי petí:

LAMENATSÉAJ

"Al director, una cántico de David. Los Cielos declaran la gloria de Dios y la amplitud del firmamento habla de Su obra. Día tras día trae expresiones de encomio, y noche tras noche denota sabiduría. No hay habla y no hay palabras, su sonido es inaudible. Su voz se extiende a toda la Tierra, y sus palabras alcanzan los extremos más lejanos del mundo. Él había preparado una tienda en medio de ellos. Y Él es como un novio que se acerca a su dosel nupcial, regocijándose como un guerrero que recorre su camino. Al final de los Cielos está su fuente y su circuito está al otro extremo. Nada es oculto de su calor. La Torá del Señor (Jésed) *es perfecta y restaura el alma. El testimonio del Señor* (Guevurá) *es confiable, hace sabio al sencillo*

(ט-לאלפים) פִּקּוּדֵי pikudei מנק יְהֹוָאדנָיאהדונהי Adonai (*Tiféret*) יְשָׁרִים yesharim
מְשַׂמְּחֵי־ mesamjei לֵב lev מִצְוַת mitsvat יְהֹוָאדנָיאהדונהי Adonai (*Nétsaj*)
בָּרָה bará מְאִירַת meirat עֵינָיִם einàyim ריבוע מ"ה: (י-נשא עון) יִרְאַת yirat
יְהֹוָאדנָיאהדונהי Adonai (*Hod*) טְהוֹרָה tehorá עוֹמֶדֶת omédet לָעַד laad ב"פ ב"ן
מִשְׁפְּטֵי־ mishpetei יוהוויוּאדניאהדונהי Adonai (*Yesod*) אֱמֶת emet אהיה פעמים אהיה, ז"פ
ס"ג צָדְקוּ tsadkú יַחְדָּו yajdav: (י"א-ופשע) הַנֶּחֱמָדִים hanejemadim מִזָּהָב mizahav
וּמִפַּז umipaz רָב rav וּמְתוּקִים umetukim מִדְּבַשׁ midvash שו' דשופר ועם י"ד האוויו הרי
ש"ך דינין דגדלות וְנֹפֶת venófet צוּפִים tsufim: גַּם־ gam עַבְדְּךָ avdeja פוי, אל אדני
נִזְהָר nizhar בָּהֶם bahem בְּשָׁמְרָם beshomram עֵקֶב ékev ב"פ מום רָב rav:
(י"ב-וחטאה) שְׁגִיאוֹת shguiot מִי־ mi ילי יָבִין yavín מִנִּסְתָּרוֹת ministarot נַקֵּנִי nakeni:
(י"ג-ונקה) גַּם gam מִזֵּדִים mizedim חֲשֹׂךְ jasoj ש"ך נצוצות של ז"ו המלכים
עַבְדֶּךָ avdeja פוי, אל אדני אַל־ al יִמְשְׁלוּ־ yimshelú בִי vi אָז az אֵיתָם eitam
וְנִקֵּיתִי venikeiti מִפֶּשַׁע mipesha רָב rav: מ"ב אותיות בפסוק יִהְיוּ yihyú אל (יא"י מילוי דס"ג)
לְרָצוֹן leratsón מהש ע"ה, ע"ב בריבוע וקס"א ע"ה, אל שדי ע"ה אִמְרֵי־ imrei
פִּי fi ר"ת המספר אֶלֶף = אלף למד שין דלת יוד ע"ה וְהֶגְיוֹן vehegyón לִבִּי libí
לְפָנֶיךָ lefaneja ס"ג מ"ה ב"ן יְהֹוָאדנָיאהדונהי Adonai צוּרִי tsurí וְגֹאֲלִי vegoalí:
צוּרִי tsurí בָּעוֹלָם baolam הַזֶּה hazé והו וְגוֹאֲלִי vegoalí לָעוֹלָם leolam
ריבוע ס"ג י' אותיות דס"ג הַבָּא habá: וְכָל־ vejol ילי קַרְנֵי karnei רְשָׁעִים reshaím
אֲגַדֵּעַ agadea תְּרוֹמַמְנָה teromamná קַרְנוֹת karnot צַדִּיק tsadik:

HALELUYÁ

Este Salmo habla acerca del Sol y la Luna. La sola mención de las dos palabras que se refieren a estos cuerpos celestes nos da una conexión con su energía interior. Las letras arameas son como teclas de un computador. Cuando presionamos la secuencia de teclas correcta en un terminal, podemos abrir cualquier archivo o documento interno. Al recitar la secuencia correcta de letras arameas que forman la palabra "Luna", por ejemplo, estamos abriendo un archivo interno, la energía interior de la Luna, lo que nos da una conexión directa con el "documento" y el control sobre éste.

Las órdenes del Señor (Tiféret) *son rectas y agradan al corazón. El mandamiento del Señor* (Nétsaj) *es claro e ilumina los ojos. El temor de Dios* (Hod) *es puro y perdura para siempre. Los juicios de Dios* (Yesod) *son verdaderos y todos son justos. Son más deseables que el oro y muchas gemas, y más dulces que la miel y lo que destila el panal. Incluso Tu siervo es cuidadoso con ellos, porque al guardar dichos juicios hay gran recompensa. Pero Tú, Quien que puede discernir los errores, límpiame de las fallas que no haya visto. Y, también, de los pecados intencionales refrena a Tu siervo. No permitas que me controlen; entonces seré perfeccionado y limpiado de grandes transgresiones. Sean gratos los dichos de mi boca y la meditación de mi corazón delante de Ti, Señor, mi Fortaleza y mi Redentor"* (Salmos 19).

'Él es mi Fortaleza en este mundo y mi Redentor en el Mundo por Venir.

Cortaré los cuernos de los perversos. Que los cuernos de los justos sean ensalzados" (Salmos 5:11).

הַלְלוּיָהּ haleluyá אלהים, אהיה אדני ; ללה הַלְלוּ halelú (*Asiyá*) אֶת־ et

יְהֹוָאדניאהדונהי Adonai ר"ת אהיה מִן־ min הַשָּׁמַיִם hashamáyim

י"פ טל, י"פ כוזו ; ר"ת מ"ה הַלְלוּהוּ haleluhu (*Yetsirá*) בַּמְּרוֹמִים bameromim:

הַלְלוּהוּ haleluhu (*Briá*) כָל jol ילי מַלְאָכָיו malajav הַלְלוּהוּ haleluhu

(*Atsilut*) כָּל col ילי צְבָאָו tsevaav ר"ת הפסוק = ע"ב ס"ג מ"ה ; ס"ת הפסוק = אהיה ס"ג:

הַלְלוּהוּ haleluhu שֶׁמֶשׁ shémesh וְיָרֵחַ veyaréaj הַלְלוּהוּ haleluhu כָּל col ילי

כּוֹכְבֵי cojvei אוֹר or רז, אין סוף: הַלְלוּהוּ haleluhu שְׁמֵי shmei

הַשָּׁמָיִם hashamáyim י"פ טל, י"פ כוזו וְהַמַּיִם vehamáyim אֲשֶׁר asher מֵעַל meal

עלם הַשָּׁמָיִם hashamáyim י"פ טל, י"פ כוזו ; ר"ת מ"ה: יְהַלְלוּ yehalelú אֶת־ et

שֵׁם shem יְהֹוָאדניאהדונהי Adonai כִּי qui הוּא Hu צִוָּה tsivá וְנִבְרָאוּ venivraú:

וַיַּעֲמִידֵם vayaamidem לָעַד laad ב"פ ב"ן לְעוֹלָם leolam ריבוע ס"ג וי' אותיות דס"ג

חָק־ jok נָתַן natán וְלֹא veló ס"ת קנ"א (אלף הה יוד הה, מקוה), אדני אלהים

יַעֲבוֹר yaavor רפ"ח (להעלות רפ"ח ניצוצות שנפלו לקליפה דמשם באים התחלואים):

Hacemos una conexión visual con la Luna para finalizar y asegurar nuestro control sobre este astro lunar. Nuestra intención es conectar con el aspecto positivo de la Luna, a la vez que cancelamos su influencia negativa. Debemos evitar tener contacto visual con la Luna nuevamente durante el resto del mes. Cualquier contacto adicional sólo atraerá influencias negativas.

כִּי־ qui אֶרְאֶה eré שָׁמֶיךָ shameja מַעֲשֵׂה maasé אֶצְבְּעֹתֶיךָ etsbeoteja

יָרֵחַ yaréaj וְכוֹכָבִים vejojavim אֲשֶׁר asher כּוֹנָנְתָּה conanta:

יְהֹוָאדניאהדונהי Adonai אֲדֹנֵינוּ adoneinu מָה־ ma מ"ה אַדִּיר adir הרי

שִׁמְךָ Shimjá בְּכָל־ bejol ב"ן, לכב ; ומב הָאָרֶץ haárets אלהים דההין ע"ה:

HALELUYÁ

"¡Alaben al Señor! Alaben al Señor, desde los Cielos. Alábenlo en las alturas. Alábenlo, todos Sus ángeles. Alábenlo, todas Sus Huestes. Alábenlo, Sol y Luna. Alábenlo, todos los astros de Luz. Alábenlo, firmamentos elevados y todas las aguas sobre los Cielos. Que todos alaben el Nombre del Señor, pues Él ordenó y ellos fueron creados. Él definió los estatutos que no pueden ser transgredidos" (Salmos 148:1-6).

"Cuando observo Tus Cielos, la obra de Tus Dedos, la Luna y las estrellas que Tú has establecido" (Salmos 8:4). *"Dios, Señor nuestro, cuán poderoso es Tu Nombre en todo el mundo"* (Salmos 8:10).

LESHEM YIJUD

Nos preparamos para la conexión lunar al engranar los Mundos Superiores (el Cielo) y el Mundo Inferior (la Tierra).

לשם leshem יחוד yijud קודשא Kudshá בריך Berij הוא Hu
ושכינתיה uShjintei (יאהדונהי) בדחילו bidjilu ורחימו urjimu
(יאהדויהה), ורחימו urjimu ודחילו udjilu (איההיוהה), ליחדא leyajdá
שם Shem יו"ד Yud ק"י Kei בוא"ו beVav ק"י Kei ביחודא beyijudá
שלים shlim (יהוה) בשם beshem כל col ילי ישראל Yisrael♦
הנה hiné אנחנו anajnu באים baim לברך levarej ברכת bircat
הלבנה halevaná כמו quemó שתקנו shetiknú לנו lanu אלהים, אהיה אדני
רז"ל razal עם im כל col ילי המצות hamitsvot הכלולות haclulot בה ba,
לתקן letakén את et שורשה shorshá במקום bemakom עליון elyón♦
ויהי vihí נעם nóam אדני Adonai ללה אלהינו Eloheinu ילה
עלינו aleinu ומעשה umaasé ידינו yadeinu כוננה conená
עלינו aleinu ומעשה umaasé ידינו yadeinu כוננהו conenehu:♦

BARUJ ATÁ

Esta es la verdadera conexión para la Bendición de la Luna. Las bendiciones y Salmos anteriores fueron una preparación que era necesaria para llegar a este punto. No obstante, este verso es la culminación.

ברוך baruj אתה Atá יהוואדנייאהדונהי Adonai אלהינו Eloheinu ילה
מלך mélej העולם haolam אשר asher במאמרו bemaamaró
ברא bará קנ"א ב"ן, יהוה אלהים יהוה אדני, מילוי קס"א ס"ג, מ"ה ברבוע ע"ב ע"ה
שחקים shjakim וברוח uverúaj פיו piv כל col ילי צבאם tsvaam♦

LESHEM YIJUD

"En aras de la unificación entre el Santísimo, bendito sea Él, y Su Shejiná, con temor y amor y con amor y temor, para unificar el Nombre Yud-Kei y Vav-Kei en perfecta unidad, y en nombre de todo Israel, hemos venido por este medio a recitar la Bendición de la Luna, como fue establecido para nosotros por nuestros Sabios de bendita memoria, con todos los mandamientos contenidos en ella, a fin de rectificar su fuente en un lugar elevado. "Y sea la hermosura del Señor, nuestro Dios, sobre nosotros y que Él establezca la obra de nuestras manos, y que la obra de nuestras manos lo establezca a Él" (Salmos 90:17).

BARUJ ATÁ

Bendito seas Tú, Señor, nuestro Dios, Rey del mundo,
Quien creó los Cielos con el aliento de Su Palabra y con el aliento de Su Boca, todas sus Huestes.

וחק jok וזמן uzmán נתן natán להם lahem שלא sheló ישנו yeshanu את־ et
תפקידם tafkidam. ששים sasim ושמחים usmejim לעשות laasot
רצון retsón מהש ע"ה, ע"ב בריבוע וקס"א ע"ה, אל שדי ע"ה קוניהם koneihem.
פועל poel אמת emet אהיה פעמים אהיה, ז"פ ס"ג שפעלתו shepeulató אמת emet
אהיה פעמים אהיה, ז"פ ס"ג. וללבנה velalevaná אמר amar שתתחדש shetitjadesh
י"ב הויות, קס"א קנ"א עטרת atéret תפארת tiféret לעמוסי laamusei בטן vaten.
שגם shegam הם hem עתידים atidim להתחדש lehitjadesh
י"ב הויות, קס"א קנ"א כמותה cmotá ולפאר ulefaer ליוצרם leyotsram על al
שם shem כבוד quevod מלכותו maljutó. ברוך baruj אתה Atá
יהוָאדניאהדונהי Adonai מחדש mejadesh י"ב הויות, קס"א קנ"א חדשים jodashim:

Esta frase se usa usualmente en las celebraciones, como en una boda. Le deseamos a alguien “un buen signo”, queriendo decir que tenga control sobre los signos del Zodíaco y que conecte sólo con el aspecto positivo. La palabra *Tov* טוב es un código del Nombre: *Vav*, *Hei*, *Vav* והו, el primer Nombre y la semilla de los 72 Nombres de Dios. Ambos, טוב y והו, comparten el valor numérico de 17. Esta frase nos da el poder de transformar la negatividad en positividad al cambiar el ADN en el nivel de la semilla de cualquier situación.

Recita este verso tres veces:

בסימן besimán טוב tov והו תהי tehí לנו lanu אלהים, אהיה אדני
ולכל ulejol יה אדני ישראל Yisrael:

Repetimos los siguientes versos (hasta “*David mélej Yisrael jai vekayam*”) tres veces.

ברוך Baruj יוצריך yotsrij	***Yetsirá*** – Para que *Yetsirá* bendiga a *Asiyá*.
ברוך Baruj עושיך osij	***Asiyá*** – Para que la *Hei* Inferior conecte con la *Vav*.
ברוך Baruj קוניך konij	***Atsilut*** – Para que *Atsilut* bendiga a *Briá*.
ברוך Baruj בוראיך borij	***Briá*** – Para que la *Hei* Superior conecte con la *Yud*.

ר"ת יעקב (ד' הויות, יאהדונהי אידהנויה)

Él les dio ley y tiempo para que no se desviaran de su asignación. Ellos se regocijan y se deleitan en hacer la voluntad de su Señor. Un verdadero trabajador cuyo trabajo es verdad. Él le dijo a la Luna que se renovara a sí misma y que sea corona de gloria para aquellos que se encuentran en el vientre, porque ellos también están destinados a ser renovados como la Luna y glorificarán a su Hacedor por la gloria del Nombre de Su Reino. Bendito eres Tú, Señor, Quien renueva los meses.

Que sea un buen signo para nosotros y para todo Israel.
Bendito es Aquél que te formó. Bendito es Aquél que te hizo.
Bendito es Aquél que te posee. Bendito es Aquél que te creó.

כְּשֵׁם queshem שֶׁאֲנַחְנוּ sheanajnu מְרַקְּדִים merakdim

Salta tres veces y medita en elevar los Mundos de *Asiyá*, *Yetsirá* y *Briá* hacia *Atsilut*.

כְּנֶגְדֵּךְ quenegdij וְאֵין veéin אֲנַחְנוּ anajnu יְכוֹלִים yejolim לִגַּע ligá

בִּיךְ bij. כָּךְ caj אִם im יוהך, מ״א אותיות דאהיה פשוט, מילואו ומילוי דמילואו ע״ה

יִרְקְדוּ yerakdú אֲחֵרִים ajerim כְּנֶגְדֵּנוּ quenegdenu לְהַזִּיקֵנוּ lehazikenu.

לֹא lo יוּכְלוּ yujlú לִגַּע ligá בָּנוּ banu. וְלֹא veló יִשְׁלְטוּ yishletú בָּנוּ vanu.

וְלֹא veló יַעֲשׂוּ yaasú בָּנוּ vanu שׁוּם shum רוֹשֶׁם roshem.

(algunos agregan: יְהִי yehí רָצוֹן ratsón שֶׁלֹּא sheló יְהֵא yehé לָנוּ lanu כְּאֵב queev שִׁינַיִם shináyim)

MALJUT

Ahora queremos proteger a nuestro mundo de *Maljut* de toda la negatividad, porque *Maljut* es el mundo más cercano a las *klipot*. No queremos que *Maljut* tenga ninguna conexión con estas entidades negativas. El siguiente versículo es igual a este, pero invertido, para así desarraigar a las *klipot* de nuestra vida. Cuando desarraigamos a nuestras *klipot*, la Luz decide a quién será transferida esta negatividad. Si una persona verdaderamente quiere cambiar su naturaleza negativa, puede arrancar y transferir todas sus *klipot* a las personas malignas de nuestro mundo. Sin embargo, si una persona evita el cambio espiritual y mantiene sus costumbres egoístas y basadas en el interés propio, no sólo estará estancada en la ciénaga de su infelicidad y negatividad, sino que también será un objetivo potencial y un imán para la negatividad de las demás personas.

תִּפֹּל tipol עֲלֵיהֶם aleihem אֵימָתָה eimatá וָפַחַד vafájad ר״ת תעאו שם קדוש

בִּגְדֹל bigdol זְרוֹעֲךָ zroajá יִדְּמוּ yidmú כָּאָבֶן caaven ר״ת טל, כוזו, יוד הא ואו:

כָּאָבֶן caaven יִדְּמוּ yidmú זְרוֹעֲךָ zroajá בִּגְדֹל bigdol

וָפַחַד vafájad אֵימָתָה eimatá עֲלֵיהֶם aleihem תִּפֹּל tipol:

Regresa a "*baruj yotsrij*" (pág. 752) y recita todo nuevamente tres veces.

REY DAVID

El Rey David era el Rey de Israel. Él también es la manifestación física de la *Sefirá* de *Maljut*. Pronunciar este versículo conecta toda la Luz que hemos despertado con nuestro mundo de *Maljut*.

דָּוִד David מֶלֶךְ mélej יִשְׂרָאֵל Yisrael חַי jai וְקַיָּם vekayam

דוד מלך חי וקיים = רפ״ח (להעלות רפ״ח ניצוצות שנפלו לקליפה דמשם באים התחלואים): 3x

---

Y así como nosotros danzamos ante Ti, pero no podemos tocarte, de la misma manera será si los otros intentan atacarnos: no podrán tocarnos, gobernarnos ni dejar marca en nosotros.

MALJUT

"Que el temor y el miedo los aceche. Por la grandeza de Tu brazo, que se paralicen como piedra" (Éxodo 16:13). *Como piedra se paralizarán, por Tu brazo en su grandeza. Que los aceche el miedo y el temor.*

REY DAVID

David, Rey de Israel, vive y prevalece. (x3)

Recitamos lo siguiente (hasta "*bekirbí*") siete veces; de *Jésed* a *Maljut*.

אָמֵן יאהדונהי Amén אָמֵן יאהדונהי Amén אָמֵן יאהדונהי Amén:

נֶצַח Nétsaj נֶצַח Nétsaj נֶצַח Nétsaj:

סֶלָה sela סֶלָה sela סֶלָה sela: וָעֶד vaed וָעֶד vaed וָעֶד vaed:

לֵב lev טָהוֹר tahor ע״פ אכא בְּרָא berá קנ״א ב״ן, יהוה אלהים יהוה אדני, מילוי קס״א ס״ג,

מ״ה ברבוע ע״ב ע״ה ; לב טהור ברא = קס״א קנ״א קמ״ג לִי li אֱלֹהִים Elohim

וְרוּחַ verúaj נָכוֹן najón וְחַדֵּשׁ jadesh י״ב הויות, קס״א קנ״א בְּקִרְבִּי bekirbí שדי:

SHIR LAMAALOT

שִׁיר shir לַמַּעֲלוֹת lamaalot אֶשָּׂא esá עֵינַי einai ריבוע מ״ה

אֶל־ el הֶהָרִים heharim מֵאַיִן meayin יָבֹא yavó עֶזְרִי ezrí:

עֶזְרִי ezrí מֵעִם meim יְהֹוָהאדניאהדונהי Adonai עֹשֵׂה osé שָׁמַיִם shamáyim

וָאָרֶץ vaárets: ע״פ טל, ע״פ כוזו אַל־ al יִתֵּן yitén לַמּוֹט lamot רַגְלֶךָ ragleja

אַל־ al יָנוּם yanum שֹׁמְרֶךָ shomreja: הִנֵּה hiné לֹא־ lo יָנוּם yanum

וְלֹא veló יִישָׁן yishán ש״ע נהורין דא״א שׁוֹמֵר shomer כ״א ההויות שבתפילין

יִשְׂרָאֵל Yisrael: יְהֹוָהאדניאהדונהי Adonai שֹׁמְרֶךָ shomreja

יְהֹוָהאדניאהדונהי Adonai צִלְּךָ tsiljá עַל־ al יַד yad יְמִינֶךָ yemineja היי:

יוֹמָם yomam הַשֶּׁמֶשׁ hashémesh לֹא־ lo יַכֶּכָּה yaqueca ר״ת ילה

וְיָרֵחַ veyaréaj בַּלָּיְלָה balayla מלה: יְהֹוָהאדניאהדונהי Adonai

יִשְׁמָרְךָ yishmorjá מִכָּל־ micol ילי רָע ra יִשְׁמֹר yishmor

אֶת־ et נַפְשֶׁךָ nafsheja מיכ: יְהֹוָהאדניאהדונהי Adonai יִשְׁמָר yishmor

צֵאתְךָ tsetjá וּבוֹאֶךָ uvoeja מֵעַתָּה meatá וְעַד־ vead עוֹלָם olam וול:

Amén, Amén, Amén, Eterno, Eterno, Eterno, Sela, Sela, Sela. Por siempre, por siempre, por siempre. "Crea para mí un corazón puro, Dios, y renueva dentro de mí un espíritu correcto" (Salmos 51:12).

SHIR LAAMALOT

"Cántico de las Ascensiones:

Alzaré mis ojos a las montañas, ¿de dónde provendrá mi auxilio? Mi ayuda viene del Señor, que hizo los Cielos y la Tierra. Él no permitirá que resbale tu pie. Tu Guardián nunca duerme. He aquí que Él no dormita ni duerme, el Guardián de Israel. El Señor es tu Guardián. El Señor es la sombra protectora sobre tu diestra. No te herirá el Sol de día ni la Luna de noche. El Señor te guardará de todo mal. Él cuidará tu alma. El Señor protegerá tu partida y tu regreso, desde ahora para siempre" (Salmos 121).

HALELUYÁ - HALELÚ EL BEKODSHÓ

Este salmo nos conecta con Me-ta-trón מטטרון (**no pronunciar**), el ángel más elevado de todos y el que los controla a todos en el mundo espiritual. Su nombre contiene seis letras arameas. Cada versículo en esta conexión ayuda a formar el Nombre. Él puede darnos control sobre nuestro mundo físico y asistirnos en lograr nuestro trabajo espiritual

אל (ייא" מילוי דס"ג) אותיות בפסוק הַלְלוּיָהּ haleluyá (*Kéter*) אלהים, אהיה אדני ; ללה

הַלְלוּ־ halelú אֵל El ייא" (מילוי דס"ג) בְּקָדְשׁוֹ bekodshó

הַלְלוּהוּ haleluhu (*Jojmá*) בִּרְקִיעַ birkía עֻזּוֹ uzó ס"ת = ע"ב ב"ן:

הַלְלוּהוּ haleluhu (*Biná*) בִגְבוּרֹתָיו vigvurotav הַלְלוּהוּ haleluhu (*Jésed*)

כְּרֹב querov גֻּדְלוֹ gudló: הַלְלוּהוּ haleluhu (*Guevurá*) בְּתֵקַע beteka

שׁוֹפָר shofar הַלְלוּהוּ haleluhu (*Tiféret*) בְּנֵבֶל benével וְכִנּוֹר vejinor:

הַלְלוּהוּ haleluhu (*Nétsaj*) בְתֹף betof וּמָחוֹל umajol הַלְלוּהוּ haleluhu (*Hod*)

בְּמִנִּים beminim וְעֻגָב veugav: הַלְלוּהוּ haleluhu (*Yesod*) בְצִלְצְלֵי־ vetsiltselei

שָׁמַע shamá הַלְלוּהוּ haleluhu (*Maljut*) בְּצִלְצְלֵי betsiltselei תְרוּעָה teruá:

כֹּל col ילי הַנְּשָׁמָה haneshamá תְּהַלֵּל tehalel ר"ת כהת, משיח בן דוד ע"ה

יָהּ Yah הַלְלוּיָהּ haleluyá אלהים, אהיה אדני ; ללה:

כֹּל col ילי הַנְּשָׁמָה haneshamá תְּהַלֵּל tehalel ר"ת כהת, משיח בן דוד ע"ה

יָהּ Yah הַלְלוּיָהּ haleluyá אלהים, אהיה אדני ; ללה:

TANÁ

Este versículo dice: "Si tuviéramos el privilegio de conectar con el rostro del Creador una vez al mes, sería suficiente". Cuando bendecimos a la Luna, transformamos la negatividad del mundo en positividad desde el nivel de la semilla, estamos cara a cara con el Creador. Debido a que estamos cara a cara con el Creador, nuestra negatividad es eliminada.

תָּנָא taná דְבֵי dvei רַבִּי Ribí יִשְׁמָעֵאל Yishmael. אִלְמָלֵא ilmalé זָכוּ zajú

בְּנֵי vnei יִשְׂרָאֵל Yisrael אֶלָּא ela לְהַקְבִּיל lehakbil פְּנֵי pnei וחכמה בינה

HALELUYÁ – HALELÚ EL BEKODSHÓ

"¡Aleluya! Alaben a Dios en Su Santuario. Alábenle en Su poderoso firmamento; alábenle por Sus grandes proezas; alábenle conforme a Su grandeza; alábenle con el toque del Shofar; alábenle con el arpa y la cítara; alábenle tamboriles y danzas; alábenle con laudes y flautas; alábenle con resonantes platillos; alábenle con platillos reverberantes. ¡Alaben al Señor todas las almas! ¡Aleluya! ¡Alaben al Señor todas las almas! ¡Aleluya!" (Salmos 150).

TANÁ

"Se enseñó en la casa de Rabí Yishmael:
Si los hijos de Israel tuvieran el privilegio de contemplar el Rostro

אֲבִיהֶם avihem שֶׁבַּשָּׁמַיִם shebashamáyim י״פ טל, י״פ כוזו פַּעַם páam מנק
אַחַת ajat בַּחֹדֶשׁ bajódesh י״ב הויות, קס״א קנ״א דַּיָּם dayam.
אָמַר amar אַבַּיֵי Abayei הִלְכָּךְ helcaj נֵימְרִינְהוּ nimrinhú מְעֹומָד meomed:

Decimos *Kadish Al Yisrael* (páginas 281-283) y después continuamos:

VEHAYÁ

Pedimos que la luz de la Luna sea como la como la del Sol nuevamente. Esta es nuestra conexión con el Mesías, cuando el Sol y la Luna sean dos reyes iguales reinando en los Cielos.

וְהָיָה vehayá יהוה ; יהה אוֹר־ or רז, א״ס הַלְּבָנָה halevaná כְּאוֹר queor רז, א״ס
הַחַמָּה hajamá וְאוֹר veor רז, א״ס הַחַמָּה hajamá יִהְיֶה yihyé ייי
שִׁבְעָתַיִם shivatáyim כְּאוֹר queor רז, א״ס שִׁבְעַת shivat הַיָּמִים hayamim נלך
בְּיוֹם beyom ע״ה נגד, מזבח, זן, אל יהוה חֲבֹשׁ javosh יְהֹוָהאדניאהדונהי Adonai אֶת־ et
שֶׁבֶר shéver עַמּוֹ amó וּמַחַץ umajats מַכָּתוֹ macató יִרְפָּא yirpá: וַתַּעְדִּי vataadí
זָהָב zahav וָכֶסֶף vajésef וּמַלְבּוּשֵׁךְ umalbushej שֵׁשׁ shesh (כתיב : ששי)
וָמֶשִׁי vameshi וְרִקְמָה verikmá סֹלֶת sólet וּדְבַשׁ udvash שו׳ דשופר וי״ד האוזו =
ש״ך דינין דגדלות וָשֶׁמֶן vashemen אָכָלְתְּ ajalt (כתיב : אכלתי) וַתִּיפִי vatifí
בִּמְאֹד bimeod מְאֹד meod וַתִּצְלְחִי vatitslejí לִמְלוּכָה limlujá:

SHALOM ALEIJEM

Deseamos *Shalom Aleijem* / *Aleijem Shalom* al menos a tres personas para concluir la Bendición de la Luna. *Shalom Aleijem* ofrece la paz a nuestro prójimo. La contestación de *Aleijem Shalom* ofrece la paz de regreso. La acción de extendernos hacia los demás ayuda a manifestar la energía de "amar a tu prójimo". Este es un momento poderoso para infundir este tipo de energía porque acabamos de eliminar la negatividad desde su fuente (la Luna), lo que nos da una ventana de oportunidad para efectuar un cambio positivo.

Decir "*Shalom Aleijem*" es para ayudar a eliminar los celos que la Luna tiene del Sol.

Debes bendecir a tres de tus compañeros: שָׁלוֹם shalom עֲלֵיכֶם aleijem
Cada uno de los tres compañeros contesta: עֲלֵיכֶם aleijem שָׁלוֹם shalom:

Sacude los bordes de tu ropa y medita en eliminar todas las *klipot* (las *klipot* siempre se adhieren a los bordes) que fueron creadas por los celos de la Luna, y luego observa tus *Tsitsit*.

---

de su Padre en los Cielos sólo una vez al mes, sería suficiente para ellos.
Abayé dijo: Por lo tanto, recitemos mientras estamos de pie" (Sanedrín 42a).

VEHAYÁ

"Y la luz de la Luna será como la luz del Sol, y la luz del Sol será siete veces más brillante, como la luz de los siete días, sobre ese día cuando el Señor componga el infortunio de Su nación y sane la herida de Su azote" (Isaías 30:26). *"Y te adornaste con oro y plata; tu vestimenta era de lino, seda y bordado. Comiste harina fina, miel y aceite; te hiciste muy hermoso y propio para reinar"* (Ezequiel 116:13).

SHALOM ALEIJEM

Que la paz esté contigo (y cada uno de ellos responde:) *Que contigo esté la paz.*

HAVDALÁ

No debemos agregar agua al vino de *Havdalá*.

הִנֵּה hiné אֵל El ייא״י (מילוי דס״ג) יְשׁוּעָתִי yeshuatí אֶבְטַח evtaj

וְלֹא veló אֶפְחָד efjad כִּי־ qui עָזִּי ozí אלהים ע״ה, אהיה אדני ע״ה וְזִמְרָת vezimrat

יָהּ Yah ההה יְהֹוָה יאהדונהי Adonai וַיְהִי־ vayehí לִי li לִישׁוּעָה lishuá:

וּשְׁאַבְתֶּם־ usheavtem מַיִם máyim בְּשָׂשׂוֹן besasón מִמַּעַיְנֵי mimaayenei

הַיְשׁוּעָה hayeshuá: לַיהֹוָה יאהדונהי laAdonai הַיְשׁוּעָה hayeshuá עַל־ al

עַמְּךָ amjá בִרְכָתֶךָ virjateja סֶּלָה sela: יְהֹוָה יאהדונהי Adonai

צְבָאוֹת Tsvaot פני שכינה עִמָּנוּ imanu ריבוע ס״ג, קס״א ע״ה וד׳ אותיות

מִשְׂגָּב־ misgav מהש, ע״ב בריבוע קס״א, אל שדי, ד״פ אלהים ע״ה לָנוּ lanu אלהים, אהיה אדני

אֱלֹהֵי Elohei מילוי ע״ב, דמב ; ילה יַעֲקֹב Yaakov ו׳ הויות, יאהדונהי אידהנויה סֶלָה sela:

יְהֹוָה יאהדונהי Adonai צְבָאוֹת Tsvaot פני שכינה אַשְׁרֵי ashrei אָדָם adam מ״ה ;

יהוה צבאות אשרי אדם = תפארת בֹּטֵחַ botéaj בָּךְ baj אדם בוטח בך = אמן (יאהדונהי) ע״ה; בוטח

בך = מילוי ע״ב ע״ה: יְהֹוָה יאהדונהי Adonai הוֹשִׁיעָה hoshía יהוה וש״ע נהורין

הַמֶּלֶךְ haMélej ר״ת יהה יַעֲנֵנוּ yaanenu בְיוֹם veyom ע״ה נגד, מזבח, זן, אל יהוה

קָרְאֵנוּ korenu ר״ת יב״ק, אלהים יהוה = אהיה אדני יהוה ; ס״ת = ב״ן ועם כ׳ דהמלך = ע״ב:

לַיְּהוּדִים layehudim מכלה הָיְתָה haytá אוֹרָה orá וְשִׂמְחָה vesimjá

וְשָׂשֹׂן vesasón וִיקָר vikar: כֵּן quen תִּהְיֶה tihyé לָנוּ lanu אלהים, אהיה אדני.

כּוֹס־ cos אלהים, אהיה אדני ; ובמילוי (כף וו סמך) = עסמ״ב, הברכה (למתק את ז׳ המלכים שמתו)

יְשׁוּעוֹת yeshuot אֶשָּׂא esá וּבְשֵׁם uveshem יְהֹוָה יאהדונהי Adonai אֶקְרָא ekrá:

סַבְרִי savrí מָרָנָן maranán

(Y los demás contestan:) לְחַיִּים lejayim אהיה אהיה יהוה, בינה ע״ה

HAVDALÁ

"He aquí que Dios es mi salvación, yo confiaré y no temeré. Efectivamente, el Señor es mi fortaleza y mi canción, y Él se ha convertido en mi salvación. Obtendrán agua con dicha de los pozos de salvación" (Isaías 12:2-3). *"La salvación pertenece al Señor, que Tus bendiciones reposen sobre Tu pueblo, Sela"* (Salmos 3:9). *"El Señor de los Ejércitos está con nosotros, el Dios de Yaakov es refugio para nosotros, Sela"* (Salmos 84:13). *"Señor de los Ejércitos, feliz es aquél que confía en Ti. Señor, sálvanos; que el Rey nos conteste el día que Le llamemos"* (Salmos 20:10). *"Y fue para los judíos Luz y alegría, y dicha y honra"* (Ester 8:16). *"Que así sea para nosotros. Alzaré la copa de salvaciones e invocaré el Nombre del Señor"* (Salmos 116:13). *Con el permiso de los Señores,* (y los demás contestan) *¡por la vida!*

BORÉ PRI HAGUEFEN

בָּרוּךְ Baruj אַתָּה Atá יְהֹוָהאדניאהדונהי Adonai (יוד הי ויו הי) אֱלֹהֵינוּ Eloheinu ילה מֶלֶךְ Mélej הָעוֹלָם haolam בּוֹרֵא boré פְּרִי prí הַגָּפֶן haguefen:

En la noche del sábado (*Motsaéi Shabat*) agregamos la bendición de *besamim*:

BORÉ ATSEI BESAMIM

בָּרוּךְ Baruj אַתָּה Atá יְהֹוָהאדניאהדונהי Adonai (יוד הי ואו הי) אֱלֹהֵינוּ Eloheinu ילה מֶלֶךְ Mélej הָעוֹלָם haolam בּוֹרֵא boré עֲצֵי atsei (עִשְׂבֵּי isbei) (מִינֵי minei) בְשָׂמִים vesamim:

BORÉ MEOREI HAESH

בָּרוּךְ Baruj אַתָּה Atá יְהֹוָהאדניאהדונהי Adonai (יוד הא ואו הא) אֱלֹהֵינוּ Eloheinu ילה מֶלֶךְ Mélej הָעוֹלָם haolam בּוֹרֵא boré מְאוֹרֵי meorei הָאֵשׁ haesh שאה:

HAMAVDIL

La bendición final separa el bien del mal, lo que nos da la capacidad de distinguir entre estas dos fuerzas en cada área de nuestra vida.

בָּרוּךְ Baruj אַתָּה Atá יְהֹוָהאדניאהדונהי Adonai אֱלֹהֵינוּ Eloheinu ילה מֶלֶךְ Mélej הָעוֹלָם haolam הַמַּבְדִּיל hamavdil בֵּין bein קֹדֶשׁ kódesh לְחוֹל lejol וּבֵין uvein אוֹר or רז, א״ס לְחֹשֶׁךְ lejóshej שך נצוצות של ז׳ המלכים וּבֵין uvein יִשְׂרָאֵל Yisrael לָעַמִּים laamim וּבֵין uvein יוֹם yom הַשְּׁבִיעִי hashvií ע״ה נגד, מזבח, זן, אל יהוה לְשֵׁשֶׁת lesheshet יְמֵי yemei הַמַּעֲשֶׂה hamaasé. בָּרוּךְ Baruj אַתָּה Atá יְהֹוָהאדניאהדונהי Adonai (יוד הה וו הה) הַמַּבְדִּיל hamavdil בֵּין bein קֹדֶשׁ kódesh לְחוֹל lejol (קליפת נגה):

BORÉ PRI HAGUEFEN

Bendito eres Tú, Señor, nuestro Dios, Rey del mundo, Quien crea los frutos de la vid.

BORÉ ATSEI BESAMIM

Bendito eres Tú, Señor, nuestro Dios, Rey del mundo, Quien crea las plantas (especias) (variedades) de fragancia.

BORÉ MEOREI HAESH

Bendito eres Tú, Señor, nuestro Dios, Rey del mundo, Quien crea las luminarias de fuego.

HAMAVDIL

Bendito eres Tú, Señor, nuestro Dios, Rey del mundo, Quien distingue entre lo Sagrado y lo mundano, y entre la Luz y la oscuridad, y entre Israel y las otras naciones, y entre el Séptimo Día y los seis días de acción. Bendito eres Tú, Señor, Quien distingue lo Sagrado de lo mundano.

3 *Biná* Cerebro izquierdo יֵהֵוֵהֵ	1 *Kéter* Cráneo יָהָוָהָ	2 *Jojmá* Cerebro derecho יַהַוַהַ
5 Ojo izquierdo יהוה יהוה יהוה יהוה יהוה	9 8 Nariz יוד יוד הי הי ואו ואו הי הי	4 Ojo derecho יהוה יהוה יהוה יהוה יהוה
7 Oído izquierdo יוד הי ואו הה		6 Oído derecho יוד הי ואו הה
10 Boca יוד הי ואו הי (אהיה) אוזה״ע ג״כ״ק דטלנ״ת זסשר״ץ בומ״ף		
12 *Guevurá* Brazo izquierdo יְהְוְהְ	13 *Tiféret* Cuerpo יֹהֹוֹהֹ	11 *Jésed* Brazo derecho יֶהֶוֶהֶ
15 *Hod* Pierna izquierda יֻהֻוֻהֻ	16 *Yesod* Órganos reproductivos יוֹ הוֹ וו הוֹ	14 *Nétsaj* Pierna derecha יִהִוִהִ
	17 *Maljut* עטרה יהוהאדני	

Domingo - יום אֶ

יֶהֹוה

יַוַד הַי וַיַו הַי יֶוֶד הֶי וֶאֶו הֶי

אל שדי יאולדפההייויאודההיי

אנא בכח גדולת ימינך תתיר צרורה

אֶבֶגֶיתֶץ יְהֹוֶה יֶהֶוֶה

סֶמֶטֶורֶיֶה גֶזֶרֶיאֶל וֶעֶנֶאֶל לֶמֶוֶאֶל

ר"ת סגול

Lunes - יום בְּ

יֶוֶד הֶי וֶאֶו הֶי יְוְד הְי וְאְו הְי יוֹד הֹא וֹאוֹ הֹא

אל יהוה יאולדפההאאויאודההאא

קבל רנת עמך שגבנו טהרנו נורא

קַרְעְשְׂטָן יַהֶוְה יְהְוְה

שְׁמְעְיְאְל בְּרְכְיְאְל אְהְנְיְאְל

ר"ת שוא

Martes - יום ג

יוֹד הֹא וֹאוֹ הֹא יוֹד הֵה וָו הֵה

אל אדני יאולדפהההויודההה

נא גבור דורשי יחודך כבבת שמרם

נַגְדֶיכַש יַהֶוַה יֹהֹוֹה

וזניאל להדיאל מוזניאל

ר"ת וזלם

Miércoles - יום ד

יוד הא ואו הא יוד הֵיֵ וָוָ הֵיֵ

אל אדני יאולדףההההויוודהההה

ברכם טהרם רוזמי צדקתך תמיד גמלם

בַטְרְצְתְג יַהֱוְהְ יְהְוְהְ

וְזְזְקְיְאְלְ רְהְטְיְאְלְ קְדְשְיְאְלְ

ר"ת וזרק

Jueves - יום הֹ

יֵוֵדֵ הֵיֵ וֵאֵוֵ הֵיֵ יְוְדְ הְיְ וְאְוְ הְיְ יוד הא ואו הא

אל יהוה יאולדףהאאויאודההאא

וזסין קדוש ברוב טובך נהל עדתך

וַזֲקְבֶטְנַע יַהֱוְהַ יֶהֱוֶהֶ

שֶמֶוֶעֶאֶלֶ רֶעֶמֶיֶאֶלֶ קֶנֶיֶאֶלֶ

ר"ת שרק

(הקבוץ מלאכיו בר"ת שורק)

Viernes - יום ו

יַוַדַ הַיַ וַיַוַ הַיַ יֵוֵדֵ הֵיֵ וֵאֵוֵ הֵיֵ

אל שדי יאולדףהייויאוודהיי

יוזיד גאה לעמך פנה זוכרי קדושתך

יָגְלֶפָזָק יָהֱוָהָ יוהוווהו

שומושויואולו רופואולו קודושויואולו

ר"ת שרק

Ángeles del viernes en la noche

יֵוֵד הֵי וֵאֵו הֵי   שועתנו קבל ושמע צעקתנו יודע תעלומות

שַׁקְוֹצִית יַהֵוֹה יֶהֶוֶה יֵהֵוֵה

שְׁמְעְיְאְלְ בְּרְכְיְאְלְ אְהְנְיְאְלְ

ר"ת שוא

סֶמֶטֶורֶיֶהֶ גֶזֶרֶיֶאֶלֶ וֶעֶנֶאֶלֶ לֶמֶוֶאֶלֶ

ר"ת סגול

צֵורֵיֵאֵלֵ רֵזֵיֵאֵלֵ יֵוֵפֵיֵאֵלֵ

ר"ת צירי

Ángeles de *Shabat* (sábado) en la mañana

יָוָד הָי וָיָו הָי יַוַד הַי וַיַו הַי

שועתנו קבל ושמע צעקתנו יודע תעלומות

שַׁקְוֹצִית יַהֵוֹה יְהֵוֹה יָהָוָה

שְׁמְעְיְאְלְ בְּרְכְיְאְלְ אְהְנְיְאְלְ

ר"ת שוא

קָדָמָיָאָלָ מָלָכָיָאָלָ צָוָרָיָאָלָ

ר"ת קמץ

Ángeles de *Shabat* (sábado) en la tarde

יוֹד הֹא וֹאו הֹא יַוַד הַא וַאַו הַא

שועתנו קבל ושמע צעקתנו יודע תעלומות

שַׁקְוֹצִית יַהֵוֹה יְהֵוֹה יַהַוַה

שְׁמְעְיְאְלְ בְּרְכְיְאְלְ אְהְנְיְאְלְ

ר"ת שוא

פַּדַאַלַ תַּלַמַיַאַלַ (תוּמַיַאַלַ) וַסַדַיַאַלַ

ר"ת פתוח